Carl-Friedrich Stuckenberg
Vorstudien zu Vorsatz und Irrtum im Völkerstrafrecht

Carl-Friedrich Stuckenberg

Vorstudien zu Vorsatz und Irrtum im Völkerstrafrecht

Versuch einer Elementarlehre für eine übernationale Vorsatzdogmatik

De Gruyter Recht · Berlin

Dr. iur. *Carl-Friedrich Stuckenberg*, LL.M. (Harvard), Privatdozent, Bonn

⊚ Gedruckt auf säurefreiem Papier,
das die US-ANSI-Norm über Haltbarkeit erfüllt.

ISBN 978-3-89949-380-1

Bibliografische Information der Deutschen Nationalbibliothek

Die Deutsche Nationalbibliothek verzeichnet diese Publikation
in der Deutschen Nationalbibliografie; detaillierte bibliografische Daten
sind im Internet über http://dnb.d-nb.de abrufbar.

Printed in Germany

Druck und Bindung: Hubert & Co., Göttingen

Dem Andenken meines Vaters

Vorwort

Strafrecht ist nicht mehr die ausschließliche Angelegenheit nationaler Gesetzgebung. Völkerstrafrecht hat sich als neues Rechtsgebiet etabliert. Strafrechtliche Materien geraten zunehmend in den Sog der Europäischen Gemeinschaft. Die bislang in den Grenzen des jeweiligen nationalen Rechts zu denken gewohnte Strafrechtswissenschaft wird damit vor Aufgaben der Analyse und Systematisierung gestellt, denen mit ein bißchen Rechtsvergleichung allein nicht beizukommen ist.

Übernationales Strafrecht ist Gegenstand eines übernationalen wissenschaftlichen und rechtspolitischen Diskurses, in dem inkompatible nationale Begriffe nur zu babylonischer Sprachverwirrung führen. Nötig ist statt dessen eine autonome, nicht von den heimischen Sehgewohnheiten und Scheuklappen vorgeformte Perspektive auf Strukturen und Möglichkeiten strafrechtlicher Regelung. Für Vorsatz und Irrtum wird hier versucht, die Elemente subjektiver Zurechnung in einem möglichst neutralen analytischen Instrumentarium zu erfassen als Vorbedingung einer übernationalen Vorsatzdogmatik und der dafür unabdingbaren Rechtsvergleichung, die ohne *tertia comparationis* nicht auskommt. Die vorliegende Abhandlung bildet die erste Stufe einer Untersuchung von Vorsatz und Irrtum im Völkerstrafrecht, die ich fortzuführen hoffe.

Diese Arbeit wurde im Wintersemester 2005/06 von der Rechts- und Staatswissenschaftlichen Fakultät der Rheinischen Friedrich-Wilhelms-Universität Bonn als Habilitationsschrift angenommen. Das Manuskript wurde im Juni 2005 abgeschlossen. Nachträge waren nur vereinzelt möglich.

Mein herzlicher Dank gilt Herrn Professor Dr. Hans-Ullrich Paeffgen als Erstgutachter und Herrn Professor Dr. Urs Kindhäuser als Zweitgutachter sowie der Deutschen Forschungsgemeinschaft, deren zweijähriges Forschungsstipendium die Fertigstellung des Textes ermöglicht hat.

Bonn, im September 2006 — Carl-Friedrich Stuckenberg

Inhaltsverzeichnis

A. Einführung 1
I. Völkerstrafrecht 2
1. Begriff 2
2. Rechtsentwicklung 4
II. Problemaufriß: „Vorsatz" und „Irrtum" im Völkerstrafrecht 11
1. „Vorsatz" 13
2. Irrtümer 18
III. Methodische Vorgaben für völkerstrafrechtliche Untersuchungen und Ziel dieser Arbeit 21
B. Funktionale Methodik des Völkerstrafrechts 30
C. Analytisches Feld zu den Rechtsbegriffen von „Vorsatz" und „Irrtum" 40
I. Assertorischer und präskriptiver Begriffsgebrauch 42
1. Assertorischer Gebrauch 47
2. Präskriptiver Gebrauch 49
a) Intrinsische Funktionalität des Vorsatzbegriffs 49
b) Extrinsische Funktionalität: Instrumentaler Begriffsgebrauch 53
3. Bindung an außerrechtliche Strukturen? 56
a) Natur der Sache, ontologische oder sachlogische Strukturen? 56
b) Ordinary language? 64
c) Erkenntnisse der Fachwissenschaften? 66
II. Referenz von „Vorsatz" 68
1. Philosophie des Geistes 69
a) Ontologischer Dualismus 70
b) Semantischer Physikalismus, Sprachphilosophie und Logischer Behaviorismus 77
c) Eliminativer Materialismus 93
d) Sonstige Materialismen, Funktionalismus 96
e) Dennetts Theorie intentionaler Systeme 99
f) Erkenntnistheoretische Anmerkung, Konstruktivismus 102
2. Recht und Psychologie 104
a) Rechtliche Relevanz psychologischer Erkenntnisse? 106
b) Intentionale Zustände und Handlungssteuerung in der Psychologie 118
c) Der Wille in Motivations- und Kognitionspsychologie 120
aa) Formen der Handlungssteuerung 121
bb) Kognitionspsychologische Perspektive der Handlungssteuerung: Automatische vs. willkürliche Steuerung 123
cc) Motivationspsychologische Modelle 125
d) Wille und Bewußtheit 128

e) Der phänomenale Wille als „Kontrollillusion“ ... 139
f) Fazit ... 145
3. Zum Verhältnis von Philosophie des Geistes, Kognitionswissenschaften, Alltagstheorien und Strafrecht ... 151
4. Recht und Soziologie ... 162
III. Ausgewählte Handlungsmodelle ... 165
1. Naive Verhaltenstheorien ... 168
2. Philosophische Handlungsmodelle ... 174
a) Kausale und intentionale Handlungserklärung, praktischer Syllogismus und *desire-belief model* ... 174
b) Einzelheiten: Struktur und Komponenten der Handlung ... 183
c) Exkurs: Handlungsidentität aus sozialpsychologischer Sicht ... 187
3. Rechtliche Handlungsbegriffe ... 190
a) Handlung als willkürliche Körperbewegung ... 194
b) Finale und andere Handlungsbegriffe ... 203
c) Fazit ... 205
IV. Objektive und subjektive Tatseite ... 207
V. Elemente des „Vorsatzes“ ... 210
1. Voluntas, animus (Wille, Wollen, Absicht; *will, intention, purpose*) ... 211
a) Gewolltes oder absichtliches Verhalten ... 218
aa) Referentialität, Individuation und Identität ... 220
bb) Zielgerichtetheit und kontaminierende Konnotationen ... 235
cc) Gegenstände der „Absicht“ / des „Wollens“ ... 240
dd) Umfang des Gewollten ... 252
ee) Überschießende Absichten *(further intentions, ulterior intent, specific intent)* ... 265
ff) Intensität des Wollens ... 268
b) „Motiv“ ... 269
c) Praemeditatio ... 279
2. Scientia, cognitio (Wissen, Kenntnis; *knowledge, awareness, consciousness, foresight*) ... 283
a) Differenzierungen nach dem Modus ... 283
aa) Mentale Repräsentation und Gedächtnis ... 283
bb) Grade der Gewißheit ... 289
b) Differenzierungen nach dem Objekt ... 293
aa) Äußerliche Unterscheidungen ... 293
bb) Referentialität und Unterscheidungen nach dem Typ der Normmerkmale, nach Tatsachen und Recht usw. ... 294
cc) Umfang der Kenntnis der Strafvoraussetzungen ... 310
3. Kombinationen von Voluntas und Scientia, Hierarchien subjektiver Elemente ... 311
a) Kombinationen ... 311
b) Hierarchisierung und Substitution ... 314
4. Untergrenze des „Vorsatzes“ ... 315
5. Bedingtes Wollen – *Conditional intention* ... 317
6. Fehlende Kenntnis und Fehlvorstellungen: Unkenntnis und Irrtum *(ignorantia, ignorance; error, erreur, errore, mistake, ошибка)* ... 318

a) Fehlerquellen ... 321
b) Objekte der Fehlvorstellung ... 325
c) Rechtliche Irrtumskategorien ... 327
aa) Unterscheidungen nach dem Objekt des Irrtums ... 327
bb) Unterscheidungen nach der Qualität des Irrtums ... 335
d) Rechtsfolgen ... 339
aa) Defizit nur der subjektiven Tatseite ... 339
bb) Inkongruenz der objektiven und subjektiven Tatseite ... 342
cc) Defizit nur der objektiven Tatseite ... 343
e) Typische und traditionelle Problemfälle ... 348
aa) *Aberratio causae*: Kausalabweichungen i.e.S., *Unanticipated and deviant causal pathways, Unforeseen mode/manner* ... 349
bb) Irrtum über Art oder Schwere des Erfolgs – *Unintended type or degree of harm* ... 351
cc) Irrtum über Umstände *(circumstances)* ... 357
dd) Irrtum über das Tatobjekt oder Opfer – *Unintended victim* ... 357
(1) *Error in obiecto vel persona – Mistaken identity* ... 357
(2) *Aberratio ictus vel impetus – Transferred fault* ... 359
ee) Kombinationen und Komplikationen ... 362
ff) Putativrechtfertigung ... 364
gg) Putativentschuldigung ... 367
hh) „Umgekehrte" Irrtümer ... 371
ii) Doppelirrtümer ... 375
7. Zeitliche Koinzidenz – *Principle of concurrence/contemporaneity* ... 377
a) *Dolus generalis* ... 378
b) Vorzeitige Vollendung ... 379
c) Vorsatzwechsel ... 380
d) *Supervening fault* ... 380
e) Wegfall der Schuldfähigkeit ... 381
8. Normativierungen ... 382
9. Prozessualer Nachweis ... 384
a) Beweisthema ... 385
b) Beweismethoden ... 390
aa) Geständnis ... 390
bb) Indizienbeweis ... 392
cc) Seitenblick auf analytische Philosophie, Sozialpsychologie und Attributionsforschung ... 396
dd) Rechtsvermutungen ... 398
c) Zusammenhang von materiellem Begriff und Beweisrecht ... 401
VI. Teleologie des Vorsatzes ... 406
1. Begründungen für die hervorgehobene Bestrafung ... 406
a) „Vorsatz" als Leitbild individueller Zurechnung ... 408
aa) Intention als zentrales Attributionskriterium ... 408
bb) Vermeidbarkeit ... 415
b) Unwert der Tat oder Einstellung des Täters ... 416
aa) Moralischer Unwert ... 416

bb) Offener Ungehorsam ... 418
cc) Unterwerfung des Opfers ... 421
c) Gefährlichkeit ... 422
aa) Gefährlichkeit der Tat ... 422
bb) Gefährlichkeit des Täters ... 423
d) Inkompetenz des Fahrlässigkeitstäters ... 425
e) Fazit und Bezug zu den Strafzwecken ... 428
f) Erneut: Strafwürdigkeitsrelation von „Vorsatz" und „Fahrlässigkeit" ... 433
g) Schweregrade bewußter Handlungen ... 435
2. Teleologie der Irrtumslehre ... 440
a) Tat- und Tatbestandsirrtum ... 442
aa) *Error facti excusat* ... 442
bb) Einschränkungen ... 443
cc) *Error facti non excusat* ... 444
(1) Teilweiser Ersatz subjektiver Zurechnung durch Objektivierung: Holmes ... 445
(2) Verzicht auf subjektive Zurechnung bei der Strafbegründung: Lady Wootton ... 447
(3) Völliger Verzicht auf subjektive Zurechnung: *Strict Liability* ... 448
b) Rechts- und Verbotsirrtum ... 450
aa) *Error iuris criminalis non excusat* ... 451
(1) Bekanntheit und Erkennbarkeit des Rechts, Vermeidbarkeit und Verschulden des Irrtums ... 451
(α) Faktische Erkennbarkeit ... 451
(β) Normative „Erkennbarkeit" ... 458
(γ) Faktische Unerkennbarkeit ... 458
(δ) Moralität statt Legalität? ... 461
(2) Beweisrecht: Glaubhaftigkeit und Beweisbarkeit ... 464
(3) Rechtskenntnispflicht ... 467
(4) Privilegierung der Rechtsblindheit ... 469
(5) Preisgabe der Normgeltung ... 472
(6) Bekräftigung der Normgeltung, Erziehung ... 475
(7) *Utilitas publica*, Staatsraison ... 476
bb) *Error iuris criminalis excusat* ... 481
(1) Unrechtsbewußtsein als implizite Voraussetzung ... 482
(2) Gerechtigkeit, Fairness, Schuldprinzip, Zurechenbarkeit ... 482
(3) Legalitätsprinzip ... 485
cc) Konsistenz mit dem Strafzweck ... 485
(1) Konzeptionen der Straftat ... 485
(2) Straftheorien ... 486
(α) „Absolute" Straftheorien: Vergeltung, *retribution* ... 487
(β) „Relative", präventive Straftheorien, *utilitarian theories* ... 488
(αα) Negative Generalprävention: Abschreckung, *deterrence* ... 488
(ββ) Positive Generalprävention ... 491
(γγ) Spezialprävention, *special deterrence/reformation/rehabilitation/incapacitation* ... 493

(δδ) *Difesa sociale, défense sociale* ... 494
(εε) Zusatz: Zügelung der Prävention? ... 494
c) Erlaubnistatbestandsirrtum ... 496
d) Irrtum über Entschuldigungsgründe ... 497
VII. Verbrechenssystematik und Begriffsmechanik ... 497

ANHANG: Zur Dogmengeschichte von Vorsatz und Irrtum im Strafrecht ... 501
I. Erfolgshaftung? ... 501
II. Altes Testament ... 504
III. Qur'ân ... 505
IV. Die Aristotelische Ethik ... 506
V. Römisches Recht ... 508
1. *Dolus* ... 508
2. Irrtum ... 511
VI. Kanonisches Recht ... 515
1. *Voluntas / Dolus* ... 515
2. *Versari in re illicita* ... 517
3. Irrtumslehre ... 520
4. Die Zurechnungs- und Irrtumslehre bei Thomas von Aquin ... 525
VII. Die gemeinrechtliche Doktrin ... 532
1. *Dolus* ... 534
a) *Doctrina Bartoli* ... 538
b) *Dolus generalis* ... 539
c) *Dolus indirectus* ... 539
2. Irrtum ... 542
VIII. Die naturrechtliche Imputationslehre ... 555
IX. Vom gemeinen deutschen Recht bis zum RStGB ... 556
1. *Dolus* ... 556
2. Tatirrtum ... 577
3. Rechtsirrtum ... 577
X. Nationale Kodifikationen ... 591
1. Deutsche Partikularrechte ... 591
a) Bayern ... 591
b) Hannover ... 594
c) Preußen ... 596
d) Baden ... 599
e) Sonstige ... 599
f) RStGB ... 601
2. Österreich ... 603

Literaturverzeichnis ... 607
Materialien, Normtexte ... 679
Abkürzungen ... 681
Besondere Zitierweisen ... 686
Register ... 687

A. Einführung

> Noting that ... other members had raised the question of motive and intent, he [Mr. REUTER] warned the Commission against the danger of getting lost in a theoretical discussion on that question. The problem in that regard stemmed from the fact that the terms used in various national legal languages were almost untranslatable into other languages, because they corresponded to specific concepts in a particular legal system. The Commission ... could not formulate any general rules on that point.[1]

Diese Arbeit dient der Vorbereitung von Untersuchungen der subjektiven Tatseite, verkürzt: „Vorsatz" und „Irrtum", im Völkerstrafrecht. In ihr werden daher weder Normsätze der völkerstrafrechtlichen *lex lata* erhoben und analysiert noch Vorschläge *de lege ferenda* gemacht. Vielmehr setzt diese Arbeit eine Stufe zuvor an und untersucht das begriffliche Instrumentarium, mit welchem völkerstrafrechtliche Normen solchen Inhalts operieren müssen. Ihr Ziel ist ein Beitrag zu einer transnationalen, insbesondere völkerstrafrechtlichen Vorsatzdogmatik in Gestalt einer Elementarlehre, deren Aufgabe es ist, um die Metapher KANTS[2] zu entlehnen, zunächst das „Bauzeug" zu sichten und zu prüfen, auch um zu bestimmen, „zu welchem Gebäude, von welcher Höhe und Festigkeit" es zulange. Denn Völkerstrafrecht ist eine junge Disziplin und seine Dogmatik im Sinne einer vertieften wissenschaftlichen Durchdringung und Begründung befindet sich erst *in statu nascendi*. Der Ansatz dieser Arbeit beruht auf dem einfachen Gedanken, daß der Bau einer Dogmatik jeglichen übernationalen Strafrechts nicht gelingen kann, solange die Arbeiter in verschiedenen Zungen reden, verschiedene Maße benutzen und verschiedenes Material verwenden – das alles heißt hier: mit verschiedenen Begriffen und Dogmen arbeiten. Falls es außer dem vorangestellten Zitat, das diese Schwierigkeiten in der Arbeit der International Law Commission, die schließlich vor ihnen kapituliert hat, bezeugt, noch weiterer Belege bedarf, so hat sich bei den Verhandlungen über die Vorsatzbestimmung im Rom-Statut und ebenso bei der Formulierung der Elements of Crimes gezeigt, daß das Verharren in der jeweils heimischen Begriffswelt die Verständigung erheblich erschweren, sogar zum Kommunikationsabbruch führen kann.[3] Hier soll deshalb ein analytischer Bezugsrahmen aufgezogen werden, der sowohl möglichst neutrale Beschreibung dessen, wor-

---

[1] PAUL REUTER in der International Law Commission, Summary records of the meetings of the forty-first session 2 May–21 July 1989, 2101st meeting–12 May 1989, UN Doc. A/CN.4/SR.2101, YBILC 1989-I, 34, 38 f., §§ 48 f.

[2] *Kritik der reinen Vernunft*, Transzendentale Methodenlehre, A 707/B 735.

[3] CLARK, ZStW 114 (2002), 372, 379 Fn. 21; KELT & VON HEBEL, *General Principles of Criminal Law and the Elements of Crimes*, S. 19, 22.

über zu reden ist, erlaubt als auch genauere Bestimmung, Vergleich und Erklärung unterschiedlicher nationaler Konzepte; dieses analytische Feld wird zudem Regelungsmöglichkeiten und deren mögliche Begründungen verzeichnen. Zwar geht es in erster Linie um die Bereitstellung theoretischen Werkzeugs, doch wird dessen vorherige, bisweilen eingehende Überprüfung erkennen lassen, daß manches besser, anderes weniger brauchbar ist, oder, im Bild des „Bauzeugs", daß mancher Grund sumpfig, mancher alte Balken morsch und manches Maßband ungenau ist.

Die Anforderungen an einen solchen analytischen Rahmen werden sub B. weiter erläutert. Vorab wird die folgende Einführung den Problemkontext von Vorsatz und Irrtum im Völkerstrafrecht umreißen und zu der methodischen Stelle, die diese Arbeit in ihm einnimmt, hinleiten.

I. Völkerstrafrecht

1. Begriff

„Völkerstrafrecht" bezeichnet diejenigen Normen des Völkerrechts, die die Strafbarkeit von Einzelpersonen begründen. Dazu gehören weiter die Annexmaterien des Strafverfahrensrechts, der Strafvollstreckung, der Gerichtsorganisation, der Rechtshilfe usw. Völkerstrafrecht ist formell Völkerrecht, materiell Strafrecht. Dies gilt, wenn man die Rechtsquellen und den Inhalt der Normen betrachtet. Aber auch der Satz ist richtig: Völkerstrafrecht ist materiell Völkerrecht und formell Strafrecht. Dies gilt, wenn man das Schutzgut der Normen für wesentlich und den Sanktionscharakter als akzidentell ansieht.[4] Völkerstrafrecht hat die Garantie von Völkerrechtsnormen, die den einzelnen verpflichten, zum Gegenstand: Völkerrecht regiert also nicht allein den Modus der Rechtsgenese und der Auslegung, sondern auch die Bezugspunkte der historischen, systematischen und teleologischen Interpretation. Wie aber die Zurechnung von Verhalten und seine Sanktionierung im einzelnen zu regeln ist, ist strukturell genuin strafrechtliche Materie.[5]

Im engeren Sinne werden – vor allem im deutschsprachigen Raum – unter „Völkerstrafrecht" nur solche Völkerrechtsnormen verstanden, die die Strafbarkeit des einzelnen *unmittelbar* begründen,[6] ohne der Umsetzung in nationales Strafrecht zu

---

[4] Vgl. TRIFFTERERS Unterscheidung eines formellen und eines materiellen Begriffs des Völkerstrafrechts, *Dogmatische Untersuchungen*, S. 25 ff., 195 ff.

[5] Vgl. PLAWSKI, Rev. sc. crim. 1978, 789, 791; NILL-THEOBALD, ZStW 108 (1996), 229, 233 Fn. 16.

[6] JESCHECK, *Die Verantwortwortlichkeit der Staatsorgane nach Völkerstrafrecht*, S. 9, 206 ff., 319 ff.; EPIL/JESCHECK, *International Crimes*, Band 2, S. 1119, 1120; TRIFFTERER, *Dogmatische Untersuchungen*, S. 30 ff., 34; DERS., Festschrift Jescheck, Band 2, S. 1477 ff., 1495 ff.; DERS., Gedächtnisschrift Zipf, S. 493, 500; IPSEN, *Völkerrecht*[5], § 42 Rn. 1; WERLE, *Völkerstrafrecht*, Rn. 71; KRESS, ZStW 111 (1999), 597, 599; AMBOS, *Internationales Strafrecht*, § 5 Rn. 1; SATZGER, *Interna-*

bedürfen und ungeachtet der Existenz entsprechender nationaler Strafnormen. In einem weiteren Sinne[7] gehören zu "international criminal law",[8] « droit international pénal »,[9] "derecho internacional penal", "diritto internazionale penale", "международное уголовное право" auch Völkerrechtsnormen, hauptsächlich vertraglichen Ursprungs, die Staaten zur Poenalisierung und Strafverfolgung bestimmten Verhaltens *(delicta iuris gentium*[10]*)* verpflichten und somit eine teilweise Rechtsvereinheitlichung und oft Ausdehnung der Gerichtsbarkeit zum Schutz gemeinsamer Interessen anstreben.[11] Viele Verträge formulieren die unter Strafe zu stellenden Verhaltensweisen aus, die jedoch in älteren Vertragswerken überwiegend keine subjektiven Merkmale aufweisen und diese regelmäßig von dem jeweiligen nationalen Strafrecht, in das sie transformiert werden, erhalten. Jüngere Instrumente nehmen in häufigerer und konsistenterer Weise subjektive Merkmale auf, verzichten aber ebenfalls auf definitorische Festsetzungen, die im Detail den jeweiligen nationalen Rechten überlassen bleiben.

Der Unterschied zwischen engem und weitem Begriff des Völkerstrafrechts wird praktisch nur erheblich, soweit Völkerrecht unmittelbar angewandt werden kann, also vor internationalen Gerichten und solchen nationalen Gerichten, die, etwa bei einem monistischen Völkerrechtsverständnis, dazu ermächtigt sind. Die Grenze zwischen mittelbarer und unmittelbarer Strafbarkeit aufgrund Völkerrechts ist durchlässig: Völkerrechtliche Bestrafungspflichten können im Laufe der Zeit zu Gewohnheitsrecht erstarken, das unmittelbar Strafbarkeit begründet.

---

tionales und europäisches Strafrecht, § 11 Rn. 1, alle m. w. Nachw. Vgl. Plawski, *Étude des principes fondamentaux du droit international pénal*, S. 9 ff.; ders., Rev.sc.crim. 1978, 789, 791 u. ff.

7 So etwa Ambos, *Der Allgemeine Teil des Völkerstrafrechts*, S. 40, 424; Bassiouni, *International Criminal Law*², vol. I, S. 4 ff.; ders., *Introduction to International Criminal Law*, S. 1 ff., 114 ff.; Plawski, Rev.sc.crim. 1978, 789, 791, 794 ff.; Ratner & Abrams, *Accountability for Human Rights Atrocities in International Law*², S. 10 f.; Wise, *Perspectives and Approaches*, S. 283, 288 f.; auch die Darstellungen von McDonald & Swaak-Goldman, *Substantive and Procedural Aspects of International Criminal Law;* van den Wyngaert, *International Criminal Law;* Paust, Bassiouni, Williams, Scharf, Gurulé & Zagaris, *International Criminal Law*; Kittichaisaree, *International Criminal Law*; Bantekas & Nash, *International Criminal Law*², umfassen stets *delicta iuris gentium*. Hingegen will Cassese, *International Criminal Law*, S. 23, nur gewohnheitsrechtliche Straftatbestände anerkennen.

8 Der englische Ausdruck ist allerdings mehrdeutig und umfaßt u.a. auch das Kollisionsrecht, dazu Schwarzenberger, 3 Current Legal Probs. 263, 264 ff. (1950).

9 Nicht zu verwechseln mit « droit pénal international », dem strafrechtlichen Kollisionsrecht (Rechtsanwendungsrecht, „internationalem Strafrecht"), siehe nur Glaser, *Droit international pénal conventionnel*, S. 20 f. m. w. Nachw.; Lombois, *Droit pénal international*, S. 10 ff.; Quintano Ripollés, *Tratado de derecho penal internacional e internacional penal*, tomo 1, S. 11 ff.; auch Szurek, *Historique: La formation du droit international pénal*, S. 7, 10 f.

10 S. nur Verdross/Simma, *Universelles Völkerrecht*³, §§ 431 u. ff., §§ 438 f., S. 260 ff., 263 f.

11 Vgl. *United States v. List et al. ("The Hostage Case")*, Trials of War Criminals, vol. XI, 757, 1230, 1241: "An international crime is such an act universally recognized as criminal, which is considered a grave matter of international concern and for some valid reason cannot be left within the exclusive jurisdiction of the state that would have control over it under ordinary circumstances."

Völkerstrafrecht im engen Sinne umfaßt die Kernverbrechen *(core crimes)*, die Eingang in das Rom-Statut gefunden haben und sich auch ätiologisch von typischen Straftaten nationalen Rechts abheben, indem sie Makrokriminalität, staatsverstärkte Kriminalität,[12] jedenfalls Taten bezeichnen, die nur in organisierter Form mit einer sehr großen Zahl Beteiligter zu verwirklichen sind – ausgenommen Kriegsverbrechen, bei denen auch isolierte Taten einzelner möglich sind. Völkerstrafrecht im weiteren Sinne umfaßt eine Vielzahl von *treaty crimes*,[13] deren gewohnheitsrechtlicher Status oft zweifelhaft ist[14] und deren Klassifizierung als Völkerstraftaten im materiellen Sinn von "crimes under international law/international crimes" – wenn Betroffenheit von Rechtsgütern der Völkergemeinschaft wie *peace and security of mankind* gefordert wird und nicht bloße internationale Koordination der Kriminalpolitik und Strafverfolgung – wegen der Nähe zur „gewöhnlichen" Kriminalität heimischer Rechtsordnungen, z.B. Drogenhandel, umstritten ist.[15] Die Berechtigung eines materiellen Völkerstrafrechtsbegriffs[16] darf hier dahinstehen, denn anlaßgebend für diese Arbeit ist Völkerstrafrecht im engen Sinne, weil nur bei unmittelbarer völkerrechtlicher Strafbegründung auch Zurechnungsregeln völkerrechtlichen Ursprungs benötigt werden, vor allem in der Praxis internationaler Gerichte.

2. Rechtsentwicklung

Im letzten Jahrzehnt des 20. Jahrhunderts trat das Rechtsgebiet des Völkerstrafrechts im engen Sinne endgültig in die Wirklichkeit und wurde Praxis. Nach den zahlreichen wohlmeinenden, mitunter utopisch anmutenden Entwürfen der Völkerbundszeit[17] hatten erstmalig nach Ende des Zweiten Weltkrieges die Interna-

---

12 Ausdrücke von NAUCKE, *Die strafjuristische Privilegierung staatsverstärkter Kriminalität*, und JÄGER, *Makrokriminalität. Studien zur Kriminologie kollektiver Gewalt*; DERS., *Makroverbrechen als Gegenstand des Völkerstrafrechts. Kriminalpolitisch-kriminologische Aspekte*, S. 325 ff.

13 BASSIOUNI, *Introduction to International Criminal Law*, S. 116 ff., zählt inzwischen 28 Klassen von Völkerstraftaten.

14 Siehe nur TOMUSCHAT, *Die Arbeit der ILC im Bereich des materiellen Völkerstrafrechts*, S. 270, 278 ff.

15 Umfassende Ordnung nach Schutzgütern und Schweregraden bei BASSIOUNI, *International Criminal Law Conventions and their Penal Provisions*, S. 20 ff., 31 ff.; DERS., *Introduction to International Criminal Law*, S. 116 ff.; zuvor GLASER, *Droit international pénal conventionnel*, S. 205 ff.

16 Ablehnend etwa TRIFFTERER, *Dogmatische Untersuchungen*, S. 195 ff., 215 f., 221. Die International Law Commission hatte ursprünglich in den Draft Articles on Responsibility of States for internationally wrongful acts eine Definition von *international crimes* in Abgrenzung von *international delicts* vorgesehen, YBILC 1976-II-2, 95 f., diese aber schließlich im Lichte der Entwicklung des Rom-Statuts aufgegeben, so daß auch der Terminus der Völkerstraftat sich nun endgültig auf Individuen beschränkt, dazu Commentaries to the draft articles on Responsibility of States for internationally wrongful acts adopted by the International Law Commission at its fifty-third session (2001), UN Doc. A/56/10, S. 59, 127, 277 ff. m. w. Nachw.

17 Überblick in *Historical Survey of the Question of International Criminal Jurisdiction*, UN Doc. A/CN.4/7/Rev. 1 (1949), S. 7 ff.; sowie bei POLITIS, *The New Aspects of International Law*;

tionalen Militärtribunale in Nürnberg (IMT) und Tokio (IMTFE) den Anspruch erhoben, völkerrechtlich begründetes Strafrecht anzuwenden, obgleich bis heute umstritten bleibt, ob es sich nicht doch nur um Besatzungsrecht handelte.[18] Die Weiterentwicklung der Nürnberger Prinzipien und Schaffung geschriebenen materiellen und formellen völkerrechtlichen Strafrechts wurde Desiderat der Völkergemeinschaft und Aufgabe der Vereinten Nationen[19] und privater Organisationen[20].

LEVY, 12 U.Chi.L.Rev. 313 ff. (1944–45); JESCHECK, *Die Verantwortlichkeit der Staatsorgane nach Völkerstrafrecht*, S. 29 ff., 68 ff.; BASSIOUNI, 149 Mil.L.Rev. 49 ff. (1995); AHLBRECHT, *Geschichte der völkerrechtlichen Strafgerichtsbarkeit im 20. Jahrhundert*, S. 23 ff., 46 ff. Eine der treibenden Kräfte seit den zwanziger Jahren war VESPASIEN PELLA, z.B. *La criminalité collective des États et le droit pénal de l'avenir*[2]; DERS., *La guerre-crime et les criminels de guerre*.

[18] So JESCHECK, *Die Verantwortlichkeit der Staatsorgane nach Völkerstrafrecht*, S. 288 ff., 290 ff.; siehe auch AHLBRECHT, *Geschichte der völkerrechtlichen Strafgerichtsbarkeit im 20. Jahrhundert*, S. 69 ff., jew. m. w. Nachw.

[19] In einer ihrer ersten Resolutionen bestätigte die Generalversammlung der UN die dem IMT-Urteil zugrundeliegenden Prinzipien, UN GA Res. 95 (I) vom 11.12.1946, UN Doc. A/64/Add.1 (1947). In der Resolution 177 (II) vom 21.11.1947 erteilte sie der neu gegründeten International Law Commission (ILC) den Auftrag, die Prinzipien des Völkerrechts, die im Statut und im Urteil des Nürnberger Gerichtshofs anerkannt seien, zu formulieren und einen Entwurf eines Kodex der Verbrechen gegen den Frieden und die Sicherheit der Menschheit auszuarbeiten. Im Jahr 1950 legte die ILC den Entwurf von sieben „Nürnberger Prinzipien" (UN Doc. A/1316 = YBILC 1950 II, 74 ff.) sowie im Jahr 1951 einen ersten (UN Doc. A/1858 = YBILC 1951 II, 133 ff.) und 1954 einen überarbeiteten zweiten Entwurf (UN Doc. A/2693 = YBILC 1954, 149 ff.) des "Draft Code of Offences against the Peace and Security of Mankind" vor, der sich an das IMT-Statut und die Nürnberger Prinzipien anlehnte. Der Entwurf erfuhr in der Generalversammlung allerdings nur dilatorische Behandlung, weil das zugleich angegangene Projekt einer Definition des Angriffskrieges bzw. des Delikts der Aggression auf erhebliche Schwierigkeiten stieß. Daher wurde beschlossen, die weiteren Arbeiten am Draft Code auszusetzen, bis Einigkeit über die Definition der Aggression erzielt sei (GA Res. 895 und 897 (IX) vom 4.12.1954 sowie GA Res. 1186 (XII) vom 11.12.1957). 1968 wurde dieser Beschluß bekräftigt (GAOR 23 Sess. Annexes, agenda item 8, A/BUR/171 Rev.1 § 4 und UN Doc. A/7250 § 10). Die Anstrengungen, ein Internationales Strafgericht zu schaffen, sind ebenfalls über lange Zeit erfolglos geblieben. Am 14.12.1974 wurde mit Resolution 3314 (XXIX) eine Einigung über die Definition der Aggression erreicht. Die Generalversammlung beschloß am 16.12.1978, die Mitgliedstaaten und zuständigen internationalen Organisationen um Stellungnahmen zu bitten und das Thema auf die Tagesordnung der 35. Sitzung 1980 zu setzen und weiter zu behandeln. Doch erst 1981 erstattete der Generalsekretär einen Bericht über den Draft Code (UN-Chronicle, vol. XVIII, S. 39, TOP 111) und 1982 nahm die ILC die Arbeit an den Entwürfen zum Völkerstrafrecht wieder auf. Es sollte auf dem Entwurf von 1954 aufgebaut und dieser an die zwischenzeitlichen Entwicklungen angepaßt, vor allem um weitere Straftatbestände unter Berücksichtigung der seitdem ergangenen Übereinkommen und Resolutionen ergänzt werden. In ihrer 43. Sitzungsperiode 1991 nahm die ILC den 26 Artikel umfassenden Entwurf eines "Code of Crimes against the Peace and Security of Mankind" (UN Doc. A/46/10 = YBILC 1991 II-2, 94 ff.) an und legte ihn der Generalversammlung vor. Auf Initiative Trinidad und Tobagos wurde 1989 auch das Projekt Internationaler Strafgerichtshof fortgeführt. Ergebnis dieser Arbeiten sind die verschiedenen Entwurfsfassungen der International Law Commission (UN Doc. A/38/10 = YBILC 1983 II-2, 10 ff.; A/39/10 = YBILC 1984 II-2, 7 ff.; A/40/10 = YBILC 1985 II-2, 7 ff.; A/42/10 = YBILC 1987 II-2, 7 ff.; A/43/10 = YBILC 1988 II-2, 55 ff.; A/44/10= YBILC 1989 II-2, 50 ff.; A/45/10 = YBILC 1990 II-2, 27 ff.; A/46/10; A/48/10 = YBILC 1993 II-2, 100 ff.; A/49/10 = YBILC 1994 II-2, 1 ff.; A/51/10 = YBILC 1996 II-2, 15 ff.) sowie dreizehn Berichte des *Special Rapporteur* mit Erläuterungen (UN Doc. A/CN.4/364 = YBILC 1983 II-1,

Erreicht wurden dennoch nur punktuelle Regelungen, z.B. die Poenalisierung des Völkermords,[21] in vereinzelten Verträgen. Die vielfältigen Kodifikationsentwürfe waren für lange Zeit ohne jede Aussicht auf politischen Konsens und daher *sub specie aeternitatis* geschrieben.

Aus der langen Reihe dieser Entwürfe ist in ungeahnter Eile das Rom-Statut des Internationalen Strafgerichtshofs[22] von 1998 hervorgegangen, mit dessen Inkrafttreten am 1.7.2002 erstmals ein umfassend positiviertes und aufgrund der großen Anzahl von Ratifikationen[23] auch weithin geltendes materielles und formelles Völkerstrafrecht entstanden ist. Der in Rom vereinbarte Internationale Strafgerichtshof (ICC) hat sich mittlerweile in Den Haag konstituiert und die Arbeit aufgenommen. Wirkliches und praktisches Völkerstrafrecht, das die Entwicklung zum Rom-Statut maßgebend beschleunigt hat, findet sich schon wenig zuvor in der Rechtsprechung der beiden 1993 und 1994 durch Beschlüsse des Sicherheitsrats[24] eingesetzten *Ad hoc*-Tribunale für das frühere Jugoslawien in Den Haag und für Ruanda in Arusha.

---

137 ff.; A/CN.4/377 = YBILC 1984 II-1, 89 ff.; A/CN.4/387 = YBILC 1985 II-1, 63 ff.; A/CN.4/398 = YBILC 1986 II-1, 53 ff.; A/CN.4/404 = YBILC 1987 II-1, 1 ff.; A/CN.4/411 = YBILC 1988 II-1, 197 ff.; A/CN.4/419 und Add.1 = YBILC 1989 II-1, 81 ff.; A/CN.4/430 und Add.1 = YBILC 1990 II-1, 27 ff.; A/CN.4/435 = YBILC 1991 II-1, 37 ff.; A/CN.4/442 = YBILC 1992 II-1, 51 ff.; A/CN.4/449 = YBILC 1993 II-1; A/CN.4/460 = YBILC 1994 II-1; A/CN.4/466 = YBILC 1995 II-1), die schließlich in der Vorbereitung der römischen Konferenz kulminieren.

20 Z.B. der International Law Association (ILA), *Protocol II to the Statute for an International Criminal Court and to the Statute for an International Commission of Criminal Inquiry Containing Defences (Revised)*, in: Report of the Sixty-fourth Conference held at Broadbeach, Queensland, Australia, S. 185 ff.; dies., *Draft Statute for an International Commission on Criminal Inquiry*, Report of the Fifty-ninth Conference held at Belgrade, 1980, S. 400 ff.; sowie von der Association internationale de droit pénale (AIDP)/Istituto Superiore Internazionale di Scienze Criminali (ISISC)/Max-Planck-Institut für ausländisches und internationales Strafrecht (MPI), *Draft Statute for an International Criminal Court–Alternative to the ILC-Draft (Siracusa Draft), prepared by a Committee of Experts*, Siracusa/Freiburg, July 1995, mit einer überarbeiteten Fassung von 1996 *(Updated Siracusa Draft)*.

21 Konvention über die Verhütung und Bestrafung des Völkermordes vom 9.12.1948, 78 U.N. T.S. 277, BGBl. 1954 II, 730.

22 Rome Statute of the International Criminal Court, adopted by the United Nations Diplomatic Conference of Plenipotentiaries on the Establishment of an International Criminal Court on 17 July 1998, UN Doc. A/CONF.183/9; dt. Zustimmungsgesetz vom 4.12.2000, BGBl. 2000 II, 1393; englischer, französischer und deutscher Text auch in BGBl. 2000 II, 1394 ff.; amtliche deutsche Übersetzung ebenfalls in BT-Drs. 14/2682, S. 9 ff.

23 Am 22.8.2006 hatten 102 Staaten das Statut ratifiziert, 139 gezeichnet.

24 Das "International Tribunal for the Prosecution of Persons Responsible for Serious Violations of International Humanitarian Law Committed in the Territory of the Former Yugoslavia" (ICTY) wurde mit Sicherheitsratsresolution 827 (1993) vom 25.5.1993, UN Doc. S/Res/827 (1993) = VN 1993, 156, errichtet. Das "International Criminal Tribunal for the Prosecution of Persons Responsible for Genocide and Other Serious Violations of International Humanitarian Law Committed in the Territory of Rwanda and Rwandan Citizens Responsible for Genocide and Other Such Violations Committed in the Territory of Neighbouring States, Between 1 January 1994 and 31 December 1994" (ICTR) beruht auf Resolution 955 (1994) des Sicherheitsrats vom 8.11.1994, UN Doc. S/Res/955 (1994) = VN 1995, 39.

Die auch für einen multilateralen Vertrag ungewöhnlich große Anzahl von Signaturen und Ratifikationen macht das Rom-Statut, trotz des Fehlens gewichtiger Nationen, zu einem bedeutenden Ausdruck der *opinio iuris* der Staatengemeinschaft und ist von den *Ad hoc*-Tribunalen auch entsprechend gewürdigt worden.[25] Da sich das Vertragswerk auf die wesentlichen gewohnheits- und vertragsrechtlich entwickelten Straftatbestände beschränkt, könnte es nicht nur als Kristallisation bisherigen Gewohnheitsrechts, sondern insgesamt als Kodifikation des Völkerstrafrechts anzusehen sein, so daß es scheinen möchte, daß sich völkerstrafrechtliche Untersuchungen künftig mit dem Rom-Statut begnügen dürften. Dennoch ist davon auszugehen, daß bisheriges Gewohnheitsrecht, wie es zur Zeit die *Ad hoc*-Tribunale anwenden, fortbesteht,[26] auch zwischen[27] den Vertragsparteien.[28] Ins-

---

[25] Z.B. ICTY, *Prosecutor v. Furundžija,* Trial Chamber, Judgement of 10 December 1998 (IT-95-17/1-T), § 227; *Prosecutor v. Tadić,* Appeals Chamber, Judgement of 15 July 1999 (IT-94-1-A), § 223.

[26] Dies entpricht der wohl überwiegenden allgemeinen Meinung zum Verhältnis von Kodifikationskonvention und bisherigem Gewohnheitsrecht, die im Grundsatz selbständig nebeneinander stehen, falls keine ausdrückliche Derogation des letzteren *inter partes* gewollt ist, cf. *North Sea Continental Shelf,* ICJ Rep. 1969, 3, 39 § 65; *Military and Paramilitary Activities in and against Nicaragua (Merits),* ICJ Rep. 1986, 14, 93 f. §§ 175 f.; INSTITUT DE DROIT INTERNATIONAL, Resolution of 1st September 1995 on *Problems arising from a Succession of Codification Conventions on a Particular Subject,* conclusion 10, 66-II Ann.Inst.Dr.Int. 434, 441 (1996); BROWNLIE, *Principles of Public International Law*^{5}, S. 13; VERDROSS/SIMMA, *Universelles Völkerrecht*^{3}, § 643 S. 414; IPSEN/HEINTSCHEL VON HEINEGG, *Völkerrecht*^{5}, § 20 Rn. 3; JENNINGS, 24 Brit.Y.B.Int'l L. 301, 306 (1947): "The codifying treaty does not replace existing customary law but is necessarily superimposed upon it."; MAREK, ZaöRV 31 (1971), 489, 496 f.; BAXTER, R.C.A.D.I. 129 (1970-I), 25, 31 f., 36 ff.; AGO, *La codification du droit international et les problèmes de sa réalisation,* S. 93, 99; WOLFKE, *Custom in Present International Law*^{2}, S. 114 f.; DERS., *Can Codification of International Law Be Harmful?,* S. 313, 316 f.; ZEMANEK, Internationale Festschrift Verdross, S. 565, 586; DEGAN, *Sources of International Law,* S. 517 ff. Abl. TAMMES, Nederlands Tijdschrift voor internationaal Recht 10 (1963), 225, 229; BOS, *A Methodology of International Law,* S. 91 ("a customary rule becomes *ipso facto* abrogated by its codification").

Anwendungskonflikte lösen sich nach allgemeinen Regeln wie dem Vorrang der *lex posterior* oder der *lex specialis,* VERDROSS/SIMMA, *Universelles Völkerrecht*^{3}, § 643 S. 414; IPSEN/HEINTSCHEL VON HEINEGG, *Völkerrecht*^{5}, § 20 Rn. 2; DEGAN, *Sources of International Law,* S. 518.

[27] Daß das Rom-Statut das Gewohnheitsrecht *außerhalb* des Kreises seiner Vertragsstaaten formal unberührt läßt, ergibt sich bereits aus dem Grundsatz *pacta tertiis nec nocent nec prosunt,* vgl. allg. nur JENNINGS, 24 Brit.Y.B.Int'l L. 301, 303 ff. (1947); ZEMANEK, Internationale Festschrift Verdross, S. 565, 588; SCHACHTER, *The Nature and Process of Legal Development in International Society,* S. 745, 777. Auf Dauer kann eine Kodifikation aber eine rechtliche Sogwirkung auf das außerhalb ihres Geltungsbereichs liegende Gewohnheitsrecht ausüben, vgl. allg. BAXTER, R.C.A.D.I. 129 (1970-I), 25, 102; AKEHURST, 47 Brit.Y.B.Int'l L. 1, 51 (1974–76); ZEMANEK, *ibid.*, S. 565, 591; SCHACHTER, *ibid.*, S. 745, 778; ähnl. JENNINGS, *ibid.*, 304 f.

[28] Die allgemeine Annahme eines Nebeneinander der beiden Rechtsquellen von Vertrag und Gewohnheitsrecht auch zu demselben Regelungsgegenstand wird im Rom-Statut explizit bestätigt, vgl. dessen Art. 10 und 22 Abs. 3 sowie die vorsichtige Formulierung der Tatbestände der Art. 6–8, die jeweils beginnen "*For the purpose of this Statute,* 'genocide'/'crime against humanity'/'war crimes' means ..." Diese Einschränkungen sollten es den Staaten erlauben, dem Statut zuzustimmen, ohne zugleich eine Position zum Gewohnheitsrecht beziehen zu müssen, VON HEBEL & ROBIN-

besondere die Aufnahme von Vorschriften des Allgemeinen Teils stellt zwar einen erfreulichen Fortschritt, aber auch einen notwendigerweise rechtsschöpferischen Akt dar, weil entsprechende gewohnheitsrechtliche Normen besonders unsicher, wenn überhaupt vorhanden sind, und es hier wie so oft[29] keinen Anhalt für eine zuverlässige Ermittlung allgemeiner Rechtsgrundsätze nationalen Ursprungs noch überhaupt für die bei der Vorbereitung multilateraler Konventionen an sich gebotenen umfassenden rechtsvergleichenden Studien[30] in den Vorarbeiten zur Rom-Konferenz gibt.

Anzunehmen ist somit die Existenz zweier Rechtsmassen im Völkerstrafrecht, die sich nicht nur formell durch die Ratifikation des Vertrages unterscheiden,[31] aber sonst Völkerstrafrecht gleichen Inhalts bildeten, sondern auch materiell divergieren können – das bisherige Konglomerat aus ein wenig Vertragsrecht und viel Gewohnheitsrecht mit erheblichem Ergänzungsbedarf durch allgemeine Rechtsgrundsätze nationaler Provenienz (dazu unten III.) einerseits und das Rom-Statut andererseits.[32] Abweichungen zwischen Formulierungen des Rom-Statuts und bisherigem Gewohnheitsrecht sind inzwischen angenommen worden.[33] Die Übereinstimmung mit dem Gewohnheitsrecht ist daher für jede einzelne der Vorschriften,

---

SON, *Crimes within the Jurisdiction of the Court*, S. 79, 88. Zwar war die Übereinstimmung mit dem Gewohnheitsrecht maßgebendes Kriterium für die Aufnahme einzelner Normen in das Statut, dazu VON HEBEL & ROBINSON, *ibid.*, S. 79, 90 ff., 122 ff., das vornehmlich nicht neues materielles Recht, sondern eine neue Institution zur Anwendung vorhandenen Rechts schaffen sollte, TRIFFTERER, Festschrift Roxin, S. 1415, 1420, 1427; vgl. Report of the Preparatory Committee on the Establishment of an International Criminal Court, vol. I, §§ 51–54, S. 16, UN Doc. A/51/22 (1996), doch wurde ein Konsens über den präzisen Zustand des Gewohnheitsrechts zugleich als unmöglich erachtet, SALAND, *International Criminal Law Principles*, S. 189, 195.

Die Fortexistenz bisherigen Gewohnheitsrechts ist hier zudem leichter vorstellbar, weil es sich vornehmlich um die Schaffung einer neuen Institution und nicht bloß um eine materiell-rechtliche Kodifikation wie etwa die Völkermordkonvention handelt. Die materiell-rechtlichen Vorschriften sind so stark an den errichteten Gerichtshof gebunden, daß sie von manchen – TRIFFTERER, Gedächtnisschrift Zipf, S. 493, 532; wohl auch CASSESE, *International Criminal Law*, S. 17; zutr. a.A. TOMUSCHAT, FW 73 (1998), 335, 337, ähnl. MERON, *Crimes under the Jurisdiction of the International Criminal Court*, S. 47, 48 – gar nicht als materiell-rechtlich, sondern bloß als Kompetenztitel seiner Gerichtsbarkeit angesehen werden. Dies spricht zusätzlich gegen eine Derogation bisherigen Gewohnheitsrechts im Kreis der Vertragsstaaten.

29 Vgl. allg. RAJSKI, *A Comparative Approach to International Law*, S. 127, 128 ff. m. w. Nachw.

30 DUTOIT, *Comparative Law and Public International Law*, S. 67, 75: "It goes without saying that no serious preparation of a draft convention can be done without knowing beforehand the positions of municipal laws on the point in issue, either in order to find a common denominator, if it exists, or to devise new solutions better suited to international problems."; RAJSKI, *A Comparative Approach to International Law*, S. 127, 128 ff.

31 Vgl. allg. BOS, *A Methodology of International Law*, S. 91.

32 CASSESE, 10 Eur.J.Int'l L. 144, 157 f. (1999); ebenso CASSESE/GAETA/JONES/PELLET, *The Rome Statute of the International Criminal Court*, Band 2, S. 1051, 1083.

33 Z.B. *Prosecutor v. Kupreškić*, Trial Chamber, Judgement of 14 January 2000 (IT-95-16-T), § 580, für *persecution*.

denen keineswegs gleiche Aufmerksamkeit und Sorgfalt zuteil wurde,[34] gesondert zu prüfen. Insgesamt stellt sich das Rom-Statut damit allenfalls als Teilkodifikation beschränkter Reichweite und mitunter auch bescheidener Qualität dar. Ein „Restatement" des Völkerstrafrechts ist es nicht.

Seinem Entwicklungsstand nach war das Völkerstrafrecht bislang ein embryonales, im Vergleich zu den nationalen Strafrechtsordnungen dogmatisch primitives Rechtsgebiet.[35] Solange der Streit um Ob und Wie völkerstrafrechtlicher Tatbestände beherrschend und ein Konsens über die Institution, die sie einmal anwenden sollte, noch nicht abzusehen war, war an die Ausformung eines Allgemeinen Teils kaum zu denken,[36] und nach manchen Vorschlägen, die eine im engeren Sinne international-strafrechtliche, d.h. kollisionsrechtliche Lösung durch Verweis etwa auf das nationale Recht des Angeklagten oder die *lex loci delicti commissi* befürworteten,[37] auch nicht vonnöten. Im übrigen war unter den Völkerstrafrechtlern bis vor kurzem die Zahl genuiner Strafrechtler ohnehin verschwindend gering.[38] Noch zu

---

[34] Triffterer/Bassiouni, *Commentary on the Rome Statute*, Preface Rn. 4.

[35] Vgl. nur Dinstein, 1 Touro J. Transnat'l L. 315, 315 (1990): "No branch of international law is suffused with the hallmarks of a primitive legal system as much as international criminal law."; siehe auch Bassiouni, 1 Touro J. Transnat'l L. 129, 135 f. (1988): "In addition, it [i.e. ICL] has all the weaknesses and difficulties inherent in international law. In addition it has weaknesses of an unsystematic criminalization approach which collects in indiscriminate fashion several normative proscriptions which share little in common and are not bound by an overall framework and general rules ... Thus, International Criminal Law which is thought of as combining the best features of international law and criminal law has only managed so far to combine its worst."

[36] Report of the International Law Commission to the General Assembly on the work of its thirty-sixth session, Draft Code of Offences against the Peace and Security of Mankind, UN Doc. A/39/10, YBILC 1984-II, Part Two, S. 7, 12 §§ 38 f.; vgl. Plawski, *Étude des principes fondamentaux du droit international pénal*, S. 142; Cavicchioli, Riv.dir.int. 76 (1993), 1047, 1055; Triffterer, Gedächtnisschrift Zipf, S. 493, 507 f.; Nill-Theobald, *"Defences" bei Kriegsverbrechen am Beispiel Deutschlands und der USA*, S. 6, 37 Fn. 1.

[37] So schon Pella, *La Guerre-crime et les criminels de guerre*, S. 115, und noch Bassiouni & Blakesley, 25 Vand.J.Transnat'l L. 151, 175 (1992), sowie der *Updated Siracusa Draft 1996*, Introductory Remarks to the General Part, vor Art. 33.

[38] Dies beklagten schon J. Hall, *International Criminal Law. From the Perspective of American Law and the Science of Criminal Law*, S. 82, 83 ("... the unfortunate fact that recent efforts to construct a code of international penal law have proceeded without enlistment of specialists in municipal criminal law who, presumably, should have something of significance to contribute. ... much of the extant literature on international penal law bears the heavy marks of ideology and unreality."), 86 ff., und Baade, *Individual responsibility*, S. 291, 324 f. ("... until relatively recently at least, a number of those who contribute to the body of literature on international criminal law have not been professional lawyers. Even where authors had this essential qualification, criminal law was usually not their main field of interest. It seems a relatively safe assumption, at least for the United States, the United Kingdom, and—to a lesser extent—West Germany, that the literature on customary international criminal law has been produced, in the main, by strangers to the field of academic criminal law. This personal component of the process of law creation poses several dangers, which might perhaps be illustrated by the seemingly far-fetched example of an authoritative medical journal that freely accepts and publishes amateur contributions."), 327.

Beginn der neunziger Jahre wurde die Ausarbeitung eines Allgemeinen Teils, solange eine Kodifikation fehlt, für nahezu unmöglich erklärt.[39] Die 1993 und 1994 erlassenen Statute der *Ad hoc*-Tribunale[40] gehen in ihrem Verzicht auf allgemeine Zurechnungsregeln insoweit über das IMT-Statut nicht hinaus. Tatsächlich gab es erst in der zweiten Hälfte der neunziger Jahre vermehrt Entwürfe für Regelungen des Allgemeinen Teils.[41] Eine intensivere Diskussion hat jedoch, von den spezifisch völkerstrafrechtlichen Problemgebieten des Handelns auf Befehl und der Verantwortlichkeit Vorgesetzter, die schon in Art. 7 und 8 des IMT-Statuts[42] geregelt waren, abgesehen, nicht stattgefunden.[43] Eingehendere wissenschaftliche Bearbeitungen zu allgemein-dogmatischen Fragen wie zur inneren Tatseite im Völkerstrafrecht waren zunächst rar und sind teilweise deutlich veraltet.[44] Mittlerweile hat zwar eine Flut von Publikationen eingesetzt[45] und die ersten Lehrbücher sind erschienen, doch steht eine Völkerstrafrechtswissenschaft nach wie vor noch ganz am Anfang.

Spätestens mit Beginn der Rechtsprechung der beiden *Ad hoc*-Tribunale ist der Bedarf nach einem im dogmatischen Sinne *vollständigen* völkerstrafrechtlichen Regelwerk imminent, denn Zurechnung, Strafzumessung etc. müssen Regeln unterliegen, die zu benennen sind. Die eingehenden Vorschriften im 3. Abschnitt des Rom-Statuts ("General Principles of Criminal Law", Art. 22–33) sind daher zu begrüßen. Allerdings ist die Frage nach den im Völkerstrafrecht geltenden Zurech-

---

39 Bassiouni, *Crimes Against Humanity In International Criminal Law*, S. 343: "... the identification of the general part of international criminal law is, in the absence of codification, an almost impossible task to accomplish.", *ibid.*, S. 349 f.: "To attempt a synthesis of such a wide range of diversity, which has only been illustrated above, makes the possibility of ascertaining 'general principles of law' beyond some fundamental and basic generalities, very difficult, if not impossible."

40 Vgl. Art. 7 des ICTY-Statuts, UN Doc. S/25704 Annex, 3 May 1993; entsprechend Art. 6 des ICTR-Statuts, UN Doc. S/Res/955 (1994), 8 November 1994.

41 Noch in den unmittelbaren Vorarbeiten zum Rom-Statut war z. B. umstritten, ob außer dem allgemeinen Vorsatzerfordernis nähere Vorschriften z. B. zu Irrtumsfragen formuliert werden sollten, siehe Summary of the Proceedings of the Preparatory Committee During the Period 25 March – 12 April 1996, UN Doc. A/AC. 249/1 (7 May 1996), S. 27 §§ 96 f. (zu *mens rea*), S. 28 f. § 102 (zu *defences*). Eine intensivere legislatorische Tätigkeit hat sich erst in der Working Group on General Principles of Criminal Law and Penalties des Preparatory Committee entfaltet, siehe unten Fußn. 53.

42 Agreement for the Prosecution and Punishment of the Major War Criminals of the European Axis. Signed at London, on 8 August 1945, 82 U.N.T.S. 279 No. 251 & Charter of the International Military Tribunal = 39 Am.J.Int'l L., Supp., 257 (1945).

43 Vgl. nur Wise, 25 Denv.J.Int'l.L. & Pol'y 313, 316 (1997): "...on the whole, however, discussion in these cases of general principles of criminal liability is sparse, superficial, and inconclusive."

44 Nach der Arbeit Jeschecks, *Die Verantwortlichkeit der Staatsorgane nach Völkerstrafrecht*, S. 242 ff., 374 ff., stammt die wohl erste detailliertere Bearbeitung auf rechtsvergleichender Grundlage von Glaser, *Infraction internationale: ses éléments constitutifs et ses aspects juridiques*, S. 110 ff.; ders., *Culpabilité en Droit International Pénal*, R.C.A.D.I. 99 (1960-II), 467, 473–527; knapper Plawski, *Étude des principes fondamentaux du droit international pénal*, S. 155 ff.

45 Die Arbeiten zur subjektiven Tatseite sind indes überschaubar geblieben, vor allem Cavicchioli, Riv.dir.int. 76 (1993), 1047 ff.; Ambos, *Der Allgemeine Teil des Völkerstrafrechts*, S. 368 ff., 757–824; Clark, 12 Crim.L.F. 291 ff. (2001) = ZStW 114 (2002), 372 ff.; Cassese, *International Criminal Law*, S. 159 ff.; Werle, *Völkerstrafrecht*, Rn. 261 ff.

nungsregeln mit dem Rom-Statut, wie gezeigt, auch nach seinem Inkrafttreten keineswegs erschöpfend beantwortet,[46] vielmehr bietet es nur den ersten festen Orientierungspunkt in einem weiten dogmatischen Feld, welches bislang überwiegend unkartierte *terra incognita* war. Einen Beitrag zur Erschließung eines Teilgebietes soll diese Arbeit leisten.

II. Problemaufriß: „Vorsatz" und „Irrtum" im Völkerstrafrecht

Diese Arbeit bereitet Untersuchungen der Formen bewußter Tatbegehung vor, zusammenfassend abgekürzt als „Vorsatz" und sein Gegenstück „Irrtum". Einbezogen wird das Unrechtsbewußtsein, das in vielen Rechten als Vorsatzbestandteil behandelt wird. Nicht betrachtet werden die Problemkreise der Schuldfähigkeit, des entschuldigenden Notstands, namentlich des Handelns auf Befehl, und die Besonderheiten der Vorgesetztenverantwortlichkeit.

Es kann trotz mancher Ausnahmen als universell akzeptierte Regel gelten, daß strafrechtliche Verantwortlichkeit für schwerwiegende Taten im nationalen Recht nicht allein die Verwirklichung der äußeren, objektiven Tatbestandsmerkmale *(actus reus)* erfordert, sondern zusätzlich das Vorliegen subjektiv bezogener Elemente verlangt *(actus non facit reum nisi mens sit rea)*, die entweder als psychologische Fakten (Absicht, Kenntnis, Wissen usw.) oder als normative Zuschreibung verstanden werden können (z.B. *constructive intent, imputed knowledge*[47]). Im Völkerstrafrecht ist die Notwendigkeit einer subjektiven Tatseite heute[48] ebenfalls

---

46 So auch TRIFFTERER, Gedächtnisschrift Zipf, S. 493, 533; DERS., *Commentary on the Rome Statute,* Preliminary Remarks Rn. 62. Auch die Präzisierung der Verbrechensmerkmale in den Elements of Crimes, Adopted by the Assembly of States Parties, First Session, New York, 3–10 September 2002, Official Records ICC-ASP/1/3, läßt wenigstens so viele Fragen offen wie sie – vielleicht – beantwortet, zum Entwurf siehe nur AMBOS, NJW 2001, 405, 407, der immer noch „erheblichen Klärungsbedarf im Bereich der subjektiven Voraussetzungen völkerstrafrechtlicher Verantwortlichkeit" konstatiert.

47 Z.B. in ICTY, *Prosecutor v. Tadić,* Trial Chamber, Judgement of 7 May 1997 (IT-94-1-T), §§ 656 ff.; *Prosecutor v. Kordić & Čerkez,* Trial Chamber, Judgement of 26 February 2001 (IT-95-14/2-T), §§ 185, 429 ff.; s.a. AMBOS, *Internationales Strafrecht,* § 7 Rn. 198 m. w. Nachw.

48 Während der Diskussionen der International Law Commission über den Draft Code of Offences Against the Peace and Security of Mankind wurde vereinzelt die Auffassung vertreten, wegen der extremen Schwere der Delikte seien subjektive Elemente überflüssig, so BARSEGOV, Summary records of the meetings of the thirty-ninth session 4 May–17 July 1987, 1999th meeting–19 May 1987, UN Doc. A/CN.4/SR.1999, in: YBILC 1987-I, 44 ff., 46 ff., §§ 15 ff. Unklar ist, ob dies wirklich als materiell-rechtliche Aussage oder nur als Verzicht auf den Nachweis der subjektiven Tatseite gemeint war, da z.B. bei Völkermord eine unvorsätzliche Begehung in der Tat nicht vorstellbar ist, so Draft Code of Offences against the Peace and Security of Mankind, Report of the International Law Commission to the General Assembly on the work of its thirty-ninth session, UN Doc. A/42/10, in YBILC 1987 II-2, S. 7 ff., 13, § 66.

unbestritten.[49] Allerdings haben weder die Nürnberger Prozesse noch die nachfolgende Entwicklung eine nennenswerte Klärung der Struktur und Komponenten dieser subjektiven Seite erbracht.[50] Die International Law Commission sah die Formulierung allgemeiner Regeln hierzu schließlich als unmöglich an[51] und hat auch in ihrem letzten Entwurf 1996 zwar ein allgemeines Vorsatzerfordernis, aber weder Definition noch Irrtumsregeln vorgeschlagen.[52] Erst das Preparatory Committee on the Establishment of an International Criminal Court hat Vorschriften zu Vorsatz und Irrtum, aus denen Art. 30 und 32 Rom-Statut hervorgegangen sind, entworfen.[53] Die sparsame Dokumentation sowohl der Arbeiten des Preparatory Committee als auch der Rom-Konferenz läßt, wie angesprochen, nicht erkennen, daß mit diesen Vorschriften die in der International Law Commission formulierten Bedenken in methodisch adäquater Weise, etwa durch sorgfältige rechtsvergleichende und strafrechtswissenschaftliche Vorarbeiten, überwunden worden wären.

Die zumeist unausgesprochene Annahme, daß die subjektiven Merkmale des Völkerstrafrechts grundsätzlich strukturgleich mit denen nationaler Rechte seien,[54] wird hier geteilt – immerhin handelt es in beiden Materien gleichermaßen um die

---

49 ICTY, *Prosecutor v. Delalić et al. ("Čelebići")*, Trial Chamber, Judgement of 16 November 1998 (IT-96-21-T), §§ 424 f.; Third Report on the Draft Code of Crimes against the Peace and Security of Mankind, by Mr. Doudou Thiam, Special Rapporteur, UN Doc. A/CN.4/387, 1985-II, Part One, S. 63, 69 §§ 49 ff.; Glaser, R.C.A.D.I. 99 (1960-II), 467, 477 ff.; Plawski, *Étude des principes fondamentaux du droit international pénal*, S. 155 ff.; Cavicchioli, Riv.dir.int. 76 (1993), 1047, 1059 u. ff.; Cassese, *International Criminal Law*, S. 159 ff.; Werle, *Völkerstrafrecht*, Rn. 263, jew. m. w. Nachw.

50 Bassiouni, *Crimes Against Humanity In International Criminal Law*, S. 367: "Furthermore, the interrelationship between knowledge of international and national law, intent, consciousness of wrongdoing, and the factors negating intent such as mistake of law, are also among the questions that neither the Charter, nor the Post-Charter developments have resolved."

51 Vgl. oben Fußn. 1.

52 Draft Code of Crimes against the Peace and Security of Mankind, Adopted 5 July 1996, in: Report of the International Law Commission to the General Assembly on the work of its forty-eighth session, 6 May–26 July 1996, UN Doc. A/51/10, YBILC 1996-II, Part Two, 15 ff.; vgl. Art. 2 Abs. 3(a).

53 Summary of the Proceedings of the Preparatory Committee During the Period 25 March–12 April 1996, UN Doc. A/AC.249/1 (7 May 1996), S. 27 f., §§ 96 f., 102; Report of the Preparatory Committee on the Establishment of an International Criminal Court, UN Doc. A/51/22 (Supp. No. 22 A) (13 September 1996), vol. II (Compilation of proposals), S. 92 u. ff., Art. H und K; Working Group on General Principles of Criminal Law and Penalties, UN Doc. A/AC. 249/1997/WG.2/CRP.4 (20 February 1997) und UN Doc. A/AC. 249/1997/WG.2/CRP.6 (21 February 1997); Decisions taken by the Preparatory Committee at its Session held from 11 to 21 February 1997, UN Doc. A/AC.249/1997/L.5 (12 March 1997); Preparatory Committee on the Establishment of an International Criminal Court, Report of the Inter-Sessional Meeting from 19 to 30 January 1998 in Zutphen, The Netherlands, UN Doc. A/AC.249/1998/L.13 (4 February 1998), S. 59 ff.; Draft Statute for the International Criminal Court, UN Doc. A/CONF.183/2/Add.1 (14 April 1998); dazu Cassese/Gaeta/Jones/Eser, *The Rome Statute of the International Criminal Court*, Band 1, S. 889, 893 ff.

54 Ausdrücklich Glaser, R.C.A.D.I. 99 (1960-II), 467, 485.

Begründung individueller Strafbarkeit[55]. Die häufiger betonten, obschon selten präzisierten,[56] Besonderheiten des Völkerstrafrechts liegen wie oben erwähnt[57] in der Erfassung von „Makrokriminalität", d.h. Taten, die praktisch nur von großen Täterkollektiven, oft mit Beteiligung staatlicher Organisationen, begangen werden,[58] so daß das Verhalten des einzelnen sich regelmäßig als Beteiligungsunrecht darstellt[59]. Diese systemische Unrechtskomponente wirkt sich indes weniger auf die Zurechnungsregeln des Allgemeinen Teils, allenfalls auf die Beteiligungs- und Konkurrenzlehre – die aber sowohl in der Judikatur der *Ad hoc*-Tribunale als auch im Rom-Statut unbesehen nationalen Vorbildern folgt –, als auf die Fassung der Tatbestände des Besonderen Teils,[60] etwa den Inhalt der subjektiven Erfordernisse,[61] aus.

1. „Vorsatz"

Unklar ist immer noch der Begriff des „Vorsatzes" (*intent, intention* etc.) im Gewohnheitsrecht, insbesondere seine Erscheinungsformen und sein Umfang in

---

55 Beginnend mit IMT, Urteil, Der Prozeß gegen die Hauptkriegsverbrecher, Band 1, S. 189, 287 f. Zutr. Glaser, R.C.A.D.I. 99 (1960-II), 467, 477; ders., *Infraction internationale*, S. 9 («Notamment les principes qui régissent le domaine de la responsabilité pénale sont plus ou moins les mêmes en droit international pénal qu'en droit pénal national.»); ders., *Droit international pénal conventionnel*, S. 25; ders., ZStW 76 (1964), 514, 515 f.; Bassiouni, *International Criminal Law*², Band 1, S. 21; Cavicchioli, Riv.dir.int. 76 (1993), 1047, 1059 ff.; Kress, ZStW 111 (1999), 597, 618 f.; Ambos, *Der Allgemeine Teil des Völkerstrafrechts*, S. 522 f., 536 ff. m. w. Nachw.

56 So hat schon die International Law Commission seit langem betont, *offences against the peace and security of mankind* seien unter den vielfältigen *international crimes* besonders verabscheuungswürdig und daher *crimina sui generis*, welche sowohl materiell wie prozessual besonderen Regeln folgten, ohne aber deren *rechtliche* Besonderheiten näher zu erläutern, cf. Report of the International Law Commission to the General Assembly on the work of its thirty-fifth session, UN Doc. A/38/10, YBILC 1983-II, Part Two, S. 10, 15 §§ 59 f.; krit. Cavicchioli, Riv.dir.int. 76 (1993), 1047, 1057.

Der Vorschlag von Nill-Theobald, *"Defences" bei Kriegsverbrechen*, S. 9 f., 389 ff. (anders wohl S. 60); dies., ZStW 109 (1997), 950, 952 ff., 968 ff., aufgrund der weder näher spezifizierten noch begründeten Besonderheiten des Völkerstrafrechts bei der Ermittlung allgemeiner Rechtsgrundsätze die üblicherweise nachfolgende völkerrechtliche Tauglichkeitsprüfung oder Anpassung (siehe unten bei Fußn. 130 ff.) vorzuziehen, ist sowohl unnötig als auch entweder unlogisch oder völkerrechtlich fragwürdig, zutr. Kritik bei Kress, ZStW 111 (1999), 597, 609 f. Fn. 58; ders., GA 2000, 343, 346 f.; Ambos, *Der Allgemeine Teil des Völkerstrafrechts*, S. 48.

57 Bei Fußn. 12.

58 Treffend Marxen, *Beteiligung an schwerem systematischen Unrecht*, S. 220, 228: „Die Besonderheit der völkerrechtlichen Straftaten besteht in der Verwirklichung systematischen Unrechts. Unter »systematischem Unrecht« ist zu verstehen: organisiertes und zugleich systemspezifisches Unrecht."; auch Vest, ZStW 113 (2001), 457, 458 f., 489 ff. m. w. Nachw.

59 Zu dieser „Pulverisierung" des Unrechts siehe Cavicchioli, Riv. dir. int. 76 (1993), 1047, 1064 ff.

60 Ähnl. Vest, ZStW 113 (2001), 457, 489.

61 Darauf, daß zu hohe Anforderungen wie ein Absichtserfordernis das Völkerstrafrecht leerlaufen lassen könnten, da die Beteiligung an systematischen Großtaten meistens «d'inspiration

Abgrenzung zur Fahrlässigkeit, die im Völkerstrafrecht fast stets straflos ist. Hier bestehen schon zwischen dem kontinental-europäischen *(dolus directus, dolus eventualis–luxuria, negligentia)* und dem anglo-amerikanischen Rechtskreis *(intent, purpose, deliberation, knowledge, belief, recklessness–negligence)* neben manchen Ähnlichkeiten deutliche, teils terminologische, teils inhaltliche Differenzen. Ferner herrscht auch oft innerhalb der verschiedenen Rechtskreise entsprechende begriffliche und terminologische Uneinigkeit. Folglich haben diese Unterschiede bereits zu ersten Diskussionen in Entscheidungen der *Ad hoc*-Tribunale geführt,[62] z.B. ob der englische Terminus der "recklessness" zum Vorsatz *(intent)* zählt oder als schwere Form der regelmäßig straflosen Fahrlässigkeit anzusehen ist. Es wäre daher wünschenswert, daß sich die terminologische Vielfalt auf einige wenige gemeinsame und im Kern deutlich unterscheidbare Konzepte zurückführen ließe. Einzubeziehen wäre der im anglo-amerikanischen Raum verbreiteten Begriff *special intent*[63] für besondere Absichten („überschießende Innentendenzen"), die bei manchen völkerrechtlichen Tatbeständen wie dem Völkermord oder der Verfolgung *(persecution)* das oder ein wesentliches Element sind, deren inhaltliche Erfordernisse aber ebensowenig zweifelsfrei feststehen[64]. Ferner wäre einzugehen auf das Verhältnis der vielfach als irrelevant[65] verworfenen Motive *(motives)* zur rechtlich geforderten subjektiven Tatseite.

Nötig ist eine Klärung auch für die Anwendung solcher völkerstrafrechtlicher Tatbestände, die eine eigene Umschreibung der inneren Tatseite enthalten. Beispielsweise verwenden die Genfer Konventionen[66] und, diesen folgend, die Statute

---

d'autrui» erfolgt, hat schon GLASER, R.C.A.D.I. 99 (1960-II), 467, 489 f., hingewiesen; siehe auch CAVICCHIOLI, Riv. dir. int. 76 (1993), 1047, 1065 ff.; BASSIOUNI, *Crimes against Humanity in International Criminal Law*, S. 359.

62 So ging das ICTY davon aus, "recklessness" / «imprudence délibérée» entspreche „dolus eventualis", *Prosecutor v. Delalić et al. ("Čelebići")*, Trial Chamber, Judgement of 16 November 1998 (IT-96-21-T), §§ 431–439; *Prosecutor v. Blaškic*, Trial Chamber, Judgement of 3 March 2000 (IT-95-14-T), §§ 152, 267.

63 Vgl. TRIFFTERER/PIRAGOFF, *Commentary on the Rome Statute*, Art. 30 Rn. 15.

64 Z.B. wird in ICTR, *Prosecutor v. Akayesu*, Trial Chamber, Judgement of 2 September 1998 (ICTR-96-4-T), § 520, der unrechtskonstitutive *special intent / dolus specialis* des Völkermords wie folgt beschrieben: "The offender is culpable because he *knew or should have known* that the act committed would destroy, ..., a group." (Hervorh. hinzugefügt). Demnach müßte schon Fahrlässigkeit genügen.

65 Noch in der Fassung von 1991 enthielt der Draft Code of Crimes Against the Peace and Security of Mankind eine eigene Vorschrift (Art. 4) – ein bemerkenswerter Umstand angesichts der Dürftigkeit der übrigen allgemeinen Regeln –, der "motives" für unbeachtlich erklärte, Report of the International Law Commission on the work of its forty-third session, 29 April 1991–19 July 1991, UN Doc. A/46/10, S. 239, 254 (commentary).

66 Art. 50 des I. Genfer Abkommens vom 12.8.1949 zur Verbesserung des Loses der Verwundeten und Kranken der Streitkräfte im Felde (GK I), 75 U.N.T.S. 31, BGBl. 1954 II, 783 ff., 801; Art. 51 des II. Genfer Abkommens zur Verbesserung des Loses der Verwundeten, Kranken und Schiffbrüchigen der Streitkräfte zur See vom 12.8.1949 (GK II), 75 U.N.T.S. 85, BGBl. 1954 II, 813 ff., 829; Art. 130 des III. Genfer Abkommens über die Behandlung der Kriegsgefangenen vom 12.8.1949

der *Ad hoc*-Strafgerichtshöfe[67], bei der Definition der zu poenalisierenden schweren Vertragsverletzungen ("grave breaches") unter anderem die Wendung "*wilful* killing"/« homicide *intentionnel* ». Solche in völkerstrafrechtlichen Tatbeständen verwendeten Begriffe sind vor dem Rom-Statut stets undefiniert und werden in der Judikatur nur von Fall zu Fall konkretisiert. Sofern die Auslegung der Vertragsnorm nicht durch besondere Umstände hinreichend determiniert ist, wird auf allgemeine Grundsätze zurückgegriffen wie in den schon angesprochenen Judikaten[68].

Schließlich ist eine Vereinheitlichung oder nur ein Ansatz zur Reduktion der terminologischen Vielfalt des Völkervertragsrechts (z.B.: "deliberately",[69] "willfully",[70] "in the/with knowledge",[71] "with intent",[72] "with the intention",[73] "intentional(ly)",[74] "wantonly",[75] "treacherously"[76]) im Rom-Statut bedauerlicherweise nicht gelungen, statt dessen werden die zentralen bisherigen Tatbestände zumeist unmodifiziert übernommen. Zudem wirft die allgemeine Vorschrift und Definition des „subjektiven Elementes" in Art. 30 des Rom-Statuts mehr Fragen auf als sie beantwortet. Art. 30 lautet:[77]

Mental element

1. Unless otherwise provided, a person shall be criminally responsible and liable for punishment for a crime within the jurisdiction of the Court only if the material elements are committed with intent and knowledge.

2. For the purposes of this article, a person has intent where:

(a) In relation to conduct, that person means to engage in the conduct;

(b) In relation to a consequence, that person means to cause that consequence or is aware that it will occur in the ordinary course of events.

Élément psychologique

1. Sauf disposition contraire, nul n'est pénalement responsable et ne peut être puni à raison d'un crime relevant de la compétence de la Cour que si l'élément matériel du crime est commis avec intention et connaissance.

2. Il y a intention au sens du présent article lorsque:

a) Relativement à un comportement, une personne entend adopter ce comportement;

b) Relativement à une conséquence, une personne entend causer cette conséquence ou est consciente que celle-ci adviendra dans le cours normal des événements.

(GK III), 75 U.N.T.S. 135, BGBl. 1954 II, 838 ff., 890; Art. 147 des IV. Genfer Abkommens vom 12.8.1949 zum Schutz von Zivilpersonen in Kriegszeiten (GK IV), 75 U.N.T.S. 287, BGBl. 1954 II, 917 ff. 969.

[67] Art. 2(a) ICTY Statute; entsprechend Art. 4(a) ICTR Statute; dazu Cavicchioli, Riv.dir. int. 76 (1993), 1047, 1074 ff., 1086 ff. m. w. Nachw.

[68] Oben Fußn. 62.

[69] Art. 6(c) Rom-Statut.

[70] Art. 8(2)(a)(i), (iii) und (vi); (b)(xxv) Rom-Statut.

[71] Art. 8(2)(b)(iv) Rom-Statut.

[72] Art. 6 Rom-Statut.

[73] Art. 7(2)(h), (i) Rom-Statut.

[74] Art. 7(1)(k), (2)(b), (e) (g); Art. 8(2)(b)(i)–(iv), (ix), (xxiv), (xxv); (e)(i)–(iv) Rom-Statut.

[75] Art. 8(2)(a)(iv) Rom-Statut.

[76] Art. 8(2)(e)(ix) Rom-Statut.

[77] Gem. Art. 128 Rom-Statut sind die arabische, chinesische, englische, französische, russische und spanische Fassung gleichermaßen verbindlich.

3. For the purposes of this article, "knowledge" means awareness that a circumstance exists or a consequence will occur in the ordinary course of events. "Know" and "knowingly" shall be construed accordingly."

3. Il y a connaissance, au sens du présent article, lorsqu'une personne est consciente qu'une circonstance existe ou qu'une conséquence adviendra dans le cours normal des événements. « Connaître » et « en connaissance de cause » s'interprètent en conséquence.

Elemento de intencionalidad

1. Salvo disposición en contrario, una persona será penalmente responsable y podrá ser penada por un crimen de la competencia de la Corte únicamente si los elementos materiales del crimen se realizan con intención y conocimiento de los elementos materiales del crimen.

2. A los efectos del presente artículo, se entiende que actúa intencionalmente quien:

a) En relación con una conducta, se propone incurrir en ella;

b) En relación con una consecuencia, se propone causarla o es consciente de que se producirá en el curso normal de los acontecimientos.

3. A los efectos del presente artículo, por "conocimiento" se entiende la conciencia de que existe una circunstancia o se va a producir una consecuencia en el curso normal de los acontecimientos. Las palabras "a sabiendas" y "con conocimiento" se entenderán en el mismo sentido.

Субъективная сторона

1. Если не предусмотрено иное, лицо подлежит уголовной ответственности и наказанию за преступление, подпадающее под юрисдикцию Суда, только в том случае, если по признакам, характеризующим объективную сторону, оно совершено намеренно и сознательно.

2. Для целей настоящей статьи, лицо имеет намерение в тех случаях, когда:

a) в отношении деяния, это лицо собирается совершить такое деяние;

b) в отношении последствия, это лицо собирается причинить это последствие или сознает, что оно наступит при обычном ходе событий.

3. Для целей настоящей статьи, "сознательно" означает с осознанием того, что обстоятельство существует или что последствие наступит при обычном ходе событий. "Знать" и "знание" должны толковаться соответствующим образом.

Auf einen kanadischen Entwurf zurückgehend[78] wird als Voraussetzung für jede Bestrafung durch den Gerichtshof "intent and knowledge" ("intention et ... connaissance / intención y conocimiento / намеренно и сознательно") verlangt. Entwurfsfassungen, die zudem *recklessness* und *wilful blindness* vorsahen,[79] wurden

[78] Preparatory Committee on the Establishment of an International Criminal Court, 12–30 August 1996, Applicable Law and General Principles of Law, Working Paper submitted by Canada, 6 August 1996, UN Doc. A/AC.249/L.4, S. 10, 18.

Der von Elliott, 11 Crim.L.F. 35 ff., 45 (2000), behauptete französische Einfluß auf das Rom-Statut ist nicht nennenswerter als der jedes anderen kontinental-europäischen Rechts und besteht lediglich in der Ähnlichkeit bestimmter Vorsatzdifferenzierungen.

[79] Art. H, Proposal I, Abs. 3(b), 4, Report of the Preparatory Committee on the Establishment of an International Criminal Court, UN Doc. A/51/22 (Supp. No. 22 A), vol. II, S. 92 u. ff., ebenso spätere Entwürfe (oben Fußn. 53). Die Ablehnung eines Entwurfs erlaubt allerdings keinen zwingenden Schluß darauf, daß die entsprechende Regelung im Vertrag nicht enthalten sei, zutr. Cassese/Gaeta/Jones/Eser, *The Rome Statute of the International Criminal Court*, Band 1, S. 889, 931 f.; Werle & Jessberger, 3 J.Int'l Crim.Just. 35, 52 (2005); anders wohl Ambos, *Der Allgemeine Teil des Völkerstrafrechts*, S. 771; ders., *Internationales Strafrecht*, § 7 Rn. 67 Fn. 261. Maßgebend sind stets die Gründe für die Ablehnung – siehe allg. *Legal Consequences for States of the Continued Presence of South Africa in Namibia (South West Africa)*, ICJ Rep. 1971, 16, 36 § 69; Bernhardt, *Die*

nicht übernommen. Auch die Definitionen selbst, die nach der im Common Law gebräuchlichen, allerdings problematischen[80] Weise nach Bezugsobjekten *(conduct, consequences, circumstances)* differenzieren, leisten wenig. Dem ersten Anschein nach handelt es sich um das kumulative[81] Erfordernis eines optativischen ("intent/intention/intención/намерение") und eines kognitiven ("knowledge/connaissance/conocimiento/знание") Elements. "Intent" wird jedoch in Abs. 2 zum einen als gewillkürte Handlung,[82] zum anderen als Beabsichtigung bestimmter Verhaltensfolgen oder Wissen, daß solche Folgen nach dem gewöhnlichen Lauf der Dinge eintreten, definiert, weist also ebenfalls ein kognitives Element auf, das dem bedingten Vorsatz[83] ähnelt. "Knowledge" verlangt gem. Abs. 3 das Bewußtsein, daß ein Tatumstand existiert oder daß eine Folge nach dem gewöhnlichen Lauf der Dinge eintreten wird. Beide Begriffe sind demnach teilidentisch.[84] Ob diese sehr enge Fassung, die infolge der additiven Verknüpfung auch die Eventualabsicht ausschließt, eine gelungene Definition darstellt, darf bezweifelt werden;[85] ob eine solche im Interpretationswege gewonnen werden muß und kann, ist ebenso offen wie die Frage, ob darin eine Abbildung[86] oder Änderung des gewohnheitsrechtlichen Zustands liegt,[87] obschon nationale Vorbilder kaum erkennbar sind. Art. 30

Auslegung völkerrechtlicher Verträge, S. 113 ff.; THIRLWAY, 67 Brit.Y.B.Int'l L. 1, 31 (1996); a.A. Judge FITZMAURICE, *dissenting*, in *Legal Consequences for States of the Continued Presence of South Africa in Namibia (South West Africa)*, ICJ Rep. 1971, 16, 275 –, die hier undeutlich sind.

80 Siehe unten bei Fußn. 1060 f., 1312 ff.

81 Anders ohne Begründung WERLE & JESSBERGER, 3 J.Int'l Crim. Just. 35, 41 (2005).

82 Für Unterlassungen konnte kein Konsens erzielt werden, eine allgemeine Regel fehlt deshalb im Rom-Statut, dazu TRIFFTERER/PIRAGOFF, *Commentary on the Rome Statute*, Art. 30 Rn. 17 f. m. w. Nachw.

83 *Dolus eventualis* soll umfaßt sein nach TRIFFTERER/PIRAGOFF, *Commentary on the Rome Statute*, Art. 30 Rn. 22, aber wohl aufgrund begrifflichen Mißverständnisses; KNOOPS, *Defenses in Contemporary International Law*, S. 11 ff.; MANTOVANI, 1 J.Int'l Crim.Just. 26, 32 (2003); JESCHECK, 2 J.Int'l Crim.Just. 38, 45 (2004); a.A. AMBOS, ZStW 111 (1999), 175, 188; DERS., 10 Crim. L.F. 1, 21 f. (1999); DERS., *Der Allgemeine Teil des Völkerstrafrechts*, S. 771; DERS., *Internationales Strafrecht*, § 7 Rn. 67; WEIGEND, Festschrift Roxin, S. 1375, 1390; diff. WERLE, *Völkerstrafrecht*, Rn. 302 ff.; WERLE & JESSBERGER, 3 J. Int'l Crim. Just. 35, 51 ff. (2005); CASSESE/GAETA/JONES/ESER, *The Rome Statute of the International Criminal Court*, Band 1, S. 889, 932 f. Es bleibt überdies zu fragen, was mit *dolus eventualis* genau gemeint ist: Schließlich kennt das Common Law keinen solchen Begriff und das französische Recht zählt *dol éventuel* zur Fahrlässigkeit, zutr. schon PLAWSKI, *Étude des principes fondamentaux du droit international pénal*, S. 161; vgl. unten Fußn. 157.

84 Ebenso TRIFFTERER/GADIROV, *Commentary on the Rome Statute*, Art. 9 Rn. 25 a.E. Kritisch zum Vorentwurf schon WISE, *General Principles of Criminal Law*, S. 48, 51 f.

85 Krit. CASSESE/GAETA/JONES/ESER, *The Rome Statute of the International Criminal Court*, Band 1, S. 889, 891 f., 904 ff.; AMBOS, *Der Allgemeine Teil des Völkerstrafrechts*, S. 757, 762 ff.; CASSESE, *International Criminal Law*, S. 176 f.; WEIGEND, *The Harmonization of General Principles of Criminal Law*, S. 319, 326; WERLE, *Völkerstrafrecht*, Rn. 270 ff.; WERLE & JESSBERGER, 3 J. Int'l Crim. Just. 35, 37 f. (2005).

86 Zu Recht zweifelnd CASSESE, *International Criminal Law*, S. 159 f.

87 In *Prosecutor v. Furundžija*, Trial Chamber, Judgement of 10 December 1998 (IT-95-17/1-T), §§ 236–249, befand die Kammer nach Untersuchung des bisherigen Vertrags- und Fallrechts, daß

läßt Spezialregelungen ausdrücklich Raum ("Unless otherwise provided"),[88] doch ist abzusehen, daß diese Definition von "intent" wenig glücklich sein mag im Vergleich etwa zum gleichlautenden Terminus der besonderen Absicht ("with intent to destroy") im Tatbestand des Völkermords (Art. 6 Rom-Statut).[89]

2. Irrtümer

Während der Nürnberger Prozesse sind die Fragen des Tatsachen- und Rechtsirrtums, der von vielen Angeklagten vorgebracht wurde, mehrfach behandelt worden. Als anerkannt darf gelten, daß ein Irrtum über tatbestandsrelevante Tatsachen zur Straflosigkeit führen *kann*.[90] Der in anglo-amerikanischer Terminologie zur Klasse der prozessualen Einreden ("defenses") gezählte Tatbestandsirrtum fand daher auch weithin unbestritten Aufnahme in die Entwürfe zu einem Völkerstrafkodex. Bemerkenswert ist hierbei, daß zeitweilig insistiert wurde, daß der Tatirrtum bei Verbrechen gegen die Menschlichkeit unbeachtlich sei und bei Kriegsverbrechen unvermeidbar gewesen sein müsse, um Straflosigkeit zu bewirken, was zur Formulierung einer einheitlichen Regel für alle Irrtümer führte.[91] Ob dies der gewohnheitsrechtlichen Lage entspricht oder eine wünschenswerte Fortentwicklung wäre, ist ebenfalls ungeklärt.

Das Rom-Statut hingegen regelt in seinem Art. 32 sowohl den Tat- als auch den Rechtsirrtum, ohne an die früheren Überlegungen der International Law Commission anzuknüpfen:

---

für Beihilfe *(aiding and abetting)* "knowledge" ausreiche und "intent" nicht erforderlich sei; ähnlich, aber weniger klar *Prosecutor v. Tadić*, Trial Chamber, Judgement of 7 May 1997 (IT-94-1), §§ 674 ff., 692. Da "intent" und "knowledge" nach den Definitionen in Art. 30 Abs. 2(b), Abs. 3 Rom-Statut identisch sein können, scheint es keine Abweichung vom gewohnheitsrechtlichen Zustand zu geben, so TRIFFTERER/PIRAGOFF, *Commentary on the Rome Statute*, Art. 30 Rn. 11. Allerdings ging es bei der Bestimmung von *mens rea* des Gehilfen eher um die Frage, ob ein doppelter Gehilfenvorsatz nötig ist und ob eine gesteigerte Vorsatzform bezüglich der Haupttat (*Furundžija*, *ibid.*, § 236) zu verlangen ist – dies sind in erster Linie Probleme der Teilnahmelehre.

88 Dazu WERLE & JESSBERGER, 3 J. Int'l Crim. Just. 35, 43 ff. (2005).

89 Dazu AMBOS, *Der Allgemeine Teil des Völkerstrafrechts*, S. 760 ff.; TRIFFTERER/GADIROV, *Commentary on the Rome Statute*, Art. 9 Rn. 27 ff., unterscheidet daher zwei Typen von "intent" ("concept of meaning" versus "teleological concept").

90 *Ärzte-Urteil* vom 19./20. 8. 1947, Protokoll I, S. 11714; *II. Generals-Urteil* (*High Command* oder *OKW*-Fall) vom 27./28. 10. 1948, Protokoll S. 9848; Fall *Carl Rath and Richard Thiel*, British Military Tribunal (Hamburg, January 1948), in: UNITED NATIONS WAR CRIMES COMMISSION, *Law Reports of Trials of War Criminals*, vol. XV, S. 184 Fn. 4; JESCHECK, *Die Verantwortlichkeit der Staatsorgane nach Völkerstrafrecht*, S. 375 ff. m. w. Nachw.; NILL-THEOBALD, *"Defences" bei Kriegsverbrechen am Beispiel Deutschlands und der USA*, S. 342 f.; TRIFFTERER, *Commentary on the Rome Statute*, Art. 32 Rn. 4.

91 Fourth Report on the Draft Code of Offences Against the Peace and Security of Mankind, by Mr. Doudou Thiam, Special Rapporteur, UN Doc. A/CN.4/398, YBILC 1986-II, Part One, S. 53, 77, §§ 212 ff. und *ibid.* S. 83, Draft Article 8(d): "An error of law or of fact does not relieve the per-

Mistake of fact or mistake of law

1. A mistake of fact shall be a ground for excluding criminal esponsibility only if it negates the mental element required by the crime.

2. A mistake of law as to whether a particular type of conduct is a crime within the jurisdiction of the Court shall not be a ground for excluding criminal responsibility. A mistake of law may, however, be a ground for excluding criminal responsibility if it negates the mental element required by such a crime, or as provided for in article 33.

Erreur de fait ou erreur de droit

1. Une erreur de fait n'est un motif d'exonération de la responsabilité pénale que si elle fait disparaître l'élément psychologique du crime.

2. Une erreur de droit portant sur la question de savoir si un comportement donné constitue un crime relevant de la compétence de la Cour n'est pas un motif d'exonération de la responsabilité pénale. Toutefois, une erreur de droit peut être un motif d'exonération de la responsabilité pénale si elle fait disparaître l'élément psychologique du crime ou si elle relève de l'article 33.

Error de hecho o error de derecho

1. El error de hecho eximirá de responsabilidad penal únicamente si hace desaparecer el elemento de intencionalidad requerido por el crimen.

2. El error de derecho acerca de si un determinado tipo de conducta constituye un crimen de la competencia de la Corte no se considerará eximente. Con todo, el error de derecho podrá considerarse eximente si hace desaparecer el elemento de intencionalidad requerido por ese crimen o si queda comprendido en lo dispuesto en el artículo 33 del presente Estatuto.

Ошибка в факте или ошибка в праве

1. Ошибка в факте является основанием для освобождения от уголовной ответственности, только если она исключает необходимую субъективную сторону данного преступления.

2. Ошибка в праве относительно того, является ли определенный тип поведения преступлением, подпадающим под юрисдикцию Суда, не является основанием для освобождения от уголовной ответственности. Однако ошибка в праве может быть основанием для освобождения от уголовной ответственности, если она исключает необходимую субъективную сторону данного преступления, либо в порядке, предусмотренном в статье 33.

Die Formulierung in Abs. 1, daß ein Tatirrtum *(mistake of fact)* die Strafbarkeit nur ausschließt, wenn dadurch die subjektive Tatseite *(mental element)* entfällt, erscheint zunächst tautologisch,[92] entspricht aber verbreiteter Formulierungspraxis amerikanischer Strafgesetze[93]. Offen ist weiterhin die Bedeutung der Norm für den Irrtum über das tatsächliche Vorliegen eines Rechtfertigungsgrunds (Erlaubnistatbestandsirrtum)[94] sowie eine behauptete Bedeutung für die vereinzelt vorgesehene Fahrlässigkeitshaftung, etwa des Vorgesetzten gem. Art. 28[95]. Ungeklärt ist sowohl der Inhalt der Vorschrift als auch ihr Verhältnis zum Gewohnheitsrecht.

---

petrator of criminal responsibility unless, in the circumstances in which it was committed, it was unavoidable for him".

92 So Triffterer, *Commentary on the Rome Statute*, Art. 32 Rn. 11, 14.

93 Nach dem Vorbild des vom American Law Institute 1962/1985 vorgelegten Model Penal Code, § 2.04(1)(a): "Ignorance or mistake as to a matter of fact or law is a defense if: (a) the ignorance or mistake negatives the purpose, knowledge, belief, recklessness or negligence required to establish a material element of the offense; ...".

94 Dazu Triffterer, *Commentary on the Rome Statute*, Art. 32 Rn. 14 ff. Der Erlaubnistatbestandsirrtum ist im Völkerstrafrecht kein bloß akademisches Problem, dazu Jescheck, *Die Verantwortlichkeit der Staatsorgane nach Völkerstrafrecht*, S. 380 f.

95 Triffterer, *Commentary on the Rome Statute*, Art. 32 Rn. 27.

Die Judikatur zur Beachtlichkeit eines Rechtsirrtums *(mistake of law)* in Gestalt einer Fehlvorstellung über Normen des Völkerrechts ist uneinheitlich und steht insgesamt der Anerkennung als "defense" eher ablehnend gegenüber.[96] Einige wenige Nürnberger Urteile stellen das Unrechtsbewußtsein der Angeklagten positiv fest,[97] eines scheint Unrechtskenntnis generell zu verlangen,[98] andere halten wegen des überwiegend gewohnheitsrechtlichen Charakters des Kriegsvölkerrechts sowie der zweifelhaften Anwendbarkeit veralteter Regeln auf die moderne Kriegstechnik den Angeklagten Fehleinschätzungen bei schwierigen und umstrittenen Rechtsfragen zugute,[99] sofern es sich um einen „ehrlichen" *(honest)* Irrtum handelt[100]. Andere Urteile halten zwar einen Irrtum über die rechtliche Qualifikation eines Krieges als Angriffskrieg, nicht aber über das Vorliegen eines Kriegsverbrechens oder Verbrechens gegen die Menschlichkeit für beachtlich.[101] Mitunter wird postuliert, die Regel „error iuris nocet" gelte weltweit ohne Ausnahme,[102] so daß ein Rechtsirrtum bestenfalls als Strafmilderungsgrund in Betracht komme.[103]

Die letztgenannte Behauptung, kein Strafrechtssystem der Erde nehme auf Rechtsirrtümer Rücksicht, findet sich zwar auch heute noch,[104] trifft aber so offenkundig nicht zu, daß sie die weitere Entwicklung kaum beeinflußt hat. Während der Vorarbeiten zum Draft Code of Offences Against the Peace and Security of Mankind hat die International Law Commission erwogen, zwischen Kriegsverbrechen und Verbrechen gegen die Menschlichkeit zu unterscheiden: Unter Berufung auf die deutsche Grundlagenentscheidung BGHSt 2, 194 wird die Vorwerfbarkeit des Irrtums als entscheidendes Merkmal angesehen, so daß nur ein unvermeidbarer Irrtum zur Straflosigkeit führen solle. Praktisch komme daher ein strafbefreiender Rechtsirrtum bei Verbrechen gegen die Menschlichkeit nicht in Betracht, während er bei Kriegsverbrechen immerhin vorstellbar sei.[105]

---

96 Jescheck, *Die Verantwortlichkeit der Staatsorgane nach Völkerstrafrecht*, S. 378 ff. m. w. Nachw.

97 *Pohl-Urteil*, Protokoll S. 7974; *Ohlendorf (Einsatzgruppen)-Urteil*, S. 6899.

98 *II. Generals-Urteil (High Command/OKW)*, Protokoll S. 9883.

99 *II. Generals-Urteil (High Command/OKW)*, Protokoll S. 9847 f., auch in: American Military Tribunals, case no. 12, vol. XI, S. 511; *I.G. Farben-Fall, ibid.*, case no. 6, vol. VIII, S. 1138; ähnl. Jescheck, *Die Verantwortlichkeit der Staatsorgane nach Völkerstrafrecht*, S. 383. Siehe zuvor schon das RG – allerdings bei Anwendung des § 212 StGB – im Verfahren gegen Dithmar und Boldt wegen Versenkung der *Llandovery Castle*, in: Weißbuch des Reichsjustizministeriums v. 4.8.1921, RT-Drs. I/2584, 2542, 2556 (1920–1924).

100 *I. Generals-Urteil*, Protokoll S. 23.

101 *Wilhelmstraßen-Urteil*, Protokoll S. 27647 f.

102 *Krupp-Urteil*, Protokoll S. 65.

103 *Flick-Urteil*, Protokoll S. 10748.

104 So Bassiouni als Sachverständiger vor dem Supreme Court of Canada, *R. v. Finta*, 28 C.R. (4th) 265, 372, 374 (1994), dem La Forest J. in seinem *dissent*, ibid., zustimmt.

105 Fourth Report on the Draft Code of Offences Against the Peace and Security of Mankind, UN Doc. A/CN.4/398 = YBILC 1986-II, Part One, S. 76 f., §§ 206–211 mit Hinweis auf OGHSt 1, 225. Siehe auch Green, *The Man in the Field and the Maxim* Ignorantia iuris non excusat, S. 227, 228

Das Rom-Statut erklärt in Art. 32 Abs. 2 Satz 1 einen Rechtsirrtum darüber, daß ein bestimmter Typ von Verhalten eine Straftat darstellt, die der Gerichtsbarkeit des Gerichtshofs unterfällt, grundsätzlich für unbeachtlich. Nach Satz 2 kann ein Rechtsirrtum die strafrechtliche Verantwortlichkeit ausschließen, wenn dadurch die subjektive Tatseite *(mental element)* entfällt. Diese Vorschrift ähnelt stark dem Vorbild des Model Penal Code, der wiederum der Common Law-Tradition Ausdruck gibt, die Unkenntnis einer Strafnorm als grundsätzlich unbeachtlich ansah[106]. Demnach sind unter dem Rom-Statut offenbar zwei Arten von Rechtsirrtümern zu trennen:[107] der grundsätzlich entlastende Irrtum über das Vorliegen eines „normativen" Tatbestandsmerkmals im Einzelfall – die maßgeblichen Kriterien, was genau erkannt sein muß, fehlen; unklar ist auch, ob dem Gerichtshof lediglich ein Ermessen ("may") eingeräumt wird[108] – und der grundsätzlich irrelevante über die Existenz der Verbotsnorm selbst – womöglich ist aber Strafmilderung über die allgemeine Strafzumessungsnorm des Art. 78 eröffnet[109].

III. Methodische Vorgaben für völkerstrafrechtliche Untersuchungen und Ziel dieser Arbeit

Jede völkerstrafrechtliche Untersuchung von „Vorsatz" und „Irrtum" wird von den diesbezüglichen Normen der *lex lata* auszugehen und diese daher möglichst sorgfältig festzustellen haben, bevor sie analysiert, kritisiert und Vorschläge *de iure condendo* gemacht werden können. Diese triviale Forderung ist indes nicht leicht zu erfüllen: Denn das völkerrechtliche Strafrecht kann nur aus den Rechtsquellen fließen, die für das Völkerrecht im allgemeinen anerkannt sind.[110] Ob diese Quel-

---

u. ff., zur Menge, Vagheit und Kompliziertheit der Regeln des humanitären Völkerrechts sowie dem vielfach unzureichenden Ausbildungsstand; cf. WEIGEND, Festschrift Roxin, S. 1375, 1392; CASSESE/GAETA/JONES/ESER, *The Rome Statute of the International Criminal Court*, Band 1, S. 889, 945.

106 Cf. HOLMES, *The Common Law*, S. 40 ff.; LORD WRIGHT, *Natural Law and International Law*, S. 794, 806, jew m. w. Nachw.

107 Zutr. WEIGEND, Festschrift Roxin, S. 1375, 1391; CASSESE/GAETA/JONES/ESER, *The Rome Statute of the International Criminal Court*, Band 1, S. 889, 940 f.

108 TRIFFTERER, *Commentary on the Rome Statute*, Art. 32 Rn. 38; CASSESE/GAETA/JONES/ESER, *The Rome Statute of the International Criminal Court*, Band 1, S. 889, 941 f.; dagegen WEIGEND, Festschrift Roxin, S. 1375, 1391 Fn. 66. Die sprachliche Fassung läßt beide Deutungen zu; darauf wird es aber letztlich nicht ankommen, denn der Gerichtshof muß ohnehin konkretisierende („ermessensleitende") Kriterien entwickeln, wann ein Rechtsirrtum das geforderte *mental element* ausschließt.

109 TRIFFTERER, *Commentary on the Rome Statute*, Art. 32 Rn. 40; CASSESE/GAETA/JONES/ESER, *The Rome Statute of the International Criminal Court*, Band 1, S. 889, 946.

110 *Prosecutor v. Delalić et al. ("Čelebići")*, Trial Chamber, Judgement of 16 November 1998 (IT-96-21-T), §§ 414 ff.; AMBOS, *Straflosigkeit von Menschenrechtsverletzungen*, S. 164 ff.; DERS., *Der Allgemeine Teil des Völkerstrafrechts*, S. 41; DERS., *Internationales Strafrecht*, § 5 Rn. 4; BASSIOUNI, *International Criminal Law*², Band 1, S. 3, 4, 7; DERS., *Introduction to International Criminal Law*, S. 2 f., 11; CASSESE, *International Criminal Law*, S. 16, 25 f.; DAHM/DELBRÜCK/WOLFRUM, *Völ-*

len *ratione materiae* zu beschränken sind, kann hier zunächst dahinstehen. Die drei primären Rechtserzeugungswege des allgemeinen Völkerrechts sind internationale Verträge, internationales Gewohnheitsrecht und die allgemein anerkannten Rechtsgrundsätze,[111] wie Art. 38 Abs. 1 litt. a)–c) des IGH-Statuts,[112] insoweit identisch mit den Absätzen des Art. 38 des StIGH-Statuts, deklaratorisch[113] feststellt. Aus Art. 38 kann insoweit eine Prüfungsreihenfolge (für den IGH), aber keine Hierarchie dieser Rechtsquellen abgeleitet werden,[114] die auch gleichzeitig herangezogen werden können[115]. Als Hilfsmittel der Rechtsfindung oder Rechtserkenntnisquelle sind völkerrechtliche Judikatur und Doktrin anerkannt, vgl. Art. 38 Abs. 1 lit. d) IGH-Statut. Abgeleitete und insofern sekundäre Rechtsquellen sind abstrakt-generelle oder individuelle Normen, die von Organen der Staatengemeinschaften gesetzt werden, vor allem die Entscheidungen internationaler Gerichte und Schiedsgerichte, verbindliche Beschlüsse internationaler Organisationen etc.,[116] hier namentlich die Resolutionen des UN-Sicherheitsrates, die das Jugoslawien- und das Ruanda-Tribunal errichteten.

---

*kerrecht*², Band I/3, S. 997; Glaser, R.C.A.D.I. 99 (1960-II), 467, 475 f.; ders., *Droit international pénal conventionnel*, S. 23; Ipsen, *Völkerrecht*⁵, § 42 Rn. 1; König, *Die völkerrechtliche Legitimation der Strafgewalt internationaler Strafjustiz*, S. 208 u. ff.; Kress, ZStW 111 (1999), 597, 599; Ratner & Abrams, *Accountability for Human Rights Atrocities in International Law*², S. 17 ff.; Simma/Paulus, *Le rôle relatif des différentes sources du droit international pénal*, S. 55 f.; Triffterer, *Dogmatische Untersuchungen*, S. 35 ff., 128 ff.; ders., *Commentary on the Rome Statute*, Preliminary Remarks, Rn. 17; ders., ÖJZ 51 (1996), 321, 327 f.; ders., Gedächtnisschrift Zipf, S. 493, 501; Werle, *Völkerstrafrecht*, Rn. 123; auch Becker, *Der Tatbestand des Verbrechens gegen die Menschlichkeit*, S. 60 ff.; Niehoff, *Die von internationalen Strafgerichtshöfen anwendbaren Normen des Völkerstrafrechts*, S. 4 f.; Nill-Theobald, *"Defences" bei Kriegsverbrechen am Beispiel Deutschlands und der USA*, S. 25 ff. Ähnl. schon *U.S. v. Wilhelm List et al. ("The Hostage Case")*, Trials of War Criminals, vol. XI, 1230, 1235.

111 Verdross/Simma, *Universelles Völkerrecht*³, §§ 515 ff., S. 321 ff. m. umfangr. Nachw.

112 BGBl. 1973 II, 505.

113 Brownlie, *Principles of Public International Law*⁵, S. 3; Verdross/Simma, *Universelles Völkerrecht*³, § 516 S. 322, §§ 640 ff. S. 412 ff., jew. m. w. Nachw.; Abi-Saab, R.C.A.D.I. 207 (1987-VII), 9, 191.

114 Oppenheim's *International Law*⁹, § 10 S. 26 Fn. 2; Brownlie, *Principles of Public International Law*⁵, S. 3; Verdross/Simma, *Universelles Völkerrecht*³, § 608 S. 388 f.; Reuter, *Droit international public*⁶, S. 92 f.; EPIL/Mosler, *General Principles of Law*, S. 511, 518; Ipsen/Heintschel von Heinegg, *Völkerrecht*⁵, § 20 Rn. 1 ff.; Hobe/Kimminich, *Einführung in das Völkerrecht*⁸, S. 175; Simma/Paulus, *Le rôle relatif des différentes sources du droit international pénal*, S. 55, 59; Spiropoulos, *Die allgemeinen Rechtsgrundsätze im Völkerrecht*, S. 55 ff., 70; Cheng, *General Principles of Law as Applied by International Courts and Tribunals*, S. 22 f.; Abi-Saab, R.C.A.D.I. 207 (1987-VII), 9, 188; Degan, *Sources of International Law*, S. 5; Wolfke, *Custom in Present International Law*², S. 110 ff.; siehe auch Bos, *A Methodology of International Law*, S. 94 ff., 96 f.

115 Dies entspricht der Ansicht des Redaktionskomitees des StIGH-Statuts (Comité Consultatif des Juristes), das deshalb die in der Entwurfsfassung enthaltene Klausel, die drei Rechtsquellen seien « dans l'ordre successif » anzuwenden, strich, Procès-verbaux, S. 337 f.; dazu Spiropoulos, *Die allgemeinen Rechtsgrundsätze im Völkerrecht*, S. 68 f.; Verdross, R.C.A.D.I. 52 (1935-II), 191, 227; Verdross/Simma, *Universelles Völkerrecht*³, § 608 S. 389.

116 Verdross/Simma, *Universelles Völkerrecht*³, § 517, S. 323.

Die Feststellung der nicht sonderlich zahlreichen hier einschlägigen Normen des sonstigen Vertragsrechts unterliegt den allgemeinen Regeln der Auslegung völkerrechtlicher Verträge, vor allem Art. 31–33 der Wiener Vertragsrechtskonvention[117] von 1969, die am 27.1.1980 in Kraft getreten ist und Geltung für die nach (Art. 4 WVK) diesem Datum geschlossenen internationalen Verträge beansprucht. Sie gilt folglich für das Rom-Statut,[118] das zudem in Art. 9, 10, 22 weitere eigene Auslegungsregeln und in Art. 21 eine eigene Rechtsquellenlehre enthält.

Geht man vom Fortbestand des bisherigen gewohnheitsrechtlichen Völkerstrafrechts aus, so ist nach traditionellem[119] Verständnis zu prüfen, ob sich sowohl eine hinreichende Übung *(recta consuetudo, repetitio facti)*, d.h. Staatspraxis,[120] als auch

---

117 UN Doc. A/CONF. 39/27 (1969); U.N.T.S. 1155, 331 ff.; BGBl. 1985 II, 927 ff.

118 Cf. CASSESE, *International Criminal Law*, S. 28; SCHABAS, *An Introduction to the International Criminal Court*, S. 74 f.

119 Auf die „Identitätskrise" (SIMMA & ALSTON, 12 Austl.Y.B.Int'l L. 82, 88 (1992); SIMMA, *International Human Rights Law and General International Law: A Comparative Analysis*, S. 153, 216) des Völkergewohnheitsrechts wird eine Untersuchung der völkerstrafrechtlichen *lex lata* einzugehen haben, hier kann die umfangreiche Diskussion ausgespart bleiben; weiterführend BLECKMANN, Festschrift Mosler, S. 89, 99 ff.; MERON, *Human Rights and Humanitarian Norms as Customary Law*, S. 3 ff., 79 ff.; DERS., 89 Am.J.Int'l L. 554 ff. (1995); DERS., 90 Am.J.Int'l L. 238 ff., 240 (1996); VAN HOOF, *Rethinking the Sources of International Law*, S. 215 ff.; SASSÒLI, *Bedeutung einer Kodifikation für das allgemeine Völkerrecht*, Rn. 78 ff., 92, 99 f.; LILLICH, 25 Ga.J.Int'l & Comp.L. 1, 8 ff. (1995–96). Dazu eingehend BYERS, *Custom, Power and the Power of Rules*, S. 40 ff. und durchgehend; ROBERTS, 95 Am.J.Int'l L. 757 ff. (2001); SIMMA, *ibid.*, S. 153, 215 ff.; KOSKENNIEMI, *From Apology to Utopia: The Structure of International Legal Argument*, S. 343 ff.; sowie JENNINGS, SchwJbintR 37 (1981), 59, 67 ff.

120 Die Elemente, die zum Nachweis einer übereinstimmenden Übung dienen können, sind vielgestaltig: Exekutives und legislatives Staatshandeln, nationale und internationale Gerichtsentscheidungen, aber auch offizielle Stellungnahmen zu Rechtsfragen, insbesondere zu Entwürfen der International Law Commission, amtliche Handbücher zu Rechtsfragen wie z.B. Militärhandbücher, diplomatische Korrespondenz, Pressemitteilungen usw., übereinstimmende völkerrechtliche Verträge, Praxis internationaler Organe, Resolutionen der Generalversammlung der UN. Vgl. *Droit d'asile*, CIJ Rec. 1950, 266, 277; *Rights of Nationals of the United States of America in Morocco*, ICJ Rep. 1952, 176, 200; *Affaire relative au mandat d'arrêt du 11 Avril 2000 (République démocratique du Congo c. Belgique)*, CIJ Rec. 2002, 3, 24 § 58; ICTY, *Prosecutor v. Tadić*, Appeals Chamber, Decision on the Defence Motion for Interlocutory Appeal on Jurisdiction, of 2 October 1995 (IT-94-1-AR72), §§ 99, 108 (dazu KRESS, EuGRZ 1996, 638, 646 f.); Report of the International Law Commission to the General Assembly covering its second session, 5 June–29 July 1950, UN Doc. A/1316 §§ 33 ff. = YBILC 1950-II, 364, 368 ff.; OPPENHEIM'S *International Law*[9], § 10 S. 26 f.; BROWNLIE, *Principles of Public International Law*[5], S. 5; VERDROSS/SIMMA, *Universelles Völkerrecht*[3], § 559 S. 353, §§ 577 ff. S. 364 ff.; REUTER, *Droit international public*[6], S. 114; IPSEN/HEINTSCHEL VON HEINEGG, *Völkerrecht*[5], § 20 Rn. 6, 16 ff.; AKEHURST, 47 Brit.Y.B.Int'l L. 1 ff. (1974–76); WOLFKE, *Custom in Present International Law*[2], S. 67 ff.; ZEMANEK, Festschrift Bernhardt, S. 289, 291 ff.; BOS, *A Methodology of International Law*, S. 235; BYERS, *Custom, Power and the Power of Rules*, S. 133 ff.; SASSÒLI, *Bedeutung einer Kodifikation für das allgemeine Völkerrecht*, Rn. 48 ff.; KOSKENNIEMI, *From Apology to Utopia: The Structure of International Legal Argument*, S. 382 ff.; KÖNIG, *Die völkerrechtliche Legitimation der Strafgewalt internationaler Strafjustiz*, S. 214, jew. m. w. Nachw.

eine allgemeine Rechtsüberzeugung *(opinio iuris sive necessitatis)*[121] für einen bestimmten Normsatz feststellen läßt, ebenso Art. 38 Abs. 1 lit. b IGH-Statut. Die Strafbegründung durch Völkergewohnheitsrecht wird durch die völkerrechtliche Version des Grundsatzes *nullum crimen sine lege* nicht ausgeschlossen[122] und gilt heute allgemein als zulässig[123].

Sind sowohl Vertrags- als auch Gewohnheitsrecht unergiebig, so bedarf es des Rückgriffs auf die allgemeinen Rechtsgrundsätze (Art. 38 Abs. 1 lit. c IGH-Statut: "general principles of law recognized by civilized nations/les principes généraux de droit reconnus par les nations civilisées"), die auch zur Lückenfüllung im Rom-Statut herangezogen werden können[124]. Über das Verfahren ihrer Erkenntnis

---

121 Vgl. *Affaire du «Lotus»*, CPJI Série A n° 10 (1927), S. 28; *Droit d'asile*, CIJ Rec. 1950, 266, 286; *Right of Passage over Indian Territory (Merits)*, ICJ Rep. 1960, 3, 42 f.; *North Sea Continental Shelf cases*, ICJ Rep. 1969, 3, 28 § 37, S. 32 ff. §§ 47 ff., S. 41 ff. §§ 71 ff.; *Continental Shelf (Libyan Arab Jamahiriya v. Malta)*, ICJ Rep. 1985, 13, 29 f. § 27; *Military and Paramilitary Activities in and against Nicaragua (Merits)*, ICJ Rep. 1986, 14, 97 f. §§ 183 ff., S. 106 ff. §§ 202 ff.; *Legality of the Threat or Use of Nuclear Weapons*, ICJ Rep. 1996, 226, 254 f. § 70; ICTY, *Prosecutor v. Tadić*, Appeals Chamber, Decision on the Defence Motion for Interlocutory Appeal on Jurisdiction, of 2 October 1995 (IT-94-1-AR72), §§ 83, 133; *Prosecutor v. Furundžija*, Trial Chamber, Judgement of 10 December 1998 (IT-95-17/1-T), § 227; VERDROSS/SIMMA, *Universelles Völkerrecht*[3], §§ 551 ff., S. 346 ff.; OPPENHEIM'S *International Law*[9], § 10 S. 27; BROWNLIE, *Principles of Public International Law*[5], S. 4 ff.; REUTER, *Droit international public*[6], S. 110 u. ff.; DAHM/DELBRÜCK/WOLFRUM, *Völkerrecht*[2], Band I/1, S. 56 ff.; IPSEN/HEINTSCHEL VON HEINEGG, *Völkerrecht*[5], § 16 Rn. 2, jew. m. w. Nachw.; EPIL/BERNHARDT, *Customary International Law*, vol. I, S. 898, 900; Restatement (Third) of Foreign Relations Law § 102, Comments b, c.

122 Vgl. nur Art. 11 Nr. 2 der Allgemeinen Erklärung der Menschenrechte der Vereinten Nationen von 1948, Art. 15 Abs. 2 IPBPR, Art. 7 Abs. 2 EMRK, Art. 9 Satz 1 AMRK; auch Art. 99 Abs. 1 GK III, Art. 67 GK IV, Art. 75 Abs. 4 lit. c ZP I.

123 Vgl. Report of the Secretary-General pursuant to paragraph 2 of Security Council resolution 808 (1993), UN Doc. S/25704, § 34; *Prosecutor v. Delalić et al. ("Čelebići")*, Trial Chamber, Judgement of 16 November 1998 (IT-96-21-T), §§ 402 ff., 414 ff.; w. Nachw. bei CASSESE/GAETA/JONES/LAMB, *The Rome Statute of the International Criminal Court*, Band 1, S. 733, 743 ff.; AMBOS, *Der Allgemeine Teil des Völkerstrafrechts*, S. 41 f.; DERS., *Internationales Strafrecht*, § 5 Rn. 6; DERS., StV 1997, 39, 40 ff.; BECKER, *Der Tatbestand des Verbrechens gegen die Menschlichkeit*, S. 65 ff.; BREMER, *Nationale Strafverfolgung internationaler Verbrechen gegen das humanitäre Völkerrecht*, S. 60 ff.; CASSESE, *International Criminal Law*, S. 139 ff.; CASSESE/GAETA/JONES/PELLET, *The Rome Statute of the International Criminal Court*, Band 2, S. 1051, 1058; DAHM/DELBRÜCK/WOLFRUM, *Völkerrecht*[2], Band I/3, S. 997 Fn. 25; GLASER, *Infraction internationale*, S. 42 ff., 50; DERS., *Droit international pénal conventionnel*, S. 24, 43 f.; DERS., ZStW 76 (1964), 514, 518 ff., 520, 535 = DERS., Riv.it.dir.proc.pen. 9 (1966), 757, 762 ff.; KÖNIG, *Die völkerrechtliche Legitimation der Strafgewalt internationaler Strafjustiz*, S. 199 ff., 405, 409; RATNER & ABRAMS, *Accountability for Human Rights Atrocities in International Law*[2], S. 21 ff.; TRIFFTERER, *Dogmatische Untersuchungen*, S. 121 ff., 136; DERS., *Commentary on the Rome Statute*, Preliminary Remarks, Rn. 18; DERS., ÖJZ 51 (1996), 321, 328; DERS., *Bestandsaufnahme zum Völkerstrafrecht*, S. 169, 218 f.; DERS., Gedächtnisschrift Zipf, S. 493, 502; WERLE, *Völkerstrafrecht*, Rn. 89 ff., 99, 128 Fn. 250; krit. BASSIOUNI, *Introduction to International Criminal Law*, S. 223 f.; DERS., *Crimes against Humanity in International Criminal Law*, S. 107 ff., 112; KAIAFA-GBANDI, Festschrift Schreiber, S. 199, 205.

124 Art. 21 Abs. 1 Rom-Statut: "The Court shall apply: ... (c) Failing that, general principles of law derived by the Court from national laws of legal systems of the world including, as appropriate,

– Untersuchung des (positiven) nationalen Rechts – besteht heute Einigkeit.[125] Die Feststellung der Grundsätze geschieht folglich rechtsvergleichend,[126] obzwar die Praxis internationaler Gerichte oft apodiktisch verfährt,[127] wobei heute jedenfalls alle Mitgliedsstaaten der Vereinten Nationen in Betracht zu ziehen sind.[128] Die Völkerrechtsnorm soll gebildet werden nicht aus übereinstimmenden Regeln nationalen Rechts, sondern aus den diesen zugrundeliegenden Prinzipien,[129] die auf den internationalen Sachverhalt zu übertragen, mithin, soweit erforderlich, anzupassen sind,[130] wobei sich im allgemeinen Völkerrecht nicht nur der persönliche Anwen-

---

the national laws of States that would normally exercise jurisdiction over the crime, provided that those principles are not inconsistent with this Statute and with international law and internationally recognized norms and standards."

[125] Restatement (Third) of Foreign Relations Law § 102 mit Comment *l*, Reporter's Note 7; OPPENHEIM's *International Law*[9], § 12 S. 36 f.; BROWNLIE, *Principles of Public International Law*[5], S. 26 f.; REUTER, *Droit international public*[6], S. 117 f.; VERDROSS/SIMMA, *Universelles Völkerrecht*[3], §§ 601 ff. S. 383 ff.; EPIL/MOSLER, *General Principles of Law*, S. 511, 512 f., 519 ff.; IPSEN/HEINTSCHEL VON HEINEGG, *Völkerrecht*[5], § 17 Rn. 1 ff.; BOGDAN, 46 Nordisk Tidsskrift for International Ret 37, 43, 49 f. (1977); BASSIOUNI, 11 Mich.J.Int'l L. 768, 791 ff. (1990), alle m. w. Nachw.

[126] Dazu GUTTERIDGE, *Comparative Law and the Law of Nations*, S. 13 ff., 17 ff.; SEIDL-HOHENVELDERN, Festschrift Verdross, S. 253 ff.; SCHLESINGER, 51 Am.J.Int'l L. 734 ff. (1957); BOTHE, ZaöRV 36 (1976), 280, 282 ff.; MOSLER, Internationale Festschrift Verdross, S. 381, 400 ff., 409 ff.; BASSIOUNI, 11 Mich.J.Int'l L. 768, 768 f., 784, 811 ff. (1990); siehe auch BARIATTI, *L'interpretazione delle convenzioni internazionali di diritto uniforme*, S. 284 ff.

[127] Dazu SCHLESINGER, 51 Am.J.Int'l L. 734 f. (1957); SEIDL-HOHENVELDERN, Festschrift Verdross, S. 253, 253 f.; MOSLER, Internationale Festschrift Verdross, S. 381, 401 u. ff.; BOGDAN, 46 Nordisk Tidsskrift for International Ret 37, 49 ff. (1977); BOTHE, ZaöRV 36 (1976), 280, 282, 283 ff., alle m. w. Nachw. Freilich geben die Prozeßmaterialien regelmäßig mehr Aufschluß über die rechtsvergleichende Basis als die Urteilsgründe.

[128] CHENG, *General Principles of Law as Applied by International Courts and Tribunals*, S. 25; VERDROSS, *Les principes généraux de droit dans le système des sources du droit international public*, S. 521, 523; DERS., *Die Quellen des universellen Völkerrechts*, S. 127; VERDROSS/SIMMA, *Universelles Völkerrecht*[3], § 602 S. 384; SIMMA/PAULUS, *Le rôle relatif des différentes sources du droit international pénal*, S. 55, 62; IPSEN/HEINTSCHEL VON HEINEGG, *Völkerrecht*[5], § 17 Rn. 2; HAILBRONNER, ZaöRV 36 (1976), 190, 208; BASSIOUNI, 11 Mich.J.Int'l L. 768, 768, 783 f. (1990); ähnl. BOGDAN, 46 Nordisk Tidsskrift for International Ret 37, 45 (1977).

[129] Vgl. die Äußerungen von Lord PHILLIMORE ("maxims of law") und DE LAPRADELLE («les principes qui sont à la base du droit national, constituent aussi des sources de droit international»), Procès-verbaux, S. 335; VERDROSS/SIMMA, *Universelles Völkerrecht*[3], § 602 S. 384; DAHM/DELBRÜCK/WOLFRUM, *Völkerrecht*[2], Band I/1, S. 64 f.; WERLE, *Völkerstrafrecht*, Rn. 136; BOTHE & RESS, *The Comparative Method and Public International Law*, S. 49, 50, 58 ff., 62; SIMMA/PAULUS, *Le rôle relatif des différentes sources du droit international pénal*, S. 55, 63; AMBOS, *Der Allgemeine Teil des Völkerstrafrechts*, S. 47; krit. JENNINGS, SchwJbintR 37 (1981), 59, 72 f. Cf. auch nächste Fußn.

[130] So auch die stets zitierte Äußerung von Lord MCNAIR, Separate Opinion, *International Status of South West Africa*, ICJ Rep. 1950, 128, 148: "The way in which international law borrows from this source is not by means of importing private law institutions 'lock, stock and barrel', ready-made and fully equipped with a set of rules. It would be difficult to reconcile such a process with the application of 'the general principles of law'. In my opinion, the true view of the duty of international tribunals in this matter is to regard any features or terminology which are reminiscent of the rules and institutions of private law as an indication of policy and principles rather than as directly importing these rules and institutions."; OPPENHEIM's *International Law*[9], § 12 S. 37; BROWNLIE,

dungsbereich, sondern oft auch der sachliche Inhalt der Norm ändert,[131] so daß es sich weniger um Rezeption als um Assimilation[132] landesrechtlicher Normen handelt.[133] Ungefilterte "domestic analogy"[134] verbietet sich daher. Aus dem aus nationalen Rechten entlehnten Rechts*grundsatz* muß das internationale Gericht ohnehin in jedem Falle einen konkreten, auf den Einzelfall anwendbaren Rechts*satz* des Völkerrechts bilden, so daß Rechtsfortbildung insoweit unausweichlich ist.[135]

Principles of Public International Law[5], S. 16; EPIL/MOSLER, *General Principles of Law*, S. 511, 513, 517; LAUTERPACHT, *Private Law Sources and Analogies in International Law*, S. 297 ff.; MOSLER, Internationale Festschrift Verdross, S. 381, 404; VERDROSS, *Les principes généraux de droit dans le système des sources du droit international public*, S. 521, 525; VERDROSS/SIMMA, *Universelles Völkerrecht*[3], § 604 S. 385; IPSEN/HEINTSCHEL VON HEINEGG, *Völkerrecht*[5], § 17 Rn. 3; BLECKMANN, *Grundprobleme und Methoden des Völkerrechts*, S. 145 ff.; WERLE, *Völkerstrafrecht*, Rn. 136; SIMMA/PAULUS, *Le rôle relatif des différentes sources du droit international pénal*, S. 55, 63 f.; SIORAT, *Le problème des lacunes en droit international*, S. 346 ff.; BOTHE, ZaöRV 36 (1976), 280, 294 ff.

Prosecutor v. Furundžija, Trial Chamber, Judgement of 10 December 1998 (IT-95-17/1-T), § 178: "... since 'international trials exhibit a number of features that differentiate them from national criminal proceedings', account must be taken of the specificity of international criminal proceedings when utilising national law notions. In this way a mechanical importation or transposition from national law into international criminal proceedings is avoided, as well as the attendant distortions of the unique traits of such proceedings."; *Prosecutor v. Blaškić*, Appeals Chamber, Judgement of 29 October 1997 on the Request of the Republic of Croatia for Review of the Decision of Trial Chamber II of 18 July 1997 (IT-95-14-AR108 *bis*), § 23: "The Appeals Chamber holds that domestic judicial views or approaches should be handled with the greatest caution at the international level, lest one should fail to make due allowance for the unique characteristics of international criminal proceedings."; *Prosecutor v. Kupreškić*, Trial Chamber, Judgement of 14 January 2000 (IT-95-16-T), § 677: "... it will always be necessary to bear in mind the dangers of wholesale incorporation of principles of national law into the unique system of international criminal law as applied by the International Tribunal."; *Prosecutor v. Erdemović*, Appeals Chamber, Judgement of 7 October 1997 (IT-96-22-A), Separate and Dissenting Opinion CASSESE, §§ 2–6.

131 GUGGENHEIM, Festschrift Wehberg, S. 133, 134 f., 141; MOSLER, Internationale Festschrift Verdross, S. 381, 404.

132 Zutr. STREBEL, ZaöRV 36 (1976), 301, 341 f. m. Fn. 48; ähnl. KISS, *Comparative Law and Public International Law*, S. 41, 44.

133 Auch wenn es sich bei den „allgemeinen Rechtsgrundsätzen" nach der Formulierung von Art. 38 IGH-Statut um eine Völkerrechtsquelle handelt, dazu statt aller VERDROSS, *Les principes généraux de droit dans le système des sources du droit international public* , S. 521, 522 f., so treten sie doch nicht, wie VERDROSS, *Die Verfassung der Völkerrechtsgemeinschaft*, S. 59, meinte, dem „ersten Rechtsanwender als fertige Rechtssätze entgegen", vielmehr läuft die richterliche Rechtsanwendung praktisch auf den von ANZILOTTI, *Corso di diritto internazionale*[4], S. 59 f., 107; ähnl. STREBEL, ZaöRV 36 (1976), 301, 340 ff., beschriebenen *rinvio recettizio o materiale* hinaus.

134 Ausdruck aus ICTY, *Prosecutor v. Blaškić*, Appeals Chamber, Judgement of 29 October 1997 on the Request of the Republic of Croatia for Review of the Decision of Trial Chamber II of 18 July 1997 (IT-95-14-AR108 *bis*), § 40.

135 BOTHE, ZaöRV 36 (1976), 280, 290; BOTHE & RESS, *The Comparative Method and Public International Law*, S. 49, 60 ("creating judge-made law for which national law serves as a justifying argument"); SIORAT, *Le problème des lacunes en droit international*, S. 282 ff.; BARIATTI, *L'interpretazione delle convenzioni internazionali di diritto uniforme*, S. 293 f. Noch weitergehend GUTTERIDGE, *Comparative Law and the Law of Nations*, S. 13, 21 f.: Ein internationales Gericht sei hier in der Situation des schweizerischen Richters, wenn er nach Art. 1 Abs. 2 SchwZGB „nach einer

Dieses Verständnis allgemeiner Rechtsgrundsätze ist auch für das Völkerstrafrecht anerkannt.[136] Angesichts der bisherigen Dürftigkeit und geringen Regelungsdichte vertraglichen und gewohnheitsmäßigen Völkerstrafrechts, vor allem im Allgemeinen Teil des Strafrechts,[137] spielen die allgemeinen Rechtsgrundsätze hier eine weitaus größere Rolle als in den meisten übrigen Materien des Völkerrechts, wo sie bisweilen schon fast totgesagt wurden[138].

Im einzelnen ist noch vieles in der völkerstrafrechtlichen Rechtsfindung ungeklärt, namentlich die praktisch erheblichen Fragen der Lückenfüllung und Rechtsfortbildung.[139] So könnte beispielsweise eine evolutive oder dynamische Konzeption der allgemeinen Rechtsgrundsätze nötig sein, die die zeitliche Dimension miteinbezieht:[140] Nationale Regelungen sind nicht statisch, sondern entwickeln sich. Wo eine Momentaufnahme gegenwärtiger Regelungen noch ein uneinheitliches Bild ergibt, könnte doch eine Übereinstimmung der Entwicklungsrichtung feststellbar sein. Damit ist freilich die Grenze zur Rechtsfortbildung erreicht.

Aus dem vorstehenden Überblick ist deutlich geworden, daß nationale Rechte und nationale Begriffstraditionen keine normative Deutungskompetenz, wenn auch oft faktischen Einfluß, im Völkerstrafrecht haben, sondern daß es sich um autonome Regeln mit autonomen Begriffen handelt. Jeder Versuch, eine völkerstrafrechtliche Untersuchung aus der Perspektive der vertrauten heimatlichen Kon-

---

Regel entscheiden [muß], die er als Gesetzgeber aufstellen würde", wobei die Bindung an die übereinstimmend anerkannten Rechtsgrundsätze verhindern solle, daß einseitig die jeweils vertrauteste Heimatrechtsordnung als Inspirationsquelle herangezogen wird. Ähnl. bereits ANZILOTTI, *Corso di diritto internazionale*[4], S. 107; dagegen CASSESE, *The contribution of the International Criminal Tribunal for the Former Yugoslavia to the ascertainment of general principles of law*, S. 43, 54 f.

136 Vgl. die vorigen Fußn. und Report of the Secretary-General pursuant to paragraph 2 of Security Council resolution 808 (1993), UN Doc. S/25704, § 58 (zu "personal defences"); ICTY, *Prosecutor v. Erdemović*, Appeals Chamber, Judgement of 7 October 1997, (IT-96-22-A), Joint Separate Opinion MCDONALD/VOHRAH, §§ 56 ff.; Separate and Dissenting Opinion STEPHEN, § 25; Separate and Dissenting Opinion LI, §§ 3 ff.; Trial Chamber, Sentencing Judgement of 29 November 1996 (IT-96-22), §§ 26 ff., 30 ff.; *Prosecutor v. Furundžija*, Trial Chamber, Judgement of 10 December 1998 (IT-95-17/1-T), §§ 177 ff.; *Prosecutor v. Kupreškić*, Trial Chamber, Judgement of 14 January 2000 (IT-95-16-T), §§ 516, 591, 669 ff., 677, 728 ff.; *Prosecutor v. Tadić*, Trial Chamber, Opinion and Judgement of 7 May 1997 (IT-94-1), §§ 535 ff.; Appeals Chamber, Judgement of 15 July 1999 (IT-94-1-A), § 225; *Prosecutor v. Aleksovski*, Appeals Chamber, Judgement of 24 March 2000 (IT-95-14/1-A), §§ 89 ff., 98. Schon *U.S. v. Wilhelm List et al. ("The Hostage Case")*, Trials of War Criminals, vol. XI, 1230, 1235 ff.; BASSIOUNI, *Introduction to International Criminal Law*, S. 5, 8; CASSESE, *International Criminal Law*, S. 32 ff.; WERLE, *Völkerstrafrecht*, Rn. 136; SIMMA/PAULUS, *Le rôle relatif des différentes sources du droit international pénal*, S. 55, 62 f.; KRESS, ZStW 111 (1999), 597, 608 f.

137 BASSIOUNI, *International Criminal Law*[2], Band 1, S. 16 f.; AMBOS, *Der Allgemeine Teil des Völkerstrafrechts*, S. 44; allg. CARACCIOLO, *Applicable Law*, S. 211, 225.

138 JENNINGS, SchwJbintR 37 (1981), 59, 73 ("should be regarded today as having little more than academic interest"); dazu CASSESE, *The contribution of the International Criminal Tribunal for the Former Yugoslavia to the ascertainment of general principles of law*, S. 43, 46.

139 Grundlegend KRESS, ZStW 111 (1999), 597 ff.

140 Zutr. BLECKMANN, *Grundprobleme und Methoden des Völkerrechts*, S. 142 f.

zepte zu unternehmen – aus der ebenso verständlichen[141] wie wenig hilfreichen Neigung heraus, die Konzepte, die einen ein Juristenleben lang geprägt haben, für quasi-naturrechtliche Selbstverständlichkeiten zu halten –, ist nicht nur praktisch zum Scheitern verurteilt, weil er bei vielen Teilnehmern des wissenschaftlichen völkerstrafrechtlichen Diskurses, der wie der des allgemeinen Völkerrechts ein internationaler ist, nicht verstanden werden wird, er ist auch völker*rechtlich* nicht zu begründen. Freilich stehen andere Begriffe bisher nicht zur Verfügung.[142] Dogmatische Improvisation, die zumeist auf schmaler rechtsvergleichender Grundlage mit anscheinenden oder scheinbaren Ähnlichkeiten operiert, mag in der Anfangszeit unvermeidbar sein und sogar brauchbare Einzelergebnisse hervorbringen, doch bleibt dies ebenso unwahrscheinlich wie bloß zufällig. Bevor völkerstrafrechtliche Rechtsfindung und darauf aufbauende Untersuchungen stattfinden können, muß daher gleichsam der rechtstheoretische Boden vorbereitet werden, d.h. für den Inhalt der bezogenen Begriffe muß ein möglichst neutraler Beschreibungsmodus und für die regelmäßig nötig werdende rechtsvergleichende Ermittlung allgemeiner Grundsätze müssen geeignete *tertia comparationis* gefunden[143] werden. Nötig ist eine von nationalen Besonderheiten abstrahierende Analytik der strafrechtlichen Zurechnungslehre, hier soweit sie „Vorsatz“ und „Irrtum“ betrifft, die Ordnung und Kritik der zahlreichen Ähnlichkeiten und Unterschiede nationaler Rechte sowie die Beurteilung einer etwaigen Transponierbarkeit von Begriffen und Theoremen in das Völkerstrafrecht sowie deren kontextspezifische Modifikation erlaubt. Dazu soll die vorliegende Elementarlehre dienen.

Es wird dabei eine größere Vertiefung angestrebt, als sie zur bloßen Gewinnung unmittelbar verwendungstauglicher Ergebnisse in Einzelfragen nötig sein mag – es geht um die Grundlagen der Praxis, nicht nur um gelegentliche Handreichungen. Denn schon die reale Gefahr, daß als Ergebnis einer rechtsvergleichenden Erhebung nur ein „dogmatisches Minimalprogramm einfachster Grundsätze“[144] üb-

---

141 Als Beispiel für den *Priming*-Effekt, vgl. dazu knapp m. w. Nachw. Bierhoff, *Sozialpsychologie*[5], S. 190 ff.

142 Wenn Elliott, 11 Crim.L.F. 35, 44 f. (2000), meint, die Suche nach unabhängigen völkerstrafrechtlichen Begriffen sei "unwise and unrealistic", weil die Kenntnis nationaler Strafrechte, die einen jahrhundertealten Lösungsvorrat enthielten, ohnehin nötig sei und überdies internationale Richter immer durch ihre nationale Ausbildung geprägt seien, so treffen zwar beide Beobachtungen zu, doch folgt daraus nichts gegen autonome Begriffe noch bietet sie eine Alternative an. Die Fruchtlosigkeit des Verharrens im jeweils nationalen Recht zeigt sich an ihrer Kritik am *Čelebići*-Urteil (44), dessen Verständnis von "intent" deshalb "illogical" sei, weil es *recklessness/dol éventuel* umfasse – aus Sicht des französischen wie anglo-amerikanischen Rechts ist dieser Einwand ebenso verständlich wie aus Sicht des deutschen, schweizerischen, österreichischen und spanischen Rechts verfehlt.

143 Vgl. *Prosecutor v. Furundžija,* Trial Chamber, Judgement of 10 December 1998 (IT-95-17/1-T), § 178: "... international courts must draw upon the general concepts and legal institutions common to all the major legal systems of the world. This presupposes a process of identification of the common denominators in these legal systems so as to pinpoint the basic notions they share"; Delmas-Marty, 1 J.Int'l Crim.Just. 13, 16 (2003).

144 Weigend, ZStW 105 (1993), 774, 792 (zur europäischen Harmonisierung des Strafrechts).

rigbleibt, weil jegliche anspruchsvollere Erwägung schon an wechselseitiger Verständnislosigkeit scheitert, nötigt zur Schaffung eines leistungsfähigen dogmatischen Koordinatensystems, das der Entwicklung des Völkerstrafrechts auch Wege vorzeichnen kann. Will die Völkerstrafrechtswissenschaft sich den Namenspartikel „Wissenschaft" verdienen, so muß sie ohnehin über die Sammlung, Beschreibung und Systematisierung positiver und auf Gewohnheit gründender Regeln hinaus die Fragen nach Grund und Funktion der Zurechnung stellen. Ohne einen Erklärungsansatz für die Existenz subjektiver Verbrechensmerkmale und ohne eine Analyse, ob es wirklich um psychologische Fakten geht oder um Zuschreibungen im Sinne „normativer Typenbildung im Hinblick auf soziale Fehlleistungen"[145] usw., muß jeder Versuch einer Abgrenzung von Vorsatz und Fahrlässigkeit sowie der Regelungen von Tat- und Rechtsirrtümern prinzipienlos und beliebig bleiben. Bei der Vorbereitung des Baus der Dogmatik eines neuen Rechtsgebiets ergibt sich daher nicht nur der Anlaß, sondern die Notwendigkeit, die Fundamente zu prüfen wie z.B. das Problem der Referenz mentalistischer Ausdrücke, die Rolle der Psychologie und der Handlungstheorien.

Nachfolgend wird somit eine funktionale Methodik, wie sie jedem Rechtsvergleicher vertraut ist, für das Völkerstrafrecht vorgeschlagen (B.) und anschließend auszuführen versucht (C.). Die häufigen rechtsvergleichenden Hinweise sind selektiv und haben lediglich illustrativen Charakter, denn eine völkerstrafrechtliche Untersuchung, die die *lex lata* auch auf rechtsvergleichender Grundlage der allgemeinen Rechtsgrundsätze erhebt, wäre anschließend an diese Arbeit erst noch zu schreiben. Um den Text zu entlasten, sind einige wenige ausgewählte Phasen der Dogmengeschichte, die an geeigneten Stellen in Bezug genommen werden, zugleich als erster Einstieg in die historische Perspektive allgemeiner Rechtsgrundsätze, in einem Anhang am Ende versammelt.

---

145 Krauss, *Der psychologische Gehalt subjektiver Elemente im Strafrecht*, S. 110, 127.

B. Funktionale Methodik des Völkerstrafrechts

> It appears that cross-cultural similarities in categorization are strong enough to avoid the confusion that might have been created by a morass of differences.[146]

Wenn Rechtsgebiete, die in nationalen Rechtsordnungen ihre Heimat haben, Gegenstand von Regelungen auf völkerrechtlicher Ebene werden, können sich, vor allem bei multilateralen Verträgen, insbesondere solchen wie dem Rom-Statut die eine möglichst universelle Geltung anstreben, wegen der stets vorhandenen Differenzen nationaler Regelungstechniken und -terminologien spezifische Übersetzungsprobleme, genauer: begriffliche Probleme, ergeben.

Die Probleme sind am geringsten, wenn es sich um die Koordination nationaler Rechte handelt, etwa im Bereich des Internationalen Privatrechts, wo auf bewährte Techniken wie die Qualifikation, bei allen Schwierigkeiten, die im Einzelfall damit verbunden sein können, zurückgegriffen werden kann.

Sollen nationale Rechte vereinheitlicht werden, muß ebenso Klarheit bestehen, welche nationalen Regelungen zu ersetzen sind. Es entsteht sodann zwangsläufig mit der *loi uniforme* eine neue, eigenständige Begrifflichkeit, auch wo sie sich an nationale Vorbilder eng anlehnt oder gar dieselben Sprachzeichen benutzt.[147] Daß tradierte lokale Rechtsbegriffe nicht unmodifiziert auf das Einheitsrecht, das sie ersetzt, übertragen werden können, liegt auf der Hand. Größerer Spielraum verbleibt, wenn zur Vereinheitlichung nur Ziele vorgegeben werden wie teilweise im Europarecht, die die nationalen Gesetzgeber eigenständig umzusetzen haben.

Bedient sich das Völkerrecht einer Regelungsform, die bislang nur in nationalen Rechten existierte, für seine eigenen Zwecke, so entsteht, wie oben (A.III.) erwähnt, eine neue Begrifflichkeit, die parallel zu den nationalen Systemen existiert und, dies bedingt einen zweiten Unterschied zum nationalen Recht, in einen spezifischen völkerrechtlichen Regelungs- und Anwendungskontext eingespannt ist. Im Völkerstrafrecht ergibt sich folglich die Schwierigkeit, daß Begriffe benutzt werden, die ihre Prägung in nationalen Rechten über sehr lange Zeit, über zweitausend Jahre, erfahren haben,[148] aber dennoch jetzt eine autonome, nicht in die vielfältigen, oft inkompatiblen nationalen Eigenheiten aufzulösende, Bedeutung erhalten müssen.

---

146 Medin & Heit, *Categorization*, S. 99, 117 f., in anderem Zusammenhang. Der folgende Text basiert auf der Hoffnung, daß für strafrechtliche Kategorien dieselbe Zuversicht angebracht ist.

147 Bariatti, *L'interpretazione delle convenzioni internazionali di diritto uniforme*, S. 141 ff., 147 ff., 256 ff., 261, 298, jew. m. zahlr. Nachw.

148 Vgl. allg. Bariatti, *L'interpretazione delle convenzioni internazionali di diritto uniforme*, S. 256 u. ff.

Dies entspricht den aus dem Internationalen Privatrecht bekannten Problemen der Qualifikation und Angleichung. Zweitens sind die Begriffe an die völkerrechtlichen Gegebenheiten anzupassen, die mitunter kein Pendant und damit kein Vorbild auf nationaler Ebene haben. Eine dritte, praktische Schwierigkeit liegt darin, daß die völkerstrafrechtlichen Termini nicht in der Begriffswelt, der sie entstammen, verwaltet werden, d.h. einer nationalen Rechtsordnung oder auch nur einer bestimmten Rechtsfamilie, da die Texte keine nationalen mehr sind (sondern, idealiter wie im Rom-Statut, als internationale Verträge formuliert sind in mehreren authentischen Sprachen) und das Justizpersonal, das diese Begriffe anzuwenden hat, kein rein nationales mehr ist (wie in den *Ad hoc*-Tribunalen der UN und dem ICC)[149]. Auch hier liegt auf der Hand, daß man sich in der völkerstrafrechtlichen wissenschaftlichen Diskussion ebenso wie in der Rechtsanwendung von nationalen Begriffen lösen muß.[150] Gleichwohl ist ein Rückgriff auf nationales Recht unerläßlich: Zum einen außerhalb einer vertraglichen Kodifikation wie dem Rom-Statut, wo die allgemeinen Rechtsgrundsätze subsidiäre Rechtsquelle und rechtsvergleichend zu ermitteln sind. Zum anderen wird in einer so jungen Disziplin wie dem Völkerstrafrecht auch unter dem Rom-Statut nicht auf die Erfahrung nationaler Rechtsprechung und die Erträge der zugehörigen Strafrechtswissenschaften verzichtet werden können bei der Erörterung von Auslegungs- und Anwendungsproblemen, der Fortentwicklung des Völkerstrafrechts und der Errichtung einer völkerstrafrechtlichen Dogmatik. Zu vergegenwärtigen und zu lösen ist daher das Problem einer autonomen völkerstrafrechtlichen, transnationalen Begrifflichkeit.[151] Dazu soll der folgende „analytische Rahmen" ein Hilfsmittel bereitstellen, das die Sachprobleme der Vorsatz- und Irrtumslehre möglichst unbeeinflußt von Terminologie und dogmatischen Traditionen nationalen Rechts isoliert[152] und dadurch mehrerlei ermöglicht bzw. erleichtert:

---

[149] Zu den Schwierigkeiten bei der Zusammenarbeit in internationalen Gerichten siehe PROTT, *Der internationale Richter im Spannungsfeld der Rechtskulturen*, zum Einfluß des nationalen Vorverständnisses dort S. 198 ff., 209 ff.; zu den verschiedenen intellektuellen Stilen siehe JUNG, Festschrift Baratta, S. 361, 371 ff. m. w. Nachw.

[150] Zutr. *Prosecutor v. Delalić et al. ("Čelebići")*, Trial Chamber, Judgement of 16 November 1998 (IT-96-21-T), § 431: "... a simple semantic approach, or one which confines itself to the specificities of particular national jurisdictions, can only lead to confusion or a fruitless search for an elusive commonality. In any national legal system, terms are utilised in a specific legal context and are attributed their own specific connotations by the jurisprudence of that system. Such connotations may not necessarily be relevant when these terms are applied in an international jurisdiction." bei der Auslegung der subjektiven Erfordernisse von "wilful killing" und "murder"; ebenso WERLE, *Völkerstrafrecht*, Rn. 239; REUTER, oben Fußn. 1.

[151] Ähnl. DELMAS-MARTY, 1 J. Int'l Crim. Just. 13, 18 (2003). Zur analogen Aufgabe der Rechtsvergleichung vgl. DROBNIG, Festschrift Rheinstein, S. 221, 226 ff. m. w. Nachw.; JUNG, Festschrift Baratta, S. 361, 367.

[152] Vgl. nur ESER, Festschrift Kaiser, Band II, S. 1499, 1521; HAILBRONNER, ZaöRV 36 (1976), 190, 200. Ähnlich fordert PERRON auf dem Weg zur europäischen Strafvereinheitlichung eine funktionale Analyse zur Identifikation der zugrundeliegenden Sachprobleme, eine bloße Synopse der nationalen Regelungen genüge nicht, Festschrift Nishihara, S. 145.

— Ermittlung (möglichst) *systemneutraler* Vergleichsgrößen zur Ermöglichung einer transnationalen, „universalistischen" Betrachtungsweise[153]
— und dadurch Vermeidung eines dogmatischen Monismus oder Ethnozentrismus *(parochialism)* durch Beschreibung der sachlichen Probleme der subjektiven Tatseite im Völkerrecht ohne Belastung durch nationale Terminologie, zumindest explizite Verdeutlichung des Abstands der völkerstrafrechtlichen Begriffe – die freilich am besten in einer autonomen Terminologie zu formulieren wären, doch neue Namen zu vergeben wäre wohl nur in gekünstelter und damit unpraktischer Weise möglich – von u.U. gleichlautenden nationalen Termini, um die Gefahr der Verzerrung der Fragestellung durch die heimische dogmatische Tradition und deren Kategorien zu vermindern[154] und so erst eine völkerstrafrechtliche Diskussion zu ermöglichen und nicht nationale Strafrechtsauffassungen einander mißverstehen und aneinander vorbeireden zu lassen[155]; sowie

---

153 Vgl. den parallelen Ansatz von ROTHOEFT, *System der Irrtumslehre*, S. 1 ff., für die zivilrechtliche Irrtumslehre; ähnlich, wenn auch auf eine nationale Rechtsordnung beschränkt, der „analytische Bezugsrahmen" von KUHLEN, *Die Unterscheidung von vorsatzausschließendem und nichtvorsatzausschließendem Irrtum*, S. 101 ff.

Nicht gefolgt wird damit dem Vorschlag JESCHECKS, *Entwicklung, Aufgaben und Methoden der Strafrechtsvergleichung*, S. 37 f., 40, den eigenen dogmatischen und kriminalpolitischen Standpunkt zur Grundlage zu machen, eben wegen der von JESCHECK treffend formulierten Gefahr: „Dabei muß man sich allerdings davor hüten, fremden Rechten die eigene Begriffswelt und Systematik aufzwingen zu wollen" (40); wie hier AMBOS, *Der Allgemeine Teil des Völkerstrafrechts*, S. 44 f. im Anschluß an ZWEIGERT/KÖTZ, *Einführung in die Rechtsvergleichung*[3], S. 33; krit. auch NELLES, Festschrift Eser, S. 1005, 1007 ff.; zu übernationaler Systematik siehe auch DROBNIG, Festschrift Rheinstein, S. 221, 228 ff.

154 Verfehlt ist daher die unbekümmerte Verwendung nationaler Begrifflichkeit in Aussagen wie z.B.: „Ungeachtet dieser begrifflichen Schwierigkeiten steht doch fest, daß das Erfordneris einer voluntativen (volitiven) und kognitiven (intellektuellen) Vorsatzkomponente auch in anderen Rechtsordnungen anerkannt ist.", AMBOS, *Der Allgemeine Teil des Völkerstrafrechts*, S. 761 – als ob es überall einen einheitlichen „Vorsatz"begriff gäbe, der aus zwei (einheitlich und klar definierten?) Komponenten bestünde. Schon für das traditionelle Common Law ist diese Aussage unverständlich, vgl. den Bericht von CLARK über die Verständnisprobleme auf der Rom-Konferenz bei der Diskussion über „kognitive" und „voluntative" Vorsatzelemente, ZStW 114 (2002), 372, 379 Fn. 21: „Schon der Begriff ‚voluntativ' lässt sich aber kaum ins Englische übersetzen, und er wird in der englischen Rechtssprache auch nicht verwendet. Zahlreiche Teilnehmer aus englischsprachigen Ländern verstanden daher diese Unterscheidungen nicht ..."

155 Zur Überwindung der „Stufe der Mißverständnisse" siehe JESCHECK, *Entwicklung, Aufgaben und Methoden der Strafrechtsvergleichung*, S. 34 f. Zu terminologischen Problemen allg. HERZOG, Rev.int.dr.comp. 9 (1957), 337, 348 f.; DROBNIG, Festschrift Rheinstein, S. 221, 230 ff. Vgl. auch SCHLESINGER, 51 Am.J.Int'l L. 734, 751 f. (1957): "... lawyers brought up in different systems ... simply do not speak the same language. But after a while the misunderstandings will be discovered, and the common focus will be established. In a seminar room this may be matter of minutes or hours. Among scholars who sit in their respective libraries and write books and articles thousands of miles apart from each other, the same process may require decades."

Zu dem „Zusammenbruch der Kommunikation" bei der Formulierung der Vorsatzdefinition in Art. 30 Rom-Statut auf der Rom-Konferenz siehe CLARK, ZStW 114 (2002), 372, 379 Fn. 21; zu den

— Vermeidung rein sprachlicher Schwierigkeiten und Scheinprobleme (Begriffsverwirrung, Mehrdeutigkeiten usw.), zumal die Festlegung der fachsprachlichen Bedeutung vieler Ausdrücke schon in den nationalen Rechten umstritten genug ist.[156] Schon deshalb ist die unvermittelte Verwendung dogmatischer Termini, die zwar in einem Rechtskreis geläufig, aber zugleich uneindeutigen Inhalts sind, problematisch.[157]

Auf diese Weise sollen intrasystematische Argumentationen aus nationalen dogmatischen Begriffssystemen, die ein Sachproblem zwar adäquat lösen mögen, sich aber oft in ein fremdes Begriffssystem nicht übersetzen lassen, zwar zur Kenntnis genommen, ihre unbesehene Übertragung auf das Völkerstrafrecht aber vermieden werden. ZWEIGERTS Warnung an die Rechtsvergleicher – „Wer nur ‚große Prinzipien' vergleicht, wird scheitern."[158] – gilt entsprechend im Völkerstrafrecht für den Umgang mit großformatigen Systembegriffen nationaler Provenienz. So sind Folgerungen aus einer bestimmten Vorsatz- oder Schuldkonzeption auf die Behandlung von Irrtümern oder begriffsintrinsische, intrasystematische Abgrenzungen, die andere Rechtsordnungen nicht kennen, hier *prima facie* fruchtlos, so richtig sie in der Sache sein mögen.[159] Hingegen lassen sich Sachprobleme und ihre

---

Mißverständnissen bei der Formulierung der Elements of Crimes siehe KELT & VON HEBEL, *General Principles of Criminal Law and the Elements of Crimes*, S. 19, 22.

156 Beispielhaft GLANVILLE WILLIAMS, *Textbook of Criminal Law*², § 3.1, S. 73: "... doubts still remain about the legal meaning of the *mens rea* words. It is lamentable that, after more than a thousand years of continuous legal development, English law should still lack clear and consistent definitions of words expressing its basic concepts."; DERS., 46 Cambr.L.J. 417 (1989). Gleiches läßt sich von vielen anderen Rechtsordnungen sagen, dies erst recht, wenn die Zahl der verwendeten Begriffe unhandlich groß ist. Beispielsweise wurden allein im amerikanischen Bundesstrafrecht 78 verschiedene *culpability terms* gezählt, S. Rep. No. 605, 95th Congress, 1st Sess. part 1, S. 55, zit. nach ROBINSON, *Structure and Function in Criminal Law*, S. 42 Fn. 90; siehe auch *Final Report of the Illinois Criminal Code Rewrite and Reform Commission*, vol. 1, S. xxiv mit Nachw. zu Illinois. Selbst wenn ein Modellgesetz wie der Model Penal Code zum Vorbild genommen wird, scheint die Proliferation des Vokabulars unaufhaltsam, Beispiele bei ROBINSON, *Structure and Function in Criminal Law*, S. 42 Fn. 91. Zur Wirrnis um den Begriff *intention* im französischen Recht eingehend MERCADAL, Rev.sc.crim. 22 (1967), 1, 3 («confusion»), 19, 32 («notion protéiforme»).

157 Dies wird illustriert in der Debatte um die subjektive Seite des Völkermordtatbestands, wo oftmals Termini wie „dolus directus", „dolus indirectus", „dolus eventualis" etc. verwendet würden, als hätten diese einen präzisen und uniformen Inhalt innerhalb des kontinentalen Rechtskreises, zutr. vorsichtig daher CLARK, 12 Crim.L.F. 291, 301 Fn. 34 (2001). Noch schlimmer ist es freilich, wenn Mitglieder eines Rechtskreises die eigenen Begriffe auch noch falsch bestimmt in der ohnehin mißverständnisanfälligen Debatte verwenden, so z.B. ARNOLD, 14 Crim.L.F. 127, 138 (2003) (zu "unconscious negligence" und „dolus indirectus", richtiger zu letzterem auf S. 130, nochmals falsch auf S. 142).

158 ZWEIGERT, *Rechtsvergleichung*, in STRUPP/SCHLOCHAUER, *Wörterbuch des Völkerrechts*², Band 3, S. 79, 81: „... denn oft erzielt eine Rechtsordnung durch das Prinzip A dasselbe Ergebnis, zu dem eine andere, wiewohl in ihr das Gegenprinzip B zu gelten scheint, durch eine Fülle von Ausnahmen von eben diesem Gegenprinzip gelangt, die im praktischen Rechtsleben hier die Regel bilden."; ebenso DERS., Mélanges Maury, tome I, S. 579, 592.

159 Ähnlich ROTHOEFT, *System der Irrtumslehre*, S. 3.

Lösungen durchaus übersetzen, da, wie sich zeigen wird, die Gemeinsamkeiten in Fragestellungen und Lösungsansätzen von Sachproblemen ungleich größer sind als terminologische oder begriffliche Übereinstimmungen. Dies heißt nicht, daß die Suche nach einem adäquaten dogmatischen Begriffssystem eine überflüssige oder bloß ästhetische Aufgabe,[160] sondern bei dem gegenwärtigen Stand nicht existierender gemeinsamer dogmatischer Konzepte als Ansatzpunkt wenig förderlich wäre. Die Frage, wie man „vom Merkmalshaufen zum Begriffskristall"[161] kommt, ist die anschließend an diese Arbeit zu beantwortende, nachdem festgestellt ist, *daß* und *worüber* die nationalen Rechte miteinander reden können.

Der anzustrebende Beschreibungsrahmen sollte mit möglichst wenigen Prämissen auskommen und sollte abstrahieren, soweit möglich, von philosophischen, straftheoretischen, psychologisch oder moralisch inspirierten Vorannahmen, die meistens unausgesprochen als Bestandteil einer dogmengeschichtlichen Tradition

---

160 Der von Vogel, GA 2002, 517, 523 f., für das europäische Strafrecht postulierte „Vorrang des Problemdenkens vor dem Systemdenken und der Beantwortung von Sachfragen vor Kategorienfragen" – so schon Kühl, ZStW 109 (1997), 777, 801 ff.; allg. zuvor bereits Jescheck, *Lehrbuch des Strafrechts, Allgemeiner Teil*[3], § 21 I, S. 156; Schultz, *Strafrechtsvergleichung als Grundlagenforschung*, S. 7, 23; Schaffstein, Göttinger Festschrift für das OLG Celle, S. 175, 178 –, gilt ebenso für die *Eröffnung* der völkerstrafrechtsdogmatischen Diskussion, d.h. für die derzeitige Entwicklungsphase des Völkerstrafrechts, schon *aus praktischer Notwendigkeit*: Es ist wenig förderlich, über das Repertoire eines Orchesters zu sinnieren, solange jeder Musiker ein anderes Notensystem verwendet und keine allen verständlichen Partituren existieren. Wenn für das Völkerstrafrecht eine gemeinsame Sprache – so auch Delmas-Marty, 1 J.Int'l Crim.Just. 13, 18 (2003) – gefunden ist und die dogmatische Diskussion hinreichende Selbständigkeit und Reife gewonnen hat, ist Nachdenken über „System- und Kategorienfragen" möglich und nötig. Dies meint wohl auch Vogel, *ibid.* S. 525, mit dem „berechtigten Anliegen des Systemdenkens", daß im europäischen Strafrecht „Problemlösungskonzepte ... auf den Begriff gebracht und in ihrer inneren Logik entfaltet werden müssen".

Zu den Begriffen „Problemdenken" und „Systemdenken" siehe Würtenberger, *Die geistige Situation der deutschen Strafrechtswissenschaft*, S. 10 ff.; Ehmke, VVDStRL 20 (1963), 53, 54 ff., mit Verweis u.a. auf Esser (*Grundsatz und Norm in der richterlichen Fortbildung des Privatrechts*[2], S. 5 ff., 25, 46 f., 100, 218 ff.) und Viehweg (*Topik und Jurisprudenz*, S. 31 ff.: antike Topik als Ausdruck des Problemdenkens, dazu Coing, ARSP 41 (1954/55), 436, 439 ff.); Schünemann, *Einführung in das strafrechtliche Systemdenken*, S. 1 ff., 6 ff.; Roxin, *Strafrecht Allgemeiner Teil*, Band I[4], § 7 Rn. 37 ff., 43 ff., 54 ff.

Allgemein zu den – an sich evidenten – Vorzügen systematisierender Dogmatik siehe nur von Liszt, *Lehrbuch des Deutschen Strafrecht*[16/17], S. 2; ders., *Rechtsgut und Handlungsbegriff im Bindingschen Handbuche*, S. 212, 214 ff.; Hall, *General Principles of Criminal Law*[2], S. 1 ff., 12 ("the degree of systematization of a discipline is the prime index of the state of knowledge of its subject matter"); Gimbernat Ordeig, ZStW 82 (1970), 379, 405 ff.; zust. Welzel, Festschrift Maurach, S. 3, 5 f.; Hirsch, ZStW 116 (2004), 835, 848 ff.; Silva Sánchez, GA 2004, 679, 682 ff.; Jescheck/Weigend, *Lehrbuch des Strafrechts, Allgemeiner Teil*[5], § 21 I, S. 195 m. rechtsvergl. Nachw. in Fn. 3, und Roxin, *Kriminalpolitik und Strafrechtssystem*, S. 3 ff., 10 ff.; ders., *Strafrecht Allgemeiner Teil I*[4], § 7 Rn. 37 ff., dort auch zur Möglichkeit teleologischer, strafzweckbezogener Systeme, Rn. 57 ff., sowie Jakobs, *Strafrecht Allgemeiner Teil*[2], durchgehend.

Anzustreben ist auch für das Völkerstrafrecht kein bloß klassifikatorisches – analog dem Linnéschen Pflanzensystem, vgl. Radbruch, Frank-Festgabe, Band I, S. 158 –, sondern ein funktionales Straftatsystem, das Strafzwecke und kriminalpolitische Belange in sich aufnimmt.

161 Wendung von Kantorowicz, *Tat und Schuld*, S. 293.

oder eines nationalen Diskussionsbezugsrahmens einfließen.[162] Auch das heißt nicht und darf keinesfalls dahingehend mißverstanden werden, Völkerstrafrecht solle oder müsse gar möglichst theorielos sein. Im Gegenteil, die nun praktisch gewordene Notwendigkeit einer theoretischen Fundierung völkerstrafrechtlicher Zurechnungsregeln ist vielmehr ein Anwendungsfall für eine *universelle Strafrechtswissenschaft* und bietet die Chance zum Wiederentstehen[163] einer transnationalen

---

[162] Dies entspricht dem von KÜHL, ZStW 109 (1997), 777, 801, formulierten „Prinzip der methodischen Offenheit", zust. VOGEL, GA 2002, 517, 522.

Dies impliziert weder, daß alle Dogmatiken und methodischen Positionen gleichwertig (dazu VOGEL, GA 2002, 517, 522 f.) noch gar „gleich unmittelbar zu Gott" seien (so die Kritik SCHÜNEMANNS, Festschrift Roxin, S. 1, 9; auch SILVA SÁNCHEZ, GA 2004, 679, 680 u. ff.). Es müssen nur zunächst alle in gleicher Weise zur Kenntnis genommen und untersucht werden; *danach* muß im Völkerstrafrecht die eigene Methodendiskussion einsetzen. Im übrigen sind nationale Diskussionsstände auch Ergebnis historischer Ereignisse und Prozesse, die nicht als stetige Entwicklung oder fortschreitende Annäherung an ein immer adäquateres Verständnis ewiger Wahrheiten verstanden werden können – zurückgewiesen werden damit Ansichten, es gebe nur richtige oder falsche Strafrechtsdogmatik, aber nicht national verschiedene, dazu unten bei Fußn. 251 – , sondern bei näherer Betrachtung von einer Fülle kontingenter Faktoren wie mehr oder minder durch Zufälligkeiten beeinflußten Positivierungen sowie geistesgeschichtlichen Strömungen und Moden nebst dem periodischen Vergessen der eigenen Dogmengeschichte abhängen. Nicht alle im Allgemeinen Teil eines nationalen Strafrechts als schwierig erachteten, weil über Jahrzehnte oder Jahrhunderte als lösungsresistent bzw. konsensunfähig erfahrenen Probleme müssen den Status philosophischer Grundfragen mit Ewigkeitswert haben, sondern manche können sich als Zufallsprodukte, gleichsam Resultat einer Verkettung unglücklicher legislativer und dogmatischer Umstände, oder Scheinprobleme erweisen, die in einer benachbarten Rechtsordnung nie Anlaß zur Diskussion boten oder dort gar nicht verstanden würden und vice versa.

Ob die eine oder andere Art von Strafrechtsdogmatik methodisch überlegen ist, so z.B. PERRON, Festschrift Lenckner, S. 227, 242; SILVA SÁNCHEZ, GA 2004, 679, 683, 690, wird sich dann erweisen oder nicht.

[163] Strafrechtswissenschaft war eine international ausgerichtete Disziplin während des überwiegenden Teils des letzten Jahrtausends, zumindest in Kontinentaleuropa während der Zeit des *ius commune*, stets in engem Kontakt mit der Staats- und Moralphilosophie und Theologie der Zeit sowie mit dem kanonischen Recht, besonders aber in der Zeit der Aufklärung, in der ein lebhafter Austausch rechtsphilosophischer, insbesondere straftheoretischer Ideen, unter Einschluß des Common Law-Raums, stattfand. Dieser übernationale Diskurs verlor sich mit den großen Kodifikationen des 19. Jahrhunderts, und nach den Weltkriegen des 20. Jahrhunderts war Strafrechtsdogmatik fast überall auf das Format einer nationalen Disziplin geschrumpft. Die Kenntnis ausländischer Rechte oder gar theoretischer Arbeiten beschränkte sich auf kleine, oft marginalisierte Gruppen von Rechtsvergleichungsspezialisten. Anders als im Zivilrecht, das vor allem der grenzüberschreitende Handel stets mit übernationalen Fragestellungen versorgt, fehlte im Strafrecht auch die praktische Notwendigkeit zur Beschäftigung mit ausländischem Recht, die fehlende theoretische Neugier hätte ausgleichen können. So ist erst mit dem Entstehen übernationalen Strafrechts, auf supranationaler Ebene im Gebiet der Europäischen Union und auf universeller Ebene eben im Völkerstrafrecht, der Zeitpunkt gekommen, diese beklagenswerte Entwicklung umzukehren. Gewiß sind viele rechtliche Probleme, mit denen sich Strafrechtswissenschaftler beschäftigen, „hausgemacht", insofern sie Besonderheiten des jeweiligen nationalen Strafrechts sind, und werden es bleiben. Auch können die Leistungen rein nationaler Dogmatik zweifellos beachtlich sein. Doch die theoretischen und philosophischen Grundlagen und Bezüge des Strafrechts, vor allem die Theorie der Zurechnungslehre, sind so übernational wie Rechtstheorie und Philosophie selbst.

Dogmatik oder „Protodogmatik",[164] die sich nicht auf die Untersuchung des jeweils geltenden nationalen oder völkerrechtlichen Strafrechts beschränkt, so daß bloß eine Völkerstrafrechtskunde entstünde als Pendant zu nationaler Strafrechtskunde, sondern darüber hinaus zu einer axiologisch neutralen Analyse strafrechtlicher Regelungsformen, hier insbesondere der allgemeinen Zurechnungsmuster,[165] imstande ist.

Alles aber, worum es in diesem ersten Schritt geht, ist, Vorverständnisse soweit wie möglich zurückzuschneiden, um eine Diskussion über die Sachprobleme zu ermöglichen, die nicht aufgrund der Befangenheit in verschiedenen positivrechtlichen und dogmengeschichtlich bedingten Systemen fruchtlos bleibt. Zurückzuweisen sind daher initiale Bekenntnisse zu der einen oder anderen Handlungs- oder Strafrechtstheorie, zu dieser oder jener Gliederung des Verbrechensbegriffs. Der analytische Rahmen ist zunächst weitgehend als bloß beschreibender anzusehen, der rechtliche Phänomene erfaßt. Normative Erwägungen, welche Beschreibungen und welche Normen vorzugswürdig sind, bleiben anderen, darauf aufbauenden Untersuchungen vorbehalten. Möglich ist allerdings schon ein Aufweis logischer oder systematischer Beziehungen zwischen den beschreibend verstandenen Begriffen, deren verschiedener theoretischer Leistungsfähigkeit sowie der Aspekte, auf denen normative Erwägungen fußen können.

Auf weit verbreitete Vorannahmen allerdings, die Rechtsbegriffe und Zurechnungsregeln so stark prägen, daß sie nicht ausgespart werden können wie z.B. implizite Modelle menschlicher Handlung, wird die Untersuchung ausgedehnt. Dies ist auch deshalb geboten, weil die Entwicklung einer völkerstrafrechtlichen und damit transnationalen Dogmatik – und nicht nur einzelner Rechtssätze, die sich mit etwas Geschick *ad hoc* finden ließen – ein tiefer gegründetes Fundament als die bloße Kenntnis des momentanen völkerrechtlichen Rechtszustandes und ergänzend der wichtigsten nationalen Strafrechtsordnungen erfordert, somit ohne Blick auf die geschichtliche Entwicklung und deren philosophische Hintergründe nicht auskommt,[166] um nicht bloß vordergründige Rechtstechnik zu betreiben ebensowenig wie an der Oberfläche verharrende Rechtsvergleichung, die zudem

---

Knapper Abriß der Geschichte der Strafrechtsvergleichung, aber ohne Einbezug ihrer Bedeutung für die jeweilige nationale Dogmatik, bei PRADEL, *Droit pénal comparé*, n° 6 ff. Allg. zum Auseinanderdriften nationaler Rechte SCHLESINGER, 51 Am.J.Int'l L. 734, 739 f. (1957). Eine Rechtfertigung der Strafrechtsvergleichung gibt bereits FEUERBACH, *Versuch einer Criminaljurisprudenz des Koran*, Bibliothek II, 1 (1800), 163, 164 f.

164 Ausdruck nach SILVA SÁNCHEZ, GA 2004, 679, 680.

165 Schon VON LISZT, *Das Strafrecht der Staaten Europas*, Zur Einführung, S. XXIV, hob hervor: „die Klarstellung der allgemeinen Merkmale des Verbrechensbegriffs ist notwendig *international*." und (S. XXXIII): „Die ganze allgemeine Lehre vom Verbrechen kann und muss *in ihren Grundzügen* unabhängig von dem jeweils geltenden Recht aufgebaut werden." (Hervorh. im Original); auch JUNG, *Die Europäisierung der Strafrechtswissenschaft*, S. 41, 42; siehe jüngst HIRSCH, ZStW 116 (2004), 835, 840 ff.; SILVA SÁNCHEZ, GA 2004, 679, 680 ff.

166 Für die Strafrechtsvergleichung s. nur HERZOG, Rev.int.dr.comp. 9 (1957), 337, 341 ff., 347 f.

notorisch anfällig für Vor- und Fehlurteile, RABELS berüchtigte „Pfeile der Eingeborenen“,[167] ist.

Als methodischer Ansatzpunkt bietet sich eine Umschreibung des Untersuchungsgegenstands an, die sich an der rechtsvergleichenden Erfassung des *tertium comparationis* orientiert, da, wie oben (A.III.) angedeutet, rechtsvergleichende Untersuchungen zur Erschließung der Völkerrechtsquelle des Gewohnheitsrechts und vor allem der „allgemein anerkannten Rechtsgrundsätze“ für die *Ad hoc*-Tribunale und ergänzend für das Rom-Statut vorzubereiten sind. Maßgebend ist daher allein der Aspekt der *Funktionalität*,[168] d.h. die Suche nach Begriffen und Regelungen, die dieselbe oder eine hinreichend ähnliche Aufgabe erfüllen.[169] Angesichts der verbreiteten strukturellen Ähnlichkeit der Regeln über „Vorsatz und Irrtum“ mag diese nachdrückliche Betonung verwundern; sie erscheint deshalb angebracht, weil der Allgemeine Teil des Strafrechts in vielen Rechtsordnungen eine lange und reiche Bearbeitung erfahren hat, so daß die Prägung durch die nationale Dogmatik hier erfahrungsgemäß am stärksten und am schwersten zu erschüttern ist.[170] Wenn

---

[167] RABEL, RabelsZ 16 (1951), 340, 340; auch ZWEIGERT, Mélanges Maury, tome I, S. 579, 588 f.; ebenso warnt JESCHECK, *Entwicklung, Aufgaben und Methoden der Strafrechtsvergleichung*, S. 38, zutreffend vor der „Gefahr des Irrtums – oder nennen wir es ganz ungeschminkt die Gefahr des Dilettantismus ...“.

[168] Siehe nur ZWEIGERT/KÖTZ, *Einführung in die Rechtsvergleichung*³, Band I, S. 34 ff., 48; ZWEIGERT, Mélanges Maury, tome I, S. 579, 589 ff.; DERS., *Rechtsvergleichung*, in STRUPP/SCHLOCHAUER, *Wörterbuch des Völkerrechts*², Band 3, S. 79, 81; DERS., Festschrift Schmitthoff, S. 403, 405 f. („Angelpunkt der Rechtsvergleichung ist das konkrete ‚Sachproblem‘, das ‚Rechtsbedürfnis‘, genauer stets ein gesellschaftliches Problem.“); KÖTZ, RabelsZ 54 (1990), 203, 209 f.; ESER, Festschrift Kaiser, Band II, S. 1499, 1521; VOGEL, JZ 1995, 331, 336 ff.; LORENZ, JZ 1962, 269, 270, 271, 274; HAILBRONNER, ZaöRV 36 (1976), 190, 199 f.; AMBOS, *Der Allgemeine Teil des Völkerstrafrechts*, S. 44 f., 57 f., 67 f.; PERRON, oben Fußn. 152; PRADEL, *Droit pénal comparé*, n° 33; KOKKINI-IATRIDOU, *The Tertium Comparationis in Micro-Comparative Research*, S. 231, 233 ff.; JUNG, JuS 1998, 1, 2 f.; ähnl. DERS., Festschrift Baratta, S. 361, 366 ff.; siehe auch WEIGEND, ZStW 105 (1993), 774, 788.

[169] Die Forderung von NELLES, Festschrift Eser, S. 1005, 1010 ff., 1013, 1017 f., das *tertium comparationis* müsse einem anderen System als dem Recht angehören, etwa der „Lebenswirklichkeit“ unter Ausschluß von Problemen, die sich erst „aus dem Zusammenspiel von Recht und Wirklichkeit ergeben“ (1013), „wenn man die logische Falle vermeiden will, den Maßstab zugleich mit dem Gemessenen messen zu müssen“ (1010), schüttet das Kind mit dem Bade aus: Abgesehen von der problematischen Trennung von „Wirklichkeit“ und Recht – als ob das Recht kein Teil (der Probleme) der „Lebenswirklichkeit“ wäre – wird übersehen, daß Rechtsvergleichung mit sehr verschiedenen Auflösungsgraden betrieben werden kann. Nach NELLES wäre Mikrovergleichung kaum noch durchführbar: Fraglos sind soziologische, sozialpsychologische oder philosophische Problembeschreibungen bei dem Versuch systemneutraler Festlegung des Vergleichsgegenstands nützlich – und werden im folgenden auch benutzt werden –, doch sind rechtsinterne, selbstbezügliche, gar dogmeninterne Problemlagen, Funktionsweisen des Strafrechtsrechtssystems selbst, auf diese Weise nicht greifbar, z.B. der rechtliche Umgang mit dem Strafrechtsirrtum.

[170] Die selbstkritischen Worte von ZWEIGERT/KÖTZ, *Einführung in die Rechtsvergleichung*³, Band I, S. 35, passen auch auf das Strafrecht und, vielleicht in unterschiedlichem Maße, auf andere nationale Rechtstraditionen: „Namentlich wir deutschen Juristen sind ja in besonderem Maße der Gefahr ausgesetzt, in den Begriffen unserer eigenen Dogmatik verhaftet zu bleiben: in unserem

hier von „funktionaler Methodik" des Völkerstrafrechts die Rede ist, so rührt die Bezeichnung von der *analytisch*-funktionalen Rechtsvergleichung her, die in ihr inkorporiert ist, und ist unabhängig von einem Bekenntnis zu irgendeiner *normativ*-funktionalen oder funktionalistischen Dogmatik nationaler Provenienz, die freilich ihre Fortsetzung sein mag.[171]

Der Untersuchungsgegenstand kann daher zunächst vage und unverbindlich umschrieben werden als die Frage nach dem strafrechtlich geforderten synchronen Bewußtsein eines psychisch aktuell gesunden[172] Täters von seinem äußerlich strafrechtlich relevanten Verhalten sowie dem Fehlen solchen Bewußtseins. Gemeint sind Formen bewußter Verhaltenssteuerung, mithin das verlangte Maß an Kenntnis der strafrechtlich relevanten Umstände sowie die Abstufungen der Strafbarkeit nach dem Maß dieser Kenntnis oder der Gerichtetheit des Verhaltens (Absicht, Wollen usw.).

Diese Aspekte sollen im folgenden aufgefaltet werden. Dabei ist zuerst auf die Schwierigkeiten des Untersuchungsgegenstandes einzugehen, die sich daraus ergeben, daß es sich nicht wie bei vielen anderen Objekten rechtsvergleichender Betrachtung um leicht zu umreißende, weil äußerlich gut erkennbare Gegenstände oder Vorgänge handelt, sondern anscheinend um „psychische Fakten", die daher als *tertia comparationis* der Strafrechtsvergleichung im Vorsatzbereich vorgeschlagen worden sind.[173] Diese Schwierigkeiten sind keine Besonderheit des Völkerstrafrechts, sondern existieren in jeder nationalen Rechtsordnung und sind dort ausgiebig untersucht worden, was hier fruchtbar zu machen ist. So wie ZWEIGERT die Rechtssoziologie für befähigt hielt, „eine Art Ursprache des Rechtsvergleichers bereitzustellen",[174] so wird hier für eine präzisere Bestimmung des Untersuchungsgegenstands ein Blick auf philosophische und psychologische Modelle hilfreich sein. Anschließend werden typische begriffliche Schwierigkeiten, d.h. solche, die sich *prima facie* in mehreren Rechtsordnungen in sehr ähnlicher Weise finden, be-

---

hochgezüchtet-systematischen Begriffsdenken sind wir leicht geneigt, unsere Systematik und unsere Denkmethoden für geradezu naturrechtlich vorgegeben zu halten." Da aber der geschichtliche Vorsprung nationaler Dogmatik uneinholbar ist und auch nationale Praxis und Wissenschaft stets ungleich reichhaltiger sein werden als jedenfalls die des Völkerstrafrechts, wird die Gefahr des nationalstrafrechtlichen „Akzents" beim Sprechen über Völkerstrafrecht stets bestehen bleiben.

171 Siehe auch unten Fußn. 182.

172 Nicht thematisiert werden Einflüsse habitueller oder situativer psychischer Störungen jeglicher Art wie z.B. psychische Erkrankungen, „Affekte" u.ä. auf Wahrnehmung, Handlungssteuerung und Motivselektion.

173 ESER, Festschrift Kaiser, Band II, S. 1499, 1521: „Statt sich also mit der Frage zu begnügen, ob es beispielsweise für ‚Vorsatz' … einen vergleichbaren Begriff in einem anderen Recht gibt, wären zunächst die mentalen Vorgänge … zu beschreiben, die im einen Recht als ‚Vorsatz' … begriffen werden, um dann sinnvollerweise die Frage stellen zu können, ob diese psychischen Vorgänge … in einem anderen Recht mit den gleichen Begriffen oder mittels anderer Regeln erfaßt werden."

174 ZWEIGERT, *Rechtsvergleichung*, in STRUPP/SCHLOCHAUER, *Wörterbuch des Völkerrechts*², Band 3, S. 79, 79 f. Im Strafrecht waren es für HERZOG Kriminologie und Psychiatrie, Rev.int.dr. comp. 9 (1957), 337, 342.

trachtet sowie ein Überblick über die Morphologie typischer Rechtsprobleme und Lösungswege angeschlossen.

Die begrifflichen Hilfsmittel des analytischen Rahmens sind nicht als apriorische Systematik mißzuverstehen. Dies trifft sich mit der Überzeugung, daß Begriffe dienende Funktion haben und keine Essenzen oder Wesenheiten verkörpern, die eine von ihrer Verwendung unabhängige Existenz oder Rechtfertigung und vor allem einen darüber hinausgehenden Inhalt hätten (Begriffsnominalismus). Eine normative Begriffssynthese für Zwecke einer völkerstrafrechtlichen Zurechnungslehre bleibt anderen Untersuchungen vorbehalten.

Wie bereits angedeutet, liegt eine Quelle möglicher Mißverständnisse im Völkerstrafrecht, wie stets in der Rechtsvergleichung, in der Sprache.[175] Untersuchungsgegenstand sind diejenigen völkerstrafrechtlichen *Rechtsbegriffe*, denen im nationalen Sprachgebrauch die Rechtsbegriffe von *Vorsatz* und *Irrtum*, *criminal intent* und *mistake*, *intention* und *erreur/ignorance*, *dolo* und *error*, *dolo* und *errore*, *умысел* und *ошибка*, im gemeinen und kanonischen Recht *dolus* und *error/ignorantia* usw. entsprechen. Hier sind es nicht die äußerliche Vielfalt und mögliche Inkompatibilität der Termini, die Übersetzungsprobleme[176] schaffen, sondern die geringe Zahl von Ausdrücken für subjektive Deliktsmerkmale, die mehr begriffliche Übereinstimmung verheißt als nähere Betrachtung bestätigen kann *("false friends")*. So teilen sich viele Rechtskreise nur wenige gemeinsame Traditionen, und viele verwandte oder bloß benachbarte Sprachen kennen gemeinsame etymologische Wurzeln. Da einerseits neue Namen zu erfinden wenig praktikabel scheint, andererseits mit dem Gebrauch etablierter Namen auch deren etablierte Bedeutung insinuiert wird, sollen zur Erleichterung der Darstellung und Verdeutlichung der Distanz zu lokalen Termini vorläufig die Platzhalter „Vorsatz"/[Vorsatz] und „Irrtum"/[Irrtum] verwendet werden. Demselben distanzierenden darstellerischen Zweck dienen lateinische Ausdrücke wie *voluntas*, *animus*, *scientia*, *cognitio*, sofern ein Bezug zum römischen Recht fehlt, und mehrsprachige Reihungen wie *ignorantia*, *ignorance*, *error*, *erreur*, *errore*, *ошибка* usw. Diese Platzhalter fungieren als bloße Sammeletikettierung noch zu definierender Begriffe und stecken nur die äußersten Grenzen vielgestaltiger Problemfelder ab; die Einheitlichkeit eines Etiketts ist nur der bequemeren Handhabung geschuldet und erzwingt folglich nicht die Einheitlichkeit des Begriffs.

---

175 Zu dem Problem universell eindeutiger Termini siehe auch DROBNIG, Festschrift Rheinstein, S. 221, 232 f.

176 Zu Übersetzungsproblemen bei der Rechtsvergleichung siehe WEISFLOG, *Rechtsvergleichung und juristische Übersetzung*; SCHROEDER, ZStW 117 (2005), 236 ff. m. w. Nachw.; JUNG, Festschrift Baratta, S. 361, 375 f. Allgemein zur prinzipiellen Indeterminiertheit von Intension und Extension, d.h. der Unbestimmtheit der Übersetzung *(indeterminacy of translation)* und dem Prinzip der Nachsicht (*principle of charity*, nach N.L. WILSON, Review of Metaphysics 12 (1959), 521, 532) siehe QUINE, *Word and Object*, §§ 7 ff., § 13 S. 58 ff., zur Unerforschlichkeit der Referenz *(inscrutability of reference)* DERS., *Ontological Relativity*, S. 26, 30 ff.

C. Analytisches Feld zu den Rechtsbegriffen von „Vorsatz“ und „Irrtum“

Die Schwierigkeiten, die Sachprobleme des Untersuchungsgegenstands zu benennen, ergeben sich daraus, daß hier, wie nähere Betrachtung fast jeder beliebigen nationalen Rechtsordnung verdeutlicht, die Gefahr der „Verhexung unseres Verstandes durch die Mittel unserer Sprache“[177] besonders groß ist, weil als Referenzobjekte[178] des Vorsatzes überwiegend psychische Fakten angenommen werden und damit eine Verbindung zum Leib-Seele-Problem, in zeitgenössischer Diktion:

---

[177] WITTGENSTEIN, *Philosophische Untersuchungen*, § 109; ebenso das Manifest des Wiener Kreises: CARNAP/HAHN/NEURATH, *Wissenschaftliche Weltauffassung*, S. 81, 89; zuvor schon FREGE, *Begriffsschrift*, S. VI f., zur „Aufgabe der Philosophie ..., die Herrschaft des Wortes über den menschlichen Geist zu brechen“. Für Metakritik der Sprachkritik am Denken siehe SIMON, JahrbPhil 83 (1976), 98 ff.

[178] „Referenz“ wird hier im Sinne einer Rückübersetzung von “reference” i.S.v. „Extension“ gebraucht, um umgangssprachliche Unschärfen von „Bezeichnung“ oder „Bezug“ zu vermeiden.

Im weiteren wird die Terminologie verwendet, die CARNAP in *Meaning and Necessity* in die Semantik eingeführt hat: „Intension“ ist der objektive Sinn eines Ausdrucks, der ohne Bezug auf Außersprachliches gegeben ist; sie legt fest, auf welche Gegenstände ein Ausdruck anzuwenden ist. „Extension“ bezeichnet den Anwendungsbereich, d.h. die außersprachlichen Gegenstände, auf die ein Ausdruck faktisch angewandt wird. Im weiteren Text werden hingegen „Sinn“ und „Bedeutung“ im allgemeinen – im Gegensatz zu FREGE – synonym verwendet für „Intension“. CARNAPS „Intension“ entspricht ungefähr FREGES (*Über Sinn und Bedeutung*, S. 25, 27 ff.) „Sinn“ und DE SAUSSURES (*Troisième cours de linguistique générale*, S. 93, 98 ff., 129 ff., 139 ff.) „signifiant“ sowie – auf J. S. MILL (*A System of Logic*, book I, ch. ii, § 5) und LEWIS (*The Modes of Meaning*, S. 50, 52 ff.) zurückgehend – „Konnotation“ und dem „Begriffsinhalt“ der klassischen Logik, englisch „meaning“, während „Extension“ FREGES „Bedeutung“, SAUSSURES „signifié“ und MILLS „Denotation“, „Begriffsumfang“ oder „reference“ entspricht. Die Unterschiede (dazu CARNAP, *Meaning and Necessity*, §§ 28 ff.) sind hier irrelevant.

Nach CARNAP (*Meaning and Necessity*, §§ 4–9) ist die Extension einer Individuenbezeichnung/eines Eigennamens ein Individuum, ein singuläres Objekt. Zwei extensionsgleiche Eigennamen beziehen sich auf dasselbe Objekt („Morgenstern“ und „Abendstern“). Die Extension eines Prädikats („Löwe“) ist die entsprechende Klasse (Klasse aller Löwen). Extensionsgleiche Prädikate („Lebewesen mit Herz“, „Lebewesen mit Nieren“; „menschlich“, „federloser Zweifüßer“) beziehen sich auf dieselbe Klasse von Objekten; Klassen sind identisch, wenn sie dieselben Elemente haben. Die Extension eines Satzes (einer Proposition) ist sein Wahrheitswert (wahr, falsch), d.h. die tatsächliche Welt (sofern wahr) oder nichts (wenn falsch); siehe auch LEWIS, *Notes on the Logic of Intension*, S. 25, 26 ff.

Die Intension eines Individuenausdrucks ist der entsprechende Individuenbegriff („Sir Walter Scott“ und „der Autor von Waverley“). Die Intension eines Prädikatzeichens ist die entsprechende Eigenschaft (Beziehung, Attribut, Begriff: „Löwesein“). Die Intension eines Satzes ist die entsprechende Proposition (Sachverhalt). Die Identität von Intensionen ist problematisch, dazu unten V.1.a)aa).

Geist-Gehirn-Problem, besteht und den im Umfang kaum überschaubaren Debatten in den zusehends verbundenen Gebieten der modernen (analytischen) Philosophie des Geistes *(philosophy of mind)*, Neurophysiologie, -biologie, -psychologie, Sozialpsychologie. Ferner besteht eine Verbindung zum Problemkreis der zahlreichen philosophischen, (sozial-)psychologischen und soziologischen Handlungstheorien, die vielfach Bewußtsein, Kenntnis, Absicht u.ä. als Handlungselemente einordnen oder zu ihnen in Beziehung setzen. Während die Rechtspraxis überwiegend mit philosophischen und psychologischen Alltagstheorien arbeitet, haben die Strafrechtswissenschaften den jeweiligen Forschungsstand in den anderen Disziplinen zum Teil mehr oder weniger umfänglich rezipiert und in dogmatische Konzepte übersetzt oder einfließen lassen. Zum Teil sind fremddisziplinäre Einflüsse offen abgelehnt worden. In jedem Fall aber existieren, sei es allein, sei es durch wissenschaftliche Theorien überlagert, Alltagstheorien über Handlung und mentale Zustände, die ihrerseits geprägt sind von einem geistesgeschichtlichen Hintergrund, den moralische Erziehung, religiöse und ethische/moraltheologische Bindung, philosophische und theologische Traditionen ebenso wie die jeweils herrschenden Philosophien, psychologischen und naturwissenschaftlichen Ansichten ausmachen. Diese Theorieprägung durchzieht somit die Semantik der Alltagssprache und der juristischen Fachsprache. Auch ein Insistieren auf der Autonomie rechtlicher Begriffe kann nicht verhindern, daß Juristen unausweichlich auf den Sedimenten solcher Traditionen und im Windschatten zeitgenössischer Forschung leben und daher Gefahr laufen, in unreflektierter Weise übriggebliebene, noch virulente oder wissenschaftlich schon lange tote Begriffe, die noch im Alltagsleben überdauern, oder popularisierte aktuelle Forschungsergebnisse, die bald überholt oder widerlegt sein können, zu verwenden.[179] Auf dem Gebiet subjektiver Straftatmerkmale ist – erst recht in einem übernationalen Kontext – von Beginn an größte Skepsis gegenüber den tradierten Begriffen und ihren bewußt oder unbewußt konnotierten Inhalten angebracht.

Daher wird vor dem Aufziehen eines juristischen Begriffsrahmens eine – in gedrängter Form unvermeidbar oberflächliche und unvollständige – Übersicht über die Probleme des Begriffsgebrauchs (I.), möglicher Referenzobjekte (II.) und Einbettungen in Handlungstheorien (III.) gegeben.

Danach folgt eine Zusammenstellung typischer Verwendungsweisen und Problemstellungen der Rechtsbegriffe von [Vorsatz] und [Irrtum] (IV.–VI.).

---

179 So wird sich erweisen, daß der vermeintliche und oft überspannte Gegensatz zwischen psychischem Faktum und purer Zuschreibung als Basis des Vorsatzverständnisses bei näherer Betrachtung kollabiert – auch wenn darauf ganze Theoriegebäude errichtet werden, z.B. von Ragués i Vallès, *El dolo y su prueba en el proceso penal* (unten Fußn. 2047) – da „psychische Fakten“ der Sorte, wie sie geläufig in der Strafrechtswissenschaft im Sinne eines naiven Substanzdualismus und einer überholten Vermögenspsychologie angenommen werden, nicht darstellbar sind.

I. Assertorischer und präskriptiver Begriffsgebrauch

... words are tools, and, as a minimum, we should use clean tools: we should know what we mean and what we do not ...[180]

Rechtsbegriffe werden hier verstanden als Begriffe, an deren Anwendbarkeit oder Nichtanwendbarkeit eine Rechtsnorm Rechtsfolgen knüpft, und die sich daher als „Knotenpunkte“ zwischen den Voraussetzungen und den Folgen ihrer Anwendbarkeit beschreiben lassen.[181] Die rechtliche Bedeutung eines Rechtsbegriffs ist demnach eine Funktion[182] der in ihm verknüpften Folgen und Voraussetzungen.[183]

Je nachdem, welches Ende der Verknüpfung vorrangig betrachtet wird, lassen sich zwei Verwendungsweisen rechtlicher Begriffe unterscheiden: Zum einen können sie zur Beschreibung der Objekte verwendet werden, auf die der Begriff zutreffend anzuwenden ist. Dies ist hier die Frage nach dem Bezug oder Referenzobjekt des „Vorsatzes“, das in handlungsbezogenen mentalen Zuständen bestehen könnte (deskriptiver oder assertorischer Gebrauch,[184] diagnostische Bedeutung[185]). Zum anderen können die Rechtsfolgen akzentuiert werden, die mit diesem Rechtsbegriff verbunden sind, hier daß vorsätzliche Tatbegehung erst die Strafbarkeit oder einen höheren Strafrahmen eröffnet (präskriptiver oder normativer Gebrauch[186]). Diese Dualität ist nicht als begriffliche Unschärfe oder Vagheit aufzufassen, sondern als Ausdruck des funktionalen oder *dispositiven*[187] Charakters rechtlicher Begriffe, die

---

180 Austin, *A Plea for Excuses*, S. 1, 7.

181 Nach Lübbe-Wolff, *Rechtsfolgen und Realfolgen*, S. 40 f. Das Bild der „Knoten“ *(knots)* hat Hempel, *Fundamentals of Concept Formation in Empirical Science*, S. 36, für Terme einer wissenschaftlichen Theorie, die er mit einem Netzwerk verglich, benutzt.

182 Die funktionale Bedeutung eines Rechtsbegriffs ist folglich gebunden an ein gegebenes Regelsystem, namensgleiche Begriffe verschiedener Regelsysteme können und werden oft verschiedene (lokale) funktionale Bedeutungen aufweisen. Diese lokale Funktion ist daher nicht zu verwechseln mit der oben angesprochenen funktionalen Betrachtung im Sinne der Rechtsvergleichung, die gleichsam auf eine höherstufige Funktionalität zielt, die von mehreren verschiedenen lokalen Rechtsbegriffen abstrahiert.

183 Lübbe-Wolff, *Rechtsfolgen und Realfolgen*, S. 46; ähnl. Neumann, *Rechtsontologie und juristische Argumentation*, S. 56; schon Hart, *Definition and Theory in Jurisprudence*, S. 21, 26 ff.

Der Sache, aber nicht der Terminologie nach, so schon von Savigny bei der Bestimmung des Besitzbegriffs im römischen Recht, *Das Recht des Besitzes*[7], S. 27 ff., 170.

Vgl. den ähnlichen Ansatz in der Psychologie der Begriffsbildung, natürliche Begriffe nicht als Klassen von Erscheinungen mit gemeinsamen (wahrnehmbaren etc.) Merkmalen, sondern als *Klassen von Erscheinungen funktionaler Äquivalenz* zu begreifen, d.h. Klassen von Ausgangsbedingungen, unter denen einzelne Verhaltensakte zu jeweils gleichen Konsequenzen führen, dazu Hoffmann, *Vorhersage und Erkenntnis*, S. 145 ff., 151 m. w. Nachw.

184 Entspricht von Savignys „materieller“ Begriffsbestimmung, *Das Recht des Besitzes*[7], S. 27 f.

185 Ausdruck nach Rümelin, *Juristische Begriffsbildung*, S. 22 f., der ihn von Sigwart entlehnt; ebenso Lübbe-Wolff, *Rechtsfolgen und Realfolgen*, S. 61 ff.

186 Entspricht von Savignys „formeller“ Begriffsbestimmung, wie vor, Fußn. 184.

187 Dazu Moore, *Law and Psychiatry*, S. 44 f.; ders., *The Moral and Metaphysical Sources of the Criminal Law*, S. 11, 26 ff.; Fletcher, *Rethinking Criminal Law*, S. 396 ff. (S. 397: „The term

als Tatbestandsmerkmale i.w.S. von Normen fungieren. Vollständig bestimmt ist ein Rechtsbegriff erst durch beide Momente,[188] eben deren Verknüpfung.

Der verschiedene Begriffsgebrauch kommt zum Tragen sowohl *de iure condendo* als auch vor allem bei der Festlegung des Begriffsumfangs in Zweifelsfällen: Dies entspricht verbreiteten Argumentationsmustern bei der Bestimmung des „Vorsatzes“: einmal die rein diagnostische Bestimmung dessen, was „Vorsatz“ „wirklich ist“ – mit Blick auf die internen, regelmäßig phänomenal gedachten Charakteristika des Konzepts (Endostruktur) –, um sodann die typischen Rechtsfolgen auszulösen, zum anderen eine Begriffsbestimmung in Abhängigkeit von den Rechtsfolgen, vulgo „vom Ergebnis her“ – mit Blick auf die äußere Funktionalität (Exostruktur) –, d.h. welche Erscheinungen Vorsatzstrafe verdienen *sollen* oder nicht, ungeachtet ihrer phänomenalen Ähnlichkeiten oder Unterschiede.

Die Unterscheidung von assertorischem und präskriptivem Gebrauch betrifft wie gesagt nur die Betonung oder den Akzent einer Begriffsverwendung, denn *beide Aspekte lassen sich nicht trennen:* Es kann weder rein deskriptive noch rein normative Rechtsbegriffe geben.[189] Alle Rechtsbegriffe, die im Tatbestand (i.w.S.) einer Norm eingesetzt werden, weisen deskriptive Komponenten auf, auch wenn diese nicht stets ausformuliert sind oder nur mittelbar in Bezug genommen werden – auch scheinbar reine Wertungsbegriffe beziehen sich *letztlich* stets auf Beschreibbares,[190] sonst sind sie nicht von dieser Welt.[191] Der Schluß allein von der Deskription auf eine bestimmte Rechtsfolge wäre ein simpler naturalistischer Fehlschluß. Alle Tatbestandsbeschreibungen, selbst wenn ihre Zeichen der Beobachtungssprache[192] entnommen sind, stehen in Beziehung zu einer Rechtsfolge und sind folglich nor-

---

'intent' may refer either to a state of intending (regardless of blame) or it may refer to an intent to act under circumstances ... that render an act properly subject to blame.”); ARMIN KAUFMANN, Festschrift von Weber, S. 207, 211 f. („Mit dem Begriff ‚Vorsatz‘ wird zweierlei bezeichnet: zum einen ein psychischer Befund ..., zum anderen die schwerere Unrechtsart ... oder schwerere Schuldform ..., also die grundsätzliche *Wertdifferenz zur Gruppe der fahrlässigen Delikte*.“ (Hervorh. im Orig.)); vgl. HOHFELD, *Fundamental Legal Conceptions*, S. 27 ff. (gegen die Vermengung von “legal and non-legal quantities” rechtlicher Begriffe); ROSS, 70 Harv.L.Rev. 812, 817 ff. (1957); s.a. SCHÜNEMANN, *Einführung in das strafrechtliche Systemdenken*, S. 1, 55 f.; DERS., Festschrift Roxin, S. 1, 25 f.

188 Vgl. VON SAVIGNY, *Das Recht des Besitzes*[7], S. 170.

189 Ähnlich GRÜNHUT, *Begriffsbildung und Rechtsanwendung im Strafrecht*, S. 8 ff. („Strukturverschlingung faktischer und normativer Elemente“).

190 Siehe nur KELLER, ZStW 107 (1995), 457; PUPPE, GA 1994, 297, 298, 313 ff.

191 Das bedeutet keinesfalls, sondern wäre ein *deskriptiver Fehlschluß,* daß *jeglicher* Rechtsbegriff unmittelbar etwas „bezeichne“. Begriff nach J.L. AUSTIN, *Other Minds*, S. 76, 103 (“descriptive fallacy”); ebenso KINDHÄUSER, *Intentionale Handlung*, S. 14 ff., 45, auch gegen GÖSSEL, *Wertungsprobleme des Begriffs der finalen Handlung*, S. 13 („Wörter bezeichnen“). Exemplarisch irrig VON HIPPEL, *Die Grenze von Vorsatz und Fahrlässigkeit*, S. 12 Fn. 4 (auf S. 13 f.): „Es ist ganz zweifellos, dass unser Recht den gesamten Vorsatz als einheitliche Schuldart betrachtet und bestraft. Das ganze Vorsatzgebiet muss daher einen einheitlichen psychischen Thatbestand enthalten, der dieses einheitliche Schuldurteil rechtfertigt.“

192 Zur Unterscheidung von *Beobachtungssprache*, die ausschließlich direkt oder durch einfache Experimente wahrnehmbare Merkmale beschreibt, und *theoretischer Sprache*, die nicht aus

mativ mit dieser verbunden – ein normatives Urteil darf durchaus eine deskriptive Prämisse haben, es setzt aber wenigstens *eine* normative Prämisse voraus[193] – und in Bezug auf sie ausgewählt,[194] auch wenn die Verbindung (die normative Prämisse) bisweilen so selbstverständlich erscheinen mag – und der Normgeber auch an die umgangssprachlich konturierte Intension eines Beobachtungsterms anknüpfen wollte –, daß die Normativität der Verknüpfung nur noch formal erscheint. Zudem ist – auch für realistische Erkenntnistheorien[195] – die Verwendung von Beobachtungssprache insofern weder neutral noch wertfrei, weil begriffliche Beschreibung stets eine Vorstrukturierung des Gegenstandsbereichs impliziert und in Beobachtungssätze stets, mitunter bewußt, sonst aber immer unbewußt allgemeine Theorien eingehen und Wahrnehmung stets „theoriegeladen“ ist:[196] „Alle Tatsache

---

sich heraus verständlich ist, sondern erst mit Hilfe von Transformationsregeln (Korrespondenz-, Zuordnungsregeln) mit Merkmalen der Beobachtungssprache (Indikatoren) verbunden wird, siehe Carnap, *The Methodological Character of Theoretical Concepts*, S. 38, 40 ff.; Hempel, *Fundamentals of Concept Formation in Empirical Science*, S. 20 ff.; ausführl. Stegmüller, *Probleme und Resultate der Wissenschaftstheorie*, Band II-1, S. 234 ff., 293 ff.; Beckermann, *Analytische Einführung*², S. 94 ff., jew. m. w. Nachw.

Zur juristischen Rezeption siehe Mylonopoulos, *Komparative und Dispositionsbegriffe im Strafrecht*, S. 100 ff.; Volk, Festschrift Bockelmann, S. 75 ff., 78; ders., Festschrift Arthur Kaufmann, S. 611, 616 ff.; ders., Festschrift 50 Jahre BGH, S. 739, 742 ff.; Garstka, *Generalklauseln*, S. 96, 131 ff.; Neumann, *Rechtsontologie und juristische Argumentation*, S. 53 ff.

193 Hoerster, ARSP 55 (1969), 11, 14 f.

194 Vgl. Schünemann, Festschrift Roxin, S. 1, 30: „unzweifelhaft normative[r] Ausgangspunkt“, der „darüber entscheidet, welche Realitätsstrukturen rechtlich relevant sind“.

195 Für skeptische/kantische/instrumentalistische/konstruktivistische Erkenntnistheorien gibt es ohnehin keine abbildende Wahrnehmung von Dingen „an sich“, sondern sensorische Empfindungen sind Konstrukte, deren Gestalt vom konstruierenden Subjekt abhängt.

196 M.a.W., deskriptive Aussagen drücken stets interpretierte Daten aus, wobei der Interpretationsprozeß bereits mit dem Wahrnehmungsprozeß zusammenfließt. Die Deutung von Wahrnehmung als Prozeß des Urteilens und der Hypothesenbildung, bei dem physiologische Reize in bestimmte, durch Erfahrung und generelle Hypothesen beeinflußte Klassen (Universalien) eingeordnet werden, geht zurück auf Bruner, *On Perceptual Readiness*, S. 686 ff., und Hanson, *Patterns of Discovery*, S. 4 ff.; (dazu Papineau, *Theory and Meaning*, S. 18 ff., 24 ff.; siehe auch krit. Quine, *Epistemology Naturalized*, S. 69, 87 f.); ebenso Fodor, *The Language of Thought*, S. 42 ff.; Popper, *Logik der Forschung*, S. 61, 76 („*Es gibt keine reinen* Beobachtungen: sie sind von Theorien durchsetzt und werden von Problemen und von Theorien geleitet.“); ders., *Objektive Erkenntnis*, S. 85 f.; Albert, *Theorien in den Sozialwissenschaften*, S. 3, 13; Carrier/Mittelstrass, *Geist, Gehirn, Verhalten*, S. 200 ff.; Kuhl, *Wille, Freiheit, Verantwortung*, S. 186, 192; Prinz, *How do we know about our own actions?*, S. 21, 31; Waldmann, *Kategorisierung und Wissenserwerb*, S. 432, 456; Ekkes, *Psychologie der Begriffe*, S. 5 ff.; Trusted, *Inquiry and Understanding*, S. 12 ff., 27 ff., 42 ff. und durchgehend, jew. m. w. Nachw. Dies widerspricht freilich der geradezu „natürlichen“ Neigung zum naiven Realismus, wonach Beobachtungsdaten ungefilterte Produkte des sensorischen Apparats und folglich bei gleich ausgestatteten Lebewesen identisch sind, dazu Gilbert & Malone, *The Correspondence Bias*, Psychological Bulletin 117 (1995), 21, 26 f. m. w. Nachw. Womöglich liefert das Spiegelneuronensystem etwa bei wahrgenommenen fremden Bewegungen eine intentionale Deutung gleich mit, Iacoboni, Molnar-Szakacs, Gallese, Buccino et al., *Grasping the Intentions of Others with One's Own Mirror Neuron System*, PLoS Biology 3(3) e79 (2005). Im Strafrecht auch Kohlrausch, *Irrtum und Schuldbegriff im Strafrecht*, S. 94 f.; Mezger, Festschrift Traeger,

ist bereits Theorie.",[197] "a Fact is a familiar Theory."[198] Eine strikte Trennung von Beobachtungssprache und theoretischer Sprache, wie sie der logische Empirismus anstrebte, ist daher „illusorisch"[199].

Umgekehrt enthebt die Betonung der Normativität eines Begriffs nicht von der Notwendigkeit anzugeben, worauf er sich beschreibbar bezieht,[200] wenn der Begriff nicht nur Rechtsfolgen beschreibend zusammenfassen, sondern auch begründen soll[201]. Die Befürchtung, daß präskriptive Akzentuierung oder normativ-funktio-

---

S. 187, 224 f.; GRÜNHUT, *Begriffsbildung und Rechtsanwendung im Strafrecht*, S. 20; ENGISCH, *Vom Weltbild des Juristen*, S. 11 f., 18 („wie ja die natürliche ‚Wahrnehmungswelt' begrifflich und theoretisch durchformt ist"); PLATZGUMMER, *Die Bewußtseinsform des Vorsatzes*, S. 85; SCHLÜCHTER *Irrtum über normative Tatbestandsmerkmale*, S. 18 ff., 96 ff.; KINDHÄUSER, Jura 1984, 465, 466 Fn. 4; GRASNICK, *Wille und Willensbenehmen*, S. 287, 295; TOEPEL, *Grundstrukturen des Sachverständigenbeweises*, S. 236 f.; KELLER, ZStW 107 (1995), 457, 461 f.; NK-StGB-PUPPE, § 16 Rn. 44 m. w. Nachw.; ähnl. MUÑOZ CONDE, *El error en Derecho Penal*, S. 28.

Selbst wenn man annehmen wollte, es gebe differenzierte unmittelbare Empfindungen, Wahrnehmungen, „deutungslos Gegebenes", so knüpft das Recht doch nicht an diese, sondern an die alltägliche praktische Welt„anschauung", an eine *sozial vorgeformte Wirklichkeit* an, zutr. ENGISCH, *Vom Weltbild des Juristen*, S. 11 f. m. w. Nachw.

Anders WELZEL, *Naturalismus und Wertphilosophie im Strafrecht*, S. 74 f., der unter Berufung auf N. HARTMANN annimmt, daß rechtliche Begriffe „deskriptiv" seien und sich „auf in konkreten Wertbeziehungen stehendes ontisches Sein" bezögen, weil Begriffe ihren Gegenstand nicht erschüfen, sondern etwas vor aller Erkenntnis existierendes erfaßten. Dies ist erkenntnistheoretisch, (sprach-)philosophisch und psychologisch nicht haltbar, vgl. unten bei Fußn. 247 ff., 1182 ff., vgl. schon HUSSERL, *Cartesianische Meditationen*, § 47, S. 134 f.

197 KELLER, *Psychologie und Philosophie des Wollens*, S. 35 m. Fn. 17.

198 WHEWELL, *History of Scientific Ideas*, vol. I, S. 29 f.: "A Fact is a combination of our Thoughts with Things in so complete agreement that we do not regard them as separate ... these Thoughts are so familiar, that we have the Fact in our mind as a simple Thing without attending to the Thought which it involves."; *ibid.*, S. 40: "In a Fact, the Ideas are applied so readily and familiarly and incorporated with the sensations so entirely, that we do not see *them*, we see *through* them ... thus a True Theory is a Fact, a Fact is a familiar Theory."

199 ALBERT, *Theorien in den Sozialwissenschaften*, S. 3, 13.

200 Eine nur scheinbare Parallele besteht in der Unterscheidung zwischen „deskriptiven" und „normativen" Tatbestandsmerkmalen, die nur auf den ersten Blick auf die Unterscheidung von Termen der Beobachtungssprache und theoretischer Sprache i.S. CARNAPS hinausläuft. Es wäre dann eine Frage der Gesetzgebungstechnik, ob Tatbestandsmerkmale stärker „deskriptiv" – näher an der Beobachtungssprache und unvermittelter empirischer Überprüfbarkeit – oder stärker „normativ" – als theoretische Begriffe, die (hier natürlich rechtlich geformte) Zuordnungsregeln zur Operationalisierung benötigen – formuliert sind; für ersteres spricht oft die größere Transparenz in der Subsumtion, für letzteres die größere Flexibilität. Dem entspräche die Verteilung der Definitionskompetenz zwischen Gesetzgeber und Richter, vgl. GRÜNHUT, *Begriffsbildung und Rechtsanwendung im Strafrecht*, S. 7 f. Zum – unausweichlichen – Verlust der Anschaulichkeit siehe KELLER, ZStW 107 (1995), 457, 461 ff.

Treffender erscheint eine bloß graduelle Differenzierung „deskriptiver" und „normativer" Tatbestandsmerkmale nach dem Maß der rechtlichen Überformung der jeweiligen Kategorie, dazu unten V.2.b)bb).

201 Insoweit zutr. MOORE, *The Moral and Metaphysical Sources of the Criminal Law*, S. 11, 30; ähnl. NEUMANN, ZStW 99 (1987), 567, 573.

nale Betrachtung von Rechtsbegriffen in ein „frei flottierendes Wertreich“,[202] „empiriefreie Normativität“[203] oder inhaltsleeren Nominalismus[204] führe, ist ebenso verbreitet wie übertrieben und unbegründet, denn beispielsweise auch die realistische Jurisprudenz (unten b) muß und wird Referenzobjekte angeben, auf die ein zweckmäßiger Begriff verweist. Es wäre ein Mißverständnis anzunehmen, die Trennung zwischen Sein und Sollen oder eine funktionale Begriffsbildung schlösse aus, empirische Befunde – nach Maßgabe rechtlicher Zwecke – zu berücksichtigen.[205] Die Einbettung der Rechtsordnung, um deren Begriffe und Regeln es geht,

---

202 Küpper, *Grenzen der normativierenden Strafrechtsdogmatik*, S. 33; Duttge, *Zur Bestimmtheit des Handlungsunwerts von Fahrlässigkeitsdelikten*, S. 369 m. w. Nachw.; wie hier Keller, ZStW 107 (1995), 457.

203 Der von Schünemann sogenannte „normativistische Fehlschluß“, *Einführung in das strafrechtliche Systemdenken*, S. 1, 60; ders., 50 Chengchi L.Rev. 259, 266, 271 (1994); ders., Festschrift Roxin, S. 1, 13 ff. („empiriefreie Normativität“); ähnl. Puppe, GA 1994, 297, 312 ff. („normativistischer Zirkel“), ist bei Begriffen aus Rechtssätzen kaum praktisch (allenfalls bei hoffnungslos unterbestimmten „normativen“ Tatbestandsmerkmalen) und bezieht sich eher auf die Bildung dogmatischer Begriffe, die mit zunehmender Abstraktionshöhe notwendigerweise – entsprechend der Reziprozität von Begriffsinhalt und -umfang, siehe nur Kant, *Logik*, S. 95, § 7 – theoretischer, d.h. unanschaulicher und insofern deskriptiv-empirisch inhaltsärmer werden („Zuständigkeit“, „Vorwerfbarkeit“ etc.). Sollen solche Begriffe mehr sein als bloße Sammeletiketten für heterogene Rechtsregeln, dann müssen vermittelnde Prinzipien oder Regeln (Zuordnungsregeln) existieren, die schrittweise für eine Übersetzung in anwendungsfähige Normsätze sorgen (zutr. Schünemann, *Die Funktion des Schuldprinzips*, S. 153, 183; ders., Festschrift Roxin, S. 1, 24 f.: „Brückenprinzipien“; freilich ist das Problem mit einer Vermittlung zwischen Sollen und Sein zu hoch gehängt: der zentrale Kritikpunkt ist mangelnde Konkretheit, die präskriptiven wie deskriptiven Begriffsgebrauch in gleicher Weise plagen kann; definierende Normsätze als Remedur wären hinreichend). Ontologisch klingende Systembegriffe und Begriffsdefinitionen („Schuld“, „Anders-handeln-Können“), insbesondere Termini, die der Beobachtungssprache ähneln, laden andererseits zum naturalistischen Fehlschluß ein, weil sie mit ihrer Scheindeskriptivität die unausweichliche normative Ausfüllung verdecken. Schünemanns Kritik richtet sich denn auch gegen die Plausibilität der Ableitung unter Bevorzugung bestimmter Beobachtungsterme als Indikatoren bei den „Brückenprinzipien“ (*ibid.*, 24 f.; ob „Können“, „Vermeidbarkeit“ usf. wirklich „ontologische“ Begriffe sind, ist indes mehr als zweifelhaft; Terme der Beobachtungssprache sind sie nicht, sondern ihrerseits wieder dispositionelle, besser: theoretische Begriffe, siehe unten bei Fußn. 376 ff.), die damit als Invarianzvorgabe das Schreckgespenst des „Dezisionismus“ (*ibid.*, S. 1, 17, 19) exorzieren sollen.

Der Hinweis auf die normative Dimension rechtlicher Begriffe entschuldigt freilich keine theorielose Nachlässigkeit beim Umgang mit der deskriptiven Komponente und schon gar keinen Rückfall in unreflektierten Naturalismus, zutr. Puppe, GA 1994, 297, 307 ff., 312 ff.

204 In diesem Sinne gegen *Realism* z.B. Moore, *Law and Psychiatry*, S. 47 ff.; ders., *The Moral and Metaphysical Sources of the Criminal Law*, S. 11, 30, m. w. Nachw.

205 So tendenziell aber wohl Duttge, *Zur Bestimmtheit des Handlungsunwerts von Fahrlässigkeitsdelikten*, S. 361 ff., 368 ff. Verfehlt ist es daher, die schlichte *Berücksichtigung* (S. 371) von Empirie zur „Entsprechung von Sein und Sollen“ (S. 365 f., 494) i.S. Arthur Kaufmanns (der damit anderes verband) hochzustilisieren und als Überwindung eines „strengen Methodendualismus, der jede Berücksichtigung ontologischer Gegebenheiten von vornherein verbietet“ (S. 494) auszugeben, den es so nie gegeben hat, siehe exemplarisch nur Kelsen, *Reine Rechtslehre*², S. 1: „In völlig kritikloser Weise hat sich Jurisprudenz mit Psychologie und Soziologie, mit Ethik und politischer Theorie vermengt. Diese Vermengung mag sich daraus erklären, daß diese Wissenschaf-

in eine bestimmte Gesellschaft garantiert die nötige Bodenhaftung und setzt zugleich pragmatische Grenzen für „normative" dogmatische Konzeptionen, die in dieser Gesellschaft verständlich sein müssen, um operabel und akzeptabel zu sein, ebenso wie die Normen des positiven Rechts einer gegebenen Gesellschaft zwar „beliebig bestimmt, aber nicht beliebig bestimmbar"[206] sind. So besagt der Vorwurf, normative Ansätze vernachlässigten vorgegebene Sachstrukturen zumeist nur, daß diese nicht die rechtliche Bewertung erfahren haben, die der Kritiker für richtig hält (dazu näher unten 3.).[207]

Denn Regelungsfunktionen bei der Begriffsbildung auszublenden[208] ist nur denkbar als unreflektiertes oder unaufrichtiges Fortschreiben von Traditionsbeständen, scil. das die unausweichlichen normativen Entscheidungen, die auch im Beharren liegen, unbewußt vollzieht, verleugnet oder nicht wahrhaben will, oder als Bindung an externe Invarianzen (dazu 3.).

Schließlich übersieht die Befürchtung, ein funktionales Begriffsverständnis sei dem positiven Recht hilflos ausgeliefert, weil keinerlei Basis für eine Kritik des Gesetzgebers mehr vorhanden sei,[209] daß weder Begriffsrealismus noch Bindung an externe Invarianzen Bedingungen der Möglichkeit der theoretischen Durchdringung des Rechts und seiner intrasystematischen, rechtspolitischen oder philosophischen Kritik sind.

1. Assertorischer Gebrauch

Als Referenzobjekte von „Vorsatz", deren Verneinung zu „Irrtum" führt, werden in allen in positivem Recht und wissenschaftlicher Diskussion anzutreffenden Erscheinungsformen vielfach „innere Tatsachen", „psychische Fakten" wie Wissen, Wille, Absicht angeführt, oder kognitive/intellektuelle, voluntative/volitive/volitionale und emotive/emotionale Elemente unterschieden, mit anderen Worten: mentale Zustände.

---

ten sich auf Gegenstände beziehen, die zweifellos mit dem Recht in engem Zusammenhang stehen. Wenn die Reine Rechtslehre die Erkenntnis des Rechts gegen diese Disziplinen abzugrenzen unternimmt, so *nicht etwa darum, weil sie den Zusammenhang ignoriert oder gar leugnet*, sondern darum, weil sie einen Methodensynkretismus zu vermeiden sucht, der das Wesen der Rechtswissenschaft verdunkelt und die Schranken verwischt, die ihr durch die Natur ihres Gegenstandes gezogen sind." (Hervorh. hinzugefügt)

206 KRAFT, IntZThR 9 (1935), 270, 271; zust. LUHMANN, *Rechtssoziologie*³, S. 210.

207 Die Sehnsucht nach klaren Grenzen und scharf konturierten Vorgaben mag verständlich sein, verkennt aber die charakteristische Unschärfe und Mehrdeutigkeit alles Sozialen. Vgl. schon ARISTOTELES, *Nikomachische Ethik*, I 1, 1094 b 25: „Der logisch geschulte Hörer wird nämlich dadurch gekennzeichnet, daß er in den einzelnen Gebieten je den Grad von Genauigkeit verlangt, den die Natur der Sache zuläßt."

208 Vgl. PRITTWITZ, GA 1994, 454, 459: „... ein Strafrecht, das seine Begriffe nach Maßgabe seiner Zwecke soll bilden dürfen, erscheint von vornherein illegitim"; dagegen KELLER, ZStW 107 (1995), 457, 460, 494 ff.

209 HIRSCH, ZStW 116 (2004), 835, 842.

Wie bereits angedeutet ist die Frage, was mentale Zustände „sind“, und ob diese Frage überhaupt sinnvoll gestellt werden kann, zentraler Aspekt des Leib-Seele-Problems und Gegenstand bis in die Antike zurückreichender und mit dem Fortschreiten der modernen Naturwissenschaften, jüngst der Hirnforschung, zunehmend lebhafterer philosophischer Diskussion. Eine allgemein akzeptierte Antwort hat bislang weder die Philosophie des Geistes noch die Neurowissenschaft formuliert. Sich an der Suche nach ihr zu beteiligen, ist nicht Thema dieser Arbeit. Allerdings haben Argumente aus der philosophischen und naturwissenschaftlichen Debatte vielfach Eingang in die Strafrechtswissenschaft gefunden. Ob und in welchem Ausmaß sie im Strafrecht zu berücksichtigen sind, ist an dieser Stelle noch nicht zu entscheiden. Festzustellen ist zunächst, daß – mehr oder weniger begründete – Bejahung oder Verneinung der Identifikation von Vorsatzbestandteilen mit „psychischen Tatsachen“ oft entscheidende Stützen der Begriffs- und Regelbildung sind. Interdisziplinäre Informiertheit ist jedoch nützlich, um methodisch fragwürdige Annahmen und Argumente, beispielsweise einseitige oder unzureichende theoretische Fundierungen strafrechtsdogmatischer Modelle oder Scheinprobleme unreflektierten Alltagsgebrauchs aufgrund deskriptiver Fehlschlüsse[210] besser erkennen und vermeiden zu können. Die Gefahr voreiliger Adaption und selektiven Dilettantismus' in Form der „Anwenderei“[211] ist bei einem derart umfangreichen und differenzierten Diskussionsstand groß. Zu warnen ist auch vor interessegeleiteter Rezeption, nur um an bestimmten Überzeugungen, ausgedienten Reliquien erloschener Theorien oder beliebten juristischen Kurzschlüssen festhalten zu können. Daher wird unten im Abschnitt C.II. ein – notwendigerweise kursorischer – Überblick über die Problemfelder möglicher Antworten auf die Frage nach der Referenz von „Vorsatz“ gegeben.

Jegliche Verantwortlichkeitszuschreibung menschlichen Verhaltens geht von einem impliziten Modell verhaltensveranlassender Prozesse aus, das eine Zuschreibungsdifferenzierung, zumeist in Gestalt einer Ursachenaufteilung ermöglicht.[212] Ebenso liegt den Zurechnungsregeln und Tatbeständen des Strafrechts zumeist unausgesprochen eine schematische Konzeption menschlicher Handlung zugrunde.[213] Auch bezieht sich der assertorische Gebrauch eines „Vorsatz“begriffes zumeist nicht auf bestimmte mentale Zustände in Isolation, sondern eingebettet in ein Modell menschlicher Handlung, das vielfach als Nukleus und daher Konstruktionsgrundlage von Strafrechtsdogmatiken dient. Die Gestalt solcher vor- oder außerjuristischer Handlungskonzeptionen hängt von den jeweils favorisierten philosophischen, psychologischen oder anthropologischen Standpunkten ab. Die

---

210 Siehe oben Fußn. 191.

211 Begriff von ARTH. KAUFMANN, *Rechtsphilosophie, Rechtstheorie, Rechtsdogmatik*, S. 1, 9; ähnl. PUPPE, Festschrift Grünwald, S. 469, 493 f.

212 KUHL, *Wille, Freiheit, Verantwortung*, S. 186, 211.

213 So schon der Rechtsmediziner DALLEMAGNE, *La volonté dans ses rapports avec la responsabilité pénale*, S. 6.

Bedeutung eines solchen assertorischen Handlungsbegriffs – im Gegensatz zu einem präskriptiven Handlungsbegriff, der seine Kontur allein durch die Erfüllung bestimmter Regelungsfunktionen erhält – kann in der Strafrechtsdogmatik auch in Abhängigkeit der Straf(rechts)theorie variieren, je nachdem, ob man ihn für eine zuverlässige Beschreibung der Welt hält, sogar mit ontologischem Status[214] oder als "natural kind"[215], an der sich das Strafrecht zweckmäßigerweise zu orientieren hat (zur allgemeinen Frage der Bindung an vorrechtliche Strukturen siehe unten 3.), oder bloß als revisibles theoretisches Modell, das der Klärung rechtlicher Begriffe dienstbar ist. Es ist wiederum nicht Aufgabe dieser Arbeit, sich an den Untersuchungen zum Handlungsbegriff zu beteiligen. Lapidare Bekenntnisse zu diesem oder jenem Handlungsbegriff verbieten sich ebenso wie eine gehaltvolle Theoriediskussion, die auf knappem Raum angesichts der umfänglichen Literatur allein aus jüngerer Zeit schon seitens der analytischen Handlungstheorie und verschiedener nationaler Strafrechtswissenschaften aussichtslos und, wie sich zeigen wird, unnötig ist. Angebracht ist es gleichwohl, den teils expliziten, teils unausgesprochenen Argumentationszusammenhang subjektiver Merkmale mit verschiedenen Handlungskonzepten aufzuzeigen. Ein ebenfalls knapper Überblick über verschiedene Handlungsmodelle schließt sich daher in Abschnitt C.III. an.

2. Präskriptiver Gebrauch

a) Intrinsische Funktionalität des Vorsatzbegriffs

Rechtsbegriffe haben, ebensowenig wie andere Begriffe, keine natürliche Beziehung zu ihren Referenzobjekten. Was sie beschreiben, hängt von Konvention, Dezision, zielgerichteter Begriffsdefinition ab.

Die ausgeprägteste Form der Betonung des präskriptiven Gebrauchs sieht in rechtlichen Begriffen wie „Handlung", „Vorsatz", „Absicht", „Motiv", „Notstand" etc. nur *post factum*-Benennungen, die dem positiven oder negativen Urteil über (straf)rechtliche Verantwortlichkeit nachfolgen.[216] Diese Ansicht ist ein zentrales,

---

214 So z.B. die finale Handlungslehre, siehe nur WELZEL, *Um die finale Handlungslehre*, S. 7 („Finalität ist ein ebenso ontologischer Begriff wie die Kausalität.")

215 Im Sinne einer Artbezeichnung, die durch eine gültige gesetzesartige Aussage spezifiziert wird und nicht nur eine akzidentelle Verallgemeinerung, sondern gleichsam ein Universale darstellt, so für die Handlung z.B. MOORE, *Act and Crime*, S. 60 ff., 73 ff., 134 f.; dagegen DUFF, *Criminal Attempts*, S. 245 f., 296. Zu *natural kinds* siehe auch QUINE, *Natural Kinds*, S. 114 ff.; PUTNAM, *The meaning of 'meaning'*, S. 215 ff., 224 ff.

Obwohl MOORE sich zu einem funktionalistischen Ansatz (i.S.d. *philosophy of mind*, vgl. unten II.1.d) bekennt (*ibid.*, S. 130 ff., 156 f.) und die an sich ontologisch neutrale *personal (intentional) stance* i.S. DENNETTS (unten II.1.e) einnimmt, sucht er nach der Essenz der Handlung und hält die Definition als "bodily movement" für "metaphysical truth" (S. 109 f.).

216 H.L.A. HART (für "action") in dem frühen Aufsatz "The Ascription of Responsibility and Rights", Proceedings of the Aristotelian Society 49 (1948–49), 171 ff. (HART hat diese Position, die

als „Funktionalismus“ bzw. „funktionale Analyse“ firmierendes Postulat des *American Legal Realism*, wonach Rechtsbegriffe keine eigenständige Bedeutung haben, die ohne Blick auf die Rechtsfolgen bestimmt werden könnte.[217] Rechtsbegriffe können demnach nur zweckmäßig oder unzweckmäßig, aber nicht wahr oder falsch sein,[218] und dürfen keinesfalls zu Gegenständen hypostasiert werden[219]. Eine ähnlich nominalistische Haltung nimmt in der Meta-Ethik die emotivistische Strömung ein.[220]

Die teleologische oder funktionale Bestimmung von Rechtsbegriffen ist auch in anderen nationalen Rechtswissenschaften wie der deutschen[221] eine längst etablierte Methode, die in der Strafrechtswissenschaft zu einer funktionalen oder teleologischen Bestimmung des Vorsatzbegriffs führt, die sich an der Ratio der Vorsatzstrafe orientiert[222].

Sprechakt-Pragmatismus mit semantischer Analyse vermengt und viel Kritik erfahren hat, später aufgegeben, siehe *Punishment and Responsibility*, Vorwort, S. V); DEWEY, *Human Nature and Conduct*, S. 120 f. (für "motive"); SZASZ, *The Myth of Mental Illness*, S. 1 ff. (für "mental illness"); siehe auch den *dissent* von Judge ANDREWS in dem bekannten Fall *Palsgraf v. Long Island Railroad Co.*, 248 N.Y. 339, 347 ff.; 162 N.E. 99 (1928); w. Nachw. bei MOORE, *Law and Psychiatry*, S. 45 ff., 156 ff.; DERS., *Placing Blame*, S. 619 ff., 621 ff.

217 So vor allem FELIX COHEN in "Transcendental Nonsense and the Functional Approach", 35 Colum.L.Rev. 809 ff., 820 ff., 829 ff., 834 ff. (1935). Zum *Legal Realism* siehe nur LLEWELLYN, 30 Colum.L.Rev. 431 ff., 441 ff. (1930); DERS., 44 Harv.L.Rev. 1222 ff. (1931) sowie die Anthologie von FISHER/HORWITZ/REED, *American Legal Realism*. Die Nähe zur Interessenjurisprudenz ist deutlich in der Abwendung vom Begriffshimmel der Begriffsjurisprudenz *(formalism)*.

218 COHEN, 35 Colum.L.Rev. 809, 835 f. (1935); VON RÜMELIN, ZStW 41 (1920), 495, 525 f.; auch RÖDIG, *Die Denkform der Alternative in der Jurisprudenz*, S. 94: „Wie man definiert, das ist eine Frage der Zweckmäßigkeit und nur der Zweckmäßigkeit. Mit irgendwelchen Wesenheiten oder ontologischen Gegebenheiten hat wie jedes, so auch dieses Definieren nicht das Mindeste zu tun.“; KLUG, *Juristische Logik*[4], S. 94.

219 COHEN, 35 Colum.L.Rev. 809, 821, 838 ff. (1935).

220 Z.B. AYER, *Language, Truth, and Logic*, S. 104 ff., 110 ff.; STEVENSON, *Ethics and Language*, S. 37 ff., 85 ff.; siehe auch HARE, *The Language of Morals*, S. 9 ff. und durchgehend; zum Ganzen URMSON, *The Emotive Theory of Ethics*.

221 Siehe nur LARENZ, *Methodenlehre der Rechtswissenschaft*[5], S. 463 ff.; CANARIS, *Systemdenken und Systembegriff*, S. 41 ff., 50; diff. NEUMANN, *Wissenschaftstheorie der Rechtswissenschaft*, S. 383 f. m. w. Nachw.; DERS., *Rechtsontologie und juristische Argumentation*, S. 52 f.; LÜBBE-WOLFF, *Rechtsfolgen und Realfolgen*, S. 40 ff. Für die Strafrechtswissenschaft siehe nur BRINGEWAT, *Funktionales Denken im Strafrecht*; JAKOBS, *Strafrecht Allgemeiner Teil*[2], S. VII; ROXIN, *Strafrecht Allgemeiner Teil I*[4], § 7 Rn. 26 ff., 57 ff., 58, m. w. Nachw.; RUDOLPHI, *Der Zweck staatlichen Strafrechts*, S. 69 ff. Zur älteren Lit. zum Handlungsbegriff siehe GÖSSEL, *Wertungsprobleme des Begriffs der finalen Handlung*, S. 15 f. m. w. Nachw. Zur Folgenorientierung im Strafrecht allgemein HASSEMER, Festschrift Coing, Band I, S. 493, 498 ff.; DERS., *Einführung in die Grundlagen des Strafrechts*[2], S. 22 ff. m. w. Nachw. Zur Bedeutung des „südwestdeutschen“ Neukantianismus und der Wertphilosophie WINDELBANDS und RICKERTS sowie der daran anknüpfenden Rechtsphilosophie LASKS (*Rechtsphilosophie*, in: Gesammelte Schriften I, S. 275, 320 ff.), die für das deutsche Strafrecht Einfluß gewann, siehe nur WELZEL, *Naturalismus und Wertphilosophie im Strafrecht*, S. 41 ff., 60 ff.; LARENZ, *Methodenlehre der Rechtswissenschaft*[5], S. 90 ff.; STICHT, *Sachlogik als Naturrecht?*, S. 85 ff. m. w. Nachw.; krit. KÜPPER, *Grenzen der normativierenden Strafrechtsdogmatik*, S. 13 ff.

222 Z.B. SCHMIDHÄUSER, *Vorsatzbegriff und Begriffsjurisprudenz im Strafrecht*, S. 15 ff.; FRISCH, *Vorsatz und Risiko*, S. 31 ff. (S. 32: „Das psychische Substrat des Vorsatzes und dessen Be-

Ähnlich hat KELSEN geleugnet, daß der juristische Willensbegriff ein psychologisches Faktum im Innern der rechtlich ohnehin uninteressanten zoologisch-psychologischen Einheit „Mensch" bezeichne. Es handele sich vielmehr um die Konstruktion eines Zurechnungsendpunkts in der ethisch-juristischen Einheit „Person".[223] Diesen Unterschied nicht erkannt zu haben, gehöre zu „den größten und folgenschwersten Irrtümern der Jurisprudenz"[224]. Allerdings bestreitet KELSEN weder die Existenz psychischer Vorgänge noch, daß sie im Strafrecht zu Sanktionsvoraussetzungen erklärt werden, sondern nur, daß sie Grund der „Schuld" sind, die ein Zurechnungsurteil aufgrund aller Bedingungen der verletzten Norm sei.[225] Diesen teilweisen Widerspruch sucht KELSEN mit Hilfsargumenten – die vom Recht bezogenen Willens- und Vorstellungsakte seien nicht sicher feststellbar und könnten rechtlich daher allenfalls präsumiert werden; auch gebe es Fälle von „Schuld" ohne psychisches Substrat wie die Fahrlässigkeit – zu beheben.[226] Diese Divergenz des schlichten juristischen Willensbegriffes von Konzepten der Psychologie besteht heute unverändert, doch ist der Einwand der Unzugänglichkeit des Fremdpsychischen, weil Selbstbeobachtung die einzige Methode der psychologischen Erkenntnis sei,[227] als bloß praktisch-empirischer, nicht kategorialer formuliert. Unterstellt, dieser praktische Einwand entfiele eines Tages ganz, bliebe nur die methodische Differenz, daß der juristische „Wille" einen psychischen Zustand bezeichnen *kann*, aber nicht muß. Den Überlegungen KELSENS steht die symptomatische Verbrechensauffassung FELIX KAUFMANNS nahe, demzufolge „Schuld" dann angenommen wird, wenn Bestrafung richtig erscheint, schwerere Schuld

---

zugspunkt müssen, mit anderen Worten, so gestaltet und aufeinander abgestimmt sein, daß auf einen solchermaßen vorsätzlich handelnden Täter der Grundgedanke der Vorsatzbestrafung zutrifft. Denn der Rechtsbegriff ‚Vorsatz' hat die spezifische *Funktion*, diesem Grundgedanken durch eine *entsprechende Fassung von Stoff* Geltung zu verschaffen.", Hervorh. im Original), siehe auch S. 173 (Bewußtsein als normativer Begriff); MÜLLER-DIETZ, GA 1992, 99, 118; ähnl. schon LÖFFLER, ÖZStR 2 (1911), 131, 140 (Dolus und böser Vorsatz sind „juristische Begriffe, die der Gesetzgeber nach Belieben formt"); VON RÜMELIN, ZStW 41 (1920), 495, 522, 525 f.; ENGISCH, *Untersuchungen über Vorsatz und Fahrlässigkeit*, S. 27 ff., 30 f. m. w. Nachw. in Fn. 14 („Vorsatz" als reiner Rechtsbegriff); JESCHECK, Festschrift Erik Wolf, S. 473, 480; ähnl. BRICOLA, *Dolus in re ipsa*, S. 29 f.

223 KELSEN, *Hauptprobleme der Staatsrechtslehre*, S. 121–162, insb. S. 145; DERS., *Der soziologische und juristische Staatsbegriff*, S. 241 f.; zust. F. KAUFMANN, *Die philosophischen Grundprobleme der Lehre von der Strafrechtsschuld*, S. 55; JAKOBS, ZStW 117 (2005), 247, 260.

224 KELSEN, *Hauptprobleme der Staatsrechtslehre*, S. 146.

225 KELSEN, *Hauptprobleme der Staatsrechtslehre*, S. 138 u. ff. (S. 138: „Es hieße, diese Ausführungen ganz und gar mißverstehen, wollte man ihnen den Gedanken einer vollständigen Eliminierung dieser Momente aus der Strafrechtstheorie imputieren. Es ist ein Postulat verfeinerten Rechtsempfindens, daß wegen sozialschädlicher Erfolge, die durch die Rechtsordnung verhindert werden sollen, womöglich nur solche Menschen bestraft werden, bei denen gewisse Willens- und Vorstellungsakte in bezug auf den schädlichen Erfolg vor sich gehen und daß sich die Größe der Strafe nach diesen psychischen Akten richte ...").

226 KELSEN, *Hauptprobleme der Staatsrechtslehre*, S. 138; ähnl. F. KAUFMANN, *Die philosophischen Grundprobleme der Lehre von der Strafrechtsschuld*, S. 71 f., 85.

227 KELSEN, *Hauptprobleme der Staatsrechtslehre*, S. 138, 156 f.

dann, wenn schwerere Strafe gerecht erscheint.[228] Auf systemtheoretischer Grundlage versteht jüngst BLECKMANN Vorsatz als „Identifikation von Mitteilungsverhalten im strafrechtlich relevanten Kontext“; die Zurechnung zum Vorsatz sei daher eine Eigenleistung des Kommunikationssystems selbst, es gebe kein Dahinter, kein Substrat, auf das sich das kommunikative Konstrukt Vorsatz beziehe.[229] Welche Zuschreibungsstrukturen heute wirksam seien, müsse empirische Forschung erweisen[230] – die freilich noch aussteht.

Eine präskriptiv-askriptiv-funktionalistisch-normative Betrachtung des „Vorsatzes“ fragt demnach nicht, was „Vorsatz“ „ist“, sondern was zweckmäßigerweise so zu benennen ist zur Erreichung definierter Regelungsziele. Wie umfassend die funktionalen Bezüge konstruiert werden, steht damit nicht fest und hängt auch vom Grad der Systematisierung der Straftatlehre ab: Der Bezug kann sich lediglich auf eine gleichsam lokale, untergeordnete Systemkategorie erstrecken wie eine Strafzumessungskategorie oder weitgespannt zurückgeführt werden auf die Strafzwecke (unten C.VI.), deren regelmäßig grobkörnige Formulierung solcherart vielfach vermittelte Deduktionen beträchtlich erschwert[231].

Die Rechtsfolgenorientierung wird darauf sehen, daß in allen bekannten Strafrechten die Feststellung von „Vorsatz“ entweder zum Überschreiten der Strafbarkeitsschwelle nötig ist oder, wo fahrlässige Begehung poenalisiert ist, regelmäßig zu schwererer Strafe führt. Ein „normativer“ Vorsatzbegriff wird demnach alle jene Sachverhalte umfassen, denen ungeachtet ihrer phänomenalen Verschiedenheit gleiche Strafwürdigkeit zuerkannt wird.[232] Dieses Urteil kann dezisionistisch, aber auch – vorzugsweise – von systematischen und axiologischen Erwägungen prinzipiengeleitet ergehen. So könnte beispielsweise bei der Differenzierung von Vorsatz und Fahrlässigkeit unmittelbar auf das Sanktionsbedürfnis zurückgegriffen werden,

---

228 F. KAUFMANN, *Die philosophischen Grundlagen der Lehre von der Strafrechtsschuld*, S. 72. „Schwere der Schuld“ sei daher ein *hysteron proteron*: Die undeutliche Erfassung dessen, daß Strafe bestimmten Zwecken dient, führe dazu, im Tatbestand selbst einen bestimmten Unwert zu suchen, der die Strafe rechtfertige, *ibid.*, S. 68, 128.

229 BLECKMANN, *Strafrechtsdogmatik – wissenschaftstheoretisch, soziologisch, historisch*, S. 130 ff., 157 ff., 319 f.; Näheres und Kritik siehe unten sub C.II.4.

230 BLECKMANN, *ibid.*, S. 176 f., 319 ff.

231 Zumal positive Strafrechtsordnungen sich höchst selten als konsequente Ausformung einer bestimmten Straftheorie präsentieren (z.B. ist weder der italienische Codice penale vom 19.10.1930 noch der avantgardistisch betitelte kubanische Código de Defensa Social vom 4.4.1936 ein reines Produkt der *Scuola positiva*) und zum anderen die Zurechnungsregeln des Allgemeinen Teils gegen den Wechsel der wissenschaftlichen Strömungen erstaunlich immun sind. Zur begrenzten Deduzierbarkeit von Einzelregelungen aus den Straftheorien siehe STRATENWERTH, *Was leistet die Lehre von den Strafzwecken?*, insb. S. 14 ff., 21.

232 So wird z.B. in der deutschen Strafrechtsdogmatik die Einbeziehung der Tatsachenblindheit, d.h. Tatsachenunkenntnis aus belastenden Gründen, in den Vorsatzbegriff gefordert (JAKOBS, *Studien zum fahrlässigen Erfolgsdelikt*, S. 104 f.; DERS., *Strafrecht Allgemeiner Teil*², Tz. 8/5 ff. m. w. Nachw.; DERS., ZStW 101 (1989), 516, 529 ff.; DERS., GA 1996, 253, 267; DERS., GA 1997, 553, 557; ähnl. DERS., ZStW 114 (2002), 584, 587 ff.; DERS., Festschrift Rudolphi, S. 107, 108 u. ff. sowie unten Fußn. 2337), wie sie auch das kontinental-europäische gemeine Recht kannte.

falls es sich darstellen läßt, für Ermittlung und Überprüfbarkeit der Differenzierung lassen sich aber womöglich weitere Kriterien (Handlungssteuerung, Gesinnung usw.)[233] oder eine offene Menge typologischer Topoi[234] finden, deren Relevanz ihrerseits zu erweisen wäre.

Die Schwierigkeiten der deskriptiven Bestimmung der Referenz kann ein präskriptiv akzentuierter Vorsatzbegriff allenfalls aufschieben, aber nicht vermeiden, da er in jedem Fall zu operationalisierbaren, d.h. hier justiziablen Rechtssätzen führen und beispielsweise entscheiden muß, ob Vorsatz oder sein Fehlen Gegenstand des Beweises oder der Zuschreibung sind, ihre Feststellung Tat- oder Rechtsfrage ist etc.

b) Extrinsische Funktionalität: Instrumentaler Begriffsgebrauch

Die normative Bestimmung der Begriffe von „Vorsatz“ und „Irrtum“ kann sich allein an dem paradigmatischen Regelungsziel der Vorsatzstrafe orientieren (intrinsische Funktionalität), aber auch, aus einer Vielzahl von Gründen bis hin zur dogmatischen Verlegenheit, zusätzliche Regelungsleistungen integrieren, die sich oft aus dem jeweiligen positiven Normenumfeld ergeben, insoweit zufällig sind und schon in der Nachbarrechtsordnung unbekannt sein können. Solche hier extrinsisch genannten Funktionen können entscheidenden Anteil an der präzisen Begriffsfassung gewinnen, insbesondere die Funktion der Abgrenzung zu direkt benachbarten Zurechnungsbegriffen, aber auch die Übernahme von Konturierungsleistungen in anderen systematischen Zusammenhängen, weil die dort zentralen Begriffe dafür untauglich oder unterentwickelt sind (daher auch: instrumentaler Gebrauch):

So sind es bei der Bestimmung des Begriffsumfangs, hier der Abgrenzung des „Vorsatzes“ zur Fahrlässigkeit oder von *intent* zu *recklessness*, ebenfalls normative Erwägungen, aufgrund derer der Rechtsbegriff gestreckt oder verkürzt wird, um gleich hohe Strafe wie in einem als unproblematisch erfaßten oder paradigmatischen Fall (z.B. Absicht) zu ermöglichen oder auszuschließen, so etwa dort, wo der Mordtatbestand mit starrer Strafe verbunden ist und eine qualifizierte Vorsatzform verlangt wie oft im anglo-amerikanischen Rechtskreis.[235]

Präskriptiv inspirierte Argumente begegnen auch in sonstigen Fällen, wenn starre gesetzliche oder dogmatische Regeln umgangen werden sollen, um ein als unbefriedigend empfundenes Ergebnis zu vermeiden: Wo die Regel starr ist, wird der Begriff flexibel.[236] So finden sich unter der Geltung einer strengen Regel der Unbeachtlichkeit von Rechtsirrtum Vorschläge zur Umklassifizierung des Irrtums über unklare oder dem juristischen Laien nicht leicht zugängliche Normen in ei-

---

233 Ähnl. JAKOBS, *Studien zum fahrlässigen Erfolgsdelikt*, S. 104 ff., 107 ff., 113 ff. m. w. Nachw.

234 So z.B. SCHÜNEMANN, 50 Chengchi L.Rev. 259, 268 ff., 270 ff. (1994); DERS., Festschrift Hirsch, S. 363, 371 ff.

235 Siehe nur DUFF, *Intention, Agency, and Criminal Liability*, S. 15 ff.

236 Vgl. LLOYD-BOSTOCK, 42 Mod.L.Rev. 143, 162 (1979).

nen Strafmilderung oder -ausschluß ermöglichenden Tatsachenirrtum,[237] während die Gleichstellung in den Rechtsfolgen schon im Mittelalter anerkannt war, aber in die Kategorie der Entschuldbarkeit des Rechtsirrtums einsortiert werden konnte[238]. Aber dies ist durch das positive Recht oder ständige Rechtsprechung induzierte dogmatische Flickschusterei, die in einem konzeptionellen Ansatz zu vermeiden ist.

Schließlich ist festzustellen, daß eine Begriffsdefinition eine Mehrzahl von Funktionen oder Kriterien erfüllen kann. So dient die Fassung des „Vorsatzes“, je nach Entwicklungsstand[239] und Ausdifferenzierung der dogmatischen Debatte, dazu, andere Fragen behelfsweise mit zu entscheiden, solange für deren Lösung keine andere Kategorie im Verbrechensaufbau bereitsteht: Die Frage des erlaubten Risikos, die z.B. in der heutigen deutschen und spanischen Dogmatik im Rahmen der objektiven Zurechnung loziert wird, wurde zuvor lange im Rahmen des Vorsatzes behandelt[240] und gehört im Common Law-Raum vielfach zur Definition von

---

[237] Göschen, *Vorlesungen über das gemeine Civilrecht*², 1. Band, § 89 S. 261; dagegen von Savigny, *System des heutigen Römischen Rechts*, Band III, S. 337 Fn. b); Puchta, *Gewohnheitsrecht* II, 217 ff., 220; siehe auch Binding, *Die Normen und ihre Übertretung*, Band III, S. 40 Fn. 21. Jüngst ebenso Duff, *Criminal Attempts*, S. 160 f.

[238] Bartolus, D.v. depositi l. quod Nerva, n. 19: „aut est ius certum et limitatum, quia de hoc est casus legis, et talis ignorantia est lata culpa ... aut dubium est ius, quia sunt opiniones doctorum, vel quia de hoc non habemus legem expressam sed argumenta verisimilia, et tunc talis ignorantia non simpliciter lata, sed debet iudicari lata culpa, levis vel levissima sicut ignorantia facti.“; Barbosa, *Tractatus Varii*, Axioma 82 Error, n. 6; Farinacius, *Praxis et theorica criminalis*, qu. 90 n. 102; dazu Engelmann, *Irrtum und Schuld*, S. 206 f., 224 f. m. w. Nachw.

[239] Im Extremfall kann der „Vorsatz“ alle zurechnungsrelevanten Aspekte außer der Tatbegehung umfassen, so noch öStG 1803 = öStG 1852, deren § 2 den in § 1 verlangten „bösen Vorsatz“ entfallen läßt bei Unzurechnungsfähigkeit, Minderjährigkeit, Tatirrtum, unwiderstehlichem Zwang und Notwehr.

[240] Vgl. aber Bekker, *Theorie des heutigen deutschen Strafrechts*, S. 270 ff., 272, der erkannte, daß bloße Risikokenntnis nicht genügen kann: „Wegen *dolus* strafbar ist derjenige, der trotz einer Voraussicht gehandelt hat, die einen guten und getreuen Staatsbürger von der Handlung abgehalten haben würde.“

Noch deutlicher ist das Beispiel des Arztes, der eine rettende Operation unternimmt, wobei er die Möglichkeit des tödlichen Ausgangs kennt, das nicht nur in der früheren deutschen Diskussion um Vorstellungs- und Willenstheorie immer wieder auftaucht, z.B. von Liszt, ZStW 30 (1910), 250, 261; Kohlrausch, *Die Schuld*, S. 179, 207; von Hippel, ZStW 31 (1911), 562, 572; ebenso Lord Hailsham in *Hyam v. D.P.P.*, [1975] A.C. 55, 74 f., 77 f.; [1974] 2 All E.R. 41 (H.L.); krit. Williams, 46 Cambr.L.J. 417, 420 (1989); Duff, *Intention, Agency, and Criminal Liability*, S. 98; Ashworth, *Testing Fidelity to Legal Values*, S. 299 f.; ders., *Criminal Liability in a Medical Context: the Treatment of Good Intentions*, S. 173 ff., m. w. Nachw.; D. Cohen, 24 J.Psychiatry & L. 511, 518 (1996); jüngst wieder Morselli, ZStW 107 (1995), 324, 358. Die Annahme, daß er trotz der Risikokenntnis die Operation unternehmen darf, wurde gegen die Vorstellungstheorie gewendet. Besser läßt sich die Frage dahin lösen, daß es sich um ein – je nach rechtlicher Behandlung der Heileingriffe – generell erlaubtes oder situativ gerechtfertigtes Risiko handelt, dessen Kenntnis daher nicht schadet; zu ähnl. früheren Ansichten siehe Engisch, *Untersuchungen über Vorsatz und Fahrlässigkeit*, S. 115 ff. m. w. Nachw.; Welzel, *Das Deutsche Strafrecht*¹¹, § 13 I.2.c)β)ββ) S. 70 f.

recklessness[241]. Genügt bei einem Erfolgsdelikt als objektives Erfordernis Kausalität zwischen Handlung und Erfolg, soll aber dennoch in ungewöhnlichen Kausalverläufen oder bei Auslösung allgemeiner Lebensrisiken Haftung ausgeschlossen werden, so wird mangels anderer Ansatzpunkte auf die Verneinung des Vorsatzes zurückgegriffen.[242] Besteht im Bereich der Teilnehmerstrafbarkeit Unklarheit, ob alltägliche, für sich unverbotene Handlungen dadurch zur strafbaren Beihilfe werden können, daß der Handelnde die Absicht eines anderen kennt, daran eine kriminelle Tat anzuschließen, so läßt sich dies als Problem der Abgrenzung des objektiv bestimmten Verantwortungsbereichs des eventuellen Gehilfen auffassen[243] oder in die Frage seines Vorsatzes verschieben.[244] Ferner kann, um Unklarheiten oder Defizite der jeweiligen Notstandsregeln zu umgehen, die Frage, welches Verhalten der Täter beabsichtigt hat, so beantwortet werden, daß es eines Rechtfertigungsgrundes nicht mehr bedarf.[245] Umgekehrt können noch heute im Common Law Rechtfertigungsgründe *wilfulness* und *malice* ausschließen.[246]

---

241 Z.B. Model Penal Code § 2.02(2)(c); vgl. DUFF, *Intention, Agency, and Criminal Liability*, S. 97.

242 Dazu kritisch DUFF, *Intention, Agency, and Criminal Liability*, S. 63 ff. m. w. Nachw., der aber dennoch meint, daß die (normative Frage der) Kausalität einer Handlung davon abhängen könne, was der Handelnde beabsichtigte (S. 66).

243 Z.B. JAKOBS, ZStW 89 (1977), 1, 15 ff.; Nachw. der stark wachsenden Lit. bei TRÖNDLE/FISCHER, *StGB*[53], § 27 Rn. 2a f.; ebenso DUFF, *Intention, Agency, and Criminal Liability*, S. 86 f.

244 Ist ein Arzt, der einem fünfzehnjährigen Mädchen Verhütungsmittel verschreibt, strafbar wegen Beihilfe zum Geschlechtsverkehr mit Minderjährigen, wenn er zu Recht annimmt, daß das Medikament dazu verwendet werden wird? In *Gillick v. W. Norfolk & Wisbech Area Health Authority*, [1986] A.C. 112 (H.L.), nahm das House of Lords an, er müsse dies nicht zwangsläufig *beabsichtigt* haben, so daß Dr. GILLICK straflos ausging; dazu DUFF, *Intention, Agency, and Criminal Liability*, S. 19 f., 61 f., 86 f. m. w. Nachw.

245 So im vieldiskutierten Fall *R. v. Steane*, [1947] K.B. 997 (C.C.A.). STEANE, ein britischer Staatsangehöriger, der sich bei Ausbruch des Zweiten Weltkrieges mit seiner Familie in Deutschland aufhielt, wurde unter Drohungen gegen ihn und seine Familie dazu gebracht, an Propaganda-Rundfunksendungen mitzuwirken. Nach Kriegsende und Rückkehr nach England wurde er angeklagt, dem Feind geholfen zu haben und in zweiter Instanz freigesprochen, weil er nicht die Absicht (*intent*) gehabt habe, dem Feind zu helfen, sondern seine bedrohte Familie und sich selbst zu retten. Dazu siehe unten bei Fußn. 1261 ff.; DUFF, *Intention, Agency, and Criminal Liability*, S. 92 ff. m. w. Nachw.; ASHWORTH, *Testing Fidelity to Legal Values*, S. 299 f.

246 Krit. dazu WILLIAMS, *Textbook of Criminal Law*[2], § 6.10 S. 140; DERS., 46 Cambr. L. J. 417, 420 (1989).

3. Bindung an außerrechtliche Strukturen?

Philosophen sprechen sehr häufig davon, die Bedeutung von Wörtern zu untersuchen und zu analysieren. Aber laßt uns nicht vergessen, daß ein Wort keine Bedeutung hat, die ihm gleichsam von einer von uns unabhängigen Macht gegeben wurde, so daß man eine Art wissenschaftliche Untersuchung anstellen könnte, um herauszufinden, was das Wort *wirklich* bedeutet. Ein Wort hat die Bedeutung, die jemand ihm gegeben hat.[247]

a) Natur der Sache, ontologische oder sachlogische Strukturen?

Eine klare Relation zwischen assertorischem und präskriptivem Begriffsgebrauch und zugleich eine taugliche Basis für eine übernationale Dogmatik wäre gefunden, wenn sich außer- oder vorrechtliche, apriorische, ontologische oder sonstige Invarianzen aufweisen ließen, wie sie die – hier exemplarisch für alle Argumente aus der „Natur der Sache"[248] u.ä. diskutierte – von WELZEL vertretene Lehre der „sachlogischen" Strukturen[249] als „ewige Wahrheiten"[250] behauptet, auf die sich

---

247 WITTGENSTEIN, *Das Blaue Buch*, S. 52. Die Verwerfung naturalistischer Semantik zugunsten des Konventionalismus wird im folgenden vorausgesetzt, siehe nur VON KUTSCHERA, *Sprachphilosophie*, S. 32 ff.

248 Zum in der Antike wurzelnden Begriff der „Natur der Sache", der Erkenntnis- und Geltungsgrund der mittelalterlichen Naturrechtslehre war (THOMAS VON AQUIN, *Summa theologica*, II-2, qu. 60 art. 5 c.), siehe nur die klassische Umschreibung von DERNBURG, *Pandekten*, 1. Band, § 38 2., S. 87 („Die Lebensverhältnisse tragen, wenn auch mehr oder weniger entwickelt, ihr Maß und ihre Ordnung in sich. Diese *den Dingen innewohnende Ordnung* nennt man Natur der Sache." (Hervorh. im Original)); STRATENWERTH, *Das rechtstheoretische Problem der „Natur der Sache"*, S. 5 ff.; BALLWEG, *Zu einer Lehre von der Natur der Sache*, S. 37 ff., 47 ff., 66 f.; die Beiträge von MAIHOFER, BOBBIO, BARATTA und SCHAMBECK in ARTH. KAUFMANN (Hrsg.), *Die ontologische Begründung des Rechts*; ENGISCH, *Die Idee der Konkretisierung*, S. 115 ff.; DERS., *Die Natur der Sache im Strafrecht*, S. 204 ff.; auch RADBRUCH, *Die Natur der Sache als juristische Denkform*, S. 5 ff.; KÜPPER, *Grenzen der normativierenden Strafrechtsdogmatik*, S. 34 ff.; STICHT, *Sachlogik als Naturrecht?*, S. 40 ff.; w. Nachw. bei ARTH. KAUFMANN, *Das Schuldprinzip*, S. 36 Fn. 103; umfassende Kritik bei DREIER, *Zum Begriff der „Natur der Sache"*, S. 83 ff., 114 ff. Siehe auch NOLL, *Gesetzgebungslehre*, S. 98 ff.; ELLSCHEID, *Das Naturrechtsproblem*, S. 143, 190 ff. m. w. Nachw.; E. KAUFMANN, JuS 1987, 848 ff.; RÜTHERS, *Rechtstheorie*, Rn. 919 ff., 922 ff., jew. m. w. Nachw.

Auch WELZEL verwendet den Topos, *Naturrecht und materiale Gerechtigkeit*[4], S. 34, in Anführungszeichen, als zusammenfassende Bezeichnung („allgemeingültige apriorische Strukturen von nicht rein formalem Charakter"); DERS., MDR 1952, 584, 587.

249 Sachlogische Strukturen bezeichnen ontische Strukturen, „Realitäten" (WELZEL, Festschrift Niedermeyer, S. 279, 291), „ontische Gegebenheiten, die sich unter einem bestimmten Gesichtspunkt als wesentlich herausheben" (STRATENWERTH, *Das rechtstheoretische Problem der „Natur der Sache"*, S. 17). „Sachlogik" ist als *Notwendigkeit* der Beziehung zwischen einer ontischen/ontologischen Struktur und einer bestimmten Wertung definiert worden, so ARMIN KAUFMANN, *Die Dogmatik der Unterlassungsdelikte*, S. 17 f. (Kritisch zum unterschiedslosem Gebrauch von „ontisch" und „ontologisch" sowie zum bloßen Verharren im Ontischen ARTH. KAUFMANN, *Das Schuldprinzip*, S. 32 ff.).

Zur Bindung an sachlogische Strukturen allgemein siehe WELZEL, *Naturrecht und materiale Gerechtigkeit*[4], S. 243 ff.; DERS., Festschrift Niedermeyer, S. 279, 290 ff.; DERS., *Um die finale Handlungslehre*, S. 10 f.; DERS., *Das neue Bild des Strafrechtssystems*[1], S. 8 (vgl. 4. Aufl., S. X f.); DERS.,

Strafrecht gleich welcher Provenienz beziehen müßte, wenn es sachgerechte Regelungen treffen wollte, so daß es keine national verschiedene, sondern nur „richtige oder falsche“ Strafrechtswissenschaft geben könnte, wobei ein gewisser Spielraum vorhanden sein mag[251]. Auch die Dogmatik des Völkerstrafrechts könnte sich dieser Bindung nicht entziehen.[252]

Mit Blick auf den Vorsatz ist eine solche Position vor allem von der finalen Handlungslehre eingenommen worden, die die Finalstruktur menschlicher Handlung, somit die Stellung des Willens im Handlungsgefüge, als ontologisch vorgegeben ansah und den finalen Handlungswillen mit dem strafrechtlichen Tatbestandsvorsatz identifizierte.[253] Auch die in der spätscholastischen Moraltheologie auf der

---

MDR 1951, 65, 67; ARMIN KAUFMANN, *Lebendiges und Totes*, S. VIII f.; DERS., *Die Dogmatik der Unterlassungsdelikte*, S. 16 ff.; STRATENWERTH, *Das rechtstheoretische Problem der „Natur der Sache“*, S. 10 ff.; NIESE, JZ 1956, 457 u. ff.; BOHNE, Festschrift Lehmann, S. 3, 5; HENKEL, *Einführung in die Rechtsphilosophie*², S. 296 ff., 303 ff.; auch WIEACKER, *Privatrechtsgeschichte der Neuzeit*², S. 595; aus jüngerer Zeit HIRSCH, Festschrift Universität zu Köln, S. 399, 416 f.; DERS., Festschrift Spendel, S. 43, 47 ff., 51, 53; DERS., ZStW 116 (2004), 1, 4 f.; DERS., ZStW 116 (2004), 835, 842 f.; KÜPPER, *Grenzen der normativierenden Strafrechtsdogmatik*, S. 12, 24 ff.; CEREZO MIR, Festschrift Eser, S. 101 ff., 111; siehe auch KÜHL, ZStW 109 (1997), 777, 787; diff. LAMPE, Festschrift Hirsch, S. 83, 84 f., 104; ablehnend jetzt DERS., ZStW 118 (2006), 1, 9; siehe ferner DUTTGE, *Zur Bestimmtheit des Handlungsunwerts bei Fahrlässigkeitsdelikten*, S. 363 ff. m. w. Nachw.

Kritisch WÜRTENBERGER, *Die geistige Situation der deutschen Strafrechtswissenschaft*, S. 14 ff.; ARTH. KAUFMANN, *Das Schuldprinzip*, S. 28 ff., 32 ff.; HALL, *Fahrlässigkeit im Vorsatz*, S. 12 ff.; KLUG, *Der Handlungsbegriff des Finalismus*, S. 155, 165 ff., 169 f.; WEISCHEDEL, *Recht und Ethik*, S. 6 ff., 8, 10; NOLL, *Gesetzgebungslehre*, S. 98 ff., 101 ff.; E. KAUFMANN, JuS 1987, 848 ff., 851 f.; MÜLLER-DIETZ, GA 1992, 99, 121; KORIATH, *Grundlagen strafrechtlicher Zurechnung*, S. 297 ff.; HASSEMER, Festschrift Rudolphi, S. 61, 63 ff.

Zum Ganzen siehe STICHT, *Sachlogik als Naturrecht?*, S. 37 ff. m. w. Nachw.; ELLSCHEID, *Das Naturrechtsproblem*, S. 143, 190 ff. m. w. Nachw.

Aus neuerer Zeit mit übernationalem Bezug krit. KÜHL, ZStW 109 (1997), 777, 786 ff., 800 f.; TIEDEMANN, ZStW 110 (1998), 497, 500 f.; WEIGEND, Festschrift Roxin, S. 1375, 1378.

Für einen philosophisch neutralen, phänotypisch orientierten Begriff der Sachlogik siehe ROTHOEFT, *System der Irrtumslehre*, S. 1 ff. m. Fn. 3.

250 WELZEL, *Naturrecht und materiale Gerechtigkeit*, 1.–3. Aufl., S. 198; die distanzierenden Anführungszeichen sind original.

251 HIRSCH, Festschrift Spendel, S. 43, 58; DERS., *Die Stellung von Rechtfertigung und Entschuldigung*, S. 27, 54; relativierend nun DERS., ZStW 116 (2004), 835, 846 Fn. 26.

252 Im Ergebnis ablehnend AMBOS, *Der Allgemeine Teil des Völkerstrafrechts*, S. 57 f., 67 f.

253 WELZEL, *Um die finale Handlungslehre*, S. 7 ff.; DERS., *Das neue Bild des Strafrechtssystems*⁴, S. 1 ff.; DERS., Festschrift Niedermeyer, S. 279, 292; DERS., *Das Deutsche Strafrecht*¹¹, § 13 I 1, S. 64 f.; § 19 III, S. 140; § 22 II, S. 163; ARMIN KAUFMANN, ZStW 70 (1958), 64, 67; STRATENWERTH, ZStW 71 (1959), 51, 60 (anders später DERS., *Strafrecht Allgemeiner Teil I*⁴, § 6 Rn. 21).

Zur Kritik in der deutschen Lehre siehe nur NOWAKOWSKI, ZStW 63 (1951), 287, 297; MEZGER, JZ 1952, 673, 675; DERS., NJW 1953, 2, 3 f.; ENGISCH, *Die Idee der Konkretisierung*, S. 119 f.; JESCHECK, Festschrift Erik Wolf, S. 473, 479; ROXIN, ZStW 74 (1962), 515, 524 ff.; SK-StGB-RUDOLPHI, Vor § 1 Rn. 30 f.; HENKEL, *Einführung in die Rechtsphilosophie*², S. 301 f.; JAKOBS, *Studien zum fahrlässigen Erfolgsdelikt*, S. 114 ff.; HASSEMER, Gedächtnisschrift Armin Kaufmann, S. 289, 292 f.; auch ZIELINSKI, *Handlungs- und Erfolgsunwert im Unrechtsbegriff*, S. 79 ff. Zusammenfassend zu Kritiken am finalen Handlungsbegriff STICHT, *Sachlogik als Naturrecht?*, S. 285 ff. m. Nachw.

Grundlage der Lehren des Aquinaten formulierte Irrtumslehre enthalte Prinzipien apriorischer Gültigkeit, z.B. die entschuldigende Kraft des unvermeidlichen Verbotsirrtums.[254] Überhaupt sei der Allgemeine Teil des Strafrechts ein Rechtsgebiet, das in besonders hohem Maße von sachlogischen Strukturen durchsetzt sei.[255] Diese Position hat sich aus einer Vielzahl von Gründen nicht durchgesetzt:

Um einen naturalistischen Fehlschluß zu vermeiden, ließe sich eine Bindung an angenommene vorrechtliche Strukturen nur postulieren in der Annahme eines elementaren Normsatzes, der den Normgeber auf die adäquate Beachtung dieser außerrechtlichen Strukturen verpflichtet. Angesichts konstruktiver Schwierigkeiten wird es sich nicht um einen Rechtssatz handeln, sondern um eine triviale Klugheitsregel, der niemand widersprechen wird: Selbst wenn der Normgeber im Normativen frei ist, er aber Normen für diese Welt aufstellen will, so sollte er sie zur Kenntnis nehmen in einer Weise, die nicht hinter den Rationalitätsvorstellungen seiner Zeit zurückbleibt.[256] Regelungen jenseits der Naturgesetze, also allgemein anerkannter empirischer Sätze, wider die Logik, z.B. den Satz vom Widerspruch, usw. sind unsinnig; ob sie deshalb den Rechtscharakter einbüßen, kann hier dahinstehen.[257] Über solche Minima vermittelbarer Rationalität hinaus läßt sich eine etwas anspruchvollere Regel der Sachangemessenheit[258] aufstellen, die Bindungen für die im Tatbestand einer Norm unweigerlich implizit enthaltene Weltbeschreibung und – insoweit gleich dem schlichten methodischen Gebot der Konsistenz[259] – die daran angeknüpfte Rechtsfolge postuliert. Freilich ist damit nicht viel gesagt:

---

254 Welzel, *Naturrecht und materiale Gerechtigkeit*⁴, S. 64 f.; ders., Festschrift Niedermeyer, S. 279, 290 f.

255 Welzel, Festschrift Niedermeyer, S. 279, 291 f.

256 Siehe nur die Beispiele von Welzel (nächste Fußn.); Rüthers, *Rechtstheorie*, Rn. 921 („Bananenanbau am Nordpol“); ähnl. Gössel, Festschrift Miyazawa, S. 317, 323 ff., 330; Koriath, *Grundlagen strafrechtlicher Zurechnung*, S. 301; auch Jakobs, ZStW 117 (2005), 247, 258. Zu den verschiedenen Ansätzen, die eine „Hinwendung des Rechts zum Realen“, eine Bindung an „Lebenskonkreta“ etc. postulieren, siehe krit. Engisch, *Die Idee der Konkretisierung*, S. 85 ff. m. w. Nachw.

257 Welzel, *Naturrecht und materiale Gerechtigkeit*^{4}, S. 243 f.; ders., *Das neue Bild des Strafrechtssystems*^{4}, S. XI, sieht hierin immanente Grenzen möglicher Sinndeutung und damit möglicher Normierung.

258 Welzel, Festschrift Niedermeyer, S. 279, 290, 293: Die sachlogischen Strukturen binden den Gesetzgeber „nur dann, wenn er eine Regelung bestimmter Art vornehmen will, und sie binden ihn nur logisch, d.h. wenn seine Regelung sachgemäß sein soll. Ein Verstoß gegen sie hat nicht zur Folge, daß seine Regelung ungültig wird, wohl aber, daß er sein Ziel nicht erreicht, daß er eine lückenhafte, widerspruchsvolle, sachlich unzutreffende Regelung vorgenommen hat.“ (290); ähnl. Stratenwerth, *Das rechtstheoretische Problem der „Natur der Sache“*, S. 15 ff., 20 ff., 25 ff.; ebenso Hirsch, ZStW 116 (2004), 835, 843. Auch Reinach, *Zur Phänomenologie des Rechts*, S. 17, 19, 165 ff., 186 ff., nahm an, daß das positive Recht natürlich vom Wesen der apriorischen Rechtsgebilde abweichen könne. Als zu schwach kritisiert Arth. Kaufmann, *Das Schuldprinzip*, S. 28 ff., Welzels Bindungspostulat.

259 Vgl. Stratenwerth, *Das rechtstheoretische Problem der „Natur der Sache“*, S. 26: „Jedenfalls kann das positive Recht die Wertgesichtspunkte, die es aufnimmt, nicht nach Belieben durchbrechen. Es muß die Einheit der Bewertungsmaßstäbe wahren, wenn die juristischen Einzel-

Denn erstens mögen die Beschreibungen der Wirklichkeit divergieren, die als „sachlogische" Strukturen oder die „Natur der Sache" ausgegeben werden. Ohne eine erkenntnistheoretisch fundierte Anweisung, wie man die Natur der Sache usw. zuverlässig erkennen kann,[260] kommt jede derartige ontologisch fundierte Lehre über Evidenzbehauptungen nicht hinaus[261] und wird bereits an mangelnder Eindeutigkeit scheitern,[262] bevor die nächste Frage nach der Erklärung des geschichtlichen Wandels an sie herangetragen wird. So erweist sich die Suche nach „überall ähnlichen inneren Gesetzmäßigkeiten" von Recht und menschlicher Gesellschaftsordnung offenbar als schwierig und das darauf gerichtete Freiburger Projekt eines „Allgemeinen strafrechtlichen Strukturvergleichs" hat bislang, soweit ersichtlich, keine endgültigen Ergebnisse vorgelegt.[263]

Dahinter liegt ein ernsteres epistemisches Problem, nämlich die Frage, was mit der „Natur der Sache" u.ä. genau gemeint ist: Offenbar ist es mehr als eine bislang unfalsifizierte *empirische Aussage*, die zu beachten für den Normgeber zweckmäßig ist. Auch eine *theoretische Erklärung*, die sich an den geläufigen Kriterien der Wissenschaftstheorie wie empirische Validität, Genauigkeit, Plausibilität, Einfachheit, Fruchtbarkeit usw.[264] messen lassen müßte, ist nicht gemeint. So bleibt der Status der behaupteten Aussagen über die Objektwelt mit dem Anspruch „ewiger Wahr-

---

entscheidungen nicht in eine Vielheit unvereinbarer und deshalb ungerechter Dicta auseinanderfallen sollen." *Dafür* braucht es freilich weder eine Natur der Sache noch ontische Strukturen. Auch NOLL, *Gesetzgebungslehre*, S. 102, nimmt an, „daß mit den sachlogischen Strukturen in Wirklichkeit Fragen der *Wertungskonsequenz* angeschnitten werden"; ebenso HASSEMER, Festschrift Rudolphi, S. 61, 70: „nichts weiter als gewisser Konsequenzialismus".

260 Krit. zu WELZELS Abstinenz zu dieser Frage jüngst HASSEMER, Festschrift Rudolphi, S. 61, 66 f.

261 Vgl. NIESE, *Finalität, Vorsatz und Fahrlässigkeit*, S. 55: („Binsenweisheiten"), zutr. kritisch ARTH. KAUFMANN, *Das Schuldprinzip*, S. 31 ff., der der Lehre von den sachlogischen Strukturen „naiven, unkritischen Realismus" vorwirft (S. 37); KLUG, *Der Handlungsbegriff des Finalismus*, S. 155, 160 ff., 167, 169 f.; siehe auch HALL, *Fahrlässigkeit im Vorsatz*, S. 12 f.; WEISCHEDEL, *Recht und Ethik*, S. 8; E. KAUFMANN, JuS 1987, 848, 851 f.

262 WEISCHEDEL, *Recht und Ethik*, S. 8: „Nichts von alledem ist jedoch in selbstverständlicher Eindeutigkeit gegeben."

263 Dazu PERRON, *Überlegungen zum Erkenntnisziel*, S. 127 ff.; DERS., Festschrift Nishihara, S. 145 ff.

Der Annahme HIRSCHS einer „weltweiten Gleichartigkeit der Regelungsgegenstände des Allgemeinen Teils", verstanden auch als „allgemeine soziale Phänomene", ZStW 116 (2004), 835, 843, ist nicht zu widersprechen, denn gäbe es eine hinreichende Ähnlichkeit nicht, wäre jeder Versuch eines Völkerstrafrechts von vornherein aussichtslos ebenso wie das Anliegen dieser Arbeit, deshalb das Eingangszitat oben bei Fußn. 146. Damit ist aber nicht mehr festgestellt, als daß die Deutungsschemata sowohl der Alltagszurechnung als auch der darauf fußenden strafrechtlichen Zurechnung in großen Teilen der Welt sich sehr ähneln (siehe unten bei Fußn. 815), womit die verbleibenden, nicht unerheblichen Divergenzen nicht gelöst sind – gegen die in der Rechtsvergleichung verbreitete Tendenz, Ähnlichkeiten überzubetonen und Unterschiede herunterzuspielen, jüngst FLETCHER, 46 Am.J.Comp.L. 683, 694 f. m. w. Nachw. (1998) – und eine normative Relevanz dieser Ähnlichkeit nicht begründet ist. Krit. auch WEIGEND, Festschrift Roxin, S. 1375, 1378.

264 Siehe nur KUHN, *Die Struktur wissenschaftlicher Revolutionen*, S. 196 f., 211.

heit" oft unklar und changiert zwischen „Ding an sich" und platonischer Idee.[265] Dies ist sumpfiger Boden für jedes Theoriegebäude, seitdem KANT gezeigt hat, daß die „Dinge an sich" unserer Erfahrung unzugänglich, leere Begriffe ohne jede Anschauung sind, so daß

> „... der stolze Name einer Ontologie, welche sich anmaßt, von Dingen überhaupt synthetische Erkenntnisse a priori in einer systematischen Doktrin zu geben ... dem bescheidenen, einer bloßen Analytik des reinen Verstandes, Platz machen [muß]"[266].

In neuerer Zeit wurden „sachlogische Strukturen" im Bereich des „idealen Seins" verortet[267] in Anwendung zeitgenössischer ontologischer Schichtentheorien[268]. Solche ontologischen Sacherklärungen oder Realdefinitionen sind weder empirisch noch logisch verifizierbar.[269] Folglich finden sich daher Anleihen an die Wesensschau der Phänomenologie, die HUSSERLS Sohn GERHART und REINACH auf die Rechtswissenschaft angewandt haben.[270] Beruht HUSSERLS Wesensschau schon auf der fragwürdigen Prämisse idealer („irrealer") Wesenheiten und des Rückzugs auf das reine Bewußtsein *ohne Sprache*,[271] so ist bis heute der von ihm erhobene Anspruch strenger Wissenschaftlichkeit[272] der phänomenologischen Methode, die auf Evidenz zielt, nicht eingelöst, im Gegenteil, wegen ihrer fehlenden intersubjektiven Nachprüfbarkeit – HUSSERL selbst kritisierte die Ergebnisse derjenigen, die sich auf seine Methode beriefen wie z.B. SCHELER[273] – gilt die *eidetische Reduktion*

---

265 So sind z.B. WELZELS „sachlogische Strukturen" ein Amalgam von anthropologischen und psychologischen Aussagen, Naturgesetzen, ethischen Prinzipien usw., zutr. KORIATH, *Grundlagen strafrechtlicher Zurechnung*, S. 297 f.

266 KANT, *Kritik der reinen Vernunft*, Vorrede, B XVII ff., XX ff., sowie Transzendentale Analytik, insb. B 294 ff., Zitat B 304; B 519 ff.; DERS., *Grundlegung zur Metaphysik der Sitten*, BA 105 f.

267 Z.B. STRATENWERTH, *Das rechtstheoretische Problem der „Natur der Sache"*, S. 10 (sachlogische Strukturen als „die der Sphäre idealen Seins zugehörigen Wesenseigentümlichkeiten realmöglicher Sachverhalte").

268 Z.B. von N. HARTMANN, *Das Problem des geistigen Seins*, S. 15 ff., 66 ff.

269 Dazu KLUG, *Der Handlungsbegriff des Finalismus*, S. 155, 165 ff., 169 f.

270 G. HUSSERL, *Recht und Welt*, S. 67 ff.; siehe auch DERS., *Recht und Zeit*, S. 13 ff. (zu „Sinneskernen"); REINACH, *Zur Phänomenologie des Rechts*, S. 14 ff. (von rechtlichen Gebilden gälten synthetische apriorische Sätze [17 f., 214 f.], „ewige Gesetze, welche unabhängig sind von unserem Erfassen, genau so wie die Gesetze der Mathematik" [17], die das positive Recht ebenso wie seine Begriffe *vorfinde*; KANT habe dagegen den Bereich des synthetischen *apriori* „viel zu eng begrenzt" [18]); ebenso KÜPPER, *Grenzen der normativierenden Strafrechtsdogmatik*, S. 21 ff.; dazu DREIER, *Zum Begriff der „Natur der Sache"*, S. 62 ff.; STICHT, *Sachlogik als Naturrecht?*, S. 48 ff.; auch LARENZ, *Methodenlehre der Rechtswissenschaft*[5], S. 108 ff., jew. m. w. Nachw. Kritisch ARTH. KAUFMANN, *Das Schuldprinzip*, S. 68 f.; ENGISCH, *Vom Weltbild des Juristen*, S. 22 f.; KLUG, *Der Handlungsbegriff des Finalismus*, S. 155, 165 ff., 169 f.

271 Die Unhintergehbarkeit der Sprache hat DERRIDA überzeugend dargelegt, *La voix et le phénomène*, insb. S. 78 ff.

272 HUSSERL, *Philosophie als strenge Wissenschaft*, Logos I (1911), 289 ff.; DERS., *Nachwort zu meinen Ideen zu einer Phänomenologie und phänomenologischen Philosophie*, S. 550.

273 Zur Kritik an SCHELERS angewandter Phänomenologie und Ontologie, vor allem der Vermengung apriorischer und empirischer Feststellungen siehe nur STEGMÜLLER, *Hauptströmungen der Gegenwartsphilosophie*, Band I[6], S. 129 ff., 132 ff.

(die zur Erkenntnis des transzendentalen *Eidos* führt, als Gegenstand der Ontologie) manchen als Intuitionismus – was HUSSERL durchaus eingeräumt hat[274] – und Weg in die Mystik und ist aus der modernen Erkenntnis- und Wissenschaftstheorie fast vollständig verschwunden.[275] Da die phänomenologische Wesensschau keine kontrollierbare Verifikationsmethode ist, es also kein Verfahren gibt, zwischen divergenten Wesensintuitionen eindeutig zu entscheiden, ist sie als Grundlage (strafrechts-)wissenschaftlicher Begriffsbildung untauglich.[276] Erst recht verleitet die phänomenologische Maxime „Zu den Sachen selbst!" in simplifizierter Form – HUSSERL selbst verfolgte nie eine Abkehr von den subjektiven Bezügen[277] – und unter Außerachtlassung der *phänomenologischen* bzw. *transzendentalen Reduktion* (der Neutralität gegenüber dem Seinsglauben, *Epoché*) zur Hypostasierung subjektiver Deskriptionen zum „Wesen" und zu vorphilosophischem, d. h. theoretisch unabgestütztem, naivem (Begriffs-)Realismus.

Insgesamt bleibt es, da eine wissenschaftliche Behandlung des Strafrechts nicht im „unkontrollierbaren Austausch von, möglicherweise wertvollen, gedankenlyrischen Emotionen" [278] bestehen sollte, bei der Feststellung KLUGS:

> Die Berufung … auf *ontologische Bindungen* kann demnach wegen der *Nichtverifizierbarkeit* dieser Behauptung als wissenschaftlich zwingende Ansicht nicht aufrechterhalten werden.[279]

Reduziert man die wahrheitsunfähigen Argumente aus der „Natur der Sache" oder „sachlogischen" Strukturen hingegen auf die Forderung nach einem plausiblen theoretischen Modell mit gewisser empirischer Fundierung, so sieht sich die Verabsolutierung eines solchen Modells, wie der menschlichen Handlung nach dem Beispiel des Finalismus, mit der Schwierigkeit konfrontiert, daß die Erkenntnisse und Theorien über die bezogenen außerrechtlichen Strukturen, soweit sie der Empirie zugänglich sind, ebenfalls zeitbedingt sind wie z.B. die Schichtentheorie der Persönlichkeit,[280] und neben der Versuchung des naturalistischen Fehlschlusses der

---

274 HUSSERL, *Nachwort zu meinen Ideen zu einer Phänomenologie und phänomenologischen Philosophie*, S. 552 f. („wirkliche allgemeine Wesensintuition", „durchaus ‚intuitives' Verfahren"). Auch REINACH, *Zur Phänomenologie des Rechts*, S. 18, spricht von der „intuitive[n] Klärung" des Wesens der rechtlichen Gebilde. Kritisch KRAFT, *Von Husserl zu Heidegger*, S. 23 ff.

275 Vgl. CARNAP, *Der logische Aufbau der Welt*, § 161; STEGMÜLLER, *Hauptströmungen der Gegenwartsphilosophie*, Band I^6, S. 81 ff., 89 ff.; KLUG, *Der Handlungsbegriff des Finalismus*, S. 155, 167, 169 f. m. w. Nachw. Siehe auch KRAFT, *Von Husserl zu Heidegger*, S. 20 ff.

276 Zutr. KLUG, *Der Handlungsbegriff des Finalismus*, S. 155, 167, 169 f.

277 Vgl. HUSSERL, *Ideen zu einer reinen Phänomenologie und philosophischen Philosophie*, §§ 28 ff., 64 f.; DERS., 5. und 6. *Logische Untersuchung*, passim; dort tritt auch die eidetische Reduktion in den Hintergrund; DERS., *Cartesianische Meditationen*, § 41 S. 116 ff.; siehe auch KELLER, *Psychologie und Philosophie des Wollens*, S. 36.

278 KLUG, *Der Handlungsbegriff des Finalismus*, S. 155, 169 f.

279 KLUG, *Der Handlungsbegriff des Finalismus*, S. 155, 170 (Hervorh. im Original).

280 Zum geisteswissenschaftlichen Umfeld von WELZELS Lehre, auch zu den Anthropologien von SCHELER und GEHLEN und der psychologischen Schichtenlehre ROTHACKERS, siehe jüngst eingehend STICHT, *Sachlogik als Naturrecht?*, insb. S. 56 ff., 70 ff., 187 ff.; knapp KELLER, ZStW 107

doppelten Gefahr ausgesetzt, die Erkenntnisse fachfremder Wissenschaft unvollständig oder verzerrt zu rezipieren[281] sowie die möglichen Auswirkungen auf die normative Gestaltung zu überschätzen[282].

Zweitens bestimmt sich das, was ein Normgeber von der „Wirklichkeit“ zur Kenntnis nimmt, nach dem jeweiligen Regelungsziel[283]. Bereits die Auswahl und Beschreibung des Regelungsgegenstandes ist ein normativer Akt. So zweckmäßig es ist, sich z.B. nicht allzu weit vom Sprachgebrauch der Umgangssprache zu entfernen oder von den Zuschreibungsmustern der Alltagspsychologie, so wenig ist das Recht daran gehindert, davon für seine Zwecke abzuweichen. Nur wer offen von einer bestimmten Wirklichkeitssicht ausgeht, muß sich gegebenenfalls vorhalten lassen, diese verfehlt zu haben. Im übrigen ist es Objekt rechtspolitischer Kritik, ob Normen, die zu einem bestimmten Zweck erlassen sind, diesen nicht erfüllen, etwa weil sie als Steuerungsinstrument nicht präzise genug auf ihr Ziel gerichtet waren.

Drittens kann der Normgeber die Beschreibung der „Natur der Sache“ durchaus akzeptieren und gleichwohl anders werten,[284] den verwandten Rechtsbegriff anders ausgestalten, der akzeptierten Beschreibung nur begrenzte Bedeutung beimessen, da das Sollen ihm nicht vorgegeben ist[285]. Die Behauptung, die Seinsstruktur gebe eine bestimmte Wertung vor,[286] muß sich entweder den Vorwurf des naturalistischen Fehlschlusses oder naturrechtlicher Argumentation[287] gefallen lassen.

(1995), 457 ff. Aus Sicht des Psychiaters Janzarik, Festschrift Schewe, S. 218, 219, 221 f., waren die vorrechtlichen Anteile der finalen Handlungslehre schon in den sechziger Jahren überholt. Kritisch zur Schichtenlehre z.B. schon Keller, *Psychologie und Philosophie des Wollens*, S. 143 ff. (144: „Vorzug der Einfachheit, ... Nachteil der Einfalt“), 175 f. In der aktuellen Psychologie gibt es keinen Konsens über die funktionale Architektur der Persönlichkeit, Kuhl, *Motivation und Persönlichkeit*, S. XVI, der selbst sieben Funktionssysteme vorschlägt.

281 Dazu Müller-Luckmann, *Psychologie und Strafrecht*, S. 215 u. ff.

282 Dies ist einer der zentralen Punkte im Streit um die finale Handlungslehre: Darüber, daß menschliche Handlung – jedenfalls im paradigmatischen Fall – als final gesteuert angesehen kann, wurde kaum gestritten, um so mehr aber darüber, wie weit die sachliche Bedeutung dieser Beschreibung für die rechtliche Begriffsbildung reicht, siehe Henkel, *Einführung in die Rechtsphilosophie*[2], S. 301 ff.; Frisch, *Vorsatz und Risiko*, S. 43 f. m. w. Nachw.; auch Laurenzo Copello, *Dolo y conocimiento*, S. 210.

283 Stratenwerth, *Das rechtstheoretische Problem der „Natur der Sache“*, S. 17 ff., 20, konzediert, daß die (rechtliche) Wertentscheidung der sachlogischen Einsicht *vorausgehe*. Die sachlogischen Strukturen seien „ontische Gegebenheiten, die sich unter einem bestimmten Gesichtspunkt als wesentlich herausheben.“ (17); ähnl. Gössel, *Wertungsprobleme des Begriffs der finalen Handlung*, S. 31 f.

284 Vgl. Welzel, *Um die finale Handlungslehre*, S. 10: „...ihm [dem Gesetzgeber] sind die ontischen Strukturen des Seins vorgegeben; er schafft sie nicht und darum kann er sie nicht ändern oder aufheben; er ist an sie gebunden; (relativ) frei ist er allein in der Wertung dieser Strukturen.“ Werte er freilich anders, so sei die Wertung falsch, denn was philosophisch falsch sei, könne nicht juristisch richtig sein (*ibid.* S. 10 f.); a.A. Nowakowski, ZStW 63 (1951), 287, 297: die Strafrechtsdogmatik schaffe z.B. den Handlungsbegriff nach ihrem Bedürfnis; weiche er von einem philosophischen Handlungsbegriff ab, so liege hierin noch kein Einwand. Siehe auch unten Fußn. 1019.

285 Eindringlich Frisch, *Vorsatz und Risiko*, S. 45.

286 Genau dies war mit „Sachlogik“ gemeint, siehe oben Fußn. 249. Nimmt man an, daß die Vorgabe nur eine begrenzte Reichweite habe, jenseits derer der Gesetzgeber frei sei, so folgt unaus-

Schließlich sind die vermeintlich ontologischen Strukturen ebenso wie die Resultate phänomenologischer Wesensschau,[288] falls man sie für möglich hält, regelmäßig von solcher Einfachheit, Allgemeinheit und geringer Bestimmtheit – etwa die Kennzeichnung der empirischen „Natur" des Menschen durch physische Bedürftigkeit, Geschlechtsdifferenz und Sozialität[289] –, daß sie für die Vielzahl von

---

weichlich die Frage, wie man diese Reichweite bestimmt, siehe nur ENGISCH, *Die Natur der Sache im Strafrecht*, S. 204, 216 ff.

287 Die Nähe von sachlogischer zu naturrechtlicher Argumentation war WELZEL bewußt, Festschrift Niedermeyer, S. 279, 292 f.: „In den sachlogischen Strukturen stecken die materialen Bindungen des Gesetzgebers, die die Naturrechtslehren meist vergeblich gesucht hatten. Naturrecht ist nicht *außerhalb* des positiven Rechts oder *über* ihm zu finden, sondern steckt als immanente Grenze *in ihm selbst* darin, wir müssen nur den Blick dafür öffnen. Nicht indem wir unsere Wünsche in ein ideales Reich projizieren, kommen wir zu einem legitimen Natur*recht*, sondern indem wir in mühseliger Arbeit den sachlogischen Gesetzlichkeiten nachspüren, die gewebeartig das ganze positive Recht durchziehen und ihm einen festen, jeder Willkür entzogenen Halt geben." (Hervorh. im Original)

WELZEL sah darin keinen Widerspruch zu seiner eigenen scharfen Naturrechtskritik, wonach Anrufungen der Natur stets ideologieverdächtig sind und nur das wiedergeben, was eine vorherige Wertentscheidung in diese Natur hingelegt hat, *Naturrecht und materiale Gerechtigkeit*[4], S. 16 f. („Die Natur des Menschen ist ein so offener und gestaltbarer Begriff, daß schlechterdings alles in ihn hineingelegt und als Begründung wieder aus ihm herausgeholt werden kann."), 30 f., 61, 225, 242 f. („Jeder Berufung auf das ‚Naturgemäße' und jeder Verwerfung des ‚Naturwidrigen' geht eine ursprüngliche und unableitbare Wertentscheidung voraus. ... Die Berufung auf die ‚Natur' ist vielmehr nur das Mittel, um die proklamierten Werturteile jeder Anzweiflung zu entziehen ... Die Berufung auf die Natur ist ein *Kampfmittel*, eine *Waffe* zum Angriff oder zur Verteidigung. Sie fügt einem sozialethischen Daseinsentwurf keine neue *sachliche* Begründung hinzu, sondern will als Kampfparole die Siegeszuversicht des Gegners erschüttern. *Insoweit* sind alle Naturrechtslehren ‚ideologisch'."), 249 (Hervorh. alle im Original); DERS., *Vom irrenden Gewissen*, S. 27 Fn. 72 („... Grundfehler allen Naturrechts, der es vom Anbeginn bis in die Gegenwart belastet, ..., die sittliche Idee des Menschen ..., mit Bestandstücken der empirischen Natur des Menschen aufzufüllen ..."); ähnl. DERS., Festschrift Niedermeyer, S. 279, 281 ff. zum „alten Verdacht", „daß die Naturrechtslehrer nur die rechtspolitischen Wünsche ihrer Zeit oder gar ihrer Person zu ewigen Naturrechtssätzen hypostasieren" (281).

Gleichwohl ist nicht zu ersehen, warum die Naturrechtskritik nicht auf die Sachlogik zurückfällt, ebenso ARTH. KAUFMANN, *Das Schuldprinzip*, S. 31 m. Fn. 79, 36 f.; STICHT, *Sachlogik als Naturrecht?*, S. 162, 335; HASSEMER, Festschrift Rudolphi, S. 51, 67 ff. KÜPPER, *Grenzen der normativierenden Strafrechtsdogmatik*, S. 42, verneint dies mit Hinweis auf REINACH (*Zur Phänomenologie des Rechts*, S. 216 ff., 219), weil Naturrecht eine „Sollensordnung", die Natur der Sache bzw. sachlogischen Strukturen aber eine „Seinsordnung" seien; dies greift zu kurz: Naturrechtstheorien lassen sich zum einen in der Tat auf keiner weiteren Ableitung, jedenfalls nicht aus Tatsachen, bedürfende oberste Sollenssätze stützen (und sind Einwänden anderer Art ausgesetzt), aber zum anderen auch auf eine bestimmte Natur der Dinge, auf Tatsachen, bauen. Letztere gründen ihre „Sollensordnung" gerade auf eine „Seinsordnung" – und gegen solche richtet sich WELZELS Kritik in den oben zitierten Passagen – wie die Argumentation aus der „Natur der Sache," die folglich derselben Kritik unterliegt, zutr. HOERSTER, ARSP 55 (1969), 11 m. Fn. 2. Falls gemeint sein sollte, daß aus der „Seinsordnung" der „Natur der Sache" keinerlei normative Implikationen folgten, mithin keinerlei „Sollensordnung", wäre sie für die Rechtswissenschaft kaum von Interesse.

288 Daher für das Recht ablehnend ARTH. KAUFMANN, *Das Schuldprinzip*, S. 69 mit Bezug auf G. HUSSERL, *Recht und Zeit*, S. 14 ff. (zum Wesen des Schuhs).

289 WELZEL, *Naturrecht und materiale Gerechtigkeit*[4], S. 244 f., der die „Natur" selbst in Anführungszeichen setzte.

Einzelfragen, die mit Hilfe eines rechtlichen Begriffs erfaßt werden müssen, untauglich sind,[290] so wie die Finalität menschlicher Handlung schon zur Erklärung des Umfangs des Vorsatzbegriffs, der Fahrlässigkeit und der Unterlassung nicht hinreicht[291]. Umgekehrt fällt die Behauptung ontologischer Vorgaben mit zunehmender Differenziertheit immer schwerer.[292]

Hingewiesen sei hier nur auf die gegenteilige Position des wissenschaftlichen Realismus, demzufolge die Zweckmäßigkeit eines Begriffsapparats das Kriterium dafür ist, ob dessen theoretische Begriffe referentiell sind, also tatsächlich existierende Gegenstände bezeichnen, die Ontologie der Theorie also folgt und ihr nicht vorausgeht.[293]

b) Ordinary language?

Die jeweilige Sprache des Rechts bzw. der Rechtswissenschaft ist, soweit ersichtlich, der jeweiligen Sprache des täglichen Lebens näher verwandt als die Kunstsprachen der meisten anderen Disziplinen.[294] Dennoch ist eine Bindung oder auch nur Orientierung von Rechtsbegriffen an gleichlautenden Begriffen der Umgangssprache jedenfalls für das Völkerstrafrecht schon deshalb abzulehnen, weil es, anders als nationale Rechtsordnungen, keine korrespondierende „Umgangssprache“ hat und abweichende Begriffe und Begriffsverwendungen innerhalb der Völkergemeinschaft nicht auf linguistischer Ebene vorentschieden werden können, um sodann einen Rechtsbegriff zu prägen. Im übrigen sind solche, auf nationale Rechte beschränkte Versuche[295] der analytischen Rechtstheorie mit zahlreichen Problemen behaftet,[296] deren erstes die Feststellung ist, ob ein Begriff eine spezifisch technische oder eine normale Verwendung aufweist.[297] Selbst wenn in einer Rechtsordnung, etwa mit

---

290 SK-StGB-RUDOLPHI, Vor § 1 Rn. 31; KORIATH, *Grundlagen strafrechtlicher Zurechnung*, S. 300 f.

291 Siehe nur SK-StGB-RUDOLPHI, Vor § 1 Rn. 31; FRISCH, *Vorsatz und Risiko*, S. 43 f.; KÖHLER, *Strafrecht Allgemeiner Teil*, S. 125.

292 Zutr. STICHT, *Sachlogik als Naturrecht?*, S. 53.

293 Nachw. siehe unten Fußn. 415.

294 BAUMGARTEN, *Grundzüge der juristischen Methodenlehre*, S. 43 f.

295 Vor allem WHITE, *Grounds of Liability*, S. v, 15 ff. (S. 63 ff. für *intention*); DERS., *Misleading Cases*, S. 1 ff. (S. 47 ff. für *intention and knowledge*); auch SPENDEL, Festschrift Lackner, S. 167 ff., 172 f., 183; HAFT, ZStW 88 (1976), 365, 384 f.; MYLONOPOULOS, *Komparative und Dispositionsbegriffe im Strafrecht*, S. 106.

296 Ablehnend auch DUFF, *Intention, Agency, and Criminal Liability*, S. 31 ff., 33; DERS., *Criminal Attempts*, S. 324 f.; BAURMANN, *Schuldlose Dogmatik?*, S. 196, 201 f.; LÜBBE-WOLFF, *Rechtsfolgen und Realfolgen*, S. 82, 119 ff., 124 ff. m. w. Nachw.; differenziert FLETCHER, *"Ordinary Language Philosophy"*, S. 181, 186 ff., 193 ff.; SCHMIDHÄUSER, Festschrift Oehler, S. 135, 137 u. ff.

Ebenfalls ablehnend BINDING, *Die Normen und ihre Übertretung*, Band II, S. 89 f.; KOHLRAUSCH, *Die Schuld*, S. 179, 186 f. (unten Fußn. 1260); ENGISCH, *Untersuchungen über Vorsatz und Fahrlässigkeit*, S. 29 f. m. w. Nachw.; SCHMOLLER, ÖJZ 1982, 259, 261; FRISCH, *Vorsatz und Risiko*, S. 258 f.; HERZBERG, JZ 1988, 573 f.; HASSEMER, Gedächtnisschrift Armin Kaufmann, S. 289, 294 m. Fn. 30; RAGUÉS I VALLÈS, *El dolo y su prueba en el proceso penal*, S. 30 f. m. w. Nachw.

297 Dazu WHITE, *Grounds of Liability*, S. 16 ff.; DERS., *Misleading Cases*, S. 1 ff.

Rücksicht auf Laienrichter, eine Regel besteht, daß ein bestimmter Begriff dem Umgangsverständnis (z.B. des berühmten "ordinary man on the Clapham omnibus"[298]) entsprechen solle,[299] so folgt das Problem, unter den in *rechtlich zweifelhaften* Fragen oft stark abweichenden Behauptungen, was der normale Sprachgebrauch – der in nicht durchschnittlichen Fällen ohnedies unklar wird[300] – sei, zu entscheiden. Diese Entscheidung ohne Beachtung der rechtlichen Regelungsfunktion[301] zu treffen, ist aus rechtlicher Sicht nicht begründbar,[302] abgesehen davon daß keine alternative Methode zur Verfügung steht, die diesen Namen verdient, sondern mangels wissenschaftlich-linguistischer Erhebung[303] als Erkenntnisquelle regelmäßig nur die sprachliche Intuition des jeweiligen Philosophen oder Juristen bleibt.[304] Zudem leiden solche Ansätze unter denselben Defekten wie die Philosophie der normalen Sprache,[305] deren Nachkommen sie sind: Daß die Untersuchung des normalen Sprachgebrauchs zu begrifflichen Wahrheiten führe, ist unhaltbar, denn in einem Bereich, der seit alters her so nahe an philosophischen Lehren liegt,

> ... even 'ordinary' language will often have been infected with the jargon of extinct theories,

abgesehen davon:

> ... that superstition and error and fantasy of all kinds do become incorporated in ordinary language and even sometimes stand up to the survival test[306].

---

298 Nach *R. v. Governor of Pentonville Prison, ex parte Cheng*, [1973] A.C. 931, 951 (H.L.), *per* Lord SIMON OF GLAISDALE (eigentlich: "the most harassed commuter from Clapham").

299 Nachw. zum englischen Recht, wo dies für viele Begriffe auch unter Juristen umstritten ist, bei WHITE, *Grounds of Liability*, S. 17 f.; DERS., *Misleading Cases*, S. 3 f. (S. 47 ff. für *intention*); bejahend KENNY, *Intention and Purpose in Law*, S. 146, 160, wegen der Laiengeschworenen.

300 WITTGENSTEIN, *Philosophische Untersuchungen*, § 142: „Nur in normalen Fällen ist der Gebrauch der Worte uns klar vorgezeichnet; wir wissen, haben keinen Zweifel, was wir in diesem oder jenem Fall zu sagen haben. Je abnormaler der Fall, desto zweifelhafter wird es, was wir hier nun sagen sollen."

301 BAUMGARTEN, *Grundzüge der juristischen Methodenlehre*, S. 47: „Man berücksichtigt nicht genügend, daß jede Begriffsbildung ein Auswahlprinzip fordert, daß dieses Prinzip für die Sprache des täglichen Lebens nicht das gleiche ist und daß es variiert im Verhältnis der Wissenschaften untereinander."; LÜBBE-WOLFF, *Rechtsfolgen und Realfolgen*, S. 82: „... die diagnostische Funktion umgangssprachlicher Begriffe bildet sich unter anderen handlungspraktischen Gesichtspunkten als dem der Anschließbarkeit bestimmter rechtlicher Folgen."

302 WHITE, *Misleading Cases*, S. 37 f., 54, sieht durchaus, daß Begriffe axiologisch oder ergebnisorientiert geformt werden, lehnt dies aber ab: So sei die gleiche Strafwürdigkeit etwa zweier *mentes reae* wie von *intention* und *recklessness* kein Grund, diese begrifflich zu assimilieren; besser sei es dann, beide alternativ als Straftatmerkmale anzugeben. Letzteres ist als Auftrag an den Gesetzgeber um der größeren Klarheit willen ohne weiteres zuzugeben, nur ist dem die *lex lata* auslegenden Juristen, dem Gericht, damit nicht gedient.

303 Krit. dazu LÜBBE-WOLFF, *Rechtsfolgen und Realfolgen*, S. 120 ff.

304 Dazu siehe unten bei Fußn. 412.

305 Dazu siehe unten bei Fußn. 396 ff.

306 Beide Zitate von AUSTIN, *A Plea for Excuses*, S. 1, 8, 11, der daher die normale Sprache nicht für das letzte Wort, aber für das erste Wort hielt, wogegen nichts einzuwenden ist. Ebenso ALBERT, *Theorien in den Sozialwissenschaften*, S. 3, 14: „Auch unsere Alltagssprache ist durch und

Auch die Vorstellung, es gebe eine Entität Sprache, deren Gebrauch Regeln folge, erweist sich zusehends als zweifelhaft. Schließlich wird die zugrundeliegende metaphysische Prämisse, ein Begriff sei „etwas“, dessen vollständige Analyse mit Angabe von Intension und Extension im Prinzip möglich sei, hier nicht geteilt.[307] Insgesamt kann Sprachanalyse zu therapeutischen Zwecken fraglos nützlich sein, um die rechtliche Zurechnungslehre von ebenso lästigen und unnötigen wie zahlreichen Begriffsverwirrungen zu entlasten und so für "clean tools" in AUSTINS Sinne[308] zu sorgen, doch gilt:

> … conceptual or linguistic analysis cannot settle substantive questions of legal doctrine.[309]

Sofern man bei der WITTGENSTEINschen Sicht bleiben wollte, so ist jedenfalls anzunehmen, daß das Völkerstrafrecht sein eigenes Sprachspiel spielt. Die hier interessierenden Konzepte wie „Wille“, „Wissen“, „intention“ usw. sind überdies ausgiebig sprachanalytisch untersucht worden, wonach als einziger Konsens die beträchtliche Vagheit der Begriffe zu verzeichnen ist, die sich am besten durch normative – hier letztendlich völkerstrafrechtliche – Begriffsdefinition klären läßt.[310]

Unbestritten bleibt, daß es aus praktischen Gründen mißlich ist, wenn rechtliche Begriffe von der Bedeutung namensgleicher Begriffe der Umgangssprache abweichen, weil in Polysemie stets eine Quelle der Mißverständnisse und Begriffsverwirrung liegt.[311]

c) Erkenntnisse der Fachwissenschaften?

Übernimmt das Recht Begriffe aus anderen Kontexten oder verwendet es Termini, die in anderen Kontexten ebenfalls geläufig sind, so fragt sich, ob und inwieweit das Recht die jeweilige außerrechtliche Bedeutung zu beachten hat. Hier hieße dies, ob das Strafrecht die diagnostische Komponente von Begriffen wie „Absicht“, „Wille“, „Wissen“, „Handlung“ usw., die auch in Philosophie und Psychologie Verwendung

---

durch theoriegeprägt, wenn nicht durch moderne, dann eben durch frühere Theorien, die längst dem Erkenntnisfortschritt zum Opfer gefallen sein mögen.“ Siehe auch POPPER, *Logik der Forschung*, S. 76: „Unsere Sprache ist von Theorien durchsetzt …“.

307 Dazu siehe unten bei Fußn. 1182 u. ff.

308 Siehe das Zitat oben bei Fußn. 180.

309 DUFF, *Criminal Attempts*, S. 324; zutr. deutlich auch HASSEMER, Gedächtnisschrift Armin Kaufmann, S. 289, 294 m. Fn. 30.

310 Ebenso MOORE, *Law and Psychiatry*, S. 79 (zum Begriff "intention"): "It would seem that the only convincing conclusion of the considerable ordinary language analysis that has been applied to this problem is that one's linguistic intuitions do not resolve the problem. Intentional, like many other words, is intensionally vague; that is, it is vague with respect to its sense or criteria (its intension). That being true, one should simply stipulate a definition of intentional that best marks the significant moral distinction between those who act with the most culpable mental state and those who act with a markedly lesser culpability."

311 BAUMGARTEN, *Grundzüge der juristischen Methodenlehre*, S. 46 f.

finden, von der Fachdisziplin abweichend bilden darf. Mit dem obigen Hinweis[312] auf die Verschiedenheit der Zwecke und Kriterien der Begriffsbildung in verschiedenen Verwendungskontexten, ob Umgangssprache oder außerrechtliche Fachwissenschaft, ist eine solche – ohnehin nur selten postulierte[313] – *pauschale* Bindung an außerrechtlichen Sprachgebrauch zu verneinen. Das Recht entscheidet über die diagnostische Bedeutung seiner Begriffe autonom wegen deren funktionaler Verknüpfung mit den avisierten Rechtsfolgen. Dies mag in manchen Regelungskontexten sogar dazu führen, daß ein expliziter Verweis auf die außerrechtliche Bedeutung angeordnet wird, wo dies angemessen erscheint, in anderem Zusammenhang aber zu divergenten Begriffsbestimmungen führen. Ob philosophische oder psychologische Begriffsexplikationen rechtlich interessant sind, ist im jeweiligen Regelungs- oder Theoriekontext zu beurteilen.[314]

Insgesamt kann sich die Dogmatik des Völkerstrafrechts keine Entlastung durch die Betrachtung der außerrechtlichen „Wirklichkeit" erhoffen. Eine Invarianzvorgabe gleich welcher Art wird hier nicht angenommen. Einflüsse auf die Konzeption der subjektiven Tatseite durch bestimmte Straf(rechts)theorien, die ebenfalls mit Richtigkeitsanspruch auftreten, wären in einer an diese Arbeit anschließenden Synthese zu erörtern.

Dennoch bleibt zu fragen, was mit Rechtsbegriffen gemeint ist, wenn sie auf Elemente der Wirklichkeit bezogen werden:

---

312 Siehe oben bei Fußn. 301; LÜBBE-WOLFF, *ibid.*, S. 127 ff., 130, hält dies inzwischen für „eigentlich trivial".

313 Z.B. ZITELMANN, *Irrtum und Rechtsgeschäft*, S. 19 u. f., der die aus anderen wissenschaftlichen Kontexten übernommenen Begriffe als „leeres Gefäss" ansah, „in welches die jeweilige Specialwissenschaft den Inhalt erst hineinzugiessen hat": „Indem die Jurisprudenz einen Begriff des Lebens ohne juristische Umgrenzung verwendet, stellt sie gleichsam der anderen Disziplin, zu welcher jener Begriff ex professo gehört, ein Blankett aus, welche letztere selbständig ausfüllen kann. Alles aber, was von der Hilfswissenschaft in dieses Blankett hereingeschrieben wird, muss dann als juristischer Satz gelten." S. 20 f.: „Wenn das Recht einen Begriff in der zuvor bezeichneten Weise ohne juristische Umgrenzung aufnimmt, ist die Wissenschaft in der Formulierung, Abgrenzung und Anwendung dieses Begriffs vollkommen frei." ZITELMANN hat seine Ansicht aber unterlaufen, indem er, weil er in der Psychologie nicht fand, was er brauchte, die psychologischen Untersuchungen statt dessen selbst vornahm, vgl. *ibid.*, S. 24 f. Dagegen STAMMLER, *Theorie der Rechtswissenschaft*, S. 288 ff., 301 ff.

314 Siehe unten bei Fußn. 533.

II. Referenz von „Vorsatz"

The thought of man is not triable; the devil alone knoweth the thought of a man.[315]

The only person who knows what the accused's mental processes were is the accused himself—and probably not he can recall them accurately ...[316]

... the state of a man's mind is as much a fact as the state of his digestion. It is true that it is very difficult to prove what the state of a man's mind at a particular time is, but if it can be ascertained it is as much a fact as anything else.[317]

The epistemological problem is extremely difficult if it is treated in a rigorously logical fashion ...[318]

Wie gezeigt, kann der Rechtsbegriff des „Vorsatzes" der Frage nach der Referenz[319] nicht entgehen, gleichgültig, ob er assertorisch oder präskriptiv akzentuiert wird, weil beide Verwendungsweisen nicht trennbar sind. „Vorsatz" wird stets mit mentalistischen Ausdrücken definiert, und die Frage ist genauer, welche Referenz solche Ausdrücke haben, wie ihre Extension aussieht – falls sie überhaupt referentiell zu denken sind[320]. Der Überblick zu möglichen Antworten schließt die analytische Philosophie des Geistes,[321] moderne Psychologie und einen Zweig der Soziologie ein.

Die Schwierigkeiten der Referenz ergeben sich aus den weithin als charakteristisch angesehenen Kennzeichen mentaler Phänomene: ihre Bewußtheit, räumliche Unausgedehntheit, Intentionalität i.S. von Gerichtetheit auf einen Gegenstand,[322]

---

315 C. J. Brian, *Court of Common Pleas*, 1477 (Variante: "The intent of a man shall / will not be tried, for the Devil himself knoweth not the intent of man", Y.B. 7 Edw. IV f. 2 (1487), zit. bei Pollock & Maitland, *The History of English Law*, vol. 2, S. 473; Horack, 21 Minn.L.Rev. 805, 812 Fn. 37 (1937).

316 *R. v. Caldwell*, [1982] A.C. 341, 352; [1981] 2 W.L.R. 509; [1981] 1 All E.R. 961; (1981) 73 Cr.App.R. 13 (H.L.), *per* Lord Diplock; ähnl. "Neither you nor I can ever look into the mind of an accused person and say, with positive certainty, what his intention was at any particular time.", Barry J. in *R. v. Charlson*, [1955] 1 All E.R. 859, 861; [1955] 1 W.L.R. 317; (1955) 39 Cr.App.R. 37; "So far from saying that you cannot look into a man's mind, you must look into it, if you are going to find fraud against him."; Lord Bowen in *Angus v. Clifford* [1891] 2 Ch. 449, 471 (C.A.); siehe auch Lord Reid in *Gollins v. Gollins*, [1964] A.C. 644, 660 (H.L.): "A judge does, and must, try to read the minds of the parties in order to evaluate their conduct."

317 *Edgington v. Fitzmaurice*, (1885) L.R. 29 Ch.D. 459, 483 (C.A.), *per* Bowen L.J.

318 Hall, *General Principles of Criminal Law*², S. 154.

319 Unterstellt, sie sei überhaupt sinnvoll.

320 Dennett, *Content and Consciousness*, S. 13 ff., 40 ff., 95 f., nimmt hingegen an, daß mentale Ausdrücke nicht-referentiell verwendet werden, d.h. keine ontologische Aussage implizieren; zu seiner Theorie intentionaler Systeme siehe unten II. 1. e).

321 Einen Überblick über die Begriffsgeschichte des Leib-Seele-Problems seit Aristoteles geben Carrier/Mittelstrass, *Geist, Gehirn, Verhalten*, S. 10 ff. m. w. Nachw., zu den klassischen Monismen wie den Materialismus von Hobbes und La Mettrie oder den Idealismus von Berkeley, die hier ausgespart werden, siehe *ibid.*, S. 30 ff. m. w. Nachw.

322 Der Begriff – nicht zu verwechseln mit „Absichtlichkeit" – geht zurück auf Brentano, *Psychologie vom empirischen Standpunkt*, Band 1, S. 124 ff., der damit ein scholastisches Konzept (dazu Geach, *Logic Matters*, S. 129 ff.) wieder aufnahm. Ihm zufolge sind alle mentalen Phänome-

vor allem aber ihre vermeintliche Privatheit und die behauptete Unfehlbarkeit des introspektiven Zugangs zu ihnen.[323]

1. Philosophie des Geistes

> Philosophy of mind is unavoidable. As soon as one asserts anything substantive about anything mental, one *ipso facto* answers at least by implication one or more of the traditional questions und thus places oneself in the camp of an *ism*.[324]

Die nachfolgende Skizze der Diskussion über den ontologischen und theoretischen Status mentaler Ausdrücke kann den uralten, umfangreichen und weit verzweigten Diskussionsstand nur unvollständig und in groben Zügen umreißen. Angeführt werden von den wesentlichen Positionen diejenigen, die in strafrechtsdogmatischen Kontexten rezipiert worden sind oder anderweitig Bedeutung erlangt haben sowie ggf. einige ihrer Fortentwicklungen, z.B. der *ordinary language philosophy*. Zur Kennzeichnung der Positionen werden die üblichen Etiketten verwendet, deren Gebrauch jedoch nicht einheitlich ist und Querverbindungen und andere Klassifizierungen nicht ausschließt. Dennoch erscheint die Skizze tauglich aufzuzeigen, daß die auch vom Strafrecht verwendeten mentalen Prädikate keineswegs nur Gegenstand naiver metaphysischer Spekulation oder resignativer Skepsis sein müssen.

---

ne intentional, d.h. bezogen auf *etwas* (man stellt sich stets *etwas* vor, wünscht *etwas*, glaubt *etwas*, etc.). Intentionale Konzepte haben somit propositionalen Gehalt und sind semantisch bewertbar. BRENTANO folgerte daraus die Irreduzibilität mentaler auf physische Phänomene. Intentionalität wurde zu einem Grundbegriff der Phänomenologie, vgl. HUSSERL, V. Logische Untersuchung, §§ 9–13; DERS., *Ideen zu einer reinen Phänomenologie und phänomenologischen Philosophie*, §§ 36 f.; DERS., *Cartesianische Meditationen*, § 14 S. 71 f. Siehe auch CHISHOLM, *Sentences about Believing*, Proceedings of the Aristotelian Society 56 (1955–56), 125 ff.; krit. SEARLE, *Intentionalität*, S. 15 ff.; CARRIER/MITTELSTRASS, *Geist, Gehirn, Verhalten*, S. 71 f., 104 ff.; BECKERMANN, *Analytische Einführung*², S. 267 ff.; STICHT, *Sachlogik als Naturrecht?*, S. 57 ff., jew. m. w. Nachw. Knappe Übersicht mit umfangr. Nachw. bei GETHMANN, „Intentionalität", S. 259 ff.

Schon HUSSERL (z.B. *Ideen zu einer reinen Phänomenologie und phänomenologischen Philosophie*, § 36) hat allerdings angenommen, daß nicht alle mentalen Phänomene intentional seien, z.B. Empfindungen, deren Spezifikum vielmehr in einem bestimmten qualitativen oder phänomenalen Charakter *(Quale)* bestehen könnte, siehe unten Fußn. 465.

BRENTANOS Begriff der Intentionalität hat WELZEL, ZStW 51 (1931), 703, 709 ff.; DERS., *Strafrecht und Philosophie*, S. 27, 29, aufgenommen, fortgebildet und als „sinn-intentionale" Determinationsform der Kausalität entgegengesetzt und zur ontologischen Grundlage seiner Handlungslehre gemacht, dazu STICHT, *Sachlogik als Naturrecht?*, S. 56 ff. m. w. Nachw., die sich somit als Vorform der späteren Auseinandersetzung in der analytischen Handlungstheorie zwischen kausaler (Ursachen) und logischer (Gründe) Erklärung von Handlungen (unten Fußn. 389) darstellt, zutr. POTHAST, *Die Unzulänglichkeit der Freiheitsbeweise*, S. 350 Fn. 79.

323 Zu den Merkmalen des Mentalen siehe nur BECKERMANN, *Analytische Einführung*², S. 9 ff., 11 ff.; METZINGER, *Einleitung: Das Problem des Bewußtseins*, S. 15, 21 ff.; ZOGLAUER, *Geist und Gehirn*, S. 37 ff., alle m. w. Nachw.

324 DENNETT, *Brainstorms*, Introduction, S. xiv.

a) Ontologischer Dualismus

Formulierungen in Gerichtsentscheiden und im Schrifttum über den Gegenstand des „Vorsatzes" lesen sich oft so, daß es psychische Fakten gebe, auf die sich der Begriff beziehe, und die als „innere Tatsachen" keinem direkten, sondern nur indiziellem Beweis zugänglich seien.[325] Diese essentialistische Betrachtungsweise[326]

---

325 Beispielhaft ICTR, *Prosecutor v. Akayesu*, Trial Chamber, Judgement of September 2, 1998 (ICTR-96-4-T), § 523 ("... intent is a mental factor which is difficult, even impossible, to determine. This is the reason why, in the absence of a confession from the accused, his intent can be inferred from a certain number of presumptions of fact."); BGH NStZ 2004, 35, 36; SSTS v. 28.4.1989 (A 3358): "la intención o propósito que anima las personas, por residir en su esfera íntima, no es directamente perceptible"; 20.9.1989 (A 6672); 29.1.1992 (A 581): „[algo perteneciente] a lo más íntimo de la psique del individuo", "ese arcano profundo y escondido del alma humana, en donde la persona guarda y custodia su más recónditos pensamientos, quereres e impulsos motivadores".

Siehe ferner Hemmen, *Über den Begriff*, S. 2 („... niemand ist im stande, ungehindert einen Blick in die Seele des Verbrechers zu tun. Nur der Jurist im Verein mit dem Mediziner und Psychologen wird die grossen Schwierigkeiten in einigermassen befriedigender Weise zu überwinden wissen."); Germann, *Das Verbrechen im neuen Strafrecht*, S. 151 ff., 154 ff.; Engisch, *Wahrheit und Richtigkeit im juristischen Denken*, S. 7 (praktisch kein Jurist ziehe in Zweifel, daß es psychische Tatsachen gebe, die sich verifizieren oder falsifizieren ließen – siehe aber Brecher, Festschrift Nikisch, S. 227, 241: „Gibt es überhaupt psychische Tatsachen?"); ders., *Logische Studien zur Gesetzesanwendung*, S. 41; Kusch, *Der Indizienbeweis des Vorsatzes im gemeinen deutschen Strafverfahrensrecht*, S. 2 ff.; Ambrosius, *Untersuchungen zur Vorsatzabgrenzung*, S. 19 („psychologischer Begriff"); Schmidhäuser, *Vorsatzbegriff und Begriffsjurisprudenz im Strafrecht*, S. 9 m. w. Nachw.; ders., Festschrift Oehler, S. 135, 137; Ziegert, *Vorsatz, Schuld und Vorverschulden*, S. 52 („Mit jedem subjektiven Verbrechensmerkmal sucht die Rechtswissenschaft einen Ausschnitt psychischer Realität zu erfassen."), 55; Krauss, *Der psychologische Gehalt subjektiver Elemente im Strafrecht*, S. 110, 111, 121 ff.; Jäger, *Strafrecht und psychoanalytische Theorie*, S. 47, 58; ders., *Subjektive Verbrechensmerkmale*, S. 173, 175 ff., 177, 187; Haffke, *Strafrechtsdogmatik und Tiefenpsychologie*, S. 133, 134 f.; Loos, *Grenzen der Umsetzung der Strafrechtsdogmatik*, S. 261, 268 f.; Vest, *Vorsatznachweis und materielles Strafrecht*, S. 3, 58 ff.; Freund, *Normative Probleme der „Tatsachenfeststellung"*, S. 3 ff.; Hassemer, Gedächtnisschrift Armin Kaufmann, S. 289, 300 ff., 304 ff.; Puppe, Festschrift Grünwald, S. 469, 491; Duttge, *Zur Bestimmtheit des Handlungsunwerts von Fahrlässigkeitsdelikten*, S. 366; Toepel, *Grundstrukturen des Sachverständigenbeweises*, S. 171 f., 200 ff.; Mahl, *Der strafrechtliche Absichtsbegriff*, S. 1, 20, 24 und passim; auch Jakobs, ZStW 107 (1995), 843, 860; krit. Hruschka, Festschrift Kleinknecht, S. 191, 199 u. ff.

Zuvor schon exemplarisch in der psychologischen Zwangstheorie Feuerbachs, *Revision der Grundsätze und Grundbegriffe des positiven peinlichen Rechts*, Band 1, S. viii; ders., *Betrachtungen über dolus und culpa*, S. 193 („Unser Criminalrecht ist, wie bekannt, auf das innigste mit der Psychologie ... verbunden.") und zu Vorsatz und Fahrlässigkeit („Begriffe, die in der Psychologie ihren Boden haben"); auch schon Stübel, *System des allgemeinen Peinlichen Rechts*, 1. Band, §§ 163 f., S. 131 ff.; dagegen Mittermaier, NArchCrimR 2 (1818), 515, 531; krit. auch Gönner, *Revision des Begriffs und der Eintheilungen des Dolus*, S. 26 („War es doch des Criminalisten höchster Ruhm, Psicholog zu seyn"). Dazu Schild, Festschrift Rehbinder S. 119 ff.

Zum englischen Recht: *Lee v. Taylor and Gill*, (1912) 77 J.P. 66, 69, per Channell, J.; *Roper v. Taylor's Central Garage*, [1951] 2 T.L.R. 284, 288, per Lord Devlin; Blackstone, *Commentaries on the Laws of England*, vol. 4, S. 21; White, *Grounds of Liability*, S. 68 ff.; Duff, *Intention, Agency, and Criminal Liability*, S. 28 ff.; Shute, *Knowledge and Belief in the Criminal Law*, S. 171, 172 ff., jew. m. w. Nachw.

entspricht offenbar einer Alltagspsychologie *(folk psychology)*, die zumeist – wenn auch nicht notwendigerweise[327] – einem intuitiven Substanzdualismus verpflichtet ist,[328] wonach es zwei ontologisch verschiedene Substanzen gibt, die materielle (körperliche) Welt und das Geistige nach dem Vorbild des cartesischen Dualismus von *res extensa* und *res cogitans*. Damit hängen neben religiösen Axiomen wie der Unsterblichkeit der Seele regelmäßig weitreichende Vorstellungen über die Grund-

---

Zum italienischen Recht BRICOLA, *Dolus in re ipsa*, S. 10 f., 47 und durchgehend; zum spanischen Recht RAGUÉS I VALLÈS, *El dolo y su prueba en el proceso penal*, S. 205 ff. m. w. Nachw.

Zum indiziellen Nachweis bereits C. 2, 20 (21), 6 („dolus ex insidiis perspicuis probari convenit“); BARTOLUS, D.v. depositi vel contra l. quod Nerva (D. 16, 3, 32) nn. 13, 14: „Nam cum consistat dolus ex animo, non potest probari, sed ex indiciis praesumitur.“; MASCARDUS, *De probationibus*, concl. 530 n. 1: „Dolus vere probari non potest cum in animo consistat.“; FARINACIUS, *Praxis et theorica criminalis*, qu. 89 n. 16: „dolum, cum sit latens in animo, & sic difficilis probationis, directeque probari non possit: Hoc ideo coniecturis, & praesumptionibus probetur“; Reichsabschied von 1594, § 69 (zit. nach GEIB, *Lehrbuch des Deutschen Strafrechts*, 2. Band, § 98 S. 276): „... sintemal solcher *dolus in mente delinquentis* beruhet, und derwegen schwerlich *directe* zu probiren, derselbe aus den Umbständen der Thathandlung, *ex perspicuis indiciis et evidentia ipsius facti*, könne und möge erwiesen werden ...“; PUFENDORF, *De iure naturæ et gentium*, lib. I cap. VIII § 3.

Als Hilfsmittel zur Erkundung des Fremdpsychischen dient insbesondere der Analogieschluß vom eigenen Wahrnehmen und Erleben her, etwa, indem man sich in den Täter hineinversetzt, siehe HALL, *General Principles of Criminal Law*², S. 169; FREUND, *Normative Probleme der „Tatsachenfeststellung“*, S. 5, 26 ff.; BURKHARDT, *First-person understanding of action in criminal law*, S. 238, 242 m. Fn. 18 mit Hinweis auf KIM, *Reasons and the First Person*, S. 67, 81 ff.; sowie Fußn. 349.

Nur selten wird angenommen, es gebe einen unmittelbaren Zugang zum Fremdpsychischen, so KRÜMPELMANN, *Empirie und Normativität in den Rechtsbegriffen der Willenssteuerung*, S. 13, 19 (via Geständnis oder „intuitionistischer Erkundung“ durch den Richter – unklar bleibt, warum dies keine mittelbare Erkenntnis sein sollte). Häufiger ist die Berufung auf die Alltagspraxis intentionaler Erklärung, z.B. TEN, *Crime, Guilt, and Punishment*, S. 116 f., bzw. die ständige Justizpraxis, HALL, *General Principles of Criminal Law*², S. 154 f., 168 ff.

Umgekehrt bildet die Annahme mangelnder Beweisbarkeit ein zentrales Argument z.B. bei BLECKMANN, *Strafrechtsdogmatik*, S. 79; RAGUÉS I VALLÈS, *El dolo y su prueba en el proceso penal*, S. 212 ff., 230 ff., 259 ff., 271 ff., 520; DERS., GA 2004, 257, 261 ff. Vgl. schon GÖNNER, *Revision des Begriffs und der Eintheilungen des Dolus*, S. 21 ff., 34 ff. (S. 22: „Unerforschlich dem menschlichen Auge, unergründbar dem äußeren Forum ist dasjenige, was im Innern des Handelnden vorgeht, wie können wir nach einem *solchen* unerkennbaren Maßstabe Begriffe für das äußere Rechtsverhältniß abstecken?“ und S. 36: „Insbesondere gilt dieses von der *Absicht* eines handelnden Subjects: so ferne sie eine *innere* Willensbestimmung des handelnden Subjects ist, liegt sie außer dem Gesichtskreise des Legislators, der nur ihre *reale äußere* Seite ergreifen darf, und die *Absicht des Handelnden* nur aus seinen *Handlungen* erkennen kann, wodurch sich seine Absicht ausspricht, und in das äußere Forum, das einzige des Legislators, übertritt.“) oder Lady WOOTTONS objektivierender Ansatz mit der Begründung “it is not possible to get inside another man's skin”, *Crime and the Criminal Law*², S. 78, 90; DIES., *Crime and Penal Policy*, S. 228.

326 Krit. z.B. FLETCHER, *Rethinking Criminal Law*, § 6.5.5, S. 452, der aber fürchtet, eine systematische Rechtsdogmatik könne diesen “chimerical essences” vielleicht nicht ausweichen.

327 Dies versucht FORGUSON, *Common Sense*, S. 85 ff., zu zeigen.

328 Vgl. BIERI, *Generelle Einführung*, S. 2 ff.; ZOGLAUER, *Geist und Gehirn*, S. 122. Dieser Dualismus ist kein spezifisch europäisches Konzept, sondern z.B. auch in Asien verbreitet, vgl. SEARLE, *Mind, Language, and Society*, S. 52. Zum Dualismus im Strafrecht siehe nur BURKHARDT, *Der Wille als konstruktives Prinzip der Strafrechtsdogmatik*, S. 319, 332, 336 f. (Dem Strafrecht liege

lagen moralischer und rechtlicher Verantwortlichkeit zusammen, vor allem die Freiheit des menschlichen Willens im Kontrast zur vollständig determinierten Körperwelt, und die Natur menschlicher Handlung. Vielfach gilt die Willensfreiheit als Kennzeichen genuin menschlicher Handlung[329] und damit als notwendige Bedingung strafrechtlicher Verantwortlichkeit – auf der Basis des schlichten Arguments, wenn alles menschliche Verhalten kausal determiniert wäre, könnte niemand für sein Verhalten verantwortlich gemacht werden, weil er eben nicht anders handeln konnte[330] – und folglich der Wille als ausschlaggebendes Zurechnungsmoment, als *causa sui* bzw. *prima causa non causata*,[331] die die handelnde Person an den Beginn einer frei initiierten Kausalkette stellt.[332] Typische Handlungskonzepte nehmen daher Willensakte (Volitionen, *volitions*) als Ursache von Körperbewegungen an.

---

eine „Theorie der Wechselwirkung" zwischen Psychischem und Physischen zugrunde und die Annahme der Existenz psychischer Prozesse, die kausal wirksam seien. Identitätstheorien seien gleichwohl nicht ausgeschlossen.); DERS., *First-person understanding of action in criminal law*, S. 238 ff.; KARGL, *Handlung und Ordnung im Strafrecht*, S. 5 f.; SCHILD, Festschrift Rehbinder S. 119 f.; DUFF, *Intention, Agency, and Criminal Liability*, S. 28 ff., 116 ff. m. w. Nachw.; MOORE, *Placing Blame*, S. 420 u. ff.

329 Statt vieler siehe THOMAS VON AQUIN, *Summa theologica*, II-1, qu. 1 art. 1 c.: „Est autem homo dominus suorum actuum per rationem et voluntatem; unde et liberum arbitrium esse dicitur ‚facultas voluntatis et rationis'. Illae ergo actiones propriae humanae dicuntur quae ex voluntate deliberata procedunt. Si quae autem aliae actiones homini conveniant, possunt dici quidem hominis actiones, sed non proprie humanae, cum non sint hominis, inquantum est homo."; auch qu. 1 art. 3 c.

330 So in neuerer Zeit, aber viel differenzierter, z.B. VAN INWAGEN, *An Essay on Free Will*, S. 161 ff., 206 ff.

331 Vgl. zuvor ARISTOTELES, *Nikomachische Ethik*, III 1, 1109 b 30 ff.; III 3, 1111 a 7 ff.; V 10, 1135 a 23 ff. (zur Frage des Selbstbewegers in den Büchern 7 und 8 der *Physik* sowie der *Eudemischen Ethik*, siehe nur THORP, *Free Will*, S. 96 ff.); im heutigen Sinn aber erst seit AUGUSTINUS, *De libero arbitrio*, lib. III, cap. 17, n. 49 („Sed quae tandem esse poterit ante voluntatem causa voluntatis? ... Aut igitur voluntas est prima causa peccandi aut nullum peccatum est prima causa peccandi ..."); krit. NIETZSCHE, unten Fußn. 1141; eingehend SEEBASS, *Wollen*, S. 205 ff., 222 ff.; zur Selbstursächlichkeit als Definition der Freiheit – in diesem Sinne frei ist nur Gott, vgl. CHISHOLM, *Human Freedom and the Self*, S. 24, 32 ("If we are responsible ..., then we have a prerogative which some would attribute only to God: each of us, when we act, is a prime mover unmoved. In doing what we do, we cause certain events to happen, and nothing—or no one—causes us to cause those events to happen."); MOORE, *Placing Blame*, S. 504 ("Is it not extraordinary to think that agents who can clearly cause changes to occur in the world are themselves uncaused? We are quite literally Aquinas's uncaused causers—that is, God—under such indeterminist views.").

Zur zweifelhaften Validität dieser introspektiven Evidenz siehe bereits HUME, *A Treatise of Human Nature*, Book II, Part III, Section II, S. 408: "Secondly, there is a *false sensation or experience* even of the liberty of indifference; which is regarded as an argument for its real existence. ... We feel that our actions are subject to our will on most occasions, and imagine we feel that the will itself is subject to nothing; because when by a denial of it we are provok'd to try, we feel that it moves easily every way, and produces an image of itself on that side, on which it did not settle." (Hervorh. im Original). Zur psychophysischen Kausalität siehe DERS., *An Enquiry Concerning Human Understanding*, Sect. VII, Part I, ¶ 52: "We learn the influence of our will from experience alone. ... That their [our limbs] motion follows the command of our will is a matter of common experience, like other natural events: But the power or energy by which this is effected, like that in other natural events, is unknown and inconceivable."

Die Position des ontologischen Dualismus, vor allem in Verbindung mit indeterministischen Ambitionen, ist mit zahlreichen philosophischen Problemen behaftet, die schon DESCARTES plagten[333] und bekanntlich KANT zum Ausweg der Konstruktion zweier getrennter Welten, der phänomenalen und intelligiblen[334], bewog. Ein *interaktionistischer* Dualismus muß u.a. erklären, wie die Wechselwirkung der Substanzen erfolgt und ohne Verletzung des Impulserhaltungssatzes möglich ist,[335]

---

[332] Exemplarisch zur inneren Kausalität HOBBES, *Leviathan*, ch. 6 [English Works, vol. 3, S. 38 ff.] ("Of the Interior Causes of Voluntary Motions"); ROUSSEAU, *Émile*, liv. IV, Œuvres complètes, vol. IV, S. 239, 574: («Vous me demanderez encore comment je sais donc qu'il y a des mouvements spontanés; je vous dirai que je le sais parce que je le sens. Je veux mouvoir mon bras et je le meus, sans que ce mouvement ait d'autre cause immédiate que ma volonté. C'est en vain qu'on voudroit raisoner pour détruire en moi ce sentiment, il est plus fort que toute évidence; autant vaudroit me prouver que je n'existe pas.»), 576 («... il faut toujours remonter à quelque volonté pour première cause; car supposer un progrès de causes à l'infini, c'est n'en point supposer du tout.»), 577; REID, *Essays on the Active Powers of Man*, Essay IV ch. IX, S. 337: "Of every event there must be a cause ... In the present case, either the man was the cause of the action, and then it was a free action, and is justly imputed to him; or it must have had another cause, and cannot be justly imputed to the man."

Eine Berufung auf KANT darf die Konstruktion zweier Welten nicht leichtfertig übersehen, *Kritik der reinen Vernunft*, Transzendentale Dialektik, Dritte Antinomie, B 472 ff., 476, auch B 560 ff. (B 561: „Dagegen verstehe ich unter Freiheit im kosmologischen Verstande das Vermögen, einen Zustand *von selbst* anzufangen ... Die Freiheit ist in dieser Beziehung eine reine transzendentale Idee"), B 572 („Unter den Ursachen in der Erscheinung kann sicherlich nichts sein, welches eine Reihe schlechthin und von selbst anfangen könnte. ... Eine *ursprüngliche* Handlung, wodurch etwas geschieht, was vorher nicht war, ist von der Kausalverknüpfung der Erscheinungen nicht zu erwarten."). KANT hat weder die *Wirklichkeit* noch die *Möglichkeit* der Freiheit beweisen, sondern sie lediglich als *transzendentale Idee* behandeln und zeigen wollen, daß Natur der Kausalität aus Freiheit nicht widerstreitet, *ibid.*, B 585 f.; sowie DERS., *Kritik der praktischen Vernunft*, A 168 ff.

[333] DESCARTES, *Des passions de l'Ame*, Art. 34 ff., 41 f., Œuvres, vol. XI, 291, 354 ff., 359 f.; DERS., *Traité de l'Homme*, Œuvres, vol. XI, S. 119, 170 ff.; DERS., *Meditationes de prima philosophia*, Œuvres, vol. VII, S. 77 f. (Med. VI), 176 (Obi. III); DERS., *Discours de la méthode*, Œuvres, vol. VI, S. 56 ff.; siehe Brief an ARNAULD vom 29.7.1648 mit dem Hinweis auf die Alltagserfahrung, Œuvres, vol. V, S. 219, 222 („Quod autem mens ... corpus possit impellere, ..., certissima & euidentissima experientia quotidie nobis ostendit"); zum Ganzen CARRIER/MITTELSTRASS, *Geist, Gehirn, Verhalten*, S. 17 ff.; BECKERMANN, *Analytische Einführung*², S. 19 ff., 29 ff.; PAUEN, *Grundprobleme der Philosophie des Geistes*, S. 41 ff.; ZOGLAUER, *Geist und Gehirn*, S. 49 ff., jew. m. umfangr. Nachw.

[334] KANT, *Kritik der reinen Vernunft*, B 560 ff. Dazu krit. BUBNER, *Handlung, Sprache und Vernunft*, S. 139 ff.

[335] DESCARTES lokalisierte die – nur mit Gottes Hilfe mögliche – Interaktion in der Zirbeldrüse *(Epiphyse)* – EULER hingegen im *Corpus callosum* (Balken), *Lettres à une princesse d'Allemagne*, lettre XCIV, S. 212 ff. – und nahm an, daß der Geist nicht eine neue Bewegung erzeuge, sondern lediglich die Richtung der vorhandenen Bewegung der „Lebensgeister" beeinflusse, *Des passions de l'Ame*, Art. 34 ff., 41 f., Œuvres, vol. XI, S. 291, 354 ff., 359 f.; zum Energieerhaltungssatz DERS., *Principia philosophicæ*, pars II §§ 36 ff. § 40 f., Œuvres, vol. VIII, S. 61 ff., 65. LEIBNIZ hat dieses Modell unter Hinweis auf den Impulserhaltungssatz verworfen, *Monadologie*, § 80; siehe auch die Kritik PRIESTLEYS, *Disquisitions relating to Matter and Spirit*, S. 52 ff., 60 ff. Zum Ganzen DU BOIS-REYMOND, *Über die Grenzen des Naturerkennens*, S. 441, 453 f.; CARRIER/MITTELSTRASS, *Geist, Gehirn, Verhalten*, S. 18 ff.; BECKERMANN, *Analytische Einführung*², S. 49 ff.; ZOGLAUER,

was bis heute nicht gelungen ist. Die Annahme eines „persönlichen Wunders“ ursachloser Spontaneität,[336] das zugleich die menschliche Freiheit rettet, erscheint heute unbefriedigend. Auch sind reine Geister, die DESCARTES sich vorstellen konnte, bislang nicht angetroffen worden.[337] Vereinzelte neuere Rettungsversuche wie von POPPER und ECCLES u.a. setzen ihre Hoffnung auf indeterminierte Quantenprozesse, wobei die Bedeutung der Quantenphysik in der Neurobiologie noch gänzlich ungeklärt ist.[338] Die Annahme einer geistigen Substanz gilt den meisten Philosophen heute als gänzlich unhaltbar[339] und fällt daher als *multiplicatio*

Geist und Gehirn, S. 49 ff. m. w. Nachw.; siehe auch ROTH, *Das Gehirn und seine Wirklichkeit*, S. 282. POPPER sieht im Energieerhaltungssatz zwar einen Einwand gegen DESCARTES' Modell, aber kein ernstes Hindernis für Wechselwirkungslehren überhaupt, in POPPER/ECCLES, *Das Ich und sein Gehirn*, S. 224 f.

Der Gedanke der Ablenkung determinierter Vorgänge (DESCARTES dachte sich den Körper als Automaten) als Aufweis von Freiheit begegnet in anderer Form wieder bei HARTMANN, *Ethik*³, S. 664 ff.; DERS., *Teleologisches Denken*, S. 71 ff., und WELZEL, ZStW 51 (1931), 703 ff., 712 ff. 717 ff., wonach die finale Determinationsform die Richtung kausal determinierter Verläufe zu ändern imstande wäre; das Konzept ist nicht widerspruchsfrei denkbar, siehe POTHAST, *Die Unzulänglichkeit der Freiheitsbeweise*, S. 81 ff., 355 ff.; STICHT, *Sachlogik als Naturrecht?*, S. 209 ff.

336 Nach LEIBNIZ, *Opuscules et fragments inédits*, S. 20: „At verò Substantiæ Liberæ sive intelligentes majus aliquid habent, atque mirabilius ad quandam DEI imitationem; ut nullis certis Legibus universi subalternis alligentur, *sed quasi privato quodam miraculo*, ex sola propriæ potentiæ sponte agant, et finalis cuiusdam causæ intuitu efficientium in suam voluntatem [causarum] nexum atque cursum interrumpant.“ (Hervorhebung hinzugefügt).

337 STRAWSON, *Individuals*, S. 115 f., bezweifelt, daß sie überhaupt als Individuen konzipierbar wären, dazu BECKERMANN, *Analytische Einführung*², S. 56 ff.

338 POPPER/ECCLES, *Das Ich und sein Gehirn*, S. 57 ff.; ECCLES, *Wie das Selbst sein Gehirn steuert*, S. 213 ff.; ähnl. VAN INWAGEN, *An Essay on Free Will*, S. 191 ff.; zust. ZOGLAUER, *Geist und Gehirn*, S. 54 f. m. w. Nachw.; sehr krit. ROTH, *Das Gehirn und seine Wirklichkeit*, S. 282 ff. m. w. Nachw. („obskur“). Zu POPPERS Drei-Welten-Theorie (*ibid.*, S. 61 ff.) sowie FREGES „drittem Reich der objektiven Gedankeninhalte“ siehe CARRIER/MITTELSTRASS, *Geist, Gehirn, Verhalten*, S. 121 ff., 131 f.; ZOGLAUER, *Geist und Gehirn*, S. 56 ff., jew. m. w. Nachw.

339 Siehe schon KANTS Kritik am cartesischen Influxionismus, an Okkasionalismus und Parallelismus im Paralogismus-Kapitel der *Kritik der reinen Vernunft*, A 341 ff., A 384 ff., A 390 ff., wonach die Annahme einer seelischen Substanz, der keine Erfahrung entspricht, Folge der Hypostasierung des Gedankens („ich denke“), die Verwechslung von Vorstellung und Objekt ist („Diese Subreption ist nun die Grundlage aller Theorien über die Gemeinschaft zwischen Seele und Körper, und es wird niemals gefragt: ob denn diese objektive Realität der Erscheinungen so ganz richtig sei, sondern diese wird als zugestanden vorausgesetzt und nur über die Art vernünftelt, wie sie erklärt und begriffen werden müsse.“, A 389); innere und äußere Erscheinungen sind eben nur – Erscheinungen, Vorstellungen in der Erfahrung. Zu KANTS transzendentaler Psychologie siehe CARRIER/MITTELSTRASS, *Geist, Gehirn, Verhalten*, S. 26 ff. m. w. Nachw.

Aus jüngster Zeit siehe nur QUINE, *States of Mind*, Journal of Philosophy 82 (1985), 5 ("Unless a case is to be made for disembodied spirits, we can argue that a dualism of mind and body is an idle redundancy."); DENNETT, *Consciousness Explained*, S. 33 ff.; DERS., *Elbow Room*, S. 28 ("Dualism, ... is a desperate vision which richly deserves its current disfavor."); PUTNAM, *Renewing Philosophy*, S. 83 ("Very few people any longer suppose that living beings violate any laws of physics ..., or that human beings have immaterial souls which cause them to move in ways that violate the laws governing the conservation of momentum, as Descartes' model required."); SEARLE, *Mind, Language and entium praeter necessitatem* OCKHAMS Rasiermesser zum Opfer[340]; Substanzdualismus hat gegenwärtig kaum noch Anhänger.[341]

Andere Spielarten des Dualismus wie der *Parallelismus*, der jede Wechselwirkung zwischen Körper und Geist leugnet, den LEIBNIZ vorgeschlagen und in seinem Uhrengleichnis illustriert hat,[342] oder WUNDT später aufgenommen hat,[343] sowie der *Okkasionalismus* von GEULINCX und MALEBRANCHE,[344] bei dem anstelle einer prästabilierten Harmonie Gott selbst immer wieder in den Ablauf der geistigen bzw. körperlichen Phänomene eingreift, haben als Verlegenheitslösungen mit stark theologischen Prämissen keine Gefolgschaft gefunden.

Einen gewissen Auftrieb hat in jüngerer Zeit der *Epiphänomenalismus*, der annimmt, daß geistige Zustände durch körperliche verursacht werden, aber bestreitet, daß der Geist in umgekehrter Richtung kausal auf den Körper wirke, so daß z.B. Wille nur kausal wirkungslose Begleiterscheinung, Epiphänomen neuronaler Aktivität wäre,[345] im Zuge der Interpretation der aufsehenerregenden Versuche des

---

Society, S. 45 ff. MCFEE, *Free Will*, S. 31 ("clearly inappropriate"), 47; GEHRING, PhR 51 (2004), 273, 284 („Positionen, die es dank guter Ausbildung und dank klarer Trennung zwischen Philosophie und Theologie auf dem europäischen Kontinent selten gibt“); siehe auch ROTH, *Das Gehirn und seine Wirklichkeit*, S. 278 ff., 284 („mit dem heutigen wissenschaftlichen Weltbild unvereinbar“); DERS., *Die neurobiologischen Grundlagen des Bewußtseins*, S. 155, 205 („... mit dem Wissensstand der Hirnforschung unvereinbar.“).

Im Zusammenhang mit Strafrecht siehe nur DUFF, *Intention, Agency, and Criminal Liability*, S. 31, 119 ("Dualism is a profoundly/deeply mistaken doctrine.") und MOORE, *Placing Blame*, S. 433.

340 So ausdrücklich FEIGL, *The "Mental" and the "Physical"*, S. 370, 461; QUINE, *Mind versus Body*, S. 132.

341 Nachw. bei BECKERMANN, *Analytische Einführung*², S. 37 ff. Der interaktionistische „pragmatische“ Dualismus von CARRIER/MITTELSTRASS, *Geist, Gehirn, Verhalten*, S. 151 ff., 294 f., versteht sich ausdrücklich nicht als *Substanz*dualismus, sondern als „psychophysischen Prozeß-Pluralismus“ (S. 163 f.), den auch nicht-reduktive Materialisten nicht leugnen.

342 LEIBNIZ, *Betrachtungen über die Lehre von einem einzigen, allumfassenden Geiste*, S. 48, 54 ff.; DERS., *Zur prästabilierten Harmonie*, S. 272 ff. mit dem Uhrenbeispiel – das schon bei GEULINCX begegnet; krit. PRIESTLEY, *Disquisitions relating to Matter and Spirit*, S. 63 f.; dazu CARRIER/MITTELSTRASS, *Geist, Gehirn, Verhalten*, S. 22 ff.; BIERI, *Generelle Einführung*, S. 7; PAUEN, *Grundprobleme der Philosophie des Geistes*, S. 47 ff.; ZOGLAUER, *Geist und Gehirn*, S. 67 ff. m. w. Nachw. Siehe schon die Kritik EULERS (*Lettres à une princesse d'Allemagne*, lettres LXXXIII–LXXXV, S. 187 ff.) an LEIBNIZ.

343 WUNDT, *Über psychische Causalität und das Princip des psycho-physischen Parallelismus*, Philosophische Studien 10 (1894), 1, 41 ff.

344 Siehe nur CARRIER/MITTELSTRASS, *Geist, Gehirn, Verhalten*, S. 21 f.; BECKERMANN, *Analytische Einführung*², S. 44 ff.; PAUEN, *Grundprobleme der Philosophie des Geistes*, S. 46 f., jew. m. w. Nachw.

345 Vgl. HUXLEY, *On the Hypothesis that Animals are Automata, and Its History*, S. 199, 205 ff., 240 ("The consciousness of brutes would appear to be related to the mechanism of their body simply as a collateral product of its working, and to be as completely without any power of modifying that working as the steam-whistle which accompanies the work of a locomotive engine is without influence upon its machinery."), ebenso für Menschen, S. 242 ff. (244: "our mental conditions are simply the symbols in consciousness of the changes which take place automatically in the organism", siehe auch unten Fußn. 714); dazu CARRIER/MITTELSTRASS, *Geist, Gehirn, Verhalten*,

Neurobiologen LIBET[346] erhalten. Selbst wenn die Empfindung des Willensentschlusses ein bloßes Begleitphänomen wäre, ist es doch nicht nur intuitiv, sondern auch angesichts einer Vielzahl medizinisch-psychologischer Evidenzen (Psychosomatik) unplausibel, daß subjektive Bewußtseinszustände verhaltensirrelevant sein sollten.[347]

S. 34 f.; BECKERMANN, *Analytische Einführung*², S. 46 ff.; ROTH, *Das Gehirn und seine Wirklichkeit*, S. 293 ff.; ZOGLAUER, *Geist und Gehirn*, S. 76 ff., alle m. w. Nachw.

346 LIBET/GLEASON/WRIGHT/PEARL, Brain 106 (1983), 623 ff.; LIBET, Behavioral & Brain Sciences 8 (1985), 529 ff., wonach das Bereitschaftspotential, eine negative neuronale Aktivität im prämotorischen und supplementär-motorischen Areal sowie im frontalen und parietalen Cortex, die als „Entschluß“ des Gehirns, eine Bewegung durchzuführen, gedeutet wird, im Durchschnitt zwischen 550–350 ms *vor* – und in keinem Fall gleichzeitig oder nach – dem bewußten Entschluß zu einer Körperbewegung auftritt. Die Versuche sind inzwischen bestätigt worden von HAGGARD & EIMER, Experimental Brain Research 126 (1999), 128 ff. Knappe Darstellung auch bei WEGNER, *The Illusion of Conscious Will*, S. 50 ff., 52 ff.; BECKERMANN, *Analytische Einführung*², S. 47; DENNETT, *Consciousness Explained*, S. 162 ff.; ROTH, *Das Gehirn und seine Wirklichkeit*, S. 307 ff.; DERS., *Neurobiologische Grundlagen*, S. 155, 194 ff.; DERS., Festschrift Lampe, S. 43, 47 ff.; ZOGLAUER, *Geist und Gehirn*, S. 79 ff.

Uneinigkeit besteht in der Deutung dieser Beobachtungen, namentlich für die Existenz von Willensakten und Willensfreiheit: LIBET, Behavioral & Brain Sciences 8 (1985), 529, 536 ff.; DERS., Revue de Métaphysique et de Morale 97 (1992), 255, 268 ff.; DERS., Journal of Consciousness Studies 6 (1999), 47 ff., selbst nimmt an, daß die subcorticale Bereitschaft nach dem Bewußtwerden durch einen corticalen Willen gelenkt oder blockiert („Veto“) werden könne, und sieht darin den freien Willen gerettet; krit. dazu z.B. DANTO, *Consciousness and Motor Control*, Behavioral & Brain Sciences 8 (1985), 540, 541 f. (“metaphysical hysteria”). Die Frage bleibt aber, ob nicht die bewußten Prozesse ihrerseits wieder durch unbewußte Vorgänge in Gedächtnis oder Bewertungssystem beeinflußt werden, krit. daher ROTH, *Das Gehirn und seine Wirklichkeit*, S. 308 ff.; DERS., *Bewußte und unbewußte Handlungssteuerung aus neurobiologischer Sicht*, S. 77, 100 f.; DERS., *The interaction of cortex and basal ganglia in the control of voluntary actions*, S. 115, 123 ff., 129 f. (das „letzte Wort“ über die Ausführung einer Willkürhandlung komme von dem Bewußtsein unzugänglichen Hirnarealen, vor allem den Basalganglien, der Amygdala, dem mesolimbischen System und den limbischen Thalamuskernen). Kritik m. w. Nachw. bei WEGNER, *The Illusion of Conscious Will*, S. 54 f.; DENNETT, *Consciousness Explained*, S. 164 ff.; MOORE, *Act and Crime*, S. 163 f. (die Existenz handlungsursächlicher Volitionen sei nicht widerlegt, nur ihre physiologische Wirkungsweise beschrieben); siehe auch die Kommentare in Behavioral & Brain Sciences 8 (1985), 539 ff.; PRINZ, *How do we know about our own actions?*, S. 21, 23 f.; BECKERMANN, *Analytische Einführung*², S. 46 Fn. 6; PAUEN, *Grundprobleme der Philosophie des Geistes*, S. 62 f., 68 f., 292 ff.; GEHRING, PhR 51 (2004), 273, 286 ff.; HABERMAS, DtZPhil 52 (2004), 871, 873 f.; PAUEN, *Illusion Freiheit?*, S. 196 ff. Vgl. auch KUHL, *Wille und Freiheitserleben*, S. 665, 743 ff.

347 Zum Diskussionsstand siehe nur BECKERMANN, *Analytische Einführung*², S. 46 ff., 115; BIERI, *Generelle Einführung*, S. 7 f.; PAUEN, *Grundprobleme der Philosophie des Geistes*, S. 64 ff.; ROTH, *Das Gehirn und seine Wirklichkeit*, S. 294 f.; ZOGLAUER, *Geist und Gehirn*, S. 67 ff., 76 ff., jew. m. w. Nachw. Siehe auch SEARLE, *Mind, Language and Society*, S. 57 ff.; SEEBASS, *Wollen*, S. 211 f.; HABERMAS, DtZPhil 52 (2004), 871, 879 ff. („Gründe schwimmen nicht wie Fettaugen auf der Suppe des bewußten Lebens.“).

b) Semantischer Physikalismus, Sprachphilosophie und Logischer Behaviorismus[348]

In jüngerer Zeit hat der Dualismus wirkmächtige Kritik im Gefolge der analytischen Sprachphilosophie der *ordinary language philosophy* erfahren. Das Problem des Fremdpsychischen *(problem of other minds)* bezeichnet dabei die Frage, wie zuverlässig erkannt werden kann, welche mentalen Zustände eine andere Person hat. Eine zentrale Stütze des cartesischen Dualismus ist die Erfahrung verschiedener Zugänge zur Körperwelt - vermittelt durch die Sinne - und Welt des Geistes - nur durch Introspektion. Wenn mentale Zustände in dem Sinne privat sind und jeder einen privilegierten Zugang zu seinen eigenen mentalen Zuständen hat, aber keinen direkten Zugang zu denen anderer Menschen, so ist nur deren äußerliches Verhalten, zu dem auch ihre Auskünfte über ihre mentalen Zustände zählen, er-

---

[348] Der logische oder analytische, manchmal auch ontologisch oder philosophisch genannte Behaviorismus ist vom aus der Tierpsychologie kommenden methodologischen oder empirischen Behaviorismus (Verhaltenspsychologie), der namentlich mit J. B. Watson und B. F. Skinner verbunden wird, zu unterscheiden. Skinner postulierte, daß mentale Phänomene für die empirische Psychologie uninteressant seien und ihr Gegenstand allein (die Voraussage von) Verhalten sei, siehe nur *Science and Human Behavior*, S. 11 ff., 14 ff. und durchgehend; zusf. ders., *Behaviorism at Fifty*, Science 140 (1963), 151 ff. Diese These ist empirisch gescheitert, krit. schon Carnap, *The Methodological Character of Theoretical Concepts*, S. 38, 70 f.; siehe nur Carrier/Mittelstrass, *Geist, Gehirn, Verhalten*, S. 134 ff., 139 ff., 147 ff.; Bieri, *Materialismus: Einleitung*, S. 31 f.; Wegner, *The Illusion of Conscious Will*, S. 24, jew. m. w. Nachw. Ryles Position zum Behaviorismus findet sich in *The Concept of Mind*, ch. 10, S. 308 ff.

Hatte Carnap anfänglich noch die Übereinstimmung seiner Auffassung mit den Hauptzügen des Watsonschen Behaviorismus angenommen, Erkenntnis 3 (1932/33), 107, 124 u. ff., so paßt das Etikett „logischer Behaviorismus“ auf Ryle nur bedingt wegen des weiter unten ausgeführten Sprachdualismus, insoweit zutr. Mylonopoulos, *Komparative und Dispositionsbegriffe im Strafrecht*, S. 120 f. (die Kennzeichnung als „Phänomenalismus“, S. 119, bezogen auf die linguistische oder empirische Form, nicht etwa Husserls Lehre, oder als „Verifikationismus“, so S. 121, trifft zu).

Auch wenn der Terminus „logischer Behaviorismus“ - als Behauptung *logischer* oder *begrifflicher* Beziehungen zwischen der Feststellung von Verhalten und geistigen Zuständen - von Chihara & Fodor, *Operationalismus und normale Sprache*, S. 221, 224 Fn. 3, gerade mit Blick auf die Spätphilosophie Wittgensteins geprägt wurde, und dessen Einfluß vor allem auf Ryle unübersehbar ist, ist die Zuordnung Wittgensteins selbst hierzu doch problematisch (nach Chihara & Fodor habe er eine schwächere Variante des logischen Behaviorismus vertreten), vgl. *Philosophische Untersuchungen*, § 307: „‚Bist du nicht doch ein verkappter Behaviourist? Sagst du nicht doch, im Grunde, daß alles Fiktion ist, außer dem menschlichen Benehmen?‘– Wenn ich von einer Fiktion rede, dann von einer grammatischen Fiktion.“ § 308: „Wie kommt es nur zum Problem der seelischen Vorgänge und Zustände und des Behaviourism? – Der erste Schritt ist der ganz unauffällige. Wir reden von Vorgängen und Zuständen, und lassen ihre Natur unentschieden! Wir werden vielleicht einmal mehr über sie wissen - meinen wir. Aber eben dadurch haben wir uns auf eine bestimmte Betrachtungsweise festgelegt. Denn wir haben einen bestimmten Begriff davon, was es heißt: einen Vorgang näher kennen zu lernen (Der entscheidende Schritt im Taschenspielerkunststück ist getan, und gerade er erschien uns unschuldig.) – Und nun zerfällt der Vergleich, der uns unsere Gedanken hätte begreiflich machen sollen. Wir müssen also den noch unverstandenen Prozeß im noch unerforschten Medium leugnen. Und so scheinen wir also die geistigen Vorgänge geleugnet zu haben. Und wollen sie doch natürlich nicht leugnen!“

kennbar. Die Annahme, daß tatsächlich solche Zustände vorliegen, beruht auf einem Analogieschluß zum eigenen Erleben.[349] Eine Garantie, daß andere Menschen nicht doch nur raffinierte Automaten sind, besteht indes nicht.

Die Schwierigkeiten des intuitiven Dualismus legen nahe, es könne sich um eine der Krankheiten der Sprache handeln, die die Philosophie zu kurieren habe.[350] Das Problem des Fremdpsychischen war daher willkommenes Untersuchungsmaterial für die methodische Strategie des *semantic ascent*[351] *(linguistic turn*[352]*)*, die, beginnend mit FREGE, ihre Aufmerksamkeit von den Phänomenen zu Sätzen über Phänomene verlagerte[353] und philosophische Fragen, wenn sie real sind, für sprachli-

---

349 Z.B. J. S. MILL, *An Examination of Sir William Hamilton's Philosophy*, S. 204 ff. mit Fn.*; auch FORGUSON, *Common Sense*, S. 9; siehe dazu DUFF, *Intention, Agency, and Criminal Liability*, S. 120 ff. m. w. Nachw.; im Strafrecht: LOOS, *Grenzen der Umsetzung der Strafrechtsdogmatik*, S. 261, 271; FREUND, *Normative Probleme der „Tatsachenfeststellung“*, S. 5, 26 ff.; krit. schon KELSEN, *Hauptprobleme der Staatsrechtslehre*, S. 156 f.; NOWAKOWSKI, Festschrift Rittler, S. 55, 84; auch MÄRKER, *Vorsatz und Fahrlässigkeit bei jugendlichen Straftätern*, S. 186 ff.; RAGUÉS I VALLÈS, *El dolo y su prueba en el proceso penal*, S. 251 ff. Siehe auch unten bei Fußn. 2092 ff.

Auch dieses Bild dürfte falsch sein, weil manches dafür spricht, daß introspektive Deutungen ihrerseits lediglich die Anwendung allgemeiner, erlernter Theorien und verbreiteter Vorurteile auf uns selbst sind, dazu REY, *Annäherung an eine projektivistische Theorie bewußten Erlebens*, S. 153 ff., 168 ff.; P. M. CHURCHLAND, *Eliminative Materialism and the Propositional Attitudes*, Journal of Philosophy 78 (1981), 67, 69 f. Befunde der Entwicklungspsychologie scheinen diese Annahme zu stützen, siehe GOPNIK, *How we know our minds: The illusion of first-person knowledge of intentionality*, Behavioral & Brain Sciences 16 (1993), 1 ff., 9 ff. m. w. Nachw.; siehe auch LYONS, *The Disappearance of Introspection*, S. 137 ff. Zur Theoriegeladenheit der Introspektion siehe unten Fußn. 417.

Zur Kritik des Analogieschlusses oder nachfühlenden Verstehens durch „Hineinversetzen“ in einen anderen siehe nur STEGMÜLLER, *Wissenschaftstheorie*, Band 1^2, S. 422 ff.; GRASNICK, *Über Schuld, Strafe und Sprache*, S. 121 ff.

Für eine eingehende Kritik aus phänomenologischer Warte siehe SCHELER, *Vom fremden Ich*, S. 209 ff., 232 ff. m. w. Nachw., der Unerkennbarkeit des Fremdpsychischen und Analogieschluß lediglich für Leibzustände wie Organempfindungen und damit verknüpfte sinnliche Gefühle anerkennt (S. 249, 251). Auf der fehlerhaften Basis des cartesischen Substanzdualismus oder des psychophysischen Parallelismus sei eine innere Fremdwahrnehmung ausgeschlossen (S. 247: „nach beiden lebte jeder Mensch in seinem eigen-psychischen Gefängnis und müßte warten, was der metaphysische Kausalnexus in es hineinzaubert.“).

Möglicherweise sind aber dieselben neuroanatomischen Prozesse für die Steuerung eigenen Verhaltens und Wahrnehmung und Deutung fremden Verhaltens zuständig, vgl. IACOBONI, MOLNAR-SZAKACS, GALLESE, BUCCINO ET AL., *Grasping the Intentions of Others with One's Own Mirror Neuron System*, PLoS Biology 3 (3) e 79 (2005).

350 Oben Fußn. 177 sowie WITTGENSTEIN, *Philosophische Untersuchungen*, §§ 109, 119, 122 ff.; auch DERS., *Tractatus logico-philosophicus*, §§ 4.003, 4.0031, 4.112; DERS., *Das Blaue Buch*, S. 51 („Philosophie ... ist ein Kampf gegen die Faszination, die die Ausdrucksformen auf uns ausüben.“).

351 Begriff von QUINE, *Word and Object*, § 56.

352 Begriff wahrscheinlich von BERGMANN, der ihn mehrfach benutzt, z.B. *Logical Positivism, Language, and the Reconstruction of Metaphysics*, S. 63, 64; DERS., *Logic and Reality*, S. 177.

353 Vgl. WITTGENSTEIN, *Philosophische Untersuchungen*, § 371 („Das *Wesen* ist in der Grammatik ausgesprochen.“), § 373 („Welche Art von Gegenstand etwas ist, sagt die Grammatik. [Theologie der Grammatik.]“), § 383 („Wir analysieren nicht ein Phänomen [z.B. das Denken], sondern

che Fragen hält: Die Aufgabe der Philosophie ist die „Klärung der Begriffe und Sätze der Wissenschaft“ durch logische Untersuchung, d.h. „Analyse der Sprache“.[354]

Eine zentrale These des Logischen Empirismus um den Wiener Kreis war das Programm der Einheitswissenschaft im Sinne eines radikalen Physikalismus[355] und einer physikalischen (physikalistischen) Universalsprache der Wissenschaft, um die sich CARNAP bemüht hat. CARNAP postulierte, daß es zu jedem psychologischen Satz einen bedeutungsgleichen Satz der physikalischen Sprache gebe und jeder psychologische Begriff auf physikalische Begriffe zurückgeführt werden könne.[356] Die verifikationistische Theorie der Sprachbedeutung des Wiener Kreises geht davon aus, daß bedeutungsvolle Sätze entweder analytisch oder empirisch und letztere nur gehaltvoll sind, wenn sich aus ihnen Protokollsätze (CARNAP) oder physikalische Testsätze (HEMPEL), die Beobachtungen wiedergeben, ableiten lassen, andernfalls sind sie sinnlos:[357] Ein empirischer Satz besagt nicht mehr als das, „was an ihm nachprüfbar ist“[358], der Sinn eines Satzes liegt in seinem Wahrheitskriterium[359]. „Die logische Analyse spricht somit das Urteil der Sinnlosigkeit über jede vorgebliche Erkenntnis, die über oder hinter die Erfahrung greifen will.“[360] Das Problem des Fremdpsychischen, soweit es empirisch Unzugängliches behaup-

---

einen Begriff [z.B. den des Denkens], und also die Anwendung eines Worts. So kann es scheinen, als wäre, was wir treiben, Nominalismus. Nominalisten machen den Fehler, daß sie alle Wörter als *Namen* deuten, also ihre Verwendung nicht wirklich beschreiben, sondern sozusagen nur eine papierene Anweisung auf so eine Beschreibung geben.“). Zum Ganzen siehe nur DUMMETT, *Ursprünge der analytischen Philosophie*, S. 11 ff.

354 CARNAP, Erkenntnis 2 (1931), 432, 433, 435.

355 Siehe nur NEURATH, *Radikaler Physikalismus und Wirkliche Welt*, S. 102 ff. „Physik“ meint nicht das System der bekannten physikalischen Gesetze, sondern eine Wissenschaft, die durch die Art ihrer Begriffsbildung gekennzeichnet ist: „jeder Begriff geht zurück auf die ‚Zustandsgrößen‘, das sind Zuordnungen von Zahlen zu Raumzeitpunkten nach bestimmtem Verfahren“, CARNAP, Erkenntnis 3 (1932/33), 107, 142.

Zu aktuellen Neubelebungen einheitswissenschaftlicher Konzepte *(unity of knowledge)*, z.B. durch E. O. WILSON, siehe die Kritik von SHWEDER, *A polytheistic conception of the sciences and the virtues of deep variety*, S. 307 ff. m. w. Nachw.

356 CARNAP, *Scheinprobleme in der Philosophie*, S. 18 f., 36 f.; DERS., Erkenntnis 2 (1931), 432 ff., 450 f.; DERS., Erkenntnis 3 (1932), 107 ff., 112 ff.; DERS., *Meaning and Necessity*, nach § 4-17; dazu BECKERMANN, *Analytische Einführung*², S. 63 ff., 65 ff.; PAUEN, *Grundprobleme der Philosophie des Geistes*, S. 79 ff., jew. m. w. Nachw.

357 CARNAP, Erkenntnis 2 (1931), 432, 437 ff.; sowie DERS., Erkenntnis 2 (1931), 219, 220 u. ff., 236; DERS., Erkenntnis 3 (1932/33), 107 ff., 108, 136. Die Diskussion um die Protokollsätze im Wiener Kreis (siehe CARNAP und NEURATH in Erkenntnis 3 (1932/33), S. 204 ff.) kann hier dahinstehen, dazu näher KOPPELBERG, *Die Aufhebung der analytischen Philosophie*, S. 20 ff.

358 CARNAP, Erkenntnis 3 (1932), 107, 116; DERS., Philosophy of Science 3 (1936), 419 421 ff.; DERS., Philosophy of Science 4 (1937), 1 ff.; HEMPEL, *The Logical Analysis of Psychology*, S. 373, 376 f.; DERS., *Fundamentals of Concept Formation in Empirical Science*, S. 39 ff.

359 CARNAP, Erkenntnis 2 (1931), 219, 222; vgl. WITTGENSTEIN, *Tractatus logico-philosophicus*, § 4.024: „Einen Satz verstehen, heißt, wissen was der Fall ist, wenn er wahr ist.“

360 CARNAP, Erkenntnis 2 (1931), 219, 237.

tet, gehört demnach zur Klasse der metaphysischen „Scheinprobleme“[361]. Soweit etwa die „verstehende“ Psychologie behaupte, das Erfassen sinnvollen Verhaltens sei nur durch „Sinn-Verstehen“ möglich, einer der Physik fremden Methode, so werde verkannt, daß es sich nur um eine intuitive Detektionsform handle.[362] Auch die Psychologie müsse und werde dahin kommen, „den Laubfrosch durch das Barometer zu ersetzen“[363].

Wittgenstein hat in Zweifel gezogen, daß über mentale Zustände als prinzipiell unerkennbare Entitäten sinnvoll gesprochen werden kann. Es gibt beobachtbares Empfindungsverhalten und Sprechen über Empfindungen. Wenn meine Empfindungen in dem Sinne privat sind, daß nur ich wissen kann, ob ich sie habe, müßte die Empfindungssprache eine Privatsprache sein. In dem einflußreichen Privatsprachenargument[364] hat Wittgenstein dies verneint, da es keine Verwendungsregeln für das Sprachzeichen, das ich für eine meiner Empfindungen benutze, geben kann, genauer, daß es keinen unabhängig überprüfbaren Maßstab – die eigene Erinnerung an frühere Verwendung ließe sich ebenfalls nur an der Erinnerung prüfen[365] – für die korrekte Anwendung des Zeichens gibt, mithin nur den „Eindruck einer Regel“[366]. Daraus folgt nicht, daß Empfindungswörter keine Bedeutung haben, sondern zunächst, daß die privaten Empfindungen für ihre Bedeutung irrelevant sind, wie Wittgenstein im Käfer-Beispiel[367] illustriert. Und: „Ein ‚innerer‘ Vorgang bedarf äußerer Kriterien.“[368]

---

[361] Carnap, *Scheinprobleme in der Philosophie,* S. 18 ff.; siehe auch ders., *Der logische Aufbau der Welt*, §§ 57, 140. In der intersubjektiven Wissenschaft falle der Unterschied von Fremd- und Eigenpsychischem fort, ders., Erkenntnis 3 (1932/33), 107, 112, zu einer Entgegnung auf Einwände dort S. 117 ff., zur Kritik des Analogieschlusses S. 118 f. Vgl. zuvor schon Peirce, *Collected Papers*, 5.249: "It appears, therefore, that there is no reason to suppose a power of introspection; and, consequently, the only way of investigating a psychological question is by inference from external facts."

[362] Carnap, Erkenntnis 3 (1932/33), 107, 125 ff., 129: der „verstehende“ Psychologe sei „bei der Untersuchung einer Versuchsperson zugleich Beobachter und Detektor ... sein eigener Diagnosehund“.

[363] Carnap, Erkenntnis 3 (1932/33), 107, 129.

[364] Wittgenstein, *Philosophische Untersuchungen*, §§ 244 ff., 256 ff. Zu einem Argument ausgebaut sind die Gedanken Wittgensteins bei Kripke, *Wittgenstein on rules and private language*, S. 7 ff., 55 ff.; siehe auch von Savigny, *Die Philosophie der normalen Sprache*, S. 47 ff.; Bekkermann, *Analytische Einführung*², S. 70 ff.; Zoglauer, *Geist und Gehirn*, S. 227 ff. Ablehnend Ayer, *Can There be a Private Language?*, S. 36, 41 ff.; Fodor, *The Language of Thought*, S. 55 ff. Die Unmöglichkeit einer Privatsprache hat zuvor schon Dewey, *Experience and Nature*, S. 170 ff., 179, 185, als Konsequenz seines behavioristisch-naturalistischen Ansatzes hervorgehoben; ähnl. auch Carnap, Erkenntnis 3 (1932/33), 107, 138 f.; zust. Quine, *Ontological Relativity*, S. 26, 27, 47.

[365] Wittgenstein, *Philosophische Untersuchungen*, § 265.

[366] Wittgenstein, *Philosophische Untersuchungen*, § 259; dagegen Ayer, *Can There be a Private Language?*, S. 36, 42 f.

[367] Wittgenstein, *Philosophische Untersuchungen*, § 293: „... Angenommen, es hätte Jeder eine Schachtel, darin wäre etwas, was wir ‚Käfer‘ nennen. Niemand kann je in die Schachtel des Andern schaun; und Jeder sagt, er wisse nur vom Anblick *seines* Käfers, was ein Käfer ist.– Da könnte es ja sein, daß Jeder ein anderes Ding in seiner Schachtel hätte. Ja, man könnte sich vorstellen, daß

RYLE hat versucht aufzuzeigen, daß die traditionelle Philosophie einem fundamentalen Irrtum über Bedeutung und Funktion mentaler Ausdrücke erlegen sei. Die von ihm sogenannte „offizielle Doktrin“ des cartesischen Dualismus beruhe nicht auf Intuitionen und direkter Selbsterkenntnis, sondern auf unzureichender Analyse der Sprachverwendung. Mentalistische Ausdrücke wie „Wissen“, „Wille“, „Angst“, „Schmerz“ etc. würden als Bezeichnung innerer Phänomene mißverstanden, die unser Verhalten im Wege einer „Paramechanik“ verursachen (“ghost in the machine”[369]).[370] Der cartesische Mythos,[371] d.h. die Annahme, diesen Begriffen müßten innere Phänomene entsprechen, beruhe auf einem Kategorienfehler *(category-mistake)*,[372] der die Logik der Sprachverwendung verfehle.[373]

---

sich ein solches Ding fortwährend veränderte. – Aber wenn das Wort ‚Käfer‘ dieser Leute doch einen Gebrauch hätte? – So wäre er nicht der der Bezeichnung eines Dings. Das Ding in der Schachtel gehört überhaupt nicht zum Sprachspiel; auch nicht einmal als ein *Etwas*: denn die Schachtel könnte auch leer sein. – Nein, durch dieses Ding in der Schachtel kann ‚gekürzt werden‘; es hebt sich weg, was immer es ist. Das heißt: Wenn man die Grammatik des Ausdrucks der Empfindung nach dem Muster von ‚Gegenstand und Bezeichnung‘ konstruiert, dann fällt der Gegenstand als irrelevant aus der Betrachtung heraus.“ Vgl. das ähnliche Beispiel von CARNAP (Schachtel mit Stahlfedern) in Erkenntnis 3 (1932/33), 107, 118 f.

368 WITTGENSTEIN, *Philosophische Untersuchungen*, § 580.

369 Der Ausdruck ridikülisiert DESCARTES’ « âme dans la machine », z.B. in *Traité de l’Homme*, Œuvres, vol. XI, S. 119, 183.

370 RYLE, *The Concept of Mind*, ch. 1, S. 13 ff. Zu RYLE siehe VON SAVIGNY, *Die Philosophie der normalen Sprache*, S. 89 ff.; BECKERMANN, *Analytische Einführung*², S. 75 ff.; KEMMERLING, *Gilbert Ryle: Können und Wissen*, S. 126 ff.

371 Gewiß überzeichnet RYLES Polemik die Philosophie von DESCARTES selbst, dazu VON SAVIGNY, *Die Philosophie der normalen Sprache*, S. 92 ff., 124 m. w. Nachw. Grundsätzlicher krit. SIMON, *Sprachphilosophie*, S. 243 ff.

372 RYLE, *The Concept of Mind*, ch. 1, S. 17 ff. CARNAP nannte diesen Verstoß gegen die logische Syntax der Sprache (= Semantik, vgl. DERS., Erkenntnis 3 (1932/33), 107, 119), genauer gegen die Regeln der Typentheorie, durch Vermischung semantischer Gattungen „Sphärenvermengung“, Erkenntnis 2 (1931), 219, 227 f., 235 („Caesar ist eine Primzahl.“); DERS., *Der logische Aufbau der Welt*, §§ 30 f. – zuvor ähnlich schon HEGELS „unbestimmtes Urteil“, *Wissenschaft der Logik*, 2. Teil, S. 324 f. – und hat bekanntlich den Gebrauch solcher „Scheinsätze“ in metaphysischer Argumentation an HEIDEGGERS *Was ist Metaphysik?* demonstriert (*ibid.*, S. 229 ff.). Im Unterschied zu CARNAP lehnt RYLE das Konzept einer Idealsprache ab.

373 Nicht gemeint ist die formale deduktive Logik, sondern die richtige Sprachverwendung oder in CARNAPS Worten: die logische Syntax der Sprache (im Unterschied zur grammatischen, siehe vorige Fußn.). RYLE demonstriert das an mehreren Beispielen, *The Concept of Mind*, ch. 1, S. 17 ff., 23. Eine allgemeine Umschreibung gibt BECKERMANN, *Analytische Einführung*², S. 78 f.: Zwei Ausdrücke *a* und *b* gehören dann zur selben Kategorie, wenn man *a* in allen Kontexten, in denen die Verwendung von *a* sinnvoll (ohne metaphorischen Gebrauch) ist, durch *b* ersetzen kann, ohne daß Unsinn entsteht. Entsteht Unsinn – und darin liegt der Verstoß gegen die Sprachlogik –, so gehört *b* zu einer anderen Kategorie. Außerdem lassen sich zwei Ausdrücke derselben Kategorie durch die Kopula „und“ verbinden, ohne daß Unsinn entsteht. Unklar bleibt aber, wie zwischen zulässigen Metaphern – schließlich sind Metaphern in der mentalistischen Sprache überaus zahlreich und RYLE benutzt sie – und unzulässigen Kategorienfehlern unterschieden werden soll, dazu MERTENS, AllgZfPhil 21 (1996), 175 ff., 186 ff.

Tatsächlich bezögen sich mentalistische Ausdrücke auf die Art und Weise der Organisation beobachtbaren intelligenten Verhaltens. So ist eine Handlung nicht „willentlich“, weil sie, wie der Mentalist meine, durch einen Willensakt verursacht werde: Denn „Willensakte“ kommen einfach in Verhaltensbeschreibungen nicht vor, haben offenbar keine Eigenschaften, sind anderen prinzipiell unzugänglich, ihre Kausalität bleibt unerklärlich und sie müßten, wenn sie selbst Handlungen sind, wieder auf Willensakten beruhen mit Folge eines infiniten Regresses. Richtiger sei, daß eine Handlung „willentlich“ genannt werde, wenn der Handelnde die Kenntnisse und Fähigkeiten besitze, sie auszuführen und er nicht durch äußere Umstände davon abgehalten werde.[374] Der Fehler der herkömmlichen Auffassung sei, mentale Erklärungen für kausale Erklärungen zu halten, tatsächlich aber seien mentale Zustände – wie dies zuvor Carnap für psychologische Eigenschaften behauptet hatte[375] – Verhaltensdispositionen, die prinzipiell öffentlich beobachtbar sind, und mentale Erklärungen dispositionelle Erklärungen.[376] Dispositionen sind keine Zustände oder Vorgänge, sondern hypothetische, gesetzesähnliche Bedingungssätze[377]. Es gibt keinen privilegierten Zugang zu den eigenen psychischen Zuständen, die vielmehr ebenso beobachtend gedeutet würden wie diejenigen Dritter, die uns gleichermaßen zugänglich sind.[378] Das Leib-Seele-Problem ist demnach ein Scheinproblem ebenso wie das von Willensfreiheit versus Determinismus.[379] Ryle bestreitet ausdrücklich nicht, daß es mentale Vorgänge gibt, sondern nur, daß sie zu derselben sprachlogischen Kategorie gehören wie physische.[380] Alle Sätze mit einem mentalistischen Prädikat sollen sich restlos in behaviorale Konditionale (wie eine Person unter bestimmten Bedingungen handeln würde) übersetzen lassen. Das heißt nicht, daß jeweils nur ein einziges Konditional nötig wäre oder daß eine solche Übersetzung in jedem Fall erforderlich oder praktisch wäre, sondern daß sie stets möglich ist.

Der Einwand ist ontologisch insofern neutral, als es mentale Zustände geben mag, aber für einen *restriktiven Verifikationismus*, einem Prinzip des Logischen Empirismus, demzufolge der Sinn eines Satzes durch seine Verifikationsbedingungen festgelegt ist,[381] ist die Rede über etwas, das nicht erkannt werden kann, ohne kognitiven Gehalt bzw. sinnlos. Da die Rede über mentale Phänomene aber offenkundig

---

374 Ryle, *The Concept of Mind*, ch. 3, S. 61 ff. "Voluntary" ist mehrdeutig: zur Unterscheidung von „unwillkürlich“ siehe S. 67 ff., 71 f.

375 Carnap, Erkenntnis 3 (1932/33), 107, 130 ff.

376 Ryle, *The Concept of Mind*, ch. 2, S. 32 ff., 42 ff., ch. 5, S. 112 ff.

377 Ryle, *The Concept of Mind*, ch. 2, S. 43. Vgl. Carnap, Erkenntnis 3 (1932/33), 107, 130: Eigenschaften, die durch Implikationen definiert sind.

378 Ryle, *The Concept of Mind*, ch. 6, S. 161 ff., 171 ("differences of degree, not of kind"), 173 ("No metaphysical Iron Curtain exists compelling us to be for ever absolute strangers to one another…").

379 Ryle, *The Concept of Mind*, ch. 1 S. 23 f., ch. 2 S. 69, 71 ff.

380 Ryle, *The Concept of Mind*, ch. 1, S. 23 f.

381 Oben Fußn. 358.

sinnvoll ist, muß es sich um Sätze über beobachtbare Phänomene handeln.[382] Die These lautet daher nicht, daß es keine mentalen Phänomene gibt, sondern daß mentale Phänomene Verhaltensdispositionen sind.

Die sprachanalytische These bedingt einen „neuen Dualismus“,[383] der nicht mit ontologischem Dualismus zu verwechseln ist,[384] insofern zwei irreduzible Sprachen existieren, die verschiedene Zugänge zur Welt darstellen. In der einen, physikalischen (auch: Ding-Ereignis-)Sprache wird der Verlauf der Ereignisse durch Naturgesetze bestimmt, in der anderen, mentalen (auch: Person-Handlung-Sprache[385]) nicht. Ein Import von Vokabular aus der jeweils anderen Sprache führt zum RYLEschen Kategorienfehler. Diese Sprachdualität hat große Bedeutung in der analytischen Handlungstheorie erlangt, namentlich in der These, daß mentale Erklärungen keine Kausalerklärungen seien, also Handlungen durch Gründe *(reasons)*,[386] z. B. der Angabe einer Absicht,[387] aber nicht durch Ursachen *(causes)*, etwa kausal durch Dispositionen, erklärt werden könnten,[388] da die Manifestation einer Disposition mit ihr logisch (analytisch) und nicht kausal verknüpft sei[389] und weil Kausalerklärungen stets Ereignisse *(happenings, events)* benötigten.

---

382 Vgl. BIERI, *Generelle Einführung*, S. 15.

383 Begriff von LANDESMAN, Review of Metaphysics 19 (1965), 329 ff.; dazu siehe nur BECKERMANN, *Handeln und Handlungserklärungen*, S. 7, 18 f., 22 ff.; RUNGGALDIER, *Was sind Handlungen?*, S. 17; auch MCFEE, *Free Will*, S. 79 ff.

Ein irreduzibler Sprachdualismus kann in verschiedenen Varianten vertreten werden; er ist nicht zwingend mit der Auffassung verbunden, Handlungen seien nicht kausal erklärbar, vgl. nur DAVIDSON (*Mental Events* und *Actions, Reasons, and Causes*) und den Überblick bei BECKERMANN, *ibid.*; siehe auch HABERMAS, DtZPhil 52 (2004), 871, 882 u. ff.

384 Es ist offenbar ein Mißverständnis, wenn BURKHARDT, *Der Wille als konstruktives Prinzip der Strafrechtsdogmatik*, S. 319, 335, die an WITTGENSTEIN und RYLE anschließenden Positionen als Epiphänomenalismus oder Parallelismus charakterisiert. Der Logische Behaviorismus kann, weil er Psychologie auf aktuelles oder potentielles Verhalten reduziert, allenfalls als eine „Spielart des Materialismus“ gelten, so BIERI, *Materialismus: Einleitung*, S. 33. RYLE selbst hielt sowohl Idealismus als auch Materialismus für Antworten auf eine falsche Frage, *The Concept of Mind*, S. 23 f., und auch die Reduktion von mentalen auf physikalische Zustände setze die Richtigkeit der Disjunktion beider voraus, die man aber ohne Kategorienfehler nicht behaupten kann, ebensowenig, daß es Primzahlen, Mittwoche, öffentliche Meinungen und die Marine (eig.: *navies*) gebe.

385 Begriffe nach BECKERMANN, *Handeln und Handlungserklärungen*, S. 7, 19, der sich wiederum an HABERMAS anlehnt.

386 Das Argument geht zurück auf RYLE, *The Concept of Mind*, S. 109 f. Vgl. WITTGENSTEIN, *Zettel*, Nr. 437: „Die Ursachen, warum wir einen Satz glauben, sind für die Frage, was es denn ist, das wir glauben, allerdings irrelevant; aber nicht die Gründe, die ja mit dem Satz grammatisch verwandt sind und uns sagen, wer er ist.“

387 Vgl. ANSCOMBE, *Intention*, §§ 11 f., §§ 15 f. (einschränkend: Gründe und Ursachen seien nicht, wie oft angenommen, überall klar getrennte Begriffe); krit. DENNETT, *Content and Consciousness*, S. 162 f.; DERS., *Mechanism and Responsibility*, S. 150, 165; DERS., *Elbow Room*, S. 27 ff., 31 f.

388 Exemplarisch sind die „kausalistische“ Position DAVIDSONS (grundlegend in *Actions, Reasons, and Causes*, S. 3 ff.) und die „intentionalistische“ VON WRIGHTS (*Explanation and Understanding*, S. 64 ff., 83 ff., 118 ff.), dazu PETERS, *Das Wissen vom Handeln*, S. 26 ff., 39 ff., 107 ff.

389 Dieses sog. logische-Verknüpfungs-Argument ("logical connection argument") begegnet in mehreren Spielarten, siehe vor allem MELDEN, *Free Action*, S. 51 ff.; CH. TAYLOR, *The Explana-*

Die Argumente WITTGENSTEINS, RYLES und der anschließenden Oxforder Philosophie sind in der Strafrechtswissenschaft teilweise rezipiert worden: Demnach bezeichnet [Vorsatz] keine inneren Tatsachen, die prozessual festgestellt werden können, sondern eine Disposition oder ein Zuschreibungsurteil[390] mit der Fol-

---

tion of Behaviour, S. 33 f.; KENNY, *Action, Emotion and Will*, S. 56 ff.; HAMPSHIRE, *Thought and Action*, S. 90 ff.; WAISMANN, *Language Strata*, S. 11, 30 f.; J. COHEN, *Teleological Explanation*, Proceedings of the Aristotelian Society, NS 51 (1950/51), 255, 264 ff.; VON WRIGHT, *Explanation and Understanding*, S. 91 ff.; auch KINDHÄUSER, *Intentionale Handlung*, S. 122 ff.

Die Ansicht gilt heute als weitgehend widerlegt, siehe nur GEAN, Review of Metaphysics 19 (1965/66), 667 ff.; LANDESMAN, Review of Metaphysics 19 (1965/66), 329 ff.; URMSON, *Motives and Causes*, Proceedings of the Aristotelian Society, Suppl. Vol. 26 (1952), 179, 190 ff.; DAVIDSON, *Actions, Reasons and Causes*, S. 3, 13 ff.; MACINTYRE, *The Antecedents of Action*, S. 205, 209 ff., 220 ff.; GOLDMAN, *A Theory of Human Action*, S. 76 ff.; DAVIS, *Theory of Action*, S. 86 ff.; eingehend BECKERMANN, *Gründe und Ursachen*, S. 64 ff.; DERS., *Intentionale versus kausale Erklärungen*, S. 445, 462 ff. m. w. Nachw.; knapp auch DERS., *Handeln und Handlungserklärungen*, S. 7, 22 ff., 37 ff.; DERS., *Analytische Einführung*[2], S. 94 ff.; SEEBASS, *Wollen*, S. 209 mit Anm. 51 (S. 250): „Begriffsverwirrung"; PETERS, *Das Wissen vom Handeln*, S. 117 ff.; POTHAST, *Die Unzulänglichkeit der Freiheitsbeweise*, S. 213 f.; GADENNE, Psychologische Beiträge 39 (1997), 503 ff.; KUHL & WALDMANN, Zeitschrift für Sozialpsychologie 16 (1985), 153, 157 f.; TRUSTED, *Inquiry and Understanding*, S. 93 ff.; siehe auch MOORE, *The Moral and Metaphysical Sources of the Criminal Law*, S. 11, 17 ff.; SEARLE, *Intentionalität*, S. 146 ff., jew. m. w. Nachw.; krit. auch STOUTLAND, *The Logical Connection Argument*, S. 117 ff., 119 ff., 125 ff.

Logische (bzw. grammatische) Beziehungen bestehen nur zwischen Beschreibungen, kausale zwischen Ereignissen. Wenn Ereignisse unabhängig voneinander auftreten, so heißt dies, daß sie für sich, ohne die Existenz eines anderen vorauszusetzen, beschrieben werden können – dies schließt andere Beschreibungen nicht aus, vor allem nicht, daß Ereignisse nicht auch unter Einbeziehung eines anderen Ereignisses, ihrer Ursache, beschrieben werden könnten, dergestalt, daß die Beschreibung dann logisch (analytisch) die Ursache impliziert (vgl. DAVIDSON, *ibid.*; siehe auch SEARLE, *Intentionalität*, S. 156 ff.). Dies verkennt z.B. GREVE, *Handlungsklärung*, S. 101 f.; DERS., *Die Grenzen empirischer Wissenschaft*, S. 104, 109; DERS., Psychologische Beiträge 39 (1997), 482, 487 ff., 491 f., gründlich.

Kausale Relevanz liegt nahe, wenn man Dispositionen mit realen Zuständen identifiziert, siehe nur QUINE, *Word and Object*, S. 222 ff. (223: neuronale Zustände); DERS., *Die Wurzeln der Referenz*, S. 26 ff. (physikalische Zustände); ADDIS, ZallgWissTh 19 (1988), 1, 7 ("A dispositional mental state is a state of the body plus a law."), dazu MYLONOPOULOS, *Komparative und Dispositionsbegriffe im Strafrecht*, S. 112 ff. m. w. Nachw.

390 GROSS, *Theory of Criminal Justice*, S. 88 ff., 100; WHITE, *Grounds of Liability*, S. 66 f. *(intention)*; DERS., *Misleading Cases*, S. 133 f. *(belief)*; DUFF, *Intention, Agency, and Criminal Liability*, S. 116 ff. Siehe auch FLETCHER, *Basic Concepts of Criminal Law*, S. 53.

HRUSCHKA, *Strukturen der Zurechnung*, S. 6 ff.; DERS., Festschrift Kleinknecht, S. 191, 200 ff.; KINDHÄUSER, *Intentionale Handlung*, durchgehend, insb. S. 53 ff., 97 ff., 105 ff., 180 ff.; DERS., ZStW 96 (1984), 1 ff., 21 ff.; DERS., *Gefährdung als Straftat*, S. 93 ff.; ähnl. GRASNICK, *Über Schuld, Strafe und Sprache*, S. 73 ff.; DERS., *Wille und Willensbenehmen*, S. 287 ff.; ähnl. HASSEMER, *Einführung in die Grundlagen des Strafrechts*[2], S. 183 ff.; DERS., Gedächtnisschrift Armin Kaufmann, S. 289, 303 f. (schief allerdings die Definition von Disposition als „nicht unmittelbar beobachtbarer ‚innerer' Zustand"); DERS., *Die Freiwilligkeit beim Rücktritt vom Versuch*, S. 229, 243 ff.; MYLONOPOULOS, *Komparative und Dispositionsbegriffe im Strafrecht*, S. 77 ff., 150 ff.; ähnl. PRITTWITZ, JA 1988, 486, 496 ff., 497 ff.; siehe auch SCHULZ, *Normiertes Misstrauen*, S. 231 ff. m. w. Nachw.

Krit. HALL, *General Principles of Criminal Law*[2], S. 105 f.; BURKHARDT, *Der Wille als konstruktives Prinzip der Strafrechtsdogmatik*, S. 319, 334 f.; SCHROTH, *Vorsatz und Irrtum*, S. 37 ff., 40 ff.;

ge, daß Begriffsdefinition und Beweisregeln, Tat- und Rechtsfrage zusammenfallen[391]. Auch die Unterscheidung zwischen Gründen und Ursachen *(reasons–causes)* bei der Handlungserklärung, die sich damit auf die Hermeneutik zubewegt,[392] hat die Strafrechtsdogmatik beeinflußt.[393]

Die Programme der *ordinary language philosophy* und des logischen Behaviorismus sind in der anfänglichen Form seit langem zum Erliegen gekommen.[394] Während die Kritik RYLES an den traditionellen Theorien des Geistes weithin akzeptiert wird und einen festen Bestandteil späterer Theorien bildet – daß keine metaphysischen Wahrheiten über das Wesen des Mentalen aus methodisch unklarer Begriffsanalyse vermischt mit Daten der Introspektion und Verhaltensbeobachtung zu gewinnen seien – hat sich die Überzeugung, es könne keine empirischen Theo-

---

DERS., *Rechtsphilosophische und rechtskulturelle Reflexionen*, S. 159, 165 ff.; KÜPPER, *Grenzen der normativierenden Strafrechtsdogmatik*, S. 64 ff., 71 ff.; PUPPE, Festschrift Grünwald, S. 469, 491. Der Einwand SCHÜNEMANNS, 50 Chengchi L.Rev. 259, 274 Fn. 37 (1994); DERS., Festschrift Hirsch, S. 363, 375 f., daß es beim Vorsatz um einen „realen Bewußtseinsvorgang" gehe, der anschließend zu bewerten sei, weil es „ohne eine zu bewertende Realität" „auch keine Bewertung geben" könne und die „Schwierigkeit des prozessualen Nachweises … nicht mit der Nichtexistenz der Realität selbst verwechselt werden" dürfe, verfehlt das Problem und erschöpft sich in einer *petitio principii*. Daß die Rede von einem „realen Bewußtseinsvorgang" sinnvoll ist, ist damit nicht dargetan, und daß die „zu bewertende Realität" nicht aus beobachtbarem Willensverhalten bestehen könnte, ist damit nicht widerlegt. Hinter der Kritik mag auch das Unbehagen stehen, die Rede von der „Zuschreibung" des Vorsatzes signalisiere Beliebigkeit, während „Nachweis" fixe Maßstäbe suggeriert, so auch SCHULTZ, Festschrift Spendel, S. 303, 306 („Denn wenn der subjektive Tatbestand … nicht zu reiner *und damit zufälliger* Zuschreibung verkommen soll, hat er von einem ihm entsprechenden seelischen Sachverhalt auszugehen, wie schwierig es auch sein mag, diese inneren Tatsachen in einem justizförmigen Verfahren zu ermitteln." Hervorh. hinzugefügt). Übersehen wird, daß es sich stets um normativ gegründete Zurechnung handelt, wobei das Beharren auf Nachweisen die Explikation und Kritik der Zurechnungsregeln behindern kann, zutr. BLECKMANN, *Strafrechtsdogmatik*, S. 157 Fn. 300. „Reine" Zuschreibung gibt es nicht, sie ist stets tatsachengegründet, siehe unten bei Fußn. 2047.

391 VOLK, *Wahrheit und materielles Recht im Strafprozeß*, S. 20 f.; DERS., Festschrift Bockelmann, S. 75, 81 ff.; DERS., Festschrift Arthur Kaufmann, S. 611, 616 ff.; DERS., Festschrift 50 Jahre BGH, S. 739, 742 ff., 747 ff. (Vorsatz als theoretischer Begriff); SCHROTH, *Philosophische und juristische Hermeneutik*, S. 306, 329; MYLONOPOULOS, *Komparative und Dispositionsbegriffe im Strafrecht*, S. 167 f. m. w. Nachw.; SCHULZ, *Normiertes Misstrauen*, S. 238 – sofern man RYLE folgt und Dispositionen nicht mit QUINE als reale Zustände deutet, zutr. MYLONOPOULOS, *ibid.*, S. 114.

Krit. dazu MOORE, *The Moral and Metaphysical Sources of the Criminal Law*, S. 11, 32.

392 Dazu VON WRIGHT, *Explanation and Understanding*, S. 29 ff. Vgl. im Recht die analytische Hermeneutik von ALWART, *Recht und Handlung*, S. 105 ff., 110 ff.; krit. MOORE, 41 Stan.L.Rev. 871, 892 ff. (1989); DERS., *The Moral and Metaphysical Sources of the Criminal Law*, S. 11, 30 ff.; DERS., *Placing Blame*, S. 625 ff.

393 Siehe nur MORSE, *The "Guilty Mind": Mens Rea*, S. 207, 209 f.; eingehende Kritik bei MOORE, *Placing Blame*, S. 427 ff.

394 Vgl. die Charakterisierung des Oxforder Philosophen BERNARD WILLIAMS: "'linguistic analysis,' that now distant philosophical style", *The Need to Be Skeptical*, Times Literary Supplement, February 16–22, 1990, S. 163, zit. nach RORTY, *Twenty-five Years After*, S. 371, und dessen eigene Einschätzung ("tempest in an academic teapot").

rien über mentale Zustände und mentale Verursachung von Verhalten geben, nicht halten können.[395]

Die Einwände, die gegen die Philosophie der normalen Sprache und den Ansatz RYLES und seiner Nachfolger vorgebracht wurden, sprechen auch gegen eine unmodifizierte Rezeption in der Strafrechtsdogmatik. Einige der prägnantesten Einwände seien hier kurz erinnert:

Die allgemeine Problematik des sprachanalytischen Programms[396] beginnt damit, daß die in die gewöhnliche Sprache sedimentierte überkommene Sicht der Dinge nicht adäquat sein muß.[397] Wenn auch manches dafür spricht, daß sich strafrechtliche Zurechnungsstrukturen an denen des *common sense* orientieren sollten, so muß doch auch eine kritische Analyse und ggf. Distanzierung davon möglich sein.[398] Mit der Orientierung der Begriffe am gewöhnlichen Sprachgebrauch fehlt

---

[395] Vgl. MOORE, *Placing Blame*, S. 427 ff.; BECKERMANN, *Analytische Einführung*², S. 92 ff. m. w. Nachw.

[396] Für eine frühe eingehende Kritik siehe nur RORTY, *Metaphilosophical Difficulties of Linguistic Philosophy*, S. 1–39, sowie DERS., *Ten Years After*, S. 361 ff., DERS., *Twenty-Five Years After*, S. 371 ff. m. w. Nachw.; siehe auch AUSTIN, *A Plea for Excuses*, S. 1, 7 f., 11, wonach die Sprachanalyse *eine* philosophische Methode sei und nicht das letzte Wort habe; STRAWSON, in: MAGEE, *Modern British Philosophy*, S. 146, 160. Zusammenfassend PRECHTL, *Sprachphilosophie*, S. 182 ff.

[397] STEMMER, *Sprachanalytische Philosophie*, S. 401, 418; P. S. CHURCHLAND, *Die Neurobiologie des Bewußtseins*, S. 463, 470.

[398] Siehe nur LENK, *Handlung als Interpretationskonstrukt*, S. 279, 307 f.; PRECHTL, *Sprachphilosophie*, S. 183 f.

Bedenken bestehen deshalb auch gegen Ansätze, die in der Umgangssprache die „ontologische Basis des Rechts“ sehen, so SCHÜNEMANN, *Die Funktion des Schuldprinzips*, S. 153, 163 ff., in Anlehnung an die hochumstrittene sog. SAPIR-WHORF-Hypothese des ethnolinguistischen Determinismus (vgl. WHORF, *Language, Thought, and Reality*, S. 246, 252: “And every language is a vast pattern system, different from others, in which are culturally ordained the forms and categories by which the personality not only communicates, but also analyzes nature, notices or neglects types of relationship and phenomena, channels his reasoning, and builds the house of his consciousness.”, 257: “... in linguistic and mental phenomena, significant behavior ... are ruled by a specific system or organization, a ‘geometry’ of form principles characteristic of each language. This organization is imposed from outside the narrow circle of the personal consciousness, making of that consciousness a mere puppet whose linguistic maneuverings are held in unsensed and unbreakable bonds of pattern.”), die seit den 1950er Jahren überwiegend nur noch in moderater Form – Sprache *beeinflußt*, *präformiert* Kognition und Denken (“language ... as a continual priming effect”), stellt aber kein unüberwindbares Korsett dar – Anerkennung findet, dazu LILLARD, *Ethnopsychologies: Cultural Variations in Theories of Mind*, Psychological Bulletin 123 (1998), 3, 7 f. m. w. Nachw. Überdies hat WHORF kein *prius* der Sprache gegenüber kulturellen Normen oder Formen sozialer Organisation behauptet, sondern vielmehr wechselseitige Beeinflussung, *The Relation of Habitual Thought and Behavior to Language*, S. 134, 156 (“Which was first: the language patterns or the cultural norms? In the main they have grown up together, constantly influencing each other.”); ähnl. HENLE, *Language, Thought, and Culture*, S. 13 ff., 16 f. Aus einer unhintergehbaren unbewußten Tiefengrammatik der Sprache ließe sich überdies nur wenig Konkretes ableiten, so daß die behauptete „Umklammerung des Rechts durch die Umgangssprache“ (SCHÜNEMANN, Festschrift Roxin, S. 1, 30 Fn. 121) so viel Raum läßt – wie die Tatsache, daß hierüber sprachlich zwanglos Streit möglich ist, zeigt –, daß sie keiner Erwähnung mehr bedarf. Zum linguistischen Determinismus siehe nur WALDMANN, *Kategorisierung und Wissenserwerb*, S. 432, 473 ff.; ECKES, *Psychologie der Begriffe*, S. 94 ff.; SIMON, ein Maßstab, um philosophische und linguistisch-deskriptive Analyse zu unterscheiden. Die Behauptung verschiedener Sprachspiele oder Verwendungskategorien ist *kein* logischer Ausschluß der Frage, ob die verwendeten Ausdrücke referentiell sind und worauf sie sich beziehen, also auch nicht der empirischen wissenschaftlichen Untersuchung etwaiger Referenz.[399]

Der restriktive Verifikationismus selbst ist kaum haltbar,[400] da z.B. auch in der Physik theoretische, unbeobachtbare Entitäten postuliert werden, um Phänomene zu *erklären*. Beschreibung als einzigen sinnvollen Gebrauch von Sätzen anzusehen erscheint unzutreffend und klammert deren Multifunktionalität aus.[401]

Der behavioristische Ansatz ist ferner begrifflich konservativ bis zur Paralyse: Wenn Verhaltensevidenzen das Vorliegen mentaler Phänomene garantieren, so können empirische Wissenschaften unsere mentalistischen Ausdrücke nicht revidieren. Sollten Psychologie oder Neurophysiologie glauben, sie untersuchten das Mentale, so wäre dies ein Irrtum.[402] Die sprachanalytische Begriffsanalyse verfährt *a priori* – durch Abfragen der sprachlichen Intuitionen.

Daß Begriffsanalyse empiriefrei sei, ist indes eine wenig plausible Annahme: Die in der normalen Sprache verwendeten Begriffe spiegeln Meinungen über die jeweiligen Phänomene wider, sind „Abdruck des Geistes und der Weltansicht des Redenden“[403]. Die Ergebnisse der Betrachtung der normalen Sprache sind daher eine „Kodifizierung des Common Sense“,[404] des Alltagswissens und -glaubens, einschließlich Unwissens und Aberglaubens[405]. Die bisweilen verblüffende Nähe dieser “armchair psychology” zu naiven Verhaltenstheorien ist daher kaum verwunderlich.[406] Unbeachtet blieb aber auch, daß die normale Sprache und ihre Regeln in permanenter Veränderung begriffen sind,[407] daß sich diese Meinungen und der

---

Sprachphilosophie, S. 114 ff.; VON KUTSCHERA, *Sprachphilosophie*, S. 299 ff., 310 ff., 329 ff.; TRUSTED, *Inquiry and Understanding*, S. 15 ff., sowie LILLARD, *ibid.*, jew. m. w. Nachw.

399 Zusammenfassend MOORE, *Placing Blame*, S. 427 ff., 431 ff.

400 Gegen die Verifikationstheorie der Bedeutung und den Reduktionismus des modernen Empirismus siehe vor allem QUINE, *Two dogmas of empiricism*, S. 20, 37 ff.

401 BIERI, *Generelle Einführung*, S. 15 f.

402 BIERI, *Generelle Einführung*, S. 16 f. m. w. Nachw.

403 W. VON HUMBOLDT, *Über den Dualis*, Gesammelte Schriften, Band VI, S. 23; auch DERS., *Über das vergleichende Sprachstudium*, Gesammelte Schriften, Band IV, S. 27: „Ihre [der Sprachen] Verschiedenheit ist nicht eine von Schällen und Zeichen, sondern eine Verschiedenheit der Weltansichten selbst.“

404 BIERI, *Generelle Einführung*, S. 18; auch PRECHTL, *Sprachphilosophie*, S. 182 f., 184.

405 Siehe AUSTIN, oben Fußn. 306; PRECHTL, *Sprachphilosophie*, S. 184.

406 Vgl. LAUCKEN, *Naive Verhaltenstheorie*, S. 45 („die ‚Handlungsanalytiker‘ explizieren *naiv-psychologische* Konzepte“) u. f. (Hervorh. im Original). Die sozialpsychologische Attributionstheorie nutzt daher Sprachanalyse als ersten Schritt zur Feststellung von “common sense”-Begriffen des Alltags, z.B. FINCHAM & JASPARS, *Attribution of Responsibility: From the Man the Scientist to Man as Lawyer*, S. 81, 94 ff.

407 Siehe nur QUINE, *Word and Object*, S. 3 f.: “There are, however, philosophers who overdo this line of thought, treating ordinary language as sacrosanct. They exalt ordinary language to the exclusion of one of its own traits: its disposition to keep on evolving.”

Common Sense ändern in Abhängigkeit des Standes der empirischen Forschung, so daß die Sprachanalyse keine überzeitlichen analytischen Sätze ergibt.[408] Auch eine weitere Dimension der Sprache blieb oft unbeachtet: "Language is a social art."[409] – die soziale Natur der Herstellung von Bedeutung.

Weitere methodische Probleme liegen darin, daß, wie seit HUMBOLDT[410] bekannt ist, die Begriffssysteme verschiedener Sprachen differieren können. Welche Sprache eine angemessenere Begriffsfassung liefert, kann Sprachanalyse allein nicht entscheiden. Ferner erfolgt die Art der Feststellung des Sprachgebrauchs zumeist methodisch unreflektiert als „armchair linguistics", eben anhand der sprachlichen Intuitionen des jeweiligen Autors, dessen Qualifikation in seiner Muttersprachlichkeit liegt,[411] und kaum durch kontrollierte empirisch-linguistische Erhebungen.[412]

Schließlich beginnt die Vorstellung, Probleme der Philosophie seien Probleme der Sprache, auch deshalb zu zerfallen, weil beide Seiten dieser Relation abhanden kommen: Nur spezifische Probleme der Repräsentation, die ihrerseits zweifelhaft werden, lagen im Zugriff der Sprachphilosophie,[413] und auch die Ansicht, es gebe eine Entität Sprache, deren Gebrauch Regeln folge, wird zunehmend verworfen[414].

Ungeklärt blieben zudem lange die erkenntnistheoretischen Prämissen wie die Annahme, daß es keinen epistemischen Zugang zu den Phänomenen bzw. diese selbst nicht gebe. Die traditionelle Erkenntnistheorie ist hingegen vielfach dem Interesse an einer weniger ambitionierten pragmatischen Erkenntnistheorie gewichen, die nicht auf die Fragen des Skeptikers antwortet, sondern sich statt dessen auf den Erklärungswert der faktischen Begründungspraxis der Wissenschaften konzentriert. Der wissenschaftliche Realismus nimmt nunmehr an, daß auch ontologische Fragen keine Reservat der Philosophie mehr seien, sondern Gegenstand der empi-

---

408 BIERI, *Generelle Einführung*, S. 18 f. m. w. Nachw.; P. S. CHURCHLAND, *Die Neurobiologie des Bewußtseins*, S. 463, 470; siehe auch DENNETT, American Philosophical Quarterly 15 (1978), 249, 249 f.

409 QUINE, *Word and Object*, S. ix.

410 W. VON HUMBOLDT, *Über das vergleichende Sprachstudium*, Gesammelte Schriften, Band IV, S. 27 ff.; DERS., *Über das Entstehen der grammatischen Formen und ihren Einfluß auf die Ideenentwicklung*, Gesammelte Schriften, Band IV, S. 285 ff.; DERS., *Über die Verschiedenheit des menschlichen Sprachbaues und ihren Einfluß auf die geistige Entwicklung des Menschengeschlechts*, Band VII, S. 1 ff.; DERS., *Ueber den Einfluss des verschiedenen Charakters der Sprachen*, Gesammelte Schriften, Band VII, S. 640 ff.; dazu PRECHTL, *Sprachphilosophie*, S. 183.

411 Z. B. HARE, *Philosophical discoveries*, Mind 69 (1960), 145, 157 ff., 161.

412 Z. B. MATES, *Synoymity*, S. 109, 118 f.; eingehend VON SAVIGNY, *Die Philosophie der normalen Sprache*, S. 364 ff.

413 Siehe nur RORTY, *Twenty-Five Years After*, S. 371 ff.

414 Durch DAVIDSON, *A Nice Derangement of Epitaphs*, S. 89, 107: "... we have erased the boundary between knowing a language and knowing our way around in the world generally. ... I conclude that there is no such thing as a language, not if a language is anything like what many philosophers and linguists have supposed. ... We must give up the idea of a clearly defined shared structure to which language-users appeal and then apply to cases. ... we should give up the attempt to illuminate how we communicate by appeal to conventions."; DERS., *On the Very Idea of a Conceptual Scheme*, S. 183 ff.; zust. RORTY, *Twenty-Five Years After*, S. 371, 373 f.

rischen Wissenschaft.[415] Das Postulat unbeobachtbarer mentaler Phänomene zur Erklärung von Verhalten unterliegt demnach denselben Verifikationsbedingungen wie empirische Erklärungen. Das Wissen des Fremdpsychischen erscheint nicht problematischer als Wissen in vielen anderen naturwissenschaftlichen Kontexten,[416] ein epistemisch privilegierter Zugang zu den eigenen mentalen Zuständen, wie DESCARTES' Grundannahme der Selbsttransparenz des Bewußtseins oder BRENTANOS These der Inkorrigibilität der Introspektion[417] ist kein Prinzip mehr, sondern bestenfalls eine fragwürdige Hypothese.[418]

---

415 QUINE, *Two Dogmas of Empiricism*, S. 20, 45; siehe auch DERS., *Epistemology Naturalized*, S. 69 ff.; w. Nachw. bei BIERI, *Generelle Einführung*, S. 22 f.

Kennzeichnend für den wissenschaftlichen Realismus QUINES ist, daß eine Theorie die Existenz ihrer Gegenstände voraussetzt, *On what there is*, S. 1, 13 f.; DERS., *Word and Object*, S. 240 ff. Siehe auch LEPLIN, *Scientific Realism*, S. 1 ff., und die Beiträge darin.

416 RORTY, Noûs 7 (1973), 313, 315 ff. Vgl. z.B. ROTH, *Das Gehirn und seine Wirklichkeit*, S. 247, 274 ff., 299, der Bewußtseinsvorgänge und subjektives Erleben durch geschickte Versuchsanordnung prinzipiell für erforschbar (S. 274: „Warum sollte eine Versuchsperson konsistent lügen ...?“) und daher das „alte philosophische Problem des ‚Fremdpsychischen‘ [für] weitgehend entschärft“ (S. 275) hält.

417 BRENTANO, *Psychologie vom empirischen Standpunkt*, Band 1, S. 28 f.; Band 3, S. 20; Nachw. der Kritik bei ZOGLAUER, *Geist und Gehirn*, S. 16 ff.

Demgegenüber ist die Ungenauigkeit und Unzuverlässigkeit der Introspektion heute wohlbekannt und durch psychologische Forschung belegt, NISBETT & WILSON, Psychological Review 84 (1977), 231 ff., 242 ff. (231: "there may be little or no direct introspective access access to higher order cognitive processes"); PRINZ, *Freiheit oder Wissenschaft?*, S. 86, 93 ff., jew. m. w. Nachw.; zum Ganzen LYONS, *The Disappearance of Introspection*, S. 16 ff., 93 ff., 148 ff.; siehe auch DENNETT, *Content and Consciousness*, S. 99 ff.; CARRIER/MITTELSTRASS, *Geist, Gehirn, Verhalten*, S. 90 f. m. w. Nachw.; auch SCHÖPF, Stichwort „Wille“, S. 1702, 1704; METZINGER, *Einleitung: Das Problem des Bewußtseins*, S. 15, 34 f. („endgültiges Zerbrechen der trügerischen Selbstgewißheit der Introspektion“); RORTY, Synthese 53 (1982), 323, 331 ("We no more know 'the nature of mind' by introspecting mental events than we know the 'nature of matter' by perceiving tables. To know the nature of something is not a matter of having it before the mind, of intuiting it, but of being able to utter a large number of true propositions about it.") sowie Fußn. 349; siehe auch ZICHE, *Introspektion*, S. 3 ff.

Schließlich ist Introspektion selbst – wie jede Wahrnehmung – als *theoriegesteuerter*, kategorial überformter Vorgang anzusehen, P. M. CHURCHLAND, *Eliminative Materialism and the Propositional Attitudes*, Journal of Philosophy 78 (1981), 67, 70 ("... an introspective judgment is just an instance of an acquired habit of conceptual response to one's internal states, and the integrity of any particular response is always contingent on the integrity of the acquired conceptual framework (theory) in which the response is framed. Accordingly, one's *introspective* certainty that one's mind is the seat of beliefs and desires may be as badly misplaced as was the classical man's *visual* certainty that the star-flecked sphere of the heavens turns daily."); DERS., *Reduction, Qualia, and the Direct Introspection of Brain States*, Journal of Philosophy 82 (1985), 8, 15 f.; GOPNIK, *How we know our minds: The illusion of first-person knowledge of intentionality*, Behavioral & Brain Sciences 16 (1993), 1, 2 ff., 10 ff. (mit der Annahme einer "illusion of expertise", d.h. daß wir die Wahrnehmung eigenpsychischer Zustände und die Anwendung impliziter Theorien darauf nicht mehr trennen können); LYONS, *The Disappearance of Introspection*, S. 125 ff., 127; PRINZ, *Freiheit oder Wissenschaft?*, S. 86, 94 ff.; CARRIER/MITTELSTRASS, *Geist, Gehirn, Verhalten*, S. 90 f., 194 f., 199. Introspektionsberichte sind stets in öffentlicher Sprache abgefaßt. Die Verwendungsregeln für mentale Ausdrücke sind intersubjektiv verfügbar und erlernt und verkörpern die Ansichten der Alltagspsychologie. Die

Spezieller gilt der logische Behaviorismus als Analyse mentalistischen Sprechens heute als gescheitert:[419]

Erstens lassen sich mentalistische Ausdrücke nicht restlos in behaviorale Konditionale übersetzen, sondern beziehen sich immer auf weitere mentale Phänomene,

---

„erfahrenen Bewußtseinszustände [sind] mit den alltagspsychologisch unterstellten mentalen Phänomenen deshalb identisch, weil jene nach Vorgabe dieser bezeichnet und konzeptualisiert werden“, CARRIER/MITTELSTRASS, *ibid.*, S. 195; so bereits CARNAP, Erkenntnis 3 (1932/33), 107, 141 f.; FEIGL, *The "Mental" and the "Physical"*, S. 370, 391 ff., 397 ff., 400 ff.

Ähnl. schon SCHELER, *Vom fremden Ich*, S. 209, 246 ff., zur Strukturierung der Selbstwahrnehmung nach Maßgabe der möglichen Ausdrucks- und Handlungseinheiten, die Umwelt und Sprache bereitstellen („Und uns selbst unbewußt formt sich – im weitgehenden Maße – unser Erleben gemäß der Gliederung der Beachtungsrichtungen der Umwelt. Auch die Sprache und ihre psychologischen Bedeutungseinheiten werfen ihr gliederndes, artikulierendes Netz zwischen unsere Beschauung und unser Erleben. Wofür es in unserem Erleben ein Wort zur Aussprache gibt – und das ist stets ein Erleben, das es als durch die gemeinsame Sprache herausgehoben, auch für die ‚anderen‘ geben muß –, das geht als Erleben ganz anders in unsere Selbstwahrnehmung ein als das, was ‚unsagbar‘ ist.“); auch W. VON HUMBOLDT, *Ueber den Einfluss des verschiedenen Charakters der Sprachen*, Gesammelte Schriften, Band VII, S. 640, nahm an, daß „eine große Anzahl von Gegenständen erst durch die sie bezeichnenden Wörter geschaffen werden, und nur in ihnen ihr Daseyn haben“; allg. VON KUTSCHERA, *Sprachphilosophie*, S. 308, 338 f. Zum Einfluß der Sprache auf Wahrnehmung siehe allg. VON KUTSCHERA, *ibid.*, S. 289 ff. m. w. Nachw. zu HUMBOLDT, SAPIR und WHORF. Eine schwache Version der Relativitätsthese wird hier akzeptiert, siehe oben Fußn. 398.

Auch entwicklungsgeschichtlich dürfte die Unterscheidung des eigenen Ichs der mühevollere Vorgang sein als die Zuerkennung psychischer Qualitäten zu anderen. Zur Erweiterung der möglichen Selbstwahrnehmung durch Erfindung neuer Ausdrucksformen durch die „Dichter“ siehe SCHELER, *ibid.*, S. 246 f. Zur Differenzierung der Selbstwahrnehmung durch das Institut der Beichte und den modernen Roman siehe HAHN, KZfSS 34 (1982), 407 ff., 422 f., ohne die wir manche Gefühle überhaupt nicht „hätten“, d.h. nicht identifizieren könnten. Ähnl. aus neurobiologischer Sicht SINGER, *Das Subjekt als kulturelles Konstrukt*, S. 73 ff.

Eine Verteidigung der Introspektion unternimmt VERMERSCH, *Introspection as Practice*, S. 17 ff., 30 ff. m. w. Nachw.; siehe auch PIAGET, *Sagesse et illusions de la philosophie*, S. 181 ff., 186 f. Beide weisen darauf hin, daß vielfach gegen ein Zerrbild der Introspektion argumentiert wird und daß introspektiv gewonnene Daten schon vor hundert Jahren rigoroser Kontrolle unterstanden – in der Psychologie!, siehe ZICHE, *Introspektion*, S. 10 ff.; LYONS, *The Disappearance of Introspection*, S. 3 ff., jew. m. w. Nachw. Mit der zunehmenden Betonung der „first-person perspective“ – vgl. den Sonderband des Journal of Consciousness Studies 6 (1999), no. 2–3 = VARELA & SHEARS (eds.), *The View From Within*; WEGNER, *The Illusion of Conscious Will* – scheint nun auch eine Rehabilitierung introspektiver Daten, deren systematische Fehler zudem selbst von großem Interesse sind (PIAGET, *ibid.* S. 186 f.) einzusetzen, siehe schon CARNAP, *The Methodological Character of Theoretical Concepts*, S. 38, 70 f.

Introspektion im Sinne *ungefilterter* Innenschau bzw. Intuition (wie ROUSSEAUS « je le sais parce que je le sens », oben Fußn. 332) begegnet danach nur noch in manchen Reservaten der Philosophie, siehe unten Fußn. 778.

418 Dazu BIERI, *Generelle Einführung*, S. 23 f. m. w. Nachw.

419 Dazu BIERI, *Materialismus: Einleitung*, S. 31, 33 ff. m. w. Nachw.; SEEBASS, *Wollen*, S. 171 ff.; PAUEN, *Grundprobleme der Philosophie des Geistes*, S. 79 ff.; MOORE, *The Moral and Metaphysical Sources of the Criminal Law*, S. 11, 38 f.: "logical behaviorism is virtually dead among philosophers, psychologists, artificial intelligence scientists, linguists, and others currently worrying about the nature of mental states ..."; DERS., *Placing Blame*, S. 630 ff.

die sich nicht eliminieren lassen.[420] Der Grund liegt in der von DAVIDSON sogenannten „holistischen Natur des Geistes“ *(mental holism)*.[421]

Zweitens sind Fälle denkbar, in denen Verhaltensdispositionen weder notwendige noch hinreichende Bedingung für mentale Phänomene sind, daß z.B. Schmerzverhalten ohne Schmerzen existiert und umgekehrt. HEMPEL glaubte diesem Einwand zu entgehen, indem auch die physiologischen und neuronalen Zustände berücksichtigt werden. Ihm zufolge sind alle sinnvollen psychologischen Sätze restlos in physikalische Begriffe übersetzbar, Psychologie demnach ein genuiner Bestandteil der Physik.[422]

Drittens lassen sich nicht alle mentalen Phänomene einleuchtend als Dispositionen – bestenfalls als Augenblicksdispositionen – beschreiben, so alle flüchtigen, einmaligen Empfindungen, Vorstellungen usw., der plötzliche Einfall.[423]

Ferner kann eine Dispositionsanalyse die Prozessualität phänomenaler Vorgänge nicht erklären. Auch eine adäquate Erfassung etwa des *bewußten* Wollens ist mit Dispositionsbedingungen nicht zu leisten.[424]

Schließlich lassen sich eine Vielzahl relevanter, aber weder hinreichender noch notwendiger Bedingungen für bestimmte Verhaltensdispositionen, besonders deutlich bei den mehrspurigen Dispositionen[425] mentaler Ausdrücke, selbst angeben.[426] Solche Dispositionen scheinen daher *Cluster*-Begriffe[427] oder Typusbegriffe bzw. komparative Begriffe[428] darzustellen,[429] die ab einer gewissen Menge positiver

420 So bereits CHISHOLM, *Sentences about Believing*, Proceedings of the Aristotelian Society 56 (1955–56), 125, 133 ff.

421 DAVIDSON, *Mental Events*, S. 207, 217, 221 ff.: die Irreduzibilität intentionaler Ausdrücke ergebe sich aus der Unbestimmtheit der radikalen Übersetzung im Sinne QUINES (siehe auch *Word and Object*, S. 221: "Brentano's thesis of the irreducibility of intentional idioms is of a piece with the thesis of indeterminacy of translation."); BECKERMANN, *Analytische Einführung*², S. 89 f.; PAUEN, *Grundprobleme der Philosophie des Geistes*, S. 89 f.

422 HEMPEL, *The Logical Analysis of Psychology*, S. 373, 377 f.

423 SEEBASS, *Wollen*, S. 171 f.

424 SEEBASS, *Wollen*, S. 172 ff.

425 Gemeint sind "higher-grade" oder "multi-track dispositions", die sich im Gegensatz zu "single-track dispositions" in einer unendlichen Vielfalt von Manifestationen zeigen können, RYLE, *The Concept of Mind*, ch. 2, S. 43 f., z.B. gesellig, stolz, intelligent, willensstark usf. Bezeichnenderweise hat RYLE selbst nirgends mehr als nur eine Skizze der Übersetzung mentaler Ausdrücke in Dispositionen gegeben.

426 BECKERMANN, *Analytische Einführung*², S. 86 f.; KEMMERLING, *Gilbert Ryle: Können und Wissen*, S. 160 ff.; MYLONOPOULOS, *Komparative und Dispositionsbegriffe im Strafrecht*, S. 121 f.; MOORE, *The Moral and Metaphysical Sources of the Criminal Law*, S. 11, 39 f.

427 Als *cluster concept* bezeichnet PUTNAM, *The Analytic and the Synthetic*, S. 33, 50 ff., 52, einen Begriff, der durch eine unbestimmte Anzahl relevanter Merkmale charakterisiert ist, von denen keines notwendig und kaum eines hinreichend ist. Scharfe Abgrenzungen sind somit nicht möglich.

428 Zur Einordnung von Typusbegriffen als komparative Begriffe siehe nur MYLONOPOULOS, *Komparative und Dispositionsbegriffe im Strafrecht*, S. 35 ff., 39; KOCH/RÜSSMANN, *Juristische Begründungslehre*, S. 73 ff., 76, jew. m. w. Nachw.; zu komparativen Begriffen allgemein siehe nur STEGMÜLLER, *Probleme und Resultate der Wissenschaftstheorie*, Band II-1, S. 27 ff.

429 BECKERMANN, *Analytische Einführung*², S. 86 f.

Kriterien bejaht werden, ohne daß es notwendige oder einzelne hinreichende Kriterien gäbe.[430] Daher ist es mehr als zweifelhaft, daß sich vollständige Definitionen, die Gegenbeispiele zuverlässig ausschließen, geben lassen.[431]

Die Wissenschaftstheorie löst daher im Anschluß an CARNAP heute Dispositionsprädikate durch *theoretische Begriffe* ab,[432] die den Status von Grundbegriffen haben und keine explizite Definition benötigen, sondern durch Zuordnungs- oder Korrespondenzregeln mit Beobachtungsbegriffen (Indikatoren) verbunden sind, wodurch indes immer nur partielle Deutungen ermöglicht werden. Die Verwendungsweise theoretischer Begriffe wird somit zum einen durch ihre Rolle in einer Theorie – durch andere theoretische Begriffe – und einen empirischen Bezug festgelegt („Triangulation im logischen Raum“[433]); sie sind offene Begriffe, insofern sich die zugeordneten Beobachtungsindikatoren ändern mögen. Folglich sind theoretische Begriffe nicht synonym mit ihren Indikatoren, nicht auf sie reduzierbar und umgekehrt das Vorliegen der Indikatoren nicht hinreichend für die Anwendbarkeit des theoretischen Begriffs.[434] Die Korrespondenzregeln selbst sind ebenfalls theoretisch bedingt.[435] Auch psychologische Begriffe lassen sich als theoretische Begriffe deuten, wenn man annimmt, daß sie vollständig weder in analytische Sätze bzw. Konventionen aufgelöst werden können.[436]

---

430 Zu Vorschlägen, Vorsatz als komparativen Begriff zu verstehen, siehe PHILIPPS, ZStW 85 (1973), 27 ff., 35 ff.; PUPPE, Gedächtnisschrift Armin Kaufmann, S. 15, 31 f.; ähnl. MYLONOPOULOS, ZStW 99 (1987), 685, 715 ff.; DERS., *Komparative und Dispositionsbegriffe im Strafrecht*, S. 74 ff.; als Typusbegriff: SCHÜNEMANN, Festschrift Hirsch, S. 363, 370 ff. Zur Fahrlässigkeit als Typusbegriff siehe DUTTGE, *Zur Bestimmtheit des Handlungsunwerts von Fahrlässigkeitsdelikten*, S. 429 ff.

431 BECKERMANN, *Analytische Einführung*², S. 87 ff. Dies ist ein allgemeines Problem der Explizitdefinition von Dispositionsbegriffen, STEGMÜLLER, *Probleme und Resultate der Wissenschaftstheorie*, Band II-1, S. 217 ff.; MYLONOPOULOS, *Komparative und Dispositionsbegriffe im Strafrecht*, S. 91 ff.; SEEBASS, *Wollen*, S. 171.

432 Zu den Unterschieden siehe CARNAP, *The Methodological Character of Theoretical Concepts*, S. 38, 62 ff., 66 ff., 71 f.

433 FEIGL, *Physicalism, Unity of Science and Foundation of Psychology*, S. 302, 321 ("triangulation in logical space").

434 CARNAP, *The Methodological Character of Theoretical Concepts*, S. 38 ff., 66 ff.; HEMPEL, *The Theoretician's Dilemma: A Study in the Logic of Theory Construction*, S. 37 ff., 41 ff.; DERS., *Fundamentals of Concept Formation in Empirical Science*, S. 29 ff.; STEGMÜLLER, *Probleme und Resultate der Wissenschaftstheorie*, Band II-1, S. 233 ff., 293 ff.; CARRIER/MITTELSTRASS, *Geist, Gehirn, Verhalten*, S. 152 ff.; BECKERMANN, *Analytische Einführung*², S. 94 ff., jew. m. w. Nachw.

Zur Rezeption im Strafrecht, namentlich für den Vorsatz, siehe MYLONOPOULOS, *Komparative und Dispositionsbegriffe im Strafrecht*, S. 100 ff.; VOLK, Festschrift Bockelmann, S. 75 ff., 78; DERS., Festschrift Arthur Kaufmann, S. 611, 616 ff.; DERS., Festschrift 50 Jahre BGH, S. 739, 742 ff.; siehe auch NEUMANN, *Rechtsontologie und juristische Argumentation*, S. 53 ff.; SCHULZ, *Normiertes Misstrauen*, S. 236 ff.

435 CARNAP, *The Methodological Character of Theoretical Concepts*, S. 38, 47 ff.; siehe auch CARRIER/MITTELSTRASS, *Geist, Gehirn, Verhalten*, S. 154 ff.

436 CARNAP, *The Methodological Character of Theoretical Concepts*, S. 38, 69 ff.; siehe auch CHIHARA & FODOR, *Operationalismus und normale Sprache*, S. 221, 250 ff.; BRANDT & KIM, *Wants As Explanations for Actions*, S. 425 ff.; AUDI, *The Concept of Wanting*, S. 35, 36 ff., 38 ff.;

Im übrigen beschreibt die Rede von Dispositionen stets nur etwas Vorläufiges – oder ein „Forschungsprogramm"[437] – und hat nur regulative, keine konstitutive Bedeutung: Nach QUINE steckt hinter jedem Dispositionsbegriff ein struktureller Zustand oder physikalischer Mechanismus, den wir oft nicht kennen. Ist dieser Mechanismus bekannt, kann (und sollte) die Wissenschaftssprache auf den Dispositionsbegriff verzichten.[438] Dies trifft sich hinsichtlich mentaler Zustände mit LUHMANNS Verständnis von „Denken", „Wollen", „Verstand" und „Wille" als Aggregatausdrücken für im einzelnen ungeklärte Sachverhalte.[439]

c) Eliminativer Materialismus

Der anfangs von QUINE, FEYERABEND und RORTY entwickelte[440] und später von den CHURCHLANDS vehement vertretene *eliminative Materialismus*[441] setzt

---

BECKERMANN, *Handeln und Handlungserklärung*, S. 7, 40 ff., 44 ff.; HERRMANN, *Handlungstheoretische Aspekte der Aggression*, S. 790, 795; krit. KINDHÄUSER, *Intentionale Handlung*, S. 118 f., alle m. w. Nachw.

Auch in verschiedenen Theoriekontexten, so z.B. FEIGL, *Principles and Problems of Theory Construction in Psychology*, S. 179, 181 ff., 205 f. (Neurophysiologie als Theorieebene der psychologischen Begriffe); CARRIER/MITTELSTRASS, *Geist, Gehirn, Verhalten*, S. 152 ff. (theoretische Begriffe als adäquate hypothetische Konstrukte für die Psychologie und als Grundlage eines pragmatischen Dualismus). Gegen die Kritik aus psychoanalytischer Sicht siehe MOORE, *Placing Blame*, S. 427 ff. m. w. Nachw.

437 So STEGMÜLLER, *Hauptströmungen der Gegenwartsphilosophie*, Band II, S. 276, mit LAKATOS' Terminologie.

438 QUINE, *Word and Object*, § 46 S. 223 ff.; DERS., *Necessary Truth*, S. 68, 71 ff.; DERS., *Propositional Objects*, S. 139, 144; DERS., *Natural Kinds*, S. 114, 137; DERS., *Pursuit of Truth*, S. 76.

439 LUHMANN, *Die Wissenschaft der Gesellschaft*, S. 141.

440 QUINE, *On Mental Entities*, S. 221 ff.; auch noch später, siehe DERS., *Mind and verbal dispositions*, S. 83, 94 f.; DERS., *States of Mind*, Journal of Philosophy 82 (1985), 5, 6; RORTY, *Mind-Body Identity, Privacy, and Categories*, Review of Metaphysics 19 (1965/66), 24 ff.; DERS., *In Defense of Eliminative Materialism*, Review of Metaphysics 24 (1970), 112 ff.; FEYERABEND, *Comment: Mental Events and the Brain*, Journal of Philosophy 60 (1963), 295 f.; DERS., *Materialism and the Mind-Body Problem*, Review of Metaphysics 17 (1963), 49 ff., 56 ff.

QUINES Position schwankt indes, da er einerseits eine neuronale Definition von mentalen Zuständen als Elimination begreift, andererseits annimmt, daß es niemals möglich sein wird, mentalistische Prädikate in neurologische zu übersetzen, da beide inkommensurabel seien. Im täglichen Gebrauch seien intentionale Ausdrücke praktisch unaufgebbar, doch eine *wissenschaftliche* Erklärung müsse freilich auf sie verzichten, *Word and Object*, S. 221; siehe auch *Wurzeln der Referenz*, S. 57 („Gegen mentale Entitäten ist nichts einzuwenden, wenn sie als hypothetische physikalische Mechanismen aufgefaßt und mit dem einzigen Zweck der Systematisierung physikalischer Erscheinungen eingeführt werden. Man sollte sie in der Hoffnung einführen, daß sie eines Tages eine vollständige physikalische Erklärung erfahren werden.") u. ff.; DERS., *States of Mind*, *ibid.*, S. 7 f. Er vertritt damit einen anomalen Monismus wie DAVIDSON (*Mental Events*, S. 207 ff., 214 ff.: es gebe keine strikten psychophysischen Gesetze), der von einem irreduziblen Sprachdualismus ausgeht, *Mind versus Body*, S. 133 f.

441 Dazu CARRIER/MITTELSTRASS, *Geist, Gehirn, Verhalten*, S. 79 ff.; BECKERMANN, *Analytische Einführung*², S. 245 ff., 250 ff.; BIERI, *Materialismus: Einleitung*, S. 43 ff.; PAUEN,

in der Tradition des Wiener Kreises[442] das Programm des logischen Behaviorismus in radikaler Weise fort und nimmt an, daß mentale Phänomene nicht nur mit physikalischen Phänomenen identisch sind, sondern auch auf letztere reduziert werden können und müssen. Allerdings sei die in der Alltagspsychologie verkörperte spekulative empirische Theorie psychologischer Phänomene derart fehlerhaft, daß eine Reduktion[443] ihrer Begriffe nicht möglich sei, sondern nur deren Elimination. Denn die psychologische Alltagstheorie sei nur vordergründig erfolgreich in der Erklärung und Voraussage menschlichen Verhaltens und habe bei näherer Betrachtung in großem Stile versagt, z.B. bei Erklärung von Geisteskrankheit, Schlaf, Gedächtnis, Lernen usw., zudem seit der Antike keine nennenswerten Fortschritte gemacht, allenfalls laufend Konzepte aufgeben müssen (Beseelung natürlicher Phänomene, Krankheit als dämonische Besessenheit) und sei schließlich nicht integrierbar in die modernen Kognitionswissenschaften.[444]

Zum anderen gebe es keine mentalen Phänomene, da sie allesamt durch neurophysiologische Vorgänge erklärt werden könnten. Mentale Terme sind semantisch referentiell, aber, da sie sich auf inexistente Phänomene beziehen, falsch. Der Glaube an geistige Substanzen sei ebenso naiv und überholt wie Dämonenglaube.

Grundprobleme der Philosophie des Geistes, S. 90 ff., 97 ff.; Roth, *Das Gehirn und seine Wirklichkeit*, S. 289 ff.; Lycan, *Folk Psychology and Its Liabilities*, S. 1, 8 ff.; Zoglauer, *Geist und Gehirn*, S. 119 ff., jew. m. w. Nachw.; zur Kritik siehe auch Pauen, DtZPhil 44 (1996), 77 ff.

442 Vgl. Quine, *On Mental Entities*, S. 221 ff., 225 f.

443 Zum Begriff der Theoriereduktion, der an Ernest Nagel, *The Structure of Science*, S. 336 ff., anknüpft, siehe nur Carrier/Mittelstrass, *Geist, Gehirn, Verhalten*, S. 45 ff.; Bekkermann, *Analytische Einführung*², S. 104 ff., jew. m. w. Nachw.

Zur Reduktion der Psychologie auf Biologie schon Piaget, *Introduction à l'épistémologie génétique*, tome III, S. 324 ff., der Bewußtsein für irreduzibel hält.

444 So P. M. Churchland, *Eliminative Materialism and the Propositional Attitudes*, Journal of Philosophy 78 (1981), 67, 72 ff.; ders., *Matter and Consciousness*, S. 45 ff.; P. S. Churchland, *Die Neurobiologie des Bewußtseins*, S. 463 ff., 468 ff.

Krit. zu Alltagstheorien auch Stich, *From Folk Psychology to Cognitive Science*, S. 209 ff.; sowie die Beiträge im Band von Christensen & Turner, *Folk psychology and the philosophy of mind*. Knapp auch Prinz, *Freiheit oder Wissenschaft?*, S. 86, 91 ff.; Maasen/Prinz/Roth, *Voluntary action: Brains, minds, and sociality*, S. 8 f.: Problematisch seien vor allem drei Eigenschaften von Alltagstheorien: (1.) die Annahme von indeterministischen Bereichen in einer ansonsten determinierten Welt, genauer der Annahme einer anderen Art von Determination, namentlich durch freien Willen; (2.) psychophysischer Dualismus mit der Annahme mentaler Verursachung physischer Vorgänge, die der Quadratur des Kreises nahekomme, sowie (3.) der mangelnden Unterscheidung zwischen Beobachtungen aufgrund bewußter Erfahrung und funktionalen Mechanismen; Alltagstheorie nehme Beobachtung für Funktionen und verwechsele Daten mit Theorie, so z.B. die Erfahrung eigener freier Entscheidung mit objektiver, kontrakausaler Freiheit oder die Erfahrung psychischer Verursachung von Handlungen mit einer Theorie psychophysischer Kausalität. (S. 9: "There is not the slightest awareness of the possibility that what appears in personal conscious experience might not be the fundament for everything else, but rather the selective outcome of the workings of subpersonal non-conscious mechanisms.")

Einen Versuch, Common Sense-Theorien zu retten, unternimmt Forguson, *Common Sense*, durchgehend, vor allem S. 85 ff., 175 f., wobei er freilich den verbreiteten Schluß von der Phänomenologie des Bewußtseins auf die Ontologie geistiger Zustände opfern muß.

Abgesehen davon, daß das Programm des eliminativen Materialismus einen bislang uneingelösten Wechsel auf die Zukunft darstellt,[445] da die Neurowissenschaften trotz rasanten Wissenszuwachses immer noch deutlich davon entfernt sind, die angestrebte Ersetzung zu ermöglichen, abgesehen ferner von den wohl dramatischen Konsequenzen für viele Lebensbereiche einschließlich Ethik, Psychologie, Sozialwissenschaften etc.[446] und dem Einwand, daß seine Protagonisten einem pragmatischen Selbstwiderspruch[447] wohl nicht entrinnen können, wird bestritten, daß die Alltagstheorie als bloß primitive Form wissenschaftlicher empirischer Theorien adäquat erfaßt ist. Soweit sie beschreibende Annahmen enthalte, seien diese nicht in dem Ausmaße fehlerhaft wie behauptet.[448] Vor allem aber sei die Alltagspsychologie Abbild einer sozialen Praxis mit normativem Charakter und als solche im sozialen Leben praktisch unverzichtbar.[449] Der Gegeneinwand lautet hier, daß genauso wie eine bessere chemische Theorie bessere chemische Praxis ermögliche, eine bessere psychologische Theorie auch zu einer überlegenen sozialen und moralischen Praxis führen könne und solle; der eliminative Materialismus habe nicht eine Dehumanisierung zur Konsequenz, sondern ziele im Gegenteil auf die Überwindung unaufgeklärter Praktiken wie einst Gottesurteile, Exorzismen usw.[450]

Daß alltagssprachliche und psychologische Beschreibungen mentaler Vorgänge und neurophysiologische Beschreibungen „taxonomisch inkongruent“[451], d.h. regelmäßig nicht adäquat ineinander übersetzbar sind, dürfte hingegen kaum zu bestreiten sein.

---

445 Siehe nur ROTH, *Das Gehirn und seine Wirklichkeit*, S. 289 ff., 291 („allzu großer Optimismus“), 300 f.

446 BAKER, *Saving Belief*, S. 130 ff.; DIES., *The first-person perspective: A test for naturalism*, American Philosophical Quarterly 35 (1998), 327 ff.; FODOR, *Psychosemantics*, S. xii; siehe auch FORGUSON, *Common Sense*, S. 8 f.

447 Dazu P. M. CHURCHLAND, *Eliminative Materialism and the Propositional Attitudes*, Journal of Philosophy 78 (1981), 67, 89 f.; w. Nachw. bei BECKERMANN, *Analytische Einführung*², S. 262 ff.; ZOGLAUER, *Geist und Gehirn*, S. 126 ff.

Ähnliche Einwände sind gegen jegliche, dem Alltagsverständnis skeptisch gegenüberstehende Positionen vorgebracht worden, vgl. nur FORGUSON, *Common Sense*, S. 111 f. (zu THOMAS REID), 131 ff. (zu G. E. MOORE), einschließlich des Arguments *ad hominem*, daß auch der Skeptiker, wenn er nicht gerade philosophiert, sein Leben mittels der rationalen Psychologie des Alltags bewältigt (siehe auch *ibid.*, S. 18 f., 26) – so sehr dies für die eminente praktische Brauchbarkeit der Alltagstheorien spricht, so wenig begründet es deren theoretische Validität.

448 BAKER, *Saving Belief*, S. 123 ff.; w. Nachw. bei BECKERMANN, *Analytische Einführung*², S. 257 ff.

449 Z. B. DENNETT, *Three Kinds of Intentional Psychology*, S. 43 ff.; HEIL, *The Nature of True Minds*, S. 10; dazu CARRIER/MITTELSTRASS, *Geist, Gehirn, Verhalten*, S. 289 f. (zur Alltagspsychologie im *praktischen* Sinn); BECKERMANN, *Analytische Einführung*², S. 260 ff. m. w. Nachw.; siehe auch KÖBERER, KrimJ 1983, 184, 189 f. Dagegen P. M. CHURCHLAND, *Eliminative Materialism and the Propositional Attitudes*, Journal of Philosophy 78 (1981), 67, 76 f., 82 f. m. w. Nachw.

450 P. M. CHURCHLAND, *Folk Psychology (2)*, S. 308, 313; DERS., *Evaluating Our Self Conception*, S. 25 ff.

451 Begriff nach THORP, *Free Will*, S. 40 ff. (“taxonomic incongruence thesis”); siehe auch DAVIDSON, *Mental Events*, S. 207 ff., 222 f.

d) Sonstige Materialismen, Funktionalismus

Der Vollständigkeit der vorliegenden Skizze halber seien noch die wesentlichen anderen Formen des Materialismus erwähnt, die das gegenwärtige Diskussionsfeld kennzeichnen. Allen Ansätzen ist gemein, daß sie keine Elimination mentalistischer Ausdrücke anstreben.

Die *Identitätstheorien* besagen,[452] daß mentale Phänomene mit Zuständen, die die Neurophysiologie zum Gegenstand hat, identisch sind, in der Hoffnung, eines Tages genaue nomologische Korrelationen zwischen beiden aufweisen zu können. In der stärksten Form der *Typenidentität* (FEIGL) wird die Gleichheit psychologischer und physikalischer Ereignistypen postuliert. Festgehalten wird daran, daß mentalistische und physikalische Beschreibungen verschiedene Bedeutungen haben, die nicht ineinander übersetzt werden können *(Aspektdualismus)*. Zurückgewiesen wird die substanzdualistische Folgerung, daß deshalb, weil die beiden Beschreibungen verschiedenes *meinen*, auch Verschiedenes *sein* müsse. Identität und Verschiedenheit von Phänomenen wird als Identität und Verschiedenheit von Bedeutung begriffen, was Reduktion durch Identifikation nicht ausschließt, wie sie oft mit empirischen Entdeckungen einhergeht. Semantisch gewendet: Zwei Ausdrücke können verschiedene Bedeutungen (Intensionen, Konnotationen), aber dieselbe Referenz (Extension, Denotation) haben.[453] Zu den Konsequenzen des Theorieansatzes gehört, daß mentale Zustände nicht mehr privat sind und daß sie Ursache von Verhalten sind; eine befriedigende Erklärung der Intentionalität mentaler Zustände steht hingegen noch aus.

Die sehr intensive Diskussion über die Identitätstheorie hat eine solche Fülle von Schwierigkeiten insbesondere methodischer Art aufgezeigt,[454] daß verschiedene Auswege erwogen worden sind:

Dazu gehören Ansätze zu einem *nicht-reduktiven Materialismus* – z.B. der „anomale Monismus" DAVIDSONS[455] – mit Annahmen schwächerer Identitätspostulate

---

452 Nachw. bei CARRIER/MITTELSTRASS, *Geist, Gehirn, Verhalten*, S. 38 ff.; BECKERMANN, *Analytische Einführung*², S. 98 ff.; BIERI, *Materialismus: Einleitung*, S. 36 ff.; PAUEN, *Grundprobleme der Philosophie des Geistes*, S. 106 ff.; ZOGLAUER, *Geist und Gehirn*, S. 95 ff.

453 Vgl. die bekannten Beispiele von FREGE, *Über Sinn und Bedeutung*, S. 25, 27 („Abendstern" und „Morgenstern" mit gemeinsamer Referenz Planet Venus) und RUSSELL, („Sir Walter Scott" und „Autor von Waverley"), siehe auch WHITEHEAD & RUSSELL, *Principia Mathematica*, vol. 1, S. 66 ff. Zur Terminologie siehe oben Fußn. 178.

454 Nachw. bei CARRIER/MITTELSTRASS, *Geist, Gehirn, Verhalten*, S. 54 ff., 85 ff.; BECKERMANN, *Analytische Einführung*², S. 117 ff.; BIERI, *Materialismus: Einleitung*, S. 41 ff.; ZOGLAUER, *Geist und Gehirn*, S. 101 ff.

455 DAVIDSON, *Mental Events*, S. 207 ff.; DERS., *The Material Mind*, S. 245 ff.; DERS., *Psychology as Philosophy*, S. 229 ff.; w. Nachw. und Kritik bei CARRIER/MITTELSTRASS, *Geist, Gehirn, Verhalten*, S. 104 ff.; BECKERMANN, *Analytische Einführung*², S. 181 ff.; PAUEN, *Grundprobleme der Philosophie des Geistes*, S. 119 ff.; ZOGLAUER, *Geist und Gehirn*, S. 189 ff. Die Negation strikter psychophysischer Gesetze beruht auch darauf, daß solche „Gesetze" *sprachliche* Ausdrücke und mentale und physiologische Beschreibungen inkongruent sind, dazu auch THORP, *Free Will*, S. 41 ff.

(*token identity* – jeder psychische Zustand hat ein neurophysiologisches Korrelat, welches aber von Mensch zu Mensch verschieden sein kann) und eines lediglich besonders engen Zusammenhangs zwischen mentalen und physiologischen Phänomenen (*Supervenienz*).[456]

Eine andere, weniger von den gegenwärtigen Fragestellungen der *philosophy of mind* als von neurobiologischer Sicht beeinflußte Form eines *nicht-reduktionistischen Physikalismus* vertreten beispielsweise ROTH und SCHWEGLER, da schon das vorhandene Theoriegebäude der Physik selbst nicht-reduktionistisch sei, sondern aus nicht aus einer Fundamentaltheorie ableitbaren Bereichstheorien bestehe, die daher nicht aufeinander reduzierbar seien. Sie nehmen eine sehr enge Parallelität zwischen Gehirnprozessen und kognitiven Vorgängen an, die darstellbar, in groben Zügen bekannt und physiologisch-pharmakologisch beeinflußbar sei.[457] Geist sei einerseits ein Zustand, der in sehr großen interagierenden Neuronenverbänden auftrete und mit physikalischen Methoden faßbar sei, andererseits von uns völlig anders erlebt werde.[458] Denn zum einen seien die neurobiologischen Vorgänge im einzelnen noch zu wenig bekannt, zum anderen sei das zweite Relat der Reduktion, die „Gesetze des Psychischen“ in der Alltagspsychologie und wissenschaftlichen Psychologie, ebensowenig ausformuliert, so daß derzeit gänzlich unklar sei, *was worauf* zu reduzieren wäre,[459] ganz abgesehen davon, daß erfolgreiche Theoriereduktionen von Makrophänomenen auf Mikrophänomene selbst in der Physik bislang überhaupt noch ausstünden.[460]

Angesichts der erheblichen theoretischen Schwierigkeiten, die alle Spielarten des Materialismus aufweisen, ist, ebenfalls in zahlreichen Varianten, der maßgeblich von PUTNAM und FODOR begründete *Funktionalismus* zu einer weit verbreiteten, wohl dominanten Ansicht geworden,[461] demzufolge mentale Zustände funktionale Zustände sind – entweder ihrer Bedeutung nach oder als empirische Hypothese –, die durch ihre kausale Rolle – in Reaktion auf äußere Stimuli (Input), als Ursache äußerer Folgen wie Verhalten (Output) oder in Relation zu anderen Funktionszuständen des Systems – beschrieben (durch Alltagspsychologie oder wissenschaft-

---

456 Nachw. bei BIERI, *Materialismus: Einleitung*, S. 51 f.; PAUEN, *Grundprobleme der Philosophie des Geistes*, S. 122 ff.

457 ROTH/SCHWEGLER, Ethik und Sozialwissenschaften 6 (1995), 69, 75 ff.; ROTH, *Das Gehirn und seine Wirklichkeit*, S. 300 ff.

458 ROTH, *Das Gehirn und seine Wirklichkeit*, S. 302.

459 ROTH, *Das Gehirn und seine Wirklichkeit*, S. 291; SCHWEGLER, *Reduktionismen und Physikalismen*, S. 59,76 ff.

460 SCHWEGLER, *Reduktionismen und Physikalismen*, S. 59, 65 ff. m. w. Nachw., nimmt an (S. 78), daß „für alle absehbare Zeit eine Überprüfung der Reduktionshypothese völlig ausgeschlossen“ ist; ebenso CARRIER/MITTELSTRASS, *Geist, Gehirn, Verhalten*, S. 134 ff., 292 f.

461 Nachw. bei CARRIER/MITTELSTRASS, *Geist, Gehirn, Verhalten*, S. 61 ff.; BECKERMANN, *Analytische Einführung*², S. 141 ff., 153 ff.; BIERI, *Materialismus: Einleitung*, S. 47 ff.; PAUEN, *Grundprobleme der Philosophie des Geistes*, S. 128 ff.; ZOGLAUER, *Geist und Gehirn*, S. 130 ff.; knapp auch MOORE, *Placing Blame*, S. 433 ff.

liche Psychologie) und auf verschiedene Weise realisiert werden können und bei Menschen durch Gehirnzustände realisiert sind. Es ergibt sich also ein ontologisch neutraler Dualismus zwischen abstrakten funktionalen Zuständen und konkreten physiologischen Zuständen. Der Funktionalismus erlaubt die Erklärung intentionaler Zustände ebenso wie Kausalität mentaler Zustände. Der empirische Funktionalismus knüpft an die neuere kognitive Psychologie und die Forschung zur Künstlichen Intelligenz an. Funktionale Erklärungen können an die Alltagspsychologie – Beispiele aus der allgemeinen und strafrechtlichen Handlungstheorie liegen vor[462] – oder an die wissenschaftliche Psychologie anschließen. Die kritische Diskussion dauert an.[463] Aus Sicht des Eliminativen Materialismus ist Funktionalismus freilich eine reaktionäre Position, die bloß die Wirrnis der Alltagstheorien verdeckt.[464] Unklar ist, wie funktionale Definitionen, die ersichtlich nicht auf mentale Ausdrücke beschränkt sind, das Spezifikum ebendieser Ausdrücke erfassen können; ebenso, ob phänomenale Qualitäten („Qualia“),[465] z. B. die Erlebnisqualität des Schmerzes, sich wirklich bloß als funktionale Zustände beschreiben lassen.[466]

Mit Unklarheiten behaftet sind auch *emergenztheoretische* Thesen, wonach mentale Phänomene nichtreduzierbare Systemeigenschaften neuronaler Prozesse sind, d. h. Eigenschaften, für die bisweilen Charakteristika wie Neuartigkeit, Nichtvorhersehbarkeit und Nichtableitbarkeit reklamiert werden.[467] Die gegenwärtig zum

---

462 So der bekannte Aufsatz von BRANDT & KIM, *Wants As Explanations for Actions*, S. 425 ff., und für das Strafrecht MOORE, *Act and Crime*, S. 130 ff., 156 f., der allerdings einen „homunkularen Funktionalismus“ vertritt und die Funktion der Volition schließlich ontologisiert, krit. DUFF, *Criminal Attempts*, S. 270 ff.

463 Nachw. zur Kritik bei BIERI, *Materialismus: Einleitung*, S. 50 f.; ZOGLAUER, *Geist und Gehirn*, S. 134 ff. Knapp TOEPEL, *Grundstrukturen des Sachverständigenbeweises*, S. 202 f.

464 P. M. CHURCHLAND, *Eliminative Materialism and the Propositional Attitudes*, Journal of Philosophy 78 (1981), 67, 78, 81.

465 Ob die Annahme phänomenaler Qualitäten, die den Terminus *Qualia* erhalten haben und im Anschluß an den bekannten Aufsatz THOMAS NAGELS (*What Is It Like to Be a Bat?*, Philosophical Review 83 [1974], 435 ff.), als Antwort auf Fragen „wie es sich anfühlt …“ ("what is it like …") umrissen werden, sinnvoll ist, ist zur Zeit heftig umstritten, ablehnend z.B. RORTY, Synthese 53 (1982), 323, 337 ff.; P. M. CHURCHLAND, *Reduction, Qualia, and the Direct Introspection of Brain States*, Journal of Philosophy 82 (1985), 8, 17 ff.; DENNETT, *Consciousness Explained*, S. 369 ff.; w. Nachw. bei BECKERMANN, *Analytische Einführung*², S. 386 ff., 422 ff.; METZINGER, *Einleitung: Das Problem des Bewußtseins*, S. 15, 24 ff., 43 f. und die Beiträge in DERS. (Hrsg.), *Bewußtsein*, S. 323 ff.; ROTH, *Das Gehirn und seine Wirklichkeit*, S. 297 ff.; ZOGLAUER, *Geist und Gehirn*, S. 145 ff., 172 ff.

Im übrigen ist nur der Terminus neu: Auf die Frage hatte schon DU BOIS-REYMOND, *Über die Grenzen des Naturerkennens*, S. 441, 458 f., hingewiesen.

Womöglich hatte NIETZSCHE recht, Nachgelassene Fragmente, Ende 1876–Sommer 1877 (Mp XIV 1b), Nr. 3: „Man kann nicht erklären, was die Empfindung ist; aber ich glaube, es ist nicht viel, wenn man es weiß, und gewiß steckt kein Welträthsel dahinter.“

466 Nachw. bei BECKERMANN, *Analytische Einführung*², S. 163 ff.; siehe auch PAUEN, *Grundprobleme der Philosophie des Geistes*, S. 141 ff.

467 LORENZ, *Die Rückseite des Spiegels*, S. 47 ff., 223 ff.; POPPER/ECCLES, *Das Ich und sein Gehirn*, S. 44 ff.; dazu STEPHAN, *Emergenz in kognitionsfähigen Systemen*, S. 123 ff., sowie CARRIER/MITTELSTRASS, *Geist, Gehirn, Verhalten*, S. 127 ff.; BECKERMANN, *Analytische Einfüh-*

„Modeterminus“[468] avancierte *Emergenz* wird indes nicht stets eindeutig charakterisiert: Soll sie lediglich Eigenschaften bezeichnen, die dem Ganzen, aber nicht seinen Teilen für sich zukommen, so ist sie ein Kennzeichen aller nicht rein quantitativen Eigenschaften[469] wie die Flüssigkeit von Flüssigkeiten usw., und trivial. Soll sie als Gegensatz zur reduktiven Erklärbarkeit von Makroeigenschaften durch Mikroeigenschaften dienen, fällt es schon schwer, emergente Eigenschaften außer dem phänomenalen Bewußtsein namhaft zu machen, die nicht auf der Unvollständigkeit nomologischen Wissens beruhen. Zudem würde dies zu der Annahme führen, daß die physikalische Welt nicht nomologisch geschlossen ist bzw. die grundlegenden Gesetze der Physik inhomogen, lückenhaft sind.[470] Emergente Eigenschaften bedürften somit eines eigenen göttlichen Schöpfungsakts oder blieben rätselhaft.[471]

Im Gegensatz dazu steht eine *Realisierungstheorie*, wonach alle mentalen Eigenschaften durch physische Eigenschaften realisiert, d.h. reduktiv erklärbar sind. Mentale Eigenschaften sind also nicht eigenständig. Übernimmt man aber die Annahme des Funktionalismus, daß sie vielfältig (auf physiologischer Ebene) realisiert werden können, so behält das mentale Vokabular seine Berechtigung.[472]

e) Dennetts Theorie intentionaler Systeme

Ein Ansatz, der viel Aufmerksamkeit gefunden hat und als funktionalistisch oder instrumentalistisch klassifiziert werden kann, ist die Theorie intentionaler Systeme des RYLE-Schülers DENNETT. Im Gegensatz zum eliminativen Materialismus hat DENNETT die These vertreten, daß das Verhalten jedes hinreichend komplexen Systems auf drei Beschreibungsebenen oder durch drei Einstellungen *(stances)* erklärt und vorausgesagt werden kann:[473] (1) auf physikalischer Ebene *(physical stance)* mit Hilfe der Kenntnis des physikalischen Zustands des Systems und den Naturge-

---

*rung*², S. 218 ff.; ROTH, *Das Gehirn und seine Wirklichkeit*, S. 291 ff.; ZOGLAUER, *Geist und Gehirn*, S. 32 ff., alle m. w. Nachw.

468 STEPHAN, *Emergenz in kognitionsfähigen Systemen*, S. 123, 148 ff.

469 ROTH, *Das Gehirn und seine Wirklichkeit*, S. 292 mit dem Hinweis, daß die meisten in diesem Sinne nicht-emergenten Vorgänge der Welt, auch wenn sie als vollständig determiniert akzeptiert sind, nicht exakt vorhersagbar sind.

470 BECKERMANN, *Analytische Einführung*², S. 217 ff., insb. S. 228–245.

471 BECKERMAN, *Analytische Einführung*², S. 225 f. m. w. Nachw.; ROTH, *Das Gehirn und seine Wirklichkeit*, S. 293; ZOGLAUER, *Geist und Gehirn*, S. 35 f.

472 Vgl. BECKERMANN, *Analytische Einführung*², S. 224 ff. Ähnl. der von ihm selbst so genannte „biologische Naturalismus“ von SEARLE, *Intentionalität*, S. 325 ff., 334 ff.; DERS., *Mind, Language and Society*, S. 50 ff., 54, wonach physiologische und mentale Zustände unterschiedliche Beschreibungsebenen darstellen. Die Zuordnung SEARLES zum Emergentismus, so ZOGLAUER, *Geist und Gehirn*, S. 34, ist kaum zutreffend, da SEARLE auf der *Realisierung* mentaler Zustände durch physiologische beharrt. Im übrigen hält SEARLE, *Mind, Language and Society*, S. 50 ff., den Theoriedualismus von Dualismus und Materialismus selbst für verfehlt; krit. P. S. CHURCHLAND, *Die Neurobiologie des Bewußtseins*, S. 463, 472 ff.

473 DENNETT, *Intentional Systems*, Journal of Philosophy 68 (1971), 87 ff. (auch abgedr. in: DERS., *Brainstorms*, S. 3 ff.); DERS., *Mechanism and Responsibility*, S. 150, 154 ff.; DERS., *True Be-*

setzen, (2) in funktionaler Einstellung *(design stance)*, wenn man die Funktionen der Systemkomponenten kennt (die in verschiedener Abstraktionshöhe beschrieben werden können), und (3) in intentionaler Einstellung *(intentional stance)*, indem man das System als intentionales deutet und annimmt, daß es über bestimmte Informationen (Meinungen, Überzeugungen) verfügt, bestimmte Ziele (Wünsche, Absichten) verfolgt und dabei rational verfährt. Ein System wird dann als intentionales, rationales informationsverarbeitendes System behandelt, wenn sich sein Verhalten auf intentionaler Ebene verläßlich und umfassend erklären und vorhersagen läßt. Die drei Erklärungshaltungen sind logisch voneinander unabhängig; so setzt eine intentionale Haltung nicht voraus, daß eine physikalistische oder funktionale existiert oder überhaupt versucht wurde.[474] (4) Logisch davon verschieden und auf der Voraussetzung intentionaler Beschreibung aufbauend ist eine vierte Ebene, die moralische oder personale Haltung *(personal stance)* mit Zuschreibung von Verdienst oder Schuld,[475] auf der sich auch rechtliche Argumentation bewegt[476].

Die Annahme ist ontologisch neutral, insofern das System keine mentalen Zuständen „haben“ muß – DENNETTS erstes Beispiel ist ein Schachcomputer –,[477] und es gleichgültig ist, wie das System physisch realisiert ist, das als *black box* be-

---

lievers, S. 13, 15 ff.; DERS., *Three Kinds of Intentional Psychology*, S. 43, 49 ff.; zuerst in *Content and Consciousness*, S. 40 ff.; dazu BECKERMANN, *Analytische Einführung*², S. 307 ff.; BIERI, *Intentionale Systeme: Überlegungen zu Daniel Dennetts Theorie des Geistes*, S. 208 ff.; krit. BAKER, *Saving Belief*, S. 150 ff., 155 ff.

Die Unterscheidung verschiedener, gleichberechtigter Beschreibungsebenen ist nicht neu und in ähnlichen Varianten vielen funktionalistischen Konzepten eigen, ebensowenig der Begriff “intentional system”. Zu früheren Modellen siehe die Nachw. in DENNETT, *Intentional Systems*, Endnoten 1, 4 (S. 325 f.). DENNETTS Ansatz wird hier erwähnt, weil er trotz mancher Lücken der ausgearbeitetste von allen ist.

474 DENNETT, *Mechanism and Responsibility*, S. 150, 158.

475 DENNETT, *Mechanism and Responsibility*, S. 150, 157 ff.

476 Vgl. MOORE, *Act and Crime*, S. 132 f.; DERS., *Placing Blame*, S. 404 ff., der die Unterscheidung aber modifiziert, indem er sie ontologisiert.

477 DENNETT, *Intentional Systems*, S. 3, 5 f., 7 f., 16 ff.; siehe auch DERS., *Real Patterns*, S. 95 ff., 113; DERS., *True Believers*, S. 13, 22. Intentionale Erklärungen können erfolgreich angewendet auch bei Tieren aller Art (bis hin zur Muschel), Pflanzen, simplen Geräten (Thermostat) oder Naturereignissen (Blitz) – der Unterschied zur bloß metaphorischen, anthropomorphisierenden Redeweise bestehe darin, daß die intentionale Erklärung auch hier erfolgreich möglich ist, wenn eben vielleicht auch nur in wenigen Fällen, vgl. DENNETT, *Content and Consciousness*, S. 40; DERS., *True Believers*, S. 13, 22, 23. (Siehe aber die generelle Kritik von SEEBASS, *Wollen*, S. 176 ff., an der „geläufigen, unreflektiert teleologischen Rede“ und zu Deutungen *in Analogie* zum menschlichen intentionalen Handeln; vgl. KANTS Prinzip der Zweckmäßigkeit, *Kritik der Urteilskraft*, A XXVII ff. – Ob DENNETTS *intentional stance* nicht doch oftmals nur metaphorische Rede einschließt, bleibt zweifelhaft, vgl. TRUSTED, *Inquiry and Understanding*, S. 5 ff.)

Erst recht muß es auch keine gleichsam lineare Korrelation zwischen intentionalen Zuständen und funktionalen oder physikalischen geben, wie dies die Repräsentationstheorien (vor allem FODOR, dazu BECKERMANN, *Analytische Einführung*², S. 267 ff. m. w. Nachw.) annehmen – eine erfolgreiche *externe* Verhaltenstheorie (z. B. intentionale Psychologie) ist nicht darauf angewiesen, daß sich stets ein singulärer interner Zustand finden läßt, der einem externen Zustand entspräche, zutr. BECKERMANN, *Analytische Einführung*², S. 331 ff.

handelt wird[478]. Die Operationen zwischen intentionalen Zuständen (Vorstellungen, Wünschen, Absichten usw.) sind *Theorieoperationen*, keine naturalistischen Beschreibungen interner Verarbeitungsprozesse.[479] Der Grund für die Annahme der Intentionalität eines System kann ein bloß pragmatischer sein, da physikalische oder funktionale Erklärungen zu komplex sind oder unser dafür nötiges Wissen nicht ausreichend ist.[480] Später hat DENNETT angenommen, nur durch die intentionale Erklärung menschlichen Verhaltens sei die Erfassung objektiver, realer Muster möglich, die Verallgemeinerungen und Voraussagen stützen.[481]

Die intentionale Einstellung ist die psychologischer Erklärungen menschlichen Verhaltens, insbesondere der *folk psychology*, die DENNETT zwar für ungenau und unzulänglich – die sprachliche Fassung erzeuge nur den Anschein von Präzision durch die Diskretheit der Wörter;[482] zudem könne Verhalten auf verschiedene Weise intentional erklärt werden, ohne daß es eine Möglichkeit gäbe, zu entscheiden, welche Erklärung richtig sei[483] –, aber im Ganzen für unverzichtbar und nicht mikro-reduzierbar hält.[484] *Folk psychology* wird nicht nur als primitive empirische Theorie angesehen, sondern als rationales Kalkül von Erklärung und Vorhersage, eine idealisierende (Normalzustände normativ unterstellende), abstrakte und instrumentalistische Interpretationsmethode,[485] deren theoretische Konzepte wie Vorstellungen *(beliefs)* und Wünsche *(desires)* zumeist logische Konstrukte *(abstracta* i.S. REICHENBACHS) sind.[486]

Wenn intentionale Erklärung bei einem Subjekt nicht erfolgreich ist, etwa die Annahme von Rationalität sich als unberechtigt erweist, wird eine Erklärung auf funktionaler Ebene nötig wie sie z.B. bei Geisteskranken angewendet wird; Funktionsstörungen sind wiederum nur auf physikalischer Ebene vorhersagbar.[487] Der

---

478 DENNETT, *Three Kinds of Intentional Psychology*, S. 43, 58 ff.

479 DENNETT, *Three Kinds of Intentional Psychology*, S. 43, 58.

480 DENNETT, *Intentional Systems*, S. 5, 7, 8; DERS., *Mechanism and Responsibility*, S. 150, 155.

481 DENNETT, *True Believers*, S. 13, 24 ff., 37; dazu krit. BECKERMANN, *Analytische Einführung*², S. 311 ff., 314 ff.

482 DENNETT, *Real Patterns*, S. 95, 113 f.; DERS., *When Frogs (and Others) Make Mistakes*, S. 103, 112 ff.

483 DENNETT, *Real Patterns*, S. 95, 114 ff.; DERS., *True Believers*, S. 13, 40, in Anlehnung an QUINES *Indeterminacy of translation*-These, ebenso DAVIDSON, Fußn. 421.

484 Siehe nur DENNETT, *Real Patterns*, S. 95, 97 f.; DERS., *Three Kinds of Intentional Psychology*, S. 43, 65 ff.

485 DENNETT, *Three Kinds of Intentional Psychology*, S. 43, 48 ff., 52 ff.

486 DENNETT, *Three Kinds of Intentional Psychology*, S. 43, 52 ff., mit Bezug auf REICHENBACH, *Experience and Prediction*, Chicago 1938, S. 93 ff., 211 f., der zwischen *abstracta* und *illata* unterschied: *Abstracta* sind auf *concreta* rückführbar, *illata* hingegen nicht. REICHENBACH, *ibid.*, S. 227, 235, hielt manche mentalen Zustände für *abstracta*, andere für *illata*. DENNETT, *ibid.*, S. 55, schließt das nicht aus und nimmt angesichts der Vagheit und Inkohärenz der *folk psychology* an, daß Alltagsvorstellungen von *belief* etc., zwischen *abstractum* und *illatum* changierten. Sehr krit. BECKERMANN, *Analytische Einführung*², S. 326 ff.

487 DENNETT, *Intentional Systems*, S. 4 f., 9 f., 12; DERS., *Mechanism and Responsibility*, S. 150, 156.

Theoretiker sollte stets nach funktionalen Erklärungen suchen.[488] Kommunikation ist eine Interaktion auf intentionaler Ebene.[489]

Intentionale und personale Haltung sind nach DENNETT mit einer mechanistischen Haltung vereinbar.[490] Zugleich erscheint die intentionale Haltung – ebenso wie STRAWSONS "participant attitude",[491] SELLARS' "manifest image"[492] und ähnliche Disjunktionen[493] – unaufgebbar wie die dispositionelle Sprache,[494] zumal die Meinung, man müsse sie aufgeben, selbst wieder eine intentionale Position ist.[495]

f) Erkenntnistheoretische Anmerkung, Konstruktivismus

Die erkenntnistheoretische Position mancher Ansichten zur *philosophy of mind* bleibt nicht selten unklar; verbreitet sind Formen des wissenschaftlichen Realismus. Noch öfter wird im Bereich der unter den Sammelbegriff *cognitive sciences* fallenden Disziplinen wie Neurowissenschaften oder kognitive Psychologie philosophisch und, genauer, erkenntnistheoretisch unreflektiert und unbekümmert naiv realistisch verfahren.

Eine einflußreiche Strömung ist, in vielen Varianten, ein erkenntnistheoretischer Konstruktivismus[496] in der Nachfolge der Skeptiker und vor allem der kantischen

---

488 DENNETT, *Intentional Systems*, S. 12.

489 DENNETT, *Mechanism and Responsibility*, S. 150, 159.

490 Ähnl. zuvor THORP, *Free Will*, S. 13 ff.: teleologische und deterministische neurophysiologische Beschreibungen sind als solche vereinbar.

491 STRAWSON, *Freedom and Resentment*, S. 1, 11 ff. Die „teilnehmende Haltung“ wird kontrastiert mit der „objektiven Haltung“ *(objective attitude)* als zwei Arten von Haltungen, in denen auf Vorgänge in sozialen Beziehungen reagiert wird *(reactive attitudes)*.

492 SELLARS, *Science, Perception and Reality*, S. 1 ff., 6. ff., unterscheidet "manifest image" (ähnlich der intentionalen/personalen Haltung DENNETTS) und "scientific image" (ähnlich der mechanistischen/funktionalen Haltung) des Menschen, die irreduzibel seien.

493 W. Nachw. bei DENNETT, *Mechanism and Responsibility*, S. 150, 158 Fn. 8.

494 QUINE, *Die Wurzeln der Referenz*, S. 24, 28 (da eine Theorie stets im Aufbau ist).

495 DENNETT, *Mechanism and Responsibility*, S. 150, 170 ff.; etwas anders noch in *Content and Consciousness*, S. 190.

496 Z. B. der neurobiologische Konstruktivismus ROTHS, *Das Gehirn und seine Wirklichkeit*, S. 314 ff.; DERS., *Die Selbstreferentialität des Gehirns und die Prinzipien der Gestaltwahrnehmung*, Gestalt Theory 7 (1985), 228 ff.; DERS., *Aus Sicht des Gehirns*, S. 84 ff., 207 f.; KUHL, *Wille, Freiheit, Verantwortung*, S. 186, 189 m. w. Nachw. Ähnl. KARGL, *Handlung und Ordnung im Strafrecht*, S. 31 ff., 221 ff., 225 ff.; auch SINGER, *Vom Gehirn zum Bewußtsein*, S. 60 ff., 72; DERS., *Neurobiologische Anmerkungen zum Konstruktivismus-Diskurs*, S. 87 ff., 108 ff.; krit. GEHRING, PhR 51 (2004), 273, 276 ff., 279 („pragmatische Quasi-Theorie“); zum Ganzen CARRIER/MITTELSTRASS, *Geist, Gehirn, Verhalten*, S. 284 ff. m. w. Nachw.

Allgemein JENSEN, *Erkenntnis – Konstruktivismus – Systemtheorie*, S. 74 ff., 465 ff.; zum erkenntnisskeptischen „radikalen“ Konstruktivismus siehe VON GLASERSFELD, *Radikaler Konstruktivismus*, sowie den Sammelband von SCHMIDT, *Der Diskurs des Radikalen Konstruktivismus*; zum Ganzen krit. DETTMANN, *Der radikale Konstruktivismus*. Klassisch zur Selbstkonstruktion des Subjekts: PIAGET, *Introduction à l'épistémologie génétique*, tome III, S. 283 ff.; dazu VON GLASERSFELD, *ibid.*, S. 98 ff. sowie die Beiträge im Sammelband von RUSCH/SCHMIDT, *Piaget und der Radikale Konstruktivismus*.

„kopernikanischen Wende“, demzufolge die phänomenale, erlebte oder wirkliche Welt unserer Wahrnehmungen, die Trennung zwischen Außenwelt und Körperwelt, das Ich als Einheit und handelnde Instanz ein Konstrukt des Gehirns, der Selbstbeschreibung des neuronalen Systems und als solches unhintergehbar ist. Die Unterscheidung von Geist und Gehirn, neurophysiologischen Beschreibungen und Kausalerklärungen sind ihrerseits Teil der phänomenalen Welt.

Der Konstrukteur (Gehirn, Nervensystem) gehört einer transphänomenalen, daher nicht erfahrbaren Welt an und kommt in der phänomenalen Welt nicht vor, sondern wird als notwendige Annahme postuliert. Die Art der Konstruktion ist genetisch bedingt, evolutionär auf die Außenwelt hin optimiert und natürlich nicht seinen Konstrukten, dem „Ich“ oder seinem „Willen“, unterworfen.

Dem Einwand des performativen Widerspruchs sucht der Konstruktivismus dadurch zu entgehen, daß er sich nicht als – nach seinen Aussagen nicht erreichbare – objektive Aussage über die Realität versteht, sondern lediglich eine plausible und kohärente Deutung der phänomenalen Wirklichkeit oder effektives Orientierungswissen beansprucht.[497]

Zu den konstruktivistischen Ansätzen zählen insbesondere die Erkenntnisbiologie MATURANAS,[498] die lebende Organismen als autopoietische Systeme deutet, d. h. als selbsterhaltende, operational geschlossene, strukturdeterminiert agierende Systeme, die sich mit ihrem Nervensystem selbst beobachten und mitunter ein Bewußtsein erzeugen, von ihrer Umwelt existentiell abhängig sind, diese aber nur in ihren eigenen Kategorien interpretieren können, d. h. strukturell an sie gekoppelt sind. Als autopoietisches, geschlossenes, strukturdeterminiertes System kann der Mensch nie die Position eines externen Beobachters einnehmen und natürlich keine kognitiven Aussagen über absolute Realität machen. Kognitionsbiologische Theorien sind im Strafrecht bislang nur vereinzelt fruchtbar gemacht worden.[499]

Konstruktivistisch verfahren schließlich soziologische Systemtheorien, ob sie nun die Autopoiese-Konzeption MATURANAS auf soziale Systeme übertragen wie LUHMANN oder nicht. Zu systemtheoretischen Lösungsansätzen zur Vorsatzbestimmung siehe unten 4.

---

497 ROTH, *Das Gehirn und seine Wirklichkeit*, S. 350 f., 358 ff., 363; KARGL, *Handlung und Ordnung im Strafrecht*, S. 17 ff. m. w. Nachw.

498 Siehe nur MATURANA, *Erkennen*, S. 14 ff., 32 ff., 138 ff., 157 ff., 236 ff.; MATURANA/VARELA, *Autopoietische Systeme: Eine Bestimmung der lebendigen Organisation*, S. 170 ff.; MATURANA/URIBE/VARELA, *Autopoiese: Die Organisation lebender System, ihre nähere Bestimmung und ein Modell*, S. 157 ff. Siehe auch LUHMANN, *Die Autopoiesis des Bewußtseins*, S. 25 ff.

499 Siehe unten Fußn. 763.

2. Recht und Psychologie

Die vorstehend umrissene Philosophie des Geistes ist zugleich die Philosophie der Psychologie, die ihr den erkenntnistheoretischen Rahmen liefert.[500] Das Maß innerdisziplinärer Reflektion ist freilich unterschiedlich.[501] So sind zum einen naiv realistische Vorgehensweisen ebenso anzutreffen wie zum anderen theoretisch orthodoxe Bewegungen wie der empirische Behaviorismus sowie in jüngster Zeit die zunehmende Kooperation von Philosophie, Neurowissenschaften und Psychologie. Inzwischen sind Teile der Psychologie dabei, ihren anfänglichen Status als Geistes- und Sozialwissenschaft endgültig aufzugeben und mit der Neurobiologie zu neuen eigenständigen Disziplinen wie *cognitive neurosciences* zu verschmelzen[502].

Nach endgültiger Überwindung des Behaviorismus läßt sich feststellen, daß die heutige Psychologie wieder intentionale Beschreibungen mentaler Zustände und Prozesse verwendet, d. h. interne Zustände als Zwischenglieder in Reiz-Reaktions-Verknüpfungen benutzt, aber den CARNAPschen Laubfrosch[503] (der Introspektion und des intuitiven Verstehens) weitgehend[504] durch das Barometer und manch moderneren Detektor ersetzt hat, d.h. durch exakte experimentelle Arbeit, wobei die Einbeziehung von Erklärungen auf „sub-personaler",[505] neurophysiologischer Ebene zunehmende Bedeutung gewinnt, ohne sogleich Reduktionen zu implizieren. Neben die Erklärungsmodelle durch Bewußtseinsprozesse oder Gehirnprozesse tritt heute vielfach die funktionale Erklärung durch *informationsverarbeitende Mechanismen*, die in vielen Varianten auch vom philosophischen Funktionalismus verwendet wird. Ob bei intentionaler Erklärung die intentionalen Zustände als real behandelt werden oder, wie bei den heutigen funktionalen Erklärungen, als theoretische Begriffe, kann hier dahinstehen. Nicht zu übersehen ist im übrigen, daß

---

500 CARRIER/MITTELSTRASS, *Geist, Gehirn, Verhalten*, S. 9; so schon SCHELER, *Vom fremden Ich*, S. 209 ff. m. w. Nachw., zur Bedeutung der Philosophie für die Psychologie.

501 Beispielhaft für eine philosophisch informierte Kritik der Handlungsanalyse der empirischen Psychologie ist GREVE, *Handlungsklärung*, S. 126 ff., der allerdings nur vereinzelte Thesen der analytischen Handlungstheorien rezipiert wie die Trennung von Gründen und Ursachen (S. 78 ff., 98 ff., gestützt auf das heute weitgehend aufgegebene „logische-Beziehungs-Argument", oben Fußn. 389) und im Gegensatz zur von WITTGENSTEIN und RYLE beeinflußten Philosophie „Absicht" als Handlungsmerkmal nicht als Disposition, sondern ohne weitere Begründung wie im klassischen Substanzdualismus als nur subjektiv erfahrbares mentales Phänomen versteht (z. B. S. 65 ff., 148 f.).

502 Siehe nur SCHNEIDER, *Bewußte und unbewußte Handlungssteuerung aus neuropsychologischer Sicht*, S. 112, 118 f. m. w. Nachw.

503 Siehe oben bei Fußn. 363.

504 Bisweilen wird Selbstbeschreibung aber auch unbekümmert unkritisch eingesetzt wie in Zeiten vor der Würzburger Schule, dazu KUHL, *Motivation und Persönlichkeit*, S. 34 f. m. w. Nachw.; zur Vermischung alltäglicher und spezialisierter Konzepte in der Psychologie auch D'ANDRADE, *A folk model of the mind*, S. 112, 139 ff.

505 Vgl. DENNETT, *Three Kinds of Intentional Psychology*, S. 43, 57, 61 ff.; KUHL, der die Subsysteme seiner funktionsanalytischen Theorie der Persönlichkeits-System-Interaktionen (PSI) als „Subpersonen" bezeichnet, *Motivation und Persönlichkeit*, S. 45.

theoretisch *unreflektierte* intentionalistische Erklärungen mit durchaus negativen Folgen immer noch häufig anzutreffen sind.[506]

Sofern die Definitionselemente des „Vorsatzes" ganz oder zum Teil auf intentionale Zustände bezogen werden, so könnten die Phänomenbeschreibungen der kognitiven (Individual-)Psychologie[507] als Fachwissenschaft nicht nur für die forensische Feststellung, sondern bereits für die Begriffsbildung bedeutsam sein zur Präzisierung oder Korrektur[508] alltags- bzw. laienpsychologischer Annahmen[509]. Faßt man Psychologie als empirische Wissenschaft auf, die sich trotz ihres intentionalen Vokabulars methodisch nicht von den klassischen Naturwissenschaften unterscheidet,[510] und nicht als Scheinproblemen nachjagende „Begriffsverwirrung"[511] oder bloßen „Zweig der Physik"[512], so scheint es zunächst (zu Einwänden weiter unten), in Übertragung des oben zitierten CARNAPschen Bildes, naheliegend, daß die Rechtswissenschaft ihren Laubfrosch der Alltagstheorie dort beurlaubt, wo die Psychologie ihr ein Barometer anbieten kann. Denn in technischen Zusammenhängen akzeptiert das Recht ganz selbstverständlich die Beschreibungen der jeweiligen Fachdisziplin, referiert auf sie oder inkorporiert sie, verweist sogar auf ganze

---

506 Insgesamt ist die Ablösung von der „phänomenologischen Fixierung", der einseitigen Orientierung an der Innenschau, auch in der heutigen Psychologie kein abgeschlossener Prozeß, so KUHL, *Wille, Freiheit, Verantwortung*, S. 186, 193: „Begriffe wie *Absicht*, *Erwartung*, *Wert* oder *Wille* sind in der Psychologie noch so unerschütterlich mit dem bewußten Erleben verknüpft, daß man sich eine funktionale oder gar neurophysiologische Entsprechung oder gar teilweise Explikation solcher Konzepte gar nicht vorstellen kann." (Hervorh. im Original); DERS., *Motivation und Persönlichkeit*, S. 30 ff., 33 ff., 37 ff. m. w. Nachw.

507 Die *Sozialpsychologie* in Form der Attributionstheorie untersucht hingegen soziale Handlungsdeutungen und Zuschreibungen nebst Alltagstheorien und wird daher erst sub III.1. berücksichtigt. Auf die *Psychoanalyse* in ihren verschiedenen Schulrichtungen wird nicht eingegangen, da ihre Annahmen bisher empirisch überwiegend nicht bestätigt, wenn nicht widerlegt wurden, sofern sie überhaupt empirischer Verifikation zugänglich sind, statt vieler KUHL, *Motivation und Persönlichkeit*, S. 77 ff. m. w. Nachw. Eine eingehende Kontrastierung der mentalistischen Konzepte des Strafrechts mit denen der Psychoanalyse unternimmt MOORE, *Placing Blame*, S. 420 ff.

508 „Neben dem feinsten Verständniss menschlicher Charactere im Leben und neben der schärfsten Zeichnung derselben in den Werken der Kunst pflegt daher doch selbst ein gebildetes Zeitalter gewissen Grundvorstellungen über die Natur des geistigen Wesens zu folgen, über deren Rohheit es selbst erschrickt, sobald eine empirische Psychologie ihm die Summe derselben in wissenschaftlicher Allgemeinheit vorhält und ablöst von dem bestechenden Reichthum specieller Anschauungen, die allein in der lebendigen Anwendung ihre gänzliche Unzulänglichkeit verdeckten.", LOTZE, *Medicinische Psychologie oder Physiologie der Seele*, S. 5 f. Dies wird auch heute noch für den Willen angenommen von GUNDLACH, *Der Willensakt im Reaktionsversuch*, S. 361 f.

509 Ein Beispiel: Forschungen zur kognitiven Dissonanz können das der Jurisprudenz seit alters her vertraute Konzept der Befangenheit präzisieren und etwaige organisatorische Änderungen bei Aktenkenntnis der Richter, Personalidentität in Vor- und Hauptverfahren besser empirisch unterfüttern als laienpsychologische Mutmaßungen.

510 CARRIER/MITTELSTRASS, *Geist, Gehirn, Verhalten*, S. 133 ff., 149 f.

511 WITTGENSTEIN, *Philosophische Untersuchungen*, xiv, S. 580; krit., aber nicht eliminativ RYLE, *The Concept of Mind*, ch. 10, S. 301 ff.

512 CARNAP, Erkenntnis 3 (1932/33), 107, 142.

Regelwerke (wie z. B. DIN oder ISO-Normen), obwohl sie das Alltagsverständnis weit übersteigen (z. B. im Betäubungsmittelrecht, Baurecht usw.).[513]

a) Rechtliche Relevanz psychologischer Erkenntnisse?

Die Frage, ob Strafrecht Erkenntnisse der Psychologie berücksichtigen kann oder muß, läßt sich pauschal nicht sinnvoll beantworten. Denn in vielen Bereichen bedient sich das Recht seit langem mit mehr oder weniger großer Selbstverständlichkeit der Psychologie, Psychiatrie und benachbarten Zweigen als Hilfswissenschaften, am deutlichsten natürlich bei Unterbringungsgesetzen *(civil commitment legislation)*, aber auch im Strafrecht, z. B. im materiellen Strafrecht bei Fragen der Unzurechnungsfähigkeit *(insanity)* oder Strafmündigkeit, im Prozeßrecht bei Glaubwürdigkeitsbegutachtungen oder mit großem Erfolg beim *kognitiven Interview*[514] usw.; ebenso ist strafrechtsdogmatische Begriffsbildung oftmals beeinflußt von psychologischen Theorien[515]. Auch muß unterschieden werden, welcher Aspekt des Verhältnisses von Strafrecht und Psychologie, die ja alles andere als eine einheitliche Wissenschaft ist, sondern viele heterogene Richtungen versammelt, in Rede steht:[516] Komplette Übernahme bestimmter psychologischer Modelle und Theorierahmen oder begrenzte Konsultation bei einzelnen Phänomenen? Eine grundsätzliche Unvereinbarkeit der Erklärungsmodi im Sinne des oben erwähnten Sprachdualismus, daß Strafrecht der Handlungserklärung hermeneutisch durch Gründe *(reason-giving accounts)* und dem Bild vom Handelnden als *practical reasoner*,[517] Naturwis-

---

513 Dies konzediert auch ENGISCH, *Vom Weltbild des Juristen*, S. 20 f.; ebenso GÖSSEL, *Wertungsprobleme des Begriffs der finalen Handlung*, S. 28 f.

514 Entwickelt von EDWARD GEISELMAN und RONALD FISHER, dazu BUCHNER & BRANDT, *Gedächtniskonzeptionen und Wissensrepräsentationen*, S. 492, 514; NEISSER & LIBBY, *Remembering Life Experiences*, S. 315, 321, jew. m. w. Nachw.

515 Siehe oben Fußn. 280. Exemplarisch in der deutschen Strafrechtsdogmatik die Unterscheidung von Antriebssteuerung und Handlungssteuerung bei WELZEL, ZStW 60 (1941), 428 ff., 435 ff.; DERS., *Das neue Bild des Strafrechtssystems*[4], S. 47 ff., in Anlehnung (u.a.) an ROTHACKER (*Die Schichten der Persönlichkeit*) und LERSCH (*Der Aufbau der Person*); siehe auch HENKEL, Studium Generale 13 (1960), 229, 232, 235 ff.; ähnl. JESCHECK, *Das Menschenbild unserer Zeit*, S. 15 f.; vgl. JAKOBS, *Studien zum fahrlässigen Erfolgsdelikt*, S. 28 ff. (denn es wäre „... sinnlos, ein Motivationsmodell, dem die Erkenntnisse der Psychologie widerstreiten, auf seine rechtliche Relevanz zu untersuchen"); eingehend GÖSSEL, *Wertungsprobleme des Begriffs der finalen Handlung*, S. 34–90, insb. 63 ff.; dazu jetzt JAKOBS, Festschrift Schreiber, S. 949 ff.

516 Vgl. KAISER, *Strafrecht und Psychologie*, S. 195 ff., 203 ff., auch zur Geschichte dieses Verhältnisses und den wechselseitigen Erwartungen, die beide Disziplinen hegten.

517 MORSE, *The "Guilty Mind:" Mens Rea*, S. 207, 210; ähnl. KRAUSS, *Das Prinzip der materiellen Wahrheit im Strafprozeß*, S. 65, 82, zur Sicht des Täters als „triebentbundenen, einsichtigen und zielbewußt handelnden Menschen" unter Abstraktion von steuernden sozialen Bedingungen.

Siehe auch GREVE, *Handlungsklärung*, S. 126 ff., 160 f.; DERS., Psychologische Beiträge 39 (1997), 482, 493 ff., 496 ff.; DERS., *Die Grenzen empirischer Wissenschaft*, S. 104, 105 f., 119: die empirische Psychologie, die nach Ursachen sucht, habe zu Fragen der Handlung, die sich nur aus Gründen verstehen lassen, und damit auch der Willensfreiheit nichts beizutragen.

senschaften hingegen der Kausalerklärung und einem weniger idealisierten Menschenbild[518] verhaftet seien, ist schon wegen der Uneinigkeit innerhalb der Handlungstheorien und des Status der Psychologie als Wissenschaft, die heute beides, intentionale und kausale Erklärung, benutzt, keine plausible Annahme.[519] Wie gezeigt, können solche vermeintlichen Dualismen durch funktionalistische Ansätze überwunden bzw. neutralisiert werden.[520] Weiterhin ist es richtig, daß strafrechtsdogmatische Begriffe von ihrer Regelungsfunktion geprägt sind,[521] sie haben aber, wie oben (C.I.) dargelegt, notwendigerweise auch eine deskriptive Komponente, die im Falle des Vorsatzes auf mentale Zustände bezogen werden *kann* und dann Parallelen im Arbeitsbereich der Psychologie haben *kann* – ebenso kann es sich erweisen, daß z.B. der „Vorsatz" nur eine „von der Annahme der Willensfähigkeit des geistesgesunden Menschen ausgehende Unterstellung"[522] ist, zu der keine passenden psychologischen Konzepte auffindbar sind, und daß sich bei manchen Rechtsbegriffen aus psychologischer Sicht eine „Entpsychologisierung" empfehlen kann[523].

Von einer generellen Beschränkung des Strafrechts auf ein „vorwissenschaftliches"[524], d.h. alltagstheoretisches Weltbild kann schon wegen der genannten Beispiele keine Rede sein, es wäre auch verfehlt: Den Rationalitätskriterien der Gesellschaft, die von den wissenschaftlichen Erkenntnissen der Zeit geprägt werden, nicht zuletzt in der Weise, daß sie, wenn sie den Filter des sozialen Lebens passiert haben, in die Alltagstheorien Eingang finden, kann das Recht sich nicht dauerhaft entzie-

---

518 Thomae/Schmidt, *Psychologische Aspekte der Schuldfähigkeit*, S. 326, 367, weisen darauf hin, daß das durchschnittliche Orientierungsgefüge des Menschen weit hinter dem zurückbleibt, was die Rechtstheorie und Rechtsprechung an bewußter Vergegenwärtigung von „Motiven" oder von „Tatumständen" fordert. Zur psychologischen Kritik an dieser „realitätsfremden Vorstellung" siehe nur K. Schneider, *Die Beurteilung der Zurechnungsfähigkeit*, S. 18 ff.; Plack, *Der Einfluß der Psychologie auf die Strafrechtsdogmatik*, S. 854 ff., 865 ff. m. w. Nachw.; auch Prittwitz, GA 1994, 454, 462.

Indes muß in einer Überforderung durch das Recht auch aus psychologischer Warte kein Kritikpunkt liegen, „... weil sich wie bei allen anderen Fähigkeiten auch Willenskompetenzen nicht weiterentwickeln oder gar zurückbilden, wenn sie nicht beständig dosiert überfordert werden", Kuhl, *Wille und Freiheitserleben*, S. 665, 749.

519 So im Ergebnis auch Morse, *The "Guilty Mind:" Mens Rea*, S. 207, 209 f.; vgl. Fodor, *Explanations in Psychology*, S. 161 ff., 177 ff.; Trusted, *Inquiry and Understanding*, S. 87 ff., 107, 109 ff.; allgemein zur behaupteten Unterschiedlichkeit geistes- und naturwissenschaftlicher Erklärungen siehe Zilsel, *Physics and the Problem of Historico-sociological Laws*, S. 714 ff., am Beispiel Geschichte/Physik.

520 Mit Bezug auf die Psychoanalyse vgl. Moore, *Placing Blame*, S. 433 ff., 447 f.

521 Krauss, *Das Prinzip der materiellen Wahrheit im Strafprozeß*, S. 65, 70 u. ff., 74 f. („Vorsatz, Fahrlässigkeit und Absicht als normative Raster, denen sich psychologische Sachverhalte anpassen – und zwar unter ganz erheblichem Verlust an Realität").

522 So Bresser, Festschrift Lange, S. 665, 681; vgl. Plack, *Der Einfluß der Psychologie auf die Strafrechtsdogmatik*, S. 854, 867: Strafrechtsdogmatik sei das Ausgehen von (scheinbar) „evidenten Sätzen, die empirischer Überprüfung nicht mehr zugänglich sind oder sich ihr entziehen".

523 Schewe, Festschrift Lange, S. 687, 699 f.

524 Vgl. Engisch, *Vom Weltbild der Juristen*, S. 15 m. w. Nachw.

hen.[525] Zudem sind Alltagstheorien, so auch die rationale *Common Sense*-Psychologie, typischerweise unterbestimmt, grobkörnig und unscharf: ihre Interpretationsangebote konzentrieren sich auf durchschnittliche Konstellationen und können untypische Phänomene allenfalls als „abnormal" etc. ausgrenzen,[526] die Funktionsweise psychischer Vorgänge können sie nicht erklären, über Einzelheiten haben sie nichts zu sagen[527]. Dies mag für simple Fälle ausreichen, doch braucht das Strafrecht oftmals genauere und sicherere Antworten, als naive Erklärungen sie bieten können, und erst recht auch dort Antworten, wo sie der *Common Sense* nicht geben kann. Zudem wäre eine horizontale methodische Trennung, die die Begriffsbildung dem „naiven Realismus" [528] der Alltagstheorie vorbehält, bei der forensischen Subsumtion aber psychologisches Fachwissen zuläßt, ein mißlicher Synkretismus, weil Inkompatibilitäten vorprogrammiert sind, wenn die Wissenschaft ggf. bei der Anwendung eines Begriffs helfen soll, der ihr fremd ist und den sie nicht akzeptieren kann,[529] jedoch nicht prinzipiell ausgeschlossen, solange die Alltagspsychologie als Beobachtungstheorie der wissenschaftlichen Psychologie fungiert[530] oder wissenschaftliche Theorien Indikatoren für „naive" Begriffe liefern können[531]. Sollte das Recht aber stets in seinen Begriffen auf einem „geradezu steinzeitlich anmutenden Differenzierungsgrad" [532] beharren wollen, müßten psychologische Sachverständige sich zunehmend auch auf Wissenschaftsgeschichte verstehen.

Die verschiedene Ausrichtung von Recht nebst Rechtswissenschaft und Psychologie begrenzt von vornherein die rechtliche Relevanz psychologischer Erkenntnisse und Theorien. Es dürfte, wie im Grundsatz bereits ausgeführt (oben C.I.3.c),

---

525 Ähnliches meint Duttge, *Zur Bestimmtheit des Handlungsunwerts von Fahrlässigkeitsdelikten*, S. 363, 369, 371 m. w. Nachw., wohl mit dem Bemühen um „Lebensadäquatheit" der Rechts. Oben im Text ist allerdings nicht impliziert, daß das Recht an eine „Natur der Sache" o.ä. gebunden sei, zu deren besserer Erkenntnis die Wissenschaften dienen. Es geht nur um die Beachtung gesellschaftlicher Rationalitätsstandards. Zutr. daher Jakobs, *Strafrecht Allgemeiner Teil*^{2}, Tz. 8/100: Daß das Strafrecht eine „esoterische Psychologie" habe, heiße nicht, „das Strafrecht dürfe als psychisches Faktum nehmen, was nach anerkannter psychologischer Erkenntnis kein Faktum sein kann."

526 D'Andrade, *A folk model of the mind*, S. 112, 114: Damit legen Alltagstheorien auch Normalitätstandards fest.

527 Zutr. Forguson, *Common Sense*, S. 23 f.; ähnl. Stratenwerth, ZStW 91 (1979), 906, 914, zu Deutungszusammenhängen, die nur „im Elementaren evident, überall dort aber, wo es um praktisch relevante Zweifelsfragen geht, alles andere als selbstverständlich" sind.

528 Engisch, *Vom Weltbild der Juristen*, S. 19 Fn. 25, S. 23 m. w. Nachw.

529 Insoweit zutr. Gössel, *Wertungsprobleme*, S. 21 f.; Duttge, *Zur Bestimmtheit des Handlungsunwerts von Fahrlässigkeitsdelikten*, S. 370; Ragués i Vallès, *El dolo y su prueba en el proceso penal*, S. 218 m. w. Nachw.

530 Carrier/Mittelstrass, *Geist, Gehirn, Verhalten*, S. 234 ff., 239. Siehe auch Schild, Festschrift Stree/Wessels, S. 241, 265 f.

531 So kann die Wahrnehmungspsychologie und -physiologie bei der Feststellung von „Vorsatz" behilflich sein, wenn es um die Frage geht, ob der Handelnde, der die Kenntnis gewisser Umstände leugnet, diese in der fraglichen Situation überhaupt wahrnehmen und damit wissen konnte. Zu Gedächtnisfehlleistungen siehe unten Fußn. 1546.

532 So Kuhl, *Wille und Freiheitserleben*, S. 665, 750 zu §§ 827, 828 BGB.

feststehen, daß nur die Rechtswissenschaft entscheiden kann, ob und in welchem Maße Erkenntnisse der wissenschaftlichen Psychologie für sie von Bedeutung sind.[533] Systemgerecht ist ein kompletter Anschluß an die empirischen Fachwissenschaften für das Strafrecht nur dann, wenn es ausschließlich der Erzielung empirisch verifizierbarer Effekte diente, also eine präventive Konditionierungstechnik im Sinne der *difesa sociale* wäre, und Psychologie und Psychiatrie das dafür nötige Wissen vorrätig hielten,[534] somit gleichsam die Waffenmeisterei des Strafrechts wären: Wer eine Maschine bauen will, sollte Ingenieure um Rat fragen, wenn er selbst keiner ist. Beide Voraussetzungen sind jedoch nicht erfüllt: Weder bezweckt Strafrecht unmittelbare Verhaltenssteuerung – sonst hätte es bisher nur einen bescheidenen Wirkungsgrad vorzuweisen[535] – noch haben die Fachdisziplinen eine verwendungsbereite Bedienungsanleitung zur Verhaltenssteuerung anzubieten. Abgesehen von sonstigen Einwänden genügt der Hinweis, daß Strafrecht retrospektiv Verantwortung zuschreibt, um soziale Konflikte zu lösen, wobei die wirksamen vielfältigen und vielfältig, etwa durch symbolisches Handeln, vermittelten sozialpsychologischen Mechanismen empirisch kaum erforscht sind. Auch ohne Rückzug auf empirieresistente Hermeneutik läßt sich sagen, daß die Bedeutungshaltigkeit rechtlichen Handelns im Gesamtkontext einer Gesellschaft, d.h. die normative Dimension des Rechts, mit einigen wenigen, simplen und einfach empirisch meßbaren Effekten (z.B. Varianz der Kriminalitätsrate) nicht zureichend zu beschreiben ist. Verfehlt wäre es daher, das Recht allgemein auf eine im *psychologischen*

---

533 Vgl. schon MAYER, *Die schuldhafte Handlung*, S. 159 („Und wenn andererseits die psychologischen Verschiedenheiten nicht abzustreiten sind, so ist doch noch lange nicht dem Strafrecht billig, was der Psychologie recht ist.“), 165 f.; MEZGER, *Probleme der strafrechtlichen Zurechnungsfähigkeit*, S. 3; WELZEL, *Naturalismus und Wertphilosophie im Strafrecht*, S. 77; ENGISCH, *Vom Weltbild des Juristen*, S. 23 („Ausgangspunkt der Betrachtung der Welt, in der sich der Jurist bewegt, muß immer die Rechtsordnung selbst mit ihren Begriffen sein. Jeweils müssen wir uns fragen, auf welche Vorstellungsbilder diese Begriffe hinzielen.“). Ebenso JAKOBS, *Strafrecht Allgemeiner Teil*², Tz. 8/100; DERS., *Zum Verhältnis von psychischem Faktum und Norm bei der Schuld*, S. 127, 131 („Das Strafrecht ist nicht die Magd der Psychologie und bildet seine eigenen Begriffe.“); FRISCH, *Vorsatz und Risiko*, S. 172 ff.; ZIEGERT, *Vorsatz, Schuld und Vorverschulden*, S. 54 f.; HETZER, *Wahrheitsfindung im Strafprozeß*, S. 81, 84 ff.; DUTTGE, *Zur Bestimmtheit des Handlungsunwerts von Fahrlässigkeitsdelikten*, S. 371; MORSE, *The "Guilty Mind:" Mens Rea*, S. 207, 222 ff., 223; KUHL, *Wille und Freiheitserleben*, S. 665, 751; DERS., *Wille, Freiheit, Verantwortung*, S. 186, 212 f.; auch KÖBERER, KrimJ 1983, 184, 192.

534 Vgl. schon STÜBEL, *System des allgemeinen Peinlichen Rechts*, Erster Band, § 164 S. 133 f.: Wenn Strafen den Willen lenken sollen, „werden sie ihren Zweck nie erreichen, wenn sie nicht nach psychologischen Regeln gewählt, und abgemessen sind.“; auch HENKEL, Studium Generale 13 (1960), 229, 238: „Es versteht sich von selbst, daß die von der Psychologie erarbeitete Systematik der Handlungen für die Rechtsbetrachtung von der größten Wichtigkeit ist. Denn wenn das Recht ... in seinen Bestimmungsnormen Einfluß auf die menschlichen Verhaltensweisen nehmen will, ..., so muß es dabei offenbar an das seinsmäßig gegebene Phänomen der Handlung anknüpfen.“

535 Zur dürftigen empirischen Validität behaupteter Abschreckungseffekte usw. siehe unten bei Fußn. 2753 f. Darüber, ob ohne Strafrecht noch mehr Straftaten begangen würden, läßt sich nur spekulieren, da experimentelle Kontrollszenarien nicht verfügbar sind, vgl. ANDENÆS, 43 J.Crim. L., Criminology & Police Sci. 176, 180 f. (1952–53); DERS., 114 U.Pa.L.Rev. 949, 955, 974 ff. (1966).

Sinne „materialgerechte“[536] Beschreibung „psychischer“ Zustände festzulegen oder die Abgrenzung der verschiedenen „Vorsatz“formen oder die Zuordnung der Verbotskenntnis als „Problem psychologischer Durchdringung eines psychischen Sachverhalts“ anzusehen, d.h. die Lösung rechtlicher Probleme von der Psychologie zu erwarten[537]. Die Psychologie kann ihr nur Beschreibungen und Erklärungen liefern, aber weder normative Argumente noch Definitionen, Anschauung, aber keine Begriffe.[538] Gewiß kann und wird die Psychologie Vorstellungen oder gar Theorien über die soziale Relevanz mancher ihrer Einsichten hegen, doch muß sie, wenn sie es ernst meint und sich nicht mit behaglichem fachinternen Vernünfteln zufriedengibt, sich damit in den Debattierraum begeben, wo praktische Philosophie, Ethik, Rechtswissenschaft, Moraltheologie und andere zuhause sind. Diese werden, wenn sie vernünftig sind, dem Gast gut zuhören; doch das Ergebnis der Debatte ist offen. Denn auch die plausibelste Explanation des faktischen menschlichen Verhaltens kann bei Strafe des naturalistischen Fehlschlusses den normativen Disziplinen keine adäquaten Vorgaben machen. Umgekehrt kann, wie gezeigt, sich

---

536 So aber Schewe, Festschrift Lange, S. 687, 694; ähnl. Walter, KrimJ 1981, 207, 210 f.; differenziert zust. Ziegert, *Vorsatz, Schuld und Vorverschulden*, S. 54 f. Nach Jäger, *Strafrecht und psychoanalytische Theorie*, S. 47, 58, beziehen sich die rechtlichen Begriffe auf „psychische Realitäten, die der psychologischen oder psychoanalytischen Aufklärung bedürfen. Anderenfalls geriete das Strafrecht in den Verdacht, mit Hilfe unwissenschaftlicher Scheinargumentation lediglich Strafbedürfnisse realisieren zu wollen.“; ähnl. Platzgummer, *Die Bewußtseinsform des Vorsatzes*, S. 24 Fn. 9, S. 37 Fn. 54, S. 63 ff.; Morselli, ZStW 107 (1995), 324, 339, 357.

537 Krauss, *Der psychologische Gehalt subjektiver Elemente im Strafrecht*, S. 110, 127 f.: „… die Abgrenzung von Vorsatz und Fahrlässigkeit [ist] nicht vorab ein Problem psychologischer Durchdringung eines psychischen Sachverhalts, sondern ein Problem normativer Typenbildung im Hinblick auf soziale Fehlleistungen.“ Falsch wäre es, „ein Problem rechtlicher Wertung aus dem Sozialbereich, dem es angehört, in den Bereich psychologischer Vorgänge [zu verlagern], weil dort, wo es zu lösen wäre, Kriterien für eine exakte Wertung fehlen. Der Fehlansatz dieser Transaktion liegt in der Erwartung, daß in dem nunmehr angesprochenen Bereich psychologischer Fragestellungen die anstehenden Wertungsprobleme zu lösen seien. Diese Erwartung ist von vornherein trügerisch. [Denn diese Frage] beantwortet sich nach der sozialen Einschätzung eines bestimmten Verhaltens in einer bestimmten Situation. … Das Problem der Abgrenzung von Vorsatz und Fahrlässigkeit *ist* ein Problem *sozialer* Einschätzung eines bestimmten, in einer Handlung *objektiv* zum Ausdruck gebrachten psychologischen Sachverhalts.“ (Hervorh. im Original); auch Müller-Dietz, GA 1992, 99, 118, wonach sich Versuche psychologischer Deutung „empirisch anmutende[r] Begriffe wie Vorsatz und Fahrlässigkeit“ „offenkundig als Irrweg“ erwiesen haben: „Sie zeigten, daß der Versuch psychologistischer Deutung solcher Begriffe leicht in die Irre führt, weil er die ihnen zugrunde liegenden Wertsetzungen und ihre funktionale Bedeutung innerhalb des Systems verkennt.“; NK-StGB-Puppe, § 15 Rn. 117: „Offenbar ist unter Juristen der Glaube noch immer nicht ausgerottet, die empirischen Wissenschaften, unter Einschluß der Humanwissenschaften, hätten uns Wahrheiten zu bieten, deren Maßgeblichkeit im juristischen Kontext ebenso unbestreitbar ist, wie ihre absolute Gültigkeit und empirische Beweisbarkeit.“; ebenso Rasch, *Forensische Psychiatrie*², S. 186 ff., 187 (Inkompatibilität der Bezugssysteme).

538 Morse, *The "Guilty Mind:" Mens Rea*, S. 207, 222 ff.; Frisch, *Vorsatz und Risiko*, S. 174 („bescheidene Hilfsdienste“); Duttge, *Zur Bestimmtheit des Handlungsunwerts von Fahrlässigkeitsdelikten*, S. 371; ähnl. Krümpelmann, *Empirie und Normativität in den Rechtsbegriffen der Willenssteuerung*, S. 13, 20, 27 f.

die Rechtswissenschaft nicht mit dem schlichten Verweis auf die „psychologische Natur der Sache“ von normativen Entscheidungen dispensieren.

Rechtliche, soziale, alltagsethische, philosophische und psychologische, psychoanalytische Beschreibungen und Erklärungen menschlichen Handelns sind ihrer jeweiligen Perspektive eigenen Rechts; ihr Erkenntnisinteresse, ihre praktischen Zwecke und sozialen Funktionen sind verschieden; keine hat einen originären Wahrheitsanspruch in einer anderen Beschreibungsebene. Das schließt wechselseitige Beeinflussung und Überzeugung nicht aus.

Es ist daher nicht zu besorgen, das Recht könne sich unversehens „in die Subtilitäten der wissenschaftlichen Vorsatz- und Willenspsychologie ... verlieren“.[539] Vor einer „Auflösung“ seines psychologisch naiven „Weltbildes“ – das sich nicht auf die schon in der Sprache verkörperte intentionale *desire-belief-psychology*[540] beschränkt, sondern auch philosophische, metaphysische Vorstellungen enthält sowie manchen Kategorienfehler, daß einem mentalen Ausdruck auch ein Seelenvermögen korrespondieren müsse[541] – „durch die moderne Naturwissenschaft“[542] ist das Recht freilich nicht gefeit, aber wie noch darzulegen (C.II.3.), richtet sich sein Weltbild im großen und ganzen nach dem der Gesellschaft – und die beiden gemeinsame psychologische Alltagstheorie ist eben nicht nur deskriptive, explanatorische, sondern ebenso praktische Theorie, verwoben mit dem Korpus elementarer sozialer Zurechnungsregeln und damit – in verschiedener Stärke – normativ geprägt[543] und Teil des umweltlichen, kulturellen Ordnungsangebots und -schemas[544]. Veränderungen dieses „symbolischen Universums“[545] sind möglich und geschehen unablässig, aber abrupte, grundstürzende Änderungen der sozialen Praxis infolge dieser oder jener wissenschaftlichen Entdeckung sind um so weniger zu er-

---

539 Engisch, *Vom Weltbild der Juristen*, S. 39 mit Bezug in Fn. 76 u.a. auf Lewins klassische Arbeit *Vorsatz, Wille und Bedürfnis*, die die Belanglosigkeit der Psychologie für das Weltbild des Juristen illustriere. Daß Juristen und Psychologen „in der Beschreibung seelischer Vorgänge ... wetteifern“ könnten (*ibid*,. S. 27) ist angesichts der unterschiedlichen Theorieniveaus ausgeschlossen, abgesehen davon, daß die Psychologie die Motivations- und Volitionsforschung erst seit kurzem wieder für sich entdeckt hat.

540 Dazu Laucken/Mees, *Motivationspsychologisches Umgangswissen*, S. 3, 16 f., die diese „Psychologie“ für unsere „unhintergehbare Daseinsorientierung“ halten.

541 Z.B. von Hippel, *Die Grenze von Vorsatz und Fahrlässigkeit*, S. 12 Fn. 4 (auf S. 13 f.), zitiert oben in Fußn. 191.

542 Engisch, *Vom Weltbild der Juristen*, S. 15; dagegen Gössel, *Wertungsprobleme*, S. 25 ff.; Duttge, *Zur Bestimmtheit des Handlungsunwerts von Fahrlässigkeitsdelikten*, S. 370 f.

543 Siehe oben Fußn. 449 und Engisch, *Vom Weltbild der Juristen*, S. 21 („Vor allem aber ist es der innere Zusammenhang, der zwischen den Alltagsbegriffen des natürlichen Weltbildes und der Welt der Werte besteht, der jene Begriffe der Rechtswissenschaft als einer Wertungswissenschaft empfehlen muß.“), S. 25 („Die natürliche Welt ist zugleich eine ‚soziale‘ Welt.“).

544 Siehe unten Fußn. 793 f. und Maasen/Prinz/Roth, *Voluntary action: Brains, minds, and sociality*, S. 3: “... even if psychology were in a position to escape from the fuzzy notion of voluntary action, politics, law and ethics could not easily do without it.”, und S. 6 ff.

545 Ausdruck nach Günther, *Voluntary action and criminal responsibility*, S. 263, 266.

warten, je stärker die kulturelle, normative Prägung des betroffenen Ausschnitts der Alltagstheorie ist. Insbesondere ist nicht zu ersehen, daß und wodurch[546] der für die soziale Zurechnungspraxis generell ebenso wie für das Strafrecht fundamentale Konnex von individueller Handlungsfreiheit und Handlungsverantwortung, die selbst keine „natürlichen Befunde“ und empirischer Falsifikation entzogen sind,[547] abgelöst werden könnte.

So wie das Recht seine eigene, von „Unreinheit des Stils“,[548] dem Nebeneinander natürlicher und wissenschaftlicher Erklärungen, geprägte Weltsicht hat, soweit wird das Strafrecht seine eigene, „esoterische“ Psychologie,[549] die weithin[550] Alltagspsychologie ist,[551] notwendig behalten – „esoterisch,“ insofern es psychologische Konzepte nur rezipieren kann, als sie in den Rahmen individueller Verantwortung und des jeweils *in concreto* betroffenen normativen Rasters eingepaßt werden können,[552] wobei es sie nach seinen Zwecken auswählt und formt, z.B. nach

546 „Liberté et responsabilité sont deux mots qui ne sauraient disparaître de notre langue usuelle, sans entraîner dans le stock d'idées dont nous vivons un vide que rien ne saurait combler.“, SALEILLES, *L'individualisation de la peine*, S. 156.

547 Siehe nur KRAUSS, *Der psychologische Gehalt subjektiver Elemente im Strafrecht*, S. 110, 124; ähnl. HAFFKE, *Die Bedeutung der sozialpsychologischen Funktion von Schuld und Schuldunfähigkeit*, S. 153, 172 f. („Über Freiheit und Unfreiheit sowie ihre Grenzen wird *gesellschaftlich* entschieden.“); ROXIN, *Strafrecht Allgemeiner Teil*, Band I[4], § 3 Rn. 55 (Annahme von Freiheit als „normative Setzung, eine soziale Spielregel“); ähnl. RUDOLPHI, *Unrechtsbewußtsein*, S. 7 ff., 12 ff., 16 ff.; GÜNTHER, *Voluntary action and criminal responsibility*, S. 263, 269 ff.; vgl. JAKOBS, *Strafrecht Allgemeiner Teil*[2], Tz. 17/23 ff.; DERS., ZStW 117 (2005), 247, 259 ff.; MÜLLER-DIETZ, GA 2006, 338 ff.; w. Nachw. bei NK-StGB-PAEFFGEN, Vor § 32 Rn. 216 f. Schon TARDE, *Philosophie penale*, S. 100 ff.; SALEILLES, *L'individualisation de la peine*, S. 88 und durchgehend. Krit. jüngst OSTERKORN, *Zum Paradox von Ideologie und Pragmatik der §§ 20, 21 StGB*, S. 23 ff., 47 ff.; unklar LAMPE, ZStW 118 (2006), 1, 29 ff., 42.

Nicht zu übersehen ist, daß hier sowohl von psychologisch/neurobiologischer Seite als auch von juristischer Seite oft und heftig aneinander vorbeigeredet wird, phänomenaler mit empirischem Willen verwechselt sowie voreilig von empirischen Befunden auf die soziale Bedeutung geschlossen oder umgekehrt die Relevanz empirischer Befunde für das Soziale pauschal bestritten wird. Solche Simplifizierungen, Generalisierungen, Kurzschlüsse und falschen Dichotomien sind in komplexen Gebieten wie psychischen und sozialen Prozessen von vornherein suspekt. Siehe auch unten bei Fußn. 713.

548 ENGISCH, *Vom Weltbild des Juristen*, S. 23.

549 BINDING, *Die Normen und ihre Übertretung*, Band II, S. 3 ff., insb. 5; BOCKELMANN, Gedächtnisschrift Radbruch, S. 252 ff.; dazu RAGUÉS I VALLÈS, *El dolo y su prueba en el proceso penal*, S. 288 ff. m. w. Nachw.

550 Wobei die juristische Terminologie freilich von der der „normalen Sprache“ weit genug abweicht, daß beispielsweise Geschworene diese einfach erscheinenden Termini (*knowledge, recklessness*) trotz Instruktion mitunter kaum korrekt anwenden, dazu SEVERANCE, GOODMAN & LOFTUS, 20 J.Crim.Just. 107 ff., 115 ff. m. w. Nachw. (1992).

551 Siehe nur MOORE, *Placing Blame*, S. 420 ff., 619; MORSE, 142 U.Pa.L.Rev. 1587, 1589 (1994); BURKHARDT, *First-person understanding of action in criminal law*, S. 238, 241; PRINZ, *Freiheit oder Wissenschaft?*, S. 86, 90 Endn. 3 (auf S. 101): „Strafprozesse sind der gesellschaftliche Ort, an dem der alltagspsychologische Common Sense in ritualisierter Form zelebriert wird …“.

552 Dazu eingehend KRAUSS, *Der psychologische Gehalt subjektiver Elemente im Strafrecht*, S. 110, 114 ff., 121 ff.

den Möglichkeiten prozessualer Fest- oder Darstellung, die oft eine beträchtliche „Komplexitätsreduktion"[553] bedingt. Hinzu tritt das aus dem Entscheidungszwang geborene Bedürfnis nach klaren Unterscheidungen und scharfen Begriffsgrenzen, das die Psychologie nicht teilt und nicht befriedigen kann.[554] Insgesamt kann es sich daher als schwierig erweisen, empirische Daten in das „normative Menschenbild der Jurisprudenz" zu integrieren.[555] So trifft es zu, daß das Strafrecht in seinen Zurechnungsstrukturen kollektive, sozialpsychologisch erfaßbare Vorstellungen verkörpert, die durch bestimmte individualpsychologische Erklärungen wie die der Tiefenpsychologie und Psychoanalyse „um den Preis der Selbstaufgabe" nicht ersetzt werden können,[556] zumindest nicht, solange die gesellschaftliche Selbstbeschreibung[557] sich nicht fundamental gewandelt hätte. Befürchtungen, die Be-

---

553 KRAUSS, *Das Prinzip materieller Wahrheit im Strafprozeß*, S. 65, 72 ff. (zur unvermeidlichen Orientierung an „der Gleichförmigkeit typisierender Leitbilder des sozialen Geschehens" mit der Folge der „Verkürzung der Problemschau und des Verlustes an Realität", S. 73); ZIEGERT, *Vorsatz, Schuld und Vorverschulden*, S. 54 f.; siehe auch MÜLLER-LUCKMANN, *Psychologie und Strafrecht*, S. 215, 217; diff. KRÜMPELMANN, *Empirie und Normativität in den Rechtsbegriffen der Willenssteuerung*, S. 13, 20.

554 Zur Vagheit der psychologischen Erfahrungssätze siehe nur TOEPEL, *Grundstrukturen des Sachverständigenbeweises*, S. 210, 216 ff. Hingegen meint MORSELLI, ZStW 107 (1995), 324, 346, daß die „kriminalpsychologischen und soziologischen Wissenschaften einen solchen Grad an Ausdifferenzierung erreicht [haben], daß sie imstande sind, zumindest teilweise eindeutige Antworten auf die von der Dogmatik aufgeworfenen Fragen zu geben." und bestimmt den Vorsatzbegriff sodann mit einer knappen Anleihe aus der FREUDschen Tiefenpsychologie; dies ist weder methodisch noch inhaltlich (oben Fußn. 507) überzeugend; eine eingehende Begründung für eine Erweiterung des Rechtsbegriffs *intention* auf psychoanalytischer Grundlage gibt dagegen D. COHEN, 24 J. Psychiatry & L. 511, 548 ff., 558 ff., 574 ff. (1996), mit den unangenehmen Folgerungen, daß Irrtümer nicht entlasten, da sie allesamt unbewußte Absichten realisieren, und jedes vorhersehbar schadenstiftende Verhalten eine Vermutung für bewußte oder unbewußte Intentionalität auslöst, die der Angeklagte widerlegen müsse.

555 MÜLLER-LUCKMANN, *Psychologie und Strafrecht*, S. 215, 217: „Im übrigen sind das normative Menschenbild der Jurisprudenz und die empirisch gewonnenen Daten menschlichen Verhaltens meist nur unter Schwierigkeiten oder gar nicht zur Deckung zu bringen. Das normative Menschenbild reduziert die auf dem Wege empirischer und experimentell arbeitender Forschung gewonnenen Erkenntnisse in der Regel und muß folgerichtig mehr oder weniger von der Realität abweichen."

556 HAFFKE, *Strafrechtsdogmatik und Tiefenpsychologie*, S. 133, 140, 145 ff.; ähnl. KRAUSS, *Der psychologische Gehalt subjektiver Elemente im Strafrecht*, S. 110, 114 ff., 124 f., 128; SCHILD, Festschrift Stree/Wessels, S. 241, 265 f. Krit. JÄGER, *Subjektive Verbrechensmerkmale*, S. 173, 175 ff., 181 ff.; DERS., *Strafrecht und psychoanalytische Theorie*, S. 47, 54 ff.; D. COHEN, 24 J. Psychiatry & L. 511, 548 ff. (1996); siehe auch RAGUÉS I VALLÈS, *El dolo y su prueba en el proceso penal*, S. 218 f.

557 Anders gewendet: Das psychische Eigenerleben – das gelerntes Konstrukt ist – der handelnden Subjekte (Freiheit, Selbstbestimmung), die am Unternehmen Gesellschaft beteiligt sind, muß im Strafrecht seinen Platz haben und daher die Begriffsbildung wesentlich mitbestimmen; insofern ist die „Erste-Person-Perspektive" bedeutsam, dazu BURKHARDT, *First-person understanding of action in criminal law*, S. 238 ff., 247, 250 f.; DERS., Festschrift Lenckner, S. 3, 7 ff., 19 ff.; statt vieler auch HIRSCH, ZStW 106 (1994), 746, 763. Dies bedingt aber nicht, wie BURKHARDT meint, einen ausnahmslosen Subjektivismus ("belief principle"), der Zurechnung an das – sogar ggf. objek-

achtung der psychologischen Disziplinen könnte, weil in ihnen „Willensfreiheit" keinen Platz hat,[558] zur Aufgabe der Idee individueller Verantwortlichkeit und zur Annahme eines ausnahmslosen Determinismus zwingen, sind folglich ebenso unbegründet wie bei der sonstigen, fraglosen Berücksichtigung naturwissenschaftlicher Erkenntnisse, von den Gesetzen der Mechanik über medizinisches Wissen, Faserspurgutachten zu DNA-Bestimmungen. Ob Determinismus (in welcher Spielart?) überhaupt ein *sozial* relevantes Konzept ist, kann weder Psychologie noch Physik entscheiden.[559] Schließlich besagt die Tatsache kausaler Determiniertheit

---

tiv falsche! (S. 243); krit. auch Jakobs, ZStW 117 (2005), 247, 264 Fn. 56; Schiemann, NJW 2004, 2056, 2058 – Gefühl subjektiver Handlungsfreiheit knüpft, damit der Täter seine Strafe als gerecht empfinden könne. Das ist nicht und war nie soziale Praxis, denn zum einen sind (kausale) Handlungsfreiheit und Verantwortungszurechnung reziproke, sozial konstituierte Konzepte (m.a.W., was ein Mensch meint, tun zu können, hängt sehr von der Umwelt ab, in der er aufwächst und lebt), wie Burkhardt zugesteht (S. 247), zum anderen spielen andere Zurechnungskriterien aus der „Dritte-Person-Perspektive" eine maßgebende Rolle, denn die „Ebene des Sozialen entsteht vielmehr erst dort, wo sich die anderen ... von der subjektiv geistigen Seite des Täters lösen." (E. A. Wolff, *Der Handlungsbegriff in der Lehre vom Verbrechen*, S. 31), wie Burkhardt (S. 251; siehe auch ders., Festschrift Lenckner, S. 3, 16, 21, 22 ff.) selbst einräumt bei der Unverantwortlichkeit von Kindern und psychisch Kranken, die (von Dritten!) nicht als Gleiche angesehen werden, obwohl sie sich durchaus als mit „freiem Willen" begabt empfinden mögen, wie hier schon Heinze, GS 13 (1861), 397, 428 f. Die Bedeutung des subjektiven Empfindens kausaler Handlungsfreiheit reduziert sich somit auf eine generalisierte, d. h. *objektivierte* Annahme, die im Einzelfall keinesfalls stets oder allein zum Tragen kommt, sonst wäre auch die Fahrlässigkeit verloren.

558 Statt aller Wegner, *The Illusion of Conscious Will*, S. 318 ff., 324 m. w. Nachw. Einen Überblick über die – wenigen – Versuche, nichtdeterministische Ansätze in die wissenschaftliche Psychologie zu integrieren, gibt Sappington, *Recent Psychological Approaches to the Free Will Versus Determinism Issue*, Psychological Bulletin 108 (1990), 19 ff. m. w. Nachw.

559 Alle kurzen und beiläufigen Argumente zu Determinismusstreit und Willensfreiheit, die aus Indeterminiertheit oder Determiniertheit menschlichen Verhaltens pauschale ethische oder rechtliche Konsequenzen ziehen wollen, sind schon wegen ihrer Kürze dubios. Diese Debatten leiden oft unter brachialen Simplifizierungen sowie „einseitiger Diät" (i.S. Wittgensteins, *Philosophische Untersuchungen*, § 593), interessen- und angstgesteuerten Argumenten sowie natur- resp. geisteswissenschaftlicher Ahnungslosigkeit (siehe auch Dennett, *Elbow Room*, S. 170; Maasen, *Questioning the multidisciplinary field*, S. 303, 304 f.), die zu falschen Fragestellungen und Scheingefechten führen; so hat schon Hume, *An Enquiry concerning Human Understanding*, Sect. VIII, Part I, §§ 71, 72, S. 92 f., darauf hingewiesen, daß die Vermutung der Indeterminiertheit menschlichen Verhaltens mitunter Folge eines verfehlten Kausalitätsbegriffs (der mehr als "constant conjunction of objects" beinhaltet, z.B. Notwendigkeit etc.) ist. Auch ist nicht auszuschließen, daß es sich partiell oder insgesamt um Scheinprobleme handelt. Schon die Konzepte von „Determinismus" und „Indeterminismus" sowie von „Freiheit" und „Willensfreiheit" sind weder klar noch einfach (siehe nur Hartmann, *Ethik*[3], S. 635 ff.; später van Inwagen, *An Essay on Free Will*, durchgehend; jüngst Pauen, *Illusion Freiheit?*, S. 37 ff., 59 ff.; schon Ach, *Über den Willensakt und das Temperament*, S. 1: „Willensfreiheit ... [jenes] Problem, das wie kein anderes geeignet ist, zu zeigen, was Begriffsverwirrung in der Wissenschaft zu leisten vermag."), sondern stellen theoretisch nicht unerhebliche Probleme dar, die präziser Analyse bedürfen. Die Determiniertheit neurophysiologischer Prozesse, über deren Funktionsweise im übrigen nicht einmal ansatzweise Konsens besteht, operiert jedenfalls mit einer so immensen Anzahl variabler Größen, integriert dazu Wechselwirkungen mit zahllosen Umweltdaten und der Selbstwahrnehmung des Individuums, so daß sich eine Komplexität ergibt, die kategorial von den üblichen einfachen mechanischen Modellen verschieden

menschlichen Verhaltens noch nichts für die normative Frage der Verantwortungszuschreibung,[560] genausowenig die Annahme von Indeterminiertheit, wenngleich

---

ist (“combinatorial explosion”, DENNETT, *Consciousness Explained*, S. 5). Vollständige Kausalerklärungen und Voraussagen menschlichen Verhaltens sind illusorisch. So hält KUHL, *Wille, Freiheit, Verantwortung*, S. 186, 210 m. w. Nachw., den „klassischen“ Determinismus (mit linearer Kausalität, hinreichenden Bedingungen, Vorhersagbarkeit, Wiederholbarkeit von Bedingungskonstellationen) für die Psychologie für unplausibel und optiert für einen klassischen Indeterminismus, der mit systemischem Determinismus vereinbar sei.

Angesichts der wohl kaum bestrittenen *epistemischen* Indeterminiertheit des einzelnen (so schon PLANCK, *Scheinprobleme der Wissenschaft*, S. 21 ff., 26; WITTGENSTEIN, *Tractatus logico-philosophicus*, § 5.1362; auch LUHMANN, *Die Autopoiesis des Bewußtseins*, S. 25, 29: „Kein Bewußtsein kann die Totalität seiner Systembedingungen als Prämissen oder als Gegenstände seiner eigenen Operation ins System wiedereinführen.“; siehe auch POTHAST, *Die Unzulänglichkeit der Freiheitsbeweise*, S. 177 ff.; BURKHARDT, Festschrift Lenckner, S. 3, 16 ff. m. w. Nachw.), der nicht erkennen kann, wozu er gegenwärtig determiniert ist, und gleichwohl handeln muß (falls er sich nicht dem Fatalismus hingibt), und der ebenfalls fehlenden Voraussagbarkeit der Determination (solcher nicht-trivialer Maschinen) für die Außenwelt (siehe nur LUHMANN, *Die Autopoiesis des Bewußtseins*, S. 25, 39; DÖRNER, *Der freie Wille und die Selbstreflexion*, S. 125 ff., 142 ff., 147), ist derzeit nicht plausibel dargetan, wie und warum das Selbstverständnis des einzelnen und die soziale Praxis inklusive Strafrecht, d.h. die intentionale Haltung i.S. DENNETTS (siehe oben C.II.1.e) sich ändern sollten, weil – naturwissenschaftlich selbstverständlich – die Welt als kausal erklärbar gedacht wird, siehe nur STRAWSON, *Freedom and Resentment*, S. 1, 11 ff. (dazu jetzt FISCHER & RAVIZZA, *Responsibility and Control: A Theory of Moral Responsibility*; krit. MCFEE, *Free Will*, S. 102 ff.); zum Ganzen siehe nur aus jüngerer Zeit DENNETT, *Elbow Room*, durchgehend; BIERI, *Das Handwerk der Freiheit*, durchgehend; H. WALTER, *Neurophilosophie der Willensfreiheit*; PAUEN, *Illusion Freiheit?*; JAKOBS, ZStW 117 (2005), 247 ff., 259 ff.; MÜLLER-DIETZ, GA 2006, 338 ff.; unklar SCHIEMANN, NJW 2004, 2056, 2059; dagegen REINELT, NJW 2004, 2792 ff. Einen Überblick über die vielfältigen Positionen in der Psychologie gibt der Sammelband von VON CRANACH/FOPPA (Hrsg.), *Freiheit des Entscheidens und Handelns. Ein Problem der nomologischen Psychologie*, mit Zusammenfassung VON CRANACH, *ibid.*, S. 329 ff., sowie SAPPINGTON, vorige Fußn.

Das unbestrittene *subjektive* Freiheitserleben ist mit objektivem Determinismus ohnehin logisch vereinbar, zumal es keinen Schluß auf einen objektiven Indeterminismus erlaubt. Hier kann eine psychologische Prozeßanalyse Beiträge zur Erklärung anbieten, warum selbstreflexive Systeme mit bestimmten funktionalen Merkmalen (wie einem „Ich“) zu Kontrollillusionen und schließlich zu einer Indeterminismustäuschung gelangen, dazu unten bei Fußn. 712.

BURKHARDT, *First-person understanding of action in criminal law*, S. 238 ff.; DERS., Festschrift Lenckner, S. 3, 7 ff., will daher das Strafrecht allein auf dieses subjektive Freiheitserleben, das gewiß eine nicht nur individuelle, sondern vor allem auch *soziale* Tatsache darstellt, stützen, ggf. sogar auf die situativ ungerechtfertigte Einbildung von Handlungsfreiheit (S. 243); dies wird der Komplexität sozialer Verantwortungszuschreibung nicht gerecht, dazu oben Fußn. 557; zu praktischen Einwänden unten bei Fußn. 736.

560 Nachw. oben in Fußn. 547. Im übrigen funktioniert ein beträchtlicher Teil des sozialen Lebens – einschließlich des Strafrechts!, siehe nur SCHOPENHAUER, *Preisschrift über die Freiheit des Willens*, S. 481, 625 ff. – nur deshalb, weil die Annahme von Regelhaftigkeit, praktischer Determiniertheit des Verhaltens der Mitmenschen valide ist (vgl. HUME, *A Treatise of Human Nature*, Book II, Sect. II, Part III, S. 409: “Now necessity, ... has universally, tho’ tacitly, in the schools, in the pulpit, and in common life, been allow’d to belong to the will of man, and no one has ever pretended to deny, that we can draw inferences concerning human actions, and that those inferences are founded on the experienc’d union of like actions with like motives and circumstances.”; DERS., *An Enquiry concerning Human Understanding*, Sect. VIII, Part I, § 69, S. 83 ff., 88: “Thus it

unter dem Einfluß der aristotelischen Terminologie (metaphysische) Freiheit und moralische oder rechtliche Verantwortung oftmals nicht unterschieden werden.[561] Dagegen ist noch einmal zu erinnern, daß sich der juristische oder moralische „(freie) Wille“ mit KELSEN auch als normativ-systematische Konstruktion, als Zurechnungsendpunkt auffassen läßt, der nur durch Hypostasierung als psychisches Faktum erscheint.[562]

---

appears, that the conjunction between motives and voluntary actions is as regular and uniform as that between the cause and effect in any part of nature; but also that this regular conjunction has been universally acknowledged among mankind, and has never been the subject of dispute, either in philosophy or common life."; PLANCK, *Scheinprobleme der Wissenschaft*, S. 24: „... so lehrt uns die alltägliche Erfahrung, daß wir im Umgang mit anderen Menschen bei allen ihren Reden und Handlungen stets bestimmte Motive, also kausale Determiniertheit voraussetzen; denn sonst wäre ihr Verhalten unberechenbar und jeder geordnete Verkehr mit ihnen unmöglich.“; LUHMANN, *Die Autopoiesis des Bewußtseins*, S. 25, 44 f.: „Auch im täglichen Leben behandeln Menschen einander in erheblichem Umfange als Trivialmaschinen, wenn und soweit die entsprechenden Vereinfachungen sich im sozialen Verkehr bewähren.“; auch NK-StGB-SCHILD, § 20 Rn. 35).

Schließlich kann Kausalität Zurechnungsprobleme ohnehin nicht entscheiden, da die Umwelt immer „mitursächlich“ ist; maßgebend sind stets Zurechnungsentscheidungen, zutr. LUHMANN, *Erleben und Handeln*, S. 235, 240; auch JAKOBS, ZStW 117 (2005), 247, 252.

561 M.a.W., „Freiheit“ ist ein notorisch mehrdeutiger Begriff, und Freiheit i.S. von Indeterminismus und „Freiwilligkeit“ im aristotelischen Sinne als Zurechnungsaspekt müssen nicht übereinstimmen. Wer infolge Zwangs oder Irrtums „unfreiwillig“ handelt, handelt deshalb keineswegs „determiniert“. Klar hierzu THORP, *Free Will*, S. 138 ff.: Verantwortlichkeit richtet sich nach den jeweiligen gesellschaftlichen *mores* und kann auch da entfallen, wo die legale Handlungsalternative als unzumutbar betrachtet wird, ohne daß der Handelnde unfrei wäre, was nur bei *vis absoluta* einträte. Sonst müßte man nur strafmündige Bürger als indeterminiert ansehen, strafunmündige Kinder und psychisch Kranke aber als Maschinen, gewiß keine befriedigende Erklärung.

562 Dazu siehe oben bei Fußn. 223 ff. und KELSEN, *Der soziologische und juristische Staatsbegriff*, S. 242: „Bedenkt man weiter, daß der ‚Wille‘ von allem Anfang an nur als ‚freier‘ Wille dem wissenschaftlichen Denken gegeben war, daß es die Wissenschaften der Ethik, Politik, Jurisprudenz und vor allem der *Theologie* waren, die den Begriff des Willens benötigten, die *kausalwissenschaftliche* Psychologie aber, wie sie sich überhaupt erst viel später entwickelte so auch den Begriff des Willens eigentlich schon von den genannten *normativen* Disziplinen vorgebildet fand, so ist es gewiß mehr als wahrscheinlich, daß dieser ganze Begriff des Willens – der als ‚freier‘ Wille in der Psychologie als einer Kausalwissenschaft keinen Platz finden kann – überhaupt eine normativ-systematische Konstruktion, eine Personifikation der normativen Systemeinheit ist und, wie so viele Personifikationen hypostasiert, nun von der Psychologie – weil in das ‚Innere‘ des Menschen verlegt – für eine psychische Realität gehalten wird.“

Ibid., S. 244: „Der freie Wille ist die in das ‚Innere‘ der Menschen verlegte ‚introjizierte‘ und sodann – in üblicher Weise – zu einer (psychologischen) Realität hypostasierte und zu einer ‚Ursache‘, und zwar ‚ersten‘, schöpferischen Ursache umgedeutete Norm.

Ist der ‚Wille‘ mit dem ‚freien‘ Willen für identisch und als eine Personifikation eines selbständigen Normensystems, als normativer Zurechnungs*end*punkt erkannt, dann wird endlich das welthistorisch gewordene Problem des Gegensatzes von Determinismus und Indeterminismus als Scheinproblem, als welthistorisches Mißverständnis verschwinden. Man wird nicht mehr ‚annehmen‘ müssen, daß der Wille frei sei (obgleich die Psychologie lehrt, daß er gebunden sei), weil sonst eine Zurechnung nicht möglich wäre. Man wird vielmehr begreifen, daß die ‚Person‘ oder ihr ‚Wille‘ nur darum ‚frei‘ ist oder frei heißt, weil und insofern ihr zugerechnet wird, weil und insofern sie der Ausdruck für einen Zurechnungsendpunkt ist. Und man wird einsehen, daß die kausale

Insgesamt ist es daher gleichermaßen verfehlt, psychologische Erkenntnisse von vornherein zu ignorieren wie ihnen die Definitionskompetenz für rechtliche Probleme und ihre Lösungen zu übertragen. Die (Straf-)Rechtswissenschaft wird stets prüfen müssen, ob und wie weit psychologische Beobachtungen und Erklärungen ihre Beachtung erfordern oder zumindest hilfreich sein können, ohne sich vorschnell auf aktuelle Erkenntnisse oder Theorierichtungen zu verlassen[563] oder einmal rezipierte Theoreme ungeprüft jahrzehntelang für valide zu halten, obwohl sie in der zeitgenössischen Psychologie selbst nur noch musealen Wert haben. Dabei mag sich ergeben, daß die Psychologie der Strafrechtswissenschaft im Bereich der subjektiven Tatseite zur Ausdifferenzierung der „Vorsatz“formen nicht allzu viel zu sagen hat,[564] während die modernen willenspsychologischen Modelle und diagnostischen Verfahren für die Unterscheidung von zu verantwortendem und außerhalb der Willenskompetenz liegendem Verhalten durchaus von Interesse sein mögen[565]. Auch in der Kriminologie fehlt, soweit ersichtlich, weitgehend eine nähere Befassung mit der subjektiven Tatseite.[566]

So wie die Psychologie als Wissenschaft ein ausgesprochen unübersichtliches, durch vielfältige und teilweise höchst unterschiedliche Forschungsrichtungen und stark zersplitterte Theorieansätze sowie weitgehendes Fehlen umfassender Theorien gekennzeichnetes Bild abgibt, so fehlt auch ein einheitliches, allgemein konsentiertes, (individual-)psychologisches Handlungsmodell,[567] das juristischen

---

Bestimmtheit der menschlichen Handlungen im System der Natur keinerlei Widerspruch ist zu der normativen Bestimmtheit und damit zu der normativen Zurechnung im System des Rechts oder der Moral.“ (Hervorh. im Original); ebenso DERS., ARSP 46 (1960), 321, 331 f.

563 Unangebracht ist erst recht deren metaphysische Überhöhung, so z.B. bei DUTTGE, *Zur Bestimmtheit des Handlungsunwerts von Fahrlässigkeitsdelikten*, S. 419, der den gegenwärtigen Stand der Wahrnehmungspsychologie zur „ontologischen Basis“ adelt.

564 Krit. KRAUSS, *Der psychologische Gehalt subjektiver Elemente im Strafrecht*, S. 110, 128, zum „Defizit an sozialer Relevanz psychologischer Prozesse“ und: „... solange diese ‚Umsetzung‘ empirischer Einsichten in Werttopoi nicht geleistet werden kann und jedenfalls nicht geleistet ist, hat es für das Recht wenig Sinn, seine subjektiven Verbrechensmerkmale um eine psychologische Dimension zu erweitern.“; sehr krit. zur Leistungsfähigkeit der Psychologie BRESSER, Festschrift Lange, S. 665, 667 ff.; zust. LOOS, *Grenzen der Umsetzung der Strafrechtsdogmatik in die Praxis*, S. 261, 272; HETZER, *Wahrheitsfindung im Strafprozeß*, S. 84 ff.; MÄRKER, *Vorsatz und Fahrlässigkeit bei jugendlichen Straftätern*, S. 194 f.; ganz abl. SCHILD, Festschrift Stree/Wessels, S. 241, 262 f., 265 f.; ebenso RAGUÉS I VALLÈS, *El dolo y su prueba en el proceso penal*, S. 213 ff., 230 ff. m. w. Nachw. (wegen des Mangels an *sicheren* Erfahrungssätzen).

KUHL, *Wille und Freiheitserleben*, S. 665, 751, erhofft sich aber „gänzlich neue Perspektiven der objektiven Bestimmung von ‚Verschuldungsstufen‘“, wenn die bisherigen Befunde zur neurophysiologischen Objektivierung erlebter Willensfreiheit validiert würden.

565 KUHL, *Wille und Freiheitserleben*, S. 665, 745 ff., 749 ff.; DERS., *Wille, Freiheit, Verantwortung*, S. 186, 210 ff.

566 KRÜMPELMANN, *Empirie und Normativität in den Rechtsbegriffen der Willenssteuerung*, S. 13, 16; PRITTWITZ, GA 1994, 454, 456 ff., 468 ff.

567 Siehe nur PRINZ, Psychologische Rundschau 49 (1998), 10 ff.; DERS., Zeitschrift für Psychologie 208 (2000), 32 ff., jew. m. w. Nachw.; HOFFMANN, Psychologische Rundschau 49 (1998),

Vorstellungen gegenübergestellt werden könnte. Die Beiträge, die die Psychologie zur rechtlichen Erfassung namentlich der kognitiven und voluntativen Vorsatzseite anbieten könnte, erscheinen zur Zeit eher punktuell und insgesamt mager:

b) Intentionale Zustände und Handlungssteuerung in der Psychologie

Sucht man etwa für das problematische Willensmoment des Vorsatzes (Absicht, Wille, *intention, intención, намерение* etc.) nach psychologischer Hilfestellung, so ist festzustellen, daß die Psychologie nach intensiver Beschäftigung mit dem „Willen“, immerhin einem Element der klassischen Dreiteilung des Geistes (Kognition und Emotion sind die beiden anderen), beginnend mit LOTZE und verstärkt gegen Ende des 19. und zu Beginn des 20. Jahrhunderts durch WILLIAM JAMES, ACH und LEWIN[568] – bei durchaus unklarer Theorielage[569] – sich später davon jahrzehntelang abgekehrt hatte, vor allem unter dem Einfluß des empirischen Behaviorismus SKINNERscher Prägung, für den mentale Phänomene wie „Wille“ und „Bewußtsein“ inexistent bzw. kein tauglicher Gegenstand empirischer Forschung waren. Der Begriff des Willens erschien altmodisch und verlor jede wissenschaftliche Respektabilität, die Vorstellung einer letzten Verursachungsinstanz des Handelns wirkte geradezu anstößig. Auch die Erlebniszugänglichkeit vieler intentionaler Prozesse stand ihrer weiteren Erforschung nach Ächtung der Introspektion als Methode entgegen. Nach der in den 1960er Jahren beginnenden Abkehr vom Behaviorismus hat sich die Psychologie erst in den achtziger Jahren, vor allem nach der Monographie von KUHL,[570] die auch für das Strafrecht rezipiert wurde,[571] der Handlungssteuerung wieder tastend genähert, deren Studium seitdem zunehmenden Auftrieb erfahren hat.[572] In der russischen Psychologie wurden Willensphäno-

---

21; RASCH, *Forensische Psychiatrie*², S. 187 ff.; WEGENER, *Zum Aussagewert der Handlungsanalyse einer Tat – die psychologische Perspektive*, S. 35.

568 Die Willenspsychologie des späten 19. und frühen 20. Jahrhunderts ist im Strafrecht auf lebhaftes Interesse gestoßen, siehe im deutschen Sprachraum z. B. HORN, GS 51 (1895), 1 ff.; DERS., GS 51 (1895), 151 ff.; DÜRR, GS 69 (1906), 168 ff.; auch BURKHARDT, *Der Wille als konstruktives Prinzip der Strafrechtsdogmatik*, S. 319.

569 Vgl. die Einleitung von ACH, *Über den Willensakt und das Temperament*, S. 1: „Auf keinem Gebiet der Psychologie herrscht wohl eine größere Verwirrung und Unbestimmtheit der Begriffe als auf dem des Willens.“; WUNDT, *Grundzüge der physiologischen Psychologie*, Band 3, S. 221: „In keinem Gebiet der Psychologie spielt wohl die Neigung, Aussagen über den Inhalt seelischer Vorgänge nicht auf diese selbst, sondern auf irgendwelche populäre oder philosophische Antezipationen zu stützen, eine größere und verhängnisvollere Rolle als in der Lehre vom Willen.“; LEWIN, *Vorsatz, Wille, Bedürfnis*, S. 85 (= Psychologische Forschung 7 (1926), 330, 378), riet, den Begriff des „Willens“ wegen zu befürchtender Mißverständnisse besser zu vermeiden.

570 KUHL, *Motivation, Konflikt und Handlungskontrolle*, 1983.

571 Durch ZIEGERT, *Vorsatz, Schuld und Vorverschulden*, S. 55 ff.

572 Zur Geschichte der Willenspsychologie siehe die Beiträge von GUNDLACH (S. 67 ff.) und HECKHAUSEN (S. 86 ff.) in: HECKHAUSEN/GOLLWITZER/WEINERT (Hrsg.), *Jenseits des Rubikon. Der Wille in den Humanwissenschaften*; DIES., Vorwort, S. V ff.; eingehend GUNDLACH, *Der Willensakt im Reaktionsversuch*, S. 361 ff.; GOLLWITZER, *Abwägen und Planen*, S. 6 ff.; auch

mene hingegen schon länger untersucht und in Parallelität zu sozialen Strukturen und Prozessen konzipiert.[573]

Einige Aufmerksamkeit hatte zwar die Motivationspsychologie der Frage der Selektion von Motiven (vor allem durch Erwartung-Wert-Theorien) gewidmet, wie diese aber in Aktion übersetzt werden, blieb, worauf KUHL hingewiesen hat, zumeist unbeachtet. Galt in der Psychologie die Erkenntnis, daß Verhalten oder Handeln im wesentlichen zwei notwendige und zusammen hinreichende Bedingungen hat, Motivation und Fähigkeit, seit langem als experimentell gesichert, so wird nun wieder eine dritte Kategorie von Ursachen für das Ausführen oder Unterlassen von Handlungen untersucht: Willensvorgänge bzw. volitionale Handlungskontrolle.[574] Auch hat die Dominanz – und der Erfolg – des Informationsverarbeitungsansatzes der modernen Kognitiven Psychologie[575] den Blick zunächst auf isolierte Aufgaben gelenkt, so daß seit nur etwa zwei Jahrzehnten den Fragen, wie Intentionen das kognitive System konfigurieren, wie Handlungskontrolle erfolgt usw., wieder nachgegangen wird,[576] wobei die handlungsbezogenen Forschungsprogramme der Motivations- bzw. Kognitionspsychologie und der Volitionsforschung nicht nur verschiedene Schwerpunkte setzen, sondern zunächst unverbunden koexistierten und sich erst in jüngster Zeit rezipieren[577]. Erst Ende der neunziger Jahre des vergangenen Jahrhunderts setzen erste interdisziplinäre Diskussionen über Konzepte von Intentionalität, Bewußtsein und Handlung zwischen Psychologie und Philosophie nebst Neurowissenschaften ein.[578]

SCHMALT/HECKHAUSEN, *Motivation*, S. 451, 456, 464 ff.; PUCA & LANGENS, *Motivation*, S. 223, 229 ff.; GOSCHKE, *Volition und kognitive Kontrolle*, S. 270, 275 ff.; SOKOLOWSKI, Psychologische Beiträge 39 (1997), 346, 349 ff.; PRINZ, Zeitschrift für Psychologie 208 (2000), 32, 33 ff.; siehe auch KLUWE, Zeitschrift für Psychologie 208 (2000), 1, 6 ff.; BRUNER, *Foreword*, S. ix ff.; auch schon KELLER, *Psychologie und Philosophie des Wollens*, S. 45 ff., alle m. w. Nachw.

Die Stichworte „Wille“ oder „Volition“ begegnen erst jüngst wieder in psychologischen Nachschlagewerken, z.B. in KAZDIN (ed.), *Encyclopedia of Psychology*, vol. 8, S. 210 ff.; *Lexikon der Psychologie*, Band 5, S. 2 f. sowie den umfangreichen Band C IV 4 „Motivation, Volition und Handlung“ der *Enzyklopädie der Psychologie*.

573 Dazu KUHL, *Wille und Freiheitserleben*, S. 665, 668 f. mit Verweis auf LEONT'EV und VYGOTSKIJ. KUHL nimmt diesen Ansatz auf, *ibid.*, S. 668 ff.

574 SOKOLOWSKI, *Wille und Bewußtheit*, S. 485, 500 ff. m. w. Nachw.

575 Der Name geht auf das 1967 erschienene Buch NEISSERS, *Cognitive Psychology*, zurück, vgl. S. 4: "... the term cognition refers to all the processes by which the sensory input is transformed, reduced, elaborated, stored, recovered, and used."

576 GOSCHKE, *Voluntary action and cognitive control*, S. 49, 50 m. w. Nachw.

577 PRINZ, Psychologische Rundschau 49 (1998), 10 ff.; GOSCHKE, Psychologische Rundschau 49 (1998), 24, 27.

578 Exemplarisch seien genannt die Sammelbände von MALLE, MOSES & DARE (eds.), *Intentions and Intentionality: Foundations of Social Cognition* (2001); MAASEN, PRINZ & ROTH (Hrsg.), *Voluntary action: brains, minds, and sociality* (2003); ROESSLER & EILAN, *Agency and Self-Awareness. Issues in Philosophy and Psychology* (2003).

c) Der Wille in Motivations- und Kognitionspsychologie

In den damit befaßten psychologischen Disziplinen besteht Einigkeit weder über den Begriff des „Willens" in seinem Alltagsgebrauch noch in seiner wissenschaftlichen Verwendung[579] (bzw. der des Begriffs der Volition) noch über die zu beschreibenden und untersuchenden Phänomene. So differiert der Willensbegriff der Motivations- und Kognitionspsychologie erheblich, auch wenn beide Forschungsprogramme davon ausgehen,

> ... daß Willenshandlungen solche Handlungen sind, die in einem noch näher zu bestimmenden Sinn durch Absichten verursacht werden und Willensprozesse solche Prozesse sind, die der Umsetzung von Absichten in Handlungen zugrundeliegen.[580]

In der Motivationspsychologie wird im Anschluß an Ach das Zustandekommen und das Realisieren einer Absicht unterschieden. Die Volitionsforschung untersucht die Realisierung von Absichten im Sinne metakognitiver Steuerungsprozesse und Strategien der Selbstregulation, Handlungskontrolle u.ä. Auch innerhalb der motivationspsychologischen Perspektive können die mit volitionaler Steuerung beschriebenen Phänomene erheblich voneinander abweichen wie unten[581] anhand der Modelle von Heckhausen und Kuhl illustriert wird. Prozesse, die der Ausführung einfacher Willenshandlungen wie dem Heben eines Armes zugrunde liegen, werden nicht unter den Begriff der Volition im engeren Sinne gefaßt. Elementare Prozesse der Informationsverarbeitung, Wahrnehmung und Bewegungssteuerung werden vielmehr als „Grundfertigkeiten" vorausgesetzt.

Demgegenüber gilt das Interesse der Kognitionspsychologie gerade diesen Mechanismen vergleichsweise einfacher absichtlicher Handlungen und der Unterscheidung automatischen, reizgesteuerten und willkürlichen, absichtsgesteuerten Verhaltens. Während hier detailreichere Analysen der von der motivationspsychologischen Volitionsforschung vorausgesetzten elementaren Prozesse möglich sind, geht dies notwendig mit einer Reduktion auf wenige und sehr einfache Willensphänomene einher. Wünschenswert sind daher integrative Ansätze, deren Zahl noch gering ist, aber allmählich zunimmt.[582]

---

579 Sehr deutlich schon in den beiden Äußerungen unten in Fußn. 620!

580 Goschke, *Wille und Kognition*, S. 583, 585 f.; siehe auch Kuhl, *Wille, Freiheit, Verantwortung*, S. 186, 195 f.

581 Bei Fußn. 609 ff.

582 Goschke, *Wille und Kognition*, S. 583, 585–588 m. w. Nachw.; Kuhl, *Wille und Freiheitserleben*, S. 665, 679 Fn. 1 (mit Hinweis darauf, daß eine ähnliche Differenz bereits bei Achs „primären Willensakt" zu James' „ideo-motorischem" Konzept der Willentlichkeit bestand), 680 f.

aa) Formen der Handlungssteuerung

Von den verschiedenen Ebenen der Verhaltenssteuerung[583] wird nunmehr wieder den Kontrollprozessen bei intentionalen Handlungen vermehrt Aufmerksamkeit gewidmet. Davon zu unterscheiden ist zunächst die motivationale Steuerung:

In der Motivationspsychologie werden *Motive* nicht als Deskription realer Entitäten, sondern als hypothetische, begriffliche Konstrukte („erfundene Konstruktionselemente“[584]) für verallgemeinerte (biogene oder soziogene) überdauernde Erwartungs- und Wertungsdispositionen eingesetzt, die als Affektgeneratoren fungieren, Verhalten energetisieren, Aufmerksamkeit ausrichten und das Erlernen von Verhaltensweisen fördern, die der Erreichung eines Zielzustandes dienen. Zugrunde liegt ein rationalistisches und deterministisches Verhaltensmodell.[585] Motivstrukturen sind oft Ergebnis langjähriger Erfahrung und umfassen jeweils zwei Teiltendenzen (Hoffnung auf Befriedigung/Furcht vor Nichtbefriedigung). Motive führen nicht unmittelbar zu Handlungen, sondern benötigen Anregung durch spezifische Situationsbedingungen (Reize). Sie regulieren Verhalten, ohne daß es zur Bildung bewußter Absichten kommen muß. Motive selbst haben keine sprachliche Repräsentation, anders als Ziele oder Absichten.[586] Es lassen sich demnach zwei Motivationssysteme unterscheiden: Motive als unbewußte, affektiv repräsentierte Affektantezipation und Ziele als bewußte, überwiegend sprachlich-symbolisch repräsentierte, kommunizierbare antezipierte Zustände von individueller Bedeutung. Beide können konfligieren, Ziele also motivkongruent oder -inkongruent sein.[587] Nun bestimmt eine dominierende Motivationstendenz keinesfalls umstandslos das Verhalten, das sonst kaum als geordnet erfahrbar wäre. Die Prozesse, die entscheiden, welche Motivationen verwirklicht werden, werden *Volitionen* genannt.[588]

---

583 GOSCHKE, *Volition und kognitive Kontrolle*, S. 270, 272, unterscheidet fünf Ebenen: (1) Reflexe und Instinkte, (2) assoziatives Lernen, (3) motiviertes Verhalten, (4) intentionale (= absichtliche) Handlungen und (5) volitionale Selbststeuerung. Ähnl. DERS., *Wille und Kognition*, S. 583, 588 ff.; modifiziert bei DEMS., *Voluntary action and cognitive control*, S. 49, 53 ff.

584 HECKHAUSEN, *Ein kognitives Motivationsmodell*, S. 283, 284 und: „Sie erheben keinen Anspruch, die ‚wirklich‘ ablaufenden Prozesse getreu abzubilden. Ihre Rechtfertigung besteht nur in dem Erklärungswert, warum unter gegebenen Umständen so und nicht anders gehandelt wird.“; ebenso DERS., *Motivation und Handeln*², S. 9 f.; zust. RASCH, *Forensische Psychiatrie*², S. 190 f.

585 HECKHAUSEN, *Ein kognitives Motivationsmodell*, S. 283, 284 („Es tut so, als wäge das Individuum Handlungsalternativen und deren mögliche Folgen sorgfältig auf Wertmaximierung ab, ehe es sich zum Handeln entschließt.“).

586 CARRIER/MITTELSTRASS, *Geist, Gehirn, Verhalten*, S. 143 f.; SCHMALT, *Psychologische Aspekte einer Theorie der Handlung*, S. 517, 526 f.; SCHMALT/HECKHAUSEN, *Motivation*, S. 451, 453 f., 458 ff.; PUCA & LANGENS, *Motivation*, S. 224, 240, 242; SOKOLOWSKI, *Wille und Bewußtheit*, S. 485, 503 ff., jew. m. w. Nachw.

Krit. zur Unterscheidung von Motivation und Kognition VALLACHER & WEGNER, *A Theory of Action Identification*, S. 117 ff. (Motive ließen sich von kognitiven Repräsentationen von Handlungen nicht unterscheiden, seien vielmehr höherstufige, sehr abstrakte Handlungsbeschreibungen).

587 PUCA & LANGENS, *Motivation*, S. 224, 254, 257 ff. m. w. Nachw.

588 SCHMALT/HECKHAUSEN, *Motivation*, S. 451, 461.

Wie schon im 19. Jahrhundert die Antezipation von Handlungseffekten als Voraussetzung willentlichen Handelns galt,[589] werden nun *Willenshandlungen* als Verhaltensweisen bezeichnet, „die auf Erreichung von *mental repräsentierten Zielzuständen* gerichtet sind". *Absicht* bezeichnet den „mentalen Zustand, in dem die Person die Verwirklichung eines Ziels durch eigene Handlungen mit einer gewissen Verbindlichkeit anstrebt und es für möglich hält, das Ziel auch zu erreichen".[590] Willentliche Handlungen werden neben ihrer *Zielgerichtetheit* durch *Planung* – Rekombination elementarer Aktionen zu neuen Handlungssequenzen –, *Reizunabhängigkeit* und *Bedürfnisunabhängigkeit* – durch Antezipation *künftiger* Bedürfnislagen – gekennzeichnet. Der letztgenannte Aspekt ist von zentraler Bedeutung, da die meisten heutigen Theorien der willkürlichen Handlungssteuerung annehmen, daß Willenshandlungen auf einer Antezipation der sensorischen Effekte der intendierten Handlung beruhen.[591] Der so gewonnene Zuwachs an Verhaltensflexibilität führt zu Kontrollproblemen, z.B. Konflikten von Zielen, Interferenz mit aktuellen Bedürfnissen, Gewohnheiten usw. sowie mit den anderen, konkurrierenden Kontrollsystemen der Verhaltenssteuerung.[592] Die zur Kohärenz des Verhaltens und Erreichung langfristiger Ziele nötige Koordination zahlreicher sensorischer, kognitiver und motorischer Teilsysteme zwecks Unterdrückung inadäquater, wenngleich starker Reaktionen bildet zur Zeit ein zentrales Forschungsthema der Motivationspsychologie sowie der Kognitions- und Neuropsychologie.[593] Die für die Koordinationsleistung nötigen Mechanismen werden als *kognitive* oder *volitionale Kontrollprozesse* oder *exekutive Funktionen* bezeichnet.[594] Obwohl die Begriffsverwendung nicht einheitlich ist, darf folgende Definition als typisch gelten:

> Die Begriffe *Volition* und *Wille* bezeichnen eine Kategorie kooperierender psychischer Funktionen, welche bei Vorliegen von näher zu bestimmenden Realisierungsschwierigkeiten die zeitliche, räumliche, inhaltliche und stilistische Koordination einer großen Zahl einzelner Teilfunktionen innerhalb und zwischen verschiedenen Subsystemen und -funktionen wie Wahrnehmung, Aufmerksamkeit, Kognition, Emotion, Motivation, Aktivierung („Temperament") und Bewegungssteuerung (Motorik) aufgrund eines einheitlichen Steuerungsprinzips vermittelt, das wir als „Absicht" oder „Ziel" bezeichnen.[595]

---

589 Z.B. JAMES, *The Principles of Psychology*, vol. 2, S. 501 f., 518 f. [1111 f., 1127]; schon BUCHANAN, *The Philosophy of Human Nature*, ch. XV, S. 301 ff., 303, 314; Überblick bei HOFFMANN, *Vorhersage und Erkenntnis*, S. 23 ff., 28, 50, 54 m. w. Nachw.

590 GOSCHKE, *Volition und kognitive Kontrolle*, S. 270, 272 f. m. w. Nachw.; siehe auch SCHMALT, *Psychologische Aspekte einer Theorie der Handlung*, S. 517, 526 ff.

591 GOSCHKE, *Wille und Kognition*, S. 583, 591 m. w. Nachw.; eingehend HOFFMANN, *Vorhersage und Erkenntnis*.

592 Statt vieler GOSCHKE, *Volition und kognitive Kontrolle*, S. 270, 274 f.; DERS., *Wille und Kognition*, S. 583, 592 f., jew. m. w. Nachw.

593 Aktueller Überblick über Forschungsschwerpunkte m. w. Nachw. bei GOSCHKE, *Volition und kognitive Kontrolle*, S. 270, 273–275; auch BAYER/FERGUSON/GOLLWITZER, *Voluntary action from the perspective of social-personality psychology*, S. 86, 87–96.

594 GOSCHKE, *Volition und kognitive Kontrolle*, S. 270, 273 f. m zahlr. Nachw.; KUHL, *Wille und Freiheitserleben*, S. 665, 670 ff.; DERS., *Motivation, Konflikt und Handlungskontrolle*, S. 183 ff.; HECKHAUSEN, *Motivation und Handeln*^{2}, S. 189 ff.

Die Volitionspsychologie hat sich innerhalb der Motivationspsychologie als eigenständige Forschungsrichtung etabliert.

bb) Kognitionspsychologische Perspektive der Handlungssteuerung: Automatische vs. willkürliche Steuerung

Das gleichsam klassische Modell in Philosophie und früher Psychologie nimmt an, daß Wissen über die Welt, antezipatorische mentale Repräsentation z.B. eines Zielzustands, der Handlung vorausgeht und diese verursacht oder zumindest steuernd beeinflußt. Diese auch alltagstheoretisch gestützte Ansicht wird von der modernen Kognitionspsychologie teils weiter verwendet,[596] teils zunehmend in Frage gestellt[597].

Daß Willenshandlungen auf mental repräsentierte Zielzustände ausgerichtet sind, bedeutet nicht, daß sie stets bewußt ausgelöst werden. Schon WILLIAM JAMES führte aus, daß eine bewußt geplante Tat einschließlich eines Entschlusses („fiat") die große Ausnahme des Willkürhandelns sei, der Regelfall vielmehr aus „ideomotorischen" Handlungen bestehe,[598] d.h. weithin automatisierten, in der praktischen Situation zumeist alternativlosen Akten, die aufgrund bestimmter klarer, unklarer oder ganz unbewußter Vorstellungen „einfach ausgeführt" würden, wenn gegenläufige Vorstellungen fehlten.[599] ACH nahm an, daß der Einfluß von Instruktionen oder Intentionen auf den folgenden Denk- und Handlungsablauf weitgehend unbewußt vermittelt ist. Ebenso wurde bereits im 19. Jahrhundert vertreten, daß intentionsgemäße Handlungen unter bestimmten Umständen reizinitiiert sind, ohne daß ein „bewußter Willensakt" interveniere.[600] Dies wird durch neuere

---

595 KUHL, *Wille und Freiheitserleben*, S. 665, 678; GOSCHKE, *Volition und kognitive Kontrolle*, S. 270, 274; siehe auch KUHL, *Motivation und Persönlichkeit*, S. 133.

596 Siehe nur HOMMEL, *Acquisition and control of voluntary action*, S. 34 f. m. w. Nachw.

597 Siehe nur PRINZ, *Between motivation and control: Psychological accounts of voluntary action*, S. 17, 18 ff.; DERS., *How do we know about our own actions?*, S. 21, 22 u. ff., der annimmt, es gebe zwei funktionale Module, eines für physische Handlung, ein anderes, langsameres, für deren mentale Repräsentation, so daß der (erlebte) Wille der Handlung *folge*. Siehe jetzt KUHL, *Motivation und Persönlichkeit*, S. 321 ff.

598 Zu unterscheiden ist die *ideomotorische Konzeption* von Handlungen (begründet von LOTZE und WILLIAM JAMES: Handlungen gehen auf interne, volitionale Ursachen zurück) im Gegensatz zur *sensorimotorischen* Konzeption (im Sinne der cartesischen Physiologie und des klassischen Behaviorismus: Handlungen sind Reaktionen auf externe Reize (Stimuli)) einerseits und andererseits, als Handlungsarten nach JAMES, *ideomotorische Handlungen* (*ideomotor actions*, die durch die bloße Vorstellung (*bare idea*) ausgelöst werden) von Willenshandlungen (*willed actions*, bei denen ein weiteres Element hinzutritt, wie ausdrückliche Zustimmung, *fiat*).

Zu einem Versuch, die ideomotorische Auffassung innerhalb der Psychologie wiederzubeleben, siehe PRINZ, *Experimental Approaches to Action*, S. 165 ff.

599 JAMES, *The Principles of Psychology*, vol. 2, S. 522 ff. [1130 ff.].

600 ACH, *Analyse des Willens*, S. 150 f., zur „spontanen Wirksamkeit der determinierenden Tendenz"; dazu GOSCHKE, *Wille und Kognition*, S. 583, 600, mit Nachw. zu EXNER und MÜNSTER-

Befunde bestätigt.[601] Ausgehend von der weithin akzeptierten Unterscheidung[602] *automatischer* (reizinitiierter, d.h. nicht intentional kontrollierbarer, unbewußt ablaufender und keine Verarbeitungskapazität benötigender) und *kontrollierter* (bewußt ablaufender, intentionsgesteuerter, ein Verarbeitungssystem mit begrenzter Kapazität beanspruchender, daher sequentieller, langsamer, anstrengender, interferenzanfälliger) Prozesse ist gezeigt worden, daß Handlungen sowohl kontrolliert, da von einer vorher gebildeten Absicht abhängig, als auch automatisch, da durch einen Reiz ohne bewußten Abruf der Absicht, also ohne bewußten „Willensakt“, ausgelöst sein können, d.h. eine automatische Reaktion fügt sich in die intentionale Planung ein, jedoch wohl nur, wenn die Ausführungsparameter durch die aktuelle Reizinformation vollständig spezifiziert sind.[603] Es wird angenommen, daß Absichten bestimmte Reiz-Reaktions-Verbindungen in erhöhte Bereitschaft versetzen, d.h. das kognitive System in bestimmter Weise konfigurieren, so daß auch komplexere Handlungen durch die passenden Gelegenheiten weitgehend automatisch ausgelöst werden.[604] Willenshandlungen beruhen demnach nicht stets auf bewußten Absichten als *unmittelbarer* Ursache: „Absichten scheinen eine sehr viel indirektere Rolle bei der Handlungssteuerung zu spielen, als es die klassische Auffassung kontrollierter Prozesse nahelegt.“[605] – Schon LEWIN differenzierte daher den Begriff des Willentlichen im Sinne einer (auf bewußter Wahlentscheidung beruhenden) „Vornahmehandlung“ einerseits und einer (eine Absicht umsetzenden, aber automatisch initiierten) „beherrschten Handlung“ andererseits und riet, wegen dieser

---

BERG; ebenso HOMMEL, *Acquisition and control of voluntary action*, S. 34, 40 f.; rezipiert u.a. von KRÜMPELMANN, Festschrift Welzel, S. 327, 335 f.

601 GOSCHKE, *Volition und kognitive Kontrolle*, S. 270, 280 f., 291 f., 296 ff., DERS., *Wille und Kognition*, S. 583, 600, jew. m. w. Nachw.

602 Nach der einflußreichen Definition von POSNER & SNYDER, *Attention and cognitive control*, in: R. SOLSO (ed.), *Information Processing and Cognition: The Loyola Symposion*, Hillsdale NJ 1975, S. 55 ff., zit. nach GOSCHKE, *Wille und Kognition*, S. 583, 594 ff.; DERS., Psychologische Beiträge 39 (1997), 375, 379 ff.; DERS., *Voluntary action and cognitive control*, S. 49, 56 ff. m. w. umfangr. Nachw.; NEUMANN, *Theorien der Aufmerksamkeit*, S. 559, 624 ff. m. w. Nachw. Zur neueren Entwicklung siehe unten bei Fußn. 607.

603 Dazu GOSCHKE, *Volition und kognitive Kontrolle*, S. 270, 280 ff., auch zu Handlungsmodellen (z.B. von NORMAN/SHALLICE); DERS., *Wille und Kognition*, S. 583, 593 ff., 600, 603 ff.

604 GOLLWITZER, *Implementation Intentions: The Strong Effects of Simple Plans*, American Psychologist 54 (1999), 493 ff.; GOSCHKE, *Volition und kognitive Kontrolle*, S. 270, 281 f.; DERS., *Voluntary action and cognitive control*, S. 49, 56 ff., 58 m. w. Nachw.

Generelle Übersicht zu automatischen Prozessen bei BARGH, *The Four Horsemen of Automaticity: Awareness, Intention, Efficiency, and Control in Social Cognition*, S. 1, 3 ff.; siehe auch DERS., *The Automaticity of Everyday Life*, S. 1, 2 ff.; BARGH & FERGUSON, *Beyond behaviorism: On the automation of higher mental processes*, Psychological Bulletin 126 (2000), 925, 928 ff.; WEGNER, *The Illusion of Conscious Will*, S. 9, 31 ff., 56 ff., 99 ff. m. zahlr. Nachw.

605 GOSCHKE, *Wille und Kognition*, S. 583, 600. Zu „Minimalhandlungen“ siehe PROUST, *How voluntary are minimal actions?*, S. 202, 204 ff., 209 ff. (auch zu KENT BACHS *Representational Causalism*). Zum Konzept des „unbewußten Wollens“ siehe DÜKER, *Über unterschwelliges Wollen*, S. 9 ff., 78 ff.

Ambiguität auf den Begriff des Willens besser zu verzichten.[606] – Viele Einzelfragen sind indes noch ungeklärt, auch über theoretische Modelle zur Interaktion automatischer und kontrollierter Prozesse besteht noch keine Einigkeit. So wird beispielsweise vorgeschlagen, statt einer strikten Trennung von automatischen und kontrollierten Prozessen ein Kontinuum gradueller Unterschiede anzunehmen.[607] Offen ist auch, ob Aufgabenbewältigung mit neuer und arbiträrer Stimulusreaktion verbale Repräsentation benutzt, wie schon Ach („inneres Sprechen“) und später die russische Psychologie in den sechziger Jahren meinte, und wie überhaupt sprachlich repräsentierte Intentionen in Verhalten umgesetzt werden.[608]

Anzumerken ist, daß das bewußte Willenserleben, der subjektive Eindruck selbstbestimmten, kontrollierten Handelns, erst seit wenigen Jahren wieder zum Forschungsgegenstand avanciert ist und zumeist als eine an bestimmte Bedingungen (Priorität, Konsistenz, Exklusivität) geknüpfte Kausalattribution gedeutet wird, die die tatsächlichen Kausalverhältnisse nicht notwendigerweise korrekt abbildet (dazu unten e).

cc) Motivationspsychologische Modelle

Die beiden gegenwärtig einflußreichsten[609] Volitionstheorien sind das Handlungsphasenmodell von Heckhausen und Gollwitzer und die Handlungskontrolltheorie von Kuhl et al., die beide davon ausgehen, daß die Bildung einer verbindlichen Absicht mit bestimmten Veränderungen der Informationsverarbeitung verbunden ist. Beide sollen hier stark vereinfacht dargestellt werden:

---

606 Lewin, *Vorsatz, Wille und Bedürfnis*, S. 82 ff., 85 (= Psychologische Forschung 7 (1926), 330, 375 ff., 378).

607 Goschke, *Wille und Kognition*, S. 583, 609 ff. m. w. Nachw., z.B. S. 610: „Der Unterschied zwischen automatischen und willentlichen Prozessen liegt also nicht darin, daß erstere ausschließlich reizgesteuert und letztere direkt durch Intentionen kontrolliert werden. Bei willentlichen Handlungen legt eine Intention nicht direkt fest, wie die Handlung ausgeführt wird, und bei automatischen Reaktionen löst ein Reiz nicht reflexhaft eine assoziierte Handlung aus. Vielmehr sind Handlungen das Ergebnis des *Zusammenspiels intentionsabhängiger und reizseitiger Randbedingungen*. Automatische Prozesse sind so gesehen nicht unkontrolliert oder unkontrollierbar, sondern werden auf andere Weise kontrolliert.“ (Hervorh. im Original); ders., *Voluntary action and cognitive control*, S. 49, 56 ff., 58 ff.; Roth, *Bewußte und unbewußte Handlungssteuerung aus neurobiologischer Sicht*, S. 77, 81 f.

Mittlerweile wird keine exklusive Dichotomie von Automatik–Kontrolliertheit mehr angenommen, sondern daß psychologische Prozesse stets eine Kombination automatischer und kontrollierter Züge aufweisen, so daß die Übergänge gleitend sind, dazu Bargh, *The Four Horsemen of Automaticity: Awareness, Intention, Efficiency, and Control in Social Cognition*, S. 1, 3 f. m. w. Nachw.

608 Goschke, *Wille und Kognition*, S. 583, 612; ders., *Voluntary action and cognitive control*, S. 49, 62 ff., jew. m. w. Nachw.

609 Auf die große Zahl sonstiger psychologischer Handlungsmodelle kann hier nicht eingegangen werden, siehe nur Goschke, *Wille und Kognition*, S. 583, 601 ff.; Obliers/Vogel/von Scheidt, *Alltagshandeln*, S. 69, 73 ff., jew. m. w. Nachw.

Das *Handlungsphasenmodell* (auch „Rubikon-Modell")[610] unterscheidet idealtypisch vier Phasen des Abwägens, Planens, Handelns und Bewertens. In der prädezisionalen Motivationsphase des Abwägens werden Wünsche und Handlungsalternativen nach Maßgabe ihrer Wünschbarkeit und Realisierbarkeit abgewogen; zugleich wird eine *Fazit-Tendenz* aufgenommen, die auf den Abschluß des Abwägens drängt. Der Übergang vom Abwägen zum Wollen erfolgt mit der Bildung einer verbindlichen, nur schwer revidierbaren Absicht (gleichsam dem „Überschreiten des Rubikon"). Wenn die Absicht nicht sofort realisiert werden kann, schließt sich eine präaktionale Volitionsphase des *Planens* an, in der die Abfolge der einzelnen Handlungsschritte festgelegt und *Vorsätze* („Durchführungsintentionen", „Vornahmen", *implementation intentions*) gebildet werden, die spezifizieren, bei welcher Gelegenheit was getan und wie Schwierigkeiten überwunden werden sollen;[611] es entsteht eine *Fiat-Tendenz*. Bei geeigneter Gelegenheit wird die Handlung initiiert, also in die Phase der *Handlungsausführung* eingetreten (aktionale Volitionsphase); dabei müssen ggf. Handlungspläne an äußere Schwierigkeiten angepaßt oder gegen konkurrierende Motivationstendenzen abgeschirmt werden. Nach Abschluß der Handlung und Desaktivierung der Intention kann sich eine Phase des *Bewertens* anschließen mit Vergleichen zwischen Resultaten und Zielen, Ursachenanalyse von Erfolg oder Mißerfolg (postaktionale Motivationsphase). Eine grundlegende Annahme der Rubikon-Theorie ist, daß die einzelnen Handlungsphasen mit unterschiedlichen funktionalen Anforderungen und qualitativ unterschiedlichen kognitiven Orientierungen (Bewußtseinslagen) einhergehen. Unterschieden werden eine abwägende/realitätsorientierte (offene, unparteiische) und planende/realisierungsorientierte (selektive, zieloptimistische) Bewußtseinslage. Allerdings müssen

---

610 Darstellung nach HECKHAUSEN, *Motivation und Handeln*², S. 203 ff.; DERS., *Intentionsgeleitetes Handeln und seine Fehler*, S. 143, 145 ff.; SCHMALT/HECKHAUSEN, *Motivation*, S. 451, 461 f.; GOLLWITZER, *Das Rubikonmodell der Handlungsphasen*, S. 531, 533 ff.; DERS., *Abwägen und Planen*, S. 38 ff.; neuere Nachw. bei GOSCHKE, *Volition und kognitive Kontrolle*, S. 270, 288 ff.

611 Die Bildung von Vorsätzen gilt als selbstregulatorische Strategie, die die Überwindung von Schwierigkeiten und Initiierung zweckdienlicher Handlungen fördert. Die assoziative Koppelung der beabsichtigten Handlung an die im Vorsatz bestimmte Gelegenheit gibt die Kontrolle über die Handlungsinitiierung gleichsam an die Umwelt ab. Diese Kontrolldelegation beschleunigt die Reaktion auf geeignete Reize und kann automatisch vermittelt werden. Vorsätze haben demnach ähnliche Effekte wie häufige Übung oder Automatisierung. Dazu siehe HECKHAUSEN, *Perspektiven einer Psychologie des Wollens*, S. 121, 131; GOLLWITZER/MALZACHER, *Absichten und Vorsätze*, S. 427, 433 ff.; GOLLWITZER, *Implementation Intentions: The Strong Effects of Simple Plans*, American Psychologist 54 (1999), 493 ff.; GOLLWITZER/BRANDSTÄTTER, Journal of Personality and Social Psychology 73 (1997), 186 ff., 195 ff.; BRANDSTÄTTER/LENGFELDER/GOLLWITZER, Journal of Personality and Social Psychology 81 (2001), 946 ff., 956 ff.; LENGFELDER/GOLLWITZER, Neuropsychology 15 (2001), 80 ff.; w. Nachw. bei GOSCHKE, *Volition und kognitive Kontrolle*, S. 270, 291 f.

PRINZ, Psychologische Rundschau 49 (1998), 10, 15, unterscheidet *Pläne* als Dispositionen für die Organisation langfristiger und komplexer Handlungszusammenhänge, *Absichten* als abstrakte Zielsetzungen, die erst in einer Handlung konkretisiert werden, und *Ziele* als konkrete Zustände, die durch eine Handlung realisiert werden.

Zielintentionen nicht bewußt erlebt werden, denn vor allem höherstufige Zielintentionen („Lebensthemen“) werden nicht permanent neu gebildet, sondern können lange Zeit überdauern und sich in erneuten Handlungsinitiierungen zeigen. Viele Handlungen des täglichen Lebens geschehen demnach ohne Motivationsphase aufgrund einer momentanen „Passungsprüfung“, während eine voll entfaltete Motivationsphase in unerwarteten Situation oder solchen mit fraglicher Günstigkeit oder neuen Problemkonstellationen herausgefordert wird.[612] Das Handlungsmodell wird auch benutzt, um Handlungsfehler, z.B. bei unbewußter, automatisierter Verarbeitung mit weitgespannter Zielrepräsentation oder vorzeitige oder verspätete Desaktivierung der Intention usw. zu erklären.[613] Kritisiert wird, obschon es Evidenzen für die Unterscheidung von Entschlußfassung und -implementation gibt, daß sich Kontrolldilemmata der Handlungssteuerung in *allen* Phasen des Rubikonmodells stellen.[614]

Das *Handlungskontrollmodell*[615] konzentriert sich mehr auf metakognitive Handlungskontrollstrategien, mit denen Absichten gegen konkurrierende Handlungstendenzen abgeschirmt werden. Ausgehend davon, daß Menschen in der Regel multiple Ziele verfolgen, werden in einer Situation meistens mehrere Motivationstendenzen mehr oder weniger stark angeregt. Unterschieden werden Motivationstendenzen mit dem Status unverbindlicher Wünsche, und Absichten, die mit Selbstverpflichtung verbunden sind. Diese Absichten gelangen mit höherer Wahrscheinlichkeit in das Arbeitsgedächtnis und werden durch besondere Kontrollprozesse gegen konkurrierende Tendenzen abgeschirmt. Zu diesen metakognitiven Handlungskontrollstrategien zählen *Umweltkontrolle* (Herstellung von Umweltbedingungen, die eine Störung der Selbstkontrolle reduzieren), *Aufmerksamkeitskontrolle* (selektive Fokussierung der Aufmerksamkeit auf absichtsfördernde Informationen, Ausblenden störender oder ablenkender Reize) als einem der wichtigsten volitionalen Mechanismen, *Enkodierungskontrolle* (bevorzugte Enkodierung von absichtsrelevanten Reizmerkmalen), *Motivationskontrolle* (gezielte Beachtung der mit einem Ziel verbundenen positiven Anreize, Abwertung konkurrierender Ziele) und *Emotionskontrolle* (Herbeiführen eines realisierungsförderlichen Emotions-

---

612 Heckhausen, *Perspektiven einer Psychologie des Wollens*, S. 121, 134 ff., 137 f.; Schmalt/Heckhausen, *Motivation*, S. 451, 455 f. Ähnl. Janzarik, ZStW 104 (1992), 65, 74 f.

613 Heckhausen, *Intentionsgeleitetes Handeln und seine Fehler*, S. 143, 157 ff. (zu Initiierungs-, Ausführungs- und Desaktivierungsfehlern).

614 Goschke, *Wille und Kognition*, S. 583, 640.

615 Nach Kuhl, *Motivation, Konflikt und Handlungskontrolle*, S. 251 ff., 302 ff.; ders., *Volitional Mediators of Cognitive-Behavior Consistency: Self-Regulatory Processes and Actions Versus State Orientation*, S. 101, 103 ff.; ders., *Motivation und Handlungskontrolle*, S. 101, 107 ff.; ders., *Wille und Freiheitserleben*, S. 665, 684 ff.; ders., *Wille, Freiheit, Verantwortung*, S. 186, 195 f.; ders., *A Functional-Design Approach to Motivation and Self-Regulation: The Dynamics of Personality Systems and Interactions*, S. 111 ff.; Kuhl & Goschke, *A theory of action control: Mental subsystems, modes of control, and volitional conflict-resolution strategies*, S. 93 ff.; Goschke, *Volition und kognitive Kontrolle*, S. 270, 292 ff.

zustands). Ob solche Handlungskontrollstrategien aktiviert werden, hängt von situativen (Realisierungsschwierigkeit) und personenbedingten (Handlungs- oder Lageorientierung) Faktoren ab; die Aktivierung erfolgt weitgehend automatisch. Mittlerweile hat KUHL das Modell in eine erweiterte *Theorie der Persönlichkeits-System-Interaktionen* (PSI) eingefügt, die vier kognitive Funktionssysteme mit zahlreichen Rückkoppelungen und Wechselwirkungen auf sieben Funktionsebenen postuliert.[616]

Die beiden Modelle haben nicht nur verschiedene wissenschaftliche Ursprünge,[617] sondern beschreiben auch verschiedene Phänomene bzw. Funktionen: Das – in SOKOLOWSKIS Terminologie[618] – *sequentielle* Volitionskonzept des Rubikonmodells, das an LEWINS Theorie der Vornahmehandlungen[619] anknüpft, beschreibt zielgerichtetes Handeln nach Abschluß der Entscheidungsbildung,[620] während das *imperative* Konzept der Volition etwa von KUHL ein anderes Merkmal in den Vordergrund stellt, nämlich, ob psychische Funktionen willkürlich (im Sinne der „beherrschten Handlung“ LEWINS[621]) oder unwillkürlich, unbeherrscht ablaufen.

d) Wille und Bewußtheit

Zu der Frage, wie bewußt, gegenwärtig o.ä. das fragliche Wissen von der Tatbestandsmäßigkeit des Handelns sein muß, um noch als „Vorsatz“ zu zählen, könnten psychologische Erklärungen zur Art des handlungsrelevanten Wissens, zur Funktion des Gedächtnisses usw. der rechtlichen Wertung einen Anhaltspunkt geben. Strafrechtliche Konzepte des „Vorsatzes“ gehen von der Bewußtseinspflichtigkeit der handlungsrelevanten Kognitionen aus, wobei ungeklärt und umstritten ist, wo die Grenze zu unbewußten und präsumtiv handlungsirrelevanten Kognitionen zu ziehen ist.

---

616 KUHL, *Motivation und Persönlichkeit. Interaktion psychischer Systeme*, S. 89 ff., 163 ff., 303 ff.; DERS., *A Functional-Design Approach to Motivation and Self-Regulation: The Dynamics of Personality Systems and Interactions*, S. 111, 126 ff.

617 SOKOLOWSKI, *Wille und Bewußtsein*, S. 485, 491 ff. m. w. Nachw.

618 Zur Terminologie und zum folgenden siehe SOKOLOWSKI, *Wille und Bewußtsein*, S. 485, 487, 491 ff., 500; DERS., Psychologische Beiträge 39 (1997), 346, 352 ff., jew. m. w. Nachw.; siehe auch KUHL, *Wille und Freiheitserleben*, S. 665, 687 ff.

619 LEWIN, *Vorsatz, Wille und Bedürfnis*, S. 57 ff. (= Psychologische Forschung 7 (1926), 330, 348 ff.); dazu SOKOLOWSKI, *Wille und Bewußtsein*, S. 485, 495 f.

620 SOKOLOWSKI, *Wille und Bewußtsein*, S. 485, 497, meint, daß damit keineswegs die Prozesse beschrieben seien, „die mit dem klassischen Willensbegriff bezeichnet sind“ – juristischen Modellen wie der deutschen finalen Handlungslehre sind sie indes durchaus vertraut – während KUHL, *Wille und Freiheitserleben*, S. 665, 688 f., meint, der Volitionsbegriff des Rubikonmodells entspreche zwar einer Begriffsverwendung im Alltag, jedoch sollte der Willensbegriff besser nicht auf die Implementierungsphase angewendet werden, vielmehr liege das eigentliche „Willensmoment“ bei leicht realisierbaren Handlungen in dem eigentlichen Entscheidungsakt (!).

621 LEWIN, *Vorsatz, Wille und Bedürfnis*, S. 82 ff. (= Psychologische Forschung 7 (1926), 330, 375 ff.)

Die Frage, in welcher Weise handlungsrelevante Umstände bewußt sein müssen, zielt auf einen weiteren kritischen Punkt der Psychologie, denn auch beim Thema „Bewußtsein“ hat vor allem[622] der Behaviorismus jahrzehntelange Abstinenz bewirkt. Die allmähliche „Wiedereinführung des Bewußtseinsproblems in die Psychologie“[623] ist mittlerweile abgeschlossen, aber ein rechtlich verwertbarer Forschungsstand ist nicht zu ersehen. Die Bewußtheitsproblematik hängt immer noch „wie ein Damoklesschwert über der Psychologie“[624]. GOSCHKE schreibt noch 1996:

> Das vielleicht schwierigste ... Problem einer funktionsanalytischen Betrachtung des Willens betrifft das phänomenale Bewußtsein.[625]

„Bewußtsein“ ist zwar eines der zentralen Forschungsthemen der Neurowissenschaften, bislang aber ohne bahnbrechende Erklärungen oder halbwegs konsentierte Hypothesen.[626]

Die Psychologie teilt hier vielfach die Problemstellungen der *philosophy of mind* und leidet, abgesehen von terminologischen Schwierigkeiten,[627] darunter, daß viele Bewußtseinstheorien zu abstrakt für empirische Überprüfung sind, viele empirische Untersuchungen ohne theoretische Bezüge durchgeführt werden und ihre Ergebnisse nicht eindeutig in theoretische Rahmen einzubauen sind. Einigkeit über den Begriff und ein Modell des „Bewußtseins“ sowie über Einheit oder Mehrheit der fraglichen Phänomene[628] herrscht ebensowenig[629] wie in der Philosophie des Geistes. Als empirisch widerlegt gilt indes zunehmend das Bild des „cartesischen

---

622 Aber auch die Schwächen der frühen Bewußtseinslehren, siehe GRAUMANN, *Bewußtsein und Verhalten*, S. 547, 551 ff., 554.

623 THOMAE, *Theoretische und empirische Grundlagen*, S. 81, 82.

624 SOKOLOWSKI, *Wille und Bewußtheit*, S. 485, 489.

625 GOSCHKE, *Wille und Kognition*, S. 583, 641. Siehe auch SOKOLOWSKI, Psychologische Beiträge 39 (1997), 346, 360 ff.

626 Exemplarisch KOCH & CRICK, Stichwort: “Consciousness, neural basis of” in: *International Encyclopedia of the Social and Behavioural Sciences*, vol. 4, S. 2600 ff.; CRICK & KOCH, nature *neuroscience* 6 (2003), 119 ff.; KOCH, *The Quest for Consciousness*, S. 1 ff., 19 f., 231 ff., 303 ff., jew. m. zahlr. Nachw.

627 Der „Begriff des Bewußten“ habe „die gesamte semantische Bürde des Seelischen mit übernommen“, so GRAUMANN, *Bewußtsein und Verhalten*, S. 547, 551 m. w. Nachw., mit Hinweis auf zahlreiche Synonyma und Äquivokationen.

628 Vgl. nur ALLPORT, *What concept of consciousness?*, S. 159, 161 ff.

629 Neuerer Überblick bei KIEFER, *Bewußtsein*, S. 178, 182 ff. m. w. Nachw.; siehe auch SOKOLOWSKI, *Wille und Bewußtheit*, S. 485, 488 ff.

Zur philosophischen Diskussion siehe nur BLOCK, FLANAGAN & GÜZELDERE (eds.), *The Nature of Consciousness: Philosophical Debates*; PAUEN, *Grundprobleme der Philosophie des Geistes*, S. 173 ff. Zum Bewußtseinsbegriff aus heutiger psychoanalytischer Sicht siehe GEKLE, *Bewußtsein*, S. 92 ff., 96 f. m. w. Nachw. Zur teilweisen Bestätigung FREUDscher Grundthesen durch die Hirnforschung siehe nur ROTH, *Aus Sicht des Gehirns*, S. 143 ff.

Einen bibliometrisch gestützten Überblick über die inter- oder besser multidisziplinäre Diskussion gibt MAASEN, *A view from elsewhere: The emergence of consciousness in multidisciplinary discourse*, S. 323, 331 ff., 339 ff.

Theaters“, wonach es im Gehirn ein Konvergenzzentrum gebe, in dem gleichsam ein neutraler Beobachter die einlaufenden Sinnesdaten sammelt und auswertet,[630] das vielfach auch als Ort des zentralen Exekutivsystems der Willenssteuerung angesehen wird[631]. Ungeklärt ist ferner, wie es zum Selbsterleben bewußter Handlungssteuerung kommt (dazu unten e) und ob es nicht irrig ist, Bewußtsein und Wille als Verarbeitungs*systeme* aufzufassen, oder ob es sich nicht eher um Eigenschaften bestimmter innerer *Zustände* handelt.[632] Damit verbunden sind die Probleme einer (funktionalen) Explikation des Ich und des Selbst.[633]

Bewußtsein interessiert hier nicht als globaler Wachheitszustand, sondern als Eigenschaft mentaler Repräsentationen. Mitunter werden auch in der Psychologie philosophische Begriffsbildungen wie von Ned Block[634] verwendet, der *phänomenales Bewußtsein* – das individuelle Erleben von Sinneswahrnehmungen und Gedanken in der „ersten-Person-Perspektive“ (nebst *Qualia)* – und *Zugriffsbewußtsein* – die kontrollierte Verarbeitung von Repräsentationen bei Entscheidungen, Handlungen etc. (aus der Dritten-Person-Perspektive beschreibbar) – unterscheidet. Dies ist jedoch ein Theorievorschlag, kein gesicherter Erkenntnisstand, und ebenso umstritten wie das Konzept der *Qualia* selbst.[635]

---

630 Vgl. nur Singer, *Der Beobachter im Gehirn*, S. 144 u. ff. („in dramatischer Weise falsch“); Dennett, *Consciousness Explained*, S. 101 ff., 107 ff.; Goschke, *Wille und Kognition*, S. 583, 619 ff., 639 f., 642 jew. m. w. Nachw.

631 Goschke, *Wille und Kognition*, S. 583, 642; ders., Psychologische Beiträge 39 (1997), 375, 380 ff., jew. m. w. Nachw.

632 Goschke, *Wille und Kognition*, S. 583, 642 m. w. Nachw., u.a. auf Libet (oben Fußn. 346): Möglicherweise tritt das Erleben willentlicher Kontrolle dann ein, „wenn vor der Handlungsausführung eine *Repräsentation des intendierten Handlungseffekts im Arbeitsgedächtnis hinreichend lange stabil bleibt*, um bewußt zu werden.“ (Hervorh. im Original) Als automatisch eingestufte Prozesse würden demnach deshalb nicht als willentlich gesteuert erlebt, weil aufgrund ihrer Schnelligkeit keine Antezipation der sensorischen Effekte erlebt werde.

633 Wobei es keineswegs selbstverständlich ist, daß es nur ein einheitliches „Selbst“ gibt, sondern wahrscheinlich verschiedene Funktionen und Repräsentationssysteme existieren, siehe nur Kuhl, *Wille und Freiheitserleben*, S. 665, 681 ff.; ders., *Wille, Freiheit, Verantwortung*, S. 186, 199 f.; ders., *Motivation und Persönlichkeit*, S. 132 f. („hochinferente Form der impliziten Repräsentation eigener Zustände“), 713 ff., 716 ff.; Goschke, *Wille und Kognition*, S. 583, 642; Dennett, *Consciousness Explained*, S. 412 ff.; Metzinger, *Willensfreiheit, transparente Selbstmodellierung und Anthropologiefolgenabschätzung*, S. 120, 121 ff.; Roth, *Aus Sicht des Gehirns*, S. 138 ff., alle m. w. Nachw.

Auch dies ist keine neuartige Sicht, vgl. schon Humes „Bündeltheorie“ des Ich, *A Treatise of Human Nature*, Book I, Part IV, Sect. VI, S. 251 ff.; zur Indexfunktion des Ich als soziale Konstruktion knapp Habermas, DtZPhil 52 (2004), 871, 889 f. m. w. Nachw.

634 Block, *Eine Verwirrung über eine Funktion des Bewußtseins*, S. 523 ff., 531 ff., 535 ff., auch zu Schacters Modell, S. 527 ff.; dazu Burge, *Zwei Arten von Bewußtsein*, S. 583 ff.; ablehnend Eilan, *The explanatory role of consciousness in action*, S. 188, 192 ff. m. w. Nachw.

Eine funktionale Unterteilung nimmt Tye, *Das brennende Haus*, S. 103 ff., vor (in höherstufiges, diskriminatorisches, reaktives und phänomenales Bewußtsein). Diese Unterscheidungen werden im Strafrecht rezipiert von Velten, *Normkenntnis und Normverständnis*, S. 37 ff.

635 Dazu siehe oben Fußn. 465.

Die Unterscheidung von bewußten und unbewußten Kognitionen wird weiterhin vielfach zurückgeführt auf eine gedächtnispsychologische Fragestellung, nämlich ob sich Kognitionen im Langzeitgedächtnis oder im Arbeitsgedächtnis/Kurzzeitspeicher befinden; nur im letzten Fall seien sie bewußt oder könnten es jederzeit wieder werden.[636] Umgekehrt werden nur bewußte Wahrnehmungen in das Arbeitsgedächtnis oder langfristig im (ebenfalls explizit abrufbaren) episodischen Gedächtnis aufgenommen, während unbewußte Wahrnehmungen zwar Gedächtnisspuren hinterlassen, aber nur implizit verfügbar sind.[637] Jedoch besteht zur Zeit keinesfalls Konsens über Funktionsweisen des Gedächtnisses sowie Möglichkeiten und Bedeutung unbewußter, impliziter Informationsverarbeitung[638] oder über die Zusammenhänge zwischen Gedächtnis und Bewußtsein insgesamt[639]. Über die funktionale Bedeutung verschiedener Gedächtnissysteme für die Handlungssteuerung ist derzeit wenig bekannt.[640] Die Kapazität des Arbeitsgedächtnisses gilt zudem als begrenzt, die „Speicherungszeit" beträgt wohl nur etwa 3 bis 30 Sekunden.[641] Auch über Begriff und Funktion der Aufmerksamkeit und ihrer Bedeutung für die Handlungssteuerung gibt es keinen gesicherten Theoriebestand.[642]

Es gehört seit langem zu den festen Annahmen der Psychologie, daß volitionale Steuerungsvorgänge grundsätzlich bewußtseinspflichtig sind, während motivationale Steuerung unbewußt verläuft.[643] Dies liegt auch daran, daß die ersten Willenspsychologen wie Ach den Willen nur mit solchen Vorgängen in Verbindung gebracht haben, die sich dem bewußten Selbsterleben, der Introspektion, darbieten, zumal „Wille" subjektiv nicht so deutlich erlebbar ist wie Wahrnehmung oder Bewußtsein.[644] Diese Bewußtseinspflicht trifft jedenfalls für imperative[645] Konzepte der Volition wie von Kuhl zu – der allerdings in der Fortentwicklung zur Theorie der Persönlichkeits-System-Interaktionen den Willen nicht mehr als bewußte Instanz auffaßt[646] –, während das Rubikon-Modell Volition nicht notwendig

---

636 Schmalt/Heckhausen, *Motivation*, S. 451, 474 m. w. Nachw.

637 Kiefer, *Bewußtsein*, S. 178, 210, 214.

638 Vgl. nur Buchner/Brandt, *Gedächtniskonzeptionen und Wissensrepräsentationen*, S. 492 494 ff.; Roth, *Die neurobiologischen Grundlagen von Geist und Bewußtsein*, S. 155, 160 ff.; Markowitsch/Daum, *Neuropsychologische Erklärungsansätze für kognitive Phänomene*, S. 210, 212 ff.; knapp Tulving, *Organization of Memory*, S. 840 ff.; ders., *Introduction*, 727 ff., alle m. w. Nachw. Näheres auch unten bei Fußn. 1532 ff.

639 Überblick bei Moscovitch, *Theories of Memory and Consciousness*, S. 609 ff.

640 Kuhl, *Wille und Freiheitserleben*, S. 665, 716; Goschke, *Voluntary action and cognitive control*, S. 49, 62 ff.; Toth, *Nonconscious Forms of Human Memory*, S. 245, 255 ff.

641 Wegner, *The Illusion of Conscious Will*, S. 70 ff., 72 m. w. Nachw.

642 Dazu siehe nur Neumann, *Theorien der Aufmerksamkeit*, S. 559 ff., 621 ff. m. w. Nachw.

643 Sokolowski, *Wille und Bewußtheit*, S. 485, 486 ff., 500 f., 505 ff., 509 ff.; Schmalt, *Psychologische Aspekte einer Theorie der Handlung*, S. 517, 525 f., 540 ff.; Toth, *Nonconscious Forms of Human Memory*, S. 245, 255, jew. m. w. Nachw.

644 Kuhl, *Wille und Freiheitserleben*, S. 665, 666 m. w. Nachw.

645 Dazu siehe oben den Text bei Fußn. 618.

646 Kuhl, *Motivation und Persönlichkeit*, S. 695 ff., 698.

mit Bewußtheit verbindet. Allerdings gilt die Bewußtseinspflichtigkeit auch hier nur für bestimmte Volitionsprozesse, die Zielausrichtungskonflikte lösen, wenn das verfolgte Ziel von der aktuellen Motivation nicht unterstützt wird. Hingegen können die an der unmittelbaren Umsetzung von Willenshandlungen beteiligten Prozesse (z.B. der „Selbstregulation“ oder „Selbstorganisation“) unbewußt verlaufen.[647] Auch wenn die motivationale Phase abgeschlossen ist und Zielintentionen und Durchführungsintentionen gebildet sind, so müssen Prozesse, die vom Reiz zur Reaktion führen, keineswegs den Weg über eine bewußte Repräsentation des Reizes oder einen bewußten „Willensakt“ nehmen:[648]

> Durch den intentionalen Akt wird gewissermaßen ein Automat programmiert, der, wenn bestimmte auslösende Bedingungen eintreten, durchaus ohne weiteres intentionales Eingreifen seiner vorgeschriebenen Tätigkeit nachkommt.[649]

> The occurence of an intent does not determine the exact nature of the processes that follow. It means that the choice itself is potentially controllable, not that the ensuing processes are controlled.[650]

> Was zuvor vollständig geplant wurde, bedarf zu seiner Ausführung offenbar keiner bewußten Repräsentation mehr.[651]

> ... the belief that conscious will is the *first* and *only* causal impetus behind an action is clearly an illusion.[652]

Zugleich wird davon ausgegangen, daß komplexe Entscheidungen durch unbewußte emotionale Bewertungsprozesse beeinflußt werden,[653] und umgekehrt Absichten *unbewußte* Effekte auf Wahrnehmung, Gedächtnis und Reaktionsselektion haben.[654] Auch hat die in den fünfziger Jahren entwickelte Annahme, phänomenal unbewußte, aber verfügbare *(accessible)* Gedanken förderten die Bereitschaft, bestimmte bewußte Vorstellungen zu bilden oder zu handeln, eine gewisse Bestäti-

---

647 SOKOLOWSKI, *Wille und Bewußtheit*, S. 485, 486; dazu i.e. KUHL, *Wille und Freiheitserleben*, S. 665, 671 ff.

648 NEUMANN/PRINZ, *Kognitive Antezedenzien von Willkürhandlungen*, S. 195, 199 ff. 205 u. ff.

649 NEUMANN/PRINZ, *Kognitive Antezedenzien von Willkürhandlungen*, S. 195, 210 f. Zur unbewußten Willkürlichkeit siehe SOKOLOWSKI, *Wille und Bewußtheit*, S. 485, 509 ff., 519 ff.; GOSCHKE, *Wille und Kognition*, S. 583, 603 ff.; DERS., *Voluntary action and cognitive control*, S. 49, 58; HOMMEL, *Acquisition and control of voluntary action*, S. 34, 40 ff., 44 f. (intentional an einer Willenshandlung scheint demnach nur die Zielauswahl zu sein), jew. m. w. Nachw.; zur Relevanz subkortikaler Motorzentren für automatisierte Reaktionen siehe nur ROTH, *The interaction of cortex and basal ganglia*, S. 115, 120 ff. m. w. Nachw.

650 FISKE, *Examining the Role of Intent*, S. 253, 263 m. w. Nachw.

651 NEUMANN, *Kognition und Sensumotorik*, S. 53, 65.

652 BAYER/FERGUSON/GOLLWITZER, *Voluntary action from the perspective of social-personality psychology*, S. 86, 100 ff., 102, die zugleich betonen, daß bewußte Volitionen stets – sei es auch unbeobachtete oder geringfügige – kausale Effekte auf nachfolgendes Denken und Handeln haben. Zur „Illusion“ des bewußten Willens siehe unten e).

653 Oben Fußn. 751 sowie KIEFER, *Bewußtsein*, S. 178, 212 f. m. w. Nachw.

654 GOSCHKE, *Volition und kognitive Kontrolle*, S. 270, 280, KUHL, *Wille und Freiheitserleben*, S. 665, 680, jew. mit Hinweisen auf ACH, LEWIN, MCCLELLAND.

gung erfahren.[655] So wird heute angenommen, daß implizit abgerufene Gedächtnisinhalte verhaltensrelevant sein können.[656] Willkürliches Verhalten könnte einer doppelten Kontrolle durch das Unbewußte unterliegen, insofern Wünsche, Motive und Planungen im Rahmen der (im limbischen System) gespeicherten Vorerfahrungen stattfinden und die Basalkerne die letzte Überprüfung, ob eine bewußt geplante Handlung ausgeführt wird, im Lichte bewerteter vergangener Erfahrung und Situationsangemessenheit vornehmen.[657] Hier ist im einzelnen vieles noch unerklärt, vor allem die grundsätzlichen Wirkungszusammenhänge zwischen Bewußtheit und Intentionalität,[658] ebenso wie zahlreiche Phänomene, beispielsweise die „ironischen“, d.h. kontraproduktiven mentalen Prozesse, dergestalt, daß etwa ein Ziel effektiver erreicht werden kann, wenn es nicht permanent bewußt gehalten wird.[659]

Damit ist das bisher seit langem[660] akzeptierte lineare Stufenmodell des Zusammenhangs zwischen bewußter Wahrnehmung eines Reizes und seiner Wirkung auf die Vorbereitung und Auslösung einer willentlichen Reaktion – zuerst muß man ein Ereignis bewußt wahrnehmen, dann kann man darauf reagieren – erschüttert, das auch alltagstheoretischen, philosophischen und rechtlichen Vorstellungen von der Handlungssteuerung zugrunde liegt:

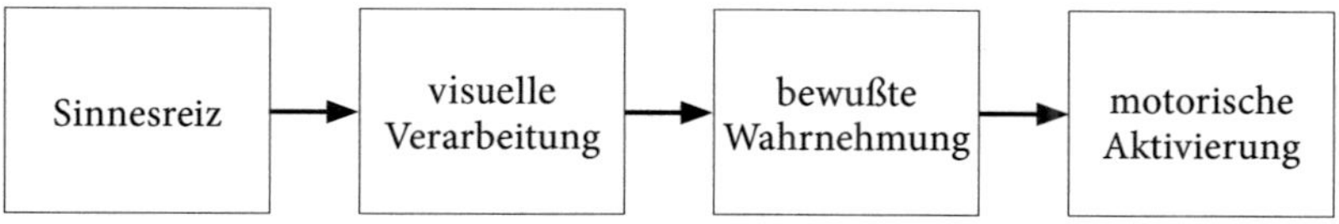

Phänomene „unterschwelliger Wahrnehmung“ bzw. „unbewußter Willkürlichkeit“, d.h. daß intendierte willkürliche Bewegungen ohne bewußte Repräsentation des Reizes ausgelöst werden, sind seit längerem bekannt.[661] Studien an Patienten mit Gehirnläsionen, die zu partiellen Wahrnehmungsausfällen führen (*Blindsicht, Agnosien, Extinktion, Hemineglekt*), haben gezeigt, daß Wahrnehmung nicht phänomenal bewußt werden muß, um motorische Reaktion zu beeinflussen, d.h. zugriffsbewußt zu sein. Mittlerweile konnte auch bei gesunden Probanden demonstriert werden, daß der Weg vom Reiz zu einer willentlichen – einer aktuell *aktiven* Intention ent-

---

655 Dazu WEGNER, *The Illusion of Conscious Will*, S. 161 ff. m. w. Nachw.

656 TOTH, *Nonconscious Forms of Human Memory*, S. 245, 254 ff.; SCHACTER, *Searching for Memory*, S. 197 ff., jew. m. w. Nachw.

657 ROTH, *Bewußte und unbewußte Handlungssteuerung aus neurobiologischer Sicht*, S. 77, 100 f., 109.

658 TOTH, *Nonconscious Forms of Human Memory*, S. 245, 255.

659 Dazu WEGNER, Psychological Review 101 (1994), 34 ff.; DERS., *The Illusion of Conscious Will*, S. 310 ff., jew. m. w. Nachw.; auch SCHMALT, *Psychologische Aspekte einer Theorie der Handlung*, S. 517, 541.

660 Das Phänomen der „verkürzten Reaktion“ ist schon von WUNDT und seinen Schülern untersucht, ein lineares Modell bereits von MÜNSTERBERG kritisiert worden, dazu NEUMANN/KLOTZ/ANSORGE/HEUMANN, Forschung an der Universität Bielefeld 20 (1999), 35, 36 f.

661 SOKOLOWSKI, *Wille und Bewußtheit*, S. 485, 509 f., 519 ff. m. w. Nachw.

sprechenden – Reaktion nicht notwendigerweise über eine phänomenale Repräsentation läuft, sondern eine motorische Reaktion schon ausgelöst wird, *bevor* der Reiz bewußt repräsentiert wird („direkte Parameterspezifikation“). Da dieser Ablauf vom Handelnden nicht erlebt wird, interpretiert er die Koinzidenz von bewußter Wahrnehmung und motorischer Reaktion als Kausalzusammenhang.[662]

So weist z.B. das visuelle System möglicherweise zwei verschiedene Verarbeitungspfade (dorsal–ventral) auf, von denen nur der ventrale Pfad mit phänomenalem Bewußtsein verbunden ist, während die sog. *on-line systems* unbewußt funktionieren,[663] die aber beide, in unterschiedlicher Weise, zu weiterer Informationsverarbeitung bis hin zur semantischen Ebene führen und die beobachteten Dissoziationen von Wahrnehmung und Handlungssteuerung erklären könnten.[664] Schematisiert:[665]

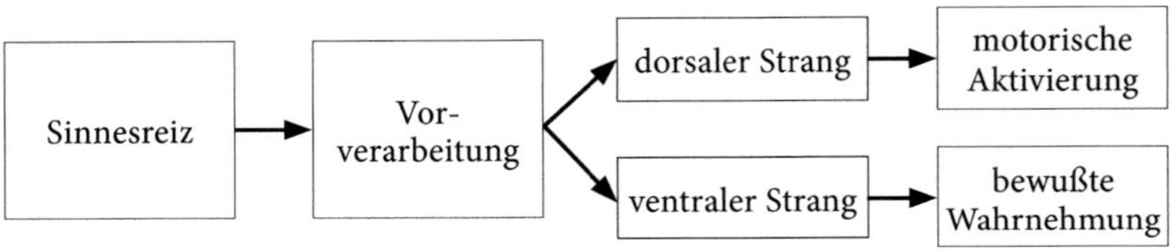

Eine alternative Erklärung nimmt an, daß nur ein einheitlicher Verarbeitungspfad existiert, der Output des visuellen Systems an die Motorik aber zeitlich vor der bewußten Repräsentation liegt.[666]

---

662 Knappe Zusammenfassung bei NEUMANN/KLOTZ/ANSORGE/HEUMANN, Forschung an der Universität Bielefeld 20 (1999), 35 ff.; zur Metakontrast-Dissoziation und der darauf bezogenen Theorie der direkten Parameterspezifikation siehe NEUMANN, *Kognitive Vermittlung und direkte Parameterspezifikation*, Sprache & Kognition 8 (1989), 32 ff., 39 ff.; DERS., *Kognition und Sensumotorik*, S. 53, 54 ff.; ANSORGE/HEUMANN/SCHARLAU, Consciousness and Cognition 11 (2002), 528 ff.; NEUMANN/ANSORGE/KLOTZ, Psychologische Rundschau 49 (1998), 185 ff.; KLOTZ & NEUMANN, *Motor Activation Without Conscious Discrimination in Metacontrast Masking*, Journal of Experimental Psychology: Human Perception and Performance 25 (1999), 976 ff., 988 ff.; FELLOWS, TABAZA, HEUMANN, KLOTZ, NEUMANN, SCHWARZ, NOTH & TÖPPER, NeuroReport 13 (2002), 637 ff.

663 Zum Ganzen siehe MILNER & GOODALE, *The Visual Brain in Action*, insb. S. 66; GOODALE & MILNER, *Sight Unseen. An exploration of conscious and unconscious vision*, durchgehend; auch KUHL, *Motivation und Persönlichkeit*, S. 326 ff. m. w. Nachw.

664 KIEFER, *Bewußtsein*, S. 178, 195 ff.; ASCHERSLEBEN, *Handlung und Wahrnehmung*, S. 894, 913 ff.; PRINZ, *How do we know about our own actions?*, S. 21, 24 ff., 25; SCHNEIDER, *Bewußte und unbewußte Handlungssteuerung aus neuropsychologsicher Sicht*, S. 112, 113 ff., jew. m. w. Nachw. Siehe auch BLOCK, *Eine Verwirrung über eine Funktion des Bewußtseins*, S. 523, 524 ff.; TYE, *Das brennende Haus*, S. 103 ff.; VELTEN, *Normkenntnis und Normverständnis*, S. 40 f. (unter Verwechslung von Hemineglekt mit Blindsicht).

665 Schema nach NEUMANN/KLOTZ/ANSORGE/HEUMANN, Forschung an der Universität Bielefeld 20 (1999), 35, 36, nach MILNER & GOODALE.

666 NEUMANN/KLOTZ/ANSORGE/HEUMANN, Forschung an der Universität Bielefeld 20 (1999), 35, 41.

Die Verarbeitung unbewußt wahrgenommener Informationen scheint flexibel zu sein und sich nach den jeweils aktiven Intentionen einer Person zu richten, zugleich aber auch begrenzt, weil unbewußt registrierte Informationen nicht so leicht für Zwecke, die nicht den gerade aktiven Intentionen entsprechen, genutzt werden können wie bewußt wahrgenommene.[667] Dies ähnelt der Annahme, daß *willkürlicher* Umgang mit Gegenständen nur bei phänomenaler Repräsentation möglich zu sein scheint, so daß phänomenales und Zugriffsbewußtsein in der Regel zusammen aufträten.[668]

Bei schnellen Reiz-Reaktionen, sowohl bei einzelnen Handlungen wie bei automatisierten Handlungssequenzen (Maschineschreiben, Tennisspiel), folgt die bewußte Repräsentation der motorischen Reaktion *nach*.[669] Insgesamt besteht wohl Übereinstimmung darüber, daß viele unserer Aktivitäten über weite Strecken hinweg ohne bewußte Steuerung ablaufen.[670] Modelle, die kognitive Vorbereitung und Überwachung einer Handlung durch ein reflexives Subjekt annehmen, beschreiben somit eher den Ausnahme- als den Regelfall: Denn „auch biologisch betrachtet wäre ein solcher Mechanismus von zweifelhaftem Anpassungswert“[671].

Nach einem prominenten Modell tritt Bewußtheit einer Handlung nur auf, wenn die unbewußte gesteuerte Motorik auf Schwierigkeiten stößt oder die Handlungssequenz unvollendet bleibt. Mit dem dann erfolgenden Wechsel der neuralen Kontrollsysteme (vom unbewußten dorsalen okzipitoparietalen System auf das langsamere bewußte ventrale okzipitotemporale System) verändert sich auch die Kinematik: bewußt kontrollierte Bewegungen sind z.B. langsamer und weniger präzise als unbewußte/automatisierte.[672] Ebenso ist vielfach belegt, daß überlernte Verrichtungen gestört werden, wenn der Handelnde sie bewußt zu kontrollieren

---

[667] ANSORGE/HEUMANN/SCHARLAU, Consciousness and Cognition 11 (2002), 528, 540 f. 541 ff.

[668] KIEFER, *Bewußtsein*, S. 178, 210, 214, mit dem Hinweis, daß Blindsicht-Patienten zwar ein Objekt in ihrem funktional blinden Gesichtsfeld nach Aufforderung ergreifen können, obwohl sie es nicht „bewußt“ sehen, jedoch nie spontan eine solche Handlung initiieren würden. Auch BLOCK nimmt an, daß die von ihm unterschiedenen Funktionen des Zugriffsbewußtseins und phänomenalen Bewußtseins fast immer zusammen auftreten, *Eine Verwirrung über eine Funktion des Bewußtseins*, S. 523, 525, 567 f. m. w. Nachw. Krit. EILAN, *The explanatory role of consciousness in action*, S. 188, 189 ff., 191 (sowie 192 ff. zu BLOCKS Gedankenexperiment des “super-blindseer”, bei dem beide Bewußtseinsformen dissoziieren könnten). Eingehend SOKOLOWSKI, *Wille und Bewußtheit*, S. 485, 488 ff. Zur Symptomatik der Blindsicht siehe nur WEISKRANTZ, *Blindsight: A Case Study and Implications*.

[669] JEANNEROD, *Mental imagery in motor context*, Neuropsychologia 33 (1995), 1419 ff., 1429; DERS., *The Cognitive Neuroscience of Action*, S. 95 ff.; WEGNER, *The Illusion of Conscious Will*, S. 20, 56 ff. m. w. Nachw.

[670] Siehe nur VELMANS, *Is Human Information Processing Conscious?*, Behavioral & Brain Sciences 14 (1991), 651 ff. m. w. Nachw.; so schon KELLER, *Psychologie und Philosophie des Wollens*, S. 258 ff.; LERSCH, *Aufbau der Person*[7], S. 434 f.; RASCH, *Forensische Psychiatrie*[2], S. 190.

[671] SCHMALT, *Psychologische Aspekte einer Theorie der Handlung*, S. 517, 540.

[672] JEANNEROD, *Self-generated actions*, S. 153, 158 f., 162 f. m. w. Nachw. Ebenso versteht ROTH, *Das Gehirn und seine Wirklichkeit*, S. 228 ff., das Bewußtsein als „Eigensignal des Gehirns

versucht.[673] Demnach gebe es verschiedene Stufen der Handlungskontrolle: (1.) automatische, unbewußte Mechanismen visuomotorischer Steuerung, (2.) bewußte Steuerung, wenn die automatische Kontrolle Störungen nicht ausgleichen kann und (3.) die Zuordnung einer Störung zu einer Ursache durch Überwachung der eigenen mentalen Zustände wie intentionsbezogener Signale, d.h. Zuordnung von Handlungen zu sich selbst oder zu anderen Personen.[674]

Insgesamt läßt sich wieder nur feststellen, daß offenbar das bewußte Selbst, erst recht Wille, Verstand oder Vernunft, noch weit weniger „Herr im Haus“[675] der mentalen und physischen Vorgänge ist als das Alltagsverständnis glaubt, daß aber die moderne Forschung zu Bewußtsein, Gedächtnis, Wahrnehmung und ihrem Einfluß auf Handlungsplanung und -kontrolle derzeit sowohl noch nicht weit genug fortgeschritten als auch zu inkohärent ist, um hinreichend gesicherte Aussagen zu den „kognitiven Antezedenzien von Willkürhandlungen“[676] wie einer Mindestschwelle des Bewußtseins (ggf. welches?) zu treffen, die für die Strafrechtsdogmatik von Interesse sein könnten. Festzuhalten ist immerhin, daß Wissen, Wünsche und Pläne, die zur Bildung einer Handlungsabsicht führen, offenbar *im Moment der Vornahme* nicht bewußt sein müssen.[677] Ebensowenig müssen Reize bewußt wahrgenommen werden, um eine beabsichtigte Reaktion auszulösen. Es wird auch deutlich, daß ältere Konzepte, wie der in den deutschsprachigen Dogmatiken zum strafrechtlichen Allgemeingut avancierte, auf PLATZGUMMER zurückgehende Begriff des „Mitbewußtseins“,[678] dem experimentelle und erst recht neurophysiologische Grundlagen

---

für die Bewältigung eines neuen Problems“ (233); DERS., *Bewußte und unbewußte Handlungssteuerung aus neurobiologischer Sicht*, S. 77, 110 ff.

673 VALLACHER & WEGNER, *A Theory of Action Identification*, S. 178 m. w. Nachw.

674 JEANNEROD, *Self-generated actions*, S. 153, 155 ff., 162 f. m. w. Nachw.; DERS., *The Cognitive Neuroscience of Action*, S. 181 ff., 189 ff.

675 So ROTH, *The interaction of cortex and basal ganglia*, S. 125, 130; VIERKANT, *Between epiphenomenalism and rationality*, S. 167, 169; NEUMANN/KLOTZ/ANSORGE/HEUMANN, Forschung an der Universität Bielefeld 20 (1999), 35, 39, nach FREUDS Ausdruck.

676 Nach dem Titel des Beitrags von NEUMANN/PRINZ. SCHMALT, *Psychologische Aspekte einer Theorie der Handlung*, S. 517, 541 f., zählt verschiedene Faktoren als relevant für die Synchronisation von Handlung und Bewußtsein in der Aufforderungs- und Handlungsausführungsphase auf: (1) Art der Handlung und des durch sie bestimmten Bewertungsprozesses, (2) Routinisierungsgrad der Handlung, (3) Art der Erlebnisinhalte, (4) Art der Situation, (5) Art der Person.

677 WEGNER, *The Illusion of Conscious Will*, S. 20.

678 PLATZGUMMER, *Die Bewußtseinsformen des Vorsatzes*, S. 81 ff.; ähnl. SCHEWE, *Bewußtsein und Vorsatz*, S. 114 ff., 120 ff., der unbewußte Inhalte des „Erlebens“ einbeziehen will; oft vermengt mit dem „Sachdenken“ im Sinne SCHMIDHÄUSERS, Festschrift H. Mayer, S. 317, 322 ff. (zum „sachgedanklichen Mitbewußtsein“); DERS., *Strafrecht Allgemeiner Teil, Lehrbuch*², Tz. 10/54; DERS., *Strafrecht Allgemeiner Teil, Studienbuch*², Tz. 7/65 ff. Weithin übernommen von Rspr., z.B. BayObLG NJW 1977, 1974, und Lit., z.B. LACKNER/KÜHL, *StGB*²⁵, § 15 Rn. 9; OTTO, *Grundkurs Strafrecht Allgemeine Strafrechtslehren*⁶, § 7 Rn. 12; ROXIN, *Strafrecht Allgemeiner Teil*, Band I⁴, § 12 Rn. 123 ff.; STRATENWERTH, *Strafrecht Allgemeiner Teil I*⁴, Tz. 8/76; TRÖNDLE/FISCHER, *StGB*⁵³, § 15 Rn. 4; RINCK, *Der zweistufige Deliktsaufbau*, S. 363 ff.; umfangr. Nachw. bei SCHILD, Festschrift Stree/Wessels, S. 241 Fn. 1. Zur Rezeption im spanischsprachigen Raum (*co-con(s)ciencia,*

ermangeln – und der etwa mit der Annahme, es gebe jeweils im Bewußtsein nur *eine* vorrangige Handlungsidentität, kaum vereinbar ist[679] – und dessen juristische Berechtigung durchaus umstritten ist,[680] ebenso wie die neuere laienpsychologische Differenzierung DUFFS von *tacit-latent knowledge*[681] der Reformulierung in aktuellen Theoriekontexten und vor allem empirischer Überprüfung bedürften[682] – die, soweit ersichtlich, fehlt.

Bei der Betrachtung des für „vorsätzliches" Handeln nötigen Wissens, d.h. bewußte Kenntnis der Tatbestandssituation, kann schließlich die *Wahrnehmungspsychologie* nebst *-physiologie* bei der Klärung bestimmter Zweifelsfragen behilflich sein, die die Möglichkeit und Grenzen sinnlicher Wahrnehmbarkeit betreffen: Leugnet der Angeklagte beispielsweise, bestimmte rechtlich relevante Umstände der Tatsituation „gewußt" zu haben, weil er sie nicht wahrgenommen habe, so kann sich dies mit generellen Hypothesen über die Möglichkeiten menschlicher Wahrnehmung prüfen lassen. Die mögliche Bedeutung liegt hier im Strafprozeß, weniger in der dogmatischen Begriffsbildung.[683] Im übrigen wird das Verhältnis von Wahrnehmung und Verhaltensrelevanz komplizierter:

---

conciencia acompañante) siehe STS v. 30.1.1989 (A 606), 20.3.1990 (A 2571), 27.1.1995 (A 80); RAGUÉS I VALLÈS, *El dolo y su prueba en el proceso penal*, S. 514; BACIGALUPO, *Manual de derecho penal, Parte general*, S. 108, jew. m. w. Nachw.

679 So daß nicht alle *verfügbaren* Kontextinformationen auch repräsentiert sein müssen, vgl. VALLACHER & WEGNER, *A Theory of Action Identification*, S. 19 ff., 74 ff.; WEGNER, *The Illusion of Conscious Will*, S. 159, unten bei Fußn. 991.

680 Krit. JAKOBS, *Strafrecht Allgemeiner Teil*², Tz. 8/12; KÖHLER, GA 1981, 285, 291 ff.; DERS., *Strafrecht Allgemeiner Teil*, S. 166 f.; FRISCH, *Vorsatz und Risiko*, S. 178 ff., 190 f.; DERS., Gedächtnisschrift Armin Kaufmann, S. 311, 317 ff.; SCHILD, Festschrift Stree/Wessels, S. 241 ff., 261 ff.; NK-StGB-PUPPE, § 16 Rn. 189 ff.; MÄRKER, *Vorsatz und Fahrlässigkeit bei jugendlichen Straftätern*, S. 188 f.; VEST, *Vorsatznachweis und materielles Strafrecht*, S. 96 ff.; DÍAZ PITA, *El dolo eventual*, S. 62 ff.; RAGUÉS I VALLÈS, *El dolo y su prueba en el proceso penal*, S. 513 ff.; dagegen KRÜMPELMANN, *Empirie und Normativität in den Rechtsbegriffen der Willenssteuerung*, S. 13, 14 f.

681 DUFF, *Intention, Agency, and Criminal Liability*, S. 159 ff.; krit. SULLIVAN, *Knowledge, Belief, and Culpability*, S. 207, 210 ff. m. w. Nachw.

682 So schon SCHLÜCHTER, *Irrtum über normative Tatbestandsmerkmale*, S. 29 f.

683 Jüngst hat DUTTGE, *Zur Bestimmung des Handlungsunwerts von Fahrlässigkeitdelikten*, S. 389 ff., es unternommen, den Fahrlässigkeitsbegriff (genauer: das Merkmal des „Erkennenkönnens") mit Hilfe der Wahrnehmungspsychologie zu konturieren, wobei es sich erneut zeigt, daß die entscheidenden normativen Fragen dadurch nicht gelöst, ggf. nicht einmal klarer beschrieben werden können, zutr. krit. HERZBERG, GA 2001, 568 ff., 579 ff. Methodisch zweifelhaft an DUTTGES Vorgehen ist darüber hinaus die selektive Rezeption der gegenwärtig dominierenden Hypothesen *eines* Forschungszweiges der Psychologie zur detailreichen Ausfüllung *eines* Elements der rechtlichen Fahrlässigkeitskonzeption mit dem Resultat eines seltsamen Amalgams wissenschaftlicher und naiver Psychologie, dem immerhin Relevanz für die Bewertung der *gesamten Handlung* verliehen wird. Aus psychologischer Sicht bleibt die Explikation nur des „triftigen Anlasses" (zur Gefahrvermeidung) anhand der Wahrnehmungspsychologie ein einsames empirisches Waisenkind im fremden Haus des rechtlichen Handlungsmodells. Eine empirisch informierte Behandlung des „Fahrlässigkeitsunrechts" hätte die moderne Motivations- und Volitionspsychologie, die psychologische Forschung zur Handlungskontrolle und -dynamik, zur Abschirmung gegen und zur Anfälligkeit für Handlungsfehler – die Fahrlässigkeitstaten oft zugrunde liegen; zu Handlungsfehlern siehe nur HECKHAUSEN, *In-*

Von strafrechtlichem Interesse könnten insoweit Ansätze sein,[684] die die Interaktion von Wahrnehmung und Verhalten abweichend vom traditionellen Ansatz der Kognitionspsychologie wieder im Sinne einer antezipativen Steuerung willkürlichen Verhaltens untersuchen in der Annahme,

> ... daß die Repräsentation von reizabhängiger Information (Repräsentationsfunktion) auf der einen und die Steuerung der Tätigkeit (Exekutionsfunktion) auf der anderen Seite so eng miteinander verzahnt sind, daß eine Theorie perzeptiver Erkennungsprozesse als bloße Repräsentationstheorie überhaupt nicht möglich ist.[685]

> Nicht die Umwelt, sondern der erkennende Organismus erzeugt die Nachrichten, indem er diejenigen Gegebenheiten als Objekte der Erkenntnis auswählt, die für eine erfolgreiche Kontrolle seines Verhaltens unterschieden werden müssen.[686]

Demnach dienen die der Erkenntnis zugrundeliegenden Prozesse nicht einer adäquaten Widerspiegelung der Umwelt, sondern einer erfolgreichen Verhaltenssteuerung, so daß kognitive Prozesse stets an Verhaltenssteuerung gebunden sind. Die mögliche Verhaltensrelevanz von Informationen – zum Selektionsmechanismus der Aufmerksamkeitskontrolle siehe oben[687] – bedingt ihre Wahrnehmung:[688]

> Die Selektion [von Informationen] steht im Dienste der Exekutionsfunktion ... Genetisch folgt die Handlung nicht der Wahrnehmung, sondern die Handlung geht der Wahrnehmung voraus.[689]

Der Satz „was nicht wahrgenommen wird, ist verhaltensirrelevant“ wäre also umkehrbar: Eine Umweltinformation ist nicht deshalb verhaltensirrelevant, weil sie nicht wahrgenommen wurde, sondern sie wurde nicht wahrgenommen, weil sie verhaltensirrelevant ist. Aufgabe der Aufmerksamkeit wäre somit, die eindeutige Spezifikation von Handlungsparametern durch die Auswahl eines Gegenstands bei gleichzeitigem Ausschluß konkurrierender Gegenstände sicherzustellen.[690]

Im Rahmen der Kognitionspsychologie kann dieses Konzept experimentell zumeist nur in engen, kontrollierbaren Kontexten an eher basalen motorischen Aktionen oder elementaren Wahrnehmungsleistungen geprüft werden.[691] Das Modell ist noch nicht vollständig ausgearbeitet, viele theoretische Implikationen, wie die

---

tentionsgeleitetes Handeln und seine Fehler, S. 143, 157 ff.; Wehner/Stadler, *Gestaltpsychologische Beiträge zur Struktur und Dynamik fehlerhafter Handlungsabläufe*, S. 795 ff., 810 ff.; Goschke, *Wille und Kognition*, S. 583, 602, jew. m. w. Nachw. –, nicht außer acht lassen dürfen.

684 Historischer Überblick bei Hoffmann, *Vorhersage und Erkenntnis*, S. 23 ff. m. w. Nachw.

685 Prinz, *Wahrnehmung und Tätigkeitssteuerung*, S. 3.

686 Hoffmann, *Vorhersage und Erkenntnis*, S. 21.

687 Bei Fußn. 615 sowie 654.

688 Hoffmann, *Vorhersage und Erkenntnis*, S. 20 ff., 85 ff. und durchgehend

689 Prinz, *Wahrnehmung und Tätigkeitssteuerung*, S. 3 f., siehe auch S. 337 f.

690 Neumann, *Zur Funktion der selektiven Aufmerksamkeit für die Handlungssteuerung*, Sprache und Kognition 6 (1987), 107 ff.

691 Eingehend Hoffmann, *Vorhersage und Erkenntnis*, S. 57 ff. m. zahlr. Nachw.

Aufhebung der Unterscheidung deklarativen und prozeduralen Wissens,[692] ungesichert. Abzuwarten bleibt vor allem, ob und inwiefern der Gedanke in der Sozialpsychologie für Verhalten in sozialen Kontexten aufgewiesen werden kann und die Annahme nicht nur der traditionellen kognitiven Psychologie, sondern auch der strafrechtlichen Handlungslehren, daß die Auswahl des in einer Situation zu realisierenden Verhaltens durch die von der Situation gelieferten Informationen bestimmt wird, zu modifizieren wäre.[693]

e) Der phänomenale Wille als „Kontrollillusion“

> Erlebte Willensfreiheit resultiert aus der *naiv realistischen* Vorstellung, dem bewußten Erleben einer Wahl entspreche eine objektive Freiheit von der Determination.[694]

> Welche Meinung man von der Freyheit hege, das halten [die Menschen] für so wichtig, als ob durchs bloße Meinen die wirkliche Freyheit erworben würde.[695]

> Sometimes how things seem is more important that what they really are. ... The fact is, it seems to each of us that we have conscious will. It seems we have selves. It seems we have minds. It seems we are agents. It seems we cause what we do. Although it is sobering and ultimately accurate to call all this an illusion, it is a mistake to conclude that the illusory is trivial. On the contrary, the illusions piled atop apparent mental causation are the building blocks of human psychology and social life.[696]

Das Willenserleben aus der „Perspektive der ersten Person“ war auch nach der Überwindung des Behaviorismus lange Zeit von der wissenschaftlichen Psychologie kaum beachtet worden und spielte in den Neurowissenschaften zunächst eine eher beiläufige Rolle als kurioses Epiphänomen. Dies steht in umgekehrtem Verhältnis zu seiner Bedeutung für Kognition und Sozialverhalten des Individuums,

---

692 Dazu Hoffmann, *Vorhersage und Erkenntnis*, S. 51 ff. *Deklaratives Wissen* bezeichnet begriffliches Wissen (Ryles “knowing what”, *The Concept of Mind*, ch. II (3), S. 28 ff.), etwa über die Eigenschaften von Ausgangs- und Zielzustand einer Handlung, *prozedurales Wissen* bezieht sich auf erworbene Fähigkeiten (Fertigkeitswissen; Ryles “knowing how”).

693 Dazu und zur Methode der Vorinformation *(pre-cuing method)* siehe nur Hoffmann, *Vorhersage und Erkenntnis*, S. 183 ff. m. w. Nachw.

694 Kuhl, *Wille, Freiheit, Verantwortung*, S. 186, 189 (Hervorh. im Original); so schon Hume, *A Treatise of Human Nature*, Book II, Part III, Section II, S. 408 (oben Fußn. 331); Priestley, *The Doctrine of Philosophical Necessity*, S. 49 (“The *consciousness of freedom*, therefore, is an ambiguous expression, and cannot prove any thing in favour of philosophical or metaphysical liberty”); Wundt, *Grundzüge der physiologischen Psychologie*, Band 3, S. 294 f., mit Verweis auf Herbart, *Zur Lehre von der Freiheit des menschlichen Willens*, S. 17 f., 35 f. [= Sämtliche Werke, Band 10, S. 207, 224 f., 231]; auch van Inwagen, *An Essay on Free Will*, S. 204 ff. (“obviously wrong”); zu Positionen in der Psychologie siehe Sappington, Psychological Bulletin 108 (1990), 19, 25 ff. m. w. Nachw.; im Strafrecht z.B. Heinze, GS 13 (1861), 397, 428 f.; Nowakowski, Festschrift Rittler, S. 55, 57 f. m. w. Nachw.: „Daß wir uns in einer Entscheidungssituation frei fühlen, ermöglicht keinen Schluß darauf, daß wir es wirklich sind.“; auch Mezger, *Kriminalpsychologische Probleme im Strafrecht*, S. 39. Anders aber Derher, *Die Willensfreiheit*, S. 383 f.

695 Herbart, *Zur Lehre von der Freiheit des menschlichen Willens*, S. 18 [Sämtliche Werke, Band 10, 207, 224].

696 Wegner, *The Illusion of Conscious Will*, S. 342.

hat doch die Annahme von Willensfreiheit nicht zuletzt ihre festeste Verankerung in der Grundempfindung, ein selbstbestimmt handelndes Subjekt zu sein.[697] Diese Empfindung ist – wie das obige Zitat von ROUSSEAU illustriert,[698] dem die moderne Psychologie zustimmt[699] – zudem resistent gegen abweichende theoretische Erklärungen, wie Handlungssteuerung „wirklich“ abläuft.

Wegen der offenkundigen Diskrepanz des bewußten Willenserlebens und der funktionalen Erklärungen der modernen, neurobiologisch gestützten psychologischen Forschung wird einmütig davon ausgegangen, daß der bewußte Wille jedenfalls nicht ein „geistiges Vermögen“ im Sinne der kausalen Verknüpfung zwischen Geist und Handlung darstellt, sondern eine vom Gehirn erzeugte Interpretation, eine an bestimmte Bedingungen geknüpfte Kausalattribution, die die tatsächlichen Kausalverhältnisse nicht notwendigerweise korrekt abbildet. Der Selbstbeobachtung ist nicht direkt zugänglich, ob ein kausaler Zusammenhang zwischen Gedanken und einer Handlung besteht,[700] in der zugespitzten Formulierung von PRINZ: „Wir tun nicht, was wir wollen, sondern wir wollen, was wir tun.“[701] Wobei noch zu klären wäre, *was wir tun*: “People do what they think they are doing.”[702]

---

697 Diese Grundempfindung mag freilich nicht selten ihren Grund in der „Kurzsichtigkeit“ haben, die den „Freyheitsdünkel da erzeugt, wo Einer seine Gränzen nicht wahrnimmt“, HERBART, *Zur Lehre von der Freiheit des menschlichen Willens*, S. 22 f. [Sämtliche Werke, Band 10, 207, 225], was die tägliche Erfahrung lehre, *ibid.* S. 19 [226]; vgl. auch HABERMAS, DtZPhil 52 (2004), 871, 875.

698 Siehe oben Fußn. 332, 795; ähnl. VOLTAIRE, *Traité de métaphysique*, ch. VII, Œuvres complètes, vol. 22, S. 189, 216 ff.

699 WEGNER, *The Illusion of Conscious Will*, S. 325: “The deep intuitive feeling of conscious will is something that no amount of philosophical argument or research about psychological mechanisms can possibly dispel.”; so schon STEINER, *Perceived Freedom*, S. 187, 215 ff., 239 ff.

700 Vgl. WEGNER & WHEATLEY, American Psychologist 54 (1999), 480 ff.; WEGNER, *The Illusion of Conscious Will*, durchgehend, dazu im folgenden Text. PRINZ, *Freiheit oder Wissenschaft?*, S. 86, 95 ff.; DERS., *Explaining Voluntary Action: The Role of Mental Content*, S. 153, 163 ff.; DERS., *How do we know about our own actions?*, S. 21, 27 ff.; DERS., Zeitschrift für Psychologie 208 (2000), 32, 40 f., jew. m. w. Nachw., nimmt an, daß die Interpretation bzw. mentale Konstruktion fremder und eigener Handlungen sich prinzipiell nicht unterscheide, es folglich auch keinen privilegierten introspektiven Zugang zu eigenen Handlungen gebe. Dazu, auch krit. BAYER/FERGUSON/GOLLWITZER, *Voluntary action from the perspective of social-personality psychology*, S. 86, 100 ff.

In ihren bekannten Experimenten haben schon NISBETT & WILSON, Psychological Review 84 (1977), 231, 242 ff., gezeigt, daß Menschen dazu neigen, ihre eigenen Handlungen retrospektiv mit Hilfe von üblichen Standarderklärungen zu beschreiben und selbst offensichtliche äußere Einflüsse auszublenden; siehe auch ROSS & NISBETT, *The Person and the Situation*, S. 81 f.; WEGNER & WHEATLEY, American Psychologist 54 (1999), 480 ff. Ähnlich SEARLE, *Intentionalität*, S. 161, 167 f.

701 PRINZ, *Freiheit oder Wissenschaft?*, S. 86, 87, 98; DERS., Zeitschrift für Psychologie 208 (2000), 32, 40 (subjektive Willenserscheinungen als „Begleiterscheinungen“); DERS., *Explaining Voluntary Action: The Role of Mental Content*, S. 153, 155; zust. ROTH, *Bewußte und unbewußte Handlungssteuerung aus neurobiologischer Sicht*, S. 77, 109; DERS., Festschrift Lampe, S. 43, 45 ff.; differenzierter die Ansicht von WEGNER, unten im Text.

702 VALLACHER & WEGNER, *A Theory of Action Identification*, S. 85, 223; WEGNER & VALLACHER, *Action Identification*, S. 550.

Die Bezeichnung dieses Interpretats als „Kontrollillusion“[703] oder „Indeterminismustäuschung“ hat mitunter Anstoß erregt,[704] obwohl diese Vorstellung wahrhaft keine Erfindung zeitgenössischer Autoren, sondern eine in der Philosophiegeschichte häufig anzutreffende Sicht als Bestandteil deterministischer Positionen ist.[705] Zum einen besagt der Terminus „Illusion“ lediglich, daß die Willenserfahrung kein *verläßlicher* Indikator dafür ist, *daß* bewußtes Denken eine Handlung verursacht hat,[706] und schon gar nicht dafür, *wie* die relevanten psychologischen Prozesse strukturiert sind; zum anderen folgt nicht, daß die „Illusion“ nach ihrer „Entlarvung“[707] schwinden könnte oder in aufklärerischer Naivität[708] – entsprechend dem Impetus des Eliminativen Materialismus – dazu gebracht werden sollte. Dies gilt erst recht, wenn dieser Schein, im Unterschied zu anderen Alltagstheoremen, selbst dann nicht verloren geht und gehen kann, „wenn man ihn als Schein erkennt“[709]. Daß das eigene Erleben im individuellen und sozialen Leben unhintergehbar ist, ist ohne weiteres damit vereinbar, daß es keine taugliche Grundlage für *wissenschaftliche* Modelle der Handlungssteuerung bietet, sondern die vom Gehirn

---

703 Der Ausdruck “illusion of control” ist von Ellen Langer, Journal of Personality and Social Psychology 32 (1975), 311 ff., geprägt worden für Fälle, in denen Personen den Eindruck hatten, etwas zu tun, obwohl sie nichts taten, siehe auch Gollwitzer, *Abwägen und Planen*, S. 161 ff. m. w. Nachw. Gemeint ist aber hier ein weitergehendes Verständnis, daß das Gefühl *willentlicher* Aktivität *immer* eine „Illusion“, stets nicht-kausales Konstrukt ist, vgl. Wegner, *The Illusion of Conscious Will*, S. 8 f.

704 Z.B. Burkhardt, *First-person understanding of action in criminal law*, S. 238, 240 f., 248 ff. Diese Haltung entspricht der klassischen indeterministischen Position. Mehr das Wort als die Befunde und ihre Deutung kritisiert auch Pauen, *Illusion Freiheit?*, S. 213 ff., 215 f.

705 Vgl. nur Spinoza, *Ethica*, pars I, app. („... homines, se liberos esse, opinentur, quandoquidem suarum volitionum, suique appetitus sunt conscii, & de causis, a quibus disponuntur ad appetendum, & volendum, quia earum sunt ignari, nec per somnium cogitant.“), pars III, prop. 2, schol. in fine („Qui igitur credunt, se ex libero Mentis decreto loqui, vel tacere, vel quicquam agere, oculis apertis somniant.“); Hume, oben Fußn. 331; Voltaire, *Traité de métaphysique*, ch. VII, Œuvres complètes, vol. 22, S. 189, 216 ff.; Schopenhauer, *Preisschrift über die Freiheit des Willens*, S. 481, 561 und öfter; Nietzsche, Nachgelassene Fragmente, Frühling–Sommer 1877 (N II 2), Nr. 28 („Wollen ist in jedem Falle eine Selbsttäuschung.“); Planck, *Scheinprobleme der Wissenschaft*, S. 26 („Musterbeispiel für ein Scheinproblem“).

706 Wegner, *The Illusion of Conscious Will*, S. 2. Der Ausdruck „Illusion“ sei daher etwas zu stark, *ibid.*, Fn. 2. Allerdings treffe die Empfindung oft zu, *ibid.*, S. 327. Siehe dagegen Keller, *Psychologie und Philosophie des Wollens*, S. 51 f., 128 f.

707 So Kuhl, *Wille, Freiheit, Verantwortung*, S. 186, 189: „Die wahrnehmungspsychologische Variante des naiven Realismus ist inzwischen als Täuschung entlarvt ...“.

708 „Von Illusionen sich nicht beherrschen zu lassen, ist ein unendlich naiver Glaube, aber es ist der intellektuelle Imperativ, das Gebot der Wissenschaft.“, Nietzsche, Nachgelassene Fragmente, Sept. 1870–Jan. 1871 (U I 3, 3 a), Nr. 33.

709 Eduard Hertz, *Das Unrecht und die allgemeinen Lehren des Strafrechts*, 1880, S. 128 f., zit. nach Burkhardt, Festschrift Lenckner, S. 3, 9; ähnl. Marshall, *Intention in Law and Society*, S. 24. Siehe auch Smilansky, *Free Will and Illusion*, S. 145 ff., erst recht nicht, wenn diese Illusion auch aus neurobiologischer Sicht *funktional unabdingbar* ist, vgl. Roth, *Bewußte und unbewußte Handlungssteuerung aus neurobiologischer Sicht*, S. 77, 110 f.; Wegner, *The Illusion of Conscious Will*, S. 325 ff.

erzeugte „Kontrollillusion“ und „Indeterminismustäuschung“ vielmehr selbst zu den erklärungsbedürftigen realen Phänomenen zählen.[710] Daß diese „Illusion“ real ist, ist kein Widerspruch.[711] Wie oben erwähnt, schließen sich wissenschaftlicher Determinismus und subjektives Willensfreiheitserleben ohnehin nicht aus.[712] Im übrigen ist es gleichermaßen verfehlt, aus dem Umstand, daß neurophysiologische Prozesse ganz anders abzulaufen scheinen als die subjektive Wahrnehmung glauben macht, unbesehen praktische Schlüsse für die soziale Welt zu ziehen oder diese Befunde von geisteswissenschaftlicher Seite in Frage stellen zu wollen. Daß Selbstwahrnehmung und funktionale Explikation einander nicht entsprechen, ist in vielen anderen Hinsichten (z.B. bei sonstigen Körperzuständen) eine triviale Einsicht und nur dann problematisch, wenn eine Perspektive unter Leugnung der anderen verabsolutiert wird.[713]

---

710 Zutr. z.B. Prinz, *Freiheit oder Wissenschaft?*, S. 86, 100; Günther, *Voluntary action and criminal responsibility*, S. 263, 278; dazu siehe nur Trommsdorff, *Erleben von Handlungsfreiheit und Restriktionen*, S. 302, 312 ff. m. w. Nachw.; Habermas, DtZPhil 52 (2004), 871, 879 m. Fn. 21. Siehe auch Fußn. 559.

711 So aber wohl Singer, *Ein neues Menschenbild?*, S. 32. Verwirrung entsteht, wenn das Objekt der Verneinung ungenau bezeichnet wird in einem Satz wie „ich habe die Erfahrung (ich handle frei)“. Die Wahrheit eines solchen Satzes insgesamt, als propositionale Einstellung, wird nicht bestritten (keine äußere Verneinung); unwahr/nicht zwingend wahr wäre nur der abhängige Satz „ich handle frei“ *für sich, als eigenständige Aussage* (innere Verneinung).

712 Vgl. Kuhl, *Wille und Freiheitserleben*, S. 665, 745 ff.; ders., *Wille, Freiheit, Verantwortung*, S. 186, 204 ff., zur funktionalen Explikation der Willensfreiheit, S. 208 ff., zu Systemmerkmalen subjektiven Freiheitserlebens; ähnl. Roth, *The interaction of cortex and basal ganglia in the control of voluntary actions*, S. 115, 129 f. Die Vorstellung, unser Handeln sei objektiv „frei“, mag bloße Projektion unseres Erlebens sein, so wie der naive Realismus unser Erleben von Wahrnehmung auf die Außenwelt projiziert. Die Rede von „freiem“ Handeln wäre damit nicht sinnlos, sondern bezeichnete einen erlebten Systemzustand: „Die Kontrollierbarkeit der Handlungsabläufe durch den Koordinationsauftrag eines selbstreferentiellen Systems.“ (Kuhl, *ibid.*, S. 747; ders., *Wille, Freiheit, Verantwortung*, S. 186, 189, 206). Das Freiheitserleben beruhte demnach auf der begrenzten Fähigkeit des analytischen Systems, systemische Kausalität zu durchschauen, Kuhl, *Wille, Freiheit, Verantwortung*, S. 186, 210; siehe auch Luhmann, *Die Autopoiesis des Bewußtseins*, S. 25, 39 („Bewußte Systeme können daher gar nicht anders, als ihr eigenes Verhalten auf ihre eigenen Entschlüsse zurückzuführen. ... Die Selbsterfahrung transformiert inkalkulables Determiniertsein in Freiheit.“). „Freies“ Entscheiden eines „Selbst“ sagte daher mehr über die *Art* intrapsychischer Determination als über deren *Ausmaß* aus; das Verhalten wäre objektiv nicht weniger, sondern *anders* determiniert, so z.B. Kuhl, *ibid.*, S. 186, 206; Goschke, *Voluntary action and cognitive control*, S. 49, 50 u. ff. Nach Roth, *The interaction of cortex and basal ganglia in the control of voluntary actions*, S. 115, 130, stellt sich das Freiheitserleben ein, wenn bewußte Intentionen, die ihren Ursprung zumeist im subkortikalen, unbewußten limbischen System haben, mit den unbewußten übereinstimmen. Die Vorstellung von „Willensakten“ sowie deren „Freiheit“ sei ein selbstbeschreibendes Konstrukt des assoziativen, präfrontalen Kortex (*ibid.*, S. 129 f.). Ähnlich Wegner, *The Illusion of Conscious Will*, S. 318 ff., dazu unten im Text.

713 Zur Trennung der Perspektiven siehe Prinz, *Freiheit oder Wissenschaft?*, S. 86 ff., 100 f.; Burkhardt, *First-person understanding of action in criminal law*, S. 238, 240 f., 248 ff., der freilich den naiven Realismus der Erste-Person-Perspektive überzieht.

Eine eingehendere Untersuchung des phänomenalen, bewußten Willens aus jüngster Zeit, die viele andere Theorieansätze aufnimmt, stammt von dem Sozialpsychologen WEGNER, der ihn im Anschluß an eine weit zurückreichende Traditionslinie[714] als Empfindung, Verursachungsemotion *(emotion of authorship)* versteht, die den Eindruck vermittelt, eine Aktivität (nicht nur eine Körperbewegung, auch "actions of the mind"[715]) bewußt – durch bewußte Gedanken, Absichten etc. – verursacht zu haben, obwohl es sowohl an der Verursachung als auch an einer eigenen Aktivität überhaupt fehlen kann *(theory of apparent mental causation)*.[716] Diese Empfindung sei das Resultat eines Schlusses, einer Kausalattribution, denn das Bewußtsein wisse nicht, wie bewußte mentale Prozesse – WEGNER behält als Ausdruck für die handlungswirksamen, d.h. mit Verhalten nachweisbar kovarianten, bewußten Gedanken den Ausdruck des *empirischen Willens* bei, ohne eine nähere Beschreibung zu geben[717] – ablaufen.[718] Schematisiert:[719]

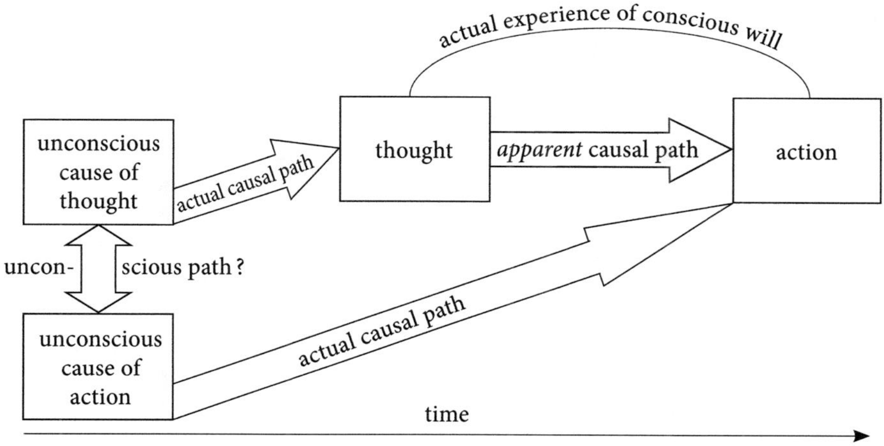

[714] HUME, *A Treatise of Human Nature*, Book II, Part III, Sect. I, S. 399: "I desire it may be observ'd, that by the *will*, I mean nothing but *the internal impression we feel and are conscious of, when we knowingly give rise to any new motion of our body, or new perception of our mind*." (Hervorh. im Original); HUXLEY, *On the Hypothesis That Animals Are Automata*, S. 199, 244: "the feeling we call volition is not the cause of a voluntary act, but the symbol of that stage of the brain which is the immediate cause of that act."; siehe auch Fußn. 332, 746, 795.

[715] WEGNER, *The Illusion of Conscious Will*, S. 44 f.

[716] WEGNER, *The Illusion of Conscious Will*, S. 3 ff., 63 ff., 95 ff., 317 ff., 325 ff. m. w. Nachw. Eine kürzere Fassung findet sich in WEGNER & WHEATLEY, American Psychologist 54 (1999), 480 ff.

[717] WEGNER, *The Illusion of Conscious Will*, S. 12 ff., 14 f., 27 f. (S. 27: "Each of our actions is really the culmination of an intricate set of physical and mental processes, including psychological mechanisms that correspond to the traditional concept of will, in that they involve linkages between our thoughts and our actions. This is the empirical will.").

[718] WEGNER, *The Illusion of Conscious Will*, S. 67, 97 f.

[719] Nach WEGNER, *The Illusion of Conscious Will*, S. 68; WEGNER & WHEATLEY, American Psychologist 54 (1999), 480, 483.

Maßgebende Bedingungen für die Deutung eines Gedankens als „scheinbarer mentaler Ursache“ sind seine Priorität, Konsistenz und Exklusivität im Verhältnis zur betreffenden Handlung.[720] Bei normaler wacher Handlung entstehen ein bewußter Gedanke (Absicht usw.), die Handlung und das Willenserlebnis nacheinander.[721] Solche Willenserlebnisse stellen sich keinesfalls bei jeder Handlung ein, so typischerweise nicht bei routinierten oder überlernten Handlungssequenzen, ebenso nicht bei impulsiven, emotionalen Handlungen.[722] Insgesamt scheinen Automatismen die Regel und Erlebnisse bewußten Wollens die Ausnahme zu sein.[723] Um die vielfach unbewußt initiierten Handlungen als eigene zu verstehen, würden passende Absichten ge- oder erfunden und zwar, mangels privilegierten Zugangs zur eigenen Psyche, in gleicher Weise wie Verhalten Dritter gedeutet werde.[724] Die Deutung des eigenen Verhaltens orientiere sich intuitiv am Idealbild eines bewußten Akteurs und erfordere einen Dreiklang von (bewußtem) Willen, (bewußter) Absicht und Handlung. Ein im Gedächtnis fehlendes Teilstück werde schlußfolgernd ergänzt.[725] Wie sich an Phänomenen wie kognitiver Dissonanz und dem Bestreben zur Aufrechterhaltung eines bestimmten Selbstbildes zeige, können diese Konfabulationen *post factum* die wahren Kausalmechanismen drastisch verfehlen und auch künftige Handlungswahl nachteilig beeinflussen.[726]

Insgesamt aber entspreche das bewußte Willenserleben oft dem empirischen Willen, d.h. gebe zutreffend an, daß (nicht: wie) Verhalten durch mentale Prozesse, die bewußte Gedanken einschließen, verursacht war. Die Funktion des Willenserlebens wird als Emotion im Sinne eines automatischen körperlichen Signals *(somatic marker*[727]*)* gedeutet, das zur Unterscheidung eigenen und fremden Verhaltens dient, diesem Absichten und damit Bedeutung zuordnet, und damit zu sozialer Interaktion wie Verantwortungszuschreibung – Handlungsbeschreibung hat neben einer deskriptiven auch eine askriptive Komponente[728] und “social feedback … is first and foremost a commentary on action”[729] – befähigt.[730]

---

720 Wegner, *The Illusion of Conscious Will*, S. 69 u. ff.; Wegner & Wheatley, American Psychologist 54 (1999), 480, 483 ff.

721 Wegner, *The Illusion of Conscious Will*, S. 309.

722 Wegner, *The Illusion of Conscious Will*, S. 81 ff., 90 ff.

723 Wegner, *The Illusion of Conscious Will*, S. 143 f., 161 ff., 170 f.

724 Wegner, *The Illusion of Conscious Will*, S. 171 ff., 176 ff. Ähnl. Ryle, *The Concept of Mind*, ch. VI(4), S. 160 ff., 171 sowie Prinz, oben Fußn. 700.

725 Wegner, *The Illusion of Conscious Will*, S. 184 ff. Die Deutung des eigenen Verhaltens ist Bestandteil des Konstruktion des Ich oder Selbst als virtuellem Akteur, *ibid.*, S. 254 ff.; Vallacher & Wegner, *A Theory of Action Identification*, S. 187 ff. (“doing becomes being”).

726 Wegner, *The Illusion of Conscious Will*, S. 171 ff., 180 f.

727 Wegner, *The Illusion of Conscious Will*, S. 325 ff.; der Ausdruck “somatic marker” stammt von Damasio, *Descartes' Error*, S. 165 ff.

728 Vallacher & Wegner, *A Theory of Action Identification*, S. 187 ff., mit Bezug auf Hart *(The Ascription of Responsibility and Rights)* und Feinberg *(Doing and Deserving)*.

729 Vallacher & Wegner, *A Theory of Action Identification*, S. 199.

730 Wegner, *The Illusion of Conscious Will*, S. 327 f., 340 ff.

Das Verständnis des bewußten Willens als Emotion ist mit der Annahme der Determiniertheit mentaler Prozesse ohne weiteres verträglich.[731] Die Auswirkungen der *theory of apparent mental causation* auf die Formen moralischer und rechtlicher Verantwortlichkeit werden als gering angesehen, obwohl deren zumeist indeterministisches Fundament nicht geteilt wird.[732] Der wesentliche Unterschied zur rechtlichen Willensauffassung liege darin, daß diese das bewußte Willenserleben für die direkte Wahrnehmung des empirischen Willens, der Verursachung von Verhalten durch Psychisches, halte. Die Willenserfahrung sei aber nur ein Indiz für willentliches Handeln und Selbstauskünfte darüber seien notorisch unzuverlässig, so daß sie persönliche Verantwortlichkeit allein nicht begründen könnten.[733] Bei Straftaten sei oft die bewußte Repräsentation der relevanten Umstände unscharf und das bewußte Willenserleben undeutlich.[734] Abgesehen davon sei die „Illusion“ des Willens wohl bei jedem bisweilen fragil[735].[736] Ungeklärt bleibt, was unter dem „empirischen Willen“ als Abbreviatur eines “intricate set of physical and mental processes”[737] genau zu verstehen ist und wie man ihn auffindet.

f) Fazit

When the explication of any mental transaction is required, it is extremely easy for the grave, infallible metaphysician to affirm, that it is the immediate operation of a simple and fundamental faculty of the mind. This specious and delusive answer, allays the unscrutinising curiosity of a common enquirer; and is peculiarly grateful to the general vanity and indolence of mankind; for it seems to confer profound wisdom without labor, and excludes at once the necessity of greater research, and the possibility of improvement.[738]

Wie alle psychologischen Konzepte haben Begriffe wie Wille, Bewußtsein, Gedächtnis, Aufmerksamkeit usw. ihren Ursprung in der Alltagserfahrung und wurden zunächst als einheitliche Entitäten oder Mechanismen verstanden, die sich mit zunehmender Forschung und Differenzierung der Theorien in einzelne Komponenten auflösen und sich vom Alltagsverständnis zusehends entfernen.[739]

---

731 Wegner, *The Illusion of Conscious Will*, S. 319 ff.

732 Wegner, *The Illusion of Conscious Will*, S. 334 ff.

733 Wegner, *The Illusion of Conscious Will*, S. 336 ff.

734 Wegner, *The Illusion of Conscious Will*, S. 337 f. m. w. Nachw.

735 Wegner, *The Illusion of Conscious Will*, S. 342, verweist auf Schlink, *Der Vorleser*, S. 22: „Oft genug habe ich im Lauf meines Lebens getan, wofür ich mich nicht entschieden hatte, und nicht getan, wofür ich mich entschieden hatte. Es, was immer es sein mag, handelt; ... Ich meine nicht, daß Denken und Entscheiden keinen Einfluß auf das Handeln hätten. Aber das Handeln vollzieht nicht einfach, was davor gedacht und entschieden wurde. Es hat seine eigenen Quellen ...“.

736 Insgesamt schließt dies es schon aus praktischen Gründen aus, strafrechtliche Verantwortlichkeit generell auf das jeweilige subjektive Freiheitserleben zu gründen, wie Burkhardt es vorschlägt, oben Fußn. 557, 559. Etwas anderes ist es, daß das Strafrecht sein Handlungsmodell nach dem Muster des Willenserlebens gestaltet, vgl. Jakobs, *Studien zum fahrlässigen Erfolgsdelikt*, S. 29, 31.

737 Oben Fußn. 717.

738 Buchanan, *The Philosophy of Human Nature*, ch. XV (Concerning Volition), S. 298 f.

739 Vgl. Neumann, *Theorien der Aufmerksamkeit*, S. 559, 633 f.

Soweit hingegen intentionale Begrifflichkeit von Theoriepartikeln erhalten bleibt oder psychologische Modelle in intentionalistische Sinnschemata eingespannt werden,[740] ergeben sich kaum oder keine Abweichungen vom alltagstheoretischen, philosophischen oder rechtlichen Verständnis.[741]

Die neueren Untersuchungen zur Übersetzung einer gefaßten Motivation in eine Handlung lassen soviel erkennen, daß es kein einfaches Handlungsmodell gibt, das umstandslos für jede strafrechtlich relevante „Handlung" paßt, ebensowenig wie ein Willensmodell.[742] Das voll ausgebildete Rubikonmodell der Fassung und Umsetzung einer Intention findet seine Realisierung im Alltag ebenso selten wie die idealtypische finale Handlungssteuerung:[743] „so handelt in Wirklichkeit fast nie jemand"[744]. Bei den volitionspsychologischen Ansätzen handelt es sich zudem durchgehend um *funktionale Erklärungen* und (system-)theoretische *Konstrukte*, nicht etwa um Postulate realer Entitäten – darauf, daß der „Wille" eine theoretische Abstraktion und keine Wesenheit ist, wurde nach endgültiger Verabschiedung der bereits am Ende des 17. Jahrhunderts von LOCKE kritisierten[745] Vermögenspsychologie schon vor hundert Jahren hingewiesen[746]. Diese funktionalen Hypothesen haben vielfältige empirische Stützung erfahren, doch je komplexer das Modell, desto

---

740 Siehe oben bei Fußn. 506.

741 Es ist daher nicht verwunderlich, daß MAHL, *Der strafrechtliche Absichtsbegriff*, S. 30, eine „überraschende Übereinstimmung zwischen der strafrechtlichen Absicht und der psychologischen Intention" feststellen kann. Absichtlichkeit im Sinne von Zielorientierung eines Verhaltens ist eine derart elementare *Deutungskategorie*, daß nicht zu ersehen ist, wie die kognitive Psychologie darauf verzichten können sollte. MAHLS „Versuch einer Inhaltsbestimmung [des Absichtsbegriffs] mit Hilfe psychologischer Erkenntnisse" liefert ein Musterbeispiel für einen RYLEschen Kategorienfehler, für naiven Begriffsrealismus gepaart mit naiver Vermögenspsychologie, indem durchgehend psychischer Befund und intentionaler Begriff verwechselt werden. Verfehlt ist deshalb ihre Schlußfolgerung, *ibid.*, S. 62 ff., 67: „dass der strafrechtliche Absichtsbegriff den Erkenntnissen der modernen Psychologie genügt", als ob die Definitionskriterien von „Absicht" empirisch verifizierbar wären.

742 HECKHAUSEN, *Perspektiven einer Psychologie des Wollens*, S. 121, 136 Fn. 3, nimmt an, die deutsche Strafrechtsdogmatik habe die „Vornahmen" oder „Vorsätze" behavioralisiert, indem der (strafrechtliche) Vorsatz zur Willensbetätigung gerechnet und aus den Tatumständen erkannt werde, während die Willensbildung zur Schuld zähle. Dagegen KRÜMPELMANN, *Empirie und Normativität in den Rechtsbegriffen der Willenssteuerung*, S. 13, 19.

743 Vgl. HECKHAUSEN, *Perspektiven einer Psychologie des Wollens*, S. 121, 134 ff., 136, 137 f.; DERS., *Intentionsgeleitetes Handeln und seine Fehler*, S. 143, 146 ff.; WELZEL selbst in ZStW 60 (1941), 428, 454; siehe auch ARTH. KAUFMANN, Festschrift H. Mayer, S. 79, 94.

744 K. SCHNEIDER, *Die Beurteilung der Zurechnungsfähigkeit*, S. 18, zum rechtlichen Handlungsmodell; dazu MEZGER, *Probleme der strafrechtlichen Zurechnungsfähigkeit*, S. 41 ff.

745 LOCKE, *An Essay Concerning Human Understanding* (4. Aufl. 1700), book II, ch. XXI, §§ 6, 17 ff., S. 236 f., 242 ff.; ebenso BUCHANAN, *The Philosophy of Human Nature* (1812), ch. XV, S. 298 ff.

746 Im Jahr 1902 schrieb HOCHE, *Die Freiheit des Willens vom Standpunkte der Psychopathologie*, S. 12: „Ein ‚*Wille*' in diesem Sinne existirt *nicht*; wenn wir vom Willen als einer isolirten Funktion sprechen, so ist das eine im Interesse der Verständigung nützliche Abstraktion, bei der wir nicht vergessen dürfen, dass eine *Trennung* der einzelnen Seelenvorgänge: Vorstellen–Fühlen–Wollen *nicht* möglich ist. ... Was wir – soweit wir nicht Theoretisches a priori hineintragen – mit dem Ausdruck *Willen* bezeichnen, ist in erster Linie das unser Handeln begleitende, nicht

schwieriger wird auch seine experimentelle Validierung.[747] Von einer Erklärung volitionaler Funktionen bei der alltäglichen Handlungssteuerung ist man immer noch weit entfernt.[748] Angesichts der vielfältigen Willensphänomene wird auch bezweifelt, ob es sinnvoll ist, den Begriff des „Willens" beizubehalten, täusche er doch ein Maß an Einheit vor, das theoretisch nicht einzulösen sei.[749] Immerhin wird davon ausgegangen, daß die diversen Willensprozesse eine eigenständige Klasse mentaler Funktionen bilden, die auch neuroanatomisch von anderen Systemen separierbar sind.[750] Unklar ist ferner, wie die Resultate experimenteller Grundlagenforschung in Aussagen und Methoden angewandter, ggf. forensisch verwertbarer Psychologie zu übersetzen sind. Je komplexer die Modelle werden, desto untauglicher werden sie für etwaige praktische Operationalisierung. Deutlich wird aber, daß offenbar eine permanente Interaktion von kognitiven und motivationalen bzw. volitionalen Prozessen vorliegt und insbesondere affektive Zustände[751] bei der Abschirmung

---

näher zu definirende *Bewusstsein der Selbstthätigkeit*, welches übrigens nur eine sehr kleine Strecke der langen Kette von centralen Vorgängen, die einer beliebigen Bewegung vorausgehen, begleitet. Wessen wir uns *bewusst* werden, das sind Vorstellungen, Gefühle, Triebe – kurz Motive, über deren gegenseitiges Stärkeverhältnis *wir selbst* erst aus deren *Ergebniss*, d.h. Handlung *etwas erfahren*. Nicht selten werden wir davon selber überrascht und entdecken, dass die Wirkung der Motive eine andere wird, als wir etwa bei Vorausnahme der Entscheidung in der Phantasiethätigkeit geglaubt hatten. Ist die Entscheidung gefallen, so ist bewusst nur der innere Anstoss zu der gewollten Handlung; dann aber reisst der Faden ab, und wir sehen das Resultat in Gestalt von Bewegungen unserer Extremitäten in die Erscheinung treten. Von einer centralen *Oberinstanz*, die als ‚Wille' wählend, urtheilend, entscheidend *über all' den anderen Vorgängen* stünde, entdecken wir dabei nichts; ein kleiner Theil der jeder Handlung vorausgehenden Ereignisse wird vom Lichte des Bewusstseins beschienen, und von diesem wiederum sondern wir theoretisch einen Theil unter dem Namen der Willensfunktion ab." (Hervorh. im Original); scharf gegen die „schiefe Vorstellung vom Willen als einem substantiellen Vermögen oder als einer besonderen Wesenheit und eigenen Potenz der Seele" und ähnliche Hypostasierungen schon KELLER, *Psychologie und Philosophie des Wollens*, S. 283 f., 295; ähnl. HAENSEL, *Beiträge zur Strukturanalyse des Wollens*, S. 157 ff.

Zur vielfachen Ablehnung des „mythologischen Abstraktums" (FRITZ MAUTHNER) „Wille" in der wissenschaftlichen Psychologie zu Beginn des 20. Jahrhunderts siehe KELSEN, *Der soziologische und juristische Staatsbegriff*, S. 242 ff. m. w. Nachw.; WUNDT, *Grundzüge der physiologischen Psychologie*, Band 3, S. 271 ff.; dazu auch TESAŘ, *Die symptomatische Bedeutung*, S. 193 ff.

Daß die rein formale Funktion des „Willens" schon in der älteren Psychologie (als „fiat", „Willensruck", „Es sei!" u.ä., z.B. noch STERN, *Allgemeine Psychologie*², S. 548, 577 ff.) für den rechtlichen Vorsatzbegriff uninteressant ist, hat AMBROSIUS, *Untersuchungen zur Vorsatzabgrenzung*, S. 27 u. ff., zutr. hervorgehoben.

747 GOSCHKE, *Volition und kognitive Kontrolle*, S. 270, 303; auch schon THOMAE, *Theoretische und empirische Grundlagen*, S. 81, 85.

748 GOSCHKE, *Volition und kognitive Kontrolle*, S. 270, 320.

749 GOSCHKE, *Wille und Kognition*, S. 583, 639, 643; KUHL, *Wille und Freiheitserleben*, S. 665, 684 f. („Wille" könne wohl nicht mehr als Explanans, aber als Explanandum verwendet werden).

750 So GOSCHKE, *Wille und Kognition*, S. 583, 639.

751 KUHL, *A Functional-Design Approach to Motivation and Self-Regulation: The Dynamics of Personality Systems and Interactions*, S. 111, 134 ff.; GOSCHKE, *Volition und kognitive Kontrolle*, S. 270, 321; DERS., *Voluntary action and cognitive control*, S. 49, 76, jew. m. w. Nachw.; siehe auch SCHMALT/HECKHAUSEN, *Motivation*, S. 451, 474 f.; SOKOLOWSKI, *Wille und Bewußtheit*, S. 485, 511 ff.

und Aktualisierung des Arbeitsgedächtnisses wie ein Filter der Informationsverarbeitung eine wichtige Rolle spielen.[752] Andererseits gibt es auch Anhaltspunkte dafür, daß Handlungsplanung mit einer antezipativen Vorstellung darüber beginnt, welche Effekte erreicht werden sollen, die Planung also den umgekehrten Weg (vom Ziel zur Bewegung, bzw. den Mitteln) wie die spätere Handlung einschlägt[753] – was analytisch trivial ist.

Als Resultat für die strafrechtliche Begriffsbildung läßt sich allenfalls festhalten, daß simple lineare Handlungsmodelle[754] sich längst als unzureichend erwiesen haben, daß der rechtliche Absichts- bzw. Willensbegriff – ohnehin in seinem Verständnis als zwischen Innen- und Außenwelt vermittelndes Seelenvermögen ein *philosophisches* Konstrukt[755] – kein Pendant in einer klar begrenzbaren Funktion[756]

---

752 Eine Trennung von Vorsatz und Schuld auf der Basis einer strikten Trennung von Antriebs- und Handlungssteuerung, wie sie WELZEL (oben Fußn. 515) annahm, ist demnach nicht mehr plausibel, so bereits KRÜMPELMANN, *Empirie und Normativität in den Rechtsbegriffen der Willenssteuerung*, S. 13, 23, 28; THOMAE, *Theoretische und empirische Grundlagen*, S. 81, 84 f.

753 HOMMEL, *Planung und exekutive Kontrolle von Handlungen*, S. 795, 812 ff., 814 m. w. Nachw. Dies entspricht dem „rückläufigen“ Prozeß der finalen Steuerung, den WELZEL, *Das neue Bild des Strafrechtssystems*[4], S. 2; DERS., *Das Deutsche Strafrecht*[11], S. 34, annahm und der sich schon bei ARISTOTELES, *Nikomachische Ethik*, III, 1112b, 13 ff., 18 ff., findet.

754 Wie beispielsweise das alltagstheoretische, das NEUMANN/PRINZ, *Kognitive Antezedenzien von Willkürhandlungen*, S. 195, 198, so deuten:

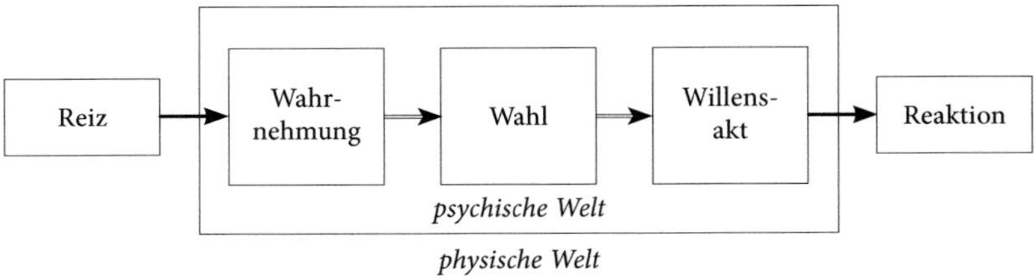

Ähnlich das Modell, in dem D'ANDRADE, *The development of cognitive anthropology*, S. 158 ff., 162, seine Forschungsergebnisse zum *folk model of the mind* (siehe auch DERS., *A folk model of the mind*, S. 112, 115 ff.) verbildlicht:

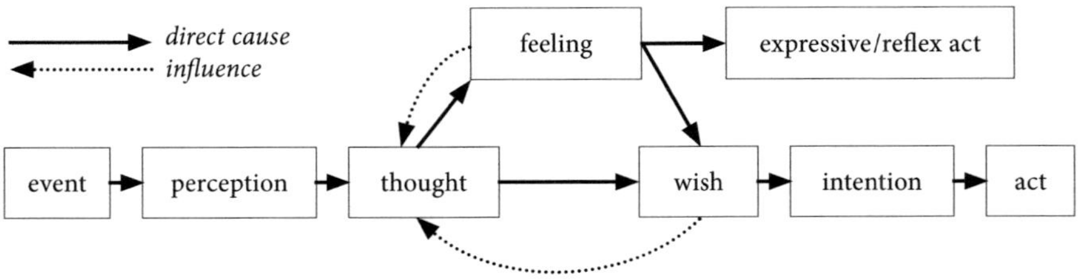

755 Dazu MITTELSTRASS, *Der arme Wille*, S. 33 ff.; KARGL, *Der strafrechtliche Vorsatz auf der Basis der kognitiven Handlungstheorie*, S. 40 ff., sowie unten Fußn. 1116.

756 So schon HOCHE, oben Fußn. 746. Selbst die verbreiteten (und umstrittenen) kognitionspsychologischen Modelle eines zentralen Exekutivsystems, z.B. eines supervisierenden Aufmerk-

etwa im Sinne der Vermögenspsychologie, erst recht nicht in einem isolierbaren Objekt der Sinnenwelt im Sinne eines „psychischen Faktums“[757] hat[758] – womit sich die Unhaltbarkeit eines naiven Verständnisses dieser Rechtsbegriffe als bloß beschreibende[759] erneut bestätigt –, und daß die Identifikation des bewußten Willenserlebens mit den handlungssteuernden Prozessen selbst theoretisch zunehmend zweifelhafter wird. *Den* psychologischen Willensbegriff gibt es nicht, vielmehr gibt es wie gezeigt verschiedene theoretische Begriffe, um den „außerordentlich komplexen“[760] psychischen Funktionen Ausdruck zu verleihen. Anspruchsvolle Modelle der willentlichen Handlungssteuerung wie z.B. das in KUHLS PSI-Theorie[761] sind von der Begrifflichkeit des Alltags und des Strafrechts zu weit entfernt. Auch einfachere Modelle wie der strukturdynamische Ansatz JANZARIKS[762] geben nur partielle Hilfen. Unter den verschiedenen, zum Teil recht isoliert koexistierenden Modellen[763] eine begründete Wahl zu treffen, dürfte dem Juristen ohnehin kaum

---

samkeitssystems (SAS) oder „mentalen Zentralprozessors“, bündeln darin eine Vielzahl von Steuerungsfunktionen, dazu GOSCHKE, *Wille und Kognition*, S. 583, 599 ff., 613 ff. (mit Kritik und Erörterung der Modelle multipler Kontrollinstanzen S. 619 ff., 639); abl. auch DERS., *Voluntary action and cognitive control*, S. 49, 71 ff.; ROTH, *The interaction of cortex and basal ganglia*, S. 115 u. ff.

757 Als einigermaßen gesichert gilt heute vor allem aufgrund von Läsionsstudien, daß bestimmte, im präfrontalen Cortex lozierte neurobiologische Aktivitäten im Zusammenhang mit Willensfunktionen stehen, siehe nur KUHL, *Wille und Freiheitserleben*, S. 665, 677, 735 ff.; GOSCHKE, *Wille und Kognition*, S. 583, 615 ff., jew. m. w. Nachw. Die wesentliche Schwierigkeit liegt indes in der Interpretation solcher Befunde.

758 Siehe nur GOSCHKE, *Wille und Kognition*, S. 583, 619 ff., 639 f.; KRÜMPELMANN, *Empirie und Normativität in den Rechtsbegriffen der Willenssteuerung*, S. 13, 17; JANZARIK warnt daher sogar vor der juristischen Übernahme hochdifferenzierter psychologischer Modelle wie des HECKHAUSENschen, Festschrift Schewe, S. 218, 220; DERS., ZStW 104 (1992), 65, 69, 70 f. Eine umstandslose Identifizierung der Motivationsphase des Rubikon-Modells mit der Schuld und der Volitionsphase mit dem Unrecht, so GUSS, *Willensfreiheit*, S. 16 f., wird weder dem psychologischen Modell noch den rechtlichen Begriffen gerecht.

759 So aber beispielsweise MITTERMAIER, ZStW 32 (1911), 415, 417; „... ich halte es ... für ein wunderliches Unterfangen ..., dekretieren zu wollen, wann die eine, wann die andere Schuldart angenommen werden soll, als ob psychologische Vorgänge sich nach deutschen Reichsgesetzen richteten.“; zutr. hingegen LÖFFLER, ÖZStR 2 (1911), 131, 140 (Dolus und böser Vorsatz sind „juristische Begriffe, die der Gesetzgeber nach Belieben formt“), oben Fußn. 222; siehe dazu ENGISCH, *Untersuchungen über Vorsatz und Fahrlässigkeit*, S. 27 m. w. Nachw.

Damit erweist sich auch das Anliegen früherer Dogmatik, für einen einheitlichen Vorsatzbegriff auch einen „einheitlichen psychischen Thatbestand“ (VON HIPPEL, *Die Grenze von Vorsatz und Fahrlässigkeit*, S. 12 Fn. 4, auf S. 14) aufweisen zu müssen, als verfehlt.

760 KUHL, *Wille und Freiheitserleben*, S. 665, 677.

761 KUHL, *Motivation und Persönlichkeit*, S. 87 ff., 139 ff., vgl. das Schaubild auf S. 467.

762 JANZARIK, Festschrift Schewe, S. 218, 222 ff.; DERS., ZStW 104 (1992), 65, 72 ff.

763 In dem wohl – zumindest im deutschsprachigen Raum – umfassendsten Ansatz jüngerer Zeit, Recht insgesamt auf ein empirisches Fundament zu stellen, zieht KARGL für seine kognitive Handlungstheorie die Affektlogik CIOMPIS heran. Für den Vorsatz ergibt sich, daß die Trennung zwischen Wissen und Wollen „philosophisch, kognitionspsychologisch und affektlogisch überholt“ sei, ein gesondertes, dem Wissen entgegengesetztes Willensmoment nicht möglich und etwa bewußte Fahrlässigkeit im Verständnis der herrschenden Meinung nur als krankhafter psychischer

möglich sein. Auf Fragen wie die, ob ein nicht intendierter Nebenerfolg „gewollt" ist, kann die Psychologie keine empirisch fundierte Antwort geben, weil sie sich ihr so heute[764] gar nicht stellt. Die neueren Forschungen zum phänomenalen Willen helfen zu erklären, warum wir uns als zielgerichtet handelnde Wesen verstehen, können aber nicht angeben, wann dieses Gefühl zutrifft, sondern bestätigen theoretisch, was jeder Strafrechtspraktiker aus Erfahrung immer schon wußte, daß Selbstauskünfte über vergangene Bewußtseinszustände notorisch unzuverlässig sind und dies vielleicht unausweichlich ist.

Insgesamt dürfte die Dissoziation von juristischer intentionaler Erklärung und psychologischen Modellen sowie deren taxonomische Inkongruenz eher zu- als abnehmen. Verbliebene Hoffnungen, motivationspsychologische Erkenntnisse in handhabbarer Form in rechtliche Konzepte übersetzen zu können, dürften ebenso vergeblich sein wie die Hoffnung, strafrechtliche Konzepte der Handlungssteuerung könnten zugleich einem wissenschaftlichen Anspruch adäquater Deskription genügen.[765] Die strafrechtlichen Begriffe lassen sich wohl nur noch als alltagstheoretische begreifen, die durch eine Willensemotion gestützt werden,[766] mit den sogleich zu erörternden Folgen für das Verhältnis von wissenschaftlicher und naiver Theorie.

Zustand darstellbar sei, Kargl, *Handlung und Ordnung im Strafrecht*, S. 535 ff., 542; ders., *Der strafrechtliche Vorsatz*, S. 17 ff., 37 ff., 67 f.; krit. NK-StGB-Puppe, § 15 Rn. 117; Ragués i Vallès, *El dolo y su prueba en el proceso penal*, S. 128 ff.

764 Die frühe Psychologie hatte die ungewollten Nebenfolgen als Problem betrachtet, so in Wundts Prinzip der „Heterogonie der Zwecke", *Grundzüge der physiologischen Psychologie*, Band 3, S. 724, 764 ff., 766. Zur Einbeziehung der Einwilligung in das zur Verwirklichung des Gewollten Unvermeidliche bei dem Phänomenologen Ricœur (*Méthode et tâches d'une phénoménologie de la volonté*, S. 111, 119 f.) siehe Graumann, *Heterogonie des Wollens*, S. 53, 55, 61. Die Überwindung von Gegenmotiven ungewollter Nebenerfolge ist im Rubikonmodell Aufgabe der „Vorsätze", Heckhausen, *Perspektiven einer Psychologie des Wollens*, S. 121, 131.

765 Hommers, *Implizite Willenstheorien des rechtlichen Denkens aus empirisch-psychologischer Perspektive*, S. 340 ff., 351 ff., schlägt vor, die „impliziten Willenstheorien" des Rechts als empirische Hypothesen zu betrachten und zu überprüfen. Soweit ersichtlich, sind derartige Untersuchungen noch nicht vorhanden.

766 Vgl. Jakobs, *Studien zum fahrlässigen Erfolgsdelikt*, S. 29: „Innere Erlebnisse sind zwar als Erlebnisse nicht verifizierbar, trotzdem jedoch jedem kommunikationsfähigen Subjekt nicht weniger evident als äußeres Geschehen. Der Bereich des hiervon intrasubjektiv plausibel Beschreibbaren … kann vom Strafrecht als Ausgangspunkt des Verhaltens berücksichtigt werden."; so schon Hall, *General Principles of Criminal Law*², S. 5, 76 f.

3. Zum Verhältnis von Philosophie des Geistes, Kognitionswissenschaften, Alltagstheorien und Strafrecht

> Das Bewußtsein generiert laufend Erklärungen, auch dort, wo die wahre Erklärung gar nicht bekannt sein kann. ... Zusammenfassend läßt sich sagen, daß wir – in der Wissenschaft wie im Alltag – bei der Verhaltenserklärung aufgrund einer zentralen Funktionscharakteristik der bewußten Informationsverarbeitung große Schwierigkeiten haben, auf Erklärungen zu verzichten, die den beobachteten Phänomenen einen bestimmten Sinn, eine Bedeutung oder bestimmte Intentionen des Handelnden zuschreiben.[767]

Sofern die Rechtswissenschaft einen psychischen Bezug von Begriffen wie Vorsatz mit seinen Teilelementen wie Wissen, Absicht etc. behauptet, muß sie heute mit der Möglichkeit rechnen, daß wir

> Systeme [sind], die konsistente Konfabulationen produzieren, die hartnäckig bestimmte überlieferte Sprachspiele spielen und an ihrem alltagpsychologischen Selbstverständnis festhalten, obwohl sie dabei immer häufiger an Hindernisse stoßen, die sich aus neuem empirischem Material ergeben[768].

Vieles deutet zudem darauf hin, daß schon die Attribution mentaler Zustände sprachabhängig gelernt wird[769] und Alltagstheorien mit ihren mentalistischen Konzepten kulturabhängig variieren.[770] Die Beschreibung und Interpretation eigener

---

767 KUHL, *Motivation und Persönlichkeit*, S. 34, 35, mit Verweis auf die Studien von NISBETT & WILSON, Psychological Review 84 (1977), 231 ff., und WEGNER & WHEATLEY, American Psychologist 54 (1999), 480 ff., zum Konfabulationsdrang.

Wenig geklärt ist derzeit, ob es sich dabei um ein gleichsam angeborenes Universale oder eine kulturspezifische Eigenschaft handelt. Schließlich gibt es Kulturen, in denen Intentionen keine oder fast keine Rolle bei der Verhaltensdeutung spielen, dazu LILLARD, *Ethnopsychologies: Cultural Variations in Theories of Mind*, Psychological Bulletin 123 (1998), 3, 13, 16, 24 f. 26, 43, m. w. Nachw.

768 METZINGER, *Einleitung: Das Problem des Bewußtseins*, S. 15, 34 f.

769 Vgl. nur die Studie von SIEGAL/PETERSON, Journal of Child Psychology and Psychiatry 36 (1995), 459 ff. Zur Ontogenese der rationalen Alltagspsychologie siehe auch FORGUSON, *Common Sense*, S. 47 ff.; ROTH, *Bewußte und unbewußte Handlungssteuerung aus neurobiologischer Sicht*, S. 77, 102 ff.; PERNER, *Memory and Theory of Mind*, S. 297, 299 ff., jew. m. w. Nachw.

Den weiteren Theoriezusammenhang bildet die umstrittene Frage des Spracherwerbs selbst. Für die Ansicht, daß Spracherlernen und Wirklichkeitserfahrung nicht unabhängig voneinander sind, siehe nur QUINE, *Word and Object*, ch. 3; DERS., *Die Wurzeln der Referenz*, S. 67 ff.; ähnl. CASSIRER, *Philosophie der symbolischen Formen*, Band I: Die Sprache, S. 27 ff., 41 ff., 249 ff.; sowie oben Fußn. 398, 417.

770 Überblick bei AMES, KNOWLES, MORRIS, KALISH, ROSATI & GOPNIK, *The Social Folk Theorist: Insights from Social and Cultural Psychology on the Contents and Contexts of Folk Theorizing*, S. 307 ff. m. w. Nachw.; siehe weiter LILLARD, *Ethnopsychologies: Cultural Variations in Theories of Mind*, Psychological Bulletin 123 (1998), 3 ff., 9 ff.; WELLMAN, *Culture, Variation, and Levels of Analysis in Folk Psychologies*, Psychological Bulletin 123 (1998), 33 ff.; D'ANDRADE, *A folk model of the mind*, S. 112 ff., 141 ff.

Schon WILHELM WUNDT unterschied zwischen physiologischer Psychologie und Völkerpsychologie (vgl. seine entsprechend betitelten Werke) in der Annahme, daß die höheren geistigen Funktionen die sozialen und kulturellen Rahmenbedingungen reflektieren; ebenso später VYGOTSKIJ, *Mind in Society*, durchgehend.

und fremder mentaler Zustände geschieht in intersubjektiver, öffentlicher Sprache, die die Verwendungsregeln für mentale Ausdrücke festlegt, die zugleich Sätzen der (jeweiligen) Alltagspsychologie entsprechen.[771] Die verbreitete Praxis der Explikation mentaler Prädikate mit Hilfe introspektiver Daten, Alltagstheorien sowie ggf. passend erscheinenden Versatzstücken fachwissenschaftlicher Theorien liefert nur quasi-empirische Aussagen zweifelhafter Validität.

> Man darf den vertrauten Charakter der mentalistischen Sprache nicht mit Klarheit verwechseln und sich in eine Traumwelt der Introspektion locken lassen.[772]

Problematisch wird damit auch der Status philosophischer Explikationen mentaler Begriffe und darauf gebauter Handlungstheorien: Denn bewußte eigene Erfahrung[773] ist, in Wechselwirkung mit dem Hineinwachsen in und der eigenen Teilnahme am einschlägigen Sprachspiel, das einzige Fundament des alltagssprachlichen Handlungsvokabulars und damit der meisten gängigen Handlungstheorien.[774] Bestand noch im 19. Jahrhundert, als sich die Psychologie von einer Seelenlehre als Teildisziplin der allzuständigen Philosophie[775] zur selbständigen Einzelwissenschaft wandelte und zu den Naturwissenschaften überwechselte, mit der Introspektion eine gemeinsame Erfahrungsbasis von Philosophie und Psychologie,[776] wobei,

---

Zum Ichbegriff siehe den klassischen Aufsatz von MAUSS, *Une catégorie de l'esprit humain: La notion de Personne, celle de «Moi»*, S. 333 ff.; aus heutiger Warte dazu, auch mit Korrekturen westlicher Vorurteile z.B. LIENHARDT, *Self: public and private*, S. 141 ff.; ELVIN, *Between the earth and heaven: conceptions of the self in China*, S. 156 ff.; CARRITHERS, *An alternative history of the self*, S. 234 ff., sowie LUKES, *Conclusion*, S. 282 ff.; auch SINGER, *Das Subjekt als kulturelles Konstrukt*, S. 73 ff.

Siehe ferner ROSEN, *The Cultural Analysis of Others' Inner States*, S. 3 ff.; DERS., *Intentionality and the concept of the person*, S. 52, 61 ff., und die Beiträge in ROSEN (Hrsg.), *Other Intentions* (zu „intention“); TROMMSDORFF, *Erleben von Handlungsfreiheit und Restriktionen*, S. 302, 319 ff. m. w. Nachw. (zu Handlungsfreiheit und Kontrollüberzeugung); zur Bedeutung sozialer Strukturen für Selbstwahrnehmung und Attribution von Verantwortlichkeit beispielhaft HAMILTON & SANDERS, *Everyday Justice*, S. 4 f. und durchgehend. Schließlich weist MARSHALL, *Intention in Law and Society*, S. 148, darauf hin, daß die Präferenz internaler und damit intentionaler Erklärung in umgekehrtem Verhältnis zum Ausbildungsniveau des Erklärenden zu stehen scheint.

771 D'ANDRADE, *A folk model of the mind*, S. 112, 145, siehe auch oben Fußn. 417. Die so konstituierten mentalen Zustände sind folglich nicht „privat“, nicht „im Kopf“ anzutreffen, d.h. mit Gehirnzuständen zu verwechseln oder auf diese reduzierbar, zutr. MCGINN, *Mental Content*, S. 104; RUNGGALDIER, *Was sind Handlungen?*, S. 183.

772 QUINE, *Die Wurzeln der Referenz*, S. 57.

773 Oder was man dafür hält, siehe unten Fußn. 798.

774 MAASEN/PRINZ/ROTH, *Voluntary action: Brains, minds, and sociality*, S. 9; D'ANDRADE, *A folk model of the mind*, S. 112, 114 f.

775 Exemplarisch CHR. WOLFF, *Philosophia rationalis sive Logica*, §§ 58 ff., 92: „Sunt autem Ontologia, Psychologia & Theologia naturalis partes Metaphysicæ.“ Noch KANT reklamierte 1800 die forensische Expertise zur Begutachtung möglicherweise geisteskranker Straftäter für die Philosophie gegen die Medizin, *Anthropologie*, 1. Buch, § 51, S. 213.

776 HOMMEL, *Acquisition and control of voluntary action*, S. 34, 46. Beispielhaft: WUNDT (*Grundriß der Psychologie*, 7. Aufl. Leipzig 1905, S. 224 ff.) unterschied drei Arten von Willenshandlungen (Trieb-, Willkür- und Wahlhandlungen) und folgte dabei den Ausführungen KANTS (*Kritik*

was oft ungesagt bleibt, schon die frühe experimentelle Psychologie, vor allem der „Würzburger Schule",[777] um die Wende zum 20. Jahrhundert introspektiv gewonnene Daten kritischer Überprüfung unterwarf[778] und Bewußtseinsphänomene differenziert betrachtete[779], so hat erst recht heute die moderne experimentelle, neurowissenschaftlich informierte Psychologie die alltagstheoretischen Konzepte als *Explanantia* vielfach längst abgelegt und geht neue Wege, die die Philosophie nur sehr begrenzt überhaupt zur Kenntnis nimmt. Ist der Philosophie damit eine einst ungefragt akzeptierte empirische Fundierung bzw. intuitive Evidenz entzogen und inzwischen auch die normale Sprache als Erkenntnismittel abhanden gekommen, so fragt sich, welchen Erkenntnis- oder Erklärungsanspruch philosophische Handlungsmodelle, die sich oft « à la fois d'une simplicité désarmante et d'une certaine richesse d'inexactitudes »[780] auszeichnen, heute erheben, wenn sie nicht epistemisch unreflektiert nur den naiven Realismus[781] der Alltagssprache verabsolutieren[782] wollen. Ein Anspruch, mit einer philosophischen Handlungstheorie

---

der reinen Vernunft, B 562) fast wörtlich, dazu SOKOLOWSKI, Psychologische Beiträge 39 (1997), 346, 349. Exemplarisch auch KELLER, *Psychologie und Philosophie des Wollens*, S. 38 u. ff.

777 Die von KÜLPE begründete „Würzburger Schule" sah in der Introspektion die einzige Methode (der Datenerhebung), die die (Denk-)Psychologie als eigenständige Wissenschaft in Abgrenzung zu Philosophie und Physiologie zu begründen vermag, dazu ZICHE, *Introspektion*, S. 22 ff., 36 ff. m. w. Nachw.

778 Dazu VERMERSCH, *Introspection as Practice*, S. 17, 21 ff.; ZICHE, *Introspektion*, S. 10 ff., 22 ff., 29 ff., jew. m. w. Nachw. In dieser methodischen Kontrolle, die für Introspektion wie für jegliche andere Datenquelle gilt, sieht PIAGET in seiner Polemik *Sagesse et illusions de la philosophie*, S. 187 ff., 193, den entscheidenden Unterschied zwischen Philosophie *(psychologie philosophique)*, auch der Phänomenologie HUSSERLS, und Psychologie *(psychologie scientifique)*: « le seul critère distinctif entre les psychologies philosophique et scientifique : c'est que, quand le philosophe parle de la conscience, du corps propre ..., il n'utilise jamais que sa propre introspection sans aucune recherche de contrôle, sinon en lui-même et sur lui-même. » (187); «La seule différence systématique que nous ayons entrevue jusqu'ici est une différence de méthode. Même lorsqu'il fait de l'introspection, le psychologue scientifique cherche des contrôles, ce qui n'est pas de l'objectivisme puisqu'il s'agit de la conscience, mais de *l'objectivité*. Le psychologue philosophe, sous le prétexte qu'il s'occupe d'intuitions, d'essences, d'intentions et de signification oublie toute objectivité et toute vérification comme si elles étaient intrinsèques. Or, ses idées ont beau être pleines d'intérêt, car tout problème nouvellement formulé est intéressant, elles restent inassimilables tant qu'on ne nous donne pas et qu'on ne recherche même pas des critères de vérification.» (193) (Hervorh. im Original); ähnl. DERS., *Introduction à l'épistémologie génétique*, tome III, S. 279.

779 Vgl. PIAGET, *Introduction à l'épistémologie génétique*, tome III, S. 283 : « Il y a longtemps que la psychologie expérimentale a renoncé à croire que tout état de conscience est nécessairement lié à une conscience du moi et a abandonné les hypothèses de Maine de Biran suivant lesquelles l'effort intentionnel le plus primitif donnerait simultanément au sujet l'occasion de se découvrir en tant que moi et celle de prendre conscience de sa volonté propre. »

780 So PIAGET, *Sagesse et illusions de la philosophie*, S. 245, allgemein zur Natur philosophischer Deutungen psychologischer Daten und Erklärungen – nicht einmal dieses Stadium ist in der Handlungstheorie erreicht.

781 Krit. zu diesem Begriff FORGUSON, *Common Sense*, S. 38, allenfalls dreijährige Kinder seien ihrem Entwicklungsstand entsprechend „naive Realisten", S. 58 ff.

782 So der Vorwurf von KUHL, *Wille, Freiheit, Verantwortung*, S. 186, 190; vgl. LAUCKEN, *Naive Verhaltenstheorie*, S. 45.

in mentalistischer Sprache *zugleich* eine wissenschaftlich (psychologisch) adäquate Explikation[783] zu geben, läßt sich heute nicht mehr erheben[784] – vielmehr werden umgekehrt vor allem sprachphilosophische Handlungstheorien selbst zum Forschungsobjekt als musterhafte Formulierungen alltagstheoretischer Modelle[785].

Umgekehrt besteht heute weitgehende Einigkeit darüber, daß die mentalistische Alltagssprache, deren Ausdrücke überdies keineswegs einheitliche Phänomene bezeichnen,[786] und die in ihr enthaltenen, im sozialen Leben verwendeten Muster der Alltagspsychologie nicht ohne weiteres zu ersetzen sind – dies schon deshalb, weil die soziale Relevanz oder „Anthropologiefolgenabschätzung“[787] sowohl der Konzepte der *philosophy of mind* als auch der Theorien der empirischen kognitiven Wissenschaften zur Zeit gänzlich unklar und, obschon der Versuchung zu kurzschlüssiger Anwenderei immer wieder nachgegeben wird,[788] zumeist auch un-

---

783 Auch wenn man Begriffsexplikation nicht als empirische Analyse im Sinne CARNAPS versteht (dazu STEGMÜLLER, *Probleme und Resultate der Wissenschaftstheorie*, Band II-1, S. 293 ff.).

784 Zu den Defiziten von *folk psychology* siehe oben Fußn. 444; zum *desire-belief model* STOUTLAND, *The Real Reasons*, S. 43, 56 ("... gives no clues to the real mechanisms which produce behavior"). Zum Verhältnis von wissenschaftlicher Psychologie und Philosophie mit einer eingehenden Kritik an der Methodenlosigkeit und den bisweilen überzogenen Deutungsansprüchen der letzteren siehe PIAGET, *Sagesse et illusions de la philosophie*, durchgängig. Für die Notwendigkeit der kritischen Beachtung der psychologischen, z.B. motivationspsychologischen Handlungsmodelle seitens der Philosophie plädiert LENK, *Handlung als Interpretationskonstrukt*, S. 279, 332 f.; zur Beachtung neurowissenschaftlicher Ergebnisse METZINGER, *Willensfreiheit, transparente Selbstmodellierung und Anthropologiefolgenabschätzung*, S. 120, 128 ff. Ähnl. auch SHUTE, *Knowledge and Belief in the Criminal Law*, S. 171, 189.

785 Siehe oben in Fußn. 406 und D'ANDRADE, *A folk model of the mind*, S. 112, 114 f.

786 Schon deshalb hält QUINE, *States of Mind*, Journal of Philosophy 82 (1985), 5, 6 f., eine Reduktion auf neurologische Termini für ausgeschlossen; am Beispiel *belief*: "The empirical content of ascriptions of belief is thus heterogeneous in the extreme, and the physiological mechanisms involved are no less so. The heterogeneity is cloaked under a linguistic uniformity: the connective 'believes that' followed by a subordinate sentence."

787 Ausdruck von METZINGER, *Willensfreiheit, transparente Selbstmodellierung und Anthropologiefolgenabschätzung*, S. 120.

788 Z.B. leitet MATURANA, *Erkennen*, S. 29 ff., 31, aus der operationalen Geschlossenheit des Nervensystems auch die These ab, daß das biologische „Bedürfnis des Menschen nach gegenseitigem Respekt und Vertrauen“ die „einzig legitime Quelle jeder Ethik und gleichzeitig deren invariante Bezugsgröße“ sei, die die Suche nach „trügerischen transzendentalen Werten“ erübrige. Man mag der Hoffnung auf Beachtung dieses „Bedürfnisses“ zustimmen und doch in seiner Normativierung einen gut gemeinten naturalistischen Fehlschluß sehen.

Weil niemand anders handeln konnte, als er gehandelt hat, und das bewußte Ich keine Entscheidungen trifft, lehnen ROTH (*Aus Sicht des Gehirns*, S. 180 f.; DERS., Festschrift Lampe, S. 43, 56 f.) und SINGER (*Ein neues Menschenbild?*, S. 20, 65; DERS., FAZ v. 8.1.2004, S. 33), sympathisierend SCHIEMANN, NJW 2004, 2056 ff.; zutr. krit. GEHRING, PhR 51 (2004), 273, 289 ff.; JAKOBS, ZStW 117 (2005), 247, 251 ff., 259 ff., jew. m. w. Nachw., subjektive Verantwortung im Sinne „persönlicher moralischer Schuld“ als Basis des Strafrechts ab, das vielmehr abschreckend-generalpräventiv und spezialpräventiv (sichernd, verwahrend, konditionierend) zu konzipieren sei. Abgesehen von diesem lehrbuchtauglichen naturalistischen Fehlschluß ist überdies derzeit völlig ungeklärt, welche Rolle die – unbestrittene – Selbstwahrnehmung als freies Wesen und soziale Zuschreibung von Veranterörtert ist.[789] Naiver Szientismus dürfte sich ebenso verbieten wie Rückzug auf vorsätzliche Ignoranz.[790] Die wenigen existenten Entwürfe, beispielsweise Thesen der Kognitionsbiologie für die Gesellschaftstheorie bis hin zum Strafrecht fruchtbar zu machen,[791] führten zu einem gesellschaftlichen Selbstverständnis, das sich fundamental von jedem heutigen unterscheidet[792]. Denn Alltagstheorien sind nicht nur in der normalen Sprache (*langue*) verankert, sondern auch in den sozialen In-

---

wortung als *Bedeutungsinhalte* in mentalen Prozessen überhaupt spielen (siehe auch nächste Fußn. am Ende). Solange hierüber noch weitgehende Unklarheit besteht, sind auch alle wohlmeinenden Erziehungs- oder Konditionierungsversuche nicht viel ausgereifter als Beschwörungszauber. Daß deterministische unbewußte Vorgänge maßgeblich an der Handlungssteuerung beteiligt sind, ist dagegen vergleichsweise uninteressant. Richtig ist sicherlich, daß schlichte dualistische Modelle als „empirische“ Rechtfertigung sozialer Einrichtungen wie des Strafrechts längst ausgedient haben.

Vollends unreflektiert werden bei solchen Schlußfolgerungen naive Konzepte normativer Zurechnung verwendet, die „Wollen“ oder „Können“ unbesehen als Attribute einer biologisch-psychologischen Einheit „Mensch“ ansehen, als ob diese unmittelbares Subjekt normativer Systeme sei, dagegen zutr. KELSEN, Fußn. 223, 562; auch JAKOBS, ZStW 117 (2005), 247, 259 ff.

789 Siehe aber jetzt MAASEN/PRINZ/ROTH, *Voluntary action: Brains, minds, and sociality*, S. 13 ("Could society handle a purely neurocognitive understanding of voluntary actions in, say, the juridical sphere?"); skizzenhaft METZINGER, *Willensfreiheit, transparente Selbstmodellierung und Anthropologiefolgenabschätzung*, S. 120, 128 ff.

Vgl. nur das Schema von ROTH, *Bewußte und unbewußte Handlungssteuerung aus neurobiologischer Sicht*, S. 77, 94 ff., 110; DERS., *Aus Sicht des Gehirns*, S. 172 ff.; DERS., *Das Gehirn und seine Wirklichkeit*, S. 305, zur Steuerung willkürmotorischer Handlungen: „Im limbischen System unbewußt verlaufende Prozesse wirken auf den motorischen ‚Planungsapparat‘ im engeren Sinne ein, der seinerseits teils bewußt (präfrontaler Cortex), teils unbewußt (Basalganglien, laterales Kleinhirn) arbeitet. Dieser Apparat wirkt auf die prämotorischen Cortexareale ein, die ihrerseits den Motorcortex kontrollieren, der dann im Zusammenhang mit dem medialen Kleinhirn (Vestibulo-Cerebellum, Spino-Cerebellum) die aktuelle Bewegung steuert. Der subjektiv erlebte ‚Willensakt‘ tritt offenbar beim Übergang der Aktivität vom prämotorischen zum motorischen Cortex auf.“ Angenommen, dieses funktionale Modell erwiese sich als valide: Es ist nicht leicht zu ersehen, wie eine solche neurobiologische Beschreibung in ein für die soziale Handlungspraxis verwendbares Modell übersetzt werden könnte oder wie es die Selbstbeschreibung als Handelnder beeinflussen sollte, nicht zuletzt wegen der Beteiligung zahlreicher unbewußt ablaufender Vorgänge, die bestenfalls unter Laborbedingungen, aber nicht dem Selbsterleben zugänglich sind.

Vom Verständnis der *Inhalte* der mentalen Prozesse, die im sozialen Raum interessieren, sind die Neurowissenschaften derzeit noch so weit entfernt wie der Betrachter der Steuerkonsole einer Zeitungsdruckmaschine vom Inhalt des Leitartikels. Ob das berühmte *Ignorabimus* DU BOIS-REYMONDS (*Über die Grenzen des Naturerkennens*, S. 441, 457 ff., 464) aus dem Jahr 1872 je widerlegt werden wird, ist derzeit nicht absehbar.

790 Zum Verhältnis von Philosophie und Wissenschaft, philosophischen und wissenschaftlichen Begriffen von „Selbstbewußtsein“, „Ich“ usw. siehe CARRIER/MITTELSTRASS, *Geist, Gehirn, Verhalten*, S. 279 ff. (S. 281: „Wissenschaftliche Kenntnisse tragen dazu bei, Naivitäten zu vermeiden, mit denen sich philosophische Ansichten allzu gerne an die Stelle von wissenschaftlichen Forschungen zu setzen suchen.“); auch ROTH, *Aus Sicht des Gehirns*, S. 203 f.

791 Vor allem KARGL, *Handlung und Ordnung im Strafrecht*.

792 Zutr. GÜNTHER, *Voluntary action and criminal responsibility*, S. 263, 272. Vgl. SELLARS' Gedankenspiel, wie eine, von ihm für nicht möglich gehaltene, Sprache aussähe, wenn Menschen aufhörten, sich als Personen zu begreifen, sondern als Moleküle und deren Verhalten, *Science, Perception and Reality*, S. 32 ff., 39 f.

stitutionen,[793] sie sind Teil der tradierten Kultur[794] einer Gesellschaft. Dies schließt die Möglichkeit von Änderungen nicht aus, begrenzt sie aber beträchtlich. Ob sich solche grundlegenden Veränderungen der Selbstbeschreibung der Gesellschaft einschließlich jedes ihrer Mitglieder – wie weit die *first-person perspective* fundamental änderbar ist, ist unbekannt, doch hat ROUSSEAU (z.B. zum Willen als *empfundene prima causa:* «je le sais parce que je le sens») wahrscheinlich recht: «C'est en vain qu'on voudrait raisonner pour détruire en moi ce sentiment, il est plus fort que toute évidence»,[795] – aufgrund wissenschaftlicher Thesen, selbst wenn sie eines Tages Allgemeingut geworden sein sollten, ergeben könnten[796] oder ob nicht die intentionale und personale Erklärungshaltung wie in DENNETTS Theorie intentionaler Systeme davon – sei es wegen ihrer praktischen, normativen Komponente oder sei es nur aufgrund pragmatischer[797] oder epistemischer Beschränkungen – unberührt bliebe, ist derzeit völlig offen, ersteres aber unwahrscheinlich: Denn die

---

793 Zur Deutung des Alltagswissens als geistige Umwelt, als „kulturell tradiertes Ordnungsangebot" oder „Welt 3" i.S. POPPERS siehe LAUCKEN/MEES, *Motivationspsychologisches Umgangswissen*, S. 3, 13 ff. m. w. Nachw., zur institutionellen Verankerung siehe S. 47 ff., 60 f. Siehe auch MAASEN/PRINZ/ROTH, *Voluntary action: Brains, minds, and sociality*, S. 9: "... folk psychology's action jargon seems to provide an essential, if not indispensable ingredient to the 'mental glue' that keeps social systems together."; sowie KINDHÄUSER, *Intentionale Handlung*, S. 91 ff.

794 Vgl. HABERMAS, *Theorie des kommunikativen Handelns*, Band 2, S. 209: „*Kultur* nenne ich den Wissensvorrat, aus dem sich die Kommunikationsteilnehmer, indem sie sich über etwas in der Welt verständigen, mit Interpretationen versorgen." (Hervorh. im Original).

795 Oben Fußn. 332, siehe auch Fußn. 698 f. Zum Gefühl der Urheberschaft und Verantwortlichkeit für eigene Taten siehe nur KANT, *Kritik der praktischen Vernunft*, A 175 ff.; SCHOPENHAUER, *Preisschrift über die Freiheit des Willens*, S. 481, 618 ff.; jüngst HABERMAS, DtZPhil 52 (2004), 871, 871 f. und durchgehend.

796 METZINGER, *Willensfreiheit, transparente Selbstmodellierung und Anthropologiefolgenabschätzung*, S. 120, 128 ff., hingegen hält eine dramatische Änderung unseres Selbstbildes (132: „tiefgreifender als durch jede andere wissenschaftliche Revolution der Vergangenheit") für möglich bzw. wahrscheinlich und befürchtet auf gesellschaftlicher Ebene eine „reduzierte soziale Wirklichkeit" infolge des der Hirnforschung „auf dem Fuße folgende[n] Vulgärmaterialismus" (130).

797 Der geringe Auflösungsgrad von Alltagstheorien entspricht i.d.R. den Anforderungen des täglichen, makroskopischen Lebens am besten: So ist die Vorstellung, Tische, Stühle und Eisberge seien Atomwolken und bestünden größtenteils aus nichts, im Alltag wenig hilfreich, hingegen die physikalisch naive Vorstellung fester, undurchdringlicher Körper ausgesprochen nützlich (ROSS & NISBETT, *The Person and the Situation*, S. 7 f.; HEIL, *The Nature of True Minds*, S. 10; ähnl. MCFEE, *Free Will*, S. 119). Ebenso fallen die Ungenauigkeiten und Fehler überholter Theorien wie der EUKLIDischen Geometrie, der NEWTONschen Fallgesetze oder des BOHRschen Atommodells bei vielen Anwendungen oder Erklärungen nicht ins Gewicht: Für die Explosionszeichnung einer Maschine oder den Entwurf eines Reihenhauses braucht man sich um Raumkrümmung und RIEMANNsche Geometrie nicht zu kümmern (GILBERT & MALONE, *The Correspondence Bias*, Psychological Bulletin 117 (1995), 21, 32, mit dem Beispiel von H. G. WELLS). Das intentionale Vokabular reduziert die „Ursachenanalyse auf das Komplexitätsniveau", das für praktisches, damit auch juridisches, Handeln relevant ist, zutr. KUHL, *Wille, Freiheit, Verantwortung*, S. 186, 211.

Vgl. HOMMEL, *Acquisition and control of voluntary action*, S. 34, 45: "... my point here is that the common sense concept of voluntary action works. The question is whether the concept also works scientifically, especially in cognitive psychology, and here I have my doubts."

Kernbestände der Alltagstheorien, die sich als theorieähnliche Deutungsmuster zu Erklärung und Vorhersage auffassen lassen,[798] wie rationale Psychologie und epistemischer Realismus[799] sind als verhaltensbestimmende Erklärungsstrukturen un-

---

[798] Ob *folk psychology* einer spekulativen empirischen Theorie ähnlich ist, ist umstritten. Die bejahende Auffassung ("theory-theory") geht auf Sellars, *Empiricism and the Philisosophy of Mind*, insb. S. 90 ff., zurück; zur Ähnlichkeit von manchen Alltagsbegriffen mit theoretischen Begriffen bereits Carnap, *The Methodological Character of Theoretical Concepts*, S. 38, 70, 72 f.; zu entwicklungspsychologischen Argumenten für die "theory-theory" siehe nur Gopnik, *How we know our minds: The illusion of first-person knowledge of intentionality*, Behavioral & Brain Sciences 16 (1993), 1, 9 ff. Daß Alltagstheorien auch eine soziale Praxis mit deutlich normativem Charakter vorstellen, ist kein Einwand, sondern vielmehr Bestandteil der sozialen Dimension von Theorien. Die Gegenposition der "simulation theory" von Gordon, *Folk psychology as simulation*, Mind & Language 1 (1986), 158 ff.; ders., *The Simulation Theory: Objections and Misconceptions*, Mind & Language 7 (1992), 11 ff., und Goldman, *In Defense of the Simulation Theory*, Mind & Language 7 (1992), 104 ff.; ders., *The Psychology of Folk Psychology*, Behavorial & Brain Sciences 16 (1993), 15 ff.; ders., *Folk Psychology and Mental Concepts*, Protosociology 14 (2000), 4 ff.; ders., *Desire, Intention and the Simulation Theory*, S. 207 ff., belebt den Analogieschluß vom eigenen Erleben neu mit all seinen bekannten Problemen (siehe oben Fußn. 349). Die Positionen sind variantenreich und hängen auch vom Verständnis des Theoriebegriffes ab, Überblick bei Lycan, *Folk Psychology and Its Liabilities*, S. 1 ff.; siehe beispielhaft die Beiträge in den Bänden von Davies & Stone, *Folk Psychology: The Theory of Mind Debate*; dies., *Mental Simulation: Evaluations and Applications*, jew. m. w. Nachw. Welche Position zutrifft, ist letztlich eine empirische Frage, zutr. Gopnik, *ibid.*, S. 3. Hier soll genügen, daß es sich um gelernte, obschon zumeist unbewußt angewandte, aber verbalisierbare Erklärungsmuster handelt; dabei ist nicht auszuschließen, daß es auch einen Fundus angeborener, gleichsam „fest verdrahteter“ Deutungsschemata geben mag, wie es nativistische Positionen, namentlich Fodor oder Chomsky, postulieren. Jüngste Studien zu Spiegelneuronen *(mirror neurons)*, die sowohl beim Vollzug eigener Körperbewegungen als auch bei Beobachtung fremder Bewegung aktiv sind, meinen, daß dasselbe motorische System automatisch auch intentionale Interpretationen wahrgenommener Bewegungen liefere, so daß die Prozesse der Wahrnehmung und Deutung jedenfalls elementarer Körperbewegungen in eins fielen, Iacoboni, Molnar-Szakacs, Gallese, Buccino et al., *Grasping the Intentions of Others with One's Own Mirror Neuron System*, PLoS Biology 3 (3) e79 (2005).

Für Theorieähnlichkeit ferner Popper, *Objektive Erkenntnis*, S. 15, 79, sowie Kap. 2; Kelly, *Die Psychologie der persönlichen Konstrukte*, S. 22 ff.; auch Lenk, *Handlung als Interpretationskonstrukt*, S. 279, 308, 342 f.; Forguson, *Common Sense*, S. 19 ff. ("theorette") mit unklarem Einbezug des Analogieschlusses (S. 9); wieder anders jetzt Kim, *Reasons and the First Person*, 67, 81 ff. 84 f. ("projection thesis"). Von Eckardt bemängelt, die philosophische Sicht auf die naive Psychologie sei ihrerseits naiv, da sie die Erkenntnisse der Sozialpsychologie nicht berücksichtige, *The Empirical Naivete of the Current Philosophical Conception of Folk Psychology*, S. 23 ff., 30 ff.

Die sozialpsychologische Attributionstheorie versteht Alltagswissen, vor allem naive Handlungserklärungen, als theorieähnlich, siehe nur Laucken, *Naive Verhaltenstheorie*, S. 57 f., 212 ff.; Weiner, *Sünde versus Krankheit*, S. 1 ff., 22; siehe auch Wegner & Vallacher, *Common-sense psychology*, S. 225 ff. m. w. Nachw. Zum „Forschungsprogramm Subjektive Theorien“ siehe nur Groeben/Wahl/Schlee/Scheele (Hrsg.), *Das Forschungsprogramm Subjektive Theorien*, S. 17 ff. und durchgehend; krit. Peters, *Das Wissen vom Handeln*, S. 146 ff., 163 ff.

Daß die Deutungsmuster der Alltagstheorien zugleich als „Regeln für Zuschreibungsprozesse“ fungieren, schließt nicht aus, daß sie auch (im Alltag) zu empirischer Erklärung eingesetzt werden, so aber Köberer, KrimJ 1983, 184, 189 f.

[799] Differenzierte Darstellung bei Forguson, *Common Sense*, S. 4 ff., 14 ff.

bestreitbar adaptiv und veridikal[800] bzw. *viable*[801] wie der überwältigende, bisweilen beängstigende, evolutionäre Erfolg unserer Spezies zeigt[802]. Einzelne explanatorische Theoriemodule wie Glaube an Magie sind erwiesenermaßen austauschbar, die Theoriemuster selbst, vor allem die rationale Psychologie der Erklärung und Voraussage menschlichen Verhaltens, zeigen sich aber ausgesprochen robust:[803] *Der Grund für diese Resistenz liegt offenbar darin, daß die zentralen Deutungsmuster*

---

800 Im Sinne einer Übereinstimmung mit der Wirklichkeit, genauer: mit nachvollziehbarem kausalen Zusammenhang zwischen Reiz und Repräsentation (aus Sicht einer realistischen Erkenntnistheorie).

801 Ausdruck von VON GLASERSFELD (*Viability and the Concept of Selection*, American Psychologist 35 (1980), 970 ff.) i.S.v. „passend", „brauchbar" (aus Sicht des Konstruktivismus).

802 So auch METZINGER, *Willensfreiheit, transparente Selbstmodellierung und Anthropologiefolgenabschätzung*, S. 120, 127 f., zum phänomenalen Selbstbewußtsein. Vgl. HEIDER, *The Psychology of Interpersonal Relations*, S. 124: "It is quite remarkable that the naive psychology of action works as well as it does." P. M. CHURCHLAND, *Eliminative Materialism and the Propositional Attitudes*, Journal of Philosophy 78 (1981), 67, 72 f., 74 f., räumt dies ein, hält aber die Defizite für schwerwiegender.

803 Es gibt eine erstaunliche Resistenz des Alltagslebens gegen naturwissenschaftliche Erklärungen (ablesbar nicht nur an *folk psychology*, sondern auch an *folk physics* usw.) und insbesondere ein soziales oder ethisches Paradox: Der dramatische Wandel naturwissenschaftlicher Erklärungen hat das Alltagsleben in seinen technologischen Aspekten zwar tiefgreifend verändert, doch hat sich die soziale und damit auch ethische und rechtliche Dimension in ihren elementaren Eigenheiten, auf die sich das Strafrecht mit seiner Zurechnungslehre bezieht, als recht resistent gegenüber den Änderungen der Welterklärung erwiesen (was der Eliminative Materialismus insoweit zutreffend konstatiert: "The FP [folk psychology] of the Greeks is essentially the FP we use today, and we are negligbly better at explaining human behavior than was Sophocles", P. M. CHURCHLAND, *Eliminative Materialism and the Propositional Attitudes*, Journal of Philosophy 78 (1981), 67, 74, siehe oben bei Fußn. 444). So ist ARISTOTELES' Ethik heute noch bedeutsam, obwohl ihr Autor das Gehirn für ein Organ zur Kühlung des Blutes hielt; ebenso HEGELS Straftheorie, obwohl seine Erklärung der Elektrizität heute nur noch Heiterkeit erregt. Ein Mensch des Mittelalters hat die äußere Welt ganz anders erklärt als wir heute, dennoch sind die Regeln der strafrechtlichen Zurechnung, die ihrerseits aus der Spätantike übernommen wurden, von dieser erheblichen Veränderung weitgehend unberührt geblieben. Ähnl. STRAWSON, *Individuals*, S. 10: "there is a massive core of human thinking that has no history – or none recorded in histories of thought; there are concepts and categories which, in their most fundamental character, change not at all".

Ob der Einfluß heutiger psychologischer und kognitionswissenschaftlicher Theorien größer wäre, ist zu bezweifeln. PRITTWITZ nimmt an, daß Alltagswissen und -sprache in der Regel dem zuständigen Fach folgten, wie sich am Beispiel der Tiefenpsychologie zeige, GA 1994, 454, 459. Gewiß sind Änderungen der Selbstbeschreibung oder des „Menschenbildes" festzustellen, doch im Bereich des praktischen Handelns, der Ethik und des Rechts scheinen sich allenfalls reichere Phänomenbeschreibungen und gelegentliche Randkorrekturen zu ergeben; zum Einfluß der Psychoanalyse und der Milieutheorien siehe HECKHAUSEN, Psychologische Rundschau 27 (1976), 1, 4; vgl. auch ENGISCH, *Vom Weltbild des Juristen*, S. 23. LAUCKEN/MEES, *Motivationspsychologisches Umgangswissen*, S. 3, 13, nehmen an, daß „‚diffundiertes' [fach]psychologisches Wissen meist so in das Umgangswissen eingebaut wird, daß es sich dessen funktionaler Struktur anpaßt.", ähnl. HECKHAUSEN, *ibid.*, 5; noch deutlicher FORGUSON, *Common Sense*, S. 11, der die ubiquitäre Vulgarisierung von FREUDS Lehren damit erklärt, daß sich unbewußte Vorstellungen und Wünsche ohne weiteres in das rationale (*desire-belief*) Handlungsmodell des Alltags integrieren lassen. Zur Wechselwirkung zwischen naiver und wissenschaftlicher Psychologie auch HECKHAUSEN, *ibid*, 4 ff.

der Alltagspsychologie mit dem eigenen Erleben unablösbar verbunden sind,[804] *welches sich wiederum aus der „zentralen Funktionscharakteristik der bewußten Informationsverarbeitung" ergibt,*[805] *bevorzugt semantische und damit intentionalistische Erklärungen zu produzieren.* Die unbestreitbare praktische Eignung der Alltagstheorie *insgesamt*, mag sie im Einzelfall auch oft versagen, besagt indes nichts für ihre Leistungsfähigkeit zur theoretischen Beurteilung, „wozu die menschliche Intelligenz eigentlich nicht bestimmt ist",[806] wie sich beispielsweise am Phänomen der Fehlattribution (Korrespondenzneigung usw.) zeigt[807]. Daraus ergibt sich aber auch, daß jegliches wissenschaftlich informierte Beschreibungsmodell nicht nur theoretisch valide sein, sondern zugleich sich *in der sozialen Praxis bewähren* und *das intuitive Selbstverständnis integrieren* können müßte, um das derzeitige menschliche und gesellschaftliche Selbstbild verändern zu können. Sollte dies eines Tages wirklich geworden sein, könnte und müßte das Strafrecht dem folgen.

Denn auch wenn eine Theorie zum Verhältnis von wissenschaftlichen und Alltagstheorien in der (Straf-)Rechtsdogmatik bislang immer noch fehlt,[808] dürfte feststehen, daß das Recht und das Strafrecht insbesondere sich von sozialen Zurechnungsmustern, somit auch von den hierfür relevanten Alltagstheorien einschließ-

---

Nach CARRIER/MITTELSTRASS, *Geist, Gehirn, Verhalten*, S. 289 f. gäbe selbst der unwahrscheinliche Fall, daß die Neurophysiologie eines Tages die Psychodynamik vollständig erklären könnte, keinen Anlaß, die praktische Alltagspsychologie zu verabschieden.

804 Ebenso HECKHAUSEN, Psychologische Rundschau 27 (1976), 1, 5.

805 Siehe KUHL, oben Fußn. 767; jedenfalls im europäisch-amerikanischen Kulturraum. Dies gilt unabhängig vom Streit zwischen *theory theory* und *simulation theory* etc. (Fußn. 798).

806 SCHOPENHAUER, *Preisschrift über die Freiheit des Willens*, S. 481, 560, so daß in Hinsicht auf die tiefsten Probleme der Philosophie (wie die Willensfreiheit) „der gesunde, aber rohe Verstand nicht nur inkompetent ist; sondern einen entschiedenen natürlichen Hang zum Irrtum hat", *ibid.*, S. 617. Dies gilt, wie sich seitdem gezeigt hat, auch für sonstige wissenschaftliche Probleme.

807 Dazu unten bei Fußn. 873 ff.

808 Zu diesem Desiderat siehe HASSEMER, *Die Freiwilligkeit beim Rücktritt vom Versuch*, S. 229, 243; siehe auch PRITTWITZ, GA 1994, 454, 459.

SALEILLES, *L'individualisation de la peine*, S. 87, hält es für einen wissenschaftlichen Fehler erster Güte, wenn der strafrechtliche Verantwortungsbegriff den Vorstellungen der Bevölkerung widerspräche («Toute application légale ou judiciaire de l'idée de responsabilité qui irait à l'encontre de cette opinion générale, constituerait une erreur scientifique au premier chef.», wobei die *opinion générale* von der Jury repräsentiert wird).

Auch das Verhältnis philosophischer Handlungstheorien zur Alltagstheorie ist bislang kaum geklärt, dazu PETERS, *Das Wissen vom Handeln*, S. 84, 202 ff.

Das Verhältnis von wissenschaftlicher Erklärung und Alltagstheorien reflektiert ungefähr die oft behauptete Methodendifferenz von Natur- und Geisteswissenschaften, *nature–culture*, Empirie und Hermeneutik. Einen Überblick anhand des Konzepts der Willenshandlung aus Sicht von Psychologie, Neurowissenschaften, Philosophie und anderen Geisteswissenschaften geben MAASEN/PRINZ/ROTH, *Voluntary action: Brains, minds, and sociality*, S. 10 ff.; MAASEN, *Between the normative and the symbolic*, S. 233, 234 ff.

Zur Übereinstimmung von rechtlicher und naiver Kausalanalyse siehe HART & HONORÉ, *Causation in the Law*, S. 26 ff.; dazu eingehend krit. LLOYD-BOSTOCK, *The Ordinary Man, and the Psychology of Attributing Causes and Responsibility*, 42 Mod.L.Rev. 143 ff., 148 ff. m. w. Nachw. (1979).

lich der „Kontrollillusion", nicht allzu weit entfernen kann, sogar wenn es sie für unzutreffend oder irrational hält,[809] und darüber hinaus selbst allgemein akzeptierte wissenschaftliche Theorien etwa im Strafverfahren nur beschränkt integrieren[810] kann. Zudem kann Strafrecht als soziale Praxis nicht permanent mit Theoriepluralität und daraus resultierender Alltagsungewißheit konfrontiert werden, sondern toleriert dies allenfalls in Randbereichen und Ausnahmesituationen.[811]

Im übrigen sind juristische Theorien und Vorannahmen in unterschiedlichem Maße von Alltagstheorien durchsetzt und für wissenschaftliche, empirisch fundierte Thesen empfänglich. So ist es denkbar, daß Alltagstheorie und wissenschaftliche Theorie in manchen *für strafrechtliche Zwecke benötigten* Beschreibungen übereinstimmen, so daß Änderungen ausbleiben, soweit die soziale Bedeutung primär von der Symptomatik und deren sozialer Interpretation abhängt: Ob in Fällen von „Geisteskrankheit", die von strafrechtlicher Verantwortung befreit, die Krankheitsursache magisch oder neurophysiologisch erklärt wird, ist für das Strafrecht unerheblich, solange die jedermann erkennbaren Symptome so gedeutet werden, daß der Betroffene ein untaugliches Strafsubjekt ist. In vielen anderen rechtlichen Zusammenhängen sind Wechsel der empirischen Erklärungen fraglos relevant, so stets dort, wo die Laienpsychologie überfordert ist, wie in den vielen Bereichen, in denen die Alltagstheorie keine oder nur offenbar inadäquate Erklärung bereithält,[812] auch bei der Frage, ob und wie der wegen Unzurechnungsfähigkeit Freigesprochene nun medizinisch zu behandeln ist, und allgemeiner bei Gefahren- und Sozialprognosen, je-

---

809 Zutr. HASSEMER, *Einführung in die Grundlagen des Strafrechts*², S. 221. Das schließt das Bestreben nach Veränderungen nicht aus; doch weder Strafrechtsdogmatik noch Kriminalpolitik könnten grundlegende Zurechnungsmuster und die darauf beruhenden gesellschaftlichen Institutionen kurzfristig ändern, noch sollten sie dies anstreben, HASSEMER, *ibid.* Vgl. BIERBRAUER, *Die Zuschreibung von Verantwortlichkeit*, S. 130, 142; siehe auch SHUTE, *Knowledge and Belief in the Criminal Law*, S. 171, 189 f.; NEUMANN, ZStW 99 (1987), 567, 589 ff. m. w. Nachw.

Daß etwa eine isolierte Veränderung des Strafrechts aufgrund kognitionsbiologischer Einsichten nicht möglich ist, konzediert auch KARGL, *Handlung und Ordnung im Strafrecht*, S. 14.

810 Beispielsweise aufgrund verfahrensinterner Zwänge der Praktikabilität und Kommunikabilität, siehe nur HASSEMER, *Die Freiwilligkeit beim Rücktritt vom Versuch*, S. 229, 242 f.

Selbst wenn man die These akzeptiert, daß das Fremdpsychische im Prinzip so meßbar und darstellbar ist wie andere physiologische Vorgänge und eines Tages die neuronalen Vorgänge beim willentlichen Handeln geklärt wären und sogar die Intentionalität darstellbar wäre, ergeben sich Schwierigkeiten aus der im Alltag unzugänglichen „Innensicht" und der retrospektiven Feststellung. Dem Amtsrichter wäre also nicht geholfen. Anders als in der Laborsituation bliebe ihm das Fremdpsychische immer noch verschlossen. Die Alltagspsychologie bleibt als *Beobachtungstheorie* des Strafrechts unverzichtbar.

Aber auch wenn jedem Täter ein Autocerebroskop implantiert wäre, das wie ein Fahrtenschreiber alle neuronalen Vorgänge aufzeichnete (vgl. FEIGL, *The "Mental" and the "Physical"*, S. 370, 456 f.), bliebe die normative Frage, ob dies die sozialen Zurechnungsregeln in irgendeiner Form ändern könnte oder sollte.

811 Wie z.B. bei der Frage der Schuldunfähigkeit.

812 Aufzählung bei P. M. CHURCHLAND, *Eliminative Materialism and the Propositional Attitudes*, Journal of Philosophy 78 (1981), 67, 73 f. (Geisteskrankheit, Schlaf, Intelligenz, Sinnestäuschungen, Lernen usw.). Ähnlich auch ROSS & NISBETT, *The Person and the Situation*, S. 8: "Our

doch weniger bei der Bildung rechtlicher Begriffe als bei deren Subsumtion. Anfällig für abweichende empirische Erkenntnisse sind freilich diejenigen Straftheorien, die sich über die Benutzung psychischer Mechanismen (utilitaristische Kalküle mit psychischen Anreizen zur Motivierung, *rational choice*, Abschreckung; Rehabilitation usw.) legitimieren wollen und damit empirischer Falsifizierung[813] unterliegen.

Insgesamt kann es mithin nicht darum gehen, daß sich die Rechtswissenschaft ihrer alltagstheoretischen Elemente entledigt. Dies wird auch für die mentalistischen Ausdrücke, die bei der Bestimmung des hiesigen Untersuchungsgegenstandes verwendet werden, nicht gelingen. So ist das einfache *desire-belief*-Modell der Handlung (unten III.2.a) trotz aller Defizite bislang in der sozialen Praxis konkurrenzlos. Allerdings sollte eine methodisch reflektierte (Straf-)Rechtsdogmatik sich der Abhängigkeiten von alltagstheoretischen Vorstellungen und Strukturen, der korrespondierenden fachwissenschaftlichen Erklärungsansätze sowie der begrenzten intrinsischen rechtlichen Relevanz beider bewußt sein.[814] Verfehlt wäre es, altehrwürdigen mentalistischen Ausdrücken ohne weiteres ontologischen Gehalt zuzuweisen; ebenso, naive empirische Theorien *zu überfordern* und nach Antworten zu befragen, die sie nicht geben können, oder empirische Antworten auf rechtliche Fragen zu suchen, die sich nur normativ lösen lassen.

Schließlich ist daran zu erinnern,[815] daß es mehr als zweifelhaft ist, daß es *die* Alltagstheorie gibt oder genauer, weltweit im wesentlichen einheitliche, etwa weil angeborene, Strukturelemente naiver Psychologie und naiver Handlungstheorie existierten. Angesichts des Mangels an ethnopsychologischen Studien wird sich hinreichend gesichert im folgenden nur von den im europäisch-amerikanischen Kulturkreis verbreiteten Alltagstheorien, die auch in sich nicht einheitlich sein mögen, sprechen lassen. Für eine vergleichende strafrechtliche Untersuchung ist diese Form des Ethnozentrismus allerdings praktisch weniger schädlich, weil diese Alltagstheorien weit über ihren angestammten Kulturkreis exportiert worden sind mit der umfangreichen, teils freiwilligen, teils erzwungenen Rezeption kontinentaleuropäischer oder anglo-amerikanischer Strafrechtslehren in anderen Teilen der Welt[816] – wobei zu vermuten ist, daß mancher Rechtsimport aus der jeweiligen nationalen Perspektive kulturfremd geblieben und sozialpsychologisch wenig wirksam geworden sein mag.

---

intuitive ideas about people and the principles governing their responses to their environment are generally adequate for most purposes of the office and the home; but they are seriously deficient when we must understand, predict, or control behavior in contexts that lie outside our most customary experience ...“. Vgl. oben bei Fußn. 527.

813 Zu Abschreckungstheorien siehe unten bei Fußn. 2753.

814 Z.B. Hall, *General Principles of Criminal Law*², S. 5, 171, der sich an die *first-person perspective* hält sowie an “common sense ‘living psychology’”, aber auch für psychologischen Erkenntniszuwachs offen ist.

815 Siehe oben Fußn. 770.

816 Genereller Überblick zum Rechtsexport bei Jenks, *The Common Law of Mankind*, S. 109 ff. m. umfangr. Nachw.; Pradel, *Droit pénal comparé*, S. 186 ff.

4. Recht und Soziologie

Eine Deutung des Vorsatzbegriffs auf der Basis der Systemtheorie LUHMANNS hat jüngst BLECKMANN unternommen. Eine vergleichende Betrachtung des deutschen und englischen Strafrechts ergibt zunächst, daß die jeweiligen Vorsatzbegriffe auf psychische Sachverhalte bezogen werden in Übereinstimmung mit einem Verständnis von (Straf-)Recht als Instrument der Verhaltenssteuerung.[817] Eine psychologisch verstandene „Entscheidung für das Unrecht“ o.ä. sei indes theoretisch unplausibel und praktisch nicht durchzuhalten, weil „Psychisches dieser Art keine empirische Existenz hat“, da es naturwissenschaftlich nicht nachweisbar sei.[818]

Getreu DURKHEIMS Devise, Soziales nur aus Sozialem zu erklären, hebt nach BLECKMANN eine soziologische Sicht nicht auf psychische Zustände ab. Wissen über Psychisches sei nur als soziale Erscheinung relevant, was „tatsächlich psychologisch, neurologisch, biochemisch im Kopf von Menschen vorgehen mag, ist dagegen uninteressant“.[819] In der Terminologie LUHMANNS: Es erfolgt eine Umstellung der Referenz der mentalistischen Rechtsbegriffe von psychischen Systemen (Bewußtsein) auf soziale Systeme (Kommunikation). Das Verständnis des Strafrechts wechselt zur Erwartungssicherung, Normstabilisierung; Verhaltenssteuerung ist nicht ausgeschlossen, aber epiphänomenal.[820] Objektiver und subjektiver Tatbestand beziehen sich demnach nicht auf unterschiedliche Wirklichkeitsbereiche, sondern sind zwei unterschiedliche Aspekte sozial zu identifizierenden Mitteilungsverhaltens.[821] Vorsatz wird gedeutet als „Identifikation von Mitteilungsverhalten im strafrechtlich relevanten Kontext“,[822] als kommunikatives Konstrukt, das nur kommunikativ feststellbar sei, wie es in der Form des Indizienbeweises immer schon geschehe[823]. Die Zurechnung zum Vorsatz sei daher eine Eigenleistung des Kommunikationssystems selbst, es gebe kein Dahinter, kein Substrat, auf das sich das Konstrukt beziehe.[824]

Strafrecht habe sich an die gesellschaftliche Normbruchsidentifikation anzulehnen, nötig wäre daher eine mikrosoziologische Forschung zur Vorsatzkonstitution, die derzeit noch ausstehe.[825] Vorsatzzuschreibung geschehe im Bereich der Absicht

---

817 BLECKMANN, *Strafrechtsdogmatik*, S. 70 f., 77 ff.

818 BLECKMANN, *Strafrechtsdogmatik*, S. 78 ff. Zu solchen Kurzschlüssen als Grundlage theoretischer Gebäude siehe Fußn. 325, 2047.

819 BLECKMANN, *Strafrechtsdogmatik*, S. 82.

820 BLECKMANN, *Strafrechtsdogmatik*, S. 83 ff., 108 ff., m. w. Nachw. Differenzierter zu Erwartungssicherung und Verhaltenssteuerung siehe LUHMANN, *Zur Funktion des Rechts*, S. 73 ff. (S. 74: die Rechtsnorm diene der Kombination beider); DERS., ZRSoz 12 (1991), 142 ff.; FUCHS, *Intervention und Erfahrung*, S. 15 ff.

821 BLECKMANN, *Strafrechtsdogmatik*, S. 139 f.

822 BLECKMANN, *Strafrechtsdogmatik*, S. 143 ff., 319 f.

823 BLECKMANN, *Strafrechtsdogmatik*, S. 167 u. ff., 169.

824 BLECKMANN, *Strafrechtsdogmatik*, S. 320.

825 BLECKMANN, *Strafrechtsdogmatik*, S. 176 f., 319 ff.

(Hauptfolgen) nach Motivzuschreibungen, im Bereich der Wissentlichkeit und des Eventualvorsatzes nach Wissenszuschreibungen, jeweils nach Maßgabe sozialer Normalitätsannahmen.[826] Die Formen der Wissens- und Motivzuschreibungen ließen sich aber nicht in Handlungsbeschreibungen fassen und in Tatbestandsmerkmale auflösen. Die Weite möglicher relevanter Umstände bei mehrdeutigem Verhalten lasse sich nicht dogmatisch einfangen, sondern allenfalls heuristisch, durch Typenbildung und freie Beweiswürdigung mit Begründungszwang.[827]

Der juristischen Begriffsbildung und Justizpraxis, d.h. der Systemkommunikation, ist damit kaum gedient. Es gibt zudem ein allgemeines methodisches Problem bei dem Versuch, soziologische Erkenntnisse, die aus der Perspektive eines externen Beobachters formuliert sind,[828] für die Rechtsdogmatik, also system*intern*, fruchtbar zu machen. BLECKMANN postuliert, daß sich der nötige Wirklichkeitsbezug des Rechts – als Teilsystem der Gesellschaft – allein über Soziologie herstellen lasse, die daher als externes Begründungskriterium herangezogen wird.[829] Das dogmatische Gewicht der deskriptiven soziologischen Sätze folgert er aus einem normativen Satz in Gestalt der Annahme eines Zweckstrafrechts: Strafe müsse zur Normstabilisierung geeignet, erforderlich und angemessen sein; Zweckstrafrecht binde sich an empirische Forschung und Kritik.[830] Das Problem, daß die soziologische Außenbeschreibung von Formvorschriften für die systeminterne Art rechtlicher Kommunikation abweichen kann, wird zwar gesehen, aber nicht gelöst.[831] Die übliche psychologische Referenz des Vorsatzes – die wie gezeigt ebenfalls ein Deutungsmuster ist, von BLECKMANN aber unreflektiert für bare Münze genommen wird – kann mit Fug aus der Außenperspektive der Soziologie, auch aus der höherstufigen Beobachtung bei der Selbstbeschreibung des Rechtssystems z.B. von der Rechtstheorie kritisiert werden, doch ob sie in den alltäglichen Operationen, d.h. Kommunikationen, des Rechtssystems deshalb zu ersetzen ist – schließlich kann sich Kommunikation auf alles beziehen, auch auf Wahrnehmungen oder psychische Systeme, wofür Personen als Einheiten und Zurechnungspunkte für Kausalannahmen und Verantwortung konstruiert und damit zu Strukturen der Au-

---

826 BLECKMANN, *Strafrechtsdogmatik*, S. 143 ff., 157 ff., 176 f.

827 BLECKMANN, *Strafrechtsdogmatik*, S. 145 ff., 176 ff., 321 f.

828 Wobei funktionale Analysen der Systemtheorie natürlich weder als Kryptonormierungen noch als Versuche der Rechtfertigung ihres Gegenstands mißverstanden werden dürfen, LUHMANN, *Legitimation durch Verfahren*³, S. 6; DERS., *Das Recht der Gesellschaft*, S. 31 ff.

829 BLECKMANN, *Strafrechtsdogmatik*, S. 2 ff., mit Bezug auf LUHMANN, *Das Recht der Gesellschaft*, S. 505 – allerdings spricht LUHMANN hier von der *Selbstbeschreibung* des Rechtssystems, d.h. der Reflexionstheorie des Rechts, *nicht* der normalen Systemkommunikation, die Entscheidungen oder Normen begründet.

830 BLECKMANN, *Strafrechtsdogmatik*, S. 170 f. Zu Recht wird das weitgehende Fehlen einschlägiger gehaltvoller Forschung, z.B. zur positiven Generalprävention, konstatiert. Solche Empiriedefizite kann freilich die Umstellung auf systemtheoretische Deutung nicht beheben.

831 BLECKMANN, *Strafrechtsdogmatik*, S. 139 Fn. 234.

topoiesis sozialer Systeme werden[832] –, ist damit nicht ausgemacht – zumal der Außenbeobachter mehr Umweltbezüge als das System selbst operativ handhaben sowie Strukturen und Funktionen sehen kann, die das System für sich latent halten muß[833]. BLECKMANNS Argumentation erscheint weiterhin zweifelhaft, weil aus dem *Modus*, daß Vorsatz kommunikativ „festgestellt" wird, noch nichts für den *Inhalt* dieser Kommunikationen folgt, insbesondere nicht, daß Kommunikationen über Vorsatz *im* Rechtssystem keine psychische Referenz – aus der Beobachterperspektive gehört diese zur Struktur der Kommunikation – haben *sollten*, sondern statt dessen selbstreferentiell die kommunikative Feststellung von Vorsatz kommunizieren müßten, was das System vermutlich nicht erträgt. So richtig es ist, daß „jedes Rechtssystem ... auf Transfer gesellschaftlicher Wertvorstellungen" einschließlich sozial praktizierter Zurechnungsmuster „in rechtliche Relevanzen angewiesen"[834] ist, so falsch wäre es, die „rezeptive Autonomie der Jurisprudenz"[835] zu verkennen. Welche Kommunikationen im Rechtssystem zulässig oder akzeptabel sind, kann die soziologische Analyse aus Beobachterebene nur notieren, nicht entscheiden.

Denn aus der Warte der Systemtheorie ist das Rechtssystem bekanntlich ein operativ geschlossenes, autopoietisches, sich selbst beschreibendes System. Adressat einer Rechtssoziologie ist die Wissenschaft selbst, nicht das Rechtssystem.[836] Daher stand LUHMANN dem möglichen Import soziologischer Beobachtungen und Analysen in das Rechtssystem stets skeptisch[837] gegenüber:

> Das Rechtssystem kann aus den soziologischen Analysen keinen Nutzen ziehen ... Es bedarf weder einer weiteren Begründung noch kann es Anlaß einer „Kritik" sein (...), wenn das Rechtssystem die Befunde der Soziologie nicht „anwendet".[838]

Aus der Gesellschaftsbezogenheit des Rechts die Forderung gesellschaftsadäquater Rechtsbegriffe abzuleiten, kann nicht heißen,

> ... daß die Rechtsbegriffe letztlich soziologische Begriffe sein oder die Gesellschaft adäquat abbilden müssen. Das widerspräche dem Sinn der System- und Systemfunktionsdifferenz zwischen dem Gesellschaftssystem und dem Rechtssystem als Teilssystem des Gesellschaftssystems. Adäquität kann nur heißen, daß die begriffliche Problemtransformation ins Rechtssystem gelingt. ... Das Kriterium der Adäquität kann sich daher nur auf die Reduktionen beziehen, mit denen das Rechtssystem seine *spezifische* Funktion, wenn immer gefragt, *gesellschaftsweit* zum Tragen bringt.[839]

---

832 LUHMANN, *Die Wissenschaft der Gesellschaft*, S. 20, 33 f.

833 LUHMANN, *Ausdifferenzierung des Rechts*, S. 8.

834 LUHMANN, *Die juristische Rechtsquellenlehre aus soziologischer Sicht*, S. 308, 315.

835 LUHMANN, *Die juristische Rechtsquellenlehre aus soziologischer Sicht*, S. 308, 315.

836 LUHMANN, *Das Recht der Gesellschaft*, S. 31. Vgl. allgemein zum Verhältnis von Rechtssoziologie(n) und Rechtstheorie, externer und interner Perspektive LACEY, *'Philosophical Foundations of the Common Law': Social not Metaphysical*, S. 17 ff. m. zahlr. Nachw.

837 LUHMANN, *Ausdifferenzierung des Rechts*, S. 8.

838 LUHMANN, *Das Recht der Gesellschaft*, S. 542.

839 LUHMANN, *Gesellschaftsadäquate Rechtsbegriffe*, S. 49, 50. Siehe auch JAKOBS, ZStW 107 (1995), 843, 845; TOEPEL, *Grundstrukturen des Sachverständigenbeweises*, S. 6.

Eine Koppelung mit der *Reflexionstheorie* des Funktionssystems Recht, die dadurch zugleich das System verändern würde, ist hingegen denkbar. Doch auch dann müsse die Selektion der begrifflichen Errungenschaften der Theorie selbstreferentieller Systeme dem aufnehmenden System überlassen bleiben[840] – ein Theorieangebot also, das eine methodisch reflektierte Rechtswissenschaft sorgfältig prüfen sollte, aber keine verpflichtende Wahrheit, mit der sich ohne weiteres in rechtsdogmatischen Zusammenhängen operieren ließe.

III. Ausgewählte Handlungsmodelle

> One of the fundamental human conceits is an insistence that we know what we are doing.[841]

> All legal systems concur that punishment is imposed only for human action or 'human act'.[842]

> ... like many other concepts adopted from folk psychology, the notion of voluntary action is as fuzzy as can be. ... The notion of voluntary action may be as indispensable as it may be elusive.[843]

Mentale Zustände interessieren im Strafrecht nicht um ihrer selbst willen, sondern immer nur in Verbindung mit äußerlichem, beobachtbarem menschlichen Verhalten. Reine Absichten, bloßes Wissen etc., wie immer sie konzeptionell zu erfassen sein mögen, sind, wenn sich keinerlei Zusammenhang mit einem äußerlich strafrechtlich potentiell relevanten Verhalten herstellen läßt, heute bedeutungslos.[844]

Verhalten gewinnt Bedeutung, soziale wie strafrechtliche, stets nur durch Beschreibungen, die Aussagen über mentale Zustände (oder auch deren Fehlen) einbeziehen – womit noch nicht präjudiziert ist, ob damit auf subjektive Innerlichkeit oder dispositionale Erklärungen usw. referiert wird. Wertende Zurechnung von Verhalten zu einer Person setzt regelmäßig ein Minimum an aktueller oder vorhergehender Steuerung oder deren Möglichkeit voraus, die üblicherweise in mentalen Termini ausgedrückt wird.

Wie zuvor dargelegt, ist Strafrecht in seinen wesentlichen Zurechnungsstrukturen unvermeidbar von – hier europäisch-amerikanischer, ein unabhängiges, selbstdefinierte Ziele verfolgendes, habituell mentale Zustände deutend reflektierendes

---

840 Luhmann, *Das Recht der Gesellschaft*, S. 505, 542 ff., 544.

841 Vallacher & Wegner, *A Theory of Action Identification*, S. 1.

842 Fletcher, *Basic Concepts of Criminal Law*, S. 44.

843 Maasen/Prinz/Roth, *Voluntary action: Brains, minds, and sociality*, S. 3.

844 Dies liegt nicht an ihrer etwaigen Unbeweisbarkeit, denn schließlich könnte der Betreffende sie glaubhaft bekunden, zutr. Mercadal, Rev.sc.crim. 22 (1967), 1, 33; so reichte dem alten französischen Recht ein Schriftstück, das eine Attentatsabsicht belegt, Muyart de Vouglans, unten Fußn. 1049, oder das Geständnis, den König töten zu wollen, zur Todesstrafe. Freilich finden sich auch in modernen Rechten Vorverlagerungen der Strafbarkeit wie Verbrechensverabredung, *complot, conspiracy*, deren objektive Erfordernisse so gering sind, daß sie nicht viel mehr als Indizien einer kriminellen Absicht sind.

Individuum betonender[845] – Alltagspsychologie geprägt. Deren Kennzeichen ist ein rationales Modell der Handlungserklärung und -vorhersage,[846] dessen exemplarische Darlegung durch ARISTOTELES im dritten Buch der *Nikomachischen Ethik* nebst der Formalisierung im praktischen Syllogismus des siebten Buches bis heute auch in der Philosophie und ihrer Begrifflichkeit Referenzpunkt geblieben ist. Trotz intensiver Bearbeitung gerade in jüngerer Zeit und trotz allen Raffinements sind die geisteswissenschaftlichen Handlungstheorien, nicht nur diejenigen, die sich ausdrücklich an die normale Sprache banden, und ebenso die psychologischen Handlungstheorien von den Alltagstheorien nicht weit entfernt.[847]

Naive, psychologische, philosophische und juristische Ansätze knüpfen sämtlich an phänomenale Merkmale an im Gegensatz etwa zu soziologischen, vor allem systemtheoretischen Handlungskonzeptionen,[848] die auf notwendige Differenzierungen im Zurechnungsprozeß abheben. Schwierigkeiten[849] bereitet seit jeher nicht die paradigmatische, sondern die möglichst präzise Formulierung der phänome-

---

845 LILLARD, *Ethnopsychologies: Cultural Variations in Theories of Mind*, Psychological Bulletin 123 (1998), 3, 11, 13, 14 ff., 25 f., 43; WELLMAN, *Culture, Variation, and Levels of Analysis in Folk Psychologies*, Psychological Bulletin 123 (1998), 33, 34, sowie oben Fußn. 770. In Kulturen, die den einzelnen vorrangig als in ein Kollektiv, insbesondere eine Hierarchie, eingebunden und ihr verpflichtet sehen, oder die individuelle mentale Zustände als unerforschlich oder das Reden darüber als unschicklich ansehen, gibt ein *desire-belief* Modell der Handlungsdeutung keine zufriedenstellende oder auch nur interessante Erklärung ab, siehe z.B. PAUL, *Act and Intention in Sherpa Culture and Society*, S. 15, 18 f., 41; ROSALDO, *Toward an anthropology of self and feelings*, S. 137, 146; LEVINE, *Properties of culture: An ethnographic view*, S. 67, 82 f.; LEVY, *Tahitians*, S. 350; HAMILTON & SANDERS, *Everyday Justice*, S. 4 ff., 19.

Dieses Modell ist keineswegs ein kulturelles Universale, wenn auch im Zuge westlichen Kultur-, vor allem Rechtsexports (oben bei Fußn. 815), weltweit anzutreffen, vgl. GEERTZ, *On the Nature of Anthropological Understanding*, American Scientist 63 (1975), 47, 48: "The Western conception of the person as a bounded, unique, more or less integrated motivational and cognitive universe, a dynamic center of awareness, emotion, judgment, and action organized into a distinctive whole and set contrastively both against other such wholes and against a social and natural background is, however incorrigible it may seem to us, a rather peculiar idea within the context of the world's cultures."; HAMILTON & SANDERS, *Everyday Justice*, S. 48 ff., 52 f. m. w. Nachw.

846 Dazu FORGUSON, *Common Sense*, S. 4 ff.

847 Vgl. LENK, *Handlung als Interpretationskonstrukt*, S. 279, 308: „Die in der Alltagssprache formulierten ‚naiven' Verhaltenstheorien (...) sind im übrigen z.T. begrifflich, mehr aber noch funktional den wissenschaftlichen Theorien in den Handlungs- und Verhaltenswissenschaften ähnlich ... Begriffsbildung, Theoriekonzeption, Hypothesenformulierung und terminologische Ausgestaltung der Handlungswissenschaften (besonders der Sozialwissenschaften unter ihnen) [hat] sich noch gar nicht so weit vom Niveau, Auflösungsvermögen und Sprachgebrauch der Umgangssprache entfernt"; LAUCKEN, *Naive Verhaltenstheorie*, S. 58; WEGENER, *Zum Aussagewert der Handlungsanalyse einer Tat – die psychologische Perspektive*, S. 35, 38 f.; D'ANDRADE, *A folk model of the mind*, S. 112, 114 f.

848 Siehe nur LUHMANN, *Erleben und Handeln*, S. 235 ff. m. w. Nachw. Die Unterscheidung von „Erleben" und „Handeln" bezeichnet demnach einen bloßen Schematismus, der angewandt wird oder nicht, und keine Eigenschaft des Verhaltens (S. 238).

849 LUHMANN, *Erleben und Handeln*, S. 235 f., geht davon aus, daß eine Definition bzw. Differenzierung von Erleben und Handeln durch ontologisch interpretierbare Merkmale nicht gelingen *kann*.

nalen Definitionsmerkmale einer Handlung. Denn Handlungen können mit verschiedenem Auflösungsgrad („Körnigkeit") beschrieben werden: Von kurzlebigen Elementarhandlungen wie einzelnen Körperbewegungen als beobachtbar distinkten Ereignissen über komplexe Handlungen, „Skripten",[850] in denen eine Vielzahl solcher Ereignisse u.U. über einen langen Zeitraum durch Bezug auf einen intendierten Effekt, ein Ziel hin, zusammengefaßt werden,[851] bis hin zu kontextreichen Handlungsbeschreibungen höchster Stufe, die auch Begleitumstände und Folgen einbeziehen[852]. Die Bezugnahme auf ein Ziel kann Handlungen individuieren und dadurch auch ihren Beginn und ihr Ende, ebenso ihren Erfolg oder ihr Scheitern bestimmen. Ziele wiederum sind, wie viele Begriffe der Alltagspsychologie, doppeldeutig: Sie können einmal aus der Beobachterperspektive *(third-person perspective)* zugeschrieben, zum anderen als Beschreibung des eigenen phänomenalen Erlebens *(first-person perspective)* verstanden werden – woran häufig der oben angesprochene Analogieschluß angeknüpft wird.[853] Die Zuschreibung eines Zieles impliziert indes keineswegs, daß die betreffende Handlung mit einem entsprechenden Bewußtseinszustand ausgeführt wurde – man kann auch Tieren oder Maschinen objektive Ziele zuschreiben.

Willentliche Steuerung von Handlungen wird regelmäßig angenommen, wenn Menschen bewußten Zugriff auf die intentionalen Voraussetzungen ihrer Handlungen haben (oder zu haben glauben), daher auch über ihre Gründe oder Motive Auskunft geben können. Körperbewegungen in unbewußten Zuständen, z.B. im Schlaf, oder Reflex- oder Krampfbewegungen scheiden somit aus. Unklar sind gewohnheitsmäßige, unreflektierte, automatisierte Handlungen, die nicht einzeln bewußt initiiert und gesteuert werden, obwohl die Gewohnheit oder der Automatismus insgesamt bewußter Steuerung zugänglich ist. Bezeichnet man diese Handlungen als willentlich, so genügt Bewußtseinsfähigkeit bzw. Kommunikabilität anstelle von aktueller bewußter Steuerung.[854]

Nachfolgend werden in grobem und vereinfachendem Umriß Ansätze der sozialpsychologischen Attributionstheorie, der modernen analytischen Handlungs-

---

850 Im Sinne integrierter Wissensstrukturen von simplen Handlungshierarchien, die mit bestimmten Zielen oder Kontexten assoziiert werden, besonders bei hoch überlernten und strukturell rigiden Handlungen, nach SCHANK & ABELSON, *Scripts, Plans, Goals and Understanding*, S. 36 ff.; ABELSON, American Psychologist 36 (1981), 715 ff.; dazu VALLACHER & WEGNER, *A Theory of Action Identification*, S. 48 f. (auch dazu, daß das Handlungsverständnis selbst einfacher Verrichtungen kaum je auf solche simplen Handlungshierarchien beschränkt, sondern stets ungleich komplexer ist, S. 49 ff.); WEGNER & VALLACHER, *Action Identification*, S. 550, 553 f., jew. m. w. Nachw.; AUDI, *Volition and Agency*, S. 74, 102 f.; VELTEN, *Normkenntnis und Normverständnis*, S. 58 ff.

851 MAASEN/PRINZ/ROTH, *Voluntary action: Brains, minds, and sociality*, S. 3, 4 f.

852 Und somit komplexer sind als Skripten, VALLACHER & WEGNER, *A Theory of Action Identification*, S. 48 ff.; WEGNER & VALLACHER, *Action Identification*, S. 550, 553 und oben Fußn. 850.

853 MAASEN/PRINZ/ROTH, *Voluntary action: Brains, minds, and sociality*, S. 3, 5 f.

854 So z.B. MAASEN/PRINZ/ROTH, *Voluntary action: Brains, minds, and sociality*, S. 3, 6.

theorie sowie einiger verbreiteter strafrechtlicher Handlungsverständnisse vorgestellt als Bezugsrahmen der anschließend untersuchten Elemente des „Vorsatzes".

Es geht dabei nicht um die Findung eines völkerstrafrechtlichen Handlungsbegriffs, sondern um eine knappe klärende Vergewisserung, um nicht etwaige begriffliche oder terminologische Unklarheiten, die aus verschiedenen Handlungskonzeptionen herrühren, da diese stets mentale Begriffe enthalten, in die Diskussion um die subjektive Tatseite hineinzutragen. Zugleich sollen einfache Modelle von Handlungsstrukturen als Grundlage der späteren Erörterungen eingeführt werden. Erst recht geht es nicht um die Übernahme eines bestimmten philosophischen, soziologischen oder psychologischen Handlungsverständnisses, das anderen Erkenntnisinteressen dient als ein Rechtsbegriff,[855] obgleich es sich für juristische Belange fruchtbar zeigen mag, zumal schon eine begründete Auseinandersetzung beispielsweise nur mit der "action-theory industry"[856] innerhalb der analytischen Philosophie nach einem eigenen Buch verlangte.[857] Gelegentlich werden aber später Hinweise auf Argumente oder Modelle aus der zuvor gestreiften außerjuristischen Diskussion hilfreich sein.

1. Naive Verhaltenstheorien

Alltagserklärungen von Verhalten, vor allem die Zuschreibung von Verantwortung, sind ein Gegenstand der sozialpsychologischen Attributionstheorien, die im wesentlichen von Fritz Heider[858] begründet wurden.

Heider suchte nach Konstanzphänomenen, die dem Menschen eine Orientierung in einer vielfältigen und sich ständig wandelnden Umwelt ermöglichen: Dispositionen.[859] Ereignisse, insbesondere Aktivitäten anderer Personen werden

---

855 Vgl. Seebass, *Wollen*, S. 21 ff., 24. Dies gilt insbesondere für die analytische Handlungsphilosophie, die im Zusammenhang mit der Philosophie des Geistes steht und nicht mit der Ethik oder Moralphilosophie. Ihre Untersuchungen und Begriffsbildungen sind daher nicht mit Blick auf Zuschreibung von Verantwortung erfolgt und nicht ohne weiteres in rechtliche Zusammenhänge importierbar, vgl. Hornsby, *On What's Intentionally Done*, S. 55, 69 ff., 73 f., die in der *philosophy of action* keinerlei Gewinn für die Zurechnungslehre sieht. Diese pauschale Skepsis wird hier nicht geteilt: Zur Entwirrung mancher juristischer Begriffskonfusion mögen philosophische Analysen durchaus nutzen, auch wenn sie rechtliche Streitfragen nicht entscheiden können.

856 Ausdruck von van Inwagen, *An Essay on Free Will*, S. 87.

857 Exemplarisch Kindhäuser, *Intentionale Handlung*. Umfang und Differenziertheit der außerjuristischen Debatte sind schon äußerlich erkennbar an Sammelwerken wie den vier Bänden von Lenk, *Handlungstheorien interdisziplinär*, die 87 Ansätze enthalten.

858 Hauptsächlich in *The Psychology of Interpersonal Relations*, 1958. Zu weiteren Ansätzen siehe nur Laucken, *Naive Verhaltenstheorie*, S. 27 ff.

859 Heider, *The Psychology of Interpersonal Relations*, S. 79 ff. (S. 80: "dispositional properties are the invariances that make possible a more or less stable, predictable, and controllable world"), dazu Bayer/Ferguson/Gollwitzer, *Voluntary action from the perspective of social-personality psychology*, S. 86, 96 ff. m. w. Nachw.

interpretiert durch Zuschreibung zu Ursprüngen *(source attribution)*, die der Steuerung des eigenen Verhaltens dient:[860]

> Without attribution to causal source or intention, *p* could neither avoid nor prevent, but would be at the mercy of seemingly fickle events in the environment.[861]

Vor allem die Identifikation stabiler Faktoren ermöglicht Voraussagen und erleichtert die Handlungsplanung.[862] Solche Attributionen müssen nicht explizit verlaufen und auch nicht als Zuschreibung separat erlebt werden.[863]

Das Resultat einer Handlung wird in der naiven (auch in der wissenschaftlichen) Psychologie auf zwei Arten von Bedingungen zurückgeführt:[864] in der Person liegende (internale) und in der Umwelt liegende (externale). Die internalen Bedingungen werden weiter aufgeteilt in Vermögen/Fähigkeit *(power/ability)* und Motivation. Motivation hängt davon ab, was der Handelnde zu tun versucht (Intention) und wie intensiv er dies versucht (Anstrengung, *exertion*; abhängig wiederum von Schwierigkeit und Fähigkeit). Der zentrale Faktor in der Zuschreibung „personaler" Kausalität ist die Absicht.[865] Das Vermögen oder Können hängt nicht nur von der Fähigkeit des Handelnden ab – sowie weiteren Faktoren wie Charakterzügen, Haltungen, Status, Meinungen usw. – , sondern auch von Umweltbedingungen *(effective environmental force)*, stabilen Faktoren wie Schwierigkeit und Variablen wie Zufall *(opportunity and luck)*. Schematisiert:

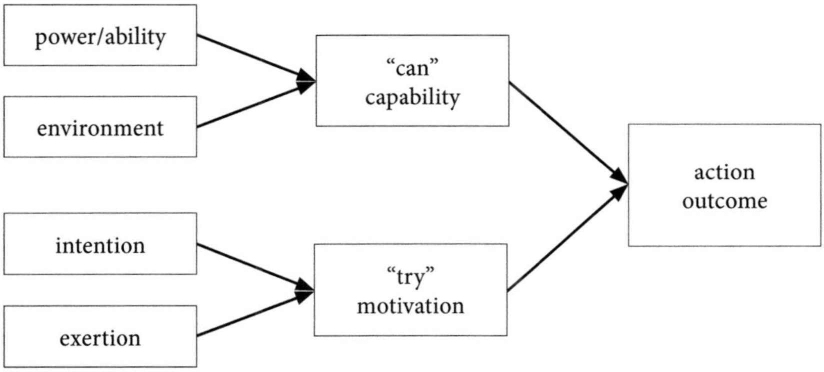

860 Heider, *The Psychology of Interpersonal Relations*, S. 81 f., 255 ff.

861 Heider, *The Psychology of Interpersonal Relations*, S. 257 (*p* steht für *person*).

862 Entsprechend besteht eine Tendenz, Ereignisse eher stabilen als instabilen Faktoren zuzuschreiben, vgl. Bierbrauer, *Die Zuschreibung von Verantwortlichkeit*, S. 130, 139 m. w. Nachw. Dieses orientierungsfördernde Stabilitätsbedürfnis kann zum Glauben an eine „gerechte Welt" führen, dazu Bierbrauer, *ibid.*, S. 144 ff.; Bierhoff, *Sozialpsychologie*[5], S. 106 f., jew. m. w. Nachw.

863 Heider, *The Psychology of Interpersonal Relations*, S. 256.

864 Heider, *The Psychology of Interpersonal Relations*, S. 82–124. Siehe auch Bierbrauer, *Die Zuschreibung von Verantwortlichkeit*, S. 130, 133 ff. m. w. Nachw.

865 Zum folgenden Heider, *The Psychology of Interpersonal Relations*, S. 100 ff., 111.

Intention, Fähigkeit und Anstrengung fungieren als internale, die Umweltfaktoren (Schwierigkeit und Zufall) als externale Ursachen. Schwierigkeit und Fähigkeit sind stabile, Anstrengung, Intention und Zufall variable Ursachen.

Intention ist auch der maßgebliche Faktor, um Effekte einer Handlung einer Person zuzuschreiben.[866] Ein Handlungserfolg wird generell enger mit einer Person verbunden, wenn die Handlung als absichtlich gedeutet wird. Läßt sich der Handlungserfolg auf Fähigkeitsmerkmale wie Dummheit oder Ungeschicklichkeit zurückführen, so wird die Person für weniger verantwortlich gehalten als wenn die Handlung als Anzeichen ihrer Motivation gilt. Personen werden stärker für ihre Absicht und Anstrengung verantwortlich gemacht als für Fähigkeiten. Die verschiedenen Formen der Zuschreibung[867] von Folgen zu einer Person lassen sich folgenden Stufen zuordnen:[868]

(1) beliebige Assoziation *(association)*
(2) Verursachung *(commission)*
(3) Voraussicht *(foreseeability)*
(4) Absicht *(intentionality)*
(5) externale Zuschreibung der Motive des Akteurs *(justification)* wirkt entlastend.

Heiders Modell wurde später vielfach fortentwickelt und modifiziert, etwa zur Frage, wie internale/externale Attributionen erfolgen bzw. sich vorhersagen lassen,[869] sowie, vor allem von Weiner, auf Untersuchungen über die Interpretation

---

866 Heider, *The Psychology of Interpersonal Relations*, S. 112 ("it is the intention of a person that brings order into the wide variety of possible action sequences by coordinating them to a final outcome").

867 Vgl. zur Entwicklung der Attributionsmuster die klassischen Arbeiten von Piaget, *Le jugement moral chez l'enfant*, und Kohlberg, *The Philosophy of Moral Development: Moral stages and the Idea of Justice*; ders., *The Psychology of Moral Development: The Nature and Validity of Moral Stages*.

868 Heider, *The Psychology of Interpersonal Relations*, S. 112 ff.; dazu Shaw & Sulzer, *An empirical test of Heider's levels in attribution of responsibility*, Journal of Abnormal and Social Psychology 69 (1964), 39 ff.; ähnl. Fishbein & Ajzen, *Attribution of Responsibility: A Theoretical Note*, Journal of Experimental Social Psychology 9 (1973), 148 ff.; Liebhart, Z. f. Sozialpsychologie 6 (1975), 212 ff.; dazu Shaver, *The Attribution of Blame*, S. 88 ff. m. w. Nachw.; siehe auch Bierbrauer, *Die Zuschreibung von Verantwortlichkeit*, S. 130, 142 ff.; Hassemer, *Einführung in die Grundlagen des Strafrechts*^{2}, S. 219 f. Zur Frage, ob diese Stufen auch eine entwicklungspsychologische Abfolge darstellen sollen oder können, siehe Fincham & Jaspars, *Attribution of Responsibility: From the Man the Scientist to Man as Lawyer*, S. 81, 90 ff., 117 ff. Auch Erwachsene nehmen primitive Attributionen vor, dazu Ross & DiTecco, *An Attributional Analysis of Moral Judgment*, Journal of Social Issues 31,3 (1975), 91, 94 ff.

869 So in der Theorie der korrespondierenden Schlußfolgerungen *(correspondent inference theory)* von Jones & Davis, *From Acts to Dispositions: The Attribution Process in Person Perception*, S. 219, 222 ff.; Jones & Harris, *The Attribution of Attitudes*, Journal of Experimental Social Psychology 3 (1967), 1 ff.; Jones & McGillis, *Correspondent Inferences and the Attribution Cube: A Comparative Reappraisal*, S. 389, 390 ff.; (zum analytischen statt empirischen Charakter der These siehe Brandtstädter, *Apriorische Elemente in psychologischen Forschungsprogrammen*, Z. f. Sozi-

von Leistungen übertragen.[870] Attribution setzt stets eine *Handlungsidentifikation* voraus; diese geschieht anhand der mit der Handlung verbundenen Effekte und der Herleitung einer Intention aus nichtgemeinsamen (diese Handlung von anderen unterscheidenden) Effekten. Regelmäßig legt erst das Ziel einer Handlung fest, was eine Person wirklich tut.[871] Nach der Theorie des Korrespondenzschlusses werden dabei die Intention und mitunter auch die Disposition mit dem Begriff (z.B. „egoistisch", „großzügig" usw.) gleichgesetzt, der zur Handlungsbeschreibung verwendet wird.[872]

Bei der Untersuchung der Attributionspraxis hat sich ergeben, daß Beobachter[873] dazu neigen, internale Zuschreibungen einseitig zu bevorzugen, d.h. eine Überattribuierung auf die Person vorzunehmen und situative Einflüsse zu vernachlässigen. Dieses als *fundamentaler Attributionsfehler* oder *Laien-Dispositionismus*[874] beschriebene, kulturell variierende Phänomen wird heute mit einem weniger umstrittenen Terminus auch *Korrespondenzneigung* genannt,[875] für die verschiedene Erklärungen angeboten werden, wie die Heuristik der Zugänglichkeit und Repräsentativität, da die Person konkret und „Gestalt" ist, der sprachlichen Eigenheit,

---

alpsychologie 13 (1982), 267, 269 ff.), oder dem ANOVA *(analysis of variance)*-Modell von KELLEY, *Attribution theory in social psychology*, S. 192 ff., 195 ff.; zum Ganzen BIERHOFF, *Sozialpsychologie*[5], S. 243 ff. m. w. Nachw.

870 Siehe nur BIERHOFF, *Sozialpsychologie*[5], S. 241 ff.; BAYER/FERGUSON/GOLLWITZER, *Voluntary action from the perspective of social-personality psychology*, S. 86, 97 ff.; auch BIERBRAUER, *Die Zuschreibung von Verantwortlichkeit*, S. 130, 138 ff., jew. m. w. Nachw.

Vgl. WEINER, *An Attributional Theory of Motivation and Emotion*; DERS., *Judgments of Responsibility. A Foundation for a Theory of Social Conduct*, jew. durchgehend; knapp DERS., *Sünde versus Krankheit*, S. 1, 3 ff.

871 HEIDER, *The Psychology of Interpersonal Relations*, S. 117; KRUGLANSKI, *The Endogenous-Exogenous Partition in Attribution Theory*, Psychological Review 82 (1975), 387, 389 f.; HAMILTON, *Who Is Responsible? Toward a* Social *Psychology of Responsibility Attribution*, Social Psychology 41 (1978), 316, 324 f. Zur Handlungsidentifikation bei konkurrierenden Beschreibungen siehe SHAVER, *The Attribution of Blame*, S. 39 ff. m. w. Nachw.

872 Dazu BIERHOFF, *Sozialpsychologie*[5], S. 251 ff. m. w. Nachw.; zur *correspondent inference theory* siehe oben Fußn. 869.

873 Handelnde selbst neigen dagegen zu externalen Zuschreibungen ihrer eigenen Aktivität, sog. Akteur-Beobachter-Fehler, JONES & NISBETT, *The Actor and the Observer*, S. 79, 85 ff., 88 ff.; ROSS & NISBETT, *The Person and the Situation*, S. 140 f.; BIERHOFF, *Sozialpsychologie*[5], S. 259 ff. m. w. Nachw.

874 JONES & HARRIS, *The Attribution of Attitudes*, Journal of Experimental Social Psychology 3 (1967), 1 f., 21 ff.; ROSS, *The Intuitive Psychologist and his Shortcomings: Distortions in the Attribution Process*, S. 173 ff., 214; ROSS & NISBETT, *The Person and the Situation*, S. 87 ff., 125 ff., 139 ff.; historischer Überblick bei GILBERT & MALONE, *The Correspondence Bias*, Psychological Bulletin 117 (1995), 21, 22 ff.; siehe auch LLOYD-BOSTOCK, *The Ordinary Man, and the Psychology of Attributing Causes and Responsibility*, 42 Mod.L.Rev. 143, 150 ff., 153 ff. m. w. Nachw. (1979); w. Nachw. bei BIERHOFF, *Sozialpsychologie*[5], S. 206 f.; BIERBRAUER, *Die Zuschreibung von Verantwortlichkeit*, S. 130, 147 ff.

875 JONES, *Interpersonal Perception*, S. 138 ff.; GILBERT & MALONE, *The Correspondence Bias*, Psychological Bulletin 117 (1995), 21 ff., 24 ff.; GILBERT, *How mental systems believe*, American Psychologist 46 (1991), 107 ff.

daß dieselben Attribute auf eine Handlung und die Disposition einer Person bezogen werden können[876] etc.[877] Daneben werden eine Fülle weiterer Attributionsverzerrungen diskutiert.[878] Es liegen allerdings keine Informationen darüber vor, wie häufig der Korrespondenzfehler, dessen Vorteil in der Einsparung kognitiver Ressourcen liegt, in Alltagssituationen auftritt und ob oder wie häufig er zu Fehlentscheidungen führt.[879] Wieweit ein solcher „Attributionsfehler“ sich tatsächlich in der Zuschreibung moralischer und rechtlicher Verantwortlichkeit, deren Grundlage die einer Person zugeschriebene Absicht und zugeschriebene Anstrengung bilden, auswirkt, ist deshalb fraglich.[880]

Anzumerken ist, daß die Attributionsforschung, obwohl HEIDER sich der Bedeutung der Sprache sehr wohl bewußt war,[881] Sprache und verbale Kommunikation bei der Theoriebildung weitgehend ausblendet.[882] Gleichwohl ist festzustellen, daß viele Phänomene und Probleme der Attributionsforschung spezifische sprachliche Formen haben und sprachliche Rekodierung oftmals bestimmte Attributionen vorgibt.[883] Zudem läge hier an sich ein Testfall für die SAPIR-WHORF-These vor[884] und schließlich bleibt die metatheoretische Frage an die Attributionstheorie

---

876 Zum abstrakten Sprachgebrauch, der dispositionale Attributionen und damit den „fundamentalen Attributionsfehler“ begünstigt, siehe FIEDLER/SEMIN/FINKENAUER, *Welchen Spielraum läßt die Sprache für die Attribution?*, S. 27, 46 f.

877 Nachw. dazu, zur Ankerheuristik und der Asymmetrie zwischen Akzeptieren und Zurückweisen bei BIERHOFF, *Sozialpsychologie*[5], S. 206 f.

878 Z.B. die Neigung, kontrollierbare Faktoren zu bevorzugen, der Einfluß der Schwere einer Folge auf die Zurechnung, Neigung zu defensiver Attribution (Vermeidung von Ergebnissen, die einem selbst bedrohlich erschienen können) oder das Streben nach einer „gerechten Welt“. Knapper Überblick aus rechtlicher Warte bei LLOYD-BOSTOCK, *The Ordinary Man, and the Psychology of Attributing Causes and Responsibility*, 42 Mod.L.Rev. 143, 153 ff. (1979).

879 GILBERT & MALONE, *The Correspondence Bias*, Psychological Bulletin 117 (1995), 21, 28, 32 ff., 35, mit Überlegungen, warum der Korrespondenzfehler in der Lebenspraxis oftmals folgenlos bleiben dürfte; BIERHOFF, *Sozialpsychologie*[5], S. 208.

880 So aber BIERBRAUER, *Die Zuschreibung von Verantwortlichkeit*, S. 130, 140 f., 150 ff. m. w. Nachw.; einen Hang zur Überattribuierung von Intentionen durch Geschworene berichtet WHITE, *Juror Decision-Making in the Capital Penalty Trial: An Analysis of Crimes and Defense Strategies*, 11 Law & Human Behavior 113, 128 f. (1987); auch SEVERANCE, GOODMAN & LOFTUS, 20 J.Crim. Just. 107 ff., 117 (1992).

881 HEIDER, *The Psychology of Interpersonal Relations*, S. 7 ff.

882 Dazu FIEDLER/SEMIN/FINKENAUER, *Welchen Spielraum läßt die Sprache für die Attribution?*, S. 27 ff.; FINCHAM & JASPARS, *Attribution of Responsibility: From the Man the Scientist to Man as Lawyer*, S. 81, 130 ff., jew. m. w. Nachw.

883 KANOUSE, *Language, Labeling and Attribution*, S. 121 ff.; ROSS & DITECCO, *An Attributional Analysis of Moral Judgment*, Journal of Social Issues 31,3 (1975), 91, 100: “Language implicitly forms the basis by which we interpret events in the world ... Consequently, the language we learn to use can influence, and indeed determine our attributions.”; LOFTUS, *Leading Questions and the Eyewitness Report*, Cognitive Psychology 7 (1975), 560 ff.; DIES., *Reconstruction of automobile destruction: an example of the interaction of language and memory*, Journal of Verbal Learning and Verbal Behavior 13 (1974), 585 ff.; LLOYD-BOSTOCK, 42 Mod.L.Rev. 143, 152 f. (1979).

884 Zutr. FIEDLER/SEMIN/FINKENAUER, *Welchen Spielraum läßt die Sprache für die Attribution?*, S. 27, 40 m. w. Nachw. Zur SAPIR-WHORF-Hypothese siehe oben Fußn. 398.

selbst, ob ihre Fragestellungen empirisch oder nicht vielmehr (sprach-)analytisch zu beantworten sind[885].

Schließlich wurde Attributionsforschung und auch Attribution von Verantwortlichkeit zunächst als kognitiver Prozeß untersucht ohne Beachtung sozialer Kontexte, vor allem ohne normative Kontexte (Rollen).[886] So wurde zwar oft stillschweigend angenommen, daß die Attributionsmuster des Alltags und die des Strafrechts sich decken, insbesondere in Rechtsordnungen, wo Laien an der gerichtlichen Rechtsfindung beteiligt sind,[887] doch scheint dies nur im großen und ganzen zuzutreffen: Beispielsweise ist die Unterscheidung zwischen Absicht und Fahrlässigkeit Laien leicht vermittelbar, feinere rechtliche Differenzierungen innerhalb des [Vorsatzes] hingegen deutlich schwieriger.[888] Bei der Ausdifferenzierung von Formen der Verantwortungszurechnung hat das Recht, vor allem das Strafrecht, einen Vorsprung von mehreren Jahrhunderten Erfahrung und Analyse vor der Attributionstheorie. Auch haben sich Unterschiede herausgestellt je nach dem Zweck der Zuschreibung, etwa moralischer Tadel oder rechtliche Strafe.[889] Strafrechtliche Zurechnung ist der naiven Attribution eng verwandt,[890] bildet aber, wie zu erwarten, ein eigenständiges System.

---

885 So zutr. BRANDTSTÄDTER, *Apriorische Elemente in psychologischen Forschungsprogrammen*, Z. f. Sozialpsychologie 13 (1982), 267 ff. Freilich ergibt auch Sprachanalyse, wie oben gezeigt, keine *apriori* logisch wahren Sätze, aber manche Hypothesen könnten sich als Hypothesen über *sprachliche* Verwendungsregeln herausstellen. Hält man Sprachverstehen für eine empirische Frage, wie FIEDLER/SEMIN/FINKENAUER, *Welchen Spielraum läßt die Sprache für die Attribution?*, S. 27, 50 f., bleibt die Perspektive zu erweitern.

886 Krit. dazu FINCHAM & JASPARS, *Attribution of Responsibility: From the Man the Scientist to Man as Lawyer*, S. 81, 132 ff.; HAMILTON, *Who Is Responsible? Toward a* Social *Psychology of Responsibility Attribution*, Social Psychology 41 (1978), 316 ff., 320 ff.

887 Dazu SEVERANCE, GOODMAN & LOFTUS, 20 J.Crim.Just. 107, 116 m. w. Nachw. (1992); aus rechtlicher Sicht haben vor allem HART & HONORÉ, *Causation in the Law*, S. 26 ff., angenommen, das Recht richte sich nicht nach wissenschaftlichen, sondern nach Alltagsbegriffen, dazu FINCHAM & JASPARS, *Attribution of Responsibility: From the Man the Scientist to Man as Lawyer*, S. 81, 98 ff.; LLOYD-BOSTOCK, *The Ordinary Man, and the Psychology of Attributing Causes and Responsibility*, 42 Mod.L.Rev. 143 ff. (1979).

888 Vgl. CARROLL & WIENER, *Cognitive Social Psychology in Court and Beyond*, S. 213, 223: "... the law makes more distinctions among kinds and degrees of responsibility than does attribution theory. ... A major issue for attribution theory is to separate legal and commonsense ideas about responsibility ... It may be that attribution theory is simply weak in analyzing how people think about responsibility and could profit from centuries of legal thought. On the other hand, it could be that legal principles become applied by jurors and other actors in the legal system in ways that transform them into commonsense judgments of a simpler nature more closely related to the concepts of attribution theory."; auch MCGILLIS, *Attribution and the Law. Convergence Between Legal and Psychological Concepts*, 2 Law & Human Behavior 289, 297 f. (1978); w. Nachw. bei SEVERANCE, GOODMAN & LOFTUS, 20 J.Crim.Just. 107, 116 f. (1992).

889 Eingehend LLOYD-BOSTOCK, *The Ordinary Man, and the Psychology of Attributing Causes and Responsibility*, 42 Mod.L.Rev. 143 ff., 164 ff. m. w. Nachw. (1979).

890 FINCHAM & JASPARS, *Attribution of Responsibility: From the Man the Scientist to Man as Lawyer*, S. 81, 94 ff., 104 ff.; MCGILLIS, *Attribution and the Law. Convergence Between Legal and Psychological Concepts*, 2 Law & Human Behavior 289 ff., 297 f. (1978)

2. Philosophische Handlungsmodelle

> In the strict philosophical sense, nothing can be called the action of a man, but what he previously conceived and willed or determined to do.[891]

> Philosophers often seem to think that there must be some simple grammatical litmus test of agency, but none has been discovered.[892]

Als Referenzpunkte seien einige philosophische Handlungsmodelle beispielhaft erinnert, wegen ihrer Nähe zu oder teilweisen Rezeptionen in juristischen Handlungskonzepten. Auch hier kann nur eine stark vergröbernde, vereinfachende Skizze geleistet werden, die die zahlreichen Detailprobleme und die äußerst umfangreiche Literatur vielfach außer acht lassen muß.

a) Kausale und intentionale Handlungserklärung, praktischer Syllogismus und *desire-belief model*

Aristoteles unterscheidet unfreiwillige und freiwillige Handlungen.[893] Freiwillige Handlungen haben ihre Ursache *im* Handelnden, der die Umstände seines Tuns kennt. Auch Kinder und Tiere können freiwillig handeln, sind jedoch nicht zur *Entscheidung* oder *Willenswahl* (*προαίρεσις*) fähig, die sich durch vorherige Überlegung kennzeichnet. Sie ist nicht mit dem Willen (*βούλησις*) identisch, der auf den Endzweck geht und auch auf Unmögliches wie Unsterblichkeit gerichtet sein kann, während die Wahl die Mittel zum Zweck betrifft und zwar nur solche, die in unserer Macht stehen.[894] Ihr liegt die Überlegung voraus, die von einem erstrebten Ziel ausgeht und nach Mitteln sucht, dieses zu erreichen. Hat man eines gefunden, so fragt man weiter, wie dieses zu erreichen sei, bis man zur ersten Ursache gelangt, die als letzte gefunden wird. Die Entscheidung ist daher „überlegtes Begehren von etwas, das in unserer Macht steht“.[895] Ursprung (*causa efficiens*, nicht *causa finalis*) des Handelns ist die Entscheidung, ihr Ursprung ist das Streben und die Vorstellung eines Zwecks. Daher gebe es keine Entscheidung ohne Verstand und Denken einerseits und sittlichen Habitus andererseits. Denken allein aber bewegt nichts, sondern nur das auf einen bestimmten Zweck gerichtete, praktische Denken. Die Entscheidung ist daher begehrendes Denken oder denkendes Streben und in diesem Sinne ist Ursprung des Handelns der Mensch.[896] Die Ursache der Unbeherrschtheit beschreibt Aristoteles in Form eines Schlusses, dessen Prämissen eine allgemeine Meinung (z.B. man müsse alles Süße kosten) und eine auf ein einzelnes wahrgenommenes Ding gerichtete Meinung (dieses Ding ist süß)

---

891 Reid, *Essays on the Active Powers of Man*, Essay III, part I, ch. I, S. 97.

892 Davidson, *Agency*, S. 43, 44.

893 Siehe unten Anhang IV.

894 Aristoteles, *Nikomachische Ethik*, III, 1111 b, 4 ff.

895 Aristoteles, *Nikomachische Ethik*, III, 1112 a, 18 ff., Zitat: 1113 a, 9 ff.

896 Aristoteles, *Nikomachische Ethik*, VI, 1139 a, 37 ff.

sind. Wenn aus beiden Meinungen durch logische Verknüpfung eine werde, so müsse diese Folgerung im Praktischen sogleich in eine Handlung übersetzt werden (dieses Ding muß gekostet werden), sofern der Mensch dazu imstande sei und nicht gehindert werde.[897]

Ähnlich unterscheidet später THOMAS VON AQUIN die *actio humana,* die spezifisch menschliche Fähigkeiten involviert, von der *actio hominis*, sonstigem menschlichem Verhalten, anhand der Kriterien *ratio* und *voluntas,*[898] ebenso die naturrechtliche Imputationslehre etwa PUFENDORFS[899].

ANSCOMBE hat den praktischen Syllogismus für die jüngere analytische Handlungsphilosophie fruchtbar gemacht,[900] nicht als Abfolge mentaler Zustände bei der Handlung, sondern als Beschreibungsschema intentionaler Handlungen, genauer: intentionale Handlungen sind keine *natural class*, sondern eine bestimmte Beschreibungsform von Ereignissen[901]: Intentionale Handlungen werden aus Gründen getan.[902] Vor allem VON WRIGHT hat in seiner an die Hermeneutik anknüpfenden Handlungserklärung den praktischen Syllogismus benutzt, allerdings später verworfen, dessen einfachste Form lautet:[903]

P_1	A beabsichtigt, *p* herbeizuführen.
P_2	A glaubt, daß er *p* nur dann herbeiführen kann, wenn er *a* tut.
C	Folglich macht sich A daran, *a* zu tun.

---

897 ARISTOTELES, *Nikomachische Ethik*, VII, 1147a, 25 ff. Zu den insgesamt vier leicht abweichenden Varianten des praktischen Syllogismus bei ARISTOTELES siehe ANSCOMBE, *Intention*, § 35; BRENNENSTUHL, *Ziele der Handlungslogik*, S. 35, 52 ff. m. w. Nachw.

898 THOMAS VON AQUIN, *Summa theologica*, II-1, qu. 1 art. 1 c.: „Respondeo dicendum, quod actionum quae ab homine aguntur, illae solae proprie dicuntur humanae quae sunt propriae hominis, inquantum est homo. Differt autem homo ab aliis irrationalibus creaturis in hoc quod est suorum actuum dominus. Unde illae solae actiones vocantur propriae humanae quarum homo est dominus. Est autem homo dominus suorum actuum per rationem et voluntatem; unde et liberum arbitrium esse dicitur ‚facultas voluntatis et rationis'. Illae ergo actiones propriae humanae dicuntur quae ex voluntate deliberata procedunt. Si quae autem aliae actiones homini conveniant, possunt dici quidem hominis actiones, sed non propriae humanae, cum non sint hominis, inquantum est homo."; auch qu. 1 art. 3 c.

Nichts denkend etwas tun, Hand oder Fuß ohne weiteres Ziel bewegen, sich am Bart zupfen etc. sind in diesem Sinne *actiones hominis*, aber keine *actiones humanae*, „quia non procedunt ex deliberatione hominis," *ibid.*, qu. 1 art. 1 ad 3.

899 PUFENDORF, *De officio hominis et civis iuxta legem naturalem*, lib. I cap. I (vgl. § 2: „Per *humanam actionem* intellegimus non quemvis motum à facultatibus hominis procedentem; sed illum duntaxat, qui provenit ac dirigitur ab iis facultatibus, quæ humano generis præ brutis Creator O. M. attribuit, nempe qui velut prælucente *intellectu*, ac determinante *voluntate* suscipitur.").

900 ANSCOMBE, *Intention*, §§ 33 ff.

901 ANSCOMBE, *Intention*, §§ 47 f.

902 ANSCOMBE, *Intention*, §§ 5–26. In ganz anderem Theoriekontext auch KELLER, *Psychologie und Philosophie des Wollens*, S. 68 ff.

903 VON WRIGHT, *Explanation and Understanding*, S. 96 ff., anders später DERS., *Das Verstehen von Handlungen – Disputation mit Georg Meggle*, S. 166, 178; dazu PETERS, *Das Wissen vom Handeln*, S. 130 ff. m. w. Nachw.

In *dieser* Form indes folgt die *conclusio*, die zugleich das Explanandum einer teleologischen Handlungserklärung ist, nicht mit Notwendigkeit aus den Prämissen.[904] Selbst wenn der Schluß auch in einer präzisierten Form prospektiv nicht zureichend sein sollte,[905] muß dies seine retrospektive Erklärungskraft nicht mindern; offen bleibt allerdings die Frage, warum diese nicht-kausale Erklärung überhaupt eine Erklärung ist.[906] Verstehende Erklärung[907] schließt im übrigen nicht aus, daß (manche) Handlungen Ursachen haben,[908] und ist mit der Annahme psychophysischer Determiniertheit verträglich.[909] Schließlich unterliegt jeder Handlung ein Geschehen („Ereignis") in der Welt, das kausal beschrieben werden kann.[910]

Mit ähnlichen Prämissen arbeitet die verbreitete kausale Handlungserklärung,[911] so in der einflußreichen Fassung von DAVIDSON:[912]

P_1 A hat eine positive Haltung ("pro attitude", z.B. Wunsch, Trieb) zu Handlungen mit bestimmten Eigenschaften.

P_2 A glaubt (weiß, nimmt wahr, bemerkt, erinnert), daß die Handlung H unter der Beschreibung *d* eine dieser Eigenschaften hat.

C A tut H unter der Beschreibung *d*.

Diese beiden pychischen Einstellungen, Wunsch (*desire*; der Ausdruck *pro attitude* hat sich nicht durchgesetzt) und Meinung *(belief)*, nennt DAVIDSON den primären Grund einer Handlung, der zugleich ihre Ursache darstellt.[913]

---

904 VON WRIGHT, *Explanation and Understanding*, S. 98 ff., 104 ff. mit Präzisierungen; dazu PETERS, *Das Wissen vom Handeln*, S. 110 ff. m. w. Nachw. zu Kritiken.

905 Siehe nur DAVIDSON, *Actions, Reasons, and Causes*, S. 3, 16.

906 So die Kritik KIMS, *Intention und praktischer Schluß*, S. 79, 82; VON WRIGHT, *Erwiderungen*, S. 264, 279 f., hält dies ebensowenig für beantwortbar wie die Frage, warum kausale Erklärungen erklärend wirken. MELDEN, *Free Action*, 1961, S. 102, sieht die Erklärungsleistung der Angabe eines *Motivs* darin, daß die Handlung in einen Kontext eingebettet wird und etwas über den Handelnden ausgesagt werde; beides enthülle eine Ordnung oder ein Muster in den fraglichen Vorgängen, d.h. bringe Ordnung ins Chaos (wie ANSCOMBE, *Intention*, § 43 a.E.). Diese Erklärungsleistung durch Aufzeigen von Regelmäßigkeiten entspricht der kausalen Erklärung, vgl. HUME, oben Fußn. 560; DAVIDSON, *Actions, Reasons, and Causes*, S. 3, 10 u. ff.; zur Ähnlichkeit von praktischem Syllogismus und D-N-Schema siehe TRUSTED, *Inquiry and Understanding*, S. 96 ff.

907 VON WRIGHT, *Das Verstehen von Handlungen – Disputation mit Georg Meggle*, S. 166, 178 f., unterscheidet noch zwischen Verstehen und Erklären: Ersteres antworte auf die Frage „Was?" (Was tut der Handelnde eigentlich?), letzteres auf die Frage „Warum?" (Aus welchem Grund tut er es?).

908 So z.B. VON WRIGHT, *Explanation and Understanding*, S. 15 f., 95 f.; DERS., *Die menschliche Freiheit*, S. 209 ff.

909 So z.B. VON WRIGHT, *Die menschliche Freiheit*, S. 209 ff.

910 Zutr. MCFEE, *Free Will*, S. 96.

911 Das moderne kausale *desire-belief*-Schema geht vor allem auf DUCASSE, *Explanation, Mechanism, and Teleology*, Journal of Philosophy 22 (1925), 150, 154 f., zurück.

912 DAVIDSON, *Actions, Reasons, and Causes*, S. 3 ff.; auch BENNETT, *Action, Reason, and Purpose*, Journal of Philosophy 62 (1965), 85 ff. Die Ansicht, daß Motive Ursachen von Handlungen seien, ist freilich nicht von der analytischen Philosophie erfunden worden, sondern Bestandteil der meisten deterministischen Positionen. Eine klassische Formulierung findet sie z.B. bei PRIESTLEY, *The Doctrine of Philosophical Necessity*, S. 28 u. ff., 44 ff., 52 ff., 55, und in SCHOPENHAUERS *Preisschrift über die Freiheit des Willens*, S. 481, 554 ff.

Solche nach ihren Prämissen, unabhängig davon, ob ihnen eine intentionalistische und (nomologisch oder anomal) kausale Erklärung folgt, *desire-belief model* genannten Handlungmodelle spiegeln das *Common Sense*-Verständnis[914] auch des Strafrechts[915] wider – schließlich orientieren sich manche Vorschläge bewußt an der normalen Sprache als Kriterium der Gegenstandsadäquanz[916] –, das freilich unproblematisch psychophysische Kausalität annimmt.

In die umfangreiche und stark verästelte Diskussion über intentionalistische und kausale Erklärungsansätze kann hier nicht eingetreten werden. Festzuhalten ist nur, daß beide Typen auf zahlreiche Probleme stoßen. Alle *desire-belief-action principles* orientieren sich gleichsam an einem Idealtypus überlegten rationalen Verhaltens und identifizieren Handlungen mit Hilfe von Intentionalität[917] oder zumindest der Möglichkeit intentionaler Beschreibung,[918] verbunden mit einem Ereignis wie – mitunter großzügig[919] verstandenen – Körperbewegungen, im Gegensatz zu

---

913 Nicht im Sinne einer deduktiv-nomologischen Erklärung nach dem HEMPEL-OPPENHEIM-Schema (so HEMPEL, *Aspects of Scientific Explanation*, S. 331 ff.; HEMPEL/OPPENHEIM, *Studies in the Logic of Explanation*, S. 245 ff.; dazu TRUSTED, *Inquiry and Understanding*, S. 96 ff.), sondern in der Form von DAVIDSONS „anomalen Monismus", dazu siehe nur RUNGGALDIER, *Was sind Handlungen?*, S. 108 ff., 122 ff.; PETERS, *Das Wissen vom Handeln*, S. 26 ff., 39 ff. m. w. Nachw. Siehe auch KINDHÄUSER, *Intentionale Handlung*, S. 23 ff., 146 ff. Zur Kausalität willentlicher Verrichtungen siehe SEEBASS, *Wollen*, S. 205 ff. m. w. Nachw.

Zu dem abweichenden und etwas mysteriösen Konzept einer besonderen, nicht ereignisbezogenen, nicht-HUMEschen Kausalbeziehung, der *agent causality* von RICHARD TAYLOR, *Action and Purpose*, S. 15 ff.; THALBERG, CHISHOLM u.a. (sie läßt sich wenigstens schon auf REID zurückführen, siehe oben Fußn. 332), wonach der Handelnde als erste Ursache seiner Handlung gilt, siehe die instruktive Analyse von THORP, *Free Will*, S. 99 ff.; auch RUNGGALDIER, *Was sind Handlungen?*, S. 144 ff.; SEEBASS, *Wollen*, S. 27 ff., 207 f.; PAUEN, *Illusion Freiheit?*, S. 40 ff., jew. m. w. Nachw.

914 Vgl. nur FORGUSON, *Common Sense*, S. 164 f.: "an action is a piece of behaviour caused by an epistemic state and desiderative state".

915 Dazu MOORE, *The Moral and Metaphysical Sources of the Criminal Law*, S. 11, 16 ff.

916 So VON WRIGHT, *Explanation and Understanding*, S. 15, 95.

917 Übersicht m. Nachw. bei LENK, *Handlung als Interpretationskonstrukt*, S. 279, 281 ff.; RUNGGALDIER, *Was sind Handlungen?*, S. 88 ff., jew. m. w. Nachw.

Krit. zur Identifikation von Handlung mit Absicht aus psychologischer Sicht KUHL, *Wille, Freiheit, Verantwortung*, S. 186, 190 ff.; VALLACHER & WEGNER, *A Theory of Action Identification*, S. 5 ff., 225 f. LAUCKEN/MEES, *Motivationspsychologisches Umgangswissen*, S. 3, 16, halten die "desire-belief-psychology" für ein „tautologisches Explikat intentionaler Handlungsverben" – allerdings implizieren bei weitem nicht alle Verben intentionale Aktivität, vgl. nur ANSCOMBE, *Intention*, § 47. Zur impliziten Kausalität und Intentionalität von Verben siehe FIEDLER/SEMIN/FINKENAUER, *Welchen Spielraum läßt die Sprache für die Attribution?*, S. 27, 40 ff. m. w. Nachw.

918 Z.B. DAVIDSON, *Agency*, S. 43, 46 ("a man is the agent of an act if what he does can be described under an aspect that makes it intentional."), 50. Krit. O'SHAUGHNESSY, *The Will*, vol. 2, S. 58 ff., 244.

919 Z.B. DAVIDSON, *Agency*, S. 43, 49 f., der auch Stillstehen und mentale Akte wie Entscheiden oder Rechnen einbezieht; dazu DUFF, *Criminal Attempts*, S. 254 ff. Ähnl. SEARLE, *Intentionalität*, S. 135: auch geistige Akte und Unterlassungen können in seinem Sinne Handlungen sein, d.h. zu den Erfüllungsbedingungen einer kausal selbstbezüglichen Handlungsabsicht (siehe unten Fußn. 975) zählen. Siehe auch SALMOND, *Jurisprudence*[7], § 128, S. 381 f.: Denken oder Rechnen als *internal acts*.

extremen volitionalen Positionen, die Handlungen auf Willensakte oder Versuche *(trying)* beschränken[920]. Intentionalität als Handlungskriterium antwortet auf die Frage „warum?“,[921] d.h. nach den Gründen dieses Verhaltens und steht zumeist im Zusammenhang mit dem Interesse an Bewertung:[922] Gründe verleihen einem Verhalten verstehbaren Sinn und dienen zugleich der Rechtfertigung oder dem Tadel[923] – zumal Normen ihrerseits Personen mit Gründen ausstatten, in bestimmter Weise zu handeln[924].

Dieses rationalistische Modell erkauft den Vorzug der Einfachheit um den Preis, den größten Teil der menschlichen Alltagshandlungen, die nun einmal nicht auf bewußter Rationalität beruhen, nicht erfassen zu können.[925] Emotionale Einflüsse sind allenfalls rational vermittelt darstellbar,[926] indem die Vernunft die Magd der Leidenschaften wird[927]. – Aus Sicht der Persönlichkeitspsychologie liegt somit der Fokus auf analytisch-intentionalistischer Verhaltenserklärung, die sich im von Gefühlen und Bedürfnissen abgetrennten linkshemisphärischen Verarbeitungssystem bewegt und damit das kontextualisierende, intuitiv-holistische (rechtshemisphärische) Erfassen der Gesamtheit der einen Menschen charakterisierenden Momente, vor allem seiner Bedürfnisse und Gefühle, völlig ausspart.[928] Aus anthropologischer, ethnosoziologischer bzw. -psychologischer Sicht handelt es sich wie erwähnt um ein Modell, das typisch ist für einen individuelle Ziele verfolgenden Akteur, nicht einen primär durch soziale Beziehungen definierten Handelnden *(contextual*

---

920 So vor allem PRICHARD, *Acting, Willing, Desiring*, S. 187 ff., 190, und HORNSBY, *Actions*, z.B. S. 13 (“all actions ... occur inside the body”).

921 ANSCOMBE, *Intention*, §§ 5 ff.; VON WRIGHT, *Probleme des Erklärens und Verstehens von Handlungen*, S. 141 ff.; siehe auch RUNGGALDIER, *Was sind Handlungen?*, S. 90 ff.

922 VON WRIGHT, *Probleme des Erklärens und Verstehens von Handlungen*, S. 141, 142.

923 BUBNER, *Handlung, Sprache und Vernunft*, S. 149 ff., gründet hierauf seine Kritik: Die geforderte Rationalität der Begründbarkeit entspreche einer Legitimationsforderung, wie sie grundsätzlich in der Situation des Rechts eintrete (S. 151); dies mache aber einen Sonderfall zum Regelfall. VON WRIGHT, *Probleme des Erklärens und Verstehens von Handlungen*, S. 141, 156, räumt ein, daß Handlungen nur „unter besonderen Umständen, die relativ selten vorliegen“, überhaupt einer Erklärung bedürfen; regelmäßig „versteht“ sich eine Handlung von selbst, ebenso DERS., *Das Verstehen von Handlungen – Disputation mit Georg Meggle*, S. 166, 195. Dieser von BUBNER kritisierte Zug macht intentionale Erklärungen für Strafjuristen gerade attraktiv, zur Rezeption siehe oben Fußn. 390.

924 VON WRIGHT, *Die menschliche Freiheit*, S. 209, 220 f.

925 Vgl. nur die Kritik von DRAY, *Laws and Explanation in History*, S. 118 ff., 122 ff.; ähnl. RICŒUR, *Le volontaire et l'involontaire*, S. 41 ff., 65 f.; auch SCHÖPF, Stichwort „Wille“, S. 1702, 1709 ff. m. w Nachw.

926 So z.B. VON WRIGHT, *Probleme des Erklärens und Verstehens von Handlungen*, S. 141, 143 ff., 145; DERS., *Die menschliche Freiheit*, S. 209, 230 f.: Motive, die irrational sein könnten wie etwa Leidenschaften, könnten jemanden dazu veranlassen, rational aus Gründen zu handeln. Zur Kritik dieser Beschränkung siehe STOECKER, *Handlungen und Handlungsgründe*, S. 21 ff., und die Beiträge von HURSTHOUSE, LOCKE und SMITH, ebenda.

927 Vgl. HUME, *A Treatise of Human Nature*, Book II, Part III, Sect. III, S. 415: “Reason is, and ought only to be the slave of the passions, and can never pretend to any other office than to serve and obey them”.

928 KUHL, *Motivation und Persönlichkeit*, S. 37, 624 ff., 643, 670 ff., 682 ff. m. w. Nachw.

actor).[929] – Nicht auf vorheriger Überlegung, sondern etwa auf unreflektierter Gewohnheit beruhendes Verhalten bei Standard- oder Minimalhandlungen,[930] aus Unachtsamkeit, ohne besondere Gründe erfolgendes, impulsives, irrationales, „willensschwaches" Verhalten wider besseres Wissen sind nicht ohne weiteres einzufangen[931] – Fälle, die den Großteil strafrechtlich relevanten Verhaltens ausmachen[932] und deren strafrechtliche Relevanz (z.B. als Fahrlässigkeitstaten) gerade nicht in ihrer Intentionalität besteht, selbst wo eine solche Beschreibung möglich ist.

Das intentionalistische Modell verwischt ferner Willensbildung und den Übergang zur Willenshandlung,[933] da der Status der *conclusio* (Selbstimperativ, Handlungsplan, Handlungsversuchsbeschreibung?) unklar bleibt[934]: Ob ein Grund eine Handlung *ex post facto* rational erscheinen läßt oder wirklich erklärt, d.h. den „wahren", handlungswirksamen Grund angibt, falls dies ein sinnvolles Konzept ist,[935] ist im intentionalen Modell allein nicht zu klären.[936] Der praktische Syllogismus

---

929 Dazu HAMILTON & SANDERS, *Everyday Justice*, S. 48 ff. m. w. Nachw., sowie oben Fußn. 845 am Ende.

930 Vgl. PROUST, *How voluntary are minimal actions?*, S. 202, 204 ff., 207 ff., auch zur „unbewußten Handlungsabsicht" bei SEARLE, in dessen Sicht weder Intentionalität noch Absichten notwendig bewußt sind, *Intentionalität*, S. 16 f., 123 u. ff.

931 VON KUTSCHERA, *Grundbegriffe der Handlungslogik*, S. 67, 69, hält daher Bewußtheit, und damit Absichtlichkeit, nicht für ein notwendiges Kriterium für Handlungen und weist darauf hin, daß die meisten Verben, die zur Beschreibung von Handlungen benutzt werden, Erfolgsverben sind; vgl. oben Fußn. 917.

932 Siehe nur ROBINSON & DARLEY, 24 Oxford J. Legal Stud. 173, 176 ff. (2004) m. zahlr. Nachw. zur kriminologischen bzw. sozialpsychologischen Empirie, insb. GOTTFREDSON & HIRSCHI, *A General Theory of Crime*, S. 90 u. ff.; WEST & FARRINGTON, *Who Becomes Delinquent?*, S. 98 ff., 189.

933 SEEBASS, *Wollen*, S. 209 ff., 211.

934 Vgl. nur BRENNENSTUHL, *Ziele der Handlungslogik*, S. 35, 52 ff., 55 ff. m. w. Nachw.

935 Wenn man die Ursache von Handlungen in privaten mentalen Zuständen sucht, wird man sie nie zuverlässig finden. Werden Intentionen als zugeschriebene Dispositionen verstanden, so ist ein gewisser Grad an Zuverlässigkeit erreichbar im Sinne kohärenter Beschreibung der bekannten Umstände – entsprechend dem juristischen Indizienbeweis –, vgl. ANSCOMBE, *Intention*, §§ 23, 25; MELDEN, *Free Action*, S. 100 f.; GUSTAFSON, *Intention and Agency*, 57 ff. Vgl. das abweichende Verständnis STOUTLANDS, *The Real Reasons*, S. 43 ff., 50 ff.

VON WRIGHT, *Explanation and Understanding*, S. 107 ff.; DERS., *Probleme des Erklärens und Verstehens von Handlungen*, S. 141 ff., 153 ff., 157 ff., 164 f., weist die Vorstellung einer „objektiven Wahrheit" zurück zugunsten einer Kohärenztheorie des Verstehens, siehe DERS., *Das Verstehen von Handlungen – Disputation mit Georg Meggle*, S. 166, 192 ff. m. w. Nachw.

936 So KIM, *Reasons and the First Person*, S. 67, 75 ff.; SEEBASS, *Wollen*, S. 209 ff.; BUBNER, *Handlung, Sprache und Vernunft*, S. 152 ff.; ähnl. SEARLE, *Intentionalität*, S. 123 f.; siehe auch oben bei Fußn. 483.

Wie zwischen konkurrierenden Erklärungen, d.h. alternativen Prämissen, zu entscheiden ist, läßt VON WRIGHT in *Explanation and Understanding*, S. 117 f., ausdrücklich unerörtert. In *Probleme des Erklärens und Verstehens von Handlungen*, S. 141, 153 ff., heißt es (S. 154): „Ich behaupte m.a.W., daß die verstehende Handlungserklärung keinen Wahrheitsgrund (kein Kriterium für ihre Richtigkeit) außerhalb der Verbindung besitzt, die im Akte des Verstehens zwischen der Handlung und den Gründen geschlagen wird. Überspitzt könnte man sagen, daß eine verstehende Handlungskann lediglich aufzeigen, daß eine Handlung unter *einen* Grund fallen kann;[937] zur Auswahl konkurrierender Gründe *ex ante*, bei der Willensbildung, kann er nichts beitragen. Kausale Ansätze entgehen diesem Problem.[938]

Weiterhin bringt die übliche Beschränkung des Modells auf *einen* Grund die Schwierigkeit mit sich, wie komplexere Motivationen zu erklären sind,[939] ob mehrere konkurrierende Beschreibungen auch mehrere Handlungen konstituieren[940] usw.

In dieser schlichten Form kann das *desire-belief*-Modell zwar erklären, *warum* eine Handlung stattfand, nicht aber, *daß* sie stattfand, m.a.W., es kann einen Grund oder eine Ursache für eine Handlung ausdrücken, es fehlt aber ein Erklärungsansatz für das dynamische Element, vergleichbar dem JAMESschen *fiat*.[941] Daß alle diese Handlungstheorien stillschweigend der Ideomotortheorie von WILLIAM JAMES folgen, wonach jede Vorstellung einer Bewegung diese Bewegung hervorruft, wenn nicht eine antagonistische Vorstellung dies verhindert,[942] oder gar aristotelische Unbeherrschtheit annähmen,[943] läßt sich kaum unterstellen, jedenfalls nicht allen philosophischen Kritikern: “intentions do not execute themselves”[944]. Auch Dispositionen erklären nicht, warum sie *realisiert* wurden.[945] Deshalb wird in jüngerer Zeit wieder verstärkt nach einem Platz für *volitions*, Willensakte[946] oder ähnlichem,

---

erklärung überhaupt nicht wahr oder falsch sein ist; sie fällt sozusagen nicht unter die Kategorie des Wahren oder Falschen.“; auch DERS., *Das Verstehen von Handlungen – Disputation mit Georg Meggle*, S. 166, 192 ff. Es gibt nur bessere oder schlechtere Handlungserklärungen, je nachdem, wie kohärent das Bild des Zusammenhangs des fraglichen Verhaltens wird, siehe vorige Fußn. Vgl. auch SHAVER, *The Attribution of Blame*, S. 39 ff.; DUFF, *Intention, Agency, and Criminal Liability*, S. 41: es gebe keine objektiv wahre Handlungsbeschreibung; welche Beschreibung wir akzeptieren, hänge von unseren Interessen ab.

937 DAVIDSON, *Actions, Reasons, and Causes*, S. 3, 16.

938 So bemängelt SEARLE, *Intentionalität*, S. 136 ff., beim *desire-belief model* das Fehlen der kausalen Selbstbezüglichkeit der Absicht, auch S. 138 ff. (S. 139: „bei der intentionalen Erklärung von Handlungen muß der propositionale Gehalt in der Erklärung mit dem propositionalen Gehalt eines intentionalen Zustands identisch sein, der – mittels intentionaler Verursachung – beim Zustandekommen des Verhaltens eine kausale Rolle gespielt hat.“).

939 Zutr. VON WRIGHT, *Probleme des Erklärens und Verstehens von Handlungen*, S. 141 ff., 146, 149; DERS., *Das Verstehen von Handlungen – Disputation mit Georg Meggle*, S. 166, 195 f., dessen neuere Position dem Rechnung zu tragen versucht.

940 Siehe nur RUNGGALDIER, *Was sind Handlungen?*, S. 46 ff., 50 ff. m. w. Nachw.

941 Eben diese Erklärung sollte ja das Konzept der Volition liefern, vgl. CHR. WOLFF, *Philosophia practica universalis*, Pars I, § 616: „Agens *intendere* dicitur id, propter quod agit. Unde *intentio agentis* est volitio ejus, propter quod agit, seu volitio qua vult, ut fiat id, vel non fiat, propter quod agit.“

942 JAMES, *The Principles of Psychology*, vol. 2, S. 522 ff., 526 f. [1130 ff., 1134 f.]. Dazu aus heutiger Sicht WEGNER, *The Illusion of Conscious Will*, S. 120 ff. m. w. Nachw.

943 Oben bei Fußn. 897.

944 AUDI, *Volition and Agency*, S. 74, 82 f., 94 f.; ähnl. CASTAÑEDA, *Conditional Intentions, Intentional Action and Aristotelian Practical Syllogisms*, Erkenntnis 18 (1982), 239, 253 (“the dispositional state of intending is *not* itself the activation of anything.”).

945 AUDI, *Volition and Agency*, S. 74, 80, 82.

946 Z.B. PRICHARD, *Acting, Willing, Desiring*, S. 187 ff., 190; GINET, *On action*, S. 23 ff.; DAVIS, *Theory of Action*, S. 15 ff.; RIPLEY, *A Theory of Volition*, 11 American Philosophical Quar-

etwa dem Versuchen *(action as trying)*[947] gesucht, nachdem der Einfluß der Polemik RYLES etwa zwanzig Jahre nach *The Concept of Mind* allmählich verebbte.

Andere Ansätze stellen nicht auf Intentionalität, die nur einen Spezialfall darstelle, sondern auf Kontrollierbarkeit der Körperbewegung[948] oder des Handlungsablaufs[949] oder auf das Anders-handeln-Können[950] ab.

Die Annahme, es gebe eine identifizierbare Klasse von Ereignissen, die „Handlungen" *sind*, scheint ohne solche – bewußten[951] – Idealisierungen und Simplifizierungen nicht auszukommen. Den Gegenpol bilden nominalistische Ansätze, die Handlungen weder als objektive Ereignisse oder bestimmte Arten natürlicher Geschehnisse noch als bestimmte logische Relationen begreifen, sondern als Interpretationskonstrukte, die kontext-, situations- und rezipienten- bzw. adressatenbezogen bedingt sind.[952] Vor einer Beschreibung gibt es keine objektiv individuierten „Handlungen".[953] An die Stelle der Frage, was „Handlung" ist, tritt diejenige, wie der Ausdruck „Handlung" zweckmäßigerweise verwendet werden solle.[954] Demgemäß können die Handlungsbegriffe verschiedener Wissenschaftsdisziplinen differieren, etwa in Philosophie und Rechtswissenschaft, ebenso innerhalb einzelner Disziplinen.[955]

Alle Ansätze implizieren eine Stellungnahme zum Leib-Seele-Problem, wie mentalistische Ausdrücke wie „Intention" zu verstehen sind mit u.a. der praktischen Folge, wie die richtige oder relativ bessere Beschreibung einer Handlung zu finden

---

terly 141, 143 ff. (1974); GOLDMAN, *The Volitional Theory Revisited*, S. 67, 68 ff.; SELLARS, *Volitions Re-affirmed*, S. 47 ff.; cf. MCGINN, *The Character of Mind*, S. 132 ff., 138, alle m. w. Nachw. Überblick mit zahlr. Nachw. bei AUDI, *Volition and Agency*, S. 74 ff.; auch DUFF, *Acting, Trying, and Criminal Liability*, S. 75, 84 f.

947 Z.B. HORNSBY, *Actions*, S. 33 ff.; ASHWORTH, *Sharpening the Subjective Element in Criminal Liability*, S. 79 ff., 87; DERS., *Belief, Intent and Criminal Liability*, S. 1, 14 ff.; O'SHAUGHNESSY, *The Will*; dazu MCGINN, *The Character of Mind*, S. 119 ff., 127 ff.; krit. m. w. Nachw. z.B. DUFF, *Acting, Trying, and Criminal Liability*, S. 75, 85 ff.; DERS., *Criminal Attempts*, S. 278 ff., 285 ff.

948 Z.B. THALBERG, *Perception, Emotion and Action*, S. 46 ff.; AUDI, *Volition and Agency*, S. 74, 101 ff.; DERS., *Acting for Reasons*, S. 145, 163 ff., jew. m. w. Nachw.

949 FRANKFURT, *The Importance of What We Care About*, S. 69 ff., 75; dazu SIMESTER, 15 Law & Phil. 159, 168 u. ff. (1996).

950 Z.B. LENK, *Handlung als Interpretationskonstrukt*, S. 279, 316 ff.

951 Vgl. DAVIDSON, *Agency*, S. 43, 44: "The costs of the assumption are the usual ones: oversimplification, the setting aside of large classes of exceptions, the neglect of distinctions hinted by grammar and common sense, recourse to disguised linguistic legislation."

952 Zu dieser Sicht in der Sozialpsychologie siehe nur WEGNER & VALLACHER, Social Cognition 5 (1987), 179, 183 f.; DIES., *Action Identification*, S. 550 ff. (gegen Reifizierung von „Handlung"); zur Perspektivenabhängigkeit der Handlungsdefinition siehe auch SCHMALT, *Psychologische Aspekte einer Theorie der Handlung*, S. 517, 523.

953 So z.B. DUFF, *Intention, Agency, and Criminal Liability*, S. 40 ff., insb. 41.

954 Z.B. LENK, *Handlung als Interpretationskonstrukt*, S. 279, 316 f.

955 Z.B. LENK, *Handlung als Interpretationskonstrukt*, S. 279, 293 ff., 323 ff., 339 ff. m. w. Nachw., u.a. mit Bezug auf WITTGENSTEIN, *Philosophische Untersuchungen*, §§ 67 ff., insb. §§ 69, 71. Krit. GREVE, *Handlungsklärung*, S. 42 ff.

ist, namentlich, ob die Selbstbeschreibung des Handelnden besondere Dignitität besitzt – etwa wegen privilegierten Zugangs zu den eigenen mentalen Zuständen – oder nicht[956] – wie bei einer dispositionellen oder theoretischen Erklärung mentaler Zustände oder einer verstehenden, interpretativen Deutung von Handlungserklärungen. Anzumerken ist, daß sich die theoretischen, begrifflichen Unterschiede im *praktischen Vollzug* einer retrospektiven Handlungserklärung, wie sie im Strafrecht interessiert, nicht auswirken:[957] Bekannt sind allein die äußeren Umstände und ggf. die Selbstbeschreibung des Handelnden, die nicht wahr sein muß – denn selbst wenn man annimmt, er könne über seine Intention nicht irren, so kann er doch lügen. Es bleibt nur die Suche nach einer möglichst kohärenten Beschreibung, gleichgültig, ob äußere Umstände Kriterien oder nur Indizien für die Intention darstellen und ob das Resultat Anspruch auf Wahrheit erhebt oder auf Kohärenz.

Anzumerken ist ferner, daß alle auf die Struktur jeweils *einer* Handlung fokussierenden Modelle zwar den Vorzug der Einfachheit haben wie ein simples mechanisches oder elektrisches Schulexperiment, aber als Beschreibungen (sofern sie diesen Anspruch erheben) menschlichen Verhaltens unterkomplex sind, weil der Mensch als lebendes System immer schon permanent agiert und Handeln und mentale Prozesse unablässig in Wechselwirkung stehen, so daß die Rede von einzelnen Handlungen – als künstliche temporale Partitionen des Handlungsstroms – sowie von Motivation oder mentaler Kausalität – als ob der Kausalnexus zwischen Psyche und Handlung unidirektional wäre oder der Mensch mangels Motiv aufhören könnte zu agieren – ein schiefes Bild zeichnet. Handlungen, Motive, Absichten etc. „gibt" es dann nur als praktizierte Deutungen eigenen und fremden Verhaltens.[958]

---

[956] So insb. Anscombe, *Intention*, §§ 22 ("A man's intention in acting is not so private and interior a thing that he has absolute authority in saying *what* it is ..."), 25 ("So that while we can find cases where 'only the man himself can say whether he had a certain intention or not'; they are further limited by this: he cannot profess not to have had the intention of doing the thing that was a means to an end of his. ... 'Roughly speaking, a man intends to do what he does.' But of course, that is *very* roughly speaking. It is right to formulate it, however, as an antidote against the absurd thesis which is sometimes maintained: that a man's intended action is only described by describing his *objective*.") mit Verweis auf Wittgenstein, *Philosophische Untersuchungen*, §§ 644, 659. Cf. von Wright, *Probleme des Erklärens und Verstehens von Handlungen*, S. 141, 155–165; ders., *Das Verstehen von Handlungen – Disputation mit Georg Meggle*, S. 166, 194 ff.; Lenk, *Handlung als Interpretationskonstrukt*, S. 279, 296 ff.

[957] Siehe unten V.9.a), bei Fußn. 2047 ff.

[958] Vallacher & Wegner, *A Theory of Action Identification*, S. 12, 25, 62 ff., 225 f. mit Bezug auf Cooley, *Human Nature and the Social Order*, S. 289 ff. Vallacher & Wegner, *ibid.* (durchgehend, insb. S. 89 ff.), betrachten daher die zyklischen Prozesse der Aufrechterhaltung *(maintenance)* von Handlungen und die Generierung neuer Handlungen aus vorherigen *(emergence)*, in denen mentale Repräsentationen von Handlungen diese beeinflussen und umgekehrt. Siehe auch unten bei Fußn. 984 ff.

b) Einzelheiten: Struktur und Komponenten der Handlung

Betrachtet man nur die intentionale Handlung als paradigmatischen Fall der Deutung eigenen und fremden Verhaltens, so lassen sich einige Strukturmerkmale unterscheiden, an die zu erinnern hier nützlich ist, obschon die damit verbundenen zahlreichen terminologischen und sachlichen Streitpunkte hier nicht erörtert werden können:

Der äußere Aspekt einer Handlung, der typischerweise eine Körperbewegung einschließt, läßt sich als kausale Abfolge von Ereignissen – wobei der Streit, ob Handlungen Ereignisse oder Relationen usw. sind,[959] ausgeklammert sei – beschreiben. Solches Geschehen kann in unterschiedlichem Umfang und mit unterschiedlichem Auflösungsgrad, d.h. grob- oder feinkörniger, beschrieben werden. Davon und von der Frage, welche Ereignisse als Bestandteil einer Handlung angesehen werden, hängt u.a. ihre Individuierung ab, die hier jedoch noch nicht (dazu unten c und V.1.a)aa)) interessiert:

> A bewegt seinen Finger, drückt auf den Lichtschalter, die Deckenlampe geht an, der Raum wird erleuchtet, ein Einbrecher wird aufgescheucht.[960]

Was hat A getan? Eine Beschreibung durch einen einzelnen Ausdruck kann eine engere oder weitere Zeitspanne, mehr oder weniger Folgen der Fingerbewegung umfassen – dies ist der von Feinberg so genannte „Akkordeoneffekt".[961] Eine weite Handlungsbeschreibung mag Ereignisse umfassen, die eine enge Handlungsbeschreibung ausschließt und die deshalb als Folgen, Resultate etc. dieser Handlung erscheinen.[962] Manche Handlungsverben charakterisieren Verhalten durch physische Eigenschaften, andere durch funktionale Eigenschaften, d.h. ein bestimmtes Ergebnis; juristische Tatbestände enthalten zumeist solche funktionalen, d.h. höherstufigen Beschreibungen („verletzen", „töten" usw.). Bezieht man einen bestimmten äußeren Aspekt in die Handlungsbeschreibung ein, so wird mitunter zwischen (logisch verknüpftem) *Ergebnis* und (kausal verknüpften) *Folgen* oder *Wirkungen* einer Handlung getrennt: Ergebnisse gehören nach dieser Sprachregelung zum Begriff der jeweiligen Handlung, Folgen sind für ihn nicht wesentlich.[963]

Die Beschreibungen, die den Akkordeoneffekt ausmachen, stehen in einer „indem"-Relation *(by-relation)*,[964] die asymmetrisch, irreflexiv und transitiv ist[965]. Sie

---

959 Siehe nur Kindhäuser, *Intentionale Handlung*, S. 159 ff. m. w. Nachw.

960 Beispiel von Davidson, *Agency*, S. 43, 53.

961 Feinberg, *Action and Responsibility*, S. 119, 134; zuvor schon Austin, *A Plea for Excuses*, S. 1, 4 ff.; ebenso Davidson, *Agency*, S. 43, 53.

962 Austin, *A Plea for Excuses*, S. 1, 4 f., 27.

963 Z.B. von Wright, *Explanation and Understanding*, S. 66, 87 f.; dem folgend Kindhäuser, *Intentionale Handlung*, S. 87 f., 200 f.; ders., ZStW 96 (1984), 1, 5 ff., 16 ff.

964 Begriff nach Goldman, *The Individuation of Action*, Journal of Philosophy 68 (1971), 761, 763; ders., *A Theory of Human Action*, S. 5.

965 Goldman, *A Theory of Human Action*, S. 5; siehe auch Pfeifer, *Actions and Other Events*, S. 11 ff.; Runggaldier, *Was sind Handlungen?*, S. 48.

lassen sich als *Handlungsbaum* darstellen: Nimmt man eine seiner Handlungsbeschreibungen als Ausgangspunkt, so wird in absteigender Richtung auf die *Wie*-Frage und in aufsteigender Richtung auf die *Warum*-Frage geantwortet. Fragt man, *was* getan wurde, so werden die Antworten in absteigender Richtung zunehmend konkreter und in aufsteigender Richtung abstrakter:[966]

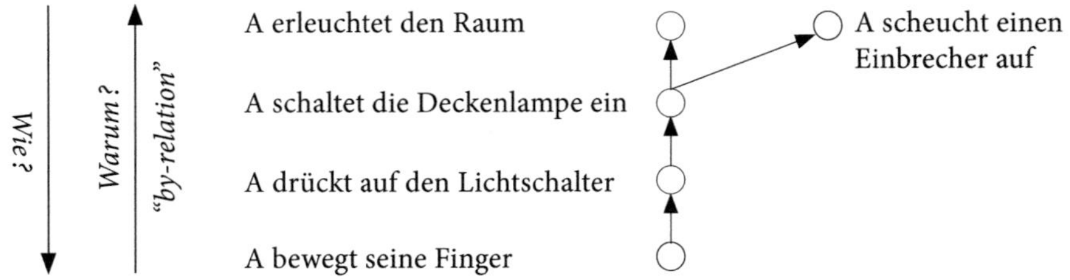

Ob verschiedene Beschreibungen oder *Handlungsparaphrasen*[967] sich auf ein und dieselbe Handlung beziehen („grobkörnige“ Sicht) oder auf verschiedene Handlungen („feinkörnige“ Sicht), ist umstritten[968] und kann hier dahinstehen. Angemerkt sei nur, daß Handlungsbeschreibungen nicht ohne weiteres durch einander ersetzt werden können.[969]

Es wird vielfach zwischen einfachen und kausal komplexen[970] Handlungen oder Basishandlungen und anderen unterschieden. So definiert DANTO *Basishandlungen (basic acts)* als Handlungen, die durch keine andere Handlung verursacht werden;

---

[966] Graphische Darstellung in Anlehnung an GOLDMAN, *The Individuation of Action*, Journal of Philosophy 68 (1971), 761, 764, 774; DERS., *A Theory of Human Action*, S. 30 ff.; siehe auch PFEIFER, *Actions and Other Events*, S. 20; RUNGGALDIER, *Was sind Handlungen?*, S. 46 ff.; VALLACHER & WEGNER, *A Theory of Action Identification*, S. 21 ff.

[967] Siehe dazu BRENNENSTUHL, *Ziele der Handlungslogik*, S. 35, 46 ff.; zu den verschiedenen Grammatiken der Absichtsbeschreibung aus sozialpsychologischer Sicht siehe HAMILTON, *Who Is Responsible? Toward a* Social *Psychology of Responsibility Attribution*, Social Psychology 41 (1978), 316, 324 f. m. w. Nachw.

[968] Vgl. für die grobkörnige *(coarse-grained)* Sicht (auch, nach THALBERG, *Perception, Emotion and Action*, S. 85 ff.: *reductive unifiers*) ANSCOMBE, *Intention*, §§ 23 ff., § 26 S. 46; DAVIDSON, *Agency*, S. 43, 55 ff., 58/59 ("The idea that under the assumed circumstances killing a person differs from moving one's hand in a certain way springs from a confusion between a feature of the description of an event and a feature of the event itself. ... But this welter of related descriptions corresponds to a single descriptum ..."); zum Ganzen siehe die Monographie von PFEIFER, *Actions and Other Events. The Unifier-Multiplier Controversy,* sowie u.a. BACH, Mind 89 (1980), 114 ff., 119 ff.; RUNGGALDIER, *Was sind Handlungen?*, S. 50 ff.; sowie mit rechtlichen Bezügen WHITE, *Grounds of Liability*, S. 35 ff., alle m. w. Nachw. auch zur feinkörnigen *(fine-grained)* Sicht *(pluralists, multipliers)*.

[969] Dazu RUNGGALDIER, *Was sind Handlungen?*, S. 45 f. Handlungsbeschreibungen sind auch nicht einfach referentiell „opak“ im Sinne QUINES (*Word and Object*, § 30), daß sie nur aufgrund besonderer, intensionaler Kontexte nicht untereinander *salva veritate* ersetzbar sind; siehe auch DAVIDSON, *Agency*, S. 43, 46; MCFEE, *Free Will*, S. 81 ff.; MOORE, *Foreseeing Harm Opaquely*, S. 125, 135. Zur referentiellen Transparenz bzw. Opakheit siehe auch unten bei Fußn. 1166.

[970] FEINBERG, *Action and Responsibility*, S. 119, 135 ff.

als Beispiele dienen zumeist einfache Körperbewegungen.[971] Diese Basishandlungen bilden die unterste Beschreibung, gleichsam die Wurzel eines Handlungsbaumes. Alles, was der Handelnde tut, tut er, *indem* er diese Basishandlung ausführt. Für DAVIDSON sind daher solche *basic actions* oder *primitive actions* die einzigen Handlungen überhaupt, neben ihnen gebe es nur noch weitere Beschreibungen.[972]

Dieses Handlungsverständnis setzt wie erwähnt[973] voraus, daß die Handlung wenigstens unter einer Beschreibung absichtlich ist. Sie muß nicht unter allen Beschreibungen intentional sein; so etwa, wenn der Handlungsbaum sich verzweigt und eine der mehreren Folgen nicht intendiert wurde (im Beispiel ist das Verscheuchen des Einbrechers nicht intentional). Auch ließe sich die Kausalkette beliebig verlängern, doch gilt für Handlungsbeschreibungen regelmäßig ein intentionales Abbruchkriterium,[974] d.h. nicht intendierte Weiterungen werden nicht – zumindest nicht ohne weiteres – zur Handlungsbeschreibung verwendet. Unterschieden werden ferner primär absichtliche Handlungen, denen keine expliziten oder bewußten Überlegungen oder Planungen vorausgehen, die aber dennoch nicht unabsichtlich sind wie einfache Willkürbewegungen.[975] Ihnen stehen weitere oder höherstufige Absichten gegenüber *(further intentions)*,[976] die sich auf höhere Stufen des Handlungsbaums beziehen, d.h. jemand tut etwas als Mittel zu einem Zweck, wenn auch nicht zwingend aufgrund bewußter Entscheidung oder Überlegung. Faßt man die absichtlichen Handlungsbestandteile zusammen, kann man von *komplexen Absich-*

---

[971] DANTO, *What We Can Do*, Journal of Philosophy 60 (1963), 435 f.; DERS., *Basic Actions*, American Philosophical Quarterly 2 (1965), 141, 142, 147 f.; siehe auch KINDHÄUSER, *Intentionale Handlung*, S. 85 ff. m. w. Nachw.

[972] DAVIDSON, *Agency*, S. 43, 59 ("We do not more than move our bodies, the rest is up to nature"), 61 ("... there are no further actions, only further descriptions."); zur Kritik siehe nur DUFF, *Acting, Trying, and Criminal Liability*, S. 75, 80 ff., 83 f. m. w. Nachw.; DERS., *Criminal Attempts*, S. 246 ff., 256 ff.; RUNGGALDIER, *Was sind Handlungen?*, S. 53 ff.

[973] Oben Fußn. 918; so schon SALMOND, *Jurisprudence*[12], § 89 S. 368: "Whether an act is to be termed intentional or unintentional must depend partly on the description of the act itself."

[974] Z.B. SEARLE, *Intentionalität*, S. 132: „die Grenzen der komplexen Absicht [sind] die Grenzen der Ziehharmonika".

[975] Vgl. WITTGENSTEIN, *Zettel*, § 593 („Wenn ein Kind im Zorn mit den Füßen stampft und heult, – wer würde sagen, es täte dies unwillkürlich?"); RUNGGALDIER, *Was sind Handlungen?*, S. 100 ff. m. w. Nachw.

SEARLE, *Intentionalität*, S. 113 ff., nennt solche Absichten, die sich im intentionalen Gehalt der Handlung erschöpfen, „Handlungsabsichten" *(intentions-in-action)*. Das Gegenstück sind „vorausgehende Absichten" *(prior intentions)*, die zukunftsgerichtet sind („Ich werde H tun") und die Handlungsabsicht verursachen (dazu JEANNEROD, *Self-generated actions*, S. 153, 158 ff.; siehe auch KATZ, *Bad Acts and Guilty Minds*, S. 204 f.). Allerdings können Handlungsabsichten auch komplex sein, *ibid.*, S. 129 ff., also *further intentions* im obigen Sinne einbeziehen.

SEARLES Unterscheidung entspricht weithin der früheren von SALMOND, *Jurisprudence*[12], S. 372 u. ff., von "immediate" und "ulterior intentions"; ähnl. MARSHALL, *Intention in Law and Society*, S. 138 ff.

[976] GUSTAFSON, *Intention and Agency*, S. 53 ff., 56, 59; RUNGGALDIER, *Was sind Handlungen?*, S. 102 ff. m. w. Nachw.

ten sprechen.[977] Nicht alle höheren Beschreibungen auf einem Handlungsbaum müssen jedoch absichtlich sein. SEARLE schlägt als Test dafür, ob ein Handlungselement bzw. eine Handlungsbeschreibung im hiesigen Sinne von der Absicht umfaßt ist, die Frage vor: „Was gilt als Erfolg bzw. Scheitern?“[978] Voraussicht einer Folge ist nicht mit Absicht zu verwechseln.[979] Reine Absichten *(pure intentions)* schließlich sind solche, die nicht oder vielleicht nie verwirklicht werden.[980] Ferner lassen sich vorhergehende Absichten und übergreifende längerfristige Pläne *(prior intentions, plans)* als Hintergrund praktischen Handelns annehmen und das ahistorische *desire-belief*-Modell entsprechend erweitern, so z.B. die *planning theory of intention* von BRATMAN,[981] die sich mit Konzepten der psychologischen Volitionsforschung[982] trifft. Zur Illustration sei SEARLES Beispiel angefügt:[983]

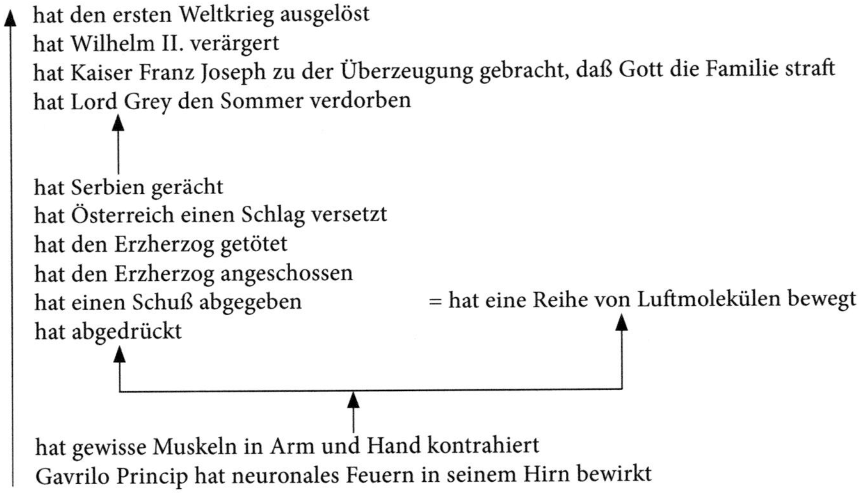

977 SEARLE, *Intentionalität*, S. 129 ff., 130.

978 SEARLE, *Intentionalität*, S. 130.

979 SEARLE, *Intentionalität*, S. 135 f. Der Grund für diesen „verbreiteten Irrtum“ liege darin, daß beides Verantwortung auslösen kann. Dieser Aspekt spielt indes bei der Klassifikation von Handlungen eine herausragende Rolle, zutr. BRATMAN, *Intention, Plans, and Practical Reason*, S. 124 ff., mit Kritik zu simpler Klassifikationsschemata.

980 DAVIDSON, *Intending*, S. 83 u. ff.

981 BRATMAN, *Intention, Plans, and Practical Reason*, S. 14 ff. und durchgehend; DERS., *Faces of Intention*, S. 1 ff.

982 Z.B. GOSCHKE, *Voluntary action and cognitive control*, S. 49, 66. Zum Verständnis von Absichten als unausgeführten Bestandteilen eines bereits in Ausführung begriffenen Planes klassisch MILLER, GALANTER & PRIBRAM, *Plans and the Structure of Behavior*, S. 59 ff., 61.

983 SEARLE, *Intentionalität*, S. 131. Zur „absichtlichen“ Handlung, und damit zur „Ziehharmonika“, gehören nur die Elemente der mittleren linken Gruppe; siehe auch KATZ, *Bad Acts and Guilty Minds*, S. 126 f. Weitere Beispiele auf experimenteller Grundlage wie “robbing a store” bei VALLACHER & WEGNER, *A Theory of Action Identification*, S. 43 ff.

c) Exkurs: Handlungsidentität aus sozialpsychologischer Sicht

The stream of action is continuous, ever-changing, and complex. The stream of action identification, however, consists of units that are discrete, stable, and reassuringly simple.[984]

An act devoid of context ... is an act devoid of meaning.[985]

Die philosophische Annahme, daß Handlungen verschieden beschrieben werden können, ist in der Sozialpsychologie aufgenommen und für die bewußte Handlungsidentifikation *des Handelnden selbst* weiter untersucht worden.[986] Handlungsbeschreibungen werden als Deutungen verstanden, die den fortlaufenden Handlungsstrom unterteilen und handhabbar machen; zugleich besteht eine Tendenz, diese durch Beschreibungen erhaltenen Unterteilungen zu reifizieren. Von der festgelegten Identität einer bestimmten Handlung hängen sodann weitere Komponenten ab wie Mittel, Ziele, Nebenfolgen, bewußte Motive und unbewußte Antriebe.[987]

Bestätigt wird, daß die Identität einer Handlung grundsätzlich ungewiß ist, Handlungen daher in verschiedener Weise beschrieben werden können, feinkörnig oder grobkörnig, auf verschiedenen Identifikationsniveaus: auf dem untersten kontextarm als eine oder mehrere konkrete Basishandlungen oder kontextreicher auf höheren Niveaus bis hin zu sehr allgemeinen Charakterisierungen, die Begleitumstände, Motive und abstrakte Konsequenzen einbeziehen und zunehmend umfassenderes Kontextwissen erfordern. Diese verschiedenen Handlungsidentitäten mögen im Kern extensional übereinstimmen, sind aber nicht synonym, weil sie verschiedene Bedeutungen haben.[988] Die Identitätsbedingungen oder Beschreibungskriterien lassen sich in wenigstens vier Kategorien unterteilen: Kausalität (entsprechend der *by*-Relation), Konvention (sozial definierte Deutungsregeln, zu denen Straftatbestände gehören), Kontext (Bezug zu Handlungsumständen, zu denen auch Absichten, Wünsche etc. gehören) und Komparativität (Vergleich mit anderen Handlungen oder Benutzung komparativer Terme, Maßeinheiten usw.), die zumeist verbunden und überlappend auftreten.[989]

---

984 Vallacher & Wegner, *A Theory of Action Identification*, S. 17, ähnl. S. 62.

985 Vallacher & Wegner, *A Theory of Action Identification*, S. 43.

986 Vallacher & Wegner, *A Theory of Action Identification*; dies., Psychological Review 94 (1987), 3 ff.; dies., Journal of Personality and Social Psychology 57 (1989), 660 ff.; Wegner, *The Illusion of Conscious Will*, S. 159 ff. m. w. Nachw.; siehe auch Hamilton, *Who Is Responsible? Toward a* Social *Psychology of Responsibility Attribution*, Social Psychology 41 (1978), 316, 324 f.; Kruglanski, *The Endogenous-Exogenous Partition in Attribution Theory*, Psychological Review 82 (1975), 387, 403 f.

987 Wegner & Vallacher, *Action Identification*, S. 550 ff., 552; schon Pitkin, *Obligation and consent–II*, American Political Science Review LX (1966), 39, 51.

988 Vallacher & Wegner, *A Theory of Action Identification*, S. 21 ff., 40 f.; Wegner & Vallacher, *Action Identification*, S. 550, 551; Wegner, *The Illusion of Conscious Will*, S. 159, jew. m. w. Nachw. Zur Identifikation fremder Handlungen siehe oben Fußn. 871.

989 Nach Goldman, *A Theory of Human Action*, S. 20 ff.; dem folgend Vallacher & Wegner, *A Theory of Action Identification*, S. 41 ff., 176 ff.

Die eigene Beschreibung des Akteurs kann und wird oft mit den Umständen der Äußerung[990] und mit der Zeit wechseln: die Handlung kann vor ihrer Ausführung, während der Planung eine andere Identität (auf anderer Stufe) zugeschrieben erhalten als während der Ausführung oder rückblickend bei ihrer Erklärung oder Rechtfertigung. VALLACHER & WEGNER nehmen an, daß das effektive bewußte Handlungswissen eines Akteurs, unabhängig davon, ob es primär sozial oder privat konstituiert wird, zu jeder Zeit auf *eine* vorrangige Handlungsidentität *(prepotent identity)* beschränkt ist – gleichsam die spontane Antwort einer Person auf die Frage, was sie tue –, die ihren Zwecken am besten entspricht, während andere, durchaus leicht verfügbare, Handlungsidentitäten *nicht* gleichzeitig bewußt vorliegen.[991] Eine Handlungsidentität kann auch auf zu hohem oder zu niedrigem Niveau vorliegen, um Handlung effektiv leiten zu können.[992] Vorzugsweise würden Handlungen auf höchster Identitätsstufe, also so umfassend wie möglich, vorgestellt; läßt sich diese Handlungsbeschreibung nicht in die Tat umsetzen, wird die Handlung elementarer beschrieben bzw. in elementarere Sequenzen zerlegt.[993]

Der mit der Ausführung einer Handlung zeitgleichen (synchronen) vorrangigen Handlungsbeschreibung werden zwei Funktionen zugeschrieben: die Handlung als Absichtszusammenhang[994] in Gang zu setzen und sie aufrechtzuerhalten. Empirische Forschung belege, daß Handlungen oft von bewußten Handlungsbeschreibungen begleitet würden, wenn auch nicht notwendigerweise und nicht durchgehend, aber häufiger mit steigender Komplexität der Handlung. Offenbar können Handlungen weitgehend automatisch, mit nur gelegentlicher Bewußtwerdung, ausgeführt werden. Synchron ist diese Handlungsbeschreibung daher nur insofern, daß sie während der Handlung berichtet werden *kann*.[995] Wegen der mehrfachen Beschreibungsmöglichkeiten einer Handlung ist es demnach unausweichlich, jederzeit zugleich manches unbewußt zu tun.[996]

---

990 Dazu und zu den verschiedenen Theorieansätzen, wie Handlungsidentifikationen zustandekommen (symbolischer Interaktionismus, Rollentheorie usw.), siehe VALLACHER & WEGNER, *A Theory of Action Identification*, S. 18 ff. m. w. Nachw.

991 VALLACHER & WEGNER, *A Theory of Action Identification*, S. 19 ff., 25 ff.; WEGNER & VALLACHER, *Action Identification*, S. 550, 552, 555; WEGNER, *The Illusion of Conscious Will*, S. 159. Die Ausschaltung konkurrierender Handlungsbeschreibungen dient den Bedürfnissen nach Vorhersehbarkeit und Kontrolle, die HEIDER u.a. (vgl. oben Fußn. 860) beschrieben haben, und subjektiver (Entscheidungs-)Gewißheit, "an epistemic goal that is often achieved at the expense of comprehensive understanding or appreciation of complexity" (20).

992 VALLACHER & WEGNER, *A Theory of Action Identification*, S. 23 f.

993 VALLACHER & WEGNER, *A Theory of Action Identification*, S. 24 ff., 221 ff.; WEGNER & VALLACHER, *Action Identification*, S. 550 u. ff. Ähnlich schon KELLER, *Psychologie und Philosophie des Wollens*, S. 255 ff.

994 Dazu VALLACHER & WEGNER, *A Theory of Action Identification*, S. 5 ff.

995 VALLACHER & WEGNER, *A Theory of Action Identification*, S. 74 ff.

996 WEGNER, *The Illusion of Conscious Will*, S. 161.

Die Frage, welche Handlungsbeschreibung nun „die richtige" ist, ist demnach an sich sinnlos. VALLACHER & WEGNER glauben, daß Menschen „tun", was sie zur Zeit der Handlung zu tun meinen – im Sinne der synchronen Handlungsbeschreibung. Dies entspreche allerdings nicht dem eigenen Verständnis der meisten Akteure, die eher eine antezedente oder emergente Handlungsbeschreibung angeben. Denn die synchrone Perspektive enthalte, vor allem bei schnellen Reaktionen,[997] oft Beschreibungen so niederer Stufe, daß sie wenig aussagekräftig sind und auch in der Erinnerung nicht mehr zur Verfügung stehen mögen, so daß statt dessen höherstufige, kontext- und bedeutungsreichere Beschreibungen bevorzugt werden. VALLACHER & WEGNER bezeichnen diese Projektionen – die nicht mit bewußten (Selbst-)Täuschungen zu verwechseln sind, obwohl solche ebenfalls möglich sind – als „zeitliche Illusionen", die einmal eine vorherige Beschreibung hoher Stufe durchhalten, obwohl die synchrone Beschreibung herabgestuft war, wobei unmittelbare Folgen und neue höherstufige Bedeutungen ausgeblendet werden *(foresight illusion)*, oder komplementär eine nach der Handlung gefundene höherstufige Beschreibung auf die Zeit der Handlung zurückprojezieren *(hindsight illusion)*, eine Methode, die als Aufdeckung „unbewußter Motive" in der Psychotherapie, vor allem in der Psychoanalyse, eine Rolle spielt.[998]

Retrospektive Handlungsbeschreibungen mögen daher – ohne unaufrichtig zu sein – im intuitiven Streben nach Deutung des eigenen Verhaltens, sei es zur Vermeidung von Dissonanz oder Aufrechterhaltung eines bestimmten Selbstbildes, eine andere, und wo Erklärung oder Rechtfertigung nötig wird, kontextreichere Version als die synchrone Handlungsidentifikation präsentieren und Absichten reformulieren oder erstmals konstruieren, wo keine waren. Absichten werden anscheinend nicht über die Zeit unveränderlich im Gedächtnis konserviert.[999]

---

[997] Vgl. das Beispiel von WEGNER, *The Illusion of Conscious Will*, S. 159 f., in dem ein Einbrecher auf einen ihn überraschenden Hausbewohner schießt. Die Handlung läßt sich vielfältig beschreiben (sich selbst schützen, auf das Geräusch zielen, den Abzug betätigen, ein Verbrechen begehen, einen Menschen töten, die Verhaftung verhindern, Durcheinander anrichten usw.). Es könne sein, daß der Einbrecher bewußt lediglich zielt und abdrückt und so den weiteren Kontext (Tötungsdelikt) nicht bewußt repräsentiert. Siehe auch *ibid.*, S. 336 ff.; VALLACHER & WEGNER, *A Theory of Action Identification*, S. 135 ff.

[998] VALLACHER & WEGNER, *A Theory of Action Identification*, S. 84–88; siehe schon HOCHE, *Die Freiheit des Willens vom Standpunkte der Psychopathologie*, S. 12 (Fußn. 746).

[999] WEGNER, *The Illusion of Conscious Will*, S. 179 f., siehe auch S. 185 f.; VALLACHER & WEGNER, *A Theory of Action Identification*, S. 221 ff.

3. Rechtliche Handlungsbegriffe

An act of some sort or other is necessarily included in the notion of every offence.[1000]

Un fait extérieur ne peut intéresser l'autorité sociale qu'autant qu'il est révélateur d'une volonté humaine.[1001]

Es gibt keine Handlungen an sich, sondern nur in bezug auf bestimmtgeartete Beurteilungen.[1002]

An act has no *natural* boundaries ... Its limits must be artificially defined for the purpose in hand for the time being. It is for the law to determine, in each particular case, what circumstances and consequences shall be counted within the compass of the act with which it is concerned.[1003]

Eine rechtswissenschaftliche Handlungslehre kann also nicht versuchen zu sagen, was eine Handlung *ist*, sondern nur, für welche Elemente einer Handlung jemand rechtlich einzustehen hat. Es ist demgemäß weitgehend eine Frage rechtlicher Zweckmäßigkeit ... Mit einer genauen ontologischen Analyse hat dies zumeist nichts zu tun.[1004]

Strafrechtliche Handlungsmodelle bilden eine Teilmenge kultureller Schemata der Verhaltensdeutung[1005] und gehen wie andere naive Verhaltenserklärungen davon aus, daß die Ursachen des Handelns entweder in die Person des Handelnden – vergleichbar der *agent causality* – oder in eine bestimmte Situation oder eine Wechselwirkung zwischen beiden verlegt werden können.[1006] Da Straftatbestände (eines *Tat*strafrechts) zumeist nur sehr enge Wirklichkeitsausschnitte erfassen, werden prinzipiell nur solche sehr überschaubaren Episoden im Verhalten (artifiziell gebildete Segmente im Handlungsstrom) eines individuellen Akteurs betrachtet. Die Person wird dabei grundsätzlich in hohem Maße als konsistent und statisch vor-

---

1000 Bentham, *The Principles of Morals and Legislation*, ch. VII, § XXVII.

1001 Donnedieu de Vabres, *Traité de droit criminel*³, n° 122.

1002 Grünhut, *Begriffsbildung und Rechtsanwendung im Strafrecht*, S. 12.

1003 Salmond, *Jurisprudence*¹², S. 355 (Hervorh. im Original).

1004 Berkemann, *„Handlung“ in der Rechtswissenschaft*, S. 806, 844, nach Rödig, *Die Denkform der Alternative in der Jurisprudenz*, S. 94.

1005 Siehe nur D'Andrade, *A folk model of the mind*, S. 112 ff., 113; Hamilton & Sanders, *Everyday Justice*, S. 4, 12 f.; Coleman, *Social Theory, Social Research, and a Theory of Action*, American Journal of Sociology 91 (1986), 1309, 1313.

1006 Es zeigt sich folglich eine weitgehende Übereinstimmung mit den Modellierungen der Alltagstheorien des Geistes und der Handlung (oben Fußn. 754). Vgl. Berkemann, *„Handlung“ in der Rechtswissenschaft*, S. 806, 810 f.: „Angesichts der pragmatischen Grundorientierung der Rechtswissenschaft dürfte eine hochdifferenzierte allgemeine Handlungstheorie gegenwärtig nur einen instrumentalen analytischen Erkenntniswert besitzen. ... In der normativen Bewertung von sozialtypischen Interaktionsmustern kann es mithin naheliegen, von relativ einfachen Verhaltensmustern und Kausalbeziehungen in der Zuordnung von Rechten und Pflichten auszugehen. Da handelnde Subjekte gewohnt sind, kausale Zuschreibungen in der sozialen Wahrnehmung zu bevorzugen, und in der Verhaltensbewertung sozialtypische Handlungsintentionalität rekonstruktiv innerhalb ihrer eigenen Handlungssituation voraussetzen, kann es für das Recht durchaus zweckmäßig sein, seiner eigenen Rechtsregel derartige ‚naiv-theoretische‘ Handlungsbeschreibungen und -erklärungen in der Kognition sozialer Sachverhalte zugrunde zu legen.“

gestellt.[1007] Der Zugang zur Verhaltenserklärung erfolgt mit Fokus auf Intentionalität („linkshemispärisch“ [1008]) und nur in Randbereichen oder Ausnahmefällen „rechtshemisphärisch“; ausgeblendet bleiben an dieser Stelle – auf der Stufe der haftungsbegründenden Zurechnung, anders oft bei der Strafzumessung – der weitere Kontext der Persönlichkeit und erst recht der soziale Kontext[1009].

Es liegt daher nahe, ein Modell menschlichen Verhaltens zu formulieren, das den Idealtypus oder, entsprechend der philosophischen Suche nach Basishandlungen, den kleinsten Baustein allen strafrechtlich interessierenden Benehmens vorstellt. Solche strafrechtlichen Elementareinheiten sind in den Dogmatiken vieler Rechtsordnungen anzutreffen und erscheinen fast ausschließlich als „Handlungs“begriffe, deren Definitionen auf phänomenale Evidenzen rekurrieren. Die Zwecke solcher Begriffe können verschieden sein:[1010] (1) Sie können als Baustein einer Verbrechenslehre dienen, sei es als deren kleinste Einheit oder „höchster Gattungsbegriff“ [1011] alles Strafbaren, sei es als formgebender Begriff, der die Struktur des gesamten theoretischen Konzepts der Straftat prägt, sei als Voraussetzung und Inbegriff der *imputatio iuris* überhaupt. (2) Der Handlungsbegriff kann lediglich als notwendige Minimalbedingung der Strafbarkeit fungieren, sei es als Grenze legitimer Poenalisierung (Handlung als Gegensatz zu Gedanken, Status), sei es als gröbster Filter der strafrechtlichen Subsumtion (Handlung als Gegensatz zu unkontrollierbaren Bewegungen). Handlungsbegriffe können zusätzliche Zwecke gewinnen in der (3) Individuation von Handlungen zur Individuation von Straftaten im Rahmen der Konkurrenzlehre für Zwecke der Strafzumessung; hierzu gehört auch, welche Ereignisse, Konsequenzen, Teil einer Handlung/Straftat sind, wie lange diese dauert, wann sie eintritt, beendet ist etc., sowie (4) für prozessuale Fragen der Verbindung, Trennung, Zuständigkeit und vor allem der Rechtskraft *(ne bis in idem)*[1012].

1007 Vgl. BIERBRAUER, *Die Zuschreibung von Verantwortlichkeit*, S. 130, 152. Diese naive Annahme spiegelt sich auch in der Einteilung der Teildisziplinen der Psychologie wider; dazu, zu Interaktionismusthesen und zum Konsistenzparadox siehe nur SCHMALT/HECKHAUSEN, *Motivation*, S. 451, 456 ff., 485 f. m. w. Nachw.

1008 Dazu oben bei Fußn. 928.

1009 Krit. MARSHALL, *Intention in Law and Society*, S. 26 ff., 68 f.; NORRIE, *Crime, Reason and History*, S. 38 und jew. durchgehend.

1010 Siehe auch mit etwas anderer, auf die deutsche Strafrechtsdogmatik zugeschnittener Differenzierung BRINGEWAT, *Funktionales Denken im Strafrecht*, S. 72 ff.; JAKOBS, *Der strafrechtliche Handlungsbegriff*, S. 12 Fn. 5; ROXIN, *Strafrecht Allgemeiner Teil*, Band I[4], § 8 Rn. 1 ff.; NK-StGB-PUPPE, Vor § 13 Rn. 38 ff., jew. m. w. Nachw.; ENGISCH, Festschrift Kohlrausch, S. 141, 141 f.

Siehe auch ROMANO, *Commentario sistematico*, Art. 42 Rn. 8; MIR PUIG, *Derecho penal, Parte general*[4], lecc. 7 Rn. 39 f.; SALMOND, *Jurisprudence*[12], § 83 S. 352.

Zudem differieren die Handlungsbegriffe der verschiedenen Rechtsgebiete, siehe nur BERKEMANN, *„Handlung“ in der Rechtswissenschaft*, S. 806, 807 ff., 813.

1011 RADBRUCH, *Der Handlungsbegriff in seiner Bedeutung für das Strafrechtssystem*, S. 71; krit. später DERS., Frank-Festgabe, S. 158, 161 f.

1012 So schon BENTHAM, *Principles of Morals and Legislation*, ch. VII, § XX. Dies ist ein Anliegen der Monographie von MOORE, *Act and Crime*, insbes. S. 305 ff. Krit. PUPPE, *Idealkonkurrenz*

Die Mannigfaltigkeit der in den verschiedenen Rechtsordnungen anzutreffenden Handlungskonzepte rührt sodann daher, daß die Bestimmung eines Handlungsbegriffs mit nahezu allen Problemkreisen der Zurechnung verbunden werden kann und daß oftmals Sachfragen von terminologischen Problemen nicht klar geschieden werden.[1013]

Auch der strafrechtliche Begriff der „Handlung" kann sowohl assertorisch/deskriptiv/diagnostisch als auch präskriptiv/normativ akzentuiert werden. Im ersten Falle wird versucht, ein (vor- oder außerrechtliches) Phänomen zu isolieren, dessen rechtliche Relevanz zu begründen bleibt, im zweiten Falle ist „Handlung" das Etikett für ein Zuschreibungsurteil,[1014] das auf einer Reihe von Kriterien beruhen kann und nicht notwendigerweise eine äußerlich homogene Phänomenklasse generiert. Vor allem zum Zweck (1) formulierte Handlungsbegriffe überschreiten mitunter den (straf-)juristischen Bezugsrahmen und erheben, ggf. im Anschluß an philosophische Explikationen, den Anspruch ontologischer[1015] oder metaphysischer Wahrheit[1016]. Wie oben (C.I.3.) dargelegt, werden solche Ansprüche und damit einhergehende Bindungen rechtlicher Begrifflichkeit an externe Invarianzen oder Wesenseinsichten hier zurückgewiesen. Ein *strafrechtlicher* Handlungsbegriff gewinnt seinen Inhalt allein durch den Bezug auf Strafrecht und die mit der Begriffsbildung verfolgten Zwecke, seine Qualität bestimmt sich allein nach der Eignung, diese Zwecke zu erfüllen.[1017] Ein prüfungstechnischer Grenz- oder Hilfsbegriff, der lediglich offensichtlich strafrechtsirrelevante Erscheinungen wie Reflexe, Krampfanfälle usw. ausscheiden (bzw. den Anknüpfungspunkt der Zurechnung verschieben) soll, wird folglich anders gefaßt sein als ein strafrechtstheoretischer Begriff, der das Vollbild einer strafbaren Handlung erfassen soll und in letzter Konsequenz daher mit dem abstrakten Begriff der Straftat zusammenfällt.[1018] Ebenso folgt: „Was aus-

---

und Einzelverbrechen, S. 242 ff.; siehe auch STUCKENBERG, *Multiplicity of Offenses: Concursus Delictorum*, S. 559, 564 ff.

1013 So zutr. JAKOBS, *Strafrecht Allgemeiner Teil*², Tz. 6/1. Vgl. ENGISCH, Festschrift Kohlrausch, S. 141: „An Beziehungsreichtum wird ja gerade dieser Begriff kaum von einem anderen strafrechtlichen Grundbegriff übertroffen."

1014 Exemplarisch JAKOBS, Festschrift Rudolphi, S. 107, 116: „Eine Person handelt, wenn ihr zugeschrieben wird, sie sei der Grund für eine Veränderung der Welt."

1015 Exemplarisch der finale bzw. kybernetische Handlungsbegriff WELZELS, siehe oben bei Fußn. 253.

1016 Exemplarisch MOORE, *Act and Crime*, S. 109 f., siehe oben bei Fußn. 215.

1017 Ähnlich unterscheidet BERKEMANN, *„Handlung" in der Rechtswissenschaft*, S. 806, 811 f., einen theoretischen Begriff als rechtswissenschaftliches Konstruktionselement für die Zuordnung von Rechten und Pflichten, der den Regeln der wissenschaftlichen Fruchtbarkeit zu genügen habe, und einen Begriff, der sich auf die „naiv-theoretische" Objektebene der rechtswissenschaftlichen Betrachtung beziehe, wobei es um die richtige Aufnahme eines aus der Alltagserfahrung zu übernehmenden Befundes gehe. Diese Trennung sei bislang nur unvollkommen beachtet worden.

1018 Die naturrechtlich geprägte Imputationslehre des 18. Jahrhunderts faßte die Voraussetzungen der *imputatio iuris* wie schon bei THOMAS VON AQUIN unter den Begriff der menschlichen Handlung, so noch VON WEBER, NArchCrimR 7 (1825), 549, 556 f., der zur „inneren Willkühr" die „empirische Willensfreiheit" fordert, zu der u.a. Kenntnis des Strafgesetzes gehöre.

serhalb des Rechts Handlung ist oder heisst, ist für dessen Bereich gleichgiltig.",[1019] seien es philosophische oder Alltagsbegriffe[1020]. Das bedeutet natürlich nicht, daß Einsichten anderer Disziplinen keine Aufmerksamkeit verdienten.[1021]

Auch der Handlungsbegriff der hegelianisch geprägten deutschen Strafrechtslehre des 19. Jahrhunderts fiel mit der Zurechnung in eins: Berner, *Lehrbuch des Deutschen Strafrechtes*, 6. Aufl. 1872, S. 155 = 18. Aufl. 1898, S. 116 f.: „In dem Begriffe der Handlung ist der Begriff der Zurechnung enthalten."; Köstlin, *System des deutschen Strafrechts*, § 56 S. 156: „Der Begriff der Handlung ist hiernach, der *verwirklichte* (freie) *Wille eines* (zurechnungsfähigen) *Subjekts* zu sein. Somit erscheint 1) als bewegendes Prinzip der Handlung der *Wille*, der sich ebendeshalb das Recht zuschreibt, Veränderungen in der Außenwelt als seine Erzeugnisse nur insoweit gelten zu lassen, als sie von ihm gesetzt sind: Dieses Recht findet aber 2) seine Schranke an der Nothwendigkeit der *äußerlichen* Wirklichkeit der Handlung, der *That*, welche sich als das Maß für die Verantwortlichkeit des Willens geltend macht, ebendaher aber den Willen als das übergreifende Prinzip anerkennen muß. 3) Als schöpferischer Erzeuger einer Handlung erscheint daher immer ein *Subjekt*, das dieselbe als die seinige ansprechen darf und verantworten muß."; ähnl. noch RGSt 11, 56, 58: „Von ‚Handlung' im Sinne des Strafrechtes und überhaupt im Sinne des Rechtes kann nur dann die Rede sein, wenn das, was eine Person äußerlich that, seinen Ursprung in dem freien Willen dieser Person hatte. Daher sind Handlungen einer Person, deren freie Willensbestimmung durch Geisteskrankheit ausgeschlossen war, nicht Handlungen im Sinne des Strafrechtes." (Hervorh. im Orig.)

In jüngerer Zeit siehe Jakobs, *Der strafrechtliche Handlungsbegriff*, Vorwort, S. 11 ff. und durchgehend, S. 44; dazu Schild, GA 1995, 100 ff., 117 ff.; siehe auch Burkhardt, *First-person understanding of action in criminal law*, S. 238, 243 ff.

[1019] Binding, *Handbuch des Strafrechts*, S. 565 (der Nachsatz „Für sein Gebiet ist Handlung nichts anderes als die Verwirklichung eines rechtlich relevanten Willens." wird hier nicht geteilt, ebensowenig die Aussage, daß für den Juristen „der Handlungsbegriff des gemeinen Lebens gar nicht vorhanden" sei, *Die Normen und ihre Übertretung*, Band II, S. 82 ff., 89 Fn. 9, dazu oben im Text). Ähnl. Erik Wolf, *Typen der Tatbestandsmäßigkeit*, S. 6: „Der Handlungsbegriff ist ein juristischer und damit ein normativer Begriff."; Nowakowski, ZStW 63 (1951), 287, 297: „Der Handlungsbegriff ist ein Geschöpf der Strafrechtsdogmatik. Es ist nicht richtig, daß er nur gefunden, nicht erfunden werden könne. Die Strafrechtswissenschaft schafft ihn nach ihrem Bedürfnis."; Jescheck, Festschrift Erik Wolf, S. 473, 479; Jakobs, *Strafrecht Allgemeiner Teil*[2], Tz. 6/22.

Ebenso Mir Puig, *Derecho penal, Parte general*[4], lecc. 7 no. 25 m. w. Nachw.

[1020] So aber Engisch, *Vom Weltbild des Juristen*, S. 38: „Der Handlungsbegriff im Recht ist ein natürlich-sozialer Begriff des praktischen Lebens." – schon die Diffusität von Alltagskonzepten kann diese höchstens als Ausgangspunkte strafrechtlicher Begriffsfindung dienen lassen; ausschlaggebend bleiben rechtsinterne konzeptionelle Bedürfnisse, vgl. Gallas, ZStW 67 (1955), 1, 8 ff.; Jakobs, *Strafrecht Allgemeiner Teil*[2], Tz. 6/22 Fn. 62 a. Als Beispiel für die ausschlaggebende *normative* Bewertung weist Berkemann, *„Handlung" in der Rechtswissenschaft*, S. 806, 823 f., 830 f., auf die unterschiedliche Behandlung des Rechts-(Verbots-)irrtums im deutschen Zivil- und Strafrecht hin: „Zwar können strukturanalytische Erwägungen und Elemente etwa eines philosophischen Handlungsbegriffes in heuristischer Weise benutzt werden, um als Basisüberlegungen den Aufbau eines rechtswissenschaftlichen Handlungsbegriffes voranzutreiben. Die sich anschließende rechtliche Zurechenbarkeit gezeigten Verhaltens erfordert indes eine sorgfältig balancierte Differenziertheit, welche mit lediglich phänomenologisch-deskriptiven Entwürfen, mit Bedeutungszuweisungen innerhalb sozialen Sinnverständnisses oder einem nur soziologischen Handlungsbegriff nicht erreicht werden kann."

[1021] Zutr. Berkemann, *„Handlung" in der Rechtswissenschaft*, S. 806, 845: „Die interdisziplinären Perspektiven erzeugen für die rechtswissenschaftliche Problembearbeitung eine Kritikinstanz. Da auch die Handlung im Rechtssinne nach wie vor in einer sozial relevanten Umgebung

a) Handlung als willkürliche Körperbewegung

Ein nachgerade klassisches Modell der Handlung, das sowohl im kontinental-europäischen Raum wie im Common Law spätestens seit dem 19. Jahrhundert verbreitet ist, beschreibt – die Termini sind nicht einheitlich – „Handlung“ als „willkürliche Körperbewegung“, “willed bodily movement”, bisweilen mit Zusätzen wie „dadurch bewirkte Veränderung in der Außenwelt“[1022]. Die Auffassung entspricht nicht nur in Alltagstheorien, sondern früher auch in Philosophie und Psychologie verbreiteten Konzepten, wonach der bewußte „Wille“ die körperliche Motorik steuert, teilweise in unklarer Vermischung mit überkommenen Konzepten der *actio humana*, wonach Willensherrschaft die menschliche Handlung als solche erst ausmacht.[1023]

---

von kulturanthropologischen, medizinischen, sozialphilosophischen und ökonomischen Bezügen zu erfassen ist, wird auch die rechtswissenschaftliche Handlungstheorie auf derartige Einsichten nicht verzichten können. Denn nur bei sachlicher [sic] zutreffender Analyse des aufzunehmenden Befundes und der Auswirkungen gewählter Rechtskonstruktionen anhand interdisziplinärer Kritik ist eine wissenschaftliche Methodologie der rechtlichen Handlungsbewertung zu erwarten.“

[1022] Exemplarisch VON LISZT, *Lehrbuch des Deutschen Strafrechts*[5], § 27, S. 128: „I. Handlung ist die auf *menschliches Wollen zurückführbare Bewirkung einer Veränderung in der Aussenwelt*. Diese Veränderung nennen wir Erfolg. Seine Bewirkung ist auf menschliches Wollen zurückführbar, wenn sie durch die gewollte, oder, was gleichbedeutend ist, durch die *willkürliche Körperbewegung* eines Menschen erfolgt. Somit setzt sich der Begriff der Handlung aus zwei Stücken zusammen: der Körperbewegung einerseits, dem Erfolg andererseits, beide zusammengehalten durch das Verhältnis von Ursache und Wirkung. II. Ohne willkürliche Körperbewegung ist Handlung, mithin Verbrechen undenkbar. Willkürliche Körperbewegung aber ist *die durch Vorstellungen bewirkte*, durch die Innervierung der Bewegungsnerven erfolgende, *Anspannung* (Kontraktion) *der Muskeln*.“

AUSTIN, *Lectures on Jurisprudence*, Lecture XVIII, vol. I, S. 427 u. ff.: “A voluntary movement of my body, or a movement which follows a volition, is an act.”, auch Lecture XIX, vol. I, S. 432 f. (dazu HART, *Acts of Will and Responsibility*, S. 97 ff.); HOLMES, *The Common Law*, S. 45 f.: “An act, it is true, imports intention in a certain sense. It is a muscular contraction, and something more. A spasm is not an act. The contraction of the muscles must be willed.”, S. 73 f.: “An act is always a voluntary muscular contraction, and nothing else.”

Aus jüngerer Zeit siehe nur *Woolmington v. D.P.P.*, [1935] AC 462, 482 (H.L.); *Martin v. State*, 31 Ala.App. 334, 335; 17 So.2d 427 (1944) und Model Penal Code § 2.01(1) i.V.m. § 1.13(2), (3); Proposed Illinois Criminal Code (2003), sec. 2.04(4) i.V.m. sec. 502(1); sowie GLANVILLE WILLIAMS, *Textbook of Criminal Law*[2], § 7.2, S. 147 f.; DRESSLER, *Understanding Criminal Law*, § 9.02[A], [B]; LAFAVE, *Criminal Law*[3], § 3.2, S. 206 ff.; insb. MOORE, *Act and Crime*, S. 78 ff., 109 ff.; alle m. w. Nachw., auch bei WHITE, *Grounds of Liability*, S. 23 ff., 28 ff.; DUFF, *Intention, Agency, and Criminal Liability*, S. 99 ff.; DERS., *Criminal Attempts*, S. 246 ff., 322 ff.

Zur Willkürlichkeit als Handlungsmerkmal siehe auch SCHMALT, *Psychologische Aspekte einer Theorie der Handlung*, S. 517, 532 ff.

[1023] Siehe oben Fußn. 898 f. und PUFENDORF, *De iure naturae et gentium*, lib. I cap. V § 1: „Duo quippe involvit actio voluntaria unum est quasi materiale, quod est motus potentiæ per naturam existentis, seu eiusdem exercitium in se consideratum; alterum quasi formale, quod est dependentia eius motus seu exercitii à decreto voluntatis, secundum quam ut à causa libera, & seipsam determinante, decreta concipitur.“, ähnl. auch in § 2.

Statt vieler VON WEBER, NArchCrimR 7 (1825), 549, 557: „Ein weiteres Haupterforderniß der Zurechenbarkeit einer That ist *innere Willkühr* oder empirische Willensfreiheit der Person. Denn ohne diese Möglichkeit des *Wollens* ist ja überhaupt kein menschliches Handeln denkbar.“ (Hervorh. im Original); ähnl. BELING, *Die Lehre vom Verbrechen*, S. 9: „Nur einem gewollten menschlichen

Die Antwort auf WITTGENSTEINS berühmte Frage,[1024] was übrigbleibt, wenn ich von der Tatsache, daß ich meinen Arm hebe, die abziehe, daß mein Arm sich hebt, ist hier ganz einfach: Als Voraussetzung einer bewußten Körperbewegung galt ein mentaler Zustand oder Akt, d.h. „Willensakt", "act of will", "volition"[1025] als psychische Ursache physischer Aktivität[1026], beispielsweise:[1027]

inneres Wollen des Handelnden → körperliches Verhalten → Außenerfolg

Die oben[1028] dargestellte Kritik RYLES, die sich insbesondere gegen „Willensakte" richtete, hat dieses Modell im englischsprachigen Raum auch in der Rechtswissenschaft gründlich diskreditiert,[1029] im deutschsprachigen Raum ist die entsprechen-

---

Verhalten kann der Ausspruch gelten, daß es Verbrechenscharakter habe."; so noch AMBROSIUS, *Untersuchungen zur Vorsatzabgrenzung*, S. 20 f.

Ausdrücklich an die thomistische Unterscheidung von *actiones humanae* und *actiones hominis* (oben bei Fußn. 898) noch heute anknüpfend MIR PUIG, *Derecho penal, Parte general*[4], lecc. 8 n. 3.

1024 WITTGENSTEIN, *Philosophische Untersuchungen*, § 621. WITTGENSTEIN hielt die Frage weder für sinnvoll noch für beantwortbar.

1025 Sehr deutlich bei J. S. MILL, *A System of Logic*, book I, ch. iii, § 5: "Now what is an action? Not one thing, but a series of two things; the state of mind called a volition, followed by an effect. The volition or intention to produce the effect, is one thing; the effect produced in consequence of the intention, is another thing; the two together constitute the action. I form the purpose of instantly moving my arm; that is the state of my mind: my arm (not being tied or paralytic) moves in obedience to my purpose; that is a physical fact, consequent on a state of mind. The intention followed by the fact, or (if we prefer the expression) the fact preceded and caused by the intention, is called the action of moving my arm."

Statt vieler siehe ZITELMANN, *Irrtum und Rechtsgeschäft*, S. 35 f.: „Willensact ist die psychische Ursache, durch welche motorische Nerven unmittelbar erregt werden."(36), dazu ROTHOEFT, *System der Irrtumslehre*, S. 64 ff.; sehr klar MEZGER, *Strafrecht*[3], S. 105 f.: „Wollen bezeichnet den einzelnen Willensakt – nicht das Willensvermögen – also einen inneren, seelischen Akt, durch den *sich* der Handelnde selbst *als Ursache* für die Verwirklichung eines von ihm vorgestellten Erfolges setzt. Man spricht auch von ‚Verursachungswillen'." (Hervorh. im Original).

1026 Die Problematik psychophysischer Kausalität war durchaus bekannt, wurde aber nicht als juristisch bedeutsames Problem empfunden, vgl. M. E. MAYER, *Der allgemeine Teil des deutschen Strafrechts*, S. 103: „Wir schreiten kühn über die psychologische Schwierigkeit hinweg, indem wir diese Umwandlung kausal erklären ..."; MEZGER, *Strafrecht*[3], S. 108 Fn. 11: „... ebenso rätselhafte und unerklärliche, wie tagtäglich tausendfach bestätigte Erfahrung".

1027 Schema von MEZGER, *Strafrecht*[3], S. 95.

1028 Bei Fußn. 374.

1029 Krit. bereits SALMOND, *Jurisprudence*[12], § 83 S. 354: "This theory, however, creates more difficulties than it solves. In the first place, it rests on dubious psychology." Einflußreich war vor allem die eingehende und scharfe Kritik von HART, *Acts of Will and Responsibility*, S. 90 ff., 101: "outdated fiction—a piece of eighteenth-century psychology which has no real application to human conduct", "misleading antiquated piece of philosophical psychology"; krit. in jüngerer Zeit z.B. DUFF, *Acting, Trying, and Criminal Liability*, S. 75, 80 ff.; DERS., *Criminal Attempts*, S. 240 ff., 264 ff.; ROBINSON, *Structure and Function in Criminal Law*, S. 31 ff.; DERS., *Should the Criminal Law Abandon the* Actus Reus-Mens Rea *Distinction?*, S. 187, 190 ff.; WILSON, *Central Issues in Criminal Theory*, S. 78 ff., 103 ff.; HUSAK, *Does Criminal Liability Require an Act?*, S. 60 ff., 65 ff. m. w. Nachw., der wie SALMOND, *ibid.*, S. 355, ein *control model* vorschlägt; w. Nachw. bei MOORE, *Act and Crime*, S. 86 ff., der indes das Modell zu stützen sucht.

de sog. kausale Handlungslehre aus anderen Gründen durch die finale Handlungslehre WELZELS wohl noch gründlicher verdrängt worden. Dabei ist die dualistische Redeweise, die im Alltag und damit im Strafrecht wie gezeigt nicht zu vermeiden ist, allein nicht schädlich und bedingt für sich noch keine Verpflichtung auf ontologischen Substanzdualismus,[1030] solange der Versuchung der Hypostasierung widerstanden wird. Psychologische Plausibilität aus heutiger[1031] wissenschaftlicher Sicht – dies dürfte der obige Überblick gezeigt haben – kann das Modell nicht für sich beanspruchen,[1032] nicht einmal aus naiver, introspektiver oder „Erster-Person-Perspektive“, weil die wenigsten bewußten Körperbewegungen einem explizit gefaßten Willen folgen bzw. viele nicht mit einem deutlichen Willenserlebnis einhergehen,[1033] so daß schon LEWIN es für notwendig hielt, der „keineswegs sehr häufig“ anzutreffenden „Vornahmehandlung“, die diesem rechtlichen Handlungsmodell im Kern entspricht, „ihren Charakter als Grundfall einer Willenshandlung abzusprechen“[1034]. Zudem ist auch eine Gleichsetzung von Kontrollierbarkeit und

---

1030 Zutr. SISTARE, *Responsibility and Criminal Liability*, S. 53 f., gegen diese Befürchtung von GROSS, *A Theory of Criminal Justice*, S. 72.

1031 Eingehend aber schon CARPENTER, *Principles of Mental Physiology*, Preface to the fourth edition und §§ 13 ff., 305 ff.: sowie §§ 416 zu “unconscious cerebration” (“Although it has been usual to designate by the term *voluntary* all those muscular movements which take place as a result of mental operations, ... a careful analysis of the sources from which many of even our ordinary actions proceed, will show that the Will has no direct participation in producing them.”).

Anders aber jüngst noch DÜKER, *Über unterschwelliges Wollen*, S. 85 ff., 89, der den Ausdruck „automatisierte Handlungen“ für unzutreffend hält: „Denn diese geübten Handlungen sind durch Übung lediglich sehr vereinfacht und erleichtert, und dadurch ist die erforderliche Anspannung so vermindert worden, daß sie unter die Beobachtungsschwelle absinkt, jedoch blieb der Wollenscharakter dieser GH [geübten Handlungen] erhalten. Sie sind also echte Handlungen, auch wenn zeitweise die Wirksamkeit des Wollens nicht unmittelbar beobachtbar ist.“ Dabei wird „Wollen“ verstanden als „die Fähigkeit, alle zur Erreichung eines Ziels erforderlichen Vorgänge zweckmäßig zu koordinieren, zu aktivieren und zu steuern.“ (S. 13, 81).

1032 Ebenso DRESSLER, *Understanding Criminal Law*, § 9.02[C][2]; O'CONNOR, 15 Med.Sci. Law 31, 32 (1975): “grossly inaccurately analysis of the actual physiological and psychological processes”.

1033 Siehe oben bei Fußn. 670 f. sowie O'CONNOR, 15 Med.Sci.Law 31, 32 (1975); WILSON, *Central Issues in Criminal Theory*, S. 107: “Most everyday actions are performed on automatic pilot where the ‘will’ at most is an appreciative onlooker rather than the executor of the actor's ambitions.” Dies gilt ebenso aus handlungsphilosophischer Sicht, vgl. nur AUDI, *Volition and Agency*, S. 74, 85 ff., 99 f., 105.

Die italienische Judikatur und Doktrin lassen daher, abweichend vom an sich klaren Wortlaut des Art. 42 Abs. 1 Codice penale, der „coscienza e volontà“ verlangt, potentielles Bewußtsein und potentiellen Willen genügen bzw. ein Verhalten, das willkürlich verhindert werden kann und daher dem Akteur als das seine zugerechnet werden kann (*suità* oder *suitas*, Begriff von ANTOLISEI, *L'azione e l'evento nel reato*, Milano 1928, S. 59), dazu BRICOLA, *Dolus in re ipsa*, S. 63 ff.; MANTOVANI, *Diritto penale, Parte generale*², S. 300 f. m. w. Nachw.

1034 LEWIN, *Vorsatz, Wille, Bedürfnis*, S. 82, 83, 89 f. (= Psychologische Forschung 7 (1926), 330, 376, 383 f.) und weiter: „Nicht den Umstand, ob zeitlich ein gewisser anderer Akt vorausgegangen ist oder nicht, sondern den Charakter des Handlungsgeschehens selbst wird man bei der Zuordnung des Geschehens zu einem bestimmten Typus in den Vordergrund zu stellen haben.“

Intentionalität in dieser Allgemeinheit nicht begründet, wie sich an Zwangshandlungen zeigt.[1035]

Die mit diesem Modell verfolgten rechtlichen Zwecke sind erstaunlich heterogen:[1036] Da dieses Handlungsmodell augenscheinlich die elementarste Form physischer Aktivität kennzeichnen will, diente und dient es oft noch heute[1037] zur Abgrenzung prinzipiell einer Person zurechenbarer Verhaltensformen – sofern es um Zurechnung geht und nicht um die Diagnostizierung von Symptomen sozialer Gefährlichkeit[1038] – von Natur,[1039] d.h. von solchen Ereignissen, die strafrechtliche Verantwortung selbständig (allenfalls in Verbindung mit Vorverschulden[1040]) nicht auslösen wie aktuell nicht bewußt steuerbare Bewegungen, z.B. Reflex-, Krampf-, Anfallsbewegungen, Bewegungen im Schlaf und in Bewußtlosigkeit, unter Hypnose, *vis absoluta, force majeure* usw.[1041] Diese Abgrenzung ist auch in den aufgezählten Fällen regelmäßig unproblematisch, sofern sie prägnant genug vorliegen und alle Aspekte[1042] einer Bewegung erfassen. Seine Untauglichkeit demonstriert das Modell an weniger eindeutigen Situationen wie Automatismen, spontanen Re-

---

Den Grundfall der „Willenshandlung" bilde vielmehr die „beherrschte Handlung", zu den Begriffen siehe oben bei Fußn. 606.

1035 KUHL, *Motivation und Persönlichkeit*, S. 38.

1036 Zu den Zwecken des *act requirement* im Common Law siehe ROBINSON, WILSON, HUSAK, MOORE, oben Fußn. 1029.

1037 Nicht nur im Common Law-Raum (oben Fußn. 1022 a.E.), wohl auch in Spanien, vgl. MIR PUIG, *Derecho penal, Parte general*[4], lecc. 7 Rn. 9; zur Tauglichkeit siehe NK-StGB-PUPPE, Vor § 13 Rn. 48 ff.

1038 Vgl. MEZGER, *Strafrecht*[3], S. 104 f.; BETTIOL, *Diritto penale*[11], S. 247, jew. m. w. Nachw. Die Vertreter der *Scuola positiva*, auch die der verwandten symptomatischen Verbrechensauffassung, waren der Ansicht, die moderne Psychologie habe dem realistischen Handlungsbegriff den „Willen" als Grundlage entzogen, so TESAŘ, *Die symptomatische Bedeutung des verbrecherischen Verhaltens*, S. 193 ff., 195.

1039 Dies entspricht dem philosophischen Anliegen, vgl. nur FRANKFURT, *The Problem of Action*, S. 69: "The problem of action is to explicate the contrast between what an agent does and what merely happens to him, or between the bodily movements that he makes and those that occur without his making them."; SIMESTER, 15 Law & Phil. 159 ff. (1996).

1040 Z.B. *People v. Decina*, 2 N.Y.2d 133, 139 ff.; 138 N.E.2d 799; 157 N.Y.S.2d 558 (1956): voraussehbarer epileptischen Anfall während der Autofahrt als fahrlässige Tötung. Siehe FITZGERALD, *Voluntary and Involuntary Acts*, S. 1, 20 ff.; zum "Time-Framing" auch DRESSLER, *Understanding Criminal Law*, § 9.02[F]; KELMAN, 33 Stan.L.Rev. 591, 611 ff. (1980–81) m. w. Nachw.

1041 So Model Penal Code § 2.01(1) und (2). Das Modellgesetz unterscheidet noch zwischen "act" resp. "action" als Körperbewegung schlechthin (§ 1.13(2): "a bodily movement whether voluntary or involuntary") und dem Erfordernis "voluntary" in § 1.13(3) i.V.m. § 2.01(1), (2); ein analytischer Gewinn ist darin schwerlich zu erkennen.

1042 Bei genauerer Betrachtung würde sich auch unter diesem einfachen Modell ergeben, daß eine Bewegung nicht nur ganz oder gar nicht willkürlich sein kann, sondern auch teilweise: schon BENTHAM, *Principles of Morals and Legislation*, ch. VIII § V Fn. 1 [Works, vol. I, S. 40 f.], unterschied nach "quantity of matter that moves", "direction in which it moves" und "velocity with which it moves"; *unintentional* sei nur eine in jeder Hinsicht ungewollte Handlung.

aktionen (Verscheuchen von Bienen, Fliegen beim Autofahren[1043]) wegen seiner psychologischen Implausibilität und weil diffuse Termini wie „willkürlich“, “willed”, “volitional” für die Frage aktueller Steuerung oder Steuerbarkeit keine tauglichen Kriterien liefern sowie kein Äquivalent in den Modellen der modernen Psychologie bzw. Neurobiologie, die auch die fraglichen motorischen Reaktionen anders klassifiziert,[1044] finden. Welche Reaktion aktuell oder durch Übung beeinflußbar ist, kann ohnedies nur der Sachverständige beantworten – dieser Aufwand ist nur in Ausnahmefällen tragbar.[1045]

Auf diese Weise legt der Handlungsbegriff nicht nur fest, was eine „Handlung“, sondern auch, was für das Strafrecht ein Subjekt ist.[1046] Diese Abgrenzungsfunktion hat der Handlungsbegriff mit bestimmten Schuldausschlußgründen wie *insanity* gemein.[1047] Deutlich wird dies an Aufspaltungen, die eine Körperbewegung als „Handlung“ genügen lassen und Unwillkürlichkeit als Entschuldigungsgrund behandeln.[1048]

Ein weiterer, vor allem im Common Law traditioneller Zweck ist die Umschreibung des Verhaltens, das legitimerweise unter Strafe gestellt werden darf, durch das

---

1043 Hypothetisch als Nicht-Handlung bezeichnet in *Kay v. Butterworth*, (1945) 173 L.T. 191; 61 T.L.R. 452 (K.B.) und *Hill v. Baxter*, [1958] 1 Q.B. 277, 281 ff., 286; [1958] 2 W.L.R. 76; [1958] 1 All E.R. 193; 42 Cr.App.R. 51 (Q.B.D.) (Angriff eines Bienenschwarms, so daß die Bewegungen des Fahrers “are solely caused by the action of the bees”), als Handlung entschieden von OLG Hamm NJW 1975, 657 (Verscheuchen einer Fliege).

1044 Unterschieden werden (1) reine mono- oder disynaptische Reflexe, (2) rhythmische, hochgradig stereotype Bewegungen wie Atmen, Laufen, Kauen usw., (3) reflexartige, automatisierte Leistungen der Stützmotorik, (4) reflexartige, automatisierte Hinwende-, Schreck- und Abwehrreaktionen, (5) automatisierte Handlungsabläufe wie Radfahren u.ä., (6) Planhandlungen i.e.S. Reine Reflexe beruhen auf einem spinalen Reflexbogen und sind ununterdrückbar und nicht durch Lernen beeinflußbar; sie sind jedoch selten – es handelt sich nur um die monosynaptischen Reflexe in (1). Alle übrigen Reaktionen sind durch „höhere“ Gehirnzentren modulierbar und in bestimmtem Maße steuerbar und unterdrückbar. Im neurobiologischen Sinne sind alle diese *erfahrungsbedingt veränderbaren* Handlungen, d.h. ausgenommen nur die wenigen reinen Reflexe, „Willkürhandlungen“, dazu Roth, *Bewußte und unbewußte Handlungssteuerung aus neurobiologischer Sicht*, S. 77, 94 ff. Das Kriterium der erfahrungsbedingten Veränderbarkeit geht auf Passingham, *The Frontal Lobes and Voluntary Action*, S. 1 ff., 236, zurück, der es (nur!) für tierisches Verhalten verwendet.

Zu Automatismen siehe die Hinweise oben in Fußn. 604.

1045 Berkemann, *„Handlung“ in der Rechtswissenschaft*, S. 806, 817: „Immerhin ist nicht zu verkennen, daß die rechtswissenschaftliche Konstruktion auf praktikable Lösungen angewiesen ist und daher nur in begrenzten Rechtsbereichen eine vertiefte Sachverhaltsfeststellung zulassen kann.“

1046 Jakobs, *Strafrecht Allgemeiner Teil*^{2}, Tz. 6/20 f.

1047 Robinson, *Structure and Function in Criminal Law*, S. 37 ff.; ders., *Should the Criminal Law Abandon the* Actus Reus-Mens Rea *Distinction?*, S. 187, 197 f.; Wilson, *Central Issues in Criminal Theory*, S. 104 ff.; ähnl. Berkemann, *„Handlung“ in der Rechtswissenschaft*, S. 806, 816 f.

1048 So, möglicherweise unter dem Einfluß des Berichterstatters Robinson, Proposed Illinois Criminal Code (2003), sec. 204(4): “An ‘act’ is a bodily movement, whether voluntary or involuntary.” und sec. 502(1): “Involuntary Act. A person is excused for his offense if his liability is based upon an act and the act is not a product of the person’s effort or determination”, dazu *Final Report of the Illinois Criminal Code Rewrite and Reform Commission*, vol. 2, S. 73. Im Ansatz bereits Model Penal Code, § 1.13(2), (3) mit § 2.01, oben Fußn. 1041.

"(voluntary) act requirement". Die Strafbarkeit von Handlungen wird kontrastiert mit der Strafbarkeit bloßer Gedanken – ein heute[1049] theoretischer, aber traditionell *(cogitationis poenam nemo patitur)*[1050] angeführter Fall – und, praktisch erheblich, von Zuständen wie Krankheit, z.B. Drogenabhängigkeit, oder Besitz, auch Unterlassen und Verantwortlichkeit für andere, seltener Personenmehrheiten *(societas delinquere non potest)*,[1051] wobei Zurechnungsfragen (Vermeidbarkeit) mit rechtspolitischen Fragen (präventive Überdehnung, Angemessenheit der Straffolge) in unklarer Weise vermengt werden.

Den Anspruch, ein strafrechtstheoretischer Begriff zu sein, der die spezifischen Voraussetzungen strafbaren Verhaltens einfängt, kann dieses an Äußerlichkeiten haftende Handlungsmodell nicht einlösen. Dieser Anspruch ist, zumindest[1052] im Common Law, auch kaum erhoben, bisweilen ausdrücklich ausgeschlossen worden[1053]. Auch handelt es sich bei solchen Basishandlungen nicht um „Bausteine" der Straftat in dem Sinne, daß ihre bloße Addition mit Umständen und Folgen eine Straftat ergäbe, denn ohne den Bedeutungskontext bleibt jede Körperbewe-

---

[1049] Frühe *treason statutes* waren so weit formuliert, daß auch Sympathie für oder bloße Vorstellung ("compassing and imagining") von Verrat unter Strafe stand, daher: "men were not to be tried for their thoughts", *Hales v. Petit*, 1 Plowd. 253, 259, 259 a; 75 E.R. 387, 397 (1562). Auch im alten französischen Recht genügte für *assassinat* der Beweis dessen bloßer Planung, MUYART DE VOUGLANS, *Institutes au droit criminel*, S. 520.

[1050] D. 48, 19, 18; siehe auch STEPHEN, *A History of the Criminal Law of England*, vol. II, S. 78; HALL, *General Principles of Criminal Law*², S. 176; MORRIS, *Punishment for Thoughts*, S. 1 ff.; DRESSLER, *Understanding Criminal Law*, § 9.01[B] m. w. Nachw., 9.02[D]; FITZGERALD, *Voluntary and Involuntary Acts*, S. 1, 2 f.; *Powell v. Texas*, 392 U.S. 514, 543; 88 S.Ct. 2145; 20 L.Ed.2d 1254 (1968), BLACK and HARLAN, JJ., *concurring*; *United States v. Muzii*, 676 F.2d 919, 920 (2d Cir. 1982); *United States v. Hollingsworth*, 27 F.3d 1196, 1203 (7th Cir. 1994) (*en banc*); *Final Report of the Illinois Criminal Code Rewrite and Reform Commission*, vol. 2, S. 21.

[1051] Vgl. Model Penal Code § 2.01(1) und (3), die daher Unterlassen ausdrücklich als strafbarkeitsbegründend einschließen, und § 2.01(4), worin Besitz als Handlung definiert wird, sofern er vermeidbar war.

Zum Ganzen siehe nur *Robinson v. California*, 370 U.S. 660, 666 ff.; 82 S.Ct. 1417; 8 L.Ed.2d 758 (1962) (Drogenabhängigkeit keine strafbare Handlung); *Powell v. Texas*, 392 U.S. 514, 543 ff.; 88 S.Ct. 2145; 20 L.Ed.2d 1254 (1968) (enger); DRESSLER, *Understanding Criminal Law*, § 9.03; LAFAVE, *Criminal Law*³, § 3.2(d)–(f), S. 211 ff.; FLETCHER, *Rethinking Criminal Law*, S. 426 ff., auch S. 197 ff.; MOORE, *Act and Crime*, S. 17–59; SISTARE, *Responsibility and Criminal Liability*, S. 45 ff., jew. m. w. Nachw.

Ähnl. BETTIOL, *Diritto penale*¹¹, S. 249 f.; auch MIR PUIG, *Derecho penal, Parte general*⁴, lecc. 7 Rn. 26 ff.; SCHMIDHÄUSER, *Strafrecht Allgemeiner Teil, Studienbuch*², Tz. 5/18 ff.

[1052] Der vergangene Streit um die Handlungslehre in der deutschsprachigen sowie italienischen und spanischen Strafrechtsdogmatik setzte voraus, daß der entsprechende kausale Handlungsbegriff ebenso theoretischen Status beansprucht wie der ihm von WELZEL entgegengesetzte finale Handlungsbegriff. Daran bestehen indes ernsthafte Zweifel, siehe nur SCHILD, GA 1995, 100 ff.

[1053] HOLMES, *The Common Law*, S. 45 f.: "The act is not enough by itself. ... All acts, taken apart from their surrounding circumstances, are indifferent to the law. ... Hence, it is no sufficient foundation for liability, on any sound principle, that the proximate cause of loss was an act." Vgl. SALMONDS Definition, die *circumstances* und *consequences* miteinbezieht, *Jurisprudence*¹², S. 355; zum Ganzen HALL, *General Principles of Criminal Law*², S. 171 ff. m. w. Nachw.

gung ein „blutleeres Gespenst"[1054]. Überdies führt der Ansatz, gleichsam die Elementarteilchen menschlichen Verhaltens oder dessen Essenz auffinden zu wollen, zwangsläufig immer weiter,[1055] von Körperbewegungen zu „Willensakten", neuronalen Aktivitätsmustern und schließlich biochemischen Vorgängen, womit der Zusammenhang mit dem, worüber Strafrecht spricht, vollends verloren geht.

Dieses Handlungsmodell birgt noch weitere Schwierigkeiten: Zum einen kann das Abstellen auf Muskelkontraktionen oder Körperbewegungen die in allen Strafrechtsordnungen, wenn auch in unterschiedlichem Maße, bekannte Unterlassensstrafbarkeit nicht erfassen, die darauf beruht, daß der Täter nicht tut, was er rechtlich zu tun verpflichtet ist, gleichgültig, ob er bewegungslos verharrt oder etwas anderes tut. Ein Oberbegriff für strafbares Verhalten ist dieser Handlungsbegriff nicht ("Movement is not the point."[1056]). Zusätze wie „dadurch bewirkte Veränderung in der Außenwelt" kennzeichnen zwar typische Fälle, klammern aber ohne Not solche Körperbewegungen aus, die die Welt nicht ändern oder solche Veränderungen gerade verhindern wollen (Zuhalten einer Tür[1057]).

Dieses Haften am Sinnfälligen hat ferner dazu geführt, daß auch im Strafrecht Unterscheidungen anzutreffen sind zwischen einer Basishandlung, z.B. Körperbewegungen (Betätigen des Abzugs einer Schußwaffe), und den Folgen (Verletzung, Tod eines anderen) und Umständen (Eigenschaften des Tatopfers, z.B. Polizeibeamter). In der englischen Terminologie hat dies zu einiger Verwirrung geführt, was der traditionelle Begriff *actus reus* eigentlich bezeichne: nur die Körperbewegung, auch ihre Folgen und auch bestimmte oder alle Tatumstände?[1058] Ein Folgeproblem ergibt sich dann für den Bezugspunkt von *mens rea*.[1059] Ein einheitlicher Tatbestandsbegriff hat sich hier nicht entwickelt bzw. nicht durchgesetzt, so daß statt dessen nach wie vor die umgangssprachliche, schon von BENTHAM[1060] verwendete Unterscheidung von Handlung (Verhalten), Folgen und Umständen be-

---

1054 BELING, *Die Lehre vom Tatbestand*, S. 17. Siehe oben das Zitat bei Fußn. 985. Siehe auch RADBRUCH, Frank-Festgabe, S. 158, 161 f.

1055 Vgl. DUFF, *Acting, Trying, and Criminal Liability*, S. 75, 83 f., 103; ähnl. PUPPE, *Idealkonkurrenz und Einzelverbrechen*, S. 248 ff., jew. m. w. Nachw.

1056 WILSON, *Central Issues in Criminal Theory*, S. 82; siehe auch HALL, *General Principles of Criminal Law*², S. 176 ff. m. w. Nachw.

1057 Beispiel von VON WRIGHT, *Die menschliche Freiheit*, S. 209, 232.

1058 Dazu krit. HALL, *General Principles of Criminal Law*², S. 222–240; WHITE, *Grounds of Liability*, S. 35 ff.; ROBINSON, *Structure and Function in Criminal Law*, S. 19 ff.; DERS., *Should the Criminal Law Abandon the* Actus Reus-Mens Rea *Distinction?*, S. 187, 200 ff., m. w. Nachw.

1059 Siehe nur WHITE, *Grounds of Liability*, S. 43 ff. m. w. Nachw.

1060 BENTHAM, *Principles of Morals and Legislation*, ch. VII, § XXVII ("act, criminative circumstances, farther consequences"), wobei er hinsichtlich *intention* nur zwischen *act* und *consequences* unterschied, ch. VIII, § II, *circumstances* könnten nur gewußt, aber nicht gewollt sein, § XIII, siehe unten Fußn. 1297.

gegnet *(act/conduct, result/consequences, circumstances)*,[1061] auf die weiter unten (V.1.a)cc)(4)) eingegangen wird.

Das mentale Element bedingt sodann verschiedene Unklarheiten, von denen hier am meisten interessiert, in welchem Verhältnis es zum „Vorsatz" steht:[1062] Was ist, um die Frage HARTS[1063] aufzugreifen, mit den uneinheitlichen und oft bei demselben Autor schwankenden Bezeichnungen „Wollen", „Wille", „Willkür" resp. "will", "intention", "purpose", "volition", "voluntariness" genau gemeint? Meistens findet sich darauf keine Antwort. Im Common Law-Raum wird allerdings zwischen diesem mentalen Element und *mens rea* differenziert, denn auch *strict* oder *absolute liability offenses* setzen einen "voluntary act" voraus, aber nicht *mens rea*,[1064] wobei die Terminologie unglücklicherweise ebenfalls uneinheitlich ist[1065]. Eine ähnliche Differenz scheint im italienischen Recht zu bestehen.[1066]

Eine Erklärungsmöglichkeit liegt in der Annahme verschiedener psychischer Phänomene, etwa einem bloß handlungsbezogenen „natürlichen Handlungswillen" und dem für Vorsatz nötigen, zielgerichteten Willen. So hat AUSTIN den Begriff des Willens ("will", "volition") streng begrenzt auf die Herbeiführung von Körperbewegungen, die allein Handlungen seien – wie später z.B. auch DAVIDSON[1067] –, und die Verwechslung von "will" und "intention" gerügt ("intention does not imply will" [1068]). Alle Folgen von Körperbewegungen können nicht "willed", sondern nur

---

1061 Z.B. Proposed Illinois Criminal Code (2003): "Section 202. Offense Elements Defined.

(1) The "elements" of an offense refer to: (a)(i) such conduct, or (ii) such attendant circumstances, or (iii) such result of conduct, and (b) such culpability requirements, as defined in Sections 205 and 206, as are contained in the offense definition or the provisions establishing the offense grade or the severity of the punishment.

(2) Definitions. (a) A "conduct element" is that part of an offense that requires an offender's act or failure to perform a legal duty. (b) A "result element" is any change of circumstances required to have been caused by the person's conduct. (c) A "circumstance element" is any objective element that is not a conduct or result element. (d) The "objective elements" of an offense include conduct, attendant circumstances, and result elements, but not culpability requirements."

1062 Ebenso O'CONNOR, 15 Med.Sci.Law 31, 33 (1975).

1063 HART, *Acts of Will and Responsibility*, S. 95 ("What after all *is* the will?").

1064 *Hill v. Baxter*, [1958] 1 Q.B. 277, 282; [1958] 2 W.L.R. 76; [1958] 1 All E.R. 193 (Q.B.D.); HART, *Acts of Will and Responsibility*, S. 90; WILSON, *Central Issues in Criminal Theory*, S. 105 ff., 113 ff.; FITZGERALD, *Voluntary and Involuntary Acts*, S. 1, 17 ff.

1065 Cf. HART, *Acts of Will and Responsibility*, S. 91 Fn. 2 m. w. Nachw.

1066 Art. 42 Abs. 1 Codice penale: „Nessuno può essere punito per una azione od omissione preveduta dalla legge come reato, se non l'ha commessa con coscienza e volontà." Abs. 2 formuliert sodann das Erfordernis von *dolo* bzw. *colpa* (definiert in Art. 43), die daher in Abs. 1 noch nicht gemeint sein dürften, wie Art. 42 Abs. 4 bestätigt: „Nelle contravvenzioni ciascuno risponde della propria azione od omissione cosciente e volontaria, sia esse dolosa o colposa." vgl. MANTOVANI, *Diritto penale, Parte generale*², S. 298 f.; ROMANO, *Commentario sistematico*, Art. 42 Rn. 33 ff., 35, Art. 43 Rn. 48 f.; BRICOLA, *Dolus in re ipsa*, S. 79, versteht „coscienza e volontà della condotta come nucleo primigenio del dolo".

1067 Siehe oben Fußn. 972.

1068 AUSTIN, *Lectures on Jurisprudence*, Lecture XIX, S. 434.

“intended” sein, wobei “intention” die Erwartung des Eintretens der Folge bezeichnet, sowie “wished” oder “desired” als Mittel oder Ziel.[1069] “Intentional” ist eine Handlung dann, wenn ihre Folgen wenigstens vorhergesehen *(intended)* sind.[1070] Unterlassungen können nie “willed” sein, aber vorhergesehen *(intended)*.[1071] Eine parallele, heftige Debatte hatte einst die deutsche Dogmatik beschäftigt, die allerdings anders als AUSTIN in dem tradierten terminologischen Korsett von Wissen und Wollen befangen blieb, daher sich mit der Erfassung des Bezweckens oder Anstrebens des Handlungserfolgs (AUSTINS “desire” oder “wish”) schwer tat und nur Voraussicht und allenfalls mittelbares Wollen annahm.[1072] Alle diese Unterscheidungen haben sich letztlich nicht durchgesetzt.[1073] Jüngere Differenzierungen kontrastieren zumeist motorische Kontrolle/Kontrollierbarkeit und Intentionalität,[1074] ohne daß sie oftmals klar von der nachfolgenden Ansicht zu trennen wären:

Vielfach wurde indes angenommen, es handele sich beim „Wollen“ um ein und dasselbe psychische Phänomen, das von Handlungs- und Zurechnungslehre aber unter verschiedenen Aspekten betrachtet werde: So frage die Handlungslehre nur danach, was durch das Wollen als seine Wirkung verursacht, die Schuldlehre danach, ob diese Wirkung des Wollens ebenfalls „Inhalt des Wollens“ geworden

---

1069 AUSTIN, *Lectures on Jurisprudence*, Lecture XVIII, S. 423 ff., Lecture XIX, S. 431 ff.; krit. HALL, *General Principles of Criminal Law*², S. 108 ff., 171 ff.

1070 AUSTIN, *Lectures on Jurisprudence*, Lecture XIX, S. 436 f.

1071 AUSTIN, *Lectures on Jurisprudence*, Lecture XIX, S. 437; zur Kritik siehe HALL, *General Principles of Criminal Law*², S. 174 f. m. w. Nachw.

1072 Diese Position hat ein Teil der Anhänger der sog. „Vorstellungstheorie“ – an sich eine Position im Streit um die Vorsatzabgrenzung – vertreten im Anschluß an BEKKER, *Theorie des heutigen Deutschen Strafrechts*, S. 243 ff., und ZITELMANN, *Irrtum und Rechtsgeschäft*, S. 29–196; RADBRUCH, *Der Handlungsbegriff in seiner Bedeutung für das Strafrechtssystem*, S. 110 ff.; z.B. VON LISZT, *Lehrbuch des Deutschen Strafrechts*¹¹, § 29 I, S. 105 Anm. 1 („Wollen bedeutet nach meinem Sprachgebrauch lediglich denjenigen psychologischen Akt, durch welchen die Anspannung der Muskeln erfolgt. Gewollt ist mithin nur die Körperbewegung, niemals der Erfolg. Der herrschende Sprachgebrauch bezieht das Wollen gerade auf den Erfolg.“), so noch OTTO, *Grundkurs Strafrecht Allgemeine Strafrechtslehre*⁶, § 7 Rn. 26; dazu krit. BINDING, *Die Normen und ihre Übertretung*, Band II, S. 89 f.; eingehend VON HIPPEL, *Die Grenze von Vorsatz und Fahrlässigkeit*, S. 13–30; ENGISCH, *Untersuchungen über Vorsatz und Fahrlässigkeit*, S. 130 ff., jew. m. w. Nachw.

1073 Auch der Vorschlag SCHMIDHÄUSERS, *Strafrecht Allgemeiner Teil, Lehrbuch*², Tz. 6/9, 7/36 ff., 8/26; DERS., *Strafrecht Allgemeiner Teil, Studienbuch*², Tz. 5/6 ff., insb. 5/7, 5/13 ff., 7/42, den Willen als Element der Handlung klar vom Vorsatz zu trennen, blieb vereinzelt.

STEPHEN, *A History of the Criminal Law of England*, vol. II, S. 112 f., unterscheidet zwei Verwendungsweisen von “intention”: als tatbestandliche Absicht und als Handlungswille.

1074 So bei SALMOND, *Jurisprudence*⁷, § 128 S. 382: “An act is an event subject to the control of the will; but it is not essential that this control should be actually exercised; there need be no actual determination of the will, for it is enough that such control or determination is possible. If the control of the will is actually exercised, the act is intentional; if the will is dormant, the act is unintentional; but in each case, by virtue of the existence of the power of control, the event is equally an act.”; ROMANO, *Commentario sistematico*, Art. 43 Rn. 48–50.

sei.[1075] Für die Handlung genüge, *daß* der Täter willentlich tätig wurde, *was* er wollte, sei Frage der subjektiven Zurechnung.[1076]

Schließlich kommen terminologische Schwierigkeiten hinzu, weil schon der lateinische Begriff *actio voluntaria* mehrdeutig war.[1077] In der englischen Fassung verwirrt die Mehrdeutigkeit des Wortes "voluntary" – deretwegen BENTHAM auf seine Benutzung verzichtete[1078] –, das zumindest sowohl willkürlich als auch freiwillig bedeutet.[1079] Als „unfreiwillig" oder „nicht-freiwillig" lassen sich, nach dem Vorbild von ARISTOTELES und THOMAS VON AQUIN nicht nur Fälle abgenötigter Bewegungen, wobei nicht stets zwischen *vis compulsiva* und *vis absoluta* getrennt wird, sondern auch Irrtum und Geisteskrankheit bezeichnen, so daß sich Überschneidungen mit *mistake* sowie Entschuldigungsgründen wie *duress* oder *insanity* ergeben,[1080] die durchaus praktisch erwünscht sein mögen, um *strict liability* zu mildern.

Insgesamt mag das Modell als alltagssprachliche, paradigmatische Markierung einer notwendigen Bedingung strafrechtlicher Verantwortung dienen und als heuristischer Einstieg in die schulmäßige Prüfung, ob *in concreto* eine Straftat vorliegt, doch wäre es ein Mißverständnis, hierin Kriterien zu sehen; jeder ernstliche Anwendungstest dürfte das Modell überfordern.

b) Finale und andere Handlungsbegriffe

Zahlreiche andere strafrechtliche Handlungsbegriffe sind entweder zur Behebung einzelner Defizite wie der Beschränkung auf Körperbewegungen und als Oberbegriff für *dolus* und *culpa*, Tun und Unterlassen eingeführt worden[1081] oder sollen

---

1075 So MEZGER, *Strafrecht*³, S. 108 f.

1076 Z.B. BELING, *Grundzüge des Strafrechts*⁴, S. 22 f.; DERS., *Die Lehre vom Verbrechen*, S. 11; RADBRUCH, *Der Handlungsbegriff in seiner Bedeutung für das Strafrechtssystem*, S. 130; MEZGER, *Strafrecht*³, S. 108 f. m. w. Nachw.

1077 Vgl. schon THOMAS VON AQUIN, *Summa theologica*, II-1, qu. 1 art. 1 ad 2: „Actio autem aliqua dupliciter dicitur voluntaria, uno modo quia imperatur a voluntate, sicut ambulare vel loqui; alio modo quia elicitur a voluntate, sicut ipsum velle." Diese beiden Möglichkeiten sind freilich nicht erschöpfend. Zahlr. Nachw. zum Gebrauch von „Freiwilligkeit" u.ä. bei SEEBASS, *Wollen*, S. 28 ff. m. Anm. 30 ff.

1078 BENTHAM, *Principles of Morals and Legislation*, ch. VIII § II Fn. 1 ("on account of the extreme ambiguity of their signification").

1079 Cf. HART, *The Ascription of Responsibility and Rights*, S. 171, 179 f.; FITZGERALD, *Voluntary and Involuntary Acts*, S. 1, 12 f.; LAFAVE, *Criminal Law*³, § 3.2(c), S. 208 ff.; WILSON, *Central Issues in Criminal Theory*, S. 113 ff., unterscheidet "literal" und "metaphorical voluntariness"; gründlich WHITE, *Grounds of Liability*, S. 48 ff., 53 ff., 57 ff. m. w. Nachw.; cf. auch O'SHAUGHNESSY, *The Will*, vol. 2, S. 233 ff.; AUDI, *Volition and Agency*, S. 74, 89 f.

1080 Siehe dazu SISTARE, *Responsibility and Criminal Liability*, S. 69 ff., 76 ff. m. w. Nachw., die für begriffliche und terminologische Ordnung sorgt; auch ROBINSON, *Structure and Function in Criminal Law*, S. 35 ff.; WILSON, *Central Issues in Criminal Theory*, S. 113 ff.

1081 Z.B. JESCHECK/WEIGEND, *Lehrbuch des Strafrechts, Allgemeiner Teil*⁵, § 23 VI 1, S. 222 ff. zum sozialen Handlungsbegriff.

über die bloße Grenzfunktion hinausgehen, z.B. die soziale Bedeutungshaltigkeit als *ratio* oder Essenz der Poenalisierung ausdrücken,[1082] oder beanspruchen ontologische Fundierung, die auch das Strafrecht binde. Letzteres gilt für die finale Handlungslehre WELZELS, die im deutschen und spanischen Sprachraum großen Einfluß erlangt hat und die zielgerichtete Handlung, die schon lange zuvor als das Wesen wahrhaft menschlicher Handlung (*actio humana*[1083]) oder zumindest deren paradigmatischer Fall galt, zur sachlogischen Struktur[1084] und somit zum maßgeblichen Modell erklärt.[1085] Der menschliche Wille gilt auch hier als Kausalfaktor, der jedoch „sein Ursächlichwerden ‚sehend‘ zu regulieren vermag.“[1086] Daß „Handlung“ typischerweise als zielgesteuert vorgestellt wird, würden Vertreter des älteren Handlungsbegriffs der willkürlichen Körperbewegung nicht in Abrede stellen; beide Begriffe erfassen Verschiedenes und können nur in Konflikt geraten, wenn für beide derselbe strafrechtsdogmatische bzw. -theoretische Anspruch und dieselbe erkenntnistheoretische Fundierung reklamiert wird. Die finale Handlungslehre zielt auf Erfassung der sinnhaften, damit sozialen und rechtlichen Dimension des Verhaltens[1087] und gerät so zur Unrechtslehre; die negative oder Grenzfunktion ei-

---

1082 Nachw. bei JAKOBS, *Strafrecht Allgemeiner Teil*^{2}, Tz. 6/23; JESCHECK/WEIGEND, *Lehrbuch des Strafrechts, Allgemeiner Teil*^{5}, § 23 VI 1, S. 223 Fn. 27; siehe auch KINDHÄUSER, *Intentionale Handlung*, S. 189 ff.

1083 Vgl. nur THOMAS VON AQUIN, *Summa theologica*, II-1, qu. 1 art. 2 c.: „Respondeo dicendum, quod omnia agentia necesse est agere propter finem.“; qu. 1 art. 3 c.: „... manifestum est quod principium humanorum actuum, inquantum sunt humani, est finis“; siehe auch *ibid.*, qu. 1 art. 1 ad 1: „... finis, etsi sit postremus in executione, est tamen primus in intentione agentis; et hoc modo habet rationem causae“; PUFENDORF, *De iure naturæ et gentium*, lib. I cap. IV § 1: „Intentio seu proæresis est desiderium efficax finem obtinendi; seu est actus voluntatis, quo illa efficaciter fertur in finem absentem ...“.

Ähnl. auch HALL, *General Principles of Criminal Law*^{2}, S. 3, 76 f.: “The most common of human experiences is the direction of conduct toward the attainment of goals.”

1084 Dazu siehe oben I.3.a).

1085 Siehe nur WELZEL, *Das Deutsche Strafrecht*^{11}, S. 33: „Menschliche Handlung ist Ausübung von Zwecktätigkeit. Handlung ist darum ‚finales‘, nicht lediglich ‚kausales‘ Geschehen. Die Finalität oder Zweckhaftigkeit der Handlung beruht darauf, daß der Mensch auf Grund seines Kausalwissens die möglichen Folgen seines Tätigwerdens in bestimmtem Umfange voraussehen, sich darum verschiedenartige Ziele setzen und sein Tätigwerden auf diese Zielsetzung hin planvoll lenken kann. Auf Grund seines kausalen Vorauswissens vermag er die einzelnen Akte seiner Tätigkeit so zu steuern, daß er das äußere Kausalgeschehen auf ein Ziel hinlenkt und es so final überdeterminiert. Finale Tätigkeit ist ein bewußt vom Ziel her gelenktes Wirken, während das reine Kausalgeschehen nicht vom Ziel her gesteuert, sondern die zufällige Resultante der jeweils vorliegenden Ursachenkomponenten ist. Finalität ist darum – bildlich gesprochen – ‚sehend‘, Kausalität ‚blind‘.“

Zur Anlehnung an HARTMANNS „Kategorialanalyse des Finalnexus“ (in *Teleologisches Denken*, S. 64 ff., 68 ff., 71 ff.) eingehend KLUG, *Der Handlungsbegriff des Finalismus*, S. 155, 156 ff.; auch BACIGALUPO, Festschrift Eser, S. 61, 64.

1086 WELZEL, ZStW 58 (1939), 491, 502. WELZEL sieht wie HARTMANN (*Teleologisches Denken*, S. 64 ff., 68 ff., 71 ff.) in der Finalität eine neben der Kausalität stehende Determinationsform eigener Art, zur Kritik siehe oben Fußn. 335.

1087 Ebenso jüngst DUFF, *Criminal Attempts*, S. 295 ff.

ner untersten Zurechnungsschwelle übernimmt das „menschliche Verhalten“, verstanden als „die der *Fähigkeit* zur zweckhaften Willenslenkung unterstehende körperliche Aktivität oder Passivität des Menschen“[1088]. Der ontologische Anspruch der finalen Handlungslehre wird hier nicht geteilt (oben I.3.a); dann aber ist nicht zu ersehen, warum dem Handlungsbegriff eine Leitfunktion bei der Systematisierung der Zurechnung zukommen und er nicht seinen Inhalt nach seiner Funktion in der Zurechnungssystematik erhalten sollte.[1089] Daß der finale Handlungsbegriff nicht die Gesamtheit strafrechtlich relevanten Verhaltens, vor allem nicht Unterlassen und Fahrlässigkeit, erfassen kann, ist hinlänglich kritisiert worden[1090] und hat WELZEL selbst zu einer Verdeutlichung als kybernetischem Handlungsbegriff veranlaßt, der mit der Einbeziehung „potentieller Finalität“[1091] nur noch Steuerbarkeit bezeichnet und sich in der Konsequenz in normative Vermeidbarkeit[1092] wandelt. Sodann wird der strafrechtlich relevante „Sinn“ eines Verhaltens nicht durch die subjektive Zwecksetzung des Akteurs festgelegt, auch wenn diese ein Element der *rechtlichen* Handlungsbeschreibung sein kann.[1093]

c) Fazit

Zusammenfassend läßt sich feststellen, daß ein elementarer strafrechtsbezogener Handlungsbegriff, falls er nicht mehr ausdrücken soll als eine basale Zurechnungsvoraussetzung, mit Rekurs auf „Willen“, „Willentlichkeit“, „Willkür“ oder „Freiwilligkeit“ undeutlich und unzureichend beschrieben ist:

— Der terminologischen Einheit des Willensbegriffes und seiner Ableitungen korrespondiert keine Eindeutigkeit auf phänomenaler Ebene, mitunter nicht einmal ein faßbares Phänomen, so wie „Willensakte“ problematische Postulate, aber keine realen Entitäten sind.

— Viele Handlungen sind nicht aktuell bewußt „willentlich“, wenn darunter bewußte Steuerung *(intention-in-action)* oder gar Zielausrichtung *(further intention)*

1088 WELZEL, *Das Deutsche Strafrecht*[11], S. 31.

1089 Ebenso JAKOBS, *Strafrecht Allgemeiner Teil*[2], Tz. 6/12 Fn. 44.

1090 Dazu siehe nur ENGISCH, Festschrift Kohlrausch, S. 141, 155 ff.; JAKOBS, *Strafrecht Allgemeiner Teil*[2], Tz. 6/12–17 m. w. Nachw.; DERS., *Der strafrechtliche Handlungsbegriff*, S. 24 ff.; ARTH. KAUFMANN, Festschrift Hellmuth Mayer, S. 79, 94 f.; siehe auch KINDHÄUSER, *Intentionale Handlung*, S. 189 ff.; BERKEMANN, *„Handlung“ in der Rechtswissenschaft*, S. 806, 843 f.; dazu schon WELZEL, Festschrift Maurach, S. 3, 7 f.; jüngst zusammenfassend MORSELLI, ZStW 107 (1995), 324, 328 ff.

Vgl. SALMOND, *Jurisprudence*[7], § 128 S. 382: “Intention is not a necessary condition of legal liability, and therefore cannot be an essential element in those acts which produce such liability.”; auch KATZ, *Bad Acts and Guilty Minds*, S. 125 ff.

1091 WELZEL, *Das Deutsche Strafrecht*[11], § 8 I 1.b) S. 37, § 18 Einl. 4. S. 129 ff.

1092 Bei JAKOBS, *Strafrecht Allgemeiner Teil*[2], Tz. 6/24 ff.

1093 JAKOBS, *Der strafrechtliche Handlungsbegriff*, S. 27 ff.; DERS., Festschrift Schreiber, S. 949, 955 f.; WÜRTENBERGER, *Die geistige Situation der deutschen Strafrechtswissenschaft*, S. 49, 54 ff. m. w. Nachw.; KINDHÄUSER, *Intentionale Handlung*, S. 188 f.

verstanden wird, und lösen dennoch selbst Verantwortung aus. Der mitschwingende Gedanke, Verantwortung müsse auf den bewußten Willen zurückgeführt werden, war kaum je Praxis wie die stets pönalisierte Fahrlässigkeit zeigt.

— „Freiwilligkeit" ist vieldeutig und beruht oft auf Assimilierungen von Willentlichkeit und Freiheit, zumeist im schwachen Sinne als Abwesenheit von hindernden Einflüssen.[1094] Im starken Sinne führt die Verbindung von „Freiheit" und „Willen" zum traditionellen Problemfeld des *liberum arbitrium indifferentiae* und zur „Grundüberzeugung heutiger Rechtskultur"[1095], daß strafrechtliche Verantwortlichkeit Anders-handeln-Können voraussetzt[1096]. Von der Konfusität des Willensfreiheitskomplexes abgesehen, wird hierbei oft nicht klar genug unterschieden zwischen Handlungsfreiheit (im antiken Sinn bzw. der klassischen Definition nach Augustinus[1097] verstanden als antezedente, willensabhängige Verhinderbarkeit von Verrichtungen, also wesentlich Abwesenheit äußerer Zwänge) und Entscheidungs- oder Willens(bildungs)freiheit, sowie zwischen unüberwindlichen und bloß nötigenden Hindernissen, mangelnder Kenntnis von Umständen und Folgen usw.[1098]

— Willentliche, willkürliche Steuer*barkeit* oder *potentielle* Willentlichkeit – oder vom ambigen Willenskonzept befreit und den damit verfolgten Zweck benennend: individuelle Vermeidbarkeit[1099] – beschreiben die unterste oder allgemeinste Zurechnungsschwelle besser. Dann läßt sich der „Wille" als Zurechnungskonstituente nicht mehr aufrechterhalten, denn bloße *Möglichkeit* der Willensbeteiligung besagt nichts dafür, daß der Wille wirklich beteiligt war, ebensowenig wie die Verhinderbarkeit einer Verrichtung.[1100] Allerdings liefert „Steuerbarkeit", „individuelle Vermeidbarkeit" o.ä. als funktionaler Begriff keine Kriterien und wird zumeist nur durch *prima facie*-Evidenzen illustriert;[1101] der Begriff bedarf empirischer Ausfüllung, die das Recht selbst nicht bereitstellen kann.

1094 Sehr krit. Seebass, *Wollen*, S. 190 f., 173 ff., auch S. 227 ff.

1095 Berkemann, *„Handlung" in der Rechtswissenschaft*, S. 806, 818.

1096 Statt vieler von Weber, NArchCrimR 7 (1825), 549, 557: „Die Person mußte somit zur Zeit der Begehung der That ihrer Seelenkräfte so weit mächtig, ihr psychischer Zustand soweit frei gewesen seyn, daß sie sich auch zum legalen Handeln statt des illegalen hätte bestimmen können."

Ob der Täter in der konkreten Situation anders handeln konnte, ist empirisch nie zu klären, vgl. nur Nowakowski, Festschrift Rittler, S. 55, 57 ff.

1097 Augustinus, *de libero arbitrio*, lib. III, cap. 3, n. 8 („Voluntas ..., quia est in potestate, libera est nobis. Non enim est nobis liberum quod in potestate non habemus, aut potest non esse quod habemus.") [CCL 29, 280; PL 32, 1275]; ders., *De civitate Dei*, V, 10. Siehe schon Cicero, *De fato*, XI, 23–25; Epiktet, *Dissertationes*, IV, 1.

1098 Siehe dazu Seebass, *Wollen*, S. 28 ff., 190 ff., 227 ff.; auch Pauen, *Grundprobleme der Philosophie des Geistes*, S. 270 ff., jew. m. w. Nachw.; schon Hartmann, *Ethik*[3], S. 635 ff.

1099 Bei unterstellter dominanter Motivation zur Vermeidung, so Jakobs, *Strafrecht Allgemeiner Teil*[2], Tz. 6/20 ff., 6/27; ders., *Studien zum fahrlässigen Erfolgsdelikt*, S. 34 ff.; ähnl. Brammsen, JZ 1989, 71, 75 f.

1100 Seebass, *Wollen*, S. 191 f.

1101 Differenziert hingegen Jakobs, *Strafrecht Allgemeiner Teil*[2], Tz. 6/34 ff. m. w. Nachw.

— Auch ein kriteriell angereicherter, adäquater Begriff situativer Vermeidbarkeit bezeichnet keine notwendige, aber eine hinreichende Bedingung der Verantwortung: auch situativ Unvermeidbares kann zur Haftung führen, wenn der Betreffende es durch vorherige Verrichtungen vermeiden konnte und rechtlich mußte. Die Verneinung einer „Handlung“ führt dann nur zur Verlagerung der Fragestellung und ggf. des Anknüpfungspunktes der Zurechnung.

Ein strafrechtstheoretischer Handlungsbegriff hingegen geht in dem der Zurechnung auf. Er läßt sich auf völkerstrafrechtlicher Ebene erst fassen, wenn die dortige Zurechnungslehre vollendet ist.

IV. Objektive und subjektive Tatseite

> All civilized penal systems make liability to punishment for at any rate serious crime dependent not merely on the fact that the person to be punished has done the outward act of a crime, but on his having done it in a certain state of frame of mind or will.[1102]

> It is the hallmark of civilized legal systems that a person act with a culpable mental state, or *mens rea*, before being held liable to legal sanctions.[1103]

Es gibt verschiedene Möglichkeiten, die materiellen[1104] Bedingungen für die Verhängung von Strafe - d.h. diejenigen Merkmale, die im Strafprozeß Gegenstand des Beweises und rechtlicher Würdigung sind - zu gruppieren. Manche sind historisch gewachsen, andere Resultat theoretischer Anstrengung; manche dienen der Findung eines theoretisch adäquaten Begriffs der Straftat, andere praktischen, namentlich prozessualen Bedürfnissen; manche bringen Einsichten oder Postulate über die innere Struktur der Straftat zum Ausdruck, andere begnügen sich mit der Orientierung an sinnenfälliger Äußerlichkeit.

Eine in allen klassifikatorischen Schemata anzutreffende und daher gleichsam natürlich erscheinende Differenzierung ist die nach äußeren und inneren, objektiven und subjektiven Merkmalen, die in traditionellen Begriffspaaren wie *animus-factum*, *actus reus-mens rea*, *élément matériel-élément moral*, Tatbestand-Schuld reflektiert wird. Entwickelte Zurechnungslehren können sich mit dieser schlichten Dichotomie schon deshalb nicht begnügen, weil sowohl die objektiven als auch subjektiven Elemente in verschiedene Funktionsgruppen zerfallen und zudem die Inkongruenz der Begriffspaare außen-innen, objektiv-subjektiv stören kann - „außen“ und „innen“ erscheinen als Attribute realer Sachverhalte, während „objektiv“ und „subjektiv“ die Perspektive oder den Beurteilungsmaßstab bezeichnen, also auf aktuelle wie virtuelle oder potentielle Umstände wie Vorhersehbarkeit, Ver-

---

1102 Hart, *Intention and Punishment*, S. 114.

1103 Moore, *Law and Psychiatry*, S. 77.

1104 Zur Unterscheidung von materiellem und prozessualem Normsatz siehe nur Stuckenberg, *Untersuchungen zur Unschuldsvermutung*, S. 457 ff., 462 ff. m. w. Nachw.

meidbarkeit angewendet werden können, z.B. entspricht subjektiver Fahrlässigkeit kein „innerer Zustand“.

Funktionelle Klassifikationen innerhalb der materiellen Bedingungen unterscheiden geläufig nach strafbarkeitsbegründenden Merkmalen (Tathandlung/Unterlassung, bestimmte Umstände, bestimmte Folgen) und strafbarkeitsausschließenden Merkmalen, die wiederum danach unterteilt werden können, ob sie das Verhalten rechtfertigen (Notwehr), entschuldigen (Unzurechnungsfähigkeit, Notstand/*duress*) oder aus sonstigen Gründen straffrei stellen (Rücktritt vom Versuch, Verfolgungsvoraussetzungen). Sofern das Vorliegen oder Fehlen von Merkmalen *notwendige* Bedingung der Strafbarkeit ist, ist es logisch gleichgültig, in welcher Weise sie gegliedert werden, ob sie zueinander sinnvoll in Beziehung gesetzt oder bloß aufgezählt werden, ob das Schema wie im gemeinen Recht *animus–factum–delictum*[1105] oder Tatbestand–Rechtswidrigkeit–Schuld, *actus reus–mens rea–defenses*, *élément légal–élément materiel–élément moral* oder anders lautet. Relevanz gewinnt die Klassifizierung einzelner Bedingungen unter zusätzlichen Aspekten, z.B. ob gegen Handeln in Notwehr oder Notstand seinerseits Gegenwehr erlaubt ist, ggf. auch unter dem der prozessualen Darlegungs- und Überzeugungslasten, sowie durch das Bestreben, eine theoretisch gehaltvolle und leistungsfähige Systematisierung zu schaffen, die zudem eine sinnvoll geordnete Prüfung und Entscheidung im praktischen Fall erlaubt.

Hier interessiert zunächst allein die Beziehung objektiver und subjektiver strafbarkeitsbegründender, auf äußeres Verhalten und seine Steuerung bezogener Merkmale (entsprechend: objektiver und subjektiver Tatbestand; ähnlich wie *actus reus–mens rea*; *éléments matériel et moral,* aber unter Ausklammerung der Schuldfähigkeit). Folgende Möglichkeiten bestehen:[1106]

(1) Das Delikt weist nur objektive Merkmale auf. Nach Subjektivem wird nicht gefragt. Dies ist der Fall der reinen Erfolgshaftung oder *absolute liability*.

  (1a) Eine mildere Variante verlangt minimale subjektive Vermeidbarkeit in Form einer „Handlung“ im elementaren Sinne eines Willküraktes o.ä. (*strict liability*).

(2) Das Delikt weist nur objektive Merkmale auf. Nach subjektiven Merkmalen wird nicht gefragt. Notwendig ist aber die Feststellung der objektiven Vermeidbarkeit der Tatbegehung durch Einhaltung von Sorgfaltsstandards (objektive Fahrlässigkeit), d.h. des erlaubten Risikos (nur-objektive Zurechnung).

1105 Sehr deutlich bei Gomez, *Comment.*, tomus III, cap. 3 n. 30: „Hinc et in delictis regulariter tria considerantur: Animus, Factum et Delictum. Animus, ut quis intendat delinquere. Factum, ut sequatur delictum. Delictum, ut per legem sit punibile.“ Zum gemeinrechtlichen Verbrechensbegriff siehe Schaffstein, *Die allgemeinen Lehren vom Verbrechen*, S. 34 ff.

1106 Ähnl. Tur, *Subjectivism and Objectivism*, S. 213, 226. Im obigen Text werden dagegen weitere Unterscheidungen vorgenommen und der Fall 5 von Tur (“no *actus reus* but some *mens rea*”, gemeint ist Versuch) unter (6a) (entspricht Turs Fall 4) eingeordnet.

(2a) Modernere Varianten fragen nach der individuellen Vermeidbarkeit für den Täter nach seinen Kenntnissen und Fähigkeiten (subjektive Fahrlässigkeit).

(3) Das Delikt weist objektive Merkmale auf; als subjektives Merkmal genügt ein unspezifisches Bewußtsein, etwas Unmoralisches oder irgendwie Verbotenes zu tun.[1107]

(4) Das Delikt weist objektive und bestimmte subjektive Merkmale auf, ohne daß jedem objektivem Merkmal ein subjektives zugeordnet wäre (partielle Kongruenz), moderner ausgedrückt: nicht alle Definitionselemente der Tat müssen vom „Vorsatz" umfaßt sein.

(4a) Eine mildere Variante sind Kombinationen von „Vorsatz"- und (objektiven oder subjektiven) Fahrlässigkeitserfordernissen.

(5) Alle objektiven Merkmale des Delikts haben ein subjektives Gegenstück (vollständige Kongruenz), d.h. alle Definitionselemente der Tat müssen vom „Vorsatz" umfaßt sein.

(6) In allen Formen (3) bis (5) können Deliktsfassungen existieren, die ein oder mehrere „überzählige" subjektive Merkmale aufweisen, die den Deliktstyp erst konstituieren, denen aber kein objektives Merkmal entspricht:

(6a) überschießende Absichten,[1108] deren Realisierung nicht verlangt wird – so gehört typischerweise beim Diebstahl eine Behaltens-, Zueignungs- oder Bereicherungsabsicht (D. 47, 2, 1, 3: *lucri faciendi gratia*) zur *substantia delicti,* ebenso die Zerstörungs„absicht" beim Völkermord. Diese Struktur entspricht der Versuchskonstellation;

(6b) bestimmte Haltungen, Einstellungen, Emotionen, nicht konkret zielgerichtete Motive (Rassismus, *hate crimes*); sie können aber auch zugleich einen bestimmten objektiven Modus der Tatbegehung (Grausamkeit) bezeichnen oder eine nicht näher detaillierte Art überschießender Absicht (Habgier).

Moderne nationale Strafrechtsordnungen verlangen für herausgehobene Bestrafung zumeist grundsätzlich vollständige Kongruenz *(correspondence principle)* (5) der objektiven Tatseite mit der subjektiven, die auch temporale Koinzidenz einschließt, manche begnügen sich vereinzelt mit partieller Kongruenz (4)[1109]. Davon

---

[1107] So noch bis ins 20. Jahrhundert im Common Law, siehe *R. v. Prince*, (1875) 13 Cox C.C. 138, und *R. v. Faulkner*, (1877), 13 Cox C.C. 550, dazu ROBINSON, *Structure and Function in Criminal Law*, S. 39 ff., demzufolge die *element analysis* erst mit dem Model Penal Code eingesetzt hat; siehe unten bei Fußn. 1824.

Überholt ist die Annahme von LK[11]-SCHROEDER, § 16 Rn. 3; FISCHER, *Der Irrtum über Tatbestandsalternativen*, S. 33, der anglo-amerikanische Rechtskreis sei dabei stehengeblieben.

[1108] Ob es sich um „Absicht" im engeren Sinne handeln *muß*, kann hier noch dahinstehen.

[1109] Mitunter handelt es sich auch nur um systematische Unzulänglichkeiten der Tatbestandsformulierung und der (restriktiven) Irrtumslehre, vgl. die Darstellung bei TUR, *Subjectivism and Objectivism*, S. 213, 217 ff., 225 ff. Zum grundsätzlichen Streit um das *correspondence principle* z.B. im englischen Recht siehe ASHWORTH, *Principles of Criminal Law*[4], S. 88, 199 ff.; HORDER, [1995] ist auch für das Völkerstrafrecht, insbesondere das Rom-Statut (Art. 30(1)) auszugehen. Erfolgshaftung beschränkt sich, wo sie in modernen nationalen Rechten existiert, überwiegend auf geringfügige Delikte, zumeist Verwaltungsunrecht (*regulatory offenses, contraventions*); Fahrlässigkeit ist nicht Gegenstand dieser Arbeit und markiert daher nur die Grenze des „Vorsatzes“.

V. Elemente des „Vorsatzes“

Im folgenden soll das Spektrum der Verwendungsmöglichkeiten „vorsatz“konstituierender Begriffe aufgezeigt werden, um Einseitigkeiten und Mißverständnissen bei der Betrachtung der subjektiven Tatseite im Völkerstrafrecht vorzubeugen, die durch unausgesprochene, aus spezifischen nationalen Traditionen entspringende Vorverständnisse ausgelöst werden können. Zugleich soll durch diesen Hintergrund eine künftige rechtsvergleichende Betrachtung erleichtert werden, indem nationale Regelungen sogleich vor einem Vergleichsraster erscheinen.

Die im Strafrecht verwendeten mentalen Ausdrücke werden, wie sich aus den vorstehenden Kapiteln ergibt, soweit ihnen *deskriptiver* Gehalt zuerkannt wird, nicht als klassifikatorische, sondern als theoretische Begriffe verstanden, die auf entsprechenden Alltagskonzepten aufruhen, mit Abstrichen aufgrund der bloßen Theorieähnlichkeit der „Alltagstheorien“. Eine ontologische Verpflichtung im Sinne des wissenschaftlichen Realismus muß damit nicht eingegangen werden. Die Explikation wird grundsätzlich mit dem Vokabular der Alltagspsychologie auskommen müssen, aus dem diese Begriffe stammen, da die wissenschaftliche Psychologie und weniger noch die Philosophie ihr insoweit nennenswerte Hilfe leisten können noch sollten. Eine Bindung an die normale Sprache (welche?) liegt darin nicht. Ihren *normativen* Gehalt erhalten sie als Rechtsbegriffe aus ihrer Funktion im Zusammenhang der (jeweiligen) strafrechtlichen Zurechnungsregeln, wobei auch hier normative Erwägungen aus Alltagspraktiken der „naiven“ Verantwortungszuschreibung einfließen. Keinem dieser Verwendungskontexte ist originäre Begriffsschärfe eigen, dementsprechend unscharf müssen die zu erörternden Termini zunächst sein. Schärfere Konturen können sie allenfalls durch verbindliche Festlegung, also nur in der rechtlichen Dimension, gewinnen.

Crim.L.Rev. 759 ff.; DERS., [1999] Crim.L.Rev. 206 ff.; MITCHELL, [1999] Crim.L.Rev. 195 ff.; SIMESTER & SULLIVAN, *Criminal Law: Theory and Doctrine*², S. 186 ff.; auch SULLIVAN, *Knowledge, Belief, and Culpability*, S. 216 ff.; TADROS, *Recklessness and the Duty to Take Care*, S. 227, 236 f.

Im US-amerikanischen Recht ist es hingegen Standard in modernen Strafgesetzbüchern im Gefolge von Model Penal Code, § 2.02(3), (4); zahlr. Nachw. im *Final Report of the Illinois Criminal Code Rewrite and Reform Commission*, vol. 1, S. liii.

1. Voluntas, animus (Wille, Wollen, Absicht; *will, intention, purpose*)

Wollen scheint mir vor Allem etwas *Complicirtes*, Etwas, das nur als Wort eine Einheit ist.[1110]

Die ganze Verantwortlichkeitslehre hängt an dieser naiven Psychologie, daß nur der Wille Ursache ist und daß man wissen muß, gewollt zu haben, um *sich* als Ursache glauben zu dürfen.[1111]

... des Menschen Wille [ist] sein eigentliches Selbst, der wahre Kern seines Wesens ...[1112]

Er [der Wille] allein ist der eigentliche Mensch: der Intellekt ist bloß sein Organ, seine Fühlhörner nach außen, d.i. das Medium der Wirkung auf ihn durch Motive.[1113]

That this same *'will'* is just nothing at all, has been proved (in my opinion) beyond controversy by the late Dr. Brown: Who has also expelled from the region of entities, those fancied beings called *'powers'* of which this imaginary *'will'* is one.[1114]

We are haunted by the ghosts of dead concepts. ... One such dead concept is the concept of the will ...[1115]

Unter dem Begriff des „Willens“ wird eine verwirrende Vielzahl unterschiedlicher Phänomene aus verschiedensten Blickwinkeln, d.h. mit Blick auf sehr verschiedene Realitätsausschnitte bezeichnet.[1116] Allein die philosophischen Begriffsexplikationen und psychologischen Deutungen sind von kaum überschaubarer Mannigfaltigkeit. Ein übereinstimmendes Verständnis des Willensbegriffes, der oft für nicht weiter definierbar gehalten wurde,[1117] ist weder in den verschiedenen Disziplinen

---

1110 NIETZSCHE, *Jenseits von Gut und Böse*, Nr. 19, Sämtliche Werke, Band 5, S. 32 (Hervorh. im Original).

1111 NIETZSCHE, Nachgelassene Fragmente, Frühjahr 1888 (W II 5), KGW VIII/3, 100 = KSA 13, 308.

1112 SCHOPENHAUER, *Preisschrift über die Freiheit des Willens*, S. 481, 539.

1113 SCHOPENHAUER, *Preisschrift über die Freiheit des Willens*, S. 481, 625.

1114 AUSTIN, *Lectures on Jurisprudence*, lect. XVIII, Band I, S. 424.

1115 MACINTYRE, *The Antecedents of Actions*, S. 205.

1116 Für einen instruktiven Überblick siehe WEINERT, *Bildhafte Vorstellungen des Willens*, S. 10 ff.; auch DIHLE, *Zur Herkunft des Willensbegriffs*, S. 29 ff.; MITTELSTRASS, *Der arme Wille. Zur Leidensgeschichte des Willens in der Philosophie*, S. 33 ff.; GUNDLACH, *Der Willensakt im Reaktionsversuch*, S. 361 f., alle m. w. Nachw. Siehe auch HEIMSOETH, *Die sechs großen Themen der abendländischen Metaphysik*, S. 204 ff.; KELLER, *Psychologie und Philosophie des Wollens*, S. 43 ff. Eine gründliche Untersuchung liefert SEEBASS, *Wollen*, S. 32 ff., 37 ff., insb. S. 47 ff.

1117 Vgl. HUME, *A Treatise of Human Nature*, Book II, Part III, Sect. I, S. 399: "I desire it may be observ'd, that by the *will*, I mean nothing but *the internal impression we feel and are conscious of, when we knowingly give rise to any new motion of our body, or new perception of our mind*. This impression ... 'tis impossible to define, and needless to describe any farther; for which reason we shall cut off all those definitions and distinctions, with which philosophers are wont to perplex rather than clear up this question." (Hervorh. im Original); JAMES, *The Principles of Psychology*, vol. 2, S. 486 [1098]: "Desire, wish, will, are states of the mind which everyone knows, and which no definition can make plainer." Siehe oben ACH und LEWIN in Fußn. 569; vgl. WEGNER, *The Illusion of Conscious Will*, S. 12: "... explanatory entity of the first order. In other words, it explains a lot of things but nothing explains it." Krit. schon BUCHANAN, *The Philosophy of Human Nature*, S. 298 f.:

noch im Laufe der Geschichte[1118] festzustellen. Denn Begriffsdefinitionen des „Willens“ dienen zumeist nicht allein einer Phänomenerfassung, sondern zugleich den verschiedensten theoretischen Interessen und lassen sich daher oftmals aus ihrem theoretischen Kontext ohne Entstellung nicht isolieren. Dies gilt erst recht für metaphysische Willensbegriffe, wie schon diejenigen des mittelalterlichen Streites, *utra potentia nobilior*, ob also dem Seelenvermögen des Willens (so vor allem die Franziskaner DUNS SCOTUS und OCCAM im Anschluß an AUGUSTINUS) oder des Intellekts (so die Dominikaner ALBERTUS MAGNUS und THOMAS VON AQUIN nach ARISTOTELES) die höhere Würde zukomme, sowie später für die Willensbegriffe SCHOPENHAUERS oder NIETZSCHES, auch KANTS. Schließlich begegnen immer wieder Hypostasierungen des „Willens“, die schon LOCKE und VOLTAIRE verspottet haben,[1119] aber in der Strafrechtsdogmatik, ob in der unreflektierten Annahme, einem Begriff müsse auch ein Ding entsprechen, oder als Reservatbestand einer längst überholten Vermögenspsychologie,[1120] immer noch anzutreffen sind.

Wie vorhin gesehen, hat der „Wille“ vielfach als Abgrenzungsmerkmal von menschlichem und tierischem Verhalten oder von spezifisch menschlichem Handeln und sonstigen körperlichen Reaktionen[1121] bzw. Handlungen und Gescheh-

---

“Volition has commonly been considered by metaphysical writers, as consisting in the exercise of an innate power, or constituent faculty of the mind, denominated will, concerning whose intrinsic nature it is fruitless and unnecessary to inquire. These writers have manifested on all occasions, an extraordinary propensity to refer every process of the mind, to the agency of some simple and elementary principle, which they denominate a faculty. This practice is extremely baneful to the progress of metaphysical knowledge. ... When we have classed a number of similar actions together, and termed them voluntary, we are not yet authorised to suppose, that the common principle on which they depend is simple, and incapable of analysis or explication.”; ebenso WELZEL, *Das Deutsche Strafrecht*[11], § 13 I.2.c)β)ββ) S. 69: „Wollen“ sei „ein ursprünglich-letztes seelisches Phänomen ..., das nicht auf andere seelische Vorgänge – weder auf emotionale noch auf intellektuelle – zurückgeführt werden kann und das darum nur umschrieben, aber nicht eigentlich definiert werden kann.“

1118 DIHLE, *Zur Herkunft des Willensbegriffs*, S. 29 ff., weist darauf hin, daß ein Verständnis des Willens als ungebundenes Willkürvermögen und eigenständige Handlungsqualität der Antike fremd war. Wollen war Funktion der Erkenntnis oder von der Vernunft unkontrollierter Affekte und Triebe, vgl. SOKRATES’ Lehre, daß niemand freiwillig, in Erkenntnis des Richtigen, eine schlechte Handlung ausführe. Der heutige Willensbegriff gehe auf eine Analogie zum unerforschlichen – von seinen kognitiven Voraussetzungen unabhängigen, an eine erkannte vernünftige Ordnung nicht gebundenen – göttlichen Willen JAHVES zurück und wurde maßgebend von AUGUSTINUS geprägt, *ibid*. S. 31 f., sowie ausführlicher DERS., *The Theory of Will in Classical Antiquity*, S. 1 ff., 20 ff., 68 ff., 123 ff.; MITTELSTRASS, *Der arme Wille. Zur Leidensgeschichte des Willens in der Philosophie*, S. 33, 35 ff., auch zum mittelalterlichen Streit um den Primat von Verstand und Vernunft oder Willen.

1119 LOCKE, *An Essay Concerning Human Understanding*, book II, ch. XXI, §§ 6, 17 ff., S. 236, 242 ff.; VOLTAIRE, *Traité de métaphysique*, ch. VII, Œuvres complètes, vol. 22, S. 189, 219 f.

1120 Dazu siehe oben Fußn. 745 f. und 1117 (BUCHANAN).

1121 Z.B. THOMAS VON AQUIN, siehe oben bei Fußn. 898. Anders HOBBES, *Leviathan*, ch. 6 [English Works, vol. 3, S. 48]: “In *deliberation*, the last appetite, or aversion, immediately adhering to the action, or to the omission thereof, is that we call the WILL; the act, not the faculty, of *willing*. And beasts that have *deliberation*, must necessarily also have *will*.”

nissen, vernünftigen oder triebhaften Handlungen gedient,[1122] und wurde entsprechend etwa als biologisch-vitale Triebkraft, handlungsursächliche seelische bzw. psychische Aktivität, transzendentales Vermögen oder dispositionelle Erklärung aufgefaßt. Die Polemik RYLES gegen „Willensakte“ hat deren Beliebtheit in der Philosophie nur vorübergehend beeinträchtigt und nur gegenüber unreflektierten oder übertriebenen Formen des Volitionalismus Bestand. *Volitions* finden beispielsweise in der Handlungstheorie verbreitet wieder Verwendung, wenngleich in zahlreichen, stark divergierenden Formen,[1123] um bestimmte, durchaus traditionsreiche, theoretische Interessen und Bedürfnisse zu bedienen,[1124] die anscheinend nicht adäquat verlagert werden können.

Explikationen des Willens als psychisches Phänomen sehen in ihm – regelmäßig ohne empirisch-experimentelle Grundlage,[1125] zumal metaphysische Spekulation "profound wisdom without labor"[1126] zu ermöglichen scheint – oftmals eine besondere Form des *Wünschens, Begehrens, Strebens* oder von Gefühlen der *Spannung* und *Erregung, Lust* oder *Unlust*, der *Entscheidung* oder des *Entschlusses*, Kombinationen von *Glauben* und *Wollen*, des *Versuchens*, bis hin zu *neuralen Aktivitäten*, die Muskelkontraktionen auslösen.[1127] Umstritten sind auch die Konzepte des *bloßen Wollens* – ohne Realisierung in der Außenwelt – und ob Unmögliches *gewollt* oder bloß *gewünscht* werden kann usw.[1128] Die Vielfalt läßt vermuten,[1129] daß möglicherweise ein solches Phänomen entweder tatsächlich äußerst facettenreich

---

1122 Z.B. KANT, *Grundlegung zur Metaphysik der Sitten*, BA 37 („Ein jedes Ding der Natur wirkt nach Gesetzen. Nur ein vernünftiges Wesen hat das Vermögen, *nach der Vorstellung* der Gesetze, d.i. nach Prinzipien zu handeln, oder einen *Willen*. Da zur Ableitung der Handlungen von Gesetzen *Vernunft* erfodert wird, so ist der Wille nichts anders, als praktische Vernunft.“), BA 63 („Der Wille wird als ein Vermögen gedacht, *der Vorstellung gewisser Gesetze gemäß* sich selbst zum Handeln zu bestimmen.“); vgl. STERN, *Allgemeine Psychologie*², S. 547 („psychologisch nicht verwendbar“).

1123 Siehe oben Fußn. 946.

1124 Dazu AUDI, *Volition and Agency*, S. 74, 79 ff.

1125 Vgl. schon ACH, *Über den Willensakt und das Temperament*, S. 1: „Gehen wir der Ursache der bisherigen Unklarheit der Willensbegriffe näher nach, so liegt sie vor allem darin, daß infolge des Fehlens einer exakten, die Probleme selbst fassenden experimentellen Methode im allgemeinen nur Gelegenheitsbeobachtungen, die an der eigenen oder an anderen Personen angestellt wurden, mit größerer oder geringerer Schärfe des Verstandes zum Ausgangspunkt von Verallgemeinerungen gemacht wurden.“ Ähnlich hundert Jahre zuvor BUCHANAN, oben bei Fußn. 738.

1126 BUCHANAN, oben Fußn. 738.

1127 Umfangr. Nachw. der auch jeweils intern stark differierenden Auffassungen bei SEEBASS, *Wollen*, S. 47 ff. mit Anm. 55–67, 130; S. 55 f.; AUDI, *Volition and Agency*, S. 74, 75 ff.

1128 Zum „bloßen Wollen“ siehe SEEBASS, *Wollen*, S. 57 ff.; zum Wollen des Unmöglichen siehe DESCARTES, *Discours de la méthode*, Œuvres, vol. VI, S. 25 f.; KELLER, *Psychologie und Philosophie des Wollens*, S. 63, 225 ff., 228; SEARLE, *Intentionalität*, S. 138 (abl. wegen der postulierten kausalen Selbstbezüglichkeit der Absicht, dem folgend VON SELLE, JR 1999, 309, 313); SEEBASS, *Wollen*, S. 64 ff., jew. m. w. Nachw.

Entsprechende Streitstände gibt es für den Begriff der „Absicht“.

1129 Dazu SEEBASS, *Wollen*, S. 48 ff.; AUDI, *Volition and Agency*, S. 74, 78 f.

oder nicht intuitiv faßbar ist oder nicht existiert,[1130] sondern, wie der eingangs zitierte NIETZSCHE annahm, nur *ein* Wort ist, das Verschiedenstes vereint, z.B. ein einheitlicher Name für unterschiedliche theoretische Begriffe. Dieses „Volks-Vorurtheil“,[1131] der umgangssprachliche Willensbegriff, der dem strafjuristischen grundsätzlich am nächsten steht, dürfte sich in der Tat am besten als *cluster concept* im Sinne PUTNAMS[1132] begreifen lassen.[1133] Die definitorischen Probleme werden exemplarisch sichtbar an einer neueren, an den gewöhnlichen Sprachgebrauch anknüpfenden, aber präziser zufassenden philosophischen Explikation des Wollens von SEEBASS als durch bestimmte epistemische Zustände des Wollenden bedingtes motivational qualifiziertes Wünschen, die ein beträchtliches Maß als Kompliziertheit erreicht.[1134] Die Strafrechtsdogmatik hingegen verläßt sich zumeist auf umgangssprachliche Charakterisierungen, deren notorische Unschärfe mitunter zu lang anhaltenden und fruchtlosen Streitigkeiten führt.

Die Komplexität und Problematik des Willensbegriffes erklärt sich außer aus der phänomenologischen Diffusität auch daraus, daß in der abendländischen Tradition, spätestens mit der umfassenden Christianisierung – wobei in den islami-

---

1130 Vgl. nur NIETZSCHE, Nachgelassene Fragmente, Frühling–Sommer 1877 (N II 2), Nr. 56 („Wille. Von einer Eigenschaft dieses Gefühls, zu wollen, wohin zu streben, ist uns unmittelbar gar nichts bewußt.“); WITTGENSTEIN, *Philosophische Untersuchungen*, § 645 („‚Einen Augenblick lang wollte ich …‘ D.h., ich hatte ein bestimmtes Gefühl, inneres Erlebnis; und ich erinnere mich dran. – Und nun erinnere dich *recht genau!* Da scheint das ‚innere Erlebnis‘ des Wollens wieder zu verschwinden. Statt dessen erinnert man sich an Gedanken, Gefühle, Bewegungen, auch an Zusammenhänge mit früheren Situationen.“) und DERS., *Zettel*, § 45 („Absicht [Intention] ist weder Gemütsbewegung, Stimmung, noch Empfindung, oder Vorstellung. Sie ist kein Bewußtseinszustand. Sie hat nicht echte Dauer.“).

1131 „… das über die allzeit nur geringe Vorsicht der Philosophen Herr geworden ist,“ – zu ergänzen wäre: leider auch der Juristen –, NIETZSCHE, *Jenseits von Gut und Böse*, Nr. 19, Sämtliche Werke, Band 5, S. 32.

1132 Siehe oben Fußn. 427.

1133 SEEBASS, *Wollen*, S. 159.

1134 SEEBASS, *Wollen* S. 81 ff., 144–160. Seine Definition, die versucht „die *Einheit* des Willensbegriffs, wenn möglich, zu wahren, *ohne* den Phänomenen Gewalt anzutun und den gewöhnlichen Sprachgebrauch zu verletzen“ (S. 203, Hervorh. im Original), sei hier als Exempel für die Schwierigkeiten und Komplexität präziser Explikation – für eine einfachere Form siehe z.B. AUDI, *Intending*, S. 387, 395 ff. – wiedergegeben:

[Wobei: y steht für den Träger eines Wp-Zustands, t für einen bestimmten Zeitpunkt, p für etwas Erwünschtes; y trägt einen Wp-Zustand, wenn y den optativischen Anspruch erhebt, daß p der Fall sein möge]

„(WL) y *will* an t, daß p, genau dann wenn:

(a) y *wünscht* an t, daß p, und

(b) y ist an t, in der Form von (M1) oder (M2), so *motiviert*, daß y, wenn y sich dessen *bewußt* ist, daß (a), entweder an t selbst oder, falls keine *unvorhergesehenen Hindernisse* auftreten, zu einem relevanten späteren Zeitpunkt reagiert wie folgt:

(1) wenn keine anderen Wünsche entgegenstehen und (disjunktiv):

(1a) wenn (E1), dann tritt y in Überlegungen zur *Erfüllungslage* von p ein;

(1b) wenn (E2), dann tritt y in Überlegungen über die generellen sowie für y situativ hinreichenden *Realisierungsbedingungen* von p ein;

schen Rechtsschulen der Wille eine ebenso zentrale Rolle spielt und zahlreiche Parallelen in den Diskussionen über Zurechnungsfragen zu verzeichnen sind[1135] –, es als grundlegendes Prinzip in Religion, Recht und Moral galt, daß Verhalten nur dann zurechenbar ist, wenn es „mit Willen“, „willentlich“ oder dgl. ausgeführt wurde, wie es der Apostel PAULUS in der umstrittenen Stelle im Römerbrief,[1136]

(1c) wenn (E3), dann tritt y in Überlegungen zum *Wann* und *Wie* der Verwirklichung von p ein, gestützt auf alle bekannten Verrichtungen x, die das Schema „Vx“ erfüllen;
(1d) wenn (E4), dann *erbringt* y die ins Auge gefaßte, bestimmte Verrichtung x, die das Schema „Vx“ erfüllt;

(2) wenn *andere Wünsche* entgegenstehen, dann tritt y in Überlegungen ein, die darauf gerichtet sind:
1. sich, analog zu (1a) und (1b), über die *Erfüllungslage* und die isolierten wie kombinierten *Realisierungsbedingungen* aller beteiligten Wünsche und die für y bestehenden *konkreten Optionen* ins Bild zu setzen, um danach:
2. die Wünsche bzw. die ermittelten konkreten Optionen gegeneinander *abzuwägen*, *Präferenzen* zu setzen oder sich zwischen ihnen alternativ zu *entscheiden.*“

Wobei sind:

„(E1) y ist sich an t über die (präsente oder erwartbare) Realität oder Irrealität von p im *unklaren*.

(E2) y ist an t von der (präsenten oder erwartbaren) Irrealität von p *überzeugt*, sich aber über die bestehenden, y involvierenden Realisierungsbedingungen für p (im Sinne des Schemas „Vx“) *im unklaren*.

(E3) y ist an t von der (präsenten oder erwartbaren) Irrealität von p *überzeugt* und sich zugleich über die bestehenden, y involvierenden Realisierungsbedingungen für p (im Sinne des Schemas „Vx“) *im klaren*.

(E4) y ist an t davon *überzeugt:*
(a) daß p (präsent oder erwartbar) irreal ist und
(b) daß es (objektiv oder nach subjektiven, an t zugrundegelegten Auswahlkriterien) ein und nur ein x gibt, das das Schema „Vx“ erfüllt, und
(c) daß x (abhängig von einer vorgegebenen oder an t eingeführten Datierung von p) auf einen gegebenen Zeitpunkt datiert ist, der unmittelbar nach t liegt.“

sowie („w“ steht für einen beliebigen, partikulären Wp-Zustand):

„(M1) w ist an t oder zu einem relevanten späteren Zeitpunkt *faktisch* motivational wirksam

(M2) w ist an t oder zu einem relevanten späteren Zeitpunkt *faktisch nicht* motivational wirksam, doch y ist an t zu bestimmten Reaktionen unter bestimmten (an t nicht realisierten) Bedingungen *disponiert*“

„Vx“ bezeichnet ein „komplexes Prädikat, das solchen und nur solchen x zukommt, die im Falle ihres Realisiertseins in Verbindung mit einem Bedingungskomplex des Typs B die Realisierung von p zur Folge hätten und hier für (…) ‚erforderlich‘ sind“ (S. 130 u. ff.)

[1135] Vgl. nur MASOODI, *Philosophy and Basic Principles of Islamic Penal Jurisprudence: A Comparative View*, S. 118, 128 ff.; BAHNASSI, *Criminal Responsibility in Islamic Law*, S. 175, 177 ff., jew. m. w. Nachw.

[1136] Römer 7, 13 ff., 19 f. („Denn das Gute, das ich will, übe ich nicht aus, sondern das Böse, das ich nicht will, dieses tue ich. Wenn ich aber dieses, was *ich* nicht will, ausübe, so vollbringe nicht mehr *ich* dasselbe, sondern die in mir wohnende Sünde.“); siehe dazu nur SEEBASS, *Wollen*, S. 32 f. m. Anm. 40 u. w. Nachw. Zur Willentlichkeit als notwendigem Kriterium der Sünde siehe Anhang VI.1 und AUGUSTINUS, *De vera religione*, c. 14 n. 7 [CCL 32, 204; PL 34, 133 f.]; DERS., *De libero arbitrio*, lib. III cap. 17–18 [CCL 29, 304; PL 32, 1294 ff.]; DERS., *Retractationes*, I, IX (VIII), 4 [CCL 57, 26]; DUNS SCOTUS, *Ordinatio II*, dist. 34–37 q. 1–5 n. 33; in der Formulierung von COVARRUVIAS, *in Clementis Quinti constitutionem: si furiosus, rubrica de Homicidio, relectio*, secunda und AUGUSTINUS[1137] vorführen, weil das Wollen in des Menschen Macht stehe – womit dem theologischen Bedürfnis entsprochen wird, die Sünde nicht der Person Gottes zurechnen zu müssen[1138] –, Wille mit Freiheit gleichbedeutend[1139] und damit Bedingung für Verantwortlichkeit sei,[1140] weshalb NIETZSCHE im 19. Jahrhundert noch den „Moralphilosophen“ immer wieder das „Vorurtheil, daß man nur für etwas verantwortlich ist das man gewollt hat“[1141] vorgeworfen hat. KELSEN bemerkt zu Recht, daß die juristische Willenstheorie „wesentlich durch die religiös-theologische Spekulation beeinflußt“ ist:[1142] Traditionsreich und verbreitet ist die Annahme des Willens als Zurechnungsbasis, eben als „die im Menschen liegende Ursache“[1143], folglich auch im abendländischen Strafrecht, wie sich an Formeln wie „alle Schuld ist Willensschuld“[1144] oder der Ablehnung von Strafe für unbewußte Fahrlässigkeit[1145] zeigt. Äußere Veränderungen sind demnach nur insoweit zure-

---

pars relectionis, Initium, n. 1: „cum prima causa peccati sit in voluntate, quae imperat omnes actus humanos: peccatum autem nihil aliud est, quam actus humanus malus ... peccatum non posse esse nisi voluntarium“.

1137 AUGUSTINUS, *De libero arbitrio*, lib. III cap. 3, nn. 7–8 [CCL 29, 279 f.; PL 32, 1274 f.].

1138 KELSEN, *Der soziologische und der juristische Staatsbegriff*, S. 237 ff., 239. Denn wird die Frage „Sed quae tandem esse poterit ante voluntatem causa voluntatis?“ anders beantwortet, kann es keine Sünde geben, AUGUSTINUS, *De libero arbitrio*, lib. III cap. 17, n. 49; siehe jüngst PAUEN, *Illusion Freiheit?*, S. 176 ff. m. w. Nachw.

1139 Ebenso im naiven Alltagsverständnis, dazu KELLER, *Psychologie und Philosophie des Wollens*, S. 50 ff. („Freiheit bildet die Kernbedeutung der alltäglichen Rede vom Wollen. ... Wo vom Wollen die Rede ist, da ist von Freiheit die Rede.“).

1140 Zur Kritik siehe nur SALEILLES, *L'individualisation de la peine*, S. 40 f., 61 ff.

1141 NIETZSCHE, Nachgelassene Fragmente, Frühjahr 1888 (W II 5), KGW VIII/3, 100 = KSA 13, 308. Siehe auch DERS., *Jenseits von Gut und Böse*, Nr. 21, Sämtliche Werke, Band 5, S. 35: „Das Verlangen nach ‚Freiheit des Willens‘, in jenem metaphysischen Superlativ-Verstande, wie er leider noch immer in den Köpfen der Halb-Unterrichteten herrscht, das Verlangen, die ganze und letzte Verantwortlichkeit für seine Handlungen selbst zu tragen und Gott, Welt, Vorfahren, Zufall, Gesellschaft davon zu entlasten, ist nämlich nichts Geringeres, als eben jene causa sui zu sein und, mit einer mehr als Münchhausen'schen Verwegenheit, sich selbst aus dem Sumpf des Nichts an den Haaren in's Dasein zu ziehn.“

1142 KELSEN, *Der soziologische und der juristische Staatsbegriff*, S. 239.

1143 BINDING, *Die Normen und ihre Übertretung*, Band II, S. 294, auch S. 302.

1144 Statt vieler BINDING, *Die Normen und ihre Übertretung*, Band II, S. 294; ARTH. KAUFMANN, *Das Schuldprinzip*, S. 149 ff.; RUDOLPHI, *Unrechtsbewußtsein*, S. 5; noch KÖHLER, *Die bewußte Fahrlässigkeit*, insb. S. 373 ff. Der spezifische Zusammenhang dieses Satzes bei WELZEL, *Das Deutsche Strafrecht*[1], § 18 I 1, S. 73 (später, bis hin zur 11. Aufl. 1969, § 19 II, S. 139, steht „Willensschuld“ in Anführungszeichen) interessiert an dieser Stelle noch nicht. Vgl. HART, *Intention and Punishment*, S. 114 f.

1145 Z.B. GLANVILLE WILLIAMS, *Criminal Law: The General Part*[2], § 43, S. 122 f., DERS., *Textbook of Criminal Law*[2], § 4.2, S. 91 ff., demzufolge *negligence* determinierter Ausdruck angeborener Unzulänglichkeiten ist; HALL, *General Principles of Criminal Law*[2], S. 133 ff.; DERS., 63 Colum.L.Rev. 632 ff. (1963); DERS., *Negligent Behavior Should be Excluded from Penal Liability*, S. 244 ff.; BAYLES, *Principles of Law*, S. 298 ff.; dazu ASHWORTH, *Principles of Criminal Law*[4], S. 193 ff.; krit. FLETCHER, *Basic Principles of Criminal Law*, S. 125 ff.; KELMAN, *A Guide to Critical Legal Studies*, S. 95; SIMESTER, *Can Negligence be Culpable?*, S. 85, 88 ff. MOORE, *Placing Blame*, S. 412 ff., 414 f., ergänzt daher *culpability of choice* mit *culpability of unused capacity*.

chenbar, als sie sich als Manifestationen dieses besonderen Seelenvermögens als *causa efficiens* begreifen lassen.[1146]

Dementsprechend wirken Zurechnungsinteressen in diesen Gebieten auf die Begriffsbildung zurück: Alles, was als strafwürdig empfunden wird, muß unter den Willensbegriff subsumierbar sein,[1147] notfalls durch Dehnung des Begriffs oder Zusammenhangs. Denn die Rückführbarkeit auf einen etwaigen phänomenologisch faßbaren Willen ist weder hinreichendes noch notwendiges Kriterium praktizierter Verantwortlichkeit.[1148] Alle Fälle anerkannter strafrechtlicher Verantwortlichkeit unter einen „Willensbegriff“ bringen zu wollen erforderte mithin, den umgangssprachlich plausiblen Willensbegriff zu verlassen und einen askriptiven, rechtlichen Willensbegriff zu etablieren, der nichts als eine tautologische Explikation der Fälle von Verantwortlichkeit wäre, diese also nur beschreiben, aber nicht begründen könnte.[1149] Gegen einen solchen rechtlichen Willensbegriff wäre an sich nichts einzuwenden, sofern man ihn bewußt verwendet und nicht die Kontexte verwechselt, z.B. in den Fehler verfällt, die Begriffsgrenzen mit Hilfe der normalen Sprache ziehen zu wollen, oder der verbreiteten Neigung zu erliegen, zwischen Bewertung und Beobachtung nicht zu unterscheiden, sondern Interpretationen für Eigenschaften von Gegenständen zu halten,[1150] und damit gegen das von Max Weber[1151] als Bedingung für jegliche sozialwissenschaftliche Erkenntnis formulierte Postulat verstößt, *deutlich zwischen beschreibender und beurteilender Sprache zu trennen.* Aus dem fehlenden Bewußtsein der andernfalls zwangsläufigen Begriffsverwirrung resultiert die Hartnäckigkeit und Fruchtlosigkeit vieler strafrechtsdogmatischer Debatten über den „Willensbegriff“. Entscheidend gegen einen solchen askriptiven

---

1146 Exemplarisch Mayer, *Die schuldhafte Handlung*, S. 103: „Schuld ist Wirken — ist der Wille als Ursache — ist Beziehung zu einem Erfolg“; krit. Tesař, *Die symptomatische Bedeutung*, S. 193 ff. m. w. Nachw.

1147 Ebenso Oberdiek, Mind 81 (1972), 389, 395: “Buried here is an assumption that men are only responsible for their intentional acts, hence the need to pack as much into the concept of intention as possible.”; Mercadal, Rev.sc.crim. 22 (1967), 1, 19, 33 (zur Deformation des Begriffs *intention* durch *besoins répressifs*).

1148 Seebass, *Wollen*, S. 192 ff. (195: „der direkte Schluß von der ‚Zurechenbarkeit‘ einer Verrichtung auf ihre ‚Willentlichkeit‘ [ist] unmöglich“), 204, 215 ff.; ebenso Hornsby, *On What's Intentionally Done*, S. 55, 69 ff. (“evidently misplaced”).

1149 Siehe oben bei Fußn. 201.

1150 Vgl. Jones & Nisbett, *The Actor and the Observer*, S. 79, 86: “... the tendency to regard one's reactions to entities as based on accurate perceptions of them. Rather than humbly regarding our impressions of the world as interpretations of it, we see them as understandings or correct apprehensions of it. ... the distinction between evaluations and primary qualities is never fully made. We never quite get over our initial belief that funniness is a property of the clown and beauty is in the object.”

1151 *Die „Objektivität“ sozialwissenschaftlicher und sozialpolitischer Erkenntnis*, S. 146 ff.; ähnl. Oberdiek, Mind 81 (1972), 389, 395: “Failure to distinguish definitional from policy issues is less tolerable when found in essays on the law. Where our primary concern is conceptual clarity, neither law nor philosophy is well served by blurring this distinction.”

Willensbegriff spricht aber seine mangelnde Leistungsfähigkeit, denn jedenfalls die unbewußte Fahrlässigkeit ist kaum zu erfassen.

Im strafrechtlichen Kontext lassen sich drei vergleichsweise deutlich konturierte Verwendungsweisen und Problemfelder des Willensbegriffs unterscheiden, auf die sich diese Untersuchung beschränken kann:

— Willkürhandlung: Die Frage, wieweit die Verwendung des Willensbegriffs zur Kennzeichnung einer elementaren Zurechnungsschwelle „Willkürhandlung“ geeignet ist, wurde oben (III.3.a) behandelt und überwiegend skeptisch beurteilt.
— Richtung des Willens: Dies betrifft intentionales Verhalten als paradigmatischen Fall der Straftat und somit den Begriff der Absicht (*animus, intention, purpose, intención, намерение* usw.), dazu unten a).
— Umfang des Wollens oder der Absicht: Dies betrifft die Zuordnung von Wirkungen, vor allem „Nebenfolgen“ *(side effects)* zum „Willen“ des Handelnden, dazu unten a)dd).

a) Gewolltes oder absichtliches Verhalten

Zielgerichtetes Verhalten gilt, wie schon mehrfach gezeigt, seit alters her als paradigmatischer Fall menschlicher Handlung, in Philosophie und Psychologie ebenso wie im Strafrecht[1152]. Der Akteur wählt zuerst ein Ziel aus, einen zu erreichenden Zustand, und sodann die ihm geeignet erscheinenden Mittel, um diesen Zustand herbeizuführen. Sein Verhalten und das Ziel stehen in einem Mittel-Zweck-Zusammenhang, das Verhalten ist instrumental zur Zielerreichung, final auf sie gerichtet. Dies entspricht dem Absichtsverständnis und der *by-relation* in der obigen Darstellung eines Handlungsbaums, der mit einem strafrechtlichen Beispiel wie folgt aussehen könnte:

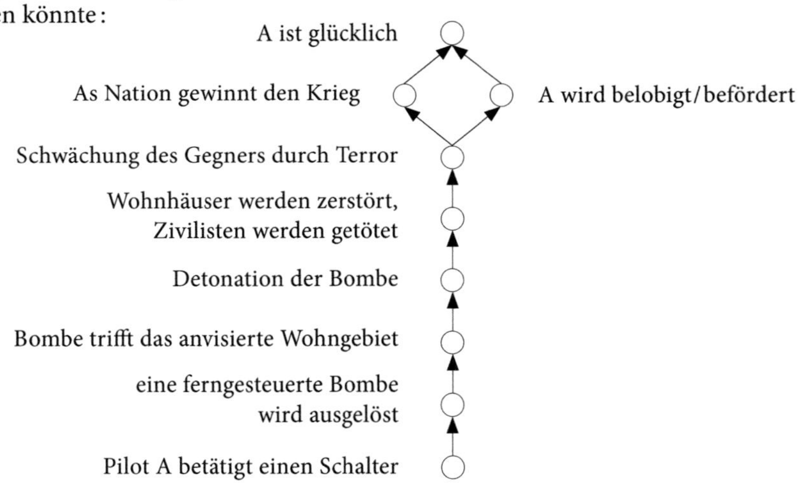

1152 Vgl. nur MERCADAL, Rev.sc.crim. 22 (1967), 1, 20, 30 f.: « conception pure de l'intention », « notion idéale de l'intention ».

Ob Pilot A mit der Bombardierung eines gegnerischen Wohngebiets ohne militärische Bedeutung ein Kriegsverbrechen i.S. von Art. 8(2)(b)(i), (ii) Rom-Statut begangen hat, kann hier dahinstehen.

In einer solchen Geschehensreihe lassen sich alle einzelnen Ereignisse als Mittel zur Erreichung des nächsten deuten und alle vorhergehenden als Mittel zur Erreichung des letzten Ziels. Man kann die Durchgangsstadien, deren Eintritt zur Erreichung des gesetzten Zieles (aus Sicht des Handelnden) *notwendig* sind, als *Zwischenziele* bezeichnen. Sie können als von der Absicht umfaßt gelten.

Die strafrechtliche Betrachtung wird sich in der Regel auf einen Ausschnitt aus einer solchen Kette beschränken, und eine strafrechtlich relevante Absicht wird oft aus Sicht des Handelnden nur ein Zwischenziel darstellen. Denn zielgerichtetes Handeln läßt sich stets durch einen außertatbestandliches Endziel ergänzen wie persönliche Bedürfnisbefriedigung, Glück,[1153] oder in der philosophischen Tradition formuliert: das Gute. Auch vorgelagerte Zwischenziele wie hier Gewinn eines Krieges oder militärische Auszeichnung sind oft strafrechtlich bedeutungslos. Solche weitergehenden oder letzten Ziele („Oberziele“[1154], “ulterior intentions”[1155]) können dann als Beweggrund oder *Motiv* des Handelnden bezeichnet werden; zu dem problematischen Motivbegriff siehe unten b).

Die Rede von „Absicht“ bringt in vielen Sprachen einige Unschärfen mit sich, die auch im rechtlichen Kontext stören können.[1156] Absichtliches Handeln wird regelmäßig mit gewolltem Handeln gleichgesetzt. Die oben aufgezählten Schwierigkeiten bei der Definition des „Wollens“ setzen sich hier fort. Die wesentlichen Problempunkte sollen nun im Überblick aufgezeigt werden.

Dabei ist der Name „Absicht“ nicht wesentlich und ist nicht im Sinne eines bestimmten positiv-rechtlichen oder dogmatischen Konzepts zu verstehen, das sich

---

1153 So bereits AUGUSTINUS, *Quaestiones in Heptateuchum*, lib. IV qu. 24; im Strafrecht siehe HALL, *General Principles of Criminal Law*², S. 87; JAKOBS, *Strafrecht Allgemeiner Teil*², Tz. 8/15; SAMSON, JA 1989, 449, 450. Anders die Ansichten, die wie SEARLE eine Absicht nur auf eine Handlung beziehen, so VON SELLE, JR 1999, 309, 313, demzufolge solche abstrakten Ziele nicht Gegenstand von Absichten sein können, sondern nur von Wunsch, Hoffnung oder Erwartung. Der Sprachgebrauch ist möglich, es erscheint aber unnötig eng, alle Ziele aus dem Absichtsbegriff auszuschließen, deren Verwirklichung mehr als nur diese eine (aktuelle) Handlung erfordert. Zuzugeben ist, daß eine Handlungsbeschreibung auf so hoher Stufe („sein Glück finden“) sich kaum unmittelbar in Aktivität übersetzen läßt, sondern in ausführbare Tätigkeiten aufgelöst werden muß, vgl. VALLACHER & WEGNER, *A Theory of Action Identification*, S. 24.

1154 HECKHAUSEN, *Ein kognitives Motivationsmodell*, S. 283, 287.

1155 SALMOND, *Jurisprudence*¹², S. 372 u. ff.

1156 Dazu und zur einschlägigen philosophischen Literatur siehe DUFF, *Intention, Agency, and Criminal Liability*, S. 44 ff. m. zahlr. Nachw.; MOORE, *Law and Psychiatry*, S. 78 f.: “... one's linguistic intuitions do not resolve the problem. Intentional, ..., is intensionally vague.”; WEGNER, *The Illusion of Conscious Will*, S. 20 („Intention“ bezeichne eine Handlung, die entweder bewußt geplant (egal, ob bewußt ausgeführt) oder bewußt getan (egal, ob geplant) wird); auch MERCADAL, Rev.sc. crim. 22 (1967), 1, 13 ff., 18 ff. m. w. Nachw.

in manchen Rechtsordnungen erst spät entwickelt hat.[1157] Wesentlich ist die genauere Beschreibung der Phänomene.

aa) Referentialität, Individuation und Identität

Confusion of sign and object is original sin, coeval with the word.[1158]

Vorgezogen sei die erstaunlich selten behandelte Frage, was Gegenstand einer Absicht ist. Es geht folglich um die logische bzw. semantische Struktur der Ausdrücke propositionaler Einstellungen[1159] und die Ontologie ihrer Objekte, so daß die Antwort für alle intentionalen Ausdrücke wie „beabsichtigen“, „wollen“, „wünschen“, „wissen“ etc. im Grundsatz gleich ausfällt.[1160] Die Bestimmung des Gegenstands dieser intentionalen Ausdrücke hat Relevanz für ihre Individuation und die Kriterien der Identität und somit, bezogen auf „wissen“, auch Bedeutung für die Irrtumslehre (unten 6.).

Da viele Dinge, die Menschen wollen, wünschen, erhoffen etc., in der realen Welt nicht oder noch nicht existieren, hatte Brentano, wie oben erwähnt, für die spezifische Existenzform der intentionalen Gegenstände den scholastischen Begriff „intentionale Inexistenz“ wiederbelebt.[1161] Diese Schwierigkeit zeigt sich besonders bei „beabsichtigen“ oder „wollen“, die zukunftsgerichtet sind.

Der Einfachheit halber und weil in der Strafrechtspraxis nicht mentale Zustände als solche, sondern nur sprachliche Berichte darüber vorkommen, wird im folgenden von sprachlich repräsentierten Absichten ausgegangen. Zur Illustration diene die Basishandlung des vorherigen Beispiels: Pilot A beabsichtigt (will), einen bestimmten Schalter in seinem Cockpit zu drücken, etwa den einzigen roten Schalter:

A beabsichtigt (A drückt den roten Schalter)

Folgende Möglichkeiten lassen sich denken:

(1) Eine erste Möglichkeit ist,[1162] diesen Satz „A drückt den roten Schalter“ als bloß syntaktisch wohlgeformte Folge von Sprachzeichen aufzufassen und sonst nichts, d.h. der Satz bezieht sich auf keine Gegenstände dieser Welt, sondern ihm fehlen, vergleichbar bestimmten Ausdrücken,[1163] Extension oder Referenz und

---

1157 Ein vom „Vorsatz“ deutlich unterschiedener Begriff der „Absicht“ hat sich beispielsweise in der deutschen Strafrechtsdogmatik erst im 19. Jahrhundert entwickelt, vgl. Herrmann, CrimArch N.F. 23 (1856), 1 ff., 10 ff.; zum Ganzen Geib, *Lehrbuch des Deutschen Strafrechts*, 2. Band, § 93 S. 247 f.; Binding, *Die Normen und ihre Übertretung*, Band II, S. 1151 ff.; Gehrig, *Der Absichtsbegriff in den Straftatbeständen des Besonderen Teils*, S. 18 ff., 23 f., jew. m. w. Nachw.

1158 Quine, *Speaking of Objects*, S. 1, 15.

1159 Begriff nach Russell, *Inquiry into Meaning and Truth*, S. 21.

1160 Vgl. Quine, *Word and Object*, § 31 S. 150.

1161 Brentano, oben Fußn. 322.

1162 Vgl. Moore, *Intentions and* Mens Rea, S. 245, 253 f.

1163 Wie in “for the sake of”, “on behalf of”, die Quine, *Word and Object*, § 50 S. 244, nennt. Daran anschließend versucht Dennett, *Content and Consciousness*, oben Fußn. 320, zu begründen, daß mentale Begriffe generell nicht referentiell seien.

Wahrheitswert. Zwar ist eine solche Erklärung möglich, aber ausgesprochen unbefriedigend, da „A" sich nicht auf den Inhaber der Absicht und „Schalter" sich nicht auf den Schalter in seinem Cockpit bezöge und es zudem keine Identität mit einer anderen Zeichenfolge gibt, obgleich Intension und Extension unverändert blieben, so daß die ebenfalls wahre Beschreibung „A drückt den einzigen roten Schalter" bereits eine andere Absicht darstellte.

(2) Die zweite Möglichkeit, die Ausdrücke des Satzteils „A drückt den roten Schalter" referentiell zu verstehen, scheint näher zu liegen, denn „wenn man in der gewöhnlichen Weise Worte gebraucht, so ist das, wovon man sprechen will, ihre Bedeutung."[1164] „A" bezieht sich dann auf den Piloten A, „roter Schalter" bezeichnet eben diesen in seinem Cockpit, und „drückt den roten Schalter" bezeichnet eine Handlung, die das Drücken dieses Schalters darstellt. Da Absichten, ebenso wie Vorhersagen, zukunftsbezogen sind, sind die bezogenen Handlungen derzeit nicht existent und werden womöglich sogar nie ausgeführt. MOORE schlägt daher vor, das jeweilige Referenzobjekt statt dessen als Handlungstyp *(act-type)* bzw. Ereignistyp *(event-type)* anzusehen, der durch eine spätere Handlung *(act-token)* oder ein späteres Ereignis *(event-token)* instantiiert wird.[1165]

Dabei stellt sich noch eine weitere Schwierigkeit ein, nämlich daß intentionale Ausdrücke oftmals nicht *referentiell transparent*, sondern *referentiell opak* verwendet werden.[1166]

Wird der Begriff „Absicht" *referentiell opak* (oder *de dicto, notional)* konstruiert, so kann eine Bezeichnung seines Objekt nicht durch eine andere Bezeichnung, die sich auf dasselbe Objekt bezieht, ersetzt werden *salva veritate*.[1167] Illustriert sei dies

---

1164 FREGE, *Über Sinn und Bedeutung*, S. 25, 28.

1165 MOORE, *Intentions and* Mens Rea, S. 245, 254 Fn. 22 (auf S. 255); auch DERS., *Placing Blame*, S. 384 ff.

1166 Zur referentiellen Opakheit oder Transparenz siehe QUINE, *Three Grades of Modal Involvement*, S. 158, 160 ff.; DERS., *Quantifiers and Propositional Attitudes*, S. 185, 187 ff.; DERS., *Reference and Modality*, S. 139 ff., 142 ff.; DERS., *Word and Object*, §§ 30–32, 35; auch oben Fußn. 969 sowie GEACH, *Logic Matters*, S. 146 ff. Der Terminus der referentiellen Transparenz geht zurück auf WHITEHEAD & RUSSELL, *Principia Mathematica*, vol. 1, App. C, S. 665, das Kriterium der Ersetzbarkeit hier auf FREGE, *Über Sinn und Bedeutung*, S. 25, 36 ff., generell auf LEIBNIZ, unten Fußn. 1172. Siehe auch SELLARS, *Some Problems About Belief*, S. 185, 191.

In strafrechtlichem Kontext siehe MOORE, *Foreseeing Harm Opaquely*, S. 125, 132 ff.; DERS., *Intentions and* Mens Rea, S. 245, 254 ff.; DERS., *Placing Blame*, S. 369 ff.; TOEPEL, JRE 2 (1994), 413, 414 ff.; siehe auch AUDI, *Intending*, S. 387, 396 f.; MEILAND, *The Nature of Intention*, S. 13 f.

Grundsätzlich kritisch dazu SEARLE, unten bei Fußn. 1238; auch STICH, *From Folk Psychology to Cognitive Science*, S. 111 ff.

1167 Vgl. das Beispiel „*a* glaubt, daß *p*" von QUINE, *Word and Object*, § 30 S. 145; DERS., *Quantifiers and Propositional Attitudes*, S. 185 ff., 189 f.; DERS., *Intensions Revisited*, S. 113 ff.; DERS., *Pursuit of Truth*, §§ 24 ff.; erstmals wohl in DERS., *Notes on Existence and Necessity*, S. 113 ff. Angenommen, der Satz „Tom glaubt, daß Cicero Catilina denunziert hat" sei wahr, und Tom wisse nicht, daß Ciceros vollständiger Name Marcus Tullius Cicero lautet (so daß Cicero = Tullius). Wird „glauben, daß" referentiell opak konstruiert, so wäre der Satz „Tom glaubt, daß Tullius Catilina denunziert hat" falsch. Wird „glauben, daß" hingegen referentiell transparent konstruiert, so wäre anhand einer höherstufigen Absicht aus dem obigen Beispiel, das anvisierte gegnerische Wohngebiet (W) zu zerstören, mit Substitution nur eines Elements des den Absichtsgegenstand beschreibenden Teilsatzes für den Fall, daß A die zweite Beschreibung nicht geben oder akzeptieren würde:

A beabsichtigt$_O$ (Wohngebiet W zu zerstören)	*wahr*
(Wohngebiet W) = (zum Weltkulturerbe gehörende Gebäude)	*wahr*
A beabsichtigt$_O$ (zum Weltkulturerbe gehörende Gebäude zu zerstören)	*falsch*

Eine opake Konstruktion im Sinne QUINES liegt vor, wenn ein singulärer Terminus nicht durch einen kodesignativen (auf dasselbe Objekt referierende), oder ein allgemeiner Terminus nicht durch einen koextensiven (der von denselben Objekten wahr ist), oder ein Teilsatz nicht durch einen Teilsatz mit demselben Wahrheitswert ersetzt werden kann, ohne den Wahrheitswert des umfassenden Satzes zu stören.[1168] Ein typisches Beispiel für referentielle Opakheit ist die indirekte Rede. Opakheit oder Undurchsichtigkeit bedeutet nicht zwingend, daß die Beschreibung des Absichtsgegenstands durch keine andere ersetzt werden könnte, sondern nur, daß referentielle Identität der Beschreibungen nicht hinreicht. Mithin erlaubt die identische Referenz zweier Bezeichnungen nicht den Schluß, daß wer eine Absicht hat, die mit einer Bezeichnung beschrieben ist, daher auch die Absicht habe, die mit einer anderen referentiell identischen Bezeichnung beschrieben wird. Identität der Referenz der Absichtsgegenstände impliziert nicht Identität der Absichten.

Dies entspricht der verbreiteten Ansicht in der analytischen Handlungstheorie, daß dasselbe Verhalten unter einer Beschreibung absichtlich sein kann und unter einer anderen nicht.[1169]

Eine vollständig opake Verwendung von „Absicht“ läuft indes auf die implausible erste Möglichkeit hinaus.[1170] Vollständig opak kann der Absichtsbegriff – dies gilt ebenso für „Wollen“, „Wissen“ usw. – im Strafrecht ohnehin nicht verwendet werden, denn die Beschreibung des Handelnden muß immer durch eine norma-

---

der Satz „Tom glaubt, daß Tullius Catilina denunziert hat“ richtig, auch wenn Tom dies irrtümlicherweise bestreiten würde. (Das klassische Beispiel ist “Ralph believes that the man in the brown hat is a spy.”, *ibid.*).

1168 *Word and Object*, § 31 S. 151. Zu QUINES Terminologie “singular terms” und “general terms”, die sich an Singular und Plural orientiert, siehe *Word and Object*, § 19.

1169 Siehe oben bei Fußn. 918, 973, sofern damit nicht nur der Fall gemeint ist, daß eine Handlung auch durch die Verursachung von nicht angestrebten Nebenfolgen beschrieben werden kann.

1170 Die MOORE, *Intentions and* Mens Rea, S. 245, 255, in eins setzt, wodurch allerdings, wie er zugibt, QUINES Begriff der referentiellen Opazität verzeichnet wird. Da QUINE annahm, daß propositionale Einstellungen zweistellige Beziehungen zwischen Personen und Sätzen sind (siehe unten Fußn. 1214), ergibt sich in der Tat eine *Zitattheorie* der propositionalen Einstellungen: Hat etwa der Glaubende selbst den Satz geäußert, so kann man ihn wörtlich zitieren,“… the allowable departure from direct quotation depends on what the ascriber deems the quoted subject to have had in mind”, *Pursuit of Truth*, §§ 24 ff. S. 61 ff., § 28 S. 68 ff. Psychische Zustände müssen nicht verbalisiert, ihre Träger nicht unbedingt Sprachbenutzer sein; die Sprache ist dann diejenige des Zuschreibenden, *Pursuit of Truth*, § 28 S. 68 f. Zu Zitattheorien siehe auch DAVIDSON, *On Saying That*, S. 93 ff.

tive Handlungsbeschreibung,[1171] d.h. die Formulierung der Rechtsnorm ersetzbar sein, um überhaupt Subsumtion zu ermöglichen; schließlich muß der Täter nicht bewußt unter einer Beschreibung handeln, die die Worte des Gesetzes verwendet, um bestraft werden zu können.

Wird der Begriff „Absicht" hingegen *referentiell transparent* (oder *de re, relational*) konstruiert, so kann eine Bezeichnung seines Objekts durch eine andere Bezeichnung des identischen Objekts ersetzt werden *salva veritate*, d.h. das LEIBNIZsche Gesetz der Ununterscheidbarkeit des (absolut) Identischen[1172] gilt:

A beabsichtigt$_t$ (Wohngebiet W zu zerstören)	*wahr*
(Wohngebiet W) = (zum Weltkulturerbe gehörende Gebäude)	*wahr*
A beabsichtigt$_t$ (zum Weltkulturerbe gehörende Gebäude zu zerstören)	*wahr*

Anders gesagt: Ist das Verhalten unter einer Beschreibung absichtlich, so ist es auch unter allen anderen Beschreibungen absichtlich, die für das Verhalten wahr sind.

Offensichtlich gibt es aber keinen Sprachgebrauch, in dem „beabsichtigen" – das gleiche gilt für andere mentalistische Ausdrücke, die propositionale Einstellungen beinhalten, wie „glauben daß", „wissen daß", „wünschen daß" usw. – vollständig extensional oder *de re* ist, auch wäre er für strafrechtliche Zwecke ungeeignet:[1173] Dies zeigt sich deutlich daran, daß die Substituierbarkeit von Beschreibungen bei „beabsichtigen" oder „wollen" ihre Grenze üblicherweise jedenfalls am Wissen des Handelnden findet, obwohl an sich jedwede aus der infiniten Menge wahrer Beschreibungen *de re* einsetzbar sein müßte. Auch würde die Unterscheidung von Absicht und Irrtum, wenn nicht ganz kollabieren, so doch unhandlich werden.[1174] Es bleibt

---

1171 Zu normativen Handlungsbeschreibungen siehe nur DUFF, *Criminal Attempts*, S. 300 ff., 303, 305.

1172 „Eadem sunt, quae sibi ubique substitui possunt, salva veritate." in: COUTURAT (Hrsg.), *Opuscules et fragments inédits de Leibniz*, S. 264; oder: „Eadem sunt quorum unum potest substitui alteri salva veritate.", *Opera philosophica*, XIX. Specimen demonstrandi, S. 94. Eine ähnliche Fassung wie die erste, nur mit „mutuo" statt „ubique", zitiert FREGE, *Über Sinn und Bedeutung*, S. 25, 35, ohne Beleg.

Diese Formulierung der Substituierbarkeit als Kriterium für Identität beruht freilich auf einer Verwechslung von Zeichen und Objekt. Richtig ist, daß zwei Dinge *x* und *y* identisch sind, wenn jedes Prädikat, das von *x* wahr, auch von *y* wahr ist, und umgekehrt, zutr. THOMAS VON AQUIN, *Summa theologica*, pars I, qu. 40 art. 1, obi. 3; siehe QUINE, *Word and Object*, S. 116 Fn. 5 m. w. Nachw.

1173 MOORE, *Foreseeing Harm Opaquely*, S. 125, 136 ff., 140 ff.; DERS., *Intentions and* Mens Rea, S. 245, 255 f.; DERS., *Placing Blame*, S. 369 ff., 376 ff., auch mit zutr. Kritik an KEEDY, *Criminal Attempts at Common Law*, 102 U.Pa.L.Rev. 404, 464–7 (1954), der implizit vorschlug, "intention" referentiell transparent zu verstehen, um Versuche am untauglichen Objekt straflos zu stellen.

1174 Beispielhaft: A schießt bei schlechter Sicht auf einen Schatten, den er für einen Baumstumpf hält, der aber tatsächlich ein Mensch ist. Seine Beschreibung wäre: „A beabsichtigt (auf den Baumstumpf am Ende des Feldes zu schießen)". Eine andere Beschreibung wäre: „A beabsichtigt (auf den Schatten am Ende des Feldes zu schießen)"; diese wäre substituierbar durch die extensional wahre Aussage „A beabsichtigt (auf den Menschen am Ende des Feldes zu schießen)". Damit würde entweder As Beschreibung ignoriert oder ihm würden widersprüchliche Absichten unterstellt, denn A würde sagen, „es ist nicht der Fall, daß A beabsichtigt (auf den Menschen am Ende des Feldes aber die Möglichkeit eines transparenteren, schwächer opaken Gebrauchs, d.h. einer erweiterterten Substituierbarkeit der Beschreibungen, vorbehaltlich etwaiger Einschränkungen durch andere Definitionsmerkmale, etwa das der Kenntnis[1175].

(3) Hält man wie FREGE[1176] und entgegen QUINE[1177] Undurchsichtigkeit der Referenz für unzulässig oder jedenfalls im juristischen Kontext für nicht hilfreich, so bleibt als dritte Möglichkeit, mit FREGE den Gegenstand einer Absicht intensional, d.h., wenn es sich um einen Satz handelt, als Proposition zu verstehen.[1178]

Dieses Verständnis hat gegenüber der vollständig referentiell opaken Konstruktion den Vorteil, daß die Absicht identisch bleibt, solange der *Sinn* (in FREGES Terminologie[1179]) ihres Gegenstandes, zumeist einer Handlungsbeschreibung, unverändert bleibt, mag auch die Wortwahl, sogar die Sprache der Beschreibung wechseln. Gegenüber einer vollständig referentiell transparenten Konstruktion ergibt sich der weitere Vorteil, daß Irrtumskonstellationen zwangslos rechtlich sinnvoll erfaßt werden können: der Sinn etwa der irrigen Vorstellung, auf einen Baumstumpf zu schießen, ist ein anderer als der der richtigen Vorstellung, auf einen

---

zu schießen)“ – ein kontradiktorischer Widerspruch – oder „A beabsichtigt (auf den Schatten am Ende des Feldes zu schießen und es ist nicht der Fall, daß der Schatten ein Menschen ist) – ein widersprüchlicher Absichtsinhalt. QUINE glaubte nicht, daß ein Widerspruch sich zwingend ergebe, *Quantifiers and Propositional Attitudes*, S. 185, 189 f. (a.A. MOORE, *Foreseeing Harm Opaquely*, S. 125, 140 f.), hielt diesen Sprachgebrauch aber für unpraktisch. Schwerwiegender ist, daß bei vollständiger Transparenz der propositionale Gehalt mit den Wahrheitswerten zusammenfällt, so daß der Inhaber der propositionalen Einstellung alles glaubt, *Word and Object*, § 31 S. 148 f.

Zu den Schwierigkeiten transparenten Gebrauchs von „glauben daß“ siehe die Kritik von KAPLAN, *Quantifying In*, S. 206, 220 ff.; auch SELLARS *Some Problems About Belief*, S. 186 ff., und die Antworten QUINES, *Reply to Sellars*, S. 337 f., und *Reply to Kaplan*, S. 341 f.

Zu den Schwierigkeiten allzu transparenten Gebrauchs von *intention* siehe *United States v. Berrigan*, 482 F.2d 171, 187 f. (3rd Cir. 1973): Hat derjenige, der seinen Feind erschießen will, aber tatsächlich auf einen Baumstamm zielt, die (strafbare) Absicht (einen Menschen zu erschießen) oder die (straflose) Absicht (auf einen Baum zu schießen)? Dazu DUFF, *Acting, Trying and Criminal Responsibility*, S. 75, 76.

1175 So auch SELLARS, *Some Problems About Belief*, S. 186, 187 f. für "belief", mit dem Versuch, den opaken Sinn mit Hilfe des transparenten auszudrücken.

Absichtliches i.S. von zielgerichtetem Handeln setzt nach verbreitetem Verständnis voraus, daß das Ziel und die Mittel mental repräsentiert sind. Demnach wäre eine Ersetzung durch Beschreibungen, die Umstände einbeziehen, die der Handelnde sich nicht vorstellt, nicht möglich.

Wenn A im Beispielsfall nicht weiß, daß er durch den Abwurf einer Bombe architektonische Schätze vernichtet, so würde gemeinhin nicht gesagt werden, er habe diesbezüglich absichtlich gehandelt *(nihil volitum nisi praecognitum)*.

1176 FREGE, *Über Sinn und Bedeutung*, S. 25, 35 ff., 37 ff.; ausgearbeitet bei CHURCH, *A Formulation of the Logic of Sense and Denotation*, S. 3 ff.

1177 QUINE, *Word and Object*, § 31 S. 151

1178 Bezogen auf Absicht als Rechtsbegriff ist dies der Vorschlag von MOORE, *Intentions and* Mens Rea, S. 245, 256 ff.; dagegen HEYD, *Comment*, S. 271 ff.

Intensional versteht den Gegenstand des „Wissens“ PUPPE, GA 1990, 145, 149 ff.; NK-StGB-PUPPE, § 16 Rn. 34 ff., 36–38; extensional hingegen KINDHÄUSER, GA 1990, 407, 409 ff., 413 u. ff. (die Intensionskenntnis ist aber Gegenstand der Schuld); alle m. w. Nachw.

1179 Siehe oben Fußn. 178.

Menschen zu schießen.[1180] Ausgeschlossen ist ferner Identität des Sinns (Intension) bei Nichtidentität der Bedeutung (Extension). Auch muß ein Ausdruck, der einen Sinn hat, nicht zwangsläufig eine Bedeutung, verstanden als existentes Objekt, haben, womit BRENTANOS Problem der intentionalen Inexistenz entschärft ist.[1181]

Allerdings sind mit dem Konzept der Intensionalität, von Individuenbegriffen, Eigenschaften und Propositionen als abstrakten, idealen Entitäten erhebliche philosophische Probleme verbunden, die bis zum Universalienstreit zurückführen.[1182] Von den zahlreichen Einwänden gegen eine solche realistische Semantik, die etwa QUINE zur vollständigen Ablehnung von Intensionen veranlaßten ("intensions are creatures of darkness"),[1183] betrifft der im strafrechtlichen Kontext wohl bedeutsamste die Frage nach den Identitätskriterien hier von Propositionen.

Wie ist also festzustellen, ob zwei Handlungsbeschreibungen denselben Sinn ausdrücken? Im obigen Beispiel:

> A beabsichtigt$_i$ (Wohngebiet W zu zerstören)
> = A beabsichtigt$_i$ (zum Weltkulturerbe gehörende Gebäude zu zerstören)?

Die Ermittlung der Extension ist zwar, gleichsam im Rückschluß, der Weg zur empirischen Erforschung der Intension,[1184] aber zum einen bestimmt die Extension die Intension eines Begriffs nicht eindeutig, da es verschiedene Begriffe mit derselben Extension, aber verschiedenem Sinn geben kann, zum anderen kann ohne endgültige Bestimmtheit der Intension auch die Extension nicht begrenzt werden[1185]. Paraphrasierungen wie „Sinn", „Bedeutung", „Inhalt" etc. helfen ebenfalls nicht weiter – zumal ihre Intension ebenfalls unscharf ist. Überdies sind „Identität" oder „Synonymität" in der intuitiven Semantik keine klassifikatorischen, sondern komparative Begriffe, so daß mehr oder weniger große Bedeutungsgleichheit angenommen werden kann.[1186]

1180 Ähnl. MOORE, *Intentions and* Mens Rea, S. 245, 257.

1181 MOORE, *Intentions and* Mens Rea, S. 245, 257.

1182 Vgl. nur STEGMÜLLER, *Das Universalienproblem einst und jetzt*, S. 48 ff.; DERS., *Universalien-Problem*, S. 1 ff.

CARNAP, *Meaning and Necessity*, § 4 S. 22 f., § 10 S. 43 f., § 11 S. 49; DERS., *Empiricism, Semantics, and Ontology*, S. 205 ff., 214, meinte dem entgehen zu können, weil die Entscheidung für ein intensionales oder extensionales Sprachsystem nur eine Frage seiner praktischen Verwendbarkeit sei, aber keine ontologische Festlegung erzwinge.

MOORE, *Intentions and* Mens Rea, S. 245, 258, begnügt sich mit der eventuellen Reduzierbarkeit auf funktionale Hirnzustände und letztlich Physiologie.

1183 QUINE, *Word and Object*, ch. 6, §§ 40 ff., insb. §§ 43 u. ff. Klammerzitat aus: DERS., *Quantifiers and Propositional Attitudes*, S. 185, 188, auch 193 ("The intensions are at best a pretty obscure lot").

1184 CARNAP, *Meaning and Synonymy in Natural Languages*, S. 233 ff. Im rechtlichen Kontext siehe nur KOCH/RÜSSMANN, *Juristische Begründungslehre*, S. 189 f.

1185 SIMON, Festschrift Coseriu, S. 275, 278.

1186 QUINE, *Word and Object*, § 42 S. 203; VON KUTSCHERA, *Sprachphilosophie*, S. 100 f.

CARNAP hat für die reine Semantik den Begriff der *logischen Äquivalenz* (L-Äquivalenz) eingeführt, wonach zwei Sätze dann L-äquivalent sind, wenn sie denselben (logischen) *Spielraum (range)* haben, d.h. die jeweilige Klasse aller *Zustandsbeschreibungen,*[1187] in denen ein Satz gilt, identisch ist.[1188] Diese Zustandsbeschreibungen entsprechen den möglichen Welten von LEIBNIZ oder den möglichen Sachverhalten von WITTGENSTEIN. Die Intension zweier Ausdrücke ist nur dann identisch, wenn und nur wenn sie L-äquivalent sind. Das bedeutet, daß die fraglichen Prädikate in allen logisch möglichen Welten dieselbe Extension haben müssen, weil sie nur dann rein innersprachlich, ohne Rückgriff auf empirische Aussagen definiert werden können. Ihre Intension läßt sich dann als die Funktion verstehen, die in jeder möglichen Welt die Extension eines Begriffes in dieser Welt zuordnet.[1189]

Dieser Vorschlag birgt einige Schwierigkeiten (Ermittlung der Extensionen; Vorstellung der *logisch* „möglichen Welten“, die nicht durch „unsere“ Naturgesetze gebunden sind[1190]), kann nicht alle Fälle lösen[1191] und versagt bei Ausdrücken, die keine Extension haben[1192]; zudem haben dann alle logisch wahren Sätze dieselbe Bedeutung. CARNAP sah, daß L-Äquivalenz deutlich schwächer ist als das herkömmliche Verständnis von Synonymität, und meinte, daß in vielen Fällen die stärkere Beziehung der *intensionalen Isomorphie* – die vorliegt, wenn zwei Sätze nicht nur insgesamt L-äquivalent sind, sondern auch aus L-äquivalenten Teilen bestehen und in gleicher Weise konstruiert sind[1193] – benutzt werden könne.[1194] Mit Hilfe der *intensionalen Isomorphie* seien auch propositionale Haltungen wie „glauben, daß“ usw. zu erfassen, die sich der L-Äquivalenz dadurch entziehen, daß sie *weder extensionale noch intensionale* Kontexte,[1195] sondern *hyperintensionale*[1196] Kontexte

---

1187 Eine *Zustandsbeschreibung (state-description)* ist eine vollständige Beschreibung der Welt nach den Regeln eines semantischen Systems, wobei es nur eine Zustandsbeschreibung gibt, die den Zustand der wahren Welt beschreibt; alle anderen beschreiben mögliche Welten, siehe CARNAP, *Meaning and Necessity*, § 2 S. 9.

1188 CARNAP, *Meaning and Necessity*, § 2 S. 9 ff., 11 f. (§ 2-3c).

1189 Im Fall der L-Determiniertheit lassen sich schließlich Extensionen auf Intensionen reduzieren, CARNAP, *Meaning and Necessity*, §§ 17 ff., 23.

1190 Die Begriffe „Frau“ und „Tochter“ haben nur dann verschiedenen Sinn, wenn es wenigstens eine mögliche Welt gibt, die wenigstens eine Frau aufweist, die keine Tochter ist – also nicht Nachkomme menschlicher Wesen wie die jüdisch-christliche Urmutter EVA.

1191 Gleichseitige und gleichwinklige Dreiecke sind wohl auch in allen möglichen Welten extensionsgleich und daher intensional nicht zu unterscheiden, obwohl die Ausdrücke gewiß nicht „sinngleich“ sind, siehe CARNAP, *Meaning and Necessity*, § 15 S. 61.

1192 Intensionen ohne Extension sind entweder überhaupt nicht bestimmbar oder alle gleich, SIMON, *Sprachphilosophie*, S. 136; vgl. CARNAP, *Meaning and Necessity*, § 4 S. 21 (es gibt nur *eine* L-leere Eigenschaft); DERS., *Meaning and Synonymy in Natural Languages*, S. 233, 239.

1193 CARNAP, *Meaning and Necessity*, § 14; vgl. PUTNAM, *Synonymity and the analysis of belief sentences*, 14 Analysis 114 ff. (1954), der zusätzlich die gleiche syntaktische Struktur fordert; siehe auch CHURCH, *On Carnap's Analysis of Statements of Assertion and Belief*, 10 Analysis 97, 98 f. (1950).

1194 CARNAP, *Meaning and Necessity*, § 15.

1195 CARNAP hat das Substitutionsprinzip preisgegeben, um nicht wie FREGE zulassen zu müssen, daß derselbe Ausdruck in zwei Kontexten (wie in „glauben, daß“) verschiedene Bedeutungen hat darstellen, in denen zwei L-äquivalente Ausdrücke nicht durch einander ersetzt werden können, ohne daß sich die Intension ändert oder sogar der Wahrheitswert.

Dieser Ansatz, der auch für das Strafrecht rezipiert worden ist,[1197] ist indes von CARNAP ausdrücklich nur für durch Regeln definierte, künstliche semantische Systeme, nicht für historisch kontingente natürliche Sprachen entwickelt worden[1198]. Die Explikation von Begriffen wie Bedeutung, Wahrheit etc. in natürlichen Sprachen bereite gänzliche andere Probleme als in reinen semantischen Systemen.[1199] Dies spricht auch gegen eine Anwendung auf die Rechtssprache, die von der natürlichen Sprache sich insoweit in keinem relevanten Aspekt unterscheidet. Selbst wenn man sich im Recht oft mit der *logischen Implikation* (L-Implikation)[1200] zufriedengeben könnte,[1201] ließe sich die geforderte Verifikation nicht einlösen.[1202]

---

bzw. einmal extensional, ein anderes Mal intensional aufzufassen ist: Er nennt das Vorkommnis eines Ausdrucks in einem Satz extensional (intensional), wenn die Ersetzung dieses Ausdruck durch einen anderen extensions(intensions)gleichen die Extension (Intension) des Satzes nicht ändert, *Meaning and Necesssity*, § 11. Entsprechend lassen sich nicht-extensionale und nicht-intensionale Kontexte konzipieren, dazu VON KUTSCHERA, *Sprachphilosophie*, S. 68 f. Zu *belief-sentences* siehe *Meaning and Necessity*, § 13, insb. § 13-4, sowie § 15 und DERS., *On Belief-Sentences*, S. 230 ff.

Zur Deutung von Straftatbeständen als extensionale bzw. intensionale Kontexte siehe PUPPE, *Idealkonkurrenz und Einzelverbrechen*, S. 22 ff.

1196 Begriff nach CRESSWELL, *Structured Meanings: The Semantics of Propositional Attitudes*, S. 72 ff., 166 f.: *Hyperintensionality* bezeichnet die Eigenschaft propositionaler Haltungen, daß zwei Ausdrücke, die in allen möglichen Welten dieselbe Intension haben (*a* und non-non-*a*), in propositionalen Einstellungen im allgemeinen nicht durch einander ersetzbar sind *salva veritate;* siehe auch RICHARD, *Propositional Attitudes*, S. 29 ff. Beispielhaft (nach MATES, *Synonymity*, S. 109, 123): Hält man „2^{10}" und „1024" für sinngleich, so folgt doch aus der Wahrheit des Satzes „A glaubt, daß $2^{10} < 1000$" nicht, daß „A glaubt, daß $1024 < 1000$" auch wahr ist; ähnl. CARNAP, *Meaning and Necessity*, § 15 S. 62: Die Sätze „John glaubt, daß die Anzahl der Einwohner von Chicago größer als 3.000.000 ist" und „John glaubt, daß die Anzahl der Einwohner von Chicago größer als $2^6 \times 3 \times 5^6$ ist" haben identische Propositionen, sind L-äquivalent, aber nicht intensional isomorph.

1197 PUPPE, GA 1990, 145, 150; NK-StGB-PUPPE, § 16 Rn. 45 ff., beschränkt auf L-Äquivalenz und L-Implikation.

1198 CARNAP, *Meaning and Necessity*, § 1, S. 2–4; DERS., *On Belief-Sentences*, S. 230 (gegen CHURCH). Dies übersieht PATZIG, *Satz und Tatsache*, S. 8, 29 ff.: Die Anwendung exakt definierter Relationen auf vage Ausdrücke ist sinnlos. Wird die Relation aber stillschweigend der Vagheit der Relate angepaßt, so kann von „L-Begriffen" i.S. CARNAPS nicht mehr gesprochen werden.

1199 CARNAP, *Meaning Postulates*, S. 222, 223.

1200 Ein Satz *u* impliziert einen anderen Satz *v* genau dann, wenn der Spielraum von *u* im Spielraum von *v* enthalten ist, d.h. wenn jede Zustandsbeschreibung, in der *u* wahr ist, auch eine Zustandsbeschreibung ist, in der *v* wahr ist, CARNAP, *Meaning and Necessity*, § 2-3b, § 2-5, S. 11; siehe auch STEGMÜLLER, *Probleme und Resultate der Wissenschaftheorie und Analytischen Philosophie*, Band I, S. 76 ff., 79 ff.

1201 So PUPPE, GA 1990, 145, 151 f.; NK-StGB-PUPPE, § 16 Rn. 45.

1202 Siehe oben Fußn. 1198. Negative Aussagen fallen leichter: Im Beispielsfall sind (Wohngebiet W) und (zum Weltkulturerbe gehörende Gebäude) nicht in allen logisch möglichen Welten, nicht einmal in dieser Welt extensionsgleich, also nicht L-äquivalent, ferner auch nicht durch Implikation verbunden.

Insgesamt bleibt CARNAPS Intensionsbegriff – bewußt – hinter dem FREGEschen „Sinn“, als einer „Art der Gegebenheit“,[1203] d.h. einer Art, von Gegenständen zu sprechen, einer bestimmten „Beleuchtung“ des Gegenstands (falls es einen gibt), zurück, indem etwa emotive, motivierende Aspekte sowie die ganze Pragmatik ausgespart werden.[1204] Sinnverschiedenheit ist mehr als nur sprachliche Varianz äquipollenter (extensionsgleicher) Ausdrücke,[1205] denn die „Art“, die „Färbung“ der Beschreibung der Referenz spielt eine Rolle in der Beeinflussung von Verhalten,[1206] was bei Absichten besonders deutlich ist: zumindest im Verständnis von „Beweggrund“ kann es auf die exakte sprachliche Fassung einer Proposition einschließlich der Pragmatik ankommen.

Ausgehend von einer grundsätzlichen Verschiedenheit der Bedeutungsanalyse in natürlichen Sprachen und in der reinen Semantik als Teilgebiet der symbolischen Logik skizzierte CARNAP eine pragmatische Version des Intensionsbegriffs und schlug ein behavioristisches Verfahren zur Intensionsbestimmung in natürlichen Sprachen vor, das die Intension eines Prädikats mit den Gebrauchsdispositionen eines Sprechers identifiziert.[1207] Dafür ist der Sprecher zu befragen und auch die Anwendbarkeit eines Prädikats auf nur logisch mögliche, nicht existierende Fälle einzubeziehen, wobei sich vielfach intensionale Unschärfe ergeben wird.[1208] Zwei Ausdrücke sind synonym in einer Sprache *L* für einen Sprecher *X* zu einem Zeitpunkt *t* dann, wenn sie in *L* für *X* an *t* dieselbe Intension haben.[1209]

Könnte man indessen *prinzipiell* keine bestimmbaren Identitätskriterien[1210] von Satzbedeutungen angeben, so ist die Rede von Propositionen und Intensionen als isolierten existenten Entitäten insgesamt – nicht nur in natürlichen Sprachen mit ihren *praktisch* vagen Ausdrücken – fragwürdig.[1211] So hat QUINE angenommen, daß Synonymität als Identität von Propositionen nicht aufgezeigt werden kann, insbesondere wegen der grundsätzlichen Unbestimmtheit der Übersetzung und feh-

---

1203 FREGE, *Über Sinn und Bedeutung*, S. 25, 26 f.

1204 Vgl. CARNAP, *Meaning and Necessity*, § 15 S. 59 f.; DERS., *Meaning and Synonymy in Natural Languages*, S. 233; siehe auch SIMON, *Sprachphilosophie*, S. 135 f.

1205 Logisch äquivalente Ausdrücke müssen daher nicht einmal in ihrer *deskriptiven* Bedeutung übereinstimmen, siehe nur LÖBNER, *Semantik*, §§ 4.6.1, 10.5.2.

1206 CARNAP, *Meaning and Necessity*, § 15 S. 60; siehe auch MOORE, *Intentions and* Mens Rea, S. 245, 257; RICHARD, *Propositional Attitudes*, S. 63 ff., 119 ff.

1207 CARNAP, *Meaning and Synonymy in Natural Languages*, S. 233, 235 ff., 242 u. ff.

1208 CARNAP, *Meaning and Synonymy in Natural Languages*, S. 233, 236 ff., 238 ff.; DERS., *Reply to Quine*, S. 915, 919 ff.; ähnl. PUPPE, GA 1990, 145, 152; krit. dazu KINDHÄUSER, GA 1990, 407, 413 Fn. 19.

1209 CARNAP, *Meaning and Synonymy in Natural Languages*, S. 233, 243.

1210 Vgl. nur die von GOODMAN, *On Likeness of Meaning*, S. 67 ff.; MATES, *Synonymity*, S. 109 ff., 118 ff., und CARNAP, *Meaning and Necessity*, § 15, S. 60 ff., diskutierten Vorschläge.

1211 QUINE, *Word and Object*, §§ 42–44; DERS., *Quantifiers and Propositional Attitudes*, S. 185, 193 ff.; GEACH, *Logic Matters*, S. 170, 176. A.A. CARNAP, *Meaning and Synonymy in Natural Languages*, S. 233, 236 ff.

lenden Trennbarkeit von analytischen und synthetischen Sätzen.[1212] Zudem seien Propositionen überflüssig für die Annahme bedeutungsvoller Sätze[1213] und als Objekte propositionaler Einstellungen[1214]. Nicht nur in alltäglichen, sondern auch in solchen wissenschaftlichen Kontexten, die unwesentlichere, heuristischere Zusammenhänge betreffen, könne man aber weiterhin von Bedeutungen reden.[1215]

MOORE meint, diesen Einwänden entkommen zu können durch Verweis auf die Alltagspraxis, die ohne weiteres mit einem – wenn auch theoretisch unzulänglichen – Konzept der Sinnidentität operiert, und in der anschauliche[1216] Beschreibungen die Rolle von Synonymen übernehmen: Zwei Propositionen sollen als gleich gelten, wenn der Inhaber der mentalen Zustände sie für gleich hält.[1217] Dieser subjektive Test stellt zwei Anforderungen: Demnach sind zwei nominell verschiedene Absichten gleich, wenn die Beschreibungen ihrer Gegenstände (1.) dieselbe Extension haben und (2.) die Beschreibungen für den Inhaber der Absicht dieselbe Intension haben,[1218] was CARNAPS pragmatischem Intensionsbegriff[1219] nahekommt. Das Kriterium derselben Extension verlangt nach Bedingungen der Individualisierung von Ereignissen und Ereignistypen, die MOORE mit DAVIDSON in der Gleichheit von Ursachen und Wirkungen *(events)* bzw. der kausalen Potenz *(event types)*

1212 QUINE, *Word and Object*, §§ 11 f., 14, 42 ff.; grundlegend DERS., *Two Dogmas of Empiricism*, S. 20 ff.; siehe auch die älteren, in *Word and Object* verarbeiteten Aufsätze DESS., *The Problem of Meaning in Linguistics*, S. 47 ff., 56 ff., *Reference and Modality*, S. 139, 150 ff.; *Logic and the Reification of Universals*, S. 102, 108 f.; *Notes on the Theory of Reference*, S. 130 ff., sowie *Propositional Objects*, S. 139 ff. Demnach gibt es keine analytisch wahren Sätze, die allein aufgrund der Bedeutung (*meaning*) der in ihnen vorkommenden Ausdrücke wahr sind. QUINE begründet dies unter anderem mit einem semantischen Holismus (*Word and Object*, § 3 S. 12; *Two Dogmas*, S. 20, 37 ff., 41). Damit ist die verifikationistische Bedeutungstheorie, die auch CARNAP vertrat, insgesamt in Frage gestellt. Zum Ganzen siehe KOPPELBERG, *Die Aufhebung der analytischen Philosophie*, S. 103 ff.

Zu CARNAPS L-Äquivalenz siehe QUINE, *Two Dogmas of Empiricism*, S. 20, 22 ff., und DERS., *Carnap and Logical Truth*, S. 107 ff., durchgehend, zu CARNAPS intensionaler Isomorphie siehe auch *Word and Object*, § 42 S. 202 ff.

Zu QUINES Thesen siehe nur SIMON, *Sprachphilosophie*, S. 37 ff., 72 ff., 80 ff.; abl. VON KUTSCHERA, *Sprachphilosophie*, S. 95 ff., 100 ff., 104 ff., 118 ff.

1213 QUINE, *Word and Object*, § 43 S. 206 f.: Daraus, daß wir von einem bedeutungsvollen Satz oder einem Satz mit Bedeutung sprechen, folgt nicht, daß es etwas wie Bedeutung geben müsse, die er hat und die identisch mit oder verschieden von der Bedeutung eines anderen Satzes ist *(fallacy of subtraction)*. Sonst müßte man auch Einhörner hypostasieren, weil man von ihnen reden kann.

1214 QUINE, *Word and Object*, § 44, um statt dessen die Sätze selbst zu verwenden (S. 212); DERS., *Quantifiers and Propositional Attitudes*, S. 185, 194 ff.; DERS., *Intensions Revisited*, S. 113, 122 ("dyadic relations between people or other animals and closed sentences"); auch DERS., *Pursuit of Truth*, §§ 24 ff. S. 61 ff.; vgl. CARNAP, *Meaning and Necessity*, § 13 S. 54 f.

1215 QUINE, *Word and Object*, § 43 S. 210, §§ 45 u. ff.

1216 Bezogen auf *vividness* bei KAPLAN, *Quantifying In*, S. 206, 227 ff.

1217 MOORE, *Intentions and* Mens Rea, S. 245, 258 ff. Den Problemen der intrasubjektiven Synonymität, die QUINE, *Word and Object*, § 14, beschreibt, dürfte er indes kaum entgehen.

1218 MOORE, *Intentions and* Mens Rea, S. 245, 260.

1219 Oben bei Fußn. 1207 ff.

sieht.[1220] Das Ergebnis ist eine feinkörnige „metaphysische" Theorie der Absicht, an die sich sodann die Frage etwaiger normativer Äquivalenz oder Ersetzbarkeit der so individuierten Absichten anschließt, die MOORE verneint.[1221]

Unbeantwortet bleibt die Frage, wie festzustellen ist, ob der Täter den Sinn des *Straftatbestands* erfaßt hat, ob also seine Absicht und die vom situativ konkretisierten Strafgesetz verlangte Absicht – für „Wollen", „Wissen" usw. gilt dies entsprechend – bedeutungsgleich sind. Denn Auslegung und Subsumtion des Strafgesetzes sind Aufgabe des Richters, der über objektive Kriterien – PUPPE schlägt daher CARNAPS L-Äquivalenz bzw. L-Implikation vor[1222] – verfügen muß, ob die Vorstellung des Täters intensionsgleich mit dem aus dem Tatbestand ableitbaren Satz ist, d.h. ob eine in der Rechtssprache reformulierte Absicht dem Täter zugeschrieben werden kann. MOORES subjektiver Test führt letztlich dazu, daß der Täter selbst entscheidet, ob er den Sinn des Tatbestands erfaßt hat. So richtig es ist, daß die Identität eines Bedeutungszusammenhangs letztlich (allenfalls) mit der des einzelnen Subjekts zusammenfällt,[1223] so gehört doch die Sprache „nothwendig zweien"[1224] an, so daß im Zusammenhang des Rechts *vollständige* Synonymität weder angestrebt noch erreicht werden kann, sondern nur die innerhalb seines Relevanzrahmens (dazu sogleich) intersubjektiv erzielbare, die aber auch angestrebt werden muß.

Hier ist nicht der Ort, in die umfangreiche philosophische Debatte über propositionale Einstellungen mit ihren Querverbindungen zu Bedeutungs- und Wahrheitstheorien sowie zur Philosophie des Geistes einzutreten. Folgendes sei nur festgehalten: Gibt es keine exakten Kriterien zur Ermittlung der Sinngleichheit, so ist die realistische Semantik mit samt der Vorstellung von Begriffen und Propositionen als selbständigen Entitäten zweifelhaft. Zugleich mindert sich die Tauglichkeit der for-

---

1220 MOORE, *Intentions and* Mens Rea, S. 245, 260 mit Verweis auf DAVIDSON, *The Individuation of Events*, S. 163, 173 ff., 179 f., und ARMSTRONG, *A Theory of Universals*, vol. 2, ch. 16, S. 43 ff.

1221 MOORE, *Intentions and* Mens Rea, S. 245, 262 ff., 268, 270.

1222 PUPPE, GA 1990, 145, 149 ff., 151 ff. – allerdings im Anschluß an PATZIG, *Satz und Tatsache*, S. 8 ff., 29 ff., unter Anwendung der Terminologie aus WITTGENSTEINS *Tractatus* (bestehender Sachverhalt = Tatsache), obwohl dieser nicht zwischen Bedeutung und Bezug trennte, sondern eine Abbildtheorie anhand einer extensionalen Idealsprache (vgl. 3.323, 3.325, 3.33) ausführt; CARNAP, *Meaning and Necessity*, § 6 S. 28 f., erörtert den Tatsachenbegriff ohne Stellungnahme und verwendet ihn nicht weiter – mit dem Vorschlag eines Testverfahrens, in dem der Richter dem Angeklagten Sätze anbietet, die die tatbestandsmäßige Sachverhaltsbeschreibung L-implizieren, um herauszufinden, ob der Täter über Intension oder Extension der gesetzlichen Aussage geirrt hat – wobei nicht auszuschließen ist, daß die Antwort des Täters wiederum auf einem Sinnirrtum beruht, *ibid.*, S. 152; KINDHÄUSER, GA 1990, 407, 413 Fn. 19.

Die Anwendung der L-Begriffe auf natürliche Sprachen, zu denen auch die Untermenge der juristische Terminologie zählt, ist wie oben erwähnt nicht in CARNAPS Sinn, siehe oben bei Fußn. 1198, 1208. Ein weiterer, fundamentalerer Einwand folgt aus der *indeterminacy of translation*, dazu sogleich im Text.

1223 SIMON, Festschrift Coseriu, S. 275, 284.

1224 W. VON HUMBOLDT, *Über die Verschiedenheit des menschlichen Sprachbaues (1830–1835)*, Gesammelte Schriften, Band VII, S. 63, auch S. 56 f.; siehe auch *Über die Verschiedenheit des menschlichen Sprachbaues (1827–1829)*, § 62, Gesammelte Schriften, Band VI, S. 180.

malen Logik – seien es CARNAPS L-Äquivalenz, intensionale Isomorphie oder andere Instrumente – zur Begriffsanalyse.[1225] Die Rede von „Sinn“ oder „Bedeutung“ muß deshalb nicht aufgegeben werden, wie QUINE selbst angedeutet hat,[1226] nur sollten Hypostasierungen zu MEINONGschen Gegenständen[1227] und ebenso unnötige wie dubiose ontologische Bekenntnisse, die den Weg in den Begriffshimmel ebnen, vermieden werden. Begriffe und Propositionen können im Sinne einer pragmatischen Semantik, ob sie nun mit WITTGENSTEIN die Bedeutung eines Wortes mit seinem Gebrauch oder mit QUINE mit den Gebrauchsdispositionen identifiziert,[1228] als Abstraktionen von Prädikaten und Sätzen auf der Grundlage von Synonymität verstanden werden, wobei es für letztere ebenfalls keine exakten Kriterien geben kann. Exaktheit ist überdies nicht überall anzustreben, sondern stets relativ zu einem bestimmten Zweck.[1229] Das Strafrecht – zumal es in der Lage ist, Bedeutungen und Synonymität *festzusetzen*,[1230] und so beispielsweise durch geeignete Verwendungsregeln die Hyperintensionalität der Absicht verringern könnte – wird aber mit einem unschärferen Synonymitätsbegriff auskommen können, so wie auch *indeterminacy of translation* und *inscrutability of reference* – die für jede verbale Kommunikation, auch in derselben Sprache, gelten[1231] – primär ein theore-

---

[1225] Treffend SIMON, Festschrift Coseriu, S. 275, 284 ff.: „Die formale Logik geht von der metaphysischen Voraussetzung aus, ein Begriff sei ‚etwas‘, dessen vollständige Analyse [und damit auch die Analyse seiner Intension und Extension] wenigstens im Prinzip möglich sei, so daß man im Prinzip auch sagen könne, was in einem Begriff ‚enthalten‘ sei und was nicht. ... Die formale Logik kann deshalb zur semantischen Interpretation von Sprache nur insoweit nützlich sein, als der Relevanzrahmen des Sprachgebrauchs als intersubjektiv feststehend vorausgesetzt werden kann. Sie ist dienlich zur Vermeidung unmittelbar erscheinender Widersprüche innerhalb eines Kontextes, der durch einen solchen Relevanzrahmen bestimmbar erscheint, aber nicht, um sprachliche Gebilde auf einen ‚tieferliegenden‘ *allgemeineren* Bedeutungsgehalt hin zu durchleuchten.Versuche dieser Art gehen immer noch von dem metaphysischen Begriff einer Sprache aus, deren Begriffe als solche *adäquat* zu verdeutlichen seien, und damit von Sprechern dieser Sprache, zwischen denen keine *für den Sprachgebrauch relevanten* individuellen Unterschiede bestehen sollen. Das wären dann aber zugleich auch Sprecher, die sich interindividuell nicht zu *sagen* hätten.“ (Hervorh. im Original); DERS., *Sprachphilosophie*, S. 139 ff.

[1226] Oben bei Fußn. 1215.

[1227] Der BRENTANO-Schüler MEINONG verwandelte die „Inexistenz“ intentionaler Gegenstände in die Existenz „nicht-seiender“ Gegenstände, siehe nur MEINONG, *Über Gegenstandstheorie*, S. 481 ff.; dazu siehe nur CARNAP, *Meaning and Necessity*, § 16 S. 65 ff.

Vgl. auch die Kritik STEGMÜLLERS, *Probleme und Resultate der Wissenschaftstheorie*, Band I, S. 101 f., am Gebrauch semantischer Variablen („platonischer Hyperrealismus“).

[1228] Siehe nur WITTGENSTEIN, *Philosophische Untersuchungen*, § 43; QUINE, *Word and Object*, § 7 S. 26 ff.

[1229] WITTGENSTEIN, *Philosophische Untersuchungen*, § 88; SEARLE, *Speech Acts*, S. 9 f.; QUINE, oben Fußn. 1215, sowie schon ARISTOTELES, oben Fußn. 207.

[1230] Normativer oder definitorischer Sprachgebrauch, also semantischer oder metasprachlicher Diskurs wird von QUINE (zu) wenig beachtet.

[1231] QUINE, *Word and Object*, § 16 S. 79; DERS., *Speaking of Objects*, S. 20; DERS., *Ontological Relativity*, S. 26, 39 ff., 45 ff. ("radical translation begins at home"). Zur Unbestimmtheit der Übersetzung *(indeterminacy of translation)* siehe *Word and Object*, §§ 7 ff., zur Unerforschlichkeit der tisches, weniger ein praktisches Problem beschreiben und nicht leugnen, daß sich Sprecher einer Sprache *im großen und ganzen*, obschon nicht immer und nicht im Detail, erfolgreich verständigen. Man kann übersetzen und von Synonymität sprechen, wenn die Unbestimmtheit *nicht pragmatisch relevant* wird, also nicht für relevant gehalten wird. Diese pragmatische Toleranz hängt vom *Zweck der Rede* ab, ob man sagen kann, ein Ausdruck habe eine bestimmte, auf einen Gegenstand referierende Bedeutung, verschiedene Ausdrücke hätten „dieselbe" in Begriffen faßbare gegenständliche Bedeutung oder der eine sei in dem anderen eingeschlossen.[1232] Dies gilt auch für propositionale Einstellungen:

> ... the question how far we can rephrase a belief, and not lose the right of imputing it, depends on our purpose in imputing it. Correspondingly for propositional attitudes other than belief.[1233]

Das bedeutet aber auch:

> This being the case, there is no hope of a general translation of the idioms of propositional attitude into other and more objective terms.[1234]

Hält man Verhaltensformen wie Handlungen und die darauf bezogenen propositionalen Einstellungen wie Absichten für soziale Konzepte, so hängt ihre Identität vom relevanten sozialen – hier dem rechtlichen – Kontext ab.[1235]

(4) Eine in Konstruktion und Terminologie in manchem eigenständige Deutung intentionaler Zustände nimmt SEARLE vor: Er unterscheidet zwischen psychischem Modus (Überzeugung, Wunsch, Absicht usw.), intentionalem Gehalt (Repräsentation der Erfüllungsbedingungen, Proposition) und intentionalem Gegenstand. Der ontologische Status des intentionalen Gegenstands ist für ihn unproblematisch: es sei ein Gegenstand wie jeder andere auch; folglich habe nicht jeder intentionale Zustand einen Gegenstand.[1236] Da intentionale Zustände aus Repräsentationsgehalten in verschiedenen psychischen Modi *bestehen*, sei es falsch zu sagen, sie seien darauf gerichtet oder bestünden aus einer zweistelligen Beziehung etwa zwischen einem Glaubenden und einer Proposition.[1237] Die Aussage, daß jemand einen bestimmten intentionalen Zustand habe, ist demnach ein Bericht über diesen, mithin eine Repräsentation der betreffenden Repräsentation, die in ihren Wahrheitsbedingungen

---

Referenz *(inscrutability of reference)* DERS., *Ontological Relativity*, S. 26, 30 ff. Die These der Unbestimmtheit der Übersetzung und die noch stärkere komplementäre These der Unerforschbarkeit der Referenz sind an sich nicht neuartig, zum Ganzen KOPPELBERG, *Die Aufhebung der analytischen Philosophie*, S. 185 ff. Den Zusammenhang mit KANT und HUMBOLDT beleuchtet SIMON, *Sprachphilosophie*, S. 80 ff.

1232 Vgl. QUINE, *Speaking of Objects*, S. 1, 19 f.; SIMON, *Sprachphilosophie*, S. 84 f.; DERS., Festschrift Coseriu, S. 275, 281 ff., 284 ff.

1233 QUINE, *Propositional Objects*, S. 139, 145 f.; ähnl. DERS., *Word and Object*, § 45 S. 218.

1234 QUINE, *Propositional Objects*, S. 139, 146.

1235 DUFF, *Criminal Attempts*, S. 295 ff., 305.

1236 SEARLE, *Intentionalität*, S. 15 ff., 33 ff.

1237 SEARLE, *Intentionalität*, S. 35, 36 ff.; folglich wird die Unterscheidung zwischen intentionalen Zuständen *de re* und *de dicto* abgelehnt, S. 247 ff.

nicht von denen der repräsentierten Repräsentation abhängt.[1238] Der Bericht über einen intentionalen Zustand ist intensional, der Zustand selbst extensional,[1239] genauer: Ein zutreffender Bericht über den intentionalen Gehalt „wie er der Person vorkam“ ist intensional hinsichtlich der Ersetzbarkeit, der Bericht über den intentionalen Gegenstand extensional[1240]. Erfüllungsbedingungen sind Merkmale der Welt, die Frage nach ihrer Intensionalität oder Extensionalität ist mithin sinnlos.[1241]

Der intentionale Gehalt einer Handlungsabsicht[1242] ist das Erlebnis des Handelns, ihr intentionaler Gegenstand die physische Bewegung als Erfüllungsbedingung. Der Repräsentationsgehalt der vorausgehenden Absicht ist die ganze Handlung als Einheit.[1243] Eine komplexe Handlungsabsicht präsentiert ein komplexes Ereignis als intentionalen Gegenstand, doch wird das Ereignis viele Merkmale haben, die nicht präsentiert sind. Maßgebend dafür, ob ein Ereignis als absichtliche Handlung zu beschreiben ist, sind daher diejenigen seiner Merkmale oder Aspekte, die vom intentionalen Gehalt der Handlungsabsicht präsentiert sind. Allerdings komme es nicht auf die „Beschreibung“, sondern auf die Fakten an, d.h. wie der intentionale Gehalt seine Erfüllungsbedingungen präsentiert, woran nichts Sprachliches sein müsse (auch Tiere können absichtlich handeln). So habe Ödipus absichtlich Iokaste geheiratet, seine Mutter aber unabsichtlich.[1244]

Dies läuft wieder darauf hinaus, daß eine Absicht durch ihre Intension identifiziert wird,[1245] lediglich um den Hinweis ergänzt, daß die Proposition nicht sprachlich präsentiert sein muß. Weitere Identitätskriterien fehlen. Kenntnis einer Folge allein führt jedenfalls nicht dazu, daß sie auch zu den Erfüllungsbedingungen einer Absicht gehört.[1246]

1238 Searle, *Intentionalität*, S. 42, 227 ff.

1239 Searle, *Intentionalität*, S. 42 ff.

1240 Searle, *Intentionalität*, S. 64 f.

1241 Searle, *Intentionalität*, S. 44.

1242 Zur Searleschen Terminologie siehe oben Fußn. 975.

1243 Searle, *Intentionalität*, S. 122 ff.

1244 Searle, *Intentionalität*, S. 133 f. Für die weitere Abgrenzung unabsichtlicher Handlungen von Nicht-Handlungen fehle ein klares Kriterium. Siehe auch Katz, *Bad Acts and Guilty Minds*, S. 126 f.

1245 Da auch für die Erklärung einer Handlung verlangt wird, daß der propositionale Gehalt der Erklärung mit dem propositionalen Gehalts des intentionalen Zustands identisch sei, der mittels intentionaler Verursachung wirksam war, Searle, *Intentionalität*, S. 139 f.; siehe auch von Selle, JR 1999, 309, 311 ff.

1246 Searle, *Intentionalität*, S. 135 f. Es fragt sich, ob, hätte Ödipus gewußt, daß Iokaste seine Mutter ist, er dennoch absichtlich nur Iokaste, aber nicht seine Mutter hätte heiraten können, wenn der „Aspekt“ Mutter nicht zu den Erfüllungsbedingungen gehörte, er es also nicht als Scheitern aufgefaßt hätte, wenn sich herausgestellt hätte, daß Iokaste doch nicht seine Mutter ist?

von Selle meint, auch Bedingungen, die als notwendig zur Verwirklichung einer vorausgehenden Absicht erkannt werden, müßten nicht zu deren Erfüllungsbedingungen gehören, dies folge aus der kausalen Selbstbezüglichkeit, JR 1999, 309, 313 m. Fn. 50 – dies ist nur plausibel, wenn es sich um Bedingungen handelt, die jemand anders als der Handelnde setzen muß, oder um Umweltbedingungen.

Im Beispielsfall hätte Pilot A demnach absichtlich nur Wohngebäude zerstört, nicht aber zum Weltkulturerbe gehörende Gebäude.

(5) Schließlich wird grundsätzlich bestritten, daß es ein *principium individuationis* für Absichten gebe:

Heyd sieht keine Möglichkeit zur Identifizierung von Absichten, die nicht zirkulär ist. Moores Vorschlag sei zirkulär, weil die Bedeutung dessen, *was* ich beabsichtige, auch davon abhänge, *daß* ich es beabsichtige, so daß die Absicht durch ihr Objekt individuiert werde, das wiederum durch die Absicht individuiert werde.[1247] Statt dessen könnte man als Gegenstand von Absichten mögliche oder zukünftige *Handlungen* ansehen, die sich als Ereignisse auffassen und anhand der Kriterien Davidsons individuieren ließen. Die extensionale und objektive Handlungsontologie Anscombes und Davidsons liefere zwar sparsame und grobkörnige Individualitätskriterien, da aber Handlungen immer „unter einer Beschreibung" vorkommen, die ihrerseits intentional ist, sei diese Methode ebenfalls zirkulär.[1248]

Kelman hält die Unterscheidung von engem oder weitem Verständnis von Absicht *(intention)*, insbesondere der Unterscheidung von Absicht und irrelevantem Motiv, stets für willkürlich und lediglich ergebnisorientiert.[1249]

(6) Die Frage, was Gegenstand *der* Absicht war, geht von der idealisierten Vorstellung aus, daß der Handelnde über eine einzige stabile verbalisierte oder verbalisierbare Intention, vergleichbar einem körperlichen Gegenstand, verfügt. Handlungen lassen sich nun wie gesehen in mannigfacher Weise beschreiben, und Beschreibungen verschiedener Identitätsstufen sind nicht synonym. Zwar wird in der Sozialpsychologie angenommen, das Arbeitswissen des Akteurs verfüge im Moment der Handlung nur über *eine* bewußte Handlungsbeschreibung,[1250] doch können sich diese Beschreibungen in der Zeit ändern und die synchrone Handlungsidentität ist möglicherweise nicht mehr rekonstruierbar. Auch die Regel, rechtlich maßgebend seien die Vorstellungen des Akteurs im Moment der Handlung (Koinzidenzprinzip, siehe unten 7.), wird weniger selbstverständlich, wenn angenommen werden muß, daß eine komplexe, kontextreiche antezedente Handlungsbeschreibung als Absichtsgegenstand mit Handlungsbeginn möglicherweise übersetzt werden muß in eine Sequenz niedrigstufiger Handlungsbeschreibungen, ohne daß der Sinnzusammenhang bewußt repräsentiert bleibt.

So bleibt nur, daß an die Stelle der Frage nach *der* Absicht und ihrer Übereinstimmung mit der rechtlichen geforderten Vorstellung die Frage tritt, ob der Täter über eine (von ggf. mehreren) Handlungsbeschreibung verfügte, die der relevanten rechtlichen Absicht praktisch äquivalent ist, oder ob er jetzt der rechtlichen Beschreibung als seiner Vorstellung adäquat zustimmen kann.

1247 Heyd, *Comment*, S. 271, 272.

1248 Heyd, *Comment*, S. 271, 273 f., 276.

1249 Kelman, 33 Stan.L.Rev. 591, 595, 620–633, 667 f. (1980–81).

1250 Siehe oben bei Fußn. 990 ff.

bb) Zielgerichtetheit und kontaminierende Konnotationen

The use of emotion words in language is a slippery business.[1251]

Läßt sich noch ohne weiteres sagen, der beabsichtigte Zustand werde *angestrebt*, so legt die Redeweise, der Handelnde habe sich *entschieden* oder *entschlossen*, diesen Zustand herbeizuführen, psychische Vorgänge oder Haltungen nahe, die fehlen können – kommt es hingegen auf das bewußte Fassen einer Entscheidung nicht an, so wird die Sprechweise metaphorisch.[1252] So plausibel und traditionell eine Orientierung an dem Paradefall der Willenswahl zunächst erscheint, so bleibt die *προαίρεσις* oder *voluntas deliberata* praktisch doch die Ausnahme und nicht die Regel. Erweitert man wie mitunter in der Sozialpsychologie vorgeschlagen den Definitionsansatz so, daß Vorsatz oder Absicht die bloße Auswahl unter kognitiv *potentiell* verfügbaren Optionen[1253] bezeichneten, so handelte zum einen derjenige, dem keine Handlungsalternative einfällt oder einfallen kann, nicht intentional,[1254] und zum anderen sinkt der Begriff auf den des Willkürverhaltens ab[1255].

Auch Ausdrücke wie die, es *komme* dem Handelnden *darauf an* oder *gehe ihm darum*, einen bestimmten Zustand herbeizuführen, können mehr implizieren als tatsächlich vorliegt und rechtlich nötig sein mag: nämlich daß der Handelnde ein Mittel nicht nur wegen seiner Tauglichkeit als Mittel einsetzt, sondern es *an sich* gutheißt oder positiv bewertet, gerne tut, Freude dabei empfindet etc.[1256] Noch stärker kommt diese Nebenbedeutung zum Tragen bei Umschreibungen der Absicht als *Wünschen,*[1257] ein Ausdruck, der selbst schon im Alltagsgebrauch mehrfache, nicht klar trennbare Verwendungsweisen kennt[1258]. Es kann unserem Beispielspiloten ein befriedigendes Gefühl der Macht geben, eine Bombe zu zünden, eine sadistische Freude bereiten, Häuser zu zerstören und Menschen zu töten, oder tiefe Genugtu-

---

1251 Moore, *Law and Psychiatry*, S. 89.

1252 Ähnl. Duff, *Intention, Agency, and Criminal Liability*, S. 45 f.

1253 Z.B. Fiske, *Examining the Role of Intent*, S. 253, 257 ff. m. w. Nachw.; siehe auch Jones & Davis, *From Acts to Disposition*, S. 219, 222 f.: "... the meaning of an action – its intentional significance – derives from some consideration of the alternative action possibilities available but foregone by the actor."

1254 So Fiske, *Examining the Role of Intent*, S. 253, 260.

1255 Wenn auch die Auswahl unbewußt verlaufen kann *(unconscious intent)*, so bei Fiske, *Examining the Role of Intent*, S. 253, 259 ff., 266 f. m. w. Nachw., mit der Folge (S. 261): "The actor may not have actively considered all the options at the moment of choice, but if the person was capable of choosing and enacting each of them, and if on reflection the person would know this, then the person may be considered to have had cognitive options available, and intent applies." S. 267: "Intent can correspond to what one does carelessly, recklessly, or by default, although one could certainly do otherwise."

1256 Siehe Oehler, NJW 1966, 1633, 1635 f. m. w. Nachw.

1257 Sowohl Art. 8, 9 UK RSFSR als auch Art. 25 Abs. 2, 3 UK RF differenzieren sogar direkten und indirekten Vorsatz ausdrücklich danach, ob der Täter die Tatbestandsverwirklichung wünscht („... и *желало* их наступления“–„... не *желало*“).

1258 Dazu siehe nur Duff, *Intention, Agency, and Criminal Liability*, S. 52 ff.

ung, den Gegner zu schwächen, der Gewinn des Krieges mag seinem Nationalstolz und eine Beförderung seiner Eitelkeit schmeicheln – er kann aber auch das Zünden der Bombe als notwendiges Übel ansehen, mit tiefem Bedauern und Mitleid für die Opfer handeln, die Schwächung des Gegners und den Gewinn des Krieges erhoffen, um ein menschenrechtsfeindliches Regime zu beenden, eine Beförderung nur anstreben, weil ihn Schulden drücken. Freilich wird es oft Regelmäßigkeiten geben, daß bestimmte Ziele für gewöhnlich nur aus bestimmten emotionalen oder rationalen Gründen erstrebt werden, so daß emotionale Haltungen für Ziele *indiziell* sein können und umgekehrt. Wenn das zielgerichtete Handeln als Ausdruck einer *rationalen Wahl* des Akteurs interpretiert wird, so impliziert dies eine Stellungnahme und, rationalerweise, eine positive Bewertung dieser Handlungsalternative im Vergleich zu anderen, nicht aber zwingend eine kontextunabhängig positive, handlungsauslösende Bewertung.[1259] Eindeutige Verwendungsweisen lassen sich weder für „beabsichtigen“, „wollen“, „wünschen“ noch verwandte Ausdrücke feststellen.[1260]

Die Verquickung von instrumentaler Relation und emotionaler oder rationaler Qualifikation kann zu Mißverständnissen führen, insbesondere dann, wenn ein Zwischenziel verschieden beschrieben werden kann und diese Beschreibungen die emotionale oder rationale Qualifikation ändern, wie der viel diskutierte englische Fall *Steane*[1261] illustriert: Der britische Staatsangehörige STEANE und seine Familie saßen zu Beginn des Zweiten Weltkriegs in Deutschland fest. STEANE wurde von der Gestapo mit Drohungen, bei Weigerung ihn und seine Familie zu mißhandeln und in einem Konzentrationslager zu inhaftieren, dazu gebracht, an propagandistischen Radiosendungen für das Dritte Reich mitzuwirken. Nach dem Krieg wurde er in England angeklagt wegen folgender Strafnorm:

> If with intent to assist the enemy, any person does an act which is likely to assist the enemy, he shall be guilty of an offence.[1262]

[1259] Wenn sich beispielsweise jemand für eine risikoreiche Operation mit langer und unangenehmer Rekonvaleszenz entscheidet, kann vermutet werden, daß er diese relativ positiv bewertet im Vergleich zur andernfalls drohenden Verschlechterung seines Gesundheitszustands (extrinsische Präferenz).

[1260] Sprachliche Intuitionen differieren. Der darüber entstehende Streit, welche die richtige sei bzw. dem vorherrschenden Gebrauch entspreche, ist fast immer mangels empirischer Forschung nicht entscheidbar; vor allem ist aber die Relevanz des üblichen Sprachgebrauchs für die Rechtssprache und die darin ausgedrückten Normen nicht dargetan. Ein Beispiel aus der deutschen Dogmatik: VON LISZT, *Lehrbuch des Deutschen Strafrechts*[16/17], § 39 II 1, S. 170 Fn. 2 (auf S. 171), meinte, es sei eine „Vergewaltigung des Sprachgebrauchs, den nicht begehrten, selbst den ‚unangenehmen‘ Erfolg als ‚gewollt‘ zu bezeichnen“; dagegen VON HIPPEL, *Vorsatz, Fahrlässigkeit, Irrtum*, S. 373, 503 Fn. 4, S. 511 Fn. 1; zutr. KOHLRAUSCH, *Die Schuld*, S. 179, 186 f.: „So steht Sprachgebrauch gegen Sprachgebrauch, einen maßgebenden Richter gibt es nicht. … Man wird zugeben, daß danach der Sprachgebrauch keine geeignete Instanz ist, um zu sagen, wann ein Erfolg ‚gewollt‘ war, wann nicht.“

[1261] *R. v. Steane*, [1947] K.B. 997 (C.C.A.); [1947] 1 All E.R. 813; dazu DUFF, *Intention, Agency, and Criminal Liability*, S. 92 ff. m. w. Nachw.

[1262] Defence (General) Regulations 1939, Reg. 2A.

Steane entgegnete, er habe nie die Absicht *(intent)*[1263] gehabt, dem Feind zu helfen, sondern nur, seine Familie vor dem Konzentrationslager zu retten. Der Court of Criminal Appeal sprach ihn frei, weil die Absicht, dem Feind zu helfen, nicht erwiesen sei, und die (damals noch geltende und vom verurteilenden High Court für ausschlaggebend gehaltene) Vermutung, jedermann beabsichtige die natürlichen Folgen seiner Handlung,[1264] wegen der Nötigungssituation nicht anwendbar sei. Unbestritten hat Steane die Teilnahme an den Radiosendungen als notwendiges Mittel eingesetzt, um seiner Familie zu helfen. Ist das notwendige Mittel stets auch beabsichtigt, so hat er absichtlich die Radiosendungen bestritten. Wenn “broadcasting for the enemy” allein schon das Merkmal “likely to assist the enemy” erfüllt, also eine *abstrakt* unterstützungstaugliche Handlung genügt,[1265] so fragt sich, ob er im rechtlichen Sinne daher auch beabsichtigt hat, dem Feind zu helfen:

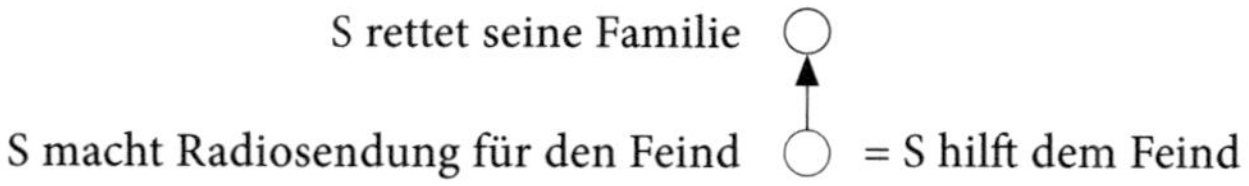

Es scheint somit darauf anzukommen, ob im jeweiligen Strafrecht „Absicht“ so definiert ist, daß der Begriff nur den Grund, das motivierende Ziel des Handelns *(further intention)* oder auch die jeweiligen dazu notwendigen Mittel umfaßt, womit auch verbunden ist, wie *referentiell opak* oder *transparent* der Begriff verwendet wird:

1263 Ein weiterer Aspekt, der anhand dieses Falles diskutiert wird, ist der Umfang des Begriffs “intent” dahingehend, ob er auch *nicht erstrebte, aber als sicher vorhergesehene Folgen* i.S. von *recklessness, foresight* umfaßt, siehe nur Glanville Williams, *The Mental Element in Crime*, S. 21 ff. Falls ja, dann kommt es nicht darauf an, was Steane beabsichtigt hatte. Im folgenden Text wird *intent* eng i.S. von *purpose* verstanden, denn es geht nicht um die Feststellung englischen Rechts, sondern um den Begriff der „Absicht“.

1264 Die widerlegliche Vermutung “a man is presumed to intend the natural consequences of his acts” wurde in England mit dem Criminal Justice Act 1967, s. 8, beseitigt, cf. Stuckenberg, *Untersuchungen zur Unschuldsvermutung*, S. 275 m. w. Nachw. In den U.S.A. ist sie nur noch als nicht zwingender Indizienschluß *(permissive inference)* zulässig seit *Sandstrom v. Montana*, 442 U.S. 510, 520 ff.; 99 S.Ct. 2450; 61 L.Ed.2d 39 (1979), zur weiteren Entwicklung siehe Briggs, 64 Notre Dame L.Rev. 367 ff. (1989) sowie Stuckenberg, *ibid.*, S. 324 ff.

1265 So Glanville Williams, *The Mental Element in Crime*, S. 22 f. Die andere Möglichkeit wäre, so Hart, *Intention and Punishment*, S. 126, die Strafvorschrift so zu verstehen, daß ein *konkreter* und separat nachzuweisender Unterstützungseffekt eintreten könnte und beabsichtigt sein muß:

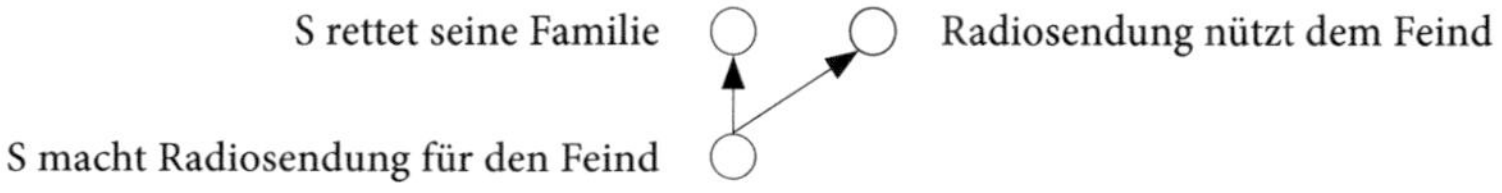

Steane könnte mithin beabsichtigt haben, an den Radiosendungen mitzuwirken, ohne daß es ihm darauf ankam, ob die Sendungen irgendeinen (hier schwer faßbaren) Nutzen zeigten, denn dieser wäre nicht notwendiges Mittel zur Erreichung des Rettungsziels gewesen, zutr. Duff, *Intention, Agency, and Criminal Liability*, S. 94.

Wie oben dargestellt, wird der Begriff „Absicht" *referentiell opak* konstruiert, wenn gilt:

S beabsichtigt$_O$ (eine Radiosendung für den Feind zu machen)	*wahr*
(eine Radiosendung für den Feind machen) = (dem Feind helfen)	*wahr*
S beabsichtigt$_O$ (dem Feind zu helfen)	*falsch*

Entsprechend der philosophischen Ansicht, daß dasselbe Verhalten unter einer Beschreibung absichtlich sein kann und unter einer anderen nicht, hielt es der Court of Criminal Appeal im Fall *Steane* für möglich, daß ein und dasselbe bewußt zielgerichtete Verhalten mit *innocent intent* ebenso vereinbar sein könne wie mit *criminal intent*.[1266] Dem liegt eine Begriffsdefinition zugrunde, die einen starken Begriff des Wünschens – wenigstens im Sinne kontextübergreifenden, auf ungehinderter Wahl beruhenden, handlungsmächtigen, übrigens ebenfalls referentiell opaken Gutheißens des Erstrebten, oder im HUMEschen Sinne einer Emotion, eines starken Gefühls *(passion)*[1267] – einschließt und sich dementsprechend regelmäßig mit einem *Endziel, Zweck* bzw. *Motiv*, etwas, das man um seiner selbst willen anstrebt *(per seipsum appetere*[1268]; gleichthematische, selbstmotivierte, handlungsleitende, intrinsische Handlungsfolge[1269], *intrinsic desire*[1270]*)*, deckt.[1271] Notwendige Mittel, *Zwischenziele* werden oftmals nur wegen ihrer Zweckdienlichkeit erstrebt, aber nicht wegen ihrer sonstigen Attribute, also nicht um ihrer selbst (obwohl dies natürlich auch möglich ist), sondern nur um eines weiteren Grundes willen *(propter*

1266 *R. v. Steane*, [1947] K.B. 997, 1006; [1947] 1 All E.R. 813, *per* Lord GODDARD.

1267 HUME, *A Treatise of Human Nature*, Book II, Part III, Sect. II, S. 413 ff.

1268 AUGUSTINUS, *Quaestionum in Heptateuchum*, lib. IV qu. 24.

1269 Vgl. SCHMALT, *Psychologische Aspekte einer Theorie der Handlung*, S. 517, 528; HECKHAUSEN, *Ein kognitives Motivationsmodell*, S. 283, 287; entspricht KRUGLANSKIS *endogenously attributed action, The Endogenous-Exogenous Partition in Attribution Theory*, Psychological Review 82 (1975), 387, 390.

1270 AUDI, *Intending*, S. 387, 389 ff.; dem folgend DUFF, *Intention, Agency, and Criminal Liability*, S. 54.

1271 DENNING, *Responsibility before the Law*, S. 27: "Now the word 'intent' there obviously means 'desire' or 'purpose'." Die Definition von "intention" durch "desire" hat – entgegen der Kritik von LOCKE an der Vermischung von *will* und *desire*, *An Essay Concerning Human Understanding*, book II, ch. XXI, § 30, S. 249 f. – im Anschluß an die einflußreichen Schriften von SALMOND, *Jurisprudence*[12], S. 369, und HOLMES, *The Common Law*, S. 45 ("... wish for those consequences working as a motive which induces the act"), starke Verbreitung gefunden, obwohl sowohl HOLMES (*ibid.*, S. 44: "Intent, however, is perfectly consistent with the harm being regretted as such, and being wished only as a means to something else.") als auch SALMOND (*ibid.*, S. 369: "Finally, intention is not identical with desire.") selbst *wish/motive* bzw. *desire* im schwachen Sinne als bloße Zielgerichtetheit und explizit nicht als Gutheißen etc. verstanden. Zum Ganzen HALL, *General Principles of Criminal Law*[2], S. 111 ff. Siehe auch STOOSS, ZStW 15 (1895), 199, 199 f.

STEPHEN, *A History of the Criminal Law of England*, vol. II, S. 111 f., warnt vor der resultierenden "common fallacy" "to deny an immediate intention because of the existence, real or supposed, of some ulterior intention" mit Hinweis auf *R. v. Woodbourne and Coke*, 16 State Tr. 54 (angezweifelt in *R. v. Rhenwick Williams*, 1 Leach 529, 532; 168 E.R. 366, 368 (1790)); siehe auch NORRIE, *Crime, Reason and History*, S. 41, 55 f.

aliud appetere; andersthematische, fremdmotivierte, nicht handlungsleitende, extrinsische Handlungsfolge, *extrinsic desire)*, so daß ein starker Begriff des Wünschens auf sie zumeist nicht paßt.[1272] Daher läßt sich ein durch Wünschen, Gutheißen angereicherter Absichtsbegriff nur schwer auf Zwischenglieder einer finalen Kette beziehen.[1273] Hätte man seine Familie nicht bedroht, wäre es STEANE nie eingefallen, dem Feind zu helfen. Ein von der Situation ablösbares Ziel oder Motiv dieses Inhalts hatte er nicht. Dies wird zum Ausdruck gebracht in Formulierungen, er habe nicht gehandelt, *weil* er dem Feind helfen wolle, dies sei nicht sein Beweggrund, sein Endziel gewesen usw.[1274] Typischerweise referentiell opak sind Verwendungsweisen des Absichtsbegriffs, die auf die Selbstbeschreibung des Akteurs abstellen oder diese gar für allein ausschlaggebend halten.

Wird der Begriff „Absicht“ hingegen (stärker) *referentiell transparent* konstruiert, so wären folgende wahre Beschreibungen ersetzbar:

S beabsichtigt$_t$ (eine Radiosendung für den Feind zu machen)	*wahr*
(eine Radiosendung für den Feind machen) = (dem Feind helfen)	*wahr*
S beabsichtigt$_t$ (dem Feind zu helfen)	*wahr*

Die Definition einer solchen referentiell zumindest „semi-transparenten“ Absicht wird nur auf bewußtes zielgerichtetes oder angestrebtes etc. Verhalten abstellen, weil emotionale und rationale Qualifikationen im umgangssprachlichen Gebrauch eher opak sind. So wird „wünschen“ gemeinhin in der Weise verwendet, daß das gewünschte Objekt aus Sicht des Sprechers für gut gehalten wird. Wer etwas zu wünschen angibt, das allgemein nicht für gut, *nicht für wünschenswert* gehalten wird, muß zusätzliche Erklärungen angeben, um verstanden zu werden, etwa einen nicht offenkundigen Nutzenzusammenhang erläutern. Zwar ließe sich *à la rigueur* noch sagen, STEANE habe gewünscht, es gut geheißen, für den Feind Radiosendungen zu machen, und deshalb es auch gewünscht, dem Feind zu helfen, aber ohne die zusätzliche Information über die Nötigungslage geht die Beschreibung in die Irre. Wer am „Wünschen“ als Absichtskriterium partout festhalten will, mag solch extrinsisches Wünschen genügen lassen,[1275] das freilich zu einer blassen *pro-attitude* ausgedünnt ist[1276] und keine Differenzierung mehr leistet, sondern um-

---

[1272] SALMOND, *Jurisprudence*[12], § 89, S. 369; hingegen läßt DUFF, *Intention, Agency, and Criminal Liability*, S. 54 f., auch *extrinsic desire* genügen. Damit wird der Absichtsbegriff transparent(er).

[1273] Ähnl. KRUGLANSKI, *The Endogenous-Exogenous Partition in Attribution Theory*, Psychological Review 82 (1975), 387, 390 f., zu *exogenously attributed actions*.

[1274] So DENNING, *Responsibility before the Law*, S. 27.

[1275] DUFF, *Intention, Agency, and Criminal Liability*, S. 54 f. (oben Fußn. 1272), aber siehe S. 66 ff. Vgl. STÜBEL, *System des allgemeinen Peinlichen Rechts*, Zweiter Band, § 293 S. 77: „Die Absicht ist der Begriff einer Wirkung, in wieferne er uns zur Hervorbringung derselben bestimmt. Wir können daher nie eine Absicht haben, deren Erreichung wir nicht wünschen.“

[1276] Zutr. HORNSBY, *On What's Intentionally Done*, S. 55, 57 Fn. 4, 73.

gekehrt durch die Mittel-Zweck-Beziehung *impliziert* wird[1277] – so daß es wegen der Vieldeutigkeit besser wäre, auf „Wünschen“ u.ä. bei der Definition der Absicht zu verzichten[1278]. In diesem reduzierten und etwas künstlichen Sinn ließen sich notwendige Zwischenziele ohne weiteres einbeziehen und STEANE hätte „absichtlich“ kollaboriert; der Nötigungssituation Rechnung zu tragen ist dann Aufgabe der Rechtfertigungs- oder Entschuldigungsdogmatik.[1279]

Wird „Absicht“ als Deutungsschema, Eigenschaft einer Handlung, und damit Zuschreibung verstanden, so ist der Begriff referentiell transparenter als in einer Verwendungsweise, die darunter einen privaten mentalen Zustand versteht und die Selbstauskunft des Handelnden für maßgeblich hält.

cc) Gegenstände der „Absicht“/des „Wollens“

Wie beim Begriff des Willens kann es fraglich sein, worauf sich der Begriff der Absicht beziehen kann, das heißt im strafrechtlichen Kontext, ob alle Typen objektiver Merkmale Gegenstand der „Absicht“ sein können. Im obigen Beispiel des Piloten A fragt sich, ob sich seine Absicht auf die Körperbewegung (Schalter betätigen), auf eine oder alle Folgen (Detonation, Zerstörung der Häuser, Tötung der Bewohner) und auf die Umstände (zivile Gebäude, Zivilisten als Opfer) bezieht.

(1) **Willensakte.** Soweit ersichtlich, wird der Begriff der Absicht als subjektives Merkmal von den meisten, wenn nicht allen nationalen Strafrechtsordnungen auf äußere Umstände bezogen, so daß die Extremposition, daß nur Willensakte gewollt sein können,[1280] im rechtlichen Sprachspiel offenbar keine Anhänger hat.

(2) **Körperbewegungen, Folgen.** Anders ist es mit der Ansicht, gewollt könnten nur Körperbewegungen sein, die in verschiedenen Rechtsordnungen erörtert wurde.[1281] Geltende Zurechnungsregeln haben sich indes augenscheinlich auch diese Auffassung nicht zu eigen gemacht. „Absicht“ und verwandte Begriffe werden regelmäßig zumindest auf solche Folgen von Körperbewegungen bezogen, die Grund bzw. Ziel der Handlung oder Mittel (dazu näher unten dd)(2)) zur Verwirklichung des Ziels darstellen, wie gerade zuvor gezeigt. Dies ergibt sich zwangslos aus

---

[1277] Zutr. DUFF, *Intention, Agency, and Criminal Liability*, S. 66 ff.

[1278] Diese Konsequenz ziehen auch HALL, *General Principles of Criminal Law*², S. 112 f.; DUFF, *Intention, Agency, and Criminal Liability*, S. 73.

[1279] Einigkeit besteht heute weitgehend darüber, daß STEANE besser aufgrund von *duress* freigesprochen worden wäre, als durch Gleichsetzung von Absicht mit Motiv, so GLANVILLE WILLIAMS, *The Mental Element in Crime*, S. 21–23; DERS., 46 Cambr.L.J. 417, 428 (1989); ASHWORTH, *Testing Fidelity to Legal Values*, S. 299, 300; SMITH & HOGAN, *Criminal Law*¹⁰, S. 74; NORRIE, *Crime, Reason and History*, S. 41, 55 f.

[1280] Siehe oben Fußn. 920.

[1281] Siehe oben bei Fußn. 1069 ff. (AUSTIN) und 1072 (zum deutschen Recht). Zur analogen Position DAVIDSONS siehe oben bei Fußn. 972.

Auch KELLER, *Psychologie und Philosophie des Wollens*, S. 63, nimmt an, nur ein Tun könne gewollt werden. Wollen von Gegenständen oder Ereignissen sei oft nur eine ungenaue oder elliptische Ausdrucksweise, die das „Haben von …“, „Bewirken von …“ auslasse.

dem traditionellen Verständnis, das den Willen als kausale Potenz des Menschen identifiziert: Zumindest die bewußt angestrebten Wirkungen werden dem Willen zugeschrieben (zu Nebenfolgen sogleich sub dd(2)(ε)), obschon ihre Realisierung dem äußeren Zufall unterliegt.[1282]

Eine Körperbewegung muß keinem von ihr unterschiedenem Ziel zugeordnet sein, um als angestrebt, gewollt, beabsichtigt gelten zu können. Sie kann durchaus ohne weiteren Grund,[1283] um ihrer selbst willen ausgeführt werden. Desgleichen wird gesagt, Handlungen könnten absichtlich sein, ohne daß ihre Folgen beabsich-

---

1282 Diese Zufallsanfälligkeit des äußeren Geschehensablaufs – vgl. den modernen philosophischen Topos *moral luck*, hier genauer *outcome luck*; der Gedanke ist uralt: schon die Stoa hat ihre Gesinnungsethik damit begründet, daß wir Macht über unseren Geist, nicht über die Außenwelt hätten, CICERO, *Paradoxa Stoicorum*, III, 25: „Etiam, si quidem rerum modum fingere non possumus, animorum modum tenere possumus.“; ebenso die später widerrufene Zuspitzung der Sündenkonzeption durch ABÆLARDUS, *Ethica*, cap. 3 [PL 178, 646]: „Nihil ad augmentum peccati pertinet qualiscumque operum executio et nihil animum, nisi quod ipsius est, coninquinat, hoc est consensus.“ – hat zu theoretischen Ansätzen geführt, die das strafbare Unrecht oder die Zurechnung auf das gewillkürte Verhalten beschränken wollen, so daß der beendete Versuch *(delictum perfectum)* mithin das Vollbild der Straftat darstellt und nicht erst der Erfolgseintritt *(delictum consummatum)*, so bereits ØRSTED, *Über die Grundregeln der Strafgesetzgebung*, S. 163 f., und später in der deutschen Dogmatik der sog. extreme Finalismus, namentlich ARMIN KAUFMANN, ZStW 80 (1968), 34, 50 f.; DERS., Festschrift Welzel, S. 393, 403; ZIELINSKI, *Handlungs- und Erfolgsunwert im Unrechtsbegriff*, S. 128 ff.; dazu JAKOBS, *Strafrecht Allgemeiner Teil*², Tz. 6/72 f. m. w. Nachw. und Kritik, oder in der anglo-amerikanischen Theorie als Spielart des *Subjectivism*, vor allem HART, *Intention and Punishment*, S. 113 ff., 129 ff.; PARKER, *Blame, Punishment and the Role of Results*, 21 American Philosophical Quarterly 269 ff. (1984); ASHWORTH, *The elasticity of mens rea*, S. 45, 51 f.; DERS., *Sharpening the Subjective Element in Criminal Liability*, S. 79 ff.; DERS., *Belief, Intent and Criminal Liability*, S. 1, 13 ff.; DERS., *Taking the Consequences*, S. 107 ff.; LEWIS, 18 Phil. & Pub. Aff. 53 ff. (1989); dagegen etwa DUFF, *Acting, Trying, and Criminal Liability*, S. 75, 86 ff.; DERS., *Criminal Attempts*, S. 327 ff., jew. m. w. Nachw.

Wenn eine Straftat aber überhaupt einer äußeren Seite bedarf, so ist sie stets dem Einfluß des Zufalls ausgesetzt – auch die Fassung eines Plans, eine Körperbewegung, der Schritt von Vorbereitung zum Versuch kann mißlingen, zutr. FITZGERALD, *Voluntary and Involuntary Acts*, S. 1, 6 ff.; DUFF, *Acting, Trying, and Criminal Liability*, S. 75, 86 ff., 89 f., 100 ff.; PAEFFGEN, *Der Verrat in irriger Annahme eines illegalen Geheimnisses*, S. 103 ff., 110 ff., 114 f.; JAKOBS, *Strafrecht Allgemeiner Teil*², Tz. 6/73; NK-StGB-PUPPE, Vor § 13 Rn. 18. Hier eine Grenze zu ziehen, ist nicht begründbar (oder allenfalls aufgrund externer Erwägungen wie Beweisschwierigkeiten etc., so DUFF, *ibid.*, S. 90). Dies weist darauf hin, daß diese Ansätze im Grundsatz verfehlt sind, wenn sie nach etwas suchen, das dem Täter ganz als das Seine, ohne Einfluß des Zufalls, zugehört. So wie für SIMONE WEIL auf der Suche nach einem für *hasard* unanfälligen Handlungsbegriff als einziger Kandidat das eigene Denken *(ma pensée)* – ähnl. FITZGERALD, *Voluntary and Involuntary Acts*, S. 1, 6 f. *(process of willing)* – übrigzubleiben schien, *Science and perception dans Descartes*, S. 159, 188 ff., 199 ff., aber letztlich auch dies wie alles abhanden kommen kann, ist diese Suche vergeblich: Alles Menschliche geschieht nur *Deo (sive Fati) volente*, ob Denken, Wollen, Versuch oder Verursachung. Dazu treffend DUFF, *ibid.*, S. 100–102 m. w. Nachw.

Überdies wird der Einfluß des Zufalls übertrieben, denn den Menschen gelingt nicht selten durchaus etwas, das sie geplant haben, und die demonstrierte Fähigkeit, etwas nach seinem Plan zum Gelingen zu bringen, kann durchaus für das Strafrecht relevant sein, siehe JAKOBS, *ibid.*

1283 Vgl. ANSCOMBE, *Intention*, §§ 17–21.

tigt seien, wobei allerdings die Handlungsbeschreibung nicht selten schon eine Folge einschließt.[1284]

Bisweilen wird eine gewollte Körperbewegung bzw. Handlung als Voraussetzung für die Anwendbarkeit des Begriff des Wollens oder der Absicht angesehen: Tritt ein Erfolg ohne das Zutun einer Person ein, etwa durch das unabhängige Handeln eines Dritten, so habe sie *diesen* Erfolg nicht beabsichtigt, sondern allenfalls erwünscht, wenn sie ihn begrüßt.[1285] Dies entspricht der Ansicht SEARLES von der kausalen Selbstbezüglichkeit der Absicht.[1286]

Dieser Gedanke, der „Wollen“ etc. an die kausale Wirksamkeit des Akteurs bindet, bedingt auch die – umstrittene[1287] – Sprachregelung,[1288] daß ein Geschehen, auf das sich der Akteur keinen Einfluß zuschreibt oder für gänzlich unmöglich hält, nicht „gewollt“, sondern nur „gewünscht“ oder „erhofft“ werden könne.[1289] Darüberhinaus läßt sich die Sicht des Akteurs noch einer objektiven Beurteilung unterwerfen, so daß eine (rechtlich relevante) Absicht eine akzeptable Kausalitätsvorstellung erfordert: Wer zwar meint, er habe Einfluß auf ein Geschehen, dabei aber die gegenwärtigen Rationalitätskriterien, die auch das Recht befolgt, verläßt,

---

1284 In BENTHAMS Beispiel, daß jemand eine Berührung beabsichtigt, aber nicht die resultierende Verletzung, *Principles of Morals and Legislation*, ch. VIII § III, ist zweifelhaft, ob „berühren“ wirklich eine folgenlose Handlung ist und sich nicht auch als Verursachung einer Folge (Herstellen physischen Kontakts mit etwas oder jemandem) beschreiben läßt.

1285 Vgl. BENTHAM, *Principles of Morals and Legislation*, ch. VIII § V.

1286 SEARLE, *Intentionalität*, S. 125 f., 136 ff.; zust. VON SELLE, JR 1999, 309, 311 ff.

1287 Siehe oben Fußn. 894, 1128.

1288 Unzutr. GUSTAFSON, *Intention and Agency*, S. 66 f., der dies für eine psychologische Tatsache hält ("Some wishes are unrealizable, because what one wishes is impossible. Intentions for the future tend to be realizable, necessarily. And to the extent that one is confident that something is impossible to do, to that extent one will not intend to do it, as a matter of *psychological* fact." Hervorh. im Original). Eine auf Unmögliches gerichtete Absicht ist nur notwendig unmöglich, wenn der Begriff der Absicht die subjektive Vorstellung einer Realisierungsmöglichkeit und einen rationalen, d.h. widerspruchsfrei denkenden Akteur voraussetzt; hingegen kennen *psychologische* Befunde solche Widersprüche durchaus, siehe nächte Fußn.

1289 So insbesondere WELZEL, *Das Deutsche Strafrecht*[11], § 13 I. 2, S. 66, der „wollen“ im Strafrecht als „verwirklichen wollen“ versteht; vgl. § 17 Abs. 1 des E 1962 („Absichtlich handelt, wem es darauf ankommt, den Umstand zu verwirklichen ...“), BR-Drs. 200/62 = BT-Drs. IV/650; auch OEHLER, NJW 1966, 1633, 1636; OTTO, *Grundkurs Strafrecht Allgemeine Strafrechtslehre*[6], § 7 Rn. 26; zuvor VON BURI, *Über Causalität und deren Verantwortung*, S. 31; ebenso Lord ASQUITH in *Cunliffe v. Goodman*, [1950] 2 Q.B. 237, 253 ("X cannot, with any due regard to the English language, be said to 'intend' a result which is wholly beyond the control of his will. We cannot 'intend' that it shall be a fine day tomorrow."); zust. WHITE, *Grounds of Liability*, S. 76 f.

Dagegen VON HIPPEL, *Die Grenze von Vorsatz und Fahrlässigkeit*, S. 80: „Ist es doch eine absolut zweifellose Erfahrungsthatsache, daß wir Menschen um erwünschter Erfolge willen thätig werden sehen, deren Eintritt sie selbst für höchst unwahrscheinlich halten. Gerade in solchen Fällen tritt die Intensität des Wollens in besonders drastischer Weise zu Tage.“ m. w. Nachw. S. 79 ff.; SALMOND, *Jurisprudence*[12], § 89 S. 369; MOORE, *Placing Blame*, S. 409: "Although it is rare, one can even aim at the object of one's desire or intention while having no belief that one can attain it and even while having a belief that one cannot attain it. As a matter of psychology, one can hope to achieve items that one knows one cannot achieve, although it may be critizably irrational to do so."

z.B. jemanden durch Magie oder Anrufung jenseitiger Mächte verletzen will, hätte in diesem Sinne nicht den nötigen Willen, Absicht, Vorsatz usw.[1290]

(3) **Unterlassungen.** Eben diese Vorstellung von der Kausalität des Willens macht es schwierig, Unterlassungen als „gewollt“ oder „beabsichtigt“ zu bezeichnen, nicht nur, weil Unterlassungen verbreitet irrigerweise nicht als Ursache eines Erfolges angesehen werden[1291]. Unterlassung betrifft das Ausbleiben einer bestimmten Handlung. Hat der Täter etwas Bestimmtes nicht getan, dann muß auch der entsprechende „Willensakt“ fehlen. Übrig bliebe nur das Bewußtsein, etwas zu unterlassen, obwohl man handeln könnte,[1292] gegebenenfalls der entsprechende Wunsch dazu. Läßt man einen etwaigen Entschluß, untätig zu bleiben, oder eine Präferenz, mit der ein Handlungswille unverträglich ist, genügen, so kann von „gewollter“ oder „absichtlicher“ Unterlassung gesprochen werden.[1293] Löst man sich von Vorstellungen des Willens im Sinne des psychophysischen Interaktionismus oder eines psychischen Aktes,[1294] hier etwa als Niederringen eines Handlungsimpulses,[1295] sondern deutet „Absicht“ als Verhalten um eines Grundes willen, um ein Ziel zu erreichen, so läßt sich mit der vorgenannten Ansicht auch das bewußte Unterlassen einer Handlung als absichtlich beschreiben.

(4) **Umstände.** Zweifelhaft erscheint auch, ob Merkmale beabsichtigt werden können, auf die eine Handlung nicht zielt, sondern die ihren Kontext abgeben (Tatumstände, *circumstances*). Hierzu zählen beispielsweise[1296] Eigenschaften von Personen, des Handelnden selbst wie des Opfers oder sonstiger involvierter Personen, räumliche und zeitliche Verhältnisse, Eigenschaften von Tatmitteln oder sonst

---

[1290] Praktisch wird dies nur beim irrealen oder abergläubischen Versuch, vgl. JAKOBS, *Strafrecht Allgemeiner Teil*², Tz. 8/6a, 25/22 f.

[1291] Ausgegangen wird dabei oft von einem absoluten Unterlassensbegriff i.S. von Muskelruhe usw., der strafrechtlich ungeeignet ist. Versteht man Unterlassen relativ und transitiv als „Etwas-nicht-tun“, nämlich das rechtlich Gebotene nicht zu tun, so läßt sich ein Bedingungszusammenhang zu strafrechtlich relevanten Folgen ohne weiteres herstellen, grundlegend ENGISCH, *Die Kausalität als Merkmal der strafrechtlichen Tatbestände*, S. 29 ff.; DERS., Festschrift Kohlrausch, S. 141, 162 ff. Zu den aus philosophischer Sicht „gravierenden Begriffsverwirrungen“ bei der Deutung des Unterlassens im Strafrecht siehe nur SEEBASS, *Wollen*, Endn. 103 (S. 259) m. w. Nachw.

[1292] Exemplarisch, freilich aus Sicht der finalen Handlungslehre, ARMIN KAUFMANN, *Die Dogmatik der Unterlassungsdelikte*, S. 66 ff., 73 ff., 110 ff., 120, 149 ff., 309 ff., 314; DERS., Festschrift von Weber, S. 207 ff., 218 ff.; WELZEL, *Das Deutsche Strafrecht*¹¹, § 26 I, S. 201; § 27 I.3., S. 204 f.; dazu siehe nur JAKOBS, *Strafrecht Allgemeiner Teil*², Tz. 29/83 m. w. Nachw.

In AUSTINS Terminologie kann eine Unterlassung niemals “willed”, wohl aber “intended” sein, siehe oben Fußn. 1071.

[1293] Siehe nur JAKOBS, *Strafrecht Allgemeiner Teil*², Tz. 29/82–92, insb. 29/91 m. zahlr. Nachw.

[1294] So aber HALL, *General Principles of Criminal Law*², S. 197 f., der in “the imperceptible movement of a human will” die Gemeinsamkeit von Tun und Unterlassen sieht.

[1295] Im Sinne der sog. Interferenztheorien, z.B. BINDING, *Die Normen und ihre Übertretung*, Band II, S. 546 ff.; ähnl. schon BENTHAM, *Principles of Morals and Legislation*, ch. X § III Fn. 1. Zum Ganzen siehe nur ARMIN KAUFMANN, *Die Dogmatik der Unterlassungsdelikte*, S. 76, 78, 244, 268 f. m. w. Nachw.

[1296] Vgl. auch WHITE, *Grounds of Liability*, S. 26 f.

betroffenen Gegenständen usw., auch rechtliche Qualifikationen. Zweifel, daß solche Umstände gewollt oder beabsichtigt werden können, rühren daher, daß der Handelnde sie nicht verändert, oft auch nicht verändern kann, sondern vorfindet oder nicht. Kann der Dieb „wollen", daß die gestohlene Sache eine fremde sei, die Abtreibende, daß sie schwanger sei?[1297] Die ablehnende Ansicht meint, Seiendes, Gegenwärtiges könne man nicht wollen: „*Wollen kann ich nur ein Zukünftiges, Alles aber, was ist, kann ich nur wissen, nicht wollen.*"[1298] Eine genauere Begründung[1299] würde besagen, daß der Begriff „Wollen" nicht auf etwas bezogen werden könne, das der Handelnde nicht hervorbringt[1300] oder zu beeinflussen, zu ändern nicht imstande ist. Dann bliebe nur die Möglichkeit, solche Umstände zu wissen und allenfalls zu „wünschen", zu „erhoffen" o.ä. Freilich gibt es keine Belege, daß der

---

1297 Beispiele nach VON LISZT, *Lehrbuch des Deutschen Strafrechts*[16/17], § 39 II 1, S. 170 Fn. 2 (auf S. 171), der die Frage verneint; DERS., ZStW 30 (1910), 250, 260 f., dazu BINDING, *Die Normen und ihre Übertretung*, Band II, S. 437 Fn. 11, S. 808 ff., 971 f.; DERS., *Die Schuld im deutschen Strafrecht*, S. 33 m. Fn. 5.

1298 BINDING, *Die Normen und ihre Übertretung*, Band II, S. 809 (Hervorh. im Original), mit der Folgerung: „alle die Merkmale, die nur dazu dienen die juristische Eigenschaft der Lage zu charakterisiren, die der Täter vorgefunden und zu ändern beschlossen hat, alle die nötigen Eigenschaften, die er besitzt, um tauglicher Täter zu werden, können von ihm nicht gewollt, sondern nur gewusst werden."; so zuvor VON WICK, ArchCrimR N.F. 24 (1857), 572, 579; ebenso ENGISCH, *Untersuchungen über Vorsatz und Fahrlässigkeit*, S. 142, siehe aber S. 146 ff.; SCHMIDHÄUSER, *Vorsatzbegriff und Begriffsjurisprudenz im Strafrecht*, S. 13; DERS., Festschrift Oehler, S. 135, 145 f.; JESCHECK/WEIGEND, *Lehrbuch des Strafrechts, Allgemeiner Teil*[5], § 29 III 1 a, S. 298; NK-StGB-PUPPE, § 15 Rn. 103; PUPPE, Festschrift Rudolphi, S. 231, 235; Schönke/Schröder[27]/CRAMER/STERNBERG-LIEBEN, § 15 Rn. 67; ROSS, *Über den Vorsatz*, S. 83; VEST, ZStW 113 (2001), 457, 474; WEIGEND, *Bemerkungen zum „Allgemeinen Teil" der „Europa-Delikte"*, S. 407, 410; w. Nachw. bei SCHMOLLER, ÖJZ 1982, 259, 262 f.; BRICOLA, *Dolus in re ipsa*, S. 27 Fn. 45, 100 f.

Ebenfalls BENTHAM, *Principles of Morals and Legislation*, ch. VIII § XIII: "Acts, with their consequences, are objects of the will as well as of the understanding: circumstances, as such, are objects of the understanding only. All he can do with these, as such, is to know or not to know them: in other words, to be conscious of them, or not conscious."

Krit. LÖFFLER, ÖZStR 2 (1911), 131, 135 m. Fn. 10; SCHROEDER, Festschrift Rudolphi, S. 285, 287 ff.; siehe auch RAGUÉS I VALLÈS, *El dolo y su prueba en el proceso penal*, S. 32, 166 m. w. Nachw. Zur praktischen Funktionslosigkeit eines Willenskriteriums bei präexistenten Umständen siehe FRISCH, *Vorsatz und Risiko*, S. 381 ff. m. w. Nachw. zur Rspr.

1299 Das Abstellen auf „Seiendes" oder „Gegenwärtiges" ist vordergründig: Demnach müßte ich wollen können, daß beim geplanten Einbruch morgen mittag um 12 Uhr sich die Sonne verdunkelt oder mein Feind vom Blitz getroffen werde. Dies hat BINDING gewiß nicht gemeint, denn da bei ihm der „Wille nichts anders als das kausale Moment in dem Menschen bedeutet, eine Ursache des Unmöglichen aber undenkbar ist, so giebt es kein Wollen des Unmöglichen", *Die Normen und ihre Übertretung*, Band II, S. 302. Zum Wollen bzw. Beabsichtigen des Unmöglichen siehe oben bei Fußn. 1287, anders AUDI, *Intending*, S. 387, 397 f. m. w. Nachw.

1300 Vgl. BENTHAM, *Principles of Morals and Legislation*, ch. VIII § XIII: "Now the circumstances are no objects of the intention. A man intends the act: and by his intention produces the act: but as to the circumstances, he does not intend *them*: he does not, inasmuch as they are circumstances of it, produce them." (Hervorh. im Original); ebenso KELLER, *Psychologie und Philosophie des Wollens*, S. 63 m. w. Nachw.

Sprachgebrauch so eindeutig ist wie bisweilen behauptet.[1301] Von „Absicht" ließe sich dennoch in dem Sinne sprechen, daß Umstände die *Gründe* für das Handeln des Täters abgeben,[1302] er mithin eine Handlung *in einem spezifizischen Kontext* beabsichtigt. So kann es ihm gerade darauf ankommen, daß die Sache, die er wegnehmen will, fremd ist, daß das Opfer der geplanten Vergewaltigung ein bestimmtes Alter noch nicht erreicht hat oder daß, im obigen Beispiel des Piloten A, seine Bombe Zivilisten und keine Kombattanten tötet. Denn der Täter kann nicht nur auf *vorgefundene* Umstände in bestimmter Art einwirken wollen und sein Wissen zur Ausgestaltung seines Handlungsplanes verwerten,[1303] sondern er kann darüber hinaus seine Handlung vom Vorliegen bestimmter Umstände abhängig machen oder solche Umstände aufzusuchen oder herbeizuführen – vieles, was *ad hoc* nur vorfindbar und unbeeinflußbar ist, mag durch vorausschauende Planung manipulierbar sein[1304] – trachten. Die Auffassung, nach der man Umstände nicht „wollen" kann, verkennt, daß rechtlich relevante Umstände ihre Relevanz nie isoliert von einem Täterverhalten haben, sondern immer nur als Elemente einer höherstufigen (tatbestandlichen) Handlungsbeschreibung:[1305] Ob ich ein *einzelnes* Element, einen einzelnen Umstand für sich, außerhalb eines Handlungszusammenhangs, „(herbeiführen) wollen" kann, ist uninteressant, denn ich kann stets eine Handlung „(herbeiführen) wollen", deren Beschreibung bestimmte Elemente, wie bestimmte Umstände, beinhaltet, und eine Handlung als gescheitert betrachten, der solche Umstände fehlen[1306] – und nur dies ist strafrechtlich von Belang.

Umgekehrt fragt sich, ob eine solche Abtrennung von Umständen von Folgen, die bei der getrennten Erörterung meist stillschweigend vorausgesetzt wird, überhaupt möglich ist. So ist bestritten worden, daß der Täter eine Folge ohne die zugehörige Situationsbeschreibung wollen könne; dann scheide Absicht insgesamt aus.[1307] Andere meinen, daß die als *sicher* bestehend vorgestellten Umstände von

---

1301 Z.B. von Liszt, ZStW 30 (1910), 250, 261: „Von einem ‚Wollen der Tatumstände' aber kann man nicht sprechen, ohne dem Sprachgebrauch ins Gesicht zu schlagen."

1302 Duff, *Intention, Agency, and Criminal Liability*, S. 88 f.; ähnl. von Hippel, *Die Grenze von Vorsatz und Fahrlässigkeit*, S. 18; ders., *Vorsatz, Fahrlässigkeit, Irrtum*, S. 373, 522 f.; Engisch, *Untersuchungen über Vorsatz und Fahrlässigkeit*, S. 146 f.; Cassese/Gaeta/Jones/Eser, *The Rome Statute of the International Criminal Court*, Band 1, S. 889, 908.

1303 So auch Binding, *Die Normen und ihre Übertretung*, Band II, S. 809, „aber nie verwandelt sich das Vorgewusste nun in ein Gewolltes".

1304 Bentham, *Principles of Morals and Legislation*, ch. VIII § XIII, beschränkt „Umstände" definitorisch darauf, daß sie keine Folgen der *aktuell* betrachteten Handlung sind, und eine Willensbeziehung auf das *Hervorbringen* von Folgen, so daß Umstände intentional nur als Folgen anderer vorheriger Handlungen sein können.

1305 Jakobs, *Strafrecht Allgemeiner Teil*², Tz. 8/16: „Jedoch sind die Situationsbeschreibungen überhaupt nur in Verbindung mit einer Täterhandlung Teil eines Tatbestands."

1306 Zutr. Simester & Sullivan, *Criminal Law: Theory and Doctrine*², S. 136; zum Scheitern als Kriterium des Intentionalen siehe Fußn. 978, 1372.

1307 Jakobs, *Strafrecht Allgemeiner Teil*², Tz. 8/16; LK¹¹-Schroeder, § 16 Rn. 78; ders., Festschrift Rudolphi, S. 285, 287 ff.

der Absicht umfaßt seien, denn „alle Beziehungen, in denen der Erfolg zur Umwelt steht, bilden eine Einheit, welche die Psyche nur *in toto* wollen kann, wenn auch nur eine dieser Beziehungen Motiv, die andere vielleicht überwundenes Gegenmotiv war“[1308]. ENGISCHS berechtigte Frage, ob sich die Psyche Vorschriften machen lasse über den Inhalt ihrer Absichten,[1309] kann ebenso auf ein Verständnis von Absicht als theoretischem Begriff bzw. Deutungsschema übertragen werden. Die Unterscheidung danach, ob ein Umstand als sicher oder bloß möglich vorgestellt ist, deutet auf eine derivative, zuschreibende Verwendung hin. Gewiß läßt sich bei summarischer Betrachtung sagen, eine Situation habe insgesamt auf den Täter motivierend gewirkt, obschon nicht jeder Umstand angestrebt worden sei. Ebenso ließe sich umgekehrt sagen, eine tatbestandliche Situation sei nur dann beabsichtigt, wenn jeder tatbestandsrelevante Umstand motivierend wirkt.[1310] Damit ist die anfängliche Frage aber nicht beantwortet, mag ihre Antwort auch praktisch oft unerheblich sein[1311]. Richtig ist, daß eine *gegebene* Situation, wenn er deren Umstände *ad hoc* nicht ändern kann, vom Täter als Handlungskontext nur ganz oder gar nicht akzeptiert werden kann, er seine Handlungsfolgen mithin ohne die Umstände nicht „wollen“ kann. Daraus folgt aber weder, daß die Umstände dann „mitgewollt“ wären, noch, daß nicht differenziert werden könnte, welche Merkmale angestrebt sind und welche nicht. Aus rechtlicher Sicht zwingt nichts dazu, eine Differenzierung der subjektiven Seite nach den einzelnen objektiven Merkmalen zu unterlassen; ob solche Unterscheidungen zur Kennzeichnung strafbaren Verhaltens angebracht oder sinnvoll sind, ist eine Frage der Tatbestände des Besonderen Teils.

Anzumerken ist, daß eine solche Einteilung der objektiven Merkmale, sei sie auch intuitiv zunächst plausibel und im Alltag verbreitet, dennoch als Basis rechtlicher Regeln problematisch ist. Dies wird deutlich an den vor allem im Common Law üblichen Definitionen subjektiver Merkmale *(element analysis)*, die nach der an BENTHAM[1312] anknüpfenden Klassifizierung der objektiven Merkmale nach Verhalten *(conduct)*, Umständen *(circumstances)* und Folgen *(result, consequences)* differenzieren.[1313] Das Rom-Statut hat sich in Art. 30 an diesen Vorbildern orientiert. Auffällig ist, daß diese Differenzierungen in den jeweiligen Gesetzen oder

1308 LÖFFLER, ÖZStR 2 (1911), 131, 135.

1309 ENGISCH, *Untersuchungen über Vorsatz und Fahrlässigkeit*, S. 148.

1310 ENGISCH, *Untersuchungen über Vorsatz und Fahrlässigkeit*, S. 148 f.

1311 So ENGISCH, *Untersuchungen über Vorsatz und Fahrlässigkeit*, S. 149, 174.

1312 Siehe oben Fußn. 1060 f.; ebenso SALMOND, *Jurisprudence*[7], § 128 S. 383.

1313 Vor allem Model Penal Code, § 2.02(2) (siehe auch die Nachweise der einzelstaatlichen Strafgesetze in Commentary, Fn. 4); Proposed Illinois Criminal Code, sec. 206; ähnl. LAW COMMISSION, *A Criminal Code for England and Wales*, sec. 18; australischer Criminal Code, ss. 5.2–5.5; krit. HALL, *General Principles of Criminal Law*[2], S. 176 f.; ROBINSON, *Structure and Function in Criminal Law*, S. 25 ff., 44 ff., 49 ff. m. w. Nachw.; DUFF, *Criminal Attempts*, S. 10, 12 ff.; ROBINSON & GRALL, 35 Stan.L.Rev. 681, 706 ff. (1983). *(Siehe die Tabellen auf den folgenden Seiten:)*

Model Penal Code, § 2.02(2)			
	conduct	*result*	*circumstance*
purposely	it is his conscious object to engage in conduct of that nature	it is his conscious object … to cause such a result	he is aware of the existence of such circumstances or he believes or hopes that they exist
knowingly	he is aware his conduct is of that nature	he is aware that it is practically certain that his conduct will cause such a result	he is aware … that such circumstances exist
recklessly	—	he consciously disregards a substantial and unjustifiable risk that the material element … will result from his conduct	he consciously disregards a substantial and unjustifiable risk that the material element exists
negligently	—	he should be aware of a substantial and unjustifiable risk that the material element … will result from his conduct	he should be aware of a substantial and unjustifiable risk that the material element exists

Proposed Illinois Criminal Code, sec. 206			
	conduct	*result*	*circumstance*
intentionally or with intent	if it is his conscious object to engage in such conduct, or, as the case may be, to have another engage in such conduct	if it is his conscious object to cause such result	if he hopes or believes that such circumstance exists
knowingly or with knowledge	if he is aware that he is engaging in such conduct, or, as the case may be, is aware that another is engaging or will engage in such conduct	if he is practically certain that his conduct will cause such result	if he believes there is a high probability that such circumstance exists
recklessly	if he consciously disregards a substantial and unjustifiable risk that he or another person is engaging in or will engage in such conduct	if he consciously disregards a substantial and unjustifiable risk that his conduct will cause such result	if he consciously disregards a substantial and unjustifiable risk that such circumstance exists
negligently	if he fails to be aware of a substantial and unjustifiable risk that he or another person is engaging in or will engage in such conduct	if he fails to be aware of a substantial and unjustifiable risk that his conduct will cause such result	if he fails to be aware of a substantial and unjustifiable risk that such circumstance exists

Law Commission (UK), Draft Criminal Code Bill (1989), s. 18			
	conduct	*result*	*circumstance*
intentionally	—	he acts either in order to bring it about or being aware that it will occur in the ordinary course of events	he hopes or knows that it exists or will exist
knowingly	—	—	not only when he is aware that it exists or will exist, but also when he avoids taking steps that might confirm his belief that it exists or will exist
recklessly	—	he is aware of a risk that it will occur and it is, in the circumstances known to him, unreasonable to take the risk	he is aware of a risk that it exists or will exist

Die Definitionen der *fault terms* in s. 14 in Draft Offences Against the Person Bill (Home Office 1998) geben diese Unterscheidungen auf und beziehen sich nur noch auf den Erfolg.

Law Reform Commission of Canada: Draft Criminal Code Bill (1987), cl. 2(4)			
cl. 2(4)(a)	*conduct*	*consequence*	*circumstance*
purpose	purposely	purposely	knowingly or recklessly
recklessness	purposely	recklessly	recklessly
negligence	negligently	negligently	negligently
cl. 2(4)(b)	*conduct*	*consequence*	*circumstances*
purposely	if he means to engage in such conduct ...	if he acts in order to effect that consequence; or another consequence which he knows involves that consequence	—
recklessly	—	he is conscious that such consequences will probably result or that such circumstances probably obtain	
negligently	a marked departure from the ordinary standard of reasonable care to engage in such conduct, to take the risk (conscious or otherwise) that such consequence will result, or to take the risk (conscious or otherwise) that circumstances obtain		

Entwürfen – mit einer Ausnahme[1314] – ihrerseits nicht definiert werden. Hieran zeigt sich eine begriffliche Schwierigkeit: Abstrakte Bestimmungen von Verhalten, Folgen und Umständen lassen sich gehaltvoll nicht geben, denn unterschiedliche Handlungsbeschreibungen liefern auch unterschiedliche Verhältnisse von Verhalten zu Folgen und Umständen.[1315]

Zwar sind „Körperbewegungen", strikt verstanden als autonome spatio-temporale Veränderungen einer menschlichen *massa carnis*, meistens einfach zu identifizie-

Australien: Criminal Code Act 1995, ss. 5.2–5.5			
	conduct	*result*	*circumstance*
intention	if he or she means to engage in that conduct	if he or she means to bring about it about or is aware that it will occur in the ordinary course of events	if he or she believes that it exists or will exist
knowledge	—	he or she is aware that it exists or will exist in the ordinary course of events	
recklessness	—	he or she is aware of a substantial risk that the result will occur; ...	he or she is aware of a substantial risk that the circumstance exists or will exist; ...
negligence	—	if his or her conduct involves: (a) such a great falling short of the standard of care that a reasonable person would exercise in the circumstances; and (b) such a high risk that the physical element exists or will exist; that the conduct merits criminal punishment ...	

Rom-Statut, Art. 30(2)			
	conduct	*consequence*	*circumstance*
intent	[the] person means to engage in the conduct	[the] person means to cause that consequence or is aware that it will occur in the ordinary course of events	he is aware of the existence of such circumstances or he believes or hopes that they exist
knowledge	—	awareness that a consequence will occur in the ordinary course of events	awareness that circumstance exists

[1314] Proposed Illinois Criminal Code (2003), sec. 202, oben Fußn. 1061. Ironischerweise war Paul H. Robinson, der diese Einteilungen wiederholt eingehend kritisiert hat (siehe unten Fußn. 1318, 1325), Berichterstatter der Illinois Criminal Code Rewrite and Reform Commission, die den Entwurf verfaßt hat.

[1315] Zutr. Duff, *Intention, Agency, and Criminal Liability*, S. 41; ders., *Criminal Attempts*, S. 13; krit. auch White, *Grounds of Liability*, S. 33.

ren, aber ebenso rechtlich nichtssagend. Hinzu kommt, daß sich bewußte Absichten eher selten auf einzelne Körperbewegungen beziehen, falls diese Teil einer komplexen Verrichtung sind,[1316] sondern auf diese als Sinneinheit, die ihre Bedeutung aus Bezügen zu Umständen und Folgen erhält.[1317] Das Erfordernis der Absichtlichkeit oder Willentlichkeit einer bloßen Körperbewegung reduziert sich dann weitgehend auf das der willkürlichen Körperbewegung.[1318] Soll der Begriff des Verhaltens *(conduct)* weiter sein als der der Körperbewegung, so kommt er ohne Einbeziehung von Umständen oder Folgen nicht aus.[1319] Strafrechtsnormen sind überwiegend funktionale, mittel- oder höherstufige Handlungsbeschreibungen eigen, die keine bloßen Körperbewegungen benennen und die durch eine wohldefinierte Abfolge von Körperbewegungen zu ersetzen oftmals weder praktisch sinnvoll noch abstrakt möglich ist (z.B. Autofahren). Solche funktionalen Beschreibungen verwenden vielfach – bei Erfolgsdelikten *(result crimes)* – die Verursachung eines Zustands, wie Töten, Zerstören, Verletzen usw. *Conduct* ist hier ohne *result* nicht beschreibbar.[1320] Zudem ist der Erfolg oft nur durch Umstände definiert oder qualifiziert. Formuliert man „wer einen anderen tötet“ um in „wer sich so verhält, daß der Tod eines anderen Menschen verursacht wird“,[1321] so läßt sich „eines anderen Menschen“ besser als Attribut des Erfolgs denn als bloßer Begleitumstand (wie „zur Nachtzeit“) verstehen. Bezeichnet das einfache Verb „erschießen“ ein Verhalten oder ein Verhalten (z.B. Krümmen des Abzugsfingers) plus Erfolg (Tod eines Menschen) plus Umstand (Verwendung einer Schußwaffe)? Überdies sind Folgen an sich selbst Umstände.[1322] Dennoch kann man Umstände von Folgen danach un-

---

1316 Siehe unten Text bei Fußn. 1329.

1317 DUFF, *Acting, Trying, and Criminal Liability*, S. 75, 83; DERS., *Criminal Attempts*, S. 310.

1318 ROBINSON, *Structure and Function in Criminal Law*, S. 26 f., 52; DERS., *Should the Criminal Law Abandon the* Actus Reus-Mens Rea *Distinction?*, S. 187, 204. Dies mag erklären, daß in den obigen Regelungen – außer im Proposed Illinois Criminal Code – Definitionen für *negligent* und *reckless conduct* fehlen; zwar ist nicht jede Körperbewegung in jeder Hinsicht bewußt gesteuert, aber unbewußte oder bewußte Fahrlässigkeit ist ohne Bezug auf Umstände und Erfolge kaum sinnvoll darstellbar.

Wie die Definitionen im Entwurf für Illinois, der unter der Federführung von ROBINSON entstand, genau zu verstehen sind, erläutert der offizielle Kommentar zu sec. 206(3)(a), (4)(a) nicht. Proposed Illinois Criminal Code sec. 202(3)(a) definiert “conduct” als “act” bzw. Unterlassung, und “act” ist gem. sec. 204(4) “a bodily movement, whether voluntary or involuntary”.

1319 HALL, *General Principles of Criminal Law*[2], S. 176 f.; WHITE, *Grounds of Liability*, S. 33 f.

1320 Ein Beispiel dafür liefert der Streit, ob in Art. 6(a) Rom-Statut (Völkermord) das Merkmal “killing” ein Verhalten *(conduct)*, so CLARK, 12 Crim.L.F. 291, 325 (2001); ARNOLD, 14 Crim. L.F. 127, 128 f. (2003), oder (ein Verhalten plus) einen Erfolg *(consequence)* beschreibt, vgl. CLARK, *ibid*. Mitunter wird dann die Zerstörung der geschützten Gruppe als „Erfolg“ angesehen, der freilich nur angestrebt werden muß, ARNOLD, *ibid.*

1321 Ebenso ROBINSON, *Structure and Function in Criminal Law*, S. 25.

1322 Daß z.B. die Definition in Proposed Illinois Criminal Code (2003), s. 202(2)(b), (c) von “result” als kausierte Folge und “circumstance” als alles, was nicht “result” (oder “conduct” = “act”) ist, unzureichend ist, wird in dem Entwurf selbst anerkannt, indem in der *aberratio ictus*-Regeterscheiden, ob der Handelnde sie ändert oder ändern kann;[1323] Folgen sind dann diejenigen Umstände, die der Handelnde durch die Tat verändert. Hier begegnet zumeist die oben dargestellte Ansicht, solche vorgefundenen Umstände könnten nicht beabsichtigt werden, so daß die Absichtsdefinitionen in bezug auf *circumstances* oftmals, wie bei Bentham, mit denen der Wissentlichkeit übereinstimmen oder allenfalls ein Wünschen („Hoffen") für möglich halten.[1324]

Angesichts der Relativität dieser objektiven Einteilung bleiben Zweifel, ob eine solche Differenzierung subjektiver Merkmale im Allgemeinen Teil vonnöten ist und nicht besser, falls erforderlich, im jeweiligen Tatbestand des Besonderen Teils vorgenommen würde. Abgesehen von der Asymmetrie im Model Penal Code und manchen positiven Regelungen ergibt sich, wenn der Tatbestand nur ein pauschales Merkmal wie "intentionally" anordnet oder durch eine Generalnorm des Allgemeinen Teils erhält, die Schwierigkeit, die einzelnen Tatbestandsmerkmale einzuordnen, um das passende subjektive Erfordernis zu ermitteln,[1325] obwohl sich dadurch sachliche Unterschiede kaum ergeben mögen. Gehört im obigen Beispiel des Piloten A beim Tatbestand des Art. 8(2)(b)(i), (ii) Rom-Statut: "directing attacks against the civilian population/civilian objects" der Angriff zum Erfolg oder zum Verhalten? Ist "civilian" eine Eigenschaft des Verhaltens, des Erfolgs oder ein sonstiger Umstand? Ist in Art. 8(2)(a)(v) Rom-Statut ("compelling a prisoner of war ... to serve in the forces of a hostile power") "compelling" ein reines Verhaltenselement oder impliziert es nicht den Umstand, daß gegen den Willen des Betroffenen gehandelt wird? Die Beantwortung dieser Fragen gehört freilich zur Interpretation der jeweiligen Tatbestände.

Insgesamt ist diese reduktive Analyse von Straftaten durch Aufspaltung des physischen Requisitariums, die in Einzelfällen und zu Beweiszwecken bisweilen nötig sein mag, wenig erhellend und als durchgehende Praxis der Mühe wohl kaum wert,[1326] weil damit der Sinnzusammenhang der Tatbestände zerrissen wird,[1327] erst recht, wenn die differenzierende Analyse durch Summenregeln wieder nivel-

---

lung in sec. 303 "consequence" als Oberbegriff für Folge und Umstände benutzt wird (sec. 303(2): "Definition. 'Consequence' means a result element of an offense and the attendant circumstance elements that characterize the result."), weil sich "result" und "circumstance" oft nicht klar unterscheiden ließen, *Final Report of the Illinois Criminal Code Rewrite and Reform Commission*, vol. 2, S. 54 (möglicherweise Paul Robinsons Rache?).

1323 Duff, *Intention, Agency, and Criminal Liability*, S. 42; Robinson, *Structure and Function in Criminal Law*, S. 26.

1324 Siehe oben Fußn. 1313.

1325 Beispiele bei Robinson, *Structure and Function in Criminal Law*, S. 49 ff.

1326 Die vollständige Durchführung dieser Differenzierung in Proposed Illinois Criminal Code, sec. 206 (oben Fußn. 1313), mit ihren nur minimalen Variationen für *conduct/result/circumstance* dürfte auch ihre Überflüssigkeit deutlich machen, da kein nennenswerter Gewinn an definitorischer Präzision erzielt wird.

1327 Zutr. Duff, *Acting, Trying, and Criminal Liability*, S. 75, 104 f.

liert wird[1328]. Das richtige Anliegen, eine möglichst präzise Fassung der subjektiven Merkmale in Relation zu den objektiven Merkmalen zu ermöglichen, läßt sich nur bei der Betrachtung der einzelnen Tatbestände je für sich verfolgen.

dd) Umfang des Gewollten

Wer annimmt, bewußte Willentlichkeit begründe Zurechenbarkeit erst, oder sie qualifiziere jedenfalls das Maß der Verantwortlichkeit, gelangt unweigerlich zu der traditionsreichen Frage nach dem Umfang der Willentlichkeit einer gegebenen Handlung (einschließlich ihrer Folgen und Umstände).

(1)(α) Problematisch sind hier zum einen die alltagspsychologischen Evidenzen, daß z.B. Routinehandlungen und Bestandteile komplexer Verrichtungen (d.h. solcher, die aus mehreren Bewegungssequenzen bestehen) nicht bzw. nicht im einzelnen durch bewußte Willenszustände gekennzeichnet sind und auch nicht so erlebt, jedoch ebensowenig als ungewollt angesehen werden.[1329] Hier besteht ein Zusammenhang mit dem Auflösungsgrad der Handlungsbeschreibung: Wird unter einer grobkörnigen Beschreibung ein komplexes Geschehen als „gewollt“ oder „absichtlich“ bezeichnet, so läßt sich dies unter einer feinkörnigen Beschreibung, die die Handlung beispielsweise in eine Vielzahl routinierter einzelner Körperbewegungen auflöst, oftmals nicht mehr für jeden Bestandteil reklamieren, wie sich an harmlosen Beispielen des Schuhezubindens oder Aufführens eines Musikstücks aber auch an strafrechtlich potentiell relevanten Vorgängen des Waffeneinsatzes wie im obigen Beispiel des Einsatzes eines Kampfflugzeugs zeigt. Ansichten, die bewußte „Willensakte“, Entschlüsse oder sonstige bewußte Willenszustände als Bedingung für Willenshandlungen fordern, kommen ohne zusätzliche Kriterien hier nicht aus.

(β) Umgekehrt gibt es Handlungen, die zwar von einem bewußten Wollen getragen sind, jedoch motiviert sind von einer übergeordneten, aber temporär unbewußten Absicht. Dies entspricht weniger der oben[1330] erwähnten Unterscheidung von Handlungsabsicht und weiterer Absicht im Sinne Searles, obwohl gewiß auch kurzfristige Absichten vorübergehend aktuell unbewußt sein können,[1331] sondern eher dem Verständnis der Absicht als übergreifendem, längerfristigen Planungsrahmen im Sinne Bratmans[1332] sowie der Annahme im psychologischen Handlungsphasen-Modell, daß Zielintentionen nicht bewußt erlebt werden müssen, da vor allem höherstufige Zielintentionen („Lebensthemen“), z.B. Berufsausbildung, Studium, lange Zeit überdauern und sich in erneuten Handlungsinitiierungen, die

---

1328 So gilt gem. Model Penal Code § 2.02(10) die geringste für irgendein Merkmal vorliegende Schuldstufe *(kind of culpability)* als maßgebend für die Einstufung der Straftat *insgesamt*.

1329 Siehe nur Seebass, *Wollen*, S. 187, 197 f.; O'Shaughnessy, *The Will*, vol. 2, S. 58 ff., zu “sub-intentional acts”. Searle erfaßt diese Fälle mit dem Begriff der „Handlungsabsicht“, oben Fußn. 975.

1330 Oben Fußn. 975.

1331 So die Beispiele des Spazierengehens oder Im-Gras-Liegens bei Seebass, *Wollen*, S. 201 f.

1332 Siehe oben bei Fußn. 981; auch Seebass, *Wollen*, S. 201 f.

aufgrund einer momentanen „Passungsprüfung“ geschehen, aktualisieren können[1333]. „Absicht“ bezeichnet in solchen Fällen keinen aktuellen mentalen Zustand, sondern allenfalls einen aktualisierbaren, wenn der Handelnde auf Nachfrage seine übergeordnete Absicht als Begründung angäbe, oder ein Erklärungsmuster aus der Perspektive einer dritten Person. Im strafrechtlichen Kontext können solche Konstellationen begegnen bei wiederholten oder komplexen Handlungen, die eine bestimmte Absicht aufweisen müssen, z.B. Völkermord (“with intent to destroy”).

(2) Desweiteren stellt sich bei folgekomplexen Handlungen die Frage, welche der durch die bewußt willentlich ausgeführte Tätigkeit einmal ausgelösten Folgen als willentlich ausgewiesen werden können. Mehrere Situationen sind zu unterscheiden:

(α) **Endzweck und Mittel.** Versteht man Absicht in dem Sinne, daß der Täter eine Folge *anstrebt*, so läßt sich, wie zuvor erwähnt, differenzieren zwischen dem Endziel und den zu seiner Erreichung aus Tätersicht notwendigen Mitteln. In einem engen Verständnis, oft gepaart mit einem starken Begriff des Wünschens, würde sich eine Absicht nur auf einen – tatbestandsrelevanten, der freilich instrumental zum ultimativen Ziel des Lebensglücks sein mag – Endzweck, der um seiner selbst willen angestrebt wird (*finis ultimus,*[1334] *ultimately intentional*[1335]), beziehen und mit Termini wie Motiv[1336] oder Beweggrund[1337] (im Fall *Steane*, die Familie zu retten, aber nicht, dem Feind zu helfen), regelmäßig als Ursache[1338] der Handlung verstanden, zusammenfallen.[1339] Die Auslegung eines Tatbestandes kann ergeben, daß ein solch enger Absichtsbegriff angebracht ist (dazu unten 1.a)ee)). In einem weiteren Sinne wird Absicht, wie schon zuvor, bezogen auch auf die Folgen, die um der Erreichung eines weiteren Ziels halber angestrebt werden (direkt als Mittel gewollt/beabsichtigt, *finis medius,*[1340] *mediately intentional,*[1341] Mittelzwecke, Hauptfolgen[1342]), weil sie aus Sicht des Täters dazu notwendig sind gleichsam als Durchgangsstationen einer projektierten Kausalkette, entsprechend Benthams *direct or lineal intention*[1343]. Solche instrumentalen Hauptfolgen sind nur in einem schwachen und derivativen Sinne „gewollt“ und „gewünscht“.

1333 Siehe oben bei Fußn. 612.

1334 Prümmer, *Manuale theologiae moralis*, tomus I, n. 18.

1335 Bentham, *Principles of Morals and Legislation*, ch. VIII § VII.

1336 Zu *motivational potential* als Kennzeichen von Absichten siehe nur Bratman, *Intention, Plans, and Practical Reason*, S. 119 ff.

1337 So von Liszt/Schmidt, *Lehrbuch des Deutschen Strafrechts*[26], § 39 II. 3. a), S. 260 f., freilich mit vager Umschreibung, die alles, was der Handelnde „bezweckt, begehrt, erstrebt“, zum „Beweggrund“ zählt.

1338 Vgl. Engisch, *Untersuchungen über Vorsatz und Fahrlässigkeit*, S. 142.

1339 Vgl. Engisch, *Untersuchungen über Vorsatz und Fahrlässigkeit*, S. 143, auch S. 144 ff.

1340 Prümmer, *Manuale theologiae moralis*, tomus I, n. 18.

1341 Bentham, *Principles of Morals and Legislation*, ch. VIII § VII.

1342 So schon von Weber, NArchCrimR 7 (1825), 549, 559 f., der dies zutr. für den „gewöhnlicheren Fall“ hält; weiterf. Engisch, *Untersuchungen über Vorsatz und Fahrlässigkeit*, S. 144 ff.

1343 Bentham, *Principles of Morals and Legislation*, ch. VIII § VI.

Mit solchen notwendigen Mitteln sicher oder gar notwendig verbundene Konsequenzen, die ihrerseits nicht zur Zweckerreichung notwendig sind oder vielleicht auch gar nichts beitragen und nicht selbständig um ihrer selbst willen angestrebt werden – der Täter kann mehrere Ziele zugleich verfolgen (unten γ) –, sind demnach Nebenfolgen und nicht derivativ von der Absicht umfaßt, mögen sie willkommen oder unerwünscht sein.[1344] Zur Abgrenzung kann die Frage dienen, ob der Täter sein Tun ohne Eintreten einer bestimmten Folge als *gescheitert* ansieht, dazu unten (ε).

(β) **Reichweite der Absicht oder des Willens bei direkten Folgen.** Eine bewußt willentliche Handlung zieht prinzipiell eine unbegrenzte Kausalkette nach sich.[1345] Wird Absicht als Zielgerichtetheit verstanden, so begrenzt die letzte angestrebte Folge die absichtliche Handlung in der Zeit (intentionales Abbruchkriterium[1346]). Auch vom Handelnden als sicher oder notwendig vorhergesehene weitere Folgen sind in diesem *deskriptiven* Sinne nicht „gewollt“ oder „beabsichtigt“.[1347]

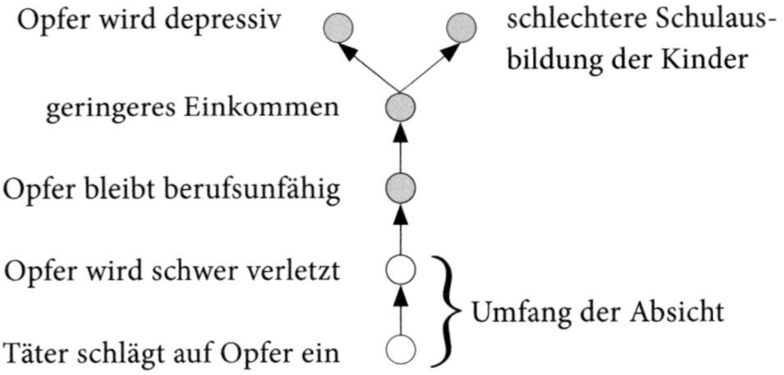

Fügt der Täter dem Opfer absichtlich schwere Verletzungen zu, etwa aus Rache, so sind die nachfolgende Berufsunfähigkeit des Opfers, Mindereinkommen der Familie nebst schlechterer Ausbildung der Kinder usw. nicht beabsichtigt, wenn es dem Täter darauf nicht ankam, obgleich er dies zutreffend vorausgesehen hätte, vgl. auch das obige Beispiel Searles.[1348] Was der Täter beabsichtigt hat, ist dann eine tatsächliche Frage, sei es nach einem mentalen Zustand, sei es nach der passenden Handlungsbeschreibung. Allerdings ist der Sprachgebrauch bei antezipierten notwendi-

---

[1344] Vgl. Löffler, ÖZStR 2 (1911), 131, 139; Engisch, *Untersuchungen über Vorsatz und Fahrlässigkeit*, S. 146, 149 f.; Welzel, NJW 1962, 20, 21 f.; Jakobs, *Strafrecht Allgemeiner Teil*², Tz. 8/15. Anders von Hippel, *Vorsatz, Fahrlässigkeit, Irrtum*, S. 373, 494 f.

[1345] Dies gilt unabhängig davon, ob man die willentliche Handlung indeterministisch als *prima causa* oder *causa sui* oder deterministisch als Glied in einer (auch vorausgehend) unbegrenzten Kausalreihe bzw. eines kausalen Felds ansieht. Die strafrechtliche Zurechnung behandelt den Akteur im Normalfall als Zurechnungsendpunkt, anders gewendet: als Beginn einer unter Zurechnungsgesichtspunkten betrachteten Kausalreihe. Insofern der Akteur als verantwortlich angesehen wird, sind vorausgehende Kausalfaktoren uninteressant.

[1346] Siehe oben bei Fußn. 974.

[1347] Vgl. Bentham, *Principles of Morals and Legislation*, ch. VIII § XII. Siehe aber unten bei Fußn. 1377 ff., 1391 ff.

[1348] Siehe oben bei Fußn. 983.

gen oder sicheren Folgen schwankend, im Deutschen[1349] weniger bei „beabsichtigen" als bei „wollen", insoweit dem Täter, der in Voraussicht bestimmter Konsequenzen handelt, mitunter vorgehalten wird, er habe alle diese auch „gewollt". Darauf wird bei der Betrachtung der Nebenfolgen (unten (ε)) näher eingegagen.

Zu klären ist noch, ob alle (vorgestellten) Ereignisse, die zur Zielerreichung führen, auch als gewollt bzw. beabsichtigt gelten können. Zuvor (1.a) wurde angenommen, daß alle zur Zielerreichung als *notwendig* vorgestellten Mittel, die zusammen eine monothematische Zielstruktur bilden, als von der direkten Absicht i.w.S. umfaßt angesehen werden können. Die Frage stellt sich erneut, wenn der Täter eine Handlung durchführt, die mehrere Folgen haben kann, die aber nicht alle zur Zielerreichung notwendig, wenn auch hinreichend sind. Hier läßt sich zwischen der beabsichtigten Tätigkeit (Körperbewegungen) und deren Konsequenzen unterscheiden: Daß die Tätigkeit beabsichtigt ist, impliziert nicht, daß jedwede Folge ebenfalls beabsichtigt ist. Als beabsichtigt kann hier auch nur die als notwendiges Mittel avisierte, nicht jede vorhergesehene hinreichende Folge (es sei denn, diese wird zum eigenständigen Ziel erhoben, so daß eine polythematische Zielstruktur vorliegt) bezeichnet werden. Es ist dann die präzise gefaßte finale Beziehung, die den Absichtsbegriff referentiell opak macht.[1350] Beispielhaft: Dem Täter kann aus seiner Sicht die beabsichtigte Flucht nur gelingen, wenn er den Polizeibeamten, der sich ihm in den Weg stellt, kampf- bzw. verfolgungsunfähig macht, indem er ihm in das Bein schießt. Stirbt der Verfolger an der Wunde, womit der Täter gerechnet hatte, so ist der Tod gleichwohl nicht beabsichtigt, wenn ihm die Bewegungsunfähigkeit des Verfolgers genügt hatte (und er den Tod des Verfolgers nicht um seiner selbst anstrebte).[1351]

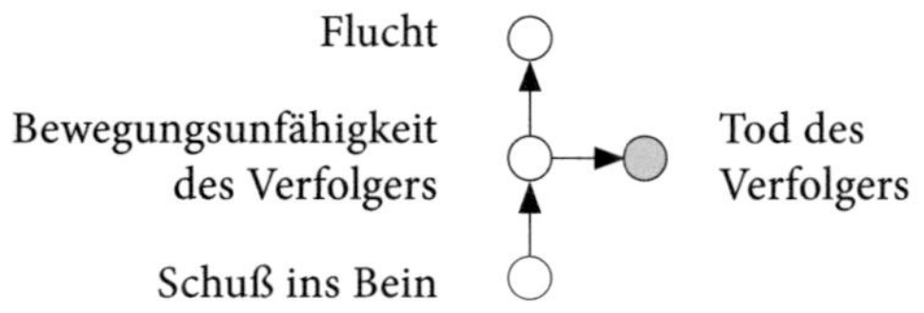

Die nächste Frage, ob jeder tatsächliche Geschehenslablauf, der zum projektierten Endziel führt, als gewollt/beabsichtigt verstanden werden kann, betrifft den Auflösungsgrad der Beschreibung der einzelnen Mittelzwecke aus Tätersicht und deren Kongruenz mit dem realen Ablauf – so mögen einzelne Zwischenziele nicht

1349 Die sprachlichen Unklarheiten bei der Unterscheidung zwischen Beabsichtigen und Wollen liegen z.B. im Englischen etwas anders, wo "to intend" und "to want" nebst den Ausdrücken "intended" und "intentional(ly)" eher mehr als weniger Unschärfen und Bedeutungsschattierungen zulassen.

1350 Im nachstehenden Beispiel sind die Beschreibungen „Verursachen der Bewegungsunfähigkeit des Verfolgers" und „Verursachen des Todes des Verfolgers" beide wahr für den Schuß ins Bein, nur erstere ließe sich aber als Gegenstand der Absicht einsetzen.

1351 Beispiel nach LÖFFLER, ÖZStR 2 (1911), 131, 141, und JAKOBS, *Strafrecht Allgemeiner Teil*[2], Tz. 8/9 m. w. Nachw.; allg. ebenso MAYER, *Die schuldhafte Handlung*, S. 162 ff.; SALMOND, *Jurisprudence*[12], § 89, S. 368 f.; undifferenziert STEPHEN, *A History of the Criminal Law of England*, vol. II, S. 111 f.

von der Absicht umfaßt sein,[1352] der Kausalverlauf stellenweise vom geplanten abweichen. Hierauf wird unten (6.e)aa), 7.a)) eingegangen.

(γ) **Mehrheit von direkten Folgen.** Von den mehreren Folgen einer folgekomplexen Handlung kann es dem Akteur nur auf eine einzige um ihrer selbst willen ankommen in dem Sinne, daß er nur aus diesem einen Grund *(exclusively intentional*[1353]*)* handelt. Der Handelnde kann aber auch mehrere Ziele anstreben bzw. aus mehreren Gründen ein und dieselbe Handlung *(inexclusively or concurrently intentional)* unternehmen. Er kann diese Ziele kumulativ anstreben (*conjunctively*[1354]) oder alternativ, wenn er entweder die eine oder die andere Folge will, aber nicht beide *(disjunctively)*, wobei er eine Folge vorziehen mag oder nicht *(finis principalis sive primarius–secundarius*;[1355] *with or without preference*[1356]*)*, schließlich mag es ihm gleichgültig sein, welche der Folgen eintritt oder ob alle zusammen eintreten *(indiscriminate intent*[1357], vgl. *dolus indeterminatus, dol indéterminé)*. Möglich und praktisch häufig bei impulsivem Verhalten ist natürlich auch, daß der Handelnde keine detaillierte Vorstellung von den Folgen hat, z.B. schlägt, um Schmerzen zuzufügen, ohne sich die Art der möglichen Verletzungen näher vorzustellen *(dol imprécis)*.

(δ) **Bedingungen.** Der Handelnde kann ein Ziel unqualifiziert, unbedingt anstreben. Sein Wollen, seine Absicht wird dann faktisch motivational wirksam, die geplanten Handlungen oder Unterlassungen plangemäß jetzt oder zu einem definierten späteren Zeitpunkt vorzunehmen. Dieser Zustand kann als „unbedingter Handlungsentschluß“, „unbedingtes Wollen“ o.ä. bezeichnet werden.

Er kann sein Handeln ebenso von künftigen Bedingungen abhängig machen. Seine Absicht ist dann gegenwärtig faktisch noch nicht motivational wirksam, er ist aber disponiert, bei Bedingungseintritt plangemäß zu handeln.[1358] Dies kann „bedingter Handlungsentschluß“, „bedingtes Wollen“ usw. genannt werden.

Davon zu unterscheiden ist Handeln in Ungewißheit: Jemand agiert, um eine Folge zu erreichen, obwohl er nicht weiß, ob die nötigen Realisierungsbedingungen vorliegen.[1359] Diese Ungewißheit kann sowohl die Tauglichkeit der Handlung als Mittel (ungewisse Wirksamkeit eines Abtreibungsmittels bei gewisser Schwan-

---

1352 Vgl. Bentham, *Principles of Morals and Legislation*, ch. VIII § IV.

1353 Bentham, *Principles of Morals and Legislation*, ch. VIII § VIII.

1354 Bentham, *Principles of Morals and Legislation*, ch. VIII § IX.

1355 Prümmer, *Manuale theologiae moralis*, tomus I, n. 17.

1356 Bentham, *Principles of Morals and Legislation*, ch. VIII § X.

1357 Bentham, *Principles of Morals and Legislation*, ch. VIII § IX.

1358 Dies entspricht der Unterscheidung M1 und M2 bei Seebass, *Wollen*, S. 150 ff., siehe oben Fußn. 1134.

1359 Dies entspricht der Situation E2 bei Seebass, *Wollen*, S. 153 f., siehe oben Fußn. 1134. Unser Akteur verzichtet aber, aus welchen Gründen auch immer (vielleicht notgedrungen), auf Überlegungen über die Realisierungsbedingungen, sondern handelt „auf gut Glück“, „ins Blaue“ hinein, auf Verdacht, vorsorglich, für den Fall, daß es nützt etc., um auf diese Weise Gewißheit herzustellen.

gerschaft) als auch die Existenz des Ziels (z.B. gewisse Wirksamkeit eines Abtreibungsmittels bei ungewisser Schwangerschaft) sowie beide (ungewisse Wirksamkeit eines Abtreibungsmittels bei ungewisser Schwangerschaft) betreffen. Bei rationalem Verhalten wird er sie wenigstens für möglich halten. Dies ist ein Fall unbedingten Handlungsentschlusses oder Wollens, nur unter epistemischer Ungewißheit, aber oft auch mit dem (zusätzlichen) Ziel, Gewißheit zu erlangen. Genauer handelt es um Situationen, in denen ein eindeutiges Endziel (im Beispiel: gewiß kein Kind zu gebären) besteht, aber Ungewißheit herrscht, welches oder welche Mittel notwendig sind, einschließlich dessen, ob überhaupt eine Aktivität erforderlich ist. Es werden daher disjunktive Zwischenziele verfolgt. Die Rede vom „bedingten Willensinhalt"[1360] ist ebenso zutreffend wie unnötig, weil zu Mißverständnissen einladend, schließlich ist Bedingung für jede rational zielgerichtete Verhaltensweise, daß sie zur Zielerreichung taugt, wozu gehört, daß das Ziel überhaupt erreicht werden kann.

Weiterhin zu unterscheiden ist die Rede von *dolus eventualis*, „bedingtem Vorsatz"[1361] in dem Sinne, daß der Täter eine Nebenfolge „für den Fall ihres Eintritts" will. Die ursprüngliche, auf BÖHMER zurückgehende Formulierung war, daß der Täter einen Erfolg *eventualiter* will, indem er *in eventum* seines Eintretens diesem zustimmt *(consentit)*.[1362] Die Ausdehnung des Wollensbegriffes auf Nebenfolgen, ggf. mit Hilfe von Kriterien wie Zustimmen usw., wird unter (ε) erörtert. Die Frage hier ist, ob eine Folge bedingt „für den Fall ihres Eintritts" gewollt werden kann, wie es beispielweise die deutsche Rechtsprechung jahrzehntelang formulierte.[1363] Die gewollten Folgen sind im Strafrecht typischerweise Ereignisse (seltener die Möglichkeit eines Ereignisses, d.h. die Gefahr, das Risiko seines Eintritts). Der Handelnde will ein Ereignis um seiner selbst willen oder als Mittel, das zu einem weiteren Ereignis führt. „Ereignis" meint dabei eine partikuläre Veränderung in der Außenwelt *(event-token)*.[1364] Der Akteur will mithin den *Eintritt eines Ereignisses* herbeiführen. Den Eintritt eines Ereignisses herbeiführen zu wollen, falls dieses Ereignis eintritt, ist unsinnig.[1365] Sollte dies ausdrücken, daß die Folge nicht gewollt ist, wenn sie nicht eintritt, so läge *bedingtes Wollen* vor, d.h. der Akteur machte seinen Handlungsentschluß von einer künftigen Bedingung abhängig; erst wenn das Ereignis eingetreten oder (endgültig?) nicht eingetreten ist (als Folge welcher

---

1360 So LÖFFLER, ÖZStR 2 (1911), 131, 141, von dem auch das Beispiel entlehnt ist.

1361 Krit. zur Terminologie m. zahlr. Nachw. SCHULTZ, Festschrift Spendel, S. 303 ff., 315.

1362 Siehe unten Fußn. 1392.

1363 Z.B. RGSt 33, 4, 5 f; 46, 227, 231; 59, 2, 3; 67, 424, 426; 72, 36, 43; 76, 112, 114; BGHSt 7, 363, 369; w. Nachw. und Kritik bei NK-StGB-PUPPE, § 15 Rn. 24 f. Vgl. VON BURI, *Über Causalität und deren Verantwortung*, S. 32.

1364 Diese mehr als unscharfe Umschreibung kann hier genügen. Mit der Rede von „Ereignissen" begibt man sich freilich auf philosophischen Treibsand, was ihre Definition und Individuation angeht, vgl. nur DAVIDSON, *The Individuation of Events*, S. 163 ff.; DERS., *Events as Particulars*, S. 181 ff.; sowie BENNETT, *Events and their Names*, durchgehend.

1365 Zutr. VON HIPPEL, *Die Grenze von Vorsatz und Fahrlässigkeit*, S. 93 f.; DERS., *Vorsatz, Fahrlässigkeit, Irrtum*, S. 373, 498; NK-StGB-PUPPE, § 15 Rn. 25.

Handlung?), würde er sich zur Herbeiführung oder Nicht-Herbeiführung (der schon eingetretenen/ausgebliebenen Folge?) entschließen – offenkundig eine wegen Selbstbezüglichkeit unsinnige Deutung. Zuvor wäre das Ereignis weder gewollt noch nicht gewollt, das etwaige spätere Wollen aber wegen des Erfordernisses zeitlicher Koinzidenz mit der ereigniskausalen Handlung als *dolus subsequens* irrelevant. Eine Folge „für den Fall ihres Eintritts zu wollen“ kann allenfalls meinen,[1366] ihren Eintritt zustimmend zur Kenntnis zu nehmen, zu begrüßen, hinzunehmen usw.

Eine Deutung als alternativer (disjunktiver) Wille[1367] setzt bei Nebenfolgen *voraus*, daß der Eintritt eines weder um seiner selbst willen noch als Mittel angestrebten Ereignisses überhaupt als gewollt bezeichnet werden kann; die Alternativität allein kann dies nicht begründen. Von disjunktiv gewollten Hauptfolgen ist trivialerweise stets auch die gewollt, die eingetreten ist, aber nicht, *weil* sie eingetreten ist.[1368]

(ε) **Nebenfolgen.**[1369] Als „Nebenfolgen“[1370] *(side effects, by-products)* wurden zuvor schon solche Folgen einer Handlung bezeichnet, die weder um ihrer selbst willen noch als Mittel zur Erreichung eines weiteren Zwecks angestrebt werden. Sie sind weder selbständige noch abhängige *Gründe* des Handelns.

Eine Unterscheidung von Haupt- und Nebenfolgen bedingt freilich, daß eine Theorie zur Individuation von Absichten und Ereignissen existiert und somit eine Entscheidung über das maßgebliche Beschreibungsniveau des Absichtsinhalts, d.h.

1366 Auch als bedingtes „Wünschen“ kann die Formulierung nicht gedeutet werden, denn optativische Einstellungen (zu denen auch „Wollen“ gehört) setzen nun einmal eine vorgehende negative Realitätsauffassung voraus; bei erfüllten Wünschen fallen Realität und Wunschobjekt in eins. Ein Wunsch, der nur als erfüllter Wunsch in Erscheinung tritt (d.h. „es möge der Fall sein, daß p“ nur wenn „p“ und „es möge der Fall sein, daß nicht p“ wenn „nicht-p“), verdient seinen Namen nicht. Terminologie nach Seebass, *Wollen*, S. 108 ff.

1367 So Feuerbach/Mittermaier, *Lehrbuch des gemeinen in Deutschland gültigen peinlichen Rechts*[13], § 59 Anm. a); dazu NK-StGB-Puppe, § 15 Rn. 24.

1368 Bei Hauptfolgen ist es möglich, wenn auch strafrechtlich kaum praktisch, daß sich der Wille alternativ auf den Eintritt oder Nichteintritt eines bestimmten Ereignisses bezieht, so immer dann, wenn das weitere Ziel der Handlung ist, herauszufinden, ob ein Ereignis eintritt. Beispielhaft: Wer wissen will, ob eine Leitung Strom führt (Endziel), hält ein Prüfgerät daran, um ein Ereignis (Aufleuchten der Prüflampe) oder dessen Ausbleiben (Prüflampe leuchtet nicht) als exklusiv disjunktive Zwischenziele herbeizuführen. Oder: Werfen einer Münze, um eine Entscheidung herbeizuführen. Die Tatsache, daß die *Aussage* (die Prüflampe leuchtet *oder* sie leuchtet nicht) tautologisch und damit inhaltslos ist („Ich weiß z.B. nichts über das Wetter, wenn ich weiß, daß es regnet oder nicht regnet.“, Wittgenstein, *Tractatus logico-philosophicus*, 4.461), besagt entgegen NK-StGB-Puppe, § 15 Rn. 24, nichts dafür, *was Inhalt des Willens sein kann*, der allenfalls (psychologisch durchaus nicht) durch den Satz des Widerspruchs begrenzt wird (so daß ein kumulativer Wille in den Beispielen ausgeschlossen wäre): „Ich will ($a \vee \neg a$)“ ist genausowenig eine Aussage über ($a \vee \neg a$) wie „ich will wissen, ob ($a \vee \neg a$)“. Überdies haben das Objekt des Willens und ein Satz über den Willen mit diesem Objekt verschiedene logische Eigenschaften.

1369 Zur philosophischen Debatte siehe nur Bratman, *Intention, Plans, and Practical Reason*, S. 139 ff. m. w. Nachw.

1370 Der deutsche Terminus geht wohl auf Welzel, *Das Deutsche Strafrecht*[11], § 8 I.1.a)γ), S. 34 f., § 13 I.2.c), S. 67 f. zurück, siehe nur Jakobs, *Strafrecht Allgemeiner Teil*[2], Tz. 8/7 ff. Etwas abw. Oehler, NJW 1966, 1633, 1634; jüngst Mahl, *Der strafrechtliche Absichtsbegriff*, S. 10 ff.

dessen „Körnigkeit“, getroffen werden kann.[1371] Stillschweigend vorausgesetzt wird offenbar ein weder vollständig transparentes noch vollständig opakes Verständnis intentionaler Haltungen sowie die Relevanz der Selbstbeschreibung des Akteurs. Wie bei komplexen Verrichtungen wird auch bei komplexen Folgen als heuristisches Unterscheidungsmerkmal vorgeschlagen, alle diejenigen Folgen als Hauptfolgen zur Willentlichkeit zu rechnen, deren Ausbleiben der Handelnde in bewußter Stellungnahme als *Scheitern* der Handlung ansehen würde.[1372]

Zur Illustration sei das obige Beispiel des Piloten A abgewandelt:

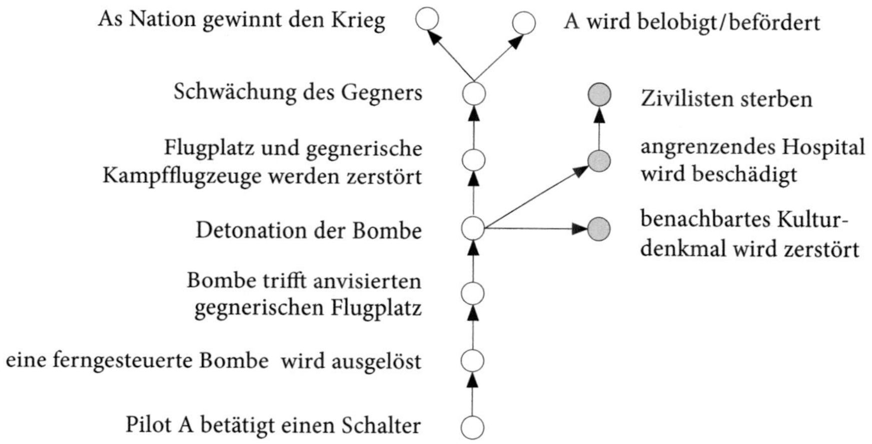

A bombardiert absichtlich das militärische Ziel eines feindliches Flugplatzes, wobei er erkennt, daß dabei auch zivile Objekte getroffen und Zivilisten verletzt und getötet werden, worauf es ihm aber nicht ankommt. Seine Handlung hielte er für gescheitert, wenn er das militärische Ziel verfehlt, nicht, wenn zivile Opfer ausbleiben. Ob A hiermit ein Kriegsverbrechen begangen hat, kann an dieser Stelle dahinstehen.

Wenn die Zurechenbarkeit von Nebenfolgen, die *per definitionem* nicht „beabsichtigt“, „gewollt“ i.S. von angestrebt wurden, gleichwohl an eine Willensbeziehung geknüpft werden soll, so bieten sich mehrere Konstruktionswege einer solchen „impliziten und indirekten Willensbeteiligung“[1373] an:

1371 Zutr. MOORE, *Intentions and* Mens Rea, S. 245, 248 f.

1372 SEARLE, *Intentionalität*, S. 130; DUFF, *Intention, Agency, and Criminal Liability*, S. 61; DERS., *Criminal Attempts*, S. 301; JAKOBS, *Strafrecht Allgemeiner Teil*^{2}, Tz. 8/15 bei Fn. 29a; ähnl. SEEBASS, *Wollen*, S. 197 f.; FINNIS, 2 Phil. & Pub.Aff. 117, 137 (1973); FRIED, 5 J. Legal Stud. 165, 185 (1975). Krit. SIMESTER, 11 Law & Phil. 235, 256 ff. (1992). KATZ, *Bad Acts and Guilty Minds*, S. 186 f. hält die Unterscheidung zwischen Mittel und Nebenfolge für unsicher, weil sie von der nicht sicher bestimmbaren Antwort auf die kontrafaktische Frage, ob der Täter anders gehandelt hätte, wenn er das fragliche Ereignis nicht vorausgesehen hätte, abhänge; ähnl. BENNETT, '*Whatever the Consequences*', 26 Analysis 83, 86 f. (1966); THOMSON, 2 Phil. & Pub.Aff. 146, 150 f. (1973).

1373 Terminologie nach SEEBASS, *Wollen*, S. 196 ff.

— Nebenfolgen hängen von gewolltem Verhalten ab. Diese Beziehung mag *sub specie* Willentlichkeit für ausreichend angesehen[1374] und zumeist nur noch um die Bedingung der ggf. qualifizierten Voraussicht dieser Folgen (als möglich, wahrscheinlich, sicher) ergänzt werden. Hierzu zählen Ansichten, daß nur Körperbewegungen gewollt sein könnten,[1375] ebenso wie solche, die eine starke Willensbeziehung zu Folgen nicht als notwendige Bedingung der Zurechnung auffassen,[1376] sondern die Abhängigkeit von einer gewollten Tätigkeit, Körperbewegung genügen lassen. Im Beispielsfall wären die zivilen Schäden dem Piloten A zurechenbar, wenn er sie (als möglich, wahrscheinlich, sicher) voraussah.

— Der Begriff des „Wollens“ kann ausgedehnt werden auf unbeabsichtigte Folgen, die durch antezedierende bewußte Willenszustände bedingt sind,[1377] dies auf verschiedene Weise:

Anstelle einer trennenden Betrachtung der Tatbestandsmerkmale kann darauf abgestellt werden, daß der Täter oftmals nur die Wahl hat, in einer gegebenen Situation eine Handlung *samt* der vorausgesehenen, aber nicht motivierenden Folgen zu unternehmen oder zu unterlassen.[1378] Dies eröffnet die Möglichkeit, die Differenzierung von Hauptfolgen und notwendigen Nebenfolgen aufzuheben, indem beide nicht mehr „feinkörnig“ als getrennte Ereignisse, sondern „grobkörniger“ als *ein* Ereignis beschrieben werden, das nur im Ganzen gewollt oder nicht gewollt sein könne.[1379] Handelt er, so ließe sich, wie auch in der umgangssprachlichen Rede, sagen, er habe es „so gewollt“, wenn die Nebenfolgen eintreten.[1380] Sprachlich

---

1374 Exemplarisch BINDING, *Die Normen und ihre Übertretung*, Band II, S. 318: „*Wir wollen mit den Ursachen unbesehen alle ihre Folgen, weil wir überhaupt nicht anders wollen können, als daß wir die Folgen mit in den Kauf nehmen.* ... Ist der Wille nichts als das kausale Moment im Menschen, so ist das vom Menschen Verursachte stets gewollt, mag er es sich vorher vorgestellt haben oder nicht.“ (Hervorh. im Original), siehe auch *ibid.*, S. 293 ff., 319 ff.

1375 Siehe oben Fußn. 1072.

1376 So wie, mit verschiedener Begründung, die frühere „Vorstellungstheorie“, dazu siehe nur ENGISCH, *Untersuchungen über Vorsatz und Fahrlässigkeit*, S. 129 ff. m. w. Nachw. Zum jüngeren Streitstand siehe nur JAKOBS, *Strafrecht Allgemeiner Teil*², Tz. 8/18 ff. m. w. Nachw.

1377 Exemplarisch Art. 18 Abs. 3 Código penal de la República oriental del Uruguay: “El resultado que no se quiso, pero que se previó, *se considera intencional*; ...”.

1378 Siehe nur VON HIPPEL, *Die Grenze von Vorsatz und Fahrlässigkeit*, S. 83 f. („Gesamtkomplex“); ENGISCH, *Untersuchungen über Vorsatz und Fahrlässigkeit*, S. 148; GERMANN, ZStrR 77 (1961), 345, 354, 376, 380 („Gesamtkomplex“); LOGOZ, *Commentaire*, Art. 18, note 5.c)bb), S. 92 (« bloc indivisible »).

Zur philosophischen Debatte dieser sog. holistischen Lösungen (auch “package deal”) siehe BRATMAN, *Intention, Plans, and Practical Reason*, S. 143 ff. m. w. Nachw.

1379 So HART, *Intention and Punishment*, S. 120; dazu MOORE, *Intentions and* Mens Rea, S. 245, 248 f.

1380 Dazu SCHMIDHÄUSER, Festschrift Oehler, S. 135, 137 ff.; schon STOOSS, ZStW 15 (1895), 199, 200: «Tu l'as voulu, Georges Dandin.» nach MOLIÈRE; krit. zu diesem metaphorischen Sprachgebrauch ENGISCH, *Untersuchungen über Vorsatz und Fahrlässigkeit*, S. 223 m. w. Nachw.; OBERDIEK, Mind 81 (1972), 389, 395.

bereitet es wenig Schwierigkeiten zu sagen, der Täter habe vorhergesehene Folgen „in seinen Willen aufgenommen".[1381] Einen Begründungsansatz bieten die Lehren, wer die Ursache wolle, wolle auch die Folgen,[1382] etwa weil die Folgen in der Ursache angelegt seien,[1383] oder daß die durch ihre typischen Folgen, d.h. akttypische Finalität *(finis operis)* definierte *actio exterior* ebenso willentlich sei wie die durch das Handlungsziel *(finis operantis)* definierte *actio interior*[1384]. Ein zwingender logischer Schluß liegt hierin nicht, sondern eine terminologische Festsetzung.[1385] Dies ist das Feld der Theorien des indirekten Willens wie der gemeinrechtlichen *doctrina*

1381 Z.B. SIDGWICK, *The Methods of Ethics*, S. 202: "... for purposes of exact moral and jural discussion, it is best to include under the term 'intention' all the consequences of an act that are foreseen as certain or probable; since it will be admitted that we cannot evade responsibility for any foreseen bad consequences of our acts by the plea that we felt no desire for them, either for their own sake or as means to ulterior ends; such undesired accompaniments of the desired results of our volitions are clearly chosen or willed by us."; GERMANN, ZStrR 77 (1961), 345, 354 u. ff. m. w. Nachw.; krit. ANSCOMBE, *Modern Moral Philosophy*, Philosophy 33 (1958), 1, 11 ("obviously incorrect"); BRATMAN, *Intention, Plans, and Practical Reason*, S. 124 ff.

1382 *Qui consentit in antecedens, non potest non consentire in consequens*; siehe BÖHMER, *Observationes*, Obs. II ad qu. I n. 62: „Qui enim vult antecedens specifice, non potest nolle consequens, si est praevisum ac cognitum, quod vulgo sed abusive, *necessarium* vocatur. Si enim nollet, contraria, & quae commode simul consistere non possunt, vellet, quod non sanae, sed emotae mentis hominis est, qui quilibet sibi constare, & secundum *rectam rationem* agere censetur, quae non probat voluntatem alicujus rei specialem, sine speciali & simultanea voluntate ejus, quod *sua natura* cum illa re connexum esse solet, hariolari poterat. ... Voluit necem specifice, etsi *eventualiter* voluerit ... in eventum inde sequutum *consensisse*, & animo homicidii quidem *indirecto*, ast *doloso* necasse adversarium censetur."; ähnl. DERS., *Meditationes*, zu Art. 137 CCC, § VI: „... Sic enim admitti potest, reum *maluisse* conseruationem, simul vero, si hec obtineri nequit, *euentualiter* consensisse in necem."; § VII: „Qui enim vult *antecedens*, *consequens* quoque vult, non solum quod *absolute* necessarium, verum etiam quod facillime et *communiter* cum eo connexum esse solet et potest, licet aliud factum improbum *principaliter* in mente habuerit. Tum vtique potius vitam, quam mortem *mauult*, sed ideo non desinit mortem *velle*, quam inde sequi solere, sciebat." (Hervorh. im Original); DERS., *Elementa iurisprudentiae criminalis*, Sect., II cap. 16 § 202 m. Anm.*; dazu Anhang IX.1. bei Fußn. 406 ff.; krit. STÜBEL, *System des allgemeinen Peinlichen Rechts*, Zweiter Band, § 293 S. 78.

1383 THOMAS VON AQUIN, *Summa theologiae*, II-1, qu. 20 art. 5 obi. 1: „Effectus enim virtute praeexistit in causa. Sed eventus consequuntur actus, sicut effectus causas. Ergo virtute praeexistunt in actibus."

1384 Nach der klassisch-scholastischen moraltheologischen/-philosophischen Unterscheidung bezeichnet *finis operis* den innerem Zweck, das Werkziel: „illud, ad quod opus vel actio directe et immediate tendit *ex natura sua*" (Def. nach PRÜMMER, *infra*) und *finis operantis* den äußeren Zweck, das Wirkziel: „illud, quod agens operando intendit sive principaliter sive secundario", welches mit dem Motiv identisch ist („Finis operantis materialiter est idem quod motivum morale actionis.", PRÜMMER, *infra*), nach THOMAS VON AQUIN, *Summa theologica*, II-1, qu. 18 art. 6 c.; II-2, qu. 141 art. 6 ad 1 (siehe unten Anhang VII.1.c. bei Fußn. 281); CATHREIN, *Moralphilosophie*, 1. Band, S. 72, 244; PRÜMMER, *Manuale theologiae moralis*, tomus I, n. 16; DEMMER, *Deuten und handeln*, S. 171 ff., 182 ff.; SCHOCKENHOFF, „Finis operis – finis operantis", Sp. 1293 f.

1385 Zutr. LÖFFLER, ÖZStR 2 (1911), 131, 136.

Bartoli,[1386] dem *dolus indirectus,*[1387] neuzeitlichen *dolus eventualis,*[1388] *косвенный умысел*[1389] oder BENTHAMS *oblique or collateral intention*[1390].

Innerhalb solcher holistischer Lösungen kann ferner danach differenziert werden, für wie gewiß der Handelnde die Nebenfolgen hält: von bloß entfernt möglich über wahrscheinlich bis sicher oder notwendig.

Insbesondere, wenn der Handelnde den Eintritt der Nebenfolgen für notwendig oder sicher mit den Hauptfolgen verknüpft ansieht, wird eine Ausdehnung des Wollens oftmals für unausweichlich gehalten.[1391] Wer in der Gewißheit handele, eine bestimmte Folge herbeizuführen, könne nicht anders, als diese auch – rationalerweise[1392] – „zu wollen“, obschon er sie vielleicht nicht wünscht und ihr Ausbleiben „lieber will“ *(mavult)*, jedenfalls wird er mit der Behauptung fehlenden Wollens „nicht gehört“ [1393]. Zusätzliche Kriterien werden nicht benötigt. Im Beispielsfall hätte Pilot A die zivilen Schäden „gewollt“, falls er sie als gewiß vorhergesehen hat.

1386 Siehe dazu unten Anhang VII.1.a).

1387 Dabei handelt sich indes weder um einen klar definierten Begriff noch eine kriteriell eindeutige, unumstrittene Zurechnungsregel, siehe dazu unten Anhang VII.1.c).

Die Begriffsvielfalt ist auch heute nicht vorüber: Noch gegenwärtig wird in der italienischen Doktrin jeglicher Vorsatz bezüglich Nebenfolgen *dolo indiretto* (z.B. MANTOVANI, *Diritto penale: Parte generale*², S. 307 Fn. 22, auch *dolo semplice*) genannt, auch bei als sicher oder notwendig vorausgesehenen Nebenfolgen, was in der deutsch- und spanischsprachigen Dogmatik meist als *dolus directus* (zweiten Grades/*dolo directo de segundo grado*) firmiert. Auch Art. 25 des Strafkodex der Russischen Föderation (УКРФ) behält in Abs. 2 die Bezeichnung *прямой умысел* (direkter Vorsatz) den angestrebten, als möglich oder sicher erkannten Folgen vor, während nicht angestrebte Folgen höchstens mit *косвенный умысел* (indirektem Vorsatz) herbeigeführt sein können (Abs. 3).

1388 Der Begriff geht wohl auf BÖHMER zurück, oben Fußn. 1382.

1389 Siehe oben Fußn. 1387.

1390 BENTHAM, *Principles of Morals and Legislation*, ch. VIII § VI. Eine Besonderheit bildet die Sprachregelung AUSTINS, die jede vorhergesehene Folge als "intended", nicht aber "willed" bezeichnet, oben bei Fußn. 1069. Abweichend von BENTHAM verwendet WILLIAMS, 46 Cambr.L.J. 417, 420 ff. (1989), jetzt "oblique intention" nur für als praktisch sicher vorhergesehene Folgen.

1391 Vgl. nur BENTHAM, *Principles of Morals and Legislation*, ch. IX § X: "When the act itself is intentional, and with existence to all the circumstances *advised*, as also with respect to the materiality of those circumstances, in relation to a given consequence, and there is no mis-supposal with regard to any preventive circumstance, that consequence must also be intentional: in other words; advisedness, with respect to the circumstances, if clear from the mis-supposal of any preventive circumstance, extends the intentionality from the act to the consequences. Those consequences may be either directly intentional, or obliquely so: but at any rate they cannot but be intentional."

HART, *Intention and Punishment*, S. 120; Lord HAILSHAM in *Hyam v. D.P.P.*, [1975] A.C. 55, 74 f., 77 f.; [1974] 2 All E.R. 41 (H.L.); krit. KENNY, *Intention and Purpose*, Journal of Philosophy 63 (1966), 642, 644 ff.; überarbeitet in: DERS., *Intention and Purpose in Law*, S. 146, 149 ff.; umfangr. Nachw. bei WHITE, *Misleading Cases*, S. 50 ff.; dazu OBERDIEK, Mind 81 (1972), 389 ff.; MOORE, *Intentions and* Mens Rea, S. 245, 245 ff.; jüngst KAVENY, 120 L.Q.Rev. 81 ff. (2004).

STOOSS, ZStW 15 (1895), 199, 199 f.; Baumann/WEBER/Mitsch, *Strafrecht Allgemeiner Teil*¹¹, § 20 Rn. 13, 46; STRATENWERTH, *Strafrecht Allgemeiner Teil I*⁴, § 8 Rn. 107.

1392 Vgl. BÖHMER, oben Fußn. 1382.

1393 HASSEMER, Gedächtnisschrift Armin Kaufmann, S. 289, 299, der hierin einen Anwendungsfall eines „strafrechtlichen Verantwortungsdialoges“ sieht.

Hingegen sind im Fall, daß die Nebenfolgen nicht für sicher gehalten werden, eine Vielzahl zusätzlicher Kriterien denkbar und in nationalen Rechten auch vorgeschlagen worden, denn je unsicherer und ungenauer der Handelnde eine Folge antezipiert, desto weiter weicht die Rede vom „Wollen" von klarem Alltagsgebrauch ab: Beispielsweise ein bestimmter Grad der Wahrscheinlichkeit des Eintritts der Nebenfolge aus Tätersicht (z.B. mehr als bloß möglich, weniger als überwiegend wahrscheinlich) oder, als negative Bedingung, daß der Täter nicht auf das Ausbleiben der Folge vertraute, ob der Täter versucht hat, die Nebenfolgen zu vermeiden, falls er Einfluß darauf hatte oder zu haben vermeinte, oder nicht,[1394] ob der Täter eine bestimmte emotionale, wertende Einstellung zu der Folge hatte (Wünschen, Gutheißen, Billigen, Gleichgültigkeit etc.) oder nicht[1395] usw.

Statt auf das Bewußtsein des Handelnden oder emotionale Haltungen kann auch im Wege objektiver Beurteilung (zur Normativierung siehe unten 8.) gefragt werden, ob die Folgen mit einem zu spezifizierenden Wahrscheinlichkeitsgrad, nach allgemeiner Lebenserfahrung oder dem „natürlichen Lauf der Dinge" zu erwarten waren, also die intrinsische Finalität *(finis operis)*[1396] oder die *allgemeine* Qualität der Handlung[1397] ausmachen, mögen sie ihm bewußt gewesen sein oder nicht. So lassen sich auch Fälle einbeziehen, in denen der Handelnde bewußt davon Abstand genommen hat, sich Kenntnis zu verschaffen *(ignorantia affectata, wilful blindness)*.

Schließlich können psychische und normative Elemente kombiniert werden, so wenn das Vertrauen des Täters auf das Ausbleiben einer Nebenfolge ihn nur entla-

---

1394 Z.B. Código penal de Colombia: "Artículo 22. *Dolo*. La conducta es dolosa cuando el agente conoce los hechos constitutivos de la infracción penal y quiere su realización. También será dolosa la conducta cuando la realización de la infracción penal ha sido prevista como probable *y su no producción se deja librada al azar*.

Artículo 23. *Culpa*. La conducta es culposa cuando el resultado típico es producto de la infracción al deber objetivo de cuidado y el agente debió haberlo previsto por ser previsible, o habiéndolo previsto, *confió en poder evitarlo*." (Hervorh. hinzugefügt).

1395 Vgl. die Legaldefinition des indirekten Vorsatzes in Art. 25 Abs. 3 UK RF: „Преступление признается совершенным с косвенным умыслом, если лицо осознавало общественную опасность своих действий (бездействия), предвидело возможность наступления общественно опасных последствий, не желало, *но сознательно допускало эти последствия либо относилось к ним безразлично*." (Hervorh. hinzugefügt) – Der Täter läßt die nicht angestrebte Verwirklichung des erkannten Risikos entweder bewußt zu oder verhält sich ihr gegenüber gleichgültig. Fast wortgleich schon Art. 8, 9 UK RSFSR; auch Art. 9 Abs. 2, 3 Código penal de Cuba.

Vgl. auch Art. 14 Abs. 3 Código penal português: "Quando a realização de um facto que preenche um tipo de crime for representada como consequência possível da conduta, há dolo se o agente actuar *conformando-se* com aquela realização."; Art. 14° Código penal de Bolivia: "Actúa dolosamente el que realiza un hecho previsto en un tipo penal con conocimiento y voluntad. Para ello es suficiente que el autor considere seriamente posible su realización y *acepte* esta posibilidad." (Hervorh. hinzugefügt); ebenso Art. 31 Código penal de Costa Rica, Art. 9 Abs. 1 Código penal federal de México; Art. 31 Código penal de Panamá; § 34 Abs. 2 Iraqi Penal Code 1969.

1396 Siehe oben Fußn. 1384.

1397 Im Sinne HEGELS, *Grundlinien der Philosophie des Rechts*, §§ 118 f., siehe weiter unten Anhang IX.1., bei Fußn. 475 ff.

stet, wenn es „vernünftig", objektiv nachvollziehbar etc. ist. Eine vermittelnde Stellung nehmen widerlegbare Präsumtionen der Art ein, daß der Täter die gewöhnlichen Folgen seines Handelns wolle bzw. beabsichtige.

Solche Ausdehnungen des Willensbegriffes sind mißlich, weil sie, wie das gemeine kontinental-europäische Recht sowie moderne nationale Rechte zeigen,[1398] zu begrifflicher Laxheit einladen und durch diesen Verstoß gegen MAX WEBERS Maxime[1399] zu dauerhafter terminologischer Wirrnis und unfruchtbarem dogmatischen Streit führen, da sie die angewendeten Zurechnungsregeln eher verdunkeln als erhellen, indem sie den relativ prägnanten Fall der Absicht, die zumeist als Deskription eines psychischen Zustands aufgefaßt wird, unter einen Begriff mit Fällen bringen, die durch das Fehlen gerade dieses Zustands gekennzeichnet, wenn nicht gar definiert („Nebenfolgen") sind, womit „wollen" selbst kriteriell unbrauchbar wird.[1400] Denn während Hauptfolgen bewußt angestrebt werden, besteht eine etwaige bewußte psychische Beziehung des Täters zu Nebenfolgen darin, daß er sie als wenigstens möglich antezipierte und dadurch *nicht* zur Unterlassung seiner Tat motiviert wurde, ggf. noch ergänzt durch eine positive, neutrale oder negative optativische Haltung. Diese Kombination von deskriptiver und beurteilender Rede wird stets Einwände herausfordern, beispielsweise wird, wer mit „Wollen" psychologische Zustände verbindet, normative Festsetzungen des Wollens nur als „Fiktion" begreifen können.[1401] Auf mentale Phänomene abstellende Ansätze erfahren hier ihre Grenze, wie auch SEEBASS einräumt: „Zweifelsfälle und Grenzfälle" müssen „dezisionistisch behandelt werden",[1402] im Strafrecht mithin nach rechtlichen Kriterien. In allen Fällen bezeichnet solche Willentlichkeit aber keine der Absicht vergleichbaren

---

[1398] Zur Mehrdeutigkeit des Willensbegriffs siehe nur VON HIPPEL, *Die Grenze von Vorsatz und Fahrlässigkeit*, S. 133; NK-StGB-PUPPE, § 15 Rn. 26–31; SCHMIDHÄUSER, Festschrift Oehler, S. 135, 139 ff., jew. m. w. Nachw.; siehe auch RAGUÉS I VALLÈS, *El dolo y su prueba en el proceso penal*, S. 45 ff., 47 („manipulación de conceptos"); MERCADAL, Rev.sc.crim. 22 (1967), 1, 20 («conception déformante de l'intention»), 28 («consentir n'est pas vouloir»), der daher ebenso wie die gesamte französische Rspr. und Lehre den *dol éventuel* der Fahrlässigkeit zuschlägt.

[1399] Oben bei Fußn. 1151.

[1400] So auch SCHMIDHÄUSER, Festschrift Oehler, S. 135, 139 ff.

[1401] Vgl. die seinerseits umstrittene Regelung des Vorsatzes im Vorentwurf zu einem Deutschen Strafgesetzbuch von 1909, § 59: „Vorsätzlich handelt, wer die Tat mit Wissen und Wollen ausführt. Wissen und Wollen des Täters liegen auch dann vor, wenn er alle zum gesetzlichen Tatbestand gehörigen tatsächlichen Umstände als nicht unwahrscheinlich vorhanden und, soweit zum gesetzlichen Tatbestand ein bestimmter Erfolg gehört, diesen als nicht unwahrscheinlich eintretend ansieht"; krit. z.B. VON LISZT, ZStW 30 (1910), 250, 260 ff.

Vgl. ferner § 1 Satz 2 öStG 1803/1852, welcher den Rechtsbegriff „böser Vorsatz" als *dolus directus* und *indirectus* umfassend definierte: „Böser Vorsatz aber fällt nicht nur dann zur Schuld, wann vor, oder bey der Unternehmung oder Unterlassung, das Uebel, welches mit dem Verbrechen verbunden ist, geradezu bedacht und beschlossen; sondern auch, wann aus einer andern bösen Absicht etwas unternommen, oder unterlassen worden, woraus das Uebel, welches dadurch entstanden ist, gemeiniglich erfolget, oder doch leicht erfolgen kann."

Vgl. SCHMIDHÄUSER, Festschrift Oehler, S. 135, 142 f. m. w. Nachw.

[1402] SEEBASS, *Wollen*, S. 200, 203, 213.

mentalen Zustände mehr, sondern das Ergebnis einer wertenden Zurechnung. Auf den Begriff des „Wollens“ kann und sollte hierfür verzichtet werden.[1403]

Hinzu kommt, daß verbreitet implizit oder indirekt gewollte Folgen geringere Haftung auslösen als direkt gewollte,[1404] exemplarisch in der katholischen Lehre von der Doppelwirkung,[1405] und der traditionellen Milderung bei Taten *praeter intentionem*. Die Ausdehnung des Willensbegriffs soll somit nicht nur Zurechnung ermöglichen, sondern auch zugleich die Differenz zum paradigmatischen Fall der Absicht bewahren, *genus proximum* und *differentia specifica* in einem sein. Daß dies den zahlreichen Varianten, die seit dem Mittelalter dazu in verschiedenen Sprachen[1406] formuliert worden sind, in überzeugender Weise gelungen sei, kann hier dahinstehen, ist aber zu bezweifeln.

ee) Überschießende Absichten
(further intentions, ulterior intent, specific intent)

Seit antiker Zeit gibt es Straftatbestände, die subjektive Merkmale aufweisen, denen kein objektives Merkmal entspricht. Der paradigmatische Fall solcher isolierten subjektiven Merkmale sind Absichten wie in der römischen Definition des Diebstahls,[1407] die mithin höherstufigen oder übergeordneten Absichten oder *further intentions/ulterior intent* entsprechen, die auf weitere Hauptfolgen zielen: daher

---

1403 Ähnl. Bratman, *Intention, Plans, and Practical Reason*, S. 142: “the *word* ‘intention’ is not the issue” (Hervorh. im Original).

1404 Zur Begründung siehe unten VI.1.g).

1405 Siehe unten Fußn. 2355.

1406 Nachw. zu englischen philosophischen und juristischen Lösungsansätzen bei Duff, *Intention, Agency, and Criminal Liability*, S. 74 ff.; White, *Misleading Cases*, S. 31 ff.

Bratman, *Intention, Plans, and Practical Reason*, S. 119 ff., 122 ff., und Duff, *ibid.*, 76 ff., schlagen die Unterscheidung *to intend something–doing something intentionally* vor, ähnl. schon J. L. Austin, *Three Ways of Spilling Ink*, S. 272, 273 ff., 278 f. *(intentionally–deliberately)*, krit. dazu Simester, 11 Law & Phil. 235 ff., 43 ff. (1992); Hornsby, *On What's Intentionally Done*, S. 55, 63 ff.

Zu weiteren Unterscheidungen wie *purposive–non-purposive intentions, intentions in a narrow sense–in a broad sense, intended–intentional consequences* siehe nur krit. White, *Misleading Cases*, S. 55 ff. m. w. Nachw.

1407 D. 47, 2, 1, 3: „Furtum est contrectatio rei fraudulosa *lucri faciendi gratia* ...“; das Erfordernis ist noch in modernen Gesetzen wiederzuerkennen, vgl. Art. 234 Código penal: „El que, *con ánimo de lucro*, tomare las cosas mueblas ajenas ...“; Art. 624 Codice penale: „Chiunque si impossessa della cosa mobile altrui, sottraendola a chi la detiene, *al fine di trarne profito* ...“; vgl. auch Model Penal Code § 223.2(1): „A person is guilty of theft if he unlawfully takes,..., movable property of another *with purpose to deprive him thereof*.“ (Hervorh. jeweils hinzugefügt), während im französischen Recht die Absicht kupiert wurde: Art. 311-1 nouveau Code pénal: « Le vol est la soustraction frauduleuse de la chose d'autrui. » (Art. 379 ancien Code pénal: « Quiconque a soustrait frauduleusement une chose qui ne lui appartient pas est coupable de vol. »); siehe oben bei Fußn. 1108.

„überschießende Absicht" oder „dolus specialis", « dol spécial »,[1408] "specific intent", "special *mens rea*"[1409].

Geht man davon aus, daß diese „überschießende" Absicht auf etwas gerichtet ist, das der Täter verwirklichen könnte, wenn er es nicht schon verwirklicht hat, so haben diese Delikte die Struktur eines Versuchs, wenn man die Versuchskonstellation allgemein durch gekennzeichnet sieht, daß jedem objektiven Merkmal ein subjektives entspricht *und* wenigstens noch ein weiteres subjektives Merkmal gefordert wird, bei dem es sich strukturell nicht um eine Absicht im engen Sinne handeln muß,[1410] die aber im Common Law sowie überall dort, wo das Wortverständnis des „Versuchens" sich auf eine zielgerichtete Anstrengung beschränkt,[1411] traditionell für Versuchsstrafbarkeit verlangt wird.[1412]

Die überschießende Absicht kann gerichtet sein auf eine weitere (Basis-)Handlung (parallel zum unbeendeten Versuch: unvollkommen zweiaktiges Delikt[1413]) oder auf eine weitere Folge der ausgeführten Handlung (parallel zum beendeten Versuch: erfolgskupiertes Delikt).

1408 Vgl. DONNEDIEU DE VABRES, *Traité de droit criminel*³, n° 124; MERLE/VITU, *Traité de droit criminel*⁶, tome I, n° 565 ff.; STEFANI/LEVASSEUR/BOULOC, *Droit pénal général*¹⁸, n° 266; DESPORTES/LE GUNEHEC, *Droit pénal général*¹⁰, n° 474 ff.

1409 Die Unterscheidung zwischen "general intent" und "specific intent" im Common Law-Raum ist alles andere als einheitlich; dies hier ist aber der häufigste Anwendungsfall, siehe nur HALL, *General Principles of Criminal Law*², S. 142 f.; LAFAVE, *Criminal Law*³, § 3.5(e), S. 238 f.; DRESSLER, *Understanding Criminal Law*, § 10.06.

1410 Vgl. BINDING, *Die Normen und ihre Übertretung*, Band II, S. 1166 f.: „Die »Absicht« gerichtet auf Fortsetzung oder materielle Vollendung des Delikts dient in allen diesen Fällen lediglich dazu, die Handlung als Versuch des Volldelikts zu bezeichnen, *ist also ganz zweifellos identisch mit dem Vorsatz*. Das fehlte noch, dass man dem Gesetzgeber in diesen Fällen nicht nur die Rückschiebung der Vollendung in das Versuchsstadium zur Last zu legen hätte, sondern auch noch die Teilung der Schuld in einen halben Vorsatz gerichtet auf die Handlung und eine daran angeklemmte Absicht auf den materiellen Erfolg, der nicht mehr vorsätzlich zu sein brauchte. Das hiesse doch ihn für geistig bankrott erklären!"; PUPPE, *Vorsatz und Zurechnung*, S. 67; DIES., *Strafrecht Allgemeiner Teil*, Band I, § 18 Rn. 3.

1411 Vgl. MERCADAL, Rev.sc.crim. 22 (1967), 1, 13: « celui qui tente un délit vise nécessairement le résultat prohibé, car tenter implique un but de la volonté », auch mit Nachweisen zum nichtpsychologischen, objektiven Verständnis der Zielrichtung des Versuchs in der französischen Rspr. (*ibid*. 13 f.). Zu Konzeptionen von *acting as trying* siehe oben Fußn. 947.

1412 Krit. BRUDNER, *Agency and Welfare in the Penal Law*, S. 21, 35 m. Fn. 32; WILLIAMS, 46 Cambr.L.J. 417, 427 (1989); zum Ganzen DUFF, *Criminal Attempts*, durchgehend, insb. S. 10 ff., 362 ff.; anders jetzt der Proposed Illinois Criminal Code (2003), sec. 801(1), siehe *Final Report of the Illinois Criminal Code Rewrite and Reform Commission*, vol. 1, S. lii; vol. 2, S. 95 f.

Mitunter wurde bloße Voraussicht *(knowledge, foresight)* als hinreichend für *specific intent* angesehen, krit. z.B. HOLMES J., *dissenting*, in *Abrams v. United States*, 250 U.S. 616, 626 f.; 40 S.Ct. 17; 63 L.Ed. 1173 (1919); w. Nachw. bei GREENAWALT, 99 Colum.L.Rev. 2259, 2266 ff. (1999); eingehend zum englischen Recht jetzt HORDER, *Crimes of Ulterior Intent*, S. 153 ff.

1413 Dieser Sprachgebrauch der deutschen Dogmatik ist jedoch uneinheitlich, siehe nur JAKOBS, *Strafrecht Allgemeiner Teil*², Tz. 6/92 ff.; JESCHECK/WEIGEND, *Lehrbuch des Strafrechts, Allgemeiner Teil*⁵, § 30 II 1; GEHRIG, *Der Absichtsbegriff in den Straftatbeständen des Besonderen Teils*, S. 32 f.; MAHL, *Der strafrechtliche Absichtsbegriff*, S. 70 ff. m. w. Nachw. Hingegen stellt die

Die formelle Versuchsstruktur dieser Tatbestände kann ihren Grund darin haben, daß der Gesetzgeber in der Tat, wie bei der Versuchsstrafbarkeit generell, eine Vorverlagerung der Strafbarkeit anstrebte (so daß es nicht darauf ankommt, ob der Dieb sein *lucrum* wirklich erlangt), sei es auch nur, um etwaigen Beweisschwierigkeiten abzuhelfen. Dies sind Fälle, in denen das überschießende Merkmal die Steuerung der Verletzung des geschützten Guts oder Interesses betrifft.

In anderen Fällen besteht die Versuchsstruktur nur der äußeren Form nach und das zusätzliche Absichtsmerkmal erfüllt andere Funktionen:[1414] Weist das zusätzliche Merkmal über die objektiv verlangte Gutsverletzung hinaus, so erhält das Delikt durch die Einbettung in einen bestimmten Zweck- oder Planungszusammenhang erst seinen Charakter. Das überschießende Merkmal kann auch strafbarkeitseinschränkend wirken bei objektiv zu weit geratenen Tatbeständen oder bloß riskantes Verhalten aus der Strafbarkeit ausschließen.

Das Absichtsmerkmal kann ferner dazu dienen, eine bestimmte Motivation (dazu und zur Identität von Motiven und höherstufigen Absichten siehe unten b), mit der die Tat begangen wird, als Voraussetzung für die Strafbarkeit überhaupt oder für qualifizierte Strafe zu verlangen. Dies können diffuse Ziele sein, denen ohnehin keine prägnante objektive Seite entspräche (Rache, Habgier) und die zudem stark affektiv besetzt sein können. Die Grenze zu Gesinnungsmerkmalen (grausam, rücksichtslos), die nur noch schwer oder gar nicht als „Absicht" paraphrasiert werden könnten, ist fließend; zudem kann das Gesetz auch eine objektive Manifestation solcher Merkmale verlangen.

Alle diese Funktionen überschießender Merkmale schließen sich nicht gegenseitig aus, zumeist wird eine Gemengelage bestehen. Dementsprechend schwierig ist die Formulierung allgemeiner Prinzipien dafür, wann „Absicht" im Sinne von Zielgerichtetheit erforderlich ist und wann sichere Voraussicht oder weniger genügen könnte,[1415] was auch eine Theorie über das Verhältnis der Vorsatzarten zueinander voraussetzt. Je nach linguistischer Stringenz eines Strafgesetzes[1416] mag es sein, daß sich gehaltvolle Regeln nur schwer oder gar nicht angeben lassen.[1417] Schon in den

---

Klassifikation von HORDER, *Crimes of Ulterior Intent*, S. 153, 156 f., auf die verschiedene rechtliche Qualifikation der Absichtsgegenstände ab.

[1414] Dazu eingehend GEHRIG, *Der Absichtsbegriff in den Straftatbeständen des Besonderen Teils*, S. 41 ff., 165 ff.; JAKOBS, *Strafrecht Allgemeiner Teil*², Tz. 6/92 ff., 8/89 ff.; JESCHECK/WEIGEND, *Lehrbuch des Strafrechts, Allgemeiner Teil*⁵, § 30 II 2–4 („Tendenzdelikte", „Ausdrucksdelikte"); PUPPE, *Strafrecht Allgemeiner Teil*, Band I, § 18 Rn. 11 f.; ROXIN, *Strafrecht Allgemeiner Teil*, Band I⁴, § 12 Rn. 13 ff., alle m. w. Nachw.

[1415] Vgl. GEHRIG, *Der Absichtsbegriff in den Straftatbeständen des Besonderen Teils*, durchgehend und S. 165 ff.; ROXIN, *Strafrecht Allgemeiner Teil*, Band I⁴, § 12 Rn. 13 ff., jew. m. w. Nachw.

[1416] Eine klare Unterscheidung zwischen „Absicht" und sonstigen „Vorsatz-" bzw. „dolus"-Formen ist beispielsweise im deutschen Recht erst spät, im 19. Jahrhundert erfolgt, siehe Fußn. 1157.

[1417] So resignierend für das deutsche Recht der ALTERNATIV-ENTWURF EINES STRAFGESETZBUCHES, Allgemeiner Teil², S. 57 zu § 17 Abs. 1 E 1962; siehe auch STRATENWERTH, ZStW 76 (1964), 669, 698 ff.

nationalen Rechtsordnungen umstrittene Vorschläge sollten dabei nur behutsam auf das Völkerstrafrecht projiziert werden.

Daher ist es, wenn ein Tatbestand des Besonderen Teils von „Absicht“, „intention“ usw. spricht und eine verbindliche Begriffsdefinition, wie sie etwa der Model Penal Code vorschlägt, fehlt, zunächst Aufgabe der Auslegung des jeweiligen besonderen Tatbestandes festzustellen, welche Funktion ein überschießendes subjektives Merkmal erfüllt und wie es demnach dort zu verstehen ist.[1418] Überdies muß nicht jede finale Ausrichtung eines inkriminierten Verhaltens („um zu“, “in order to”, « visant à », “destinado a”, “a fin de”, „для того, чтобы“, usw.) als Erfordernis einer subjektiven Zielrichtung zu verstehen sein, sondern kann auch eine objektive Finalität, Geeignetheit meinen, deren Kenntnis genügen mag.

ff) Intensität des Wollens

In Umgangssprache und Alltagspsychologie ist der Begriff des Willens oder Wollens abstufbar: Man kann etwas mehr oder weniger (stark) wollen, manche Personen werden durch einen „starken Willen“ charakterisiert und seit ARISTOTELES beschäftigt sich die Philosophie[1419] und nun auch die Psychologie[1420] mit der Frage der „Willensschwäche“ *(akrasia)*. Dies entspricht einer energetischen Konzeption des Willens (Wille als Kraft).[1421] Gradmesser für die Intensität des Wollens ist vielfach die Persistenz bei der Verfolgung eines Zieles, die Fähigkeit, Energien auf dieses Ziel hin zu bündeln, sich nicht ablenken zu lassen usw., insgesamt also ein hohes Maß an Handlungskontrolle oder Anstrengung,[1422] sowie die Stellung des Gewollten in Präferenzrelationen mit anderen Zielen. In analoger Weise sind emotionale

---

1418 Ebenso SALMOND, *Jurisprudence*^{12}, § 90 S. 373, der wenigstens vier Auslegungsmöglichkeiten sieht; WILLIAMS, 46 Cambr.L.J. 417, 427 f. (1989)

1419 Auch: Handeln wider besseres Wissen. Statt vieler siehe für die analytische Philosophie DAVIDSON, *How Is Weakness of the Will Possible?*, S. 21 ff.; siehe auch PETERS, *Das Wissen vom Handeln*, S. 75 ff., jew. m. w. Nachw. *Akrasia* ist allerdings nicht nur ein handlungstheoretisches oder psychologisches, sondern auch ein ethisches Problem, WILLIAMS, 10 Oxford J. Legal Stud. 1, 3 (1990).

1420 Unter anderen Begriffen wie Lageorientierung, Ängstlichkeit, (gelernte) Hilflosigkeit u.ä., siehe nur KUHL, *Wille und Freiheitserleben*, S. 665, 705 ff.; WITTCHEN, *Volitionsunfähigkeit bei psychischen Störungen*, S. 300 ff., jew. m. w. Nachw.

1421 Dazu WEINERT, *Bildhafte Vorstellungen des Willens*, S. 10, 13 ff.; beispielhaft aus der älteren Lit. ROHRACHER, *Einführung in die Psychologie*^{5}, S. 495 ff., 499: „Die Tatsache, daß im Wollen eine erlebte Kraft liegt, scheint mir aus der unmittelbaren Selbstbeobachtung so sicher zu sein, daß sie keiner weiteren Beweise bedarf.“ Dagegen schon im Jahr 1812 BUCHANAN, *The Philosophy of Human Nature*, ch. XV (Concerning Volition), S. 314 ff., 315: “To be conscious of a will, however, is less absurd than to be conscious of its freedom: for in every process of volition, we clearly experience the sentiment of an effort, or animal exertion, which may be mistaken for the act of such a faculty.”

1422 So schon der Begriff der „Willenskraft“ bei LERSCH, *Der Aufbau der Person*^{7}, S. 460 („Wo es keine Widerstände zu überwinden gibt, gibt es kein eigentliches Wollen.“); auch STERN, *Allgemeine Psychologie*^{2}, S. 547; dazu SOKOLOWSKI, *Wille und Bewußtheit*, S. 485, 505 ff.; zur Handlungskontrolle siehe oben bei Fußn. 615 ff. Zum Begriff der Anstrengung *(exertion)* in der naiven Attributionstheorie HEIDERS siehe oben bei Fußn. 865.

Haltungen wie „Wünschen“ graduierbar. Diese Art von Handlungskontrolle oder Anstrengung ist ersichtlich gemeint, wenn etwa im Rahmen der Strafzumessung der „bei der Tat aufgewendete Wille“ [1423] in Rechnung gestellt wird. Strafschärfung für *praemeditatio* (unten c) beruht auf demselben Gedanken.

Das vorstehend dargestellte Verständnis von „Wollen“, „Beabsichtigen“ im Sinne von Zielgerichtetheit ist hingegen formal und *nicht graduierbar*:[1424] Man kann ein Ziel entweder nur anstreben oder nicht anstreben. Wie derjenige, der diese intentionale Haltung aufweist, auf Hindernisse reagieren würde, wie leicht er sich ablenken, entmutigen ließe etc., sind davon klar zu unterscheidende Fragen, die mit der Bejahung einer Absicht entstehen, aber nicht beantwortet sind. Die umgangssprachliche Rede, daß derjenige, der eine Absicht leicht aufgibt, die Zielerreichung „nicht wirklich gewollt“ habe, führt daher in die Irre: Kurzlebigkeit einer Intention indiziert nicht, daß es überhaupt an einer Intention fehlte, sondern an Persistenz der Motivation.

b) „Motiv“

> It is an acknowledged truth, that every kind of act whatever, and consequently every kind of offence, is apt to assume a different character, and be attended with different effects, according to the nature of the *motive* which gives birth to it.[1425]

> It is as firmly established in legal doctrine as any rule could be that motive is irrelevant to responsibility.[1426]

> Motiv ist die psychologische Ursache des Handelns.[1427]

> „Motiv“ ist kein Begriff, der etwas beschreiben, sondern einer, der etwas erklären soll.[1428]

> A motive does not exist prior to an act and produce it. It is an act *plus* a judgment upon some element of it, the judgment being made in the light of the consequences of the act.[1429]

Der Ausdruck „Motiv“ *(motive, mobile, motivo, móvil, мотив)* wird im allgemeinen Sprachgebrauch auf vielfältige Weise verwendet und geht über den Begriff der Absicht hinaus, indem er Gründe für Absichten sowie auch emotionale Einstellungen und Bewertungen umfaßt.[1430] In philosophischen, psychologischen und soziologischen Kontexten steht die Verwendungsvielfalt des Motivbegriffs der des

---

1423 § 46 Abs. 2 Satz 2 dStGB, ähnl. Art. 71 Abs. 2 lit. b) Código penal português ("A intensidade do dolo ..."). Vgl. auch RPE Rule 7.1(1)(c): "degree of intent".

1424 Ebenso SCHMIDHÄUSER, Festschrift Oehler, S. 135, 151 f.

1425 BENTHAM, *Principles of Morals and Legislation*, ch. X § 1, I. (Hervorh. im Original)

1426 NORRIE, *Crime, Reason and History*, S. 37; ähnl. schon HALL, *General Principles of Criminal Law*², S. 88.

1427 LÖFFLER, ÖZStR 2 (1911), 131, 134.

1428 SCHMALT & HECKHAUSEN, *Motivation*, S. 451, 458, sowie HECKHAUSEN, *Motivation und Handeln*², S. 9; sowie oben bei Fußn. 584.

1429 DEWEY, *Human Nature and Conduct*, S. 120 (Hervorhebung im Original); ähnl. RASCH, *Forensische Psychiatrie*², S. 190 f.

1430 Vgl. ANSCOMBE, *Intention*, §§ 12 ff.; KENNY, *Action, Emotion and Will*, S. 53 ff., 59 ff.

Willens kaum nach[1431] und auch in strafrechtlichen Kontexten besteht kein einheitlicher Sprachgebrauch[1432]. Motive dienen in jedem Fall, wie der Name nahelegt, der Erklärung einer Handlung durch Anreicherung ihres Kontexts[1433] – "Acts are never insulated." [1434] –, wobei diese Erklärung oft wie in der naiven Handlungsanalyse[1435] als kausale[1436] aufgefaßt wird, und sind daher in dem generellen menschlichen

---

1431 Zahlr. Nachw. bei SEEBASS, *Wollen*, Anm. 127 (S. 268 ff.); KENNY, *Action, Emotion and Will*, S. 59 f.; BLUM & MCHUGH, *Die gesellschaftliche Zuschreibung von Motiven*, S. 171 ff.; siehe auch die Differenzierungen von BENTHAM, *Principles of Morals and Legislation*, ch. X § 1, I–VII: Motiv im wörtlichen Sinne (reale Umstände, die eine Handlung auslösen)–Motiv im übertragenen Sinne (fiktive Entitäten wie Habgier usw.); die realen motivierenden Umstände lassen sich unterteilen in äußere (Lust oder Unlust bereitendes Ereignis) und innere (Wahrnehmung, Erwartung eines solchen Ereignisses). Sollen Motive Handlung auslösen, müssen sie ihr vorangehen; sollen Motive aber Handlung steuern, so müssen sie deren Folgen sein. BENTHAM unterscheidet daher *motives in esse* (äußere Umstände oder Vorstellungen, die Handlungen auslösen), die wieder intern oder extern sein können, und *motives in prospect* (künftige Ereignisse oder Vorstellungen, Gefühle als Extensionen des propositionellen Gehalts der Vorstellungen *in esse*), die ebenfalls intern oder extern sein können.

ALWART, GA 1983, 433, 438 ff., unterscheidet wie ANSCOMBE (oben Fußn. 1430) vorausschauende, begleitende und rückschauende Motive sowie wie SCHÜTZ (*Der sinnhafte Aufbau der sozialen Welt*, §§ 17, 18, S. 93 ff.) näher „Um-zu-Motive“ (bzw. „unechte Weil-Motive“ = Intentionen) und „Weil-Motive“; siehe SCHÜTZ, *ibid.*, § 18, S. 100: „Indessen das Um-zu-Motiv, ausgehend vom Entwurf [der Handlung], die Konstituierung der Handlung erklärt, erklärt das echte Weil-Motiv aus vorvergangenen Erlebnissen die Konstituierung der Entwurfes selbst.“ Die Unterscheidung ist weniger klar als BENTHAMS *motives in esse* (entsprechend „echte Weil-Motive“) und *motives in prospect* („echte Um-zu-Motive“), aber letztlich wenig erheblich, weil *motives in esse* typischerweise *motives in prospect* nach sich ziehen, so daß das eine durch das andere und vice versa erklärt werden kann.

1432 VON LISZT, *Die psychologischen Grundlagen der Kriminalpolitik*, S. 170, 177; ENGISCH, *Untersuchungen über Vorsatz und Fahrlässigkeit*, S. 143; SALEILLES, *L'individualisation de la peine*, S. 216; HALL, *General Principles of Criminal Law*², S. 83 ff.; LAFAVE, *Criminal Law*³, § 3.6(a), S. 241 f.; SMITH & HOGAN, *Criminal Law*¹⁰, S. 96; SALMOND, *Jurisprudence*¹², S. 372 f.; GLANVILLE WILLIAMS, *Criminal Law: The General Part*², § 21, S. 48; COOK, 26 Yale L.J. 645 ff. (1916–17); GARDNER, 1993 Utah L.Rev. 635 ff., 694 ff.; HUSAK, *Motive and Criminal Liability*, 8 Crim.Just. Ethics 3 ff. (1989); jüngst MAHL, *Der strafrechtliche Absichtsbegriff*, S. 16 ff., alle m. w. Nachw.

1433 Vgl. ANSCOMBE, *Intention*, § 12; MELDEN, *Free Action*, S. 98 f., 102 f. (oben Fußn. 906); KENNY, *Action, Emotion and Will*, S. 64 f.; R. S. PETERS, *More About Motives*, Mind 76 (1967), 92 u. ff. Sehr ähnlich das soziologische Verständnis von Motiven als Regeln, die den sozialen Charakter einer Handlung beschreiben, BLUM & MCHUGH, *Die gesellschaftliche Zuschreibung von Motiven*, S. 171, 175 f. (Suche nach einem Motiv als Suche nach einer Theorie).

1434 AUSTIN, *Lectures on Jurisprudence*, lect. IV, Band I, S. 165.

1435 HEIDER, *The Psychology of Interpersonal Relations*, S. 81, 100 ff.

1436 ENGISCH, *Untersuchungen über Vorsatz und Fahrlässigkeit*, S. 142 ff.; LÖFFLER, ÖZStR 2 (1911), 131, 134; M. E. MAYER, *Der allgemeine Teil des deutschen Strafrechts*, S. 103 f. („Motive (Beweggründe) sind Vorstellungen, die auf den Willen einwirken.“); BETTIOL, *Diritto penale*¹¹, S. 526; MANTOVANI, *Diritto penale: Parte generale*², S. 629; siehe auch oben bei Fußn. 912.

Vgl. schon ACH, *Analyse des Willens*, S. 341: „Die Motivation umfaßt die Gesamtheit derjenigen bewußten und unbewußten psychonomen Faktoren, auf Grund deren unser Wollen und Handeln zustande kommt.“

Streben nach möglichst umfassender Handlungserklärung[1437] stets von Interesse, ebenso unbestrittenerweise als be- oder entlastende Indizien beim prozessualen Nachweis einer Tat[1438].

„Motiviertes Handeln ist tautologisch“ – es gibt kein Handeln, also kontrolliertes oder kontrollierbares Verhalten, ohne Grund oder Ziel.[1439] Motive in dem geläufigen psychologischen Verständnis als unbewußte, affektiv repräsentierte Affektantezipation,[1440] unbewußte Strebungen und dergleichen berühren indes eine Erörterung des „Vorsatzes“ von vornherein nicht. Trennt man zwischen Willensbildung (Antriebssteuerung) und Umsetzung des Willens (Handlungssteuerung) und rechnet man Motive als „Antriebe“,[1441] “springs of action”[1442] oder zureichende Gründe allen Wollens oder Nichtwollens[1443] – wobei die Strafrechtsdoktrin wie die Alltagspsychologie oft essentialistischer denkt als die Psychologie und wirkliche seelische Vorgänge vergleichbar FREUDS „mythischen Wesen“[1444] annimmt im Gegensatz zu bloßen Erklärungskonstrukten[1445] –, gleichgültig ob unbewußt oder bewußt, der

Ebenso wie Absichten können Motive sowohl kausal als auch hermeneutisch gedeutet werden, vgl. nur den „hermeneutischen Motivbegriff“, den ALWART, GA 1983, 433, 437 ff., in Anlehnung an ANSCOMBE und VON WRIGHT zugrundelegt.

1437 VALLACHER & WEGNER, *A Theory of Action Identification*, S. 26, sprechen von “human inclination to be informed of what we are doing in the most integrative and general way possible”. Geschworenengerichte interessieren sich daher vor allem für die Motive eines Täters, vgl. nur SALEILLES, *L’individualisation de la peine*, S. 88 ff.

1438 Siehe schon CICERO, *de inventione*, II, v, 19: „Nam nihil factum cuiquam probatur, nisi aliquid quare factum sit ostenditur.“; sowie heute BGH NStZ 2004, 35, 36; NJW 1991, 2094 m. w. Nachw.; HALL, *General Principles of Criminal Law*², S. 119; LAFAVE, *Criminal Law*³, § 3.6(b), S. 245 f.; SMITH & HOGAN, *Criminal Law*¹⁰, S. 96. Das Motiv für wesentlich zur Feststellung des Dolus hielten schon BERNER, *Grundlinien der criminalistischen Imputationslehre*, S. 300 f.; BAUER, *Abhandlungen aus dem Strafrechte und dem Strafprocesse*, Band 1, S. 283.

1439 HECKHAUSEN, *Ein kognitives Motivationsmodell*, S. 283; RASCH, *Forensische Psychiatrie*², S. 190 f.; ebenso BLUM & MCHUGH, *Die gesellschaftliche Zuschreibung von Motiven*, S. 171, 181 ff., 187: Motivzuschreibung setzt voraus, daß das Verhalten des Objekts als regelgeleitet, planmäßig betrachtet wird. Vgl. RICŒUR, *Le volontaire et l’involontaire*, S. 64: « Pas de décision sans motif.» Im Strafrecht auch HALL, *General Principles of Criminal Law*², S. 77.

1440 Siehe oben bei Fußn. 583 u. ff.

1441 Vgl. nur KELLER, *Psychologie und Philosophie des Wollens*, S. 71 ff., 137 ff., 164 ff.

1442 AUSTIN, *Lectures on Jurisprudence*, lect. IV, Band I, S. 165, siehe auch lect. XVIII, S. 424, 428, 431 f., nach LOCKE, *An Essay Concerning Human Understanding*, book II, ch. XXI, § 34, S. 252; vgl. BENTHAMS berühmte Motivtabelle *A Table of the Springs of Action*, Works, vol. I, S. 195 ff.

1443 CHR. WOLF, *Psychologia empirica*, § 887: „Ratio sufficiens actuum volitionis ac nolitionis dicitur *Motivum*.“, § 889: *„Sine motivis nulla datur in anima volitio, nulla nolitio.“* (Hervorh. im Original).

1444 FREUD, *Neue Folge der Vorlesungen zur Einführung in die Psychoanalyse*, XXXII. Vorlesung, Gesammelte Werke, Band 15, S. 101 („Die Triebe sind mythische Wesen, großartig in ihrer Unbestimmtheit.“).

1445 Vgl. BRUNS, *Das Recht der Strafzumessung*², S. 210, 211 (Motive als „seelische Wurzeln“); PAEFFGEN, GA 1982, 255, 257 ff. m. w. Nachw. (259 f.: „subjektiver Handlungstrieb“, verstanden als „innerpersonaler ‚seelischer‘ Vorgang“); sehr krit. dagegen schon KELLER, *Psychologie und Philosophie des Wollens*, S. 137 f. („irreführende Hypostasierung“); eingehend BLUM & MCHUGH, *Die*

Phase der Entstehung des „Willens“ wie z.B. der prädezisionalen Motivationsphase des Rubikon-Modells,[1446] wo ein Abwägen der Handlungsalternativen, oftmals auch ein „Kampf der Motive“[1447] – in dem die Strafe dem Motiv der Normtreue zur Dominanz verhelfen soll[1448] – und das Wirken des *liberum arbitrium*[1449] angesiedelt wird, zu,[1450] dann kommt es auf die so verstandenen Motive für die Bestimmung und Zurechnung strafbaren Unrechts im Sinne einer objektivierten falschen Haltung zur Norm nicht an, sondern sie finden – begrenzte – Berücksichtigung erst im Rahmen der Schuld, die auch die Antriebssteuerung betrachtet,[1451] wobei Zurechnungsfähigkeit bisweilen als „normale Bestimmbarkeit durch Motive“ definiert wurde[1452]. Umfassendere Betrachtung von Motiven findet sich zumeist erst und nur im Zuge der Strafzumessung in Strafrechten, die eine Individualisierung der Strafe

---

gesellschaftliche Zuschreibung von Motiven, S. 171, 172 ff., die zwischen dem Sachverhalt, über den ein Motiv-Bericht etwas aussagt und der in konkreten psychischen Zuständen bestehen mag, und dem analytischen Status des Motivbegriffs als öffentlich konstituierte Regel eines Beobachters, die den Verlauf *sozialen* Handelns schildert, unterscheiden. Ähnl. RASCH, *Forensische Psychiatrie*², S. 190 f.: „Irrtümlicherweise wird meist angenommen, daß man zunächst ein ‚Motiv‘ herauspräparieren kann, um es in einem zweiten Akt zu bewerten. Tatsächlich fallen jedoch beide Schritte zusammen, weil die Motivbenennung nicht mehr als ein willkürliches Bemühen ist, die innere Verfassung des Täters zur Tatzeit auf eine handhabbare Formel zu komprimieren ... Im Belieben des Interpretierenden steht, welches Etikett er für diesen Zustand wählt und wie er dessen Entwicklung sieht. Letztlich steht es ihm frei, in welche Richtung er den Deutungsprozeß führt und an welcher Stelle er ihn abbricht.“

1446 Siehe oben bei Fußn. 610 u. ff.

1447 Vgl. LEWIN, *Vorsatz, Wille, Bedürfnis*, S. 43, 87 (= Psychologische Forschung 7 (1926), 330, 334, 380); ROHRACHER, *Einführung in die Psychologie*⁵, S. 488, 492, 495 ff.; ähnl. STERN, *Allgemeine Psychologie*², S. 561; zutr. krit. zu diesem kolloquialen Ausdruck SEEBASS, *Wollen*, Anm. 225 (S. 316 f.); JAKOBS, *Studien zum fahrlässigen Erfolgsdelikt*, S. 31 m. w. Nachw.; auch schon KELLER, *Psychologie und Philosophie des Wollens*, S. 92 ff.

1448 CHR. WOLFF, *Philosophia practica universalis*, Pars I, § 287; DERS., *Ius naturae*, Pars VIII, § 662 („Poenae enim motiva esse debent non delinquendi, aut crimina non patrandi.“); BECCARIA, *Dei delitti e delle pene*, § I; FEUERBACH, *Revision der Grundsätze und Grundbegriffe des positiven peinlichen Rechts*, Band II, S. 40 ff.; BAUER, *Lehrbuch des Strafrechts*², § 126; VON LISZT, *Der Zweckgedanke im Strafrecht*, S. 23 (= Abhandlungen Band I, S. 126, 163); auch SALMOND, *Jurisprudence*¹², S. 405 (“The object of punishment is to counteract by the establishment of contrary and artificial motives the natural motives which lead to crime.”) sowie SCHOPENHAUER, *Preisschrift über die Freiheit des Willens*, S. 481, 625: „ein Kriminalkodex ist nichts anderes als ein Verzeichnis von Gegenmotiven zu verbrecherischen Handlungen.“

1449 Krit. SALEILLES, *L'individualisation de la peine*, S. 157 f.

1450 So z.B. ENGISCH, *Untersuchungen über Vorsatz und Fahrlässigkeit*, S. 143 f.; KRÜMPELMANN, ZStW 87 (1975), 888, 891; LAMPE, *Das personale Unrecht*, S. 234 ff., 238 ff.; MANTOVANI, *Diritto penale: Parte generale*², S. 630.

1451 Vgl. JAKOBS, *Strafrecht Allgemeiner Teil*², Tz. 6/21 f., 6/25 ff.; die Unterscheidung von Handlungs- und Antriebssteuerung geht auf die Rezeption der heute überholten Schichtentheorie ROTHACKERS und der Persönlichkeitspsychologie LERSCHS durch WELZEL zurück, siehe oben Fußn. 280, 515. Umgekehrt bestimmt sich nach ARMIN KAUFMANN das Maß des Aktunwerts in erster Linie nach den Motiven, die für die Willensbildung bestimmend waren, *Lebendiges und Totes in Bindings Normentheorie*, S. 208 f.; siehe auch WELZEL, NJW 1962, 20, 21.

1452 VON LISZT, *Die deterministischen Gegner der Zweckstrafe*, S. 25, 43.

vorsehen[1453] sowie im Rahmen des Strafverfolgungsermessens in Rechtsordnungen, in denen das Opportunitätsprinzip herrscht[1454].

Für jegliches ganz oder zumindest bei der Strafzumessung spezialpräventiv ausgerichtete Strafrecht sind handlungsselektierende Motive, die die Verknüpfung von Tat und Biographie des Täters herstellen,[1455] grundsätzlich von Interesse, sofern sie als Symptome für Gefährlichkeit oder Ungefährlichkeit des Täters gelten können.[1456] Die „moderne“ oder „soziologische Schule“ hat den Motivbegriff ausgedehnt auf die *gesamte* psychische Eigenart des Täters, die unter dem Einfluß äußerer Anreize sein kriminelles Verhalten bestimmt hat.[1457] Generalpräventive Belange werden berührt, wenn bestimmte (z.B. diskriminierende, insbesondere rassistische usw.) Motive die soziale Störung verschärfen.[1458] Schließlich eröffnet die Strafzumessung vielfach auch die Möglichkeit zu mehr oder weniger offener moralischer Bewertung des Täters und seiner Beweggründe.[1459]

1453 Dies gilt als Errungenschaft moderner Strafgesetze. Zu den ersten zählte der damals vieldiskutierte schweizerische Entwurf von 1896, siehe nur von Liszt, *Die psychologischen Grundlagen der Kriminalpolitik*, S. 170, 194 ff. m. w. Nachw.; von Lilienthal, ZStW 20 (1900), 440, 449 ff., 453 f.; sowie Saleilles, *L'individualisation de la peine*, durchgehend; Donnedieu de Vabres, *Traité de droit criminel*³, n° 123b); Bettiol, *Diritto penale*¹¹, S. 526 f.; Hall, *General Principles of Criminal Law*², S. 100 ff.; Dressler, *Understanding Criminal Law*, § 10.04[A][2]; LaFave, *Criminal Law*³, § 3.6(b), S. 245; Smith & Hogan, *Criminal Law*¹⁰, S. 96; krit. Norrie, *Crime, Reason and History*, S. 46.

Vgl. nur Art. 61, 62, 133 cpv. 2 n. 1, Codice penale (dazu Bettiol, *Diritto penale*¹¹, S. 527 ff., 793 ff.); § 46 Abs. 2 Satz 2 dStGB (dazu Bruns, *Das Recht der Strafzumessung*², S. 211; Schäfer, *Praxis der Strafzumessung*², Rn. 246 f.; krit. Hörnle, *Tatproportionale Strafzumessung*, S. 267 ff. m. w. Nachw.).

1454 Vgl. nur LaFave, *Criminal Law*³, § 3.6(b), S. 245 f. m. w. Nachw.

1455 Vgl. Blum & McHugh, *Die gesellschaftliche Zuschreibung von Motiven*, S. 171, 184: „Diese Grammatik der Motive wird immer dann angewendet, wenn ein Ereignis in eine Biographie aufgenommen werden soll. ... Motive sind allgemein verfügbare soziale Charakterisierungen; sie sind die Grammatik zur Verknüpfung von Biographie und Ereignis.“ S. 186: „Motive bestimmen den Personentypus.“; ähnl. Rasch, *Forensische Psychiatrie*², S. 190 f.

1456 So ausdrücklich Art. 133 cpv. 2 Codice penale, der in n. 1 die Erforschung der Motive zur Bestimmung der *capacità a delinquere* des Täters vorschreibt, siehe dazu Bettiol, *Diritto penale*¹¹, S. 527, 793; Mantovani, *Diritto penale: Parte generale*², S. 630.

1457 von Liszt, *Die psychologischen Grundlagen der Kriminalpolitik*, S. 170, 181 ff., 190; zust. Saleilles, *L'individualisation de la peine*, S. 221 ff. Zur *Scuola positiva* und *dottrina dei motivi a delinquere* auch Bettiol, *Diritto penale*¹¹, S. 527 f.; Mantovani, *Diritto penale: Parte generale*², S. 630.

1458 Ausdrücklich sehen diskriminierende Motive als *allgemeine* Straferschwerungsgründe vor: RPE Rule 7.1(2)(b)(v): "motive involving discrimination"; United States Sentencing Commission, *Guidelines Manual* (2003), § 3A1.1(a); beispielhaft Wis. Stat. § 939.645(1)(b) (1989–1990), bestätigt in *Wisconsin v. Mitchell*, 508 U.S. 476, 484 f.; 113 S.Ct. 2194; 124 L.Ed.2d 436 (1993); Art. 22, 4ª Código penal; seit 2003 auch Art. 132-76, 132-77 des Nouveau code pénal, dazu Desportes/Le Gunehec, *Droit pénal général*¹⁰, n° 478 S. 426 f. m. w. Nachw.; siehe auch den Qualifikationstatbestand *racially aggravated assault* im englischen Crime and Disorder Act (1998), s. 29(1)(c); siehe weiter Olusanya, 4 Int'l Crim.L.Rev. 431, 444 ff. (2004) m. w. Nachw.

1459 Vgl. Wilson, *Central Issues in Criminal Theory*, S. 130: "If punishment is a matter of moral desert how can a person's reasons or motives not matter?"; Merle/Vitu, *Traité de droit*

Hält man hingegen eine Unterscheidung zwischen Antriebs- und Handlungssteuerung, von Motivation und Intention[1460] nicht für durchführbar, so sind Motive nichts anderes als Handlungsbeschreibungen auf abstrakter Ebene.[1461] Dies entspricht dem ebenfalls verbreiteten Sprachgebrauch, der Motive mit Zielen im Sinne überwiegend bewußter, sprachlich-symbolisch repräsentierter, kommunizierbarer antezipierter Zustände von individueller Bedeutung[1462] gleichsetzt, die nur bei bewußtem, willentlichen Handeln vorkommen[1463]. Mit der Unterscheidung von Handlungsphasen der Motivation und Volition ist dies insofern verträglich, als nicht selten das „siegreiche“ Motiv zur Identifikation der Handlung benutzt wird. So verstanden, unterscheiden sich Motive nicht von Wünschen, Zielen, Zwecken, Gründen, Beweggründen, außer, daß sie im Strafrecht regelmäßig Ziele bezeichnen, die jenseits einer definierten Handlung liegen, die als Mittel zur Erreichung

---

criminel[6], tome I, n° 559; DESPORTES/LE GUNEHEC, *Droit pénal général*[10], n° 477 m. w. Nachw.; krit. HÖRNLE, *Tatproportionale Strafzumessung*, S. 60 f., 267 ff., 270 ff. m. w. Nachw.

1460 Es kommt auch hier wieder auf die Höhe der Ebene an, auf der eine Unterscheidung getroffen werden soll: Versteht man „Motivation“ als Frage nach dem Zweck einer Handlung und „Kognition“ als Frage nach der Verarbeitung des sensorischen Einstroms, deklarativen Weltwissens, so gehören Absichten usw. ohne weiteres zu den Motiven i.S. personseitiger Handlungsanlässe, siehe SCHMALT, *Zur Kohärenz von Motivation und Kognition*, S. 241 f., 264; SCHMALT & HECKHAUSEN, *Motivation*, S. 451, 480 ff.; auch WESTERMANN & HEISE, *Motivation und Kognition*, S. 275, 309 f., alle m. w. Nachw. Die Unterscheidung von Wahl eines Handlungsziels und resultierendem „Vorsatz“, von Motivation im engeren Sinne und Intention (Volition), ist dann eine intern motivationspsychologische.

KUHL, *Motivation und Persönlichkeit*, S. 54 f. und durchgehend, verwendet einen umfassenden Motivationsbegriff für jegliche „Verschaltung psychischer Basisfunktionen mit ausführungssteuernden Systemen“ (S. 54), mithin für alle i.w.S. handlungssteuernden Prozesse. Motive werden verstanden als „*Vernetzung* der Repräsentionen von (1) Bedürfnissen, (2) relevanten Objekten und Handlungsmöglichkeiten, (3) Affekten, die Bedürfnisrelevanzen aufzeigen (Anreize) und den Organismus für die zu erwartenden Handlungskategorien vorbereiten ... und (4) Aktivierungs- bzw. Erregungswirkungen.“, *ibid.*, S. 532 u. ff., auch S. 120 f.

1461 VALLACHER & WEGNER, *A Theory of Action Identification*, S. 117 ff. (S. 118: "motives are simply act identities at a relatively high level that serve to integrate more basic identities") und oben bei Fußn. 958; ähnl. KRUGLANSKI, *The Endogenous-Exogenous Partition in Attribution Theory*, Psychological Review 82 (1975), 387, 390 ("... arbitrary semantic decision to characterize some purposes in a 'motive' language (that has an 'internal' feel to it) and other purposes in a 'goal' or object language (that feels 'external').”); KENNY, *Action, Emotion and Will*, S. 65 ("It depends on the way an action is described how much there is left to be explained by reference to either motive or intention."); auch R. S. PETERS, *More About Motives*, Mind 76 (1967), 92, 92 f.; KELMAN, 33 Stan. L.Rev. 591, 667 f. (1980–81).

Nachw. aus der deutschen Strafrechtslehre bei PAEFFGEN, GA 1982, 255, 257 f. Fn. 13.

1462 Siehe oben bei Fußn. 583 u. ff. Die Ähnlichkeit wird deutlich bei HECKHAUSENS Definition, *Ein kognitives Motivationsmodell*, S. 283, 285: „Unter Motiven werden Inhaltsklassen von Ereignissen verstanden, deren Eintreten für den Handelnden wertbesetzt ist und deren Eintreten er durch eigenes Handeln beeinflussen zu können glaubt.“ Vom konkreten Handlungsziel ist das Motiv dann nur durch die Verallgemeinerung (Klasse) unterschieden.

1463 KENNY, *Action, Emotion and Will*, S. 61.

eben solcher Ziele dient,[1464] während Absichten regelmäßig handlungsunmittelbare, -nahe oder zumindest -nähere Ziele bezeichnen,[1465] obgleich nicht auszuschließen ist, daß tatbestandliche Absicht und Motiv auch zusammenfallen können. Sofern außertatbestandliche Ziele im Strafrecht relevant sind, wie es oft für Verteidigungs- oder Rettungsabsichten bei Notwehr- und Notstandstaten angenommen wird[1466] oder diskriminierende Beweggründe bei *hate crimes*,[1467] sind folglich auch „Motive“ in diesem Sinne relevant und fallen mitunter mit den „überschießenden Innentendenzen“[1468] zusammen.

Identifiziert man Motive mit Interessen oder Gefühlen wie Habgier, Angst, Haß, Eifersucht usw., so ist damit an Genauigkeit nichts gewonnen.[1469] Denn auch diese Begriffe lassen sich, da sie stets als handlungsrelevant erachtete „innere Zustände“ benennen, als hochabstrakte Handlungsbeschreibungen verstehen, die oft mit ei-

---

1464 Vgl. VON LISZT, *Die psychologischen Grundlagen der Kriminalpolitik*, S. 170, 177 f.; ENGISCH, *Untersuchungen über Vorsatz und Fahrlässigkeit*, S. 143; WELZEL, NJW 1962, 20, 21; SALEILLES, *L'individualisation de la peine*, S. 217 ff. m. w. Nachw.; BETTIOL, *Diritto penale*[11], S. 526; MANTOVANI, *Diritto penale: Parte generale*[2], S. 630; GLANVILLE WILLIAMS, *Criminal Law: The General Part*[2], § 21, S. 48 ("ulterior intention—the intention with which an intentional act is done"); so schon SALMOND, *Jurisprudence*[12], § 90, S. 372 u. ff.; ähnl. STEPHEN, *A History of the Criminal Law of England*, vol. II, S. 110 ff.

Dem entspricht die Unterscheidung von *finis operis* und *finis operantis*, sofern beide völlig gleichgerichtet sind, *finis operis* also Zwischenziel zu *finis operantis* ist. Sind *finis operis* und *finis operantis* nicht gleichgerichtet, liegt allenfalls *dolus indirectus* vor (oben bei Fußn. 1384).

1465 Beispielhaft: In *Chandler v. D.P.P.*, [1964] A.C. 763, 791, 795 (H.L.), waren die Angeklagten in eine Militärbasis eingedrungen, um gegen Kernwaffen zu demonstrieren. Ihnen wurde eine Tat unter dem Official Secrets Act 1911 vorgeworfen, die "a purpose prejudicial to the safety or interest of the state" voraussetzte. Die Angeklagten bestritten dies, weil es im Gegenteil ihre Absicht gewesen sei, auf die Gefahren nuklearer Bewaffnung für den Staat und die Bevölkerung hinzuweisen. Das House of Lords nahm an, dieses Endziel der Demonstranten stelle nicht ihre Absicht – diese betraf das Mittel des unerlaubten Eindringens in Militärgebiet –, sondern ihr (irrelevantes) Motiv dar.

HOLMES J., *dissenting*, in *Abrams v. United States*, 250 U.S. 616, 627; 40 S.Ct. 17; 63 L.Ed. 1173 (1919), begriff *specific intent* umgekehrt als "proximate motive".

1466 DRESSLER, *Understanding Criminal Law*, § 10.04[A][2]; WILSON, *Central Issues in Criminal Theory*, S. 129. Dies wird freilich mit Recht bestritten, vgl. nur JAKOBS, *Strafrecht Allgemeiner Teil*[2], Tz. 11/18 ff., 20 f.; LAFAVE, *Criminal Law*[3], § 3.6(a), S. 244 f., jew. m. w. Nachw.

1467 HORDER, *On the Irrelevance of Motive in Criminal Law*, S. 173 ff., 174 Fn. 5; SMITH & HOGAN, *Criminal Law*[10], S. 96; FLETCHER, *Basic Concepts of Criminal Law*, S. 124; siehe auch HÖRNLE, *Tatproportionale Strafzumessung*, S. 272 f. Zu *hate crimes* siehe nur ROBINSON, 1992/1993 Ann.Surv.Am.L. 605 ff. m. w. Nachw.

1468 Cf. DRESSLER, *Understanding Criminal Law*, § 10.04[A][2]; LAFAVE, *Criminal Law*[3], § 3.6(a), S. 242 f.; DESPORTES/LE GUNEHEC, *Droit pénal général*[10], n° 478; GEHRIG, *Der Absichtsbegriff in den Straftatbeständen des Besonderen Teils*, S. 27 ff.; jew. m. w. Nachw.; formal differenzierend DONNEDIEU DE VABRES, *Traité de droit criminel*[3], n° 124.

1469 Entgegen DONNEDIEU DE VABRES, *Traité de droit criminel*[3], n° 123, der dies für die exaktere Definition als die Bezeichnung als Endziel *(but final)* hält.

VON WRIGHT, *Die menschliche Freiheit*, S. 209, 230 f., differenziert zwischen Gründen, die rational, und Motiven, die irrational und „blind“ sein könnten wie Leidenschaften und animalische Antriebe (Hunger, Durst); siehe auch oben Fußn. 926.

ner positiven oder negativen Bewertung,[1470] zumeist einer Gesamtbewertung eines ganzen „Motivbündels“[1471], verbunden sind,[1472] oder als Ausdruck einer aktuell realisierten Disposition,[1473] die wie schon die aristotelische ἕξις eine Haltung, die „Gesinnung“[1474] oder den Charakter des Täters beschreiben soll[1475]. Freilich handelt es sich oft um „klischeehafte Etikettierungen“, um das Verhalten des Täters in „rationalistische Deutungskategorien“ zu zwingen.[1476] Sie können zugleich einen mehr oder weniger bewußten affektiven Antrieb kennzeichnen, ein Bedürfnis, zu dessen Befriedigung die Handlung unternommen wird und das sich auf diese Weise wiederum in eine Handlungsbeschreibung einfügen läßt.[1477] Der Unterschied zwischen Handlungszielen (Absichten) und Motiven wird bisweilen gerade in deren emotionaler, sozialer oder rechtlicher Valenz gesehen, die die gesamten Umstände von Tat und Täter einbeziehen kann[1478] – eine mögliche Sprachregelung, wonach Motive bewertete Ziele wären[1479]. Somit hängt der bisweilen behauptete Unterschied[1480] zwischen Motiven als Zielen (ANSCOMBE's “forward-looking motives”[1481]) und Motiven als Ursachen oder Gründen (“backward-looking motives”) im Rahmen naiv-praktischer Handlungsbeschreibung vom Kontextreichtum der

---

1470 Für DEWEY, oben Fußn. 1429, erschöpft sich der Motivbegriff darin.

1471 Dazu ALWART, GA 1983, 433 ff., 441 ff., 451.

1472 BENTHAM, *Principles of Morals and Legislation*, ch. X § 2, IX ff., XV (XIII).

1473 Für ein dispositionelles Verständnis von Emotionen und Motiven siehe RYLE, *The Concept of Mind*, ch. IV, S. 81 ff., 106 ff.; ähnl. VON WRIGHT, *Die menschliche Freiheit*, S. 209, 230: bestimmte Handlungsziele zu haben ist nicht Konsequenz einer Leidenschaft, sondern konstituiert sie.

1474 Siehe ALWART, GA 1983, 433, 440; dazu STRATENWERTH, Festschrift von Weber, S. 171 ff. Zu den Begriffen der Gesinnung und rechtlichen Gesinnungsmerkmalen eingehend SCHMIDHÄUSER, *Gesinnungsmerkmale im Strafrecht*, 1958, S. 97 ff., 217 ff.; auch unten Fußn. 1671.

1475 Statt vieler HUME, unten Fußn. 2235. Wobei sich die so konstruierten Haltungen oder Einstellungen als wenig tauglich zur Prognose von Verhalten erwiesen haben, vgl. nur VALLACHER & WEGNER, *A Theory of Action Identification*, S. 223 m. w. Nachw.

1476 RASCH, *Forensische Psychiatrie*², S. 191.

1477 So auch MANTOVANI, *Diritto penale: Parte generale*², S. 630, für bewußte Motive.

1478 Insb. GEHRIG, *Der Absichtsbegriff in den Straftatbeständen des Besonderen Teils des StGB*, S. 63 ff. m. w. Nachw.; ähnl. PAEFFGEN, GA 1982, 255, 258; ALWART, GA 1983, 433, 440.

1479 GEHRIG, *Der Absichtsbegriff in den Straftatbeständen des Besonderen Teils des StGB*, S. 64 f., versucht, die Unterscheidung weiter zu vertiefen, indem Motive als „Antriebskräfte“, „Triebfedern“ angesprochen werden, auf die vom Endziel des Täters geschlossen werden könne (im Anschluß an PAEFFGEN, GA 1982, 255, 260). Doch auch dies läuft auf bewertete Verhaltensdispositionen hinaus, die wiederum durch die Neigung zur Verfolgung bestimmter Ziele charakterisiert werden. Deutlicher noch wird dies bei PAEFFGEN, GA 1982, 255, 259 f., selbst: der Endpunkt der Intention sei höchstwahrscheinlich auch die Situation, die zur (zeitweiligen) Beruhigung des stimulierenden Motivs führe (260). Der von GEHRIG, *ibid.*, S. 65, zitierte KELLER, *Psychologie und Philosophie des Wollens*, S. 89, versteht denn auch Motive als „Abzielungen und Absichten“, bzw. (S. 241 f.) als *bedeutungshaltige* „Bewandtnisbezüge“, „Zielgehalte, Zweckbezüge und Folgeverhältnisse“.

1480 Dazu HALL, *General Principles of Criminal Law*², S. 86 ff., 92 f. m. w. Nachw.

1481 ANSCOMBE, *Intention*, §§ 12 ff.; dazu KENNY, *Action, Emotion and Will*, S. 58 ff.; ähnl. SIDGWICK, *The Methods of Ethics*, S. 202.

Handlungsbeschreibung ab[1482] und stellt sich letztlich als Unterschied zwischen den beiden Seiten der korrespondierenden Inferenz,[1483] d.h. zwischen Intention und Disposition, Handlungsbeschreibung und Charakterbeschreibung dar[1484].

Irrelevant sind Motive trivialerweise dort, wo das Strafrecht ihnen keine Relevanz einräumt.[1485] Eine allgemeine Regel, daß Motive grundsätzlich unbeachtlich seien, die vor allem im Common Law, wo die Behandlung von Motiven des Täters als theoretisches Problem empfunden wird,[1486] aber auch im französischen Recht[1487] und in früheren deutschen Partikularrechten[1488] immer wieder behauptet wird oder wurde und auch in den Vorarbeiten zum Rom-Statut erörtert wurde[1489] und sich verschiedenen Motiven wie der Angst vor dem „subversiven Poten-

---

1482 Auf den „doppelten Sinnbezug“ des Handelns weist SCHÜTZ, *Der sinnhafte Aufbau der sozialen Welt*, § 17, S. 97, hin; ähnl. KENNY, *Action, Emotion and Will*, S. 63 ff., der dazu folgendes Handlungsschema wählt: Jemand handelt, weil er den gegenwärtigen Zustand *(state of affairs)* mißbilligt und einen künftigen Zustand herbeiführen will, den er billigt. Diese Handlung lasse sich auf dreierlei Weise beschreiben: mit Bezug auf den mißbilligten Ausgangszustand, mit Bezug auf den gebilligten Zielzustand oder mit Bezug auf beide Zustände. Mit KENNYS Beispiel: Jemand geht ans Feuer, um sich zu wärmen (Absicht, *forward-looking motive*), weil er friert (Grund, *backward-looking motive*), vollzieht also eine „thermophile“ Handlung. Die Beschreibung (etwa das „Mißbilligen“, *disapprove*) ist etwas zu eng, zutr. R. S. PETERS, *More About Motives*, Mind 76 (1967), 92, 95 ff., besser wäre immer noch LOCKES “*uneasiness* of the Mind for want of some absent good”, *An Essay Concerning Human Understanding*, book II, ch. XXI, § 31, S. 250 f., neutraler formuliert handelt es sich um eine vorhergehende negative Realitätsauffassung, vgl. SEEBASS, *Wollen*, S. 108 ff.

1483 Siehe oben Fußn. 869; schon SCHÜTZ, *Der sinnhafte Aufbau der sozialen Welt*, § 17, S. 97; KENNY, *Action, Emotion and Will*, S. 60, haben darauf ingewiesen, daß vorwärts („Er tat es, um zu φ“.) und rückwärts („Er tat es aus dem Wunsch zu φ heraus.“) gewandte Motive oft, wenn auch nicht immer, ineinander übersetzt werden können.

1484 Was als Motiv in Betracht kommt, hängt auch davon ab, ob es ein Wort als Kurzbezeichnung für den jeweiligen Typ höherstufiger Handlungsbeschreibung gibt, vgl. KENNY, *Action, Emotion and Will*, S. 64. In seinem Beispiel (oben Fußn. 1482) fehlt eines, es sei denn, man wolle sagen, der Handelnde sei durch „Thermophilie“ motiviert.

1485 Vgl. ASHWORTH, *Testing Fidelity to Legal Values*, S. 299, 326 Fn. 113: “motive is irrelevant because it is not an element of most offences”, im übrigen sei die generelle Irrelevanz “an unsatisfactory overstatement”.

1486 Krit. DRESSLER, *Understanding Criminal Law*, § 10.04[A][2]; LAFAVE, *Criminal Law*[3], § 3.6(a), S. 241 ff.; WILSON, *Central Issues in Criminal Theory*, S. 129 ff.; ASHWORT, *Testing Fidelity to Legal Values*, S. 299, 326 m. w. Nachw.; siehe auch FLETCHER, *Basic Concepts of Criminal Law*, S. 124 f.; einschränkend auch SALMOND, *Jurisprudence*[12], §§ 92 f., S. 375 ff.

1487 DONNEDIEU DE VABRES, *Traité de droit criminel*[3], n° 123–125 (dessen Regel einige Ausnahmen erleidet); MERLE/VITU, *Traité de droit criminel*[6], tome I, n° 559; STEFANI/LEVASSEUR/BOULOC, *Droit pénal général*[18], n° 259 ff.; DESPORTES/LE GUNEHEC, *Droit pénal général*[10], n° 477 ff., jew. m. w. Nachw. Ebenso § 38 Iraqi Penal Code 1969.

1488 So Art. 39 Abs. 2 bayStGB 1813, dem andere Gesetzbücher oft wortgenau folgten, z.B. Art. 41 Abs. 2 StGB Hannover 1840, Art. 63 Abs. 3 thürStGB 1850, siehe Anhang X.1.

1489 Die Entwürfe der späten achtziger bis frühen neunziger Jahre enthalten einen eigenen Artikel, der verbietet, Motive zu berücksichtigen, die nicht schon in der Verbrechensdefinition erscheinen, so Art. 4 Draft Code 1991 (Draft Code of Crimes against the Peace and Security of Mankind, Report of the International Law Commission to the General Assembly on the work of its forty-third session, 29.4.–19.7.1991, General Assembly, Official Records, 46th session, supplement No. 10, UN tial strafmildernder Motive“,[1490] vor der drohenden übergroßen Komplexität des Strafrechts bei Berücksichtigung solcher Konkreta des Einzelfalls[1491] oder der Ablehnung von Strafschärfung wegen unlauterer Motive[1492] verdankt, ist wie gezeigt nicht darstellbar. Sie ist zirkulär, wenn Motive als irrelevante Ziele, Gründe usw. definiert werden.[1493] Der Befürchtung, individuelle Zwecksetzungen könnten Vorrang gegenüber rechtlichen Verhaltensstandards erlangen und diese auflösen[1494] bzw. den Richtigkeitsanspruch der Rechtsnormen in Frage stellen,[1495] läßt sich mit begrifflicher Klarheit, Positivierungen der Ausnahmefälle von Rechtfertigung und Entschuldigung sowie der Beschränkung des Strafzumessungsermessens der Gerichte durch Strafrahmen, *sentencing guidelines* usw. begegnen. Zutreffend an der Befürchtung ist, daß vielfältige Berücksichtigung von Motiven, erst recht bei der Formulierung von Tatbeständen durch den Gesetzgeber, Verhaltensstandards und damit Tatbestandsbestimmtheit zugunsten ethisierender Bewertung aufgibt.[1496] Im übrigen soll die Behauptung der Irrelevanz von Motiven offenbar in der Judikatur auftauchende Unsicherheiten[1497] ausräumen, ob „gute“ Motive, sozial oder ethisch

---

Doc. A/46/10, S. 239) = Art. 3 Abs. 1 Draft Code 1987 (Draft Code of Offences against the Peace and Security of Mankind, Report of the International Law Com-mission to the General Assembly on the work of its thirty-ninth session) mit Erläuterung in YBILC 1987-II-2, 7, 14 f.

1490 Siehe nur HORDER, *On the Irrelevance of Motive in Criminal Law*, S. 173, 186 ff.; WILSON, *Central Issues in Criminal Theory*, S. 130 ff.; sozialkritisch NORRIE, *Crime, Reason and History*, S. 37 ff., jew. m. w. Nachw.

1491 DESPORTES/LE GUNEHEC, *Droit pénal général*[10], n° 477.

1492 Vgl. nur FLETCHER, *Rethinking Criminal Law*, S. 463.

1493 Zutr. LAFAVE, *Criminal Law*[3], § 3.6(a), S. 244.

1494 HALL, *General Principles of Criminal Law*[2], S. 95 ff.; auch FINNIS, *Natural Law and Natural Rights*, S. 319; HORDER, *On the Irrelevance of Motive in Criminal Law*, S. 173, 186 ff.

1495 “... once motive rears its head, substantive issues of right and wrong enter the courtroom.”, NORRIE, *Crime, Reason and History*, S. 45.

1496 DONNEDIEU DE VABRES, *Traité de droit criminel*[3], n° 125 («spiritualisation») mit Beispielen; JAKOBS, *Strafrecht Allgemeiner Teil*[2], Tz. 8/99 („gesetzgeberische Unfähigkeit“). Eingehend und krit. WILSON, *Central Issues in Criminal Theory*, S. 130–135. Den Trend zu einem «code plus expressif des valeurs de notre société» in Gestalt des Nouveau code pénal, in dem sich die Zahl der auf Gesinnungsmomente *(dol aggravé)* abstellenden Delikte vervielfacht hat, begrüßen hingegen DESPORTES/LE GUNEHEC, *Droit pénal général*[10], n° 478 a.E. (S. 427).

In letzter Konsequenz führt die Ersetzung von Verhaltensnormen durch Motive zu einem Täterstrafrecht im Sinne radikaler Spezialprävention oder zum Maßregelrecht der *défense sociale*, vgl. LABORDE-LACOSTE, Rev.int.dr.pén. 3 (1926), 125 ff., 137; LEBRET, Rev.sc.crim. 1938, 438, 464 ff.

Seltene Beispiele für das Primat von Motiven über die förmliche Legalität oder Illegalität von Taten nach politischen Umbrüchen bieten die französische Ordonnance du 6 juillet 1943, die alle mit dem Ziel der Befreiung Frankreichs begangenen Taten amnestierte, und umgekehrt die Ordonnance du 28 novembre 1944, die mit dem Ziel der Unterstützung des Feindes (der deutschen Besatzung) begangene Taten (rückwirkend!) poenalisierte, zit. nach DONNEDIEU DE VABRES, *ibid.*; MERLE/VITU, *Traité de droit criminel*[6], tome I, n° 559 (Motiv als Anzeichen sozial nützlicher Taten, bei der Verordnung von 1943).

1497 Trotz Fehlens einer entsprechenden Norm sind gute Motive bisweilen als entlastend gewertet worden, so in Frankreich kurz nach Inkrafttreten des Code pénal von 1810, DONNEDIEU DE VABRES, *Traité de droit criminel*[3], n° 123 Fn. 2 m. w. Nachw.

wünschenswerte Ziele oder menschlich verständliche Gründe nicht als ungeschriebene oder überpositive Strafaufhebungs- oder -milderungsgründe anzuerkennen seien, obschon ein Straftatbestand vorsätzlich verwirklicht und weder Rechtfertigungs- noch Entschuldigungründe noch sonstige Strafausschließungs- oder -aufhebungsgründe vorliegen.[1498]

c) Praemeditatio

Sed in omni iniustitia permultum interest, utrum perturbatione aliqua animi, quae plerumque brevis est et ad tempus, an consulto et cogitata fiat iniuria. Leviora enim sunt ea, quae repentino aliquo motu accidunt, quam ea, quae meditata et praeparata inferentur.[1499]

In vielen nationalen Strafrechten findet oder fand sich eine besondere Form der Absicht, die fast ausschließlich zur Kennzeichnung des schwersten Tötungsdelikts[1500] verwendet wurde: die *praemeditatio*. Die geläufigen Varianten des seit römischer Zeit bekannten Konzepts[1501] und in seiner Ausformung auf BALDUS[1502] zurückgehenden *dolus deliberatus/praemeditatus sive propositum* firmieren z.B. als „Vorbedacht“, „Überlegung“,[1503] “premeditation”, “malice aforethought”,[1504] „préméditation“, „guet-apens“ („dol aggravé“),[1505] „premeditazione“,[1506] „premeditación“,[1507]

1498 Diese Frage begegnet regelmäßig in bestimmten Fallgruppen wie zivilem Ungehorsam, Friedensdemonstrationen, Anti-Kernkraft-Demonstrationen, Tötung auf Verlangen oder Selbstmordbeihilfe aus Mitleid bei Todkranken, eigenmächtigem Altruismus sowie „Gewissenstaten“ aus religiöser Überzeugung, *agents provocateurs* usw., vgl. die Nachw. bei LAFAVE, *Criminal Law*³, § 3.6(a), S. 243 f.; NORRIE, *Crime, Reason and History*, S. 40 ff.; DONNEDIEU DE VABRES, *Traité de droit criminel*³, n° 123 ff.

1499 CICERO, *de officiis*, I, viii, 27.

1500 Viele Rechtsordnungen kannten oder kennen die Distinktion Mord–Totschlag, *assassinat-meurtre, asesinato–homicidio, murder–manslaughter* usw. Ebenso, allerdings hochumstritten, im islamischen Recht, MASOODI, *Philosophy and Basic Principles of Islamic Penal Jurisprudence: A Comparative View*, S. 118, 128 ff.; BAHNASSI, *Criminal Responsibility in Islamic Law*, S. 175, 180 ff., jew. m. w. Nachw.

1501 Vgl. das Eingangszitat und CICERO, *de inventione*, II, v, 17 f.: „Causa tribuitur in impulsionem et in ratiocinationem. Impulsio est quae sine cogitatione per quandam affectionem animi facere aliquid hortatur … Ratiocinatio est autem diligens et considerata faciendi aliquid aut non faciendi excogitatio.“; D. 48, 19, 11, 2: „Delinquitur autem aut proposito aut impetu aut casu.“

1502 BALDUS, IX C. qui accusare non possint l. si crimen, n. 9 (C. 9, 1, 10), im Gegensatz zum affektiven *impetus* als *minor dolus*; zum Ganzen siehe nur ENGELMANN, *Schuldlehre der Postglossatoren*, S. 112 ff.; SCHAFFSTEIN, *Die allgemeinen Lehren vom Verbrechen*, S. 104 ff., jew. m. w. Nachw.; VON WEBER, NArchCrimR 7 (1825), 549, 564; MÜSSIG, *Mord und Totschlag*, S. 18 ff.

1503 § 211 a.F. StGB.

1504 Nach der klassischen Definition von *murder* durch COKE, *The Third Part of the Institutes of the Laws of England*, S. 51; zur geschichtlichen Entwicklung siehe STEPHEN, *A History of the Criminal Law of England*, vol. 3, ch. 26, S. 23 ff., 41 ff. m. w. Nachw. Heute bezeichnet der Ausdruck nur noch *intent*.

1505 Art. 132-72, 221-3 al. 1 Code pénal.

1506 Art. 577 n° 3 Codice penale.

1507 Art. 406 párr. 1, 4.ª des bis 1996 geltenden span. Código penal; Art. 27 Ziff. 6 Código penal de Honduras.

„malitia praecogitata“[1508] usw. Die in den Einzelheiten bestehenden Unterschiede können hier dahinstehen.[1509] Das Gegenstück zur *praemeditatio (dolus repentinus sive impetus)* umfaßt oft eine in sich heterogene Fallgruppe minder strafwürdig scheinender Umstände, vom verständlichen Motiv *(iustus dolor, metus)*, der unüberlegten schnellen Reaktion *in rixa* bis hin zur Schuldminderung qua Bewußtseinstrübung (*repentinus motus, motus et perturbatio animi*, „homo intenso dolore promotus non est in plenitudine intellectus“[1510]).[1511] Es genügt darauf hinzuweisen, daß es bei der Vorüberlegung um kein notwendiges oder typisches Merkmal zielgerichteten Handelns geht,[1512] sondern um einen bestimmten Modus, der zugleich als Verantwortungs- und Gesinnungsmerkmal fungiert und sich insgesamt als quantitative Steigerung der Strafwürdigkeit auswirkt.[1513] Denn die vorbedachte, überlegte, reflektierte Tat erscheint zum einen als Paradefall der (freien) Handlung[1514] – entsprechend der scholastischen *voluntas deliberata* oder *voluntas ut voluntas* als Vollform des freien Willens bzw. der Unterscheidung von *intentio plena–semiple-*

1508 Coke, *The Third Part of the Institutes of the Laws of England*, S. 51.

1509 Verwandt ist die Unterscheidung von *dolus antecedens seu ex proposito* im Sinne des vor der Tat gefaßten Vorsatzes und *dolus consequens seu ex re* als während einer Handlung gefaßter Entschluß, diese zu einer Straftat zu wenden, etwa bei einer Rauferei, denn «l'appétit vient en mangeant», von Weber, NArchCrimR 7 (1825), 549, 564, 575 f.; Stübel, *System des allgemeinen Peinlichen Rechts*, Zweiter Band, § 264 S. 55. Zur Entwicklung eingehend Müssig, *Mord und Totschlag*, S. 9 ff.

1510 Hippolytus de Marsiliis, *Consilia*, cons. 68 n. 17.

1511 Im späteren gemeinen Recht bestand im wesentlichen Einigkeit über die Strafminderung bei *impetus*, umstritten war, ob es noch einer *iusta causa* bedarf, vgl. Engelmann, *Schuldlehre der Postglossatoren*, S. 115 ff., 123 m. w. Nachw. ; zum späteren deutschen Recht knapp Geib, *Lehrbuch des Deutschen Strafrechts*, 2. Band, § 95 S. 256 m. w. Nachw. Ebenso Muyart de Vouglans, *Institutes au droit criminel*, S. 6 f.

Auch von Weber, NArchCrimR 7 (1825), 549, 575, nimmt bei „übereiltem Vorsatz“ *(impetus)* „geringere Willensfreiheit“ an, die zu Strafmilderung führe.

1512 Katz, *Bad Acts and Guilty Minds*, S. 205, identifiziert *premeditation* allerdings mit Searles *prior intention*.

1513 Binding, *Die Normen und ihre Übertretung*, Band II, S. 791 ff., 1143 f.; siehe auch Hemmen, *Über den Begriff*, S. 31 ff. m. w. Nachw.

1514 „Illae ergo actiones propriae humanae dicuntur quae ex voluntate deliberata procedunt.“, Thomas von Aquin, oben Fußn. 898; so noch die katholische Moraltheologie, siehe Prümmer, *Manuale theologiae moralis*, tomus I, n. 26 ff. So auch die naturrechtliche Lehre Chr. Wolffs, *Philosophia practica universalis*, Pars I, §§ 605 ff., § 709 (§ 607: „Deliberata actio enim magis libera est, quam indeliberata, & quo magis deliberata, eo magis libera est (§ 605). Enimvero quo magis libera fuerit actio, eo magis imputatur (§ 606).“).

Sehr krit. Saleilles, *L'individualisation de la peine*, S. 66 ff. m. w. Nachw. der ält. Lit. (S. 66: « Cela … a été la grande erreur de notre droit pénal classique, de faire de l'acte prémédité et réfléchi l'acte libre par excellence. … La préméditation n'est pas un signe de liberté et de responsabilité morale, c'est plus souvent un signe, ou d'obsession, ou de perversité innée, donc un signe de nocuité individuelle. » S. 69: « Neuf fois sur dix, il sera vrai de dire que plus un acte est prémédité, moins il aura été libre. Si donc la mesure de la peine est fondée sur le degré de liberté, la préméditation est le plus mauvais de tous les criteriums. »); ähnl. die Kritik von von Bar, *Gesetz und Schuld im Strafrecht*, Band II, S. 432 ff.; umfassende Nachw. bei Müssig, *Mord und Totschlag*, S. 60 ff.; siehe auch Kahan & Nussbaum, 96 Colum.L.Rev. 269, 323 ff. (1996).

na[1515] bis hin zur Phase des Abwägens und Planens im Rubikon-Modell[1516] –, die dem Täter mehr zugehört und seinen Charakter voller ausdrückt als jede andere[1517] (dazu unten VI.1.a)aa), zum anderen als Anzeichen besonderer Kaltblütigkeit[1518] und Hartnäckigkeit,[1519] als intensivste Form[1520] des *dolus*:

In der starken Form wird verlangt, daß der Täter sich deutlich, wenn auch nicht unbedingt lange Zeit zuvor, *vor* der Tat zu ihr entschlossen hat („Vorbedacht“), ihre Ausführung *geplant* hat,[1521] möglicherweise bis in die Einzelheiten hinein. In schwächeren Formen wie der „Überlegung“ genügt die überlegte Ausführung während der Tat.[1522]

Kontrastiert werden somit die geplante, überlegte, reflektierte, „freie“ Handlung im Gegensatz zu spontaner, impulsiver, unüberlegter, „unfreier(er)“ Tat und damit die Haltungen oder Gesinnungen des kühlen Kopfes, der Kaltblütigkeit, die Tatbegehung *sedato animo*[1523] gegen *calore iracundiae accensus* (*dolore commotus*, “in the heat of passion” etc.), in der Annahme, daß im Regelfall aus der Vorüberlegung auch eine ruhigere Tatausführung folge, was freilich nicht zwingend ist – der Täter mag seinen Plan vergessen, vom Affekt überwältigt werden etc. Erhöhte Strafbarkeit knüpft somit an mehrere Gesichtspunkte an: daß der Täter kontrastierende Motive abgewogen und sich dann zum Rechtsbruch entschlossen hat, diesen Entschluß vielleicht einige Zeit durchgehalten hat bis zum Tatbeginn, die vorherige Planung ein erhöhtes Maß an Steuerung, an Präzision, an besserer Vorbereitung der Tat ermöglicht, und daß durch dies alles ein höheres Maß an freier Entscheidung, an Gefährlichkeit, krimineller Energie, Rechtsfeindschaft, krimineller Disposition demonstriert wird.[1524] Die prämeditierte Tat kann nur internal, durch den Täter, erklärt werden, während die Jähtat teilweise external, am Täter vorbei durch situative

---

1515 PUFENDORF, *De iure naturæ et gentium*, lib. I cap. IV § 1: „Illam [intentionem plenam] vocant, qua voluntas, re prius sufficienter expensa, & per affectuum vehementiam non abrepta, in aliquid fertur. Semiplenam autem, ubi sufficiens deliberatio non adfuit, aut ratio affectuum turbine est concussa.“; cf. PRÜMMER, *Manuale theologiae moralis*, tomus I, n. 26.

1516 Oben bei Fußn. 610 ff.

1517 Dazu VON BAR, *Gesetz und Schuld im Strafrecht*, Band II, S. 432 m. w. Nachw.

1518 SALEILLES, *L'individualisation de la peine*, S. 45.

1519 BENTHAM, *Specimen of a Penal Code*, Works, vol. I, S. 164, 165, 167.

1520 Cf. CAVALEIRO DE FERREIRA, *Direito penal português, parte geral I*, nº 180, S. 486 f.

1521 Z.B. Art. 132-71 Code pénal: «La préméditation est le dessein formé avant l'action de commettre un crime ou un délit déterminé.»; § 33 Abs. 3 Iraqi Penal Code 1969.

1522 Zum Streit um die Auslegung des Begriffs der „mit Überlegung ausgeführten“ Tötung in § 211 a.F. StGB siehe nur FRANK, *StGB*[18], § 211 Anm. 2 m. w. Nachw.

1523 COKE, *The Third Part of the Institutes of the Laws of England*, S. 51.

1524 Exemplarisch BENTHAM, *Specimen of a Penal Code*, Works, vol. I, S. 164, 167: “Why is premeditation a source of aggravation? The greater the pertinacity a man displays in his resentments, the more danger is to be apprehended from him; the longer his desire of vengeance continues, the more probable is it that it will be gratified. ... Besides, the longer a man is governed by hostile feelings upon a given occasion, the stronger proof he gives of perverse anti-social dispositions. The punishment must be more severe which is to operate upon a hardened character: that which

Faktoren und “the common infirmity of human nature” [1525] erklärt werden mag.[1526] Diese Pauschalierungen mögen intuitiv plausibel scheinen, halten aber näherer Betrachtung kaum stand.[1527] Als Qualifikationsmerkmal kommt die *praemeditatio* in neueren Gesetzen zunehmend außer Gebrauch,[1528] das Völkerstrafrecht kennt sie nicht in expliziter Form, auch wenn Merkmale des Völkermordtatbestands vereinzelt so verstanden werden[1529].

---

would be sufficient to soften and correct a naturally benevolent mind, would have no effect upon an implacable and barbarous heart. Such characters must be restrained by greater terrors.”

Bisweilen ist das Gesinnungsmoment gegenüber der Planung der Tatausführung verselbständigt wie bei dem sog. *depraved-heart murder*, für den fahrlässige Verursachung des Todes genügt, siehe nur Model Penal Code, § 210.2, Comment, S. 15 u. ff. m. w. Nachw.

1525 Hobbes, *Leviathan*, ch. 27 [English Works, vol. 3, S. 291 f.]: “A crime arising from a sudden passion, is not so great, as when the same ariseth from long meditation: for in the former case there is a place for extenuation, in the common infirmity of human nature: but he that doth it with premeditation, has used circumspection, and cast his eye on the law, and the punishment, and on the consequence thereof to human society; all which, in committing the crime, he hath contemned and postposed to his own appetite.”

1526 Dazu von Bar, *Gesetz und Schuld im Strafrecht*, Band II, S. 432 m. w. Nachw. Zur Tat *sine causa* und zum Tatanlaß jetzt Müssig, *Mord und Totschlag*, S. 19, 29, 281 ff.

1527 Siehe schon Saleilles, von Bar, oben Fußn. 1514.

1528 So verzichten § 211 n.F. StGB, Art. 139 des neuen Código penal und Model Penal Code § 210.2 auf *Überlegung*, *premeditación* oder *malice aforethought*.

1529 Bei der Formulierung der Völkermordkonvention wurde diskutiert, ob neben einer Zerstörungsabsicht auch Vorbedacht zu verlangen sei. Auf einen Vorschlag Belgiens (UN Doc. A/C.6/217) hin wurde das Merkmal “deliberate” aus dem Entwurf (“... the following *deliberate* acts ...”) gestrichen (UN Doc. A/C.6/SR.72, SR.73), weil *premeditation* neben *special intent* überflüssig sei, dazu Drost, *Genocide*, S. 82; Robinson, *The Genocide Convention*, S. 60; Lippman, *Genocide*, S. 589, 597; Vest, ZStW 113 (2001), 457, 480. Zu den *travaux préparatoires* auch Schabas, *Genocide in International Law*, S. 216 f., 225 f. m. w. Nachw. So auch ICTR, *Prosecutor v. Kayishema and Ruzindana*, Trial Chamber, Judgement of 21 May 1999 (ICTR-95-1-T), § 91 (“... for the crime of genocide to occur, the mens rea must be formed prior to the commission of the genocidal acts. The individual acts themselves, however, do not require premeditation; the only consideration is that the act should be done in furtherance of the genocidal intent.”).

Bei der Modalität des Art. 2 lit. c) (“Deliberately inflicting on the group conditions of life *calculated to* bring about its physical destruction ...”) könnte “deliberately”, das in den anderen Tatmodalitäten fehlt, *praemeditatio* meinen, unklar die Diskussion in UN Doc. A/C.6/SR.82, dazu Drost, *Genocide*, S. 82; Robinson, *The Genocide Convention*, S. 60; Ambos, *Der Allgemeine Teil des Völkerstrafrechts*, S. 796 f. m. w. Nachw.; Fronza, *Genocide*, S. 105, 125. Damit würde aber nur verlangt, was regelmäßig auch vorliegt: Aus der Instrumentalität der Handlung zum Zerstörungsziel und der Natur einer Kollektivtat folgt, daß sie praktisch stets nur mit vorhergehender Planung und Organisation und somit nicht spontan möglich ist, so bereits der Delegierte Demesmin (Haiti), UN Doc. A/C.6/SR.72; dazu Schabas, *Genocide in International Law*, S. 208, 217. So auch die ursprüngliche Konzeption Lemkins, *Axis Rule in Occupied Europe*, S. 79: “It [genocide] is intended rather to signify a coordinated plan of different actions aiming at the destruction ...”; auch ICTR, *Prosecutor v. Kayishema and Ruzindana*, *ibid.*, § 94: “... although a specific plan to destroy does not constitute an element of genocide, it would appear that it is not easy to carry out a genocide without such a plan, or organisation.”

2. Scientia, cognitio (Wissen, Kenntnis; *knowledge, awareness, consciousness, foresight*)

Wer zielgerichtet handeln will, muß etwas über die Welt wissen. Die kognitiven Anforderungen an den Idealtyp bewußt gesteuerten Handelns drücken die scholastischen Maximen *nihil volitum nisi praecognitum* und *nihil in intellectu quod non prius fuerit in sensu* aus. Der psychische Modus des Wissens erscheint weit weniger problematisch als das Konzept des Wollens. Die Probleme der Referentialität, Individuation und Identität, insbesondere der referentiellen Transparenz oder Opazität von „wissen, daß" oder „sich vorstellen, daß" sind jedoch dieselben wie die oben[1530] anhand der Absicht erörterten. Im folgenden seien einige Unterscheidungen nach der Art oder Intensität des Wissens sowie nach den Objekten angeführt, die im Strafrecht typischerweise aufgenommen werden.

a) Differenzierungen nach dem Modus

aa) Mentale Repräsentation und Gedächtnis

In strafrechtlichem Zusammenhang wie in der Alltagsanschauung wird Kenntnis oder Wissen wesentlich als statisch gedacht: es wird erworben, liegt aktuell vor, kann vergessen werden, entweder endgültig oder vorübergehend, oder kann, falls wieder in Erinnerung gerufen, aktuell verfügbar werden. Straftatbestände erfordern fast stets nur Kenntnis von Gegenwärtigem oder Zukünftigem (dazu unten bb), das Erfassen einer gegenwärtigen Situation und ihrer künftigen Entwicklung, kaum Kenntnis von Vergangenem, so daß Erinnerungsleistungen, Zugriff auf das Langzeitgedächtnis explizit selten verlangt sind. Häufiger wird aber Kenntnis des Täters von dauerhafteren, situationsübergreifenden Daten erfordert, die auch vor der Tat erworben sein kann. Erinnern oder Wissen[1531] solcher Daten verlangt dann einen Abruf aus dem semantischen, seltener wohl aus dem episodischen Gedächtnis[1532].

1530 Oben bei Fußn. 1158 ff., 1166 ff.

1531 Der Unterschied von „Erinnern" und „Wissen" liegt in der Art des Bewußtseins bei explizitem Gedächtnisabruf: Beim „Erinnern" wird auch die Lernsituation bewußt, beim „Wissen" ist das nicht der Fall: man weiß etwas einfach oder es kommt einem bekannt vor, vgl. TULVING, *Introduction*, S. 727, 730; SCHACTER, *Searching for Memory*, S. 22 ff.; SQUIRE & KNOWLTON, *The Medial Temporal Lobe*, S. 765, 768 f.; GARDINER & RICHARDSON-KLAVEHN, *Remembering and Knowing*, S. 229 ff.

1532 Klassifikation der Gedächtnissysteme nach TULVING und SCHACTER, siehe TULVING, *Episodic and Semantic Memory*, S. 381 ff.; DERS., *Elements of Episodic Memory*, S. 8 ff., 18 ff.; DERS., *Organization of Memory*, S. 839, 840 ff.; DERS., *Introduction*, S. 727 f.; SCHACTER & TULVING, *What Are the Memory Systems of 1994?*, S. 1, 11 ff., 20 ff., 26 ff.; SCHACTER, WAGNER & BUCKNER, *Memory Systems of 1999*, S. 627, 630 ff. Diese Unterteilung ist zwar nicht unumstritten, aber gegenwärtig die wohl am weitesten akzeptierte, siehe die Beiträge in SCHACTER & TULVING, *Memory Systems 1994*, etwas abweichend z.B. SQUIRE, *Declarative and Nondeclarative Memory*, S. 203 ff. Daß

Gefragt ist auch nur, was der Täter während der Zeitspanne der tatbestandlichen Handlung oder Unterlassung wußte. Dies ergibt sich aus der Annahme, daß planendes Verhalten die mentale Repräsentation der maßgeblichen Umstände erfordere;[1533] auch wird ein Absichtsgedächtnis zur Erklärung der besonderen Persistenz absichtsbezogener Inhalte postuliert[1534]. Andererseits verlaufen, wie schon mehrfach erwähnt, viele routinierte Handlungen sowie schnelle Reaktionen offensichtlich automatisch und weitgehend unbewußt; gelegentliche bewußte Vergewisserung scheint zur Handlungssteuerung zu genügen.[1535] Eine 1:1-Vorstellung von Bewegungen scheint die Ausnahme, nicht die Regel im „motorischen Programm" des Gehirns zu sein.[1536] Je komplizierter und ungewohnter die Verrichtungen sind, desto größer ist indes ihre bewußte Repräsentation.[1537] Auch hierbei dürfte nicht in jedem Moment alles situativ Relevante zugleich bewußt sein, da die Kapazität des Kurzzeit- oder Arbeitsgedächtnisses[1538] als sehr begrenzt gilt. *Sprachliche* mentale Repräsentation von Handlungen wird als Sonderfall betrachtet, wobei allerdings die intentionale Kontrolle zunimmt, falls die Handlung verbal repräsentiert wird.[1539]

---

es verschiedene neurokognitive Systeme des Langzeitgedächtnisses gibt, ist derzeit weithin konsentiert. Einen knappen Überblick über die Theorieentwicklung geben Schacter & Tulving, *What Are the Memory Systems of 1994?*, S. 1, 4 ff.; Bower, *A Brief History of Memory Research*, S. 3 ff.

„Semantisches Gedächtnis" umfaßt das Faktenwissen jeder Art, allgemeines Weltwissen, ist unabhängig von Sprache oder Sinn (die Benennung „semantisch" ist rein historisch bedingt), sein Abruf gilt als implizit (siehe nur Tulving, *Elements of Episodic Memory*, S. 46; Schacter, *Searching for Memory*, S. 169 ff., 189 ff. m. w. Nachw.). Das „episodische Gedächtnis" betrifft Ereignisse personalen und autobiographischen Bezugs und hängt vom semantischen Gedächtnis ab, der Abruf gilt als explizit (auch *autonoetisches* Bewußtsein; siehe nur Wheeler, *Episodic Memory and Autonoetic Awareness*, S. 597 ff. m. w. Nachw.).

1533 Vgl. oben bei Fußn. 668 ff., 723.

1534 Siehe nur Goschke, *Volition und kognitive Kontrolle*, S. 270, 296 ff. m. w. Nachw.

1535 Vgl. oben II.2.c)bb) u. ff.

1536 Vallacher & Wegner, *A Theory of Action Identification*, S. 37 m. w. Nachw.

1537 Vgl. oben bei Fußn. 668 ff.

1538 Siehe auch oben bei Fußn. 641. Die Unterscheidung von Arbeits- und Langzeitgedächtnis geht auf das 1958 publizierte modale Modell von Broadbent zurück. Einen aktuellen Überblick über die verschiedenen Theoriemodelle geben Buchner & Brandt, *Gedächtniskonzeptionen und Wissensrepräsentationen*, S. 492, 494 ff.; Baddeley, *Working Memory*, S. 351, 355 ff.; ders., *Short-Term and Working Memory*, S. 77 ff.; Bower, *A Brief History of Memory Research*, S. 3, 19 ff., jew. m. w. Nachw. Jenseits des klassischen Modells von Broadbent oder Atkinson und Shiffrin bezeichnen die Begriffe „Kurzzeitgedächtnis" und „Arbeitsgedächtnis" mitunter Verschiedenes, etwa das Kurzzeitgedächtnis einen Speicher und das Arbeitsgedächtnis die Summe aller momentan aktiven kognitiven Prozesse, vgl. nur Kintsch & Ericsson, *Die kognitive Funktion des Gedächtnisses*, S. 541, 542 ff., 543, 554 ff. m. w. Nachw. Kein Modell kann derzeit als hinreichend gesichert gelten; die Gedächtnispsychologie befindet sich in geradezu turbulenter Entwicklung, vgl. Tulving, *Introduction*, S. 727 ff. Dabei hat die klassische experimentelle Gedächtnisforschung, die sich mit gemeinsam-episodischen Inhalten befaßt, der Rechtswissenschaft wenig anzubieten, vgl. nur Bahrick, *Ökologische Gedächtnisforschung*, S. 693, 697; Wippich & Mecklenbräuker, *Anwendungsorientierte Gedächtnisforschung*, S. 727, 728 ff., jew. m. w. Nachw.; knapp auch Tulving, *Organization of Memory*, S. 839, 840 ff.; ders., *Introduction*, S. 727 ff.; Roth, *Aus Sicht des Gehirns*, S. 87, 89 ff.

1539 Vallacher & Wegner, *A Theory of Action Identification*, S. 36 ff., 235 m. w. Nachw.

Ein „Wissenserlebnis“ (bewußte Vorstellung, bewußtes Erinnern) im phänomenalen Bewußtsein, d.h. in der Perspektive der ersten Person, von den strafrechtlich relevanten Umständen *simultan* zur strafrechtlich relevanten Verhaltenssequenz wird daher vielfach fehlen, ist aber auch zur Annahme kontrollierten – oder subjektiv als kontrolliert empfundenen – Verhaltens nicht erforderlich.

Was der Handelnde von einer Situation phänomenal bewußt „gekannt“ hat, so ließe sich vermuten, könnte allenfalls er selbst auf Nachfrage angeben. Selbst bei aufrichtiger Auskunft sind, wie angeführt,[1540] in der Rückschau Veränderungen des eigenen Handlungskonstrukts wahrscheinlich. Indizielle Hinweise können sich aus Erkenntnissen der Wahrnehmungspsychologie und -physiologie ergeben. Auch muß nicht alles, was der Handelnde auf Nachfrage antworten kann, im Moment aktuell bewußt gewesen, sondern könnte ebenso auch erst jetzt wieder bewußt geworden sein.[1541] Erfahrungssätze darüber, ob bestimmte bewußte Repräsentationen notwendig zur bewußten Aktivierung thematisch konnexer Gedächtnisinhalte führen, etwa bestimmte (rechtliche relevante) Eigenschaften des Handelnden oder eines Opfers oder der Tatsituation stets mitbewußt sind, wenn sie noch kurz vor der Tat bekannt waren, liegen bislang nicht vor,[1542] erst recht nicht über die wesentliche Frage, welchen Einfluß solches „Mitbewußtsein“, oder die etwaige “capacity to restore the fact to the mind”[1543] oder *tacit knowledge* auf die Handlungssteue-

---

[1540] Siehe oben bei Fußn. 724 ff., 997 ff.

[1541] DUFF, *Intention, Agency, and Criminal Liability*, S. 160 f. (zit. unten Fußn. 1554; ähnl. MYLONOPOULOS, *Komparative und Dispositionsbegriffe im Strafrecht*, S. 159) stellt auf eine solche Frage ab, will aber dennoch als Wissen nur gelten lassen, was zum Verhaltensbild insgesamt paßt – und nimmt somit doch eine retrospektive Konstruktion vor.

[1542] Dies betrifft die in der deutschen Dogmatik vorgeschlagenen Figuren des „Mitbewußtseins“ (PLATZGUMMER, *Die Bewußtseinsformen des Vorsatzes*, S. 81 ff.; ähnl. SCHEWE, *Bewußtsein und Vorsatz*, S. 114 ff., 120 ff.) und des „sachgedanklichen“ Bewußtseins (SCHMIDHÄUSER, *Strafrecht Allgemeiner Teil, Lehrbuch*², Tz. 10/54; DERS., *Strafrecht Allgemeiner Teil, Studienbuch*², Tz. 7/65 ff.; DERS., Festschrift H. Mayer, S. 317, 322 ff.). W. Nachw. oben in Fußn. 678 und zur Kritik in Fußn. 680.

Das behauptete Phänomen des „Mitbewußtseins“ ist ein Überbleibsel aus der Zeit, als Gedächtnisleistungen als Assoziationen begriffen wurden (dazu BOWER, *A Brief History of Memory Research*, S. 3 f. m. w. Nachw.), und ähnelt noch am ehesten dem von MOSCOVITCH, *Memory and Working with Memory*, S. 269, 271, beschriebenen *associative retrieval*, wonach bestimmte Auslösereize *(retrieval cues)* automatisch – im Gegensatz zum bewußten Erinnerungsbemühen *(strategic retrieval)* – bestimmte Erinnerungen hervorrufen können – womit allerdings nur etwas über den Modus, aber nichts darüber gesagt ist, *welche* Inhalte aufgrund *welcher* Reize erinnert werden.

Entsprechendes gilt für DUFFS Unterscheidung von *explicit, tacit* und *latent knowledge,* Fußn. 681. Zur englischen Rspr., die ebenfalls kein aktuelles Darandenken verlangt, siehe nächste Fußn.

[1543] Vgl. *R. v. Bello*, (1978) 67 Cr.App.R. 288, 290 (C.A.), per LANE L.J.: “A man can do an act knowingly even though at the moment when he does it the relevant fact is not actually in his mind. If he has the capacity to restore that fact to his mind, then on the face of it we would have thought the requirement of ‘knowedge’ is satisfied.”, dazu SHUTE, *Knowledge and Belief in the Criminal Law*, S. 171, 199 f.; SULLIVAN, *Knowledge, Belief, and Culpability*, S. 207, 210 ff., jew. m. w. Nachw.

rung hätte[1544]. Die Annahme, daß der Handelnde nur jeweils über *eine* vorrangige Handlungsidentität bewußt verfügt, spricht eher dagegen,[1545] ebenso die geläufige Annahme, das Gedächtnis über das Weltwissen (semantisches Gedächtnis) werde implizit abgerufen[1546]. Es gibt ferner keine Hinweise und erscheint auch wenig wahrscheinlich, daß, soweit das autobiographische, episodische Gedächtnis beteiligt wäre, dessen expliziter Abruf immer gleichsam vollständige Datensätze ins Bewußtsein riefe.[1547] Weitgehend ungeklärt ist auch, wie die Identifizierung von Individualkategorien *(unique concepts)*, die im episodischen Gedächtnis gespeichert sind, mit den korrespondierenden generellen Kategorien *(general concepts)* aus dem semantischen Gedächtnis zusammenhängt.[1548] Eine andere, rechtliche Frage ist es, ob implizite, somit aktuell unbewußte Gedächtnisinhalte – wobei es regelmäßig um Tatumstände geht, die schon vor der Tat gegeben sind[1549] – dem *Rechtsbegriff* des Kennens als Element des Vorsatzes zugeschlagen werden sollen.[1550] Dies erleichtert gewiß die die prozessuale Konstitution von Wissenserfordernissen („Beweisführung“), kann aber Unterstellungen nicht begrenzen und

---

1544 Zutr. FRISCH, *Vorsatz und Risiko*, S. 173 Fn. 51. Unbestritten ist zwar heute – siehe TOTH, *Nonconscious Forms of Human Memory*, S. 245, 254 ff. m. w. Nachw. –, *daß* unbewußte Gedächtnisinhalte verhaltensrelevant sind, unbeantwortet (und soweit ersichtlich: auch unerforscht) sind aber die strafrechtlich interessierenden Detailfragen des *Wie*.

1545 Oben Fußn. 679.

1546 Zu explizitem und implizitem Gedächtnisabruf – die Terminologie geht auf GRAF und SCHACTER zurück (SCHACTER, *Searching for Memory*, S. 171 Endn. 15 m. w. Nachw.) – siehe nur SCHACTER, *Searching for Memory*, S. 161 ff., 169 ff.; SCHACTER & TULVING, *What Are the Memory Systems of 1994?*, S. 1, 12 f.; TULVING, *Elements of Episodic Memory*, S. 46; DERS., *Organization of Memory*, S. 839, 840 ff.; DERS., *Introduction*, S. 727, 729 ff.

1547 Abgesehen davon, daß die früher verbreitete Speicherabrufmetapher überholt ist, da es wohl eher um Konstruktionsleistungen geht (SCHACTER, *Searching for Memory*, S. 69 ff. m. w. Nachw., 105: “... a retrieval cue does not merely awaken a dormant engram, and ... the subjective experience of a memory does not simply reflect the properties of an activated engram. ... the cue and the engram conspire to yield the subjective experience that we call remembering.”), sind Erinnerung oder Wissen deutlich durch Fragilität gekennzeichnet und hängen sowohl von der Tiefe der Enkodierung als auch der Eignung des Auslösereizes *(retrieval cue)* ab; siehe auch BROWN & CRAIK, *Encoding and Retrieval of Information*, S. 93 ff.

Zur Fehlbarkeit des Gedächtnisses siehe nur SCHACTER, *Searching for Memory*, S. 98 ff. m. w. Nachw.; DERS., *The Seven Sins of Memory*, durchgehend, und die Beiträge in SCHACTER (ed.), *The Cognitive Neuropsychology of False Memories: A Special Issue of the Journal of Cognitive Neuropsychology* (1999); knapp ROEDIGER & MCDERMOTT, *Distortions of Memory*, S. 149 ff.; zu Quellirrtümern siehe auch MITCHELL & JOHNSON, *Source Monitoring*, S. 179, 182 ff. m. w. Nachw.

1548 ENGELKAMP, *Word Meaning and Word Recognition*, S. 17, 23 ff., 24 m. w. Nachw.; zum Einfluß von Hintergrundwissen auf praktisches Handeln siehe auch SINHA, *Background Knowledge, Presupposition and Canonicality*, S. 269 ff., 273 ff.

1549 Zutr. NK-StGB-PUPPE, § 16 Rn. 195. Anders wäre es, wenn man unbewußte Wahrnehmung und Verarbeitung situativer Umstände hinzunähme, deren Handlungsrelevanz freilich im Einzelfall erst recht nicht zu belegen ist – und womit eine kognitive Differenzierung zur Fahrlässigkeit vollends aufgegeben wäre.

1550 Für normative Lösungen siehe FRISCH, *Vorsatz und Risiko*, S. 185 ff.; DERS., Gedächtnisschrift Armin Kaufmann, S. 311, 325, und NK-StGB-PUPPE, § 16 Rn. 192 ff., 194 f.

löst die Grenze zur Fahrlässigkeit auf.[1551] Auf psychologische Erkenntnisse könnte sich diese Begriffsbildung angesichts der weitgehenden Ungeklärtheit der präzisen Funktionsweise von Bewußtsein und Gedächtnis bei der Handlungssteuerung[1552] zumindest nicht berufen. Zwar spricht viel dafür, daß unbewußte Inhalte handlungsrelevant sein können, doch wie sollte das für die jeweils situativ rechtlich relevanten Merkmale gezeigt werden? Selbst wenn sich die Handlungsrelevanz impliziter Gedächtnisinhalte experimentell darstellen ließe, könnte sie für einzigartige, unvorhergesehene und nicht wiederholbare Situationen, wie sie ein Strafgericht retrospektiv zu beurteilen hat, nie mit vergleichbarer Gewißheit belegt werden.

Ein anders gebildeter Wissensbegriff macht sich die Mehrdeutigkeit der Worte „Wissen", „Kenntnis", „knowledge" etc. zunutze, die sowohl auf bewußte Repräsentationen wie auf implizite Gedächtnisinhalte bezogen werden können,[1553] und stellt nicht auf psychische Zustände ab, sondern interpretiert Wissen behavioristisch als Eigenschaft einer Handlung (Duff)[1554] bzw. als Disposition[1555]. Wissen dispositional zu verstehen könnte[1556] dazu führen, den gesamten verfüg*baren*[1557] Gedächtnisinhalt, mithin implizites oder latentes Wissen und potentielle Repräsentationen einzubeziehen, was den hergebrachten strafrechtlichen Wissensbegriff

---

1551 Zutr. Köhler, GA 1981, 285, 290; Roxin, *Strafrecht Allgemeiner Teil*, Band I^4, § 12 Rn. 128; ähnl. Jakobs, *Strafrecht Allgemeiner Teil*^{2}, Tz. 8/12; NK-StGB-Puppe, § 16 Rn. 190.

1552 So Kuhl, *Wille und Freiheitserleben*, S. 665, 716.

1553 Siehe nur Schmidhäuser, Festschrift Oehler, S. 135, 143 ff., und die Unterscheidung von Frank, ob Tatumstände „gedacht werden müssen oder nur gewußt zu werden brauchen", *StGB*^{18}, § 59 Anm. I 1, S. 181 f.; ders., *Über den Aufbau des Schuldbegriffs*, S. 29: solches „Wissen" soll genügen, dagegen Binding, *Die Normen und ihre Übertretung*, Band II, S. 810 Fn. 9.

1554 Duff, *Intention, Agency, and Criminal Liability*, S. 159 ff. (S. 160 f.: "My (actual) knowledge of what I am doing, of its context and likely effects, is *shown* (as my intentions are shown) in my actions and reactions: in the way in which my actions are patterned towards my ends; in what I say or would say if asked about what I am doing (I could answer such questions without having to pause and *discover* what I am doing); in my lack of surprise at what actually happens. ... The occurrence or non-occurrence of certain explicit thoughts is irrelevant to whether I am actually aware of what I am doing: my actions can manifest my awareness even if no explicit thoughts about the relevant facts pass through my mind at the time; and the occurrence of such thoughts is a manifestation of knowledge only if they are appropriately related to my actions and reactions.") (Hervorh. im Original).

1555 Mylonopoulos, *Komparative und Dispositionsbegriffe im Strafrecht*, S. 154 ff., der unbewußtes, aber jederzeit verfügbares Wissen einbezieht, unter Verweis – wie an den ungeeigneten Beispielen ersichtlich – auf die Weite des Wissensbegriffes in anderen Kontexten, die für strafrechtliche Belange jedoch belanglos ist.

1556 Verhaltensdispositionen lassen sich für unbewußt wie bewußt gesteuertes Verhalten formulieren, sowohl differenziert als auch undifferenziert. Auch hier löst die Deutung als Disposition weniger Probleme als sie schafft, dazu siehe oben bei Fußn. 419 ff.

1557 „Verfügbar" müßte noch präzisiert werden: Jede im Gedächtnis als Engramm enkodierte Information ist grundsätzlich (abstrakt) „verfügbar" *(available)*, aber erst der – bewußte oder unbewußte – Abruf *(retrieval)* macht sie (konkret) „zugänglich" *(accessible)*, Tulving, *Introduction*, S. 727, 729. Gemeint ist im hiesigen Kontext wohl diese Zugänglichkeit, vgl. Mylonopoulos, *Komparative und Dispositionsbegriffe im Strafrecht*, S. 158 („Vergessen" schließt Wissen aus), NK-StGB-Puppe, § 16 Rn. 194 (Blockade des Wissens schließt Vorsatz aus).

sprengt,[1558] der zur Differenzierung von Steuerungsgraden dient. Wozu der Täter aber *in einer konkreten Situation* disponiert war, läßt sich nur an der Manifestation in der Handlung ablesen,[1559] etwa in der *Anwendung* impliziten (prozeduralen) Wissens aus dem Fertigkeitsgedächtnis (prozeduralen Gedächtnis[1560]) beim Autofahren. Allerdings kann es bewußtes (deklaratives, begriffliches) Wissen von Umständen geben, ohne daß dies sich in der Handlung notwendig objektivieren müßte (z.B. Alter des Opfers bei sexuellem Mißbrauch) – umgekehrt läßt sich an einer Verhaltensmanifestation durch einen Gedächtnisabruf nicht ablesen, ob dieser implizit oder explizit, unbewußt oder bewußt erfolgte[1561]. DUFFS Ansatz[1562] bedingt im Ergebnis keinen Unterschied zu einem psychologisch formulierten Wissensbegriff:[1563] Da es in absehbarer Zeit keine Methode geben wird, die bei Tatbegehung aktuell bewußten Repräsentationen rückwirkend zu ermitteln und auch der Handelnde selbst nicht beobachten, sondern nur erschließen kann, was er wußte, ist jede „Feststellung“ des Täterwissens retrospektive Konstruktion, d.h.

1558 So MYLONOPOULOS, *Komparative und Dispositionsbegriffe im Strafrecht*, S. 154 ff., der das dispositionale Wissen mit dem „jederzeit verfügbaren“, wenn auch unbewußten Wissen (*knowing how* im Sinne RYLES) gleichsetzt. In dieser Allgemeinheit verfehlt dies strafrechtliche Zwekke, wie sich an dem von RYLE übernommenen Beispiel (*ibid.*, S. 156) des Französisch-sprechen-Könnens (“knowing French”) zeigt, das auch im Schlaf fortbestehe: Wer also im Schlaf französisch spricht, manifestiert sogar diese Disposition, tut dies aber gewiß vorsatzlos, handelt nicht einmal. Daher läßt NK-StGB-PUPPE, § 16 Rn. 194 f., „Verfügbarkeit von Informationen“ als Kenntnis nur bei Tatumständen ausreichen, die schon vor der Tat vorliegen, verlangt aber für die Möglichkeit des Erfolgseintritts aktuelles Bewußtsein.

Die Position DUFFS (oben Fußn. 1554) ist unklar: einerseits soll es auf explizite Gedanken nicht ankommen und z.B. das zumeist unbewußte Fertigkeitswissen des Autofahrens genügen, andererseits soll *awareness* abhängen von der Antwort auf die (hypothetische) Frage, was man gerade tue (dazu sogleich oben im Text), oder der Überraschung über Handlungsfehler.

1559 So richtig es ist, daß eine Disposition mit ihrer Manifestation nicht identisch ist, MYLONOPOULOS, *Komparative und Dispositionsbegriffe im Strafrecht*, S. 158, so praktisch unerheblich ist es auch, wenn die fragliche Manifestation zur Tatzeit fehlt und auch sonst keinerlei Anhaltspunkte für eine bestimmte Disposition vorliegen. Dies betrifft vor allem situativ limitiertes Wissen, also solche Kenntnis der Umstände der momentanen Situation, die durch Hintergrundwissen nicht vorgegeben ist.

Bemühungen, den Unterschied zwischen dispositionalem und potentiellem Wissen aufzuzeigen, MYLONOPOULOS, *Komparative und Dispositionsbegriffe im Strafrecht*, S. 158 ff., sind vergeblich, wenn „potentiell“ lediglich „aktuell nicht bewußt (bei Möglichkeit des Bewußtwerdens)“ bedeuten soll, denn Dispositionen sind nun einmal hypothetische Bedingungssätze (oben bei Fußn. 377; vgl. QUINE, *Pursuit of Truth*, S. 76: “Disposition … seems to rest on an uncomfortable notion of potentiality.”). Für Vorsatz soll die Manifestation der Disposition entbehrlich sein, nicht aber die Disposition selbst, die bei Vergessen fehle; potentielles Wissen wird als potentielle Disposition verstanden. Wie aber findet man heraus, ob der Täter zu einer bestimmten Zeit zu etwas disponiert war, wenn sich dies nicht manifestiert hat?

1560 Zum prozeduralen Gedächtnis in TULVINGS Klassifikation siehe die Nachw. in Fußn. 1532 sowie SCHACTER, *Searching for Memory*, S. 187 ff. m. w. Nachw.

1561 TULVING, *Introdcution*, S. 727, 730.

1562 Auch MYLONOPOULOS rekurriert auf indizielle Konstruktion, oben Fußn. 1541.

1563 Sowie einem von der Potentialität befreiten Dispositionsbegriff, der lediglich eine Eigenschaft bezeichnet, die sich an Symptomen manifestiert, so etwa QUINE, *Pursuit of Truth*, S. 76.

Deutung einer Handlung anhand verfügbarer Umstände mit dem Ziel der Kohärenz (siehe unten 9.). Die bisweilen[1564] vorgeschlagene „Methode“ zur Feststellung dispositionalen Wissens in Gestalt der hypothetischen Frage an den Angeklagten im Tatzeitpunkt nach bestimmten tatbestandsrelevanten Umständen oder was er da gerade tue, als Frage nach der hypothetischen Manifestation der fraglichen Disposition, ist zweifach spekulativ und im Ansatz verfehlt: Weder der Richter noch, wie gezeigt, der Angeklagte können sie retrospektiv mit hinreichender Sicherheit beantworten, auch im Tatzeitpunkt könnte sie, wie erwähnt,[1565] eine Aktualisierung latenten Wissens *(retrieval)* auslösen und daher keine verläßliche Auskunft über den Bestand des vorher *handlungsrelevanten* Wissens liefern.[1566] Insgesamt ist die Deutung von „Wissen“ als Disposition nicht hilfreich. Methodisch vorzugswürdig – die sachliche Berechtigung sei hier dahingestellt – ist demgegenüber die offene normative Gleichstellung aktueller Kenntnis mit latenter Kenntnis bei vorwerfbarer situativer Unkenntnis[1567] (dazu unten 8.).

bb) Grade der Gewißheit

Beschränkt man die Betrachtung auf explizit formulierbare mentale Repräsentationen, also auf bewußt gewordene Vorstellungen, so lassen sich deren Gehalte in der mentalistischen Sprache in die zwei Stufen intentionaler Zustände bzw. propositionaler Haltungen unterteilen, in der Terminologie Searles[1568] in den *psychischen Modus* (Glauben, Überzeugung, Zweifel) und den *Repräsentationsgehalt* (dazu unten b). Die im Strafrecht interessierenden psychischen Modi, die nicht zielbezogen sind wie Absicht oder Wille, sondern die bloße Vorstellung von etwas betreffen – und keine Stellungnahme[1569] enthalten wie Wünschen, Hoffen etc. –, begegnen unter einer Vielzahl von Ausdrücken wie Wissen, Kenntnis, *knowledge, conscious-*

[1564] Duff, *Intention, Agency, and Criminal Liability*, S. 160; Mylonopoulos, *Komparative und Dispositionsbegriffe im Strafrecht*, S. 159.

[1565] Siehe oben Fußn. 1541.

[1566] Duff, *Intention, Agency, and Criminal Liability*, S. 160, meint dem entgehen zu können, indem er auf die spontane Antwort abstellt (“without having to pause and *discover* what I am doing”) – ob dies möglich ist, müßte experimentell überprüft werden, denn solche Feinheiten übersteigen die Kompetenz der philosophischen oder juristischen Laienpsychologie. Hier wird also über psychologische Mechanismen in einer spekulativen Situation spekuliert.

[1567] Beispielhaft *R. v. Parker*, (1976) 63 Cr.App.R. 211 ff., 214; [1977] 1 W.L.R. 600; [1977] 2 All E.R. 37 (C.A.): Der Angeklagte hatte in einer Telefonzelle aus Wut darüber, keine Verbindung zu erhalten, den Telefonhörer so heftig auf die Gabel geschlagen, daß er zerbrach. Gegen den Vorwurf von *reckless criminal damage* wandte er ein, er habe nicht daran gedacht, daß er den Apparat beschädigen könnte. Der Court of Appeal befand, daß er gewußt habe, mit zerbrechlichem Material umzugehen, auch wenn ihm dies im Moment der Tat nicht aktuell bewußt war, weil “he had closed his mind to the obvious”. Dazu Geoffrey Lane L.J. in *R. v. Stephenson*, [1979] Q.B. 695, 700 ff.; [1979] 3 W.L.R. 193; [1979] 2 All E.R. 1198; (1979) 69 Cr.App.R. 213 (C.A.); krit. Ashworth, *Principles of Criminal Law*[4], S. 182.

[1568] Searle, *Intentionalität*, S. 21 f., sowie oben bei Fußn. 1236 ff.

[1569] Siehe unten bei Fußn. 1658 ff.

ness, awareness, foresight, die zumeist weiter qualifiziert werden durch Attribute der Möglichkeit bis Gewißheit.[1570] Sie alle lassen sich reduzieren auf das bewußte assertorische Urteil, daß etwas der Fall ist oder nicht bzw. der Fall sein wird oder nicht (zu Prognosen siehe b), wobei das Urteil nicht sprachlich repräsentiert sein muß und erst recht nicht in Form eines Satzes. Die scheinbar verschiedenen psychischen Modi wie Für-möglich-Halten, Für-sicher-Halten, Überzeugung, Glauben, Erwarten, Voraussehen etc. werden so reduziert auf einen einzigen, der neutral als „bewußte Vorstellung von/daß ( )“ oder “consciousness/awareness of ( )” [1571] bezeichnet werden kann; Graduierungen der „Intensität des Wissens“ verstanden als Differenzierungen zwischen Überzeugung und Zweifel etc. werden in den Repräsentationsgehalt verschoben.[1572] Hier geht es noch nicht um die verschiedenen Objekte selbst, die vorgestellt werden (dazu b), sondern um diejenigen modalen Qualifikationen des Repräsentationsgehalts, die üblicherweise schon die Bezeichnung des Modus einfärben und den Wahrscheinlichkeitskoeffizienten des Urteils betreffen:

Inhalt der Vorstellung kann sein, daß etwas möglicherweise (nicht) der Fall ist oder sicher (nicht) der Fall ist, anders ausgedrückt, daß etwas mit der Wahrscheinlichkeit p der Fall ist. Für $p = 0$ heißt dies, daß etwas (sicher, gewiß) nicht der Fall ist, für $p = 1$, daß es (sicher, gewiß) der Fall ist, für $0 < p < 1$, daß etwas möglicherweise (nicht sicher oder gewiß) der Fall ist. Weitere Quantifizierungen sind, da es sich um Einschätzungen im Alltagsleben, die oft rasch erfolgen und mit einer Vielzahl von Unwägbarkeiten belastet sind, zumeist nicht sinnvoll; nicht einmal die Vorstellung, ob $p > 0{,}5$, ob etwas also überwiegend wahrscheinlich ist oder nicht, läßt sich stets angeben. Zwar sind oft Abstufungen von bloßer Möglichkeit oder geringer Wahrscheinlichkeit bis hin zu großer Wahrscheinlichkeit anzutreffen, die aber allesamt notorisch unscharf bleiben, was eine rechtliche Verwendung erschwert. Auf nicht faßbare Grenzen abzustellen, ist für Vorsatzdefinitionen nicht ratsam.

Jedes assertorische Urteil läßt sich mit einem Wahrscheinlichkeitskoeffizienten versehen, unabhängig davon, ob es sich auf vergangene, gegenwärtige oder zukünftige Objekte oder Vorgänge (siehe b) bezieht, denn er betrifft die Sicherheit des Wissens, genauer: die Wahrscheinlichkeit, daß die Aussage wahr ist, aus Sicht des Aussagenden. Dies hängt – bei empirischen Sachverhalten – von der Einschätzung der Erkenntnismöglichkeiten, ob unmittelbare ungetrübte Wahrnehmung, Schlußfolgerung, Erinnerung etc. ab. Gewißheit oder Ungewißheit kann die Kenntnis

---

1570 Weitere Qualifikationen aufgrund des behaupteten alltäglichen Begriffsgebrauchs nimmt z.B. Shute, *Knowledge and Belief in the Criminal Law*, S. 171, 182 ff. m. w. Nachw., vor, findet diese aber, ebenso wie seine Distinktion von *knowledge* und *belief*, im Strafrecht nicht wieder.

1571 In Anlehnung an Bentham, *Principles of Morals and Legislation*, ch. IX.

1572 Die Ergebnisse sind äquivalent, zutr. Jakobs, *Strafrecht Allgemeiner Teil*[2], Tz. 8/21 Fn. 42b; Herzberg, JuS 1986, 249, 259 gegen Frisch, *Vorsatz und Risiko*, S. 27 f., 411, 488 ff.; Freund, *Strafrecht Allgemeiner Teil*, § 7 Rn. 41, denn bei genauerer Betrachtung sind die hier fraglichen Ausdrücke für die psychischen Modi (Wissen, Glauben, Für-möglich-Halten) durch die modale Qualität des Urteils differenziert.

von stabilen Tatumständen *(circumstances)* ebenso betreffen wie die Prognose über Handlungserfolge *(results, consequences)*[1573] – man kann sich sicher sein oder nur für möglich halten, daß das anvisierte Gebäude Zivilisten beherbergt oder nicht, ebenso, daß man es treffen wird oder nicht.

In der empirischen Welt ist kaum etwas im theoretischen Sinne gewiß. Der Handelnde mag gleichwohl manches felsenfest für gegeben oder notwendige Folge seines Tuns halten, obwohl andere diesem Urteil nicht zustimmen würden. Oft wird er, vor allem, wenn er Zeit zum Nachdenken hat, Zweifel an der Richtigkeit seines Urteils nicht völlig ausschließen können, dennoch aber dieses Urteil als verläßliche Grundlage seines Handelns nehmen – dies ist gemeint, wenn von *praktischer Gewißheit* oder *Glauben (belief)*[1574] die Rede ist, die sich sowohl auf vergangene, gegenwärtige wie künftige Zustände beziehen kann. Bei künftigen Ereignissen läßt sich dies auch so formulieren, daß der Täter sich vorstellt, etwas werde nach bewährtem (allgemeinem oder nur seinem) Erfahrungswissen eintreten *(in the ordinary course of events)*.[1575] Eine normative Entscheidung ist es hingegen, ob das bewußte Ignorieren bestehender Zweifel oder Ungewißheit sowie Unterlassen möglicher Vergewisserung der Gewißheit gleichgestellt wird.[1576]

Die Vorstellung, daß etwas nicht (praktisch) gewiß, sondern nur möglicherweise der Fall ist, kann auch als Vorstellung vom *Risiko* oder von der *Gefahr*, daß etwas der Fall ist, formuliert werden.[1577] Beides kann ebenso auf vergangene, gegenwärtige und künftige Ereignisse und Zustände bezogen werden.[1578] Nun kann, wer die

---

1573 Dazu JOERDEN, *Strukturen des strafrechtlichen Verantwortungsbegriffs*, S. 150 ff., 153 ff.

1574 *Belief* wird mitunter "in analogy to a bet" begriffen, d.h. anders als bei bloßen Vorstellungen gehe der Handelnde mit seiner Handlung gleichsam eine Wette auf die Wahrheit seiner Annahme ein, DESOUSA, *How to Give a Piece of Your Mind: or, the Logic of Belief and Assent*, Review of Metaphysics 25 (1971), 52, 59 ff.; FORGUSON, *Common Sense*, S. 172.

1575 Siehe die Normbeispiele oben in Fußn. 1313.

1576 So z.B. LAW COMMISSION, Draft Criminal Code Bill (1989), s. 18(a), Fußn. 1313.

1577 Im Gegensatz zu FRISCH, *Vorsatz und Risiko*, S. 28, der Für-möglich-Halten eines Erfolges und Wissen um das Erfolgsrisiko für etwas verschiedenes hält, dagegen zutr. die Kritiken in Fußn. 1572.

Daher ist die Vorstellung, z.B. eine Verletzung sei möglich, sowohl als „Verletzungsvorsatz" als auch als „Gefährdungsvorsatz" formulierbar. Ist Gefahr oder Risiko als Möglichkeit der Verletzung definiert, so ist ein Gefährdungsvorsatz immer auch Verletzungsvorsatz, zutr. SCHMIDHÄUSER, Festschrift Oehler, S. 135, 154 f.; AK-StGB-ZIELINSKI, §§ 15, 16 Rn. 81. Eine sinnvolle Differenzierung bleibt aber möglich, beispielsweise nach dem Maß der Gefahr (Höhe der Wahrscheinlichkeit) oder Abstraktheit oder Konkretheit des Risikos (RAGUÉS I VALLÈS, *El dolo y su prueba en el proceso penal*, S. 509 ff.), siehe JAKOBS, *Strafrecht Allgemeiner Teil*², Tz. 6/79 m. w. Nachw., und erst recht, wenn eine Verschiedenheit des Willensinhalts angenommen wird, so eindringlich, aber unklar GERMANN, ZStrR 77 (1961), 345, 390 ff.

1578 Vgl. Model Penal Code, § 2.02(2)(c). Es ist eine bloße Frage des Sprachgebrauchs, ob „Gefahr" oder „Risiko" vornehmlich oder nur auf Künftiges bezogen wird. Hier werden beide Ausdrücke temporal unbestimmt im Sinne von „es ist möglich, daß" verwendet. Beide Ausdrücke müssen sich auch nicht auf Ereignisse beschränken, sondern können auf feststehende oder stabile Zustände oder Eigenschaften bezogen werden als Ausdruck einer unzureichenden Beurteilungs-

Welt kennt oder überängstlich ist, immer vieles oder alles für möglich halten, so daß für gewöhnlich eine Relevanzschwelle – als Gegenstück zur *praktischen* Gewißheit – angegeben wird in dem Sinne, daß nicht die Vorstellung einer bloß theoretischen, nicht mit letzter Gewißheit ausschließbaren Möglichkeit für das Recht genügen soll, sondern eine vom Täter für handlungsrelevant erachtete, ernstgenommene Möglichkeit.[1579] Manche Rechtsordnungen setzen die Schwelle hoch an und verlangen die Vorstellung einer großen Wahrscheinlichkeit oder *substantial risk,*[1580] was in Ermangelung quantifizierbarer oder überhaupt faßbarer Wahrscheinlichkeitsstufungen mittelbar durch Abweichung von Verhaltensstandards *(gross deviation from the standard of conduct/care)* umschrieben wird.[1581] Die bewußte Vorstellung, daß etwas möglich sei, läßt sich weiter differenzieren nach Inhalt und (Auftretens-)Wahrscheinlichkeit[1582], beispielsweise, daß ein Verletzungserfolg in einer Situation unmittelbar droht (konkrete, nahe Gefahr) oder erst bei Hinzutreten weiterer, für sich ebenfalls möglicher, Ereignisse (abstrakte, entfernte Gefahr) usw.[1583]

Ferner besteht stets die Möglichkeit, auf subjektiv bewußte Risikovorstellungen zu verzichten und das Nichterkennen eines objektiv als erkennbar und intolerabel eingestuften Risikos normativ gleichzustellen, wenn dies von der die jeweiligen rechtlichen Kategorien begründenden Ratio getragen wird (dazu 8.).

---

grundlage (unzureichenden aktuellen Wissens) im Sinne von „es ist möglich, daß das Urteil (*x* ist *y*) wahr ist"; ähnl. Frisch, *Vorsatz und Risiko*, S. 345 ff., 352 ff.; Freund, *Strafrecht Allgemeiner Teil*, § 7 Rn. 71.

[1579] Vgl. Jakobs, *Strafrecht Allgemeiner Teil*², Tz. 8/23 („gültiges Urteil"), 8/30 ff.; Köhler, *Strafrecht Allgemeiner Teil*, S. 161 ff. („praktisches Geltungswissen"); ders., *Bewußte Fahrlässigkeit*, S. 121 ff. Treffend bezeichnet die russische Gesetzessprache die kognitive Beziehung zu einer drohenden Gefahr mit dem Verb осознавать = einsehen, verstanden haben (Art. 25 Abs. 2 und 3 UK RF: “если лицо *осознавало* общественную опасность своих действий”; ähnl. Art. 8 UK RFSFR: *сознавало*); dazu Скуратов/Лебедев, *Комментарий к Уголовному кодексу Российской Федерации*, Ст. 25, S. 39 (“реальная возможность”, reale Möglichkeit).

[1580] Siehe die Normbeispiele oben in Fußn. 1313 für *recklessness*. Vgl. die Vorschläge in der deutschen Dogmatik, die „Vorsatzgefahr" objektiv zu bestimmen, vor allem Puppe, unten Fußn. 2141 (auf eine *taugliche Methode* zur Tatbestandserfüllung abstellend anstelle von Risikoquantifizierung); Herzberg, unten Fußn. 2140; ähnl. auch Canestrari, GA 2004, 210, 219 ff.

[1581] Siehe die Normbeispiele oben in Fußn. 1313 für *recklessness* und *negligence*.

[1582] Siehe nur Heckhausen, *Ein kognitives Motivationsmodell*, S. 283, 290 u. ff., zum Begriff der „Erwartung".

[1583] Zur Differenzierung nach Gliedern einer Gefahrenkette siehe Joerden, *Strukturen des rechtlichen Verantwortlichkeitsbegriffs*, S. 150 ff. Ob diese Unterscheidung zugleich zur Abgrenzung von Vorsatz und Fahrlässigkeit im deutschen Strafrecht heranzuziehen ist, wie Joerden annimmt, kann hier dahinstehen.

b) Differenzierungen nach dem Objekt

aa) Äußerliche Unterscheidungen

Die bewußten Vorstellungen von „etwas“ lassen sich ferner phänotypisch unterscheiden nach diesem „etwas“, d.h. den Elementen des Repräsentationsgehalts.

Wenig aufschlußreich sind dabei Unterscheidungen zwischen Tatumständen und eigenen Handlungen, insofern letztere vom bewußt Handelnden immer als „gewußt“ gelten.[1584] Was jemand an willkürmotorischen Körperbewegungen ausführt, könnte er, sofern er überhaupt bei Bewußtsein und nicht schlafend, schlafwandelnd usw. war, irrtumsfrei wissen. Geht man indes davon aus, daß auch die subjektive Urheberschaft der eigenen Handlungen ein Zuschreibungskonstrukt ist, so mag dieses zwar oft zuverlässig sein, ist aber ebenso Fehlern ausgesetzt.[1585] Daher ist auch für die synchrone Handlungsbeschreibung[1586] niedriger Stufe nicht verbürgt, daß sie zutreffend sein müßte.

Wenig ergiebig ist ferner eine zeitbezogene Unterteilung nach vergangenen, gegenwärtigen und künftigen Umständen und Ereignissen oder Verläufen, denn Vergangenheit oder Gegenwart sind dem „Wissen“ nicht prinzipiell zugänglicher als die Zukunft, wie fast jeder Strafprozeß zeigt. Viele bewußte Vorstellungen von Gegenwärtigem und Vergangenem beruhen auf Mutmaßungen, Schlußfolgerungen, Interpolationen, ähnlich wie bewußte Vorstellungen künftiger Ereignisse sich als Schlüsse von gegenwärtigen Umständen mit Hilfe erlernter oder vermuteter Regelmäßigkeiten darstellen. Es ist eine Frage des Sprachgebrauchs, ob „Wissen“ (*knowledge* etc.) auf unmittelbare sinnliche Anschauung – in der Annahme, daß diese den höchsten Grad empirischer Gewißheit vermittele –, die nur in der Gegenwart stattfindet, und vielleicht noch die Erinnerung an vergangene Sinnesevidenzen beschränkt wird, oder auf Aussagen, deren Wahrheit gegenwärtig – zumindest im Grundsatz – festgestellt werden kann,[1587] mit der Folge, daß Künftiges nicht „gewußt“ werden kann.[1588] Bei einem Erfolgsdelikt könnte daher im Zeitpunkt der

---

1584 Im kanonischen Recht wurde zeitweise ein Irrtum über fremde (nicht notorische), aber nicht über eigene Handlungen vermutet, CIC 1917 can. 16 § 2: „Ignorantia vel error ... circa factum proprium aut circa factum alienum notorium generatim non praesumitur; circa factum alienum non notorium praesumitur, donec contrarium probetur.“; siehe auch Ragués i Vallès, *El dolo y su prueba en el proceso penal*, S. 446 ff.

1585 Zu Wegners *theory of apparent mental causation* siehe oben bei Fußn. 716 ff.

1586 Siehe oben Vallacher & Wegner, bei Fußn. 994 ff.

1587 Zur Wahrheitsfähigkeit von Aussagen über zukünftige Ereignisse siehe nur White, *Misleading Cases*, S. 113 ff., 116 ff. m. w. Nachw.

1588 Z.B. Wigmore, *The Principles of Judicial Proof*, S. 96 ("The term Belief is used commonly when an impression is thought of as bearing on a past, present, or future external fact, Consciousness when thought of as bearing on past action, and Knowledge when thought of in connection with a present or past external fact."); Law Commission, *A Criminal Code for England and Wales*, § 8.11, S. 192; Frisch, *Vorsatz und Risiko*, S. 27 f., 57 ff.; Stratenwerth, *Strafrecht Allgemeiner Teil I*[4], § 8 Rn. 67; ähnl. wohl Jescheck/Weigend, *Lehrbuch des Strafrechts, Allgemeiner Teil*[5], § 29 II 2, S. 294.

Handlung der Erfolg noch nicht „gewußt“, sondern nur prognostiziert[1589] werden; „gewußt“ werden könnte demnach allein das Risiko des Erfolgseintritts als Folge der Handlung[1590]. Ein terminologischer Gewinn ist darin nicht zu erblicken,[1591] sofern es nach wie vor darum geht, ob der Täter z.B. einen Schadensverlauf für möglich gehalten hat im Sinne einer bewußten Vorstellung[1592] und ggf. ob er ihn für praktisch sicher hielt.[1593] Zu den nicht selten auftretenden Abweichungen zwischen prognostiziertem und tatsächlichem Geschehensverlauf siehe unten 6.e)aa).

Die oben (V.1.a)dd)(ε)) im Zusammenhang mit der Zielgerichtetheit des Handelns aufgenommene Unterscheidung von Haupt- und Nebenfolgen ist für das „Wissen“ belanglos. Beabsichtigte Handlungsfolgen (Hauptfolgen) werden regelmäßig wenigstens für *praktisch* möglich gehalten, wenn eine Person eine auf sie gerichtete Handlung überhaupt unternommen hat. Aus der Absicht, bestimmte Hauptfolgen herbeizuführen, folgt allerdings streng genommen nichts für die Einschätzung ihrer Realisierungsmöglichkeit. Der Handelnde kann sie für gewiß, sehr bis wenig wahrscheinlich halten; er kann sie auch für unmöglich halten:[1594] Der dann im Handlungsvollzug liegende performative Widerspruch besagt lediglich, daß der Handelnde nicht mehr von einer rationalen Mittel-Zweck-Vorstellung, sondern anderweitig motiviert war.

Von großer Bedeutung ist hingegen die Frage nach dem präzisen Gehalt der Vorstellung in Abhängigkeit von der Art der Normmerkmale:

bb) Referentialität und Unterscheidungen nach dem Typ der Normmerkmale, nach Tatsachen und Recht usw.

Was der Täter „wissen“, wovon er eine bewußte Vorstellung wenigstens der Möglichkeit haben muß, um die subjektive Zurechnung zu begründen, wird durch die Strafnorm vorgegeben.

Diejenigen Elemente der Norm, die das inkriminierte Verhalten beschreiben (Tatbestandsmerkmale,[1595] *elements of the offense)* sind üblicherweise zugleich kenntnisrelevant, d.h. der Täter muß die Elemente der Tatsituation, die unter die

---

1589 Vgl. MüKo-StGB-Joecks, § 16 Rn. 34: Vorsatz als „vom Täter zu erbringende Prognoseleistung“.

1590 Frisch, *Vorsatz und Risiko*, S. 27 f., 57 ff.

1591 Krit. auch Shute, *Knowledge and Belief in the Criminal Law*, S. 171, 186 f.; Sullivan, *Knowledge, Belief, and Culpability*, S. 207, 214 f., jew. m. w. Nachw.

1592 Zutr. Stratenwerth, *Strafrecht Allgemeiner Teil I*[4], § 8 Rn. 67.

1593 Vgl. die Normformulierungen oben Fußn. 1313 (zu *knowingly*). Siehe auch Küper, GA 1987, 479, 503; NK-StGB-Puppe, § 16 Rn. 31.

1594 Zum „Wollen des Unmöglichen“ siehe oben bei Fußn. 1128, 1287.

1595 „Tatbestand“ (im Sinne Belings) verstanden als die „sprachliche Formulierung derjenigen Strafbarkeitsvoraussetzungen, deren Vorliegen Voraussetzung dafür ist, daß man die weiteren Fragen nach der Rechtswidrigkeit und Schuldhaftigkeit eines Verhaltens stellt“, Kuhlen, *Die Unterscheidung von vorsatzausschließendem und nichtvorsatzausschließendem Irrtum*, S. 225.

Normmerkmale subsumiert werden können, kennen i.S. von für praktisch gewiß oder für möglich halten. Allerdings sind die konkreten Referenzobjekte keineswegs stets sinnlich einfach wahrnehmbare Gegenstände der Außenwelt, sondern auch bestimmte *Bedeutungen*, die einzelnen Gegenständen oder Personen, Beziehungen zwischen einzelnen Gegenständen und/oder Personen oder ganzen Situationen anhaften, schließlich imaginäre „Gegenstände" wie rechtliche Entitäten oder Abstraktionen. Was gewußt werden muß, schreibt das Strafrecht zudem in seiner Fachsprache fest. Wie diese Anforderungen in die Sprache und basalen Rechtskenntnisse des Bürgers zu übersetzen sind, hat in vielen Rechtsordnungen erhebliche wissenschaftliche Bemühungen hervorgerufen.

Die Anforderungen an den Inhalt der Kenntnis, sobald sich etwas anspruchsvollere Fragen nach dem semantischen Gehalt stellen, lassen sich mehr oder weniger eng an die Elemente der Strafnorm binden: Möglich ist, sich von vornherein schon mit dem vagen Gefühl des Handelnden, etwas Verbotenes zu tun, zu begnügen (siehe oben IV., Modell 3), oder umgangssprachliche bzw. soziale Kategorien des Alltags, die dem strafgesetzlichen Verhaltenstyp mehr oder weniger präzise entsprechen[1596] oder vom Strafgesetz abstrahierte vermittelnde Kategorien[1597] ausreichen zu lassen, ohne daß dabei stets eine klare Abgrenzung zur Frage der Verbotskenntnis insgesamt/des Unrechtsbewußtseins möglich wäre. Hier soll aber zunächst von der Maßgeblichkeit der rechtlichen Handlungsbeschreibung ausgegangen werden, auch wenn diese in die Sprache des Handelnden zu übersetzen wäre, so daß sich die Ansätze schließlich ähneln.

Damit stellt sich die Frage nach dem Gegenstand der Kenntnis in paralleler Weise wie nach dem Gegenstand der Absicht.[1598] Der abstrakte Normsatz beschreibt Handlungen (einschließlich Unterlassungen) als Typen *(event-types)*,[1599] die auf eine unbestimmte Vielzahl konkreter Geschehnisse *(event-tokens)* zutreffen können. Naheliegend ist daher, den Normsatz als Satzvariable und seine Elemente als

---

1596 Z.B. ARTH. KAUFMANN, *Das Unrechtsbewußtsein in der Schuldlehre des Strafrechts*, S. 142 ff. („Sozialschädlichkeit"); ähnlich DERS., *Die Parallelwertung in der Laiensphäre*, S. 22 m. w. Nachw. („Unrecht im materiellen Sinne"), 32.

1597 Z.B. VON LISZT/SCHMIDT, *Lehrbuch des Deutschen Strafrechts*[26], § 39 II.1.a), S. 256 (Erkennen der Verletzung oder Gefährdung des geschützten Interesses), w. Nachw. bei KUNERT, *Die normativen Merkmale der strafrechtlichen Tatbestände*, S. 22 ff.; jetzt wieder SCHLÜCHTER, *Irrtum über normative Tatbestandsmerkmale*, S. 79 ff., 95 ff. („teleologisch-reduzierte Sachverhaltssicht", die die rechtsgutsbezogene „Verletzungsbedeutung" erfaßt), dazu auch HEIDINGSFELDER, *Der umgekehrte Subsumtionsirrtum*, S. 36 ff.; weitergehend SCHWEGLER, *Der Subsumtionsirrtum*, S. 24 ff., 49, 88 ff., 114 ff., 149 ff., die die Kenntnis des „materiellen Normsatzes" (im Sinne von BINDINGS Normentheorie) genügen läßt, aufgrund der überzogenen Annahme, der Bürger kenne und verstehe die Gesetze grundsätzlich nicht.

1598 Dazu oben bei Fußn. 1158 ff.

1599 Terminologie wie bei MOORE, oben Fußn. 1165.

Prädikatvariable zu verstehen, womit letztere in einer extensionalen Semantik als Klassen, in einer intensionalen als Eigenschaften zu deuten wären.[1600]

Die Kenntnis der präzisen *Ausdrücke* (Sprachzeichen) der oft in juristischer Fachsprache formulierten Normen zu verlangen[1601] liefe darauf hinaus, daß nur Juristen subjektiv zurechenbare Straftaten begehen könnten.[1602] Gefordert wird daher weniger: Die Kenntnis kann bezogen werden auf die Extension (Referenz, Bezug) oder auf die Intension (Sinn). Referiert ein Normprädikat auf sinnlich wahrnehmbare Gegenstände der Außenwelt, so würde im konkreten Fall für extensionale Kenntnis die bewußte Vorstellung eben dieser Gegenstände, typischerweise[1603] vermittelt durch sinnliche Wahrnehmung, genügen. Handelt es sich bei der Referenz um empirisch faßbare Gegenstände, gleichgültig, ob durch Anschauungsbegriffe oder theoretische Terme vermittelt, so ist die Übereinstimmung der erforderlichen und beim Handelnden präsenten Vorstellung durch Übereinstimmung der Extension prinzipiell gut feststellbar. Wird zusätzlich zur Extensionskenntnis die Kenntnis der Intension verlangt, so stellt sich, neben der grundsätzlichen Problematik des Intensionskonzepts, die Schwierigkeit der Identitätsfeststellung, denn der Sinn eines Normmerkmals wird in der juristischen Fachsprache zumeist auf hohem Abstraktionsniveau festgesetzt, worüber der Handelnde regelmäßig nicht verfügt. Da aber nicht nur ausgebildete Juristen Straftaten begehen, muß zur Feststellung der relevanten Kenntnis entweder die fachsprachliche Sinnbeschreibung in die Spra-

---

1600 Zur allgemeinen Problematik solcher Deutungen siehe nur STEGMÜLLER, *Probleme und Resultate der Wissenschaftstheorie*, Band I, S. 101 f. Zur Kritik QUINES an intensionalen Semantiken siehe oben bei Fußn. 1183 ff.

Demgegenüber nimmt PUPPE an, ein Straftatbestand enthalte keine Klassenbegriffe, sondern stelle eine Satzfunktion dar, die einzelnen Tatbestandsmerkmale seien folglich Individuenvariable, GA 1990, 145 ff., 148 f.; DIES., *Vorsatz und Zurechnung*, S. 6; NK-StGB-PUPPE, § 16 Rn. 34 ff., 36 ff., 38. Die Differenz ist aber nur scheinbar: Denn es bleibt zu bestimmen, welche Individuenkonstanten in die jeweilige Variable eingesetzt werden dürfen, da ein Normsatz nicht nur syntaktisch definiert ist, nicht auf jedes beliebige konkrete Geschehnis anwendbar sein soll. Um den Wertbereich der Variablen festzulegen, wird eine semantische Deutung nötig, die zu Prädikaten zurückführt, so auch PUPPE, *Idealkonkurrenz und Einzelverbrechen*, S. 65 f., 67 ff. (für den Subsumtionsprozeß). Die Frage, welche Vorstellung der Handelnde von den Prädikaten der Satzfunktion haben muß, ist damit weder gestellt noch beantwortet. PUPPE selbst fordert im Prinzip vollständige Intensionskenntnis der im konkreten Fall relevanten Prädikation (Kenntnis von implizierten Begriffen genügt daher).

1601 Nach VON LISZT, *Lehrbuch des Deutschen Strafrechts*[16/17], § 39 III 2, S. 174, gehört zum Vorsatz allerdings auch „die richtige Subsumption der Tatsachen unter das Gesetz"; w. Nachw. bei KUNERT, *Die normativen Merkmale der strafrechtlichen Tatbestände*, S. 9.

1602 Vgl. schon BELING, *Die Lehre vom Verbrechen*, S. 189; BINDING, *Die Normen und ihre Übertretung*, Band III, S. 147; FRANK, *StGB*[18], § 59 Amn. II; GRAF ZU DOHNA, *Der Aufbau der Verbrechenslehre*[4], S. 25; w. Nachw. bei KUNERT, *Die normativen Merkmale der strafrechtlichen Tatbestände*, S. 9 Fn. 11.

1603 Damit ist, wie sich im folgenden Text zeigt, keinesfalls eine Distinktion zwischen „sinnlich wahrnehmbaren" und „geistig verstehbaren" Umständen angedeutet. Überdies kann die Kenntnis von sinnlich wahrnehmbaren Gegenständen auch anders als durch *unmittelbare* Wahrnehmung, etwa kommunikativ, vermittelt werden.

che des Handelnden „übersetzt“ [1604] und *ausreichende* Übereinstimmung mit seiner Vorstellung geprüft oder, sachlich identisch, untersucht werden, ob die Vorstellung des Täters *ausreichend* mit dem Fachbegriff kompatibel, etwa als ein Unterbegriff darstellbar ist[1605]. Da, wie ausgeführt,[1606] exakte Synonymitätskriterien für Intensionen nicht existieren, die Rede von Intension, „Bedeutung“ (i.w.S.) oder „Sinn“ im Rechtskontext aber schwerlich verzichtbar ist, kann die fragliche Übereinstimmung keine exakte, sondern nur eine im Sinne pragmatischer Toleranz sein,[1607] z.B. eine solche, die sowohl dem beurteilenden Fachsprachler (Richter) als auch dem beurteilten Normalsprachler (Täter) plausibel erscheint.

In vielen Rechtsordnungen wird mit Rechtsfolgenrelevanz weiter differenziert zwischen Kenntnisgegenständen, teils zwischen als verschieden behaupteten Typen von einzelnen Tatbestandsmerkmalen (deskriptiv, normativ, wertend usw.), teils zwischen traditionellen Konzepten wie Tatsachen und Recht. Damit einher gehen Unklarheiten über die Extension der Normmerkmale und mitunter verschiedene Anforderungen an das Maß der genügenden Kenntnis der Intension. Das geforderte Maß an Kenntnis korrespondiert Rechtsfolgendifferenzierungen beim jeweiligen Irrtum (dazu 6.) und orientiert sich nicht allein an phänomenalen Charakteristika, sondern unterliegt auch spezifisch rechtlichen Zurechnungskriterien.

Um nicht der diesen Fragenkomplex umgebenden terminologischen Vielfalt und Wirrnis zu erliegen, soll von folgendem Modell ausgegangen werden: Die kognitive Zurechnung läßt sich darstellen als das Erfordernis der Kongruenz einer vom Beurteilenden (Richter) formulierten Aussage und der vom Beurteilten (Täter) formulierten oder ihm zugeschriebenen Aussage über den – von der Norm erforderten bzw. tatsächlichen – Inhalt seiner Vorstellung im Tatzeitpunkt.[1608] Bezugspunkte des Vergleichs sind die einzelnen Normmerkmale. Da sie sprachlich gefaßt sind, lassen sich Ausdruck (Sprachzeichen), Referenz (Extension) und Sinn (Intension) unterscheiden. Versteht man, der Anschaulichkeit halber,[1609] die Intension eines Ausdrucks als die Menge der Verwendungsregeln dieses Ausdrucks, so umfaßt die Extension die empirischen Fälle, bei denen die Verwendung des Ausdrucks richtig oder wahr ist. Da die Vorstellung des Handelnden aber oftmals nicht sprachlich vermittelt sein wird, soll hier anstelle von sprachlichen Ausdrücken der allgemei-

---

1604 Arth. Kaufmann, *Die Parallelwertung in der Laienssphäre*, S. 37 f.; Frisch, *Der Irrtum als Unrechts- und/oder Schuldausschluß*, S. 217, 276 ff.
Zum Verhältnis von Umgangssprache und Fachsprache siehe auch Podlech, *Die juristische Fachsprache und die Umgangssprache*, S. 31 ff.; Schlüchter, *Irrtum über normative Tatbestandsmerkmale*, S. 89 ff.; schon Erik Wolf, Reichsgerichtsfestgabe, S. 44, 46 ff.

1605 Puppe, oben Fußn. 1222.

1606 Oben bei Fußn. 1211 ff.

1607 Siehe oben bei Fußn. 1215 ff.

1608 Vgl. nur Kuhlen, *Die Unterscheidung von vorsatzausschließendem und nichtvorsatzausschließendem Irrtum*, S. 109 ff.

1609 Zum Sprechen als Regelgebrauch siehe nur Wittgenstein, *Philosophische Untersuchungen*, §§ 197 ff., zur Kritik siehe oben Fußn. 414 m. w. Nachw.

nere kognitionspsychologische Terminus der *Kategorie (category)* herangezogen werden.[1610] „Kategorien" in diesem Sinne fassen Objekte oder Ereignisse auf der Basis von Gemeinsamkeiten zu Klassen zusammen und spielen eine zentrale Rolle in der Wahrnehmung, der Handlungsplanung, dem Lernen, der Kommunikation und dem Denken. Sie lassen sich als Produkt der Interaktion wahrgenommener Ähnlichkeitsbeziehungen in der Welt mit Vorwissen und Nutzungskontexten verstehen.[1611] Kategorien sind nicht etwa auf Wahrnehmbares oder auf statische Objekte beschränkt, es lassen sich ebenfalls soziale, abstrakte Kategorien und Handlungskategorien bilden.[1612] Ob Kategorien theorieähnlich sind und ob Ähnlichkeitsbeziehungen klassifikatorisch, probabilistisch, über Prototypen etc. hergestellt werden, kann hier dahinstehen.[1613] Es genügt, daß die Kategorisierung nicht zufällig, sondern als Anwendung kognitiver Ordnungssysteme intern strukturiert und damit im weitesten Sinne regelgeleitet erfolgt. Kategorisierung muß nicht explizit, sondern kann unbewußt, intuitiv und sprachunabhängig vor sich gehen,[1614] auch wenn sie immer sprachlich ausgedrückt werden kann[1615]. So ist Wahrnehmung stets „theoriegeladen",[1616] insofern, von pathologischen Situationen abgesehen, Objekte und Ereignisse immer *als etwas* wahrgenommen werden,[1617] nicht stets sprachlich

---

1610 Ältere Streitfragen, ob Bewußtsein immer sprachlich vermittelt werde oder für rechtserhebliche Kenntnis sprachlich vermittelt sein müsse, mit ihren Bezügen zu obsoleten psychologischen Meinungen und sprachphilosophischer Introspektion oder Spekulation, so statt vieler beispielsweise noch ARTH. KAUFMANN, *Die Parallelwertung in der Laiensphäre*, S. 30 f., bedürfen keiner Erörterung mehr; vgl. unten Fußn. 1614.

1611 Zum Ganzen siehe nur WALDMANN, *Kategorisierung und Wissenserwerb*, S. 432, 433 ff.; ECKES, *Psychologie der Begriffe*, S. 4 ff.; MEDIN & HEIT, *Categorization*, S. 99 ff.; MEDIN, LYNCH & SOLOMON, *Are There Kinds of Concepts?*, Annual Review of Psychology 51 (2000), 121 ff.; SEILER & WANNENMACHER, *How Can We Assess Meaning and Investigate Meaning Development*, S. 320 ff.; auch LÖBNER, *Semantik*, S. 254 ff., jew. m. w. Nachw.

1612 WALDMANN, *Kategorisierung und Wissenserwerb*, S. 432, 464 f.

1613 Dazu WALDMANN, *Kategorisierung und Wissenserwerb*, S. 432, 436 ff.; ECKES, *Psychologie der Begriffe*, S. 32 ff., 55 ff., 148 ff.; MEDIN & HEIT, *Categorization*, S. 99, 100 f., jew.m.w.Nachw. Der frühere Forschungsstand ist teilweise rezipiert bei DOPSLAFF, GA 1987, 1, 13 ff.; DERS., *Wortbedeutung und Normzweck als die maßgeblichen Kriterien für die Auslegung von Strafrechtsnormen*, S. 24 ff.

1614 Es wird heute zumeist eine wechselseitige reversible Beeinflussung von Sprache und Denken – und damit Kategorien – angenommen, d.h. Sprachwissen und semantisches Wissen („Weltwissen") sind unterscheidbar, aber eng miteinander verflochten, vgl. WALDMANN, *Kategorisierung und Wissenserwerb*, S. 432, 473 ff.; ECKES, *Psychologie der Begriffe*, S. 7 f.; SEILER & WANNENMACHER, *How Can We Assess Meaning and Investigate Meaning Development*, S. 320, 322 f. (zum Unterschied von Wortbedeutung/*meaning* und Kategorie/*concept*: S. 324); siehe auch TRUSTED, *Inquiry and Understanding*, S. 13 u. ff., jew. m. w. Nachw., im Gegensatz zur radikalen Version der SAPIR-WHORF-These, siehe auch oben Fußn. 398.

1615 Die bewußte Repräsentation einer Kategorie wird als „Begriff" *(concept)* bezeichnet.

1616 Siehe oben bei Fußn. 196 f.

1617 Zur Unterscheidung von „sehen" und „sehen als" vgl. WITTGENSTEIN, *Philosophische Untersuchungen*, Teil II, xi, S. 518 ff., 524, und FODOR & PYLYSHYN, *How direct is visual perception?*, Cognition 9 (1981), 139, 188 ff. („Sehen" als perzeptuelle, extensionale Relation, „sehen als" als intentionale, kognitive Relation).

klassifiziert, aber doch kategorisiert. Schließlich können Kategorien wie Konzepte und sprachliche Ausdrücke auf verschiedenen Abstraktionshöhen angesiedelt und hierarchisch gegliedert sein.[1618] Entsprechend der vorherigen Unterscheidung kann nun der Vorstellungsgehalt des Handelnden danach differenziert werden, ob er die Anknüpfungsobjekte der Kategorisierung erfaßt oder nicht und, falls ja, ob die Kategorisierung des Handelnden mit der der Norm – genauer: des Normanwenders (Richters) – übereinstimmt oder in definiertem Maße kompatibel ist. Weiter kann nach der Art der Anknüpfungsobjekte (1) und der Verwendungsregeln der Kategorien (2) unterschieden werden:

(1) **„Tatsachen"**. Ob die Extension eines Begriffs oder das Anknüpfungsobjekt einer Kategorie vorliegt oder nicht, ist eine empirisch verifizierbare Frage und unabhängig von der Kategorisierung.[1619] Die Vorstellung vom empirischen Referenzobjekt kann als Minimalerfordernis subjektiver Zurechnung gelten. Nun muß aber noch genauer beschrieben werden, was als Referenzobjekt anzusehen ist: Verbreitet ist die Ansicht, es gebe Normmerkmale, die sich auf „sinnlich wahrnehmbare Tatsachen" bezögen, während andere auf „geistig verstehbares Sein" verwiesen,[1620] womit oft eine Unterscheidung von „deskriptiven" und „normativen Tatbestandsmerkmalen" *(elementos descriptivos/normativos del tipo, elementi descrittivi/normativi della fattispecie penale)*[1621] identifiziert wird. Dem liegt die Annahme zugrunde, *brute facts*, natürliche Tatsachen[1622] o.ä. würden schon ohne einen „Akt geistigen Verstehens" gleichsam durch schiere Wahrnehmung zutreffend vorgestellt. Richtiger wäre die Formulierung, daß viele vertraute *Basiskategorien*, d.h. Kategorien

---

[1618] Waldmann, *Kategorisierung und Wissenserwerb*, S. 432, 465 ff.; Eckes, *Psychologie der Begriffe*, S. 120 ff.

[1619] Vgl. Kindhäuser, GA 1990, 407, 409 ff.

[1620] Vor allem M. E. Mayer, *Der allgemeine Teil des deutschen Strafrechts*, S. 183; Mezger, Festschrift Traeger, S. 187, 196 Fn. 2, S. 218 f.; ders., JW 1927, 2006 ff. (Nr. 19); ders., *Strafrecht*[3], S. 325; Welzel, JZ 1953, 119 f.; ders., JZ 1954, 276, 278 f.; ders., *Das Deutsche Strafrecht*[11], § 13 I.4, S. 75; krit. Herberger, *Die deskriptiven und normativen Tatbestandsmerkmale im Strafrecht*, S. 124, 127 ff., 130 f.; 134 ff.; Köhler, *Bewußte Fahrlässigkeit*, S. 312; Schlüchter, *Irrtum über normative Tatbestandsmerkmale*, S. 18 ff.; Kuhlen, *Die Unterscheidung von vorsatzausschließendem und nichtvorsatzausschließendem Irrtum*, S. 168 f., 184 f.; Kindhäuser, Jura 1984, 465 ff.; NK-StGB-Puppe, § 16 Rn. 58; Schwegler, *Der Subsumtionsirrtum*, S. 94 ff.

[1621] Der Terminus „normative Tatbestandsmerkmale" geht auf Max Ernst Mayer zurück, *Der allgemeine Teil des deutschen Strafrechts*, S. 182 ff. (der sie freilich als „unechte Tatbestandsmerkmale" und „echte Rechtswidrigkeitselemente" ansah). Zur Dogmengeschichte in der deutschen Dogmatik siehe Kunert, *Die normativen Merkmale der strafrechtlichen Tatbestände*, S. 28 ff.; Tischler, *Verbotsirrtum und Irrtum über normative Tatbestandsmerkmale*, S. 40 ff.; Probst, *Die Abgrenzung zwischen Wahndelikt und untauglichem Versuch*, S. 128 ff.; Schlüchter, *Irrtum über normative Tatbestandsmerkmale*, S. 38 ff., jew. m. umfangr. Nachw.

Zu Italien siehe Ruggiero, *Gli elementi normativi della fattispecie penale*, S. 259 ff., 280 ff.

[1622] Zum Begriff siehe nur Anscombe, *On Brute Facts*, 18 Analysis 69 ff. (1958); Searle, *Speech Acts*, S. 50 ff.

mittlerer Beschreibungsebene,[1623] bei anschaulichen Objekten regelmäßig intuitiv richtig angewendet werden. Ferner dürften auch natürliche Begriffe weniger Klassen sinnlich wahrnehmbarer Merkmale als Klassen funktional verhaltensäquivalenter Merkmale darstellen,[1624] die ohne ein auch noch so rudimentäres und habitualisiertes „Verstehen" eines Funktionszusammenhanges nicht auskommen. Kritiken weisen ferner im Anschluß an SEARLE darauf hin, daß es auch *institutionelle* oder *konventionelle Tatsachen* gebe, daß insbesondere das Bestehen eines Rechts, eines Vertrags etc. Tatsachen seien.[1625] Der Begriff der „Tatsache" ist wegen seiner Vieldeutigkeit mißlich;[1626] bezeichnet man alles als Tatsache, was als Gegenstand eines assertorischen Urteils („es ist der Fall, daß …") fungieren kann, so ist die intendierte Unterscheidung hinfällig. Aber schon der Begriff der institutionellen Tatsache beginnt, die Unterscheidung zwischen (empirisch feststellbarer) Extension und Intension, zwischen Anknüpfungsobjekt und Kategorisierungsregeln aufzulösen: SEARLE versteht unter *institutional facts* solche, die auf konstitutiven semantischen Regeln basieren. Institutionen sind demnach Regelsysteme.[1627] Ohne sprachliche Verwendungsregeln oder Kategorisierungsregeln gibt es folglich keine institutionellen Tatsachen, übrigens ebensowenig auch „rohe Tatsachen"[1628]. Ohne eine Vorstellung von der konstitutiven Regel kann ich keine Vorstellung von

---

1623 Basiskategorien sind psychologisch privilegierte Taxonomien mittlerer Beschreibungsebene – die mit der Expertise des Beobachters variiert –, in denen Kategorisierung bevorzugt und am schnellsten erfolgt.

Dazu WALDMANN, *Kategorisierung und Wissenserwerb*, S. 432, 465; ECKES, *Psychologie der Begriffe*, S. 120 ff., 129 ff.; MEDIN & HEIT, *Categorization*, S. 99, 113 ff., 115; MEDIN, LYNCH & SOLOMON, *Are There Kinds of Concepts?*, Annual Review of Psychology 51 (2000), 121, 128 ff.; HOFFMANN, *Vorhersage und Erkenntnis*, S. 138 ff., jew. m. w. Nachw. Das Konzept wurde erstmals geprägt von ROSCH, MERVIS, GRAY, JOHNSON & BOYES-BRAEM, *Basic Objects in Natural Categories*, Cognitive Psychology 8 (1976), 382 ff.

1624 Siehe oben Fußn. 183 a.E.

1625 Z.B. DARNSTÄDT, JuS 1978, 441, 443 ff.; BURKHARDT, JZ 1981, 681, 683 ff.; KINDHÄUSER, Jura 1984, 465, 470 f.; PUPPE, GA 1990, 145, 156 ff.; NK-StGB-PUPPE, § 16 Rn. 18, 33, 48 ff.; BACHMANN, *Vorsatz und Rechtsirrtum*, S. 21 f.; dazu auch SCHLÜCHTER, *Irrtum über normative Tatbestandsmerkmale*, S. 76 ff.; JAKOBS, Festschrift Rudolphi, S. 107, 114. Vgl. KUNERT, *Die normativen Merkmale der strafrechtlichen Tatbestände*, S. 89 ff., der „eindimensionale" (naturhafte, ähnlich den *natural kinds*) und zweidimensionale (sozial-kulturelle, einschließlich artifizielle) Objekte unterscheidet.

1626 Zur Verwendung von „Tatsache" (statt „Proposition") für die Intension eines Satzes siehe oben Fußn. 1222.

1627 SEARLE, *Speech Acts*, S. 51 f.: "These 'institutions' are systems of constitutive rules. Every institutional fact is underlain by a (system of) rule(s) of the form 'X counts as Y in context C'."

1628 *Brute facts* sind *brute facts* trivialerweise nur kraft Konvention. Isolierte Sinnesdaten *(sense data)* sind nicht nur philosophisch problematisch: Es gibt nichts Unkategorisiertes, über das man sprechen könnte (ähnl. KINDHÄUSER, Jura 1984, 465, 467; DERS., GA 1990, 407, 409). Nur sind Konventionen oder Kategorien oft so selbstverständlich und habituell, daß sie unbemerkt bleiben. Der Ansicht PUTNAMS, *natürliche Arten (natural kinds)* – im Unterschied zu Artefakten und sozialen Begriffen – würden nicht durch Konvention, sondern durch Entdeckung ihrer natürlichen Eigenschaften (siehe oben Fußn. 215) bestimmt, wird damit nicht gefolgt.

der institutionellen Tatsache haben, sondern bestenfalls ihren Namen kennen.[1629] Differenzierungen müssen daher in der Art dieser Regeln gesucht werden:

(2) **Arten von Verwendungsregeln.** Welche Verwendungsregeln für Kategorien gelten, die in Rechtsnormen verwendet werden, bestimmt allein das Recht selbst. Doch erfindet das Recht nicht alle diese Regeln neu: Sprachlich gefaßte Normmerkmale können sich mehr oder weniger an die Umgangssprache anlehnen, d.h. zur Festsetzung ihrer Intension die Verwendungsregeln der Umgangssprache und damit die Verwendungsregeln alltäglicher Kategorien inkorporieren oder modifizieren. Im einzelnen (auf der Ebene einzelner Normmerkmale):

(α) **Keine bis geringe rechtliche Überformung.** Das Normmerkmal kann die Verwendungsregeln alltäglicher Kategorien integrieren, ohne sie zu verändern. Zwar wurde bisweilen zu Recht hervorgehoben, daß alle strafrechtlichen Tatbestandsmerkmale in dem Sinne „normative" Merkmale sind, als sie Bestandteil einer Norm und in ihrer Bedeutung von deren Zwecken geformt sind,[1630] doch bleibt die interessantere Frage, welchen Umfang die rechtliche Überformung hat.[1631] Fast alle

---

1629 Dies erschwert die Feststellung der Extension institutioneller Tatsachen, d.h. der jeweiligen Klasse aller Umstände, auf die die Regel anwendbar ist (Burkhardt, JZ 1981, 681, 685): Sind es nur die rohen Tatsachen ohne die Regel (also die außersprachlichen Wahrheitsbedingungen der Prädikation, vgl. Kindhäuser, GA 1990, 407, 409 ff., 417 ff.)? Sind es die rohen Tatsachen und ideale, semantische Wesenheiten („Bedeutungen" im Sinne Welzels, oben Fußn. 1620) oder, bei rechtlichen „Tatsachen", gar juristische Entitäten (z.B. die Elemente der Klasse aller Verträge, aller Instantiationen des Eigentumsrechts, also „Denkgebilde der positiven Normenordnung" im Sinne Grünhuts, *Begriffsbildung und Rechtsanwendung im Strafrecht*, S. 6)? Sind es die rohen Tatsachen *und* die Anwendung der Regel – fielen also Extension und Intension zusammen, weil institutionelle Tatsachen durch ihren semantischen Gehalt *konstituiert* werden (siehe unten Unger, Fußn. 1642)? Oder ist es das schiere Ergebnis der Regelanwendung – etwa durch Beobachtung, wie andere diese Regel anwenden (oder, behavioristischer: das Regelanwendungsverhalten anderer, die autoritative Regelanwendung durch die berufenen Organe wie Gerichte?) –, das man kennen kann, ohne die Regel zu verstehen oder gar zu kennen, so daß man nur den *sprachlichen Ausdruck* oder *Kategoriennamen* kennte? Versuche, die Kenntnis vom Bestehen institutioneller Tatsachen von der Kenntnis der sie konstituierenden Regeln abzugrenzen, können daher nur mißlingen, so bei Darnstädt, JuS 1978, 441, 445, 446; vgl. zutr. Herberger, *Die deskriptiven und normativen Tatbestandsmerkmale im Strafrecht*, S. 124, 135 f.; siehe auch Heidingsfelder, *Der umgekehrte Subsumtionsirrtum*, S. 117.

1630 Erik Wolf, *Typen der Tatbestandsmäßigkeit*, S. 56 ff., 59; ders., Reichsgerichtsfestgabe, S. 44, 46, 54 ff.; von Liszt/Schmidt, *Lehrbuch des Deutschen Strafrechts*[26], § 32 A.II.1.b), S. 182 f.; Stratenwerth, *Strafrecht Allgemeiner Teil I*[4], § 8 Rn. 69; Tröndle/Fischer, *StGB*[53], § 16 Rn. 4; Bachmann, *Vorsatz und Rechtsirrtum*, S. 22, 144; jetzt auch Schwegler, *Der Subsumtionsirrtum*, S. 101 ff. (die Unterscheidung deskriptiv–normativ sei aufzugeben); dazu schon Grünhut, *Begriffsbildung und Rechtsanwendung im Strafrecht*, S. 20; Engisch, Festschrift Mezger, S. 127, 139 ff.; w. Nachw. bei Tischler, *Verbotsirrtum und Irrtum über normative Tatbestandsmerkmale*, S. 73 Fn. 80; Herberger, *Die deskriptiven und normativen Tatbestandsmerkmale im Strafrecht*, S. 124, 147 ff.; Schlüchter, *Irrtum über normative Tatbestandsmerkmale*, S. 13 ff.; NK-StGB-Puppe, § 16 Rn. 56; Jakobs, Festschrift Rudolphi, S. 107, 113 ff., 117. Siehe auch oben bei Fußn. 192 ff.

1631 Auch eine explizite Regel, die die Intension rechtlicher Begriffe an die der gleichlautenden umgangssprachlichen Termini bindet (vgl. oben Fußn. 298 f.), ist natürlich eine *rechtliche* – zwar bürgernahe, aber nicht durchweg praktische – (Meta-)Regel. Insoweit zutr. Krüger, ZStW 54 (1935), 591, 602 f.

Merkmale sind daher „normbegrenzt",[1632] insofern randunscharfe umgangssprachliche Begriffe oder Alltagskategorien eine für rechtliche Zwecke nötige Abgrenzung erhalten, die eben zumeist nur in Grenzfällen relevant wird, z.B. beim Merkmal „Mensch"[1633]. Sobald ein Merkmal auslegungsbedürftig wird, zeigt sich sein „normativer" Charakter.[1634] Nur wenige Merkmale sind nicht einmal als normbegrenzt vorstellbar und damit auslegungsunfähig.[1635]

Bloß normbegrenzte Merkmale beziehen sich zumeist auf basale Kategorien, die oft anschaulich sind – daher die Versuchung zur Verkürzung auf „sinnlich wahrnehmbare" Tatsachen[1636] oder Rekonstruktion der behaupteten Differenz in Beobachtungsterme und theoretische Terme[1637] – und bei denen die Regelanwendung so selbstverständlich ist, daß der konventionelle Anteil übersehen wird oder gering erscheint.[1638] Mit der Kenntnis der Extension erfolgt in diesen Fällen daher regelmäßig die zutreffende Zuordnung der Intension oder Kategorie bzw. einer implizierten Kategorie niedrigerer Stufe (Basiskategorie[1639]) – nicht unbedingt auch des rechtlichen *Ausdrucks* – selbst durch den juristischen Laien. Je abstrakter die im Normtext benutzte Kategorie, desto nötiger wird rechtliche Konturierung. In den Grenzfällen hingegen vermittelt die Extensionskenntnis die Kenntnis der rechtlichen Kategorie regelmäßig nicht oder jedenfalls nicht mit alltäglicher Zuverlässigkeit, weil Verständnis der Grenzziehung auch Verständnis des Regelungszwecks verlangt. Welche Kenntnis – Extension oder Intension – dann zu verlangen ist, ist Gegenstand normativer Entscheidung.[1640]

1632 Ausdruck von Jakobs, *Strafrecht Allgemeiner Teil*^{2}, Tz. 8/53.

1633 Vgl. dazu Jakobs, *Strafrecht Allgemeiner Teil*^{2}, Tz. 8/53; Arth. Kaufmann, *Die Parallelwertung in der Laiensphäre*, S. 11.

1634 Röhl, *Allgemeine Rechtslehre*, S. 47.

1635 Exakte Größen- oder Mengenangaben beispielsweise, sofern sie auch als solche gemeint sind, vgl. Jakobs, *Strafrecht Allgemeiner Teil*^{2}, Tz. 8/53 Fn. 122.

1636 Fast alle Begriffe, die herkömmlich als „deskriptiv" aufgrund „sinnlich wahrnehmbarer" Referenz gelten („Sache", „Mensch"), sind gleichwohl keineswegs überwiegend von sinnesphysiologischen Faktoren beeinflußt wie die *perzeptuellen Begriffe* im psychologischen Sinne (z.B. Fokalfarben), sondern zumeist *semantische Begriffe*, zur Terminologie s. Eckes, *Psychologie der Begriffe*, S. 93 ff.

Vgl. schon Erik Wolf, Reichsgerichtsfestgabe, S. 44, 47 ff. zum Begriff der „Sache". Nur semantische Kenntnis, nicht Wahrnehmung, erlaubt, Tiere zutreffend als „Sachen" i.S.d. § 303 dStGB und unbelebte bewegliche Gegenstände als "chattel" i.S.d. des *Common Law*-Begriffs für *personal property* zu kategorisieren, oder zu entscheiden, ob elektrischer Strom zur Kategorie „Sache" im Sinne des Diebstahlsverbots gehört (verneinend RGSt 32, 165 ff. für § 242 dStGB, bejahend Cass. crim., 3 août 1912, S. 1913, 1, 337 für Art. 379 Ancien Code pénal).

1637 Dazu Herberger, *Die deskriptiven und normativen Tatbestandsmerkmale im Strafrecht*, S. 124, 131 ff., sowie oben bei Fußn. 200. Aufgrund ihres teleologischen Bezugs sind *alle* rechtlichen Begriffe theoretische Begriffe.

1638 Ähnlich Kunert, *Die normativen Merkmale der strafrechtlichen Tatbestände*, S. 91.

1639 Siehe Fußn. 1623, z.B. „Hund": Taxonomisch höherstufige Kategorien („Säugetier", „Tier", „lebendes Objekt", „Objekt"), deren sich Rechtsnormen oft bedienen („Sache"), dürften weniger sicher getroffen werden, weil mit der Abstraktion zugleich die semantischen Spielräume wachsen.

(β) **Teilweise Überformung.**[1641] Das Normmerkmal kann an Alltagskonzepte oder sonstige außerrechtliche, im gesellschaftlichen Raum existente Kategorien anknüpfen, deren Verwendungsregeln deutlich sozial geprägt sind. Solche *sozialen Kategorien* wie SEARLES *institutionelle Tatsachen* zeichnen sich dadurch aus, daß sie in ein Geflecht sozialer Normen als *regulativer Regeln*[1642] eingebunden sind, die Kategorisierung also zugleich Relationen zu Normen herstellt, die das Handeln in diesem Kontext reglementieren und implizieren, was nun zu tun oder zu lassen ge- oder verboten ist[1643] – d.h. sie sind in eine (normative) Ordnung[1644] eingestellt. Kenntnis nur der rohen Tatsachen (z.B. Wahrnehmung eines Elements aus einer Klasse) vermittelt ohne Kenntnis der Regeln nicht die Kenntnis der sozialen Kategorie (Eigenschaft, die die Klassenzugehörigkeit ausmacht).[1645] Zutreffende Ka-

---

1640 Exemplarisch JAKOBS, *Strafrecht Allgemeiner Teil*², Tz. 8/53 (β): Wird bloßer Gesetzesgehorsam verlangt, so reicht die Kenntnis der Extension hin; wird Einsicht in den Regelungszweck verlangt, muß die Intension gekannt werden.

1641 Ähnlich JAKOBS, *Strafrecht Allgemeiner Teil*², Tz. 8/54: „normbezogene“ Merkmale.

1642 Terminologie hier nach SEARLE, *Speech Acts*, S. 33 ff. und oben Fußn. 1627. *Regulative* Regeln begegnen meistens als Imperative; *konstitutive* Regeln bringen hingegen neue Formen von Verhalten hervor. Ebenso VON WRIGHT, *Norm and Action*, S. 6 ff.; UNGER, *Knowledge and Politics*, S. 68: “Constitutive rules define a form of conduct in such a way that the distinction between the rule and the ruled activity disappears. It has been said that the rules of games and the rules of logic are of this sort.” Der Begriff der konstitutiven Regeln geht zurück auf WITTGENSTEIN, *Philosophische Untersuchungen*, §§ 80 ff., 197 ff.

1643 So bereits KOHLRAUSCH, *Irrtum und Schuldbegriff im Strafrecht*, S. 183 f.; MEZGER, Festschrift Traeger, S. 187, 190 f.; DERS., *Strafrecht*³, S. 181; SAUER, Festschrift Mezger, S. 117, 119 Fn. 1 a.E.; BOCKELMANN, ZStW 70 (1958), 639, 646 f.; ARTH. KAUFMANN, *Das Unrechtsbewußtsein*, S. 168 ff.; in jüngerer Zeit JAKOBS, *Strafrecht Allgemeiner Teil*², Tz. 8/57 mit Fn. 134; dazu PUPPE, GA 1990, 145, 157 Fn. 24 (auf S. 158), siehe auch NK-StGB-PUPPE, § 16 Rn. 63; vgl. KINDHÄUSER, Jura 1984, 465, 470 ff., 474 (konventionelle Eigenschaften werden durch *praktische* Urteile konstituiert); diff. ROXIN, *Offene Tatbestände und Rechtspflichtmerkmale*, S. 118, 147 f.; grundsätzlich nun JAKOBS, Festschrift Rudolphi, S. 107, 113 ff.

Die Ununterscheidbarkeit der Kenntnis normativer Tatbestandsmerkmale und der Verbotskenntnis haben daraus SCHRÖDER, MDR 1951, 387, 388; DERS., ZStW 65 (1963), 178, 192 f., und LANG-HINRICHSEN, JR 1952, 302, 303, gefolgert; sachlich ebenso zuvor KOHLRAUSCH, *ibid.*; siehe auch ENGISCH, Festschrift Mezger, S. 127 f., 162; dazu KUNERT, *Die normativen Merkmale der strafrechtlichen Tatbestände*, S. 58 ff.; PROBST, *Die Abgrenzung zwischen Wahndelikt und untauglichem Versuch*, S. 192 ff., 196 ff.

1644 Zutr. JAKOBS, *Strafrecht Allgemeiner Teil*², Tz. 8/54; siehe auch DERS., Festschrift Rudolphi, S. 107, 113 ff.

1645 Dies gilt auch für Sammelbegriffe, die als bloße Abkürzungen für eine Liste von Merkmalen verstanden werden und durch diese ersetzt werden können sollen. Zur sog. „Substitutierbarkeitsthese“ im Rahmen der früheren Lehre von den „Komplexbegriffen“ in der deutschen Dogmatik siehe KOHLRAUSCH, *Irrtum und Schuldbegriff im Strafrecht*, S. 179 ff.; BURKHARDT, JZ 1981, 681, 687; DERS., wistra 1982, 178, 178 f.; siehe auch ROXIN, *Strafrecht Allgemeiner Teil*, Band II, § 29 Rn. 409 ff.; dagegen KUNERT, *Die normativen Merkmale der strafrechtlichen Tatbestände*, S. 108 ff.; KUHLEN, *Die Unterscheidung von vorsatzausschließendem und nichtvorsatzausschließendem Irrtum*, S. 367 ff.; PUPPE, GA 1990, 145, 155 ff.; NK-StGB-PUPPE, § 16 Rn. 41; NK-StGB-PAEFFGEN, Vor § 32 Rn. 245 ff., alle m. w. Nachw. Ein Unterschied zu Klassenbegriffen ist nicht zu erkennen. Richtig ist zwar, daß die Kenntnis aller Merkmale die extensionale Charakterisierung des Begriffs abgibt tegorisierung setzt indes nicht voraus, daß der Handelnde die relevanten Verwendungsregeln präzise und vollständig benennen könnte; häufig dürfte eine Orientierung an *Stereotypen* und ungenauen und teilweise unzutreffenden Regelvorstellungen sein.[1646] Normgehorsam kann sogar schon geleistet werden, wenn er weiß, *daß* im konkreten Fall eine solche Kategorisierung zutrifft, ohne sie zu verstehen oder eigenständig nachvollziehen zu können, er also bloß den Namen der Kategorie wie ein Fremdwort und die konkrete Kennzeichnung kennt.[1647]

Regelmäßig wird die soziale Kategorie nicht unverändert inkorporiert, sondern rechtlich rezipiert, indem sie nicht nur für wenige Zweifelsfälle normbegrenzt, sondern oft deutlich zweckausgerichtet überformt wird („Wohnung“ *im Sinne des Gesetzes*[1648] kann z.B. dann auch ein Dachboden, Keller, Wohnwagen oder eine Werkstatt sein). Die Kenntnis der sozialen Kategorie vermittelt also nicht ohne weiteres die Kenntnis der namensgleichen rechtlichen Kategorie. Wenn nicht die Kenntnis der Anknüpfungstatsachen oder zufällige verständnislose Kenntnis der konkreten Kategorisierung zureichen soll, zugleich aber die präzise Kenntnis der rechtlichen Kategorie zu verlangen wenig aussichtsreich oder „dem Laien gar nicht zuzumuten ist“,[1649] so muß ein kompatibles Minus genügen, z.B. ein Unterbegriff i.S. einer implizierten Kategorie oder eine umgangssprachliche Umschreibung des maßgeblichen Ausschnitts des Regelungszwecks der rechtlichen Kategorie („Parallelwertung in der Laiensphäre“[1650]).

---

und Kenntnis des im konkreten Fall vorliegenden Elements zugleich die Kenntnis der Extension *in casu* dieses Sammelbegriffes darstellt, doch bleibt zu entscheiden, ob dies ausreichen soll oder zusätzlich die betreffende Eigenschaft (Klassenzugehörigkeit) gekannt werden muß.

1646 Vgl. PUTNAM, *The meaning of 'meaning'*, S. 215, 247 ff.; zu sozialen Stereotypen siehe ECKES, *Psychologie der Begriffe*, S. 148 ff.; zutr. BURKHARDT, JZ 1981, 681, 686 bei Fn. 61.

1647 Siehe oben Fußn. 1629. Beispielhaft: Ein Soldat, dem ein Vorgesetzter sagt, eine bestimmte Person sei Kriegsgefangener oder Zivilist, kann dies glauben und damit die Kategorisierung *kennen*, ohne daß er sie hätte eigenständig treffen können, weil er die *konstitutiven* Regeln nicht beherrscht. Kennt er auch die einschlägigen *regulativen* Regeln nicht, so kennt er nur den Namen der Kategorie. Gleichwohl kann er dann, wenn er eine regulative Regel erfährt, die diese Kategorie verwendet, dieser Regel folgen, ohne sie freilich recht zu verstehen. Vgl. auch BURKHARDT, JZ 1981, 681, 686.

Es fragt sich, was als Kenntnis einer „institutionellen Tatsache“ übrig bleibt außer ihrem Namen, wenn, wie z.B. nach PUPPE, GA 1990, 145, 157 Fn. 24 (auf S. 158); NK-StGB-PUPPE, § 16 Rn. 18 f., 43, 61, 64, 175, weder die konstitutiven Regeln noch die regulativen Regeln (wenigstens im Kern) gekannt werden müssen – PUPPE, *ibid.*, meint im Anschluß an ROXIN, *Offene Tatbestände und Rechtspflichtmerkmale*, S. 147 f., der „Zuweisungsgehalt des Rechts“ müsse vorgestellt werden; ob dieser von komplementären Ge- und Verboten getrennt werden kann, ist zweifelhaft. Vgl. NK-StGB-PUPPE, § 16 Rn. 45 ff., 48 ff., zur Kenntnis rechtlicher Tatsachen, die sich von der Art der Kenntnis natürlicher Tatsachen nicht unterscheide (Rn. 54), zumal der geschäftsfähige Bürger die im täglichen Leben erforderlichen *Rechtskenntnisse* habe (Rn. 53).

1648 Unter Art. 13 Abs. 1 GG.

1649 GRAF ZU DOHNA, *Der Aufbau der Verbrechenslehre*[4], S. 25.

1650 Begriff nach MEZGER, JW 1927, 2006, 2007; DERS., *Strafrecht*[3], S. 328; ähnl. WELZEL, JZ 1954, 276, 279 („Parallelbeurteilung im Täterbewußtsein“); DERS., *Das Deutsche Strafrecht*[11], § 13 I.4; ähnlich zuvor schon BINDING, *Die Normen und ihre Übertretung*, Band III, S. 146 ff.; dazu SCHULZ, Festschrift Bemmann, S. 246, 248 ff. Das Konzept ist allerdings verzichtbar, wenn man (γ) **Vollständige Überformung.** Das Normmerkmal, selbst wenn es einen Terminus der Umgangssprache entlehnt, verwendet in diesem Fall eine genuin rechtliche Kategorie, die je nach Kontext Kategorien sozialer Normierung (Moral, Sitte) entsprechen oder ähneln, aber auch ohne Entsprechung im sozialen Raum sein kann. Die Verwendungsregeln dieser genuin rechtlichen Kategorien sind selbst auf *Rechtsnormen* zurückführbar, die originär strafrechtlich konstituiert oder aus anderen Rechtsgebieten importiert sein können. Die Kategorisierung verlangt also selbst Rechtsanwendung durch Auslegung oder Subsumtion anderer Normen als derjenigen, in der das Merkmal enthalten ist. Typische Beispiele sind die Übernahme zivilrechtlicher (Vertrag, Anspruch, Ehe, Eigentum, fremd) oder öffentlichrechtlicher Begriffe (Amt, Amtsträger, Amtshandlung, Genehmigung), im völkerstrafrechtlichen Kontext die Übernahme von Begriffen aus dem humanitären oder Kriegsvölkerrecht *(combatant, hors de combat, prisoner of war, occupied territory, civilian, protected person, conflict (not) of an international character)*. Stammen die Verwendungsregeln eines Merkmals aus außerstrafrechtlichen Kontexten, so wird dem vielfach Bedeutung für die Irrtumsfrage zuerkannt (unten 6.). Im äußersten Fall kann ein Merkmal auch die allgemeinste rechtliche Kategorie (rechtswidrig, *unlawful*) verwenden, falls damit nicht nur die Selbstverständlichkeit der Abwesenheit allgemeiner Erlaubnissätze gemeint ist[1651] – dies ist eine Frage der Auslegung der jeweiligen Norm[1652] (siehe auch unten (ε)).

Kenntnis der Anknüpfungstatsachen allein vermittelt die Kenntnis der Kategorie nicht, wenn nicht zugleich die konstitutiven Verwendungsregeln gekannt werden. Abgeleitete Kenntnis der Kategorisierung im konkreten Fall ohne Kenntnis der konstitutiven Verwendungsregeln ist möglich,[1653] bleibt aber verständnislos,

---

ohnehin Kenntnis der Subsumenda (Schulz, *ibid.*, S. 253 f.), d.h. präziser: eines Unterbegriffs (Puppe, oben Fußn. 1222) verlangt, oder ausschließt, Ruggiero, *Gli elementi normativi della fattispecie penale*, S. 273 ff.

1651 Vgl. NK-StGB-Puppe, § 16 Rn. 14 m. w. Nachw. sowie Jakobs, *Strafrecht Allgemeiner Teil*², Tz. 6/64 ff., 11/41.

1652 Beispielhaft: Art. 8(2)(a)(vii) Rom-Statut bestraft “unlawful deportation”: es ist nicht zu ersehen, daß das Prädikat “unlawful” mehr enthält als einen Verweis auf das Fehlen etwaiger Erlaubnissätze (Rechtfertigungsgründe), vgl. Art. 7(1)(d) (“deportation”) mit (2)(d) (“... without grounds permitted under international law”).

1653 Puppe nimmt an, es genüge die Kenntnis der *Rechtsfolge* bei solchen Merkmalen, die sich auf andere Normen(komplexe) beziehen, auf die Kenntnis der Entstehung(sregeln) komme es nicht an, GA 1990, 145, 157 ff.; dies., ZStW 102 (1990), 892, 893 f.; NK-StGB-Puppe, § 16 Rn. 18 f., 48 ff., 61 (dies dient auch zur Abgrenzung zu Blankettmerkmalen, die sich auf die Tatbestände anderer Normen bezögen). Dies ist durchführbar in den zahlreichen Fällen, wo es der Täter mit bereits konstituierten Rechtsverhältnissen zu tun hat, versagt aber in Situationen, in denen gerade die Entstehung eines Rechtsverhältnisses in Zweifel steht, die nur mit Hilfe der konstitutiven Regeln beurteilt werden kann (so auch in dem Beispiel bei NK-StGB-Puppe, § 16 Rn. 53 – Vermieterpfandrecht).

Ein weiteres Beispiel (nach Cour de Paris, 2 décembre 1924, Rev.dr.comm. 1925 II, 359, die untypischerweise – siehe unten Fußn. 1729 – einen strafbefreienden *erreur extra-pénale* annahm): Wer in bestimmten europäischen Ländern zufällig einen Schatz auf fremdem Grundstück findet, muß die konstitutive sachenrechtliche Regel (Inst. 2, 1, 39; D. 41, 1, 63, 4; Art. 716 Code civil; § 984 BGB;

wenn nicht wenigstens einige der daran anknüpfenden *regulativen* Regeln gekannt werden. Allerdings sind die Verwendungsregeln, d.h. hier die rechtlichen Regeln, deren Rechtsfolge das Normmerkmal ist, oftmals zahlreich und schwierig, so daß vertieftere Kenntnis vom juristischen Laien nicht zu erwarten ist. Hier gilt dasselbe wie bei der vorigen Gruppe: Entweder genügt schon die Kenntnis der Anknüpfungstatsachen[1654] oder zufällige verständnislose Kenntnis der konkreten Kategorisierung, oder es wird, wenn nicht Rechtskenntnis gefordert werden soll, ein kompatibles Minus verlangt, also eine implizierte Kategorie oder eine umgangssprachliche Umschreibung des maßgeblichen Ausschnitts des Regelungszwecks der rechtlichen Kategorie („Parallelbeurteilung in der Laiensphäre“).

(δ) **Wertungen.** Als besondere Gruppe von Normmerkmalen werden mitunter „wertende“ Merkmale *(elements involving value judgments, normative standards of appraisal; giudizi di valore)* angegeben. Die Terminologie ist bisweilen unscharf,[1655] wenn sämtliche „normativen“ Tatbestandsmerkmale deshalb als wertend bezeichnet werden, weil die auf Rechtsnormen verweisenden Verwendungsregeln gesetzgeberische Wertentscheidungen zum Ausdruck bringen oder überhaupt – dies trifft auch auf „deskriptive“ Merkmale zu – die rechtliche Auswahl der Verwendungsregeln[1656] oder der richterliche Subsumtionsvorgang als rechtliche (Be-)Wertung aufgefaßt wird[1657]. Aussagekräftiger ist die Kennzeichnung für solche Merkmale, die „wertend“ im Sinne der sprachanalytischen Metaethik sind,[1658] weil ihre Ver-

---

Art. 351 Abs. 2 Código civil) kennen, daß er nur zur Hälfte daran Eigentum erwirbt und die andere Hälfte dem Grundeigentümer gehört, um zu erkennen, daß die Sache zur Hälfte „fremd“ *(chose d'autrui)* und damit taugliches Objekt einer Unterschlagung bzw. eines Diebstahls *(vol)* ist, wenn er sie sich ganz zueignen will.

1654 So die Elements of Crimes, ICC-ASP/1/3, die durchgehend die Kenntniserfordernisse auf die Anknüpfungstatsachen *(factual circumstances)* eines Rechtsbegriffs begrenzen, z.B. für den Begriff des bewaffneten Konflikts, Art. 8, War Crimes, Introduction, S. 125: “There is no requirement for a legal evaluation by the perpetrator as to the existence of an armed conflict or its character as international or noninternational. In that context there is no requirement for awareness by the perpetrator of the facts that established the character of the conflict as international or noninternational. There is only a requirement for the awareness of the factual circumstances that established the existence of an armed conflict that is implicit in the terms ‘took place in the context of and was associated with’.”; oder z.B. Element no. 3 zu Art. 8 Abs. 2(b)(vi) für *hors de combat* (S. 132): “The perpetrator was aware of the factual circumstances that established this status.”

1655 Zu den verschiedenen Verwendungsweisen von „werten“ in diesem Zusammenhang siehe Kunert, *Die normativen Merkmale der strafrechtlichen Tatbestände*, S. 35 ff. m. w. Nachw.

1656 Stratenwerth, *Strafrecht Allgemeiner Teil I*[4], § 8 Rn. 69.

1657 Grünhut, *Begriffsbildung und Rechtsanwendung im Strafrecht*, S. 5 ff.; Mezger, Festschrift Traeger, S. 187, 196 f., 216 ff.; Erik Wolf, Reichsgerichtsfestgabe, S. 44, 54; Baumann/Weber/Mitsch, *Strafrecht Allgemeiner Teil*[10], § 8 Rn. 16; Probst, *Die Abgrenzung zwischen Wahndelikt und untauglichem Versuch*, S. 136; Tiedemann, *Tatbestandsfunktionen im Nebenstrafrecht*, S. 90; dazu krit. Engisch, Festschrift Mezger, S. 127, 149 ff.; Schlüchter, *Irrtum über normative Tatbestandsmerkmale*, S. 15 ff. m. w. Nachw. sowie die in Fußn. 1659 Genannten.

1658 Grundlegend Hare, *The Language of Morals*, S. 79 ff., 117 f.; auch Frankena, *Analytische Ethik*, S. 117 ff.; dazu von Savigny, *Die Philosophie der normalen Sprache*, S. 165 ff.; von Kutschera, *Einführung in die Logik der Normen, Werte und Entscheidungen*, S. 115 ff., 126 ff., wendungsregeln neben einem deskriptiven Anteil noch eine zustimmende oder ablehnende Stellungnahme aufweisen[1659]. Dies ist bei sozialen („gut“) und rechtlichen (“inhumane”, “improper use”, “humiliating and degrading treatment”) Kategorien häufig anzutreffen. Trotz der etwas anderen Struktur stellt sich die Frage nach den Kenntnisanforderungen nicht anders als zuvor, denn strafrechtlich relevante „Wertungen“ meinen kein individuelles Gutdünken, sondern sind grundsätzlich kongruent generalisiert und damit standardisiert und regelhaft: Das Kenntniserfordernis kann sich mit den Anknüpfungstatsachen begnügen,[1660] die Kenntnis der Bewertung dieser Tatsachen durch andere (insbesondere Organe der Rechtsordnung) (heteronome Wertung = heteronome Kategorisierung)[1661] verlangen oder den eigenständigen Nachvollzug der Kategorisierung (autonome Wertung) fordern,[1662] wie stets pragmatisch reduziert auf das Sprachniveau des Handelnden.

(ε) **Offene Merkmale und Rechtspflichtmerkmale.** Verwandt mit „wertenden“ Merkmalen sind die als „offen“ oder „gesamttatbewertend“ bezeichneten Merkmale *(fattispecie aperte; elementos de valoración global del hecho)* sowie die sog. speziellen Rechtswidrigkeits- oder Rechtspflichtmerkmale *(elementos del deber jurídico)*. Allen ist gemeinsam, daß sie die Rechtswidrigkeit eines Verhaltens, das die übrigen Tatbestandsmerkmale verwirklicht, erst begründen sollen mit systematischen Konsequenzen für den Verbrechensaufbau und für die Irrtumslehre.[1663] Der ersten

---

jew. m. w. Nachw.; im rechtlichen Kontext siehe auch KOCH, *Seminar: Die juristische Methode im Staatsrecht*, S. 9, 48 ff.

1659 In diesem Sinne in der deutschen Dogmatik etwa DARNSTÄDT, JuS 1978, 441, 442; HERBERGER, *Die deskriptiven und normativen Tatbestandsmerkmale im Strafrecht*, S. 124, 141 ff.; KINDHÄUSER, Jura 1984, 465, 471 ff.; PUPPE, GA 1990, 145, 172 ff.; NK-StGB-PUPPE, § 16 Rn. 54, 65 ff., alle m. w. Nachw.

1660 So z.B. Elements of Crimes, ICC-ASP/1/3, General Introduction, § 4: “With respect to mental elements associated with elements involving value judgement, such as those using the terms ‘inhumane’ or ‘severe’, it is not necessary that the perpetrator personally completed a particular value judgement, unless otherwise indicated.”

Ebenso die deutsche Rspr., Nachw. bei NK-StGB-PUPPE, § 16 Rn. 75 ff.; DIES., GA 1990, 145, 176 Fn. 67, 68; zum englischen Recht: GLANVILLE WILLIAMS, *Textbook of Criminal Law*^{2}, S. 141; SULLIVAN, *Knowledge, Belief, and Culpability*, S. 207, 223 ff.

Zust. NK-StGB-PUPPE, § 16 Rn. 27 ff., 78; DIES., GA 1990, 145, 176 f.

1661 Überblick bei KUNERT, *Die normativen Merkmale der strafrechtlichen Tatbestände*, S. 101 ff. m. w. Nachw.

1662 Für letzteres z.B. NK-StGB-PUPPE, § 16 Rn. 67, 70, die aber das Ausbleiben korrekter Wertung nicht als entlastend (vorsatzausschließend) ansieht.

1663 Die Lehre der „Rechtspflichtmerkmale“ geht zurück auf WELZEL, JZ 1952, 19 f.; 133 f.; 208 f.; DERS., ZStW 67 (1955), 196, 224 ff.; DERS., *Das Deutsche Strafrecht*^{11}, § 14 I 2, S. 82 f.; ARMIN KAUFMANN, *Lebendiges und Totes in Bindings Normentheorie*, S. 98 ff., 256 f., 286; dazu ROXIN, der dem die Lehre der „gesamttatbewertenden“ Merkmale entgegenstellte in *Offene Tatbestände und Rechtspflichtmerkmale*, S. 1 ff., 53 ff., 132 ff.; DERS., *Strafrecht Allgemeiner Teil*, Band I^4, § 10 Rn. 43 ff.; zum Ganzen siehe auch KUNERT, *Die normativen Merkmale der strafrechtlichen Tatbestände*, S. 63 ff.; PROBST, *Die Abgrenzung zwischen Wahndelikt und untauglichem Versuch*, S. 149 ff.; JAKOBS, *Strafrecht Allgemeiner Teil*^{2}, Tz. 6/60 ff., jew. m. w. Nachw.

Gruppe ist gemeinsam, daß der Gesetzgeber auf eine dichte Beschreibung des inkriminierten Verhaltens verzichtet und statt dessen ein Wertprädikat eingefügt hat, das sich auf das gesamte Verhalten erstreckt; die zweite Gruppe ist durch Verwendung genuin rechtlicher Begriffe („rechtmäßig“, „rechtswidrig“ usw.) gekennzeichnet. Beide Gruppen bezeichnen zwar in erhöhtem Maße konkretisierungsbedürftige Merkmale, lassen sich jedoch in („normative“) Tatbestandsmerkmale auflösen, auf die sich ein Kenntniserfordernis beziehen kann.[1664]

(ζ) **Inkorporation anderer Normen durch Verweisung (Blankettmerkmale).** Als gesetzestechnische Alternative zur vollständigen Formulierung einer Strafnorm, die alle (materiellen) Merkmale der poenalisierten Handlung beschreibt, können einzelne oder alle Merkmale der poenalisierten Handlung im Wege der Verweisung auf andere Normen festgelegt werden. Typischerweise sind die ausfüllenden Normen in anderen Normtexten enthalten, die auch von anderen Normgebern herrühren können, zu denen die Strafdrohung akzessorisch hinzutritt. Kenntnis der verweisenden Norm (Blankettnorm, *norma penale in bianco*) allein vermittelt in diesen Fällen noch nicht die (vollständige) Kenntnis der Tatbestandsmerkmale/*elements of crime*, sondern erst die zusätzliche Kenntnis der verwiesenen (ausfüllenden) Norm.[1665] Beispiele finden sich häufig im nationalen Nebenstrafrecht oder Verwaltungsstrafrecht, im Völkerstrafrecht zumeist als Verweis auf das humanitäre oder Kriegsvölkerrecht (*violations of the laws and customs of war*, Art. 3 ICTY Statute), aber auch auf andere Instanzen (*improper use of a flag, insignia or uniform of the hostile party/of the United Nations/of the distinctive emblems of the Geneva Conventions*, Art. 8(2)(b)(vii) Rom-Statut). Für die Kenntnisanforderungen ist folglich von der vervollständigten oder Gesamtnorm aus Blankett und ausfüllender Norm auszugehen. Die einzige Besonderheit liegt in der durch die Normzersplitterung erschwerten Erkennbarkeit der Gesamtnorm, die zu der Frage führen kann, ob zusätzlich die Kenntnis von der Existenz der ausfüllenden Norm zu verlangen ist, dies vor allem, wenn die ausfüllende Norm nicht ein allgemeines Gesetz, sondern eine Einzelanordnung z.B. von einer Verwaltungsbehörde ist.[1666]

1664 So schon MEZGER, NJW 1953, 2, 5; JAKOBS, *Strafrecht Allgemeiner Teil*², Tz. 6/60 ff., 6/63 ff. m. w. Nachw.

1665 Zu den Arten von Blankettmerkmalen vgl. WARDA, *Die Abgrenzung von Tatbestands- und Verbotsirrtum bei Blankettstrafgesetzen*, S. 10 ff.; BACHMANN, *Vorsatz und Rechtsirrtum*, S. 23 ff.; NK-StGB-PUPPE, § 16 Rn. 16 ff.; SCHWEGLER, *Der Subsumtionsirrtum*, S. 76 ff., jew. m. w. Nachw.

1666 Siehe unten bei Fußn. 1796. Die Elements of Crimes, ICC-ASP/1/3, legen beim oben erwähnten Mißbrauch von Symbolen grundsätzlich einen strengen Maßstab wie beim Verbotsirrtum an (“The perpetrator knew or should have known of the prohibited nature of such use.” Der jeweilige erläuternde Hinweis “This mental element recognizes the interplay betweeen article 30 and article 32.”, S. 133 f. Fn. 39, 40, 41, 43, ist etwas kryptisch, denn keine der beiden Vorschriften enthält einen *should have known*-Maßstab oder legt ihn nahe.), machen aber bei Symbolen der UN eine Ausnahme und verlangen positive Kenntnis “because of the variable and regulatory nature of the relevant prohibitions”, Element no. 3, Art. 8(2)(b)(vii)-3, S. 134 Fn. 41.

Blankettmerkmale sind hier rein formal verstanden worden. Anzumerken ist, daß Ähnlichkeiten mit „normativen“ Merkmalen, d.h. sozialen oder rechtlichen Kategorien, insofern besteht, als letztere ebenfalls auf weitere (soziale oder rechtliche) Normen verweisen,[1667] auffällig insbesondere bei Inkorporation – die sich auch als Verweisung begreifen läßt – von außerstrafrechtlichen Normen. Daher ist bisweilen geleugnet worden, daß eine (rechtsfolgen-)relevante Differenz zwischen „normativen“ Merkmalen und Blankettmerkmalen bestehe.[1668]

(η) **Fazit.** Die aufgezeigten Unterschiede zwischen den Gruppen (α) bis (γ) sind allesamt graduell.[1669] Es gibt weder rein „deskriptive“ noch rein „normative“ Normmerkmale, sondern nur quantitative Unterschiede, in welchem Maße die Verwendungsregeln rechtlich geprägt sind, von der bloßen rechtlichen Konturierung alltäglicher Kategorien bis hin zu genuin rechtlichen Kategorien, die mit alltäglichen sozialen Kategorien allenfalls noch den Namen gemein haben. Unterschiede gibt es allein in der praktischen Häufigkeit semantischer Irrtümer, dazu unten 6.

(3) **Folgen für die Kategorisierung des Verhaltens insgesamt.** Die Kategorisierung der einzelnen Merkmale des Verhaltens beeinflußt in der Summe die Kategorisierung der jeweiligen strafrechtlich interessierenden Handlungs- oder Unterlassungssequenz als ganze. Hat der Täter die einzelnen Umstände seiner Handlung zutreffend kategorisiert, so wird er auch die zutreffende Handlungskategorie zur Beschreibung seines Tuns anwenden. Umgekehrt können Fehler bei der Kategorisierung einzelner Merkmale zu einer unzutreffenden Kategorisierung der Handlung führen.

Von Interesse ist aber nicht nur die Handlungskategorie auf der Ebene der jeweiligen poenalisierten Handlungstypen (Körperverletzung, Tötung, Verschleppung usw.), sondern auch die höherstufige **deontische Kategorisierung**: Hier stehen zumeist dichotome Kategorien verschiedener sozialer oder rechtlicher Färbung zur Verfügung: soziale Erwünschtheit/Sozialschädlichkeit, moralische Erlaubnis/moralisches Verbot, Rechtmäßigkeit/Rechtswidrigkeit, Strafbarkeit/Straflosigkeit u.ä.[1670] Zu entscheiden ist, ob es zu den Strafvoraussetzungen gehört, daß der Handelnde auch hier die zutreffende Kategorie erkannt hat und welche dies ist – vom diffusen Verbotensein bis hin zur Strafbarkeit. Die Kenntnis der im Fall relevanten Verwendungsregeln der deontischen Kategorie ist an die Kenntnis der einschlä-

---

1667 Vgl. HERZBERG, JuS 1980, 469, 473. Wobei es wiederum eine Frage der Auslegung eines konkreten Normmerkmals ist, ob es wirklich auf andere Normen verweist oder es einen namensgleichen, autonomen Begriff bezeichnet, zutr. BURKHARDT, JZ 1981, 681, 687.

1668 Z.B. TIEDEMANN, *Tatbestandsfunktionen im Nebenstrafrecht*, S. 316, 332 f., 388; KUHLEN, *Die Unterscheidung von vorsatzausschließendem und nichtvorsatzausschließendem Irrtum*, S. 191, 420 ff.; anders NK-StGB-PUPPE, § 16 Rn. 18 ff.

1669 Es besteht also, anders als GRÜNHUT, *Begriffsbildung und Rechtsanwendung im Strafrecht*, S. 20, meint, keine „Verschiedenheit der logischen Struktur“.

1670 Statt aller JESCHECK/WEIGEND, *Lehrbuch des Strafrechts, Allgemeiner Teil*[5], § 41 I 3; FELIP I SABORIT, *Error iuris*, S. 110 ff., jew. m. w. Nachw.

gigen erlaubenden oder verbietenden (sozialen oder rechtlichen) Norm geknüpft. Fehlkategorisierungen können folglich auf Unkenntnis der Existenz dieser Norm beruhen oder, häufiger, auf Unkenntnis der Reichweite einer rudimentär bekannten Norm aufgrund Unkenntnis der Verwendungsregeln einzelner Normmerkmale, namentlich der deutlich rechtlich überformten Merkmale (Gruppen (β) und (γ)). Zu den Irrtumskonstellationen siehe unten 6.

cc) Umfang der Kenntnis der Strafvoraussetzungen

Zuvor wurden nur die Normmerkmale betrachtet, die im engen Sinne die poenalisierte Handlung oder Unterlassung beschreiben (Tatbestandsmerkmale, *elements of the offense*). Die Frage der Kenntnis stellt sich aber auch bei weiteren Normmerkmalen, deren Vorliegen oder Fehlen die Strafbarkeit bedingt, insbesondere:

(1) Rechtfertigungsgründe, *justificatory defenses*. In jeder Rechtsordnung lassen sich Normen finden, die *prima facie* strafbares Verhalten in eng umrissenen Situationen *erlauben*, selbst wenn die jeweilige nationale Strafrechtsdogmatik eine Unterscheidung zwischen Rechtfertigung und Entschuldigung nicht oder nicht konsistent durchführt. Die Merkmale solcher rechtfertigender Normen (vor allem Notwehr, Notstand; *self-defense, necessity*) können analog zu den strafbegründenden Normmerkmalen konstruiert werden. Sofern nicht schon explizit bestimmte Vorstellungen oder Absichten verlangt werden, fragt sich daher, ob zur Entlastung des Handelnden auch umfassende und zutreffende Kenntnis der rechtfertigenden Normmerkmale nötig ist. Wenn ja, so stellen sich die Fragen nach der Referenz der Merkmale bis hin zur Kenntnis der Erlaubnis in analoger Weise.

(2) Entschuldigungsgründe, *exculpatory defenses*. Entsprechendes gilt für die Merkmale von Normen, die das *prima facie* poenalisierte Verhalten zwar nicht erlauben, aber den Handelnden dennoch straffrei stellen, weil ihm normgemäßes Verhalten nicht zugemutet wird.

(3) Sonstige Unrechts- oder Schuldmerkmale. Es gibt eine Anzahl von Merkmalen, die nicht klar der Handlungsbeschreibung zuzuordnen sind, sondern über die einzelne Handlung hinausweisen und sie in einen *Kontext* stellen, der entweder Strafe erst mitbegründet oder sie modifiziert (gewerbs- oder gewohnheitsmäßige Begehung; “as part of a widespread or systematic attack”). Dieser Kontext kann zugleich eine strafrelevante Eigenschaft des *Täters* indizieren (z.B. bei Gewohnheitsmäßigkeit), etwa einen gesteigerten Mangel an Rechtstreue.

Ähnlich können *Gesinnungsmerkmale* (“treacherously”, “cruel”) sowohl auf den Modus der Tatbegehung als auch auf psychische, insbesondere affektive Konstellationen beim Täter bezogen sein oder, wohl zumeist, eine Kombination beider.[1671]

[1671] Solche „Gesinnungsmerkmale“ lassen sich zum einen als subjektive Zustände – die wiederum nur durch äußere Indizien inferentiell zu erschließen wären –, zum anderen als hochabstrakte Handlungsbeschreibungen auffassen, die anstelle konkreter Umstände lediglich ein wertendes Kriterium angeben, daß der Richter dann in konkrete Kriterien zurückzuübersetzen hat, dazu

Bei diesen, zumeist im engeren Sinne wertenden (siehe oben bb)(2)(δ)) Merkmalen ist ebenso zu fragen, ob der Handelnde diese Kategorisierung selbst – in zu definierendem Modus und Maß – vollzogen haben muß oder nicht.[1672]

(4) Strafzumessungsumstände. Nicht der Handlungsbeschreibung zugeordnete, sondern als strafzumessungsrelevant ausgewiesene Umstände, die wiederum, allgemein oder deliktsspezifisch, positiv benannt (exemplifizierend z.B. Rule 7.1(2) RPE) oder nur offen statuiert (mildernde, schärfende Umstände; “mitigating and aggravating factors”) und sowohl objektiver (“multiple victims”), subjektiver (“motive involving discrimination”) oder gemischter (“particular cruelty”) Natur sein können.

(5) Rechtsanwendungsrechtliche und prozessuale Umstände. Zu den notwendigen Bestrafungsvoraussetzungen gehört stets die Anwendbarkeit einer Norm im kollisions- oder rechtsanwendungsrechtlichen Sinne, d.h. die Anwendbarkeit einer bestimmten nationalen oder völkerrechtlichen Strafnorm auf das Täterverhalten. Im konkreten Fall fällt diese Frage zumeist zusammen mit der nach der Kenntnis der Existenz bzw. des genauen Inhalts der anwendbaren Norm. In selteneren Kollisionsfällen, wenn mehrere nationale Rechtsordnungen oder nationale und internationale Normen Anwendung beanspruchen und möglicherweise verschiedene oder gar gegenläufige Rechtsfolgen anordnen, kann sich die Frage stellen, ob differenziertere rechtliche Kategorisierung durch den Handelnden zu fordern ist und wie Fehler zu behandeln sind.

Prozessuale Umstände wie die Gerichtsbarkeit eines bestimmten nationalen oder internationalen Gerichts oder sonstige prozeßrechtliche Bestrafungsvoraussetzungen haben keine Relevanz für das Verbot oder die Erlaubnis eines bestimmten Verhaltens und unterliegen daher gemeinhin keinen Kenntniserfordernissen.

3. Kombinationen von Voluntas und Scientia, Hierarchien subjektiver Elemente

a) Kombinationen

Die meisten Rechtsordnungen kennen begriffliche Differenzierungen bei der Beschreibung subjektiver Zustände für Zurechnungszwecke. Unterschieden werden auf der Basis eines einfachen *desire-belief*-Modells regelmäßig wenigstens zwei Komponenten, „Wissen“ (bewußte Vorstellung) und „Wollen“, wobei die Diffusität des

---

Stratenwerth, Festschrift von Weber, S. 171, 173 ff., 178, 187 ff., m. w. Nachw. Beide Möglichkeiten sind praktisch indes nicht trennbar, da sowohl in der Zuschreibung des Alltags als auch des Strafrechts regelmäßig und automatisch im Wege der korrespondierenden Schlußfolgerung (siehe Fußn. 869) von der Handlungskategorisierung auf die (situative oder habituelle) Disposition des Akteurs geschlossen wird, vorausgesetzt, er hat die Umstände, die die objektive Handlungsbeschreibung tragen, erkannt.

1672 Vollzieht der Handelnde die Kategorisierung nicht nach, kann dies auf ein deviantes Wertesystem hindeuten, im Extremfall auf eine pathologische Persönlichkeit.

Willensbegriffs zu einer weiteren Unterteilung nach Zielgerichtetheit („voluntatives“ Element) und Erwünschtheit („emotives“ Element) führen kann. Mitunter werden für spezifische Abgrenzungen weitere, auch normative Kriterien herangezogen.

Die einzelnen Komponenten können verschiedene Wertigkeiten haben, deren Kombinationen eine einfache Kennzeichnung nötiger Zurechnungsbedingungen ermöglichen. Die wesentlichen Kombinationen[1673] der Komponenten *voluntas* und *scientia*, verstanden als Zielgerichtetheit und bewußte Vorstellung, sind:[1674]

		„Wollen“	„Wissen“
Zurechnungstyp		Straftatbestands-verwirklichung wird angestrebt:	Straftatbestands-verwirklichung wird bewußt vorgestellt als:
(1)	Absicht, *animus*	ja	notwendig/sicher
(2)	„Eventualabsicht“	ja	möglich
(3)	„Wollen des Unmöglichen“	ja	unmöglich
(4)	Wissentlichkeit, *knowledge*	nein	notwendig/sicher
(5)	*dolus eventualis, recklessness, wilful blindness/connivance*	nein	möglich
(6)	(unbewußte) Fahrlässigkeit, *negligence; ignorantia affectata, wilful blindness/connivance*	nein	unmöglich/ keine Vorstellung

---

1673 Die Handhabung der Kombinatorik dieser Komponenten erinnert bisweilen an schlichte Addition, deren Formelhaftigkeit wohl mehr der Suche nach begrifflicher Prägnanz als (alltags-)psychologischer oder philosophischer Plausibilität dient. Kritisch zu solchen additiven Begriffsbildungen SCHMIDHÄUSER, Festschrift Oehler, S. 135, 156 u. ff. („von vornherein widersinnig“); KÖHLER, *Die bewußte Fahrlässigkeit*, S. 192 ff.; DERS., GA 1981, 285, 287 Fn. 8, wobei Ansatzpunkt der Kritik weniger die „Addition“ als der dabei verwendete Willensbegriff ist.

Wird z.B. „Absicht“, „Wollen“, „Vorsatz“ etc. im Sinne des aristotelischen Begriffs der *proairesis* als praktische Entscheidungswahl verstanden (so schon PUFENDORF, *De iure naturæ et gentium*, lib. I cap. IV § 1: „intentio seu proæresis“; jüngst KÖHLER, *ibid.*, sowie S. 104 ff. und passim), so ist Kenntnis der maßgebenden Umstände natürlich integraler Bestandteil des Begriffs, der sich nicht in Summanden aufspalten läßt; vgl. auch THOMAS VON AQUIN, *Summa theologica*, I, qu. 16 art. 4 ad 1: „voluntas et intellectus mutuo se includunt.“

1674 Die tabellarische Darstellung dient nur der groben Orientierung und ist daher stark vereinfacht. Sie gibt weder Unterscheidungen zwischen einzelnen Tatbestandsmerkmalen *(conduct, consequences, circumstances)* noch Differenzierungen zwischen bloßer Möglichkeit und *substantial risk* wieder. Ausgeklammert sind ebenfalls emotive Kriterien wie Gleichgültigkeit oder Erwünschtheit. Die Namen für die Zurechnungstypen sind näherungsweise, weil sie beträchtlich differieren. Ausgelassen wurden z.B. die Namen *dolus directus* und *indirectus*, weil der erste sowohl für die Fälle (1),

(1) Absicht *(animus)*. Ist die Erfüllung eines Straftatbestandes Zwischenziel oder gar Endziel des Täters, so gilt dies weithin und seit antiker Zeit[1675] als paradigmatischer Fall intentionaler Handlung und [vorsätzlicher] Tatbegehung.[1676] Daß der Täter eine Straftat anstrebt, sagt noch nichts über die zweite Komponente aus, die bewußte Vorstellung von der (künftigen) Verwirklichung der Tat: Er kann die Tatbestandsverwirklichung für eine notwendige Folge seines Tuns halten oder jedenfalls für praktisch sicher *(in the ordinary course of events)*, oder

(2) für weniger als sicher bis hin zur bloßen Möglichkeit. Manche Rechtsordnungen differenzieren hinsichtlich der angestrebten Merkmale nicht weiter,[1677] manche haben nur einen besonderen Namen für die „Eventualabsicht“, aber keine besonderen Rechtsfolgen,[1678] andere nehmen diesen Fall aus dem Absichtsbegriff aus[1679].

(3) Kaum von praktischem, sondern allenfalls theoretischem Interesse ist die Fallgruppe des Anstrebens eines Zieles, das der Handelnde für unerreichbar hält. Wie oben gesehen,[1680] wird diese Konstellation mitunter aus dem Begriff des „Wollens“ herausdefiniert und als bloßes „Wünschen“ eingestuft. Dies ist zum einen eine Frage der Sprachregelung, zum anderen eine normative Entscheidung, ob z.B. der pessimistische Täter, der auf sein Opfer schießt, obwohl er einen Treffer für ausgeschlossen hält, für absichtliche Tat zu strafen ist, wenn er dennoch trifft[1681].

(4) Ist die Tatbestandsverwirklichung nicht angestrebt, wird sie aber als notwendige oder praktisch sichere Folge des eigenen Verhaltens vorgestellt, reicht dies oftmals ebenfalls für herausgehobene Zurechnung aus. Entweder wird ganz auf ein „Willens“element verzichtet und diese Kenntnisform für ausreichend gehalten,[1682] oder es wird ein Willenselement so definiert, daß es diesen Fall umfaßt, d.h. daß als sicher antezipierte Folgen „gewollt“ werden müssen oder als „gewollt“ zugeschrieben werden[1683].

---

(2) und (4) und der zweite auch für die Fälle (4) und (5) benutzt wird, vgl. ROSS, *Über den Vorsatz*, S. 118 (zum schwedischen Recht).

1675 Gleichwohl ist ein präziser Begriff der „Absicht“ als Unterbegriff von „dolus“ oder „Vorsatz“ mitunter erst spät entwickelt worden, siehe oben Fußn. 1157.

1676 Kritisch dazu ROSS, *Über den Vorsatz*, S. 18 f., 21 f., 43 ff.

1677 Siehe nur LÖFFLER, ÖZStR 2 (1911), 131, 135 („gewollt ist die als wünschenswert erstrebte Folge ohne Rücksicht auf den Grad der Wahrscheinlichkeit ihres Eintritts“); auch OEHLER, NJW 1966, 1633, 1634 f.

1678 BGE 69 IV 75, 80 f.; 72 IV 121, 125; 74 IV 40, 47; 76 IV 243, 245; 80 IV 117, 120 f.; siehe auch GERMANN, SchwZStR 77 (1961), 345, 355 Fn. 6; krit. OEHLER, NJW 1966, 1633, 1635.

1679 So ROSS, *Über den Vorsatz*, S. 29 ff., 112 f., 145 f. mit dem Anspruch, daß dies der dänischen, deutschen und schwedischen Gerichtspraxis, wenn auch nicht stets der Doktrin, entspreche.

1680 Siehe oben bei Fußn. 1128, 1287.

1681 Behelfsweise läßt sich leugnen, daß derjenige, der trotz vorgestellter Unmöglichkeit der Folge dennoch handelt, sich diese Folge deshalb doch nicht als unmöglich vorgestellt habe oder haben könne – vorausgesetzt ist dabei ein rationaler Akteur, der sich selbst bei prämeditierten Straftaten freilich nichts stets findet.

1682 Z.B. Model Penal Code § 2.02(b) *(knowledge)*.

1683 Siehe oben bei Fußn. 1391 ff.

(5) Größere Probleme bereiten zumeist jene Fälle, in denen die Tatbestandsverwirklichung weder angestrebt noch als notwendig/praktisch sicher vorgestellt wird: Hier finden sich oft weitere Differenzierungen nach dem Maß der vorgestellten Wahrscheinlichkeit der Tatbestandsverwirklichung, d.h. der Größe des diesbezüglichen Risikos, nach der emotionalen Einstellung (Erwünschtheit, Gleichgültigkeit, Unerwünschtheit). In manchen Rechtsordnungen genügt dies nicht mehr für herausgehobene „Vorsatz“-Strafe (siehe unten 4.).

(6) Die weder angestrebte noch als mögliche Folge des eigenen Verhaltens erkannte Tatbestandsverwirklichung scheidet regelmäßig aus dem Bereich herausgehobener Zurechnung zum „Vorsatz“ aus, wenn dieser über „psychische“ Zustände definiert wird. Wird der Begriff des „Vorsatzes“ normativ definiert, so können bestimmte Fälle, zumeist des objektiv offensichtlichen und erheblichen Risikos der Tatbestandsverwirklichung, einbezogen werden.

b) Hierarchisierung und Substitution

Regelmäßig werden die verschiedenen Formen subjektiver Elemente hierarchisch am Maßstab der Deliktsschwere (Strafwürdigkeit) gegliedert, wobei wie in der vorstehenden Tabelle traditionell die Absicht, mitunter weiter qualifiziert durch Vorbedacht (siehe V.1.g), die oberste und die unbewußte Fahrlässigkeit die unterste Stufe einnimmt (zu den Gründen siehe unten VI.).

Dieses Gewichtsgefälle bewirkt, daß typischerweise ein als schwerer erachtetes subjektives Element ein leichteres ersetzen kann, etwa das Erfordernis der Wissentlichkeit mit dem Nachweis der Absicht erfüllt ist. Gesetzestechnisch kann dies erreicht werden, indem mehrere Elemente unter einem Oberbegriff vereinigt werden, mit dem das Zurechnungserfordernis ausgedrückt wird (*dolus* kann die Formen (1) bis (4) oder (5) umfassen) oder, mangels solcher Oberbegriffe, indem die Substitution allgemein verfügt wird[1684] oder, umständlicher, indem verschiedene Elemente alternativ als Strafvoraussetzung aufgeführt werden[1685].

Ist eine solche Ersetzbarkeit weder gesetzlich angeordnet noch durch anerkannte dogmatische Begriffshierarchien ermöglicht, können sich axiologische Inkonsistenzen ergeben,[1686] wenn die jeweiligen Rechtsbegriffe ausschließlich über angenommene psychologische Phänomene begriffen werden, die sich kontradiktorisch zueinander verhalten: Dann schließen *dolus* (Wissen und eventuell Wollen) und

---

1684 So z.B. Model Penal Code § 2.02(5); LAW REFORM COMMISSION OF CANADA, *Report on Recodifying Criminal Law*, Draft Criminal Code Bill (1987), cl. 2(4)(c); Proposed Illinois Criminal Code (2003), sec. 205(6).

1685 Etwa "intentionally or knowingly", zahlr. Nachw. in *Final Report of the Illinois Criminal Code Rewrite and Reform Commission*, vol. 2, S. 26 Fn. 9.

1686 Beispielhaft: Der Illinois Supreme Court hat bei einem Täter "knowledge" als subjektives Element angenommen und daher die Anwendbarkeit eines Strafgesetzes verneint, das "recklessness" verlangt, denn "recklessness and knowledge are mutually inconsistent culpable mental states", *People v. Fornear*, 680 N.E.2d 1383, 1387 (Ill. 1997), und eine Ersetzungsklausel fehlt im Recht von Illinois.

culpa (kein Wissen, oder Wissen und kein Wollen), Absicht (1) und Wissentlichkeit (4), aber auch Wissentlichkeit/*knowledge* (4) und Fürmöglichhalten/*recklessness* (5) einander aus. Solche phänomenalen *aliud*-Verhältnisse gewinnen dogmatische Relevanz nur dann, wenn komparative deskriptive oder normative Oberbegriffe (Vermeidbarkeit, aber auch Freiwilligkeit, *capacity, control* usw.) fehlen.

4. Untergrenze des „Vorsatzes"

Da „Vorsatz" regelmäßig, sofern nicht *strict* oder *absolute liability* angeordnet ist, entweder die Bedingung herausgehobener Bestrafung oder von Bestrafung überhaupt darstellt, übernimmt die Kontur dieses Rechtsbegriffs zugleich die Grenzziehung zu minderer Strafbarkeit oder Straflosigkeit. Diese Abgrenzungsfrage stellt sich verschärft, wenn eine Pluralität von „psychischen Phänomenen" oder Formen der Handlungsbeschreibung in eine geringere Anzahl rechtlicher Kategorien einzusortieren ist, insbesondere in den zahlreichen Rechtsordnungen, die eine Dichotomie der Zurechnungsstufen – *dolus/culpa*, Vorsatz/Fahrlässigkeit, *dolo/colpa, faute intentionnelle/non-intentionnelle, умысел/неосторожность* – kennen, die folglich oft noch phänomenale Binnendifferenzierungen aufweisen. Werden generell drei Zurechnungsstufen – z.B. *intention, recklessness, negligence* – unterschieden, so mildert dies die Rechtsfolgendifferenz und mindert Abgrenzungsprobleme, beseitigt sie aber nicht. Mitunter werden sogar vier Zurechnungsstufen – *intention/purpose, knowledge, recklessness, negligence* – gebildet,[1687] die die Namen der wesentlichen Phänomenklassen tragen und durch Auflösung höherstufiger Begriffe die Abgrenzungsfragen dichotomer Systeme weitgehend vermeiden können – die Frage nach *dem* „Vorsatz"begriff wird gegenstandslos –, vorausgesetzt, diese Differenzierung wird in der Formulierung der einzelnen Straftatbestände durchgehalten.

Die meisten Rechtsordnungen orientieren sich bei der Begriffsbildung subjektiver Merkmale an vermeintlich vorgefundenen psychischen Phänomenen. Freilich hängt die rechtliche Bewertung solcher alltagspsychologischen Befunde vom Zweck der Differenzierung, hier also von der *ratio* der Vorsatzstrafe, ab (unten VI.1.); eine zwingende Beziehung zwischen „psychischem Befund" und Rechtsbegriff besteht, wie mehrfach betont, nicht. Der methodische Ansatzpunkt der Begriffsbildung reicht mithin von endostrukturell – orientiert an pseudo-naturalistischen Kategorien vermeintlicher psychischer „Befunde" – bis zu exostrukturell – orientiert an axiologischen Erwägungen eines bestimmten Strafwürdigkeitsniveaus. Nicht selten begegnen Mischformen. Wo schließlich über den Zweck der Begriffsbildung keine Klarheit besteht, sind Abgrenzungsschwierigkeiten ebenso unvermeidlich wie prinzipiell unlösbar.

1687 Siehe die Beispiele oben Fußn. 1313.

Es bestehen im wesentlichen folgende Möglichkeiten des Begriffsumfangs und damit der Abgrenzung von „Vorsatz“ i.S. von *dolus, dolo, dol, criminal intent, умысел* usw. zu minderer bzw. fehlender subjektiver Zurechnung:

(1) Der engste denkbare Vorsatzbegriff beschränkt sich auf die Absicht *(animus, purpose)*, das Anstreben der Tatbestandsverwirklichung.

(2) Etwas weiter, aber immer noch eng, ist ein Vorsatzbegriff, der neben der Absicht noch das sichere Wissen von Nebenfolgen einschließt *(dolus directus)*. Gilt „Wollen“ der Tatbestandsverwirklichung als notwendiges Begriffselement, so hilft hier die Vagheit des Willenskonzepts oder die Fiktion, daß jeder als sicher vorausgesehene Erfolg des eigenen Verhaltens notwendig gewollt sei.[1688] Hält der Täter einen Nebenerfolg nicht für sicher oder notwendig mit seinem Verhalten verknüpft, so bleibt allenfalls Fahrlässigkeits- oder Gefährdungshaftung *(fautes non-intentionelles)* oder *wilful blindness*.

(3) Als Oberbegriff über in sich heterogene „psychische Phänomene“ fungiert ein Vorsatzkonzept, das neben Absicht und sicherer Voraussicht der Tatbestandsverwirklichung auch die Fälle der nicht für sicher, aber wenigstens für möglich gehaltenen Tatbestandsverwirklichung (als Nebenfolge) umfaßt, mithin die in ihren Grenzen umstrittenen Kategorien des *dolus eventualis* bzw. *recklessness*. Als klarer negativer Kandidat scheidet jedenfalls die unbewußte Fahrlässigkeit/*negligence* aus diesem Vorsatzbegriff aus. Umstritten ist dabei insbesondere, ob es unterhalb des „Vorsatzes“ noch eine Zurechnungsstufe der bewußten Risikoschaffung (bewußte Fahrlässigkeit; *luxuria; легкомысленность*) geben kann. Dies ist nicht der Fall, wenn die Grenzlinie anhand des kognitiven oder intellektuellen Elements *(scientia)* gezogen wird, d.h. zwischen der bewußten Vorstellung eines (beliebig großen) Risikos der Tatbestandsverwirklichung und dem Fehlen einer bewußten Vorstellung. Möglich sind noch feinere Differenzierungen, etwa danach, ob der Täter tätig geworden ist, um die als möglich erkannte Folge zu vermeiden,[1689] oder sich diese Vermeidefähigkeit wenigstens – wenn auch im Ergebnis zu Unrecht – zugeschrieben hat[1690]. Schwierigkeiten ergeben sich vor allem dann, wenn die Risikovorstellung als unzureichendes Differenzierungskriterium angesehen wird und entweder ein „Willenselement“ als definierendes Merkmal aller Vorsatzspielarten postuliert wird[1691] oder emotionale Einstellungen wie Gleichgültigkeit die oft erhebliche Strafbarkeitsdifferenz zur Fahrlässigkeit bzw. Straflosigkeit tragen sollen.

(4) Die größte Ausdehnung erreicht ein „Vorsatz“begriff, der weder durch ein „Willenselement“ noch durch die bewußte Risikovorstellung begrenzt wird, sondern alle Verhaltensformen, die herausgehobene Strafe verdienen sollen, umfaßt. Die Grenzziehung ist somit exostrukturell, ein solcher Vorsatzbegriff normativ statt

---

1688 Siehe oben bei Fußn. 1391 ff.

1689 Armin Kaufmann, ZStW 70 (1958), 64, 73.

1690 Kindhäuser, ZStW 96 (1984), 1, 24 ff.; siehe oben Fußn. 1394.

1691 Siehe oben bei Fußn. 1373 ff.

„psychologisch“ orientiert zu nennen. Beispielsweise kann Nichtvoraussicht naheliegender Folgen, anstößige Gleichgültigkeit oder Tatsachenblindheit so direkt dem Bereich der Vorsatzstrafe zugeschlagen werden – wie es schon früh mit der *doctrina Bartoli* oder der Figur des *dolus indirectus* sowie der Unbeachtlichkeit der *ignorantia affectata/vitiosa, crassa et supina* versucht wurde[1692] –, ohne auf prozessuale Mittel wie Vorsatzvermutungen ausweichen zu müssen.

(5) Schwierigkeiten bei der Definition der „Untergrenze“ des „Vorsatzes“ unterhalb praktisch sicheren Wissens (2) lassen sich scheinbar umgehen durch Statuierung von Gefährdungstatbeständen, wie es die Absicht von Stooss schon im Vorentwurf 1894 für das schweizerische StGB zur Elimierung des umstrittenen *dolus eventualis* war.[1693] Das sichere Wissen um die Gefährdung ist allerdings identisch[1694] mit der Vorstellung, eine Verletzung sei möglich, so daß die Lösung nur eine terminologische Entlastung, keine sachliche Änderung der subjektiven[1695] Erfordernisse bedeutet.

5. Bedingtes Wollen – *Conditional intention*

Wie bereits oben[1696] erörtert, kann Handeln von künftigen Bedingungen abhängig gemacht werden. Ist das gesamte Handeln so bedingt und die Bedingung noch nicht eingetreten, so ist eine Absicht gegenwärtig noch nicht motivational wirksam. Es ist noch nicht zum Umsetzungsentschluß („fiat“) gekommen, sondern es besteht lediglich eine Disposition, bei Bedingungseintritt plangemäß zu handeln. Möglich ist auch, daß eine Handlungssequenz bereits begonnen wird und nur bestimmte weitere Handlungsschritte oder -alternativen bedingt werden.

Diese Konstellation interessiert strafrechtlich vor allem im Zusammenhang mit der Versuchsstrafbarkeit sowie bei Delikten mit überschießender Innentendenz *(specific intent)*, die strukturell Versuchsformen sind. Vorausgesetzt ist dabei, daß der Täter ein Verhalten zeigt, das sich als Objektivierung eines kriminellen Entschlusses begreifen läßt (die Einzelheiten gehören zur Lehre vom Versuch). Praktisch erheblich sind Fälle, wenn eine (weitergehende) Absicht in Frage steht, die nicht durch ein entsprechendes Verhalten objektiviert ist und behauptet wird, die Absicht habe unter einer – nicht eingetretenen – Bedingung gestanden. Beispielhaft: Jemand bricht in ein Haus ein, um zu stehlen, *falls* er etwas Wertvolles findet

---

1692 Siehe dazu unten Anhang VII.1.a), c), 2., IX.1., 2.

1693 Vgl. Stooss, *Schweizerisches Strafgesetzbuch, Vorentwurf mit Motiven*, Anm. zu Art. 58 (Lebensgefährdung), S. 150 f.; ders., ZStW 15 (1895), 199 ff.; dazu Germann, ZStrR 77 (1961), 345, 388 ff. m. w. Nachw.

1694 Siehe oben Fußn. 1577.

1695 Wohl aber der objektiven Tatseite, da ein Gefährdungsdelikt früher und öfter vollendet ist als ein Verletzungsdelikt und zumeist auch ein niedrigeres Strafniveau hat.

1696 Oben bei Fußn. 1358.

oder niemand zuhause ist; die Bedingung tritt nicht ein – ein Fall von *burglary*, definiert als “entering a building with the intent to commit a crime therein” [1697] ?

Ein solchermaßen bedingtes Wollen oder „Entschluß auf bewußt unsicherer Tatsachengrundlage“ [1698] oder *conditional intention/purpose* wird verbreitet als genügend für die Erfüllung eines Absichtserfordernisses, sei es für strafbaren Versuch, sei es für Delikte mit überschießender Absicht, angesehen.[1699]

6. Fehlende Kenntnis und Fehlvorstellungen: Unkenntnis und Irrtum *(ignorantia, ignorance; error, erreur, errore, mistake, ошибка)*

Die strafrechtlichen Regeln über die Behandlung fehlerhafter Vorstellungen über das Vorliegen objektiver Strafbarkeitsvoraussetzungen können als „Irrtumslehre“ zusammengefaßt werden. In einer völkerstrafrechtlichen Untersuchung kann diese Irrtumslehre wegen der gebotenen Systemneutralität nicht von vornherein als bloß negatives Spiegelbild einer Vorsatz- oder Schuldlehre[1700] begriffen werden, solange eine etablierte Dogmatik der subjektiven Tatseite fehlt. Ebenso verbieten sich Ableitungen aus straftatsystematischen Erwägungen, solange das Völkerstrafrecht keine systematische Straftatlehre aufweist. Irrtumsregeln sind bis dahin als selbständige Bestandteile der (subjektiven) Zurechnungslehre anzusehen.[1701] Auch die Frage, welche Kenntnisanforderungen an den Handelnden zu stellen sind, muß hier zunächst weiterhin als offen behandelt werden.

Der Anknüpfungspunkt aller Regeln des *direkten* Irrtums ist – sofern objektive und subjektive Tatseite (*actus reus* und *mens rea*) koextensiv sind[1702] – negativ

---

1697 Model Penal Code § 221.1(1).

1698 Ausdruck von W. Schmid, ZStW 74 (1962), 48, 54.

1699 Zum deutschen Recht im Rahmen der Versuchsstrafbarkeit siehe Jakobs, *Strafrecht Allgemeiner Teil*², Tz. 25/29 ff.; Roxin, *Strafrecht Allgemeiner Teil*, Band II, § 29 Rn. 81 ff., jew. m. w. Nachw.; auch rechtsvergleichend Schultz, Festschrift Spendel, S. 303 ff.

Zum amerikanischen Recht siehe Model Penal Code § 2.02(6) mit Comment 8, mit der Einschränkung, daß die Bedingung nicht den Tatbestand ausschließt (also z.B. nicht eine Frau überfallen und mit ihr nur dann geschlechtlich verkehren wollen, wenn sie zustimme – anders gewendet, fehlt es hier in jeder Bedingungsalternative schon am für *rape* nötigen Vorsatz, folglich *kein* Fall bedingter Absicht); ebenso Proposed Illinois Criminal Code (2003), sec. 206(1)(d); siehe auch LaFave, *Criminal Law*³, § 3.5(d) m. w. Nachw.

1700 Vgl. Frank, *StGB*¹⁸, § 59 Anm. VII, S. 193: „Die Irrtumslehre ist also nur die Doluslehre vom negativen Standpunkt aus betrachtet.“

1701 Ähnlich Kuhlen, *Die Unterscheidung von vorsatzausschließendem und nichtvorsatzausschließendem Irrtum*, S. 101 ff., für seine dogmenkritische Untersuchung.

1702 Positiv charakterisierte Irrtümer werden behauptet, wenn objektive und subjektive Tatseite nicht koextensiv sind, der Straftatbestand also Umstände umfaßt, die nicht vom Vorsatz umfaßt sein müssen, gleichwohl eine irrige Vorstellung vom Nichtvorliegen dieser Umstände einen relevanten Irrtum darstellen soll, dazu Tur, *Subjectivism and Objectivism*, S. 213, 217 ff. m. w. Nachw. (217:

charakterisiert: Das Gegenstück zur geforderten Kenntnis im Sinne der bewußten Vorstellung eines bestimmten Gegenstandes ist das Fehlen *dieser* bewußten Vorstellung. Verbreitet ist die Charakterisierung des Irrtums als Auseinanderfallen von subjektiver Vorstellung und objektiver Wirklichkeit,[1703] die sich auch als fehlende Kongruenz zwischen einer vom Urteilenden akzeptierten und einer dem Beurteilten zuzuschreibenden Aussage über ein Wissensprädikat reformulieren läßt[1704]. Ob „Vorstellung von ( )“ psychologisch oder als propositionale Einstellung verstanden wird, ist insofern unerheblich.

Die Feststellung einer relevanten Diskrepanz von geforderter und festgestellter Kenntnis (bzw. der respektiven Aussagen darüber) richtet sich zum einen nach den jeweiligen Kenntnisanforderungen, die den *Kongruenzumfang* bestimmen,[1705] zum anderen sind *Korrespondenzregeln* nötig,[1706] die einen pragmatischen, am Zweck der Zurechnung orientierten[1707] Maßstab für Identität bzw. Synonymität (oder Implikation) aufstellen, weil die Tätervorstellung, selbst wenn sie im Prozeß in sprachlicher Form vorliegt, zu den fachsprachlichen Verwendungsregeln juristischer Konzepte in Beziehung gesetzt werden muß.

Die negative Charakterisierung kann zwei Formen annehmen: die bloße Unkenntnis *(ignorantia/nescientia, ignorance, ignoranza, незнание)* als Fehlen einer Vorstellung über den relevanten Gegenstand und den Irrtum i.e.S. *(error, erreur,*

“Mistakes of fact may be classified as ‘negativing mens rea’ or as ‘a defence’ by reference to whether the mistake relates to a circumstantial element of the *actus reus* qualified or not qualified by *mens rea*.”). Materiell-rechtlich ist die Beachtung einer Fehlvorstellung von einem Objekt, dessen Vorstellung nicht gefordert ist – gleichsam ein „überschießender Irrtum“ –, entweder logisch inkonsistent oder indiziell für unzureichende Normformulierung (siehe unten bei Fußn. 1730). Eine Auflösung ergibt sich auch in den von Tur betrachteten Fällen zumeist in der prozessualen Perspektive: Die Reduktion der subjektiven Elemente entspricht konstruktiv einer – aus Angst vor Beweisnot oder den Geschworenen geborenen – Reduktion der Darlegungs- und Überzeugungslast der Anklage nebst einer – unausgesprochenen – Vermutung für das Vorliegen weiterer subjektiver Elemente, für deren Nichtvorliegen (= Widerlegung der Vermutung) der Angeklagte die Darlegungs- und Überzeugungslast trägt.

[1703] Z.B. Gössel, *Über die Bedeutung des Irrtums im Strafrecht*, S. 27 u. ff.; Nachw. bei Tischler, *Verbotsirrtum und Irrtum über normative Tatbestandsmerkmale*, S. 17 Fn. 28; dazu Kuhlen, *Die Unterscheidung von vorsatzausschließendem und nichtvorsatzausschließendem Irrtum*, S. 101 ff., 104, 115 ff.; auch Hall, *General Principles of Criminal Law*², S. 361 ff.; Fletcher, *Rethinking Criminal Law*, § 9.1, S. 683 (“dissonance between reality and belief, between the objective facts and the actor’s subjective impression of the facts”); Mantovani, *Diritto penale: Parte generale*², S. 343; Muñoz Conde, *El error en Derecho Penal*, S. 15.

[1704] Z.B. Kuhlen, *Die Unterscheidung von vorsatzausschließendem und nichtvorsatzausschließendem Irrtum*, S. 104, 111, 115 ff.

[1705] Kuhlen, *Die Unterscheidung von vorsatzausschließendem und nichtvorsatzausschließendem Irrtum*, S. 113 ff.

[1706] Zutr. Kuhlen, *Die Unterscheidung von vorsatzausschließendem und nichtvorsatzausschließendem Irrtum*, S. 114. Vgl. Katz, *Bad Acts and Guilty Minds*, S. 208 f., 302 f.: “belief is a matter of degree”, Feststellung des „Glaubens“ (Wissens) des Täters durch Vergleich mit einem Prototyp von „Glauben“ (Wissen) einschließlich bestimmter Hintergrundvorstellungen.

[1707] Siehe oben bei Fußn. 1229 ff.

errore, mistake, ошибка) als falsche Vorstellung über den relevanten Gegenstand *(falsum pro vero habere)*, etwa in Gestalt einer bewußten Verneinung, oft verbunden mit einer gleichzeitigen falschen positiven Vorstellung, etwa einer Verwechslung oder Fehlkategorisierung.[1708] Der Unterschied läßt sich darstellen als Unterschied zwischen externer und interner Verneinung der geforderten bewußten Vorstellung:[1709] Angenommen, es sei eine wahre Aussage *p*, daß der Handelnde A eine strafrechtlich verbotene Handlung verwirklicht (z.B. A schießt auf Zivilisten), und die subjektive Zurechnungsanforderung besteht darin, daß A sich bewußt vorstellt, daß *p* (also: $aV(p)$), so entspricht der Unkenntnis die externe Verneinung:

> Es ist nicht der Fall, daß A sich vorstellt, daß *p* (daß er auf Zivilisten schießt).
>
> oder: $\neg aV(p)$[1710]

Ein „Irrtum“ im engen Sinne entspricht der internen Verneinung:

> A stellt sich vor, daß (nicht-*p*) (daß er nicht auf Zivilisten schießt).
>
> oder: $aV(\neg p)$

Unkenntnis ist somit das kontradiktorische Gegenteil einer geforderten bewußten Vorstellung, während Irrtum i.e.S. das konträre Gegenteil ist.[1711] Beide Verneinungen sind *logisch*[1712] unverträglich mit der Bejahung der geforderten Vorstel-

---

1708 Siehe nur Augustinus, *Enchiridio ad Laurentium*, c. 17 = D. 38 c. 11: „Non qui aliquid nescit, sed qui putat se scire quod nescit, errare probatur.“; sowie später Pufendorf, *De iure naturæ et gentium*, lib. I cap. III §§ 10, 11 („Ubi … deest cognitio intellectus, vocatur *ignorantia*.“ „Quando autem non solum cognitio veri deficit, sed & eius loco falsa persuasio animum occupavit, sic ut hæc pro vera habeatur, in *errore* versari animus humanus dicitur.“); Chr. Wolff, *Philosophia practica universalis*, Pars I, § 27 („*Ignorantia* est absentia notionis, sive rei simpliciter apprehendæ inserviat, sive iudicio cuidam respondeat.“), § 30 Zusatz („Scholastici errorem *ignorantiam compositam* appellant. Qui enim errat, propositionem falsam pro vera habet … adeoque ignorat, quod falsa sit propositio.“), der *error* als *ignorantia multiplex* versteht und als Unterfall der Unkenntnis ansieht (Hervorh. jew. im Original); von Savigny, *System des heutigen Römischen Rechts*, Band III, S. 111, 326; Carrara, *Programma del corso di diritto criminale*[10], vol. 1, §§ 252 f., S. 248 f., der nur *errore* als relevant ansieht, da *ignoranza* als Zustand völliger Unkenntnis keine Handlung verursachen könne; Jombart, «Erreur», in Naz, *Dictionnaire de droit canonique*, tome 5, col. 430; Schlüchter, *Irrtum über normative Tatbestandsmerkmale*, S. 26 ff., alle m. w. Nachw.; Fletcher, *Rethinking Criminal Law*, § 9.1.1, S. 686 f.; Moore, *Law and Psychiatry*, S. 85 f.

1709 Zutr. Moore, *Law and Psychiatry*, S. 85 f.

1710 *a* steht für den Handelnden, *V( )* für „bewußte Vorstellung von ( )“, *p* für die Proposition, die den Vorstellungsgehalt bildet, ¬ für die logische Verneinung.

1711 Zutr. Gessler, GS 10 (1858), 217, 227 (zu Rechtskenntnis).

1712 Allerdings nicht *psychologisch*, wenn man annimmt, daß eine Person auch inkonsistente Vorstellungen haben könne. Zu den logischen Möglichkeiten widersprüchlichen Glaubens *(belief)* näher DeSousa, *How to Give a Piece of Your Mind: or, the Logic of Belief and Assent*, Review of Metaphysics 25 (1971), 52, 66 ff.; dagegen Cohen, 24 J. Psychiatry & L. 511, 543 ff. (1996): widersprüchliches Wollen sei nur aus psychoanalytischer Sicht erklärbar.

Moore, *Law and Psychiatry*, S. 85 f. mit Endn. 117, meint, das Recht setze stillschweigend voraus, daß Personen rational seien, also nur konsistente Vorstellungen hätten. Eine Ausnahme davon sieht lung. Soweit ersichtlich, behandeln alle Rechtsordnungen Unkenntnis und Irrtum gleich[1713] – zu Recht, denn die Unkenntnis auch nur eines rechtserheblichen Umstands resultiert in einer Fehlvorstellung von der rechtserheblichen Situation als ganze, so wie umgekehrt jeder Irrtum als Unkenntnis darstellbar ist[1714]. „Unkenntnis“ und „Irrtum i.w.S.“ sollen hier als Oberbegriffe für beide Konstellationen verwendet werden.

Positive Fehlvorstellungen können indes in bestimmten Konstellationen weitere rechtliche Relevanz erlangen, insbesondere zum einen als umgekehrter Irrtum (siehe unten e)gg)) und zum anderen bei Doppelirrtümern (siehe unten e)hh)).

Die Begriffe „Irrtum“ oder „Unkenntnis“ sind schließlich beschränkt auf kognitive psychische Modi, hier bezeichnet als „Vorstellungen“ (Wissen, Kenntnis, *knowledge, belief* usw.). Zwar sind Mängel auch möglich bei anderen subjektiven Erfordernissen, doch sind nicht-kognitive psychische Modi wie Absichten, auch wenn sie intentionalen Gehalt haben,[1715] nicht wahrheitsfähig,[1716] so daß sich hier von „Irrtum“ nicht reden läßt, doch können solche Absichten natürlich fehlen. Nur fehlen können auch solche subjektiven Merkmale, denen kein objektives Merkmal entspricht, z.B. überschießende Vorstellungen (Prognosen), und erst recht, da nicht wahrheitsfähig, überschießende Absichten.

a) Fehlerquellen

Die möglichen Quellen einer rechtlich interessierenden Fehlvorstellung sind:

1. fehlende oder unzureichende Kenntnis der konkreten *Anknüpfungstatsachen* („Sinnesdaten“ oder Erinnerung) der Kategorisierung;
   die Arten der resultierenden Fehlvorstellungen lassen sich weiter unterteilen in solche über die aktuellen empirischen Bedingungen *(errore-motivo*[1717]*)* und prognostische *(errore-inabilità)* über das Verhaltensresultat;

---

er in Model Penal Code § 2.02(7) – eine Regelung, die den Fall von “wilful blindness”/“connivance” erfassen soll –, wonach ein Wissenserfordernis durch die Vorstellung der hohen Wahrscheinlichkeit der Existenz eines Umstands erfüllt wird, wenn der Täter sich nicht zugleich vorstellt, der Umstand existiere nicht – denn auch die Vorstellung, etwas sei (hoch) wahrscheinlich $[w(p) > 0]$, ist mit der Vorstellung, etwas sei nicht der Fall $[(p) = 0]$, logisch unverträglich (beide können nicht zugleich logisch wahr sein).

Zur Logik der Verneinungen siehe auch STUCKENBERG, *Untersuchungen zur Unschuldsvermutung*, S. 442 ff. m. w. Nachw.

1713 Ausdrücklich z.B. CIC 1983 can. 1323 § 2: „... ignorantiae autem inadvertentia et error aequiparantur“.

Im Schrifttum wird bei Rechtsirrtum mitunter differenziert, siehe unten bei Fußn. 1801.

1714 Zutr. CARRARA, *Programma del corso di diritto criminale*[10], vol. 1, § 253 Anm. 1, S. 249: “l’errore sempre nasce dall’ignorare una qualche cosa”.

1715 Emotive oder affektive Haltungen sind hingegen häufig nicht propositional.

1716 Vgl. SHUTE, *Knowledge and Belief in the Criminal Law*, S. 171, 183 m. w. Nachw.

1717 Terminologie nach MANTOVANI, *Diritto penale: Parte generale*[2], S. 344 f.

2. fehlende oder unzureichende Kenntnis der *Verwendungsregeln* der von der einschlägigen Norm verwendeten Kategorie(n)
3. fehlende Kenntnis des *Namens* der rechtlichen Kategorien(n)
4. fehlende Kenntnis der Existenz der einschlägigen *Norm*.

Auf der *Ebene einzelner Normmerkmale* bedeutet dies, daß der Handelnde in den Fällen 1 und 2 eine falsche konkrete Kategorisierung vornimmt, indem er entweder:

(1a) nicht *wahrnimmt* oder nicht *erinnert*: m.a.W., er hat sich die Umstände, deren Vorliegen die Wahrheitsbedingungen[1718] der Kategorie im konkreten Fall erfüllt, nicht bewußt vorgestellt. Seine Kenntnis der fraglichen Kategorie und ihrer Verwendungsregeln mag (abstrakt) zutreffend sein oder nicht, er hat jedoch keinen Anlaß, eine positive Kategorisierung vorzunehmen; etwaige semantische Irrtümer wirken sich nicht aus und bleiben hypothetisch; der Fehler ist daher empirischer[1719] Natur (Fehlen der perzeptuellen Relation, Unkenntnis der Referenz, der Extension[1720]). Beispiel: Der Täter sieht nicht, daß er auf einen Menschen schießt; er sieht überhaupt kein Zielobjekt.

(1b) *nicht erkennt*: Dies sind Fälle simultaner positiver Fehlvorstellung (Irrtum i.e.S.). Der Handelnde erkennt nicht, was er wahrnimmt, d.h. verkennt ebenfalls das Vorliegen der Wahrheitsbedingungen der zutreffenden Kategorie, hält aber die Wahrheitsbedingungen einer unzutreffenden Kategorie für gegeben (Verwechslung). Seine Kenntnis der Verwendungsregeln der fraglichen Kategorien mag an sich[1721] zutreffend sein oder nicht: Die ihm bewußten Anknüpfungsdaten reichen aber auch bei objektiver Beurteilung regelmäßig für eine hinreichend *sichere* zutreffende Kategorisierung nicht aus (die objektive Möglichkeit zutreffender Kategorisierung mag Fahrlässigkeit begründen), so daß etwaige semantische Irrtümer wiederum hypothetisch bleiben; der Fehler ist empirischer Natur (Fehlen der perzeptuellen Relation, Unkenntnis der Referenz, der Extension). Beispiel: Der Täter greift ein Krankenhaus an, das er für eine Kaserne hält, weil er nichts wahrnimmt, das auf ein Krankenhaus hindeutet.

(2) *nicht versteht*: Dem Handelnden sind die Umstände, die die Wahrheitsbedingungen der zutreffenden Kategorie erfüllen, bewußt; die richtige Kategori-

---

1718 Nicht zu verwechseln mit der Kenntnis der Wahrheitsbedingungen selbst, die schon Sinnkenntnis wäre, vgl. WITTGENSTEIN, *Tractatus logico-philosophicus*, 4.024; CARNAP, *Meaning and Synonymy in Natural Languages*, S. 233, 236 f.; dazu nur KOCH/RÜSSMANN, *Juristische Begründungslehre*, S. 143 f.

1719 Ähnlich KINDHÄUSER, GA 1990, 407, 409 ff.

1720 Zur Problematik der Extension semantischer Kategorien siehe oben bei Fußn. 1629.

1721 Es ist möglich, diesen Fehlertyp auch als Kategorienfehler zu formulieren, insofern der Täter auch aufgrund der ihm zugänglichen unvollständigen Anknüpfungstatsachen die zutreffende Kategorisierung hätte vornehmen *oder in Erwägung ziehen* können und müssen (im Sinne der Fahrlässigkeitshaftung): Auch ein Baumstamm im Dämmerlicht, auf den man schießt, hätte als „möglicherweise ein Mensch" kategorisiert werden müssen!

sierung scheitert daran, daß er die Kategorie entweder gar nicht kennt oder zwar nominell kennt, aber sie falsch bildet, d.h. unrichtige Verwendungregeln anwendet.[1722] Der Fehler ist semantischer Natur (Fehlen der kognitiven Relation, Unkenntnis der Intension, des Sinns). Beispiel: Der Täter sieht ein Fahrzeug, das mit einem roten Löwen mit Sonne auf weißem Grund markiert ist, und schießt darauf, weil er den Sinn der Symbole nicht kennt.

(Zusatz) Da Wahrnehmung und Kategorisierung keine voneinander isolierbaren Prozesse sind, „sehen“ immer auch „sehen als“ ist,[1723] können *Mischformen* empirischer und semantischer Fehler auftreten: Wer eine rechtliche Kategorie nicht oder unzureichend kennt, nimmt vielleicht auch deren Wahrheitsbedingungen nicht oder unzureichend wahr bzw. erinnert sie nicht oder unzureichend, weil er seine Aufmerksamkeit nicht darauf richtet.[1724]

Im Fall 3 kennt der Handelnde sowohl die Wahrheitsbedingungen als auch die Verwendungsregeln der Kategorie im konkreten Fall und kategorisiert folglich zutreffend (die von ihm angenommene Kategorie entspricht oder impliziert hinreichend die rechtliche Kategorie), verwendet aber eine andere Bezeichnung für die Kategorie als die einschlägige Norm. Dies führt nicht zu einer Fehlvorstellung (3a), wenn er keine Vorstellung von der Bezeichnung der rechtlichen Kategorie hat oder er seine Bezeichnung für synonym oder wenigstens kompatibel (impliziert) hält. Eine Fehlvorstellung kann sich aber ergeben (3b), wenn er den Namen der rechtlichen Kategorie kennt, deren Verwendungsregeln (Intension, Sinn) aber mißdeutet und die falsch vorgestellte rechtliche Kategorie folgerichtig im konkreten Fall nicht für anwendbar hält (somit auch die Extension der Norm verkennt), also die rechtliche Kategorie zutreffend verwendet, ohne zu wissen, daß es die rechtliche Kategorie ist

---

1722 Unzureichende Kenntnis der konstitutiven Verwendungsregeln führt allerdings nicht zwangsläufig zu einer falschen Kategorisierung. So ist zum einen davon auszugehen, daß Kategorisierung immer unscharf ist und selbst bei bewußter Kategorisierung die Verwendungsregeln zumeist nicht explizit, bewußt, sondern intuitiv angewandt werden. Auch wenn man Kategorisierung als klassifikatorischen Vorgang verstünde, dürfte kaum jemand über eine sowohl vollständige als auch zutreffende Vorstellung sämtlicher Definitionsmerkmale eines Konzepts verfügen. Unzutreffende Verwendungsregeln müssen also nicht in jedem Fall relevant werden. Zum anderen kann das *Ergebnis* der Kategorisierung richtig sein, obwohl seine Begründung falsch ist, weil sich Fehler ausgleichen – ob dies als richtige oder falsche Vorstellung anzusehen ist, hängt von den Kenntnisanforderungen (verlangt die Norm Gehorsam oder Verständnis?) ab, die auch darauf abstellen können, wie stark die Abweichung der vom Täter vorgestellten Verwendungsregeln von den rechtlich richtigen ist (vgl. JAKOBS, *Strafrecht Allgemeiner Teil*², Tz. 8/60 f.).

Schließlich kann der Handelnde die richtige Kategorisierung auch schlicht kennen, ohne konstitutive Verwendungsregeln anwenden zu müssen oder – mangels Kenntnis der empirischen Konstitutionsbedingungen – zu können. Fehlerhafte Vorstellungen über die konstitutiven Regeln wirken sich dann nicht aus (vgl. JAKOBS, *Strafrecht Allgemeiner Teil*², Tz. 8/58).

1723 Siehe oben Fußn. 1617.

1724 Zutr. GLANVILLE WILLIAMS, *Textbook of Criminal Law*², S. 128 f.; JAKOBS, Festschrift Rudolphi, S. 107, 120.

oder sie impliziert. Fehlerhaft ist also lediglich die Zuordnung der richtig erkannten Kategorie zur Norm (Subsumtion).[1725]

Auf der *Ebene der gesamten Verhaltenssequenz* (Handlung, Unterlassung) ist das Resultat der Irrtumsformen (1) und (2) – *nicht wahrnehmen/erinnern*, *nicht erkennen* und *nicht verstehen* – gleichermaßen, daß der Handelnde sein Verhalten falsch kategorisiert (ihm einen falschen Sinn zuordnet). Im Fall (3) ist hingegen die Handlungskategorie (der Handlungssinn) zutreffend erfaßt.

Auf der *Ebene der deontischen Kategorisierung* der Verhaltenssequenz führen Irrtümer nach (1) und (2) regelmäßig[1726] dazu, daß der Handelnde sein Verhalten für erlaubt hält, sei es, weil er die einschlägige Verbotsnorm nicht für anwendbar hält, sei es, weil er sie gar nicht kennt. Im Fall (3b) kann die Fehlvorstellung über die Intension der rechtlichen Kategorie ebenfalls dazu führen, daß der Handelnde sein Verhalten für nicht bzw. nicht von dieser Norm verboten hält.

Fehlerhafte deontische Kategorisierung kann schließlich nicht nur als Folge unrichtiger Kategorisierung einzelner Umstände, sondern auch als Folge der Unkenntnis der einschlägigen Norm auftreten (4). Dies ist wiederum in zwei Formen möglich, als vollständige Unkenntnis der Norm (4a) sowie als Unkenntnis der zutreffenden Normfassung bei gleichzeitiger Vorstellung einer unzutreffenden Normfassung (4b). Der Handelnde kennt die Wahrheitsbedingungen und Verwendungsregeln (vielleicht sogar die Namen) aller einschlägigen Kategorien und weiß lediglich nicht, daß dieses Verhalten verboten ist. Beispiel (für 4a): Der Täter plündert die im Sturm eingenommene Stadt und hält dies für das natürliche Recht des Siegers. Häufiger dürfte der Fall (4b) sein, daß der Handelnde sich eine ähnliche Norm vorstellt, die enger gefaßt ist als die richtige Norm, weil ihr konkret relevante Merkmale fehlen. Beispiel: Der Täter plündert die im Sturm eingenommene Stadt, weil er glaubt, daß dies in den ersten drei Tagen zulässig und erst danach verboten sei. Fehlvorstellungen über den Inhalt einer Norm sind auch möglich, wenn der Handelnde den Normtext zutreffend kennt (oben 3b).

1725 Dieser Fall des Subsumtionsirrtums (dazu unten 6.c)aa)(4)) lädt zu sprachlichen Mißverständnissen ein (und hat z.B. Dopslaff, GA 1987, 1, 25 verwirrt): Kennt der so Irrende den „Sinn" des einschlägigen Normmerkmals? Ja, wenn er ein Synonym oder impliziertes Konzept kennt und nur die Synonymität oder Implikation nicht kennt (so Puppe, GA 1990, 145, 151 ff., 182; NK-StGB-Puppe, § 16 Rn. 45 ff., 47, 52). Nein, weil er die Intension des gesetzlichen Merkmals falsch deutet (so Kindhäuser, GA 1990, 417, 411, 422 f., wo aber Sinnkenntnis nicht klar von Ausdruckskenntnis getrennt wird). Beide Antworten sind richtig, weil die Frage ambig ist: Präziser müßte es heißen, daß der Täter seinem Handeln einen Sinn beigelegt hat, der dem Sinn des Normmerkmals objektiv entspricht, dies aber verkennt, weil er dem ihm bekannten *Namen* des Merkmals einen falschen Sinn zuordnet – der Handlungssinn (wie ihn die Norm definiert) ist erkannt, der Normsinn ist verkannt und daher der Sinn der Handlung *in Relation zur* Norm falsch bestimmt.

Es geht entgegen Dopslaff, *ibid.*, also nicht um „unterschiedliche Bedeutungskenntnis im Hinblick auf denselben Begriff", sondern um zwei Begriffe (Kategorien, Konzepte), die denselben Namen tragen (ebenso Blei, JA 1973, 601).

1726 Wenn nicht eine Vorstellung über eine nicht existente Norm hinzutritt, die gerade dieses Verhalten verbietet.

Möglich sind weiterhin *multiple Fehlvorstellungen*: Der Handelnde nimmt beispielsweise nicht wahr, was er – im Sinne der objektiven rechtlichen Handlungsbeschreibung – tut, könnte es bei zutreffender Wahrnehmung aber auch nicht richtig kategorisieren und kennt auch die einschlägige Norm nicht zutreffend. Die *Kausalität* oder *Relevanz* der nachgeordneten Fehler bleibt hier hypothetisch, ihre Feststellung im Prozeß erfolgt oft nicht. Mehrere Fehlvorstellungen können sich zudem ausgleichen, so daß der Handelnde trotz unzureichender Wahrnehmung oder unzureichender Kenntnis der Verwendungsregeln richtig kategorisiert – ob solche zufälligerweise im Ergebnis, aber nicht in der Begründung zutreffenden Vorstellungen den subjektiven Anforderungen genügen, bedarf normativer Begründung, ebenso wie in der Situation, daß der Handelnde zwar zutreffend wahrnimmt, aber die einschlägige Norm nicht kennt und sich statt dessen eine andere, nichtexistente Norm vorstellt, die sein Verhalten im Fall verbietet (doppelter Verbotsirrtum,[1727] unten e)ii)).

b) Objekte der Fehlvorstellung

Die (rechtlichen) Objekte rechtlich relevanter Fehlvorstellungen korrespondieren bei konsistenter Zurechnungslehre exakt den Objekten, deren Kenntnis als Strafbarkeitsbedingung gefordert wird.[1728]

Eine Fehlvorstellung kann folglich rechtliche Relevanz nur haben, wenn sie als Negation geforderter Kenntnis darstellbar ist. Freilich können legislatorisch oder judiziell niedergelegte Normen unvollständig formuliert sein und daher den Anschein von Inkonsistenz erwecken. Dies gilt insbesondere für die Rechtsfolgen von Fehlvorstellungen: Führt etwa das Fehlen einer scheinbar als notwendige Strafbarkeitsbedingung formulierten Vorstellung nicht zur Straflosigkeit, so ist die fragliche Kenntnis bei vollständiger Betrachtung offenbar nicht notwendig, sondern entweder überflüssig – dies ist auch der Fall, wenn die fragliche Kenntnis als immer gegeben fingiert wird, etwa in der rechtstechnischen Form einer unwiderleglichen Vermutung[1729] – oder eine von mehreren disjunktiven Bedingungen ist.[1730]

1727 Vgl. Jakobs, *Strafrecht Allgemeiner Teil*², Tz. 19/28.

1728 Vgl. Model Penal Code, § 2.04 Comment 1: " … ignorance or mistake has only evidential import; it is significant whenever it is logically relevant, and it may be logically relevant to negate the required mode of culpability or to establish a special defense." Die letzte Alternative *(special defense)* läßt sich indes schwerlich als *logisch* konsequent ausgeben, vgl. nächste Fußn. Zu Möglichkeiten prozessual motivierter Aufspaltung der Kenntniserfordernisse siehe oben Fußn. 1702.

1729 So etwa im französischen Recht, wo *dol/intention* einmütig als Wollen des inkriminierten Verhaltens in Kenntnis der Verletzung einer Strafnorm definiert wird, Stefani/Levasseur/Bouloc, *Droit pénal général*¹⁸, n° 257; Desportes/Le Gunehec, *Droit pénal général*¹⁰, n° 471, 673 ff., jew. m. w. Nachw.), diese Kenntnis aber grundsätzlich präsumiert wird *(nemo censetur ignorare legem)*, unter dem Ancien code pénal unwiderleglich, unter dem Nouveau code pénal nunmehr, wenn auch schwer, widerleglich (Art. 122-3).

Vgl. Binding, Die *Schuld im deutschen Strafrecht*, S. 34: „Wer zum dolus Bewußtsein der Rechtswidrigkeit fordert, gleichzeitig aber dem Beschuldigten die Berufung auf Rechtsunkenntnis

Führt umgekehrt eine entschuldbare Fehlvorstellung zur Straflosigkeit, obwohl die entsprechende positive Kenntnis nicht als Strafvoraussetzung gilt, liegt dieser scheinbaren[1731] Unstimmigkeit des materiellen Rechts oft eine prozessuale Regelung zugrunde, die schon die Darlegungslast der Fehlvorstellung dem Angeklagten aufbürdet. Möglich ist schließlich auch, daß erst die Feststellung einer elastischen Irrtumsregelung, die die Kenntnismöglichkeit ausreichen läßt, ergibt, daß das Kenntniserfordernis realiter kein psychisches Faktum, sondern eine normative Gleichsetzung von Kenntnis und vorwerfbarer Unkenntnis ausdrückt.[1732]

Irrtumsregeln können zudem redundante Formulierungen allgemeiner Zurechnungsregeln sein: Führt eine Irrtumsregel unter Bedingungen, die Fahrlässigkeitskriterien entsprechen, zur Strafmilderung, so läßt sich die Irrtumsregel möglicherweise ganz als Anordnung fahrlässiger Haftung auflösen.

Fehlvorstellungen können nicht nur die die rechtliche Verhaltensbeschreibung objektiv erfüllenden Umstände (Tatbestand, *fattispecie, tipo, material/definitional elements of the offense*) sowie „überschießende“ subjektive Elemente (oben V.1.a)ee) betreffen, sondern auch (vgl. oben V.2.b)cc)):[1733]

— die Existenz von Umständen, die zur Strafschärfung führen (qualifizierende Umstände),
— die Existenz von Umständen, die zur Strafmilderung oder Strafbefreiung führen wie
  - Umstände des Tatbestands eines milderen Gesetzes (Privilegierung),
  - eines Erlaubnissatzes (Rechtfertigungsgrundes, *justificatory claim*),
  - eines Entschuldigungsgrundes (*exculpatory claim*)
— sonstige unrechts-, schuld-, oder strafbarkeitsrelevante Umstände, namentlich:
  - allgemein strafzumessungsrelevante Umstände *(mitigating and aggravating factors)*[1734]
— rechtsanwendungsrechtliche und prozessuale Umstände.

---

verweigert, bewegt sich im schwersten logischen Widerspruch.“; wie hier MERCADAL, Rev.sc.crim. 22 (1967), 1, 22.

1730 Entsprechendes gilt für das Fehlen einer nicht als notwendig angesehenen Vorstellung: So bestimmt Model Penal Code § 2.02(9), daß Strafe weder *knowledge* noch *recklessness* oder *negligence* bezüglich Existenz, Auslegung oder Anwendbarkeit der einschlägigen Strafnorm erfordert, wovon § 2.04(3) Ausnahmen macht, so daß in bestimmten Fällen die irrige Vorstellung, keine Straftat zu begehen, dennoch als *defense* entlastet. Vgl. auch PUPPE, Festschrift Rudolphi, S. 231, 239 f.

1731 Siehe oben Fußn. 1702. So z.B. das niederländische Recht, das keine Verbotskenntnis als Bestandteil des Vorsatzes *(opzet)* verlangt, aber entschuldbaren Verbotsirrtum entlastend berücksichtigt, dazu VAN HATTUM, R.i.d.p. 26 (1955), 329, 332 ff.

1732 So im niederländischen Recht, vgl. VAN HATTUM, R.i.d.p. 26 (1955), 329, 335, 339.

1733 Vgl. die ähnliche Übersicht bei FLETCHER, *Rethinking Criminal Law*, § 9.1.1, S. 684 f.

1734 Eine seltene komplette Regelung sieht Art. 59 Codice penale vor: Während die bis 1990 geltende Fassung nur auf die objektive Lage abstellte (Art. 59 Abs. 1 und 2 a.F., mit Ausnahmen

Entsprechend möglichen Anforderungen an Normkenntnis sind Fehlvorstellungen möglich von:

- Existenz, Geltung und Umfang eines Strafgesetzes (Voraussetzungen und/ oder mögliche Rechtsfolgen, z.B. Strafhöhe),
- Existenz, Geltung und Umfang eines Erlaubnissatzes (Rechtfertigungsgrundes),
- Existenz, Geltung und Umfang eines Entschuldigungsgrundes,
- Existenz, Geltung und Umfang sonstiger die Strafbarkeit beeinflussender Normen.

Was als Objekt einer Fehlvorstellung in Betracht kommt, hängt somit wiederum von rechtlicher Klassifikation ab, die entweder eine Abbildung des jeweils akzeptierten begrifflichen Straftatsystems (Verbrechensaufbau) oder – mangels eines solchen Systems oder weil die Irrtumslehre in das System nicht integriert ist – eine originär für die Irrtumsregeln geschaffene Nomenklatur, zumeist mit Blick auf die zur Verfügung stehenden Rechtsfolgen, sein kann:

c) Rechtliche Irrtumskategorien

aa) Unterscheidungen nach dem Objekt des Irrtums

(1) **Tat- und Rechtsirrtum.** Die Anzahl traditioneller rechtlicher Irrtumskategorien ist auch in rechtsvergleichender Perspektive sehr gering: Seit den Zeiten des römischen Rechts beherrschend ist die Unterteilung von *ignorantia/error facti* und *ignorantia/error iuris* in Verbindung mit den gegensätzlichen Rechtsfolgen, die vor allem das bekannte Fragment D. 22, 6, 9 pr. umschreibt („Regula est iuris quidem ignorantiam cuique nocere, facti vero ignorantiam non nocere.")[1735]. Daß diese im zivilrechtlichen Kontext stehende *regula iuris* eine schlagwortige Verkürzung („brevis rerum narratio", D. 50, 17, 1) der Regeln des römischen und erst recht des späteren gemeinen Rechts ist, die nicht die einschlägigen Normen, sondern nur deren typisches Ergebnis zutreffend abbildet, sei hier nur erinnert und an anderer Stelle[1736] ausgeführt. Die Regel wurde im kontinentalen gemeinen Recht rezipiert, auch im kanonischen Recht (reg. iur. XIII in VI°: „ignorantia facti, non iuris, excusat."), und vielfach auf das Strafrecht übertragen, sogar im Common Law-Rechts-

in Art. 60, 82), rechnet nun Art 59 Abs. 2 n.F. strafschärfende Umstände nur bei Kenntnis oder schuldhafter Unkenntnis, Art. 59 Abs. 1 n.F. strafmildernde und strafausschließende Umstände auch bei Unkenntnis zu; irrige Annahme strafschärfender Umstände schadet nicht (Art. 59 Abs. 3 n.F.), irrige Annahme strafmildernder oder -ausschließender Umstände entlastet, aber nicht von Fahrlässigkeitsstrafe (Art. 59 Abs. 4 n.F.).

1735 Weitere Nachw. im Anhang V.2.

1736 Siehe dazu Anhang V.2. Auch Carrara, *Della ignoranza come scusa*, S. 387 f., 394 nimmt eine *regola broccardica* an, die nur im Kern zutreffend, da zahlreichen Einschränkungen und Ausnahmen unterworfen sei.

kreis[1737]. Die römisch-rechtliche Unterscheidung wurde später zusammengeführt mit der aristotelischen von *universalia-particularia*.[1738]

In späterer Zeit traten sowohl im weltlichen wie im kanonischen Recht weitere Unterteilungen des *error iuris* auf, die nach den Rechtsquellen und deren Dignität mehr oder weniger entschuldigend wirkten,[1739] wie *error iuris naturalis/divini, iuris gentium* im Kontrast zum *error iuris civilis* in der Annahme, das *ius naturale, divinum, gentium*, das *mala in se* verbiete, sei *cordi hominis inscriptum* oder doch der *naturalis ratio* ohne weiteres erkenntlich, während das positive *ius civilis*, sofern es über das *ius naturale* hinausgeht, mitunter bloße *mala prohibita* poenalisiere und schwerer zugänglich sein könne. Unterscheidungen zwischen *ius notorium commune* und spezielleren Regelungen, ungeschriebenem oder unklarem Recht stellen ebenso auf die angenommene Kenntnis oder Erkennbarkeit ab (dazu bb). Recht, dessen Kenntnis nicht gesollt oder nicht erwartbar war, wurde daher mitunter als Tatsache behandelt, um die günstigen Rechtsfolgen des *error facti* zu erreichen, so bei Gewohnheitsrecht,[1740] während (nur-)positives Recht schon im Wortsinne ohnehin stets auch *factum* ist[1741].

Die Unterscheidung von Tatsachenirrtum *(erreur de fait, errore di fatto, error de hecho, mistake of fact, ошибка в факте)* und Rechtsirrtum *(erreur de droit, errore di diritto, error de derecho, mistake of law, ошибка в праве)* erscheint anschaulich und leicht handhabbar, zumal die Differenzierung nach Tatsachen und Recht, Tatfrage und Rechtsfrage in vielen Rechtsordnungen auch in anderen Kontexten, etwa im Rechtsmittelrecht, geläufig ist. Falls aber das leitende Kriterium hinter einer Irrtumsregelung die Vorwerfbarkeit oder Vermeidbarkeit des Irrtums (bb) ist und die Unterteilung in Tat- und Rechtsirrtum nur eine Typisierung dieses Kriteriums darstellt, so wird ein erhöhtes Maß an Anschaulichkeit durch ein geringeres Maß an Paßgenauigkeit erkauft.

Oben (V.2.b)bb)(1)) wurde gezeigt, daß die Rede von „Tatsachen“, die sich von Rechtsbegriffen oder rechtlichen Schlüssen unterscheiden sollen, auf vordergründigen Kriterien beruht, wenn dabei an sinnlich Wahrnehmbares oder *brute facts* gedacht ist. In Strafrechtsordnungen geringer Komplexität mögen sich daraus kaum praktische Probleme ergeben, wenn die Normen nur wenige sind, ihre Merkmale überwiegend den Alltagskategorien entsprechen und nur manche eindeutig rechtliche Konzepte verwenden. Schwierigkeiten ergeben sich mit zunehmender Verwendung gesetzlicher Merkmale, die Kategorien bezeichnen, die deutlich recht-

---

1737 Exemplarisch Blackstone, *Commentaries on the Laws of England*, Band 4, S. 27 („ignorantia iuris, quod quisque tenetur scire, neminem excusat“ mit Verweis auf D. 22, 6, 9).

1738 Vgl. Anhang VI.3., VII.2., IX.2., 3. Ohne terminologischen Einfluß blieb Pufendorfs Distinktion von *error circa theoriam* und *circa praxin*, in *De iure naturæ et gentium*, lib. I cap. III § 13.

1739 Dazu Anhang VI.3., VII.2., IX.3.

1740 Oben Fußn. 237.

1741 Vgl. die Dekretale in VI, 1, 2, 1: „... quia tamen locorum specialium et personarum singularium consuetudines et statuta, quum sint facti et in facto consistant, potest probabiliter ignorare“.

lich überformt sind („normative Tatbestandsmerkmale", siehe oben V.2.b)bb)(2)): Versteht man unter „Tatsachen" nur sinnlich Wahrnehmbares[1742] oder *brute facts*, so müssen sämtliche Fehlvorstellungen[1743] über sichtbar normgeprägte Merkmale dem – zumeist nicht oder weniger entlastenden – Rechtsirrtum zugeordnet werden. Will man dieses Resultat vermeiden – die unnachgiebige Ansicht, jeglicher Irrtum über Rechtsregeln sei unbeachtlich, findet sich eher selten[1744] –, können umgekehrt alle Tatbestandsmerkmale gleichbehandelt und Fehlvorstellungen darüber auch terminologisch als *error facti* behandelt werden,[1745] oder Tatsachen- und Rechtsirrtum, die sich auf Tatbestandsmerkmale beziehen, jedenfalls in den Rechtsfolgen gleichgestellt werden,[1746] etwa in der Annahme, daß eine Differenzierung nach Tatsachen und Recht bei normgeprägten Merkmalen nicht sinnvoll oder nicht möglich sei, institutionelle Tatsachen vorlägen, oder schlicht die Rechtsfolge der Entlastung angemessen sei.[1747] Für den Rechtsirrtum bleibt dann die Fehlvorstellung über die Namen der rechtlichen Begriffe sowie die Existenz der Strafnorm, was der Unterscheidung Tatbestands-/Verbotsirrtum (unten (2)) entspricht. Die dritte Möglichkeit ist der Versuch, eine Differenzierung von Tatsachen- und Rechtskenntnis innerhalb normativer Merkmale zu etablieren:

1742 Zutr. krit. zu dieser juristischen Neigung PUPPE, GA 1990, 145, 156; siehe auch die Nachw. oben Fußn. 1620.

1743 Zwischen fehlerhafter Kategorisierung aufgrund Unkenntnis der empirischen Anwendungsbedingungen oder unzutreffender Kenntnis der Verwendungsregeln der Kategorie, fehlerhafter Zuweisung der richtig erkannten Kategorie zum gesetzlichen Ausdruck (Subsumtionsirrtum) und fehlerhafter Vorstellung über den deontischen Status (Verbotsirrtum) müßte nicht mehr unterschieden werden, sie alle wären „Rechtsirrtum".

1744 So aber das französische Recht unter dem Ancien code pénal, Cass.crim. 20 juin 1963, D. 1963, 660; 8 décembre 1964, D. 1965, 393; 8 février 1966, *Bull.crim.* n° 36; 2 mars 1976, *Bull. crim.* n° 78; 26 avril 1983, JCP 1983 IV, 205. Allerdings gilt die Präsumtion der Rechtskenntnis auch unter dem neuen Code pénal *für alle Rechtsgebiete* fort und Art. 122-3 soll *jeglichen* Rechtsirrtum betreffen, der nur bei Unüberwindlichkeit entlastet, vgl. DESPORTES/LE GUNEHEC, *Droit pénal général*[10], n° 674-1, 683. Zu vereinzelten Ausnahmen der Untergerichte siehe STEFANI/LEVASSEUR/BOULOC, *Droit pénal général*[18], n° 435 m. w. Nachw.

1745 Zum deutschen Recht siehe nur KUNERT, *Die normativen Merkmale der strafrechtlichen Tatbestände*, S. 6 ff. m. w. Nachw.; für das spanische Recht MUÑOZ CONDE, *El error en Derecho Penal*, S. 128 ff.

1746 So z.B. Model Penal Code, § 2.04(1)(a):

"Ignorance or mistake as to a matter of fact or law is a defense if:

(a) the ignorance or mistake negatives the purpose, knowledge, belief, recklessness or negligence required to establish a material element of the offense;"

Ebenso für *mistake of law* LAW COMMISSION, *A Criminal Code for England and Wales*, s. 21(b); Rom Statut, Art. 32(1), (2) Satz 2.

1747 So z.B. Model Penal Code, § 2.04(1)(a), Comment 1, note 2 m. w. Nachw. Ähnl. schon VON SAVIGNY, *System des heutigen Römischen Rechts*, Band III, S. 389 f.; CARRARA, *Programma del corso di diritto criminale*[10], vol. 1, § 259, S. 251 Anm. 1.

Neben theoretischen Vorschlägen, die z.B.[1748] zwischen Irrtümern über die Anwendungsbedingungen und den Inhalt einer Rechtsregel,[1749] über singuläre Sätze (Tatsachenirrtum) und Irrtümern über generelle Sätze (Rechtsirrtum),[1750] empirischen Irrtümern über die Wahrheit einer Prädikation (Tatsachenirrtum) und semantischen Irrtümern über die Intension eines gesetzlichen Prädikats (Rechtsirrtum),[1751] oder dem Irrtum über die Intension eines Merkmals (Tatsachenirrtum) und dem Irrtum über seine gesetzliche Bezeichnung oder seine Zugehörigkeit zu einer Verbotsnorm (Rechtsirrtum),[1752] gegenstandsbezogenen (Tatsachenirrtum) und begriffsbezogenen Irrtümern (Rechtsirrtum)[1753] unterscheiden, hat die Differenzierung zwischen Irrtümern im (rechtlichen) Vorfeld des Tatbestands (Tatsachenirrtum) und Irrtümern über die Merkmale des Strafgesetzes selbst (Rechtsirrtum)[1754] eine gewisse Verbreitung erlangt:

Die Schwierigkeiten erhöhen sich allerdings, wenn z.B. mit Rechtsfolgendifferenz weiter unterschieden wird zwischen strafrechtlichem Rechtsirrtum (*error iuris criminalis*) und zivil- oder außerstrafrechtlichem Rechtsirrtum *(error iuris civilis, errore su una legge diversa della legge penale)* wie z.B. in Art. 47 Abs. 3 Codice penale. Das Motiv, ein Irrtum über außerstrafrechtliche, oft zivilrechtliche Normen sei verzeihlicher als ein Irrtum über das (Kern-)Strafrecht, mag plausibel sein, die Unterscheidung läßt sich aber durch Zufälligkeiten der gesetzlichen Formulierung *ad absurdum* führen: Alle Merkmale eines Straftatbestands sind strafrechtlicher Natur, viele beziehen sich auf anderweitige Normen. Ist ein Irrtum über ein Straftatbestandsmerkmal „zivilrechtlich“, wenn es auf zivilrechtliche Begriffe verweist, und „strafrechtlich“, wenn es einen gleichlautenden zivilrechtlichen Begriff verwendet, der aber autonom definiert wird – oder macht jede Bezugnahme auf ein zivilrechtliches Merkmal dieses zu einem „strafrechtlichen“?[1755] Diese Abgrenzung hat sich in der Judikatur nicht bewährt, die legislative Lozierung der Merkmalsdefinition,

---

1748 Überblick über weitere Vorschläge in der deutschen Dogmatik bei TISCHLER, *Verbotsirrtum und Irrtum über normative Tatbestandsmerkmale*, durchgeh., insb. S. 167 ff., 303 ff.; BACHMANN, *Vorsatz und Rechtsirrtum*, S. 34 ff.; HEIDINGSFELDER, *Der umgekehrte Subsumtionsirrtum*, S. 113 ff.

1749 So z.B. VON SAVIGNY, *System des heutigen Römischen Rechts*, Band III, S. 326 f. Ähnlich die Unterscheidung von *real mistakes* und *intellectual mistakes* bei LIVINGSTON, *A System of Penal Law*, Book of Definitions, S. 742.

1750 KUHLEN, *Die Unterscheidung von vorsatzausschließendem und nichtvorsatzausschließendem Irrtum*, S. 346 ff., im Anschluß an RÜSSMANN, *Zur Abgrenzung von Rechts- und Tatfrage*, S. 242, 250 ff.; dazu PUPPE, ZStW 102 (1990), 892, 895 f.; BACHMANN, *Vorsatz und Rechtsirrtum*, S. 50 ff.

1751 Vgl. KINDHÄUSER, GA 1990, 407 ff. (für Tatbestands-/Verbotsirrtum).

1752 Vgl. PUPPE, GA 1990, 145 ff.; NK-StGB-PUPPE, § 16 Rn. 27 ff., 44 ff. (für Tatbestands-/Verbotsirrtum).

1753 Vgl. HAFT, JuS 1980, 588, 591; DERS., JA 1981, 281, 283 ff. (für Tatbestands-/Verbotsirrtum).

1754 Z.B. BLEI, JA 1973, 601, 603 f.; DERS., *Allgemeiner Teil*[18], S. 220 f.; HERZBERG, JuS 1980, 469, 472 ff. (für Tatbestands-/Verbotsirrtum).

1755 Im letzteren Sinne die Judikatur des Reichsgerichts, nachgewiesen bei KOHLRAUSCH, *Irrtum und Schuldbegriff im Strafrecht*, S. 118 ff.; BINDING, *Die Normen und ihre Übertretung*, Band III, S. 327 ff., 395 ff.; sowie der Corte di cassazione, die fast stets annimmt, daß es sich um „norme extrapenale integratrici“ handele (mit der Folge der Irrelevanz des Rechtsirrtums gem. Art. 5 Codice pedie zumeist durch Zufälligkeiten und nicht mit Blick auf die Irrtumsregeln erfolgt, trägt die Rechtsfolgendifferenz nicht.[1756]

(2) **Tatbestands- und Verbotsirrtum.** Vor allem in der deutsch- und spanischsprachigen Dogmatik hat sich in der zweiten Hälfte des 20. Jahrhunderts die wesentlich von GRAF ZU DOHNA und WELZEL[1757] entwickelte Disjunktion von Tatbestands- und Verbotsirrtum durchgesetzt *(error de tipo–de prohibición/sobre la ilicitud; errore di fattispecie–di divieto; erro sobre elementos do tipo–sobre a ilicitude do fato)*. In dem Bestreben, die Irrtumslehre in die Systematik des Verbrechensaufbaus zu integrieren und eine sowohl entlastende als auch elastische Behandlung des Rechtsirrtums zu ermöglichen, wird der Tatbestandsirrtum als Fehlvorstellung über die Systemkategorie des Unrechtstatbestands *(tipo, fattispecie)* als Negation des Vorsatzes (Irrtum über die – rechtlich relevanten – Handlungsumstände, *καθ'ἕκαστα, particularia*) begriffen, während der Verbotsirrtum die Negation der vom Vorsatz abgespaltenen Kategorie des Unrechtsbewußtseins (Irrtum über die Handlungsregeln, *καθόλου*,[1758] *universalia*) darstellt. Dies ist ein Postulat der sog. „Schuldtheorie" *(«teoría de la culpabilidad»)*, während die gegenteilige Auffassung als „Vorsatztheorie" *(«teoría del dolo»)* das Unrechtsbewußtsein zum Vorsatz *(dolus malus)* zählt und für diese Differenzierung der Irrtumsarten konsequenterweise[1759] keine Verwendung hat.[1760] Die Schuldtheorie ermöglicht, den vormaligen Rechtsirrtum, sofern er bloß im Irrtum über das rechtliche Verbot besteht, begünstigend zu berücksichtigen, ohne stets auch den Vorsatz ausschließen zu müssen; es bleibt somit der regelmäßig höhere Strafrahmen des Vorsatzdelikts und dort, wo fahrlässige Tatbegehung nicht strafbar ist, die Möglichkeit der Strafe überhaupt erhalten. Eine besondere Kategorie der „Rechtsfahrlässigkeit" oder „Rechtsblindheit" ist unnötig.[1761]

---

nale) und somit Art. 47 co. 3 Codice penale leerlaufen läßt, dazu ROMANO, *Commentario sistematico*, Art. 47 Rn. 21 ff., 24; MANTOVANI, *Diritto penale, Parte generale*², S. 351 ff., jew. m. w. Nachw.

Siehe auch schon DRENKMANN, GA 8 (1860), 163, 173: in Bezug genommene zivilrechtliche Bestimmungen seien „ein integrirender Theil des Strafgesetzes"; VON LISZT, ZStW 30 (1910), 250, 263: „Und man kann noch weiter gehen und sagen, ... daß jeder Rechtsirrtum, der strafrechtlich bedeutsam wird, in letzter Linie ausnahmslos ein Irrtum über das Strafrecht ist."

1756 Siehe nur KOHLRAUSCH, *Irrtum und Schuldbegriff im Strafrecht*, S. 118 ff., 178 ff. m. w. Nachw.; BINDING, *Die Normen und ihre Übertretung*, Band III, S. 121 ff., 395 ff.; KAHN, *Der außerstrafrechtliche Rechtsirrtum*, S. 17 ff.; KUNERT, *Die normativen Merkmale der strafrechtlichen Tatbestände*, S. 10 ff.; eingehend und krit. KUHLEN, *Die Unterscheidung von vorsatzausschließendem und nichtvorsatzausschließendem Irrtum*, S. 361 ff.

1757 GRAF ZU DOHNA, *Recht und Irrtum*, S. 19 ff.; WELZEL, *Der Allgemeine Teil des deutschen Strafrechts*, § 14 III 4.b), S. 64 f.; DERS., *Das Deutsche Strafrecht*¹, § 19 IV., S. 78 ff.; DERS., SJZ 1948, 368 ff.; zur Entwicklung siehe nur KUHLEN, *Die Unterscheidung von vorsatzausschließendem und nichtvorsatzausschließendem Irrtum*, S. 130 ff. m. w. Nachw.

1758 Vgl. WELZEL, SJZ 1948, 368, 369.

1759 Zu eingeschränkten Varianten der Vorsatztheorie siehe nur TISCHLER, *Verbotsirrtum und Irrtum über normative Tatbestandsmerkmale*, S. 23 m. w. Nachw.

1760 Zutr. VON WEBER, JZ 1951, 260. Anders beim umgekehrten Irrtum, sofern zwischen strafbarem Versuch und straflosem Wahndelikt unterschieden werden muß.

1761 BGHSt 2, 194, 208.

Eine Fehlvorstellung über wenigstens ein Merkmal des Tatbestandes ließe demnach den Vorsatz entfallen, gleichgültig wie stark das Merkmal rechtlich überformt ist und gleichgültig, ob es sich um einen empirischen oder semantischen Fehler handelte. Die zuvor angesprochenen Abgrenzungsschwierigkeiten zwischen *error facti/iuris* bei normativ überformten Merkmalen scheinen damit überwunden. Lediglich eine Fehlvorstellung über den Namen der Tatbestandsmerkmale ist als solche unerheblich (Subsumtionsirrtum, unten (4)), sofern sie nicht zu einem Verbotsirrtum führt. Ein Tatbestandsirrtum führt regelmäßig[1762] auch zu einem derivativen oder sekundären Verbotsirrtum,[1763] d.h. der Handelnde, der nicht erkennt, was er tut, hält sein Tun deshalb für erlaubt. Vorrang hat dabei stets der Tatbestandsirrtum,[1764] so daß nur der primäre Verbotsirrtum, der allein auf Unkenntnis des Verbots und nicht auf falscher Sachverhaltskenntnis beruht, die strengeren Verbotsirrtumsregeln auslöst, die ein elastisches, stufenloses Kriterium wie Vermeidbarkeit anlegen,[1765] wobei die Rechtsfolgen von Unbeachtlichkeit über Strafmilderung bis hin zur Straflosigkeit reichen.[1766]

Allerdings herrscht nicht selten Unklarheit über den von BELING[1767] eingeführten Begriff des „Tatbestandes"[1768] und folglich über die Antwort auf die Frage „Wo hört der Tatbestand auf und wo fängt die Rechtswidrigkeit an?"[1769] Insbesondere besteht im Rahmen der Irrtumslehre die Neigung, „Tatbestand" mit „Tatsachen" gleichzusetzen ungeachtet simultaner Unklarheit über den Tatsachenbegriff,[1770] und semantisches Fehlverständnis rechtlich stark überformter Merkmale als *primä-*

1762 Sofern keine kompensierenden Irrtümer hinzutreten, siehe oben Fußn. 1726.

1763 Siehe oben bei Fußn. 1726 und VON WEBER, JZ 1951, 260, 262; SCHAFFSTEIN, MDR 1951, 196, 197; WELZEL, *Das Deutsche Strafrecht*^{1}, § 19 IV.1.b), S. 79; JAKOBS, *Strafrecht Allgemeiner Teil*^{2}, Tz. 19/34; ROXIN, *Strafrecht Allgemeiner Teil*, Band I^{4}, § 21 Rn. 3; NEUMANN, JuS 1997, 793; ANDENÆS, *The General Part of the Criminal Law of Norway*, S. 229; sowie KUHLEN, *Die Unterscheidung von vorsatzausschließendem und nichtvorsatzausschließendem Irrtum*, S. 122; NK-StGB-PUPPE, § 16 Rn. 84; HAFT, JA 1981, 281, 285 Fn. 31.

1764 Siehe nur SCHAFFSTEIN, MDR 1951, 196, 198; KUHLEN, *Die Unterscheidung von vorsatzausschließendem und nichtvorsatzausschließendem Irrtum*, S. 122.

1765 Dies setzt ein *normatives* Schuldkonzept voraus, das evaluative Kriterien wie Vermeidbarkeit o.ä. integrieren kann. Hingegen hat ein Schuldbegriff, der ausschließlich durch „psychische Fakten" definiert ist, nur die Wahl zwischen Vorliegen oder Nichtvorliegen des (bösen) Vorsatzes.

Doch schon frühere Autoren ließen die „Möglichkeit des Bewußtseyns der Strafbarkeit der Handlung" genügen, so VON WEBER, NArchCrimR 7 (1825), 549, 556 f.

1766 Z.B. § 17 dStGB, § 9 öStGB, Art. 14 Abs. 3 Código penal, Kap. 24 § 9 schwedStGB. Strafmilderung nach „freiem Ermessen" des Richters ermöglicht Art. 20 schwStGB.

1767 BELING, *Die Lehre vom Verbrechen*, §§ 4, 13, S. 20 ff., 110 ff.

1768 Abgesehen davon, daß das Wort Bestandteil wenigstens fünf verschiedener „Tatbestands"-begriffe ist, siehe nur ENGISCH, Festschrift Mezger, S. 127, 129 ff.; JAKOBS, *Strafrecht Allgemeiner Teil*^{2}, Tz. 6/51 ff. m. w. Nachw.

1769 ENGISCH, Festschrift Mezger, S. 127, 129.

1770 KUHLEN, *Die Unterscheidung von vorsatzausschließendem und nichtvorsatzausschließendem Irrtum*, S. 225 ff.; NK-StGB-PUPPE, § 16 Rn. 27 ff.

ren Verbotsirrtum anzusehen, was auf die alte Unterscheidung von *error facti–error iuris* hinausläuft.[1771]

Bei deutlich bis vollständig rechtlich überformten Merkmalen, die sich auf institutionelle, rechtliche „Tatsachen" beziehen, versagt die Distinktion von Tatbestands- und Verbotsirrtum deshalb, weil institutionelle Tatsachen stets in ein Geflecht regulativer Regeln eingebunden sind, zu denen insbesondere rechtliche Ge- und Verbote zählen, so daß *in praxi* eine hinreichende Kenntnis konstitutiver Regeln (*ob* eine institutionelle Tatsache vorliegt, z.B. ob eine Person den Status eines *prisoner of war* genießt) ohne gleichzeitige Kenntnis der wesentlichen regulativen Regeln (*wie* diese institutionelle Tatsache zu behandeln ist, z.B. welche Vorschriften für die Behandlung eines *prisoner of war* gelten) kaum begegnen wird,[1772] so daß Tatbestandsirrtum und derivativer, sekundärer Verbotsirrtum regelmäßig koinzidieren, während ein selbständiger, primärer Verbotsirrtum kaum bzw. nur in Detailfragen oder Grenzbereichen vorkommen dürfte,[1773] sofern für „Tatbestands"kenntnis nicht die bloße verständnislose Kenntnis der (Extension der) Anknüpfungsbedingungen der konstitutiven Regeln ausreichen soll.

(3) **Erlaubnistatbestandsirrtum und Erlaubnisirrtum.** Diese beiden Kategorien ergeben sich als Folgeproblem einer straftatsystematisch angelegten Unterteilung nach Tatbestands- und Verbotsirrtum, wenn Rechtfertigung nicht rein objektiv beurteilt wird. Wer seine Handlung irrig für erlaubt hält, weil er beispielsweise meint, in Notwehr zu handeln, befindet sich in einem Verbotsirrtum. Doch können die „Quellirrtümer"[1774] verschieden sein: Ein primärer Verbotsirrtum und reiner Rechtsirrtum liegt vor, wenn der Täter alle Umstände der Situation zutreffend wahrgenommen und kategorisiert hat, aber über die Grenzen des Erlaubnissatzes der Notwehr irrt (Erlaubnisirrtum, *error de permisión*). Ein sekundärer Verbotsirrtum[1775] liegt vor, wenn er irrig annimmt, er werde angegriffen, ohne zugleich über den Inhalt des Erlaubnissatzes zu irren (Putativrechtfertigung). Während in der Dichotomie *error facti–error iuris* sich diese zweite Fehlvorstellung, falls ihr Relevanz zuerkannt wird, zwanglos als *error facti* einordnen läßt, und die Vorsatztheorie stets

---

[1771] So wird denn auch angenommen, die frühere Unterscheidung zwischen Tat- und Rechtsirrtum sei der Sache nach etwa in der deutschen Rechtsprechung nie aufgegeben worden, Kuhlen, *Die Unterscheidung von vorsatzausschließendem und nichtvorsatzausschließendem Irrtum*, S. 161 ff.; Schlüchter, *Irrtum über normative Tatbestandsmerkmale*, S. 58 ff., jew. m. w. Nachw.

[1772] Umgekehrt erscheint es leichter vorstellbar, die regulativen Regeln zu beherrschen, ohne auch die konstitutiven Regeln genau zu kennen, namentlich, wenn es auf die Kenntnis der Konstitutionsbedingungen praktisch nicht ankommt, siehe unten bei Fußn. 1860.

[1773] Siehe oben Fußn. 1643. So mag der Täter nicht alle, aber manche regulativen Regeln kennen: Ein Soldat weiß, daß er mit einem roten Halbmond oder rotem Kreuz auf weißem Grund gekennzeichnete Gebäude und Fahrzeuge nicht angreifen darf, weiß aber nicht, daß er diese Symbole nicht für eine Kriegslist einsetzen darf, vgl. Art. 8(2)(b)(vii)-4 Rom-Statut; die Elements of Crimes behandeln dies als Rechtsirrtum ("knew or should have known the prohibited nature of such use").

[1774] Ausdruck von Binding, *Die Normen und ihre Übertretung*, Band III, S. 113 ff., 153 ff.

[1775] Den z.B. Proposed Illinois Criminal Code (2003), sec. 511(2), ausdrücklich voraussetzt.

zum Vorsatzausschluß gelangt,[1776] ist die Disjunktion Tatbestandsirrtum–Verbotsirrtum überfordert: Über den (Unrechts-)Tatbestand irrt der Handelnde nicht, ein primärer Verbotsirrtum liegt ebenfalls nicht vor. Sofern nicht eine eigene Regelung geschaffen oder der Begriff des „Tatbestands“ erweitert wird um Erlaubnissätze, deren Merkmale dann als „negative Tatbestandsmerkmale“ systematisch inkorporiert werden,[1777] muß dieser „Erlaubnistatbestandsirrtum“ mehr schlecht als recht als Tatbestandsirrtum, mit dem er die Eigenschaft empirisch (oder semantisch) bedingter Fehlkategorisierung einer für die Erlaubtheit oder Unerlaubtheit des Verhaltens relevanten Anknüpfungstatsache teilt, oder als Verbotsirrtum, mit dem er die resultierende deontische Fehlkategorisierung teilt, eingestuft werden.

(4) **Subsumtionsirrtum.** Eine fehlerhafte Vorstellung, die auf einer fehlerhaften Zuordnung der vom Täter zutreffend wahrgenommenen Anknüpfungstatsachen zu einem strafrechtlichen Begriff beruht, wird verbreitet als Subsumtionsirrtum (*errore di sussunzione, error de subsunción*) bezeichnet.[1778] Diese Umschreibung ist ungenau und kann näher betrachtet verschiedene Situationen umfassen:[1779]

Im engen Sinne handelt es sich um die fehlerhafte Zuordnung einer zutreffenden Kategorisierung zu ihrem gesetzlichen Namen (Sprachzeichen), d.h. der Handelnde verkennt, daß eine von ihm verwendete Kategorie der rechtlichen entspricht oder sie impliziert, weil er den Ausdruck des Gesetzes kennt, aber ihm eine unzutreffende Intension beilegt.[1780] Dies kann geschehen, wenn das von der Norm benutzte Sprachzeichen auch außerhalb der juristischen Fachsprache geläufig ist und eine abweichende oder zumindest vage oder ambige Intension hat. Auch wenn das richtige Verständnis der gesetzlichen Formulierung nicht verlangt wird, kann dieser Subsumtionsirrtum i.e.S. relevant werden, wenn er *in casu* zu der irrigen Annahme führt, die Handlung sei von der fraglichen Verbotsnorm nicht erfaßt und daher erlaubt.[1781]

1776 Siehe nur SCHAFFSTEIN, MDR 1951, 196.

1777 So die mit ADOLF MERKEL, *Lehrbuch des Deutschen Strafrechts*, § 30, S. 82, beginnende „Lehre von den negativen Tatbestandsmerkmalen“; auch FRANK, *StGB*[18], 4. Abschn. Anm. III, S. 139, § 59 Anm. III 2, S. 187 f.; DERS., *Über den Aufbau des Schuldbegriffs*, S. 15 ff.; zum Ganzen (krit.) HIRSCH, *Die Lehre von den negativen Tatbestandsmerkmalen*, S. 13 ff.; PAEFFGEN, *Der Verrat in irriger Annahme eines illegalen Geheimnisses*, S. 77 ff., 80 ff. Dies führt zu einem zweistufigen Verbrechensaufbau, in dem unrechtsbegründende (positive) und unrechtsausschließende (negative) Merkmale zu einem „Gesamtunrechtstatbestand“ zusammengefaßt werden, umfangr. Nachw. bei ROXIN, *Strafrecht Allgemeiner Teil*, Band I[4], § 10 Rn. 16 u. ff.

1778 WELZEL, JZ 1954, 276, 279; DERS., *Das Deutsche Strafrecht*[11], § 13 I.4, S. 76; ROMANO, *Commentario sistematico*, Art. 47 Rn. 25 m. w. Nachw.

VON SAVIGNY, *System des heutigen Römischen Rechts*, Band III, S. 327 f., 338 ff., behandelt die fehlerhafte Subsumtion als faktischen Irrtum, wobei nicht klar wird, worin der avisierte Irrtum genau bestehen soll (womöglich in der Bildung konkretisierender Normsätze); bei schwierigen Rechtsfragen soll so die Härte der römischen Rechtsirrtumsregel vermieden werden.

1779 Vgl. BEKKER, *Theorie des heutigen deutschen Strafrechts*, S. 281; KUNERT, *Die normativen Merkmale der strafrechtlichen Tatbestände*, S. 26 f. m. w. Nachw.

1780 Siehe oben bei Fußn. 1725.

Im weiteren Sinne handelt es sich um jede fehlerhafte Zuordnung der zutreffend wahrgenommenen Anknüpfungstatsachen zum gesetzlichen Ausdruck, die auch auf Verkennung der Kategorie (des „Sinns“) beruhen kann.

Im weitesten Sinne führt jegliche Fehlvorstellung, auch die auf fehlender Wahrnehmung beruhende, zu einem Subsumtionsirrtum im Sinne fehlerhafter Rechtsanwendung;[1782] damit hätte der Begriff allerdings sein Differenzierungspotential verloren.

bb) Unterscheidungen nach der Qualität des Irrtums

Eine weitere Unterteilung rechtlich relevanter Fehlvorstellungen, die zu den vorigen hinzutreten, ihnen motivierend unterliegen oder als primäre Differenz fungieren kann, ist die nach ihrer Vermeidbarkeit, Entschuldbarkeit oder Vernünftigkeit.

Bereits im römischen Recht findet sich im Neratius-Fragment[1783] eine Rationalisierung der Unterscheidung von *error facti* und *error iuris*, die die leichtere Erkennbarkeit des Rechts als eines begrenzten *(finitum)* und damit überschaubaren Objekts als Grund angibt. Von Savigny führt die römischen Irrtumsregeln daher auf den gemeinsamen Grundsatz zurück,

> ... daß kein Irrthum, der auf großer Nachlässigkeit beruht, dem Irrenden zu gut kommen soll, oder, was die Sache von anderer Seite her ausdrückt, daß nur derjenige Irrthum geltend gemacht werden darf, den man *justus* oder *probabilis error, justa ignorantia*, nennen darf.[1784]

(1) Recht läßt sich demnach leichter erkennen als Tatsachen, Rechtsirrtum leichter vermeiden als Tatsachenirrtum – eine zweifelhafte,[1785] aber bis in die Gegenwart

---

[1781] Denn: „Immer wenn ein Täter mit einem Wort eine andere Intension als die juristisch maßgebliche verbindet, verändert sich in seiner Vorstellung der Bereich des Verbotenen.“, Herberger, *Die deskriptiven und normativen Tatbestandsmerkale im Strafrecht*, S. 124, 138.

[1782] So wohl die Begriffsverwendung von von Liszt, *Lehrbuch des Deutschen Strafrechts*[16/17], § 40 I 1, S. 175.

[1783] D. 22, 6, 2: „In omni parte error in iure non eodem loco quo facti ignorantia haberi debebit, cum ius finitum et possit esse et debeat, facti interpretatio plerumque etiam prudentissimos fallat.“

[1784] von Savigny, *System des heutigen Römischen Rechts*, Band III, S. 332 ff., 335.

Eine bis auf wenige Ausnahmen einheitliche Irrtumslehre kannte auch das jüdische Recht, das Irrtum *(shogeg)* über Tatumstände und Verbotsnorm je nach dem Maß des Verschuldens als entlastend behandelt, von Irrelevanz bei frivolem Irrtum bis hin zur völligen Strafbefreiung bei unvermeidbarem Irrtum *(o'nes)*, dazu Enker, 11 J. L. & Religion 23, 29 ff., 32 (1994–95) (mit Verweis auf Maimonides, *Mishneh Torah*, The Book of Torts, Laws Concerning Murder and the Preservation of Life, 6:1–4); Isaacson, 5 Nat'l Jewish L.Rev. 1, 15 ff. (1990–91).

[1785] Sehr kritisch Binding, *Die Normen und ihre Übertretung*, Band III, S. 47 Fn. 34: „schlechterdings unhaltbar“, S. 49: „unbegreiflich töricht“; Austin, *Lectures on Jurisprudence*, lect. XXV, Band I, S. 497 (“notoriously and ridiculously false”); Jombart, «Erreur», in Naz, *Dictionnaire de droit canonique*, tome 5, col. 430, 431 («ridicule»); Hall, *General Principles of Criminal Law*[2], S. 376 (“obvious fiction”), 378 (“so far-fetched in modern conditions as to be quixotic”); Fletcher, *Rethinking Criminal Law*, § 9.3.4, S. 731 f.; ders., *Basic Principles of Criminal Law*, S. 154 (“outmoded dogma”); auch Liepmann, ZStW 39 (1918), 115, 116 f.

populäre Pauschalierung[1786]. Faktische **Erkennbarkeit** korreliert hierbei direkt mit normativer Bewertung, so daß leichte Erkennbarkeit zum Vorwurf der großen Nachlässigkeit, geringe Erkennbarkeit zum Vorwurf geringer Nachlässigkeit führt oder vorwurfslos bleibt. Die eigenständige Frage, was denn erkannt werden *soll*, wird nicht stets klar separiert: Die Rechtskenntnispflicht richtet sich nach der Erkennbarkeit der jeweiligen Normen. Was leicht zu erkennen ist, *soll* auch gekannt werden, vermeidbare Irrtümer *sollen* auch vermieden werden.[1787] Gelten Rechtssätze grundsätzlich als leicht erkennbar, so beruht ein Rechtsirrtum regelmäßig auf großer Nachlässigkeit,[1788] aber auch ein Tatsachenirrtum über notorische Tatsachen und eigene Handlungen[1789].

Auf Erkennbarkeit und Vermeidbarkeit des Irrtums beziehen sich Dichotomien wie *error vincibilis–invincibilis, superabilis–insuperabilis*; einige moderne Strafgesetze machen die Strafmilderung, mitunter bis hin zur Strafbefreiung, ausdrücklich von dem Kriterium der „Vermeidbarkeit" abhängig[1790]. Traditionell ist auch die weitere Unterscheidung von *ignorantia invincibilis in se, sed non in sua causa, vel in se & in sua causa simul*,[1791] die präziser ein Vorverschulden kennzeichnet. Ein abstrakteres Verschuldenskriterium bezeichnen die Paare *error iustus–inustus, reasonable–unreasonable mistake*, die indes regelmäßig ebenfalls auf Vermeidbarkeit zurückführen.

Der durch grobe Nachlässigkeit bedingte Irrtum fällt in Kategorien wie *ignorantia affectata, crassa, supina, voluntaria, vitiosa*, zu denen insbesondere diejenigen Fehlvorstellungen zählen, die auf mutwilliger, bewußter Unkenntnis beruhen *(wilful blindness, connivance; ignorantia affectata, simulata)*.

Das Kriterium der Erkennbarkeit führte in der Tradition des römischen und kanonischen Rechts zu den oben erwähnten Differenzierungen innerhalb des Rechtsirrtums. Die höchstrangigen Normen galten als jedem bekannt oder – durch „Selbstableitung der Norm",[1792] zu der ein jeder kraft seines *nativae rationis lumen*[1793] fähig

---

1786 Siehe unten VI.2.b)aa)(1). Z.B. BGHSt 3, 105, 107 („Die Erkennbarkeit eines Rechtsirrtums liegt hier im allgemeinen näher als beim Irrtum über Tatsachen."); HALL, Festschrift Mezger, S. 229, 247.

1787 Aber schon THOMAS VON AQUIN unterscheidet deutlich zwischen *ignorantia invincibilis* und *ignorantia ei quod scire non tenetur*, die im Ergebnis gleich behandelt werden, siehe unten Anhang VI.4.

1788 VON SAVIGNY, *System des heutigen Römischen Rechts*, Band III, S. 341.

1789 VON SAVIGNY, *System des heutigen Römischen Rechts*, Band III, S. 341.

1790 Z.B. § 17 dStGB, Art. 14 Abs. 3 Código penal, Art. 122-3 Nouveau code pénal.

1791 Z.B. PUFENDORF, *De iure naturæ et gentium*, lib. I cap. III § 10.

1792 Ausdruck von ARMIN KAUFMANN, *Lebendiges und Totes in Bindings Normentheorie*, S. 167 u. ff.

1793 PUFENDORF, *De iure naturæ et gentium*, lib. I cap. III § 3, mit dem Zusatz, daß kein Mensch seinen Verstand so sehr verlieren könne, daß er die *generalia praecepta* des Naturrechts nicht mehr einsehen könne („nunquam eousque obbrutescere possit homo, quin ad ista adprehendenda ac dijudicanda sit adhuc idoneus"), es sei denn durch Krankheit; siehe Anhang VII.2., VIII.

ist – einsichtig, so daß selbst den *homo sylvester*[1794] die Unkenntnis des *ius naturale, gentium, divinum* nicht entlastet. Den ansässigen Bürger entlastet zudem Irrtum über das *ius notorium,* namentlich das *ius commune* nicht. Irrtum über partikuläres, erst recht über ungeschriebenes Recht, vor allem Gewohnheitsrecht sowie über unklares oder umstrittenes Recht ist weniger tadelnswert bis hin zur Gleichstellung mit dem *error facti*.[1795] In neuerer Zeit finden sich solche Erwägungen bei den allgemein weniger bekannten Strafnormen des Nebenstrafrechts, insbesondere, wenn die Poenalisierung in Form von Blankettgesetzen geschieht.[1796]

Später wird der Gesichtspunkt der Erkennbarkeit mit der Publikation der staatlichen Gesetze verbunden, etwa in Gestalt von Kenntnisvermutungen nach dem Ablauf einer bestimmten Frist nach der Publikation.[1797] Ebenso wird nun bisweilen ausdrücklich die Verbindlichkeit der Gesetze von ihrer Bekanntmachung sowie der objektiven Möglichkeit der Kenntnisnahme durch den einzelnen abhängig gemacht.[1798]

Dem gleichen Motiv folgen die im römischen Recht wurzelnden personellen Differenzierungen, nach denen gewissen Personengruppen (Frauen, Minderjährige, Soldaten, Bauern) geringere Rechtskenntnisse sei es zugetraut, sei es abgefordert wurden.[1799] Auch Ortsfremde belastete traditionell die Unkenntnis (bloß) lokaler Strafnormen nicht oder weniger, sofern ihr Aufenthalt nicht von längerer Dauer war und eine Kenntnisnahme ermöglichte, die dann aber erwartet wurde.[1800]

Schließlich wird vereinzelt noch differenziert zwischen *ignorantia iuris* und *error iuris/mistake of law:* allenfalls völlige Unkenntnis könne entlasten, denn wenn der Täter über den Inhalt oder die Reichweite einer Norm eine positive Fehlvorstellung

---

1794 Durantis, *Speculum iudiciale,* lib. IV partic. I de summa trinit., n. 5, siehe unten Anhang VII.2., bei Fußn. 351.

1795 Siehe dazu Anhang VII.2., IX.3., bei Fußn. 364; von Savigny, *System des heutigen Römischen Rechts,* Band III, S. 336 ff.

1796 Nachw. zur deutschen Diskussion bei Jakobs, *Strafrecht Allgemeiner Teil*^{2}, Tz. 8/46 f.

1797 Siehe dazu Anhang VII.2. bei Fußn. 365.

1798 Z.B. Hobbes, *Leviathan,* ch. 27 [English Works, vol. 3, S. 280]: “But ignorance of the civil law, shall excuse a man in a strange country, till it be declared to him; because, till then no civil law is binding. In the like manner, if the civil law of a man's own country, be not so sufficiently declared, as he may know it if he will ...”, [S. 287:] “The want of means to know the law, totally excuseth. For the law whereof a man has no means to inform himself, is not obligatory.”; siehe auch ders., *De cive,* cap. 14 § 11 [Opera latina, vol. II, S. 320]; dazu Binding, *Die Normen und ihre Übertretung,* Band III, S. 105.

1799 Siehe dazu Anhang bei Fußn. 98, 171, 335, 354, 372, 515; von Savigny, *System des heutigen Römischen Rechts,* III. Band, S. 429 ff.

1800 Siehe dazu Anhang bei Fußn. 366, 511, 515; so noch Heffter, NArchCrimR 12 (1830), 253, 262 ff.; Carrara, *Programma del corso di diritto criminale*^{10}, vol. 1, § 259, S. 251; Brett, *An Inquiry Into Criminal Guilt,* S. 151 f.

So noch § 37 Abs. 2 Iraqi Penal Code 1969: “The Court has the right to exempt an alien from the penalty for an offence that he commits within a maximum of 7 days following the date of his arrival in Iraq if his ignorance of the Code is established and if the offence is not punishable by law in his country of residence.”

hege, dann sei ihm wohl der Normtext schon bekannt und ein Auslegungsfehler sei stets vermeidbar.[1801] Umgekehrt wird auch Unwissenheit im Sinne völliger Gedankenlosigkeit für vorwerfbarer und vermeidbarer angesehen als ein Irrtum.[1802]

(2) Ebenfalls erst in neuerer Zeit gewinnt der Aspekt der **Pflicht zur Rechtskenntnis** eigenständiges Gewicht, indem jedenfalls eine Pflicht zur Kenntnis der Strafgesetze angenommen wird, deren Verletzung nicht entlastet.[1803] Milder beurteilt wird die Unkenntnis der außerstrafrechtlichen Normen wie des Zivilrechts. Ein Unterscheidungskriterium gibt eine Pflicht zur Kenntnis der (Straf-)Gesetze nur ab, wenn ihr eine fehlende Pflicht zur Kenntnis aller (jeweiligen, situativen, von Rechts wegen handlungsrelevanten) Tatsachen gegenübersteht. Allerdings besteht oftmals eine solche normative Forderung nach Tatsachenkenntnis, deren Verletzung aber regelmäßig nur zu geminderter Strafe führt, falls ein Fahrlässigkeitstatbestand existiert.[1804] Entsprechend ließe sich die schuldhafte Verletzung einer Rechtskenntnispflicht als Rechtsfahrlässigkeit betrachten und ggf. in den passenden Fahrlässigkeitstatbestand einbeziehen; eine relevante Differenz zum Tatirrtum ergibt sich nur, wenn die „Rechtsfahrlässigkeit" auch Vorsatzstrafe ermöglicht.[1805]

1801 HALL, *General Principles of Criminal Law*², S. 406 f., mit Verweis auf MOLINIER, *Traité théorique et pratique de droit pénal*, 1894, vol. 2, S. 210 f.; zu ähnlichen Stimmen im jüdischen Recht siehe ISAACSON, 5 Nat'l Jewish L.Rev. 1, 19 m. w. Nachw. (1990–91).

Umgekehrt ist für das Strafrecht Singapurs versucht worden, die Unbeachtlichkeit von *mistake of law* in sec. 76 Singapore Penal Code zu mildern und *ignorance of law* anzuerkennen, aber bislang ohne Erfolg, dazu AMIRTHALINGAM, 2002 Sing.J.Legal Stud. 302 bei Fn. 45 m. w. Nachw.

1802 KLEINSCHROD, *Systematische Entwickelung der Grundbegriffe und Grundwahrheiten des peinlichen Rechts*³, 1. Theil, § 136 S. 263.

1803 Siehe näher unten VI.2.b)aa)(3); ähnl. BGHSt 2, 194, 201; DESPORTES/LE GUNEHEC, *Droit pénal général*¹⁰, n° 675; ASHWORTH, *Principles of Criminal Law*⁴, S. 239 f.; krit. HUSAK & VON HIRSCH, *Culpability and Mistake of Law*, S. 157, 160 f.

Eine normative Zuweisung nimmt auch die Lehre vor, die die Beschaffung von Normtreue dem einzelnen „als autonome Aufgabe" zuschreibt, womit der Handelnde – in noch näher zu bestimmendem Umfang – zuständig und damit verantwortlich für Rechtskenntnis wird, vgl. nur JAKOBS, *Schuld und Prävention*, S. 7 ff., 19; DERS., *Strafrecht Allgemeiner Teil*², Tz. 19/8, 19/35 ff.; TIMPE, GA 1984, 51, 59 ff.

1804 Parallele Pflichten, allgemeinkundige – ohne besondere Nachforschungen erkennbare – Gesetze und Fakten zu kennen, nahm aber im 16. Jahrhundert CUIACIUS an, in Tit. VI De iur. & facti ignor. Lib. XXII Dig., ad L. III: „in hoc tamen conveniunt, quod in omnibus exigimus iuris intelligentiam communem, non ut sint artifices iuris, non ut Iurisconsulti. Sic etiam exigimus communem rerum sive factorum intelligentiam, ut si in civitate omnes sciant combustas aedes Titij, exigimus quoque, ut tu scias, non autem exigimus, ut sis nimis curiosus indagator."; auch WOLFF, *Ius naturae*, pars I, §§ 220, 706 f.; cf. heute HUSAK & VON HIRSCH, *Culpability and Mistake of Law*, S. 157, 161; abl. BINDING, *Die Normen und ihre Übertretung*, Band III, S. 161 ff.

1805 Falls für Vorsatzstrafe eine *bewußte* Pflichtverletzung vorausgesetzt wird, so stellt sich eine logische Schwierigkeit ein, wenn der Handelnde diese Rechtskenntnispflicht nicht kannte, aber hätte kennen sollen etc. („Turmbau der Pflichten"), vgl. ARMIN KAUFMANN, *Die Dogmatik der Unterlassungsdelikte*, S. 145; DERS., Festschrift Eb. Schmidt, S. 319, 330; RUDOLPHI, *Unrechtsbewußtsein*, S. 196 ff.; HORN, *Verbotsirrtum und Vorwerfbarkeit*, S. 69; BACIGALUPO, *Manual de Derecho Penal*, S. 155; so schon ENGISCH, *Untersuchungen über Vorsatz und Fahrlässigkeit*, S. 330.

(3) Die Unterscheidung nach dem Maß der faktischen Erkennbarkeit oder üblichen Kenntnis läßt sich in das **Beweisrecht** hinein verlängern, indem Irrtümer über typischerweise leicht erkennbare Umstände als *improbabilis*, solche über schwieriger zu kennende Umstände als *probabilis, verisimilis* gelten.[1806] Entsprechend können die Beweisregeln unterschiedlich ausfallen, namentlich die Umkehrung der Beweislast schon für die Existenz eines leicht vermeidbaren und damit typischerweise unwahrscheinlichen Irrtum vorsehen, zumal

> ... überhaupt der Irrthum, als eine innere Thatsache, durch gewöhnliche Beweismittel nur selten zur vollen Gewißheit gebracht werden kann.[1807]

Funktional äquivalent ist der Einsatz von Vermutungen der Rechtskenntnis, die sowohl prozessual als widerlegliche Präsumtion als auch, einer materiell-rechtlichen Norm entsprechend, als unwiderlegliche Vermutung ausgestaltet sein können.

Unterteilungen nach der rechtlichen Qualität des Irrtums führen unmittelbar zur Frage der *ratio* der Differenzierungen der Irrtumslehre, dazu näher unten VI.2.

d) Rechtsfolgen

Die möglichen Rechtsfolgen für jeden Typ von Fehlvorstellung bewegen sich in der Spanne von Relevanz (Negation einer Strafvoraussetzung) bis Irrelevanz und vermittelnden Lösungen. Zu unterscheiden sind im wesentlichen die folgenden Konstellationen:

aa) Defizit nur der subjektiven Tatseite

Wenn der Täter objektiv eine Straftat verwirklicht und eine Fehlvorstellung hegt, die, wenn sie zuträfe, keine (weder die objektiv verwirklichte noch eine andere) Straftat beschriebe:

(1) **Vollständige Entlastung.** Die Fehlvorstellung wird als Negation einer notwendigen Vorstellung behandelt, d.h. es fehlt an der für die subjektive Zurechnung nötigen Kenntnis. Irrtum oder Unkenntnis haben keine eigenständige Bedeutung, die Verneinung des [Vorsatzes] ergibt sich bei entsprechendem Beweisergebnis als Folge von "inexorable logic"[1808]. Die Lösung ist verbreitet bei *error facti* und Tatbestandsirrtum sowie bei *error iuris*, der sich auf ein (rechtlich überformtes) Tatbestandsmerkmal bezieht, selten[1809] bei *error iuris*, der sich auf das Verbotensein als solches bezieht.

[1806] Vgl. nur Model Penal Code § 3.09, Comment 2, S. 151: "The unreasonableness of an alleged belief quite properly is considered as evidence that it was not in fact held ...".

[1807] von Savigny, *System des heutigen Römischen Rechts*, III. Band, S. 336.

[1808] Ausdruck von Lord Hailsham of St. Marylebone in *D.P.P. v. Morgan*, [1976] A.C. 182, 214 (H.L.); so explizit jetzt Proposed Illinois Criminal Code (2003), sec. 207(1), (2); krit. Horder, 106 L.Q.Rev. 469 ff. (1990).

[1809] Z.B. hat die südafrikanische Judikatur auch den vermeidbaren oder unvernünftigen Rechts-/Verbotsirrtum als Entlastungsgrund anerkannt, *S. v. de Blom*, 1977 (3) SA 513 (A), zit. nach Amirthalingam, 2002 Sing.J. Legal Stud. 302.

(2) **Fahrlässigkeitsstrafe bei *culpa*.** Mit der Lösung zu (1) ist vereinbar, den irrenden Täter dennoch wegen Nachlässigkeit, d.h. Schuldhaftigkeit bzw. Vermeidbarkeit des Irrtums, zu strafen, wenn ein entsprechendes Fahrlässigkeitsdelikt existiert. Mitunter wird diese Möglichkeit in modernen Gesetzen – indes nur für *error facti* bzw. Tatbestandsirrtum – ausdrücklich klargestellt.[1810] Wird [Vorsatz] ausschließlich über psychologische Zustände definiert, ist dies der einzige Weg, Haftung zu ermöglichen, weil ein Irrtum *per definitionem* Kenntnis ausschließt.[1811]

Konstruktiv möglich ist Fahrlässigkeitsstrafe ebenso für *error iuris* im Sinne eines primären Verbotsirrtums; diesen Weg beschritt das gemeine Recht,[1812] heute ist er offensichtlich außer Gebrauch gekommen.[1813]

(3) **Andere elastische Regelungen.** Die Verneinung des [Vorsatzes] kann unter Bedingungen gestellt werden. Beispielsweise kann ein *error facti* nur dann anerkannt werden, wenn er *reasonable* ist.[1814] Sofern es sich dabei nicht um ein beweisrechtliches Kriterium im Sinne eines *error probabilis*, sondern eine materiell-rechtliche Einschränkung *(error iustus)* handelt, läßt sich so Vorsatzstrafe trotz fehlender Kenntnis erreichen, wenn der Irrtum „unvernünftig“, etwa leicht vermeidbar war. Konstruktiv läßt sich dies auffassen entweder – wenn [Vorsatz] als psychologischer Sachverhalt angesehen wird – als Vorsatzstrafe für (grob) fahrlässige Tatbegehung oder als normative Erweiterung des [Vorsatz]begriffs auf schuldhafte Unkenntnis.

Ein im Ergebnis ähnliches Regelungsmodell findet sich in Rechtsordnungen, die zwischen Tatbestands- und Verbotsirrtum unterscheiden, für letzteren, wenn dieser nur bei Unvermeidbarkeit zum Ausschluß der Vorsatzstrafe führt und bei Ver-

---

[1810] So ausdrücklich – deklaratorisch – z.B. § 16 Abs. 1 Satz 2 dStGB; Art. 19 Abs. 2 schwStGB; Art. 47 Abs. 1 Satz 2 Codice penale; Art. 14 Abs. 1 Satz 2 Código penal; Art. 16 Abs. 1 Satz 2 Código penal de Bolivia; Art. 34 Abs. 1 Satz 2 Código penal de Costa Rica; Art. 28 Abs. 1 Código penal de El Salvador.

[1811] Vgl. Proposed Illinois Criminal Code (2003), sec. 207: “(2) Correspondence Between Mistake Defenses and Culpability Requirements. Any mistake as to an element of an offense, including a reckless mistake, will negate the existence of intention or knowledge as to that element. A negligent mistake as to an element of an offense will negate the existence of intention, knowledge, or recklessness as to that element. A reasonable mistake as to an element of an offense will negate intention, knowledge, recklessness, or negligence as to that element.

(3) Definitions. (a) A ‘reckless mistake’ is an erroneous belief that the actor is reckless in forming or holding. (b) A ‘negligent mistake’ is an erroneous belief that the actor is negligent in forming or holding. (c) A ‘reasonable mistake’ is an erroneous belief that the actor is non-negligent in forming or holding.”

[1812] Siehe dazu Anhang VII.2., IX.3.

[1813] Zur Diskussion der „Rechtsfahrlässigkeit“ in der deutschen Dogmatik siehe die Nachw. bei WELZEL, *Das Deutsche Strafrecht*[11], § 22 II. β), S. 161; siehe auch unten VI.2.b)aa)(3), (4).

[1814] Zur – durchaus unklaren – Rechtslage im englischen Recht siehe nur GLANVILLE WILLIAMS, *Criminal Law: The General Part*[2], § 71 S. 201 ff.; DERS., *Textbook of Criminal Law*[2], § 6.2, S. 120 ff.; ASHWORTH, *Principles of Criminal Law*[4], S. 234 ff.; zum US-amerikanischen Recht siehe HALL, *General Principles of Criminal Law*[2], S. 366 ff.; LAFAVE, *Criminal Law*[3], § 5.1.(b), S. 434 ff., jew. m. w. Nachw.; sowie FLETCHER, *Rethinking Criminal Law*, § 9.2.3, S. 707 ff.

meidbarkeit Strafmilderung ermöglicht.[1815] Konstruktiv wird dies dargestellt durch Ausgliederung des Unrechtsbewußtseins aus dem Vorsatzbegriff und Verschiebung in einen normativen Schuldbegriff, in dem aktuelle Verbotskenntnis und vermeidbare Verbotsunkenntnis gleichgestellt werden.[1816]

(4) **Irrelevanz.** Die Unbeachtlichkeit von Fehlvorstellungen über Tatbestandsmerkmale ist konsequent nur bei objektiver Strafhaftung *(absolute/strict liability)* oder bloß partieller Kongruenz objektiver und subjektiver Tatseite für die jeweils bloß objektiven Merkmale.[1817] Sofern doch ausnahmsweise vernünftige oder unvermeidbare Irrtümer zur Strafbefreiung führen, handelt es sich sachlich nicht mehr um nur-objektive Delikte oder Deliktsmerkmale.[1818]

Verbreitet ist der Grundsatz der Irrelevanz des Rechtsirrtums im Sinne des primären Verbotsirrtums („error iuris nocet"). So wie die *regula iuris* im römischen und gemeinen Recht nur die typische Folge eines Verbotsirrtums und keine ausnahmslose Regel beschrieb, so kennen viele Rechtsordnungen, die diesen Grundsatz heute noch befürworten, oftmals Klassen von Ausnahmen, sei es, daß einzelne Strafnormen – vor allem im Nebenstrafrecht *(regulatory offenses, mala mere prohibita)* – ausdrücklich oder via Auslegung die Verbotskenntnis voraussetzen,[1819] sei es, daß Publikationsmängel oder verläßliche, zumeist staatliche Auskünfte[1820] die Verbotsunkenntnis beachtlich machen. Systematisch[1821] lassen sich solche Ausnahmen nur so erklären, daß Verbotskenntnis oder schuldhafte/unvernünftige/vermeidbare Verbotsunkenntnis doch Strafvoraussetzung und die Zahl der Fälle beachtlicher Verbotsunkenntnis auf wenige beschränkt ist. Der praktische Unterschied zur offenen Anerkennung der Relevanz vermeidbaren Verbotsirrtums (zuvor 3) ist – sofern für die „Vermeidbarkeit" strenge Maßstäbe gelten[1822] – im übrigen allenfalls graduell.

Irrelevanz ist schließlich das Attribut des reinen Subsumtionsirrtums: Wenn zu den Strafvoraussetzungen nicht gehört, daß der Täter den Wortlaut des einschlägigen Strafgesetzes kennt, so ist es konsequenterweise unerheblich, wenn der Täter

---

1815 Oben bei Fußn. 1766.

1816 Irreführend wäre es zu sagen, das Unrechtsbewußtsein sei notwendiger Schuldbestandteil und damit Strafvoraussetzung, es genüge aber „potentielles" Unrechtsbewußtsein, zutr. Kuhlen, *Die Unterscheidung von vorsatzausschließendem und nichtvorsatzausschließendem Irrtum*, S. 143 Fn. 117; vgl. Puppe, Festschrift Rudolphi, S. 231, 239 f.

1817 Vgl. LaFave, *Criminal Law*³, § 5.1(b), S. 436 f. m. w. Nachw.

1818 Nachw. bei LaFave, *Criminal Law*³, § 5.1(b), S. 437.

1819 Einbruchstelle ist oft der Terminus "willfully", dazu LaFave, *Criminal Law*³, § 5.1(d), S. 442 f. m. w. Nachw.

1820 Model Penal Code § 2.04(3)(a) und (b); siehe auch LaFave, *Criminal Law*³, § 5.1(e), S. 444 ff.; Ashworth, *Principles of Criminal Law*⁴, S. 241 f., jew. m. w. Nachw.

1821 Vgl. oben Fußn. 1702, 1730. In bestimmten Konstellationen stehen zudem strafrechtsexterne Erklärungen zur Verfügung, z.B. bei falscher offizieller Auskunft der Gesichtspunkt des *venire contra factum proprium* (widersprüchliches Staatshandeln).

1822 Muñoz Conde, *El error en el Derecho Penal*, S. 36, hält die praktische Relevanz der Milderungsmöglichkeit des § 17 Satz 2 dStGB angesichts der strengen Maßstäbe der Rspr. für "prácticamente nula".

den Wortlaut zwar kennt, aber falsch auslegt. Führt die falsche Auslegung weiterhin dazu, daß der Täter sein Verhalten als nicht verboten ansieht, so kommt es darauf an, ob der Verbotsirrtum relevant ist.

bb) Inkongruenz der objektiven und subjektiven Tatseite

Wenn der Täter eine Fehlvorstellung hegt, die, wenn sie zuträfe, eine andere Straftat als die, deren objektive Merkmale er erfüllt, beschriebe:

(1) **Irrelevanz.** Im anglo-amerikanischen Rechtsraum ist bis in das 20. Jahrhundert hinein eine Ansicht anzutreffen, die, an die mittelalterlichen Figuren des *versari in re illicita* und *dolus in genere* erinnernd,[1823] die Unkenntnis des Täters von Merkmalen des verwirklichten Delikts für unbeachtlich erklärt, wenn er sich zugleich irrig einen Sachverhalt vorstellt, der gegen ein anderes – auch milderes! – Strafgesetz, eine zivilrechtliche Pflicht oder ein bloß moralisches Gebot verstößt *(lesser legal wrong/moral wrong theory)*.[1824] Genügt jegliche Art von *guilty mind* zur Haftung für die objektiv verwirklichte Tat, so bedeutet dies, daß *error facti* nur entlastet, wenn sich der Täter rechtlich und moralisch tadelfreies Verhalten vorgestellt hat.

(2) **Versuch und Fahrlässigkeit.** Ganz überwiegend wird heute der [Vorsatz] als subjektives Zurechnungserfordernis präzise auf die objektive Tatseite bezogen *(correspondence principle, element analysis)*, so daß nicht jegliches Bewußtsein, illegal oder unmoralisch zu handeln, genügt. Strukturell ist daher hier kein Delikt vollendet: Der objektiven Tatseite fehlt die notwendige subjektive Seite, das subjektiv vorgestellte Delikt liegt objektiv nicht vor. Es handelt sich damit um eine Kombination von Versuch (der vorgestellten Straftat) und allenfalls fahrlässiger Begehung der objektiv verwirklichten Straftat – sofern Versuch und Fahrlässigkeit jeweils strafbar und die Voraussetzungen der Fahrlässigkeit erfüllt sind.[1825] Praktische Schwierigkeiten ergeben sich nur dort, wo kaum Fahrlässigkeitsdelikte vorgesehen sind.[1826]

1823 Siehe dazu Anhang VI.2, VII.1.b), z.B. Farinacius, *Praxis et theorica criminalis*, qu. 126 nn. 61 f. und qu. 87 n. 8: „qui omnino habuit animum non delinquendi, tunc enim non tenetur de omni eventu et exitu, quia contra eius voluntatem contigit, et isto casu non veritas actus, sed agentis intentio inspicitur; secus autem in eo qui habuit animum delinquendi, sed non tantum, quantum postea sequutum fuit, quia tunc tenetur de omni exitu et eventu, et sic non voluntas, sed veritas attenditur.“

1824 Siehe oben bei Fußn. 1107. Exemplarisch die Minderheitsvoten von Bramwell, B., und Denman, J., in *R. v. Prince*, L.R. 2 Cr.Cas.Res. 154; 13 Cox C.C. 138 (1875), sowie *White v. State*, 44 Ohio App. 331, 334 f.; 185 N.E. 64; 14 Ohio Law Abs. 244; 38 Ohio Law Rep. 62 (1933); *Commonwealth v. Murphy*, 165 Mass. 66, 69 f.; 42 N.E. 504 (1896); zust. Brett, *An Inquiry Into Criminal Guilt*, S. 148 f.; unklar Proposed Illinois Criminal Code (2003), sec. 304, mit *Final Report of the Illinois Criminal Code Rewrite and Reform Commission*, vol. 2, S. 54 f.; abl. LaFave, *Criminal Law*[3], § 5.1(c), S. 438 f.; eingehend Fletcher, *Rethinking Criminal Law*, S. 723 ff.

1825 So zur Fahrlässigkeitshaftung z.B. Art. 83 Abs. 1; 586 Codice penale, dazu Romano, *Commentario sistematico*, Art. 82 Rn. 1 ff., 11 ff.

1826 Dieser (damalige) Mangel motivierte Belings Kritik und seinen Vorschlag, stets aus dem mildernen Vorsatzdelikt zu strafen, *Unschuld, Schuld und Schuldstufen*, S. 50 ff., 54.

(3) **Vorgestelltes Delikt.** Stellt sich der Täter Umstände vor, die ein milderes Delikt – als das tatsächlich verwirklichte – beschreiben würden, so finden sich mitunter begünstigende Lösungen, die anstelle einer Versuchs-/Fahrlässigkeitskombination Strafe allein aus dem vollendeten milderen Delikt oder dessen Strafrahmen anordnen, obschon dessen *actus reus* fehlt.[1827]

(4) **Verwirklichtes Delikt.** Im Gegensatz zu (3) wird Bestrafung aus dem Delikt, dessen Tatbestand objektiv erfüllt ist, obschon der korrespondierende Vorsatz fehlt, nicht selten ermöglicht, wenn es sich um schwerere, vor allem tödliche Folgen handelt, die das vorgestellte Verhalten typischerweise nach sich zieht. Zurechnung solcher Erfolge zum Vorsatz, wiewohl sie nicht vorgestellt sind, kann auf verschiedenen Wegen erreicht werden.[1828]

(5) Besonderheiten bestehen, wenn das vorgestellte Delikt in dem verwirklichten logisch enthalten ist oder umgekehrt, also ein Verhältnis der Gesetzeskonkurrenz (Spezialität, *inclusion*)[1829] besteht. Hat sich der Täter Umstände vorgestellt, die die *lex generalis (lesser included offense)* erfüllen (a + b), während er, ohne es zu wissen, objektiv noch weitere Umstände einer *lex specialis* erfüllt (a + b + c+ ...), so ist Bestrafung aus der vollendeten *lesser included offense* möglich.[1830] Ist die *lex specialis* privilegierend, so können besondere Regeln den Täter dennoch begünstigen.[1831]

Stellt er sich umgekehrt Umstände einer *lex specialis* vor (a + b + c + ...), während er ungewußt nur die *lex generalis* verwirklicht (a + b), so ist ebenfalls Strafe aus der vollendeten *lex generalis*, ggf. in Kombination mit dem Versuch der *lex specialis,* möglich – es sei denn, die *lex specialis* ist milder und wird als erfüllt behandelt (3).

cc) Defizit nur der objektiven Tatseite

Wenn der Täter objektiv keine Straftat verwirklicht und eine Fehlvorstellung hegt, die, wenn sie zuträfe, eine Straftat beschriebe:

(1) **Versuch.** Irrt der Täter in der Weise, daß seine Vorstellung, wenn sie zuträfe, unter ein gültiges Strafgesetz subsumierbar wäre, so hat er [Vorsatz] bezüglich dieser Straftat, deren objektive Tatseite hingegen fehlt. Beispielhaft: A schießt im Halbdunkel auf einen Baum; er meint, es handele sich um B, den er töten will. Dies entspricht der Struktur des Versuchs.

1827 So z.B. § 16 Abs. 2 dStGB; ähnl. Art. 19 Abs. 1 schwStGB. Vgl. auch Model Penal Code § 2.04(2) mit Comment 2. Die Anwendung nur des Strafrahmens des milderen Delikts anstelle einer Verurteilung aus dem milderen Delikt beruht auf rein prozessualen Erwägungen der Tatidentität, siehe dort Comment 2 Fn. 11.

1828 Dazu unten bei Fußn. 1886.

1829 Rechtsvergleichend dazu Stuckenberg, *Multiplicity of Offences*, S. 559, 563 f., 567 ff., 586 ff.; ders., ZStW 113 (2001), 146, 151 ff., jew. m. w. Nachw.

1830 So ausdrücklich Art. 47 Abs. 2 Codice penale.

1831 Die Lösung ist vielfach umstritten, zum deutschen Recht siehe SK-StGB-Rudolphi, § 16 Rn. 28b, zum italienischen Recht siehe Romano, *Commentario sistematico*, Art. 47 Rn. 16, jew. m. w. Nachw.

Ob daraus eine Versuchsstrafbarkeit folgt, hängt nicht nur von der Poenalisierung des jeweiligen Deliktsversuchs ab, sondern auch von der Versuchskonzeption, die in der betroffenen Rechtsordnung gilt. Zwar läßt sich jeder Versuch *ex post* als Irrtum über die *ex ante* bejahte Erfolgstauglichkeit des eigenen Verhaltens begreifen,[1832] doch wird mitunter differenziert, ob es sich um einen *objektiv ex ante* untauglichen Versuch, etwa am untauglichen Objekt (wie im Beispiel) oder mit untauglichen Mitteln handelt. Während subjektiv orientierte Versuchslehren, d.h. solche, die den Vorsatz des Täters als Strafgrund nehmen, auch den objektiv *ex ante* untauglichen Versuch bestrafen,[1833] scheiden objektiv orientierte Ansichten, die auf die Gefährlichkeit des Täterverhaltens abstellen, *ex ante* untaugliche und daher „ungefährliche“ oder „unschuldige“ *(innocent, innocuous)* Verhaltensweisen *(tentativo inidoneo)* aus.[1834] Der wegen Irrtums untaugliche Versuch bleibt hierbei trotz Vorsatzes straflos als „Putativdelikt“[1835] *(reato putativo per errore di fatto o di diritto extrapenale)*[1836] und wird vielfach einer Kategorie des unmöglichen Tatversuchs zugeordnet (absolut untauglicher Versuch;[1837] „Mangel am Tatbestand,“[1838] *mancanza di fattispecie*; *reato impossibile*;[1839] *délit impossible*;[1840] *delito imposib-*

1832 *Ex post* ist jeder Versuch objektiv untauglich, so schon Holmes, *The Common Law*, S. 57.

1833 Z.B. im heutigen deutschen Recht, vgl. Jakobs, *Strafrecht Allgemeiner Teil*², Tz. 25/36; Roxin, *Strafrecht Allgemeiner Teil*, Band II, § 29 Rn. 18 ff., 346 ff. (zur früheren objektivistischen Position siehe nur Spendel, NJW 1965, 1881 ff. m. w. Nachw.); im englischen Recht vgl. Criminal Attempts Act 1981, s. 1(1)–(3); *R. v. Shivpuri*, [1987] A.C. 1, 11 f.; [1986] 2 W.L.R. 988; [1986] 2 All E.R. 334; (1986) 83 Cr.App.R. 178 (H.L.); Ashworth, *Principles of Criminal Law*⁴, S. 455; Duff, *Criminal Attempts*, S. 154 ff.; Model Penal Code § 5.01 Comment 3, S. 315 f.; im französischen Recht vgl. Donnedieu de Vabres, *Traité de droit criminel*³, n° 252, alle m. w. Nachw.; siehe auch Jescheck/Weigend, *Lehrbuch des Strafrechts, Allgemeiner Teil*⁵, § 49 IX.

1834 Zu den verschiedenen Versuchskonzeptionen vgl. Jakobs, *Strafrecht Allgemeiner Teil*², Tz. 25/13 ff.; Roxin, *Strafrecht Allgemeiner Teil*, Band II, § 29 Rn. 9 ff.; Romano, *Commentario sistematico*, Art. 49 Rn. 4 ff., 14 ff.; Art. 56 Rn. 1 ff.; Donnedieu de Vabres, *Traité de droit criminel*³, n° 212 ff.; Holmes, *The Common Law*, S. 57; Fletcher, *Rethinking Criminal Law*, S. 135 ff., 157 ff.; LaFave, *Criminal Law*³, § 6.2(b), S. 538 ff.; Ashworth, *Principles of Criminal Law*⁴, S. 445 ff., 453 f.; Duff, *Criminal Attempts*, S. 128 ff., 145 ff., jew. m. w. Nachw. Zum untauglichen Versuch jetzt auch Jung, ZStW 117 (2005), 937 ff.

1835 A. Merkel, *Lehrbuch des Deutschen Strafrechts*, § 45 3., S. 130.

1836 Z.B. Art. 49 Abs. 1 und 2 Codice penale, vgl. Art. 56 Codice penale (Strafbarkeit nur des tauglichen, gefährlichen Versuchs).

1837 Z.B. § 15 Abs. 3 öStGB; ähnl. Kap. 23 § 1 Abs. 1 schwedStGB. Siehe auch von Liszt, *Lehrbuch des Deutschen Strafrechts*¹⁶/¹⁷, § 47, S. 206 ff. m. w. Nachw.

1838 Zu dieser Unterscheidung innerhalb untauglicher Versuche siehe nur Graf zu Dohna, *Der Aufbau der Verbrechenslehre*⁴, S. 56 ff.; Mezger, *Strafrecht*³, § 53 IV, S. 395 ff.; krit. Jakobs, *Strafrecht Allgemeiner Teil*², Tz. 25/16; Roxin, *Strafrecht Allgemeiner Teil*, Band II, § 29 Rn. 30.

Es sind zahlreiche Unterscheidungen vorgeschlagen worden zwischen untauglichem Mittel und Objekt, Tatumständen und Handlung/Kausalverlauf, *impossibilité relative et absolue, de fait et de droit* usw., die – oftmals zweifelhaft sind, aber – hier dahinstehen müssen.

1839 Dazu Romano, *Commentario sistematico*, Art. 49 Rn. 14 ff. m. w. Nachw.

1840 Cf. Donnedieu de Vabres, *Traité de droit criminel*³, n° 245 ff.

le/tentativa inidónea;[1841] *crime impossível,*[1842] *legal impossibility*[1843]), die dadurch ausgezeichnet sein soll, daß auch dann, wenn der Täter alles verwirklichte, was er sich vorgenommen hat (beendeter Versuch, *complete attempt, délit manqué*), objektiv kein Delikt vorläge[1844]. Die Kategorie des (absolut) untauglichen Versuchs und der Streit über ihre Strafbarkeit bestehen seit römischer Zeit;[1845] die Einzelheiten gehören zur Versuchslehre, die nicht Thema dieser Arbeit ist. Erinnert sei nur, daß die Ansicht, es fehle bereits an einem tauglichen [Vorsatz], wenn der Täter die objektive Unmöglichkeit seines Unterfangens verkenne, auf der – wie gezeigt unplausiblen – referentiell transparenten *(de re)* Deutung propositionaler Einstellungen beruht.[1846]

Angemerkt sei außerdem, daß auch subjektiv orientierte Versuchslehren mitunter die absolute Untauglichkeit des Versuchs als Strafzumessungsfaktor anerkennen[1847] oder, öfters, Strafminderung oder Straflosigkeit jedenfalls für solches Versuchsverhalten vorsehen, das sich bei objektiver *ex ante*-Betrachtung nicht nur als vollkommen untauglich, sondern als grob unvernünftig *(tentativo inidoneo per ignoranza crassa, gravissima, estrema)*[1848] oder abergläubisch *(tentativo irreale; absurdité des moyens)*[1849] – somit schon in der Nähe der Schuldunfähigkeit/Unzurechnungsfähigkeit[1850] – darstellt.

1841 Cf. MIR PUIG, *Derecho penal, Parte general*^{4}, lecc. 15 nn. 81 ff.; BACIGALUPO, *Manual de derecho penal, Parte general*, S. 170 ff., jew. m. w. Nachw.

1842 Z.B. Art. 17 Código penal do Brasil; ähnl. Art. 23 Abs. 3 Código penal português.

1843 Vgl. Model Penal Code § 5.01 Comment 3, S. 307 ff.; *Final Report of the Illinois Criminal Code Rewrite and Reform Commission*, vol. 2, S. 96 f. (Official Commentary zu sec. 801(1)); FLETCHER, *Rethinking Criminal Law*, S. 146 ff.; LAFAVE, *Criminal Law*^{3}, § 6.3(a), S. 552 ff., 556 ff.; ASHWORTH, *Principles of Criminal Law*^{4}, S. 453 ff.; DUFF, *Criminal Attempts*, S. 76 ff., 92 ff., 206 ff., 378 ff., alle m. umfangr. Nachw.

In der – umstrittenen, vielfach unklaren und heute weithin aufgegebenen (vgl. Criminal Attempts Act 1981, s. 1(2); Model Penal Code § 5.01 Comment 3, S. 307 ff., 317 f. m. w. Nachw.) – Lehre vom unmöglichen Versuch wird unterschieden zwischen *factual impossibility* (*ex ante* objektiv untauglicher Versuch, vorgestellte Tat fällt unter gültiges Strafgesetz; einhellig keine "defense"), *legal impossibility* (unklarer Begriff, unter den sowohl „Mangel am Tatbestand" als auch Wahndelikt gefaßt werden; in Rspr. und Lit. ist umstritten, ob eine "defense" vorliegt) und gelegentlich *inherent impossibility* (unvernünftiger und abergläubischer Versuch).

1844 So etwa *People v. Jaffe*, 185 N.Y. 497, 500 ff.; 78 N.E. 169; 19 N.Y.Crim.R. 277 (1906).

1845 Nachw. bei HUGO MEYER, *Lehrbuch des Deutschen Strafrechts*^{5}, § 31 4., S. 209 ff., 211 f.; PERNICE, *Labeo*^{2}, Teil C, 7. Buch, S. 114 f. Die Frage wurde wiederbelebt von FEUERBACH, *Lehrbuch des gemeinen in Deutschland gültigen peinlichen Rechts*^{6}, § 42 S. 45 f.

1846 Siehe oben bei Fußn. 1166 ff., zu Versuch und *impossibility* die Nachw. in Fußn. 1173 f.

1847 Z.B. Art. 23 Abs. 1 schwStGB.

1848 Z.B. § 23 Abs. 3 dStGB, dazu JAKOBS, *Strafrecht Allgemeiner Teil*^{2}, Tz. 25/81 ff.; ROXIN, *Strafrecht Allgemeiner Teil*, Band II, § 29 Rn. 24, 363 ff.; Art. 23 Abs. 2 schwStGB; Model Penal Code § 5.05(2); Minn. § 609.17(2); N.J. § 2C:5-1(a)(1), jew. zum grob unvernünftigen Versuch. Siehe auch DUFF, *Criminal Attempts*, S. 165.

1849 Cf. JAKOBS, *Strafrecht Allgemeiner Teil*^{2}, Tz. 25/22 f.; ROXIN, *Strafrecht Allgemeiner Teil*, Band II, § 29 Rn. 371 ff.; ROMANO, *Commentario sistematico*, Art. 49 Rn. 37 f.; DONNEDIEU DE VABRES, *Traité de droit criminel*^{3}, n° 253; *Attorney General v. Sillem and Others*, 2 H. & C. 431; 159

(2) **Wahndelikt.** Ist das Verhalten des Täters objektiv straflos, stellt er sich jedoch irrig vor, daß dieses – ansonsten zutreffend erkannte – Verhalten strafrechtlich verboten sei, so daß er eine nicht existente Strafnorm annimmt, so wird ganz überwiegend, auch von subjektiv orientierten Versuchskonzeptionen, Bestrafung abgelehnt: Da es kein gültiges Strafgesetz gebe, aus dem der Täter bestraft werden könnte, dieses aber nach dem Grundsatz *nullum crimen sine lege (principle of legality)*[1851] notwendige Bedingung einer Bestrafung sei, folge, daß niemand aufgrund eines eingebildeten Tatbestands (Wahndelikt, Putativdelikt; *reato putativo per errore sul divieto; délit putatif; delito putativo; imaginary/illusory crime*) zu bestrafen sei.[1852] Beispiel: A befiehlt einen militärischen Angriff in der Annahme, es sei völkerrechtlich verboten, während des religiösen Feiertags des Gegners zu kämpfen.

So einfach dieser Grundgedanke ist, so schwierig erscheinen Fälle, in denen der Täter aufgrund eines *error iuris*[1853] annimmt, sein Verhalten falle unter ein gültiges Strafgesetz. Bei der Abgrenzung zwischen strafbarem Versuch – sofern (absolut untauglicher) Versuch strafbar ist – und Wahndelikt entstehen mithin dieselben Probleme wie bei der Unterscheidung von *error facti* und *error iuris* bzw. Tatbestands- und Verbotsirrtum:[1854] Es muß bestimmt werden, welche Kenntnisanforderungen an den [Vorsatz] zu stellen sind, und diese Anforderungen sind für Vollendung und

---

E.R. 178 (1863), Pigott B.; *Commonwealth v. Johnson*, 312 Pa. 140, 149 ff.; 167 A. 344, 347 ff. (1933), Maxey J., *dissenting*; Duff, *Criminal Attempts*, S. 164, 398; Sullivan, *Knowledge, Belief, and Culpability*, S. 207, 222; siehe dagegen die Nachw. bei LaFave, *Criminal Law*³, § 6.3(a)(4), S. 559 f.

1850 Drastisch Donnedieu de Vabres, *Traité de droit criminel*³, n° 253: «... c'est qu'alors l'absurdité des moyens employés démontre qu'on est en présence d'un faible d'esprit, d'un irresponsable. Il y a ‹cause de non-imputabilité›.»

1851 Das Argument wäre indes hinfällig, sobald ein Tatbestand geschaffen würde, der Wahndelikte unter Strafe ("contempt of law") stellt, vgl. Fletcher, *Rethinking Criminal Law*, S. 177; Duff, *Criminal Attempts*, S. 157 ff. Auch die Erwägung, daß der Wahntäter nicht die gegebene Rechtsordnung angreift, müßte scheitern, wenn die gegebene Rechtsordnung so ängstlich ist, daß sie imaginäre Angriffe wie reale behandelt. Duff, *ibid.*, hält solchen Schutz des Rechts für ein nachrangiges Rechtsgut *(second-order interest)*, das allein keine Poenalisierung trage.

Die Annahme mangelnder Gefährlichkeit des Wahntäters ist pauschal nicht begründet, vgl. Fletcher, *Rethinking Criminal Law*, S. 177; Duff, *Criminal Attempts*, S. 159 Fn. 68 m. w. Nachw.

1852 Art. 49 Abs. 1 Codice penale, dazu Romano, *Commentario sistematico*, Art. 49 Rn. 1 ff.; Art. 8 Abs. 1 Cógido penal de la República oriental del Uruguay; Jakobs, *Strafrecht Allgemeiner Teil*², Tz. 25/37; Roxin, *Strafrecht Allgemeiner Teil*, Band II, § 29 Rn. 378; ders., JZ 1996, 981; Glanville Williams, *Criminal Law: The General Part*², § 205 S. 633 f.; Ashworth, *Principles of Criminal Law*⁴, S. 455; ders., *Belief, Intent and Criminal Liability*, S. 1, 11 f.; Duff, *Criminal Attempts*, S. 92 ff., 154 ff.; Model Penal Code § 5.01 Comment 3(c), S. 318; Fletcher, *Rethinking Criminal Law*, S. 165 f., 175 ff.; LaFave, *Criminal Law*³, § 6.3(a)(3), S. 556, jew. m. w. Nachw.

Krit. Engisch, Festschrift Heinitz, S. 185, 199 ff. (dagegen Puppe, Festschrift Lackner, S. 199, 220 ff.); diff. Brett, *An Inquiry into Criminal Guilt*, S. 125 ff.: Straflosigkeit nur, wenn "defendant's belief is completely wide of the mark", sonst bedeute Freispruch lediglich "go and sin again" (129).

1853 Praktisch kann es im Einzelfall schwierig festzustellen sein, ob der Täter über die empirischen Anwendungsbedingungen *(error facti)* oder über die Norm irrte, vgl. Model Penal Code § 5.01 Comment 3, S. 318 Fn. 92.

1854 Siehe oben V.6.c)aa)(2).

Versuch gleich – sofern an die subjektive Tatseite des Versuchs höhere Anforderungen gestellt werden, betrifft dies ersichtlich nur das Maß der Wahrscheinlichkeit und das Erstreben der Tatbestandsverwirklichung[1855]. Bestimmt werden muß zugleich, welche Fehlvorstellungen mit Blick auf die Strafzwecke[1856] *belasten* sollen. Praktisch häufig sind Schwierigkeiten insbesondere bei Tatbestandsmerkmalen, die genuin rechtlich oder deutlich rechtlich überformt („normative Tatbestandsmerkmale“, siehe oben V.2.b)bb)(2)) sind, über deren Auslegung der Täter zu seinen Lasten irrt (Sinn-, Bedeutungs-, Intensionsirrtum):[1857] Einerseits führt jeglicher Irrtum über die Verwendungsregeln eines rechtlichen Begriffs (seinen „Sinn“), wie dargelegt[1858], zu einem Irrtum über die Reichweite des Strafgesetzes, andererseits wird dem juristischen Laien präzise Kenntnis dieser Kategorien von vornherein nicht zugemutet. Sind Fehlvorstellungen über den Namen (umgekehrter Subsumtionsirrtum, siehe unten V.6.e)hh)) oder die Intension eines genuin strafrechtlichen Normbegriffs noch einfach als Wahndelikt einzuordnen, so herrscht Streit vor allem dort, wo strafrechtliche Normmerkmale an außerstrafrechtliche Normen anknüpfen, die somit als *konstitutive Regeln* für das strafrechtliche Merkmal fungieren. Die Schwierigkeit liegt darin, daß konstitutive und regulative Verwendungsregeln[1859] eines Begriffs (einer Kategorie) in unterschiedlicher Weise von Fehlvorstellungen betroffen sein können:[1860] Jemand kann durchaus die regulativen Regeln kennen – welche Ge- und Verbote sich an die Kategorie „fremdes Eigentum“, “prisoner of war”, aber auch “building dedicated to religion” usw. knüpfen –, aber sich über die konstitutiven Regeln irren, vor allem dann, wenn diese zahlreich und komplex sind – wer weiß, wie „fremdes Eigentum“ zu behandeln ist, muß nicht auch zutreffende (und umfassende) Kenntnis davon haben, wie Eigentum erworben, übertragen usw. wird; wer weiß, welche Rechte und Pflichten ein Kriegsgefangener hat, muß nicht auch (im Detail) wissen, wie dieser Status entsteht oder endet; wer weiß, wann man ein der Religion gewidmetes Gebäude im Kampf schützen muß, muß nicht auch stets wissen, wie ein solches Gebäude seinen religiösen Charakter erlangt oder verliert. Freilich wird es auf die konstitutiven Regeln oftmals *praktisch* nicht ankommen, weil die konkreten Konstitutionsbedingungen unbekannt oder

---

1855 So vor allem im anglo-amerikanischen Rechtskreis, vgl. nur Model Penal Code § 5.01 Comment 2, insb. S. 304 ff. m. w. Nachw., dessen § 5.01(1)(b) selbst *oblique intention* genügen läßt.

1856 Vgl. LÜDERSSEN, Festschrift Roxin, S. 457, 466 ff., 469 ff.

1857 Vgl. zum deutschem Recht siehe aus der umfangr. Lit.: PROBST, *Die Abgrenzung zwischen Wahndelikt und untauglichem Versuch*, S. 71 ff., 114 ff.; HEIDINGSFELDER, *Der umgekehrte Subsumtionsirrtum*, S. 48 ff., 113 ff.; BACHMANN, *Vorsatz und Rechtsirrtum*, S. 75 ff., 125 ff.; JAKOBS, *Strafrecht Allgemeiner Teil*², Tz. 25/38 ff.; ROXIN, *Strafrecht Allgemeiner Teil*, Band II, § 29 Rn. 378 ff., 388 ff.; DERS., JZ 1996, 981 ff.; NK-StGB-PUPPE, § 16 Rn. 164 ff., jew. m. w. Nachw.

1858 Siehe oben bei Fußn. 1781.

1859 Zum Begriff siehe oben Fußn. 1642, auch Fußn. 1722.

1860 Dies gilt für *alle* (straf-)rechtlichen Begriffe (Kategorien), nicht nur für solche strafrechtlichen Begriffe, die auf außerstrafrechtliche Konstitutionsregeln verweisen – diese Fallgruppe ist hier nur wegen ihrer Anschaulichkeit gewählt.

sonst aktuell irrelevant sind; zudem sind bei komplexen rechtlichen Konstitutionsregeln Fehlvorstellungen bei juristischen Laien zumindest im Detail unvermeidbar. Andererseits sind Fälle nicht selten, in denen die zutreffende Kategorisierung von der Kenntnis konstitutiver Regeln abhängt. Schließlich kann bezweifelt werden, ob von einem Begriffsverständnis ohne Kenntnis wenigstens der elementaren konstitutiven Regeln überhaupt gesprochen werden kann[1861].

Verzichtet man für [Vorsatz] auf die Kenntnis der konstitutiven Regeln und läßt es genügen, daß der Akteur die regulativen Regeln oder gar nur den Namen der Kategorie richtig erfaßt hat, so entspricht jeder Irrtum über die Konstitution der Kategorie einem Irrtum über die empirischen Anwendungsbedingungen: Eine zu enge Fassung führt zum Tat(bestands)irrtum, eine zu weite Fassung zum Versuch.[1862] Das Ergebnis läßt sich auch erreichen durch eine Unterscheidung von (entlastendem, *non-inculpatory*) *error iuris criminalis* und (belastendem, *inculpatory*) außerstrafrechtlichem Irrtum,[1863] allerdings erkauft mit all den Schwierigkeiten und Zufälligkeiten, die eine solche Unterscheidung mit sich bringt[1864].

Schlägt man hingegen alle konstitutiven Regeln zum *straf*rechtlichen Begriff, den der Täter kennen muß, so führt eine zu enge Vorstellung zum Tat(bestands)irrtum und eine zu weite Vorstellung zum Wahndelikt, weil der Umfang der Strafnorm überdehnt wird.[1865]

e) Typische und traditionelle Problemfälle

Es gibt eine kleine Anzahl von Irrtumskonstellationen, die in verschiedenen Rechtsordnungen und teilweise seit alters her als problematisch angesehen und geradezu als Schulfälle diskutiert werden. Die Fälle aa) bis dd) betreffen allesamt Fragen nach dem genauen Kenntnismaßstab bzw. dem Auflösungsgrad der zu fordernden Kenntnis, zu denen auch modernere positivierte Zurechnungsregeln in der Regel schweigen.

1861 Siehe oben bei und in Fußn. 1647, 1653, 1772. Vgl. JAKOBS, *Strafrecht Allgemeiner Teil*², Tz. 8/61.

1862 So z.B. BLEI, JA 1973, 601, 604; HERZBERG, JuS 1980, 469, 472 ff. Daneben gibt es eine Vielzahl differenzierender Lösungen, siehe nur HEIDINGSFELDER, *Der umgekehrte Subsumtionsirrtum*, S. 146 ff., 152 ff.; ROXIN, *Strafrecht Allgemeiner Teil*, Band II, § 29 Rn. 409 ff.; DERS., JZ 1996, 981, 986 f. (mit der Unterscheidung von Sammelbegriffen und nicht zum Straftatbestandsmerkmal gehörenden Vorfeldnormen); NK-StGB-PUPPE, § 16 Rn. 165, 168 ff. (auch zur Unterscheidung von Tatbestandsmerkmalen und Blankettbegriffen sowie wertenden Tatbestandsmerkmalen), alle m. Nachw.

1863 So die Rspr. des RG, dazu PROBST, *Die Abgrenzung zwischen Wahndelikt und untauglichem Versuch*, S. 117 ff.; HEIDINGSFELDER, *Der umgekehrte Subsumtionsirrtum*, S. 48 ff.; siehe auch DUFF, *Criminal Attempts*, S. 94 f. m. w. Nachw.

1864 Siehe oben bei Fußn. 1748 ff.

1865 So z.B. JAKOBS, *Strafrecht Allgemeiner Teil*², Tz. 25/38 ff., 25/42, 25/52 ff.; 8/59, 8/62: zu strenge Parallelbeurteilung belastet nicht, weil der Täter nicht die gegebene (Rechts-)Ordnung angreift; BURKHARDT, JZ 1981, 681, 683 ff.

aa) *Aberratio causae*: Kausalabweichungen i.e.S., *Unanticipated and deviant causal pathways, Unforeseen mode/manner*

Viele Straftatbestände enthalten Handlungsverben, die sich als Verursachung eines bestimmten Erfolges *(result, consequence)* reformulieren lassen. Objektive Strafvoraussetzung ist demnach, daß der Täter ursächlich für einen solchen Erfolg wird, oft verbunden mit Einschränkungen, daß es sich um eine adäquate oder überschaubare *(legal, direct, proximate cause)* Ursachenreihe handele bzw. sich ein *ex ante* als unerlaubt eingestuftes Risiko im Erfolg realisiere.

Zu beantworten bleibt dann für die subjektive Zurechnung die Frage, ob sich der Handelnde nicht nur den künftigen Erfolg als Folge seiner Handlung vorgestellt haben muß, sondern auch die Art der Verursachung im einzelnen oder welche Folgen eine Diskrepanz zwischen der festgestellten Ursachenreihe und der Erwartung des Handelnden, wie seine Handlung den Erfolg bewirken werde, hat. Als Kausalabweichung im engen Sinne *(aberratio causae; unforeseen mode/manner)* soll hier der Fall bezeichnet werden, daß genau der vom Täter vorhergesehene oder angestrebte Erfolg eintritt, aber auf anderem Wege als vorhergesehen:

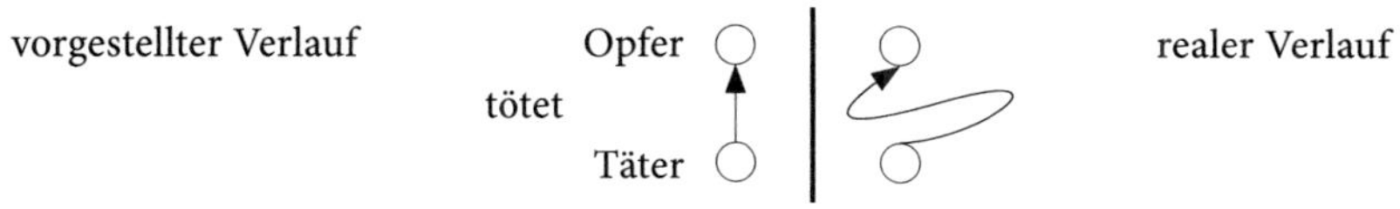

Dabei ist zu bedenken, daß Handlungen auf verschiedener Abstraktionshöhe beschrieben werden können,[1866] von der grobkörnigsten Beschreibung, bei der das Resultat unmittelbar an die Ursache anschließt, bis hin zur feinkörnigsten Beschreibung mit naturwissenschaftlichem Begriffsinstrumentarium. Die gesetzlichen Tatbestände geben zumeist nur die grobkörnigste Beschreibung durch Verwendung eines Handlungsverbs vor; im Strafprozeß kann die Beschreibung gegebenenfalls sehr feinkörnig werden in Abhängigkeit von dem Auflösungsvermögen der als nötig erachteten Beweismittel. Die Vorstellung des Handelnden über den *iter criminis*, die im Moment der Handlung eine Prognose über den erwarteten Verlauf ist, ist typischerweise eine recht grobkörnige – oft mag gar keine detaillierte Vorstellung über kausale Zwischenschritte bestehen oder nur über wenige anschauliche Stufen –, kann aber natürlich bei eventuellen Spezialkenntnissen und/oder *praemeditatio* recht feinkörnig sein. Als Prognose ist die subjektive Vorstellung typischerweise fehlerbehaftet; je feinkörniger die Beschreibungen ausfallen, desto größer ist die zu erwartende Differenz. Eine „Photographie des Erfolges im voraus"[1867] kann daher ebensowenig verlangt werden wie ein Film der dorthin führenden Kausalkette.

[1866] Siehe oben bei Fußn. 964 ff., 986 ff.

[1867] VON BAR, *Gesetz und Schuld im Strafrecht*, Band II, S. 341 („… eine Photographie des Erfolgs im voraus zu besitzen, ist zur Verantwortlichkeit für den Erfolg nicht erforderlich."); DERS., *Die Lehre vom Causalzusammenhange*, S. 31.

Die Feststellung von Kompatibilität oder Diskrepanz der beiden Beschreibungen hängt somit vom jeweiligen Auflösungsgrad und von sprachlichen Kongruenzregeln ab. Zurechnungsregeln müssen bestimmen, welches Maß an Übereinstimmung gefordert werden soll. Die möglichen Lösungen lassen sich drei Gruppen zuordnen:

(1) **Irrelevanz.** Es genügt die Vorstellung vom Kausalnexus zwischen Verhalten und Erfolg im Sinne der grobkörnigsten Beschreibung. Weitere Konkretisierungen des Kausalverlaufs müssen nicht vorgestellt werden, etwaige Abweichungen zwischen Vorstellung und objektiv festgestelltem Kausalverlauf sind unbeachtlich.[1868]

Werden an die objektive Erfolgszurechnung noch weitere Kriterien angelegt, so kann entsprechend für die subjektive Tatseite die Kenntnis der Voraussetzungen dieser objektiven Zurechnung genügen.[1869]

(2) **Abgeschwächte Kongruenz.** Sofern sich der Täter eine detailliertere Vorstellung über die Kausalreihe gemacht hat, wird verlangt, daß diese in abgeschwächtem Maße mit der objektiv festgestellten Kausalreihe kompatibel ist. Der Täter muß nicht alle Einzelheiten zutreffend antezipiert haben, sondern nur den „wesentlichen“ Kausalverlauf[1870] oder die Art des Erfolgsrisikos. Teilweise wird auf Adäquanzkriterien – das nach allgemeiner Lebenserfahrung Vorhersehbare[1871] – abgestellt, teils auf die Art der vom Täter erkannten Gefahr,[1872] teils auf Planverwirklichung[1873] usw. Schwierigkeiten können sich bei der Präzisierung solcher Kriterien ergeben und im Verhältnis zur objektiven Erfolgszurechung (falls eine solche stattfindet und nicht die subjektive Seite diese Aufgabe übernimmt, dazu unten (4)).

(3) **Weitgehende bis vollständige Kongruenz.** Schließlich kann, sofern der Täter eine detaillierte Vorstellung über den Kausalverlauf hatte, angenommen werden, daß subjektive Zurechnung nur möglich sei, wenn der objektive Verlauf vollständig oder weitgehend oder zumindest in den vom Täter als relevant angesehenen Charakteristika dieser Vorstellung – bzw. den Erfüllungsbedingungen der komplexen Absicht[1874] – entspricht.[1875] Ohne Unschärfetoleranz wird auch dieser Ansatz kaum

---

1868 KOHLER, GA 66 (1919), 97, 99; ASHWORTH, *Principles of Criminal Law*^{4}, S. 200; DERS., *The elasticity of mens rea*, S. 45, 46 f.; SULLIVAN, *Knowledge, Belief, and Culpability*, S. 207, 209; dazu BENNETT, *The Act Itself*, S. 49 ff.

1869 SK-StGB-RUDOLPHI, § 16 Rn. 31; ähnl. ROXIN, *Strafrecht Allgemeiner Teil*, Band I^4, § 12 Rn. 154; w. Nachw. und Kritik bei NK-StGB-PUPPE, § 16 Rn. 100.

1870 Ähnl. Скуратов / Лебедев, *Комментарий к Уголовному кодексу Российской Федерации*, Ст. 25, S. 42: "общие закономерности развития причиной связи" – die allgemeinen Gesetzmäßigkeiten der Entwicklung des Kausalzusammenhanges sind zu kennen.

1871 So die dt. Rspr., vgl. nur BGHSt 7, 325, 329; w. Nachw. bei NK-StGB-PUPPE, § 16 Rn. 97 f.

1872 JAKOBS, *Strafrecht Allgemeiner Teil*^{2}, Tz. 8/64 ff.; krit. FRISCH, *Tatbestandsmäßiges Verhalten*, S. 591 ff.; NK-StGB-PUPPE, § 16 Rn. 99; SANCINETTI, Festschrift Roxin, S. 349, 358. Ob sich eine vom Täter gesehene Gefahr/ein gesehenes Risiko im Erfolg realisiert, hängt von der Abstraktionshöhe der Beschreibung ab, für die es keinen objektiven Maßstab gibt.

1873 ROXIN, *Strafrecht Allgemeiner Teil*, Band I^4, § 12 Rn. 155 u. ff. m. w. Nachw.

1874 Vgl. SEARLE, *Intentionalität*, S. 142 f.

1875 Z.B. HERZBERG, ZStW 85 (1973), 867, 870 ff., 878 ff., 890 ff., aufgegeben in JA 1981, 369 ff. 371, 374; 470 ff.

auskommen, da (subjektive oder objektive) Handlungsbeschreibung stets weiter detailliert werden können, bis sich Diskrepanzen ergeben.

(4) Anmerkung: Vorstehend wird davon ausgegangen, daß ein Handlungserfolg *objektiv* dem Handelnden *zurechenbar* ist und nur noch die – sich andernfalls gar nicht mehr ergebende – Frage aussteht, ob und wie der Kausalverlauf von ihm vorgestellt sein muß. Diese *objektive Zurechnung* kann, wie anfangs angedeutet, verschiedene Kriterien anlegen, zumeist Kausalität nebst gewissen *objektiven* normativen Qualifizierungen (Adäquanz, *proximity*, Risikoverwirklichung). Möglich ist aber auch, daß die Abweichung des vorgestellten vom tatsächlichen Kausalverlauf erst die Frage nach der objektiven Zurechnung auslöst,[1876] oder daß Qualifizierungen nur auf der subjektiven Seite erfolgen, beispielsweise inadäquate, „abenteuerliche“ Kausalverläufe aus dem Bereich des Strafbaren dadurch ausgeschlossen werden, daß sie nicht vorhergesehen seien – sofern das der Fall ist.

Eine verwandte Problemstellung findet sich in zahlreichen Beispielen in der analytischen Philosophie, bei denen diskutiert wird, ob die beschriebenen Handlungen noch als intentional/absichtlich qualifiziert werden können, obwohl ihr Erfolg vom Handelnden beabsichtigt war: In manchen Beispielen[1877] wird, in SEARLES Terminologie,[1878] eine vorhergehende Absicht *(further intention)* in eine entsprechende Handlungsabsicht *(intention in action)* umgesetzt, die eine Körperbewegung bewirkt, die den beabsichtigten Erfolg herbeiführt, nur weicht die tatsächliche Kausalkette von der geplanten ab – dies ist genau die unter (1) bis (3) vorausgesetzte Konstellation. In anderen Beispielen[1879] führt hingegen die vorhergehende Absicht nicht zu einer Handlungsabsicht, sondern bewirkt auf andere Weise den Erfolg.

bb) Irrtum über Art oder Schwere des Erfolgs – *Unintended type or degree of harm*

Eine Fehlvorstellung über den Kausalverlauf im weiteren Sinne besteht dann, wenn das vorsätzlich initiierte Verhalten einen anderen Erfolg herbeiführt als vorhergesehen oder beabsichtigt. „Anders“ fällt der Erfolg aus Sicht des Handelnden jedesmal

---

1876 So scheint es in der Fallgruppe "intentional crimes–unintended manner" bei LAFAVE, *Criminal Law*³, § 3.12(f), zu sein.

1877 So in dem Beispiel von BENNETT, zit. bei DAVIDSON, *Freedom to Act*, S. 63, 78: Ein Mörder schießt auf sein Opfer, verfehlt es, aber durch den Schuß wird eine Herde Wildschweine in Panik versetzt, die das Opfer zu Tode trampelt. SEARLE, *Intentionaliät*, S. 112 f. 142 f., nimmt an, daß die Erfüllungsbedingungen der komplexen Absicht des Mörders (Tod durch Erschießen) nicht vorlägen; ähnl. GUSTAFSON, *Intention and Agency*, S. 55 f.

1878 Siehe oben bei Fußn. 975 f.

1879 Wie in den Beispielen von CHISHOLM, *Freedom and Action*, S. 11, 28 ff., 37 f., und DAVIDSON, *Freedom to Act*, S. 63, 79, wo die Vorstellung des angestrebten Erfolgs den Akteur in Nervösität versetzt und so eine – ungeplante – Körperbewegung auslöst, die den Erfolg verursacht; zwar entspricht der Erfolg jeweils der Absicht, ist aber nicht absichtlich herbeigeführt, zutr. SEARLE, *Intentionalität*, S. 112 f., 125 f., 142 ff.

aus, wenn er von dem subjektiv vorgestellten Erfolg abweicht. Aus rechtlicher Sicht sind im wesentlichen folgende Abweichungen denkbar: Der tatsächliche Erfolg fällt unter ein anderes Strafgesetz als der vorgestellte (1) oder unter eine andere Variante/Modalität desselben Strafgesetzes (2) oder unter dieselbe (Variante derselben) Strafnorm, ist aber dennoch schwerer oder leichter als vorhergesehen (3).

(1) Führt die Handlung zu einem Erfolg, der unter ein anderes Strafgesetz fällt als der vorhergesehene *(aberratio delicti)*, so liegt strukturell eine Kombination von Versuch und fahrlässiger Begehung – falls strafbar – vor, sofern der tatsächliche Erfolg nicht auch alternativ oder kumulativ vom [Vorsatz] umfaßt war. Beispiel: A schießt auf B, um ihn zu verletzen, trifft aber ein Automobil, das beschädigt wird.

In allen modernen Rechtsordnungen muß das erforderliche subjektive Element im Grundsatz[1880] ein Spiegelbild des objektiven Geschehens darstellen,[1881] um (als [vorsätzlich] qualifizierte) Haftung zu begründen; weder genügt ein allgemeines *operam dare rei illicitae* noch ist eine „Übertragung“[1882] des Vorsatzes bezüglich eines Delikts auf ein anderes möglich.

Die anfängliche Rede von „Art oder Schwere“ des Erfolgs ist ungenau, solange kein Vergleichsmaßstab festliegt. So mag die Tötung eines Menschen als schwerer als dessen Verletzung gelten oder als andersartig; darauf kommt es nicht an: Maßgeblich aus rechtlicher Sicht sind die in den jeweiligen Strafnormen vorgegebenen Verhaltenstypen. Ein Erfolg kann als „anders“ gelten, wenn er sich nicht als Minderung oder Steigerung des intendierten Erfolgs begreifen läßt. Wenn im vorigen Beispiel A auf B schießt, um ihn zu verletzen (kampfunfähig zu machen), ihn aber tatsächlich tötet, so liegt, wenn Verletzung und Tötung in verschiedenen Normen poenalisiert sind, formal ein „anderer“ und hier zugleich auch „schwererer“ Erfolg vor, da die Tötung stets eine Verletzung umschließt. Der Unterschied liegt allein darin, daß neben der fahrlässigen Tat (Tötung) nun nicht nur eine versuchte, sondern eine vollendete vorsätzliche Tat (Verletzung) steht.

Sind für die verwirklichte und vorgestellte Tat Strafen von verschiedenem Gewicht vorgesehen, und ist der objektiv verwirklichte Erfolg schwerer als der vorgesehene, so führt eine strikte Anwendung des Grundsatzes der Korrespondenz zwischen objektiver und subjektiver Seite zur erwähnten Kombination von Versuch des leichteren Delikts und fahrlässiger Vollendung der schwereren Tat. Andere mögliche Lösungen bestehen darin, den Täter nur nach Maßgabe seiner Vorstel-

---

1880 Zu vereinzelten positivierten Ausnahmen siehe LaFave, *Criminal Law*³, § 3.11(d) S. 289 Fn. 44; tradierte Ausnahmen stellen auch die *felony-murder-*, *felony-mayhem-*, *intent-to-do-serious-bodily-injury-murder-* oder *misdemeanor-manslaughter*-Regeln dar.

1881 So ausdrücklich etwa Model Penal Code § 2.03(2).

1882 Zu früheren Ansichten, die jegliche *guilty mind* genügen ließen, siehe bei Fußn. 1107, 1824. Auch die "transferred fault"-Doktrin (dazu siehe unten Fußn. 1912, 1933 ff.) ist im Grundsatz begrenzt auf dasselbe Delikt, d.h. Erfolge derselben rechtlichen Klasse, vgl. nur LaFave, *Criminal Law*³, § 3.11(d), S. 289.

lung, also aus dem leichteren Delikt oder aus dem schwereren Delikt und unter Anwendung des Strafrahmens des milderen Delikts zu bestrafen.[1883]

In manchen Rechtsordnungen sind andererseits besondere Straferschwerungen für solche „schwereren“ Erfolge vorgesehen, die typischerweise aus einem vorsätzlichen Verletzungsverhalten entstehen, vor allem bei Todesfolge (*doctrina Bartoli*, Praeterintentionalität), bis hin zur Einstufung als vorsätzliche Tötung trotz fehlenden Tötungsvorsatzes, der durch den Vorsatz bezüglich schwerer Verletzung oder anderer schwerer Taten ersetzt wird *(felony-murder-rule, intent-to-do-serious-bodily-injury-murder)*. Die Gleichstellung objektiv todesgefährlicher vorsätzlicher Verletzungen mit vorsätzlicher Tötung hat nicht selten eine lange Tradition *(violentia punitur secundum eventum)*,[1884] die darauf beruht, daß in handgreiflichen Kampfsituationen eine klare Vorstellung über die Verletzungsfolgen regelmäßig fehlt und solche Folgen auch schwer beherrschbar sind *(vulnera non ad mensuram dantur)*,[1885] und kann auf verschiedenen konstruktiven Wegen erreicht werden.[1886]

Ist der bewirkte Erfolg umgekehrt von geringerem Gewicht als geplant, so bleibt es bei der Kombination nun von Versuch des schwereren Delikts und fahrlässiger Vollendung der leichteren Tat, aber es kann auch zur vorsätzlichen Vollendung des geringeren Delikts zugerechnet werden, wenn die Erfolge nur graduell verschieden sind, also die leichtere Verletzung als von der schwereren umfaßt angesehen werden kann, z.B. die bewirkte Körperverletzung von einer Tötungsabsicht.[1887]

(2) Strukturell gleichartig erscheinen Fälle, in denen der intendierte Erfolg von einer, der realisierte Erfolg von einer anderen Variante/Modalität/Alternative desselben Strafgesetzes erfaßt wird.[1888] Der Unterschied verschiedener Tatbestandsva-

---

1883 Siehe oben bei Fußn. 1827.

1884 Exemplarisch MONACHUS, *Glossa aurea*, De homicidio, fol. ccclxx, n. 10: „Item in delictis seu maleficiis habemus regulam: quando dubitatur an debeat inspici intentio an vero eventus: quod ubi committens delictum minus voluit delinquere: et plus delinquit: si verisimiliter potuit cogitare quia ex minori delicto quod intendebat verisimile poterat sequi maius tenetur de maiore delicto: quod est secutum. et non de minori solum quod intendebat ipse.“; BARTOLUS, D.n. ad legem Corne. de sica. l. Divus (D. 48, 8, 14), n. 1: „Primo quaero quid si aliquis deliquit plus quam cogitaret circa res. distingue tres casus: quia aut delictum quod facere proposuerat ad hoc tendi: et tunc inspicitur delictum seu eventus et non animus ... ideo ibi violentia punitur secundum eventum. quia verisimiliter illud delictum tendit ad verbera et homicidia et simi. unde si aliquis proposuisset mittere incendium in domo una: et propter hoc essent combuste plures alie tenetur de omnibus quia omne incendium ad hoc tendit verisimiliter quod domus contigue comburantur similiter“.

1885 Vgl. nur CARPZOV, *Practica Nova Imperialis Saxonica Rerum Criminalium*, pars I, qu. 1, n. 30 m. w. Nachw.

1886 Zur Figur der *doctrina Bartoli* und des *dolus indirectus* siehe unten Anhang VII.1.a), c), zu Normativierungen des Vorsatzbegriffs siehe unten V.8., zu ergebnisäquivalenten Beweiserleichterungen, Vermutungen etc. siehe unten V.9.b)bb).

1887 So Model Penal Code § 2.03(2)(a); Proposed Illinois Criminal Code (2003), sec. 304; LAFAVE, *Criminal Law*[3], § 3.11(e) S. 291; SULLIVAN, *Knowledge, Belief, and Culpability*, S. 207, 216 ff.

1888 Der Irrtum über Tatbestandsalternativen kann in verschiedenen Konstellationen erscheinen, dazu WARDA, Festschrift Stree/Wessels, S. 267, 272 f.; FISCHER, *Der Irrtum über Tatbestandsalternativen*, S. 60 ff., insbesondere:

rianten zu verschiedenen Strafgesetzen ist zunächst ein äußerlich formaler der Gesetzgebungstechnik. Sind beispielsweise die 26 Absätze des Art. 8(2)(b) Rom-Statut Modalitäten *eines* Tatbestands oder eigenständige Tatbestände? Nimmt man angesichts der Verschiedenheit des darin inkriminierten Verhaltens letzteres an, so stellt sich innerhalb fast aller dieser Tatbestände die Frage erneut: Kennzeichnen etwa die acht in Art. 8(2)(b)(ix) Rom-Statut[1889] aufgezählten Gebäudeklassen nur Modalitäten eines Tatbestands oder acht Tatbestände? Die gesetzgeberischen Gründe für solche Aufzählungen von Tathandlungen, Tatobjekten oder Tatmitteln können vielfältig sein und in der Auswahl und Gleichstellung bestimmter Objektsklassen oder bloß im Verzicht auf einen abstrakten Oberbegriff zugunsten anschaulicherer „deskriptiver“ Merkmale bestehen.[1890] Folglich kann auch die „Verschiedenartigkeit“ der Modalitäten schwanken; so kann der Gesetzgeber die Absicht verfolgt haben, lediglich einige Unterklassen einer – implizit bleibenden – Merkmalsklasse herauszugreifen, oder diese Merkmalsklasse erschöpfend zu beschreiben auf indirektem Wege durch Angabe – präsumtiv – sämtlicher Unterklassen;[1891] schließlich können die Modalitäten keiner naheliegenden gemeinsamen Klasse angehören[1892] und auf Zufälligkeiten bei der Normgenese beruhen. Unproblematisch erscheinen nur solche Varianten, die als Beispiele der Elemente einer Merkmalsklasse, deren Name genannt oder ungenannt sein kann, aufgezählt werden und deren vollständige Erfassung durch Zusätze wie „… oder in sonstiger Weise“ erkennbar angestrebt ist.[1893]

Ein Beispiel für den Irrtum über Tatbestandsalternativen: A greift absichtlich ohne militärische Notwendigkeit ein Gebäude an, das er für ein Hospital hält; tatsächlich ist es eine Schule *(building dedicated to education)*.

---

(1) In Kombination mit einer *aberratio ictus* verfehlt der Täter etwa ein Hospital und trifft eine Schule, beides Schutzobjekte des Art. 8(2)(b)(ix) Rom-Statut. Hier ist eine Unbeachtlichkeit der Abweichung der vorgestellten von der verwirklichten Tatbestandsvariante konsistent nur dann verfügbar, wenn Fälle der *aberratio ictus* ebenfalls im Sinne von *transferred fault* gelöst werden (siehe Fußn. 1912, 1933 ff.); die Lösung hängt also von der der *aberratio ictus* ab.

(2) Ordnet der Täter die kategorial („in der Laiensphäre“ o.ä.) richtig erkannte Tatbestandsvariante irrtümlich dem Ausdruck einer anderen Variante zu, liegt ein bloßer (doppelter) Subsumtionsirrtum vor, der sich der Lösung für den Subsumtionsirrtum unterordnet, zutr. Warda, Festschrift Stree/Wessels, S. 267, 272 f.

(3) Möglich ist – und davon geht das im Text folgende Beispiel aus – vor allem eine Kombination mit dem *error in obiecto*, bei dem die normative „Gleichwertigkeit“ der Objekte in Frage steht.

1889 “Intentionally directing attacks against buildings dedicated to religion, education, art, science or charitable purposes, historic monuments, hospitals and places where the sick and wounded are collected, provided they are not military objectives;”.

1890 So hätte Art. 8(2)(b)(ix) Rom-Statut auch formuliert werden können “Intentionally directing attacks against buildings protected under international humanitarian law …”.

1891 Darauf stellt Schroeder, GA 1979, 321, 325 ff., ab; dem folgend Roxin, *Strafrecht Allgemeiner Teil*, Band I^4, § 12 Rn. 136; SK-StGB-Rudolphi, § 16 Rn. 28b.

1892 Dazu mit Beispielen Warda, Festschrift Stree/Wessels, S. 267, 279 ff.; schon Wertheimer, *Die Mischgesetze des Deutschen Straf-Gesetzbuchs*, S. 2 ff.

1893 Vgl. Art. 8(2)(b)(xxi) bzw. Art. 8(2)(c)(ii) Rom-Statut: “Committing outrages upon personal dignity, in particular humiliating and degrading treatment”; Art. 8(2)(c)(i) Rom-Statut: “Vio-

Faßt man alternativ gefaßte Strafnormen als bloße Zusammenfassung mehrerer eigenständiger Normen auf, so wäre der Irrtum beachtlich[1894] (im Beispiel: versuchter Angriff eines Hospitals und – hier strafloser – fahrlässiger Angriff einer Schule). Gleiches folgt auch ohne normentheoretische Paraphrasierung, wenn man *elements analysis* ernst nimmt.[1895] Entsprechendes müßte von alternativen Tatmitteln gelten, z.B. dem Einsatz verbotener Waffen und Munition gem. Art. 8(2)(b)(xvii)–(xx) Rom-Statut.

Aus der Gleichbehandlung solcher Erfolge im Strafgesetz ließe sich aber auch schließen, daß alternativ strukturierte Handlungen vorliegen,[1896] oder, wenn statt dessen Aufzählungen einfach strukturierter Handlungen anzunehmen wären, daß jedenfalls eine Lockerung des Korrespondenzgrundsatzes durch Übertragung des [Vorsatzes] von einer Modalität auf die andere erlaubt sei,[1897] entweder durch

---

lence to life and person, in particular murder of all kinds, mutilation, cruel treatment amd torture”; Art. 8(2)(b)(xviii) Rom-Statut: “Employing asphyxiating, poisonous or other gases, and all analogous liquids, materials and devices”.

1894 So z.B. RGSt 47, 189, 190; 57, 73, 75; BINDING, *Die Normen und ihre Übertretung*, Band II, S. 931 ff.; KUHLEN, *Die Unterscheidung von vorsatzausschließendem und nichtvorsatzausschließendem Irrtum*, S. 512 ff.

1895 Deutlich WARDA, Festschrift Stree/Wessels, S. 267, 275: „Diese Unkenntnis verwandelt sich jedoch nicht dadurch in eine Kenntnis, daß der Handelnde irrig ein im Gesetz alternativ genanntes anderes, wenn vielleicht auch ähnliches Tatbestandsmerkmal als erfüllt ansieht.“

1896 Dazu KUHLEN, *Die Unterscheidung von vorsatzausschließendem und nichtvorsatzausschließendem Irrtum*, S. 512 f. (im Ergebnis ablehnend); NK-StGB-PUPPE, § 16 Rn. 131 ff. („junktorisch definierter Begriff“); ähnl. WARDA, Festschrift Stree/Wessels, S. 267, 277 ff.; krit. FISCHER, *Der Irrtum über Tatbestandsalternativen*, S. 91 ff.

Der Tatbestand von Art. 8(2)(b)(ix) Rom-Statut könnte zu formalisieren sein als (*d* für *directing attacks against*, b_n für *building*$_n$): $db_1 \vee db_2 \vee \ldots \vee db_8$ oder als $d(b_1 \vee b_2 \vee \ldots \vee b_8)$, und die jeweiligen Absichtserfordernisse (I für *intention*) als: $I(db_1 \vee db_2 \vee \ldots \vee db_8)$ oder $I[d(b_1 \vee b_2 \vee \ldots \vee b_8)]$. Wenn unser Beispielstäter A ein Hospital (b_7) angreifen will, aber eine Schule angreift (b_2), also: dab_2 und $I(dab_7)$, so korrespondieren die objektive und subjektive Seite offenbar nicht. Anders bei alternativer Formulierung, was besonders deutlich wird, wenn man die alternative Formulierung der Tatobjekte durch einen Oberbegriff ersetzt, etwa p als *building protected under international humanitarian law*, dann dap und $I(dap)$.

1897 Solche Gleichstellung gilt vielen als kriminalpolitisch wünschenswert, so im deutschen Recht z.B. Schönke/Schröder[27]/CRAMER/STERNBERG-LIEBEN, § 16 Rn. 11; KOHLER, GA 66 (1919), 97 ff.; BINDOKAT, NJW 1963, 745; MONTENBRUCK, ZStW 84 (1972), 323, 333 ff.; SCHROEDER, GA 1979, 321, 325; SCHLÜCHTER, *Irrtum über normative Tatbestandsmerkmale*, S. 104; SCHITTENHELM, GA 1983, 310, 314 f.; WARDA, Festschrift Stree/Wessels, S. 267, 274, 277 f.; FISCHER, *Der Irrtum über Tatbestandsalternativen*, S. 53 ff. m. w. Nachw.

Auf die Gleich*artig*keit bestimmter objektiver Tathandlungen stellen ab: WELZEL, *Das Deutsche Strafrecht*[11], § 52 I 3, S. 363; SCHMIDHÄUSER, *Strafrecht Besonderer Teil*[2], Tz. 9/7; auf die Gleich*wertig*keit: KOHLER, GA 66 (1919), 97 ff., 98; auf die Vergleichbarkeit des Unrechtsgehalts auch BINDOKAT, *ibid.*; MONTENBRUCK, *ibid.*, 336; SCHITTENHELM, *ibid.*; w. Nachw. bei FISCHER, *Der Irrtum über Tatbestandsalternativen*, S. 111 ff., 114 ff., 134 ff.; ähnl. bereits WERTHEIMER, *Die Mischgesetze des Deutschen Straf-Gesetzbuchs*, S. 3 f., 11 f.; sowie BELING, *Unschuld, Schuld und Schuldstufen*, S. 50 ff. Unklar bleibt dabei, wie es *zwischen* den vom Gesetzgeber gleichbehandelten Alternativen noch weitere Differenzierungen geben kann und wie sie sich normativ rechtfertigen, zutr. WARDA, Festschrift Stree/Wessels, S. 267, 283. Zu weiteren Begründungswegen siehe WARDA,

Rückgriff auf einen abstrakteren Begriff[1898] oder durch unmittelbare normative Gleichstellung.[1899] Im Beispielsfall wäre A dann wegen vollendeter Tat gem. Art. 8(2)(b)(ix) Rom-Statut zu strafen.

(3) Die meisten Strafgesetze, die die Verursachung eines bestimmten Erfolgstyps poenalisieren, weisen bei der Beschreibung dieses Erfolgs graduierbare Begriffe auf: So sind „Körperverletzung“ oder „Sachbeschädigung“ – anders als „Tod eines Menschen“ – in verschiedener Intensität vorstellbar. Für die Erfüllung des Tatbestands ist es regelmäßig unerheblich, welche Quantität der Erfolg aufweist – wenn nicht bestimmte Schweregrade schon in speziellen Gesetzesformulierungen (Tatbestandsvarianten, qualifizierten Tatbeständen usw.) vertypt sind, findet eine Berücksichtigung des Schadensquantums typischerweise erst auf der Stufe der Strafzumessung statt. Fraglich kann daher sein, ob eine quantitative Varianz zwischen vorgestelltem und bewirktem Schaden, z.B. zwischen leichter und schwerer Verletzung, die unter dieselbe Strafnorm fällt, unter Zurechnungsaspekten rechtlich relevant ist – gemäß dem Grundsatz, daß dem Täter nur das Schadensmaß als vorsätzlich bewirkt zurechenbar ist, das seine Vorstellung enthielt[1900] – oder erst bei der Strafzumessung berücksichtigt wird.

Ist der Schaden, etwa eine Verletzung *(wounding)*, geringer als vorgestellt, so mag dies eine Zurechnung nicht hindern, weil entweder eine nur gattungsmäßige Bestimmung des Erfolgs als ausreichend oder weil die leichtere Verletzung als von

---

Festschrift Stree/Wessels, S. 267 ff.; Fischer, *Der Irrtum über Tatbestandsalternativen*, S. 117 ff. m. w. Nachw. Krit. Kuhlen, *Die Unterscheidung von vorsatzausschließendem und nichtvorsatzausschließendem Irrtum*, S. 508 ff., 514 m. w. Nachw.

1898 Z.B. RGSt 26, 61, 62; BGH GA 1977, 145 f.; Warda, Festschrift Stree/Wessels, S. 267, 281 f., dazu Fischer, *Der Irrtum über Tatbestandsalternativen*, S. 84 f. m. w. Nachw. Den Rückgriff auf einen *außergesetzlichen* Grundtatbestand erwägt Montenbruck, ZStW 84 (1972), 323, 336 f., auf den Rechtsgutsbegriff Schlüchter, *Irrtum über normative Tatbestandsmerkmale*, S. 104 – dies ist allerdings, wie Montenbruck explizit einräumt, kein *gesetzlicher* Begriff mehr, sondern nur ein Instrument zur Gleichstellung zweier gesetzlicher Begriffe, die der Rechtfertigung bedarf, zutr. Warda, Festschrift Stree/Wessels, S. 267, 274–276, die im Wege der Gesetzesauslegung grundsätzlich möglich ist, zutr. NK-StGB-Puppe, § 16 Rn. 133 a.E.; siehe auch Fischer, *Der Irrtum über Tatbestandsalternativen*, S. 98 ff. m. w. Nachw., im Ergebnis selbst ähnlich, *ibid.*, S. 137 ff., 148, 171 ff.

Dies ist nur möglich, wenn die Tatbestandsalternativen disjunktiv (einschließendes *oder*) und nicht kontravalent (ausschließendes *oder*) verknüpft sind; zu junktorisch definierten Begriffen siehe Puppe, Gedächtnisschrift Armin Kaufmann, S. 15, 18 ff.

1899 Anders indes in Fällen, in denen die gesetzliche Formulierung durch Alternativenbildung feinkörniger ist als die (typische) Tätervorstellung (also ein „Überschuß an positivrechtlicher Individualisierung der Verbrechen vorhanden ist, auf den sich das Subject nicht einläßt“, vgl. Hermann, ArchCrimR N.F. 23 (1856), 1, 28), etwa feiner differenzierende Begriffe verwendet als die Umgangssprache, so daß die verwirklichte Alternative ohne weiteres in der Tätervorstellung Platz findet.

1900 Jakobs, *Strafrecht Allgemeiner Teil*², Tz. 8/73; Puppe, *Vorsatz und Zurechnung*, S. 5 f.; NK-StGB-Puppe, § 16 Rn. 88; siehe auch LK¹¹-Schroeder, § 16 Rn. 11 m. w. Nachw.; offenlassend OLG Bremen MDR 1959, 777, 778.

Zur älteren Lehre der Irrelevanz des Quantitätsirrtums vgl. RGSt 26, 61, 62; Binding, *Die Normen und ihre Übertretung*, Band II, S. 1001 ff.

der schwereren umfaßt[1901] angesehen wird; dennoch bleibt die Tat strukturell teilweise Versuch[1902].

Ist der Schaden schwerer als vorgestellt, so entsteht ebenfalls kein Irrtumsproblem, wenn die Vorstellung der Erfolgsklasse genügt. Andernfalls ist die Erfolgsherbeiführung, soweit sie die Vorstellung überschreitet, unvorsätzlich.[1903]

cc) Irrtum über Umstände *(circumstances)*

Für Fehlvorstellungen über tatbestandsrelevante Umstände *(circumstances)* gilt das zu Fehlvorstellungen über den Erfolg *(result)* Gesagte entsprechend. Zur irrigen Annahme von Umständen, die ein milderes oder schwereres Gesetz verwirklichen, siehe oben V.6.d)bb).

Bei Umständen, die nur im Rahmen der Strafzumessung mildernd oder erschwerend wirken, kommt es darauf an, ob für sie grundsätzlich ein Kenntniserfordernis gilt oder sie rein objektiv bestimmt werden.[1904]

dd) Irrtum über das Tatobjekt oder Opfer – *Unintended victim*

Der Irrtum über das Tatobjekt kann sowohl als Kausalabweichung im weiteren Sinne als auch als Irrtum über die Art des Erfolgs begriffen werden, wenn der Taterfolg z.B. an einer anderen Person eintritt als vorhergesehen oder beabsichtigt. Ob eine solche Diskrepanz anzunehmen ist, hängt wiederum von der rechtlich relevanten Beschreibungsdichte ab:

(1) *Error in obiecto vel persona – Mistaken identity*

Die seit der Antike diskutierte Fallgruppe[1905] des *error in obiecto vel persona* bezeichnet eine Verwechslungssituation *(mistaken-identity situation)*, in der der Täter genau den rechtlichen Erfolgstyp herbeiführt, den er sich vorstellt oder gar beabsichtigt, und die einzige Diskrepanz zwischen Vorstellung und Wirklichkeit darin liegt, daß er über die rechtliche Typ- oder Klassenzugehörigkeit des Erfolges hinaus sich noch (wenigstens eine oder mehrere) weitere Eigenschaften des Erfolgs, die ihn subjektiv individualisieren, vorgestellt hat, die jedoch objektiv nicht vorliegen. Das einfachste Beispiel besagt, daß A einen tödlichen Schuß auf X abgibt, weil er

---

1901 So z.B. Model Penal Code § 2.03(2)(a); LaFave, *Criminal Law*³, § 3.11(e) S. 291.

1902 Jakobs, *Strafrecht Allgemeiner Teil*², Tz. 8/73.

1903 Jakobs, *Strafrecht Allgemeiner Teil*², Tz. 8/73.

1904 Eine gemischte Regelung sah der italienische Codice penale in der bis 1990 geltenden Fassung vor: Nach Art. 59 sind Fehlvorstellungen über Strafzumessungstatsachen irrelevant, relevant jedoch im Kontext von *error in persona* (Art. 60) und *aberratio ictus* (Art. 82); zur aktuellen Fassung, der ein Meistbegünstigungsprinzip zugrunde liegt, siehe oben Fußn. 1734.

1905 Zahlr. Nachw. bei Kohler, GA 66 (1919), 97, 112 ff.; Geib, *Lehrbuch des Deutschen Strafrechts*, 2. Band, § 97 S. 272 ff. Bekannte Fälle betreffen zumeist eine Erweiterung um einen Anstifter, Auftraggeber, *accomplice* etc. (Mandatsfälle), dazu unten bei Fußn. 1936.

ihn für Y hält. Ein herkömmlicher Tat(bestands)irrtum läge vor, wenn A den X nicht als Menschen, sondern als unbelebte Sache oder Tier kategorisiert hätte. Tatsächlich kategorisiert der Täter richtig im Sinne der gesetzlichen Kategorie, erkennt also die Klassenzugehörigkeit des Erfolgs (Tod eines Menschen) richtig, nicht aber das Individuum, das er anhand Namen und weiterer Eigenschaften identifiziert.

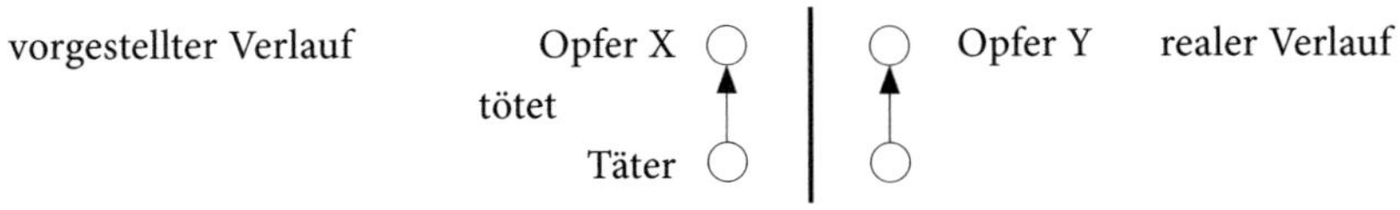

Es gibt zwei Lösungsmöglichkeiten:

(α) **Relevanz**. Die Individualisierung des Erfolgs durch den Handelnden wird als maßgeblich erachtet. Die subjektive Relevanz – die Handlung erweist sich *ex post* als sinnlos oder gescheitert; im Beispielsfall könnte A etwa keinen Grund haben, Y zu erschießen, und hätte nicht geschossen, wenn er ihn als Y erkannt hätte – findet rechtliche Anerkennung.[1906] Die Einstufung einer durch einen solchen Objektsirrtum fehlmotivierten Handlung als unfreiwillig geht auf Aristoteles zurück.[1907]

(β) **Irrelevanz**. Die wohl seit römischer Zeit[1908] verbreitetste Ansicht[1909] läßt für die subjektive Zurechnung genügen, daß der Täter die gesetzliche Kategorie (Klasse, *act-type*, *harm-type*) *in casu* erkannt hat, im Beispielsfall, daß er auf einen

---

1906 Z.B. von Liszt, *Lehrbuch des Deutschen Strafrechts*[16/17], § 40 II, S. 176; w. Nachw. bei Geib, *Lehrbuch des Deutschen Strafrechts*, 2. Band, § 97 S. 273.

1907 Aristoteles, *Nikomachische Ethik*, V 10, 1135 a 28; dazu Thomas von Aquin, *Summa theologica*, II-1, qu. 76 art. 3 c. (auch bei Irrtum über die Identität des Opfers bleibt die Kenntnis bestehen, einen Menschen zu schlagen, *quod sufficit ad rationem peccati*).

1908 Wenn auch in zivilrechtlichem Kontext, D. 47, 10, 18, 3: „Si inuria mihi fiat eo, cui sim ignotus, aut si quis putet me Lucium Titium esse, cum sim Gaius Seius: praevalet quod principale est, iniuriam eum mihi facere velle: nam certus ego sum, licet ille putet mihi alium esse quam sum, et ideo iniuriam habeo." Ebenso weitgehend einhellig im gemeinen Recht, siehe Carpzov, *Practica Nova Imperialis Saxonica Rerum Criminalium*, pars I, qu. 5 nn. 12 ff.; Engelmann, *Irrtum und Schuld*, S. 345 f.; ders., *Schuldlehre der Postglossatoren*, S. 57 ff.; Schaffstein, *Die allgemeinen Lehren vom Verbrechen*, S. 131; Binding, *Die Normen und ihre Übertretung*, Band III, S. 193 ff., jew. m. w. Nachw.

1909 Z.B. Jakobs, *Strafrecht Allgemeiner Teil*[2], Tz. 8/82; NK-StGB-Puppe, § 16 Rn. 113 ff.; Art. 60 Codice penale; Carrara, *Programma del corso di diritto criminale*[10], vol. 1, § 262, S. 253; Romano, *Commentario sistematico*, Art. 82 Rn. 4; Ashworth, *Principles of Criminal Law*[4], S. 201; Hall, *General Principles of Criminal Law*[2], S. 365 f.; LaFave, *Criminal Law*[3], § 3.12(d), S. 303; Скуратов / Лебедев, *Комментарий к Уголовному кодексу Российской Федерации*, Ст. 25, S. 41, alle m. w. Nachw. Krit. Rath, *Zur unterschiedlichen Behandlung der* aberratio ictus *und des* error in objecto *des Täters*, S. 221 ff.; ders., *Zur Unerheblichkeit des error in persona vel in objecto*, S. 13 ff.; Grotendiek, *Strafbarkeit des Täters in Fällen der aberratio ictus und des error in persona*, S. 3 ff.; Koriath, JuS 1998, 215, 217 ff.

Eine vermittelnde Ansicht vertritt Roxin, *Strafrecht Allgemeiner Teil*, Band I[4], § 12 Rn. 195 ff. mit dem Planverwirklichungskriterium, wonach ein *error in obiecto* relevant werden soll, wenn der Täter sein Opfer nicht mehr optisch wahrnimmt sowie bei Verletzung ideeller Rechtsgüter, z.B. Beleidigung.

Menschen schießt. Das Verkennen weiterer Eigenschaften, die zwar das Tatmotiv beeinflussen mögen, aber vom Strafgesetz nicht erwähnt werden, ist unbeachtlich. Abzüglich dieser „überschießenden" Individualisierung entsprechen sich objektive und subjektive Handlungsbeschreibung, insbesondere auch in den räumlich-zeitlichen Koordinaten: Der Täter trifft genau das anvisierte Opfer.

Zweifelhaft könnte noch sein, ob straferschwerende Umstände wie *premeditation, deliberation* bei einer Tötung ebenfalls ohne weiteres auf das tatsächliche Tatobjekt anzuwenden sind. Im Common Law-Rechtskreis wird hierzu bisweilen die *transferred intent*-Doktrin (dazu sogleich) bemüht.[1910]

(2) *Aberratio ictus vel impetus – Transferred fault*

Eine ebenfalls altehrwürdige,[1911] transnational bekannte und seit alters her umstrittene[1912] Fallgruppe kombiniert Elemente der vorgenannten Kausal- und Objektabweichung: Der Täter hat „Vorsatz" zur Verletzung eines Objekts, verfehlt dieses aber und verletzt statt dessen ein anderes Objekt, das unter dieselbe strafgesetzliche Kategorie fällt wie das intendierte *(aberratio ictus a persona in personam sive a re in rem)*. Im einfachen Beispiel schießt A auf X, um ihn zu töten, trifft statt dessen aber Y tödlich *(aberratio ictus monolesiva*[1913]*)*:

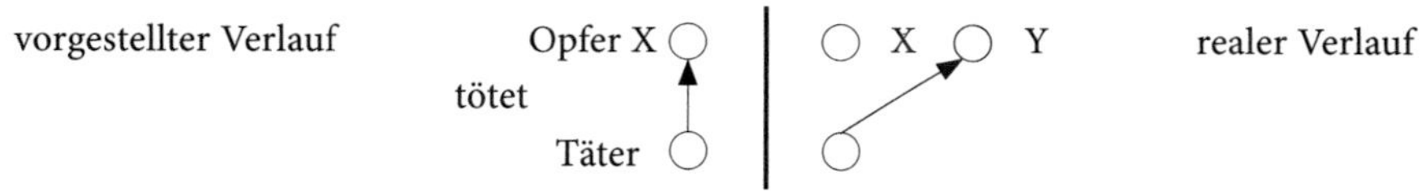

Abzugrenzen ist dies von Situationen, in denen der Handelnde (wie auch immer zu definierenden) alternativen „Vorsatz" bezüglich beider Objekte hatte, in denen

---

1910 Nachw. bei LaFave, *Criminal Law*^{3}, § 3.5(c), S. 235 Fn. 36.

1911 D. 47, 10, 4: „Si, cum servo meo pugnum ducere vellem, in proximo te stantem invitus percusserim, iniuriarum non teneor."

1912 Zum gemeinen Recht siehe nur Carpzov, *Practica Nova Imperialis Saxonica Rerum Criminalium*, pars I, qu. 5 nn. 17 ff. m. zahlr. Nachw.; Geib, *Lehrbuch des Deutschen Strafrechts*, 2. Band, § 97 S. 269 ff.; Kohler, GA 66 (1919), 97, 112 ff.; Engelmann, *Schuldlehre der Postglossatoren*, S. 57 ff.; ders., *Irrtum und Schuld*, S. 345; Schaffstein, *Die allgemeinen Lehren vom Verbrechen*, S. 132 ff.; Laingui, *La responsabilité pénale dans l'ancien droit*, S. 97 ff.; Binding, *Die Normen und ihre Übertretung*, Band III, S. 221 ff.; knapp Hettinger, GA 1990, 531 f., jew. m. w. Nachw.

Zum Meinungsstand in der deutschen Doktrin statt vieler Rath, *Zur unterschiedlichen Behandlung der* aberratio ictus *und des* error in objecto *des Täters*, S. 99 ff.; Grotendiek, *Strafbarkeit des Täters in Fällen der aberratio ictus und des error in persona*, S. 3 ff.; knapp Koriath, JuS 1997, 901 ff.

Zur italienischen Doktrin: de Francesco, *Aberratio*, S. 3 f., jew. m. w. Nachw.

Zur englischen und amerikanischen Doktrin: Ashworth, *Transferred Malice and Punishment for Unforeseen Consequences*, S. 77 ff.; Husak, 10 Notre Dame J.L. Ethics & Pub. Pol'y 65 ff. (1996); Dillof, 1 Buff.Crim.L.Rev. 501 ff. (1998). Älteres rechtsvergleichendes Material bei Kohler, GA 66 (1919), 97, 121 ff.

1913 Ausdruck aus der italienischen Doktrin, die an die Regelungen in Codice penale Art. 82 Abs. 1 *(aberratio monolesiva)* und Abs. 2 *(aberratio plurilesiva)* anknüpft.

beide Objekte nicht derselben strafgesetzlichen Kategorie (Opferklasse) angehören *(aberratio delicti)*[1914] sowie in denen der tatsächliche Verlauf den Kriterien der Erfolgszurechnung (mangels Adäquanz, Risikoverwirklichung, *legal/proximate cause* usw.) nicht genügt. Anders ist auch der Fall, in dem beide Objekte verletzt werden *(aberratio ictus plurilesiva,* unten ee)(2)).

Die wesentlichen Lösungsmöglichkeiten sind folgende:

(α) **Relevanz.** Die Vorstellung des Handelnden wird beschrieben als räumlich-zeitlich *(hic et nunc)* konkretisiert auf das Objekt *(dolus in specie)*, auf das er zielt. Da er es nicht verletzt, bleibt es insofern beim Versuch. Bezüglich des getroffenen Objekts hatte er keine Verletzungsvorstellung, so daß keine vorsätzliche, sondern allenfalls eine fahrlässige Verletzung vorliegt.[1915]

(β) **Irrelevanz.** Die Vorstellung des Handelnden wird beschrieben als Verletzung eines Elements einer bestimmten Kategorie (Klasse), z.B. „anderer Mensch" *(dolus in genere)*. Dem entspricht die objektive Beschreibung, da er ein Element dieser Klasse verletzt. Daß beide Elemente nicht identisch sind, wird als ebenso unerheblich angesehen wie beim *error in obiecto vel persona*, weil das Gesetz keine weiter konkretisierte Vorstellung verlange.[1916] Tatsächlich sind Strafgesetze, die beispielsweise die Tötung „eines Menschen" usw. poenalisieren, zweideutig, weil der verwendete unbestimmte Artikel zweideutigen Umfangs ist und sowohl „irgendeinen" als auch „einen (konkreten, näher bestimmten)" bedeuten kann.[1917]

1914 Vgl. Art. 83 Abs. 1 Codice penale, dazu ROMANO, *Commentario sistematico*, Art. 83 Rn. 1 ff. m. w. Nachw.

1915 Z.B. D. 47, 10, 4 (oben Fußn. 1911); DAMHOUDER, *Praxis rerum criminalium*, ch. 87 n. 7; aus der modernen Lit.: JAKOBS, *Strafrecht Allgemeiner Teil*², Tz. 8/80; ROXIN, *Strafrecht Allgemeiner Teil*, Band I⁴, § 12 Rn. 165 ff.; ROMANO, *Commentario sistematico*, Art. 82 Rn. 6 ff.; СКУРАТОВ / ЛЕБЕДЕВ, *Комментарий к Уголовному кодексу Российской Федерации*, Ст. 25, S. 41.

1916 Z.B. Art. 82 Abs. 1, 2 Codice penale, zur Entstehung der Norm siehe DE FRANCESCO, *Aberratio*, S. 39 ff.; siehe weiter VON BURI, *Über Causalität und deren Verantwortung*, S. 82 ff.; KOHLER, GA 66 (1919), 97, 102 f.; WELZEL, *Das Deutsche Strafrecht*¹¹, § 13 I.3.d)α), S. 73; PUPPE, *Vorsatz und Zurechnung*, S. 6 ff., 10 ff.; DIES., *Strafrecht Allgemeiner Teil*, Band I, § 20 Rn. 43 ff.; NK-StGB-PUPPE, § 16 Rn. 115 ff., 120; AK-StGB-ZIELINSKI, §§ 15, 16 Rn. 64; LAMPE, Festschrift Hirsch, S. 83, 97 f., alle m. w. Nachw.; dazu krit. TOEPEL, JRE 2 (1994), 413, 417 ff.; KORIATH, JuS 1997, 901, 904 ff.; wiederum PUPPE, JuS 1998, 287 f.

1917 MOORE, *Intentions and* Mens Rea, S. 245, 267 f.; DERS., *Placing Blame*, S. 474 ff.; PUPPE, *Vorsatz und Zurechnung*, S. 10; grundlegend QUINE, *Word and Object*, §§ 29, 31, 35; DERS., *Quantifiers and Propositional Attitudes*, S. 185, 186 f.; cf. auch SLATER, *Internal and External Negations*, Mind 88 (1979), 588 ff., 591.

Die Vorstellung oder Absicht des A, einen Menschen (X) zu töten, läßt sich in Anlehnung an MOORE, *ibid.*, wie folgt paraphrasieren (zur Vermeidung der Quantifizierung in opake Kontexte siehe nur QUINE, *Word and Object*, § 35 S. 166 ff.):

(1) Es gibt eine Person X von der Art, daß *(such that)* A intendiert, X zu töten.
formalisiert: $\exists x[a\mathrm{I}(\mathrm{T}ax)]$

(2) A intendiert, daß es einen Menschen gibt, den er tötet.
formalisiert: $a\mathrm{I}[\exists x(\mathrm{T}ax)]$

MOORE, *ibid.*, S. 268, nimmt zutreffend an, daß *beide* Vorstellungen – (1) entspricht einem in-

Die Ambiguität entfällt bei Strafgesetzen, die ausdrücklich auf die vom Täter individualisierte Person abheben oder sich explizit mit einer Klassenzugehörigkeit des Tatobjekts begnügen.[1918]

Einen dem Anschein nach anderen konstruktiven Weg, der zum gleichen Ergebnis führt, nimmt die *transferred fault/intent/malice*-Doktrin des Common Law, derzufolge die Absicht, hier X zu töten, auf den tatsächlich getöteten Y „übertragen“ wird,[1919] weil beides als gleichermaßen strafwürdig angesehen wird[1920].

(γ) **Differenzierung.** Zwischen den Möglichkeiten grundsätzlicher Beachtlichkeit oder Unbeachtlichkeit der *aberratio* stehen eine Reihe differenzierender Lösungen, wie sie beispielsweise im gemeinen Recht existierten in Gestalt des auf Bartolus zurückgehenden Kriteriums, ob die Abweichung wahrscheinliche bzw. typische Folge der vorgestellten Tat ist („quando cogitatum suum verisimiliter poterat tendere ad finem secutum“)[1921] oder nicht,[1922] oder Clarus’[1923] minderer Zurechnung zum *dolus* oder der generellen Annahme von Strafmilderung[1924].

Eine Auflösung der *aberratio*-Konstellation in allgemeine Kriterien wie die bewußte Schaffung einer qualifizierten Gefahr[1925] führt ebenfalls zu einer differenzierenden Lösung, die an Bartolus’ Ansatz gemahnt.

---

dividualisierten Vorsatz, (2) dem *indiscriminate intent oder dolus indeterminatus* (i.S. eines *dolus alternativus*, siehe Hettinger, GA 1990, 531, 550 f.) – vom Wortlaut üblicher Strafgesetze erfaßt sind; anders wohl Puppe, *ibid.* S. 11: nur (1), dann aber würde ein *dolus indeterminatus* wie beim ungezielten Schuß in die Menschenmenge nicht ausreichen.

1918 Beispiele bei LaFave, *Criminal Law*^{3}, § 3.5(c) S. 235 Fn. 36.

1919 So schon Bracton, *De Legibus et Consuetudinibus Angliae*, lib. III tract. II ch. XXXVI, fol. 155; Hale, *The History of the Pleas of the Crown*, vol. 1, S. 431; Coke, *The Third Part of the Institutes of the Laws of England*, S. 50; *R. v. Saunders and Archer*, (1573/76) 2 Plowd. 473, 474a; 75 E.R. 706, 707 f.; Model Penal Code, § 2.03(2)(a); Proposed Illinois Criminal Code (2003), sec. 303(1); Draft Offences Against the Person Bill 1998, S. 17(2), (3); Ashworth, *Principles of Criminal Law*^{4}, S. 201 f.; LaFave, *Criminal Law*^{3}, § 3.5(c) S. 235, § 3.12(d), jew. m. w. Nachw.; siehe auch Katz, *Bad Acts and Guilty Minds*, S. 169 ff.

Anders, aber unklar jetzt *Attorney General's Reference (No. 3 of 1994)*, [1998] A.C. 245, 251 ff., 259 ff., 269 f.; [1997] 3 W.L.R. 421; [1997] 3 All E.R. 936; [1998] 1 Cr.App.R. 91 (H.L.).

LaFave, *Criminal Law*^{3}, § 3.5(c) S. 235, § 3.12(d) S. 300, bezeichnet die Konstruktion als “pure fiction”; vgl. den Vorwurf der Vorsatzfiktion zur ergebnisgleichen Auffassung bei Binding, *Die Normen und ihre Übertretung*, Band III, S. 224, und die Analyse von Art. 82 Codice penale als *fictio iuris* bei Cass. 27 aprile 1994, Cass.pen. 1995, 2571.

1920 Coke, *The Third Part of the Institutes of the Laws of England*, S. 50: “This malice is so odious in law, as though it be intended against one, it shall be extended towards another.”

1921 Dazu Cæpolla, *Consilia*, cons. 33 nn. 3 f., der den damaligen Meinungsstand in diesem *consilium* diskutiert und selbst nur *culpa lata* annimmt mit der Folge arbiträrer Strafe; w. Nachw. bei Engelmann, *Schuldlehre der Postglossatoren*, S. 58 ff.

1922 Cf. Muyart de Vouglans, *Institutes au droit criminel*, tit. IV, S. 516 («cependant cela dépend des circonstances»).

1923 Clarus, *Practica criminalis*, § homicidium, n. 5: *homicidium* nicht *animo deliberato*, sondern *in rixa*; die Strafe war freilich in beiden Fällen kapital.

1924 Nachw. bei Geib, *Lehrbuch des Deutschen Strafrechts*, 2. Band, § 97 S. 271.

1925 So jetzt NK-StGB-Puppe, § 16 Rn. 121 ff., 123.

Einen Mittelweg anderer Art beschreiten jene Vorschläge, die bei Verletzung höchstpersönlicher Güter (Leben, Gesundheit) auf die Konkretisierung, bei Verletzung anderer Güter (Eigentum) auf die Klasse abstellen.[1926]

ee) Kombinationen und Komplikationen

Die drei Konstellationen aa)–cc) betreffen simple Sachverhalte. Abweichungs- und Verwechslungsfälle können jedoch noch wesentlich vielgestaltiger sein.[1927]

(1) Weniger klar sind beispielsweise jene Situationen, in denen der Handelnde sein Opfer durch dessen Stellung im vorgestellten Kausalverlauf identifiziert, etwa eine Sprengfalle für das dritte Auto eines Konvois installiert, in dem aber nicht das erwartete Opfer sitzt.[1928] Hier realisiert sich das gesehene Risiko an einem anderen Objekt derselben Opferklasse; ob der Umstand, daß der Täter sein Opfer nicht durch Wahrnehmung, sondern anderweitig individualisiert, relevant ist, ist vielfach umstritten.

(2) Umstritten ist auch die Situation, die die italienische Doktrin als *aberratio ictus plurilesiva*[1929] bezeichnet: A will B verletzen, aber verletzt B *und* (ungeplant) den C. Mögliche Lösungen umfassen die Kombination von Vorsatztat an B und Fahrlässigkeit gegenüber C oder erhöhte Strafe aus dem schwersten Delikt (falls die Erfolgsschwere differiert);[1930] ob die *transferred intent*-Doktrin anwendbar ist mit der Folge der Haftung wegen zweier vorsätzlicher Erfolge, ist umstritten[1931].

(3) Weiter wurde bislang davon ausgegangen, daß die vorgestellte und tatsächlich verübte Tat unter dasselbe Strafgesetz fielen und keine sonstige Tatschweredifferenz besteht. Möglich ist aber eine Kombination mit einem Irrtum über die Schwere des Erfolgs, d.h. daß verschieden schwere Varianten eines Strafgesetzes oder verschieden be- oder entlastende Strafzumessungsumstände involviert wären. Beispielhaft: A will X töten, tötet aber irrtümlich seinen Vater/einen Polizisten etc., wobei letzteres ein qualifiziertes Tötungsdelikt darstellt. Dies kann nach allgemeinen Regeln[1932] – (kein) Kenntniserfordernis bezüglich strafmaßrelevanter Umstände – oder durch spezielle Regelungen gelöst werden.[1933]

1926 Hillenkamp, *Die Bedeutung von Vorsatzkonkretisierungen*, S. 85 ff., 108 ff., 112 ff.

1927 Siehe z.B. Rath, *Zur unterschiedlichen Behandlung der* aberratio ictus *und des* error in objecto *des Täters*, S. 27 ff., 283 ff.

1928 Dazu Jakobs, *Strafrecht Allgemeiner Teil*², Tz. 8/81; Roxin, *Strafrecht Allgemeiner Teil*, Band I⁴, § 12 Rn. 197 ff.; Wolter, *Objektive und personale Zurechnung zum Unrecht*, S. 103, 123 ff.; Lackner/Kühl, *StGB*²⁵, § 15 Rn. 13a, alle m. w. Nachw.

1929 Dazu statt vieler de Francesco, *Aberratio*, S. 19 ff., 81 ff. m. w. Nachw.

1930 Art. 82 Abs. 2 Codice penale.

1931 Nachw. bei LaFave, *Criminal Law*³, § 3.5(c), S. 235 Fn. 37.

1932 Vgl. Binding, *Die Normen und ihre Übertretung*, Band III, S. 208 ff. m. w. Nachw.

1933 Die "transferred fault"-Doktrin läßt auch die Zurechnung einer schwereren als der vorgestellten Straftat zu, siehe LaFave, *Criminal Law*³, § 3.12(d), S. 301 m. w. Nachw.; nicht ganz klar Model Penal Code § 2.03(2)(a).

(4) Eine weitere Komplikation entsteht, wenn bezüglich eines Opfers eine Rechtfertigungssituation besteht, bezüglich des anderen aber nicht: Der Täter will sich in Notwehr mit einem Schlag gegen den Angreifer wehren, trifft aber einen unbeteiligten Dritten. Das Problem der fehlgehenden genuin rechtmäßigen oder gerechtfertigten Handlung wird seit römischer Zeit behandelt und oftmals im Sinne der Straflosigkeit gelöst.[1934]

(5) Beteiligung mehrerer (Mandatsfälle): Schließlich bleibt zu beurteilen, wie sich eine Personenverwechslung für den Anstifter oder mittelbaren Täter, Auftraggeber oder „Hintermann“ einer Tat auswirkt: Wenn A den B beauftragt (anstiftet usw.), eine bestimmte Person C zu verletzen (zu töten usw.), B aber irrtümlich eine andere Person D verletzt (tötet), so könnte sich der *error in persona* des Ausführenden B als *aberratio ictus* für den Anstifter A darstellen. Viele Rechtsordnungen weisen solche Präzedenzfälle auf;[1935] die Lösungsmöglichkeiten entsprechen den oben (cc) dargestellten, wenn man die Verwechslung des Opfers durch den Ausführenden dem Fehlgehen eines mechanischen Werkzeugs gleichstellt; anders, wenn der Auftraggeber dem Ausführenden die Individualisierung des Opfers überläßt oder der Ausführende sich an die Vorgaben des Auftraggebers oder Hintermanns zur Individualisierung hält.[1936]

Eine Übertragung der vorgestellten Situation auf die reale ordnet Art. 82 Abs. 1 Codice penale an; erschwerende Umstände der realen Situation belasten den Täter nicht, entlastende Umstände der vorgestellten Situation begünstigen ihn gem. Art. 60 Abs. 1 und 2 Codice penale, ausgenommen aber persönliche Charakteristika des Opfers wie Alter usw., Art. 60 Abs. 3. Hintergrund war die Regelung des Art. 59 a.F. Codice penale, wonach straferschwerende oder strafmildernde Umstände rein objektiv bestimmt wurden; zur 1990 modifizierten Fassung siehe Fußn. 1734.

1934 Vgl. D. 47, 10, 4; 9, 2, 45, 4; 48, 19, 11, 2; 48, 4, 53 sowie CCC Art. 145 („Item so eyner inn eyner rechten bewisen notweer wider seinen willen eynen vnschuldigen mit stichen, streychen, würfen oder schiessen, so er den nöttiger meynt, treff vnd entleibt het, der ist auch von peinlicher straff entschuldigt.“). W. Nachw. bei Binding, *Die Normen und ihre Übertretung*, Band III, S. 221 f.; siehe auch de Francesco, *Aberratio*, S. 176 ff.

Die "transferred fault"-Doktrin überträgt auch die Rechtfertigungslage auf das wirkliche Opfer, vgl. *Pembliton*, (1874) Cox C.C. 607; Ashworth, *Principles of Criminal Law*[4], S. 201 f.; LaFave, *Criminal Law*[3], § 3.12(d), S. 302, jew. m. w. Nachw. Ebenso Art. 82 Abs. 1 Codice penale.

1935 Siehe nur Katz, *Bad Acts and Guilty Minds*, S. 163 ff.

1936 Für Relevanz Jescheck/Weigend, *Lehrbuch des Strafrechts, Allgemeiner Teil*[5], § 64 II 4, S. 690; Köhler, *Strafrecht Allgemeiner Teil*, S. 528 f.; Roxin, *Strafrecht Allgemeiner Teil*, Band I[4], § 12 Rn. 200; Band II, § 26 Rn. 116 ff.; LK[11]-Roxin, § 25 Rn. 178, § 26 Rn. 90 ff., 97, alle m. w. Nachw.; vgl. Binding, *Die Normen und ihre Übertretung*, Band III, S. 213 f.

Für Irrelevanz z.B. die "transferred fault"-Doktrin, siehe Ashworth, *Principles of Criminal Law*[4], S. 430; Puppe, GA 1984, 101 ff., 120 f.; Welzel, *Das Deutsche Strafrecht*[11], § 16 II. 5, S. 117; Maurach/Gössel, *Strafrecht Allgemeiner Teil II*[7], § 51 Rn. 57; w. Nachw. bei Roxin, *Strafrecht Allgemeiner Teil*, Band II, § 26 Rn. 123 ff.

Differenzierend, mit teils vom obigen Text abweichenden Kriterien (Vorhersehbarkeit) z.B. *Rose-Rosahl*, PrObTrib GA 7 (1859), 322, 332 ff.; BGHSt 37, 214 („*Rose-Rosahl II*“); wie oben Jakobs, *Strafrecht Allgemeiner Teil*[2], Tz. 21/45, 22/29; w. Nachw. bei Roxin, *ibid.*, Band II, § 26 Rn. 127 ff.

Siehe auch de Francesco, *Aberratio*, S. 65 Fn. 77 (auf S. 65–69) m. w. Nachw.

Relevanz wird häufiger angenommen, wenn der Ausführende absichtlich vom Auftrag abweicht (Exzeß) und eine andere Person verletzt.[1937] Die Lösung solcher Abweichungsfragen hängt mit der jeweiligen Konzeption der Beteiligung an fremder Tat – und den subjektiven Anforderungen an den Beteiligten[1938] – zusammen, worauf hier nicht näher eingegangen wird.

ff) Putativrechtfertigung

Die irrige Annahme von Umständen, die, lägen sie vor, einen Rechtfertigungsgrund darstellen würden (Putativrechtfertigung, *putative defense/justification, justificación putativa*), wurde bereits oben oben V.6.c)aa)(3) als „Erlaubnistatbestandsirrtum“ angesprochen. Die Problematik reicht freilich über die Materie des „Vorsatzes“ hinaus und in die Konzeption von Rechtfertigung hinein, die nicht Thema dieser Arbeit ist, aber hier wenigstens im Umriß aufgezeigt werden soll:

(1) Rein objektive Rechtfertigung. Tritt Rechtfertigung bereits, aber auch nur dann ein, wenn die Merkmale einer Erlaubnisnorm (z.B. Notwehr/*self-defense*, Notstand/*necessity*) objektiv gegeben sind, unabhängig davon, ob der Handelnde sie erkannt hat, so kann auch die irrige Annahme solcher Merkmale sie nicht herbeischaffen, bliebe also *sub specie Rechtfertigung* unbeachtlich.[1939] Möglich bleibt eine Berücksichtigung aber in anderen Systemkategorien wie [Vorsatz] oder [Schuld], wenn dazu das Unrechtsbewußtsein gezählt wird.[1940]

(2) Rein subjektive Rechtfertigung. Wird die Rechtfertigung von der Vorstellung des Handelnden abhängig gemacht,[1941] dergestalt, daß eine bloß objektive Rechtfertigungslage (umgekehrter Erlaubnistatbestandsirrtum) nicht entlastet,[1942] so sind tatsächliche und putative Rechtfertigungssituationen nicht unterscheidbar[1943].

[1937] So z.B. *R. v. Saunders and Archer*, (1573/76) 2 Plowd. 473, 474 a; 75 E.R. 706, 707 f.; HALE, *The History of the Pleas of the Crown*, vol. 1, S. 431; ASHWORTH, *Principles of Criminal Law*[4], S. 431.

[1938] Haftet der Beteiligte auch für Exzesse des Ausführenden, sofern sie nur irgendwie vorhersehbar oder “natural and probable consequences” seines Tatbeitrags waren – vgl. nur DESPORTES/LE GUNEHEC, *Droit pénal général*[10], n° 548 m. w. Nachw. zum französischen Recht und LAFAVE, *Criminal Law*[3], § 6.7(b), S. 635 ff. zu Unsicherheiten im Common Law –, so reduziert sich die Zahl relevanter Irrtumsfälle freilich drastisch.

[1939] Exemplarisch VON LISZT, *Lehrbuch des Deutschen Strafrechts*[16/17], § 41 II 2, S. 179 f.; LK[11]-SPENDEL, § 32 Rn. 138; siehe dazu die nächste Fußn. Auch Art. 59 Abs. 1 a.F. Codice penale, mit der begünstigenden Ausnahme des Abs. 3 a.F.

[1940] Vgl. VON LISZT/SCHMIDT, *Lehrbuch des Deutschen Strafrechts*[26], § 40 I 2 mit Fn. 4 (S. 265 f.).

[1941] So im Ansatz vielfach im anglo-amerikanischen Rechtskreis, vgl. Model Penal Code §§ 3.02 ff.; LAW COMMISSION, Draft Criminal Law Bill 1993, ss. 25 ff.; LAFAVE, *Criminal Law*[3], § 5.7(c); FLETCHER, *Rethinking Criminal Law*, S. 689 f., 751 f.; DERS., *Basic Concepts of Criminal Law*, S. 158 ff.; ASHWORTH, *Principles of Criminal Law*[4], S. 235 ff. – freilich nicht stets konsistent und oft mit objektiven Einschränkungen, dazu im folgenden Text.

[1942] Siehe unten hh).

[1943] So etwa Model Penal Code §§ 3.04 ff. bei Putativnotwehr/-nothilfe (ausgenommen Rechtsirrtümer über die Rechtswidrigkeit des Angriffs, § 3.09(1)), teilweise anders bei *necessity*

(3) Objektiv und subjektiv bedingte Rechtfertigung. Sind sowohl objektive als auch subjektive Rechtfertigungsmerkmale erforderlich, so liegt vollständige Rechtfertigung nicht vor – die Tat bliebe demnach beispielsweise notwehrfähig. Eine Beachtung ist demnach nur in anderen Systemkategorien möglich:

(4) Sofern das jeweilige Rechtfertigungskonzept die Lösung nicht definitiv – wie in (2) – vorgibt, bleibt ein Irrtum eigener Art übrig, der sich mit keinem der Leitbilder von *error facti/iuris* oder *Tatbestands-/Verbotsirrtum* vollständig deckt.[1944] Eigenständige Lösungen sind indes ebenso selten wie positivierte Regeln.[1945] Im wesentlichen bestehen folgende Lösungswege:[1946]

(α) **Irrelevanz.** Der Täter hat den objektiven Tatbestand einer Strafnorm erfüllt, handelt mit Vorsatz bezüglich dieses Tatbestandes und ohne (vollständige) Rechtfertigung. Ist Unrechtsbewußtsein keine notwendige Strafvoraussetzung und fehlt eine spezielle Regel für diese Irrtumskonstellation, läßt sich gänzliche Unbeachtlichkeit dieses Irrtums und somit Strafe für vollendete Tat begründen.

(β) **Verneinung des [Vorsatzes].** Das zentrale subjektive Element [Vorsatz] eines Vorsatzdelikts läßt sich mit verschiedenen Begründungen verneinen:

Zum einen läßt sich das Unrechtsbewußtsein als Element des [Vorsatzes] begreifen im Sinne eines *dolus malus*: [Vorsatz] liegt demnach nur vor, wenn der Täter in dem Bewußtsein handelt, gegen Recht, Strafrecht usw. zu verstoßen. Der derivative Verbotsirrtum des in Putativrechtfertigung Handelnden schließt ein solches – wie auch immer genau bestimmtes – Bewußtsein der Rechtswidrigkeit aus, *dolus malus* liegt nicht vor.[1947]

(§ 3.02, mit objektiver Güterabwägung) und *consent* (§ 2.11), krit. Fletcher, *Rethinking Criminal Law*, S. 689 f.; ders., *Basic Concepts of Criminal Law*, S. 161 f.; Robinson, *Competing Theories of Justification*, S. 45 ff.; Muñoz Conde, *El error en Derecho Penal*, S. 54 f., 132 f.

Die Norm des Art. 59 Abs. 4 n.F. (Abs. 3 a.F.) Satz 1 Codice penale ("Si l'agente ritiene per errore che esistano circostanze di esclusione della pena, queste sono siempre valutate a favore di lui ...") scheint ebenfalls eine Gleichsetzung von realer und putativer Rechtfertigung zu ermöglichen, wird aber als Vorsatzausschluß verstanden, was allein mit der Statuierung von Fahrlässigkeitsstrafe im Falle fahrlässigen Irrtums in Satz 2 vereinbar ist, vgl. Romano, *Commentario sistematico*², Art. 59 Rn. 11 ff. m. w. Nachw.

1944 Siehe schon oben bei Fußn. 1776 f.

1945 Siehe aber § 8 öStGB und Art. 59 Abs. 4 n.F. Codice penale, wie vor; § 20 Abs. 1 Entwurf 1962 zum dStGB, Art. 16 Abs. 2 Código penal português, Art. 23 Abs. 1 Código penal de Cuba sowie Proposed Illinois Criminal Code (2003), sec. 511, mit Official Commentary, *Final Report of the Illinois Criminal Code Rewrite and Reform Commission*, vol. 2, S. 80.

1946 Die Lösungswege in einer gegebenen Rechtsordnung bestimmen sich nach den zur Verfügung stehenden positivierten Instrumenten, die mitunter nicht recht passen mögen und zu Analogiebildungen usw. führen. Beispielhaft zur umfangreichen Diskussion im deutschen Recht, das keine spezielle positivierte Regel enthält, Jakobs, *Strafrecht Allgemeiner Teil*², Tz. 11/42 ff.; Roxin, *Strafrecht Allgemeiner Teil,* Band I⁴, § 14 Rn. 52 ff., jew. m. w. Nachw.

1947 So z.B. die neuere englische Rspr., *R. v. Kimber,* (1983) 77 Cr.App.R. 225, 230 ff.; *R. v. Gladstone Williams,* (1984) 78 Cr.App.R. 276, 280 ff.; *Beckford v. R.*, [1988] A.C. 130, 140 ff. (P.C.), krit. Ashworth, *Principles of Criminal Law*⁴, S. 235 f.; Simester, 12 Oxford J. Legal Stud. 295, 299 ff. (1992); ebenso Merle/Vitu, *Traité de droit criminel*⁶, tome I, nº 556.

Zum anderen läßt sich der „Tatbestand“ des Rechtfertigungsgrundes – genauer: aller Rechtfertigungsgründe – als negative Komponente des strafbegründenden (positiven) Tatbestandes begreifen: Der irrtumsfähige Gesamttatbestand einer Straftat setzte sich demnach aus den Merkmalen der inkriminierenden und dem Fehlen der Merkmale der erlaubenden Normsätze zusammen.[1948] Der darauf bezogene „Gesamtvorsatz“ besteht folglich in der Vorstellung der positiven Tatbestandsmerkmale und der externen oder internen Negation der Vorstellung der negativen Tatbestandsmerkmale, d.h. entweder im Fehlen der Vorstellung oder der Vorstellung vom Fehlen dieser Merkmale[1949]. Die Vorstellung vom Vorliegen von Umständen, die unter einen anerkannten Rechtfertigungsgrund fielen, schließt daher den so verstandenen [Vorsatz] aus.

Möglich bleibt jedoch Strafbarkeit wegen fahrlässiger Deliktsbegehung, sofern diese strafbar ist und der Irrtum in fahrlässiger Weise entstand,[1950] wobei die Kriterien der Fahrlässigkeit, die regelmäßig auf inkriminierende Merkmale bezogen werden, auf die Irrtumsgenese übertragen oder angepaßt werden müssen.

(γ) **Elastische Regelungen.** Sodann gibt es Wege, den Irrtum sowohl entlastend zu berücksichtigen als auch Vorsatzstrafe zu ermöglichen, falls die Fehlvorstellung vorwerfbar, leichtfertig usw. erscheint, insbesondere wenn wegen der vorsätzlichen Verwirklichung des objektiven Tatbestands, der zumeist in der bewußten Verletzung eines anderen besteht, dem Handelnden eine besondere Prüfungspflicht *(duty to reflect)* auferlegt wird.[1951]

So kann die entlastende Wirkung des Irrtums direkt an seine „Vernünftigkeit“ *(reasonableness)* geknüpft werden. Ein unvernünftiger Irrtum führt demnach zur Strafe aus dem Vorsatzdelikt, des Rückgriffs auf eine – vielleicht oftmals fehlende

---

1948 Zur „Lehre von den negativen Tatbestandsmerkmalen“ in der deutschen Dogmatik siehe oben Fußn. 1777. Sie hat auch in der zeitgenössischen Dogmatik noch Anhänger (etwa als „Lehre vom Gesamtunrechtstatbestand“), dazu siehe nur JAKOBS, *Strafrecht Allgemeiner Teil*², Tz. 6/54 ff.; ROXIN, *Strafrecht Allgemeiner Teil,* Band I⁴, § 10 Rn. 13 ff. m. w. Nachw.; ebenso MIR PUIG, *Derecho penal, Parte general*⁴, lecc. 16 n. 22.

1949 Ein Standardargument gegen diese „Lehre von den negativen Tatbestandsmerkmalen“ oder „Lehre vom Gesamtunrechtstatbestand“ lautet, daß sich kein Täter im Normalfall stets des Fehlens sämtlicher Rechtfertigungsgründe bewußt sei (WELZEL, MDR 1952, 584, 585 Fn. 5; DERS., ZStW 67 (1955), 196, 213 Fn. 32a; ARMIN KAUFMANN, JZ 1955, 37, 38; HIRSCH, *Die Lehre von den negativen Tatbestandsmerkmalen,* S. 267 f.; siehe PAEFFGEN, *Der Verrat in irriger Annahme eines illegalen Geheimnisses,* S. 77, 79 m. w. Nachw.) – damit wird verkannt, daß auch eine *externe* Negation (fehlende Vorstellung, *ignorantia*) möglich ist und hinreichen könnte, zutr. ROXIN, *Strafrecht Allgemeiner Teil,* Band I⁴, § 14 Rn. 71.

1950 So explizit § 8 öStGB, Art. 59 Abs. 4 Satz 2 Codice penale, § 20 Abs. 2 Entwurf 1962 dStGB.

1951 Z.B. WELZEL, *Das Deutsche Strafrecht*¹¹, § 22 III.1.f), S. 168 f.; HIRSCH, *Die Lehre von den negativen Tatbestandsmerkmalen,* S. 314 ff.; PAEFFGEN, *Der Verrat in irriger Annahme eines illegalen Geheimnisses,* S. 132 ff., 147 ff., 154 ff., 158 ff., 175; NK-StGB-PAEFFGEN, Vor § 32 Rn. 115, 130 ff., 135 ff.; ASHWORTH, *Principles of Criminal Law*⁴, S. 236; dagegen JAKOBS, *Strafrecht Allgemeiner Teil*², Tz. 11/47; ROXIN, *Strafrecht Allgemeiner Teil,* Band I⁴, § 14 Rn. 67; zu einer Prüfungspflicht bei Rechtfertigungsgründen generell siehe JAKOBS, *ibid.*, Tz. 11/24 ff.; ROXIN, *ibid.*, § 14 Rn. 83 ff., jew. m. w. Nachw.

– Fahrlässigkeitstat bedarf es nicht. Die Struktur dieser im anglo-amerikanischen Rechtsraum[1952] traditionellen Lösung ist wenig geklärt: Die Einordnung als Vorsatzausschluß bei „vernünftigem“ Irrtum erforderte entweder ein normatives Vorsatzkonzept oder wäre – wenn [Vorsatz, *criminal intent*] notwendig über Kenntnis definiert wird – inkonsistent. Vorgeschlagen wird auch eine Klassifikation als Entschuldigungsgrund *(excuse)*,[1953] womit der Verzicht auf Verbotskenntnis als Vorsatzelement vereinbar ist[1954].

Schließlich kann allein auf den derivativen Verbotsirrtum abgestellt werden, um, so vorhanden, die Putativrechtfertigung anhand des Maßstabs der Vermeidbarkeit, Entschuldbarkeit etc. dieses Verbotsirrtums be- oder entlastend – als Schuldminderungs- oder -ausschlußgrund – in Rechnung zu stellen.[1955] Da das Unrechtsbewußtsein nicht als Vorsatzbestandteil behandelt wird, ermöglicht dieser Weg Vorsatzstrafe bei vorwerfbarem Irrtum. Freilich sind die Aspekte der Vermeidbarkeit beim *error iuris* gänzlich andere als bei der irrigen Annahme rechtfertigender *facta*.

gg) Putativentschuldigung

Während die Schuldausschlußgründe, die die Unzurechnungsfähigkeit *(inimputabilidad)* des Handelnden und damit seinen Ausschluß aus der Klasse strafrechtlich verantwortlicher Subjekte jedenfalls für sein Verhalten *in casu* begründen, wie *insanity*, *intoxication* oder Minderjährigkeit, soweit ersichtlich in verschiedenen Rechtsordnungen weithin überstimmend objektiv, d.h. vorstellungsunabhängig, bestimmt sind, so daß die objektiv irrige Annahme, minderjährig oder geisteskrank zu sein, nichts nützt,[1956] sind vor allem die Entschuldigungsgründe, die die Unzumutbarkeit *(inesigibilità, inexigibilidad)* normgemäßen Verhaltens zugute halten wie entschuldigender Notstand/Nötigungsnotstand, *metus/vis compulsiva, contrainte, duress in minas/duress of circumstances (necessity)* usw. ebenso regelmäßig hinsichtlich der Notstandssituation[1957] vorstellungsabhängig ausgestaltet, so daß

[1952] Umfangr. Nachw. bei Model Penal Code § 3.04 Comment 2, § 3.09 Comment 2; HALL, *General Principles of Criminal Law*², S. 366 ff.; LAFAVE, *Criminal Law*³, § 5.7(c), S. 493 ff.; § 5.7(i), S. 500 f.; ASHWORTH, *Principles of Criminal Law*⁴, S. 234 ff., auch zur abw. neueren engl. Rspr.

[1953] FLETCHER, *Basic Concepts of Criminal Law*, S. 162 f.; so jetzt Proposed Illinois Criminal Code (2003), sec. 511, mit Official Commentary, *Final Report of the Illinois Criminal Code Rewrite and Reform Commission*, vol. 2, S. 80.

[1954] Mitunter wird ausdrücklich ausgeschlossen, daß eine Vorsatz- oder auch nur Fahrlässigkeitsbeziehung zum Verbot bzw. zur Strafbarkeit bestehen müsse, z.B. Model Penal Code § 2.02(9); Proposed Illinois Criminal Code, sec. 205(5), ähnl. 720 Ill. Cons. Stat. 5/4-3(c).

[1955] So z.B. in der deutschen Dogmatik die sog. „strenge Schuldtheorie“, vgl. WELZEL, HIRSCH, PAEFFGEN, oben Fußn. 1951, dazu JAKOBS, *Strafrecht Allgemeiner Teil*², Tz. 11/45 ff.; ROXIN, *Strafrecht Allgemeiner Teil*, Band I⁴, § 14 Rn. 61, 65 ff., m. w. Nachw.

[1956] Siehe nur JAKOBS, *Strafrecht Allgemeiner Teil*², Tz. 17/78; MIR PUIG, *Derecho penal, Parte general*⁴, lecc. 24 n. 28; ROBINSON, *Structure and Function in Criminal Law*, S. 91; *Final Report of the Illinois Criminal Code Rewrite and Reform Commission*, vol. 2, S. 71.

[1957] Nicht hinsichtlich etwaiger Einschränkungen wie besonderen Gefahrtragungspflichten oder schuldhafter Verursachung der Gefahrenlage, vgl. § 35 Abs. 1 Satz 2 dStGB, Art. 34 schwStGB, sich hier die Irrtumsfrage in äußerlich paralleler Weise zur Putativrechtfertigung stellt. Die Behandlung solcher Irrtümer richtet sich indes nach den normativen Prinzipien der Entschuldigung, über die mancherorts erhebliche Unklarheit besteht, und kann hier daher nur im Ansatz umrissen werden.

Auszuscheiden ist hier der analoge Fall zum Erlaubnisirrtum in Form der irrigen Annahme eines nicht existenten Entschuldigungsgrundes bzw. der Überdehnung existenter Entschuldigungsgründe, etwa im Common Law-Raum die irrige Annahme, *duress* könnte auch vorsätzliche Tötung entschuldigen. Dieser Irrtum über die Rechtsfolge ist wie der Erlaubnisirrtum Rechtsirrtum, im Unterschied zu jenem allerdings kein Verbotsirrtum – sofern der Handelnde sein Verhalten nicht zugleich noch für erlaubt hält –, sondern allenfalls bloßer Strafbarkeitsirrtum, der zumeist als unbeachtlich behandelt wird.[1958]

Ausgeschieden seien auch Fälle, in denen der motivatorische Druck der eingebildeten Zwangslage zu einer psychischen Beeinträchtigung solchen Ausmaßes führt, daß sie von anderen allgemeinen Schuldausschluß- oder Schuldminderungsgründen wie schwerer Bewußtseinsstörung, *insanity/mental disorder, trouble psychique, trastorno mental transitorio* usw. erfaßt wird.

Es ist zunächst zu unterscheiden, ob die Irrtumskonstellation von der Ausgestaltung des Entschuldigungsgrundes schon umfaßt ist oder nicht:

(1) Rein objektive Entschuldigung: Käme es nur auf die objektive Lage an, so wäre die Vorstellung des Täters, ob irrig oder zutreffend, von vornherein unbeachtlich. Da aber die auf Ausnahmesituationen gerichteten Entschuldigungsgründe überwiegend auch den motivatorischen Druck in Rechnung stellen, ist eine reinobjektive Konzeption, die beim umgekehrten Irrtum entlasten müßte, kaum zu finden[1959] – während durchgehend Kenntnis der Notlage oder gar ein Rettungsmotiv[1960] o.ä. als Bedingung der Entschuldigung gilt[1961].

---

§ 10 Abs. 1, Abs. 2 Satz 1 öStGB – ähnl. Art. 20, 5° Código penal, Art. 54 Abs. 1, 2 Codice penale (aber wohl Rechtfertigungsgründe) – und der traditionellen Bedingung bei *duress*, daß "a sober person of reasonable firmness would not have resisted [the threat or danger]", siehe nur ASHWORTH, *Principles of Criminal Law*⁴, S. 222 f. m. w. Nachw.

1958 Siehe auch JAKOBS, *Strafrecht Allgemeiner Teil*², Tz. 17/76; ROXIN, *Strafrecht Allgemeiner Teil*, Band I⁴, § 22 Rn. 65; NK-StGB-NEUMANN, § 35 Rn. 63 m. w. Nachw.; FLETCHER, *Rethinking Criminal Law*, S. 685, 750 f.; DERS., *Basic Concepts of Criminal Law*, S. 165 f. mit dem Hinweis, daß ein solcher Irrtum über die Strafbarkeitsbedingungen nach Model Penal Code § 2.04(3) ("belief that conduct does not legally *constitute an offense*") relevant sein könnte, wenn einer der dort aufgezählten Auskunftsfälle vorläge.

1959 Eine der Ausnahmen ist der objektivistische Ansatz des Codice penale, Art. 59 Abs. 1; wohl auch Proposed Illinois Criminal Code, sec. 501(5), der Irrtümer über *excuses* für unbeachtlich erklärt und auch bei *duress* (sec. 507) keine Ausnahme macht.

1960 Statt vieler ROXIN, *Strafrecht Allgemeiner Teil*, Band I⁴, § 22 Rn. 32 ff.; krit. JAKOBS, *Strafrecht Allgemeiner Teil*², Tz. 20/11.

1961 Vgl. JAKOBS, *Strafrecht Allgemeiner Teil*², Tz. 17/80.

(2) Rein subjektive Entschuldigung. Möglich ist hingegen, allein das Vorliegen einer motivatorischen Belastung zur Entlastung hinreichen zu lassen, so daß die Unterscheidung zwischen tatsächlicher und irrig vorgestellter Entschuldigungslage kollabiert, erst recht, wenn die relevante Norm schon gar keine objektiven Merkmale enthält[1962].

Nicht ausgeschlossen ist allerdings, daß die vorwerfbare Verursachung des Irrtums zu Haftung im Wege der *actio libera in causa*[1963] oder wegen *negligence* oder *recklessness*[1964] führt.

(3) Objektiv und subjektiv bedingte Entschuldigung. Sind grundsätzlich sowohl objektive als auch subjektive Elemente zur Entschuldigung erforderlich, so bestehen mehrere Lösungswege zur Behandlung der irrigen Vorstellung vom Vorliegen der objektiven Entschuldigungslage:

(α) **Entlastung.** Wird die motivatorische Ausnahmesituation allein als tragend für die Entschuldigung angesehen, so reicht auch deren irrige Annahme hin, weil beide aus der subjektiven Sicht des Täters gleich wirken.[1965] Die objektiven Erfordernisse reduzieren sich dann auf Indizien für eine solche Zwangslage. Konstruktiv möglich bleibt aber hier stets eine Haftung aus *culpa praecedens*, siehe unten (γ).

(β) **Irrelevanz.** Da der Täter ungerechtfertigt und vorsätzlich einen Straftatbestand verwirklicht und objektive entschuldigende Umstände nicht vorliegen, ließe sich der Irrtum auch als unbeachtlich ansehen. Verträglich ist dies nur mit einer Sicht, die in der Motivationslage allein bestenfalls einen Strafmilderungsgrund sieht, so wie das gemeine Recht in kanonischer Tradition für *metus/contrainte*,[1966]

1962 So z.B. Art. 20, 6° Código penal: "Están exentos de responsabilidad criminal: ... El que obre impulsado por miedo insuperable.", dazu Mir Puig, *Derecho penal, Parte general*⁴, lecc. 24 nn. 25 ff., 27.

Reale und irrige Annahme einer Nötigungssituation stellt Model Penal Code § 2.09(1) mit Comment 3, S. 380, für *duress* gleich; zahlreiche Staaten sind dem gefolgt, vgl. die Nachw. *ibid.*, S. 384 Fn. 63, 64. Ebenso der Entwurf der Law Commission, Report no. 218, *Offences against the Person and General Principles*, Draft Criminal Code Bill 1993, ss. 25(2), 26(2), krit. Ashworth, *Principles of Criminal Law*⁴, S. 227 f., 236 f.

1963 So Mir Puig, *Derecho penal, Parte general*⁴, lecc. 24 nn. 29 f.

1964 So explizit Model Penal Code § 2.09(1) Comment 3, S. 380. Ansonsten gilt die *doctrine of prior fault* allgemein für die Herbeiführung der Notsituation, § 2.09(2), (3); für England siehe Ashworth, *Principles of Criminal Law*⁴, S. 224 f. m. w. Nachw.

1965 Radbruch, Festgabe Frank, Band I, S. 158, 166; ebenso die Begründung zu § 23 *Alternativ-Entwurf eines Strafgesetzbuches, Allgemeiner Teil*², S. 61, etwaiges Verschulden sollte im Rahmen der allgemeinen Zumutbarkeitsklausel berücksichtigt werden. Dagegen Vogler, GA 1969, 103, 106, 111; Jakobs, *Strafrecht Allgemeiner Teil*², Tz. 17/81. Ausdrücklich so jetzt Art. 16 Abs. 2 Código penal português.

1966 Auf der Basis von D. 4, 2, 21, 5 („tamen coactus volui“); 23, 2, 22 (coacta voluntas voluntas est) vor allem X, 1, 40, 5: „... licet metus attenuet culpam, quia tamen non eam prorsus excludit, quum pro nullo metu debeat quis mortale peccatum incurrere“, dazu Kuttner, *Kanonistische Schuldlehre*, S. 305 ff. Später war die Exkulpation durch *metus iustus* im weltlichen Recht weithin anerkannt, siehe nur Clarus, *Practica criminalis*, liber V, § fin., qu. 60 n. 17 m. w. Nachw.; dazu Laingui, *La responsabilité pénale dans l'ancien droit*, S. 208 ff. m. w. Nachw.

und zum Strafausschluß eine *iusta causa*, somit grundsätzlich[1967] eine, zumeist qualifizierte, objektive Zwangslage verlangt, die die Erklärung der Tat an der Person des Täters vorbei ermöglicht[1968].

(γ) **Elastische Regelungen.** Die irrige Annahme eines Entschuldigungsgrundes kann selbst als Entschuldigungsgrund betrachtet werden und – insbesondere in Übereinstimmung mit etwaigen Einschränkungen bei schuldhafter Verursachung einer bestehenden Zwangslage – normativen Bedingungen unterliegen: Der Irrtum mag zwar entschuldigen, wenn der motivatorische Druck dieselbe Stärke erreicht wie bei objektiv gegebener Zwangslage angenommen, doch nur dann, wenn er selbst nicht verschuldet ist, also *reasonable*[1969] oder *unvermeidbar*[1970] war. Vermeidbarer Irrtum kann somit zu Vorsatzstrafe führen mit eventueller Strafmilderung.[1971]

Dasselbe Kriterium, aber in indirekter Konstruktion, verwendet ein Ansatz, der vollständige Entschuldigung auch im Irrtumsfall zuläßt und Haftung für eine schuldhafte, vermeidbare, unvernünftige Fehlvorstellung mit einer allgemeinen Figur des Vorverschuldens *(culpa praecedens; actio libera in causa)* begründet,[1972] die ansonsten bei etwaiger Verschuldung der objektiv bestehenden Notstandslage angewendet wird. Gestraft wird nur aus der *causa libera*: Da vermeidbare Irrtümer regelmäßig nicht bewußt, sondern nur in erkennbarer, fahrlässiger Weise verursacht sind, bliebe zumeist nur die geringere, wenn überhaupt eröffnete, Fahrlässigkeitsstrafe übrig.[1973]

Sachlich identisch mit der Frage nach Vernünftigkeit oder Vermeidbarkeit des Irrtums wäre hingegen eine direkte Berücksichtigung des Vorverschuldens (*doctrine of prior fault*[1974]), die unmittelbar die Exkulpation ausschließt oder zuläßt.

1967 Da die Berücksichtigung von *metus* im Ermessen des Richters stand (Nachw. wie vorige Fußn.), ist für das gemeine Recht nicht mit Sicherheit zu sagen, ob die irrige Annahme einer Zwangslage stets unbeachtlich war, da *metus* auch ein prognostisches Element aufweist, mithin *ex ante* als begründet und erst *ex post* als irrtümlich erscheinen mag – dies entspricht den modernen Topoi von *reasonable mistake* bzw. unvermeidbarem Irrtum.

1968 Zu heutigen Strafzweckerwägungen, die die Relevanz jedweder irriger Annahme einer entschuldigenden Situation begrenzen, siehe Roxin, *Strafrecht Allgemeiner Teil*, Band I[4], § 22 Rn. 59.

1969 So verbreitet im Common Law-Rechtskreis, siehe Model Penal Code § 2.09, Comment 3, S. 384 Fn. 64 m. w. Nachw.; Ashworth, *Principles of Criminal Law*[4], S. 236 f.; Fletcher, *Basic Concepts of Criminal Law*, S. 164 f.

1970 So § 35 Abs. 2 Satz 1 dStGB.

1971 Vgl. § 35 Abs. 2 Satz 2 dStGB.

1972 So z.B. die frühere dt. Rspr., dazu Jakobs, *Strafrecht Allgemeiner Teil*[2], Tz. 17/83a m. w. Nachw.; für das spanische Recht siehe Mir Puig, *Derecho penal, Parte general*[4], lecc. 24 nn. 29 f.

1973 Fahrlässigkeitsstrafe sieht z.B. § 10 Abs. 2 Satz 2 öStGB vor.

1974 Parallel zu Model Penal Code § 2.09(2), § 35 Abs. 1 Satz 2 dStGB. Allgemein zur *doctrine of prior fault* siehe Ashworth, *Principles of Criminal Law*[4], S. 93, 163 f.

hh) „Umgekehrte“ Irrtümer

Die Grundkonstellation des „umgekehrten Irrtums“ *(errore rovesciato o inverso)* über Tatbestandsmerkmale ist oben (V.6.d)cc)) bereits aufgezeigt worden und soll hier in ihrer Struktur und ihren Fallgruppen weiter verdeutlicht werden.

Der Begriff des „umgekehrten Irrtums“, den einige Rechtsordnungen kennen, ist mißverständlich,[1975] wenn nicht festgelegt wird, was genau „umgekehrt“ wird, denn die Umkehrung eines Irrtums ist an sich eine nicht-unzutreffende Vorstellung. Soll „Umkehrung“ eine Negation bezeichnen, muß festgelegt werden, ob eine interne oder externe Verneinung gemeint ist: Wird, wie oben gezeigt,[1976] Unkenntnis als externe Negation $\neg aV(p)$ der geforderten zutreffenden Vorstellung und Irrtum i.e.S. als interne Negation $aV(\neg p)$ dieser Vorstellung verstanden, so bezeichnete eine externe Verneinung jeweils eine zutreffende Vorstellung $\neg\neg aV(p) = aV(p)$ oder das Fehlen einer unzutreffenden Vorstellung $\neg aV(\neg p)$; eine interne Verneinung produziert die gleichen Ergebnisse in vertauschter Zuordnung. Beides ergibt aber keine „Irrtümer“ i.w.S. einer Diskrepanz zwischen Vorstellung und Wirklichkeit, daher sind in den Konstellationen, die als umgekehrte Irrtümer thematisiert werden, auch die Wahrheitswerte der „Wirklichkeit“ umzukehren – insgesamt also eine doppelte Umkehrung, nämlich sowohl der (Wahrheitswerte der Aussagen über die) objektiven als auch der darauf bezogenen subjektiven Merkmale:[1977]

<table>
<tr><th colspan="4">(direkter) Irrtum i.w.S.</th><th colspan="4">„umgekehrter Irrtum“ i.w.S.</th></tr>
<tr><td>objektiv</td><td>und</td><td colspan="2">subjektiv</td><td>objektiv</td><td>und</td><td colspan="2">subjektiv</td></tr>
<tr><td rowspan="2">p</td><td rowspan="2">$\wedge$</td><td>$\neg V(p)$</td><td>ignorantia</td><td rowspan="2">$\neg p$</td><td rowspan="2">$\wedge$</td><td>$\neg V(\neg p)$</td><td>ignorantia inversa</td></tr>
<tr><td>$V(\neg p)$</td><td>error</td><td>$V(p)$</td><td>error inversus</td></tr>
</table>

Die „Umkehrung“ läßt sich somit passender als Spiegelung[1978] des Vorliegens der objektiven und subjektiven Merkmale begreifen. Vereinfacht:

	(direkter) Irrtum i.w.S.	„umgekehrter Irrtum“ i.w.S.
Merkmal liegt objektiv vor:	ja	nein
Merkmal wird vorgestellt:	nein	ja

Mit der Umkehrung der objektiven und subjektiven Seite läßt sich zudem – und hierin wird in manchen Rechtsordnungen das besondere Interesse am umgekehrten Irrtum gesehen – eine Umkehrung der Rechtsfolge annehmen:

1975 Spendel, ZStW 69 (1957), 441, 453 ff.; Puppe, Festschrift Lackner, S. 199, 202 ff.

1976 Bei Fußn. 1709 ff.

1977 So auch Spendel, ZStW 69 (1957), 441, 458; ders., NJW 1965, 1881, 1885 f.; Herzberg, JuS 1980, 469, 479; eingehend Puppe, Festschrift Lackner, S. 199, 203 f.

1978 So bereits Sax, JZ 1964, 241, 243, 245; Haft, JuS 1980, 430, 434 f.; krit. Spendel, NJW 1965, 1881, 1887.

(I) Wenn ein Irrtum den Täter entlastet, belastet ihn der umgekehrte Irrtum.
(II) Wenn ein Irrtum den Täter belastet, entlastet ihn der umgekehrte Irrtum.
Hinzu kommen die jeweils zugehörigen Negationen.[1979]

Dieses Prinzip ist als sogenannter „Umkehrschluß“ etwa in der deutschen Dogmatik zum Ausschluß oder zur Begründung von Strafbarkeit aus „logischen Gründen“ benutzt worden.[1980] Die Tragweite des logischen Kerns solcher Umkehrung – der Kontraposition[1981] – ist freilich begrenzt, zumal immer nur einzelne notwendige Strafbarkeitsbedingungen in Frage stehen, die für sich niemals hinreichend sind, so daß allenfalls die *Möglichkeit* der Strafbegründung gezeigt werden kann.[1982]

Bei ausreichender Symmetrie einer Zurechnungslehre – die für sich nicht logisch notwendig ist – läßt sich allerdings die Einordnung eines Merkmals mit Hilfe einer „Umkehrprobe“, oftmals als „Umkehrschluß“ bezeichnet, überprüfen – soll z.B. der Irrtum über ein Merkmal entlastend wirken, so müßte der umgekehrte Irrtum darüber belastend wirken etc., die aber eben diese Regeln nicht begründen kann.[1983]

Zu den einzelnen Konstellationen:

(1) **Umgekehrter Tatirrtum.** Bezeichnet ein (direkter) Tatirrtum *(ignorantia* oder *error facti)* die fehlende Vorstellung eines objektiv vorliegenden Faktums, so besteht ein umgekehrter Tatirrtum in der Vorstellung eines objektiv nicht vorliegenden Faktums. Die Problematik der Kategorie „*factum*“ oder „Tatsache“ wurde bereits hervorgehoben (oben V.2.b)bb)(1)). Versteht man darunter die Referenzobjekte „deskriptiver Tatbestandsmerkmale“, mithin von Allerweltskategorien(-begriffen), über deren Intension selten geirrt wird, die folglich bei Wahrnehmung der empirischen Anwendungsbedingungen auch fast stets automatisch zutreffend kategorisiert werden, so liegt strukturell eine Versuchskonstellation vor. Ein umgekehrter Tatirrtum kann somit zur Versuchsstrafe führen, wenn der betreffende Versuch – überhaupt und auch als ggf. *ex ante* untauglicher Versuch usw. – poenalisiert ist.

1979 Nach Puppe, Festschrift Lackner, S. 199, 202.

1980 Dazu eingehend Binding, GS 85 (1917), 177 ff., 322 f.; Spendel, ZStW 69 (1957), 441, 443 ff.; ders., NJW 1965, 1881, 1885 f.; Sax, NJW 1964, 241, 242 ff.; Engisch, Festschrift Heinitz, S. 185, 186 ff.; Schlüchter, *Irrtum über normative Tatbestandsmerkmale*, S. 145 ff.; Puppe, Festschrift Lackner, S. 199, 209 ff., 215 ff.; NK-StGB-Puppe, § 16 Rn. 173 ff.; Heidingsfelder, *Der umgekehrte Subsumtionsirrtum*, S. 92 ff., jew. m. w. Nachw. Andeutend auch Ashworth, *Principles of Criminal Law*[4], S. 455; abl. Fletcher, *Rethinking Criminal Law*, S. 181.

1981 Die Kontraposition ($\neg q \rightarrow \neg p$) ist lediglich ein äquivalenter Ausdruck des Konditionals ($p \rightarrow q$) der hinreichenden Bedingung (auch: extensive Implikation; „wenn, dann“). Der notwendigen Bedingung als intensiven Implikation (auch: Replikation; „nur wenn, dann“) ($q \rightarrow p$ oder $p \leftarrow q$) entspricht ($\neg p \rightarrow \neg q$). Vollständig „umkehrbar“ ist nur das Bikonditional (auch: Äquivalenz; „wenn und nur wenn, dann/genau dann, wenn“) der notwendigen und hinreichenden Bedingung ($p \leftrightarrow q$ bzw. $[p \rightarrow q] \wedge [q \rightarrow p]$).

1982 Spendel, ZStW 69 (1957), 441, 449 ff., 454; ders., NJW 1965, 1881, 1885 f.; Sax, JZ 1964, 241 ff., 245; Haft, JuS 1980, 430, 434 f.; Puppe, Festschrift Lackner, S. 199, 210 ff.; NK-StGB-Puppe, § 16 Rn. 173 ff.

1983 Dazu siehe Puppe, Festschrift Lackner, S. 199, 211 ff.; NK-StGB-Puppe, § 16 Rn. 179 ff.; schon Sax, JZ 1964, 241, 253 ff.

(2) **Umgekehrter Rechtsirrtum.** Ein (direkter) Rechtsirrtum *(ignorantia* oder *error iuris)* kann wie gezeigt (oben V.6.c)aa)(1)) vielgestaltig sein. Betrifft er eine rechtliche Kategorie, also die Verwendungsregel eines Tatbestandsmerkmals, das infolge der Fehlvorstellung als nicht vorliegend angesehen wird, so wird aufgrund eines umgekehrten Irrtums ein nicht vorliegendes Tatbestandsmerkmal als gegeben vorgestellt. Wird ein Rechtsirrtum über Tatbestandsmerkmale *(definitional elements)* dem Tatirrtum gleichgestellt, so entspricht auch der umgekehrte Rechtsirrtum dem umgekehrten Tatirrtum (Versuchskonstellation). Wird hingegen jeglicher Rechtsirrtum als unbeachtlich behandelt, so ist folgerichtig auch der umgekehrte Rechtsirrtum irrelevant (Wahndelikt). Entsprechendes ergibt sich, wenn nur der außerstrafrechtliche Rechtsirrtum wie *error iuris civilis* dem Tatirrtum gleichsteht, für diesen.

Betrifft der (direkte) Rechtsirrtum allein die deontische Kategorie, also das Verbotensein des Verhaltens (Verbotsirrtum), so bezeichnet dieser umgekehrte Rechtsirrtum die irrige Annahme eines Verbots (Wahndelikt) und führt ganz überwiegend zur Straflosigkeit, gleichgültig, ob der direkte Verbotsirrtum als erheblich[1984] oder unerheblich behandelt wird.

(3) **Umgekehrter Tatbestandsirrtum.** Führt der direkte Irrtum über ein Tatbestandsmerkmal zur Verneinung der Vorsatzstrafe, so liegt beim umgekehrten Tatbestandsirrtum der fragliche Vorsatz vor, so daß Versuchsstrafe möglich wird. Der Unterschied zum umgekehrten Tatirrtum besteht allein darin, daß der umgekehrte Tatbestandsirrtum auch umgekehrte Rechtsirrtümer in sich aufnehmen kann.[1985]

So wie jeder direkte Tatbestandsirrtum einen derivativen direkten Verbotsirrtum nach sich zieht,[1986] folgt auf jeden umgekehrten Tatbestandsirrtum ein umgekehrter Verbotsirrtum. Schwierigkeiten ergeben sich wie gezeigt (oben V.6.c)aa)(1)) dann, wenn der „Rechtsirrtum" nicht die empirischen Anwendungsbedingungen einer deutlich rechtlich überformten Tatbestandskategorie betrifft (z.B. Irrtum über die Eigenschaft der „Fremdheit" einer Sache, weil sie mit der eigenen verwechselt wird), sondern über die Verwendungsregeln der Kategorie (z.B. Irrtum über die Eigenschaft der „Fremdheit" einer Sache wegen unzutreffender Kenntnis der Rechtsregeln der Eigentumsübertragung): Stellt man allein – ggf. beschränkt auf außerstrafrechtliche Konzepte – auf das Ergebnis der Kategorisierung ab (z.B. „fremd", *chose « d'autrui »*), so stellt nur jede im Ergebnis fehlerhafte Kategorisierung einen (direkten oder umgekehrten) Tatbestandsirrtum dar; jede irrige Annahme einer tatbestandlichen Kategorie führt somit zum (*ex ante* untauglichen oder rechtlich

---

1984 Hier findet der Umkehrsatz (I) mithin keine Anwendung: auch wenn Verbotsirrtum entlastet, so belastet der umgekehrte Verbotsirrtum *nicht*.

1985 Sofern für den [Vorsatz] mehr verlangt wird als bloße Kenntnis der Anwendungsbedingungen (Wahrheitsbedingungen) einer tatbestandlichen Kategorie, d.h auch (laienhaft) richtige Kategorisierung.

1986 Siehe oben bei Fußn. 1763.

unmöglichen) Versuch.[1987] Bezieht man die konstitutiven Verwendungsregeln in die geforderte Kenntnis der tatbestandlichen Kategorie ein, so gerät jeder Irrtum darüber zugleich zum Irrtum über die Reichweite der Norm (z.B. über die Klasse der tauglichen Diebstahlsobjekte) und damit zum Verbotsirrtum – räumt man beim direkten Irrtum dem dann auch vorliegenden Tatbestandsirrtum Vorrang ein, so liegt auch beim umgekehrten Irrtum kein versuchsbegründender Vorsatz, sondern Wahndelikt vor.[1988]

(4) **Umgekehrter Verbotsirrtum.** Die irrige Annahme, ein objektiv erlaubtes Verhalten sei verboten, kennzeichnet den umgekehrten Verbotsirrtum. Ist diese Annahme lediglich die Folge eines umgekehrten Tatbestandsirrtums, so liegt eine Versuchskonstellation vor. Eigenständige Bedeutung hat der umgekehrte Verbotsirrtum nur, wenn der Handelnde sich ein Verhalten als verboten vorstellt, das objektiv keinen Tatbestand erfüllt, also eine nicht existente Strafnorm annimmt (Wahndelikt), etwa durch Überdehnung einer existenten Norm. Auf die Schwierigkeiten der Abgrenzung zum Tatbestandsirrtum bei deutlich rechtlich geprägten Normmerkmalen wurde hingewiesen (oben V.6.c)aa)(2)).

(5) **Umgekehrter Subsumtionsirrtum.** Besteht der „reine" direkte Subsumtionsirrtum darin, daß der Handelnde eine richtig erkannte tatbestandliche Kategorie nicht unter den Namen des gesetzlichen Begriffs faßt, das Gesetz also zu eng versteht (oben V.6.c))aa)(4)), so versteht er es beim umgekehrten Subsumtionsirrtum zu weit, indem er bei richtig erkanntem Nichtvorliegen einer tatbestandlichen Kategorie die Intension eines gesetzlichen Ausdrucks gleichwohl darauf erstreckt – ein umgekehrter Verbotsirrtum (Wahndelikt).

(6) **Umgekehrter Erlaubnistatbestandsirrtum.** Kennzeichnet der direkte Erlaubnistatbestandsirrtum die irrige Annahme des Vorliegens eines Rechtfertigungsgrundes (oben V.6.c)aa)(3)), so meint die Umkehrung die irrige Annahme des Nichtvorliegens rechtfertigender Umstände *(unknown justification*[1989]*)*: Der Täter handelt z.B. objektiv in Notwehr, weiß es aber nicht. Wird Rechtfertigung rein objektiv bestimmt, so ist dieser Irrtum unschädlich.[1990] Wird Rechtfertigung allein auf die subjektive Sicht des Täters bezogen, so fehlt sie.[1991] Erfordert Rechtfertigung hingegen sowohl ein objektives als auch ein subjektives Element, so liegt sie

---

1987 Z.B. NK-StGB-Puppe, § 16 Rn. 164 ff. mit weiterer Differenzierung zu Blankett- und Wertungsmerkmalen; NK-StGB-Paeffgen, Vor § 32 Rn. 235 ff.

1988 Z.B. Jakobs, *Strafrecht Allgemeiner Teil*^{2}, Tz. 8/59 ff., 25/40 ff.

1989 Vgl. Duff, *Criminal Attempts*, S. 160; Ashworth, *Belief, Intent, and Criminal Liability*, S. 1, 6, 26–29; Smith & Hogan, *Criminal Law*^{10}, S. 282 f.; Gardner, *Justification and Reasons*, S. 103 ff.; a.A. Robinson, *Competing Theories of Justification*, S. 45, 47 ff.; ders., *Structure and Function in Criminal Law*, S. 108 ff.

Gem. Art. 59 Abs. 1 n.F. Codice penale sind auch nur-objektiv vorliegende Rechtfertigungsumstände dem Täter begünstigend zuzurechnen, über die konkrete Folge schweigt die Norm indes.

1990 Z.B. LK^{11}-Spendel, § 32 Rn. 138.

1991 Vgl. LaFave, *Criminal Law*^{3}, § 5.7(c), S. 495; Model Penal Code § 3.04 Comment 2(b) mit Fn. 12, jew. m. w. Nachw.

nicht vollständig vor, so daß sich ein vollendetes Delikt zu ergeben scheint.[1992] Strukturell besteht aber, da der Täter objektiv erlaubt handelt,[1993] eine Versuchskonstellation, die auch erst im Wege im Strafzumessung (Strafmilderung) berücksichtigt werden mag[1994].

(7) **Umgekehrter Erlaubnisirrtum.** Der Erlaubnisirrtum bezeichnet eine Spielart des Verbotsirrtums (indirekter Verbotsirrtum), bei der der Täter eine objektiv nicht existente Erlaubnisnorm (Rechtfertigungsgrund) annimmt und sein Verhalten deshalb als erlaubt ansieht (oben V.6.c)aa)(3)). Der umgekehrte Erlaubnisirrtum ist dementsprechend eine Spielart des umgekehrten Verbotsirrtums, bei dem der Täter sich eine existente und im Fall einschlägige erlaubende Norm irrtümlich zu eng vorstellt und sein objektiv unverbotenes Verhalten deshalb als verboten ansieht – ein Wahndelikt.

ii) Doppelirrtümer

Wie bereits angedeutet[1995] sind multiple Fehlvorstellungen möglich. Theoretisches Interesse verdienen „doppelte Irrtümer", bei denen sich die Fehlvorstellungen *per saldo* zu kompensieren scheinen. Die Terminologie ist indes nicht festgelegt und schwankend,[1996] da schon im Irrtum i.e.S. als Fehlen der zutreffenden Vorstellung bei simultanem Vorliegen einer falschen Vorstellung eine doppelte Fehlvorstellung erblickt werden kann.

Von „doppeltem" Irrtum soll hier gesprochen werden, wenn eine Fehlvorstellung, die ein Strafbarkeitsmerkmal verneint, und eine Fehlvorstellung, die ein (anderes) Strafbarkeitsmerkmal bejaht, zusammentreffen. Wird hingegen irrig ein Tatbestandsmerkmal verneint und zugleich ein strafrechtlich irrelevantes Merkmal bejaht – der Täter schießt auf einen Menschen, den er für einen Baumstamm hält, wenn der Schuß auf den Baumstamm strafrechtlich bedeutungslos ist –, so liegt zwar eine doppelte Fehlvorstellung, aber in diesem Sinne nur ein „einfacher" Irrtum vor.

Doppelte Irrtümer sind hingegen *error in obiecto* und *aberratio ictus*, ebenso der Irrtum über eine Tatbestandsvariante[1997]. Bei letzterem und der *aberratio ictus* heben sich die Fehlvorstellungen freilich nicht ohne weiteres auf – etwaige Unbeachtlichkeit des Irrtums bedarf wie gezeigt der Begründung.

1992 Z.B. LK[11]-HIRSCH, Vor § 32 Rn. 59, 61 f.

1993 Vgl. nur JAKOBS, *Strafrecht Allgemeiner Teil*[2], Tz. 11/22 ff.; ROXIN, *Strafrecht Allgemeiner Teil*, Band I[4], § 14 Rn. 104 ff.; TRÖNDLE/FISCHER, *StGB*[53], § 32 Rn. 14a, jew. m. w. Nachw.

ROBINSON, *Structure and Function in Criminal Law*, S. 102, 109; a.A. FLETCHER, *Rethinking Criminal Law*, S. 555 ff., 564 ff.; dazu BYRD, *Putative Self-Defense and Rules of Imputation*, S. 260 ff. (= JRE 2 (1994), 291 ff.).

1994 Z.B. erlaubt Art. 21 Abs. 1 Código penal español (i.V.m. Art. 68) Strafmilderung bei unvollständigem Vorliegen der Voraussetzungen eines Strafaufhebungsgrundes *(eximente incompleta)*, wozu Rechtfertigungs- und Entschuldigungsgründe (Art. 20) zählen, siehe auch MIR PUIG, *Derecho penal, Parte general*[4], lecc. 16 nn. 19, 27.

1995 Oben bei Fußn. 1727.

1996 Dazu HAFT, JuS 1980, 430 ff. m. w. Nachw.

1997 So BINDOKAT, NJW 1963, 745; HAFT, JuS 1980, 430,

Eine negative und eine positive Fehlvorstellung können auch nur die Ebene der deontischen Kategorisierung betreffen im Fall einer falschen Vorstellung von der einschlägigen Verbotsnorm – der Täter hält sein Verhalten nicht aufgrund des anwendbaren, sondern aufgrund eines nicht anwendbaren oder nicht existenten Verbots für unerlaubt (sog. „doppelter Verbotsirrtum“). Auch hier kommt es darauf an, wie spezifisch das geforderte Unrechtsbewußtsein – unterstellt, es wird überhaupt als notwendige Strafvoraussetzung gefordert – sein muß, ob es also die *in concreto* einschlägige Norm, sei es auch juristisch laienhaft, erfassen muß (tatspezifisches Unrechtsbewußtsein)[1998] oder ob ein undifferenziertes Bewußtsein der Rechtswidrigkeit, Immoralität *(res illicita)* etc. genügt bzw. die vorgestellte Normverletzung auf die wirkliche „übertragen“ wird, weil schon dieses „falsche“ Unrechtsbewußtsein den Handelnden von der Tat hätte abhalten müssen[1999].

In „doppeltem“ Irrtum zusammentreffen können ferner Tatbestandsirrtum und umgekehrter Verbotsirrtum: Der Täter greift ein historisches Gebäude an, das er irrig für ein zulässiges militärisches Ziel hält; zugleich meint er, historische Gebäude dürften in keinem Fall angegriffen werden – kein Vorsatz bzgl. Art. 8(2)(b)(ix) Rom-Statut sowie Wahndelikt. Schwierigkeiten haben Fälle bereitet, in denen ein rechtlich überformtes Normmerkmal tatsächlich verkannt, aber infolge Unkenntnis der Verwendungsregeln als gegeben angesehen wird. Verlangt man für [Vorsatz] nur eine im Ergebnis richtige tatbestandliche Kategorisierung, so liegt überhaupt kein Irrtum vor. Verlangt man zusätzlich Kenntnis der Verwendungsregeln, so heben sich die beiden Irrtümer nicht auf.[2000]

Weiterhin ergeben sich doppelte Irrtümer im Rechtfertigungsbereich, wenn (1) Erlaubnistatbestandsirrtum und umgekehrter Erlaubnisirrtum oder (2) umgekehrter Erlaubnistatbestandsirrtum und Erlaubnisirrtum aufeinandertreffen. Relevanz erlangen solche Konstellationen natürlich nur, wenn für die Rechtfertigung Kenntnis der rechtfertigenden Umstände sowie generell Unrechtsbewußtsein gefordert wird. Wird in (1) Rechtfertigung von vornherein auf die subjektive Sicht des Handelnden bezogen wie im Model Penal Code (§§ 3.02 ff.) oder die irrige Annahme

---

[1998] So die im deutschen Recht herrschende Lehre von der „Teilbarkeit des Unrechtsbewußtseins“, BGHSt 10, 35 ff.; RUDOLPHI, *Unrechtsbewußtsein*, S. 69 ff.; SK-StGB-RUDOLPHI, § 17 Rn. 10; JAKOBS, *Strafrecht Allgemeiner Teil*[2], Tz. 19/27 f.; ROXIN, *Strafrecht Allgemeiner Teil*, Band I[4], § 21 Rn. 16 ff., 18; BINDOKAT, NJW 1963, 745 ff., jew. m. w. Nachw.; diff. HAFT, JuS 1980, 659, 662 f.

[1999] So HIRSCH, *Die Lehre von den negativen Tatbestandsmerkmalen*, S. 226 ff., 229 ff.; HORN, *Verbotsirrtum und Vorwerfbarkeit*, S. 118 ff., 152 ff.

[2000] Vgl. den in der deutschen Dogmatik notorischen, auf BAUMANN, *Strafrecht Allgemeiner Teil*[1], S. 441 f., zurückgehenden „Mauswieselfall“ (Der Täter erlegt ein Mauswiesel – ein jagdbares Tier und damit „Wild“ i.S. § 292 dStGB –, das er aber für eine Maus hält – objektiv *kein* jagdbares Wild. Zugleich hält er Mäuse für jagdbar und damit für „Wild“.). Siehe dazu nur KUHLEN, *Die Unterscheidung von vorsatzausschließendem und nichtvorsatzausschließendem Irrtum*, S. 494 ff.; PUPPE, GA 1990, 145, 155 f.; NK-StGB-PUPPE, § 16 Rn. 42 f.; und a.A. HAFT, JuS 1980, 588 ff.; BURKHARDT, JZ 1981, 681, 686; KINDHÄUSER, GA 1990, 407, 420 ff.; JAKOBS, *Strafrecht Allgemeiner Teil*[2], Tz. 8/59, alle m. w. Nachw.

rechtfertigender Umstände als vorsatzausschließender Tatbestandsirrtum behandelt, so tritt mit einem umgekehrten Erlaubnisirrtum lediglich ein Wahndelikt hinzu (oben hh)(7)). Wird in (2) bei einem umgekehrten Erlaubnistatbestandsirrtum die Rechtfertigung ganz oder teilweise verneint und somit Vollendungs- oder Versuchsstrafe eröffnet, so tritt mit dem Erlaubnisirrtum ein Verbotsirrtum hinzu.

Schließlich können auch ein Erlaubnisirrtum und ein umgekehrter Erlaubnisirrtum zusammentreffen, dergestalt, daß ein Täter zu seinen Gunsten einen nicht existenten Erlaubnissatz annimmt und sich zugleich zu seinen Lasten eine ebensowenig existente Einschränkung vorstellt.[2001] *Per saldo* hat der Täter hier Unrechtsbewußtsein bezüglich der verwirklichten Tat, so daß für eine Relevanz dieser Irrtumslage nichts spricht.

Damit sind die Möglichkeiten doppelter oder multipler Irrtümer nicht erschöpft, aber hier nicht mehr aufzuzeigen. Nicht nur wegen der anzunehmenden praktischen Seltenheit solcher Irrtumskombinationen, sondern weil ihre Lösung von der jeweils akzeptierten Straftatsystematik und der Behandlung der „einfachen" Irrtümer abhängt, sind höherstufige Kombinationen wegen der Vervielfachung der möglichen Lösungswege für eine rechtsvergleichende Strukturanalyse wenig ergiebig.

7. Zeitliche Koinzidenz – *Principle of concurrence/contemporaneity*

Da „Vorsätzlichkeit" als Attribut der strafrechtlich relevanten Verhaltenssequenz thematisch ist, drückt das Erfordernis zeitlicher Koinzidenz *(principle of concurrence/contemporaneity)* an sich nur eine Selbstverständlichkeit aus. Sofern dieses Erfordernis auf der Annahme beruht, zur Verhaltenssteuerung sei stets simultane bewußte mentale Repräsentation aller Umstände und Ziele nötig, so handelt es sich, wie oben angesprochen,[2002] um naiv-psychologische Handlungsmodelle oder bewußte Idealisierungen, die freilich im Strafrecht kaum zu ersetzen sein dürften. Ist die strafrechtlich maßgebende Verhaltenssequenz selbst nicht vorsätzlich ausgeführt worden, kann ein vorheriger *(dolus antecedens*[2003]*)* oder nachfolgender *(dolus subsequens)* „Vorsatz" dieses Defizit im Grundsatz nicht ersetzen.

Die Koinzidenz wird allgemein zwischen „Vorsatz" und dem Verhalten (Tun oder Unterlassen) gefordert, nicht zwischen „Vorsatz" und Erfolg: Bei gestreckten Verläufen kann längere Zeit zwischen Handlung und strafrechtlich relevanter Folge liegen, ohne daß zu letzterem Zeitpunkt der Vorsatz noch fortbestehen müßte.[2004]

2001 Vgl. die Beispiele bei Hirsch, *Die Lehre von den negativen Tatbestandsmerkmalen*, S. 229; Haft, JuS 1980, 659, 663 f.

2002 Siehe oben bei Fußn. 670 f., 999, 1033.

2003 Zu einer anderen Bedeutung des Terminus „dolus antecedens" siehe Fußn. 1509.

2004 LaFave, *Criminal Law*[3], § 3.11(b), S. 286 f.

Eine genauere Formulierung des Erfordernisses stellt nicht auf bloße Gleichzeitigkeit ab, sondern auf die Ursächlichkeit des „Vorsatzes" für das tatbestandserfüllende Verhalten[2005] oder, in SEARLES Terminologie,[2006] darauf, daß eine vorhergehende Absicht eine Handlungsabsicht verursacht, die wiederum eine Körperbewegung o.ä. verursacht.

Als problematisch werden insbesondere folgende Situationen, in denen eine Verhaltenssequenz teilweise unvorsätzlich ist, angesehen:

a) *Dolus generalis*

Diese vielerorts und seit langem nicht nur in der Theorie, sondern oft auch in der Judikatur bekannte Fallgruppe betrifft Fehlvorstellungen über die kausale Wirksamkeit der eigenen Handlungen, praktisch häufig bei Tötungen (*mistake-as-to-death cases*):[2007] Der Täter stellt sich vor, der Erfolg sei bereits durch eine erste Handlung eingetreten, während er tatsächlich erst durch eine zweite Handlung herbeigeführt wird. Beispielhaft meint der Täter, sein Opfer mit einem Schuß getötet zu haben und vergräbt die vermeintliche Leiche oder wirft sie über ein Kliff[2008], woran das Opfer nunmehr stirbt. Der erste Akt soll in der Tätervorstellung den Erfolg herbeiführen, was aber nicht geschieht, ohne daß der Täter dies erkennt; der zweite Akt führt den Erfolg herbei, ebenfalls ohne daß der Täter dies erkennt.

Problematisch ist dabei zum einen die Rede von *zwei* Handlungen, Akten usw., denn höherstufige, zusammenfassende Handlungsbeschreibungen sind stets möglich, so daß die Frage nach der relevanten Beschreibungsebene entsteht. Aus der Wahl der Beschreibungsebene ergeben sich folgende Lösungsmöglichkeiten:

(1) Bei höherstufiger Beschreibung handelt es sich um ein Problem der Kausalabweichung/*unforeseen mode:* Werden die einzelnen Körperbewegungen zusammengefaßt, so kann als genügend angesehen werden, daß der relevante Vorsatz während eines Teiles dieser Sequenz *(sequence of events)* bestand.[2009] Die Zusammenfassung kann insbesondere darauf gestützt werden, daß eine vorab geplante Abfolge von Elementarhandlungen vorliegt.[2010] Diese elastische[2011] Handhabung

---

2005 LAFAVE, *Criminal Law*³, § 3.11(a), S. 284, 286.

2006 Siehe oben bei Fußn. 975 f.

2007 Zahlr. Nachw. der Rspr. bei HALL, *General Principles of Criminal Law*², S. 185 ff., 189; LAFAVE, *Criminal Law*³, § 3.11(c), S. 287 f.; SANCINETTI, Festschrift Roxin, S. 349, 352 Fn. 15. Zu Dogmengeschichte und früherer Gesetzgebung siehe GEIB, *Lehrbuch des Deutschen Strafrechts*, 2. Band, § 97 S. 268 f.; GEYER, GA 13 (1865), 239 ff.; 313 ff.; KOHLER, GA 66 (1919), 97, 105 ff.; HEMMEN, *Über den Begriff*, S. 66 ff.; HETTINGER, Festschrift Spendel, S. 237, 238 f.

2008 *Meli v. R.*, [1954] 1 W.L.R. 228; [1954] 1 All E.R. 373 (P.C.).

2009 So z.B. die englische Rspr., *Meli v. R.*, [1954] 1 W.L.R. 228; [1954] 1 All E.R. 373 (P.C.); *R. v. Church*, [1966] 1 Q.B. 59, 67 ff.; [1965] 2 W.L.R. 1220; [1965] 2 All E.R. 72; (1965) 49 Cr.App.R. 206 (C.C.A.); *R. v. Le Brun*, [1992] Q.B. 61, 66 ff.; [1991] 3 W.L.R. 653; [1991] 4 All E.R. 673; (1992) 94 Cr.App.R. 101 (C.A.); w. Nachw. bei LAFAVE, *Criminal Law*³, § 3.11(c), S. 288 Fn. 31; ebenso GLANVILLE WILLIAMS, *Criminal Law: The General Part*², § 65 S. 174. Ähnl. KOHLER, GA 66 (1919), 97 103 ff.; WELZEL, *Das Deutsche Strafrecht*¹¹, § 13 I.3.d)β), S. 74, jew. m. w. Nachw.

des Koinzidenzprinzips durch Ablösung der Vorsatzreferenz von einer Verhaltensbeschreibung niedriger Stufe wird im kontinentalen Strafrecht auch mit dem – ambigen und ursprünglich gemeinrechtlichen – Terminus *dolus generalis* versehen[2012].

Ein anderer Begründungsweg stellt darauf ab, ob der erste, vorsätzliche Akt als *legal cause* oder *conditio sine qua non* des Erfolges hinreicht;[2013] ist dies der Fall, handelt es sich um einen gewöhnlichen Fall der Kausalabweichung/*unforeseen mode*[2014]. Wer wie Ørsted die Vollendungsstrafe schon beim beendeten Versuch eintreten läßt, hat hierin ohnehin keine Schwierigkeiten.[2015]

(2) Bei feinkörnigerer Betrachtung ergibt sich die Abfolge einer vorsätzlichen erfolglosen Handlung nebst einer zweiten unvorsätzlichen, aber erfolgsursächlichen Handlung, für die allenfalls Fahrlässigkeitsstrafe eröffnet ist.[2016]

(3) Differenzierende Betrachtung stellt darauf ab, ob sich im Erfolg das Risiko des ersten Aktes verwirklicht hat,[2017] wobei vorherige Planung wiederum bedeutsam sein mag[2018].

b) Vorzeitige Vollendung

In der umgekehrten Situation bewirkt nicht ein späterer Akt den vorgestellten Erfolg, sondern ein früherer: So mag schon eine Vorbereitungshandlung wider Erwarten des Täters den Erfolg herbeiführen. Dies gilt verbreitet als Fall mangelnder zeitlicher Koinzidenz, wenn der Täter diese vorzeitige Erfolgsverursachung nicht vorhergesehen hat.[2019]

2010 Vorherige Planung der Sequenz kann auch als eigenständiges Erfordernis fungieren, erkenntlich daran, daß bei fehlender Planung (des zweiten Akts) die Lösung zu (2) empfohlen wird, z.B. Welzel, *Das Deutsche Strafrecht*[11], § 13 I.3.d)β), S. 74; Roxin, *Strafrecht Allgemeiner Teil*, Band I[4], § 12 Rn. 177 ff.; w. Nachw. auch bei Jakobs, *Strafrecht Allgemeiner Teil*[2], Tz. 8/78 Fn. 157; Sancinetti, Festschrift Roxin, S. 349, 356 ff.

2011 Krit. Ashworth, *Principles of Criminal Law*[4], S. 162.

2012 Wohl zuerst von von Weber, NArchCrimR 7 (1825), 549, 565, 576 ff., gegen die Erwägung von Ørsted, unten Fußn. 2016, die er als „Spitzfindigkeit“ (so auch Ørsted selbst, *ibid.*, S. 243) und „Mißgriff ... aus superfeinem Theoretisiren und Trennen des in der Wirklichkeit Zusammengehörigen und Zusammenfallenden“ ansieht; auch noch Welzel, *Das Deutsche Strafrecht*[11], § 13 I.3. d)β), S. 74; ablehnend BGHSt 14, 193, 194.

2013 LaFave, *Criminal Law*[3], § 3.11(c), S. 288 f.; ähnl. BGHSt 14, 193, 194.

2014 So BGHSt 14, 193, 194 f.; umfangr., auch rechtsvergl. Nachw. bei Sancinetti, Festschrift Roxin, S. 349, 352 f.

2015 Ørsted, *Über die Grundregeln der Strafgesetzgebung*, S. 242 f. mit S. 163 f.

2016 Z.B. *R. v. Shorty*, 1950 Southern Rhodesia 280; und die untere Instanz in *R. v. Church*, [1966] 1 Q.B. 59; [1965] 2 W.L.R. 1220; [1965] 2 All E.R. 72 (C.C.A.); w. Nachw. bei LaFave, *Criminal Law*[3], § 3.11(c), S. 288 Fn. 31; Hall, *General Principles of Criminal Law*[2], S. 189; Russell *on Crime*[12], vol. 1, S. 56. Nur erwägend Ørsted, *Über die Grundregeln der Strafgesetzgebung*, S. 242 f.

Vgl. Ashworth, *Principles of Criminal Law*[4], S. 161 f.; Katz, *Bad Acts and Guilty Minds*, S. 206; umfangr., auch rechtsvergl. Nachw. bei Sancinetti, Festschrift Roxin, S. 349, 353 f.

2017 Jakobs, *Strafrecht Allgemeiner Teil*[2], Tz. 8/78 f.

2018 Z.B. Stratenwerth, *Strafrecht Allgemeiner Teil I*[4], § 8 Rn. 92.

2019 Z.B. LaFave, *Criminal Law*[3], § 3.11(a), S. 286; Jakobs, *Strafrecht Allgemeiner Teil*[2], Tz. 8/76, jew. m. w. Nachw.

Hat der Täter schon die Schwelle eines strafbaren Versuchs überschritten, so wird dies oft als Fall der Kausalabweichung i.e.S. angesehen.[2020]

c) Vorsatzwechsel

Verwirklicht ein Täter vorsätzlich teilweise einen Straftatbestand (z.B. Gewaltanwendung zum geplanten Raub) und ändert dann seine Intention dergestalt, daß er objektiv einen anderen als den anfangs geplanten Straftatbestand (z.B. Ausnutzung der Gewaltwirkung zur Vergewaltigung) erfüllt, so fehlt bei strenger Anwendung des Koinzidenzgrundsatzes ein Vorsatz bezüglich eines Delikts, das sich notwendig aus den vor *und* nach dem Wechsel verwirklichten Merkmalen zusammensetzt (hier z.B. Vergewaltigung): es bliebe übrig ein Versuch des anfangs geplanten Delikts und eventuell, falls der Verhaltenspartikel nach dem Vorsatzwechsel von einem (generelleren) Straftatbestand erfaßt wird, Vollendung dieser *lex generalis* – ausgenommen die Fälle, in denen der Täter einen passenden alternativen oder gänzlich unbestimmten Vorsatz aufweist.[2021]

Dieses Problem des „Vorsatzwechsels“, oft ein Wechsel des vorgestellten Tatobjekts, wird praktisch vor allem bei mehraktigen Delikten.

Bei nur geringfügigem Wechsel, etwa von einer Tatbestandsalternative auf die andere, ergeben sich dieselben Gleichstellungsfragen wie beim Irrtum über die Tatbestandsmodalität oben (V.6.e)bb)(2)) aufgewiesen.[2022]

Stellen hingegen beide Tatobjekte Elemente derselben Merkmalsklasse dar, so muß die Lösung mit der Behandlung des *error in obiecto* harmonieren.

d) *Supervening fault*

Wird unvorsätzlich ein Risiko geschaffen, das zu einem strafrechtlich relevanten Schaden führt, so begründet dies an sich nur Haftung für fahrlässige Tat. Erkennt indes derjenige, der das Risiko unvorsätzlich geschaffen hat, sodann den drohenden Schadensverlauf und hindert ihn vorsätzlich nicht, obwohl er dazu in der Lage wäre, so erscheint Bestrafung wegen vorsätzlicher Schädigung gleichwohl möglich. Strukturell handelt es sich um vorsätzliches Unterlassen der Schadensabwendung, wenn angenommen wird, daß die unvorsätzliche Risikoschaffung eine rechtliche Pflicht dazu hervorbringt (Ingerenz).

Vor allem im Common Law-Rechtskreis wird diese Fallgruppe teilweise als Unterlassung behandelt, wenn eine Handlungspflicht bejaht wird,[2023] teilweise unter

---

[2020] Vgl. Welzel, *Das Deutsche Strafrecht*[11], § 13 I.3.d)β), S. 74; w. Nachw. bei Jakobs, *Strafrecht Allgemeiner Teil*[2], Tz. 8/76; Roxin, *Strafrecht Allgemeiner Teil*, Band I[4], § 12 Rn. 183.

[2021] Vgl. Jakobs, *Strafrecht Allgemeiner Teil*[2], Tz. 8/2; Roxin, *Strafrecht Allgemeiner Teil*, Band I[4], § 12 Rn. 171 ff.; Hillenkamp, *Die Bedeutung von Vorsatzkonkretisierungen*, S. 5 ff., 85 ff.

[2022] Z.B. BGHSt 9, 253, 254 f.; 22, 350 f.; Hillenkamp, *Die Bedeutung von Vorsatzkonkretisierungen*, S. 85 ff., 108 ff., 125 f.; im Ergebnis ähnlich das Tatplankriterium Roxins, *Strafrecht Allgemeiner Teil*, Band I[4], § 12 Rn. 172 f.; krit. Jakobs, *Strafrecht Allgemeiner Teil*[2], Tz. 8/2.

der Rubrik “supervening fault” erörtert, ohne eine Handlungspflicht ausdrücklich zu thematisieren[2024]. *Supervening fault* konstruiert vielmehr die Risikoschaffung und unterlassene Abwendung des Schadens als *eine* fortgesetzte Handlung *(continuing act)*, die schließlich bei Schadenseintritt das nötige Vorsatzelement aufweist.[2025]

e) Wegfall der Schuldfähigkeit

Nötig ist Simultaneität von Vorsatz und tatbestandlichem *Verhalten*,[2026] so daß ein vorheriger Vorsatz wie erwähnt den bei Tatausführung fehlenden Vorsatz nicht ersetzen kann. Anderes wird mitunter angenommen, wenn der Täter freiwillig seine Schuldunfähigkeit herbeiführt, z.B. durch *voluntary/self-induced intoxication*, und so beeinträchtigt ist, daß er zwar den (ggf. nötigen qualifizierten) Vorsatz nicht mehr bilden, aber den ursprünglich intendierten Erfolg noch herbeiführen kann.[2027] Diese Frage stellt sich vor allem bei Delikten, die über die vorsätzliche Verursachung eines bestimmten Erfolges definiert sind. Zweifelhaft erscheint dann, ob nicht nur der Erfolg an sich, sondern wenigstens das letztlich unmittelbar erfolgstaugliche Verhalten sowie die Intoxikation ebenfalls vom Vorsatz umfaßt sein müßte im Sinne eines vorsätzlichen Ingangsetzens einer Ursachenreihe, deren letzte Stationen der Täter schuldlos verwirklicht, um die subjektive Zurechnung zu ermöglichen. Das Problem ist im Rahmen des seit alters her umstrittenen Fragenkomplexes des Vorverschuldens *(culpa praecedens, actio libera in causa, faute antérieure, prior fault)* zu lösen,[2028] der hier nicht thematisch ist.

2023 Z.B. *R. v. Miller*, [1983] 2 A.C. 161, 173 ff., 178 ff.; [1983] 2 W.L.R. 539; [1983] 1 All E.R. 978; (1983) 77 Cr.App.R. 17 (H.L.), dazu ASHWORTH, *Principles of Criminal Law*[4], S. 161 f.

2024 Z.B. LAW COMMISSION, *A Criminal Code for England and Wales*, s. 23:

“Where it is an offence to be at fault in causing a result, a person who lacks the fault required when he does an act that causes or may cause the result nevertheless commits the offence if—

(a) he becomes aware that he has done the act and that the result has occurred and may continue, or may occur; and

(b) with the fault required, he fails to do what he can reasonably be expected to do that might prevent the result continuing or occurring; and

(c) the result continues or occurs.”;

ähnl. Draft Offences Against the Person Bill 1998, s. 16 (1); dazu ASHWORTH, *Principles of Criminal Law*[4], S. 161 f. m. w. Nachw.

2025 Z.B. in *Fagan v. Commissioner of the Police of the Metropolis*, [1969] 1 Q.B. 439, 443 ff.; [1968] 3 W.L.R. 1120; [1968] 3 All E.R. 442; (1968) 52 Cr.App.R. 700; (1969) 133 J.P. 16 (D.C.); dazu ASHWORTH, *Principles of Criminal Law*[4], S. 161 f.; LAFAVE, *Criminal Law*[3], § 3.11(a), S. 284 f.

2026 Oben bei Fußn. 2004.

2027 Dazu LAFAVE, *Criminal Law*[3], § 3.11(a), S. 286 m. w. Nachw., § 4.10(a), (b), S. 412 ff.

2028 Vgl. nur JAKOBS, *Strafrecht Allgemeiner Teil*[2], Tz. 17/57 ff.; NK-StGB-PAEFFGEN, Vor § 323 a Rn. 1 ff.; ROXIN, *Strafrecht Allgemeiner Teil*, Band I[4], § 20 Rn. 56 ff.; MANTOVANI, *Diritto penale: Parte generale*[2], S. 619 ff.; MIR PUIG, *Derecho penal, Parte general*[4], lecc. 23 nn. 27 ff., alle m. w. Nachw. Vgl. auch Art. 12 schwStGB; Art. 87, 92 Codice penale; Art. 20, 1° Satz 2 Código penal; Model Penal Code § 2.08(2).

8. Normativierungen

Der Umfang jedes Rechtsbegriffs ist, wie anfangs betont, durch rechtliche, somit normative Erwägungen bestimmt. Der normative Charakter der Begriffsbestimmung bleibt indes oft im Hintergund oder wird gar ganz vergessen, wenn die Definitionskriterien eines Begriffs sich an phänotypischen Sinnfälligkeiten oder wie im Bereich subjektiver Merkmale an der – nur scheinbar einheitliche „Phänomene“ betreffenden[2029] und keineswegs bloß „deskriptiven“ – Typologie der Alltagspsychologie („Wissen“, „Wollen“) orientieren. „Normativierung“ meint hier lediglich die Rückbesinnung,[2030] daß (vermeintliche) phänomenale Ähnlichkeiten stets nur rechtlich relevant sind, soweit der Zweck der Begriffsbildung dies erfordert, wobei oft erst in den Fällen, in denen eine Loslösung von (vermeintlichen) Beobachtungskategorien erfolgt, der normative Charakter einer Begriffsdefinition wieder augenfällig hervortritt.

So muß sich der Begriff des „Vorsatzes“ nicht auf psychologisch verstandene Komponenten des „Wissens“ und „Wollens“ beschränken. Selbst wenn mentale Zustände zur Markierung prototypischer Fälle verwendet werden, kann der Begriff doch mit Blick auf seine Exostruktur um phänotypisch abweichende Merkmale angereichert werden, die als ebenso strafwürdig gelten. Aus axiologischer Sicht gibt es keinen Grund, warum in subjektiver Hinsicht gleichermaßen als strafwürdig empfundene Taten (nach dem Maßstab der Unrechtsschwere, Schuldschwere, *blameworthiness* usw.) mit einem Phänotyp koextensiv sein müßten. Normative Gleichstellungen phänotypisch unterschiedener Fallgruppen kennt die Dogmengeschichte seit alters her, exemplarisch in den Versuchen des gemeinen Rechts, den auf Absicht begrenzten und als zu eng empfundenen rezipierten *dolus*-Begriff zu erweitern um Fälle der Kenntnis oder gar vorwerfbaren Unkenntnis offensichtlicher Risiken mit den Figuren der *doctrina Bartoli* oder des *dolus indirectus*.[2031] Ebenso wurde

---

2029 Siehe oben bei Fußn. 1129 ff., insbesondere das NIETZSCHE-Zitat bei Fußn. 1110, sowie SEEBASS, *Wollen*, S. 212 ff. m. w. Nachw.

2030 Im Gegensatz zu (1.) dem polemischen Gebrauch von „Normativierung“ im Sinne einer Reduzierung oder gar Eliminierung deskriptiver Elemente oder des Tatsachenbezugs von Rechtsnormen, dazu oben bei Fußn. 200 ff., auch VOLK, Festschrift 50 Jahre BGH, S. 739, 749 f.; sowie (2.) zu dem verbreiteten, aber zu engen Verständnis von „Normativierung“ im Vorsatzbereich als Primat der *third-person perspective* über die *first-person perspective*, d.h. Reduktion der Bedeutung der (rekonstruierten) Eigenperspektive/Selbstdeutung des Handelnden zugunsten einer nivellierenden Fremddeutung („Objektivierung“). Siehe auch NEUMANN, ZStW 99 (1987), 567, 568 m. Fn. 2.

Der angemahnten Rückbesinnung entspricht in der deutschen Dogmatik bereits die Einsicht des normativen Schuldbegriffs, als Vorsatz noch als Schuldelement galt: „Danach ist es schief, wenn die Schuld als ein Seelenzustand oder seelischer Vorgang dieser oder jener Art definiert wird. Seelische Zustände und Vorgänge sind reine Fakta, und mögen wir sie noch so sehr analysieren: so lange wir im Bereich der deskriptiven Psychologie bleiben, gelangen wir nie zu irgend einer Feststellung von Schuld.“, BELING, *Unschuld, Schuld und Schuldstufen*, S. 7; ebenso GRAF ZU DOHNA, ZStW 32 (1911), 323, 326 ff., jew. m. w. Nachw.

2031 Siehe dazu unten Anhang VII.1.a), c).

schon von den Postglossatoren wie im kanonischen Recht die Gleichbehandlung von Kenntnis und willentlicher Unkenntnis akzeptiert *(ignorantia affectata, crassa et supina aequiparatur scientiae; ille, qui non vult scire, habetur pro sciente)*,[2032] wobei letztere sogar zur Strafschärfung führen konnte,[2033] ebenso beispielsweise im englischen Recht seit dem 19. Jahrhundert als *connivance (wilful blindness)*[2034] und kürzlich in der Figur der *inadvertent recklessness (Caldwell recklessness)*[2035]. Ob solche Strafwürdigkeitserwägungen Einfluß auf Zurechnungsfiguren wie *dolus*, *intent* usw., gewinnen, hängt auch von der Ausgestaltung der Strafandrohungen ab: Überlappen sich die Strafrahmen beispielsweise für die dolose und kulpose Begehung eines Delikts oder sind sie gar gleich, so ist der Bedarf für strafzumessungsorientierte Begriffsformung geringer oder fehlt sogar, so daß am Phänotyp orientierte Begriffsfassungen axiologisch befriedigend sein mögen. Erlaubt hingehen *culpa* immer nur geringere Strafe als *dolus*, wie in der gemeinrechtlichen Doktrin *(culpa lata non aequiparatur dolo in criminibus)*,[2036] so mögen zum Ausgleich[2037] Strafzumessungserwägungen in die Begriffsdefinition eingehen.

Ein anderer Zweck der Normativierung des Vorsatzes liegt in der Milderung oder Vermeidung von Beweisschwierigkeiten, die bei psychischen Zuständen, wenn sie

---

2032 Siehe dazu unten Anhang VII.2.

2033 FARINACIUS, *Praxis et theorica criminalis*, qu. 90 n. 100: „Et hanc quidem affectatam ignorantiam, non mitius, sed aut gravius, aut saltem aeque puniendam, vt scientiam, siue iuris sit, siue facti, admittit Tiraq. [m. w. Nachw.] Et ista est veritas.“, siehe Anhang bei Fußn. 317.

Daß *ignorantia affectata* die Sünde vergrößern könne, nahmen schon ROLANDUS BANDINELLUS, *Sententiae*, S. 126, und THOMAS VON AQUIN an, *Summa theologiae*, II-1, qu 76 art. 3 c., art. 4 c.; zahlr. w. Nachw. bei MÜLLER, *Ethik und Recht*, S. 163 ff.

2034 *Connivance* wird umschrieben als "wilful shutting of the eyes", "shutting the eyes to the obvious", "purposely abstaining from ascertaining", "wilfully abstaining from knowing" und genügte als "knowledge of the second degree" (DEVLIN, J.) überall da, wo ein Gesetz *knowledge* verlangte, Nachw. dazu und zur Entwicklung von *connivance* im englischen Recht bei EDWARDS, Mens Rea *in Statutory Offences*, S. 194 ff., zur Nähe zu *recklessness*, *ibid.*, S. 202 ff.; DERS., 17 Mod.L.Rev. 294 ff. (1954). Die – in ihren Einzelheiten wenig klare – Figur erstreckt zumeist das Erfordernis *sicheren* Wissens *(knowledge, belief)* auf die bewußte Vermeidung solchen Wissens: Oft liegt daher keine völlige Unkenntnis vor, sondern die Kenntnis der Möglichkeit *(suspicion)* des Vorliegens eines Tatbestandsmerkmals, woraufhin der Täter die ihm mögliche Verifikation unterläßt. In anderen Systemen fallen diese Situationen schon zwanglos unter *dolus eventualis*.

2035 *Recklessness* wurde im englischen Recht lange Zeit als "conscious taking of risks" verstanden, siehe *R. v. Cunningham*, [1957] Q.B. 396, 399 f. (C.C.A.). Die Entscheidung in *Caldwell* stellt der bewußten die gedankenlose Risikoschaffung gleich, *R. v. Caldwell*, [1982] A.C. 341, 354F (H.L.), *per* Lord DIPLOCK: "A person is ... 'reckless as to whether any such property would be destroyed or damaged' if (i) he does an act which in fact creates an obvious risk that property would be destroyed or damaged and (ii) when he does the act he either has not given any thought to the possibility of there being any such risk or has recognized that there was some risk involved and has nonetheless gone on to do it." *Caldwell recklessness* ist allerdings im wesentlichen begrenzt auf ein einziges Delikt *(criminal damage)*, siehe ASHWORTH, *Principles of Criminal Law*[4], S. 187 m. w. Nachw.

2036 FARINACIUS, *Praxis et theorica criminalis*, qu. 87 nn. 19 u. ff. m. w. Nachw., sowie Anhang V.1, bei Fußn. 69, VII. bei Fußn. 227 ff.

2037 Siehe oben bei Fußn. 236.

als „interne Tatsachen“ aufgefaßt werden, seit alters her notorisch sind und sein müssen. Zu eng gefaßte subjektive Erfordernisse, vor allem Beschränkung auf Absicht und sicheres Wissen, sind nicht nur axiologisch unbefriedigend, sondern auch beweistechnisch schwierig. Die semantischen Grenzen alltagspsychologischer Konzepte erscheinen allenfalls in theoretischen Traktaten klar, die Grenzen der Konzepte wie der Sprachgebrauch der Begriffe sind in der Bevölkerung hingegen diffus, im eigenen Erleben oft unklar, in der rekonstruierenden Selbstzuschreibung der strategischen Erinnerung zumeist noch unklarer, so daß in der Situation strafprozessualer Rekonstruktion vergangener psychischer Zustände, die sich nur auf – zudem noch vielfältigen interferierenden Interessen ausgesetzte – Erinnerungsversuche von Tatbeteiligten und Zeugen sowie indizielle Zuschreibungen stützen kann, strikte Grenzziehungen nicht selten illusorisch bleiben. Je detaillierter die subjektiven Anforderungen formuliert werden, desto größer ist die Gefahr prozessualer Unerweislichkeit. Um dem abzuhelfen, kann Ausweitung der Begriffe der subjektiven Erfordernisse im materiellen Gewand geschehen, indem für Strafbarkeit nicht nur Absicht, sondern auch Kenntnis, Kenntnis des Risikos, unbewußte Fahrlässigkeit, genügt. Im prozessualen Gewand lassen sich äquivalente Ergebnisse durch Vermutungen der unverändert gelassenen materiellen Begriffe erreichen (*praesumtio doli* u.ä.), wobei dies stets den Vorwurf produziert, Irrtümer zu Lasten der Beschuldigten in Kauf zu nehmen, die das materielle Erfordernis nicht aufweisen, wo aber die Beweislage zur Entkräftung der Vermutung nicht ausreicht (Näheres siehe unten sub 9.b)dd) und 9.c)).

9. Prozessualer Nachweis

Von allen modernen Strafprozeßrechten läßt sich sagen, daß ihr typisches Kernelement die geordnete (Re-)Konstruktion eines vergangenen singulären Geschehens ist, die zu einer verbindlichen Tatsachenfeststellung führen soll in einer Summe von Aussagen, die den Anspruch auf Wahrheit erhebt. So sehen die heutigen Strafprozeßrechte regelmäßig ein besonders hohes – und im Vergleich zum Zivilprozeß höheres – Beweismaß (*conviction intime, proof beyond reasonable doubt*, vgl. Art. 66(3) Rom-Statut) vor, das verbürgen soll, daß das Beweisergebnis der – zumeist im Sinne der klassischen Korrespondenztheorie[2038] verstandenen – „Wahrheit“ entspricht.

[2038] Im Sinne einer Überstimmung der Aussage mit der Wirklichkeit, vgl. ARISTOTELES, *De interpretatione*, cap. 9, 19a33; THOMAS VON AQUIN, *De veritate*, qu. 1 Art. 1 c. („veritas est adaequatio rei et intellectus“); KANT, *Kritik der reinen Vernunft*, B 82.

Zu Wahrheitstheorien siehe nur die Übersicht bei SKIRBEKK, *Wahrheitstheorien*; WALKER, *Theories of Truth*, S. 309 ff.; PRECHTL, *Sprachphilosophie*, S. 198 ff.; auch QUINE, *Pursuit of Truth*, S. 76 ff.

Zum Wahrheitsbegriff im Strafprozeß siehe TOEPEL, *Grundstrukturen des Sachverständigenbeweises*, S. 69 ff.; FREUND, *Normative Probleme der „Tatsachenfeststellung“*, S. 1 f.; VOLK, *Wahrheit*

a) Beweisthema

> Die Feststellung von Seelenvorgängen ist für die Jurisprudenz weder Aufgabe noch überhaupt möglich.[2039]

> Wenn die inneren Tatsachen notwendig sind, müssen sie bewiesen werden. Aber eine funktionierende Gesellschaft stellt nicht auf Unbeweisbares ab.[2040]

> It is not true ... that only the holder of a state of mind can know its contents.[2041]

Daß subjektive Tatbestandsmerkmale „festgestellt" werden, ist freilich metaphorische Rede, ebenso wie die reifizierende Rede von [Vorsatz] als Beweis„gegenstand" (daher besser: Beweisthema). Schon die obigen eklektischen Anführungen philosophischer und psychologischer Modelle dürften gezeigt haben, daß den strafrechtlichen Konzepten subjektiver Merkmale nichts entspricht, das sich einfach als empirischer Befund feststellen ließe. Dies nicht, weil es keine psychischen Vorgänge gäbe oder diese wegen ihrer Privatheit unzugänglich *(cum soli Deo optimo cognitum sit cor hominis)*[2042] und ihr Beweis eine *probatio diabolica*[2043] wären, sondern weil das implizite rechtliche Handlungsmodell in seiner frappanten Schlichtheit keine adäquate Beschreibung dieser überaus komplexen Prozesse leisten kann, gleichgültig, welches der gegenwärtig oder künftig diskutierten Modelle der wissenschaftlichen Psychologie sich als erklärungstauglich erweisen wird. Gleichzeitig dürfte sich aber herauskristallisiert haben, daß das rechtliche Modell darum nicht „falsch" und aufzugeben wäre, sondern daß es eine andere Wirklichkeit beschreibt, welche das eigene Erleben des handelnden Subjekts integriert und darum mehr und anderes ist als eine bloße explanatorische Alltagstheorie, die mit wissenschaftlichen Theorien konkurrieren könnte oder müßte. Es entspricht einem Deutungsmuster, das im Kern unablösbar und in der sozialen Interaktion des Alltags unersetzbar ist und in verschiedenartigen sozialen Kontexten, deskriptiven, narrativen wie normativen, verwendet und im Strafrecht zum „normativen Raster"[2044] wird. Es bildet wohl die

---

und materielles Recht im Strafprozeß, S. 7; Hetzer, *Wahrheitsfindung im Strafprozeß*, S. 19 ff., 32 ff.; Gössel, *Ermittlung oder Herstellung von Wahrheit im Strafprozeß?*, S. 5 ff.; Ragués i Vallès, *El dolo y su prueba en el proceso penal*, S. 208 ff., 261 ff., jew. m. w. Nachw.; auch Hilgendorf, GA 1993, 547, 549 ff.

Zur Funktion von „Wahrheit" in Gerichtsverfahren siehe Luhmann, *Legitimation durch Verfahren*, S. 17 ff., 22 ff.

2039 Kelsen, *Hauptprobleme der Staatsrechtslehre*, S. 156.

2040 Jakobs, ZStW 114 (2002), 584, 590 Fn. 25.

2041 Moore, *The Moral and Metaphysical Sources of the Criminal Law*, S. 11, 37.

2042 Vgl. Thomas von Aquin, *Summa theologica*, II-1, qu. 100 art. 9 c.: „Homo autem, ..., non habet iudicare nisi de exterioribus actibus, quia homines vident *ea quae parent* ... Sed solius Dei, ..., est iudicare de interioribus motibus voluntatum ...". Menschliche Handlungen zu beurteilen, ist gleichwohl erlaubt und geboten, *ibid.*, II-2, qu. 60 art. 2 c., freilich nur „secundum rectam rationem prudentiæ", folglich (ad 1.): „... quod Dominus ibi prohibet iudicium temerarium, quod est de intentione cordis, vel de aliis incertis ...".

2043 Vgl. Bricola, *Dolus in re ipsa*, S. 4 f.

2044 Krauss, *Das Prinzip materieller Wahrheit im Strafprozeß*, S. 65, 75.

Charakteristika der Ursachen menschlichen Verhaltens oft zutreffend ab, ist aber auch fehleranfällig. Es handelt sich nicht um eine reine Zuschreibung, sondern um eine abstrahierende und letztlich normativ geformte Klassifikation, die ein Fundament in dem eigenen Erleben des Täters hat, das seinerseits eine inferentielle Deutung ist. Es ist zwangsläufig eine Rekonstruktion, die auch dem Täter selbst nicht oder nur verzerrt gelingen mag. Die Deutung fremdpsychischer Zustände erfolgt somit im Vergleich zu den eigenpsychischen („Analogieschluß“) *und umgekehrt*, ohne daß derzeit ein Primat des Selbsterlebens sicher angenommen werden könnte, vielmehr dürften beide Deutungen denselben Mustern folgen.[2045] Freilich kann nicht angenommen werden, daß die Muster der Alltagstheorie ein für allemal festliegen und daher als ontologische Basis anzusehen wären, da manche empirische Evidenz dafür spricht, daß die konkreten Deutungsmuster fremder und eigener mentaler Zustände sprach- und kulturabhängig gelernt werden und auch in der Zeit variabel sind.[2046]

Doch ist der „ontologische Status“ des Rechtsbegriffs „Vorsatz“ und verwandter subjektiver Merkmale, ob auf ein psychisches Referenzobjekt („innere Tatsachen“) bezogen oder als Dispositionsprädikate oder theoretische Begriffe oder sonst als schiere Askription[2047] verstanden, für ihre strafprozessuale Konstitution *rechts-*

2045 Siehe oben bei Fußn. 349, 362, 798.

2046 Siehe oben bei Fußn. 769 ff.

2047 Sofern bisweilen aus der „Unbeweisbarkeit“ psychischer Zustände, ihrer behavioristischen Deutung usw. gefolgert wird, Vorsatz sei anhand objektiver Umstände aufgrund normativer Erwägungen zu präsumieren (Kelsen, *Hauptprobleme der Staatsrechtslehre*, S. 157: „Wenn in den Unrechtstatbestand ‚Wille‘, ‚Absicht‘ oder andere psychische Vorgänge als Voraussetzungen aufgenommen werden, so sind darunter lediglich äußere, dem Richter objektiv erkennbare Momente zu verstehen, welche die *Annahme* der betreffenden psychischen Vorgänge als *möglich* zulassen. Nicht der wirkliche Wille, die wirkliche Absicht ist es, die der Richter in gewissen Fällen festzustellen hat – diese kann er ja gar nicht feststellen – und die zum Unrechtstatbestand gehören, sondern Bestandteile des letzteren sind äußere Umstände, auf Grund deren der Richter psychische Vorgänge *präsumiert*. Nicht bis zum realen psychischen Willensvorgange, sondern nur bis zur juristischen Präsumtion desselben reicht die Methode der Rechtswissenschaft.“) oder zuzuschreiben (vgl. Ragués i Vallès, *El dolo y su prueba en el proceso penal*, S. 213 ff., 259 ff., 323 ff.; ders., GA 2004, 257, 264 ff.; Hruschka, *Strukturen der Zurechnung*, S. 25 ff.; ders., Festschrift Kleinknecht, S. 191, 200 ff. sowie die Nachw. in Fußn. 325 letzter Absatz), ändert sich praktisch nichts, denn die Zuschreibung baut auf festzustellenden äußeren Umstände auf, zutr. Jakobs, ZStW 101 (1989), 516, 530 Fn. 18, und Gegenstand der Zuschreibung ist eine *individuelle* Disposition oder Verhaltenseigenschaft.

Unterschiede ergeben sich nur, wenn – oberflächliche – Argumentation mit der Unbeweisbarkeit usw. zur Aufgabe eines individualisierten [Vorsatz]begriffes führt und an dessen Stelle entweder objektiv schematisierte Stufen der Vermeidbarkeit oder gar ein Rückschritt in Richtung Erfolgshaftung/*strict liability* (wie bei Lady Wootton, oben Fußn. 325) treten.

Bisweilen drastische Diskrepanzen zu psychologischen Einsichten ergeben sich in dem Konzept, das Ragués i Vallès in seiner umfangreichen Monographie *El dolo y su prueba en el proceso penal* entwickelt (knapp auch ders., GA 2004, 257, 261 ff.). Ragués i Vallès weist für den Vorsatznachweis – nicht für den Vorsatzbegriff – die Heranziehung fachpsychologischer Erkenntnisse vollständig zurück, weil sie nicht die für das prozessuale Beweismaß nötige Zweifelsfreiheit erreichten, so daß Vorsatz immer verneint werden müßte; psychische Fakten seien prinzipiell unerkennbar

(S. 205–273). Zurückgewiesen werden auch normative Konzeptionen des Vorsatzbegriffs (S. 275 ff., 287 ff., 302 ff.). Statt dessen soll für die Vorsatzfeststellung der eindeutige soziale Sinn *(inequívoco sentido social)* des jeweiligen Verhaltens in normativer Zuschreibung maßgeblich sein (S. 323–518), weil Strafrecht in der Sphäre kommunikativer Interaktion angesiedelt sei. Diese Sinnzuschreibung lasse sich in ein System klarer und zweifelsfreier Regeln fassen. Es sei durchaus möglich, daß Vorsatz sozial zugeschrieben werde, obwohl das entsprechende psychische Faktum (Kenntnis der Tatbestandsverwirklichung) fehle (z.B. S. 403 ff., 407); dies sei aber unvermeidlich, da psychische Fakten unzugänglich seien (S. 328 ff.). – Dieser Vorschlag ist in mehrfacher Hinsicht verfehlt: Unzutreffend ist bereits der überzeichnete Gegensatz von unerkennbaren psychischen Fakten und sozialer Zuschreibung mentaler Zustände (siehe oben Fußn. 179). Ragués i Vallès nimmt die tradierte Metaphorik von „inneren Tatsachen" für bare Münze und findet sich dann von der Empirie im Stich gelassen. Inkonsistent, weil nur ein halber Abschied vom naiven Substanzdualismus, ist es sodann (S. 362 ff.), für den Vorsatz*begriff* die Referenz auf (angeblich unbeweisbare) psychische Fakten beizubehalten und für den Vorsatz*nachweis* auf sozialen Sinn abzustellen ohne Rücksicht auf jene psychischen Fakten wegen ihrer Unzugänglichkeit.

Mit dem „sozialen Sinn" wird zwar richtig erkannt, daß die über Jahrhunderte hin praktizierte indizielle Feststellung von [Vorsatz] nichts anderes ist als eine Variante alltagstheoretischer Erklärung – die allerdings ungleich differenzierter verfuhr als die wenigen starren und mitunter inhaltsleeren (siehe unten Fußn. 2078) Grundregeln, die Ragués i Vallès konstruiert. Obskur bleibt hier aber, wie dieser *inequívoco sentido social* ermittelt wird, zumal es nicht um bloße Intuition gehen soll (S. 348). Handelt es sich um empirisch festzustellende Regeln (d.h. die soziale Praxis der Kenntnisattribution?) oder eine juristische Festlegung dessen, was „sozialer Sinn" ist (vgl. S. 348: "Debe admitirse, ..., que *la idea del inequívoco sentido social puede resultar por sí sola demasiado vaga* y que, por tanto, no está libre de posibles usos arbitrarios. Por este motivo resulta especialmente *necesario que la doctrina desarrolle*, a partir de tal idea, *criterios más concretos* para determinar en qué casos, a partir del sentido social de una conducta, puede afirmarse de modo inequívoco que ésta ha sido realizada con el conocimiento requerido por el dolo. En este sentido, la labor a realizar pasa por *identificar cuáles son las reglas de atribución de conocimientos aceptadas en el ámbito de la comunicación social* y, a partir de esta base inicial, deben formularse criterios concretos de atribución del conocimiento con la pretensión de que éstos gocen de validez para resolver cualquier supuesto imaginable.", Hervorh. hinzugefügt)? Es ist eine *ab initio* implausible Annahme, daß Erklärungsmuster des sozialen Alltags einer gegebenen Rechtsgemeinschaft ein Sortiment eindeutiger, präziser und außer in Banalitäten (siehe oben bei Fußn. 527) uniformer Regeln beinhalten, die sowohl zwingend als auch allgemein akzeptiert sind (S. 377: "sólo pueden ser aceptadas reglas del tipo «probado el hecho X, el sujeto *necesariamente* conoce Y», cuando, además, éstas gocen de una plena y inequívoca vigencia social."): diese Charakteristika gewinnen sie allenfalls durch Reformulierung als Rechtsregeln. Der Autor ersetzt Begründung dabei stets durch Apodiktik – "se antoja imposible" (406), "no se considera posible" (407), "parece incuestionable que socialmente se considera" (408), "es indudable que existe una regla según la cual" (415), "debe considerarse indudable que las cosas se ven de este modo" (416), "no resulta imaginable" (451) usw. –, obwohl seine behaupteten Regeln bzw. ihre Ausnahmslosigkeit und die resultierende grobschlächtige, oftmals kontraintuitive Schematisierung (z.B. S. 462 ff., 467) durchaus anfechtbar sind. Da offenbleibt, wie diese *reglas sociales de imputación* gefunden werden, bleibt auch offen, mit welcher Art von Argumenten sie zu kritisieren wären, obwohl das der große Vorteil dieses Ansatzes sein soll (S. 408). Hier hätten sowohl die analytische Philosophie als auch die Sozialpsychologie (Attributionstheorie), die schon seit längerem die Praxis der Zuschreibung mentaler Zustände untersuchen, beachtet werden dürfen. Daß die soziale Zuschreibung des Alltags auf wissenschaftliche Erkenntnisse keine Rücksicht nehme – außer im Bereich der Schuld(un)fähigkeit (S. 333 ff.) – ist implausibel, denn auch wenn die empirischen Fächer keine ausnahmslosen Zuschreibungsregeln bereithalten, so könnten sie doch umgekehrt Regeln sozialer Zuschreibung wirkungsvoll in Zweifel ziehen. Es erscheint nicht möglich, den „sozialen Sinn" von psychologisierender Erklärung i.S.d. Alltagspsychologie trennen zu wollen, erst recht *praktisch* irrelevant,[2048] denn es gibt[2049] nur zwei Determinanten für eine Aussage über solche Subjektiva:[2050] Die Perspektive erster Person, d.h. die – selbst bei aufrichtigem Bemühen notorisch unzuverlässige[2051] – Selbstbeschreibung (Erinnerung) des Täters, und die Perspektive der dritten Person, die Beschreibung und Erklärung des sichtbaren Verhaltens ganz überwiegend mit alltagstheoretischen Instrumenten, die ihre zumeist unhinterfragte Plausibilität aus dem Vergleich mit der Selbstdeutung, dem „eigenen Erleben“, beziehen.[2052]

Zweifelhaft könnte noch sein, wo die Trennlinie zwischen materiellem [Vorsatz]-begriff und Beweisrecht zu ziehen ist: Bei traditionellem Verständnis subjektiver Merkmale als „inneren Tatsachen“ gehören etwa Indizien und Schlußregeln zum

---

nicht, wenn eine theoretische Einordnung des „sozialen Sinns“, d.h. eine Theorie der Alltagstheorie ausfällt, obschon die Wissenschaftstheorie hier einige Angebote bereithält. Insgesamt wird dem Ansatz diese durch und durch naive, unreflektierte und unterkomplexe Auffassung von „sozialem Sinn“ zum Verhängnis als Folge der gleichsam freihändigen, theoretisch unbelasteten Herangehensweise, die weder analytische Philosophie bzw. moderne Philosophie des Geistes noch Sozialpsychologie, insbesondere Attributionstheorie, zur Kenntnis nimmt (bzw. kennt, vgl. S. 348 Fn. 974).

Ragués i Vallès' Ansatz führt in der Konsequenz überdies zu einer Erstarrung des Beweisrechts in einem gigantischen (und damit praktisch absurden) Regelwerk, das zugleich eine Alltagstheorie unbekannter Herkunft petrifiziert, und somit zurück zum Schematismus des Legalbeweissystems führt, was er selbst ahnt (S. 528 f.).

2048 Siehe oben bei Fußn. 957. Ähnl. Frisch, Gedächtnisschrift Meyer, S. 553, 555. Dies gilt auch für eine rechtsmittelrelevante Unterteilung in Tatsachen- und Rechtsfrage: Sowohl ein auf psychische Referenzobjekte bezogener als auch ein als Askription verstandener Vorsatzbegriff (vgl. Hruschka, *Strukturen der Zurechnung*, S. 25 ff.; ders., Festschrift Kleinknecht, S. 191, 200 ff.; sowie in Fußn. 325) erfordert eine „tatsächliche“ Basis und eine rechtliche Subsumtion. Die Unterschiede betreffen vielmehr die Einteilung in materielles Recht und Prozeßrecht: Welche Merkmale gehören zum materiellen Rechtsbegriff, welche zum Beweisrecht? Dazu oben im Text und sub c).

Auch Ansätze, die subjektive Definitionselemente des Vorsatzes wie „Wollen“ durch weitere subjektive Kriterien wie „Entscheidung gegen das Rechtsgut“ bestimmen wollen, z.B. Roxin, *Strafrecht Allgemeiner Teil*, Band I^4, § 12 Rn. 21 ff.; Hassemer, Gedächtnisschrift Armin Kaufmann, S. 289, 295 ff.; Díaz Pita, *El dolo eventual*, S. 307 ff., 321, müssen letztlich objektive Umstände als Indizien heranziehen, zutr. krit. Ragués i Vallès, *El dolo y su prueba en el proceso penal*, S. 121 Fn. 316.

2049 Das „Autocerebroskop“ (oben Fußn. 810), das zudem ein jeder wie einen Fahrtenschreiber permanent mit sich führen müßte, bleibt auf unabsehbare Zeit ein Utensil philosophischer Gedankenexperimente.

2050 Das gilt auch für materialistische Deutungen, vgl. Quine, *States of Mind*, Journal of Philosophy 82 (1985), 5, 6: "Mental states, construed as states of nerves, are like diseases. A disease may be diagnosed in the light of observable signs though the guilty germs be still unknown to science. Incidentally, diagnosis depends heavily on symptoms reported by the patient; and such is the way, overwhelmingly, with the detection of mental states."

2051 Siehe nur Shaver, *The Attribution of Blame*, S. 42 ff.; Wegner, *The Illusion of Conscious Will*, S. 336 ff., und oben bei Fußn. 733.

2052 Vgl. Temme, ArchCrimR N.F. 21 (1854), 206, 223: „Der Dolus ist etwas Innerliches. Er muß gleichwohl bewiesen werden. Er kann nur erkannt werden aus äußeren Thatsachen. Das kann nur auf zweierlei Weise geschehen. Zuerst durch das Geständniß des Handelnden. Zum anderen durch Thatumstände, von welchen auf ihn ein Schluß gemacht wird. Beides war für die Praxis eine schlimme Sache.“

So auch die st. Rspr. etwa des BGH, NJW 1991, 2094; NStZ 2004, 35, 36, jew. m. w. Nachw.

Beweisrecht. Versteht man die Begriffselemente (Absicht, Wissen usw.) von [Vorsatz] als Dispositionsbegriffe, so fallen, wenn Dispositionen nichts anderes sind als hypothetische, gesetzesähnliche Bedingungssätze, materieller Begriff und die Schlußregeln des Indizienbeweises in eins. Alle Sätze, in denen [Vorsatz] vorkommt, müßten sich übersetzen lassen in behaviorale Konditionale.[2053] Nimmt man die Begriffselemente von [Vorsatz] als theoretische Begriffe,[2054] so sind die Korrespondenz- oder Zuordnungsregeln, die den theoretischen Begriff mit Beobachtungsbegriffen (Indikatoren) verknüpfen, gegenüber dem Begriff selbständig und ließen sich im Beweisrecht ansiedeln,[2055] ebenso wie und erst recht die Indikatoren, mit denen der theoretische Begriff nicht identisch ist. Es gibt mithin keine „natürliche“ Grenze, welche Elemente einem materiellen Rechtsbegriff [Vorsatz] und welche dem seine prozessuale Herstellung betreffenden Beweisrecht zuzuordnen sind.

Überdies ist ein materieller [Vorsatz]begriff lediglich eine unvollständige Formulierung der Voraussetzungen, unter denen ein subjektives Merkmal rechtsfolgenrelevant ist, so wie der „materielle“ *(substantive)* Straftatbestand nur eine von den Anwendungskontexten abstrahierende oder für ideale Realisierungsbedingungen[2056] formulierte Teilmenge der Summe aller Bestrafungsbedingungen bezeichnet, die der *praktische*, d.h. die Anwendungsbedingungen einbeziehende (im Strafrecht: prozessuale) vollständige Normsatz ausdrückt.[2057] Mit der „praktischen Irrelevanz“ des theoretischen Status des materiellen Vorsatzbegriffs ist gemeint, daß es für den *praktischen/prozessualen Vorsatzbegriff* – der in jedem Fall wesentlich die Regeln des Indizienbeweises integriert, dazu b)bb) – unerheblich ist, ob bei Abschluß des Beweisverfahrens nun innere Tatsachen, Dispositionen oder theoretische Begriffe konstituiert sind.

2053 Siehe oben bei Fußn. 377 ff., 390 f.

Begrifflich unklar HASSEMER, Gedächtnisschrift Armin Kaufmann, S. 289, 304 f.: „Vorsatz“ sei als Disposition zu verstehen und deren Indikatoren zum Begriff zu rechnen, weil sie allein ihn erst anwendbar machten, so daß nur die Feststellung des Vorliegens der Indikatoren dem Beweisrecht angehöre. – Offenbar werden unter „Indikatoren“ die Beobachtungsbegriffe – Indikatoren müssen beobachtbar, vollständig und dispositionsrelevant sein, *ibid.* – verstanden, die zum Begriff zu ziehen implausibel im Sinne einer Reduktion wäre. Gemeint sind offenbar die behavioralen Konditionale, die eine Disposition konstituieren; allerdings ist für HASSEMER (304) eine Disposition ein „nicht unmittelbar beobachtbarer ‚innerer‘ Zustand“, was freilich einem Dispositionskonzept CARNAPscher oder RYLEscher Prägung nicht entspricht.

2054 Siehe oben bei Fußn. 192, 433 ff.

2055 VOLK, Festschrift Bockelmann, S. 75, 85; DERS., Festschrift Arthur Kaufmann, S. 611, 618; DERS., Festschrift 50 Jahre BGH, S. 739, 745 ff., läßt dies offen, weil davon nichts abhänge. Ähnl. RAGUÉS I VALLÈS, *El dolo y su prueba en el proceso penal*, S. 362 ff.

2056 Vgl. JAKOBS, NStZ 1987, 88, 88.

2057 Zur Unterscheidung von materiellem und praktischem Normsatz siehe STUCKENBERG, *Untersuchungen zur Unschuldsvermutung*, S. 456 ff., 462 ff. m. w. Nachw.; die Terminologie ist von PLÓSZ, Festschrift Wach, 2. Band, S. 3, 9 ff., 21 ff., entlehnt.

b) Beweismethoden

aa) Geständnis

Die Zeiten, in denen das Geständnis des Angeklagten allein als *regina probationum* hinreichender Beweis und reiner Indizienbeweis mitunter verboten[2058] war, sind vergangen. Heute ist ein Geständnis, etwa in den „inquisitorischen“ Prozeßordnungen kontinental-europäischen Typs, ebenso wie die leugnende Einlassung zumeist nur ein – oft nicht verfügbares, da nach Abschaffung der Folter und Anerkennung des Grundsatzes *nemo tenetur seipsum accusare* (vgl. Art. 67(1)(g) Rom-Statut) im Belieben des Angeklagten stehendes – Beweismittel unter vielen und liefert nur ein weiteres Indiz, mag ein glaubhaftes Geständnis auch aus verschiedenen anderen Gründen – Erhöhung der Akzeptanz der Verurteilung, bessere Resozialisierungsaussicht usw. – immer noch wünschenswert sein. Ein herausgehobener Wert des Geständnisses als Beweismittel ist pauschal in der Tat nicht begründbar: Selbst die obsolete Ansicht, allein die *first-person perspective* habe privilegierten und sogar unfehlbaren Zugang zu mentalen Zuständen,[2059] so daß die Selbstauskunft des Angeklagten an sich der epistemische Königsweg zur Feststellung eines auf psychische Zustände verweisenden [Vorsatzes] wäre,[2060] vermöchte den *Beweiswert* des Geständnisses nicht zu begründen, das, wie sattsam bekannt,[2061] aus zahlreichen

---

2058 Vgl. Art. 22 CCC, dazu aus späterer Zeit ZACHARIAE, ArchCrimR N.F. 6 (1839), 132 ff. Zur späteren Umgehung mit der Figur des *dolus ex re* siehe VOLK, Festschrift Arthur Kaufmann, S. 611, 614 ff.

2059 Zur Inkorrigibilität der Introspektion siehe oben bei Fußn. 417.

2060 So insbesondere schon die Gegner einer Vorsatzvermutung in der um 1800 in der deutschsprachigen Lehre lebhaft geführten Diskussion, z.B. KLEINSCHROD, *Systematische Entwickelung der Grundbegriffe und Grundwahrheiten des peinlichen Rechts*[3], 1. Theil, § 25 S. 54: „Immer muß der Dolus aus dem Bekenntnisse selbst dargethan werden, da er in dem Willen und der innern Bestimmung der Seele liegt, also nur durch eine geschehene Erklärung, was in seinem Innern vorgieng, wohin seine Gedanken gerichtet, wie sein Entschluß gefaßt war, in Erfahrung kann gebracht werden.“; HERBST, *Handbuch des allgemeinen österreichischen Strafrechtes*[6], § 1 Anm. 10, S. 58: „Denn der Vorsatz als bedenken und beschließen, somit als *innere* Handlung, kann *direct* auf keine andere Art, als durch das eigene Geständniß des Thäters erwiesen werden.“; ebenso ØRSTED, *Über die Grundregeln der Strafgesetzgebung*, S. 270, 294; HAGEN, ZStW 19 (1899), 159, 197.

Diese Sicht entspricht noch heute dem naiven alltagstheoretischen Verständnis, vgl. z.B. KUSCH, *Der Indizienbeweis des Vorsatzes im gemeinen deutschen Strafverfahrensrecht*, S. 2 (Geständnis als „einzige natürliche Erkenntnisquelle“ für subjektive Elemente); AMBROSIUS, *Untersuchungen zur Vorsatzabgrenzung*, S. 65; VEST, *Vorsatznachweis und materielles Strafrecht*, S. 58 („das für den Nachweis des Vorsatzes wichtigste Beweismittel [ist] die Einlassung des Angeklagten“); MAHL, *Der strafrechtliche Absichtsbegriff*, S. 1, 49, 145. Kritisch demgegenüber die objektive Bedeutung des Täterverhaltens betonend schon HÄLSCHNER, *Das preußische Strafrecht*, Teil 2, § 40 S. 164; siehe auch RAGUÉS I VALLÈS, *El dolo y su prueba en el proceso penal*, S. 232 f.; SHAVER, *The Attribution of Blame*, S. 42 f.

2061 Siehe nur VON GEMMINGEN, *Probleme der Strafrechtsanwendung*, S. 67 f.; GERMANN, *Das Verbrechen im neuen Strafrecht*, S. 151 ff.; DENCKER, ZStW 102 (1990), 51 ff.; LOOS, *Grenzen der Umsetzung der Strafrechtsdogmatik*, S. 261, 270; DERS., JR 1994, 513; HRUSCHKA, Festschrift Kleinknecht, S. 191, 199; HIRSCHBERG, *Das Fehlurteil im Strafprozeß*, S. 17 ff.; PETERS, *Fehlerquellen im Strafprozeß*, Band 2, S. 5 ff.; BUSAM, *Das Geständnis im Strafverfahren*, S. 41 ff.; PERRON,

Gründen, die nichts mit der unmittelbaren Handlungserfahrung zu tun haben,[2062] falsch, insbesondere bewußt unwahr sein kann – weshalb auch frühere Prozeßrechte die Überprüfung durch Indizien forderten[2063] und heute etwa Art. 406 LECrim verbietet, jemanden allein aufgrund eines Geständnisses zu verurteilen. Geht man, wie oben aufgezeigt, davon aus, daß die simultane Selbstwahrnehmung und die retrospektive eigene Handlungsbeschreibung (Erinnerung) jedenfalls in beachtlichem Umfang fehleranfällig sind, so kann auch das aufrichtige Geständnis für sich allein keine erhöhte Dignität bezüglich subjektiver Verbrechensmerkmale beanspruchen.

Prinzipiell problematisch ist deshalb die Verwendung des Geständnisses als Prozeßerklärung in Gestalt einer *guilty plea* wie sie vor allem im Parteiprozeß des Common Law-Raums üblich ist[2064] und Eingang in die Verfahren der *ad hoc*-Tribunale[2065] und des Rom-Statuts (*admission of guilt*, Art. 64(8)(a)) gefunden hat. Immerhin behält dennoch die *third-person perspective* Relevanz, indem regelmäßig nicht nur normative Sicherungen gegen Fehler, die sich aus der prozessualen Interessenlage ergeben (namentlich Irrtum und Zwang), eingebaut werden, sondern auch die Übereinstimmung mit der übrigen Beweislage vorausgesetzt wird (z.B. Art. 65(1)(c) Rom-Statut).

Festschrift Nishihara, S. 145, 154 f.; Kühne, *Strafprozeßrecht*[6], Rn. 792; Ragués i Vallès, *El dolo y su prueba en el proceso penal*, S. 234 ff., alle m. w. Nachw.

2062 Darauf, daß der Handelnde oftmals über keine für die juristische Fragestellung hinreichend präzise Selbstwahrnehmung verfügt, sondern diese (re)konstruieren muß, hat schon Löffler, ÖZStR 2 (1911), 131, 145, hingewiesen; siehe auch Märker, *Vorsatz und Fahrlässigkeit bei jugendlichen Straftätern*, S. 192; Ragués i Vallès, *El dolo y su prueba en el proceso penal*, S. 234 f.

Auf die in reger Entwicklung befindliche philosophische und psychologische Diskussion, ob und wie sich *first-* und *third-person perspective* unterscheiden und wie überhaupt Wissen vom eigenen Handeln erlangt wird, kommt es somit hier nicht weiter an, dazu siehe oben Fußn. 2051 und 798, sowie knapp Eilan & Roessler, *Agency and Self-Awareness*, S. 1, 15 ff., sowie die dort nachgewiesenen Beiträge des gleichnamigen Bandes.

2063 Vgl. Cæpolla, *Consilia*, cons. 33 n. 17: „quando confessio inculpati non est verisimilis, tunc infligendum poenam non sufficit sola confessio etiam sponte facta"; Kleinschrod, *Systematische Entwickelung der Grundbegriffe und Grundwahrheiten des peinlichen Rechts*[3], 1. Theil, § 25 S. 54 f., zu Art. 22 CCC; später z.B. § 300 PreußCrimO 1805.

2064 Statt vieler Bickel, *Das förmliche Geständnis im US-amerikanischen Strafprozeß als Beispiel der Verfahrenserledigung*, S. 30 ff.

2065 ICTY, *Prosecutor v. Erdemović*, Appeals Chamber, Judgement of 7 October 1997 (IT-96-22-A), Joint Separate Opinion of Judge McDonald and Judge Vohrah, §§ 2 ff.; jetzt Rule 62*bis* (i)–(iv) RPE ICTY.

bb) Indizienbeweis

Damit reduzieren sich die in Frage kommenden Beweismethoden letztlich auf den, bisweilen ausdrücklich zugelassenen,[2066] Indizienbeweis[2067] (*dolus ex re*[2068]), sofern dieser nicht durch beweisersetzende, mitunter beweisextern (nicht-empirisch) motivierte[2069] Rechtsvermutungen überlagert wird (unten dd). Die für die *third-person perspective* relevanten Beweismittel – Sachbeweis (z.B. Augenschein, Urkunden etc.) und Personalbeweis (Zeugenaussagen[2070]) – liefern Beobachtungen, von denen mit Hilfe von Erfahrungssätzen auf „innere Tatsachen“ geschlossen wird oder die als Indikatoren Hinweise auf Dispositionen geben oder als Anknüpfungsdaten für Zuordnungsregeln theoretische Begriffe etablieren.

2066 Z.B. schon § 42 Entwurf eines Straf-Gesetz-Buches für die Preußischen Staaten 1828: „Ob ein Verbrechen vorsätzlich oder aus Fahrlässigkeit verübt worden, muß aus den Umständen beurtheilt werden.“

In jüngeren völkerstrafrechtlichen Instrumenten findet sich zunehmend eine solche Vorschrift, vgl. United Nations Convention Against Illicit Traffic in Narcotics Drugs and Psychotropic Substances, UN Doc. E/CONF.82/15, vom 20.12.1988, 28 I.L.M. 493, in Kraft seit dem 11.11.1990, Art. 3 Abs. 3 (“Knowledge, intent or purpose required as an element of an offence ... may be inferred from objective factual circumstances. / La connaissance, l’intention ou la motivation nécessaires en tant qu’élément d’une des infractions visées ... peut être déduite de circonstances factuelles objectives. / El conocimiento, la intención o la finalidad requeridos como elementos de cualquiera de los delitos ... podrán inferirse de las circunstancias objetivas del caso. / Осознание, намерение или цель как составные элементы правонарушения ... могут быть установлены из объективных фактических обстоятельств дела”); fast wortgleich United Nations Convention against Transnational Organized Crime, New York, 15.11.2000, UN Doc. A/55/383, in Kraft seit dem 29.9.2003, Art. 5 Abs. 2, Art. 6 Abs. 2 lit. f); Art. 28, United Nations Convention against Corruption, New York, 31.10.2003, UN Doc. A/58/422, noch nicht in Kraft (open for signature until 9 December 2005).

2067 Siehe oben Fußn. 325.

2068 Dazu von Weber, NArchCrimR 7 (1825), 549, 564 f.; Luden, *Abhandlungen aus dem gemeinen teutschen Strafrechte*, 1. Band, S. 263; 2. Band, S. 555; Bauer, *Abhandlungen aus dem Strafrechte und dem Strafprocesse*, 1. Band, S. 275 f.; Hruschka, Festschrift Kleinknecht, S. 191, 195 ff. m. w. Nachw.; ders., *Strukturen der Zurechnung*, S. 26 u. ff.; Volk, Festschrift Arthur Kaufmann, S. 611 ff.; Bricola, *Dolus in re ipsa*, S. 9 ff., 17 f., 55 ff. Zum recht unterschiedlichen Gebrauch des Terminus siehe von Weber, *ibid.*; Hruschka, Festschrift Kleinknecht, S. 191, 196 Fn. 10; Volk, *ibid.*, S. 612 ff.; zum *dolus consequens seu ex re* auch oben Fußn. 1509. *Dolus ex re* bezeichnet – unter anderem – einmal den bloßen Indizienschluß – im Gegensatz zu einer *Rechts*vermutung des Vorsatzes – von äußeren Umständen auf subjektive Merkmale, ohne des Geständnisses zu bedürfen, andererseits aber auch die Überflüssigkeit und Unzulässigkeit eines Beweises über (fehlenden) Vorsatz, mithin eine unwiderlegliche Rechtsvermutung, so daß ein Formaldelikt (Erfolgshaftung) entsteht, z.B. in der italienischen Doktrin, siehe Bricola, *Dolus in re ipsa*, S. 79 ff., 141 ff.; Romano, *Commentario sistematico*, Art. 43 Rn. 31; zum früheren Schweizer Recht siehe Vest, *Vorsatznachweis und materielles Strafrecht*, S. 78 f.; zum spanischen Recht Ragués i Vallès, *El dolo y su prueba en el proceso penal*, S. 281, jew. m. w. Nachw.

2069 Dazu Stuckenberg, *Untersuchungen zur Unschuldsvermutung*, S. 452 f.

2070 Auch Zeugenaussagen können nur äußere Umstände betreffen, die als Grundlage eines Indizienschlusses dienen. Werden Zeugen gleichwohl nach dem Tätervorsatz befragt, was Peters, *Strafprozeß*[4], S. 293 f., zu Recht kritisiert, so betrifft ihre Aussage keine erinnerten Wahrnehmungen, sondern ihre eigenen inferentiellen Deutungen (vgl. Federal Rules of Evidence, Rule 701, “opinion testimony of lay witnesses”); siehe auch Marshall, *Intention in Law and Society*, S. 160 ff.

Welche Arten von Beobachtungsdaten mit Hilfe welcher Regelsätze tauglich sind für Bejahung oder Verneinung von [Vorsatz], gehört in Systemen freier Beweiswürdigung – während zur Zeit gesetzlicher Beweistheorien die umfangreiche Kasuistik der Vermutungslehre einen festen Platz in der wissenschaftlichen Literatur hatte[2071] – zum Erfahrungsschatz der Rechtspraxis, die zumeist eine Vielzahl von Beweiswürdigungsmaximen aufgestellt hat, die inhaltlich den Beweisregeln vergangener Legalbeweissysteme ähneln, ohne deren Starrheit aufzuweisen. Die Strafrechtswissenschaft hat sich diesem Gebiet, das sowohl für die Entscheidung einzelner Fälle als auch für die Beurteilung der Leistungsfähigkeit materiell-rechtlicher Begriffe von zentraler Bedeutung ist, in den modernen kontinental-europäischen Rechtsordnungen nur selten[2072] angenommen,[2073] während im Common Law-Raum die prozessuale Perspektive traditionell stets stärker beachtet wurde.[2074]

Die strafrechtswissenschaftliche Abstinenz erklärt sich auch daraus, daß sich der Indizienbeweis des [Vorsatzes] strukturell nicht von der jedermann vertrau-

2071 Exemplarisch MENOCHIUS, *De praesumtionibus*, lib. V, praes. III, nn. 14–123. MASCARDUS, *De probationibus*, concl. 531. nn. 2–176, zählt mehr als 175 Fallgruppen des Vorsatzbeweises per Indizienschluß auf; siehe auch CLARUS, *Practica criminalis*, liber V §. fin. add. ad qu. 84 nn. 1 ff., 3 f.; FARINACIUS, *Praxis et theorica criminalis*, qu. 89 nn. 76 ff.; siehe auch noch ØRSTED, *Über die Grundregeln der Strafgesetzgebung*, S. 295 ff.

Vgl. noch die Beweisregeln der österreichischen StPO von 1853, § 268: „Wenn der Beschuldigte zwar die Verübung der That gesteht, aber angibt, daß er nicht mit bösem Vorsatze gehandelt, oder daß er ein geringeres Übel, als das wirklich erfolgte beabsichtiget habe, so kann seine Angabe nur dann für glaubwürdig gehalten werden, wenn sich die That plötzlich ereignet hat, und das Übel nicht schon in der Handlung selbst gelegen ist, oder nach der natürlichen Ordnung der Dinge nicht schon nothwendig aus der Handlung erfolgen mußte, oder nicht gewöhnlich aus solchen Handlungen zu erfolgen pflegt. Hat aber der Beschuldigte Gelegenheit und Mittel, die That auszuüben, vorbereitet, oder die der Ausübung entgegenstehenden Hindernisse zu entfernen gesucht, so kann er auch des bösen Vorsatzes für überwiesen gehalten werden, wenn sich nicht aus der Untersuchung besondere Umstände und Verhältnisse ergeben, welche füglich eine andere Absicht erkennen lassen."

2072 Krit. z.B. FREUND, *Normative Probleme der „Tatsachenfeststellung"*, S. 6 ff.; FRISCH, Gedächtnisschrift Karlheinz Meyer, S. 553, 550 ff.; RAGUÉS I VALLÈS, *El dolo y su prueba en el proceso penal*, S. 17 ff., 199 ff., 361 f. und passim; DERS., GA 2004, 257, 261 ff.; auch KRAUSS, *Der psychologische Gehalt subjektiver Elemente im Strafrecht*, S. 110 u. ff.; LOOS, *Grenzen der Umsetzung der Strafrechtsdogmatik*, S. 261, 262; HASSEMER, Gedächtnisschrift Armin Kaufmann, S. 289, 300 ff.; PERRON, Festschrift Nishihara, S. 145, 154 f.

2073 Siehe aber BAUER, *Abhandlungen aus dem Strafrechte und dem Strafprocesse*, Band 1, S. 282 f.; RITTLER, ZStrR 43 (1929), 173 ff., 193 ff.; GERMANN, *Das Verbrechen im neuen Strafrecht*, S. 154 ff.; DERS., ZStrR 77 (1961), 345, 381 ff.; LOOS, *Grenzen der Umsetzung der Strafrechtsdogmatik*, S. 261, 262 u. ff.; ECKER, *Die Verwendung und Feststellung „subjektiver Verbrechensmerkmale"*, S. 41 ff., 78 ff.; FREUND, *Normative Probleme der „Tatsachenfeststellung"*, S. 26 ff.; HASSEMER, Gedächtnisschrift Armin Kaufmann, S. 289, 305 ff.; SCHÜNEMANN, Festschrift Hirsch, S. 363, 370 ff.; LAURENZO COPELLO, *Dolo y conocimiento*, S. 124 ff., 132 ff.; RAGUÉS I VALLÈS, *El dolo y su prueba en el proceso penal*, S. 237 ff.; DERS., GA 2004, 257, 261 ff., 264 ff.; historisch: KUSCH, *Der Indizienbeweis des Vorsatzes im gemeinen deutschen Strafverfahrensrecht*.

2074 Vgl. GLANVILLE WILLIAMS, *Textbook of Criminal Law*², § 3.3, S. 79 ff.; LAFAVE, *Criminal Law*³, §§ 3.5(f), 2.13; MARSHALL, *Intention in Law and Society*, S. 134 ff., 154 ff., 187 ff., unten Fußn. 2126.

ten Praxis intentionaler Verhaltenserklärung des sozialen Alltags unterscheidet[2075] – so wird denn auch die Verwendung von Vermutungen und Pauschalurteilen beklagt[2076] –, in der generalisierende Regelsätze nur unvollkommen und vage formuliert werden können[2077]. Graduelle Unterschiede bestehen durchaus im Umfang des Aufklärungsaufwands und dem Bestreben um Konsistenz mit Erkenntnissen der empirischen Wissenschaften. Zudem lassen sich wegen der unendlichen Vielzahl der möglichen Situationen keine erschöpfenden Listen von Schlußregeln angeben, sondern allenfalls einige inhaltsleere Allgemeinplätze,[2078] die mit einer infiniten Zahl von Einschränkungen und Rückausnahmen zu qualifizieren wären.

Doch kann die gegenwärtige wissenschaftliche Psychologie hier nur begrenzt helfen – weshalb der Sachverständigenbeweis hier kaum stattfindet[2079] –, namentlich indem sie empirische Evidenzen für typische Fehlerquellen bei der Beweiserhebung aufzeigt[2080] wie z.B. Gedächtnisfehlleistungen:[2081] so kann die Verbalisierung eines Geschehens das präzisere nicht-verbale Gedächtnis überlagern und verfälschen oder es kann von der Wortwahl einer Frage abhängen, was eine Person zu erinnern glaubt[2082]. Einen „Goldstandard" experimenteller Überprüfung kann

---

2075 Vgl. nur TEN, *Crime, Guilt, and Punishment*, S. 116 f.; VEST, *Vorsatznachweis und materielles Strafrecht*, S. 96; MOORE, *The Moral and Metaphysical Sources of the Criminal Law*, S. 11, 37.

2076 GERMANN, *Das Verbrechen im neuen Strafrecht*, S. 156; DERS., ZStrR 77 (1961), 345, 386; LÜDERSSEN, ZStW 85 (1973), 288, 301, 306, 309; OSTERMEYER, *Strafunrecht*, S. 64 ff.; DERS., *Strafrecht und Psychoanalyse*, S. 24 ff.; PETERS, *Die strafrechtsgestaltende Kraft des Strafprozesses*, S. 39; FREUND, *Normative Probleme der „Tatsachenfeststellung"*, S. 47; siehe auch RAGUÉS I VALLÈS, *El dolo y su prueba en el proceso penal*, S. 283 ff. m. w. Nachw. Nach JUNG, *Die Bekämpfung der Wirtschaftskriminalität*, S. 18, lebt die *praesumtio doli* als Vorurteil im Rahmen der freien Beweiswürdigung faktisch fort.

2077 So z.B. LÖFFLER, *Die Schuldformen des Strafrechts*, S. 156: „Der Wille ist etwas so Willkürliches, daß sich allgemeine Regeln, aus denen man auf den Einzelfall schließen könnte, nur schwer aufstellen lassen. Viel leichter ist schon der Nachweis der Wissentlichkeit."

2078 Beispielhaft zu den Indizien der Ortskenntnis RAGUÉS I VALLÈS, *El dolo y su prueba en el proceso penal*, S. 449 f.: "Las muy diversas situaciones en que puede plantearse el problema de la imputación de un correcto «*conocimiento situacional*» hacen difícil una descripción más precisa de todas las posibles variantes. En cualquier caso, debe haber quedado expuesto el criterio fundamental a la luz del cual deberá juzgarse la corrección de los diversos juicios de imputación imaginables: *la ubicación espacial de sujeto y objeto del conocimiento debe ser tal que no resulte pensable que el primero no haya advertido la ubicación del segundo*." (Hervorh. im Original) – m.a.W., die Umstände müssen so sein, daß undenkbar erscheint, daß sie nicht wahrgenommen wurden: Wer hätte das gedacht?

2079 Dazu KRAUSS, *Das Prinzip der materiellen Wahrheit im Strafprozeß*, S. 65, 72; HETZER, *Wahrheitsfindung im Strafprozeß*, S. 79 ff., 81, 83 ff.; TOEPEL, *Grundstrukturen des Sachverständigenbeweises*, S. 216 ff.; RAGUÉS I VALLÈS, *El dolo y su prueba en el proceso penal*, S. 213 ff., 220 ff. m. zahlr. Nachw.; nach WALTER, KrimJ 1981, 207, 212, sollte er auch nicht stattfinden.

2080 Vgl. FREUND, *Normative Probleme der „Tatsachenfeststellung"*, S. 27 ff, 31 ff. m. w. Nachw.; dies übersieht RAGUÉS I VALLÈS, *El dolo y su prueba en el proceso penal*, S. 220 ff.

2081 SCHACTER, *Searching for Memory*, S. 98 ff.; WEGNER, *The Illusion of Conscious Will*, S. 336 ff.; MARSHALL, *Intention in Law and Society*, S. 163 f., auch oben Fußn. 1547.

2082 SCHACTER, *Searching for Memory*, S. 102, 105 m. w. Nachw.; SEILER & WANNENMACHER, *How Can We Assess Meaning and Investigate Meaning Development*, S. 320, 331, halten dies für eine nicht eliminierbare Schwierigkeit: Verbalisierung bildet Kognitionen nicht einfach ab, sones schon deshalb nicht geben, weil die zu beurteilende Verhaltenssequenz nicht reproduzierbar ist.[2083] Eine vollständige „nomologische Urteilsbasis“[2084] im Sinne eines umfassenden Systems noch nicht falsifizierter Erfahrungssätze, die es, in einem rationalen Beweisverfahren[2085] auf die dem Strafprozeß zur Verfügung stehenden Beobachtungsdaten angewendet, erlauben würde, zwingende Schlüsse auf Vorhandensein[2086] oder Askription von Vorsatz zu ziehen, bieten weder Alltagstheorie noch wissenschaftliche Psychologie,[2087] die zudem regelmäßig nicht einmal operable Wahrscheinlichkeitsangaben anbieten können[2088]. Insgesamt bleibt nur der "tin standard",[2089] d.h. die Suche nach einer möglichst kohärenten[2090] Erklärung des ermittelten Verhaltens, etwa mit Hilfe eines Alternativenausschlußverfahrens,[2091] anhand einer möglichst umfassenden Faktenbasis.

---

dern verändert sie zugleich. Klassisch sind hierzu die Experimente von LOFTUS, *Reconstruction of automobile destruction: an example of the interaction of language and memory*, Journal of Verbal Learning and Verbal Behavior 13 (1974), 585 ff.; DIES., *Leading Questions and the Eyewitness Report*, Cognitive Psychology 7 (1975), 560 ff.

So hat schon VON BAR, *Gesetz und Schuld im Strafrecht*, Band 2, S. 338, davor gewarnt, daß sich *dolus eventualis* in fast jeden nicht besonders intelligenten Angeklagten, der sich nicht augenscheinlich um Erfolgsvermeidung bemüht habe, hineinexaminieren lasse; siehe auch KARGL, *Der strafrechtliche Vorsatz*, S. 24 f. Fn. 24; MÄRKER, *Vorsatz und Fahrlässigkeit bei jugendlichen Straftätern*, S. 192; RAGUÉS I VALLÈS, *El dolo y su prueba en el proceso penal*, S. 234 f., alle m. w. Nachw.

2083 WEGNER, *The Illusion of Conscious Will*, S. 336.

2084 Vgl. FREUND, *Normative Probleme der „Tatsachenfeststellung“*, S. 14 ff.

2085 In vielen Verfahrenstypen wie denen, die auf die subjektive Überzeugung *(conviction intime)* von Berufs- oder Laienrichtern abstellen, findet sich ein – verstecktes oder auch offen zuerkanntes – irrationales Element bei der Beweiswürdigung, krit. z.B. FREUND, *Normative Probleme der „Tatsachenfeststellung“*, S. 46 ff., 103 f. Zu den Bestrebungen der Objektivierung subjektiv geprägten Formeln im deutschen Strafprozeßrecht siehe KMR-STUCKENBERG, § 261 Rn. 16 ff., 25 ff.

2086 Vgl. JEROME FRANK (*Courts on Trial*, zit. bei HALL, *General Principles of Criminal Law*², S. 155): "great disparity between findings regarding mental states and the actual mental states".

2087 Tendenziell zu optimistisch bezüglich des Beitrags der Psychologie bzw. Psychoanalyse noch MARSHALL, *Intention in Law and Society*, S. 187 ff., 193; wohl auch FREUND, *Normative Probleme der „Tatsachenfeststellung“*, S. 14 ff., 26 ff., aber S. 27 Fn. 55, S. 57; zu pessimistisch hingegen RAGUÉS I VALLÈS, *El dolo y su prueba en el proceso penal*, S. 220 ff.; DERS., GA 2004, 257, 265 f. Siehe auch HETZER, *Wahrheitsfindung im Strafprozeß*, S. 82 ff.

Wie hier schon KLEINSCHROD, *Systematische Entwickelung der Grundbegriffe und Grundwahrheiten des peinlichen Rechts*³, 1. Theil, § 25 S. 54: Es gebe keine Handlung, keine Umstände, welche die Existenz des dolus notwendig und gewiß herstellten.

2088 Zutr. FREUND, *Normative Probleme der „Tatsachenfeststellung“*, S. 17 ff.; HETZER, *Wahrheitsfindung im Strafprozeß*, S. 234 ff. (Wahrscheinlichkeitsgrade seien unbrauchbar).

2089 WEGNER, *The Illusion of Conscious Will*, S. 336. Problematisch kann dies erscheinen, wenn man darin eine stete Unterschreitung des nötigen Beweismaßes (*beyond reasonable doubt* etc.) sieht wie FREUND, *Normative Probleme der „Tatsachenfeststellung“*, S. 26 ff., 56 ff., 110 ff., der das verbleibende Fehlerrisiko dem Angeklagten aufbürdet (siehe unten Fußn. 2091), oder RAGUÉS I VALLÈS, *El dolo y su prueba en el proceso penal*, S. 237 ff., 257 f., 356 ff.; DERS., GA 2004, 257, 264 ff., der die Rettung in angeblich zweifelsfreien sozialen Zuschreibungsregeln (siehe Fußn. 2047) erblickt.

2090 Siehe auch oben bei Fußn. 935 f.

2091 Dazu eingehend FREUND, *Normative Probleme der „Tatsachenfeststellung“*, S. 23 ff., 44 ff.; auch FRISCH, Gedächtnisschrift Karlheinz Meyer, S. 553, 550 ff. Die bei FREUND, *ibid.*, im weiteren

cc) Seitenblick auf analytische Philosophie, Sozialpsychologie und Attributionsforschung

Wie Schlüsse auf mentale Zustände gezogen werden, ist jedem Strafrechtspraktiker aus seinem Berufsalltag vertraut. Philosophische und sozialpsychologische Untersuchungen ergeben insoweit wenig Überraschendes:

Ausdrücklich wird beispielsweise die Bedeutung des „Analogieschlusses“ hervorgehoben: Die Deutung fremden Verhaltens nehme stets an, daß anderen Personen so weit als möglich die gleichen herkömmlichen Vorstellungen *(beliefs)* über die Welt und die Wünsche zugeschrieben werden können, die man selbst habe. Nur vor einem solchen Hintergrund, der fremdes Verhalten als verstehbar im Sinne einer rationalen Psychologie postuliere, vergleichbar dem *principle of charity* der radikalen Übersetzung,[2092] seien abweichende *beliefs* und *desires* erkennbar. Dabei sei es wahrscheinlicher, daß der epistemische Zustand des Handelnden dem unseren gleiche als seine Wünsche und Ziele. Gewöhnlich werde angenommen, der Handelnde verfüge, gleiche kognitive Fähigkeiten vorausgesetzt, über eine adäquate Erfassung der Situation, d.h. dasjenige Wissen, das wir – wie wir annehmen – haben oder an seiner Stelle haben würden. Zunächst werde der epistemische Zustand stabil gehalten und Hypothesen über das von ihm verfolgte Ziel aufgestellt. Sei uns das Ziel bekannt, erkläre es aber das Handeln nicht, so lasse sich die umgekehrte Strategie versuchen: der Wunsch wird konstant gehalten und Hypothesen über den epistemischen Zustand aufgestellt.[2093] Dem liegt die Ansicht zugrunde, daß mentale Inhalte nicht rein privat und keine Gehirnzustände seien,[2094] daß Selbstzuschreibung nicht unkorrigierbar ist, sondern in sozialer Interaktion stattfindet mit Hilfe der gemeinsamen Sprache. Die Analogieannahme bzw. das *charity principle* begrenzten, was ein Handelnder in einer bestimmten Situation glauben könne.[2095]

So hat Heider für die Feststellung der personalen Kausalität bzw. Zuschreibung einer Absicht[2096] im Rahmen der Attribution folgende Determinanten angeführt: die Handlungsstruktur (hat die Handlung typischerweise nur ein Ziel? Ist sie Teil einer Reihe von Handlungen, die auf ein Ziel führen?), Aussagen des Handelnden

---

(S. 58 ff., 70, 86 ff., 111 ff., 127 ff., 137) entwickelte problematische Ansicht, der unschuldige Angeklagte habe eine Mitwirkungsobliegenheit bei seiner Entlastung, deren Nichterfüllung eine Fehlverurteilung zu legitimieren vermöge, bedarf hier keiner Erörterung; zutr. krit. Neumann, GA 1989, 278, 280; Jakobs, *Strafrecht Allgemeiner Teil*², Tz. 8/102 Fn. 200; Ragués i Vallès, *El dolo y su prueba en el proceso penal*, S. 307 ff., 311 ff.

2092 Forguson, *Common Sense*, S. 162; Runggaldier, *Was sind Handlungen?*, S. 182. Zum *principle of charity* siehe oben Fußn. 176.

2093 Forguson, *Common Sense*, S. 158 ff., 162 f.

2094 Runggaldier, *Was sind Handlungen?*, S. 178 ff., 183.

2095 Runggaldier, *Was sind Handlungen?*, S. 181 f.

2096 Heider, *The Psychology of Interpersonal Relations*, S. 114 ff., auch S. 81, 255 f. Zu beachten ist, daß die Zuschreibung einer Absicht nach Heider die Feststellung einer *Gruppe* möglicher äquifinaler Veränderungen bedeutet, zu der die Handlung gehört, d.h. bezogen auf eine isolierte Handlung haben die Ausdrücke „personale Kausalität“ und „Intention“ keine Bedeutung (S. 117).

selbst, das Wissen über die Person (Charakter, gewöhnliche Motive), die allgemeine Menschenkenntnis. Mögliche Fehler könnten in der falschen Wahrnehmung der Handlung bzw. des Geschehens (fehlerhafter Interpretationskontext) liegen, auch hänge die Absichtsbestimmung von den Bedürfnissen des Beobachters ab.

Auch SHULTZ[2097] hat die Prinzipien der (naiven) Zuschreibung von Intentionalität untersucht und unterscheidet bei bekannter Intention die *matching rule* (entspricht das Handlungsresultat der bekannten Intention?) und bei unbekannter Intention die *discounting rule* (wenn eine äußere Ursache für das Verhalten offensichtlich ist, wird von intentionaler Deutung abgesehen), *valence rule* (nützliche Resultate werden eher als beabsichtigt gedeutet, schädliche als nicht beabsichtigt) und *monitoring rule* (wenn eine Person ihr Verhalten überwacht, kontrolliert, spricht dies für intentionales Handeln).

FINCHAM & JASPARS nehmen daher an, daß in der Alltagszuschreibung eine Vermutung für intentionales Handeln bestehe, sofern nicht beeinträchtigende oder situative Umstände dagegen sprechen, anders ausgedrückt, da Intentionalität eines Verhaltens nachträglich nicht positiv festgestellt werden könne, bliebe nur ein negativer Beweis (Beweis des Gegenteils), d.h. Verhalten gelte in dem Maße als intentional, in dem es nicht durch situative oder andere die bewußte Steuerung ausschließende oder beeinträchtigende Faktoren bestimmt angesehen werde.[2098]

Neue sozialpsychologische Untersuchungen über Alltagskonzepte haben gezeigt, daß als notwendige Bestandteile von „Absichtlichkeit“ (*intentionality* i.e.S.) Vorsatz i.S. von Handlungsentschluß, Vorstellungen *(beliefs)* über die Handlung und ihre Folgen, Wünsche (Erfolgshoffnungen), Kenntnisse und Fertigkeiten genannt wurden,[2099] daß aber vor allem Planung, weniger hingegen Überlegtheit *(deliberation)*, den Ausschlag gab, ob ein bewußtes Verhalten als vorsätzlich *(intentional)* klassifiziert wurde[2100]. Außerdem kann Zuschreibung von Intentionen ihrerseits intentional oder unintentional geschehen und qualitativ differieren.[2101]

2097 SHULTZ & WELLS, *Judging the Intentionality of Action-Outcomes*, Developmental Psychology 21 (1985), 83, 88 f.; POULIN-DUBOIS & SHULTZ, *The Development of the Understanding of Human Behavior: from Agency to Intentionality*, S. 109 ff.; WELLS & SHULTZ, *Developmental Distinctions between Behavior and Judgment in the Operation of the Discounting Principle*, Child Development 51 (1980), 1307 ff.; SHULTZ, *Assessing intention: A computational model*, S. 341 ff.; dazu FORGUSON, *Common Sense*, S. 54 ff. Zur *discounting rule* siehe auch unten Fußn. 2206.

2098 FINCHAM & JASPARS, *Attribution of Responsibility: From the Man the Scientist to Man as Lawyer*, S. 81, 102 f.

2099 MALLE & KNOBE, *The folk concept of intentionality*, Journal of Experimental Social Psychology 33 (1997), 101 ff., dazu BAYER/FERGUSON/GOLLWITZER, *Voluntary action from the perspective of social-personality psychology*, S. 86, 98 f. m. w. Nachw. Siehe auch MALLE, MOSES & BALDWIN, *Introduction: The Significance of Intentionality*, S. 1, 5 ff.; MELE, *Acting Intentionally: Probing Folk Notions*, S. 27, 28 ff.

2100 BAYER/FERGUSON/GOLLWITZER, *Voluntary action from the perspective of social-personality psychology*, S. 86, 98 f.

2101 ULEMAN, *Spontaneous versus Intentional Inferences in Impression Formation*, S. 141 ff.

dd) Rechtsvermutungen

Die vor allem in früheren Prozeßrechten geläufigen Rechtsvermutungen *(praesumtiones iuris)* als Hilfsmittel insbesondere zur Beurteilung subjektiver Merkmale *(praesumtio doli)*[2102] mindern zwar – soweit es sich um para-empirische[2103] Vermutungen handelt – als beweisersetzende Instrumente das häufige Empfinden von Beweisschwierigkeiten bei subjektiven Merkmalen[2104] und drücken nicht selten durchaus plausible Erfahrungswerte aus, die noch heute bei indiziellen Schlüssen anerkannt sein mögen.[2105] Ihre Schwäche liegt indes in ihrer Pauschalität[2106] und

---

2102 Zahlr. Nachw. bei GEIB, *Lehrbuch des Deutschen Strafrechts*, 2. Band, § 98 S. 274 ff.; WENING, NArchCrimR 2 (1818), 194 ff.; GLASER, *Beiträge zur Lehre vom Beweis*, S. 46 ff., insb. S. 48 Fn. 12; HEMMEN, *Über den Begriff, die Arten und den Beweis des Dolus*, S. 74 ff.; SCHMID, *Die Präsumtionen im deutschen Reichsstrafrecht*, S. 6, 47 ff.; HENKEL, Festschrift Eb. Schmidt, S. 578 ff.; WAIDER, JuS 1972, 305 ff.; auch VEST, *Vorsatznachweis und materielles Strafrecht*, S. 20 ff.; HILLENKAMP, Festschrift Wassermann, S. 861, 867; LÜDERSSEN, ZStW 85 (1973), 288, 301 ff.; sowie GERMANN, *Das Verbrechen im neuen Strafrecht*, S. 156 ff.; BRICOLA, *Dolus in re ipsa*, S. 9 ff.; cf. unten Anhang VII.1.

Zum englischen Recht vgl. die Vermutung “a man is presumed to intend the natural consequences of his acts”, oben Fußn. 1264; auch EDWARDS, Mens Rea *in Statutory Offences*, S. 191 ff. Zur bis 1983 in Art. 1, 2° des spanischen Código penal enthaltenen Vermutung siehe RAGUÉS I VALLÈS, *El dolo y su prueba en el proceso penal*, S. 283 Fn. 787 m. w. Nachw.

2103 Terminologie nach WRÓBLEWSKI, *Structure et fonctions des présomptions juridiques*, S. 43, 58 ff., der anti-empirische, para-empirische und non-empirische Vermutungen unterscheidet. *Anti-empirische* Vermutungen verknüpfen Vermutungsbasis und Vermutungsobjekt in einer Weise, die sich durch keinerlei Erfahrungssatz plausibel machen läßt, z.B. die Vermutung, eine Hexe zu sein, aufgrund bestimmter Reaktionen auf Feuer oder Wasser. *Para-empirische* Tatsachenvermutungen sind empirischen Regeln nachgebildet und dienen dazu, eine Zweifelssituation zu überwinden. *Non-empirische* Vermutungen sind nicht empirischen Regeln nachgebildet, sondern arbiträr. Siehe auch STUCKENBERG, *Untersuchungen zur Unschuldsvermutung*, S. 456 f.

2104 Siehe die Nachw. oben Fußn. 325.

2105 Dazu STUCKENBERG, *Untersuchungen zur Unschuldsvermutung*, S. 450 ff.

2106 Dies gilt insbesondere für Vermutungen, die auf stark verallgemeinerte anthropologische oder philosophische Ansichten zum „Wesen des Menschen“ gegründet werden wie die Herleitung einer grundsätzlichen Vorsatzvermutung bei GROLMAN, *Wird Dolus bey begangenen Verbrechen vermuthet?*, Bibliothek I, 2 (1798), S. 70, 74: „Das, was den Menschen als Menschen charakterisirt, ist die Willkühr; das, was den Handlungen des Menschen das Gepräge menschlicher Handlungen ertheilt, ist die Willkührlichkeit derselben. Hat man nun Recht, zu behaupten, daß man den Menschen so lange als Menschen betrachten müsse, bis gezeigt werden kann, daß er seiner Menschenwürde verlustig sei: so kann man auch mit demselben Rechte behaupten, daß man im Zweifel jede Handlung eines Wesens, welches uns als Mensch erscheint, für eine menschliche halten, mithin vermuthen müsse, daß sie willkührlich durch den Menschen hervorgebracht worden sey. Nichts ist natürlicher; denn da die Erfordernisse zur Willkührlichkeit der Handlungen bey jedem Menschen gewöhnlich vorhanden sind, so sind die Hindernisse, welche sich der Ausübung dieses menschlichen Vermögens entgegen setzen, oder gar das Nichtdaseyn desselben, nur zufällige Ereignisse und ungewöhnliche Mängel der menschlichen Kräfte, welche, eben weil sie der Natur des Menschen nicht gemäß sind, nur da angenommen werden können, wo man sie findet. Wer das Gegentheil behaupten wollte, müßte entweder darthun, daß Willkühr nicht das charakteristische Vermögen des Menschen sey, oder er müßte beweisen, daß es der Menschennatur angemessener sey, zu vermuthen, daß der Mensch als Maschine oder als Ball in der Hand des Schicksals wirke, — eine Vermuthung, welche

Starrheit (beispielhaft: *facta laesione praesumitur dolus, donec probetur contrarium*[2107]): So plausibel die als *praesumtio facti/hominis* zugrundeliegende alltagspsychologische Erfahrungsregel *(id quod plerumque fit)* bzw. behavioristische Deutung auch sein mag – die Begehung mancher Delikte, namentlich Gewalttaten („in vi enim dolus malus inest"[2108]), ist anders als bewußt gesteuert kaum vorstellbar[2109] *(fattispecie soggettivamente pregnanti*[2110]*)*, worin der plausible Kern *(res ipsa loquitur*[2111]*)* der Doktrin von *implied malice*[2112] oder vom konklusiven *dolus in re*

---

mit der so sehr gepriesenen Würde der menschlichen Natur nicht gut bestehen könnte. So die Handlung objectiv erscheint, so muß sie auch als subjectiv beschaffen vermuthet werden. Jede objectiv legale Handlung wird daher für subjectiv legal, jede objectiv illegale Handlung auch für subjectiv illegal vermuthet. Dieses ist unmittelbare Folge aus dem Vorhergehenden; denn wenn überhaupt jede Handlung als eine willkührliche vermuthet werden muß, so muß sie auch gerade so, wie sie ist, als willkührlich vermuthet werden, mithin eine illegale als willkührlich illegal. ... Die illegale Handlung muß endlich als eine dolose vermuthet werden; denn es ist charakteristisch bey allen culposen Handlungen, daß sich der Handelnde in vermeidlichem Irrthum oder Unwissenheit befand; für Irrthum und Unwissenheit aber läßt sich keine Vermuthung fassen. Es sind immer nur besondere, aus der Lage des Handelnden oder andern Ereignissen erklärbare Umstände oder aus dem Betragen des Handelnden und den feineren Nuancen seiner Handlung herzunehmende Data; kurz, immer nur aus den Eigenheiten des concreten Falls abzuleitende Gründe, welche zu dem Urtheile, daß der Handelnde, bey dem Entschluß zu der That, auf eine vermeidliche Art geirrt habe, berechtigen; darum kann von ihnen keine Vermuthung hergeleitet werden, wenn zur Bestimmung der Vermuthung noch nichts gegeben ist, als: dieses Individuum hat eine illegale Wirkung hervorgebracht."; auch knapper DERS., *Grundsätze der Criminalrechts-Wissenschaft*[4], § 55; dagegen ØRSTED, *Über die Grundregeln der Strafgesetzgebung*, S. 282 ff.; dazu KUSCH, *Der Indizienbeweis des Vorsatzes im gemeinen deutschen Strafverfahrensrecht*, S. 187 ff.

Dem folgte FEUERBACH, *Lehrbuch des gemeinen in Deutschland gültigen Peinlichen Rechts*[2], § 60 S. 54 f.: „Da bey jeder Handlung eines Menschen *Absicht* der nächste Erklärungsgrund, vermöge der Natur des menschlichen Geistes, seyn muß, mithin die Hervorbringung einer Wirkung durch *willkührliche* Handlung, ohne daß jene Wirkung *Zweck* der Willkühr gewesen, nur eine besondere *Ausnahme* von einer allgemeinen Regel ist; so muß auch ein rechtswidriger durch eine an sich willkührliche Handlung hervorgebrachter Effect so lange *als Zweck* des Willens angenommen werden, bis sich bestimmte Gründe für die Ausnahme zeigen *(Facta laesione praesumitur dolus, donec probetur contrarium)*."

Dagegen, auch aus heutiger Sicht noch zutreffend, KÖSTLIN, *Neue Revision der Grundbegriffe des Criminalrechts*, § 112 a, S. 330: „Die Schuld in einer Handlung überhaupt darf nie präsumiert werden, da es im Wesen der Handlung liegt, eine gemischte zu seyn, d.h. ebensowohl das Princip des Unfreiwilligen als das des Freiwilligen in sich zu tragen."

2107 FEUERBACH, vorige Fußn., in den ersten acht Auflagen des *Lehrbuchs*, § 60; spätere Auflagen geben die Vermutung auf.

2108 CICERO, *pro Tullio*, 29, auch 34.

2109 Zutr. KÖSTLIN, *Neue Revision der Grundbegriffe des Criminalrechts*, § 112 a, S. 330.

2110 Dazu BRICOLA, *Dolus in re ipsa*, S. 7, 17 f., 50 ff., und durchgehend.

2111 Vgl. STS v. 20. 3. 1997 (A 2117), zit. bei RAGUÉS I VALLÈS, *El dolo y su prueba en el proceso penal*, S. 470.

Im Common Law-Raum bezeichnet *res ipsa loquitur* hingegen eine – im einzelnen unklare und umstrittene – Vermutung zivilrechtlicher Fahrlässigkeit *(negligence)*, dazu PROSSER & KEATON *on the Law of Torts*[5], § 39, S. 242 ff. m. w. Nachw.

2112 Auch *presumed/inferred/constructive malice* oder *malice in law*; zur Entwicklung siehe EDWARDS, Mens Rea *in Statutory Offences*, S. 8 ff. m. w. Nachw.

ipsa[2113] liegt –, so weist sie doch oft zahlreiche Ausnahmen oder Zonen des Nichtwissens bzw. der Empirielosigkeit auf, so daß sie selbst bei grundsätzlicher Widerlegbarkeit, wenn kein genügender Gegenbeweis zur Hand ist, falsche Ergebnisse produziert. Aus diesem gleichen Grunde, aus dem sich die – von positiven oder negativen gesetzlichen Beweisregeln – „freie" Beweiswürdigung wegen ihrer Flexibilität den notwendig schematisierenden[2114] Legalbeweissystemen als weit überlegen erwiesen hat, sind Vorsatzvermutungen aller Art angesichts ihrer Fehleranfälligkeit untaugliche Beweisinstrumente. Als „Brücken auf dem Weg von der Erfolghaftung zum Verschuldensprinzip"[2115] mögen sie zu begrüßen sein, da sie die Ablösung rein objektiver Haftung ankündigen, doch sobald ein Stadium erreicht ist, das das Versagen eines Individuums und nicht eines Rollenträgers als Zurechnungsgrund und somit ein Individuum und nicht den (auswechselbaren) Inhaber einer Rolle (als Bündel schematisierter Verhaltenserwartungen) als Zurechnungsendpunkt nimmt,[2116] ist eine schematisierend verfahrende Konstitution des prozessualen Sachverhalts anachronistisch[2117]. Erst die Flexibilität der „freien Beweiswürdigung" garantiert die eine materiell erforderte individuelle Zurechnung auch im Prozeß.

Entsprechendes gilt für funktional äquivalente Umkehrungen der formellen Beweislast (Darlegungslast, *evidential burden, burden of production)* oder materiellen Beweislast *(burden of persuasion)*, die das Risiko des *non liquet* verteilt, für Unkenntnis und Irrtum,[2118] die für Entlastungsbeweise bzw. *defenses* immer noch verbreitet ist[2119] – wobei nicht nur die Großzügigkeit oder Härte der materiellen Irrtumsregeln, sondern erst recht die Beweislastordnung stets im Zusammenhang mit den Eigenheiten der jeweiligen Prozeßstruktur stehen.[2120]

Nicht-empirische Vermutungen sind solche, die zwar auch beweisersetzend wirken, aber beweisextern motiviert sind und sich – den [Vorsatz] betreffend – zumeist auch als Modifikation materieller Normen darstellen lassen. Dies gilt erst recht für

---

2113 Dazu oben Fußn. 2068 am Ende.

2114 Dazu Stuckenberg, *Untersuchungen zur Unschuldsvermutung*, S. 450 ff., 553 f.

2115 Germann, *Das Verbrechen im neuen Strafrecht*, S. 158.

2116 Vgl. nur Jakobs, ZStW 101 (1989), 516, 518 f.; auf die Unterscheidung von Individuum und Person kommt es hier noch nicht an.

2117 Drastisch Beling, *Unschuld, Schuld und Schuldstufen*, S. 27 f.: „Strafprozessualische Präsumtionen contra reum waren ein Notbehelf in der Zeit, in der die formale Beweistheorie dem Richter die Hände band. Für unsere Zeit sind sie eine Barbarei und ein testimonium paupertatis. In jenen früheren Zeiten konnten strafprozessualische Rechtsvermutungen als eine Art raison de guerre gerechtfertigt werden, als ein verzweifeltes aus der Kriegsnot geborenes Mittel, um des Verbrecherheers im strafprozessualischen Kampfe Herr zu werden. In solch eisernem Zeitalter leben wir heute nicht mehr, und es ist an der Zeit, daß jene raison de guerre der Zivilisation weiche."

2118 Zur Struktur von Vermutungen und Beweislastumkehrungen siehe Stuckenberg, *Untersuchungen zur Unschuldsvermutung*, S. 453 ff., 469 ff. m. w. Nachw.

2119 Dazu Stuckenberg, *Untersuchungen zur Unschuldsvermutung*, S. 39, 266 ff., 306 ff., 329 ff., 372 f. m. w. Nachw.

2120 Zutr. Fletcher, *Rethinking Criminal Law*, S. 754 (Enge der Irrtumsregeln auch motiviert durch fehlende Rechtsmittel gegen Freispruch).

unwiderlegliche Vermutungen *(praesumtiones iuris ac de iure)*, die nur eine Formulierungsvariante materieller Normen darstellen: So läßt sich der Satz *nemo censetur ignorare leges* als unwiderlegliche prozessuale Vermutung begreifen oder äquivalent durch Verzicht auf ein materielles Merkmal der Verbotskenntnis ausdrücken.

c) Zusammenhang von materiellem Begriff und Beweisrecht

In allen Anwendungskontexten, die sich im Strafrecht fast ausschließlich auf Gerichtsverfahren beschränken, kommt es auf den materiellen Vorsatzbegriff nur in seiner um die Anwendungsbedingungen erweiterten Form, d.h. auf den praktischen oder prozessualen Vorsatzbegriff an.[2121] Inhalt und Weite des materiellen Vorsatzbegriffs und die Ausgestaltung des Beweisrechts und die aus beiden Faktoren resultierende Leichtigkeit oder Schwierigkeit der prozessualen Etablierung von [Vorsatz] bedingen letztlich die Schärfe oder Milde der strafrechtlichen Haftung für Vorsatztaten.[2122]

Die Formulierung der abstrahierenden materiellen Normsätze wird daher zweckmäßigerweise – im Interesse der Rationalität der Rechtsanwendung[2123] – mit Rücksicht auf die Anwendungsbedingungen erfolgen im Sinne einer „ganzheitlichen Betrachtungsweise“,[2124] die dem Zusammenhang („Wirkungseinheit“[2125]) zwischen materiellem Strafrecht und Prozeßrecht[2126] Rechnung trägt[2127] (Praktikabilität des

---

2121 Zur Terminologie siehe oben Fußn. 2057.

2122 Ähnlich Frisch, Gedächtnisschrift Karlheinz Meyer, S. 533, 535 f.; Ragués i Vallès, GA 2004, 257, 261.

2123 Zutr. Ragués i Vallès, *El dolo y su prueba en el proceso penal*, S. 203 (“exigencia de racionalidad en el discurso jurídico”).

2124 Vest, *Vorsatznachweis und materielles Strafrecht*, S. 3; ähnl. Ragués i Vallès, GA 2004, 257, 261 („vollständige Vorsatzlehre“).

Denn schon die Veränderung allein der Anwendungsregeln (des Prozeßrechts) verändert den *praktischen* Begriff – so daß auch der abstrahierte materielle Begriff einen anderen Inhalt erhält, mag sein Name auch gleich bleiben, zutr. Volk, Festschrift 50 Jahre BGH, S. 739, 748.

2125 Zipf, *Kriminalpolitik*², S. 54.

2126 Dieser Zusammenhang ist im Common Law-Raum traditionell präsent, siehe nur die Beweislastregelung im Model Penal Code § 1.12 mit Comment 1 Fn. 1 (S. 188); LaFave, *Criminal Law*³, § 2.13, S. 165 f., sowie § 3.5(f); Edwards, Mens Rea *in Statutory Offences*, S. 90 ff., 190 ff., – die Kehrseite dieser Aufmerksamkeit ist die große, wenngleich abnehmende Zahl von gesetzlichen Vermutungen – und wird auch im kontinentalen Strafrechtsdenken zunehmend beachtet, siehe von Overbeck, ZStrR 33 (1920), 234 ff., 240, 258; Ancel, Rev.int.dr.comp. 1 (1949), 512, 513 f.; von Gemmingen, *Probleme der Strafrechtsanwendung*, S. 64 ff.; Schultz, *Strafrechtsvergleichung als Grundlagenforschung*, S. 7, 12; Bricola, *Dolus in re ipsa*, S. 2 und passim; Peters *Die strafrechtsgestaltende Kraft des Strafprozesses*; ders., *Strafprozeß*⁴, S. 11 ff.; Lüderssen, ZStW 85 (1973), 288 ff.; Arzt, *Der Einfluß von Beweisschwierigkeiten auf das materielle Recht*, S. 77 ff.; ders., *Ketzerische Bemerkungen zum Prinzip in dubio pro reo*, S. 14, 17 f.; ders., Festschrift 50 Jahre BGH, S. 755 ff.; Krauss, *Das Prinzip materieller Wahrheit im Strafprozeß*, S. 65 ff., 72 ff.; Naucke, *Lücken im Allgemeinen Teil des Strafrechts*, S. 269, 274; Volk, *Materielle Wahrheit*, S. 18 ff.; ders., Festschrift Arthur Kaufmann, S. 611 ff.; ders., Festschrift 50 Jahre BGH, S. 739 ff.; Vest, *Vorsatznachweis und materielles Strafrecht*, durchgehend; ders., ZStW 103 (1991), 584 ff.; Hillenkamp, Festschrift

Gesetzes[2128]). Denn bei Überspannung der materiellrechtlichen Anforderungen oder konzeptionellen Fehlansätzen – gerade bei Rekurs auf alltagspsychologische Typen ist der Versuchung zu widerstehen, überall da, wo sich ein Wort findet, auch einen Gegenstand zu vermuten, und so Scheinrealitäten zu „Beweisgegenständen" zu machen, wo nichts zu „beweisen" ist – derart, daß sie unter dem jeweiligen Beweisrecht selten oder gar nicht darstellbar sind, besteht die Gefahr, daß die Strafnorm entweder praktisch ineffektiv oder ein anderer als der prätendierte Begriff angewendet[2129] oder das Beweisrecht unterlaufen wird durch verschleierte Unterschreitung des Beweismaßes (faktische „Verdachtsstrafen")[2130]. Deshalb sollte die gesetzgeberische Fassung subjektiver Merkmale die im eigenen Erleben und der sozialen Deutung mögliche Präzision nicht überfordern (siehe oben 8.),[2131] zumal die Modellvorstellung, ein Täter handele in bewußter Vorstellung aller tatbestandsrelevanten Umstände, häufig, vor allem bei Spontantaten, ohnehin nicht eindeutig darstellbar sein wird, so daß zu mehr oder wenigen verdeckten Zuschreibungen oder begriffsstreckenden Notbehelfen wie „Mitbewußtsein",[2132] "capacity approach

---

Wassermann, S. 861 ff.; DERS., Gedächtnisschrift Armin Kaufmann, S. 351, 360 f.; HEINE, JZ 1995, 651, 652 ff.; LING, JZ 1999, 335 ff.; WEIGEND, ZStW 105 (1993), 774, 776; DERS., Festschrift Triffterer, S. 695 ff.; HOYER, ZStW 105 (1993), 523, 549 ff.; GEPPERT, Gedächtnisschrift Schlüchter, S. 43 ff., 59 ff. m. w. Nachw.; DETZNER, *Rückkehr zum „klassischen Strafrecht" und die Einführung der Beweislastumkehr*, S. 265 ff.; BOCK, *Begriff, Inhalt und Zulässigkeit der Beweislastumkehr im materiellen Strafrecht*; HOHN, *Die Zulässigkeit materieller Beweiserleichterungen im Strafrecht*, durchgehend; eingehend zum Vorsatz: RAGUÉS I VALLÈS, *El dolo y su prueba en el proceso penal*, S. 17 ff., 193 ff., 199 ff. und passim m. w. Nachw.

2127 Im Gegensatz zu der in manchen Strafrechtsdogmatiken verbreiteten Sicht des strikten „Trennungsdenkens", exemplarisch SCHMIDHÄUSER, Festschrift Hellmuth Mayer, S. 317, 331: „der Begriff der Straftat und ihrer einzelnen Momente darf sich nicht nach deren prozessualer Beweisbarkeit richten. Vielmehr bestimmt der Begriff der Straftat und ihrer Momente, worauf sich die Beweistätigkeit zu richten hat."; ebenso KÖHLER, *Strafrecht Allgemeiner Teil*, S. 150; siehe auch HALL, *General Principles of Criminal Law*², S. 20 f., 117 ff.; w. Nachw. bei RAGUÉS I VALLÈS, *El dolo y su prueba en el proceso penal*, S. 198; Übersicht über die verschiedenen Modelle bei LR²⁵-LÜDERSSEN, Einl. L Rn. 3 ff.

2128 PETERS, *Strafprozeß*⁴, S. 12; für den Vorsatz auch FRISCH, Gedächtnisschrift Karlheinz Meyer, S. 533, 547, 552, 566; HERZBERG, JZ 1988, 635, 637 f.; NK-StGB-PUPPE, § 15 Rn. 60; LING, JZ 1999, 335 ff. Zu *aplicabilidad* als Maßkriterium siehe RAGUÉS I VALLÈS, *El dolo y su prueba en el proceso penal*, S. 193 ff.

2129 Zutr. PUPPE, ZStW 103 (1991), 1, 6 ff., 11; NK-StGB-PUPPE, § 15 Rn. 32, 138; RAGUÉS I VALLÈS, *El dolo y su prueba en el proceso penal*, S. 196 ff. m. w. Nachw.

2130 BRICOLA, *Dolus in re ipsa*, S. 23.

2131 KRAUSS, *Das Prinzip materieller Wahrheit im Strafprozeß*, S. 65, 72: „Die Tatbestandsbeschreibungen und Wertungen müssen verfahrensgemäß und eben »verhandlungsfähig« sein. Das heißt aber: komplizierte Phänomene der Straftat, gerade auch die psychischen Vorgänge der subjektiven Tatseite, müssen »einsichtig« werden." Krit. KLEE, *Der dolus indirectus*, S. 36: „nivellierender Einfluß der Beweisfrage auf theoretische Differenzen".

2132 Zu den Mitbewußtseinslehren siehe oben Fußn. 678, 1542. Vgl. schon KLEE, ZStW 48 (1928), 1, 4: „Denn zum Vorsatz ist ein deutliches Bild der zum gesetzlichen Tatbestand gehörigen Merkmale in der Vorstellung des Täters keineswegs erforderlich. ... so genügt zur Zurechnung ... ein wenn auch noch so verblaßtes, an der Schwelle des Unterbewußtseins liegendes Bild. Mehr to knowledge“,[2133] *tacit/latent knowledge,*[2134] *wilful blindness/connivance („knowledge in the second degree“)*[2135] etc. gegriffen wird. Entsprechendes gilt bei unzweckmäßiger Gestaltung des Beweisrechts, etwa zu geringer Anzahl zulässiger Beweismittel, die zu Umgehungen und Behelfskonstruktionen einlädt wie die Praxis des gemeinen kontinental-europäischen Strafrechts drastisch gezeigt hat, oder bei zu hohem Beweismaß[2136].

Auf Beweisschwierigkeiten eines bestimmten Normmerkmals kann folglich durch Veränderung seines praktischen/prozessualen Begriffs, bei einer Unterscheidung von materiellem und formellen Recht[2137] somit entsprechend auf zweierlei Art reagiert werden:[2138] durch Änderung des materiellen Begriffs[2139] oder Modifikation der Anwendungsbedingungen, hier also der beweisrechtlichen Regeln. Dabei ist es für den vollständigen (praktischen/prozessualen) Begriff unerheblich, an welcher Stelle innerhalb seiner Elemente eine Unterteilung zwischen materiellem und formellem (prozessualem) Anteil gezogen wird, sofern die Summe der Elemente unverändert bleibt. Der Umfang eines materiellen Normmerkmals, das nur eine unvollständige, um die Anwendungsbedingungen kupierte Strafbedingung bezeichnet, bestimmt sich nach theoretischen Konzeptionen des „materiellen“ Rechts, rechtsmittelrechtlichen Differenzierungen nach Tat- und Rechtsfrage usw. Aus der Anwendungsperspektive gesehen sind die Grenzen zwischen materiellem Begriff und Beweisrecht fließend: Beispielsweise kann die bewußte Schaffung einer „unabgeschirmten Gefahr“[2140] oder „Vorsatzgefahr“[2141] als Definitionskriterium

---

verlangen, hieße die Kraft des Strafrechts gerade der gefährlichsten, in Gewohnheit fast mechanisch handelnden Verbrecherklasse gegenüber bedenklich schwächen.“

2133 Siehe oben Fußn. 1543.

2134 Siehe oben Fußn. 681.

2135 Zu *connivance* siehe oben Fußn. 2034.

2136 Vgl. Weigend, Festschrift Triffterer, S. 695, 704 f., 712; Arzt, *Der Einfluß von Beweisschwierigkeiten auf das materielle Recht*, S. 77, 94 f. m. w. Nachw.

2137 Die Lüderssen, ZStW 85 (1973), 288, 315, sogar für entbehrlich hält.

2138 Siehe oben Fußn. 2126, insb. LaFave, *Criminal Law*^{3}, § 2.13, S. 166; Vest, *Vorsatznachweis und materielles Strafrecht*, S. 73 ff.; Weigend, Festschrift Triffterer, S. 695, 699 ff. m. w. Nachw., sowie Grünwald, in: Verhandlungen des 49. DJT, Bd. II, M 113 f., der drei Wege nennt, eine „Verdachtsstrafe“ zu schaffen: 1. offen durch Beweislastumkehr, 2. „scheinbar eleganter“, indem für das Unrecht wesentliche Elemente aus dem Tatbestand ausgeklammert werden, also etwas anderes unter Strafe gestellt wird als das wirkliche Unrecht, 3. durch Poenalisierung der Leichtfertigkeit als Auffangtatbestand für nicht erwiesenen Vorsatz.

2139 Vgl. Damaška, 121 U.Pa.L.Rev. 506, 548 mit Fn. 92 (1972–73): Es sei *terra incognita*, wieviele Beweisprobleme im kontinentalen Recht ihre Lösung im materiellen Strafrecht gefunden hätten.

2140 Herzberg, JuS 1986, 249, 256, 260 ff.; ders., NJW 1987, 1461, 1464; ders., JZ 1988, 635, 639 ff.; ders., JZ 1989, 470, 476 f.; ders., Festschrift 50 Jahre BGH, S. 51, 78 ff.

2141 Puppe, ZStW 103 (1991), 1 ff., 14 ff.; dies., *Vorsatz und Zurechnung*, S. 35 ff.; NK-StGB-Puppe, § 15 Rn. 85 ff., 90 ff., 92. Es handelt sich jeweils um Wiederbelebungen der *doctrina Bartoli* bzw. des *dolus indirectus*, vgl. Klee, *Der dolus indirectus als Grundnorm der vorsätzlichen Schuld*, S. 23, 33; Graf zu Dohna, ZStW 32 (1911), 323, 332 f. Zusammenfassung der Kritik jüngst bei Roxin, Festschrift Rudolphi, S. 243, 250 ff.; auch Vogel, GA 2006, 386, 388 f.

des materiellen Begriffs und ebenso als (ggf. konklusives) Beweisanzeichen dienen. Deutlich wird die Integration von Beweisanzeichen in den materiellen Begriff insbesondere, wenn, wie gezeigt, [Vorsatz] als Dispositionsprädikat[2142] oder „typologischer Begriff“ [2143] verstanden wird.

Die Modifikation von Anwendungsregeln zur Behebung von Beweisschwierigkeiten kann in der Absenkung des Beweismaßes oder – “helping out a false theory by a fiction” [2144] – Heranziehung beweisersetzender Vermutungen – beispielsweise in der gemeinrechtlichen Figur des *dolus praesumtus*, der aber im Gegensatz zum durch manifeste Indizien oder Geständnis voll bewiesenen *dolus verus* nur die mildere *poena extraordinaria* erlaubte,[2145] oder im *prima facie*-Beweis von *implied malice* –, vor allem aber in der Umkehrung des Beweisthemas und Verschiebung der Beweislast auf den Angeklagten bestehen,[2146] was wiederum der Wirkung von Rechtsvermutungen entspricht. Sanktionen für mindere Beweismaße erlaubten bekanntlich die gemeinrechtlichen Figuren der *poena extraordinaria* sowie der *absolutio ab instantia*.

Modifikationen des materiellen Rechts können wiederum auf mehrerlei Weise geschehen, beispielhaft:

(1) Dem beweisschwierigen Begriff werden weitere zur Seite gestellt, etwa in Form einer Erweiterung der Strafbarkeit durch Hinzufügung weiterer Verhaltensformen – der Absicht *(purpose)* werden Wissentlichkeit *(knowledge)* und *recklessness* zugesellt – , deren Anzahl die Nachweismöglichkeiten verbessert, auch wenn dabei ggf. das Strafniveau geringer ist, so wenn neben der vorsätzlichen auch die (grob) fahrlässige Begehung poenalisiert wird.[2147] Eine solche Erweiterung kann auch nur einzelne Normmerkmale betreffen wie das Alter eines Notzuchtopfers[2148] oder den Taterfolg bei den praeterintentionalen/erfolgsqualifizierten Delikten.[2149]

2142 Siehe oben bei Fußn. 390 f. und 2053 ff.

2143 SCHÜNEMANN, Festschrift Hirsch, S. 363, 370 ff.

2144 HOLMES, *The Common Law*, S. 107 (zu *implied intent*).

2145 Siehe Anhang VII.1. bei Fußn. 244 ff., 259 ff.

2146 Vgl. GESSLER, *Ueber den Begriff und die Arten des Dolus*, S. 282: „Der nahe Zusammenhang der Bestimmung des Begriffs und der Arten des Dolus mit der Frage über seinen Beweis erhellt auch aus der dogmengeschichtlichen Entwicklung der Lehre vom Dolus, indem die Vermuthung des Dolus vielfach dazu dienen mußte, durch sie dasjenige Resultat zu erreichen, welches auf dem Wege des materiellen Strafrechts zu erreichen als unmöglich erkannt wurde.“

2147 Zur Funktion der Leichtfertigkeitsalternative im deutschen Recht als „Verdachtsstrafe“ für nicht beweisbaren Dolus vgl. HILLENKAMP, Festschrift Wassermann, S. 861, 868 f.; SCHUBARTH, ZStW 92 (1980), 80, 100 ff. (moderne *poena extraordinaria*); DERS., *Zur Tragweite des Grundsatzes der Unschuldsvermutung*, S. 4 Fn. 15; HACK, *Probleme des Tatbestands Subventionsbetrug, § 264 StGB*, S. 122 ff., 134 m. w. Nachw.; LÜDERSSEN, ZStW 85 (1973), 288, 302 f.; WEIGEND, Festschrift Triffterer, S. 695, 697, 702; w. Nachw. bei STUCKENBERG, *Untersuchungen zur Unschuldsvermutung*, S. 96 Fn. 388.

2148 Vgl. Art. 191 Ziff. 3 schwStGB a.F.

2149 Vgl. AMBOS, GA 2002, 455, 476; VEST, *Vorsatznachweis und materielles Strafrecht*, S. 153 ff.; SCHUBARTH, *Zur Tragweite des Grundsatzes der Unschuldsvermutung*, S. 4 Fn. 15.

(2) Durch Dehnung des materiellen Begriffs: Dem beweisschwierigen Begriff werden nicht weitere selbständige Begriffe zur Seite gestellt, sondern als Unterbegriffe in diesen inkorporiert. So kann ein enger, ursprünglich nur die Absicht *(animus)* umfassender Dolusbegriff erstreckt werden bis auf die Risikokenntnis *(dolus indirectus/eventualis).*[2150] Auch „Normativierungen" im engeren Sinne haben einen beweiserleichternden Effekt, selbst wo dies nicht ihr primäres Motiv ist, so wenn der indiziell erschlossenen Kenntnis die vorwerfbare Unkenntnis von Tatumständen *(doctrina Bartoli; ignorantia crassa et supina; wilful blindness/connivance; Caldwell recklessness)* oder des strafrechtlichen Verbots („potentielles Unrechtsbewußtsein"[2151]) gleichgestellt wird (oben 8.).

(3) Durch Reduktion – etwa der Kenntnisanforderungen bei „normativen" oder „wertenden" Tatbestandsmerkmalen (oben V.2.b)bb)(2)) oder dem Kausalverlauf, generelles Genügen eines latenten Wissens[2152] oder Herausnahme bestimmter Merkmale (oft das Alter des Notzuchtopfers[2153]) aus dem Kenntniserfordernis mit der Folge der Inkongruenz objektiver und subjektiver Tatseite (objektive Strafbarkeitsbedingungen[2154]) – oder Streichung des beweisschwierigen Begriffs oder – nur in der Formulierung verschieden – dessen unwiderlegliche Vermutung, z.B. als *dolus in re ipsa.*[2155] Reine Formaldelikte finden sich in moderner Zeit indes zumeist nur bei massenhafter Bagatellkriminalität, was den endlichen Ressourcen der Justiz entgegenkommt, und Nebengebieten wie Steuerstrafrecht etc. Ebenso nimmt eine unwiderlegliche Vermutung der Kenntnis der Strafgesetze einem materiell-rechtlich erforderlichen Unrechtsbewußtsein *(dolus malus)* jede praktische Bedeutung.[2156]

(4) Reduktion oder Verschiebung des gesamten Tatbestands, d.h. Poenalisierung (vermeintlich) leichter beweisbaren Verhaltens („Auffangtatbestände"), z.B. Versuchs- (erfolgskupierte Delikte, überschießende Innentendenzen), Vorfeld-

---

2150 Zur Beweisfunktion des *dolus indirectus/eventualis* und der Fahrlässigkeit siehe VEST, *Vorsatznachweis und materielles Strafrecht,* S. 76 ff., 102 ff., 114 ff., sowie LÜDERSSEN, ZStW 85 (1973), 288, 303 Fn. 49; OSTERMEYER, *Strafunrecht,* S. 72; DERS., *Strafrecht und Psychoanalyse,* S. 25; PETERS, Festschrift Klug, Band II, S. 539, 548; SCHRÖDER, NJW 1959, 1903, 1904; HILLENKAMP, Festschrift Wassermann, S. 861, 867 f.; VOLK, Festschrift Arthur Kaufmann, S. 611, 623 f.; DERS., Festschrift 50 Jahre BGH, S. 739, 746 Fn. 19; LING, JZ 1999, 335, 335 f.; GEPPERT, Gedächtnisschrift Schlüchter, S. 43, 59; speziell zum Fahrlässigkeitsdelikt als Auffangtatbestand bei nicht nachweisbarem Vorsatz BGHSt 17, 210, 212 f.

2151 Statt vieler VEST, *Vorsatznachweis und materielles Strafrecht,* S. 124 ff. m. w. Nachw.

2152 In der deutschsprachigen Dogmatik unter den Topoi „Mitbewußtsein" und „Sachdenken", vgl. VEST, *Vorsatznachweis und materielles Strafrecht,* S. 96 ff. m. w. Nachw. sowie oben Fußn. 678, 1542.

2153 Vgl. ANDENÆS, *The General Part of the Criminal Law of Norway,* S. 208; Model Penal Code § 213.6(1) Satz 1.

2154 Dazu VEST, *Vorsatznachweis und materielles Strafrecht,* S. 166 ff. m. w. Nachw.

2155 Siehe oben Fußn. 2113.

2156 Siehe oben b)dd) am Ende.

(Verabredungs-, Vorbereitungs-, Organisationsdelikte), Gefährdungs- (statt Verletzungs-) oder Besitztatbestände usw.[2157]

Möglich sind schließlich Mischformen materiell- und prozeßrechtlicher Beweisfunktionen, so können typische Beweisanzeichen zum Tatbestandsmerkmal avancieren[2158] oder Formaldelikte einen Gegenbeweis zulassen.

Es wäre freilich zu einseitig, Begriffserweiterungen stets und nur als beweisfunktional motiviert zu deuten. Ein zu enger Vorsatzbegriff kann auch axiologisch unbefriedigend sein (oben 8.) und deshalb verändert werden, wobei ein simultaner beweiserleichternder Effekt selten unwillkommen ist.

VI. Teleologie des Vorsatzes

1. Begründungen für die hervorgehobene Bestrafung

non debet puniri aeque dolus et non dolus[2159]

Im folgenden seien einige der wesentlichen in den verschiedenen Rechtsordnungen diskutierten Vorschläge knapp vorgestellt, die die hervorgehobene Bestrafung „vorsätzlicher“ Taten *(dolus, intention, intent, knowledge, умысел)* im Verhältnis zu unvorsätzlicher, fahrlässiger Tatbegehung *(culpa, negligence, неосторожность)* zu begründen oder wenigstens zu erklären suchen. Eine endgültige argumentative Klärung muß einer gesonderten Untersuchung über die völkerstrafrechtliche *lex lata et ferenda* vorbehalten bleiben, doch eine erste abstrakte Plausibilitätsprüfung sei bereits hier erlaubt.

Wenn rechtliche Begriffe ihren Gehalt aus ihrer Funktion in einem Regelsystem erhalten (siehe oben C.I.), so beziehen die Rechtsbegriffe, die die subjektive Tatseite kennzeichnen, ihren Gehalt aus ihrer Funktion als Form der subjektiven Zurechnung und letztlich als Strafvoraussetzung. Die international erstaunlich einheitliche Differenzierung zwischen als „vorsätzlich“ und „fahrlässig“ gekennzeichneten Taten dahingehend, daß „fahrlässige“ Tatbegehung entweder nicht oder unter deutlich geringere Strafe gestellt, umgekehrt „Vorsatz“ entweder Bedingung für Strafe überhaupt oder für deutlich höhere Strafe ist, muß daher ihre Erklärung in unterschiedlichen Sanktionsbedürfnissen[2160] und damit letztlich im Zweck der Strafe finden,

---

2157 Dazu Arzt, *Der Einfluß von Beweisschwierigkeiten auf das materielle Recht*, S. 77, 79 f., 91, 94 f.; Ecker, *Die Verwendung und Feststellung „subjektiver Verbrechensmerkmale“*, S. 92 ff.; Hillenkamp, Festschrift Wassermann, S. 861, 872 f.; Volk, ZStW 104 (1992), 834, 840; Heine, JZ 1995, 651, 652.

2158 Vgl. nur Bricola, *Dolus in re ipsa*, S. 21 f.; Arzt, Festschrift 50 Jahre BGH, S. 755 ff.

2159 Baldus, VI C. de servis fugitivis l. quicunque, n. 17.

2160 Vgl. Jakobs, *Studien zum fahrlässigen Erfolgsdelikt*, S. 107; ders., Festschrift Welzel, S. 307, 315. Ebenso für die französische Rspr. Mercadal, Rev.sc.crim. 22 (1967), 1, 17 m. w. Nachw., die unter dem Ancien Code pénal, der kaum explizite subjektive Merkmale enthielt, aus den *besoins* der somit ausschlaggebend ist für die Abgrenzung verschiedener Formen subjektiver Zurechnung gegeneinander und hier für die Kontur des „Vorsatz"begriffs.[2161] Es mag sich freilich erweisen, daß Zweckbezüge keine präzisen Ableitungen erlauben.[2162] Aber ohne wenigstens den Versuch einer Rückführung auf den Zweck der Zurechnung und weiter auf den Zweck der Strafe bleibt jede Begriffsbestimmung von „Vorsatz" etc. „sinnlos",[2163] da eine endostrukturelle Explikation (etwa anhand vermeintlicher alltagspsychologischer Evidenzen) stets ohne normativen Maßstab und Bezugspunkt ist, sowohl *de lege lata*, weil die jeweilige *lex lata* regelmäßig unterbestimmt ist, also für zahlreiche Fälle keine eindeutige Regelung anbietet, somit auslegungs- oder ergänzungsbedürftig ist, als erst recht *de iure condendo* sowie für eine Strafrechtsdogmatik, die eine Zurechnungstheorie und nicht nur eine Lehre vom jeweiligen positiven Recht formulieren will. Dies gilt umso mehr im Völkerstrafrecht, das erst seit kurzem spärliche und mißlungene Regeln zur subjektiven Tatseite kennt und dessen dogmatische Ordnung ganz am Anfang steht. Gleichwohl wird die *ratio* der Vorsatzstrafe nur selten erörtert. Zu selbstverständlich ist offenbar diese ebenso im Alltagsleben – auch bei lobender Zurechnung[2164] – fundamentale Unterscheidung bewußt gesteuerten und versehentlichen Verhaltens. Im wesentlichen werden folgende Gesichtspunkte, die sich nicht stets klar trennen lassen, diskutiert:

---

répressifs, vor allem der Höhe der angedrohten Strafe zurückschloß, ob *intention* für ein Delikt zu fordern sei oder nicht.

Hingegen bleiben bei KINDHÄUSER, Festschrift Eser, S. 345, 346 f., 357 f., die Zurechnungsfiguren von Vorsatz und Fahrlässigkeit von Strafmaßerwägungen isoliert, denn „Dass Fahrlässigkeit de facto milder bestraft wird als Vorsatz ist kein allgemeines Prinzip, sondern eine ... noch nicht einmal durchgängige legislatorische Dezision." (347) – immerhin handelt es sich aber auch rechtsvergleichend um eine so stabile und trotz Ausnahmen grundlegende „Dezision", daß man sie, etwa in der vorzitierten Formulierung von BALDUS, getrost ein Prinzip nennen darf.

2161 FRISCH, *Vorsatz und Risiko*, S. 31 ff., 102 ff.; DERS., Gedächtnisschrift Armin Kaufmann, S. 311, 320 f.; JAKOBS, *Studien zum fahrlässigen Erfolgsdelikt*, S. 104 ff., 107 f.; DERS., *Strafrecht Allgemeiner Teil*², Tz. 8/21; DERS., ZStW 101 (1989), 516 ff.; 527 ff.; HASSEMER, Gedächtnisschrift Armin Kaufmann, S. 289, 294 u. ff.; SCHÜNEMANN, GA 1985, 341, 362 ff.; DERS., Festschrift Hirsch, S. 363, 371 u. ff.; DERS., 50 Chengchi L. Rev. 259, 268 ff. (1994); DERS., Festschrift Roxin, S. 1, 20; SCHROTH, *Vorsatz als Aneignung der unrechtskonstituierenden Merkmale*, S. 65 ff.; RAGUÉS I VALLÈS, *El dolo y su prueba en el proceso penal*, S. 33 ff.; auch STRATENWERTH/KUHLEN, *Strafrecht Allgemeiner Teil I*⁵, § 8 Rn. 62; ROXIN, *Zur Abgrenzung von bedingtem Vorsatz und bewußter Fahrlässigkeit*, S. 209, 222 f.

2162 So STRATENWERTH, *Was leistet die Lehre von den Strafzwecken?*, S. 15 ff., dazu GÜNTHER, *Schuld und kommunikative Freiheit*, S. 80 ff.

2163 HASSEMER, Gedächtnisschrift Armin Kaufmann, S. 289, 294 („Wer diese Frage [nach dem rechtfertigenden Grund der ... hervorgehobenen Inkriminierung vorsätzlichen Verhaltens] nicht beantworten kann, wird keine normativ akzeptablen Kriterien der Vorsatzgrenze begründen können"); eingehend JAKOBS, *Strafrecht Allgemeiner Teil*², Tz. 8/5 ff.; DERS., *Über die Aufgabe der subjektiven Deliktseite*, S. 271, 275 ff.; DERS., ZStW 101 (1989), 516, 518 u. ff.

2164 FLETCHER, *Basic Concepts of Criminal Law*, S. 111 f.; RAGUÉS I VALLÈS, *El dolo y su prueba en el proceso penal*, S. 34 Fn. 30.

a) „Vorsatz“ als Leitbild individueller Zurechnung

aa) Intention als zentrales Attributionskriterium

Voluntas quippe est qua et peccatur et recte vivitur.[2165]

... even a dog distinguishes between being stumbled over and being kicked.[2166]

Pour la question de la responsabilité ou de l'imputabilité c'est, en général, l'intention de l'auteur qui importe.[2167]

Human society is a society of persons. ... persons interpret each other's movements as manifestations of intention and choices, and these subjective factors are often more important to their social relations than the movements by which they are manifested or their effects.[2168]

... law ... should in general reflect in its judgments on human conduct distinctions which ... pervade the whole of our social life.[2169]

Ein zentraler Aspekt besteht darin, daß die „vorsätzliche“ Begehensweise – wie schon mehrfach angesprochen – das Idealbild der *actio humana* darstellt, d.h. einer auf einem praktischen Syllogismus beruhenden, vom „Willen“ gesteuerten, zielgerichteten oder finalen Handlung in Kenntnis aller relevanten Umstände. Entspricht eine Handlung ganz dem „Willen“ – genauer der Zielsetzung oder sogar dem Wunsch – des Handelnden, so kann sie ganz als äußere Manifestation seines „Willens“, als „sein Werk“, als Ausdruck seiner Persönlichkeit[2170] bzw. Wahl *(choice)* einer autonomen Person[2171] angesehen werden. Sie läßt sich ganz auf ihn als „Ursache“ oder „Urheber“ zurückführen, mit anderen Worten: Es liegt das Vollbild der Zurechnung der Handlung zu dieser individuellen Person als Endpunkt vor.[2172]

2165 AUGUSTINUS, *Retractationes*, I, IX (VIII), 4 [CCL 57, 26].

2166 HOLMES, *The Common Law*, S. 7; vgl. aber S. 13: "The hatred for anything giving us pain, which wreaks itself on the mainfest cause, and which leads even civilized man to kick a door when it pinches his finger ..." (zur *noxae deditio*); ebenso POLLOCK & MAITLAND, *The History of English Law*, vol. 2, S. 473; HART, *Punishment and the Elimination of Responsibility*, S. 158, 182 f.

2167 GLASER, *Infraction internationale*, S. 13; DERS., R.C.A.D.I. 99 (1960-II), 467, 477.

2168 HART, *Punishment and the Elimination of Responsibility*, S. 158, 182.

2169 HART, *Punishment and the Elimination of Responsibility*, S. 158, 183. Vgl. die Paraphrasierung von DWORKIN, *Taking Rights Seriously*, S. 11: "... the government must treat its citizens with the respect and dignity that adult members of the community claim from each other."

2170 Vgl. FLETCHER, *Basic Concepts of Criminal Law*, S. 123: "... in the case of intentional conduct, the actor invests more of her personality in trying to reach the intended result."; HASSEMER, Gedächtnisschrift Armin Kaufmann, S. 289, 296: „höhere Stufe innerer Beteiligung am äußeren Unrechtsgeschehen, ein hervorgehobener Modus des ‚Dafür-Könnens'“; DERS., *Einführung in die Grundlagen des Strafrechts*², S. 221 ff.

2171 Dazu ASHWORTH, *Principles of Criminal Law*⁴, S. 158 f. Zu den in der englischsprachigen Dogmatik vieldiskutierten *choice*- versus *capacities*-Modellen der Zurechnung siehe nur SISTARE, *Responsibility and Criminal Liability*, S. 18 f., 151 ff. m. w. Nachw.; krit. FLETCHER, *Basic Concepts of Criminal Law*, S. 111 ff., 127 f.

2172 Cf. DUFF, *Intention, Agency, and Criminal Liability*, S. 96: "To ascribe intentional agency is to ascribe unqualified responsibility", S. 98: "Intended and intentional agency also form the central paradigm of *responsible* agency." (Hervorh. im Original)

Das heißt umgekehrt, daß eine Distanzierung des Handelnden von der Handlung, eine Erklärung der Handlung an ihm vorbei durch andere „Ursachen", jedenfalls *sub specie* Handlungssteuerung[2173] nicht möglich ist.

Dem entspricht die geläufige Praxis intentionaler Handlungsbeschreibung, die Verhalten durch seine Zielrichtung klassifiziert („Intentio mea imponit nomen operi meo"[2174], „Nam maleficia voluntas et propositum delinquentis distinguit"[2175]):[2176] In dieser primären[2177] Handlungsbeschreibung ist es die Absicht, die das Verhalten ungeachtet seines Kontexts vollständig charakterisiert, das somit als vollständiger Ausdruck der Selbsttätigkeit des Akteurs erscheint. Schon die Zurechnung bewußt herbeigeführter Nebenfolgen, erst recht deren unbewußte Verursachung, erfordern eine sekundäre Handlungsbeschreibung, die den konkreten Handlungskontext miteinbezieht und so das Verhalten etwa als inadäquate Reaktion auf (riskante) Umstände ausweist.[2178] Bei unbewußter Verursachung von Nebenfolgen ist eine solche sekundäre Beschreibung simultan nur aus der *third person-perspective* möglich.

Stellt in dieser Sicht die absichtliche Handlung den Standard der vollen Zurechenbarkeit dar, so sind alle anderen Gestalten der subjektiven Handlungsbeteiligung zwingend Formen minderer Zurechnung: So wird schon die Gleichbehandlung der bloßen Wissentlichkeit, bei der der Handlungserfolg nicht mehr das angestrebte Ziel ist, begründungsbedürftig. Hat der Handelnde die Folge aber als sicher vorausgesehen, so läßt er sich kaum von ihr distanzieren, sie bleibt „sein" Werk. Die Verbindung wird lockerer, wenn der Handelnde die Folge nur als möglich vorausgesehen hat, und ist am schwächsten oder fehlt vollends, wenn keine Voraussicht vorlag – wird beispielsweise zur Zurechnung gefordert, daß ein Verhalten sich auf den „Willen" oder *autonomous choice* zurückführen oder im *desire-belief*-Modell der Handlung oder im praktischen Syllogismus darstellen läßt, so muß man sich auf die „Jagd nach dem Vorsatz in der Fahrlässigkeit"[2179] machen und die unbe-

---

2173 Eine Distanzierung des Handelnden von seiner Tat mag immer noch aufgrund anderer Umstände wie z.B. Notstand möglich sein. In einer entwickelten Zurechnungslehre muß dies aber nicht im Rahmen des „Vorsatzes" berücksichtigt werden. Anders ist es, wenn „Vorsatz" ein Bestandteil eines ungegliederten Schuldbegriffs ist, der auch wertende Momente umfaßt und etwa durch ein wohlmeinendes Motiv ausgeschlossen werden kann (z.B. Chr. Wolff, *Philosophia practica universalis*, Pars I, § 783), vgl. § 2 öStGB 1803/1852, oben Fußn. 239.

2174 Burton's *Legal Thesaurus*³, Stichwort "intent", S. 308, ohne Quellenangabe.

2175 D. 47, 2, 54 pr.; fast wörtlich so auch Bracton, *De Legibus et Consuetudinibus Angliae*, lib. III tract. II ch. XVII, fol. 136b: „voluntas & propositum distinguunt maleficium".

2176 Ebenso läßt sich „Strafe" selbst durch ihre Zielrichtung definieren oder durch die Intention des Strafenden, so z.B. Bentham, *Principles of Penal Law*, S. 365, 390 f. ("Punishment may be defined—an evil resulting to an individual from the *direct intention* of another, ...").

2177 Hier nur im klassifikatorischen Sinne „primär" und allenfalls bei der vorläufigen intuitiven Alltagsattribution, keinesfalls aber im normativen Sinne wie bei Finnis, *Natural Law and Natural Rights*, S. 122, siehe dazu unten bei Fußn. 2357.

2178 Ähnl. Fletcher, *Rethinking Criminal Law*, § 9.2.3, S. 712 (nur für *inadvertence*).

2179 Binding, *Die Normen und ihre Übertretung*, Band IV, S. 328.

wußte Fahrlässigkeit ist nicht zurechenbar,[2180] wenn nicht auf Hilfskonstruktionen wie Vorverschulden, „negativ-bösen Willen“,[2181] zurechenbar induzierter Habitus (Selbstkorrumpierung) usw. ausgewichen wird[2182].

Ist der „böse Wille“ das maßgebende Zurechnungskriterium und ein äußerer Akt nur deshalb erforderlich, weil der Wille ansonsten unerkannt bleibt[2183] – wie verbreitet in der moralischen Alltagszurechnung[2184] schon der Antike namentlich bei ARISTOTELES[2185] und in der stoischen Gesinnungsethik[2186] und erst recht im religiösen Bereich, etwa des Christentums,[2187] wo der dem Geschöpf verliehene freie Wille das einzige Instrument darstellt, eine Handlung *nicht* dem allmächtigen Schöpfergott, sondern dem insofern gottgleichen Geschöpf zuzuordnen,[2188] das sodann das säkulare Recht prägte, aber sehr ähnlich auch im Buddhismus[2189] –, so erklärt sich die Differenzierung zwischen „willentlicher“ und „unwillentlicher“ Handlung im Grundsatz von selbst, woraus sich weiter die traditionsreiche Einstufung von *dolus* als Willensfehler *(voluntatis vitium)* und der *culpa* als Verstandes-

---

2180 Siehe oben Fußn. 1145 und E. A. WOLFF, Der *Handlungsbegriff in der Lehre vom Verbrechen*, S. 24 ff., 26 f.; ARTH. KAUFMANN, *Das Schuldprinzip*, S. 156 ff., 162; KÖHLER, *Die bewußte Fahrlässigkeit*, S. 414 f.; DERS., *Strafrecht Allgemeiner Teil*, S. 177 f.; DERS., Festschrift Hirsch, S. 65, 74, alle m. w. Nachw.; zur Kritik siehe nur JAKOBS, *Studien zum fahrlässigen Erfolgsdelikt*, S. 133 ff.; DERS., *Strafrecht Allgemeiner Teil*², Tz. 19/14 Fn. 19 m. w. Nachw.; WILLIAMS, 10 Oxford J. Legal Stud. 1, 4 (1990).

2181 Siehe KLEIN, unten Anhang IX.1. bei Fußn. 433.

2182 Siehe nur ARTH. KAUFMANN, *Das Schuldprinzip*, S. 161 f. m. w. Nachw.

2183 So etwa BLACKSTONE, *Commentaries on the Laws of England*, vol. 4, S. 21.

2184 Nach HALL, *General Principles of Criminal Law*², S. 133 f., stellt daher die Begrenzung der Strafbarkeit auf bewußtes Handeln "the perennial view of moral culpability, but also the plain man's morality" dar.

2185 Siehe ARISTOTELES, *Nikomachische Ethik*, VIII, 1163 a 23 ff.: „bei Tugend und Sittlichkeit ist das Entscheidende die Absicht“ und Anhang IV.

2186 SENECA, *ad Lucilium epistulae morales*, ep. XCV, 57: „Actio recta non sit, nisi recta fuerit voluntas, ab haec enim est ratio. Rursus voluntas non erit recta, nisi habitus animus rectus fuerit, ab hoc enim est voluntas.“; DERS., *de beneficiis*, V, 14, 2; CICERO, *Paradoxa Stoicorum*, III, 20, 25 (oben Fußn. 1282); zahlr. Nachw. bei MÜLLER, *Ethik und Recht*, S. 15 ff.

2187 Siehe nur Markus 7, 15–16, 21–23; Matth. 5, 27 f.; AUGUSTINUS, *De moribus Ecclesiae catholicae et de moribus Manichaeorum*, lib. II cap. 13 n. 27: „Finis enim quo referuntur ea quae facimus, id est propter quem facimus quidquid facimus, si non solum inculpabilis, sed etiam laudabilis fuerit, tunc demum etiam facta nostra laude aliqua digna sunt: sin ille jure meritoque culpatur, quem spectamus et intuemur, cum in aliquo versamur officio, id quoque officium nemo improbandum vituperandumque dubitaverit.“ bzw. „Secundum quod finis est culpabilis vel laudabilis, secundum hoc sunt opera nostra culpabilis vel laudabilis.“, so zit. bei THOMAS VON AQUIN, *Summa theologica*, II-1, qu. 1 art. 3 ad s.c. (selbst differenzierend, da eine Vielzahl von Zielen möglich sei); zur Willentlichkeit als Kriterium der Sünde siehe oben Fußn. 1136 und unten Anhang VI.1. Die vollendete Sünde ist daher nicht erst die äußere Tat *(peccatum corporale)*, sondern bereits der sündhafte Gedanke *(peccatum spirituale)*, zahlr. Nachw. bei MÜLLER, *Ethik und Recht*, S. 18 ff.; siehe auch ADAMS/SHAVELL, GA 1990, 337, 354.

2188 Siehe KELSEN, oben bei Fußn. 1138, auch CHISHOLM, oben in Fußn. 331.

2189 Statt vieler PAUL, *Act and Intention in Sherpa Culture and Society*, S. 15, 32 ff. m. w. Nachw.

fehler *(intellectus ac memoriae vitium)* ergibt.[2190] Dennoch bleibt die exakte Grenzziehung schwierig, wie die Dogmengeschichte sowohl der sakulären rechtlichen als auch kanonistischen und theologischen Zurechnungslehren zeigt, ebenso wie die Erklärung der Haftung für „Versehen", die schon das Alte Testament[2191] wie auch der Qur'ân[2192] kennt.

Die unterschiedliche Schwere der Strafe ergibt sich ebenfalls ohne weiteres, wenn Strafe als Vergeltung für „Schuld" (*guilt, blameworthiness* usw.) aufgefaßt wird,[2193] folglich die Strafe nach Maßgabe der Schuld verhängt wird und das Maß der Zurechnung das Maß der auszugleichenden Schuld bestimmt[2194].

Die Zurechnung des sozialen Alltags, geprägt durch religiöse Traditionen, unterscheidet ebenso zwischen absichtlicher oder sonst bewußter Handlung und unbewußter, aber vermeidbarer Handlung, wobei letztere regelmäßig deutlich leichter gewichtet wird, wie auch die moderne Sozialpsychologie, namentlich die Attributions- und Aggressionsforschung belegt: „Absicht" galt schon HEIDER als zentraler Faktor in der Zuschreibung „personaler" Kausalität:

> Therefore, if we are convinced that *o* did *x* intentionally, we generally link the *x* more intimately with the person than if we think that *o* did *x* unintentionally.[2195]

Zudem werden Handlungen vorrangig anhand der (vermuteten) Intentionen identifiziert (sprichwörtlich: « l'intention vaut l'action »),[2196] sogar Intentionen und

---

2190 Siehe Anhang VII.1. bei Fußn. 234; krit. BINDING, *Die Normen und ihre Übertretung*, Band II, 280, 376 ff. m. w. Nachw. Die Unterscheidung von „Wollensfehlern" und „Wissensfehlern" wird wieder aufgenommen von JAKOBS, ZStW 101 (1989), 516, 522 ff.; DERS., *Das Schuldprinzip*, S. 8 ff., sowie unten Fußn. 2294 ff.

2191 4. Mose 15, 27 f., siehe Anhang II.

2192 Sure 4, 92; Sure 33, 5, siehe Anhang III.

2193 5. Mose 25, 2, dazu THOMAS VON AQUIN, *Summa theologica* II-1, qu. 20 art. 5 ad 3.

2194 Beispielhaft MICHELET, *Das System der philosophischen Moral*, S. 63 f.; DERS., *Naturrecht*, 1. Band, S. 121 f.: „Wenn nun eine Handlung aus Versehen sowohl von der Moral als von der Rechtswissenschaft für strafbar und tadelnswürdig erachtet wird: so fühlt doch Jeder, dass der Grad der Zurechnung geringer sein muss, als bei einer vorsätzlichen Handlung. ... und es lässt sich auch ein ganz vernünftiger Grund dafür angeben, dass z.B. ein culposes Verbrechen geringer bestraft wird, als ein doloses. Es ist nämlich ein grosser Unterschied, ob ich aus Nachlässigkeit mit einem brennenden Lichte auf einen Heuboden gehe und so eine Feuersbrunst unversehends herbeiführe, oder ob ich eine vorsätzliche Brandstiftung begehe. Gegenständlich ist kein Unterschied vorhanden, der Schade in beiden Fällen gleich gross ... Aber die Strafbarkeit ist weit geringer, weil der Grad der Zurechnung ein viel geringerer ist. Da jede Zurechnung nämlich darauf beruht, dass das objective und das subjective Dasein des Willens übereinstimmen, so trifft nur den Vorsatz die volle Schuld. Denn nicht nur die Möglichkeit des Vorhersehens, sondern auch das wirkliche Bewusstsein der Handlung war im Innern. Bei dem Versehen entspricht aber die innere Handlung nur zum Theil der äussern. ... Mithin findet nur eine theilweise Übereinstimmung zwischen Subject und Object, und folglich nur ein minderer Grad der Zurechnung statt; was auch die Strafe mindert."

2195 HEIDER, *The Psychology of Interpersonal Relations*, S. 112, siehe oben bei Fußn. 865, sowie SHAVER, *The Attribution of Blame*, S. 103 ff. m. w. Nachw.; MARSHALL, *Intention in Law and Society*, S. 147.

2196 Siehe oben bei Fußn. 871, zur Identifikation eigener Handlungen siehe oben C.III.2.c).

auch die Dispositionen des Akteurs regelmäßig mit dem Begriff gleichgesetzt, der zur Handlungsbeschreibung verwendet wird[2197]. Während absichtliches oder sonst erfolgsbewußtes Verhalten kaum anders als das Werk des Handelnden verstanden, mithin internal zugerechnet werden kann,[2198] kann fahrlässiges Verhalten jedenfalls teilweise am Handelnden vorbei als Ausdruck der überindividuellen, allen gemeinsamen *conditio humana* und auch als Zufall erklärt werden,[2199] zumal viele achtlose Schädigungen dem unbeherrschbaren, zufälligen Unglück *(casus)* phänotypisch nahe sind. „Der Mensch ist ein fahrlässiges Wesen“,[2200] d.h. jeder handelt gelegentlich[2201] unbedacht und ob ein unerwünschter Erfolg eintritt oder nicht, hängt vom Zufall ab. Mag es auch meistens gut ausgehen, mögen also viele fahrlässige Verhaltensweisen ohne unerwünschte Folgen bleiben, so könnte es doch jedem einmal ebenso wie dem Täter ergehen.[2202] Soweit das Erfolgsrisiko aber grundsätzlich durch Sorgfalt beherrschbar ist, handelt es sich nicht um Zufall im eigentlichen Sinne, und ein Rest an Zurechnung verbleibt. Die rechtstreue Gesellschaft kann sich mithin mit dem Fahrlässigkeitstäter mehr identifizieren als mit dem Absichtstäter,[2203] so daß ersterer seit alters her eher Verzeihung und Mitleid empfängt[2204] und letzterer für um so bestrafenswerter gilt, je mehr sein Verhalten als absichtlich kategorisiert wird[2205]. Anders ausgedrückt ist Fahrlässigkeit kausal mehrdeutig,[2206]

2197 So die Theorie der korrespondierenden Inferenz, oben Fußn. 869; siehe auch Bierhoff, *Sozialpsychologie*[5], S. 251 ff. m. w. Nachw.

2198 Vgl. nur Kruglanski, *The Endogenous-Exogenous Partition in Attribution Theory*, Psychological Review 82 (1975), 387, 389 ff., 402 f.; Hamilton, *Who Is Responsible? Toward a* Social *Psychology of Responsibility Attribution*, Social Psychology 41 (1978), 316, 324 f.

2199 Ähnl. Ragués i Vallès, *El dolo y su prueba en el proceso penal*, S. 34 f.

2200 K.A. Hall, Festschrift Mezger, S. 229, 248.

2201 Freilich ist die Häufigkeit fahrlässiger Handlungen wiederum ein relevantes Kriterium für die Beurteilung des Charakters des Handelnden bzw. Tätertyps, sofern dieser für beachtlich gehalten wird, siehe unten c)bb) und d).

2202 Schroth, *Vorsatz als Aneignung der unrechtskonstituierenden Merkmale*, S. 10; Díaz Pita, *El dolo eventual*, S. 306; Ragués i Vallès, *El dolo y su prueba en el proceso penal*, S. 35.

2203 Zutr. Ragués i Vallès, *El dolo y su prueba en el proceso penal*, S. 35.

2204 Aristoteles, *Nikomachische Ethik*, III 1, 1109 b 30; III 2, 1111 a 1 f.; vgl. Löffler, *Die Schuldformen des Strafrechts*, S. 25 m. w. Nachw. Daß Identifikation mit dem Täter oder jedenfalls die Annahme teilweiser Ähnlichkeit zu milderer Beurteilung führt, hat sich in der sozialpsychologischen Forschung als robustes Phänomen bewiesen, zahlr. Nachw. bei Lloyd-Bostock, *The Ordinary Man, and the Psychology of Attributing Causes and Responsibility*, 42 Mod.L.Rev. 143, 156 f. (1979).

2205 Siehe nur die empirische Studie von Sebba, 71 J.Crim.L. & Criminology 124 ff. (1980); auch ders., 30 Crime & Delinq. 227 ff., 234 ff. (1984).

2206 Bei kausaler Mehrdeutigkeit eines Geschehens wird anscheinend das von Kelley (*Attribution in Social Interaction*, S. 1, 8 ff.; ders., *The Process of Causal Attribution*, American Psychologist 28 (1973), 107 ff.) identifizierte und von Deci (siehe Deci & Ryan, *Intrinsic Motivation and Self-Determination of Human Behavior*, S. 193 f., 201 ff.,) verfeinerte kognitive Schema des *discounting principle* angewandt, wonach internale Ursachen nur dann und insoweit angenommen werden, als externale, situative Ursachen keine hinreichende Erklärung ermöglichen; siehe auch Zumkley, *Individual Differences and Aggressive Interactions*, S. 33, 41; Shaver, *The Attribution of Blame*, S. 54 ff., 103 ff.; Shultz, oben Fußn. 2097, jew. m. w. Nachw. Entsprechend wurde bei insofern das Geschehen weitgehend external (situativ) exemplifiziert werden kann, indem man es der *conditio humana* – als *infirmitas humana:* das passiert uns allen einmal, alle Menschen machen Fehler usw. – zuordnet. Ein solch hoher „Konsensus“[2207] ist uninformativ über die konkrete handelnde Person und begünstigt externale Attribution; soweit das Geschehen auch durch mangelnde Anstrengung als Merkmal defizienter Motivation erklärt werden kann, findet noch nach deren Maß internale Zuschreibung, die aber die Intensität der Absichtsattribution nicht erreicht, statt.

Das Interesse daran, ob ein verletzendes Verhalten absichtlich war oder nicht, ist attributionstheoretisch einsichtig: Bevorzugt wird bei Ereigniserklärungen nach stabilen Faktoren gesucht, deren Identifizierung auch künftig (kognitive) Orientierung ermöglicht.[2208] Absichten bringen als „Kompaktidentifikationen“[2209] Ordnung in das Gewimmel menschlichen Verhaltens.[2210] Ubiquitäre Unachtsamkeit als Ursache ist so instabil und zur Planung künftigen eigenen Verhaltens ungeeignet wie Zufall, während Absichten als hinreichend stabile Faktoren genommen – daher nicht selten auch zu Unrecht unterstellt (personale Überattribution) – werden, die den Akteur als feindselig markieren und damit die künftige soziale Interaktion kanalisieren.[2211] Stabil, aber aufwendiger festzustellen, wäre ebenso die Rückführung auf einen Habitus der Unachtsamkeit oder Ungeschicklichkeit, vor dem man sich selbst künftig in acht nehmen kann.

Damit korreliert, daß, wie die Alltagserfahrung nahelegt[2212] und die Attributionstheorie der Aggression experimentell belegen konnte, das Maß der internalen

---

besonders aggressiv reagierenden Jugendlichen ein typischer Attributionsfehler bemerkt dergestalt, daß Verhalten anderer übermäßig auf internale Ursachen, nämliche feindselige Absichten, zurückgeführt wurde *(hostile attribution bias)*, verbunden mit einer selektiven Aufmerksamkeit für solche vermeintlichen *aggressive cues*, siehe nur GEEN, *Processes and Personal Variables in Affective Aggression*, S. 1, 6 f.; WEINER, *Judgments of Responsibility*, S. 200 ff., jew. m. w. Nachw.

2207 *Konsensus* bildet mit *Distinktheit* und *Konsistenz* die drei Kriterien des ANOVA-Modells der Attribution von KELLEY, oben Fußn. 869, S. 197 ff., und bezieht sich auf den Vergleich mit anderen Personen.

2208 Oben bei Fußn. 859 ff.; JONES & DAVIS, *From Acts to Disposition*, S. 219, 222 ("The attribution of intentions, in turn, is a necessary step in the assignment of more stable characteristics of the actor.") u. ff.

2209 Ausdruck von LUHMANN, *Die Wissenschaft der Gesellschaft*, S. 61 f.: Intention als eine über Kausalattributionen laufende Kompaktidentifikation der Ursache einer Handlung, die operativ getrennte (bewußte und kommunikative) Elemente zu einer Einheit verschmilzt.

2210 HEIDER, oben Fußn. 866.

2211 So auch HART, *Punishment and the Elimination of Responsibility*, S. 158, 183.

2212 HEIDER, *The Psychology of Interpersonal Relations*, S. 265: "An everyday fact is that the feelings of both revenge and gratitude become markedly attenuated, if not completely dissipated, upon the discovery that the harm or the benefit was not the true goal of the agent." Ähnl. KATZ, *Bad Acts and Guilty Minds*, S. 216 ff.; SCHROTH, *Vorsatz als Aneignung der unrechtskonstituierenden Merkmale*, S. 10 ff.

Bereits Art. 206 des Codex Hammurabi erlaubte demjenigen, der einen anderen verletzt hat, den Schwur, es nicht gewollt zu haben, siehe GAUDEMET, *Le problème de la responsabilité pénale dans*

Zurechnung in einem psychologischen Mechanismus – bestärkt durch eine weit verbreitete soziale „Reziprozitätsnorm"[2213] – mit der Intensität der Reaktion verknüpft zu sein scheint: Wahrgenommene Intention des Aggressors ist nicht die einzige,[2214] aber eine wichtige Determinante der Größe der Vergeltung.[2215] Die Kausalattribution einer Provokation beeinflußt die physiologische Erregung des Provozierten meßbar: Wird etwa eine Schädigung als intentional bzw. willkürlich *(arbitrary)* gedeutet, so ist die Gegenaggression des Geschädigten wahrscheinlicher und intensiver als bei simultaner Wahrnehmung mildernder oder entschuldigender Faktoren oder bei Rückführung auf externale, insbesondere nicht kontrollierbare Faktoren.[2216] In der Aggressionsforschung wird daher „Aggression" häufig als *intentionale* Schädigung anderer definiert.[2217]

Manche Autoren nehmen an, das Strafrecht sei an dieses „unhintergehbar richtige Vorverständnis von willentlicher und nichtwillentlicher Verletzung"[2218] der

---

l'antiquité, S. 51, 53. Schon Kinder kennen die entschuldigende Wirkung von Sätzen wie „Das habe ich nicht gewollt.", „Es war keine Absicht.", "I didn't mean to do it.", « Je ne l'ai pas fait exprès. », „Ha sido sin querer." usw. – sofern sie geglaubt werden; vgl. GLANVILLE WILLIAMS, *Textbook of Criminal Law*², § 3.3, S. 79; HUSAK & VON HIRSCH, *Culpability and Mistake of Law*, S. 157, 161 f.; MERCADAL, Rev.sc.crim. 22 (1967), 1; VAN INWAGEN, *An Essay on Free Will*, S. 206 f., sieht darin den Beweis der Existenz moralischer Verantwortlichkeit.

2213 Nach GOULDNER, *The Norm of Reciprocity: A Preliminary Statement*, American Sociological Review 25 (1960), 159, 171 ff.

2214 RULE & FERGUSON, *The Relation among Attribution, Moral Evaluation, Anger, and Aggression in Children and Adults*, S. 143 ff., betonen zwei Aspekte der Kausalattribution: kausale Verantwortlichkeit (Absicht oder Vorhersehbarkeit) und die „Soll-Ist-Diskrepanz", auch MUMMENDEY/OTTEN, *Aggressives Verhalten*, S. 353, 373.

2215 JONES & DAVIS, *From Acts to Disposition*, S. 219, 246 ff.; ZILLMANN, *Hostility and Aggression*, S. 23 ff., 244; RULE, DYCK & NESDALE, *Arbitrariness of frustration: inhibition or instigation effects on aggression*, European Journal of Social Psychology 8 (1978), 237 ff., 242 f.; ZUMKLEY, *Der Einfluß unterschiedlicher Absichtsattributionen auf das Aggressionsverhalten und die Aktivierung*, Psychologische Beiträge 23 (1981), 115, 117; SCHMALT/HECKHAUSEN, *Motivation*, S. 451, 486; BERKOWITZ, *Frustration-Aggression Hypothesis: Examination and Reformulation*, Psychological Bulletin 106 (1989), 59, 63 f.; WEINER, *Judgments of Responsibility*, S. 186 ff., 189 ff.; MUMMENDEY/OTTEN, *Aggressives Verhalten*, S. 353, 370, 373 f., alle m. w. Nachw.

2216 Siehe PASTORE, *The Role of Arbitrariness in the Frustration-Aggression Hypothesis*, Journal of Abnormal and Social Psychology 47 (1952), 728 ff., 730 f.; JONES & DAVIS, *From Acts to Disposition*, S. 219, 249 ff.; ZILLMANN & CANTOR, *Effects of Timing of Information about Mitigating Factors on Emotional Responses to Provocation and Retaliatory Behavior*, Journal of Experimental Social Psychology 12 (1976), 38, 52 ff.; ZUMKLEY, *Der Einfluß unterschiedlicher Absichtsattributionen auf das Aggressionsverhalten und die Aktivierung*, Psychologische Beiträge 23 (1981), 115, 117 ff.; DERS., *Individual Differences and Aggressive Interactions*, S. 33, 41 ff.; alle m. w. Nachw.

2217 Z.B. WERBIK & MUNZERT, *Kann Aggression handlungstheoretisch erklärt werden?*, Psychologische Rundschau 29 (1978), 195 ff., 199 ff.; BERKOWITZ, *Aggression: Its Causes, Consequences, and Control*, S. 10 ff., 11; GEEN, *Human aggression*, S. 2 f., 43 f., 126 ff.; MUMMENDEY/OTTEN, *Aggressives Verhalten*, S. 353, 355, alle m. w. Nachw. Krit. ZILLMANN, *Hostility and Aggression*, S. 23 ff.; Überblick bei BERKOWITZ, *Frustration-Aggression Hypothesis: Examination and Reformulation*, Psychological Bulletin 106 (1989), 59, 62 ff.; BIERHOFF, *Sozialpsychologie*⁵, S. 127 ff. m. w. Nachw.

2218 Ausdruck von KÖHLER, *Die bewußte Fahrlässigkeit*, S. 298.

alltäglichen Zurechnung gebunden, wenn es verständlich sein will.[2219] Dieser hypothetische Imperativ kann ohne weiteres eingeräumt werden, doch folgt daraus recht wenig für die konkrete Ausgestaltung strafrechtlicher Zurechnungsnormen, die präziser sein müssen als die notorisch unscharfe und im einzelnen uneinheitliche Alltagspraxis.

Wird Strafe vergeltend konzipiert und zudem moralisch begründet oder jedenfalls eine Parallelität mit (alltags-)moralischen Urteilen befürwortet, so mag der Hinweis auf die aufgezeigten Zurechnungsstrukturen genügen. Wird Strafe hingegen (primär) general- oder spezialpräventiv begriffen, reicht dies als Begründung nicht aus.[2220]

bb) Vermeidbarkeit

Auf demselben Gedanken beruhend, aber gereinigt von der problematischen Willensbeziehung und etwaigen Inferenzschlüssen auf Täterdispositionen, ist die Abstufung des Sanktionsbedürfnisses nach Steuerungsgraden. Dahinter steht das traditionsreiche Konzept, das den Grad der Schuld mit dem Grad der Vermeidbarkeit identifiziert.[2221] Dabei wird davon ausgegangen, daß bewußtes Handeln verpönte Erfolge oder Verhaltensweisen leichter vermeiden kann als unbewußtes, wenn man zugleich unterstellt, der Akteur sei zur Vermeidung dominant motiviert[2222] – gemeint ist somit eine *objektiv* bestimmte Vermeidbarkeit[2223].

Auf die individuelle, subjektive Vermeidbarkeit stellt hingegen eine verbreitete Begründung ab, die lautet, die leichtere Vermeidbarkeit des verbotenen Erfolges führe zu einem erhöhten Vorwurf gegen den bewußt Handelnden, weil die Erfolgsvermeidung einer geringeren Anstrengung bedürfe, wohingegen derjenge, der die Folgen seines Tuns nicht überschaue, eine größere Anstrengung unternehmen

---

2219 Antón Oneca, *Derecho penal*² (1949), Madrid 1986, S. 222 (zit. nach Ragués i Vallès, *El dolo y su prueba en el proceso penal*, S. 34 Fn. 29); ähnl. Hassemer, *Einführung in die Grundlagen des Strafrechts*², S. 221 ff.; Schroth, *Vorsatz als Aneignung der unrechtskonstituierenden Merkmale*, S. 10; diff. Ragués i Vallès, *ibid.*, S. 36 m. w. Nachw., vgl. oben bei Fußn. 809.

2220 Zutr. Ragués i Vallès, *El dolo y su prueba en el proceso penal*, S. 35 f.

2221 Chr. Wolff, *Philosophia practica universalis*, Pars I, §. 694: „*Quo facilius evitare poteras defectum rectitudinis, eo magis tibi imputabitur; quo autem difficilius eundem evitare poteras, eo minus imputabitur.*" (Hervorh. im Original).

Zur Bedeutung von wahrgenommener und zugeschriebener Kontrolle über ein Ereignis für die Verantwortungszuweisung aus sozialpsychologischer Sicht siehe nur Sosis, *Internal-External Control and the Perception of Responsibility for an Accident*, Journal of Personality and Social Psychology 30 (1974), 393 ff.

2222 Jakobs, *Studien zum fahrlässigen Erfolgsdelikt*, S. 104–119, 135; ders., Festschrift Welzel, S. 307, 315, 319 f.; ders., *Die juristische Perspektive*, S. 21, 25 (anders später ders., unten Fußn. 2226). Ähnlich schon Binding, *Die Schuld im deutschen Strafrecht*, S. 129 („nur daß das vorsätzliche Delikt unendlich leichter vermieden werden kann als das fahrlässige"). Ähnl. D. A. J. Richards, *Rights, Utility and Crime*, S. 247, 275.

2223 Siehe Jakobs, *Der strafrechtliche Handlungsbegriff*, S. 39.

müsse, um einen nicht erkannten Erfolg zu vermeiden.[2224] Die Strafdifferenz liege in dem „Mißbrauch der Tatmacht“,[2225] womit letztlich eine Haltung des Täters[2226] deklassierend gekennzeichnet wird (dazu sogleich). Ähnlich ist aus Sicht der Ökonomischen Analyse des Rechts die Erfolgsvermeidung vom Vorsatztäter kostengünstiger zu haben, da er bloß seinen Tatentschluß aufgeben müsse, als vom Fahrlässigkeitstäter, dessen Konditionierung zu einem sorgfältigen Individuum größere Humankapitalinvestitionen erfordere.[2227]

Diese Annahmen sind zweifelhaft, weil sie auf die Tatsituation beschränkt sind und daher die antezedente Vermeidbarkeit des Wissensfehlers, der die Fahrlässigkeit begründet, außer acht lassen.[2228] So kann eine fahrlässige Tat vielleicht schon durch minimal höhere Aufmerksamkeit, die Vorsatztat des fest entschlossenen Delinquenten erst durch große „Willensanstrengung“ vermeidbar sein.[2229] Auch sind Fahrlässigkeitstäter nicht generell durch Defizit an Wissen, Ausbildung usw., sprich größere habituelle Inkompetenz (dazu unten d) gekennzeichnet.

b) Unwert der Tat oder Einstellung des Täters

Vielfach wird die erhöhte Strafe für Vorsatztaten mit einem bestimmten, erhöht strafwürdigen Unwert begründet, wobei – infolge unbewußter korrespondierender Inferenz – oftmals nicht unterschieden wird, ob nun eine Eigenschaft der Tat gemeint ist oder eine – situative oder dauerhafte – Einstellung, Haltung oder Eigenschaft des Täters, die in der vorsätzlichen Tatbegehung zutage tritt, disqualifiziert wird:

aa) Moralischer Unwert

An sehr alte (alltags-)moralische Bewertungskategorien wie *malitia–infirmitas*[2230] knüpfen diejenigen an, die im Vorsatz „Bosheit“, “wickedness” und etwas „Unehrenhaftes“, das entrüste, und in der Fahrlässigkeit etwas „Lächerliches“ und „Torheit“/“stupidity”, die Spott erzeugen, sehen,[2231] oder im Vorsatz ein Beispiel für

---

2224 SK-StGB-Samson, Anhang zu § 16 Rn. 36; Schünemann, 50 Chengchi L.Rev. 259, 269 (1994); ders., Festschrift Hirsch, S. 363, 371; diff. Frisch, *Vorsatz und Risiko*, S. 97 f., 103 ff.; ders., Gedächtnisschrift Armin Kaufmann, S. 311, 321. Ebenso Brady, 15 Law & Phil. 183, 195 (1996).

2225 So noch Jakobs, *Studien zum fahrlässigen Erfolgsdelikt*, S. 114 f.

2226 Zutr. Ragués i Vallès, *El dolo y su prueba en el proceso penal*, S. 38; krit. auch Engisch, *Die Lehre von der Willensfreiheit*, S. 60; Jakobs, *Strafrecht Allgemeiner Teil*², Tz. 8/5, 8/21; ders., ZStW 101 (1989), 516, 527 f. m. Fn. 16.

2227 Adams/Shavell, GA 1990, 337, 356 f.; Darby & Karni, 16 J.L. & Econ. 67, 83 (1973). Daß ein „Willensentschluß“ so gut wie kostenlos zu haben wäre, ist augenscheinlich falsch, zutr. Jakobs, *Strafrecht Allgemeiner Teil*², Tz. 8/5 Fn. 8 d.

2228 Ebenso Bayles, 1 Law & Phil. 5, 11 (1982).

2229 Vgl. Engisch, Jakobs, wie Fußn. 2226.

2230 Cf. Hobbes, *De cive*, cap. 14 § 18 [Opera latina, vol. II, S. 325].

2231 Sturm, GS 74 (1909), 160, 169 ff., 221 (allerdings *ohne* größeres Gewicht des Vorsatzes anzunehmen!); krit. Binding, *Die Normen und ihre Übertretung*, Band II, S. 280; Engisch, *Un-*

„Egoismus" oder „Rücksichtslosigkeit" und in der Fahrlässigkeit für „Leichtsinn" erblicken[2232] usw. und in dieser Divergenz des ethischen Vorwurfs den Grund des Strafgefälles lozieren.[2233] Vorsatz ist demnach mehr als ein Modus der Handlungssteuerung oder Zurechnung. Voraussetzung dafür ist, daß Schuld begriffen wird als

> ... diejenige seelische Beziehung des Thäters zu dem von ihm verwirklichten Thatbestande, welche ein *abfälliges ethisches Werturteil* über das Verhalten des Thäters rechtfertigt.[2234]

Dem entspricht es, daß in religiösen wie säkularen Ethiken vielfach die Gedanken und verfestigten Haltungen einer Person als solche – im *forum internum* – primäre Träger ethischen Wertes oder Unwertes sind. Daß innere Strebungen auch handlungswirksam werden ist zweitrangig, ihre Externalisierung hilft lediglich den menschlichen Beurteilern im *forum externum* den Rückschluß auf das Innere, das als das eigentliche Wesen des Menschen gilt, zu ziehen.[2235]

Die angeführten schlagwortartigen[2236] Kennzeichnungen der Haltung des Täters mögen für die Paradefälle vorsätzlicher und fahrlässiger Handlung durchaus treffend sein, ohne eine exklusive Disjunktion zu beschreiben: So kann „leichtsinniges" Verhalten ebenfalls als „egoistisch" markiert werden, weil der Akteur sich nicht einmal um Sorgfalt bemüht,[2237] und „lächerliches" Verhalten mag auch „unehrenhaft" sein usw. Überdies kann es sich nur um eine vorläufige Bewertung handeln, denn der Kontext der Tat (ein edles Motiv, Gewissensnot, religiöse Überzeu-

---

tersuchungen über Vorsatz und Fahrlässigkeit, S. 51 ff., so aber DERS., *Die Lehre von der Willensfreiheit*, S. 60: vorsätzliche Tat als Äußerung eines „bösartigen Charakters".

2232 VON HIPPEL, *Die Grenze von Vorsatz und Fahrlässigkeit*, S. 142 f.; DERS., *Vorsatz, Fahrlässigkeit, Irrtum*, S. 373, 510 f.; JESCHECK, Festschrift Erik Wolf, S. 473, 487.

2233 Ähnl. BRADY, 15 Law & Phil. 183, 195 (1996) ("hostility").

2234 VON HIPPEL, *Die Grenze von Vorsatz und Fahrlässigkeit*, S. 149 (Hervorh. im Orig.); abl. BINDING, *Die Normen und ihre Übertretung*, Band II, S. 287 Fn. 3; ENGISCH, *Untersuchungen über Vorsatz und Fahrlässigkeit*, S. 231. Ähnlich auch KENNY, *Intention and Purpose in Law*, S. 146, 160.

2235 Siehe oben bei Fußn. 2186 f. Exemplarisch HUME, *A Treatise of Human Nature*, Book III, Part II, Sect. I, S. 477: "'Tis evident, that when we praise any actions, we regard only the motives that produced them, and consider the actions as signs or indications of certain principles in the mind and temper. The external performance has no merit. We must look within to find the moral quality. This we cannot do directly; and therefore we fix our attention on actions, as on external signs. But these actions are still considered as signs; and the ultimate object of praise and approbation is the motive, that produc'd them. After the same manner, when we require any action, or blame a person for not performing it ..."; *ibid.*, Book III, Part III, Sect. I, S. 575: "If any action be either virtuous or vicious, 'tis only as a sign of some quality or character. It must depend upon durable principles of the mind, which extend over the whole conduct, and enter into the personal character. Actions themselves, not proceeding from any constant principle, have no influence on love or hatred, pride or humility; and consequently are never consider'd in morality." Siehe auch PACKER, *The Limits of Criminal Sanction*, S. 121: "The moral quality of an act inheres not in the act but in the actor's frame of mind with respect to it."

2236 Zutr. ENGISCH, *Untersuchungen über Vorsatz und Fahrlässigkeit*, S. 231; ähnl. LAMPE, ZStW 118 (2006), 1, 27 f.

2237 Zutr. LÖFFLER, ÖZStR 2 (1911), 131, 148 f.; GROSSMANN, *Die Grenze von Vorsatz und Fahrlässigkeit*, S. 83 f.

gung) kann auch vorsätzlichem Handeln den moralischen Tadel nehmen[2238] sowie umgekehrt unachtsames Handeln zur schweren moralischen Verfehlung anwachsen lassen. Vor allem aber ist das Verhältnis dieser ethischen Bewertungen zum Zweck der Strafe unklar: Denn es ist mehr als zweifelhaft, ob für die Formen subjektiver Zurechnung im Strafrecht eine ethische Wertung – die sie im Alltag oftmals haben – maßgebend sein soll, ob also mit der Strafe nicht nur ein rechtliches, sondern auch ein ethisches Urteil über den Täter gefällt werden soll.[2239] Anzumerken ist schließlich, daß diese Beurteilung – und damit eine Differenzierung nach Einstellungen – nur plausibel ist, wenn Vorsatz als *dolus malus* konzipiert wird: denn wer kein Unrechtsbewußtsein hat, sondern sein Handeln für erlaubt hält, verdient unmittelbar allenfalls den Tadel der Nachlässigkeit (die freilich mittelbar wieder auf „Egoismus“ beruhen kann).[2240]

bb) Offener Ungehorsam

> Und wenn eine einzelne Seele aus Versehen sündigt, so soll sie eine einjährige Ziege zum Sündopfer darbringen. ... Aber die Seele, welche mit erhobener Hand etwas tut, ... die schmäht Jahve; und selbige Seele soll ausgerottet werden aus der Mitte ihres Volkes, denn das Wort Jahves hat sie verachtet und sein Gebot gebrochen ...[2241]

> For the purpose to break the law, is some degree of contempt of him, to whom it belongeth to see it executed.[2242]

Nicht auf allgemein moralische Kategorien, sondern auf die Einstellung des Täters zum Recht – oder gegenständlicher: „zur Rechtsgüterwelt“[2243] – stellen diejenigen ab, die in der vorsätzlichen Begehung eine Manifestation von „Rechtsfeindschaft“ sehen.[2244] Konsequent ist dies vor allem, wenn Vorsatz und Fahrlässigkeit (auch)

2238 Glanville Williams, *Textbook of Criminal Law*², § 3.1, S. 72; Oberdiek, Mind 81 (1972), 389, 399 f.

2239 Zutr. verneinend schon Binding, *Die Normen und ihre Übertretung*, Band II, S. 286 ff.; Hart, *Legal Responsibility and Excuses*, S. 37; ders., *Postscript: Responsibility and Retribution*, S. 210, 223 ("The coincidence of legal responsibility with moral blameworthiness may be a laudable ideal, but it is not a necessary truth nor even an accomplished fact."); siehe auch Lord Atkin, in *Proprietary Articles Trade Association v. A.G. for Canada*, (1931) A.C. 310, 324 (P.C.): "Morality and criminality are far from co-extensive; nor is the sphere of criminality necessarily part of a more extensive field covered by morality—unless the moral code necessarily disapproves all acts prohibited by the State, in which case the argument moves in a circle." Nachw. zu modernen moralisierenden Strafrechtskonzepten siehe unten Fußn. 2522.

2240 Siehe unten bei Fußn. 2260.

2241 4. Mose 15, 27–31. Löffler, *Die Schuldformen des Strafrechts*, S. 49 Fn. 19, sieht darin einen klaren Ausdruck des Gedankens, daß nur vorsätzliche Normübertretung die Autorität des Gebietenden verletze, während Enker, 11 J. L. & Religion 23, 24 f., 26, 30 f. (1994–95) m. w. Nachw., die Mißachtung des göttlichen Willens für ein Spezifikum religiösen Rechts hält, das im säkularen Strafrecht keine Entsprechung habe.

2242 Hobbes, *Leviathan*, ch. 27 [English Works, vol. 3, S. 277].

2243 Engisch, *Untersuchungen über Vorsatz und Fahrlässigkeit*, S. 177.

2244 Z.B. Brammsen, JZ 1989, 71, 79; schon Gallas, ZStW 67 (1955), 1, 45 f. (in der konkreten Tat aktualisierte Haltung); ähnl. (auch Schulddifferenz) Jescheck/Weigend, *Lehrbuch des Straf-*

als Schuldformen gelten und Schuld als „unrechtliche (Einzeltat-)Gesinnung" verstanden wird.[2245]

Nur sprachlich verschieden sind Formulierungen, die im Vorsatz wesentlich einen „bewußten Gegensatz zu einem Schutzobjekt der Rechtsordnung",[2246] eine „Entscheidung für die Rechtsgutsverletzung"[2247] oder „Entscheidung gegen das Rechtsgut",[2248] „Geringwertung des Rechtsguts",[2249] „eindeutig rechtsgutsfeindliche Einstellung"[2250] oder „Rücksichtslosigkeit" bzw. „Gleichgültigkeit"[2251] sehen oder im „bewußten Normbruch", „Normwiderspruch" ein Anzeichen von „Rechtsfeindschaft", „Illoyalität",[2252] „Auflehnung gegen das Recht",[2253] worin mitunter auch ein Argument für ein „Willenselement" im Vorsatz erblickt wird[2254]. In der Fahrlässigkeit liege hingegen ein weniger offener, expliziter oder „minder energischer Gegensatz gegen das Recht"[2255].

Folglich seien auch die Kriterien für eine gelungene (Re-)Sozialisation, sofern dies der Zweck der Strafe ist, andere: Der Fahrlässigkeitstäter müsse künftig nur

---

rechts, Allgemeiner Teil[5], § 29 IV 2, S. 305; ROXIN, *Strafrecht Allgemeiner Teil*, Band I[4], § 12 Rn. 21 ff., 26. Nachw. der Kritik bei RAGUÉS I VALLÈS, *El dolo y su prueba en el proceso penal*, S. 37 Fn. 38.

2245 Z.B. SCHMIDHÄUSER, *Gesinnungsmerkmale im Strafrecht*, S. 172 ff.; DERS., *Strafrecht Allgemeiner Teil, Lehrbuch*[2], Tz. 6/16 ff., 6/23; dazu FRISCH, Festschrift Müller-Dietz, S. 237, 243, 249, 251 ff.; umfangr. Nachw. bei MORSELLI, ZStW 107 (1995), 324, 350 Fn. 39.

2246 KÖHLER, GS 96 (1928), 91, 109; dazu FELIX KAUFMANN, *Die philosophischen Grundlagen*, S. 121 f.

2247 Z.B. ROXIN, *Zur Abgrenzung von bedingtem Vorsatz und bewußter Fahrlässigkeit*, S. 209, 222; DERS., *Strafrecht Allgemeiner Teil*, Band I[4], § 12 Rn. 23; dazu HASSEMER, Gedächtnisschrift Armin Kaufmann, S. 289, 295 ff.; diff. STRATENWERTH/KUHLEN, *Strafrecht Allgemeiner Teil I*[5], § 8 Rn. 66.

2248 FRISCH, *Vorsatz und Risiko*, S. 482; krit. SCHROTH, *Vorsatz als Aneignung der unrechtskonstituierenden Merkmale*, S. 53 ff.

2249 GROSSMANN, *Die Grenze von Vorsatz und Fahrlässigkeit*, S. 13.

2250 SCHÜNEMANN, GA 1985, 341, 364.

2251 ENGISCH, *Untersuchungen über Vorsatz und Fahrlässigkeit*, S. 233 f.

2252 Jeweils BELING, *Unschuld, Schuld und Schuldstufen*, S. 32; jüngst ähnl. PAWLIK, *Person, Subjekt, Bürger*, S. 88 ff., 92.

2253 BINDING, *Die Normen und ihre Übertretung*, Band II, S. 341 Fn. 1, sowie S. 326, 337, 339, 341 ff., 945.

2254 Statt vieler BRAMMSEN, JZ 1989, 71, 78 f.: „Der willentliche Angriff auf die Rechtsordnung ist ein ganz wesentlicher *unrechtserhöhender* Aspekt, denn er manifestiert die Entschlossenheit, bei der Verfolgung eigener Interessen der motivationalen Appellfunktion der Strafrechtsnormen ihre Leitfunktion abzusprechen." (79): Das Wissenselement hingegen dokumentiere „nicht die innere Infragestellung der Rechtsnormen", denn „Die bloße Vorstellung kann keinen Widerspruch zur Norm bilden, wendet diese sich doch an die Kräfte des Wollens, nicht an jene des Denkens." (79): „Das Willenselement dokumentiert die unrechtserhöhende Mißachtung der bewußten Rechtsgutsbeeinträchtigung und der damit verbundenen Gefahr für die personale Vertrauensgrundlage der Sozietät. Es qualifiziert den Täter und seine Einstellung zur Rechtsgemeinschaft als eine[n] gegenüber dem Fahrlässigkeitstäter völlig andere[n]." (81): „... qualifiziert den Vorsatztäter als ‚Rechtsfeind'."

2255 BINDING, *Die Normen und ihre Übertretung*, Band II, S. 339.

Aufmerksamkeit versprechen, während der Vorsatztäter „normative Umkehr“, ein gewandeltes Verhältnis zur Norm, zeigen müsse.[2256]

Daß der Vorsatztäter „in ein anderes Verhältnis zur Norm, die er verletzt“[2257] trete als der Fahrlässigkeitstäter, diese Norm und zugleich die rechtliche Ordnung bedrohe,[2258] ist im Grunde nur plausibel, wenn Vorsatz als *dolus malus*[2259] verstanden wird,[2260] denn sonst bleibt nur die Kenntnis der Tatbestandsverwirklichung zurück, deren objektives Verbotensein keinen Aufschluß auf eine Einstellung des Täters zuläßt, der sein Verhalten ja auch – zu recht oder irrig – für erlaubt halten mag, es sei denn, man hält, was sicher im Kernstrafrecht dem Regelfall entspricht, zugleich Unrechtsbewußtsein für indiziert. Dies ist erst recht der Fall, wenn der Unterschied darin gesehen wird, daß der Täter das Verbotene seines geplanten Tuns erkannt hat, sich durch die Norm nicht davon abbringen läßt, mithin unverhohlenen Ungehorsam[2261] leistet, wohingegen der Fahrlässige den einschlägigen Normbefehl gar nicht bewußt empfängt und ihm daher nicht offen widerspricht, Trotz also mit Unachtsamkeit kontrastiert.[2262]

2256 HASSEMER, *Einführung in die Grundlagen des Strafrechts*², S. 223; DERS., Gedächtnisschrift Armin Kaufmann, S. 289, 297.

2257 HASSEMER, *Einführung in die Grundlagen des Strafrechts*², S. 223; so schon BELING, *Unschuld, Schuld und Schuldstufen*, S. 31 f. („Haltung zur Rechtsordnung“).

2258 HASSEMER, *Einführung in die Grundlagen des Strafrechts*², S. 223.

2259 Sehr deutlich BELING, *Unschuld, Schuld und Schuldstufen*, S. 32 f., und vor allem BINDING, *Die Normen und ihre Übertretung*, Band II, S. 326: „Wer das Verbotensein seiner Tat erkannt hat und sie dennoch begeht, der erklärt dem Gesetze unverhohlen seine Mißachtung ... animus hostilis gegen die Rechtsordnung. Wer die Rechtswidrigkeit seiner Handlung nicht erkannt hat, der beweist wenigstens für diese seine Tat, daß er mit ihr dem Gesetze nicht geflissentlich den Krieg erklären wollte. ... Der animus hostilis fehlt im konkreten Fall in diesem Sinne.“; ebenso MORSELLI, ZStW 107 (1995), 324, 349 Fn. 38 (auf S. 350), 360.

2260 Zutr. krit. daher ARMIN KAUFMANN, ZStW 70 (1958), 64, 67 ff.; STRATENWERTH, ZStW 71 (1959), 51, 67 ff. (dessen „Entscheidung für den sozialethischen Unwert“ nur eine Kümmerform des *dolus malus* ist); SCHUMANN, JZ 1989, 427, 431; JAKOBS, *Strafrecht Allgemeiner Teil*², Tz. 8/21 Fn. 43 a; STRATENWERTH/KUHLEN, *Strafrecht Allgemeiner Teil I*⁵, § 8 Rn. 66; siehe auch J. SCHULZ, Festschrift Bemmann, S. 246, 248 ff., 256 f.

Das gilt auch für ROXINS Argument, *Strafrecht Allgemeiner Teil*, Band I⁴, § 21 Rn. 8.: „... nicht im Ungehorsam liegt der Strafgrund der vorsätzlichen Tat, sondern darin, daß der Täter die Belange anderer oder der Allgemeinheit in unerträglicher Weise mißachtet.“ Die „unerträgliche Mißachtung“ ist nur eine weniger autoritär klingende Paraphrasierung des offenen Normungehorsams, denn sie fehlt prompt, wenn „die Sozialschädlichkeit eines Verhaltens aus der Kenntnis der für das strafrechtliche Unrecht bestimmenden Umstände nicht mehr ohne weiteres ableitbar ist.“, *ibid.*, § 21 Rn. 10.

2261 LÖFFLER, *Die Schuldformen des Strafrechts*, S. 25, 31 f. (Vorsatztat als Ungehorsamsdelikt, als Auflehnung gegen die Autorität des Gesetzgebers, während Zufallswerk kein Friedensbruch ist); vgl. A. MERKEL, *Ueber den Zusammenhang zwischen der Entwicklung des Strafrechts und der Gesammtentwicklung der öffentlichen Zustände*, S. 21, 33 f.

2262 BINDING, *Die Normen und ihre Übertretung*, Band II, S. 337: „Wichtigere Intensitätsmerkmale zu finden, dürfte Niemandem gelingen. Besteht doch alle Schuld darin, dass sich ein Mensch durch die Norm von der verbotenen Handlung nicht abbringen läßt, und sind doch also verschiedene Schuldarten nur in der Art denkbar, dass die abhaltende Kraft der Normen in quali-

Ähnlich wird heute vereinzelt wieder eine Rückkehr zum historischen Konzept des „Vorsatzes“ als *malafides criminosa* im Sinne einer „antisozialen, rechtsfeindlichen Gesinnung“ im Kontrast zur Fahrlässigkeit als „asozialer, rechtsgleichgültiger Gesinnung“ befürwortet.[2263]

cc) Unterwerfung des Opfers

Dem steht die Erwägung nahe, der Vorsatztäter lehne sich nicht nur gegen die Norm und den Normgeber auf, sondern verhöhne zugleich das Opfer, das von der Norm geschützt werden solle. Die bewußte Verletzung fremder Rechtsgüter enthalte einen Ehrangriff, eine Verhöhnung des Opfers,[2264] einen Akt der Mißachtung *(disrespect, defiance)*[2265] oder sozialen und personalen Unterwerfung des Opfers, ein Zeichen, das schwerer verletzen könne als die äußere Schädigung.[2266] All dies fehle der unbewußten Verletzung, die vielmehr Mitgefühl und Verzeihung verdiene, zumal solches Mißgeschick jedem hätte zustoßen können.[2267] Dieser Aspekt stimmt mit den oben erwähnten Befunden der Aggressionsforschung überein, kann aber eine Differenzierung bei opferlosen Delikten *(victimless crime)* nicht erklären.[2268] Zudem läßt sich als „Unterwerfung“ auch das radikale Desinteresse am Wohl anderer verstehen, das nicht einmal mehr den Akt der Schädigung wahrnimmt.[2269] Schließlich korreliert Mißachtung nicht mit der rechtlichen Bewertung: Auch rechtlich zulässige Mittel im Umgang mit anderen können Mißachtung ausdrücken und bewußt so eingesetzt werden, und umgekehrt muß in verbotenem Verhalten kein Ausdruck der Mißachtung liegen, etwa, wenn der Handelnde sein Verhalten irrig für erlaubt hält. Wird Mißachtung hingegen in jedem bewußt verbotswidrigen Verhalten erblickt, so ist dies nichts anderes als die Opferperspektive auf den *dolus malus*.

---

tativ verschiedener Weise missachtet wird.“; *ibid.*, S. 945: „… auch unter dem Gesichtspunkt der Würdigung des Strafgehaltes stellt der Gegensatz zwischen bewusster Auflehnung gegen das Recht und dessen schuldhaft unbewusster Verletzung die denkbar grösste Verschiedenheit innerhalb des schuldhaften Handelns dar.“

[2263] Morselli, ZStW 107 (1995), 324, 344 ff., 349 ff., 353 ff. m. w. Nachw. der italienischen Lit., auf der Basis einer tiefenpsychologischen Deutung („psychodynamische Vorsatzauffassung“), dazu oben Fußn. 554 a.E.

[2264] Löffler, *Die Schuldformen des Strafrechts*, S. 23 f. m. w. Nachw.

[2265] Hampton, *Mens Rea*, S. 1, 28; ähnlich Roxin, *Strafrecht Allgemeiner Teil*, Band I^4, § 21 Rn. 8.

[2266] Hassemer, *Einführung in die Grundlagen des Strafrechts*^{2}, S. 222 f.

[2267] Siehe oben Fußn. 2204.

[2268] So Hassemer, *Einführung in die Grundlagen des Strafrechts*^{2}, S. 223, selbst.

[2269] Jakobs, ZStW 101 (1989), 516, 529 Fn. 17.

c) Gefährlichkeit

aa) Gefährlichkeit der Tat

... l'unica e vera misura dei delitti è il danno fatto alla nazione, e però errarono coloro che credettero vera misura dei delitti l'intenzione di chi gli commette. ... Qualche volta gli uomini colla migliore intenzione fanno maggior male alla società; e alcune altre volte colla più cattiva volontà ne fanno il maggior bene.[2270]

Schließlich wird die vorsätzliche Begehung einer Tat aufgrund der angenommenen höheren Steuerungskapazität als gefährlicher eingestuft als die fahrlässige und darum als strafwürdiger.[2271] Umgekehrt hat schon der vorstehend zitierte BECCARIA die subjektive Seite für ein auf *utilità comune* im Sinne des Schutzes faßbarer Güter gerichtetes Strafrecht für unerheblich angesehen.

Anzumerken ist, daß es von den Umgebungsbedingungen abhängt, ob planvoll schädliches Verhalten oder erratisch schädliches Verhalten im konkreten Fall gefährlicher ist, so daß sich eine Pauschalierung daher verbietet:[2272] So kann Vorsatz *ein* Gefahrenmoment sein, ein anderes ist aber stets die Größe des Risikos, mit dem umgegangen wird und dabei die Wahrscheinlichkeit eines Schadenseintritts sowie die Größe des Schadens – die großen Katastrophen der jüngeren Vergangenheit sind überwiegend auf „menschliches Versagen“ wie kurzes Einschlafen am Steuer eines Öltankers etc. zurückzuführen.[2273] Gefährlicher für ein Rechtsgutsobjekt ist stets derjenige, der ein großes Risiko der Schädigung dieses Objekts nicht erkennt, als derjenige, dem ein geringes Risiko bewußt ist. Ferner ist fahrlässiges Verhalten viel häufiger und daher schon quantitativ gütergefährlicher: Es sterben beispielsweise in allen Staaten der westlichen Welt weitaus mehr Menschen durch fahrlässige Straßenverkehrsdelikte als durch vorsätzliche Tötungen[2274] – woraus Lady WOOTTON folgerte,[2275] daß auf *mens rea* im Sinne bewußter Schädigung zu verzichten sei,

---

[2270] BECCARIA, *Dei delitti e delle pene*, § VII.

[2271] FRISCH, *Vorsatz und Risiko*, S. 99 f.; HASSEMER, Gedächtnisschrift Armin Kaufmann, S. 289, 297; PRITTWITZ, JA 1988, 486, 486 f.; BAURMANN, *Schuldlose Dogmatik?*, S. 196, 223 f.; DERS., *Zweckrationalität und Strafrecht*, S. 279; SCHÜNEMANN, Festschrift Hirsch, S. 363, 373; DERS., Festschrift Roxin, S. 1, 20; KENNY, *Intention and Purpose in Law*, S. 146, 158 f.; GROSS, *A Theory of Criminal Justice*, S. 82–88; siehe auch BRADY, *Punishing Attempts*, The Monist (1980), 246, 248 f., 252 ff.

[2272] Ablehnend auch ENGISCH, *Die Lehre von der Willensfreiheit*, S. 60; JAKOBS, *Strafrecht Allgemeiner Teil*², Tz. 8/5; RAGUÉS I VALLÈS, *El dolo y su prueba en el proceso penal*, S. 40; HALL, *General Principles of Criminal Law*², S. 117; OBERDIEK, Mind 81 (1972), 389, 398.

Falsch ist daher der Schluß, daß „zufällige Gefährlichkeit“ auch eine „verminderte“ sei, so aber SCHÜNEMANN, Festschrift Hirsch, S. 363, 373.

[2273] Zutr. RAGUÉS I VALLÈS, *El dolo y su prueba en el proceso penal*, S. 40; siehe auch GIMBERNAT ORDEIG, ZStW 82 (1970), 379, 400 f.

[2274] Zutr. WILSON, *Central Issues in Criminal Theory*, S. 20; siehe auch SCHMIDHÄUSER, *Vom Sinn der Strafe*, S. 57 f.; GIMBERNAT ORDEIG, ZStW 82 (1970), 379, 400 f.

[2275] WOOTTON, *Crime and the Criminal Law*², S. 49 u. ff.; DIES., *Crime and Penal Policy*, S. 206 ff., 210 ff., 220 ff., 223 f.

wenn Strafrecht Güter schützen solle. Daher ist es zweifelhaft, höhere Strafen für Vorsatz mit höherem Abschreckungsbedürfnis zum Schutz von Rechtsgütern zu begründen, weil darin gleichsam eine Privilegierung der – insgesamt viel schadensträchtigeren – Unachtsamkeit liegt.[2276] Näherliegend wäre eine höhere Strafe für das fahrlässige Massendelikt als für das seltene Vorsatzdelikt.[2277]

Im übrigen ist nicht deutlich, was mit „Gefährlichkeit" in bezug auf *eine* Tat gemeint ist: Bei einer *vollendeten* vorsätzlichen und fahrlässigen Tat hat sich die Gefahr *ex post* als identisch herausgestellt.[2278] Zwar ist es regelmäßig plausibel zu sagen (siehe unten bb), daß ein Täter, der die Absicht hat, Schaden zuzufügen, nicht selten hartnäckiger sein Ziel verfolgt und trotz Rückschlags neue Versuche anstellen wird,[2279] oder wenn er darauf aus ist, den Schaden zu maximieren, deshalb gefährlicher ist als jemand, der das nicht will – dies aber sind Umstände, die primär den *Täter* und seine Disposition charakterisieren und sich in der Einzeltat nicht manifestieren müssen.

Wird nicht von Gefährlichkeit für Rechtsgutsobjekte gesprochen, sondern unklarer von Sozialgefährlichkeit, Sozialschädlichkeit o.ä., so kann auch die Wahrnehmung und Bewertung einer Tat durch die Öffentlichkeit gemeint sein, in die die vorstehend angeführten Attributionsmuster hineinspielen und die somit nicht identisch ist mit dem Risiko eines empirischen Tatschadens.

bb) Gefährlichkeit des Täters

Die vorsätzliche Begehung wird auch als Indiz für bestimmte Dispositionen des Täters gewertet, die eine verstärkte strafende Einwirkung erfordern.[2280] Verträglich ist dies nur mit einem „Täterstrafrecht", das Strafe als therapeutisches Mittel im spezialpräventiven Sinn einsetzt und die einzelne Tat nur als Indikator oder Symptom einer sozialschädlichen Disposition des Akteurs versteht wie schon

---

2276 Oberdiek, Mind 81 (1972), 389, 398.

2277 Gimbernat Ordeig, ZStW 82 (1970), 379, 400 f.

2278 Zutr. Jakobs, *Strafrecht Allgemeiner Teil*², Tz. 8/5; dagegen Baurmann, *Zweckrationalität und Strafrecht*, S. 279.

2279 Baurmann, *Zweckrationalität und Strafrecht*, S. 279; Duff, *Criminal Attempts*, S. 181.

2280 Vgl. schon Hume, *A Treatise of Human Nature*, Book II, Part III, Sect. II, S. 412: "Men are not blam'd for such evil actions as they perform ignorantly and casually, whatever may be their consequences. Why? but because the causes of these actions are only momentary, and terminate in them alone. Men are less blam'd for such evil actions, as they perform hastily and unpremeditately, than for such as proceed from thought and deliberation. For what reason? but because a hasty temper, tho' a constant cause in the mind, operates only by intervals, and infects not the whole character. Again, repentance wipes off every crime, especially if attended with an evident reformation of life and manners. How is this to be accounted for? But by asserting that actions render a person criminal, merely as they are proofs of criminal passions or principles in the mind.", siehe auch oben Fußn. 2235.

HUME.[2281] Vorsatz gilt einer solchen „symptomatischen Verbrechensauffassung" daher als Anzeichen für eine „unerwünschte Haltung"[2282] oder ein „anormales Gefühlsleben"[2283], Fahrlässigkeit hingegen für eine weniger unerwünschte Haltung, zumal einmalige Nachlässigkeit keinen sicheren Schluß auf eine generell nachlässige Haltung erlaubt,[2284] oder einen „Mangel an Vorstellungsassoziation". Auch in der modernen Sozialpsychologie werden zwei Arten kriminellen Verhaltens unterschieden: geplant *(high level action description)* bei *purposive criminals* und impulsiv *(low level action description)* bei *accidental criminals*, mit jeweils verschiedenen Rehabilitierungsanforderungen.[2285]

Ebenso können negativ generalpräventive Straftheorien, die sich von der Strafdrohung einen abschreckenden psychologischen Effekt versprechen, eine Differenzierung vornehmen in der Annahme, die Vorsatztat entspringe aus „gefährlichen, feindseligen Affekten und Leidenschaften", die nur mit einer drastischen Strafdrohung konterkariert, die Fahrlässigkeitstat hingegen aus „Leichtsinn oder Trägheit", die nur einer geringeren Einwirkung bedürfe.[2286] Eine „für die Rechtsgüter beson-

---

2281 HUME, vorige Fußn., dazu BAYLES, Hume Studies 2 (1976), 17 ff.; DERS., 1 Law & Phil. 5, 10 f. (1982); vgl. später RADBRUCH, ZStW 24 (1904), 333, 348: Schuld als Indiz für asoziale Gesinnung; ebenso ENGISCH, *Die Lehre von der Willensfreiheit*, S. 60.

2282 BAYLES, 1 Law & Phil. 5, 10 f. (1982).

2283 TESAŘ, *Die symptomatische Bedeutung*, S. 197 ff., 201, 217 u. ff.; ähnl. KOLLMANN, ZStW 28 (1908), 449, 467; krit. VON BIRKMEYER, *Studien zu dem Hauptgrundsatz der modernen Richtung*, S. 98. Zur Tat als Symptom des Charakters schon SCHOPENHAUER, *Preisschrift über die Freiheit des Willens*, S. 481, 619; dazu KÖHLER, Festschrift Hirsch, S. 65, 69.

2284 BAYLES, 1 Law & Phil. 5, 10 f. (1982).

2285 VALLACHER & WEGNER, *A Theory of Action Identification*, S. 137.

2286 Exemplarisch FEUERBACH, *Kritik des Kleinschrodischen Entwurfs*, Zweiter Theil, S. 63: „Die Strafe der Unbedachtsamkeit muß nicht blos dem Grad und der Dauer, sondern auch der Art nach, von der Strafe des dolosen Verbrechens verschieden seyn. Der Gesetzgeber, der jenes wie dieses mit dem Zuchthause bedroht und nur die Strafe des letzteren auf eine längere Dauer bestimmt, verkehrt die rechtliche Ordnung, indem er den Bösewicht neben dem blos unordentlichen Bürger in eine Hauptklasse stellt, und macht das Volk, dem die Dauer der Strafe blos als ein Nebenpunkt in der Strafe zu erscheinen pflegt, an der Strafgerechtigkeit irre. Der Gesetzgeber hat bey dem Unbedachtsamen keine dem Rechte directe feindliche Triebfedern zu bekämpfen. Die Strafe, die er androht, muß daher mehr die Gestalt einer Warnung, als eines eigentlichen Schreckbildes haben; sie soll ihn nur aufmerksam machen, nicht bändigen."

Ibid., S. 70 ff.: „Zwischen der Culpa und dem bösen Vorsatz ist ein sehr beträchtlicher Abstand in Ansehung der bürgerlichen Strafbarkeit. Die Folge ist zwar für den Staat dieselbe, der Schade, wenn er entsteht ist gleich groß, er geschehe aus Unbedacht oder mit Vorsatz; auch verletzt der unbedachtsame Fahrlässige sogar subjectiv ein Gesetz und die ihm dadurch auferlegte Verbindlichkeit zum gehörigen Fleiß und zur gehörigen Bedachtsamkeit. Allein der culpose Uebertreter hat keinen eigentlich rechtswidrigen Willen, er geht nicht aus auf Verletzung der Rechte, auf Beschädigung seiner Mitunterthanen, auf Störung der Ordnung des Staats; er würde, wenn er die Folgen seiner Fahrlässigkeit erfährt, diese gern tilgen, wenn er gleich keine Strafe zu fürchten hätte: er ist nur unachtsam auf das Gesetz, das auch die an sich unschuldigen Handlungen straft, wenn sie zu unbeabsichtigten Läsionen führen. Die gefährlichen, feindseligen Affecte und Leidenschaften, die den bösen Vorsatz hervorbringen, liegen daher der Culpa nicht zum Grunde: die Quelle dieser ist Leichtsinn oder Trägheit. Um aber den Leichtsinn zu dämpfen oder die Trägheit zu unterdrücken, ders gefährliche Gesinnung“[2287] des Vorsatztäters erfordert auch zur positiven Generalprävention in Form der „symbolischen Tabuisierung“ schärfere Bestrafung.

Der Schluß von der Intention auf die entsprechende Disposition oder Charaktereigenschaft geschieht, wie angesprochen, im Alltag oft automatisch.[2288] Die als feindselig wahrgenommene Intention einer einzelnen Handlung markiert den Handelnden insgesamt als feindselig, worin ein Grund für die typischerweise höhere Reaktionsaggression liegen dürfte. So erlaubt die Erkenntnis der Absicht eines anderen die Vorhersage dessen künftigen Verhaltens.[2289]

Die moderne Volitionspsychologie bestätigt die „perseverative Tendenz der Wollungen“,[2290] die im schon früh entdeckten ZEIGARNIK-Effekt beschrieben sind,[2291] und hält beim Absichtstäter, sofern besondere, seine Willenskompetenz übersteigende handlungsveranlassende Kräfte fehlten, eine Wiederholungsgefahr für naheliegend, die Anlaß zu besonderen Sanktionsmaßnahmen gebe.[2292]

Alle diese Pauschalierungen sagen freilich nichts über den Einzelfall und sind allenfalls beim Absichtstäter plausibel, aber kaum beim *dolus indirectus* oder bei *recklessness*. Insbesondere erlaubt ein weitgefaßter Vorsatzbegriff keine Reinzidenzprognose.[2293]

d) Inkompetenz des Fahrlässigkeitstäters

Schließlich wird angenommen, Fahrlässigkeitstaten tangierten die Normgeltung weniger als Vorsatztaten, weil sie von der Inkompetenz des Fahrlässigkeitstäters auch in der Verwaltung eigener Angelegenheiten zeugten.[2294]

---

bedarf es einer weit schwächeren psychologischen Einwirkung, als erforderlich ist, um den positiven Feind, rechtwidrige Begierde, zu bezähmen, die Rechtlichkeit gegen die Neigung und den Antrieb zur Rechtswidrigkeit geltend zu machen. ... nach dieser Erwägung erscheint es wohl nicht als zu gelind, wenn selbst für die gröbste Culpa nur der sechste Theil der Strafe des Dolus als das Maximum angenommen wird.“

2287 SCHÜNEMANN, Festschrift Hirsch, S. 363, 372.

2288 Im Sinne der Theorie der korrespondierenden Schlußfolgerungen, siehe oben Fußn. 869, 2197. Umgekehrt impliziert die Annahme einer Disposition nicht notwendigerweise, daß der Handelnde sein Verhalten bewußt geplant (beabsichtigt) hat, dazu BAYER/FERGUSON/GOLLWITZER, *Voluntary action from the perspective of social-personality psychology*, S. 86, 98 m. w. Nachw.

2289 HEIDER, *The Psychology of Interpersonal Relations*, S. 117.

2290 Schon KELLER, *Psychologie und Philosophie des Wollens*, S. 257 f.; auch MIŘIČKA, *Die Formen der Strafschuld*, S. 10: „größere Energie“ des Vorsatztäters.

2291 Der nach der LEWIN-Schülerin ZEIGARNIK benannte und in jüngster Zeit experimentell bestätigte Effekt beschreibt, daß unerledigte Handlungspläne besser behalten werden als erledigte, ZEIGARNIK, *Über das Behalten von erledigten und unerledigten Handlungen*, Psychologische Forschung 9 (1927), 1–85.

2292 KUHL, *Wille und Freiheitserleben*, S. 665, 749 ff.; DERS., *Wille, Freiheit, Verantwortung*, S. 186, 212; DERS., *Motivation und Persönlichkeit*, S. 696.

2293 Vgl. STRATENWERTH, Die *Zukunft des strafrechtlichen Schuldprinzips*, S. 37 f. m. w. Nachw.; BAYLES, 1 Law & Phil. 5, 8 (1982): “Single acts do not necessarily indicate dispositions.”

2294 JAKOBS, *Über die Aufgabe der subjektiven Deliktsseite im Strafrecht*, S. 271, 276 ff.; DERS., ZStW 101 (1989), 516, 531 ff.; DERS., *Strafrecht Allgemeiner Teil*², Tz. 1/7a, 8/5; DERS., *Das Schuld-*

Der Fahrlässigkeitstäter widerspreche der Norm nur mittelbar – und bedürfe aus Sicht positiver Generalprävention oder funktionaler Vergeltung geringeren Widerspruchs in Gestalt der Strafe –, indem er nicht sie selbst, sondern nur ihre Anwendungsbedingungen bestreite, also z.B. nicht, daß man andere nicht verletzen dürfe, jedoch daß sein Verhalten „Verletzen“ bedeute. Die ungerichtete Fahrlässigkeit, sprich diffuse Unaufmerksamkeit,[2295] sei ein Fall von Irrtum. Dabei werde die richtige Beurteilung der kognitiven Anwendungsbedingungen einer Norm nicht schwächer garantiert als die – beim Fahrlässigkeitstäter nicht in Zweifel stehende – Normbefolgungsbereitschaft, sondern anders, nämlich hauptsächlich kognitiv: Man könne zwar gegen die Berechtigung einer Norm streiten, nicht aber gegen ihre kognitiven Anwendungsbedingungen, deren unrichtige Einschätzung dem Fahrlässigkeitstäter *bewiesen* werden könne.[2296] Diese demonstrierte Fehlerhaftigkeit werde allgemein akzeptiert, weil kognitive Ignoranz kein taugliches Konzept zur Lebensplanung sei: Der Fahrlässige übersehe die Folgen seines Tuns nicht, folglich stehe deren Akzeptabilität auch nicht fest, d.h. er laufe stets auch Gefahr, sich selbst oder andere, die ihm nahestehen, zu schädigen. Dieses Risiko einer Selbstschädigung, die sich als *poena naturalis* begreifen lasse,[2297] mindere die kommunikative Maßgeblichkeit des Fahrlässigkeitstäters, so wie offenbar mangelnder Überblick im sozialen Leben den Status mindere.[2298]

Diese Deutung überschneidet sich mit den anfangs dargestellten Zurechnungserwägungen: Vorsätzliches Verhalten hat einen klareren, oft eindeutigen Sinn, fahrlässiges Verhalten ist mehrdeutig; es steht eben *ex ante* nicht fest, daß es primär Fremdschädigung bedeuten wird. Dies trifft sich mit der verbreiteten Annahme, bewußte Tatbegehung bedeute direkten, offenen Widerspruch zur Norm, während

---

prinzip, S. 13 f., 20 f.; DERS., *Strafrechtliche Zurechnung und die Bedingungen der Normgeltung*, S. 57, 62; DERS., ZStW 114 (2002), 584, 588, 596; zust. RAGUÉS I VALLÈS, *El dolo y su prueba en el proceso penal*, S. 41 ff., 166 f. Angedeutet schon bei HALL, *General Principles of Criminal Law*^{2}, S. 372: “Harms resulting from inadvertence or ignorance signify incompetence and inefficiency ...”.

2295 Gerichtete Fahrlässigkeit sei die aus Desinteresse entspringende Unkenntnis der Anwendungsbedingungen einer Norm und stehe axiologisch dem Vorsatz gleich, JAKOBS, ZStW 101 (1989), 516, 529 f.; DERS., *Das Schuldprinzip*, S. 20.

2296 Im Gegensatz dazu könne die Richtigkeit einer Norm nicht bewiesen werden, deshalb können „Wollensfehler“ – die Nichtakzeptanz der als anwendbar erkannten Norm – nicht nachsichtig behandelt werden, JAKOBS, ZStW 101 (1989), 516, 522 ff., 526 f.; DERS., ZStW 117 (2005), 247, 260.

2297 Zum konditionierenden Effekt einer *poena naturalis* siehe SKINNER, *Science and Human Behavior*, S. 185; DERS., *Beyond Freedom & Dignity*, S. 60 f.

2298 Es bleibt die Frage, ob Fahrlässigkeit überhaupt noch der Strafe bedarf: Dies wird bejaht, weil die Höhe der eingegangenen Risiken nicht in das Belieben des einzelnen zu stellen sei, weil ein Mindestwissen an Gefährlichkeit allgemein etabliert werden solle (anstatt auf die individuelle Erfahrung zu vertrauen) und weil selektives Lernen, d.h. Vermeidung nur von selbst-, aber nicht von fremdschädigenden Situationen, verhindert werden solle, JAKOBS, ZStW 101 (1989), 516, 532 f.; DERS., *Das Schuldprinzip*, S. 20 f.; DERS., *Strafrechtliche Zurechnung und die Bedingungen der Normgeltung*, S. 57, 62: „Ein versehentlich unterlaufener Irrtum bedarf also der Strafe nur, um klarzustellen, daß der Umgang mit anderen kein Experimentierfeld zur Sammlung von Lebenserfahrung bildet.“; siehe auch LESCH, JA 1996, 607, 611 f.

unbewußte Tatbestandsverwirklichung diesen Sinn nicht transportiert, die Haltung des Akteurs zur Norm offen bleibt.[2299]

Zutreffend ist, daß die gebotene – und in der Fahrlässigkeit verfehlte – Aufmerksamkeit *im allgemeinen* keiner normativen Garantie durch Strafe bedarf, weil ihre Maßgeblichkeit schon kognitiv garantiert wird, da Achtlosigkeit keine taugliche Verhaltensmaxime abgibt, sondern die Lebensführung beeinträchtigt – prinzipielle Mißachtung empirischer Daten und Erfahrungsgesetze beim Handeln programmiert empirisches Scheitern.[2300] Dies überzeichnet aber zugleich das Phänomen der Fahrlässigkeit: Gegenstück zur Vorsatztat ist nicht die lebensuntüchtige Tolpatschigkeit, sondern die alltägliche Nachlässigkeit, mit der der Durchschnittsbürger gleichwohl noch gut über die Runden kommt.

Weniger maßgeblich ist der Fahrlässigkeitstäter deshalb, weil fahrlässiges Verhalten über ihn – und seine Haltung zur Norm – weniger aussagt als vorsätzliches, denn seine *situative* „Inkompetenz" ist oftmals nur die ubiquitäre Inkompetenz, die jeder auch an sich selbst erlebt, mithin weniger Inkompetenz als *infirmitas seu conditio humana*. Die Frequenz und Vielgestaltigkeit fahrlässigen Verhaltens läßt wohl kaum zu, es generell als statusmindernd zu begreifen.[2301] Ein einmaliges Versehen deklassiert noch niemanden zum Tolpatsch oder „unmaßgeblichen Dummkopf"[2302]. Insoweit ist die Argumentation mit Inkompetenz etc. eine korrespondierende Schlußfolgerung, die die Eigenschaft der Handlung mit der Disposition des Akteurs identifiziert und zur Unterscheidung nach Tätereigenschaften oder Charaktertypen (oben c)bb)) führt,[2303] denn als inkompetent – weil „haltungsmäßig fahrlässig" oder „Dummkopf"[2304] – stellt sich nur dar, wer häufiger oder gar habituell in seiner Handlungsplanung kognitiv scheitert, worauf eine Tat für sich allein keinen Schluß erlaubt.

Selbst wenn man annimmt, eine *poena naturalis* sei im Strafrecht berücksichtigenswert,[2305] ist die pauschalierende Annahme – die im Fall des Straßenverkehrs einleuchtet – zweifelhaft, daß *generell* unaufmerksam fremdgefährliches Verhalten

---

2299 Ähnlich Jakobs, *Strafrechtliche Zurechnung und die Bedingungen der Normgeltung*, S. 57, 63: „Nur ein Protest gegen direkt-gesellschaftliche Normen ist zurechenbare Tat; ein Protest gegen die Anwendungsbedingungen bleibt kommunikativ irrelevant."

2300 Jakobs, *Das Schuldprinzip*, S. 13; ders., *Strafrechtliche Zurechnung und die Bedingungen der Normgeltung*, S. 57, 62: „So wird es der haltungsmäßig Fahrlässige im Leben nicht weit bringen …"; ebenso Ragués i Vallès, *El dolo y su prueba en el proceso penal*, S. 41 f., 166 f.

2301 Insoweit auch Bayles, *Principles of Law*, S. 299: "Everyone is occasionally careless. This does not show a defect of character."; ähnl. ders., 1 Law & Phil. 5, 10 f. (1982).

2302 Jakobs, ZStW 114 (2002), 584, 588.

2303 Vgl. Jakobs, ZStW 117 (2005), 247, 263 Fn. 49 zur Nähe zur Lehre von der Charakterschuld – der Unterschied liege im Verzicht auf Psychologisierung.

2304 Jakobs, ZStW 114 (2002), 584, 588.

2305 Kant bestritt dies, *Die Metaphysik der Sitten*, Rechtslehre, A 196/B 226 („ …(poena naturalis), dadurch das Laster sich selbst bestraft und auf welche der Gesetzgeber gar nicht Rücksicht nimmt"). Positive Gesetze nehmen darauf durchaus Rücksicht im Rahmen der Strafzumessung, z.B. § 60 Satz 1 dStGB.

auch zugleich selbstgefährdend wäre. Mangels empirischer Evidenz ist die Annahme weder belegt noch widerlegbar. Sollte es aber weite Bereiche poenalisierter Fahrlässigkeit geben, in denen Selbstgefährdung keine Rolle spielt, die also typischerweise nur-fremdgefährlich sind, verlöre der Gedanke an Gewicht. Plausibel erscheint jedenfalls, daß das Maß der Fremdgefährdung eine etwaige *poena naturalis* drastisch überragen kann (Einschlafen am Steuer eines Öltankers/Verkehrsflugzeugs, am Steuerpult eines Kernkraftwerks, bei ökonomisch bedingter Nachlässigkeit wie fehlerhaften und gefährlichen Produkten etc.), zudem sind Haltungen vorstellbar und womöglich weit verbreitet, die nur bei Fremdgefahren nachlässig sind, deren *diligentia quam in suis adhibere solent* jedoch tadellos ist.[2306] Ferner kann es sein, daß die anderen geschuldete Sorgfalt größer ist als diejenige, die der Täter in eigenen Angelegenheiten pflegt, wie die Herausbildung des soeben erwähnten haftungsmildernden Topos der *diligentia quam in suis* nahelegt.

e) Fazit und Bezug zu den Strafzwecken

Weitgehende Einigkeit dürfte darüber bestehen, daß Vorsatz und Fahrlässigkeit nicht als vermeintlich „psychische Fakten", sondern als Symbol- oder Bedeutungsträger[2307] strafrechtlich relevant sind: Die Differenz der Symbolik spiegelt die Differenz des Sanktionsbedürfnisses. Die Differenz liegt darin, daß Vorsatz und Fahrlässigkeit unterschiedlich große Mängel an Normbefolgungsmotivation (Rechtstreue) wenigstens *indizieren*[2308] – *manifestieren* würden sie Rechtsuntreue nur, wenn zum Vorsatz Unrechtsbewußtsein gehört.[2309] Rechtsuntreue meint, daß der Täter die relevante (Verhaltens-)Norm nicht für entscheidungserheblich hält.[2310]

Es ergibt sich, daß alle angeführten Erläuterungsansätze nur verschiedene Beschreibungen und Akzentuierungen desselben Grundgedankens, aber keine unterschiedlichen Erklärungen darstellen.[2311] So lassen sich alle Aspekte auf die eingangs

---

2306 Selektiv fremdschädigende Unaufmerksamkeit führte letztlich wieder zur Kategorie der vorsatznahen bzw. -äquivalenten gerichteten Fahrlässigkeit (oben Fußn. 2295) zurück, was freilich nur möglich ist, wenn dies nicht der Normalfall jeglicher Unaufmerksamkeit ist.

2307 Ausdruck nach Jakobs, *Strafrechtliche Zurechnung und die Bedingungen der Normgeltung*, S. 57, 68.

2308 Zutr. Jakobs, *Der strafrechtliche Handlungsbegriff*, S. 39 f.; ders., ZStW 114 (2002), 584, 586 f.; ders., *Strafrechtliche Zurechnung und die Bedingungen der Normgeltung*, S. 57, 61 ff., 67 ff.; ders., Festschrift Schreiber, S. 949, 957; insoweit auch Kindhäuser, Festschrift Eser, S. 345, 348 ff., 357; krit. Köhler, Festschrift Hirsch, S. 65, 71 f.

2309 „Indizieren" ist hier schwächer und vorläufiger gemeint als bei Jakobs, ZStW 114 (2002), 584, 586 f., der – zutreffenderweise – den deliktischen Vorsatz, d.h. den Vorsatz des nicht gerechtfertigten, schuldhaften Täters meint, weil hier der Begriff des [Vorsatzes] abstrahiert wird von allen verbrechenssystematischen Einkleidungen und daher auch für das Minimum bewußter Tatbestandsverwirklichung gelten muß.

2310 Jakobs, ZStW 114 (2002), 584, 586; ders., *Das Schuldprinzip*, S. 23 ff.; ders., *La idea de la normativización en la dogmática jurídico-penal*, S. 15, 23.

2311 Ähnl. Ragués i Vallès, *El dolo y su prueba en el proceso penal*, S. 43. Daher werden vielfach mehrere Aspekte aneinandergereiht, so bei Frisch, *Vorsatz und Risiko*, S. 98 ff., 497; Hasumrissene Zurechnungsüberlegung zurückführen: Nur ausgehend von dem anfangs erinnerten einfachen Handlungsmodell, das Alltag und Recht als Deutungsmuster eignet, lassen sich Vorsatz und Fahrlässigkeit als unterschiedliche Formen der Handlungssteuerung und die Vorsatztat als Idealtyp der Handlung als individueller Sinnausdruck begreifen. Folglich ist der Sinn der bewußt gesteuerten Handlung – der zumeist mit der Intention als primärer Handlungsbeschreibung in eins fällt – als Sinnausdruck eindeutiger als bei unbewußten Handlungsfolgen, deren Herbeiführung stets eine nicht-intentionale Sekundärbeschreibung (neben der primären, aber *in concreto* straftatbestandlich uninteressanten Intention) der Handlung ist.

Folglich ist der Sinn einer bewußt gesteuerten normwidrigen Handlung – unter den weiteren Voraussetzungen, daß keine ausnahmsweise Rechtfertigung vorliegt und daß der Handelnde überhaupt kompetent, d.h. zurechnungsfähig/schuldfähig ist – *prima facie* und *objektiv* eindeutig der, daß der Täter die Norm nicht für entscheidungserheblich hält – nicht auch zwingend subjektiv und definitiv objektiv, denn es kann an Normkenntnis fehlen. Die bloße bewußte Handlung als solche, gleichsam ein *dolus nudus,* ist freilich rechtlich belanglos:[2312] Legt man hingegen den im Kernstrafrecht praktisch ausnahmslosen Normalfall – der darüberhinaus die Strafwürdigkeitsbeurteilung des Gesetzgebers motiviert haben dürfte[2313] – zugrunde, daß dem objektiven Normverstoß durch eine bewußte Handlung auch ein subjektiver Normverstoß (Unrechtsbewußtsein) korrespondiert *(dolus malus)*, so läßt sich auch von einer *subjektiv* klaren, expliziten Stellungnahme gegen den Normbefehl – der Dolose setzt dem „Nein" des Gesetzgebers sein „Ja" entgegen[2314] – reden, womit er „offenen Ungehorsam leistet", „sich gegen das Recht auflehnt" usw., worin zugleich „eine Entscheidung gegen das geschützte Rechtsgut", „Negation des Allgemeinwillens"[2315] etc. liegt. Im Wege der korrespondierenden Inferenz läßt sich auf die entsprechende Disposition des Täters schließen, die als „Rechtsfeindschaft", aber auch moralisierend als „Egoismus", „Bosheit" usw. zu kennzeichnen tendenziell nicht falsch, aber angesichts der Schwäche der Inferenz nur vorläufig und vage ist, wobei ethische Kategorien dem Strafrecht systemfremd sind, auch wenn sie vielfach koinzidieren. Charakterisierungen der Vorsatztat und ihres Täters als gefährlicher sind zwar noch nachvollziehbare Typisierungen ebenso wie die der Unterwerfung des Opfers, die aber alle an Äußerlichkeiten haften, die bei weitem nicht jede, vielleicht nicht einmal die Mehrzahl der bewußt gesteuerten Taten aufweist.

SEMER, *Einführung in die Grundlagen des Strafrechts*², S. 222 f.; SCHROTH, *Vorsatz als Aneignung der unrechtskonstituierenden Merkmale*, S. 12; DÍAZ PITA, *El dolo eventual*, S. 40 f.; BRADY, 15 Law & Phil. 183, 194 ff. (1996).

2312 So jetzt wieder JAKOBS, Festschrift Schreiber, S. 949, 956 f.; DERS., Festschrift Rudolphi, S. 107, 119 ff.

2313 GESSLER, GS 10 (1858), 321, 340.

2314 ROMAGNOSI, *Genesis des Strafrechts* (1791), zit. nach BINDING, *Die Normen und ihre Übertretung*, Band II, S. 793 Fn. 3.

2315 KÖHLER, *Die bewußte Fahrlässigkeit*, S. 324 ff., 328; vgl. die Darstellung im praktischen Syllogismus *ibid.*, S. 339 ff., 343 f.

Die fahrlässige Tat hat diesen eindeutigen Sinn des Normwiderspruchs nicht, denn sie ist in der sekundären Beschreibung – regelmäßig durch den verursachten verpönten Erfolg[2316] – keine vollwertige Handlung im Sinne eines *desire-belief*-Modells, sondern Irrtum,[2317] Wissens- oder Verstandesfehler, Verfehlen der Anwendungsbedingungen der Norm oder des Allgemeinwillens „in seiner einzelnen Besonderung“[2318]. Der Akteur verneint nicht den Obersatz eines praktischen Syllogismus (die rechtliche Verhaltensmaxime), sondern den Untersatz (das Vorliegen ihrer Anwendungsbedingungen).[2319] Es bleibt offen,[2320] ob der Täter bei Kenntnis der relevanten Daten die Norm für entscheidungserheblich gehalten hätte oder nicht, ob also der Irrtum kausal[2321] war für die Tat oder nicht. Aufschluß darüber erhält man vielleicht *ex post*, wenn man mit ARISTOTELES[2322] fragt, ob der Täter, der seinen Irrtum erkannt hat, nun Bedauern zeigt oder nicht. Will man die tatsächliche Tat und nicht einen hypothetischen Verlauf sowie eine *voluntas virtualis*[2323] oder den Charakter des Täters strafen, wird man in diesem wie in allen Irrtumsfällen diese Frage auch als offen behandeln müssen, selbst wenn im Einzelfall feststeht, daß bei Kenntnis ebenso gehandelt worden wäre, also der Irrtum höchstwahrscheinlich nicht kausal, sondern nur *concomitans* war.[2324] Es mag sich aber ebenfalls herausstellen, daß der Irrtum des Täters nicht auf der ubiquitären Unachtsamkeit als Teil der *conditio humana*, sondern auf Desinteresse an der Norm, also wiederum Normuntreue beruht, so daß Kenntnis der Anwendungsbedingungen nicht der einzige Indikator für Rechtstreue ist, wie die seit alters her bekannte und verbreitete Gleichstellung von Vorsatz und *ignorantia affectata*, *wilful blindness* usw. illustriert.

Die Strafwürdigkeitsdifferenz von bewußter und unbewußter Tat ist weitgehend unbeeinflußt von den jeweils zugrundegelegten Straftheorien. So richtig es

---

2316 In der primären, intentionalen Beschreibung ist sie vollwertige Handlung, nur daß die Intention den strafrechtlich interessierenden Verlauf nicht erklärt.

2317 Dazu krit. ENGISCH, *Untersuchungen über Vorsatz und Fahrlässigkeit*, S. 256 ff. m. zahlr. Nachw.

2318 KÖHLER, *Die bewußte Fahrlässigkeit*, S. 357.

2319 Dazu KÖHLER, *Die bewußte Fahrlässigkeit*, S. 339 ff., 345 f.

2320 Der Grund der geringeren Strafe liegt also keineswegs in der Annahme, daß der Fahrlässige bei Kenntnis die Tatbestandsverwirklichung vermieden hätte, so aber KRIEGSMANN, ZStW 30 (1910), 449, 451 (ein wesentlicher Faktor der fahrlässigen Schuld sei, daß zugunsten des Täters vermutet wird, er habe bei richtiger Erkenntnis der Situation die Tat unterlassen); dagegen wie hier ENGISCH, *Untersuchungen über Vorsatz und Fahrlässigkeit*, S. 453; siehe auch JAKOBS, ZStW 114 (2002), 584, 594.

2321 Siehe unten bei Fußn. 2379 f.

2322 Siehe Anhang IV. bei Fußn. 31 ff.

2323 Zur scholastischen Lehre der *voluntas virtualis*, die aus THOMAS' Doktrin der *ignorantia concomitans* entstand, und ihrer Überwindung in der Nachscholastik siehe eingehend MÜLLER, *Ethik und Recht*, S. 191–201 m. zahlr. Nachw.

2324 Ebenso ENGISCH, *Untersuchungen über Vorsatz und Fahrlässigkeit*, S. 453 m. w. Nachw.; BRADY, 15 Law & Phil. 183, 196 f. (1996).

ist, daß rechtliche Begriffe vom Zweck geformt werden (siehe oben C.I.), so daß auch Formen und Begriffsinstrumentarium strafrechtlicher Zurechnung sich nach dem Zweck des Strafrechts richten, so wenig vermag die Zweckrelation hier auszusagen: Wird Strafrecht schuldvergeltend konzipiert, so bildet der idealtypische Fall bewußten (genauer: absichtlichen) Handelns die schwerste Schuldstufe wegen ungeminderter Zurechenbarkeit zur Person und (objektiv und situativ) höchster Vermeidbarkeit. Alle relativen Straftheorien leiden daran, daß sie auf empirisch verifizierbare Wirkungen der Strafe setzen, diese Verifikation aber bislang nicht oder nicht im gewünschten Ausmaß erbracht ist. Sieht man den Zweck der Strafandrohung in der negativen Generalprävention, so müßte dargelegt werden, daß höhere Strafen nötig sind, um den Vorsatztäter abzuschrecken als den Fahrlässigkeitstäter. Abgesehen davon, daß vielen Taten kein Kosten-Nutzen-Kalkül vorangeht, in das überdies wesentlich der erwartbare Strafverfolgungs(miß)erfolg einzustellen wäre,[2325] bleibt offen, wie eine Strafandrohung denjenigen erreichen soll, der den Normbefehl unbewußt mißachtet, also gerade nicht kalkuliert[2326]. Strafe als „Warnung" wie bei Feuerbach[2327] könnte allenfalls als erzieherische Maßnahme wirken, um künftig mehr Aufmerksamkeit zu erzeugen, also auf Charakter oder Haltung des Täters *pro futuro* einwirken, mithin spezialpräventiv. Aus der Perspektive der Spezialprävention betrachtet, fehlt Spekulationen über die generell größere Gefährlichkeit und daraus gefolgerte größere Strafwürdigkeit schlechterdings die Tatsachengrundlage. Selbst wenn der Vorsatztäter situativ gefährlicher wäre, müßte über die Größe der Strafe als *poena medicinalis* doch die Therapienotwendigkeit, die mit der Gefährlichkeit nicht korrelieren muß, entscheiden: Vielleicht mag der einmalige Vorsatztäter leichter zu kurieren sein als der habituell Fahrlässige? Zudem dürften Pauschalierungen sich hier verbieten und zudem dieselben Implausibilitäten entstehen, die einen rein spezialpräventiven Ansatz diskreditieren: Die vorsätzliche Tötung des Intimpartners mag mangels Wiederholungsgefahr keinerlei strafender Einwirkung bedürfen, während der unkurierbar unordentliche Geschäftsmann, der stets die Buchführungspflicht vernachlässigt, womöglich sein Leben lang therapiert oder verwahrt werden müßte. Auch bei positiv generalpräventiven Ansätzen treten an die Stelle fehlender Empirie Wirkungshypothesen, die hier ihrerseits wieder mit dem alltagstheoretischen Attributionsmuster arbeiten, so daß zirkuläre Argumentationen[2328] entstehen: Sofern präventive Bedürfnisse sozialpsychologisch begriffen werden, ist es unausweichlich, daß Verhalten, das im Alltag

---

[2325] Beccaria, *Dei delitti e delle pene*, § XXVII.

[2326] Folgerichtig konstruierte Feuerbach die *culpa* daher als bewußte, vorsätzliche Übertretung einer *obligatio ad diligentiam*, siehe Anhang IX.1. bei Fußn. 444. Ist die Fahrlässigkeit also stets nur als vorverlagerte Vorsatztat strafbar, so ist kaum plausibel, daß etwa die Verletzung einer wichtigen *obligatio ad diligentiam* generell weniger Strafe verdienen sollte als der bagatellhafte direkt vorsätzliche Bruch einer Norm.

[2327] Oben Fußn. 2286.

[2328] Vgl. Stratenwerth, *Was leistet die Lehre von den Strafzwecken?*, S. 16.

als besonders bedrohlich oder aggressiv empfunden wird, die Rechtstreue und das Vertrauen der Bevölkerung in die Unverbrüchlichkeit der Rechtsordnung auch besonders erschüttert[2329] und somit erhöht strafwürdig ist. Schließlich kann auch die Fortbildung zu einer funktionalen Vergeltungstheorie,[2330] die der sozialpsychologischen Empirie nicht zu bedürfen meint und statt dessen auf die angenommenen[2331] Erfordernisse kommunikativer Symbolik abstellt, die Notwendigkeit drastischerer Antwort auf die „drastischere Symbolik"[2332] des dolosen Normwiderspruchs nur auf die bekannte Zurechnungsdifferenz, die als Alltagsattributionsmuster eben wegen ihrer sozialpsychologischen Relevanz die gesellschaftliche Kommunikation prägt, stützen, die sie nur hinnehmen und zu verstehen versuchen, aber nicht begründen kann.

Aus sich heraus kann vielmehr keine Straftheorie die Differenz von Vorsatz und Fahrlässigkeit begründen, sie kann allenfalls das Fixum dieses Attributionsmusters integrieren – was bei der negativen Generalprävention und der Spezialprävention konsistent nicht möglich ist. Dieses Attributionsmuster des Alltags ist wie gesagt randunscharf, so daß präzisierende Ausgestaltung möglich und nötig bleibt. Ob etwa Konnivenz und Absicht beide der Strafwürdigkeitsstufe der Vorsatztat angehören sollen oder nicht, ist aus dem Strafzweck nicht deduzierbar, sondern bleibt, wenn Strafrecht gesellschaftlichen Zuschreibungen im Grundsatz folgen soll, um verständlich zu sein, entweder empirisch aufzuklären oder mit Appell an Evidenzen des alltagsmoralischen Diskurses zu bestimmen, die jedem geläuterten strafrechtsdogmatischen Theoriegebäude mehr oder weniger offen zugrunde liegen.

2329 So FRISCH, *Vorsatz und Risiko*, S. 49.

2330 Vgl. LESCH, JA 1994, 590, 598 f.; DERS., *Der Verbrechensbegriff*, S. 75 ff., 98 f., 205 f.; ähnl. JAKOBS, Festschrift Androulakis, S. 251 ff., 263 ff.; DERS., *Strafrechtliche Zurechnung und die Bedingungen der Normgeltung*, S. 57, 59 f. (wohl einschränkend wieder DERS., *Staatliche Strafe: Bedeutung und Zweck*, S. 26 ff. insb. m. Fn. 147); auch KALOUS, *Positive Generalprävention durch Vergeltung*, S. 210 ff., 251 ff.; PAWLIK, *Person, Subjekt, Bürger*, S. 54 ff., 75 ff.

2331 Daß es überhaupt der Drastik der Strafe bedarf, um auf Normbrüche zu reagieren, beruht letztlich auf konventionell etablierter, und damit empirisch faßbarer, Symbolik (vgl. jüngst JAKOBS, *Staatliche Strafe: Bedeutung und Zweck*, S. 26 ff.), dazu PAWLIK, *Person, Subjekt, Bürger*, S. 65 ff., dessen eigener Ansatz diese Frage ebensowenig beantwortet, siehe *ibid.*, S. 91.

2332 LESCH, *Der Verbrechensbegriff*, S. 204 f.

f) Erneut: Strafwürdigkeitsrelation von „Vorsatz" und „Fahrlässigkeit"

Proprietate verbi et genere facti lata culpa non est dolus: interpretatione iusta et effectu iuris dolus est.[2333]

The not uncontroversial assumption is that intention and subjective recklessness is a more culpable state of mind than negligence.[2334]

So scharf der Gegensatz zwischen bewußter und unbewußter Schuld sich präsentiert – er erweist sich zum Zwecke einer Abstufung der Haftung als völlig ungeeignet.[2335]

Führt die eingangs angesprochene Zurechnungsdifferenz auch häufig zu dem Grundsatz, Vorsatztaten für schwerer und strafwürdiger zu halten als Fahrlässigkeitstaten, so gilt dies doch offensichtlich nicht ausnahmslos. Wenn sich Strafrahmen positiver Strafgesetze für vorsätzliche und fahrlässige Verursachung eines verpönten Erfolgs überschneiden, ließe sich dies noch damit erklären, daß Bewußtheit oder Unbewußtheit der Handlung nicht der einzige Strafzumessungsfaktor, sondern nur einer unter vielen ist. Wird beispielsweise auch die Größe des Schadens oder die Motivation des Täters in Rechnung gestellt, so kann die vorsätzliche Verursachung eines Bagatellschadens aus edlem Motiv ohne weiteres leichter zu ahnden sein als die unachtsame Verursachung einer Katastrophe aus Eigennutz. Aber auch *ceteris paribus* wird vielfach angenommen, Fahrlässigkeit könne schwerer wiegen als Vorsatz, so wenn die Umstände der unbewußten Handlung den Schluß auf eine (situative) Haltung *(practical attitude*[2336]*)* des Akteurs nahelegen, die einen gesteigerten Mangel an Rechtstreue, d.h. rechtstreuer Motivation, mithin ein solches Maß an Desinteresse an normgemäßem Verhalten ausdrückt, welche einer bewußten Handlung entsprechen oder nahekommen,[2337] was schon das Alte Testa-

---

2333 Donellus, *Commentarii de iure civili,* lib. XVI cap. 7 § 9 [vol. X, 168 f.] mit Beispielen.

2334 Wilson, *Central Issues in Crimnal Theory*, S. 23.

2335 Graf zu Dohna, ZStW 32 (1911), 323, 327; dagegen Binding, *Die Normen und ihre Übertretung*, Band II, S. 328 Fn. 11.

2336 Siehe Duff, *Intention, Agency, and Criminal Liability*, S. 162 f. ("practical attitude which the action itself displays").

2337 Siehe Binding, *Die Normen und ihre Übertretung*, Band II, S. 444 f.: *Dolus* sei *regelmäßig* strafwürdiger als *culpa*, es handele sich aber um Artverschiedenheit, nicht Größenverschiedenheit: „Der Unterschied von dolus und culpa liegt aber durchaus nicht in der Verschiedenheit des Schuldquantums, das in beiden steckt: es ist sehr wol möglich, wenn auch nicht allzu häufig, dass das vorsätzliche Delikt grade wegen der geringen Stärke des Vorsatzes an Schuldgehalt hinter einem fahrlässigen gleicher Art von besonderer Frivolität zurücksteht, wie denn auch das positive Recht den Höchstbetrag der Strafe für das fahrlässige Delikt über den Mindestbetrag der Strafe für das vollendete vorsätzliche Seitenstück oft weit übergreifen lässt." S. 445); ebenso Graf zu Dohna, ZStW 32 (1911), 323, 327 u. ff.; siehe auch Hall, Festschrift Mezger, S. 229, 240 f., 248 (unbewußte Leichtfertigkeit kann schwerer wiegen als bewußte bzw. als Vorsatz); eindringlich Sturm, GS 74 (1909), 160, 169 ff., 182 f.

Zur „Tatsachenblindheit" siehe auch Mezger, Festschrift Kohlrausch, S. 180, 184; Jakobs, *Studien zum fahrlässigen Erfolgsdelikt*, S. 104 f.; ders., *Strafrecht Allgemeiner Teil*², Tz. 8/5 ff. m.

ment illustriert[2338]. Dies kommt in Betracht bei besonders grober Unachtsamkeit *(culpa lata, latior, latissima)*, aber auch bei leichter Unachtsamkeit als Ausdruck rechtsuntreuer Disposition. Faßt man Fahrlässigkeit als Irrtum auf, so handelt es sich in diesen Fällen entweder um den Verdacht nichtkausalen Irrtums[2339] oder um „verschuldeten“, „vorwerfbaren“, frivolen usw. Irrtum, mithin Unkenntnis aus belastenden Gründen, wie in den Fallkonstellationen des gemeinen Rechts, die als *ignorantia affectata, crassa et supina* bezeichnet wurden[2340] und die im modernen Recht mitunter als *connivance, wilful blindness, Caldwell recklessness* etc. überlebt haben

---

w. Nachw.; DERS., ZStW 101 (1989), 516, 529 ff.; DERS., *Strafrechtliche Zurechnung und die Bedingungen der Normgeltung*, S. 57, 62 Fn. 7; DERS., GA 1996, 253, 267; DERS., GA 1997, 553, 557; ähnl. DERS., ZStW 114 (2002), 584, 587 ff.; LESCH, JA 1996, 346, 351 f.; DERS., JA 1997, 802 f.; MÜSSIG, *Mord und Totschlag*, S. 182; PAWLIK, *Person, Subjekt, Bürger*, S. 85 f.; AK-StGB-ZIELINSKI, §§ 15, 16 Rn. 11; auch RAGUÉS I VALLÈS, *El dolo y su prueba en el proceso penal*, S. 439 ff.; DERS., GA 2004, 251, 260 m. w. Nachw.; SANCINETTI, *Subjektive Unrechtsbegründung*, S. 250 ff.; krit. KINDHÄUSER, Festschrift Eser, S. 345 ff.; VOGEL, GA 2006, 386, 388 f.

Auch WILSON, *Central Issues in Criminal Theory*, S. 20, 139 ff., 158 f., 335: "Where circumstances surrounding our conduct provoke the objective risk of the death or serious harm we feel that a failure to be conscientious in the weighing and taking of risks may be equally if not more blameworthy than in the case of someone who takes the risk consciously. Who is more blameworthy, the anaesthesist who does not notice the patient undergoing surgery has become starved of oxygen in the excitement of filling in his crossword puzzle or the over-optimistic driver who takes a conscious gamble when overtaking on a blind corner?"; ähnl. FLETCHER, *Basic Concepts of Criminal Law*, S. 116, 125 ff.

Zu *wilful blindness* siehe *Roper v. Taylor's Garages Ltd.*, [1951] 2 T.L.R. 284, 288, *per* DEVLIN J.; GLANVILLE WILLIAMS, *Textbook of Criminal Law*², S. 125 f.; SULLIVAN, *Knowledge, Belief, and Culpability*, S. 207, 213 f.; TADROS, *Recklessness and the Duty to Take Care*, S. 227, 253 f.; LAFAVE, *Criminal Law*³, S. 231–233 (dort bei Fn. 21 das Zitat aus *United States v. Jewell*: "deliberate ignorance and positive knowledge are equally culpable", 532 F.2d 697 (9th Cir. 1976)). Krit. HALL, *General Principles of Criminal Law*², S. 166 ("this is the irrational side of penal law"); ASHWORTH, *Principles of Criminal Law*⁴, S. 192 f.; SHUTE, *Knowledge and Belief in the Criminal Law*, S. 171, 196 ff. Siehe auch oben Fußn. 2034.

So auch die Befürworter der *Caldwell recklessness*, Lord DIPLOCK in *R. v. Caldwell*, [1982] A.C. 341, 352 (H.L.); Lord GOFF OF CHIEVELEY in *R. v. Reid*, [1992] 3 All E.R. (1992); [1992] 1 W.L.R. 793; 95 Cr.App.R. 391, 405 f. (H.L.); DUFF, *Intention, Agency, and Criminal Liability*, S. 162 f. ("there is in this context no significant moral difference between one who does and one who does not notice that his action endangers life ... What I notice or attend to reflects what I care about; and my very failure to notice something can display my utter indifference to it."); dazu ASHWORTH, *Principles of Criminal Law*⁴, S. 185 ff., 196 f. m. w. Nachw., sowie oben Fußn. 2035.

Auch die französische Rspr. hat für eine Reihe von Delikten wie Scheckbetrug, Urkundenfälschung usw. befunden, « imprudence grave » oder « légèreté blâmable » seien « assimilables à la mauvaise foi », dazu MERLE/VITU, *Traité de droit criminel*⁶, tome I, nº 573; ablehnend MERCADAL, Rev.sc.crim. 22 (1967), 1, 24 f., der dies als « conception déformante de l'intention » (*ibid.* 20) kritisiert, jew. m. w. Nachw.

Zur u.U. schwereren Strafbarkeit der *ignorantia affectata* siehe Fußn. 2033.

2338 2. Mose 21, 29; dazu MATTHAEUS, *De criminibus*, lib. 48 tit. 18 cap. IV, n. 11.

2339 Siehe THOMAS VON AQUIN, unten Anhang VI.4. Oder, im psychoanalytischen Gewand, um die Manifestation einer *unbewußten* feindseligen Absicht, dazu MARSHALL, *Intention in Law and Society*, S. 143 m. w. Nachw.; MORSELLI, ZStW 107 (1995), 324, 346 ff.; D. COHEN, 24 J.Psychiatry & L. 511, 548 ff. (1996).

2340 Siehe unten Anhang VII.2.

und als Tatsachenblindheit, gerichtete Fahrlässigkeit,[2341] *practical indifference*[2342] usw. diskutiert werden. Auch unterhalb dieser Fälle muß unbewußte Tatverwirklichung (z.B. aus einer Neigung zu blindem Ungestüm) nicht stets leichter wiegen als bewußte (z.B. wegen habituell skrupulöser Umsicht). Mit anderen Worten: Der *psychische Modus allein* (beabsichtigen, sich etwas vorstellen) ist eine unzureichende Beschreibung solcher (vielfach – wenn mitunter auf dem Umweg der flexibleren Strafzumessung – praktizierten!) Strafwürdigkeitsdifferenzen.

Trotz phänotypischen („psychologischen") Unterschieds kann eine normative Gleichsetzung erfolgen, die vorzugsweise offen geschieht – z.B. „quod scire debes et non vis, non pro ignorantia sed pro contemptu judicabitur",[2343] „nolle scire aequiparatur scientiae"[2344] – und nicht unter Ausdehnung eines Wollens- oder Wissensbegriffs,[2345] die stets den Einwand einlädt, den deskriptiven Begriffsgehalt zu verfehlen. Weiteres siehe unten sub VI.2.a).

Nicht auszuschließen ist indes, daß diese rechtlichen Figuren nicht nur Strafwürdigkeitserwägungen, sondern praktisch auch als Verdachtsstrafe für nicht erweisbaren Vorsatz dienten, denn Fälle großer Nachlässigkeit – nicht zu erkennen, was jeder erkannt hätte – oder frivolen Irrtums sind regelmäßig auch Fälle unglaubhaften Irrtums *(ignorantia/error improbabilis)*.

g) Schweregrade bewußter Handlungen

The primary evil, the *moral* evil is in bringing these [evil] things about *intentionally*.[2346]

Die vorstehend aufgeführten Argumente kehren wieder bei der Binnendifferenzierung verschiedener Arten der bewußten Handlung. Verbreitet wird angenommen, Absicht *(direct intention)* als „das illoyale, rechtsfeindliche Handeln *κατ᾽ἐξοχὴν*"[2347] sei die strafwürdigste Handlungsform, weil sie den „Mangel an Achtung" gegen das Gesetz „unmittelbar verrathe",[2348] gefolgt von sicherer Voraussicht von Nebenfol-

---

[2341] Siehe JAKOBS, Fußn. 2337.

[2342] DUFF, *Intention, Agency, and Criminal Liability*, S. 162 f.; krit. BRADY, 15 Law & Phil. 183, 192 ff. (1996).

[2343] ANDREÆ, *De regulis iuris*, reg. 13 ignorantia, n. 1.

[2344] CEPHALUS, *Consilia*, cons. 444 nn. 11 f.

[2345] Vgl. nur LÖFFLER, *Die Schuldformen des Strafrechts*, S. 226 f.: „Köstlin meint, ein Wollen des Erfolges liege auch schon dann vor, wenn der Handelnde gleichgiltig war. Aber jeder Unbefangene wird sofort einsehen, daß es unvereinbarere Gegensätze, als Wollen und Indifferenz in Bezug auf den gleichen Gegenstand, gar nicht gibt. Es ist immer wieder der gleiche Fehler der psychologischen Konstruktion ad hoc; man braucht das Resultat: Gleichgiltigkeit gegen den Erfolg der Handlungen ist schwer zu strafen; man ist in dem Irrtume befangen, daß schwere Strafbarkeit nur bei dolus, Wollen des Erfolges, eintreten könne; ergo muß dieses Wollen des Erfolges konstruiert werden, koste es, was es wolle."

[2346] FRIED, 5 J. Legal Stud. 165, 197 (1975) (Hervorh. im Original).

[2347] BELING, *Unschuld, Schuld und Schuldstufen*, S. 36.

[2348] STÜBEL, *System des allgemeinen Peinlichen Rechts*, Zweiter Band, § 273 S. 59 f.; ähnl. KINDHÄUSER, Festschrift Eser, S. 345, 354 f. („größeres Defizit an Rechtstreue").

gen *(oblique intention, foresight/knowledge)* – sofern Handeln in Kenntnis notwendiger Folgen nicht in den Absichtsbegriff hineindefiniert wird[2349] –, die wiederum schwerer wiege als bloßes Erkennen der Möglichkeit, daß verpönte Nebenfolgen eintreten *(dolus eventualis, recklessness)*. Solche Differenzierungen liegen traditionellen Abstufungen der Tötungsdelikte[2350] zugrunde oder dem Absichtserfordernis für Versuch im Common Law[2351].

Angeführt werden zum einen Zurechnungsgesichtspunkte, wonach nur die absichtliche Tat, da ganz willentlich, dem Täter voll und ganz gehört oder freier ist – „intentio directa magis libera est, quam indirecta“[2352] – und die mit *oblique intention* oder *recklessness* begangene weniger,[2353] so daß der Absichtstäter von einem verpönten Verhalten oder Erfolg schwerer zu distanzieren scheint als der wissentlich Handelnde,[2354] worauf sich schon die katholische Lehre von der Doppelwirkung stützte[2355]. FRIED nimmt an, die Relevanz der Absicht sei nur nicht-utilitaristisch, also in Moralordnungen erklärbar, die absolute Verbote kennen und das verbotene Verhalten über die Absicht identifizieren,[2356] weil eben absichtliches Handeln das Paradigma menschlichen Verhaltens oder dessen primäre Beschrei-

---

2349 Siehe oben bei Fußn. 1378 ff., 1391 ff.

2350 Wobei meist nicht nur Absicht, sondern Vorbedacht *(praemeditatio)* verlangt wird, siehe oben bei Fußn. 1500 u. ff.

2351 Siehe oben Fußn. 1412.

2352 CHR. WOLFF, *Philosophia practica universalis*, Pars I, § 626: „*Intentio directa magis imputatur quam indirecta*. ... Quoniam itaque libertate sponte eligimus ex pluribus possibilibus, quod placet (...), intentio directa magis libera est, quam indirecta. Quamobrem cum actio magis imputetur, quo magis ea libera fuerit (§. 606); quin directa intentio magis imputanda veniat, quam indirecta, dubitandum non est.“

2353 Z.B. MOORE, *Placing Blame*, S. 409 f.: “My own sense is that this differential culpability between intent and foresight has to do with the notion of authorship, or agency. ... aiming to cause some evil is to put that evil more squarely on one’s moral ledger than when one merely tolerates such evil as a side effect of one’s aims.”

2354 Eine überragende Rolle spielt die Absicht im engen Sinne auch im islamischen Recht, wobei in den einzelnen Rechtsschulen heillos umstritten ist, ob und wann auch sichere Kenntnis, Risikokenntnis oder gar unspezifischer Verletzungswille genügt, dazu MASOODI, *Philosophy and Basic Principles of Islamic Penal Jurisprudence: A Comparative View*, S. 118, 128 ff.; BAHNASSI, *Criminal Responsibility in Islamic Law*, S. 175, 177 ff., jew. m. w. Nachw.

2355 Nach THOMAS VON AQUIN, *Summa theologica*, II-2, qu. 64 art. 7 c.: „Respondeo dicendum quod nihil prohibet unius actus esse duos effectus, quorum alter solum sit in intentionem, alius vero sit praeter intentionem. *Morales autem actus recipiunt speciem secundum id quod intenditur, non autem ab eo quod est praeter intentionem, cum sit per accidens*, ut ex supra dictis patet. Ex actu ergo alicuius seipsum defendentis duplex effectus sequi potest: unus quidem conservatio propriae vitae; alius autem occisio invadentis. ...“. (Hervorh. hinzugefügt) vgl. dazu der folgende art. 8 c.: „... secundum Philosophum in II *Physic.*, text. 49 et 50, ‚casus est causa agens praeter intentionem‘. Et ideo ea quae casualia sunt, simpliciter loquendo, non sunt intenta neque voluntaria“ (es folgt die *versari in re illicita*-Doktrin). Im 16. bis 17. Jahrhundert hatte sich die Lehre durchgesetzt, dazu MANGAN, 10 Theological Studies 41 ff. (1949), auch zu der Frage, ob die THOMAS-Stelle als Formulierung des Prinzips anzusehen ist (43 ff.). Die Einzelheiten sind umstritten, siehe MANGAN, *ibid.*, S. 42 f.; PRÜMMER, *Manuale theologiae moralis*, tomus I, nn. 57–62; SCHÜLLER, Theologie und Philosophie 47 (1972), 341, 352 ff.; alle m. w. Nachw. Eine weithin konsentierte Fassung lautet:

bung[2357] darstelle. Hinter der Unterscheidung zwischen direktem Wollen (Intendieren) und indirektem Wollen (Inkaufnehmen) steht dann einerseits die Annahme einer unterschiedlichen Stellungnahme zum sittlich Schlechten und andererseits die Notwendigkeit, die absurden Folgen absoluter Verbote zu mildern.[2358]

Eine Person darf eine Handlung vornehmen, die, wie sie vorhersieht, ein gute und eine böse Folge haben wird, unter vier Bedingungen:

1. Die Handlung muß ihrem Ziel *(finis operis)* nach selbst gut oder indifferent sein.
2. Die gute Folge muß beabsichtigt sein *(finis operantis)*, nicht die schlechte.
3. Die gute Folge darf nicht mittels der schlechten Folge hervorgebracht werden.
4. Entsprechend gewichtige Gründe sprechen dafür, die schlechte Folge zuzulassen.

Aus der jüngeren weltlichen Lit. siehe nur HART, *Intention and Punishment*, S. 122 ff.; ANSCOMBE, *Modern Moral Philosophy*, 33 Phil. 1, 11 ff. (1958); DIES., *War and Murder*, S. 42, 46, 50 f.; DIES., *A Note to Mr. Bennett*, 26 Analysis 208 (1966); BENNETT, *Whatever the Consequences*, 26 Analysis 83 ff. (1966); NAGEL, 1 Phil. & Pub. Aff. 123, 129 ff. (1972); DERS., *The View From Nowhere*, S. 175 ff., 179 f.; FINNIS, 2 Phil. & Pub. Aff. 117, 138 ff. (1973); MACKIE, *Ethics*, S. 159 ff.; FRIED, 5 J. Legal Stud. 165 ff., 184 ff. (1975); FOOT, *The Problem of Abortion and the Doctrine of Double Effect*, S. 19 ff.; DIES., *Morality, Action, and Outcome*, S. 23 ff.; HANINK, *Some Light on Double Effect*, 35 Analysis 147 ff. (1975); siehe auch MOORE, *Intentions and* Mens Rea, S. 245, 247 f. m. w. Nachw.

Krit. THOMSON, 2 Phil. & Pub. Aff. 146, 149 ff. (1973); SISTARE, *Responsibility and Criminal Liability*, S. 107 ff., 110; SIMESTER, *Why Distinguish Intention from Foresight?*, S. 71, 78 ff.; DUFF, *Intention, Responsibility and Double Effect*, 32 Phil.Q. 1 ff. (1982); siehe auch BRATMAN, *Intention, Plans, and Practical Reason*, S. 162 f.; KUGLER, *Direct and Oblique Intention in the Criminal Law*, S. 35 ff., 65 ff. m. w. Nachw.

2356 FRIED, 5 J. Legal Stud. 165, 184 ff., 188 ff., 197 ff. (1975) (199: "The paradigmatic moral judgment thus is on intentional action as such."); ebenso ANSCOMBE, *War and Murder*, S. 42, 50 f.; NAGEL, 1 Phil. & Pub. Aff. 123, 129 ff. (1972), sowie THOMAS VON AQUIN, vorige Fußn.

Die Lehre von der Doppelwirkung ist der unterentwickelte Versuch, verschiedene normative Probleme mit Hilfe dafür ungeeigneter naturalistischer Konzepte zu erfassen: So werden unter dem Topos vielfach Rechtfertigungsprobleme diskutiert, also die Frage der Zulässigkeit der bewußten Herbeiführung einer *prima facie* verbotenen Nebenfolge zu einem an sich erlaubten Rettungszweck – dies mit der absichtlichen Herbeiführung der verbotenen Folge *ohne Rettungskontext* zu kontrastieren verzerrt die normative Lage. Hieran zeigen sich auch die Grenzen der Leistungsfähigkeit der Identifikation von Handlungen allein über ihre *subjektiv definierte* Zielrichtung, ohne Blick auf die Folgen. Denn man kann nicht beides haben: absolute, abwägungsunfähige Normen und erlaubte Ausnahmen bei gewichtigem Grund.

Die Schwierigkeit der Handhabung der Lehre und vielfachen Mißbrauch beklagt auch MANGAN, 10 Theological Studies 41 (1949). ANSCOMBE, *War and Murder*, S. 42, 51, hält es für einen Mißbrauch der Lehre, auf die Intention im Sinn der cartesischen Psychologie abzustellen. Die jüngere Moraltheologie erweitert daher den betrachteten Handlungsrahmen, siehe nur SCHOCKENHOFF, „Finis operis – finis operantis", Sp. 1293 f. m. w. Nachw.

Im übrigen ist FRIEDS Darstellung des praktischen Schlusses (*ibid.*, 197 ff.) defizitär, wenn lediglich auf die Auswahl des Ziels und nicht der Mittel abgestellt wird, zutr. SIMESTER, *Why Distinguish Intention from Foresight?*, S. 71, 82 f.

2357 FINNIS, *Natural Law and Natural Rights*, S. 122; krit. SIMESTER, *Why Distinguish Intention from Foresight?*, S. 71, 81 ff.; aber auch KRUGLANSKI, *The Endogenous-Exogenous Partition in Attribution Theory*, Psychological Review 82 (1975), 387, 392.

2358 Eingehend SCHÜLLER, Theologie und Philosophie 47 (1972), 341, 342 ff., 345 ff., 353. Hintergrund der Annahme differenzierter Stellungnahme zum Schlechten ist die Theodizee: Wie kann der Schöpfergott ein sittliches, auch der Sünde fähiges Wesen erschaffen wollen in dem Wissen, daß sein Geschöpf auch sündigen wird, wenn er zugleich die Sünde selbst nicht wollen kann? Die

Kaum davon unterscheidbar ist die Behauptung einer moralischen Differenz,[2359] die demjenigen, der nur das Risiko der Tatbestandsverwirklichung *(recklessness)* eingeht, bescheinigt, er zeige eine weniger unerwünschte Haltung als der Absichtstäter und derjenige, der eine Nebenfolge für sicher hält[2360] – worauf erwidert wird, daß die in *recklessness* demonstrierte Gleichgültigkeit gegenüber dem Schadenseintritt eine genauso unerwünschte Einstellung sei.[2361] Zu erinnern ist daran, daß eine beabsichtigte, angestrebte Folge nicht im starken Sinne erwünscht (gutgeheißen, freudig begrüßt) sein muß und oft auch nicht ist (instrumentales, extrinsisches Ziel).[2362]

Entsprechend läßt sich sagen, daß zwar der performative Normwiderspruch bei Absicht größer – und wie gezeigt intuitiv aggressiver – erscheint als bei *oblique intention* und bei bewußter (sicherer) Erfolgsvorstellung größer als bei unbestimmter (unsicherer),[2363] daß aber jeder bewußt Handelnde demonstriert, daß die Norm für ihn nicht entscheidungserheblich ist,[2364] wobei direkter Widerspruch nicht zwingend das drastischere Symbol ist als ostentatives Desinteresse. Auch wenn *klassifikatorisch* die Beschreibung von Verhalten als intentional primär ist (siehe VI.1.a)aa), e)), so folgt daraus nichts für die rechtliche (oder moralische) Bewertung.[2365]

Schließlich wird der Absichtstäter für gefährlicher gehalten als derjenige, der Nebenfolgen nur anläßlich seines womöglich tatbestandslosen Handlungsziels herbeiführt[2366] – oder umgekehrt jede bewußte Schädigung für gleich oder fast gleich

---

klassische Antwort lautet, daß er die Sünde nicht direkt wollen, aber indirekt zulassen kann, dazu Schüller, *ibid.*, 344 ff. m. w. Nachw.

2359 Vor allem Anscombe, *Modern Moral Philosophy*, 33 Phil. 1, 11 ff. (1958); Kenny, *Intention and Purpose in Law*, S. 146, 158 ff.; ders., *Will, Freedom and Power*, S. 57 ff.; ders., *Intention and Mens Rea in Murder*, S. 161 ff.; dagegen die in Fußn. 2374 Genannten. Simester, *Why Distinguish Intention from Foresight?*, S. 71, 87 ff., will nur – inkonsequent – hinsichtlich der Rechtfertigungsanforderungen differenzieren.

2360 Bayles, 1 Law & Phil. 5, 8 ff., 11 f. (1982).

2361 Duff, *Criminal Attempts*, S. 181. In der Abstufung unklar Nozick, *Philosophical Explanations*, S. 382 f.: "The person who acts wrongly flouts corrects values, he goes against them. ... The clearest mode of flouting correct values is to pursue incorrect ones, to do something wrong because it is wrong. Less contrary is to pursue some goal (other than wrongness) that in this instance conflicts with rightness, and to act despite (but not for) the wrongness. Also, one can flout through negligence, acting wrongly without giving any consideration or attention to its wrongness." S. 390: "Knowingly ignoring the right and pursuing goals you know to conflict with it constitutes flouting, but so does negligently ignoring the right, whether by choice or simply by allowing yourself to pay it no heed in your actions."

2362 Siehe oben bei Fußn. 1267 ff.; auch Simester, *Why Distinguish Intention from Foresight?*, S. 71, 78.

2363 So gilt mitunter die unbestimmte Vorstellung vom Erfolg als weniger strafwürdig als die bestimmte, Kleinschrod, *Systematische Entwickelung der Grundbegriffe und Grundwahrheiten des peinlichen Rechts*[3], 1. Theil, § 20 S. 46 f.; Thilo, *Strafgesetzbuch für das Großherzogthum Baden*, §§ 205, 206, S. 220 f.; Krug, *Ueber dolus und culpa*, S. 47 ff., 65.

2364 Simester, *Why Distinguish Intention from Foresight?*, S. 71, 77.

2365 Zutr. Simester, *Why Distinguish Intention from Foresight?*, S. 71, 82 f.

2366 Kenny, *Intention and Purpose*, Journal of Philosophy 63 (1966), 642, 650; Jescheck, Festschrift Erik Wolf, S. 473, 482, 487 f.

gefährlich angesehen oder der Absicht kein generell relevanter Einfluß auf die Gefährlichkeit zuerkannt[2367]. Ein Unterschied zwischen beabsichtigten und für sicher gehaltenen Folgen ist damit nicht ohne weiteres begründbar,[2368] zumal der Vergleichsmaßstab unklar bleibt: Ist von zwei Tätern, die einen Taterfolg als praktisch sicher voraussehen, dennoch derjenige gefährlicher, der ihn beabsichtigt, als der andere, der ihn nicht anstrebt? Ist auch der Absichtstäter, der die Erreichung seines Zieles für knapp überwiegend wahrscheinlich hält, gefährlicher als derjenige, der einen nicht angestrebten Nebenerfolg für gewiß ansieht? Schließlich schafft nicht jeder beabsichtigte Akt *eo ipso* ein größeres Erfolgsrisiko als ein unbeabsichtigter.[2369] Wiegt die eventuelle Bereitschaft des Absichtstäters zu wiederholten Versuchen eine geringere Erfolgswahrscheinlichkeit auf und in welchem Maße? Ein Gefälle der Gefährlichkeit liegt nur nahe zwischen den [Vorsatz]graden, die durch die Größe des vorgestellten Risikos definiert sind: so wäre der Täter, der den Taterfolg für praktisch gewiß hält *(knowledge, dolus directus)*, gefährlicher als derjenige, der ihn bloß für möglich oder wahrscheinlich hält *(recklessness, dolus eventualis)*.[2370] Doch ist für die objektive Gefährlichkeit einer Handlung die subjektive Vorstellung des Täters, die schädlichen Folgen seien bloß möglich, überwiegend wahrscheinlich oder praktisch gewiß, nur ein Indiz, denn seine Risikoeinschätzung mag falsch sein.[2371] Unklar ist zudem, wieso eine *ex ante* hypothetisch unterschiedliche Gefährlichkeit die Strafe für eine vollendete Tat, die sich also *ex post* als maximal gefährlich erwiesen hat, soll beeinflussen können, wenn nicht aufgrund diffuser Wiederholungsvermutungen, also letztlich verschiedener Tätertypisierungen.[2372]

Gegen generelle Schwereunterschiede bei bewußten Taten wird vorgebracht, allen bewußten Taten sei gemeinsam, daß der Akteur sich entschieden habe, einen verpönten Erfolg, sei es als Haupt- oder Nebenfolge, herbeizuführen,[2373] da er gleichermaßen Kontrolle über den Erfolgseintritt hatte, somit gleichermaßen vermei-

---

2367 Model Penal Code § 5.01, Comment 2, S. 305; LAW REFORM COMMISSION OF CANADA, Working Paper no. 45 (1985), *Secondary Liability*, S. 6, 29; BAYLES, 1 Law & Phil. 5, 8 ff. (1982); SIMESTER, *Why Distinguish Intention from Foresight?*, S. 71, 73 ff., 80 gegen KENNY; DUFF, *Criminal Attempts*, S. 181.

2368 Zutr. KENNY, *Intention and Purpose*, Journal of Philosophy 63 (1966), 642, 651.

2369 Zutr. BAYLES, 1 Law & Phil. 5, 9 (1982).

2370 So СКУРАТОВ / ЛЕБЕДЕВ, *Комментарий к Уголовному кодексу Российской Федерации*, СТ. 25, S. 39, die auch die aktive Rolle des Täters mit direktem Vorsatz (*прямой умысел*) betonen, während der Täter mit indirektem Vorsatz (*косвенный умысел*) sich dem Erfolg gegenüber passiv verhalte, vielleicht sogar auf dessen Nichteintritt hoffe.

2371 Ebenso KENNY, *Intention and Purpose*, Journal of Philosophy 63 (1966), 642, 651.

2372 SIMESTER, *Why Distinguish Intention from Foresight?*, S. 71, 74.

2373 Model Penal Code § 5.01, Comment 2, S. 305; HART, *Intention and Punishment*, S. 113, 127; SIMESTER, *Why Distinguish Intention from Foresight?*, S. 71, 77, 80; CASTAÑEDA, *Intensionality and Identity in Human Action and Philosophical Method*, Noûs 13 (1979), 235, 255; Lord HAILSHAM in *Hyam v. D.P.P.*, [1975] A.C. 55, 77 f.; [1974] 2 All E.R. 41 (H.L.); ähnl. BELING, *Unschuld, Schuld und Schuldstufen*, S. 36 (nur eine „Schattierung" als Schwereunterschied).

demächtig war[2374]. Ob ein Erfolg als End- oder Zwischenziel angestrebt oder als Nebenfolge toleriert oder akzeptiert werde, stehe gleich – der Erfolg war in jedem Falle nicht unerwünscht genug, um den Akteur von der Handlung abzuhalten.[2375]

2. Teleologie der Irrtumslehre

> Nullibi Jurisconsulti luculentiore specimine ostenderunt, posse se ex re plana & perspicua obscurissimam & intricatissimam facere, quam in doctrina de ignorantia.[2376]

Die Teleologie der Kenntnisanforderungen hat ihr Spiegelbild in der Teleologie der Irrtumslehre, soweit es um *direkten* Irrtum geht.[2377] Wird Unkenntnis oder Irrtum negativ definiert als Fehlen der zur Strafbarkeit notwendigen Kenntnis, so sind Unkenntnis und Irrtum unselbständige Begriffe, und die Begründung der Rechtsfolge ist geleistet. Wird [Vorsatz] als rein psychologisches Faktum verstanden, dürfte es auf die Gründe seines Fehlens, Vermeidbarkeit etc. nicht ankommen.[2378] Eine „Irrtumslehre“ hätte dann keinen Gegenstand. Allerdings ist dies nicht der Rechtszustand in den meisten früheren und heutigen Strafrechten.

So zeigt sich oftmals erst bei Betrachtung der jeweiligen Irrtumsregelungen der verschiedenen Rechtsordnungen genauer als bei Betrachtung der Vorsatz- oder *mens rea*-Definitionen, welche Kenntnis wirklich Strafvoraussetzung ist: Welche Kenntnisse das Strafrecht wirklich fordert, ist vielfach nur *ex negativo* festgelegt. Nur die Irrtumsregeln geben überdies Aufschluß darüber, ob und in welchen Fäl-

---

2374 Salmond, *Jurisprudence*[12], § 89 S. 369 f.; Hart, *Intention and Punishment*, S. 121 ff.; D'Arcy, *Human Acts*, S. 171 f.; Oberdiek, Mind 81 (1972), 389 ff., 397 ff., 399 f.

2375 von Buri, *Über Causalität und deren Verantwortung*, S. 42; Mayer, *Die schuldhafte Handlung*, S. 166: „hier wie dort handelt der Thäter, ohne sich von der V.v.r.E. [Vorstellung eines rechtswidrigen Erfolges] abhalten zulassen, hier wie dort verdient seine That Strafe oder schwere Strafe, *weil sie eine Verachtung der rechtlichen Ordnung an den Tag legt.*“ (Hervorh. im Original); zust. Tesař, *Die symptomatische Bedeutung des verbrecherischen Verhaltens*, S. 209 f.; Krug, *Ueber dolus und culpa*, S. 72: „... als ob, wenn jemand eine Handlung vornimmt, bei welcher er einen tödtlichen Erfolg als nothwendig voraussieht, nun noch ein besonderes Wollen, ein Bezwecken hinzukommen müsse, um ihm dieselbe zurechnen zu können, und als ob, wenn der Erfolg bezweckt wurde, es einen Unterschied mache, ob er mit Gewißheit auf die Erreichung seines Zwecks rechnen konnte oder nicht.“; siehe auch Castañeda, *Intensionality and Identity in Human Action and Philosophical Method*, Noûs 13 (1979), 235, 255, der freilich, gegen Goldman, zugleich den (philosophischen) Begriff *intention* darauf ausweiten will: “An action that one ponders and places as a side action in a plan leading to a goal action, is an action that one *tolerates* and *accepts* in spite of how painful it is, in order to attain that goal. This deliberate toleration is of the same family as the acceptance we call intending. It is harsh to cast a tolerated action aside and declare it non-intentional, just because it is not in the path of the goal.” (Hervorh. im Original).

2376 Leyser, *Meditationes ad Pandectas*, spec. 289, ad lib. XXII tit. VI de ignor. et errore, med. 1 [vol. V, S. 1].

2377 Die Lehre vom *umgekehrten* Irrtum fällt überwiegend in das Gebiet der Versuchslehre.

2378 Vgl. von Savigny, *System des heutigen Römischen Rechts*, Band III, S. 388: „... der Dolus ist eine Thatsache, deren Daseyn durch den Irrthum jeder Art ausgeschlossen wird.“

len (der Vermeidbarkeit, des Verschuldens usw.) Unkenntnis der Kenntnis in ihrer Strafwürdigkeit gleich erachtet wird.

Wie bei Kenntnis oder Absicht ist die für die Zurechnung interessierende Frage an sich nicht, ob der Handelnde etwas nicht gewußt oder geirrt, sondern ob der Irrtum das Verhalten beeinflußt hat. THOMAS VON AQUINS wirkmächtige Unterscheidung[2379] von *ignorantia causans peccatum* und *ignorantia concomitans*, die die aristotelische Trennung[2380] von *δι'ἄγνοιαν* und *ἀγνοῶν* aufnimmt, hat sich in der Strafrechtsdogmatik indes schon lange verloren. Man mag die Handlungsrelevanz des Irrtums bei einem Irrtum über Tatbestandsmerkmale stets unausgesprochen vermuten, ggf. unwiderleglich, aber dies ist keine Selbstverständlichkeit, weder bei Tatsachen- noch bei Rechtsirrtum. Ein Substitut für die Kausalität mag dann in der Frage nach den Gründen des Irrtums, nach Verschulden oder Vermeidbarkeit liegen, wenn z.B. bei Tatsachenblindheit oder Rechtsgleichgültigkeit angenommen werden kann, daß die Kenntnis ebensowenig interessiert hätte und handlungsleitend gewesen wäre. In den übrigen Fällen ist die Kausalität der fehlenden Kenntnis offen, aber wohl zu spekulativ, um darauf Strafbarkeit zu gründen, so daß nicht weiter danach gefragt wird.

Auch wenn der Handlungsrelevanz eines Irrtums *in concreto* nicht weiter nachgegangen, sondern diese pauschal unterstellt wird, ruht die Annahme solcher Handlungsrelevanz stets, obschon zumeist unausgesprochen,[2381] darauf, daß eine deontische Fehlkategorisierung in der Handlungssituation vorliegt: Der Täter hat nicht erkannt, daß sein Verhalten verboten ist – was noch genauer bestimmt werden kann: moralisch, rechtlich, strafrechtlich, von der einschlägigen Strafvorschrift verboten usw. –, war sich keines Anlasses *bewußt*, von diesem Verhalten Abstand zu nehmen – ob er sich hätte bewußt sein *können und müssen*, ist die Frage nach Vermeidbarkeit, Verschulden etc. des Irrtums bzw. Fahrlässigkeitshaftung. Im Grundsatz ist jeder relevante Irrtum Verbotsirrtum,[2382] sei es sekundär, wenn die Anwendungsbedingungen der gekannten Norm nicht erkannt wurden, oder primär, wenn die Norm nicht (hinreichend) gewußt wurde. Die Rechtsordnungen setzen ihre Regelungen indessen durchweg an diesen „Quellirrtümern"[2383] an.

Insgesamt gilt auch hier, daß sich eine konsistente und funktional gebildete Irrtumslehre an den Rechtsfolgen und über deren Begründung somit an den Straf-

---

[2379] Siehe Anhang VI.4.

[2380] Siehe Anhang II.

[2381] Vgl. aber § 2 lit. f) öStG 1803 = § 2 lit. e) öStG 1852: „(Gründe, die den bösen Vorsatz ausschließen) Daher wird die Handlung oder Unterlassung nicht als Verbrechen zugerechnet ... e) wenn ein solcher Irrthum mit unterlief, der ein Verbrechen in der Handlung nicht erkennen ließ."

[2382] So bekanntlich BINDING, *Die Schuld im deutschen Strafrecht*, S. 65 ff., 66: „Da die Rechtspflichten stets auf Unterlassung oder Vornahme genau bestimmter Handlungen gerichtet sind, *besteht der einzig mögliche Irrtum des pflichtwidrig Handelnden* in dem Nichtwissen, Nichterkennen des konkreten Delikts, das gerade er begeht.", und öfter, S. 80 ff.; DERS., *Die Normen und ihre Übertretung*, Band III, S. 113 ff., 131 ff., 146 ff., 299, 304 f.

[2383] Siehe oben Fußn. 1774.

zwecken zu orientieren hat.[2384] Nicht maßgebend kann daher die Lozierung der Irrtumsobjekte in einem etwaigen systematischen Verbrechensaufbau sein, der vielmehr seinerseits nur eine möglichst sinnhafte und anwendungsökonomische Ordnung der jeweiligen Funktionen der Strafvoraussetzungen darstellt.

a) Tat- und Tatbestandsirrtum

aa) *Error facti excusat*

Einfach erscheint zumeist die Begründung der Rechtsfolge des direkten *error facti* sowie des fast koextensiven Tatbestandsirrtums, die bloß – "as a matter of inexorable logic"[2385] – die Verneinung des Vorliegens des Erfordernisses der Kenntnis der *Subsumenda* der Tatbestandsverwirklichung, ggf. auch ihrer (laienhaft) zutreffenden Kategorisierung, ist. Der Irrende handelt grundsätzlich vorsatzlos, die gesollte Vermeidbarkeit des Irrtums begründet Fahrlässigkeitsstrafe, sofern vorgesehen.

Die Gründe für die fehlende oder geringere (bei poenalisierter Fahrlässigkeit) Strafbarkeit sind die vorstehend angeführten für die Privilegierung unbewußter Tatbegehung. Bisweilen werden erzieherische Maßnahmen als geeignetere Reaktion auf die im Irrtum oft demonstrierte Inkompetenz angesehen als Strafe.[2386] Die Gründe dafür, daß *error facti* überhaupt beachtlich sein soll, sind auch zugleich in umgekehrter Richtung die Gründe dafür, warum bewußte, [vorsätzliche] Tatbegehung das Leitbild strafbaren Verhaltens darstellen und nicht Fahrlässigkeit genügen oder ganz auf subjektive Elemente verzichtet werden sollte. Wird rechtliche subjektive Zurechnung moralisch fundiert oder zumindest parallel zur alltagsmoralischen Zurechnung konzipiert, so ist die individuelle Vorstellung wesentlicher (nicht unbedingt einziger) Anknüpfungspunkt.[2387] Handeln in Unkenntnis galt schon ARISTOTELES als „unfreiwillig“.[2388] Respekt für die Autonomie des einzelnen verlange, daß Verantwortung nur für solches Verhalten eintrete, das sich als seine Wahl *(choice)* darstellen lasse[2389] usw. Auf die Bedeutung intentionaler Erklärung in der Alltagspraxis wurde hingewiesen (oben VI.1.a)aa) – diese ist, jedenfalls im Grundsatz, für

---

2384 ROXIN, *Kriminalpolitik und Strafrechtssystem*, S. 35; siehe auch JAKOBS, *Schuld und Prävention*, S. 18 f.; MUÑOZ CONDE, *El error en Derecho Penal*, S. 123 ff. ("finalidad políticocriminal").

2385 Oben Fußn. 1808.

2386 HALL, *General Principles of Criminal Law*², S. 372; schon BENTHAM, *Principles of Morals and Legislation*, ch. XV (XIII) § 4 X. 4 [Works, vol. I, S. 85], hielt Strafe für ineffizient bei "unintentionality, unconsciousness and missuposal"; ebenso DERS., *Principles of Penal Law*, ch. IV, § II [Works, vol. 1, S. 397] ("Where the penal provision, though present to the party's notice, does not produce its effect, because he knows not the act he is about to engage in is of the number of those to which the penal provision relates."); zur Kritik siehe HART, *Prolegomenon to the Principles of Punishment*, S. 1, 19 ff.; FLETCHER, *Rethinking Criminal Law*, § 10.3.5, S. 813 ff.

2387 So HALL, *General Principles of Criminal Law*², S. 363: "... the morality of an act is determined by reference to the actor's opinion of the facts, including his erroneous beliefs."

2388 Allerdings differenzierte ARISTOTELES weiter nach der Kausalität der Unkenntnis für die Handlung und hielt verschuldete Unkenntnis für belastend, siehe Anhang IV.

2389 So z.B. ASHWORTH, *Principles of Criminal Law*⁴, S. 158 f., 166, sowie oben Fußn. 2171.

das Strafrecht unhintergehbar.[2390] Unmittelbar handlungsrelevant sind in der *first-person perspective* zudem nur die bewußten Repräsentationen von Handlung und Situationsbedingungen:[2391] Sofern die subjektive Bedeutung von Verhalten soziale Relevanz besitzt, z.B. für die in der Tat objektivierte situative Haltung zur Norm (oben VI.1.e)[2392] oder für die korrespondierende Schlußfolgerung auf den Charakter des Täters,[2393] kann das Strafrecht sie nicht übergehen.[2394] HART hat zusätzlich angenommen, die grundsätzliche Anknüpfung der Strafsanktion an bewußtes (oder zumindest vermeidbares) Verhalten maximiere individuelle Freiheit, weil sie den einzelnen in die Lage versetze, die Zukunft – und damit auch den Konflikt mit dem Strafgesetz und eventuelle Strafe – vorherzusagen und zu steuern.[2395]

bb) Einschränkungen

Von den Gründen des Irrtums – wie unvermeidbare Unkenntnis oder vermeidbare Unachtsamkeit, Desinteresse oder ein primärer Verbotsirrtum[2396] – und seiner Kausalität für die Tatbegehung – die bei Desinteresse oder primärem Verbotsirrtum fehlen kann – hängt die Entlastung von der Vorsatzstrafe häufig nicht ab. Fehlt eine entsprechende Fahrlässigkeitsstrafbarkeit, bleiben Grund und Handlungsrelevanz des Irrtums endgültig ungeklärt und irrelevant.

Allenfalls Fälle besonders anstößigen – zugleich wenig glaubhaften – Tatsachenirrtums oder deliberater Tatsachenblindheit werden ausnahmsweise als ebenso strafwürdig erachtet wie die vorsätzliche Handlung und ihr normativ gleichgestellt oder solcher Irrtum, rechtstechnisch äquivalent, als unbeachtlich behandelt. Dies sind die mehrfach angesprochenen Fallgruppen der *ignorantia affectata, connivance* usw., deren praktische Relevanz vom Niveau der Kenntnisanforderungen abhängt.[2397]

2390 So insbesondere HART, *Punishment and the Elimination of Responsibility*, S. 158, 182 f.

2391 RUNGGALDIER, *Was sind Handlungen?*, S. 184: „Wir können nicht verstehen, warum Handelnde das tun, was sie tun, wenn wir nicht berücksichtigen, was sie in ihrer subjektiven Perspektive erfahren und glauben. Nicht die Dinge, wie sie wissenschaftlich bestimmt werden, sondern wie sie von den Handelnden *erlebt* und *vorgestellt* werden, sind handlungsrelevant." Ähnl. SCHMALT, *Psychologische Aspekte einer Theorie der Handlung*, S. 517, 525.

2392 Vgl. TEN, *Crime, Guilt, and Punishment*, S. 96 ("morally undesirable attitude").

2393 So z.B. NOZICK, *Philosophical Explanations*, S. 383; siehe auch FLETCHER, *Rethinking Criminal Law*, § 10.3.1, S. 799 ff.; BAYLES, 1 Law & Phil. 5, 9 f. (1982).

2394 Überdies entspricht schiere Erfolgshaftung nicht den Attributionsmustern des Alltags, abgesehen vielleicht von sofortigen emotionalen Reflexen, sondern wäre „hinderlich", JAKOBS, *Über die Aufgabe der subjektiven Deliktsseite im Strafrecht*, S. 271, 273.

2395 HART, *Prolegomenon to the Principles of Punishment*, S. 1, 23 f.; DERS., *Legal Responsibility and Excuses*, S. 28, 45 ff.; DERS., *Changing Conceptions of Responsibility*, S. 186, 206 f. Zu Einwänden siehe TEN, *Crime, Guilt, and Punishment*, S. 90 ff. m. w. Nachw.

2396 Wer nicht genau weiß, welche Tatbestandsmerkmale eine Verbotsnorm hat oder daß sein Verhalten überhaupt verboten ist, mag deshalb seine Aufmerksamkeit nicht auf die relevanten Umstände richten, oben Fußn. 1724; zu multiplen Fehlvorstellungen siehe oben vor Fußn. 1727.

2397 Wird generell praktische Gewißheit oder große Wahrscheinlichkeit für „vorsätzliche" Tatbegehung verlangt, so ist der Bereich relevanten Irrtums und damit der gezielten Kenntnisvermeidung

Denn generell etwa nur den „vernünftigen" Tatsachenirrtum als die Vorsatzstrafe ausschließend anzuerkennen, sofern es sich dabei nicht nur um eine Beweiswürdigungsregel handelt,[2398] hieße die vielerorts tradierte Strafmaßdichotomie von bewußter und unbewußter Tatbegehung aufzugeben: Ist ein unvernünftiger Irrtum ein vermeidbarer und von Rechts wegen zu vermeidender Irrtum und ist Fahrlässigkeit dasselbe wie vermeidbarer und rechtlich zu vermeidender Irrtum, so würde die in vielen Rechtsordnungen verbreitete gesonderte und fragmentarische Poenalisierung fahrlässiger Begehung sowohl unterlaufen als auch überflüssig, wenn schon einfache Unachtsamkeit als „unvernünftiger" Irrtum stets zur Vorsatzstrafe führte.[2399] – Wenn freilich das Maß an Rechts(un)treue das Maß der subjektiven Zurechnung abgibt, dann ist die hergebrachte Dichotomie zwischen Vorsatz und Fahrlässigkeit zwar anschaulich, aber funktional nicht begründet; die Abstufung subjektiver Zurechnung müßte eine rein quantitative, d.h. stufenlos sein.[2400]

Nicht selten anzutreffende Qualifizierungen, ein Irrtum müsse „aufrichtig" *(honest)* sein, um zu entlasten, meinen entweder dasselbe wie „vernünftig", „unverschuldet" usw. oder spielen auf die Glaubhaftigkeit an oder sind funktionslos[2401].

cc) *Error facti non excusat*

> The *mens rea* requirement is an obvious hindrance to efficient and effective social regulation for the benefit of all.[2402]

Soweit ersichtlich, bildet in allen existenten Strafrechtssystemen Haftung für bewußtes („vorsätzliches") Verhalten das Leitbild strafrechtlicher Verantwortlichkeit. Als Negation des Vorsatzes ist der Tat(bestands)irrtum folglich im Grundsatz stets beachtlich, sofern der Irrtum nicht seiner tadelnswerten Gründe halber der Kenntnis gleichgestellt wird oder ansonsten Fahrlässigkeitsstrafe begründet ist. Rechtsordnungen, die Straftaten ohne subjektive Erfordernisse *(strict liability)* kennen,

---

größer als wenn bereits die Kenntnis der Möglichkeit (bestimmte Umstände könnten vorliegen oder eine bestimmte Verbotsnorm gelten) genügt – letzterenfalls ist ein *nolle scire*, das auf die Verifikation der Möglichkeit verzichtet, ohnehin irrelevant. Die Situation der (Tatsachen- oder Rechts-)„Blindheit" liegt dann nur vor, wenn die Vermeidehaltung des Akteurs früher einsetzt und schon Situationen möglicher Erlangung der Kenntnis von Möglichkeiten umgeht, siehe oben Fußn. 2034.

2398 Die Funktionen des Kriteriums sind selten klar, siehe FLETCHER, *Rethinking Criminal Law*, § 9.2.3, S. 707 f.

2399 So die notorische Kritik an Common Law-Judikaten, die, in durchaus unklarer Weise, nur "reasonable mistake" für beachtlich hielten, oben Fußn. 1814 sowie HALL, *General Principles of Criminal Law*², S. 366 ff., 370 ff.; FLETCHER, *Basic Concepts of Criminal Law*, S. 117.

2400 Dies ist die Konsequenz, wenn Kenntnis oder Unkenntnis als „Symbolträger", Indizien für Rechtstreue usw. dienen, vgl. JAKOBS, *Strafrechtliche Zurechnung und die Bedingungen der Normgeltung*, S. 57, 61 ff., 67 ff.; DERS., Festschrift Schreiber, S. 949, 957 („... die komplette subjektive Tatseite [ist] nichts als am Individuum erscheinende *objektiv* mangelnde Rechtstreue ..."), und oben Fußn. 2308; siehe auch ASHWORTH, *Principles of Criminal Law*⁴, S. 185 m. w. Nachw.

2401 GLANVILLE WILLIAMS, *Textbook of Criminal Law*², § 6.2, S. 119 f.; Lord FRASER in *D.P.P. v. Morgan*, [1976] A.C. 182, 236 f.; [1975] 2 All E.R. 347; [1975] 2 W. L. R. 913; 61 Cr. App. R. 136 (H.L.).

2402 WILSON, *Central Issues in Criminal Theory*, S. 26.

beschränken diese regelmäßig – allerdings nicht nur – auf Bagatelldelikte wie *public welfare offenses, contraventions* (dazu weiter unten (3)). Vorschläge, *generell* wenigstens auf das Erfordernis bewußten Handelns („Vorsatz", *intention, recklessness*) zu verzichten, haben sich nicht durchgesetzt. Sie seien daher nur kurz und exemplarisch erwähnt:

(1) Teilweiser Ersatz subjektiver Zurechnung durch Objektivierung: HOLMES

Vorsatz und Fehlen von Vorsatz im Sinne von – zu beweisenden oder zuzuschreibenden – mentalen Zuständen eines einzelnen sind dann irrelevant, wenn sie durch einen objektiven Maßstab, etwa eine fiktive Durchschnittsperson ("reasonable man" usw.), ersetzt werden. Es mögen aber gewisse subjektive Elemente verbleiben, die die Anwendung eines solchen Maßstabs auslösen, wie z.B. Situationskenntnis. Exemplarisch für solch eine Objektivierung oder Standardisierung mentaler Elemente ist die Deutung strafrechtlicher Zurechnung (durchaus *de lege lata*) von OLIVER WENDELL HOLMES:

Nach HOLMES behält das Recht die tradierten moralischen Standards zwar terminologisch bei, überführt sie aber kontinuierlich in externe und objektive Standards.[2403] Folglich sei auch die traditionelle Fundierung des Strafrechts als Vergeltung für moralische Verfehlungen überholt. Recht habe sich vielmehr an der utilitaristischen Maxime auszurichten, "what is expedient for the community concerned".[2404] Für das Strafrecht bedeute dies die Ausrichtung an der präventiven Funktion der Abschreckung: Poenalisiertes Verhalten solle verhindert werden, die Strafdrohung ein neues Motiv abgeben, solches Verhalten zu vermeiden, und die Strafvollstreckung dieser Drohung Ernsthaftigkeit verleihen.[2405] Diese präventive Sicht liege auch den Figuren des geltenden Strafrechts vielfach zugrunde, die keineswegs dem oft als allein maßgebend behaupteten Prinzip persönlicher (moralischer) Schuld *(guilt, blameworthiness)* genügten. Das Strafrecht benutze den einzelnen schon immer als Mittel zum Zweck der Förderung des gemeinen Wohls,[2406] persönliches Verschulden werde berücksichtigt, sofern das öffentliche Wohl dies erlaube oder verlange[2407]. Allerdings sei Strafrecht durchaus *auch* auf *blameworthiness* gegründet, weil es andernfalls dem moralischen Empfinden zivilisierter Gesellschaften zuwiderliefe. Strafrecht bezwecke die Aufstellung und Durchsetzung

---

2403 HOLMES, *The Common Law*, S. 33.

2404 HOLMES, *The Common Law*, S. 32.

2405 HOLMES, *The Common Law*, S. 40.

2406 HOLMES, *The Common Law*, S. 35, 38 ff. Dies sei auch völlig unausweichlich (38): "If a man lives in society, he is liable to find himself so treated." *viz.* "as a thing". Cf. S. 40: "If this a true account of the criminal law as it stands, the law does undoubtedly treat the individual as a means to an end, and uses him as a tool to increase the general welfare at his own expense. It has been suggested above, that this course is perfectly proper; but even if it is wrong, our criminal law follows it, and the theory of our criminal law must be shaped accordingly."

2407 HOLMES, *The Common Law*, S. 41.

objektiver Verhaltensstandards und begnüge sich schon mit äußerer Konformität, nehme aber keine Rücksicht auf mangelnde Fähigkeiten, außer in klaren Fällen (Kinder, Geisteskranke). Die Verbindung von Verantwortlichkeit für *blameworthiness* und Prävention liege folglich in der Konzeption des Durchschnittsbürgers, "the man of ordinary intelligence and reasonable prudence". Strafrechtliche Verantwortlichkeit entstünde dann, wenn das Verhalten dieser Maßstabsperson gemessen an einem externen, objektiven Standard *blameworthy* wäre. Auf individuelle Absichten komme es daher – außer bei Versuch und überschießenden Innentendenzen[2408] – nicht an.[2409] Grundsätzlich sei *foresight*, Vorhersehen des verpönten Erfolges, nötig – sonst könne das Strafgesetz nicht als Gegenmotiv wirken – und genügend, wobei es nicht darauf ankomme, was der Täter, sondern was die Maßstabsperson nach allgemeiner Erfahrung vorhergesehen hätte.[2410] Lediglich die Kenntnis der Prognosebasis sei regelmäßig individuell festzustellen, doch sei auch hier manchmal objektive Erkennbarkeit genügend.[2411]

Holmes' Deutung hat in dieser Verallgemeinerung schon im Common Law-Raum, wo vielfach eine moralische Fundierung des Strafrechts und seiner Zurechnungsmuster vertreten wird,[2412] kaum Gefolgschaft gefunden,[2413] obwohl sie für manche Delikte und manche Judikate durchaus zutrifft[2414]. Bei ihm ist Strafrecht ein Instrument nur zum Güterschutz und zur Verkehrssicherung, das – von wenigen evidenten Ausnahmen abgesehen – gleiche Fähigkeiten aller Bürger annimmt[2415] und garantieren will und nicht bloß gleiche rechtstreue Motivation, so daß individuelle Vermeidbarkeit keinen Platz hat: Die Strafe disqualifiziert den Täter als Rollenträger, der Rollenstandards verfehlt.[2416]

2408 Aber auch hier dienen Absichten nur als objektiver Indikator für die Gefährlichkeit oder Kriminalität des Verhaltens, siehe Holmes, *The Common Law*, S. 54 ff.

2409 Holmes, *The Common Law*, S. 43 ("... the tests of liability are external, and independent of the degree of evil in the particular person's motives or intentions."), 46, 54 ("Acts should be judged by their tendency under known circumstances, not by the actual intent that accompanies them."), 55 ("The reason for punishing any act must generally be to prevent some harm which is foreseen as likely to follow from that act under the circumstances in which it is done.").

2410 Holmes, *The Common Law*, S. 43 ff., 45, 46 ff., 61 f. Dies entspricht der *doctrina Bartoli* (siehe Anhang VII.1.a) und der Konzeption der „Vorsatzgefahr“ von Puppe, oben Fußn. 2141.

2411 Holmes, *The Common Law*, S. 47, 61 f.

2412 Statt vieler, auch gegen Holmes: Stephen, *A History of the Criminal Law of England*, vol. II, S. 76 ff., 79, und Hall, nächste Fußn.

2413 Eingehende Kritik bei Hall, *General Principles of Criminal Law*², S. 146 ff., 153 ff., 163 ff. m. w. Nachw.; siehe auch Hart, *Legal Responsibility and Excuses*, S. 28, 38 ff.; Marshall, *Intention in Law and Society*, S. 108 ff.

2414 Dazu Hall, *General Principles of Criminal Law*², S. 159 ff.

2415 Holmes, *The Common Law*, S. 43: "They [the standards] assume that every man is as able as every other to behave as they command."

2416 Zur Funktion der individuellen Vermeidbarkeit als Zurechnungsprinzip zur rollen*übergreifenden* Distanzierung vom Täter im Gegensatz zur Standardisierung siehe Jakobs, *Über die Aufgabe der subjektiven Deliktsseite im Strafrecht*, S. 271 ff., 274 f.; ders., *Strafrecht Allgemeiner Teil*², Tz. 6/24 ff., 9/8 ff.; ders., *Das Schuldprinzip*, S. 21; ders., *Der strafrechtliche Handlungsbegriff*, S. 36 ff.

(2) Verzicht auf subjektive Zurechnung bei der Strafbegründung: Lady WOOTTON

Treibt man den Güterschutzgedanken weiter zu seiner spezialpräventiven Verabsolutierung, so wandelt sich Strafrecht in ein polizeiliches Maßnahmerecht, dessen relevante Koordinaten Gefährlichkeit sowie Behandlungsbedürftigkeit und -fähigkeit des Täters werden. Gütergefährlichkeit korreliert nicht mit Bewußtheit der Handlungssteuerung, wie bereits das exponentiell höhere Schadensquantum fahrlässiger verglichen mit vorsätzlicher Begehung von Straßenverkehrsdelikten illustriert (oben VI.1.c)aa)). Bei der Feststellung reaktionsbedürftiger Gefährlichkeit sind Subjektiva demnach ohne Interesse, wie in Lady WOOTTONS Vorschlag eines spezialpräventiven Maßnahmerechts, in dem *mens rea* in der *conviction stage* irrelevant ist – mit der Konsequenz flächendeckender *strict liability offenses*[2417] –, in der *sentencing stage* (als *mens incapax*) aber Aufschluß geben kann, welche Behandlung geeignet und nötig ist, um künftige Taten zu vermeiden,[2418] – welches das ganze Ziel des „Strafrechts" sei[2419]. Der Straftäter ist hier nicht einmal mehr ein inkompetenter Rollenträger wie bei HOLMES, der die Erfüllung seiner Rolle selbständig zu verwalten hat, sondern ein gefährlicher Gegenstand, der neutralisiert werden muß, denn von „Personen" oder „Bürgern" läßt sich nicht mehr reden, wenn Handlungsfehler primär kausal zugerechnet werden, sondern allenfalls noch von Sklaven[2420] oder Maschinen mit defektem Reiz-Reaktions-Mechanismus. Irgendeine Bedeutung kommt seinem Verhalten nicht zu. Auch wenn Baroness WOOTTON ihr Konzept sozialer Hygiene für die letzte Stufe rechtlicher Evolution hält,[2421] ist es mit den gegenwärtigen sozialen Deutungsmustern menschlichen Verhaltens, die das Strafrecht nicht außer acht lassen kann, inkompatibel[2422]. Daß Gefahrenabwehr der einzige oder auch nur vorrangige Zweck des Strafrechts sei, ist mehr als zweifelhaft,[2423] ebenso wie dessen Eignung dazu[2424]. Zu kurz greifen auch die weiteren

---

[2417] Es ist nicht ganz klar, ob nicht vielmehr *negligence* gemeint ist und ihrem Anliegen genügen würde, so die Deutung ASHWORTHS, *Principles of Criminal Law*^{4}, S. 164, von WOOTTON, *Crime and the Criminal Law*^{2}, S. 50.

[2418] WOOTTON, *Crime and the Criminal Law*^{2}, S. 48, 80; DIES., *Crime and Penal Policy*, S. 220 ff., 224. Im Ergebnis ähnl. MARSHALL, *Intention in Law and Society*, S. 187 ff.

[2419] WOOTTON, *Crime and the Criminal Law*^{2}, S. 47, 97, 102; DIES., *Crime and Penal Policy*, S. 221.

[2420] BERNARD WILLIAMS, 10 Oxford J. Legal Stud. 1, 8 (1990): "Only with slaves, persons treated as things, would questions of responsibility be reduced simply to causal questions of what they have brought about and of what would be the most effective way of influencing their behaviour."

[2421] WOOTTON, *Crime and Penal Policy*, S. 225 f.

[2422] Ebenso HART, Zitat oben Fußn. 2169, dessen nächster Satz lautet: "This it would fail to do if it treated men merely as alterable, predictable, curable or manipulable things." Eingehende Kritik an Lady WOOTTONS Konzept bei HART, *Changing Conceptions of Responsibility*, S. 186, 195 ff.

[2423] Siehe nur ASHWORTH, *Principles of Criminal Law*^{4}, S. 166.

[2424] Freilich wären mutmaßlich effektivere Konditionierungstechniken als Standardmaßnahmen staatlicher Intervention mit einer freiheitlichen Verfassung, die dem einzelnen grundsätz-

Begründungen mit der Unmöglichkeit der Feststellung mentaler Zustände[2425] und der Gleichsetzung des *mens rea*-Erfordernisses mit moralisierender Vergeltung als Strafzweck[2426].

(3) Völliger Verzicht auf subjektive Zurechnung: *Strict Liability*

Im Gegensatz dazu sind die in manchen Rechtsordnungen bekannten positiven Delikte, die keine subjektiven Zurechnungselemente[2427] aufweisen bzw. nicht einmal des Beweises unbewußter Fahrlässigkeit bedürfen *(strict/absolute liability offenses, délits matériels)* – wobei nicht nur die Terminologie uneinheitlich,[2428] sondern oft unklar ist, ob und inwieweit es sich nicht vielmehr um Verschuldensvermutungen handelt[2429] oder ob wenigstens eine menschliche „Handlung“ i.S. eines Willküraktes nötig ist[2430] –, weniger die Frucht straftheoretischer Erwägungen – angeführt wird dann wie bei HOLMES oder WOOTTON die Durchsetzung objektiver Standards zum Schutze wichtiger Interessen und Güter wie der öffentlichen Sicherheit,[2431] wobei uneinsichtig ist, daß gerade leichtere Delikte nur bei Verzicht auf

---

lich die dezentrale Verwaltung seines Lebensbereichs zuweist und rechtliche Grenzen staatlicher Eingriffe kennt, erst recht nicht verträglich. Schon der Behaviorist SKINNER wies eingehend auf die Gefahren sozialer Kontrolltechniken hin, *Science and Human Behavior*, S. 437 ff., und befürwortete – behavioristisch konsequent – statt dessen eine Veränderung der Umstände, d.h. der Stimuli (“It is the environment which is ‘responsible’ for the objectionable behavior, and it is the environment, not some attribute of the individual, which must be changed.”, *Beyond Freedom & Dignity*, S. 74, auch S 75: “What must be changed is not the responsibility of autonomous man but the conditions, environmental or genetic, of which a person’s behavior is a function …”).

2425 WOOTTON, *Crime and the Criminal Law*², S. 78, 90; DIES., *Crime and Penal Policy*, S. 228, auch oben Fußn. 325 am Ende – die Begründung ist inkonsistent, weil für *sentencing* mentale Zustände wiederum festzustellen seien, siehe auch ASHWORTH, *Principles of Criminal Law*⁴, S. 167. Schlüssiger MARSHALL, *Intention in Law and Society*, S. 187 ff., 193, der die Feststellung der therapierelevanten mentalen Zustände psychologischen Sachverständigen übertragen wollte, da der adversatorische Strafprozeß dazu ungeeignet sei.

2426 WOOTTON, *Crime and the Criminal Law*², S. 37; DIES., *Crime and Penal Policy*, S. 221; krit. TEN, *Crime, Guilt, and Punishment*, S. 117 ff. m. w. Nachw.

2427 Ein zurechnungsfähiges Subjekt wird hingegen regelmäßig verlangt, auch Entschuldigungsgründe werden mitunter beachtet, so im französischen Recht, STEFANI/LEVASSEUR/BOULOC, *Droit pénal général*¹⁸, n° 277; DESPORTES/LE GUNEHEC, *Droit pénal général*¹⁰, n° 499, jew. m. w. Nachw. – man fragt sich freilich, warum, wenn es im übrigen auf die individuelle Vermeidbarkeit der Handlung auch nicht ankommt, siehe unten Fußn. 2430.

2428 Siehe nur LEIGH, *Strict and Vicarious Liability*, S. 1 ff.; ASHWORTH, *Principles of Criminal Law*⁴, S. 165.

2429 Dazu siehe nur FLETCHER, *Rethinking Criminal Law*, § 9.3.2, S. 717 ff. m. w. Nachw.

2430 Siehe oben bei Fußn. 1064. Bisweilen gilt schon die Willkürhandlung als subjektives Zurechnungselement («faute matérielle/contraventionnelle»), STEFANI/LEVASSEUR/BOULOC, *Droit pénal général*¹⁸, n° 277 f.; DESPORTES/LE GUNEHEC, *Droit pénal général*¹⁰, n° 499 – wenig einsichtig, wenn Vermeidbarkeit sonst irrelevant ist (aber ein zurechnungsfähiges Subjekt verlangt wird, Fußn. 2427); *faute matérielle* ist daher nur als unwiderlegliche Schuldvermutung erklärbar.

2431 Exemplarisch *State v. Collova*, 79 Wis.2d 473, 482 f.; 255 N.W.2d 581, 585 f. m. w. Nachw. (1977); SAYRE, *Public Welfare Offenses*, 33 Colum.L.Rev. 54, 68 ff. (1933); zusf. BÄHR, *Strafbarkeit ohne Verschulden*, S. 122 ff., 129 ff. m. Nachw.; krit. ASHWORTH, *Principles of Criminal Law*⁴, S. 165 ff.

mens rea effizient sein sollen, wenn schwere Delikte *mens rea* verlangen[2432] – als zumeist justizökonomischer Überlegungen wie Beweiserleichterung, da Subjektiva schwer oder gar nicht feststellbar wären[2433] und jedenfalls im Massengeschäft der Bagatelltaten einfache und schnelle Verfahren nötig seien.[2434] Solcher Erfolgshaftung wird zudem ein größerer Abschreckungseffekt zugeschrieben, weil sie zu höherer Aufmerksamkeit motiviere[2435] und außerdem von bestimmten Aktivitäten ganz abhalte[2436] *(chilling effect)*.

Im Schrifttum vor allem des Common Law-Raums wird *strict liability* ganz überwiegend als ungerecht, unzweckmäßig – der Abschreckungseffekt sei nicht erwiesen,[2437] ein Rückschluß auf den Charakter des Täters nicht möglich[2438] – und unnötig – alle Zwecke könnten auch durch Fahrlässigkeitsdelikte erreicht werden – verworfen,[2439] zumindest aber gefordert, Erfolgshaftung auf geringfügige Delikte *(violations, contraventions)* zu beschränken und von moralischem Tadel *(moral blame, blâme moral)* freizuhalten[2440]. Trotz der enormen Anzahl solcher Delikte fehlt weithin eine entsprechende Praxis, die Aufschluß über die gesellschaftlichen Auswirkungen solcher Erfolgshaftung geben könnte, da die Härte der strikten Strafandrohung durch eine selektive Verfolgungspraxis gemildert wird, die das ihr eingeräumte Verfolgungsermessen oft auf Fälle konzentriert, in denen wenigstens Fahrlässigkeit offensichtlich ist.[2441] Empirische Studien über den Abschreckungseffekt bestimmter Gestaltungen der Strafnormen lassen jedoch vermuten, daß eine spe-

---

2432 Zutr. GLANVILLE WILLIAMS, *Textbook of Criminal Law*², S. 933.

2433 Krit. ASHWORTH, *Principles of Criminal Law*⁴, S. 167 f.; TEN, *Crime, Guilt, and Punishment*, S. 117; BÄHR, *Strafbarkeit ohne Verschulden*, S. 133 ff. m. w. Nachw.

2434 *State v. Collova*, 79 Wis.2d 473, 482 f.; 255 N.W.2d 581, 585 f. (1977); *Commonwealth v. Smith*, 166 Mass. 370, 376; 44 N.E. 503 (1896), per HOLMES, J.; ebenso die französische Rspr., Cass. crim. 11 mars 1938, Gaz.Pal. 1938, 2, 54; Cass.crim. 5 août 1938, Gaz.Pal. 1938, 2, 707; Rev.sc.crim. 1938, 705 obs. MAGNOL.

2435 WASSERSTROM, 12 Stan.L.Rev. 731, 736 (1959–60);; erwägend FITZGERALD, *Voluntary and Involuntary Acts*, S. 1, 18 f.

2436 WASSERSTROM, 12 Stan.L.Rev. 731, 736 f. (1959–60); krit. BÄHR, *Strafbarkeit ohne Verschulden*, S. 125.

2437 Vgl. ASHWORTH, *Principles of Criminal Law*⁴, S. 167 f.; siehe auch BÄHR, *Strafbarkeit ohne Verschulden*, S. 122 ff. m. w. Nachw.

2438 BAYLES, 1 Law & Phil. 5, 11 (1982).

2439 SALMOND, *Jurisprudence*¹², § 102, S. 396; HENRY M. HART, 23 Law & Contemp. Probs. 401, 423 f. (1958); HALL, *General Principles of Criminal Law*², S. 325 ff., 342 ff., 372 ff.; FULLER, *The Morality of Law*, S. 77 f.; *Final Report of the Illinois Criminal Code Rewrite and Reform Commission*, vol. 1, S. lv, lvii; ASHWORTH, *Principles of Criminal Law*⁴, S. 87 f., 164 ff.; SIMESTER & SULLIVAN, *Criminal Law: Theory and Doctrine*², S. 179 ff.; siehe auch FLETCHER, *Rethinking Criminal Law*, §§ 9.3.2 ff., S. 717 ff.; BAYLES, *Principles of Law*, S. 295 ff.; WILEY, 85 Va.L.Rev. 1021, 1083 ff. (1999); BÄHR, *Strafbarkeit ohne Verschulden*, S. 132 f., alle m. w. Nachw.

2440 Model Penal Code § 2.05, Comment 1; Proposed Illinois Criminal Code (2003), sec. 205(4)(a); w. Nachw. bei LAFAVE, *Criminal Law*³, § 3.8(c), S. 264. Ebenso das französische Recht, DESPORTES/LE GUNEHEC, *Droit pénal général*¹⁰, n° 499.

2441 Für England siehe ASHWORTH, *Principles of Criminal Law*⁴, S. 167 ff.; für die U.S.A. HALL, *General Principles of Criminal Law*², S. 325 ff.; FULLER, *The Morality of Law*, S. 78.

zifische abschreckende Wirkung der Erfolgshaftung – ähnlich wie bei der objektiven Erfolgsqualifikation der *felony-murder rule*[2442] – nicht nachweisbar oder kaum nennenswert sein dürfte.[2443] Sollte es den *chilling effect* in ernstzunehmenden Umfang geben, so wäre dies, da nicht nur suspektes Verhalten von der Poenalisierung beeinflußt wird, nicht selten kontraproduktiv.[2444]

b) Rechts- und Verbotsirrtum

> Nam ignorantia legis sicut inevitabilis si sit tollit peccatum; ita etiam cum aliqua negligentia conjuncta delictum minuit.[2445]

> God forbid that it should be imagined that an attorney, or a counsel, or even a judge is bound to know all the law.[2446]

> ... there may be such a thing as a doubtful point of law. If there were not, there would be no need of courts of appeal, the existence of which shews that judges may be ignorant of the law.[2447]

Inwieweit der Täter auch die deontische Kategorisierung seines Verhaltens erkannt haben muß, wird in vielen Rechtsordnungen erst durch Betrachtung der Regelung des *error iuris criminalis* oder Verbotsirrtums[2448] erkennbar. Nicht gewußt werden muß, worüber ein Irrtum nicht entlastet.[2449] Die bewußte Vorstellung, etwas – rechtlich oder gar bei Strafe – Verbotenes zu tun, gehört fast nirgends zum geforderten Kenntnisinhalt. Die wesentlichen Gründe, warum der Täter für seine Norm-

---

[2442] Die unveröffentlichte Studie von Anup Malani, *Does the Felony Murder Rule Deter? Evidence from the FBI Crime Data*, zit. nach Robinson & Darley, 24 Oxford J. Legal Stud. 173, 203 (2004), meint nachweisen zu können, daß die *felony-murder rule* die Anzahl von Raubdelikten *(robbery)* senke, aber die Zahl von Raub mit Todesfolge erhöhe, ähnlich die Anzahl der Vergewaltigungstaten *(rape)* um 0,21 % senke, aber die Todesfälle durch Vergewaltigung um 0,37 % erhöhe.

[2443] Vgl. nur den Überblick bei Robinson & Darley, 24 Oxford J. Legal Stud. 173 ff. (2004); dies., 91 Geo.L.J. 949, 959, 977 ff. (2003) sowie unten bei Fußn. 2753.

[2444] Wenn der Vorstandsvorsitzende eines Einzelhandelskonzerns wegen vorschriftswidrigen Rattenkots, den einer der 36.000 Angestellten in einer der 874 Filialen nicht schnell genug beseitigte, bestraft wird, obschon *ihm* keinerlei Organisationsmangel vorzuwerfen gewesen wäre, *United States v. Park*, 421 U.S. 658, 671 ff.; 95 S.Ct. 1903; 44 L.Ed.2d 489 (1975), oder der Inhaber eines Fischereikonzerns, weil in 50.000 bis 60.000 Pfund Hummer 26 Tiere mit Untergröße gefunden wurden, *R. v. Pierce Fisheries Ltd.*, 12 C.R.N.S. 272; [1971] S.C.R. 5; 12 D.L.R. 3d 591; [1970] 5 C.C.C. 193 (S.C.C.), so fragt sich, von welchem Verhalten hier abgeschreckt werden sollte, ebenso Bayles, *Principles of Law*, S. 297; Robinson & Darley, 91 Geo.L.J. 949, 976 (2003).

[2445] Grotius, *De iure belli ac pacis*, lib. II cap. XX § XLIII, S. 339.

[2446] Abbot C.J. in *Montriou v. Jefferys*, 2 C. & P. 113, 116; 172 E.R. 51, 53 (1825).

[2447] Maule J. in dem zivilrechtlichen Fall *Martindale v. Falkner*, 2 C.B. 706, 720; 135 E.R. 1124, 1130 (1846) und: "That being so, it would be too much to hold that ordinary people are bound to know in what particular court such and such a practice does or does not prevail."; so auch Heinze, GS 13 (1861), 397, 403, 404 f.

[2448] In diesem Kapitel werden die Begriffe *error iuris, error iuris criminalis,* Rechtsirrtum, Strafrechtsirrtum und Verbotsirrum als austauschbar behandelt. Die oben erörterten Unterschiede werden als bekannt vorausgesetzt, kommen an dieser Stelle aber nicht zum Tragen.

[2449] Vgl. oben bei Fußn. 1728.

kenntnis in höherem Maße verantwortlich sein soll als für seine Tatsachenkenntnis oder warum dies nicht der Fall sein sollte, werden im folgenden diskutiert.

aa) *Error iuris criminalis non excusat*

Für die althergebrachte und mit unterschiedlicher Rigorosität gehandhabte Schlechterstellung des *error iuris criminalis* bzw. Verbotsirrtums („error iuris nocet") werden neben der Berufung auf traditionelle Legitimation – vor allem auf die, freilich sehr umstrittene, römische Rechtslage[2450] und den Umstand, daß die Bevölkerung diesen Satz verinnerlicht und nichts daran auszusetzen habe,[2451] oder bloß *per la forza di inerzia*[2452] – oder die angebliche Universalität der Regel[2453] hauptsächlich folgende Gründe angeführt:

(1) Bekanntheit und Erkennbarkeit des Rechts, Vermeidbarkeit und Verschulden des Irrtums

> ... criminelle Handlungen sind eben so beschaffen, daß das Unrecht derselben unverkennbar ist; eben dieß ist der hohe Charakter des ächt Criminellen, daß das Unrecht einem jeden in's Herz geschrieben ist, daß nicht erst der erklärte Willen eines positiven Gesetzgebers es zum Unrecht stempelt, daß es durch die *lex in cordibus nostris scripta* geheiliget ist.[2454]

> Daß der Verbrecher im Augenblick seiner Handlung sich das Unrecht und die Strafbarkeit derselben *deutlich* müsse *vorgestellt* haben, um ihm als Verbrechen zugerechnet werden zu können – diese Forderung, die ihm das Recht seiner moralischen Subjektivität zu bewahren scheint, spricht ihm vielmehr die innewohnende intelligente Natur ab ...[2455]

> Of course, it would be very nice to have all the advantages of the criminal law and, also, to apply its sanctions only to those who knew the law. Unfortunately, no one has shown how this can be done in an inevitably "second-best" world.[2456]

> It is commonly said that culpable ignorance does not excuse a fault: This decision is inaccurate, because it does not shew where the fault lies: The fault was solely in that inattention, or negligence, which was the occasion of his mistake: There was no subsequent fault.[2457]

(α) Faktische Erkennbarkeit

Wie oben bereits ausgeführt,[2458] werden Strafrechtsnormen für leichter erkennbar gehalten als die unendliche Vielzahl faktischer Umstände, dies erst recht, wenn

---

2450 Siehe dazu unten Anhang V.2.

2451 Heinemann, ZStW 13 (1893), 371, 451.

2452 Bettiol, *Diritto penale*[11], S. 511.

2453 So Hall, *General Principles of Criminal Law*[2], S. 381; siehe auch oben bei Fußn. 104.

2454 Gönner, *Revision des Begriffs und der Eintheilungen des Dolus*, S. 40 f.

2455 Hegel, *Grundlinien der Philosophie des Rechts*, § 132. Zur hegelianischen Strafrechtsschule siehe Anhang IX.1.

2456 Hall, *General Principles of Criminal Law*[2], S. 414. Den Beweis dürften die Rechtsordnungen, die bei *error iuris criminalis* eine Entlastungsmöglichkeit vorsehen, längst erbracht haben.

2457 Reid, *Essays on the Active Powers of Man*, Essay IV ch. VII, S. 326.

2458 Text oben bei Fußn. 1739 ff., 1783 ff.

man die Normen für natur- oder vernunftrechtlich begründet hält, so daß jeder Zurechnungsfähige, dem sie nicht schon *cordi inscriptae* sind, sie durch Selbstableitung im Wege „einfachsten Weiterdenkens“[2459] erkennen kann.[2460] Jedenfalls bei den elementaren Normen des Kernstrafrechts, die vielfach auch heute noch als *mala in se* – zu denen ebenfalls die Tatbestände des modernen Völkerstrafrechts zählen sollen[2461] – angesehen werden,[2462] ist diese Annahme im Ergebnis plausibel: Daß man andere nicht verletzen, töten, bestehlen, berauben, betrügen usw. soll, besagen schon die Normen allgemeiner gesellschaftlicher Moral, ebenso religiöser Ethiken,[2463] und wird in Erziehung,[2464] Schule usw. vermittelt. Dementsprechend selten sind glaubhafte Irrtümer über elementare Verbote und Gebote, die an sich nur durch „exotische Sozialisation“,[2465] Inkompetenz oder psychischen Defekt[2466] erklärbar sind.

2459 OSENBRÜGGEN, *Abhandlungen aus dem deutschen Strafrecht*, 1. Band, S. 21.

2460 HOBBES, *Leviathan*, chap. 27 [English Works, vol. 3, S. 279]: "Ignorance of the law of nature excuseth no man; because every man that hath attained to the use of reason, is supposed to know, he ought not to do to another, what he would not have done to himself."; dazu BINDING, *Die Normen und ihre Übertretung*, Band III, S. 105.

2461 NAUCKE, Festschrift Roxin, S. 503, 514, 515; vgl. zuvor TESAŘ, Festschrift Laun, S. 423 ff., 430 ff., 445; ähnl. PLAWSKI, *Étude des principes fondamentaux du droit international pénal*, S. 164: « Les principes de la morale internationale constituent lex cordi hominum inscripta. »

2462 AUSTIN, *Lectures on Jurisprudence*, lect. XXV, vol. I, S. 501; aus jüngerer Zeit z.B. KÜCHENHOFF, Festschrift Stock, S. 77, 85 ff.; STEFANI/LEVASSEUR/BOULOC, *Droit pénal général*[18], nº 434; KAHAN, 96 Mich.L.Rev. 127, 129 ff. (1997–98).

2463 OSENBRÜGGEN, *Abhandlungen aus dem deutschen Strafrecht*, 1. Band, S. 21: Religion als „Minimum des sittlichen und rechtlichen Bewußtseins“; HÄLSCHNER, *Das preußische Strafrecht*, Teil 2, § 13 S. 36: „Ist nämlich das Verbrechen seinem begrifflichen Wesen nach eine rechtswidrige Handlung, welche durch das Gesetz nicht erst zur verbrecherischen gemacht, sondern nur positiv als solche anerkannt wird, so genügt für den zurechnungsfähigen Menschen das Leben in der sittlichen Gemeinschaft des Volkes vollkommen, um ihm eine Kenntniß der als verbrecherisch und strafbar zu betrachtenden Handlungen zu gewähren“; BERNER, *Grundlinien der criminalistischen Imputationslehre*, S. 61: „Der Richter fragt daher ganz richtig den Inculpaten nur, ob er in der Religion unterwiesen, und durch sie zur Gottesfurcht angeleitet worden sei. Ob Inculpat das Strafgesetz gekannt habe, ist im Allgemeinen gleichgültig.“

2464 HARSCHER VON ALMENDINGEN, *Über das culpose Verbrechen*, S. 241: „Jeder Bürger genießt in der Gesellschaft bey allen ihren Unvollkommenheiten, der Wohlthat der bürgerlichen Erziehung. Indem er in ihr aufwächst, erfährt er, daß Tödtung, Brandstiftung, Fälschung u.s.w. mit bürgerlicher Strafe belegt sey.“

2465 So JAKOBS, *Strafrecht Allgemeiner Teil*[2], Tz. 19/7; TIMPE, GA 1984, 51, 53 f., jew. m. w. Nachw., zum „Grundlagenirrtum“; vgl. HEINZE, GS 13 (1861), 397, 402, 442; KÖSTLIN, *System des deutschen Strafrechts*, § 113 S. 373 („ganz fremde Nationalität“). Freilich muß auch eine solche "cultural defense" nicht anerkannt werden, krit. dazu Note, 99 Harv.L.Rev. 1293, 1296 ff. (1986); KAHAN, 96 Mich.L.Rev. 127, 144 Fn. 63 (1997–98), jew. m. w. Nachw.

2466 HOBBES, *Leviathan*, ch. 27 [English Works, vol. 3, S. 287]: "The want of means to know the law, totally excuseth. For the law whereof a man has no means to inform himself, is not obligatory. But the want of diligence to inquire, shall not be considered as a want of means; nor shall any man, that pretendeth to reason enough for the government of his own affairs, be supposed to want means to know the laws of nature; because they are known by the reason he pretends to; only children, and madmen are excused from offences against the law natural."

Doch zum einen enthalten typische Strafrechtskodifikationen weitaus mehr als *mala in se* – obschon sie dies vereinzelt leugneten[2467] –, zum anderen sind solche durch Sozialisation erworbenen Verbotskenntnisse oft schlicht und unscharf (oder sogar falsch), so daß die präzisen rechtlichen Verbotsfassungen in mannigfacher Weise vom Volksglauben abweichen oder ganz unbekannt sein können, worauf es im Einzelfall durchaus ankommen mag.[2468] Folglich betreffen Rechtsunsicherheiten im Kernbereich weniger das grundsätzliche Verbot als seine präzisen Konturen[2469] und seine Ausnahmen.[2470] Daß Strafrechtsirrtümer vorkommen, ist in jeder Rechtsordnung, die im Strafprozeß Rechtsmittel gegen fehlerhafte Rechtsanwendung kennt, institutionell anerkannt. In kritischen Fällen helfen somit weder *lumen naturale*, Gewissen noch Rechtsidee, sondern nur die Kenntnis der positiven – oft auch unsicheren – Rechtslage, wobei von „Kenntnis" weniger die Rede sein kann als von der korrekten Vorhersage der Normauslegung *in casu* durch die kompetenten Staatsorgane, hier die (letztinstanzlichen) Strafgerichte[2471]. Vollends untauglich ist der Hinweis auf die *naturalis ratio* aus prinzipiellen Gründen schließlich für diejenigen, die – in der Nachfolge von DUNS SCOTUS, des Nominalismus nach OCCAM oder später HOBBES[2472] – von der Kontingenz und rationalen Unableitbarkeit ethischer Norminhalte ausgehen, so daß die Positivität des Rechts notwendig ist: *Auctoritas,*

[2467] Strafgesetz für Westgalizien von 1796, § 15 (zit. nach MOOS, *Der Verbrechensbegriff in Österreich im 18. und 19. Jahrhundert*, S. 245): „Da nur solche Handlungen und Unterlassungen in gegenwärtigem Gesetzbuche für Verbrechen erklärt sind, deren natürliches Unrecht sich nicht verkennen läßt: so kann niemand sich mit der Unwissenheit der Gesetze von dem Verbrechen entschuldigen."; ähnl. öStGB 1803, 1. Teil, § 3: „Mit der Unwissenheit des gegenwärtigen Gesetzes über Verbrechen, da das Unrecht derselben unverkennbar ist, kann sich niemand entschuldigen."

[2468] Beispiele zum preußischen StGB 1851 bei OSENBRÜGGEN, *Abhandlungen aus dem deutschen Strafrecht*, 1. Band, § 6 S. 28 f.; krit. auch BIRNBAUM, NArchCrimR 11 (1830), 101 ff. Nach VON BAR, GS 38 (1886), 252, 256, sind alle glaubhaften Fälle des Verbotsirrtums solche Grenzfälle; ebenso zuvor HEINZE, GS 13 (1861), 397, 402 f. („Überaus häufig ist der Thatbestand einzelner Verbrechen in ihrer populären Auffassung ein anderer, namentlich engerer als der von Gesetz und Wissenschaft festgestellte. Selbst bei dem vollendeten Mord ist der Rechtsirrthum nicht ausgeschlossen."), 406 ff.; ähnl. MANTOVANI, *Diritto penale: Parte generale*^{2}, S. 295; MUÑOZ CONDE, *El error en Derecho Penal*, S. 67; FELIP I SABORIT, *Error iuris*, S. 109; HALL, *General Principles of Criminal Law*^{2}, S. 377, 382, 384 f., 412; ENKER, 11 J. L. & Religion 23, 30, 33 (1994–95).

[2469] Jeder weiß, daß Diebstahl bei Strafe verboten ist – aber gilt dies auch für *furtum usus*? Für Abzweigen von Strom? Für Mundraub in der Not?

[2470] Jeder weiß, daß Tötung und Körperverletzung anderer grundsätzlich verboten ist – aber wann sind sie in Notsituationen erlaubt, wann nur entschuldigt? Darf z.B. zur Rettung von Eigentum ein Angreifer getötet werden? Auf alle solche Fragen gibt es nur eine Antwort: "It depends upon which jurisdiction one is in." (ROBINSON & DARLEY, 91 Geo.L.J. 949, 990 (2003)), die der *lex positiva*.

[2471] Zutr. HALL, *General Principles of Criminal Law*^{2}, S. 409. Insoweit kann man die realistische Position von HOLMES, 10 Harv.L.Rev. 457, 461 (1898–97), gelten lassen: "The prophecies of what the courts will do in fact, and nothing more pretentious, are what I mean by law."; vgl. COHEN, 35 Colum.L.Rev. 809, 835 ff. (1935).

[2472] Vgl. dazu nur WELZEL, *Naturrecht und materiale Gerechtigkeit*^{4}, S. 66 ff., 75 ff., 81 ff., 109 ff., 114 ff.; DERS., Festschrift Niedermeyer, S. 279, 283 ff.

non veritas facit legem. Das Argument der wesenhaften Erkennbarkeit der *mala in se* teilt das Schicksal des Naturrechts, auf das es sich bezieht.[2473]

Seit alter Zeit notorisch ist weiterhin die simple Einsicht,[2474] daß leichte Erkennbarkeit nicht das Kennzeichen vieler *mala mere prohibita* ist, auf deren Verbot man weder durch Nachdenken noch durch Sozialisation kommen muß, denn „his saepe prohibetur, de quo ne somniando quidem quis cogitavit.“[2475] Eine klare Scheidung von Normen, die der *naturalis ratio* des *ius gentium* (D. 1, 1, 9) o.ä. entsprechen und solchen, die *ius mere positivum* sind,[2476] ist freilich nur schwer[2477] und nur relativ zu einer gegebenen Rechtsordnung möglich[2478]. Positivierte Poenalisierungen von allgemeinen und speziellen Ordnungsvorschriften sind gewöhnlich nicht nur äußerst zahlreich, sie spielen auch im Leben vieler Bürger keine Rolle und sind ihnen folglich unbekannt. Daß die im modernen Staat weithin übliche Publikation von Normen in amtlichen Veröffentlichungen, die oft auch Wirksamkeitsvoraussetzung ist,[2479] einem jedem Staatsbürger die nötige Kenntnis vermittele, wäre eine belastende

---

2473 Auch in praktischer Hinsicht: „Alle Versuche, die bisher unternommen worden sind, überzeitlich-allgemeingültige Inhalte der Sozialethik und des Rechts aufzufinden, sind über formale Begriffshülsen und vage Allgemeinheiten nicht hinausgekommen …“, WELZEL, Festschrift Niedermeyer, S. 279, 287. Sätze des primären Naturrechts sagen zu konkreten Regelungsfragen, dem Lebensraum des Verbotsirrtums, nichts.

2474 Text oben bei Fußn. 1739 ff., 1794 ff.

2475 BÖHMER, *Meditationes*, Art. 179 § XII, S. 871.

2476 Vgl. nur den Versuch von ROSSHIRT, NArchCrimR 9 (1826), 491, 508 ff.; aus jüngerer Zeit KÜCHENHOFF, Festschrift Stock, S. 75, 85 ff. („letzter gemeinsamer Mindestinhalt des Rechtsbegriffs“); jüngst NAUCKE, Festschrift Roxin, S. 503, 514 ff.

Die Hoffnungslosigkeit solcher überpositiver Ansätze, gleich welcher Epoche, zu demonstrieren, sobald sie sich über den Bereich des diffus Banalen (Tötung, Körperverletzung, Vergewaltigung etc. ohne tatbestandliche Kontur), über den praktisch nie geirrt wird, hinauswagen, fällt oftmals leicht: So nimmt z.B. KÜCHENHOFF, Festschrift Stock, S. 75, 85 Fn. 38, an, auch die Unkenntnis gesetzlicher Ausgestaltungen des „getauften Naturrechts, des Liebesrechts“ entschuldige nie, denn im christlichen Kulturkreis sei das Gebot der Menschenliebe so bekannt, daß niemand glauben könne, die allgemeine Hilfeleistungspflicht des § 323 c dStGB sei nur „eine Art Altruismus und nicht … eine Rechtspflicht“. Bekanntlich sind die Traditionen, eine generelle *rechtliche* Hilfeleistungspflicht zu statuieren und mit Strafe zu bewehren, schon im „christlichen Kulturkreis“ so divergent wie möglich, der Common Law-Raum kennt bis heute keine “duty to rescue” (dazu HALL, *General Principles of Criminal Law*², S. 190 ff., 210 f.; und die Beiträge in MENLOWE & MCCALL SMITH, *The Duty to Rescue*), und nicht ohne philosophische Untermauerung, siehe nur KANT, *Die Metaphysik der Sitten*, Einleitung zur Tugendlehre, A 21, und HEGEL, *Grundlinien der Philosophie des Rechts*, § 242, einerseits (eine Rechtspflicht verneinend) und FICHTE, *Grundlagen des Naturrechts*, Sämmtliche Werke, Band 3, S. 252, sowie BENTHAM, *Specimen of a Penal Code*, S. 164, andererseits (bejahend).

2477 So daß mancher Gesetzgeber davor zurückwich, z.B. die hessischen Stände im Jahr 1840, unten Fußn. 2668; auch in Preußen, dazu GOLTDAMMER, *Die Materialien zum Straf-Gesetzbuche für die Preußischen Staaten*, Theil I, S. 378 m. w. Nachw. in Fn. 2.

2478 D.h. es kommt darauf an, welche Normen eine bestimmte Rechtsordnung als – auch der Unkenntnis – unverfügbar ansieht und welche nicht, JAKOBS, *Strafrecht Allgemeiner Teil*², Tz. 19/6 ff. (Grundlagenirrtum–verfügbarer Bereich). Überpositive Ansätze können das heute jenseits des allgemeinen Konsenses über das diffus Banale nicht mehr leisten.

2479 Vgl. HOBBES, *De cive*, cap. 14 § 13 [Opera latina, vol. II, S. 320]: „*Cognitio legum* dependet a legislatore, qui eas promulgare debet; aliter enim non sunt leges. Est enim lex legislatoris

Fiktion:[2480] Nicht nur der Umfang neuzeitlicher Gesetzgebungstätigkeit, auch die unvermeidbare Technizität der Normprodukte macht verständige Kenntnisnahme schon durch Juristen, erst recht den nicht juristisch ausgebildeten Bürger illusorisch.[2481] Bartolus' Annahme, daß alle Menschen Juristen seien, da sie Rechtskundige fragen könnten,[2482] ist nur in sehr reduziertem Ausmaß praktikabel, wie er selbst an anderer Stelle annimmt[2483]. Anders ist es in den Lebensbereichen, in denen sich der einzelne bewegt: Kenntnis der Normen, die die eigenen Aktivitäten, den eigenen Beruf, das Gewerbe usw. regeln, ist nicht nur möglich, sondern auch üblich (und gesollt, dazu unten (3)), freilich ebenso oftmals laienhaft und unpräzise.

Aus der behaupteten leichten Erkennbarkeit des Rechts wird die leichte Vermeidbarkeit des Rechtsirrtums *(error vincibilis, superabilis)* gefolgert, der deshalb als vorwerfbar, unverzeihlich oder verschuldet *(iniustus, unreasonable)* und infolgedessen oft pauschal als unbeachtlich gilt. Dabei wird unausgesprochen vorausgesetzt, daß Rechtsnormen auch erkannt werden *sollen,*[2484] wobei oft unklar bleibt, ob dies über einen Kernbestand hinaus für alle Normen und alle Bürger gilt oder ob etwa bei schwer erkennbaren Normen diese Erkenntnispflicht entfällt oder nur ihre Verletzung verzeihlich(er) ist.[2485] Vermeidbarkeit und Verzeihlichkeit eines Irrtums sind nicht dasselbe:[2486] ein vermeidbarer Irrtum kann verzeihlich sein, wenn die Kenntnis *in concreto* nicht gesollt bzw. Unkenntnis tolerabel ist. *Faktische* Vermeidbarkeit allein ist zudem ein wenig operables Kriterium: Sind Normen überhaupt öffentlich zugänglich, so gibt es keinen im strengen Sinne unvermeidbaren Verbotsirrtum.[2487]

---

mandatum; mandatum autem est declaratio voluntatis. Non ergo lex est, nisi voluntas legislatoris declaretur; id quod fit *promulgatione*.“ (Hervorh. im Original).

2480 Dalke, GA 6 (1858), 63, 70.

2481 Mantovani, *Diritto penale: Parte generale*², S. 293.

2482 Bartolus, D.v. depositi l. quod Nerva (D. 16, 3, 32), n. 19: „Non obstat, quod omnes non sint eiusdem professionis, quia omnes homines sunt iuristae: quia scientia, quae est in iurisperitis, videtur esse in quolibet vulgari, quia peritos possunt consulere, et istud faciunt communiter omnes.“

2483 Demnach sei Rechtsunkenntnis nicht immer auch nur leicht verschuldet, weil eben niemand alles Recht kennen könne, Bartolus, Inst. de susp. tut. § suspectus (Inst. 1, 26, 6): „sed certe, si dicatur, quod ignorare legum levis culpa est, non est homo vivens, quin sit in culpa levis“.

2484 Zutr. Austin, *Lectures on Jurisprudence*, lect. XXV, Vol. I, S. 497.

2485 Siehe oben bei Fußn. 1787.

2486 Vgl. nur Binding, *Die Normen und ihre Übertretung*, Band III, S. 39.

2487 Zutr. Temme, *Lehrbuch des Gemeinen Deutschen Strafrechts*, § 48 S. 84; Roxin, *Strafrecht Allgemeiner Teil*, Band I⁴, § 21 Rn. 38 ff.; ders., Festschrift Henkel, S. 171, 187 f.; Stratenwerth/Kuhlen, *Strafrecht Allgemeiner Teil I*⁵, § 10 Rn. 82; Bacigalupo, *Manual de Derecho Penal*, S. 155. So z.B. *Satterfield v. State*, 172 Neb. 275, 280 f.; 109 N.W. 2d 415, 418 f. (1961); *Weeks v. State*, 24 Ala. App. 198, 199; 132 So. 870, 871 (1931).

Übrig bleiben nur seltene Fälle von höherer Gewalt, *fait de Dieu*, *act of God* etc., so § 37 Abs. 1 Iraqi Penal Code 1969: “No person can plead ignorance of the provisions of this Code or any other penal code as long as it was not possible by reason of an act of God for him to be aware of the code under which the offence is punishable.”

Wie gezeigt, ist eine Pauschalierung unbegründet: Soll es auf die *faktische* Erkennbarkeit ankommen, so muß im Einzelfall danach gefragt werden. Wohl die überwiegende Anzahl aller Strafnormen dürfte dem Durchschnittsbürger ebensowenig bekannt sein wie er mit ihnen in Berührung kommt. Daher hat nicht einmal eine widerlegliche Vermutung für Normkenntnis, sofern sie als para-empirische Vermutung[2488] aufgefaßt wird, eine rationale Grundlage. Eine widerlegliche Vermutung für Normkenntnis ist vielmehr nur anti-empirisch oder non-empirisch zu begründen[2489] (dazu unten (2)). Erst recht liefert eine *unwiderlegliche* Präsumtion wie *nemo censetur ignorare leges* keine Begründung, sondern nur die Paraphrase einer Regel, die die Unbeachtlichkeit des Verbotsirrtums anordnet.

Auf die Ausnahmen für Ausländer sowie früher für als generell unmaßgeblich oder rechtlich inkompetent angesehene Personengruppen, denen die Rechtserkenntnis entweder schwerer fällt oder weniger zugemutet wurde, wurde oben[2490] hingewiesen.

Mit jeder wenigstens teilweisen Anerkennung der Positivität des Rechts erledigen sich auch Argumente, die jeden Strafrechtsirrtum für vorwerfbar und deshalb unbeachtlich halten,[2491] weil er auf einen „zu wenig altruistischen Charakter“[2492] zurückzuführen sei,[2493] da nicht mehr geleugnet werden kann,

---

2488 Zur Terminologie siehe oben Fußn. 2103.

2489 Präsumtionen der Rechts- oder Gesetzeskenntnis sind daher oft als „Fiktion“ verworfen worden, z.B. von HAEBERLIN, *Grundsätze des Criminalrechts*, § 4 S. 5; GESSLER, GS 10 (1858), 321, 324; BEKKER, *Theorie des heutigen deutschen Strafrechts*, S. 281; DALKE, GA 6 (1858), 63, 70; OSENBRÜGGEN, *Abhandlungen aus dem deutschen Strafrecht*, 1. Band, S. 26; VON RÜMELIN, ZStW 41 (1920), 495, 522 f.; HALL, *General Principles of Criminal Law*², S. 376, 378; MERLE/VITU, *Traité de droit criminel*⁶, tome I, n° 550; BETTIOL, *Diritto penale*¹¹, S. 511; MANTOVANI, *Diritto penale: Parte generale*², S. 293, 295; ähnl. HÄLSCHNER, *Das preußische Strafrecht*, Teil 2, § 13 S. 36 („ganz unzulässig“); krit. auch PUGLIATTI, *Conoscenza e diritto*, S. 34 f. m. w. Nachw.

Sehr deutlich bei CARRARA, *Programma del corso di diritto criminale*¹⁰, vol. 1, § 258, S. 250 (“Esige politica che si presume ...”, unten Fußn. 2501); EDWARDS, Mens Rea *in Statutory Offences*, S. 75 (“It is perfectly obvious that no single member of the community can be expected to know the existence of every single criminal offence on the statute book ... Nevertheless, public policy dictates, and rightly so, that such ignorance shall be no defence.”); DESPORTES/LE GUNEHEC, *Droit pénal général*¹⁰, n° 675 («fiction juridique ... toutefois entièrement justifiée pour d'évidentes raisons de discipline sociale et d'efficacité de la répression»).

Nimmt man an, jeder kenne das Gesetz, so ist eine para-empirische Vermutung ohnehin überflüssig, JAKOBS, *Das Schuldprinzip*, S. 16 f.

2490 Bei Fußn. 1799.

2491 In Form einer gesetzlichen unwiderleglichen Verschuldensvermutung noch – freilich mit einer Ausnahme für mindere Vergehen *(faltas)* – in Art. 24 Cógido penal de la República oriental del Uruguay: “El error de derecho se presume voluntario sin admitirse prueba en contrario, salvo tratándose de las faltas, en que según su naturaleza, dicha prueba puede tener acogimiento.”

2492 VON BAR, *Gesetz und Schuld im Strafrecht*, Band 2, S. 395, aber auch nur bzgl. der „allgemeinen Regeln des menschlichen Handelns“.

2493 Zutr. KUHLEN, *Die Unterscheidung von vorsatzausschließendem und nichtvorsatzausschließendem Irrtum*, S. 337 f.; anders und differenzierend aber KAHAN, 96 Mich.L.Rev. 127, 128 ff. (1997–98).

> … daß es Fälle gibt, wo die Gesetzesunkenntnis nicht zum Vorwurf gereichen kann, wo auch der Bedenkenkommissarius und Staatsphilister erster Klasse und womöglich noch mehr der übereifrige Freund der Rechtsordnung rettungslos dem Irrtum über die Rechtsbestimmungen preisgegeben ist.[2494]

> That he who breaks the law of the land disregards at the same time the principles of justice and honesty is in many instances far from the truth. In a complex legal system a man requires other guidance than that of common sense and a good conscience.[2495]

Denn nur in einer durchgehend vernünftigen Rechtsordnung ließe sich der

> Mensch … als Vernunftwesen ergreifen, und bei jedem vernünftigen Individuum die Erkenntniß des Unrechts einer schon durch die Vernunft verbotenen Handlung voraussetzen.[2496]

Daß die Totalität der positiven Strafgesetze beliebiger Rechtsordnungen *in ihren konkreten Formulierungen* im emphatischen Sinne vernünftig sei, läßt sich nicht ernstlich behaupten,[2497] abgesehen von der Schwierigkeit, solche Vernunft verbindlich zu bestimmen. Im naiv-utopischen Idealbild eines aufklärerischen Optimismus' mögen die von Volksvertretern beschlossenen und gehörig publizierten Normen der Bevölkerung – als *volonté générale* im ROUSSEAUschen Sinne – einsichtig sowie zugänglich sein. Bekanntlich regiert in realen Parlamenten die *volonté de tous*, zu deren notwendigen Konstitutionsbedingungen die Vernunft nicht zählt, abgesehen davon, daß die schiere Zahl positiver Normen auch den bemühtesten *citoyen* überfordert. Mit der Anerkennung der Positivität des Rechts ist an die Stelle substantieller Vernunft mithin das ordnungsgemäße Gesetzgebungsverfahren getreten, an die Stelle der Normbefolgung aus innerer Einsicht in deren inhärente Vernünftigkeit der äußere Gehorsam gegenüber dem formal gültigen Gesetz.[2498] Dennoch kennt jede Rechtsordnung einen Kernbestand an Normen, an deren *Inhalten* trotz theoretischer Änderbarkeit um den Preis der Aufgabe der eigenen Identität festgehalten wird:[2499]

2494 BELING, *Unschuld, Schuld und Schuldstufen*, S. 41; ähnlich BINDING, *Die Schuld im deutschen Strafrecht*, S. 36: „Die einzige Voraussetzung dieser alle Schuld aus dem Vorsatz aushülsenden Dolusauffassung *ist die der Allbekanntschaft der Strafgesetze*. Diese Voraussetzung ist dogmatisch der groteskeste Unsinn — denn sie trifft bei keinem Menschen, auch dem gelehrtesten Juristen nicht einmal für alle Strafgesetze seines Landes zu …"; ebenso MITTERMAIER, NArchCrimR 2 (1818), 515, 521 ff.; HENKE, *Handbuch des Kriminalrechts*, I. Teil, S. 332 f.; OSENBRÜGGEN, *Abhandlungen aus dem deutschen Strafrecht*, 1. Band, § 6 S. 20 f., 25 ff., 27 f.; LIEPMANN, ZStW 39 (1918), 115, 117.

2495 SALMOND, *Jurisprudence*[12], § 102, S. 396. Ähnl. HALL, *General Principles of Criminal Law*[2], S. 408: "But the voice of practical sense replies that, in fact, the accepted 'penal' law contains many petty proscriptions of conduct which are not recognized by normal persons as having moral significance."

2496 GÖNNER, *Revision des Begriffs und der Eintheilungen des Dolus*, S. 40 f.

2497 Vgl. OSENBRÜGGEN, *Abhandlungen aus dem deutschen Strafrecht*, 1. Band, § 6 S. 31.

2498 Siehe nur JAKOBS, *Schuld und Prävention*, S. 18 f.; DERS., *Strafrecht Allgemeiner Teil*[2], Tz. 17/21; DERS., *Das Schuldprinzip*, S. 18 f.; krit. NAUCKE, Festschrift Roxin, S. 503, 507 ff.

2499 Vgl. JAKOBS, *Strafrecht Allgemeiner Teil*[2], Tz. 19/7 ff. („Grundlagenirrtum"). Insofern ist die Irrtumslehre in der Tat ein „Problem der inhaltlichen und prozeduralen Dignität der Strafrechtsquellen", NAUCKE, Festschrift Roxin, S. 503, 514.

(β) Normative „Erkennbarkeit“

Trotz der Häufigkeit des Arguments der *faktischen* Erkennbarkeit des Rechts ist seine begründende Kraft gering und fehlt jedenfalls dann ganz, wenn im Einzelfall die unverschuldete Unerkennbarkeit außer Zweifel steht.[2500] Schon in der argumentativen Gemengelage, die für Begründungen der Unbeachtlichkeit des Verbotsirrtums typisch ist, gewinnt das Moment der „Erkennbarkeit“ des Rechts oder jedenfalls eines Kernbereichs von Normen durch Juxtaposition zu behaupteten Vermutungen und Erkenntnispflichten[2501] oft eine andere Färbung: „Erkennbarkeit“ kann auch eine Chiffre für identitätsstiftende Unverzichtbarkeit des Norminhalts sein, für eine durchaus *normative*[2502] Evidenzbehauptung als legitimierender Begründungsmythos einer sich durch bestimmte Inhalte definierenden Ordnung.[2503] Wer solche Evidenz qua Unkenntnis in Abrede stellt und nicht unzurechnungsfähig ist, erschüttert nicht nur die Geltung (unten (5)), sondern auch den Geltungsgrund der Norm (unten (δ)),[2504] so daß solche Unkenntnis elementarer Normen eine Ordnung stärker in Frage stellen und ihrer Selbstsicherheit berauben[2505] mag als bewußter Widerspruch, daher intolerabler ist und auf Kosten des Irrenden gelöst werden muß.

(γ) Faktische Unerkennbarkeit

Aus dem Umstand, daß es unmöglich ist, das gesamte Strafrecht zu kennen, hat Jerome Hall gefolgert, daß es folglich auch unmöglich sei, Unrechtskenntnis als Voraussetzung für strafrechtliche Verantwortung zu fordern:

> To insist on what is impossible as a condition of liability is to exclude liability entirely.[2506]

[2500] So in den klassischen Fällen *R. v. Bailey*, Russ. & Ry. 1, 3 f.; 168 E.R. 651, 652 f. (1800); *R. v. Esop*, 7 C. & P. 456, 457; 173 E.R. 203 (1836), sowie *People v. Bock*, 69 Misc. 543; 25 N.Y.Crim.R. 198; 125 N.Y.S. 301, 302 ff. (1910), *aff'd* 148 App. Div. 899; 132 N.Y.S. 1141 (1911); *City of Oakland v. Carpentier*, 21 Cal. 642, 664 f.; 2 Cal.L.J. 44 (1863).

[2501] Exemplarisch Carrara, *Programma del corso di diritto criminale*[10], vol. 1, § 258, S. 250: "L'errore di *diritto* non scusa mai. Esige politica che si presuma nel cittadino la cognizione della legge penale, che d'altronde è debito di ognuno di conoscere."

[2502] Was sich daran zeigt, daß bei Enttäuschung der Kenntniserwartung nicht gelernt wird, wenn der Irrende nicht als inkompetent marginalisiert werden kann: Ginge es wirklich um *faktische* Erkennbarkeit und wäre Unkenntnis glaubhaft belegt, so müßte eingestanden werden, daß es Irrtümer eben, wenn vielleicht auch selten, doch gibt. Aber offenbar *darf* es sie nicht geben. *Normativ* verstandene „Erkennbarkeit des Strafrechts“ ist daher auch immun gegen die zahlreichen und zutreffenden Einwände gegen dessen *faktische* Erkennbarkeit.

[2503] Bis in die Gegenwart legitimieren sich Ordnungen ganz oder teilweise über Vernunftevidenz oder, verstärkt im islamischen Raum, wieder durch religiöse Offenbarung. – In westlichen Gesellschaften nehmen die Menschenrechte oft den Status und die Dignität des vormaligen göttlichen Rechts, Vernunft- oder Naturrechts ein, vgl. Naucke, Festschrift Roxin, S. 503, 514 f. Insoweit können auch ansonsten säkulare Rechtsordnungen Züge einer Glaubensgemeinschaft zeigen.

[2504] Vgl. Küchenhoff, Festschrift Stock, S. 75, 77; Jakobs, ZStW 101 (1989), 516, 535; ders., *Das Schuldprinzip*, S. 15.

[2505] Ausdruck nach Küchenhoff, Festschrift Stock, S. 75, 77.

Sich mit unschärferen, laienhaften Formen der Rechtskenntnis zu begnügen oder der vagen Vorstellung, sich illegal zu verhalten, sei kein Ausweg: Denn es handele sich dann offenbar nicht mehr um Kenntnis des Rechts, sondern laufe auf die Kenntnis der Immoralität der schwereren Straftaten hinaus.[2507]

Zutreffend ist, daß eine umfassende Kenntnis aller Strafnormen auch nur eines Staates objektiv unmöglich sein dürfte. Wohl niemand kennt alle ca. 8.000 Strafgesetze Englands[2508] oder ca. 300.000 Strafbestimmungen allein im Bundesrecht der U.S.A.[2509] oder die 1.200 Textseiten des Illinois Criminal Code[2510]. Zutreffend ist ferner, daß die Kenntnis selbst einigermaßen zentraler Strafnormen in der Bevölkerung anscheinend dürftig und auch unter denjenigen, die mit der Strafjustiz häufiger in Kontakt gekommen sind, kaum besser ist, sondern viele Bürger vielmehr das für (Straf-)Recht halten, was ihren jeweiligen Gerechtigkeitsintuitionen entspricht:[2511] "Where the law's rule conflicts with lay intuition, a special education drive will be needed."[2512] Doch während das Zwölftafelgesetz von römischen Schülern auswendig gelernt wurde,[2513] ist heute Rechtskunde, soweit ersichtlich, in der Regel kein Pflichtfach in den Schulen, anderweitig staatlich organisierter Rechtsunterricht für jeden Bürger findet ebensowenig statt. Die Teilnahme am Straßenverkehr mit einem Automobil setzt zumeist den Nachweis von Kenntnissen der Regeln des Straßenverkehrsrechts in einer Prüfung voraus, die Teilnahme am allgemeinen (Rechts-)Leben erfordert keinen Nachweis von Rechtskenntnissen. Anders ist es aber außer im Straßenverkehr auch in vielen verwaltungsrechtlich kontrollierten Lebensbereichen, so daß zur Ausübung mancher Berufe Unterricht und Prüfung in den einschlägigen Rechtsvorschriften gehören.[2514] Solche Schulung gehört regel-

---

2506 HALL, *General Principles of Criminal Law*², S. 410 f., 413 (Zitat auf S. 410). Ebenso zuvor LUCAS, GS 36 (1884), 401, 426: „Das Strafrecht ist eben zu complicirt geworden und hat sich zu weit über die Grenzen der allbekannten sittlichen Grundverbote ausgedehnt, um ohne besondere Erfahrung und Kenntnisse in allen Theilen gekannt, geschweige denn verstanden zu werden. Es kann daher nicht ausbleiben, daß unter der großen Mehrheit des Volkes, welche solche Erfahrungen und solche Kenntnisse nicht besitzt, vielfältig gegen das Strafgesetz verstoßen wird, ohne daß der Thäter dies weiß, und wissen *kann*. ... Man wird aber einsehen, daß bei der großen Menge solcher Fälle die öffentliche Ordnung die Straflosigkeit ... unmöglich zulassen kann, und daß sie zu einem solchen Verhalten volle Berechtigung findet in der nicht nur relativen, sondern *absoluten* Verbindlichkeit der Strafgesetze." (Hervorh. im Original)

2507 HALL, *General Principles of Criminal Law*², S. 410–412.

2508 Zahl nach SIMESTER & SULLIVAN, *Criminal Law: Theory and Doctrine*², S. 56.

2509 Zahl von PILCHER, 33 Am.Crim.L.Rev. 1, 32 (1995).

2510 Ill. Exec. Order (May 9, 2000), zit. in *Final Report of the Illinois Criminal Code Rewrite and Reform Commission*, vol. 1, S. ix. Bei Erlaß des Criminal Code im Jahre 1961 waren es nur 72 Seiten.

2511 Dazu ROBINSON & DARLEY, 24 Oxford J. Legal Stud. 173, 175 ff. (2004); DIES., 91 Geo.L.J. 949, 954, 983 f., 989 f. (2003), jew. m. w. Nachw.; zu früheren Untersuchungen siehe KAUPEN, *Das Verhältnis der Bevölkerung zur Rechtspflege*, S. 555 ff.; für den Bereich des Steuerrechts siehe nur LÜDERSSEN, wistra 1983, 223, 226 ff. m. w. Nachw.

2512 ROBINSON & DARLEY, 91 Geo.L.J. 949, 992 (2003).

2513 PERNICE, *Labeo* II,1, S. 494 Fn. 2.

2514 Siehe auch ROBINSON & DARLEY, 91 Geo.L.J. 949, 991 m. w. Nachw. (2003).

mäßig[2515] zur Ausbildung der für die Einhaltung des Völkerstrafrechts bedeutsamsten Berufsgruppe, der Soldaten.[2516]

Halls Einwand ist somit berechtigt gegen ein pauschales und undifferenziertes Erfordernis aktueller und präziser Vorstellung von jedweder einschlägigen Strafnorm. Doch sein Versuch eines *argumentum ad absurdum* beweist zuviel: So unmöglich es ist, alle Strafgesetze eines Staates zu kennen, so unnötig ist es auch, weil kein Bürger lange genug lebt, daß er jede strafbewehrte Norm einmal hätte beachten müssen. Schon bei Aristoteles, im römischen, kanonischen und noch im gemeinen Recht wurden daher Rechtskenntnispflichten (unten (3)) begrenzt auf den jeweiligen Lebensbereich bzw. dasjenige Recht, das *leicht zu erkennen* ist;[2517] so heute ausdrücklich z.B. § 9 Abs. 2 öStGB[2518]. Erst das 19. Jahrhundert gefiel sich hier in verabsolutierender Übertreibung. Partielle Rechtskenntnis ist aber nicht nur möglich, sondern auch existent. Übersehen wird somit, daß beispielsweise bei regulären Kombattanten durchaus die Kenntnis der wesentlichen Regeln des humanitären Völkerrechts vorausgesetzt werden kann oder können sollte. Übersehen wird schließlich noch, daß es bei der Behandlung des Verbotsirrtums nicht nur eine Alles-oder-nichts-Alternative gibt, sondern in zweierlei Hinsicht eine Lockerung möglich ist: zum einen bei der Präzision der Verbotskenntnis, ohne gleich mit der Alltagsmoral zusammenzufallen, zum anderen bei der Substitution aktueller Kenntnis durch zurechenbare Unkenntnis.

2515 Eine spezielle Frage ergibt sich, wenn solche Schulung planmäßig unterlassen wird, um etwa die Begehung von Völkerrechtsverstößen zu erleichtern, oder Indoktrination eine völkerrechtswidrige Rechtsüberzeugung bewirkt.

2516 Cf. Green, *The Man in the Field and the Maxim* Ignorantia iuris non excusat, S. 227, 228 ff., 232 ff. mit Überblick über völkerrechtliche Instruktionspflichten; auch Satzger, JuS 2004, 943, 946: „Expertenstrafrecht“ (allg. dazu ders., *Die Europäisierung des Strafrechts*, S. 242 ff.); Safferling, 5 German L.J. 1469, 1476 Fn. 34 (2004).

2517 Siehe Anhang IV. bei Fußn. 44, V. Fußn. 97, VI.2. Fußn. 160, 173; VI.4. Fußn. 226; VII.2. Fußn. 328 ff.; siehe auch Cuiacius, unten Fußn. 2584.

2518 „§ 9 (Rechtsirrtum). (1) Wer das Unrecht der Tat wegen eines Rechtsirrtums nicht erkennt, handelt nicht schuldhaft, wenn ihm der Irrtum nicht vorzuwerfen ist.

(2) Der Rechtsirrtum ist dann vorzuwerfen, wenn das Unrecht für den Täter wie für jedermann leicht erkennbar war oder wenn sich der Täter mit den einschlägigen Vorschriften nicht bekannt gemacht hat, obwohl er seinem Beruf, seiner Beschäftigung oder sonst den Umständen nach dazu verpflichtet gewesen wäre.“

(δ) Moralität statt Legalität?

... we learn our duties, not by studying the statute book, but by living in a community. A defence of mistake rests ultimately on the defendant's being able to say that he has observed the community ethic ...[2519]

But if normal adults understand the simple morality that is relevant to criminal law, insistence on knowledge of the formal penal law (except as regards certain petty offenses ...) is not persuasive, even apart from the illusory nature of such a requirement.[2520]

¡Aviada estaría una sociedad si sus miembros se abstuvieran de infringir las prohibiciones esenciales (matar, robar), sólo porque así lo dijera el Código penal![2521]

Hinter dem Argument der Erkennbarkeit von Rechtsnormen steht mehr oder weniger deutlich oft die Kenntnis oder (leichtere) Erkennbarkeit der in der jeweiligen Gesellschaft herrschenden *moralischen* Normen. Von der Warte eines moralistischen Strafrechtsverständnisses *(legal moralism)* aus, das in der Straftat ein Indiz für die (defizitären) moralischen Werte und den Charakter des Täters erblickt,[2522] ist ein Verbotsirrtum jedenfalls dann unbeachtlich, wenn der Täter sehenden Auges oder in vorwerfbarer Unkenntnis gleichzeitig gegen die gesellschaftliche Moral, *insoweit* sie im Strafrecht verkörpert ist, verstößt,[2523] gleichgültig, ob er die Strafnorm kennen konnte oder nicht[2524]:

... the criminal law represents certain moral principles; to recognize ignorance or mistake of law as a defense would contradict those values.[2525]

... the legally expressed values may not be ignored or contradicted.[2526]

Vorausgesetzt ist dabei die Existenz hinreichend klar identifizierbarer moralischer Normen, mit denen das Strafrecht abzugleichen ist, das dann zerfällt in moralisch

---

2519 Brett, *An Inquiry Into Criminal Guilt*, S. 149.

2520 Hall, *General Principles of Criminal Law*², S. 413.

2521 Muñoz Conde, *El error en Derecho Penal*, S. 51 (der aber den nachfolgend dargestellten Ansatz bei weitem nicht teilt); ähnl. Duff, *Rule-Violations and Wrongdoings*, S. 47, 52: "... what kind of person would it be who was not motivated to refrain from murder or rape by the pre-legal wrongness of such conduct, but was motivated to refrain by his respect for the law?"

2522 Statt vieler aus jüngerer Zeit Hall, *General Principles of Criminal Law*², S. 380 ff.; Brett, *An Inquiry Into Criminal Guilt*, S. 37 ff., 148 ff.; Murphy, 37 Ariz.L.Rev. 73 ff. (1995); Huigens, 108 Harv.L.Rev. 1423 ff. (1996); Kahan & Nussbaum, 96 Colum.L.Rev. 269 ff., 350 ff. (1996); auch Duff, *Rule-Violations and Wrongdoings*, S. 47 ff., 51 ff. (Strafrecht als angewandte Moralphilosophie), jew. m. w. Nachw.; krit. Alldridge, *Making Criminal Law Known*, S. 103, 105 ff.

2523 Kahan, 96 Mich.L.Rev. 127, 129 ff., 140 ff. (1997–98).

2524 Weiler, 49 Can.Bar Rev. 281, 317 (1971): "... because the criminal law represents the moral values of the community, a person who is in breach of them can and should be treated as blameworthy if he disregards them, even if he shows that it was impossible for him to be aware of the implementing law.", zit. nach Brett, *An Inquiry Into Criminal Guilt*, S. 150 f.; A.T.H. Smith, 14 Anglo-Am.L.Rev. 3, 20 (1985).

2525 Hall, *General Principles of Criminal Law*², S. 383; ders., R.i.d.p. 26 (1955), 293, 295 ff.; ders., *American Penal Theory vis à vis German Penal Theory*, S. 165, 196 u. ff.

2526 Hall, *General Principles of Criminal Law*², S. 387.

aufgeladene *mala in se* und moralisch neutrale *mala prohibita*.[2527] Der fragmentarische Charakter des Strafrechts wird bei *mala in se* durch die oft diffusere moralische Norm überspielt: Wer sich eines moralischen Verstoßes bewußt ist, aber in der irrigen Annahme einer Gesetzeslücke meint, legal zu handeln, verdient keine Nachsicht, sondern ist doppelt tadelnswert: wegen des bewußten Moralverstoßes und des anstößigen Versuchs, sich eine formale, legalistische Ausrede zu verschaffen, der einen unmoralischen Charakter entlarvt.[2528] Die Beachtlichkeit des strafrechtlichen Verbotsirrtums schütze nur scheinbar die Würde des einzelnen, tatsächlich entwerte sie seine Stellung als *responsible moral agent*.[2529]

Konsequent ist es dann, Rechtskenntnis für irrelevant zu erachten[2530] bzw. möglichst einzuschränken, die genauen Grenzen und vor allem die Lücken des positiven Rechts vor der Bevölkerung zu verschleiern – um *loopholing* zu unterbinden –, damit diese mehr ihrem (richtigen?) moralischen Urteil vertraue.[2531] Bestimmtheit einer rechtlichen Regelung ist dann wegen der damit unausweichlich einhergehenden Lückenhaftigkeit unerwünscht und auch die Entlastung unverschuldeten Rechtsirrtums "would almost completely vitiate the benefits of statutory vagueness"[2532]. Strikte Haftung trotz Verbotsirrtums hofft auf einen *chilling effect* – d.h. an sich erlaubtes Verhalten würde bei leisestem Unrechtszweifel lieber unterlassen bzw. verbotenes Verhalten würde sicherheitshalber großräumig vermieden –, der aus positivistischer Sicht verfehlt, aus moralistischer Perspektive aber erwünscht wäre, weil Verhalten in rechtlichen Grauzonen moralisch anstößig zu sein pflegt.[2533] Verzicht auf Strafe ist möglich allenfalls bei *mala prohibita*, sofern deren Unkenntnis nicht auf einem Charakterfehler beruht.[2534]

Als Feststellung zutreffend ist an dieser Deutung, daß sich auch im positivistischen Verständnis des Strafrechts anscheinend unausrottbar verdeckte Tendenzen der Moralisierung – oder pharisäischen Überhebung[2535] – erhalten,[2536] und daß strikte Unbeachtlichkeit des Verbotsirrtums sich wie berichtet so erklären läßt

---

[2527] Für das Common Law exemplarisch BLACKSTONE, *Commentaries on the Laws of England*, vol. I, S. 54 f., 58; dagegen schon BENTHAM, *A Fragment on Government; or a Comment on the Commentaries*, Works, vol. 1, S. 221, 286 f.; auch BIRNBAUM, NArchCrimR 11 (1830), 101, 125 ff.; eine moderne Kritik liefert ALLDRIDGE, *Making Criminal Law Known*, S. 103, 106 ff. m. w. Nachw.

[2528] KAHAN, 96 Mich.L.Rev. 127, 129 ff., 136 ff., 143 f. (1997–98).

[2529] HALL, *General Principles of Criminal Law*^{2}, S. 413. Vgl. HEGEL, oben Fußn. 2455.

[2530] HALL, *General Principles of Criminal Law*^{2}, S. 380 f., 384 f., 410 ff., siehe oben (γ).

[2531] KAHAN, 96 Mich.L.Rev. 127, 136 ff., 140 f., 152 f. (1997–98), z.B. 139: "The mistake of law doctrine reinforces the prudent obfuscation strategy. Strict liability makes loopholing hazardous ..."

[2532] KAHAN, 96 Mich.L.Rev. 127, 140 (1997–98).

[2533] KAHAN, 96 Mich.L.Rev. 127, 142 f. (1997–98).

[2534] KAHAN, 96 Mich.L.Rev. 127, 145 ff. (1997–98); schon HALL, *General Principles of Criminal Law*^{2}, S. 387, 394, 402 ff.; BRETT, *An Inquiry Into Criminal Guilt*, S. 150 ff.

[2535] Krit. NOWAKOWSKI, Festschrift Rittler, S. 55, 88.

[2536] KAHAN, 96 Mich.L.Rev. 127, 153 (1997–98): "Stealthy moralizing is in fact endemic to criminal law."

und in der Praxis mitunter[2537] explizit so erklärt wird. Empirisch zutreffend ist auch, daß diejenigen Normen am ehesten befolgt werden, die sich mit informellen („moralischen") gesellschaftlichen Normen decken,[2538] welche somit „doppelt institutionalisiert" sind[2539]. Deren offene Anerkennung bedeutet aber nicht Remedur, sondern Preisgabe der Errungenschaften des modernen freiheitlichen Staates wie der Scheidung von Moralität und Legalität,[2540] des formalen Charakters des modernen Rechts im Unterschied zur materialen Kadijustiz,[2541] *nulla poena sine lege certa, scripta et stricta* usw., an deren Stelle der unvermittelte Rückgriff auf oftmals diffuse und umstrittene Moralnormen[2542] unklarer Provenienz – dominante positive Sozialmoral oder verkapptes Naturrecht? – träte,[2543] womit letztlich auch der Zweck repräsentativer Demokratie unterlaufen wird. Wenn die Bevölkerung tatsächlich geringe und oft fehlerhafte Kenntnisse des Strafrechts hat und dies mit sehr divergenten individualmoralischen Intuitionen substituiert,[2544] was soll dann der verbindliche soziale Standard sein, wenn nicht das Strafgesetz?[2545] Schließlich hat eine weitgehende Verpflichtung der Bürger auf *materielle* Invarianzen einen tendenziell totalitären Zugriff: Wer irrt und dadurch eine falsche Gesinnung demonstriert, wird damit nicht gehört,[2546] weil er der maßgeblichen Wertegemeinschaft nicht angehört.

2537 So in den von KAHAN, 96 Mich.L.Rev. 127, 131 ff. (1997–98), zitierten Judikaten.

2538 Siehe nur ROBINSON & DARLEY, 91 Geo.L.J. 949, 980 ff., 992 m. w. Nachw. (2003).

2539 Ausdruck nach BOHANNAN, zit. bei HAMILTON & SANDERS, *Everyday Justice*, S. 32.

2540 Vgl. nur die Kritik solcher Tendenzen im modernen englischen Recht bei ALLDRIDGE, *Making Criminal Law Known*, S. 103, 106 ff. m. w. Nachw.

2541 WEBER, *Wirtschaft und Gesellschaft*, insbes. S. 468 ff., 503 ff.; siehe heute UNGER, *Knowledge and Politics*, S. 91.

2542 Das räumt KAHAN, 96 Mich.L.Rev. 127, 151, 154 (1997–98) ein. Auch seine Annahme, es gebe keine moralische Pflicht, Steuern zu zahlen (147), ist mehr als zweifelhaft.

2543 Die Folge wäre dieselbe, die BENTHAM in seiner Kritik an BLACKSTONES These des Primats des Naturrechts vor menschlichem Recht perhorresziert: "... adieu to all human laws: to the fire with our Statutes at large, our Reports, our Institutes, and all that we have hitherto been used to call our law books; our law books, the only law books we can be safe in trusting to, are Puffendorf [sic] and the Bible.", *A Fragment on Government; or a Comment on the Commentaries*, Works, vol. 1, S. 221, 287 note (c).

2544 Siehe oben Fußn. 2511.

2545 Cf. Lord ATKIN, *Proprietary Articles Trade Association v. A.G. for Canada*, (1931) A.C. 310, 342 (P.C.): "The criminal quality of an act cannot be discerned by intuition; nor can it be discovered by reference to any standard but one: Is the act prohibited with penal consequences? ... It appears to their Lordships to be of little value to seek to confine crimes to a category of acts which by their very nature belong to the domain of 'criminal jurisprudence'; for the domain of criminal jurisprudence can only be ascertained by examining what acts at any particular period are declared by the State to be crimes, and the only common nature they will be found to possess is that they are prohibited by the State and that those who commit them are punished.", sowie die oben in Fußn. 2239 Genannten.

2546 Beispielhaft in dem nationalsozialistischen Entwurf (zit. nach FREISLER, *Das neue Strafrecht als nationalsozialistisches Bekenntnis*, S. 33, 71 Fn.**): „Der Täter wird nicht mit der Behauptung gehört, er habe angenommen, daß seine Tat nicht gegen ein Gesetz verstoße und er kein Un-

(2) Beweisrecht: Glaubhaftigkeit und Beweisbarkeit

It not unfrequently happens that the party is ignorant of the law, and that his ignorance of the law is inevitable. But if ignorance of law were a ground of exemption, the administration of justice would be arrested. For, in almost every case, ignorance of law would be alleged. And, for the purpose of determining the *reality* and ascertaining the *cause* of the ignorance, the Court were compelled to enter upon questions of fact, insoluble and interminable.[2547]

Aber auch die unwissentliche Uebertretung des Staatsgesetzes kann aus dem Strafkreis nicht völlig ausgeschlossen werden, schon desshalb nicht, weil der Beweis der Kenntniss des Gesetzes positiv wie negativ praktisch von grösster Schwierigkeit ist und aus Opportunitätsrücksichten Rechtsvermuthungen dabei unumgänglich erforderlich sind ...[2548]

Oft vermischt mit Erwägungen zur Erkennbarkeit des Strafrechts sind Bemerkungen, daß der strafrechtliche Verbotsirrtum im Gegensatz zum Tatbestandsirrtum grundsätzlich suspekt, d.h. wenig glaubhaft ist *(error improbabilis)*.[2549] Es handelt sich dabei um eine Verlängerung der vorstehenden Position (ausgenommen (γ)) in das Prozeßrecht, eine indizielle Ableitung aus der behaupteten leichten Erkennbarkeit des Strafrechts (oder der als maßgeblich erachteten zugrundeliegenden Moralnormen): Sind Strafnormen allseits bekannt oder wenigstens für jedermann leicht erkennbar, so ist die Behauptung des einzelnen Angeklagten, bei ihm sei dies anders, *prima facie* zweifelhaft und begründungsbedürftig.[2550] Kann er nicht auf Inkompetenz verweisen, durch Zugehörigkeit zu einer pauschal als inkompetent eingestuften Personengruppe oder seine individuelle Inkompetenz anderweitig plausibel machen, oder auf sonstige exzeptionelle Umstände, so sind die Möglichkeiten, die Existenz dieses Irrtums glaubhaft zu machen, praktisch erschöpft.

Doch kann dies ebenso wie die Behauptung leichter Erkennbarkeit nur für den Kernbereich des Strafrechts gelten. Dabei sind Fehlvorstellungen über die genauen Grenzen der Kernbereichsnormen ebenso plausibel wie über *mala mere prohibita*. Eine *pauschale* Beweisregel, daß Rechtsirrtum unglaubhaft sei, ist ebensowenig begründet wie eine para-empirische Vermutung für Rechtskenntnis.

Eine weitere Begründung lautet, daß Irrelevanz des Verbotsirrtums zur Erhaltung der *efficacité de la répression*[2551] unabdingbar, weil Verbotskenntnis des Täters kaum zu beweisen sei: Trüge die Anklage die materielle Beweislast *(burden of persua-*

---

recht tue, wenn dieser Irrtum auf einer Einstellung beruht, die mit dem gesunden Volksempfinden über Recht und Unrecht unvereinbar ist.“; ebenso KOHLRAUSCH, ZStW 55 (1936), 384, 391.

2547 AUSTIN, *Lectures on Jurisprudence*, lect. XXV, vol. I, S. 499.

2548 MOMMSEN, *Römisches Strafrecht*, S. 93.

2549 Siehe oben bei Fußn. 1806 f.

2550 Insoweit spricht im Kernbereich des Strafrechts tatsächlich eine „natürliche Vermutung“ für Verbotskenntnis, ALLFELD, *Die Bedeutung des Rechtsirrtums im Strafrecht*, S. 27 ff.; ähnl. BEKKER, *Theorie des heutigen deutschen Strafrechts*, S. 282 f.; BRETT, *An Inquiry Into Criminal Guilt*, S. 149 f.; A.T.H. SMITH, 14 Anglo-Am.L.Rev. 3, 24 (1985), die freilich die Grenzfälle und Ausnahmen nicht betrifft.

2551 DESPORTES/LE GUNEHEC, *Droit pénal général*[10], n° 675; ähnl. MANTOVANI, *Diritto penale: Parte generale*[2], S. 293 (“imperiosa necessità pratica”).

sion) für das Unrechtsbewußtsein des Angeklagten, sei kaum je eine Verurteilung zu erlangen. AUSTIN hält diesen Aspekt der *utility* sogar für die einzige tragfähige Begründung der Unbeachtlichkeit des Rechtsirrtums: Es sei nahezu unmöglich, Verbotskenntnis und Vermeidbarkeit der Unkenntnis zu beweisen, denn anders als beim *error facti*, wo nur die Tatumstände zu würdigen seien, müßte das Gericht das ganze Leben des Angeklagten untersuchen. Weil aber dann in jedem Fall Rechtsunkenntnis behauptet würde, käme die Rechtspflege zum Stillstand.[2552] Andere betonen den zweiten Aspekt, es sei *in praxi* unmöglich, den verschuldeten vom unverschuldeten Rechtsirrtum zu unterscheiden. Auch wenn es hart scheine, müsse man den Unschuldigen (unverschuldet Irrenden) strafen, um sicherzustellen, daß der Schuldige (schuldhaft Irrende) nicht straffrei ausgehe;[2553] allerdings könne bei unverschuldetem Irrtum im Rahmen der Strafzumessung Milderung erfolgen[2554].

Daß sich Kenntnis jedenfalls der Normen des Kern- und jeweiligen Lebensbereichs des Täters schwerer nachweisen bzw. begründet zuschreiben ließe als Tatsachenkenntnis, ist jedoch nicht zu ersehen.[2555] Oft wird darauf hingewiesen, daß Unrechtskenntnis im Sinne eines reflektierten Bewußtseins im Tatzeitpunkt zu verlangen „ohne die größten Inkonsequenzen nicht durchgeführt werden" könne,[2556] so daß es dann kaum noch in diesem Sinne vorsätzliche Taten gebe[2557]. Aktuelles Bewußtsein zu fordern dürfte freilich ebenso eine Überforderung sein wie bei Tatumstandskenntnis; Studien zeigen, daß selbst habituelle Kriminelle in der Tatsituation oft nicht an Strafe, geschweige denn das Strafgesetz denken.[2558] Folglich finden sich hier dieselben Versuche wie bei Tatbestands- oder Tatsachenkenntnis,

---

[2552] AUSTIN, *Lectures on Jurisprudence*, lect. XXV, vol. I, S. 498 f.; zust. L. HALL & SELIGMAN, 8 Chi.L.Rev. 641, 647 (1940–41); ähnl. ØRSTED, *Über die Grundregeln der Strafgesetzgebung*, S. 271; J. HALL, *General Principles of Criminal Law*², S. 379 f.; w. Nachw. bei LAFAVE, *Criminal Law*³, § 5.1(d), S. 442; krit. GLANVILLE WILLIAMS, *Textbook of Criminal Law*², § 10.1., S. 452; HUSAK & VON HIRSCH, *Culpability and Mistake of Law*, S. 157, 159.

[2553] VON BAR, GS 38 (1886), 252, 263; ähnl. HALL & SELIGMAN, 8 Chi.L.Rev. 641, 646 ff. (1940–41); zust. wohl LAFAVE, *Criminal Law*³, § 5.1(d), S. 442; abl. SALMOND, *Jurisprudence*¹², § 102, S. 396.

[2554] HALL & SELIGMAN, 8 Chi.L.Rev. 641, 650 (1941); so bereits die in Fußn. 2500 zitierten Fälle und jetzt auch UK MINISTRY OF DEFENCE, *The Manual of the Law of Armed Conflict*, § 16.43.

[2555] HOLMES, *The Common Law*, S. 41; SALMOND, *Jurisprudence*¹², § 102, S. 396; GLANVILLE WILLIAMS, *Criminal Law: The General Part*², § 102 S. 291 ("unfounded"); HOULGATE, 78 Ethics 32, 37 f. (1967); A.T.H. SMITH, 14 Anglo-Am.L.Rev. 3, 17 (1985); krit. HALL, *General Principles of Criminal Law*², S. 379 f.; widersprüchlich MUÑOZ CONDE, *El error en Derecho Penal*, S. 31, 35 und 50.

[2556] HEINEMANN, ZStW 13 (1893), 371, 419.

[2557] WELZEL, *Das Deutsche Strafrecht*¹¹, § 22 II, S. 160.

[2558] Dazu ROBINSON & DARLEY, 24 Oxford J. Legal Stud. 173, 176 m. w. Nachw. (2004); so schon der Psychiater K. SCHNEIDER, *Die Beurteilung der Zurechnungsfähigkeit*, S. 19 f.: Es sei unsinnig, den Täter zu fragen, was er sich bei der Tat gedacht habe (d.h. ob er etwas Verbotenes tue), denn gedacht habe er sich in der Regel nichts.

den Kenntnis- oder Wissensbegriff auszudehnen auf latentes, dispositionales Wissen, „Mitbewußtsein“, Sachdenken, Gestaltpsychologie usw.[2559]

Die Beweisprobleme und -möglichkeiten unterscheiden sich nicht von denen beim *error facti*/Tatbestandsirrtum, von Motiven oder Zurechnungsfähigkeit.[2560] AUSTINS Argument basiert augenscheinlich auf der bekannten, aber prinzipiell fehlerhaften Annahme, daß psychische Zustände privat und nur dem jeweiligen Individuum zugänglich seien[2561] (siehe oben II.1.b). Zudem muß auch nicht stets, wie AUSTIN meinte, das ganze Leben des Täters untersucht werden, denn für die Kenntnis von Rechtsnormen, die sich mit der Alltagsmoral, Berufsethik etc. dekken, spricht eine *praesumtio hominis*, ebenso wie in allen Fällen anschaulich schädigenden Verhaltens,[2562] so daß oft zwar keine genaue Rechtskenntnis, aber eine laienhafte Vermutung rechtlicher Regelung und ggf. Sanktionierung vorliegt, was AUSTIN selbst einräumt,[2563] die vor allem dann genügen mag, wenn Unrechtszweifel materiell hinreicht. Es kommt also darauf an, ob der Staat seinen Richtern solchen Indizienbeweis[2564] zutraut[2565]. Dies nicht zu tun, hielt BELING für „gröblichen Schimpf“.[2566]

2559 Vgl. nur RUDOLPHI, *Unrechtsbewußtsein*, S. 140 ff., 150 ff.; ROXIN, ZStW 78 (1966), 214, 257; SCHMIDHÄUSER, Festschrift Hellmuth Mayer, S. 317 ff., 329; SCHEWE, *Bewußtsein und Vorsatz*, S. 109 ff., 124 ff., 135 ff.; krit. z.B. WELZEL, *Das Deutsche Strafrecht*[11], § 22 II γ), S. 161; JAKOBS, *Strafrecht Allgemeiner Teil*[2], Tz. 19/26 m. w. Nachw.

2560 HEFFTER, NArchCrimR 12 (1830), 253, 258 ff.; ALLFELD, *Die Bedeutung des Rechtsirrtums im Strafrecht*, S. 24 f.; BELING, *Unschuld, Schuld und Schuldstufen*, S. 26 f.: „Mit ihr [der freien Beweiswürdigung] wird es dem Richter ein Leichtes sein, den Angeklagten mit seiner etwaigen frivolen Vorschützung der Loyalität seines Handelns in den Sand zu strecken. Wäre das nicht möglich, dann könnte die Justiz überhaupt mit allen Rechtssätzen einpacken, die den Beweis der seelischen Verfassung eines Menschen verlangen. Denn der Gefahr, düpiert zu werden, ist der Richter ja überall da ausgesetzt, wo es sich um Gewußthaben, Haben-Wissenkönnen, um Absichten u. dgl. handelt.“

2561 Zutr. HOULGATE, 78 Ethics 32, 37 f. (1967).

2562 Vgl. HUSAK & VON HIRSCH, *Culpability and Mistake of Law*, S. 157, 168 ff.

2563 AUSTIN, *Lectures on Jurisprudence*, lect. XXV, vol. I, S. 501: "For some laws are so obviously suggested by utility, that any person not insane would naturally surmise or guess their existence ... And most men's knowledge of the law is mostly of this kind. They see that a particular act would be mischievous, and they conclude that it must be prohibited. The conduct of nineteen men out of twenty, in nineteen cases out of twenty, is rather guided by a surmise as to the law, than by a knowledge of it."; ähnl. MANTOVANI, *Diritto penale: Parte generale*[2], S. 295.

2564 HEFFTER, NArchCrimR 12 (1830), 253, 260; TEMME, *Lehrbuch des Gemeinen Deutschen Strafrechts*, § 48 S. 84.

2565 BEKKER, *Theorie des heutigen deutschen Strafrechts*, S. 281 f.: „Glaubt der Staat daß seine Richter unfähig sind zu ermitteln ob im concreten Falle der Thäter ein Bewußtsein gehabt davon wie die Folgen seiner Handlung zu den Staatsinteressen sich verhalten, so mag der Staat der Schwäche seiner Diener mit dieser Fiction [der Gesetzeskenntnis] wie mit anderem Nothbehelf zu Hülfe kommen; traut er ihnen etwas mehr zu, so darf er dies nicht mehr thun, der Grund, der den Verstoß wider die principgemäße Uebung der Strafgewalt allein rechtfertigen könnte, wäre fortgefallen.“

2566 BELING, *Unschuld, Schuld und Schuldstufen*, S. 26: Die gesamten auf Unbeweisbarkeit des Unrechtsbewußtseins beruhenden Einwendungen seien „wahrhaft lendenlahm“, denn: „Um jene Befürchtungen hegen zu können, muß man sich den Richter als einen wahren Trottel oder einen Ignoranten vorstellen, der den Ausreden jedes Angeklagten ohnmächtig gegenübersteht.“

Umgekehrt ist auch ein Verbotsirrtum schwierig zu beweisen.[2567] Daher wäre – wo erlaubt[2568] – die Umkehr der Beweislast für *error iuris* immer noch ein milderes Mittel als dessen völlige Unbeachtlichkeit.[2569] Schließlich löst eine elastische Lösung, die bei verschuldetem, unverzeihlichem, vermeidbarem etc. Irrtum nicht exkulpiert, nebenbei auch diese Beweissorgen.

Ferner hängt die Beweisschwierigkeit, ebenso wie die Häufigkeit des Irrtums, auch von dem materiellen Kriterium ab, welche Form von Verbotskenntnis genau zu verlangen wäre – bloße Immoralität (Unsittlichkeit) oder Rechtswidrigkeit oder Strafbarkeit – und wie präzise die Norm gekannt werden müßte.[2570]

(3) Rechtskenntnispflicht

constitutiones principum nec ignorare quemquam nec dissimulare permittimus[2571]

Et scias, quia leges debent ab omnibus sciri, quod ignorantia iuris non toleratur.[2572]

O desconhecimento da lei é inescusável.[2573]

Bei bürgerlichen Gesetzen wird die Kenntnis ihrer vom Staatsbürger gefordert.[2574]

Häufig wird angenommen, jeden Bürger träfe eine Pflicht, das geltende Recht zur Kenntnis zu nehmen[2575] als Gegenstück des Legalitätsprinzips[2576] und Erbstück der

---

2567 Vgl. DRENKMANN, GA 8 (1860), 163, 172.

2568 Zur Vereinbarkeit von Beweislastumkehr mit einer weithin akzeptierten Unschuldsvermutung siehe STUCKENBERG, *Untersuchungen zur Unschuldsvermutung*, S. 482 f., 552 ff., rechtsvergl. Nachw. dort S. 91 ff., 155 f., 164 ff., 173 ff., 197 ff., 235 ff., 261 ff., 293 ff., 304 ff., 321 ff., 387 ff., 419 f. Abl. BELING, *Unschuld, Schuld und Schuldstufen*, S. 27 f.; HOULGATE, 78 Ethics 32, 37 (1967).

2569 Zutr. HOLMES, *The Common Law*, S. 41; SALMOND, *Jurisprudence*[12], § 102, S. 396; siehe auch A.T.H. SMITH, 14 Anglo-Am.L.Rev. 3, 17 (1985).

2570 Eingehend schon GESSLER, GS 10 (1858), 321, 322 ff.; aus der jüngeren Lit. RUDOLPHI, *Unrechtsbewußtsein*, S. 31–93.

2571 C. 1, 18, 12, in privatrechtlichem Kontext; krit. OSENBRÜGGEN, *Abhandlungen aus dem deutschen Strafrecht*, 1. Band, § 6 S. 26: „unausführbarer Kraftspruch".

2572 CINUS, I C. de legibus l. 9 leges sacr. (C. 1, 14, 9), n. 1.

2573 Art. 21 Satz 1 Código penal do Brasil.

2574 HEGEL, *Vorlesungen über Rechtsphilosophie 1818–1831* (hrsg. von ILTING), Band 3, S. 414 (HOTHO-Mitschrift).

2575 Siehe oben bei Fußn. 1803 ff. sowie nur § 12 Einl PrALR: „Nicht nur Unterthanen, sondern auch Fremde, welche innerhalb der Grenze des Staats sich aufhalten, sind sich um die Gesetze desselben zu erkundigen verpflichtet (...)", aber mit Einschränkungen in §§ 10, 11 (siehe unten Anhang X.1.c); BLACKSTONE, *Commentaries on the Laws of England*, vol. 4, S. 27; krit. HUSAK & VON HIRSCH, *Culpability and Mistake of Law*, S. 157, 160 f. Ähnl. PAWLIK, *Person, Subjekt, Bürger*, S. 84 f.: „staatsbürgerliche Obliegenheit".

Entsprechendes wird in religiösen Rechten, namentlich dem islamischen Recht angenommen, wofür islamische Staaten seit Kalif 'UMAR die Institution *ifta'* vorsehen, um den Gläubigen leichten und billigen Zugang zu Rechtskenntnis und -auskunft im Einzelfall zu ermöglichen, MASOODI, *Philosophy and Basic Principles of Islamic Penal Jurisprudence: A Comparative View*, S. 118, 130 f.

2576 MERLE/VITU, *Traité de droit criminel*[6], tome I, n° 551; DESPORTES/LE GUNEHEC, *Droit pénal général*[10], n° 675.

Sozialvertragslehre[2577]: So wie der Staat verpflichtet sei, Strafnormen gesetzlich niederzulegen und bekanntzumachen, so müsse der Bürger sie auch zur Kenntnis nehmen. Als Begründung für die Unbeachtlichkeit des Rechtsirrtums ist dies freilich tautologisch.[2578] Eine pauschale Rechtskenntnispflicht wäre allerdings nicht nur eine eklatante Überforderung des Laien, sie wäre generell unerfüllbar,[2579] somit ein Verstoß gegen *ultra posse nemo obligatur*.[2580] Auch die von Berufs wegen Rechtskundigen kennen jeweils nur mehr oder minder große Teilmengen, nicht die Totalität des (Straf-)Normenbestandes einer gegebenen Rechtsordnung.[2581] Vorstellbar ist aber eine Pflicht, die elementaren Normen, die den sozialen Alltag, sowie die speziellen Vorschriften, die die jeweiligen eigenen Lebensbereiche betreffen,[2582] zu kennen. Eine solche Begrenzung auf ein vernünftiges Maß, die sich eng an die römischen Quellen hält,[2583] hat im 16. Jahrhundert CUJAZ formuliert:

> Dicit aliquis igitur omnes debent habere scientiam iuris? Minime. Una est scientia iuris quæ pertinet ad Iurisconsultos, altera est diligentia patrisfamilias quam comparare sibi facile potest ... Hanc postremam scientiam exigimus in omnibus, id est, communem intelligentiam.[2584]

Viel häufiger als solche maßvollen Stimmen waren aber später maßlose Forderungen, aus im folgenden zu untersuchenden Gründen.

Unklar bleibt selbst bei einer gemäßigten Kenntnispflicht, weshalb eine unbewußte Verletzung einer solchen Rechtskenntnispflicht Strafe für bewußte Tatbegehung, d.h. unbewußte Rechtsfahrlässigkeit Vorsatzstrafe begründen könnte. Fraglich ist überhaupt, ob Strafe wegen Verletzung der nicht gekannten Norm erfolgen kann und nicht vielmehr allein wegen Verletzung der Rechtskenntnispflicht im Sinne eines *crimen culpae iuris*[2585]. War dem Täter diese Rechtserkenntnispflicht nicht

---

[2577] MERLE/VITU, *Traité de droit criminel*[6], tome I, n° 551.

[2578] AUSTIN, *Lectures on Jurisprudence*, lect. XXV, vol I, S. 498.

[2579] Zum Schluß von der Unmöglichkeit umfassender Rechtskenntnis auf die Unsinnigkeit des Erfordernisses der Verbotskenntnis siehe oben (1)(γ).

[2580] BETTIOL, *Diritto penale*[11], S. 511; MANTOVANI, *Diritto penale: Parte generale*[2], S. 293.

[2581] Im Zuge der Revision des französischen Code pénal wurde zu Beginn der 1980er Jahre eine Kommission mit der Inventarisierung aller Strafvorschriften beauftragt – sie hat ihre Aufgabe bis heute nicht zu Ende führen können, vgl. DESPORTES/LE GUNEHEC, *Droit pénal général*[10], n° 675.

[2582] Siehe oben Fußn. 2517 f. sowie JOH. CHRYS. PHILIPPINUS, *De privilegiis ignorantiae*, pars prima, n. 793: „Uniusquisque enim tenetur inquirere leges quae spectant ad officium suum.“; siehe auch heute LAFAVE, *Criminal Law*[3], § 5.1(d), S. 443 f.

[2583] Vgl. D. 22, 6, 6; 22, 6, 9, 3, sowie Anhang V.2.

[2584] CUIACIUS in Tit. VI De iur. & facti ignor. Lib. XXII Dig., ad L. I & II; ähnl. ad L. III: „in hoc tamen conueniunt, quod in omnibus exigimus iuris intelligentiam communem, non vt sint artifices iuris, non vt Iurisconsulti.“; daneben hat er auch eine entsprechende Tatsachenkenntnis verlangt, oben Fußn. 1804.

[2585] So REID, *Essays on the Active Powers of Man*, Essay IV ch. VII, S. 326 (Zitat oben bei Fußn. 2457); FEUERBACH, *Betrachtungen über dolus und culpa*, S. 193, 218: „Jeder hat daher, vermöge der Verbindlichkeit zum gehörigen Fleiß, auch die Verbindlichkeit, sich die Strafgesetze seines Staates bekannt zu machen, um nicht unwissend sie zu übertreten. Wer diese Verbindlichkeit verletzt, wer nicht seinen Verstand anwendet, um sich jene Kenntniß zu erwerben, ist in Culpa, wenn bekannt – sofern man die Kenntnis nicht vermuten will[2586] –, so ist ihre Verletzung nur pflichtwidrig, wenn eine Pflicht zur Erkenntnis der Rechtserkenntnispflicht bestand usw. *ad infinitum*.[2587]

Konstruktiv einsichtiger ist es, dem Bürger die Aufgabe zuzuweisen, für Normbefolgungsbereitschaft (Rechtstreue) zu sorgen, zu der grundsätzlich auch ein gewisses Maß an Rechtskenntnis gehört.[2588] Verbotsunkenntnis entlastet, insoweit sie anders als durch fehlende Rechtstreue erklärt werden kann.

(4) Privilegierung der Rechtsblindheit

> ... es würde für jeden, der lieber sich nach seiner Laune und seinem Eigennutze, als nach den Gesetzen richtet, eine Klugheitsregel seyn, sich soviel als möglich von der Bekanntschaft mit den Gesetzen frei zu erhalten.[2589]

Häufig ist das Argument, die Beachtlichkeit des (vermeidbaren) Verbotsirrtums begünstige diejenigen, die sich um rechtliche Regelungen nicht kümmerten, fördere mithin eine rechtsgleichgültige oder gar rechtsblinde Haltung,[2590] ja setze geradezu eine

> ... Prämie auf Gesetzesunkenntnis und damit auf Nachlässigkeit und Gleichgültigkeit gegen alle und jede öffentliche Ordnung: Wer das Gesetz kennt, der mag sich vor Strafe in Acht nehmen, wer es nicht kennt, der geht frei durch. Das ist ein practisch ganz unhaltbares Resultat.[2591]

---

er aus Unwissenheit die dem Strafgesetz widersprechenden Handlungen unternimmt. Das, was ihm hier unmittelbar zugerechnet wird, ist nicht die entstandene Rechtsverletzung selbst; sondern die *Unterlassung jener Handlungen*, durch welche er sich in dem Zustande der Unwissenheit erhielt und deren Unternehmung er jene (dem Inhalte nach) gesetzwidrige Willensbestimmung vermeiden könnte."; GESSLER, GS 10 (1858), 321, 322, 335; HOLMES, *The Common Law*, S. 41; siehe auch ARMIN KAUFMANN, Festschrift Eb. Schmidt, S. 319, 329 f.; in jüngerer Zeit vorgeschlagen von SCHRÖDER, ZStW 65 (1953), 178, 199; schon ØRSTED, *Über die Grundregeln der Strafgesetzgebung*, S. 273 f. (Vorsatzstrafe für diese „unachtsame Übertretung" sei unerläßlich, um „Untergrabung jeder bürgerlichen Ordnung" zu vermeiden); krit. HEINZE, GS 13 (1861), 397, 411 ff.; WELZEL, *Das Deutsche Strafrecht*[11], § 22 II β), S. 161; siehe auch MIR PUIG, *Derecho penal, Parte general*[4], lecc. 21 n. 43 m. w. Nachw.; ähnl. MERLE/VITU, *Traité de droit criminel*[6], tome I, n° 551.

2586 So behalf sich FEUERBACH, *Betrachtungen über dolus und culpa*, S. 193, 218: „Es wird daher vorausgesetzt, daß er die Verpflichtung kannte, sich, um gesetzwidrige Handlungen zu vermeiden, mit den Strafgesetzen des Staates bekannt zu machen, daß er also seine ihm zuzurechnende Unterlassung unter jene Verbindlichkeit subsumiert hatte. So nothwendig aber diese Voraussetzung ist, so wenig braucht dieses Factum in concreto besonders erwiesen zu werden, vielmehr ist von jedem, der es vernachlässigte, sich die Erkenntniß der Strafgesetze zu erwerben, vorauszusetzen, daß er die Möglichkeit eines gesetzwidrigen Erfolgs mit dieser Unterlassung einsah."

2587 Siehe oben Fußn. 1805; vgl. auch ZUPANČIČ, 13 Am.J.Crim.L. 37, 42 (1985).

2588 JAKOBS, *Schuld und Prävention*, S. 7 ff., 19; DERS., *Strafrecht Allgemeiner Teil*[2], Tz. 19/8, 19/35 ff.; TIMPE, GA 1984, 51, 59 ff. (oben Fußn. 1803 am Ende). Ähnlich SISTARE, *Responsibility and Criminal Liability*, S. 143 f.

2589 ØRSTED, *Über die Grundregeln der Strafgesetzgebung*, S. 273.

2590 HOLMES, *The Common Law*, S. 41. Für vermeidbaren Verbotsirrtum auch ROXIN, *Strafrecht Allgemeiner Teil*, Band I[4], § 21 Rn. 10 (Straflosigkeit würde das „Bemühen um die Kenntnis des Rechts paralysieren"); krit. HALL, *General Principles of Criminal Law*[2], S. 380, 384.

2591 VON BAR, GS 38 (1886), 252; zust. HEINEMANN, ZStW 13 (1893), 371, 394.

Für die Nichtbeachtung des Rechtsirrtums spreche daher ein „zwingender Grund der Criminalpolitik“[2592]. Gerade bei den „gefährlichsten Feinden der Rechtsordnung“, den Gewohnheitsverbrechern, müßte das Strafgesetz versagen:[2593] „Je größer der Bösewicht, desto weniger Schuld.“[2594] Die Rechtsordnung müsse aber auf ihrer Beachtung bestehen,[2595] so daß es nicht im Belieben des Bürgers stehen dürfe, die Gesetze zu kennen oder nicht, ihre Anwendung damit zu vereiteln und die Strafjustiz, die den Nachweis der Verbotskenntnis führen müßte, lahmzulegen.[2596] Schon DONELLUS fand es absurd, Unwissenheit besser zu stellen als Kenntnis.[2597]

Daran ist zutreffend, daß Entlastung wegen Verbotsunkenntnis ohne Rücksicht auf deren Gründe axiologisch unbefriedigend ist, weil sie die unvermeidbare und vermeidbare Unkenntnis und innerhalb letzterer die bloße Unachtsamkeit und das deliberate *nolle scire* gleichbehandelt. Führt vermeidbarer Verbotsirrtum zu Fahrlässigkeitsstrafe, so gibt es auch hier Konstellationen, in denen Unkenntnis aus belastenden Gründen – Desinteresse, „Rechtsblindheit“ – als ebenso strafwürdig anzusehen sein kann wie Kenntnis.[2598] Zutreffend ist ferner, daß die herkömmliche Fahrlässigkeitsstrafe, falls vorhanden, nicht das geeignete Instrument zur Erfassung des vermeidbaren Strafrechtsirrtums ist. Strafe für Fahrlässigkeit, *negligence* etc., ist regelmäßig ausgerichtet auf Tatfahrlässigkeit, den Irrtum über Tatbestandsmerkmale, zumeist über „Tatsachen“, nicht auf die Schwierigkeit der Rechtserkenntnis.[2599] Die oben angesprochene Ansicht, daß der vermeidbare empirische Irrtum Nachsicht verdiene, läßt sich nicht ohne weiteres auf die Rechtsfahrlässigkeit übertragen: Denn während der *error facti* einerseits ubiquitär ist und andererseits keine kognitiv/empirisch alternative Maxime zur Weltgestaltung/Lebensführung begründet, so begegnet die *ignorantia iuris* hingegen kaum Schwie-

2592 VON BAR, GS 38 (1886), 252; ebenso zuvor DRENKMANN, GA 8 (1860), 163, 164 f.

2593 HEINEMANN, ZStW 13 (1893), 371, 392.

2594 LUCAS, GS 36 (1884), 401, 429.

2595 Vgl. GLANVILLE WILLIAMS, *Textbook of Criminal Law*², § 10.1., S. 452 (krit.).

2596 VON LISZT, *Lehrbuch des Deutschen Strafrechts*⁵, § 39 I, S. 177 f.

2597 Oder umgekehrt formuliert: Warum sollte der Rechtskundige schlechter gestellt werden als der (bewußt) Ahnungslose? Die Unbeachtlichkeit des Rechtsirrtums führe zur Gleichbehandlung, die hier nur billig sei, DONELLUS, *Commentarii de iure civili,* lib. I cap. 23 (vol. I, S. 181: „Absurdum est enim, melioris conditionis esse stultos, quam peritos … Quare, si periti, dum contra ius quid faciunt, incidunt in pœnam legis, et imperitos, ac neglectores iuris, dum idem facient, non meliore conditione esse, sed pariter in legem incidere, æquum est.“).

2598 So KOHLRAUSCH, ZStW 55 (1936), 384, 391; MEZGER, Festschrift Kohlrausch, S. 180, 183 f.; DERS., *Moderne Wege der Strafrechtsdogmatik*, S. 43, 45 f.; LK⁸-MEZGER, § 59 Anm. II 17 b), anfangs mit dem fragwürdigen Kriterium, den Irrtum dann für unbeachtlich zu halten, wenn er auf einer Einstellung beruhe, die dem „gesunden Volksempfinden“ widerspreche (wie in den nationalsozialistischen Entwürfen, siehe oben Fußn. 2546) bzw. auf Lebensführungsschuld beruhe, krit. WELZEL, *Das Deutsche Strafrecht*¹¹, § 22 II α), S. 160. Für Polizeidelikte ähnl. schon HEFFTER, NArchCrimR 12 (1830), 130, 144 ff., 148.

2599 VON RÜMELIN, ZStW 41 (1920), 495, 516; JAKOBS, *Strafrecht Allgemeiner Teil*², Tz. 19/14; WELZEL, *Das Deutsche Strafrecht*¹¹, § 22 II, S. 162 ff.

rigkeiten, d.h. Rechtsunkenntnis ist – jedenfalls in beträchtlichem Ausmaß – eine empirisch taugliche alternative Weltgestaltung/Lebensmaxime, sofern man der Strafverfolgung zu entgehen vermag. Die Klugheitsregel, den empirischen Kontext des eigenen Verhaltens wahrzunehmen, sowie die Naturgesetze stabilisieren ihre Beachtlichkeit und Beachtung selbst. Recht indes kann seine Richtigkeit nicht empirisch beweisen und ist somit nicht kognitiv garantiert, sondern bedarf normativer Absicherung.[2600] Die Maßstäbe der Nachsicht bei *error facti*/Tatfahrlässigkeit *(culpa facti)* und *error iuris criminalis*/Rechtsfahrlässigkeit *(culpa iuris)* können daher kaum dieselben sein.[2601]

Diese Bedenken können freilich bereits mit einer differenzierenden Regelung des Verbotsirrtums, die im Einzelfall auf Verschulden, Vermeidbarkeit, Zuständigkeit usw. abstellt, behoben werden. Die generelle Unbeachtlichkeit des Verbotsirrtums wird von dem Argument nicht getragen und wäre, da es auch viele Fälle nicht auf Gleichgültigkeit oder Rechtsfeindschaft beruhender Irrtümer geben wird, überbreit.[2602] Zur einer differenzierenden Lösung gelangt auch eine Sicht, die den Strafrechtsirrtum nur dann entschuldigt, wenn er sich im Einzelfall nicht als Ausdruck einer unerwünschten Haltung darstellt.[2603]

In seiner präventiven Einkleidung nimmt das Argument an, Strafe trotz Verbotsirrtums biete einen Anreiz, das Recht zur Kenntnis zu nehmen,[2604] und umgekehrt verleite die Straflosigkeit zur Rechtsunkenntnis. Dann aber dürfte auch bei *error facti* keine Entlastung eintreten, weil sonst (empirische) Sorglosigkeit gefördert würde.[2605] Das Argument betrifft ohnehin nur *vermeidbaren* Irrtum, denn unvermeidbarer Irrtum ist *per definitionem* nicht durch gegebene oder fehlende Anreize beeinflußbar.[2606] Ein solcher psychologischer Mechanismus läßt sich aber auch zur Reduzierung vermeidbarer Irrtümer durch ausnahmslose Unbeachtlichkeit des Verbotsirrtums kaum aufzeigen: Wenn Verbotsirrtümer zumeist Grenzfälle betreffen, so besteht häufig eine reale Möglichkeit des Irrtums; wenn auch der (vernünftigerweise) nicht vermeidbare Verbotsirrtum zur Strafe führt, wird ernsthafte rechtliche Erkundigung gerade nicht belohnt. Ob generelle Unbeachtlichkeit des Verbotsirrtums das Bemühen um Rechtskenntnis stimuliert oder vielmehr lahmlegt, weil nicht das Bemühen selbst, sondern nur das wie auch immer erlangte Resultat (richtige Rechtskenntnis) das Eigeninteresse befördert, ist im Wege sol-

---

2600 Vgl. JAKOBS, *Das Schuldprinzip*, S. 23 f., sowie oben Fußn. 2294, 2296.

2601 So schon GESSLER, GS 10 (1858), 321, 339 u. ff.; DERS., *Ueber den Begriff und die Arten des Dolus*, S. 256, 259 ff.; HUSAK & VON HIRSCH, *Culpability and Mistake of Law*, S. 157, 159 ff.; a.A. MUÑOZ CONDE, *El error en Derecho Penal*, S. 49.

2602 Zutr. A.T.H. SMITH, 14 Anglo-Am.L.Rev. 3, 17 (1985); KAHAN, 127 Mich.L.Rev. 127, 131 f. (1997–98): "wildly overinclusive solution ... it's impossible to view the strategically heedless as more than a bit player in the mistake of law drama".

2603 BAYLES, 1 Law & Phil. 5, 15 f. (1982).

2604 *People v. Marrero*, 507 N.E.2d 1068, 1069 (N.Y. 1987).

2605 ZUPANČIČ, 13 Am.J.Crim.L. 37, 55 (1985).

2606 Zutr. HOULGATE, 78 Ethics 32, 38 (1967).

cher empiriefreier Spekulation nicht zu beantworten.[2607] Eine elastische Lösung erscheint zur Förderung von Rechtskenntnis der Bevölkerung geeigneter,[2608] falls solch ein Effekt überhaupt aufweisbar und nicht eine maßlose Überschätzung der Möglichkeiten der Verhaltensbeeinflussung durch Strafnormen[2609] ist.

(5) Preisgabe der Normgeltung

> Neque dissimulo, veritatem hujus doctrinae ordinarie, & in dubio praeferendam, ne in cujusvis nequissimi hominis potestate sit, allegata ignorantia, rigorem legum temere, & contra utilitatem publicam eludendi.[2610]

> Wehe den Gesetzen des Staates, wenn man sich dadurch straflos machen kann, daß man diese sich bekannt zu machen unterläßt![2611]

> Worauf auch immer eine Rechtsnorm zurückgehen mag – nichts kann sie stärker in Frage stellen als Unkenntnis.[2612]

> In mistake of law cases, a norm is applied for the sake of its own continued existence. Were it not applied, the subjective interpretation of the mistaken actor would prevail over the objective meaning of the norm, thereby destroying it.[2613]

Verwandt damit ist das alte Argument, daß die Entlastung durch Strafrechts-/Verbotsirrtum die Allgemeinheit der Normgeltung preisgebe. Setze Strafe Normkenntnis voraus, so sei es dem Belieben des einzelnen überlassen, ob er staatliche Normen zur Kenntnis zu nehmen und für sich gelten lassen will. Somit habe es der einzelne Bürger in der Hand, ob eine Strafnorm für ihn gilt, und nehme den Platz des Gesetzgebers ein:[2614] Bestraft werde nicht, was der Gesetzgeber verpönt, sondern was (auch) der einzelne für verboten hält.[2615] Die Verbindlichkeit des Strafgesetzes könne aber nicht durch die Kenntnis des Handelnden bedingt sein,[2616] weil sonst die Strafnorm zerstört werde, weil sie aufhöre zu existieren, wenn sie

---

2607 Zutr. Brett, *An Inquiry Into Criminal Guilt*, S. 150.

2608 Eingehend Kahan, 127 Mich.L.Rev. 127, 133 ff. m. Fn. 27 (1997–98); Houlgate, 78 Ethics 32, 38 (1967).

2609 Dazu siehe unten Fußn. 2753.

2610 Böhmer, *Observationes*, Obs. IV ad qu. CXLIX n. 67, S. 150.

2611 Kleinschrod, *Systematische Entwickelung der Grundbegriffe und Grundwahrheiten des peinlichen Rechts*³, 1. Theil, § 135 S. 262.

2612 Stratenwerth, *Die Zukunft des strafrechtlichen Schuldprinzips*, S. 34, siehe auch S. 15 f., 18 ff., 33 f.

2613 Zupančič, 13 Am.J.Crim.L. 37, 61 (1985).

2614 Zupančič, 13 Am.J.Crim.L. 37, 57 (1985); ähnl. Klee, *Zur Lehre vom strafrechtlichen Vorsatz*, S. 50; Köhler, *Die Strafbarkeit bei Rechtsirrtum*, S. 10; krit. Gessler, GS 10 (1858), 321, 322.

2615 Hall, *General Principles of Criminal Law*², S. 382 f., 407; Zupančič, 13 Am.J.Crim.L. 37, 57 ff., 61 (1985); Roxin, *Strafrecht Allgemeiner Teil*, Band I⁴, § 21 Rn. 9.

2616 Hälschner, *Das preußische Strafrecht*, Teil 2, § 13 S. 36; Lucas, GS 36 (1884), 401, 423; Carrara, *Della ignoranza come scusa*, S. 387, 389; Maggiore, *Ignoranza della legge penale*, in: Nuovo Digesto Italiano, vol. VI, Torino 1938, S. 656 ("necessità dommatica assoluta"), letzterer zit. nach Pugliatti, *Conoscenza e diritto*, S. 33 f.

nicht angewendet werde, d.h. nicht aus der abstrakten Form in die konkrete Existenz treten könne,[2617] oder weil jedenfalls Normen, von denen niemand Kenntnis nehme, praktisch außer Kraft gesetzt würden.[2618] Varianten lauten, daß die Berücksichtigung der individuellen Einsicht über Recht und Pflicht mit jeder Rechtssicherheit[2619] oder dem Legalitätsprinzip[2620] unverträglich sei, die Objektivität der Rechtsordnung,[2621] die Strenge des Gesetzes oder die Autorität des Staates[2622] untergraben werde, sogar eine Selbstaufgabe des Staates mit der Folge der Anarchie eintrete, wenn er sich „dem gegenteiligen und dazu noch falschen Urteil seiner Bürger unterwerfe"[2623]. Auch könne man sonst den im „Rechtswahn" handelnden Gewissenstäter, der die staatliche Norm vielleicht kennt, aber nicht als verbindlich anerkennt, nicht strafen.[2624]

Dieser geltungstheoretische Einwand ist formal schlüssig nur unter der – wenig einsichtigen – Bedingung, daß die Regel, daß *error iuris criminalis* entlastet, in den Strafgesetzen selbst nicht mitformuliert ist. Sehen die Strafgesetze selbst diesen Zurechnungsausschluß vor, entfällt das Geltungsproblem.[2625] Strikt zu trennen sind ferner Verhaltensnorm und Sanktionsnorm: Denn die fehlende oder erfolgende *Sanktionierung* eines Verhaltens ändert natürlich nichts daran, ob es rechtlich verboten oder erlaubt ist,[2626] ebensowenig wie Verzicht auf individuelle Zurechnung einer Tat ihre generelle Erlaubtheit impliziert, auch wenn in manchen Rechtsordnungen hierüber Unklarheit herrschte[2627]. Norm(un)kenntnis bedingt ggf. die An-

---

[2617] Zupančič, 13 Am.J.Crim.L. 37, 57 ff., 61 f. (1985) – unklar selbst bei einem realistischen Normverständnis: Wie kann eine generell und abstrakt formulierte Norm durch Nichtanwendung im Einzelfall aufhören zu „existieren" (58: "cease to exist"), wenn sie sonst im großen und ganzen Anwendung findet?

[2618] Roxin, *Strafrecht Allgemeiner Teil,* Band I^4, § 21 Rn. 10; so schon Ørsted, *Über die Grundregeln der Strafgesetzgebung,* S. 272.

[2619] von Bar, GS 38 (1886), 252, 259, 267; siehe auch Heinemann, ZStW 13 (1893), 371, 442 f. m. w. Nachw.

[2620] Hall, *General Principles of Criminal Law*^{2}, S. 382 f., 386 f.; ders., R.i.d.p. 26 (1955), 293, 294 f., 297; ders., 24 Am.J.Comp.L. 680, 681 ff. (1976); ders., *American Legal Theory vis a vis German Penal Theory,* S. 165, 186 ff., 197 ff.; krit. Houlgate, 78 Ethics 32, 38 ff. (1967); Fletcher, *Rethinking Criminal Law,* § 9.3.4, S. 733 ff.; ders., *Basic Principles of Criminal Law,* S. 154; siehe auch A.T.H. Smith, 14 Anglo-Am.L.Rev. 3, 18 f. (1985); dagegen wiederum Hall, *American Penal Theory vis à vis German Penal Theory,* S. 165, 198 f.

[2621] Ashworth, *Principles of Criminal Law*^{4}, S. 238 f.

[2622] Oben Fußn. 2610.

[2623] Bindokat, JZ 1953, 748, 750; ähnl. Busch, R.i.d.p. 26 (1955), 309, 322; zust. Küchenhoff, Festschrift Stock, S. 75, 83; auch von Rümelin, ZStW 41 (1920), 495, 510.

[2624] von Bar, GS 38 (1886), 252, 258 f.

[2625] Zutr. Kuhlen, *Die Unterscheidung von vorsatzausschließendem und nichtvorsatzausschließendem Irrtum,* S. 340 ff.

[2626] Zutr. Houlgate, 78 Ethics 32, 39 ff. (1967); Fletcher, *Rethinking Criminal Law,* § 9.3.4, S. 733 ff., beide gegen Hall, *General Principles of Criminal Law*^{2}, S. 382 f.; ähnl. Muñoz Conde, *El error en Derecho Penal,* S. 24, 66 f., 138 f.

[2627] Vgl. nur Cass. crim. 24 juillet 1974, *Bull.* n° 267: « ne saurait être une cause de justification », Cass.crim. 2 mars 1978, *Bull.* n° 78: « ni un fait justificatif, ni une excuse ».

wendbarkeit der Sanktionsnorm, nicht der Verhaltensnorm (Verbot, Gebot oder Erlaubnis).[2628] Überdies setzt die Feststellung eines Rechtsirrtums die Feststellung einer Diskrepanz zwischen dem geltenden Rechtssatz, der damit bestätigt wird, und der irrigen Vorstellung des Täters voraus.[2629]

Was übrig bleibt, ist eine „Bedrohung der materiellen Allgemeinheit“[2630] der *objektiven*[2631] strafrechtlichen (Sanktions-)Normen in dem Sinne, daß die Voraussetzungen der Strafbarkeit zur – obschon nicht direkt intentionalen[2632] – Disposition des Täters stehen, freilich nur in Fällen des vermeidbaren Verbotsirrtums, denn der unvermeidbar Irrende disponiert nicht über seine Kenntnis.[2633] Diese „Bedrohung“ liegt allerdings in der Natur eines jeden subjektiven Merkmals – auch wer faktische Tatumstände nicht wahrnimmt, wer seine Schuldunfähigkeit durch vermeidbare Intoxikation beseitigt usw., „disponiert“ über Strafvoraussetzungen, regelmäßig jedoch wenigstens teilweise vergeblich, weil die Zurechnungsfiguren der Fahrlässigkeit, des Vorverschuldens usw. gerade für solche Konstellationen geschaffen wurden.

Das Argument geht also zum einen in dem der Mißbilligung der Privilegierung der „Rechtsblindheit“, oder allgemeiner: der vermeidbaren Rechtsunkenntnis, auf (oben (4))[2634] wie schon bei BÖHMER, der befürchtete, daß die Rücksicht auf *igno-*

2628 FLETCHER, *Rethinking Criminal Law*, § 9.3.4., S. 743 f., § 10.3.4, S. 811. Normbefehle wie „Du sollst *x* nicht tun, es sei denn, du weißt nicht, daß du *x* nicht tun sollst!“ oder „Es ist verboten, *x* zu tun, es sei denn, man weiß nicht nicht, daß es verboten ist, *x* zu tun!“, ebenso wie z.B. „Niemand soll *x* tun, es sei denn, er ist geisteskrank und kann deshalb nicht einsehen, daß er *x* nicht tun soll!“, sind offensichtlich unsinnig wegen des logischen Fehlers der Selbstbezüglichkeit. Sofern Normen Rechte und Pflichten festlegen, müssen sie objektiv gelten; Unkenntnis läßt Rechte und Pflichten rechtlich nicht erlöschen, macht sie aber praktisch wirkungslos (und läßt sie mitunter, im Falle zivilrechtlicher Verjährung, eines Tages auch rechtlich untergehen).

Präzise nur auf die *Verpflichtung* bezieht sich KELSEN, *General Theory of Law and State*, S. 72: "That ignorance of law does not exempt from obligation is a principle which prevails in all legal orders and which must prevail, since, otherwise it would be almost impossible to apply the legal order."

2629 Zutr. HOULGATE, 78 Ethics 32, 39 f. (1967).

2630 Ausdruck von KUHLEN, *Die Unterscheidung von vorsatzausschließendem und nichtvorsatzausschließendem Irrtum*, S. 342 ff.; in der Sache ähnl. ROXIN, *Strafrecht Allgemeiner Teil*, Band I^4, § 21 Rn. 9; NEUMANN, JuS 1997, 793, 797 (Schwächung der „sozialen Geltungskraft“); NK-StGB-NEUMANN, § 17 Rn. 5 („Eingeständnis mangelnder Evidenz dieser Norm“).

2631 Anzumerken ist, daß die Orientierung an *objektiven* strafrechtlichen Normen ebenso wie die Vorstellung, Strafrecht habe objektive Verhaltensstandards zu etablieren, ein Relikt der Erfolgshaftung ist: Strafe ist dann nicht symbolische Reaktion auf den Mißbrauch rechtlich eingeräumter Freiheitssphären, die nur gleiche Normbefolgungsbereitschaft (Rechtstreue), nicht aber interindividuell gleiche Fähigkeiten und Kenntnisse garantieren kann und will, sondern ein Dressur- und Selektionsinstrument, das tunlichst auf jedes abweichende Verhalten repressiv reagiert, so wie in der Baumschule zu klein oder zu krumm gewachsene Bäume gerichtet oder ausgemerzt werden.

2632 Denn „sich irren *wollen* ist Unsinn“, TEMME, *Lehrbuch des Gemeinen Deutschen Strafrechts*, S. 185, jedenfalls für einen bestimmt vorgestellten Gegenstand; ebenso HARSCHER VON ALMENDINGEN, *Über das culpose Verbrechen*, S. 22, 27, siehe auch oben Fußn. 2397.

2633 Zutr. KUHLEN, *Die Unterscheidung von vorsatzausschließendem und nichtvorsatzausschließendem Irrtum*, S. 343 f., 345.

2634 So bei KUHLEN, *Die Unterscheidung von vorsatzausschließendem und nichtvorsatzausschließendem Irrtum*, S. 342–346; ROXIN, *Strafrecht Allgemeiner Teil*, Band I^4, § 21 Rn. 9.

rantia affectata „omnes leges eludere posset".[2635] Zum anderen kann damit die oben ((1) am Ende) angesprochene Bedrohung elementarer Werte durch Unkenntnis gemeint sein, deren normative Evidenzbehauptung nur um den Preis der Selbstaufgabe disponibel wäre.[2636]

(6) Bekräftigung der Normgeltung, Erziehung

Bestrafung aus neuen, noch unbekannten oder alten und vergessenen Normen trotz Unkenntnis der Täter soll der Öffentlichkeit diese Normen wieder ins Gedächtnis rufen und als Verhaltensregeln der Gesellschaft wiederbeleben. Würden irrende Täter nicht bestraft, würden diese Freisprüche die Öffentlichkeit nur verunsichern und verwirren, welches Verhalten denn nun strafbar sei.[2637]

Drastischer noch ist gerade mit Blick auf *mala mere prohibita*, Polizeidelikte usw., der Erziehungsgedanke vertreten worden, da

> ... der Staat als Förderer höherer Ideen, als Träger des Kulturfortschritts, nur dann auf die Verwirklichung seiner Ideale rechnen kann, wenn er unbekümmert um die Gesetzesunkunde seiner Unterthanen sein erzieherisches Werk übt.[2638]

> Mag der Erzieher auch einen leisen Anflug von Mitleid fühlen, wenn das Kind aus verwunderten Augen ihn fragend anschaut, er wird sich deswegen, weil das Kind die Unart als solche nicht erkannt hat, nicht besinnen, ihm die Unart nachdrücklich auszutreiben. Ebensowenig darf der Staat sein Straf-Recht preisgeben, weil der Thäter seine Handlung als strafbare nicht erkannt hat: Das Straf-*Recht* ist heilige Straf-*Pflicht*.[2639]

Abgesehen davon, daß das Problem des Verbotsirrtums nicht nur einer Alles-oder-nichts-Lösung zugänglich ist, liegt dem Argument offenbar wiederum der Irrtum zugrunde, Straflosigkeit *eines* Täters insinuiere die generelle Straflosigkeit oder gar Erlaubtheit dieses Verhaltens. Auf diese sachlich undifferenzierte Weise ließen sich sämtliche Entschuldigungsgründe ablehnen. Überdies bekräftigen die Gerichte in einem öffentlichen Verfahren gerade, welches Verhalten strafbar ist, und beugen, bei hinreichender Publizität, dadurch künftigen Normbrüchen aus Unkenntnis vor,[2640] gleichgültig, ob der Angeklagte nun bestraft wird oder nicht.[2641]

2635 Böhmer, *Observationes*, Obs. VIII ad qu. XLII n. 88, S. 107.

2636 Vgl. Küchenhoff, Festschrift Stock, S. 75, 77.

2637 Glanville Williams, *Criminal Law: The General Part*², S. 289; Hall & Seligman, 8 Chi.L.Rev. 641, 648 (1940–41).

2638 Klee, *Zur Lehre vom strafrechtlichen Vorsatz*, S. 49.

2639 Klee, *Zur Lehre vom strafrechtlichen Vorsatz*, S. 56 (Hervorh. im Original).

2640 Zutr. Fletcher, *Rethinking Criminal Law*, § 10.3.4, S. 811; A.T.H. Smith, 14 Anglo-Am.L.Rev. 3, 17 f. (1985).

2641 Eine öffentlich als ungerecht empfundene Verurteilung könnte allerdings größere Publizität erhalten, A.T.H. Smith, 14 Anglo-Am.L.Rev. 3, 18 (1985). Andererseits wird angenommen, nur als gerecht empfundene Strafe wirke generalpräventiv, Nowakowski, Festschrift Rittler, S. 55, 66, 86 m. w. Nachw., wofür es empirische Anhaltspunkte gibt, vgl. Robinson & Darley, 91 Geo.L.J. 949, 983 ff., 996 (2003).

Schließlich läßt sich bezweifeln, ob Strafe, jedenfalls bei unvermeidbarem Irrtum, das angemessene pädagogische Mittel ist:

> Ja sind wir denn noch in der Kultur so weit zurück, daß wir uns da, wo Belehrung am Platze ist, nicht mit bloßer Eröffnung und, wenn es hoch kommt, Verwarnung begnügen, sondern gleich dem bisher in Unkenntnis des Gebots befindlichen dieses Gebot *einbläuen*? … selbst wenn man die Strafe aus Präventivgesichtspunkten rechtfertigen will, so heißt es doch den Menschen wie einen Hund behandeln, wenn man sich nicht begnügt, ihn aufzuklären, sondern gleich dreinhaut![2642]

Die autoritäre Vorstellung, daß der Staat an seinen „Untertanen“, Kindern gleich, ein solcherart gewalttätiges Erziehungswerk üben müsse, gehört ideengeschichtlich zum folgenden Aspekt:

(7) *Utilitas publica*, Staatsraison

Weit verbreitet ist die Sicht, daß die Staatsraison *(public policy)* – oder vermittelter: die Kriminalpolitik – die Rücksicht auf den Verbotsirrtum begrenze, wenn nicht ganz ausschließe.[2643] Überhaupt sei die Dogmatik des Verbotsirrtums „das Ergebnis weitreichender staatstheoretischer Festlegungen“.[2644]

Ihre schärfste Ausprägung fand die Betonung der Staatsraison vor allem im 19. Jahrhundert,[2645] als in Europa flächendeckende Kodifikationen die durchaus elastische gemeinrechtliche Lehre endgültig ablösten, dergestalt, daß eine ausnahmslose Unbeachtlichkeit des Strafrechts- bzw. Verbotsirrtums zwar das Individuum „tyrannisiere“,[2646] dies aber der Vorrang des Allgemeinen vor dem Besonderen, des Staatsinteresses vor dem des einzelnen Bürgers gebiete:

> Public policy sacrifices the individual to the general good. … justice to the individual is rightly outweighed by the larger interests on the other side of the scales.[2647]

> … das Interesse der öffentlichen Ordnung ist hier dergestalt überwiegend, daß ein subjektiver Rechtsirrtum dagegen bedeutungslos erscheint.[2648]

2642 Beling, *Unschuld, Schuld und Schuldstufen*, S. 69 (Hervorh. im Original). Es möge zwar Individuen geben, die solche Belehrung oder Warnung nicht verstehen oder verstehen wollen, „Aber um dieser Individuen halber alle Rechtsgenossen durch die Bank derart erniedrigen, daß man den ‚Dreschflegel der Strafe‘ gegen sie erhebt (Herm. Seuffert), das muß jedes Feingefühl arg verletzen.“ (S. 70).

2643 Vgl. Armin Kaufmann, ZStW 80 (1968), 34, 41; Jakobs, *Strafrecht Allgemeiner Teil*², Tz. 19/25 Fn. 42, Tz. 19/33; ders., *Das Schuldprinzip*, S. 17; NK-StGB-Neumann, § 17 Rn. 5 f., 53 f.; Edwards, Mens Rea *in Statutory Offences*, S. 75; Desportes/Le Gunehec, *Droit pénal général*¹⁰, n° 675; krit. Naucke, Festschrift Roxin, S. 503, 504 ff.

2644 Naucke, Festschrift Roxin, S. 503, 504; ähnlich Küchenhoff, Festschrift Stock, S. 75 ff., 86 ff.

2645 Siehe auch unten Anhang IX.3.; exemplarisch PrObTr (Oppenhoff) 15 (1874), 479 f.; krit. aber Marezoll, *Das gemeine deutsche Criminalrecht*², S. 101: „Scheinpolitik“, „nicht zu billigender Rigorismus“.

2646 Klee, *Zur Lehre vom strafrechtlichen Vorsatz*, S. 55: „Unser Satz tyrannisiert das Individuum, aber er bringt ihm dafür auch nicht zu unterschätzenden Gewinn ethischer Natur!“

2647 Holmes, *The Common Law*, S. 41.

2648 Berner, *Wirkungskreis des Strafgesetzes*, S. 47, aber nur bei Polizeidelikten.

> ... die in dem Eintreten für die Entschuldbarkeit des Rechtsirrtums liegende scheinbare Humanität [ist] in Wahrheit eine Ungerechtigkeit, weil eine Inhumanität gegen die Gesamtheit ... Und an diesem Resultate vermögen auch die mit der strikten Durchführung unseres Prinzips unvermeidlich verbundenen Härten nichts zu ändern.[2649]

Die bedauerliche Ungerechtigkeit im Einzelfall des unvermeidbar Irrenden müsse hingenommen werden, weil andernfalls, bei Entlastung durch Verbotsirrtum, dies zur Rechtsunkenntnis ermutigen würde (oben (4)). Die Unbeachtlichkeit des Verbotsirrtums entspreche der Gleichgültigkeit des Rechts gegen sonstige individuelle Umstände wie Motive, Temperament etc.[2650] Auch Milde konnte man in der Beachtung des Verbotsirrtums nicht erkennen.[2651]

Mitunter wurde angeführt, der Satz *error iuris nocet* sei staatsnotwendig,[2652] ein „Grundpfeiler der staatlichen Sicherheit“[2653] oder „Postulat der öffentlichen Ordnung“,[2654] bis hin zur Behauptung, daß

> ... die Gesellschaft ... nur dann bestehen kann, wenn den Strafgesetzen eine unbedingt jedermann verpflichtende Kraft verliehen wird ...[2655]

und folglich bei Beachtlichkeit des Rechtsirrtums „alle öffentliche Ordnung aufhören würde“[2656]:

2649 Heinemann, ZStW 13 (1893), 371, 411; ebenso Klee, *Zur Lehre vom strafrechtlichen Vorsatz*, S. 55: eine solche „Humanität“ sei, „wo höhere Interessen auf dem Spiele stehen, eine falsche Humanität“.

2650 Holmes, *The Common Law*, S. 41; ähnl. Heinemann, ZStW 13 (1893), 371, 394 f., 412 f.; abl. Husak & von Hirsch, *Culpability and Mistake of Law*, S. 157, 159.

2651 Z.B. Bericht der zur Begutachtung des Entwurfs eines Strafgesetzbuchs für das Großherzogthum Hessen gewählten Ausschüsse I. und II. Kammer, erstattet von dem Abgeordneten Heße (1840), zum Art. 42, S. 102: „Wir würden auch zu dem gegenwärtigen Artikel gerne der milderen Ansicht folgen, wenn wir in der Ausnahmebestimmung des Gesetzes eine Milde zu erkennen vermöchten. Allein dies ist nicht der Fall; denn bei Inländern wird, ... das im Artikel berührte Verhältniß [ignorantia iuris] nicht leicht vorkommen, bei Ausländern könnte, wenn der höchstseltene Fall sich ereignen sollte, durch Abolition nachgeholfen werden und im Uebrigen kann die sonst wohlgemeinte exceptionelle Vorschrift des Artikels nur dazu dienen, böswilligen Angeklagten Veranlassung zu Umtrieben sowie zum Verschleif der Untersuchung zu geben.“

2652 Z.B. Ørsted, *Über die Grundregeln der Strafgesetzgebung*, S. 271 ff. Zahlr. Nachw. bei Binding, *Die Normen und ihre Übertretung*, Band III, S. 234 f. mit Fn. 19.

2653 So z.B. Heinemann, ZStW 13 (1893), 371, 377, 382, 384 f.; vgl. Schaffstein, *Die allgemeinen Lehren vom Verbrechen*, S. 146.

2654 Drenkmann, GA 8 (1860), 163, 172.

2655 Heinemann, ZStW 13 (1893), 371, 429.

2656 Dalke, GA 6 (1858), 63, 69; siehe auch die Befürchtungen vor der Einführung des Art. 122-3 Nouveau Code pénal, bei Desportes/Le Gunehec, *Droit pénal général*[10], n° 673-1. Ähnlich bereits 1840 die hessischen Stände: „Auch scheint uns nicht rathsam, in einem Strafgesetzbuche einzuräumen, daß schuldlose, d.h. unüberwindliche Unwissenheit irgend eines Strafgesetzes entschuldige, denn die Konsequenzen würden weit führen.“, Bericht der zur Begutachtung des Entwurfs eines Strafgesetzbuchs für das Großherzogthum Hessen gewählten Ausschüsse I. und II. Kammer, erstattet von dem Abgeordneten Heße (1840), zum Art. 42, S. 101.

> Unwissenheit des Gesetzes entschuldigt nicht, denn sonst würde die Grundbedingung der Sicherheit des Rechtes, so wie der auf solchem beruhenden Sicherheit des Staates untergraben, und die öffentliche Ordnung wäre dem Zufall, dem Unverstand oder der Bosheit Einzelner Preis gegeben.[2657]

Zu reduzieren seien die Fälle des Rechtsirrtums und diese Härten allein durch Erziehung und dadurch, daß der Gesetzgeber nur solche Handlungen poenalisiert, die die Bevölkerung leicht als verboten erkennt, wobei die Gesetze gemeinverständlich formuliert und streng ausgelegt werden sollen.[2658]

Kennzeichnend für diese Begründungsstränge ist oftmals ein zeitgebundener autoritärer[2659] und anti-individualistischer Impuls – exemplarisch bei KLEE, der der „Naturwahrheit“ SCHOPENHAUERS („Das Individuum ist nichts und weniger als nichts“[2660]) zustimmt und fortfährt:

> Die Rechtsordnung zielt in erster Linie auf das Gedeihen des grossen Ganzen ab, erst in zweiter Linie kommt das Wohl des Einzelnen in Betracht. ... Dass das Individuum nicht Selbstzweck ist, Existenzberechtigung nur hat, insofern es die *Gattung* fördert, und dass die schönste, heiligste Frucht seines Leidens die Entwicklung und Entfaltung der *Gattung* ist, dies ist ein schon fast trivialer Gedanke.[2661]

2657 Bericht der zur Begutachtung des Entwurfs eines Strafgesetzbuchs für das Großherzogthum Hessen gewählten Ausschüsse I. und II. Kammer, erstattet von dem Abgeordneten Heße (1840), zum Art. 42, S. 101; dazu BREIDENBACH, *Commentar über das Großherzoglich Hessische Strafgesetzbuch*, Erster Band, S. 552 f.

2658 VON BAR, GS 38 (1886), 252, 268 f.; HEINEMANN, ZStW 13 (1893), 371, 412 f.

2659 Siehe MANTOVANI, *Diritto penale: Parte generale*², S. 293; früher setzt BINDING an, *Die Normen und ihre Übertretung*, Band III, S. 11 m. Fn. 14: „Ein drittes Unheil ... ist das *Aufkommen des absoluten Staates* gewesen, das sich strafrechtlich und strafprozessualisch – durch jene naturrechtlichen Lehren stark unterstützt – in stets wachsender Rücksichtslosigkeit gegen den Verbrechensverdächtigen äußerte. Wie konnte man zugeben, daß dieser verachtete Inquisit durch seinen Irrtum zu einem Triumph über das Strafgesetz gelangen sollte? *Die Präsumtion verschärft sich und verhärtet sich angeblich zur Rettung des Staatsgesetzes, ja des Staates selbst ...*“ (Hervorh. im Original).

2660 *Die Welt als Wille und Vorstellung*, Band II, Kap. 47 (Zur Ethik), S. 769, allerdings verzerrend aus dem Kontext, der für die Stellung des Individuums zum Staat nichts hergibt, gerissen. Zuvor spricht die Natur übrigens vom gegenteiligen, besonderen Standpunkt aus: „Ich allein bin alles in allem; an meiner Erhaltung ist alles gelegen, das übrige mag zugrunde gehen, es ist eigentlich nichts.“

2661 KLEE, *Zur Lehre vom strafrechtlichen Vorsatz*, S. 56 (Hervorh. im Original), auch S. 47, 49 f.: „Die Grundtendenz aller Rechtssätze ist die Selbsterhaltung und Entwicklung der über dem Einzelmenschen stehenden organischen Gebilde. Vom Standpunkt des Einzelnen aus betrachtet, kann das Recht daher nur selten vernünftig und moralisch sein, ... Es liegt auf der Hand, dass das Recht als Produkt höherer Einsicht, als der Ausdruck des über dem Einzelwillen erhabenen Allgemeinwillens ganz unabhängig vom Gefühls- und Verstandesleben der Individuen dasteht, dass das sittliche sowenig wie das rechtliche Urteil des Individuums das Forum sein kann, vor dem sich der objektive Rechtssatz zu rechtfertigen hätte.“ und S. 55: „Unser Satz tyrannisiert das Individuum ... Er weist dem Individuum die Stellung zu, welche ihm in der Ordnung der Dinge gebührt, er lehrt es, sich zu bescheiden.“

Beispielhaft auch das von HEINEMANN, ZStW 13 (1893), 371, 453, zustimmend angeführte Zitat von GLASER, *Zurechnungsfähigkeit, Willenfreiheit, Gewissen und Strafe*, S. 20 f.: „Der Thatsache der Moral- und Rechtsnotwendigkeit und der aus ihnen abgeleiteten Institutionen muß die primäre Na-

Kennzeichnend ist weiter für die so getragene utilitaristische[2662] Maxime, daß mit „schwer einschätzbaren empirischen Annahmen“[2663] und übertriebenen Zuspitzungen[2664] hantiert wird bei der oft nur nebulösen Beschreibung der durch Anerkennung entlastenden Rechtsirrtums drohenden Gefahren und jeder Versuch differenzierter Lösungen, etwa der Berücksichtigung des unvermeidbaren Verbotsirrtums, begründungslos oder in der unbegründeten Unterstellung steter Vermeidbarkeit[2665] unterlassen wird. Kaum einzusehen ist, warum eine nähere Betrachtung des Einzelfalls von vornherein unterbleiben,[2666] also diese Härte auch gegenüber dem um Rechtstreue bemühten, aber im Einzelfall unvermeidbar irrenden Staatsbürger angebracht sein soll.[2667] Dem Nachdruck der Betonung des Vorrangs des Allgemeininteresses korrespondiert die Dürftigkeit der Konkretisierung dieses Interesses und seiner Gefährdung. Selbst wo eingestanden wird, daß schuldlose

---

tur des einzelnen in Gesellschaft Lebenden sich anbequemen, sich unterordnen, weil – aus Gründen der Selbsterhaltung des Individuums wie der Gesammtheit – die Interessen der Gesellschaft jene des Individuums beherrschen.“ Krit. bereits KAHN, *Der außerstrafrechtliche Rechtsirrtum*, S. 55 ff.; siehe auch KUHLEN, *Die Unterscheidung von vorsatzausschließendem und nichtvorsatzausschließendem Irrtum*, S. 336 ff. m. w. Nachw.

2662 Was der vorzitierte KLEE, *Zur Lehre vom strafrechtlichen Vorsatz*, S. 57, freilich bestreitet, denn die Rechtfertigung des Satzes *error iuris nocet* „liegt im innersten Wesen der staatlichen Rechtsordnung begründet“.

2663 Zutr. KUHLEN, *Die Unterscheidung von vorsatzausschließendem und nichtvorsatzausschließendem Irrtum*, S. 345; siehe auch FLETCHER, *Rethinking Criminal Law*, § 9.3.4, S. 732.

Umgekehrt hielt es BELING, *Unschuld, Schuld und Schuldstufen*, S. 24 u. ff., „vom Standpunkt des Staates aus“ für „geradezu eine Torheit“, den unvermeidbar Irrenden zu strafen, weil dies die Loyalität der Bürger erschüttere, und betont die „verbitternde Wirkung der Strafe untadeligen Verhaltens“ (25).

2664 Z.B. HEINEMANN, ZStW 13 (1893), 371, 401: „Ist der Akt der Publikation erfolgt, so muß dem betreffenden Strafgesetz eine unbedingt jedermann verpflichtende Kraft beigelegt werden, da sonst das Strafrecht seine Aufgabe, die fundamentalsten Lebensinteressen der Gesellschaft zu schützen, nicht erfüllen kann.“ sowie 411: „Ein Gesetz, welches den Interessen der Gesamtheit förderlich ist, ist eben darum, weil es dies ist, und *nur* deshalb ein gerechtes. Sobald es aufhört, sozial nützlich zu sein, wird es ungerecht. ... so leuchtet ohne weiteres ein, daß die in dem Eintreten für die Entschuldbarkeit des Rechtsirrtums liegende scheinbare Humanität in Wahrheit eine Ungerechtigkeit, weil eine Inhumanität gegen die Gesamtheit ist.“ – Es ist bislang nicht ersichtlich, daß Rechtsordnungen, die jedenfalls dem unvermeidbaren Verbotsirrtum strafbefreiende Wirkung beimessen, *deshalb* erodieren oder daß die betroffenen Strafgesetze aufgehört hätten, „sozial nützlich“ zu sein.

2665 Z.B. HÄLSCHNER, *Das preußische Strafrecht*, Teil 2, § 13 S. 37, zu *mala mere prohibita*: „Wenn auch in einem solchen Falle eine Berufung auf Rechtsunwissenheit nicht zulässig ist, ... so hat dies seinen Grund darin, daß es bei diesen gesetzlichen Bestimmungen darauf ankommt die Interessen des Staates und der Gesellschaft gegen die, an sich nicht rechtswidrige, Willkür, Nachlässigkeit und Sorglosigkeit der Einzelnen zu schützen, und daß dieser Zweck vereitelt werden würde, falls die Unachtsamkeit auf die bestehende gesetzliche Bestimmung selbst, einen genügenden Entschuldigungsgrund der ungesetzlichen Handlung bilden sollte.“

2666 Zutr. FLETCHER, *Rethinking Criminal Law*, § 9.3.4, S. 732 f.

2667 Immerhin sah BERNER, *Wirkungskreis des Strafgesetzes*, S. 48, für diesen Fall eine Ausnahme vor: Sollte wirklich einmal jemand in gutem Glauben eine Übertretung begehen, „so mag er durch die kleine Geld- oder Gefängnißstrafe, die man ihm auferlegt, Ordnung, Vorsicht, Anstand lernen“. Anders BELING, oben Fußn. 2642.

Irrtümer vorkommen, wurden Schwierigkeiten vorgeschützt, solche festzustellen; mitunter scheute man sich zuzugeben, es könne Strafnormen geben, die kein Pendant in der allgemeinkundigen Moral haben.[2668]

Hinter solcher „energischer Betonung des Staatsinteresses“[2669] steht bei den Vertretern der Strafe als Schutzstrafe ein hypertrophes Sicherheitsparadigma,[2670] das in sich maßlos[2671] und daher stets geneigt ist, paranoide Züge anzunehmen, indem überall massive Gefahren gewittert werden. Führte man den Gedanken konsequent durch, so müßte Unkenntnis in allen Fällen (auch beim *error facti*) unbeachtlich sein, da sie ja bloß vorgeschützt sein könnte, ebenso Unzurechnungsfähigkeit – idealiter alle subjektiven Merkmale[2672]. Auch müßten alle typischen Beweisschwierigkeiten durch Präsumtionen überwunden werden und lieber ein vielleicht Unschuldiger verurteilt als ein vielleicht gefährlicher Schuldiger freigesprochen werden[2673] – was bisweilen ausdrücklich zugegeben wird[2674]. Dies entspricht typischen Begründungen für *strict liability*.[2675]

Offensichtlich wird in jenen Stellungnahmen das Rangverhältnis von Allgemein- und Individualinteresse aus heutiger Sicht nicht korrekt markiert: Abgesehen davon, daß man inzwischen gelernt hat, daß die Überbetonung des Gemeininteresses diesem selbst schadet,[2676] ist der autoritäre Gedanke der unbedingten, frag- und begründungslos hinzunehmenden Präponderanz des Staatsinteresses oder gar des-

---

2668 Art. 42 des Entwurfs zum hessischen StGB sah bei schuldlosem Irrtum über *delicta mere prohibita* eine Entlastung vor. Dies verwarf der Ausschuß der Ständekammern: „Allein wir fragen, zu welchen oft schwierigen Erörterungen kann die Untersuchung Veranlassung geben, ob eine Handlung nicht bloß nach positivem Recht, sondern auch nach Grundsätzen der Moral und der Sittenlehre strafbar seye und ist es überhaupt rathsam, anzuerkennen, daß das Strafgesetzbuch Handlungen verpöne, die, wenn auch staatspolitische Gründe ihre Strafbarkeit vorzugsweise veranlassen, gar nicht gegen Moral, gute Sitten oder Gefühl anstoßen?“, Bericht der zur Begutachtung des Entwurfs eines Strafgesetzbuchs für das Großherzogthum Hessen gewählten Ausschüsse I. und II. Kammer, erstattet von dem Abgeordneten Heße (1840), zum Art. 42, S. 101.

2669 HEINEMANN, ZStW 13 (1893), 371, 385.

2670 Vgl. NAUCKE, Festschrift Roxin, S. 503, 512 ff., der auch der heutigen deutschen Dogmatik noch attestiert, ihr liege die „Theorie des Sicherungs- und Präventionsstaates nach dem Grundgedanken von *Hobbes* zugrunde.“

2671 Vollständige Sicherheit vor Delinquenz tritt erst ein mit der „Abschaffung des Menschen überhaupt“, BINDING, *Grundriss des Deutschen Strafrechts*, S. VIII.

2672 Zutr. KAHN, *Der außerstrafrechtliche Irrtum*, S. 56; vgl. BETTIOL, *Diritto penale*[11], S. 510; BELING, *Unschuld, Schuld und Schuldstufen*, S. 26 f.

2673 Zutr. ALLFELD, *Die Bedeutung des Rechtsirrtums im Strafrecht*, S. 23 ff.

2674 So VON BAR, oben Fußn. 2553.

2675 Vgl. *United States v. Balint*, 258 U.S. 250, 254; 42 S.Ct. 301; 66 L.Ed. 604 (1922): Vorrang des Schutzes der “innocent public” vor dem des “innocent defendant”; *United States v. Dotterweich*, 320 U.S. 277, 285; 64 S.Ct. 134; 88 L.Ed. 48 (1943): “balancing relative hardships”. Siehe nur LAFAVE, *Criminal Law*[3], § 3.8, S. 257 f., § 3.8(c), S. 263 f. m. w. Nachw.

2676 Drastisch schon BELING, *Unschuld, Schuld und Schuldstufen*, S. 24 ff. (oben Fußn. 2663), z.B. S. 25: „... durch solche Bestrafungen schafft sich der Staat verblendeterweise Feinde aus Freunden. Und zugleich beraubt er sich williger Helfer.“ Zur Vermeidung der Entmotivierung bei Anwendung einer Verbotsirrtumsregelung siehe LÜDERSSEN, wistra 1983, 223, 231.

sen ausnahmsloser Identität mit dem Individualinteresse[2677] nach dem Ende des Zweiten Weltkrieges und spätestens mit dem Zusammenbruch der meisten sozialistischen Ordnungen verständlicherweise aus der Mode gekommen und weder mit der Konzeption repräsentativ-parlamentarischer Demokratien noch der Rechtsstellung des Individuums, die dem modernen Grundrechts- bzw. Menschenrechtsschutz zugrunde liegt und eine Feinabstimmung individueller und kollektiver Interessen verlangt, verträglich. In modernen freiheitlichen Ordnungen konkurriert die Staatsaufgabe der öffentlichen Sicherheit mit der des Schutzes der individuellen Freiheit, und beide begrenzen sich wechselseitig. Tendenziell ist der heutige Staat bescheidener geworden und setzt seinen Sicherheitsstandpunkt nicht mehr absolut durch, sondern zeigt „gesteigerten Respekt ... vor der grundrechtlich gesicherten Eigensphäre des Bürgers“[2678]:

> Diese Selbstbeschränkung der staatlichen Omnipotenz ist Ausfluß des gewandelten Verhältnisses Staat–Bürger. Der einzelne ist vom gewaltunterworfenen, unmündigen Untertan zum politisch mündigen Staatsbürger emporgestiegen, der mit unentziehbaren und unverzichtbaren Grundrechten ausgestattet ist.[2679]

Versucht man, hinter den staatsverherrlichenden Phrasen präzisere Argumente auszumachen, so finden sich zumeist die Topoi der Preisgabe der Normgeltung[2680] (5) und der ungerechtfertigten Privilegierung des Rechtsgleichgültigen[2681] (4).

bb) *Error iuris criminalis excusat*

Die Argumente für eine Beachtlichkeit des Verbotsirrtums sind neben Zurückweisungen der vorstehenden Gründe, insbesondere durch den Hinweis, daß die meisten Bedenken durch die Bestrafung vermeidbaren Verbotsirrtums ausgeräumt werden können,[2682] im wesentlichen die nachfolgend skizzierten. In bestimmten Fallgruppen des Verbotsirrtums können noch weitere Aspekte hinzutreten,[2683] etwa das Gebot widerspruchsfreien Staatshandelns usw. bei falscher behördlicher Rechtsauskunft.

2677 So z.B. Heinemann, ZStW 13 (1893), 371, 406 f., 410 f., 452.

2678 Küchenhoff, Festschrift Stock, S. 75, 88; ähnl. Muñoz Conde, *El error en Derecho Penal*, S. 24, 138 f.

2679 Küchenhoff, Festschrift Stock, S. 75, 87 f.

2680 Siehe Heinemann, oben Fußn. 2664 und S. 429.

2681 Z.B. Heinemann, ZStW 13 (1893), 371, 394 mit Verweis auf von Bar, GS 38 (1886), 252.

2682 A.T. H. Smith, 14 Anglo-Am.L.Rev. 3, 16 (1985).

2683 Bisweilen wird bezweifelt, daß es überhaupt eine einheitliche Lehre vom Verbotsirrtum geben könne, so A.T. H. Smith, 14 Anglo-Am.L.Rev. 3, 3 f. (1985). Richtig ist, daß die Debatte oft zu undifferenziert geführt wurde.

(1) Unrechtsbewußtsein als implizite Voraussetzung

Wird die Straftat – im Leitbild der Vorsatztat – als Akt des Ungehorsams gegen das Recht konzipiert, so versteht sich die Berücksichtigung jedenfalls des unvermeidbaren Verbotsirrtums von selbst (unten cc)(1)).

Zum gleichen Ergebnis kommt, wer annimmt, die Strafbestimmungen seien „auf das Gewöhnliche berechnet“, welches die volle Einsicht des Täters in die Schwere seiner Handlung sei.[2684] Dies ist jedenfalls für den Kernbereich der Strafgesetze plausibel, insbesondere für alle Variationen des *alterum non laedere*, deren Anschaulichkeit direkten Verbotsirrtum ohnehin praktisch ausschließen dürfte.[2685]

Dies schließt nicht aus, Fälle verschuldeten Verbotsirrtums entweder bloß milder zu strafen oder der Kenntnis gleichzustellen.

(2) Gerechtigkeit, Fairness, Schuldprinzip, Zurechenbarkeit

> Ignorantia invincibilis imputari nequit.[2686]

> Is enim, qui nunquam cognovit aut cui aut quid tenetur, obedire non potest, et perinde est, acsi non teneretur.[2687]

> Two things are implied in the notion of a moral and accountable being; understanding and active power. ... *First*, He must understand the law to which he is bound, and his obligation to obey it. ... And without this knowledge of his duty and his obligation, he would not be a moral and accountable being. ... The axiom, That invincible ignorance takes away all blame, is only a particular case of the general axiom, That there can be no moral obligation to what is impossible; the former is grounded upon the latter, and can have no other foundation. ... If these principles are given up, all moral reasoning is at an end, and no distinction is left between what is just and what is unjust.[2688]

Demgegenüber wird die Nichtberücksichtigung des Rechtsirrtums für eine der Idee der Gerechtigkeit widersprechende, „rein polizeiliche“ Maßregel gehalten;[2689] auch seien Präsumtionen wie die der Rechtskenntnis im Strafrecht nicht zu dulden, sondern die Wahrheit im Einzelfall zu erforschen[2690].

2684 GESSLER, GS 10 (1858), 321, 340.

2685 Vgl. nur LUDEN, *Abhandlungen aus dem gemeinen teutschen Strafrechte*, 2. Band, S. 519; MANTOVANI, *Diritto penale: Parte generale*², S. 295 f.

2686 CHR. WOLFF, *Philosophia practica universalis*, Pars I, § 550: „Ignorantia enim invincibilis a nobis evitari non potest (§. 28). consequenter nullo modo a libertate dependet ..., atque adeo nec actio libera est (§. 12). Quoniam itaque actiones homini imputari non possunt, nisi quae liberae sunt (§. 528); ignorantia invincibilis imputari nequit. ... Unde Canon pervulgatus: *Ignorantia invincibilis excusat.*“ und §§ 552, 739, 742; auch DERS., *Ius Naturae*, Pars I, § 224: „Ignorantia invincibilis legi naturali contraria non est ...“.

2687 HOBBES, *De cive*, cap. 14 § 11 [Opera latina, vol. II, S. 320].

2688 REID, *Essays on the Active Powers of Man*, Essay IV ch. VII, S. 323, 324, 326, 327.

2689 MAREZOLL, *Das gemeine deutsche Criminalrecht*², S. 101; ebenso OSENBRÜGGEN, *Abhandlungen aus dem deutschen Strafrecht*, 1. Band, § 6 S. 25 ff.; TEMME, *Lehrbuch des Gemeinen Deutschen Strafrechts*, § 48 S. 83; SEUFFERT, *Ein neues Strafgesetzbuch für Deutschland*, S. 38; ähnl. FLETCHER, *Rethinking Criminal Law*, § 9.3.4, S. 732; HUSAK & VON HIRSCH, *Culpability and Mistake of Law*, S. 157, 159.

Etwas genauer wird die Beachtlichkeit des Strafrechts-/Verbotsirrtums mit dem Schuldprinzip *(culpability, blameworthiness; principio di colpevolezza)*[2691] oder der Autonomie[2692] des Täters begründet, wonach der Täter nur Strafe verdient, wenn er sich in freier Selbstbestimmung zur Rechtswidrigkeit bestimmt hat *(culpable choice)*[2693] bzw. wenn er hätte anders handeln können. Erkenne der Gesetzgeber Verschulden (individuelle Vermeidbarkeit) als Strafvoraussetzung grundsätzlich an, so sei die grundsätzliche Nichtbeachtung des Verbotsirrtums inkonsequent („Schall und Rauch, leere Deklamation"[2694]),[2695] und dies auch bei Ansichten, die die Trennung von Recht und Moral verwerfen, jedenfalls bei ethisch neutralen Strafnormen[2696]. Da aber individualisierende Zurechnung („Schuld") nie vollständig erfolgt, sich insbesondere nie ganz auf individuelles „Können" einläßt wie HOLMES richtig erkannt hat[2697] – denn sonst müßte regelmäßig eingestanden werden, daß der Täter zur Tat nun einmal hinreichend determiniert, motiviert usw. war –, bleibt freilich noch zu erklären, warum gerade *dieser* individuelle Umstand entlasten soll, wenn unstrittig andere individuelle Hemmnisse wie ein hitziges Temperament, dominante Feigheit oder Zerstreutheit oder einfach schwer zu ändernde schlechte Gewohnheit dies nicht bewirken.[2698]

2690 BEKKER, *Theorie des heutigen deutschen Strafrechts*, S. 282 f.; OSENBRÜGGEN, *Abhandlungen aus dem deutschen Strafrecht*, 1. Band, § 6 S. 31; ähnl. wohl TEMME, *Lehrbuch des Gemeinen Deutschen Strafrechts*, § 48 S. 83.

2691 HAEBERLIN, *Grundsätze des Criminalrechts*, § 13 S. 25; BEKKER, *Theorie des heutigen deutschen Strafrechts*, S. 281; ALLFELD, *Die Bedeutung des Rechtsirrtums im Strafrecht*, S. 7 ff.; BELING, *Unschuld, Schuld und Schuldstufen*, S. 20 ff.; gegenwärtig ROXIN, *Strafrecht Allgemeiner Teil*, Band I^4, § 21 Rn. 5 ff.; FLETCHER, *Rethinking Criminal Law*, § 9.3.4, S. 731; DERS., *Basic Principles of Criminal Law*, S. 153; HUSAK & VON HIRSCH, *Culpability and Mistake of Law*, S. 157, 159 f.; AMIRTHALINGAM, 2002 Sing. J. Legal Stud. 302 ff.; BETTIOL, *Diritto penale*^{11}, S. 509 f.; MANTOVANI, *Diritto penale: Parte generale*^{2}, S. 294 f., alle m. w. Nachw.

2692 ASHWORTH, *Principles of Criminal Law*^{4}, S. 238; vgl. GROTEGUTH, *Norm- und Verbots(un)kenntnis*, S. 39 ff. („Selbstkonstitution des freien Subjekts unter anderen freien Subjekten").

2693 OSENBRÜGGEN, *Abhandlungen aus dem deutschen Strafrecht*, 1. Band, S. 20; statt vieler: RUDOLPHI, *Unrechtsbewußtsein*, S. 5 ff., 31 ff., 33; HUSAK & VON HIRSCH, *Culpability and Mistake of Law*, S. 157, 159.

2694 WELZEL, Festschrift Niedermeyer, S. 279, 290, siehe auch oben Fußn. 254; ebenso STRATENWERTH, *Das rechtstheoretische Problem der „Natur der Sache"*, S. 16, 18; HENKEL, *Einführung in die Rechtsphilosophie*^{2}, S. 300.

2695 Andersherum läßt sich z.B. die unterschiedliche Behandlung des Verbotsirrtums im deutschen Zivilrecht und Strafrecht als Beleg dafür nehmen, „... daß es weniger Einsichten phänomenanalytischer Art als Gründe der rechtlichen Bewertung und der sich anschließenden Konstruktion sind, welche den näheren Aufbau eines rechtlichen Handlungsschemas bestimmen.", BERKEMANN, *„Handlung" in der Rechtswissenschaft*, S. 806, 824, auch 830 f.

2696 Wie BRETT, *An Inquiry Into Criminal Guilt*, S. 150 f.

2697 Oben Fußn. 2650, dazu ZUPANČIČ, 13 Am.J.Crim.L. 37, 53 ff. (1985).

2698 Vgl. NOWAKOWSKI, Festschrift Rittler, S. 55, 69 ff., 74; JAKOBS, *Über die Aufgabe der subjektiven Deliktseite im Strafrecht*, S. 271, 278 u. ff.; DERS., *Strafrecht Allgemeiner Teil*^{2}, Tz. 17/20 ff.; DERS., *Das Schuldprinzip*, S. 32 f.; ZUPANČIČ, 13 Am.J.Crim.L. 37, 40 ff., 53 ff., 59 f. (1985).

Auch bei – ganz oder teilweise – utilitaristischer Strafbegründung wird es für ein Gebot von *individual fairness*[2699] gehalten, Strafe nur zu verhängen, wenn der Täter eine faire Chance hatte, das verpönte Verhalten zu vermeiden. Wer nicht weiß, was er tun soll, kann das gewünschte Verhalten nur zufällig, aber nicht planmäßig zeigen. Wird in Strafe ein Akt distributiver Gerechtigkeit durch Ausgleich eines ungerechtfertigten Vorteils gesehen, den sich der Täter durch den Rechtsbruch verschafft hat – d.h. er genießt die Vorteile der Rechtstreue der anderen, ohne selbst die Last der Rechtskonformität zu tragen –,[2700] so wird angenommen, daß bei unvermeidbarem Verbotsirrtum mangels Freiwilligkeit kein *unfair advantage* vorliege.[2701]

Mit diesen Ansätzen ist zunächst nur die Straflosigkeit des unvermeidbaren Verbotsirrtums zu begründen,[2702] weiterhin aber auch die Möglichkeit der Strafmilderung nach dem Maß der Vermeidbarkeit eröffnet, das das Maß der Zurechenbarkeit bestimmt[2703].

Zu wesentlich gleichen Ergebnissen führt die Auffassung, die nicht auf das problematische Kriterium eines hypothetischen Anders-handeln-Könnens[2704] *(principle of alternative possibilities*[2705]*)* abstellt, sondern Schuld als demonstrierten Mangel an Rechtstreue begreift[2706] und daher die Strafe in dem Maß mindern kann, in dem der Normbruch am Täter vorbei, d.h. nicht mit seiner fehlenden Normbefolgungsbereitschaft erklärt werden kann.[2707] Zu erklären ist dann vielmehr, warum bei vermeidbarem Verbotsirrtum überhaupt gestraft wird, etwa zur Garantie von Mindestkenntnissen und Verhinderung selektiven Lernens.[2708]

Die Bestrafung des Gewissenstäters („Rechtswahnwitzigen“) ist nach diesen Ansichten ohne weiteres möglich, weil dieser im Regelfall die staatliche Norm kenne, wenn auch nicht anerkenne.[2709]

2699 Ashworth, *Belief, Intent, and Criminal Liability*, S. 1, 10 f.; ders., *Principles of Criminal Law*^{4}, S. 238; A.T.H. Smith, 14 Anglo-Am.L.Rev. 3, 23 f. (1985); Husak & von Hirsch, *Culpability and Mistake of Law*, S. 157, 162 ff., 167 ff., 172, 174.

2700 Houlgate, 78 Ethics 32, 34 f. (1967); siehe auch Kindhäuser, *Gefährdung als Straftat*, S. 149 ff., 154 ff.; Puppe, Festschrift Grünwald, S. 469, 478 f.

2701 Houlgate, 78 Ethics 32, 35 f. (1967); krit. Husak & von Hirsch, *Culpability and Mistake of Law*, S. 157, 160 Fn. 15.

2702 Vgl. Küchenhoff, Festschrift Stock, S. 75, 83 f.

2703 Z.B. can. 2202 Abs. 1 CIC 1917: „Violatio legis ignoratae nullatenus imputatur, si ignorantia fuerit inculpabilis, secus imputabilitas minuitur plus minusve pro ignorantiae ipsius culpabilitate.“

2704 Siehe oben Fußn. 1096.

2705 Ausdruck nach Frankfurt, *Alternate Possibilities and Moral Responsibility*, Journal of Philosophy 66 (1969), 829 ff.; siehe dazu nur von Inwagen, *Ability and Responsibility*, Philosophical Review 87 (1978), 201 ff.; ders., *An Essay on Free Will*, S. 161 ff.; Pauen, *Illusion Freiheit?*, S. 136 ff., alle m. w. Nachw.

2706 Jakobs, *Das Schuldprinzip*, S. 34; ders., *Strafrecht Allgemeiner Teil*^{2}, Tz. 17/21 ff. m. Fn. 46–52; Kindhäuser, *Gefährdung als Straftat*, S. 37, 41; eingehend ders., ZStW 107 (1995), 701 ff., 718 ff.; ders., Festschrift Eser, S. 345, 348 u. ff., sowie oben bei Fußn. 2308 f.

2707 Jakobs, *Strafrecht Allgemeiner Teil*^{2}, Tz. 19/6 ff., 19/35 ff.

2708 Jakobs, ZStW 101 (1989), 516, 535.

(3) Legalitätsprinzip

Schließlich wird die Beachtlichkeit des Verbotsirrtums auch mit dem Legalitätsprinzip *(principle of legality)* begründet: Demnach müßten alle Bürger *fair notice* erhalten, welches Verhalten unter Strafe gestellt sei. Dies sei nicht der Fall, wenn sich der Bürger über eine Strafnorm nicht oder nur mit großen Schwierigkeiten informieren könne. Die Berücksichtigung des Verbotsirrtums in solchen Fällen entspreche dem Verbot rückwirkender oder unbestimmter Gesetze.[2710]

cc) Konsistenz mit dem Strafzweck

Ob Unrechtsbewußtsein bei der Tatbegehung Strafvoraussetzung ist oder nicht, hängt von der Konzeption des Strafrechts, genauer von dem Zweck der Strafe und dem Verständnis der Straftat ab. In einer kohärenten und vollständigen Straftheorie entsprechen die Konzeptionen der Straftat und der Strafe einander; jedoch sind nicht alle Theorievorschläge von solcher Stringenz und Vollständigkeit. Im folgenden wird sich daher der theoretischen Relevanz des Unrechtsbewußtseins im Umriß[2711] und gleichsam von zwei Seiten genähert:

(1) Konzeptionen der Straftat

Wird die Straftat als Auflehnung gegen die Norm – die Bestimmungsnorm: „du sollst nicht töten“ etc. – begriffen, so ist Unrechtsbewußtsein unabdingbar und jeder Verbotsirrtum beachtlich, denn einer Norm, die der Täter nicht kennt, kann er nicht widersprechen: „ungehorsam kann man nur in Bezug auf das sein, ... was man weiß“[2712]. Vermeidbare Unkenntnis verstößt dann nur mittelbar gegen die Norm und kann allenfalls im Wege des Vorverschuldens oder als Verstoß gegen eine Rechtskenntnispflicht geahndet werden.

Wird die Straftat als zunächst formaler Widerspruch gegen die Norm („Normbruch“) konzipiert, der einen sozialen Konflikt auslöst, weil er *prima facie* etwas bedeutet – daß der Norm nicht zu folgen sei –, so ist die Strafe ein Reaktionsmittel, diesen Konflikt zu erklären und zu beseitigen, nämlich dann, wenn er nur auf den Täter (und nicht auf natürliches Unglück, Zufall) zurückgeführt und sein Verhalten nicht anders (etwa als Symptom psychischer Krankheit, mentaler Unreife oder un-

---

2709 Temme, *Lehrbuch des Gemeinen Deutschen Strafrechts,* § 48 S. 84 f. („Geistesstörung ... oder Trotz“); Allfeld, *Die Bedeutung des Rechtsirrtums im Strafrecht,* S. 19 ff.; vgl. heute Rudolphi, *Unrechtsbewußtsein,* S. 181 ff., 231 ff.; Roxin, *Strafrecht Allgemeiner Teil,* Band I⁴, § 21 Rn. 15, 25 f.; Jakobs, *Strafrecht Allgemeiner Teil*², Tz. 19/24 f.; A.T.H. Smith, 14 Anglo-Am.L.Rev. 3, 24 (1985).

2710 Husak & von Hirsch, *Culpability and Mistake of Law,* S. 157, 166 f. Entgegengesetzt Hall, oben Fußn. 2620, dagegen wiederum Houlgate, 78 Ethics 32, 38 ff. (1967).

2711 Eingehend dazu Gössel, *Über die Bedeutung des Irrtums im Strafrecht,* S. 32–335.

2712 von Bar, GS 38 (1886), 252, 279. Unter einer *reinen* Imperativentheorie des Rechts ist der Satz *ignorantia iuris non excusat* nicht darstellbar, zutr. Cammarata, Riv.int.fil.dir. 8 (1928), 327, 331.

vermeidbaren Irrtums) als als Infragestellung der Normgeltung verstanden werden kann. Letztendlich zuständig ist der Täter für den Normbruch mithin nicht nur im Fall offener Auflehnung, sondern stets dann, wenn sein Verhalten demonstriert, daß die Norm für ihn nicht entscheidungserheblich ist, also beispielsweise auch bei Unkenntnis aus Desinteresse. Unvermeidbarer Irrtum entlastet, sofern die Rechtsordnung ihre Normen überhaupt als positiv, mit änderbarem Inhalt, begreift. Auf Strafe kann ferner in dem Maß verzichtet werden, in dem die Unkenntnis auf Faktoren außerhalb der Zuständigkeit des Täters zurückgeführt werden kann.[2713]

Die Auffassung, eine Straftat bestehe im Widerspruch zur Rechtsordnung, wird von manchen als positivistisch oder autoritär abgelehnt.[2714] Wird die Straftat hingegen nur als physischer Akt der Verletzung rechtlich geschützter Güter[2715] und die Strafe als Instrument zur Verhinderung künftiger Gutsverletzungen gedacht, so ist Unrechtsbewußtsein bei Tatbegehung nur erforderlich, wenn davon die Wirksamkeit der Strafe abhängt. Ist wie in der modernen oder soziologischen Schule (dazu unten (2)(β)(γγ)) der einzige Zweck der Strafe Interessenschutz durch Besserung, Abschreckung oder Unschädlichmachung des Täters, so soll hier die Reaktion des Rechts unmittelbar auf die Rechtsgutsverletzung erfolgen[2716] und eine Berücksichtigung des Rechtsirrtums wegen seiner großen sozialen Gefährlichkeit ausscheiden,[2717] während andere nach den Gründen des Irrtums fragen[2718]. Es geht der Strafe dann nur um die möglichst effektive Etablierung und Durchsetzung objektiver[2719] rechtsgutsschützender Verhaltensstandards, und weder um persönlichen Tatvorwurf noch den kommunikativen Gehalt der Tat. Im einzelnen:

(2) Straftheorien

> Stellt man sich nicht auf den Standpunkt der Schicksalstragödie, so versagt gegenüber der schuldlosen Nichtbeachtung einer unter Strafschutz gestellten Rechtsnorm jedes Strafmotiv.[2720]

Ob dieser Satz zutrifft, bedarf näherer Betrachtung:

[2713] Zum Ganzen Jakobs, *Strafrecht Allgemeiner Teil*², Tz. 1/4 ff., 17/1 ff., 17/18 ff., 19/6 ff., 19/35 ff.

[2714] Husak & von Hirsch, *Culpability and Mistake of Law*, S. 157, 163.

[2715] Z.B. Heinemann, ZStW 13 (1893), 371, 372, 382, 384, 415, 432 im Anschluß an von Liszt, *Lehrbuch des Deutschen Strafrechts*⁵, § 38 V, S. 176.

[2716] Sehr deutlich bei Heinemann, ZStW 13 (1893), 371, 388 ff., 394 f., 403 ff., 410 ff.

[2717] Heinemann, ZStW 13 (1893), 371, 404 und wie vor; ähnl. schon Drenkmann, GA 8 (1860), 163, 164 f.

[2718] Baurmann, *Schuldlose Dogmatik?*, S. 196, 230 ff., 232.

[2719] Siehe oben Fußn. 2631.

[2720] Seuffert, Breslauer Festschrift für Gneist, S. 71, 144; ebenso ders., *Ein neues Strafgesetzbuch für Deutschland*, S. 37 f.; zust. Beling, *Unschuld, Schuld und Schuldstufen*, S. 23 ff.; ebenso von Rümelin, ZStW 41 (1920), 495, 498.

(α) „Absolute" Straftheorien: Vergeltung, *retribution*

Wird Strafe primär als vergeltend *(punitur quia peccatum est)* – und nicht als Instrument zur Erreichung bestimmter individual- oder sozialpsychologischer Effekte (*punitur ne peccetur*, unten (β) ff.), wobei allerdings in jüngerer Zeit „absolute" Strafbegründungen im eigentlichen Sinne, d.h. solche, die sich über normsysteminterne Folgen[2721] legitimieren und nicht auch mehr oder weniger offen auf einen sozialpsychologischen, zumeist negativ oder positiv generalpräventiven Effekt als Sekundärlegitimation spekulieren, rar geworden sind[2722] – gedacht, so muß noch präzisiert werden, *was* vergolten werden soll:

Wenn durch die Strafe die gestörte rechtliche Ordnung wiederhergestellt werden soll[2723] durch Auslöschung der Straftat, die, weil die vergangene Tat nicht ungeschehen gemacht werden kann, stellvertretend am Täter vollzogen wird,[2724] so hängt es von der Art dieser Ordnung ab, ob sie schon jede äußerliche Normabweichung als Störung, selbst unvermeidbare Handlungen als schicksalhaftes Unheil oder „Riß im Weltgebäude"[2725], ansieht oder erst die bewußt oder vermeidbar unbewußt rechtswidrige Tat. Gleiches gilt für das der vergeltenden, ausgleichenden usw. Strafe innewohnende Moment der Mißbilligung *(condemnation)*.[2726]

Ist es ausschließlich die vermeidbare Tatbegehung – sei es als bedeutungshaltiger Akt eines *moral agent*,[2727] dem zu widersprechen ist, sei es als vorwerfbarer Ungehorsam gegen den staatlichen Willen, dem der Täter wieder zwangsweise zu unterwerfen ist[2728] –, so liegt es nahe, den unvermeidbaren Verbotsirrtum entlastend zu werten und dem situativ vermeidbaren Irrtum ggf. mildernde Wirkung zuzuerkennen.[2729] Unkenntnis als Folge anhaltenden Desinteresses am Recht läßt

---

2721 Ausdruck von Pawlik, *Person, Subjekt, Bürger*, S. 12.

2722 Dazu zutr. Hassemer, *Strafziele im sozialwissenschaftlich orientierten Strafrecht*, S. 39, 49 ff. m. w. Nachw.; siehe auch Pawlik, *Person, Subjekt, Bürger*, S. 12 f.

Allerdings ist auch die Differenz zwischen absoluten (retributiven) und relativen (präventiven) Strafbegründungen geringer als ihre traditionelle Kontrastierung glauben macht: Sofern eine absolute Strafbegründung Strafe nicht allein zur Wahrung der Gerechtigkeit, sondern zur *Erhaltung der gesellschaftlichen Ordnung* einsetzen will, unterscheidet sie sich lediglich im normsysteminternen Ansatzpunkt, nicht im Ziel von präventiven Begründungen, deren normsystemexterner Ansatzpunkt auf das empirisch meßbare Sicherheitsniveau der Gesellschaft abstellt, insoweit zutr. Pawlik, *Person, Subjekt, Bürger*, S. 57 f. Sobald eine absolute Strafbegründung sich von der bildhaften Rede von „Störung" und „Wiederherstellung" der normativen Ordnung usw. zu sozialpsychologischer oder kommunikationstheoretischer Spekulation verleiten läßt, ist die Grenze zur Empirie und damit zur Prävention überschritten.

2723 Dazu eingehend Gössel, *Über die Bedeutung des Irrtums im Strafrecht*, S. 209 ff.

2724 Vgl. Fauconnet, *La responsabilité*, S. 226 ff.

2725 Achter, *Geburt der Strafe*, S. 18; siehe unten Anhang I.

2726 Siehe nur Feinberg, *The Expressive Function of Punishment*, S. 95, 97 f., 115 f., sowie Gössel, *Über die Bedeutung des Irrtums im Strafrecht*, S. 239.

2727 Vgl. Hall, *General Principles of Criminal Law*², S. 24 f.

2728 Z.B. Allfeld, *Die Bedeutung des Rechtsirrtums im Strafrecht*, S. 7.

2729 Dazu Gössel, *Über die Bedeutung des Irrtums im Strafrecht*, S. 191 ff., 209–238.

sich in den Schuldvorwurf nur einbeziehen, wenn dieser zeitlich weiter ausgreifen *(time-framing)* und eventuell sogar ein Stück vorwerfbare Lebensführung (Selbstkorrumpierung) einbeziehen kann.

Ähnlich kann eine funktionale Vergeltungstheorie, die Strafe als symbolische Antwort auf die in der Tat manifestierte Rechtsuntreue begreift,[2730] die Strafe in dem Maß bis zum gänzlichen Verzicht mindern, in dem die Tat, sofern sie auf Verbotsunkenntnis beruht, an dem Täter vorbei, d.h. nicht mit fehlender Normbefolgungsbereitschaft, erklärt werden kann, namentlich bei Unkenntnis von Normen, die der Täter nicht kennen konnte oder mußte.

(β) „Relative“, präventive Straftheorien, *utilitarian theories*

In allen relativen oder utilitaristischen Strafkonzepten ist die Strafe ein sozialtechnisches Instrument zur Beeinflussung künftigen Verhaltens *(ne peccetur)*, d.h. zur Verhinderung (Prävention) künftiger Straftaten. Es läßt sich jedoch nicht generell sagen, falls Verhaltenssteuerung die Aufgabe des Strafrechts sei, dürfe gerechterweise nur gestraft werden, wenn der Täter das Recht *verhaltensrelevant* kannte.[2731] Nötig ist eine genauere Betrachtung:

(αα) Negative Generalprävention: Abschreckung, *deterrence*

> It is now generally recognized that punishment is ineffective simply as a means of making behavior less probable.[2732]

> ... the standard use of deterrence analysis to formulate criminal law doctrine seems wildly misguided.[2733]

Wird der Strafe eine abschreckende Funktion zugedacht, so ist Unrechtsbewußtsein dann unverzichtbar, wenn es um (negative) Strafandrohungsgeneralprävention geht. Soll wie im FEUERBACHschen Konzept des psychologischen Zwangs die Strafandrohung als motivatorisches Gegengewicht zur Delinquenzneigung dienen, so muß der Täter die Norm – am besten einschließlich Sanktionsdrohung,[2734] obwohl nicht notwendigerweise auch die Strafhöhe – kennen, da sie sonst nicht wirken kann – wobei eine tatsynchrone bewußte Repräsentation nicht erforderlich sein mag, wenn sich das *in concreto* rechtstreue Verhalten schon zu einer unbewußt wirksamen Haltung verdichtet hat[2735]. Konsequent ist daher die Forderung der Pu-

---

[2730] Siehe oben Fußn. 2330.

[2731] So aber BLECKMANN, *Strafrechtsdogmatik*, S. 71 f.

[2732] So im Jahr 1953 schon SKINNER, *Science and Human Behavior*, S. 342. Bei Gesetzgebern und Strafrechtlern ist diese Aussage jedoch alles andere als "generally recognized".

[2733] ROBINSON & DARLEY, 24 Oxford J. Legal Stud. 173, 205 (2004); eingehend DIES., 91 Geo.L.J. 949 ff., 976 ff. (2003).

[2734] Ebenso zuvor CHR. WOLFF, *Ius naturae*, Pars VIII, § 662.

[2735] Vgl. ANDENÆS, 114 U.Pa.L.Rev. 949, 951 (1966) ("unconscious inhibitions").

blikation der Gesetze und umfassenden Unterrichtung der Bürger darüber:[2736] „ein Kriminalkodex ist nichts anderes als ein Verzeichnis von Gegenmotiven zu verbrecherischen Handlungen."[2737] Den Strafrechtsirrtum dennoch für unbeachtlich zu erklären, wie FEUERBACH es tat,[2738] ist im Rahmen dieser Konzeption – wie in jeder Straftheorie, die Straf*recht* als Mittel zur Verhaltenskonditionierung einsetzen will[2739] – ein Systembruch und nur mit extrinsischen Argumenten – z.B. angeblicher Beweisschwierigkeit – begründbar.

Wird Abschreckung als Funktion der Straf*verhängung* begriffen, so läßt sich auf Unrechtsbewußtsein der Anlaßtat allerdings verzichten, da es nur auf die Bewußtseinsvorgänge der vom Vollzug der *poena exemplaris* Kenntnis nehmenden Bürger ankommt:[2740] « la responsabilité ... se définit donc en fonction de l'opinion publique »[2741]. Zwar kann man von unvermeidbaren Handlungen niemanden abschrekken[2742] und damit auch nicht von unvermeidbaren Verbotsirrtümern, wird aber die abschreckende oder warnende Wirkung auf die Gesamtheit der Strafnormen und Bürger bezogen und ist der Satz „error iuris nocet" ebenfalls bekannt, so könnte darin eben ein Anreiz liegen, sich im eigenen Interesse mit dem Strafrecht hinreichend vertraut zu machen, um der Bestrafung zu entgehen.[2743] In entsprechender Weise wird der abschreckende Effekt von *strict liability offenses* in der allgemeinen Erhöhung der Aufmerksamkeit gesehen.[2744] Dies liegt in der Konsequenz der in diesem – wie in jedem – präventiven Ansatz angelegten Maßlosigkeit (siehe aber unten (εε)) und zugleich fehlenden empirischen Verifikation der Abschreckungswirkung: Abschreckende Wirkung mag auch die zum Staatsterror mutierte Strafe haben, die ohne Rücksicht auf subjektive Vermeidbarkeit und letztlich sogar Un-

---

2736 Siehe unten Anhang IX.3.; dazu ALLFELD, *Die Bedeutung des Rechtsirrtums im Strafrecht*, S. 15 ff.; GÖSSEL, *Über die Bedeutung des Irrtums im Strafrecht*, S. 243 ff., 249 ff., 260 ff. m. w. Nachw.; BENTHAM, *Principles of Morals and Legislation*, ch. XV (XIII) § 3 VIII.2 [Works, vol. 1, S. 84]; DENNETT, *Elbow Room*, S. 160 f.

2737 SCHOPENHAUER, *Preisschrift über die Freiheit des Willens*, S. 481, 625.

2738 Siehe Anhang IX.3. bei Fußn. 543 ff.

2739 Vgl. nur SKINNER, *Science and Human Behavior*, S. 339: "In asserting that 'ignorance of the law is no excuse,' the government agency leaves the actual conditioning of the individual to others."

2740 Zutr. GÖSSEL, *Über die Bedeutung des Irrtums im Strafrecht*, S. 263 ff. m. w. Nachw., 303 f.; HASSEMER, *Generalprävention und Strafzumessung*, S. 29, 41 f., 43 ff.

Dagegen meinen ALLFELD, *Die Bedeutung des Rechtsirrtums im Strafrecht*, S. 13 ff.; RUDOLPHI *Unrechtsbewußtsein*, S. 70, die Bestrafung verbotsunkundiger Täter sei zur Abschreckung aller nicht notwendig, abl. GÖSSEL, *ibid.*, S. 266 – was zur Abschreckung aller notwendig oder überflüssig ist, hängt von der Ideenwelt der jeweiligen Gesellschaft ab (siehe FAUCONNET, unten Fußn. 2745) und läßt sich erst sicher beantworten, wenn man die Wirkung solcher Strafen differenzieren kann.

2741 FAUCONNET, *La responsabilité*, S. 198.

2742 ROXIN, *Kriminalpolitik und Strafrechtssystem*, S. 33; eingehend FLETCHER, *Rethinking Criminal Law*, § 10.3.5, S. 813 ff.

2743 So HEINEMANN, ZStW 13 (1893), 371, 401; DENNETT, *Elbow Room*, S. 160 f.

2744 WASSERSTROM, 12 Stan.L.Rev. 731, 736 (1959–60).

schuldige straft, wenn der dadurch erzeugte Schrecken als heilsam gilt.[2745] Denn alle diese Argumente sind “purely speculative”[2746]: Ob und wie Abschreckung, deren straftheoretische Formulierung oft in einer kontextblinden “over-simple, intellectualistic psychology”[2747] begegnet, wirkt, ist keine logisch, sondern eine allein empirisch zu beantwortende Frage,[2748] ebenso, ob Unbeachtlichkeit des Verbotsirrtums das Bemühen um Rechtskenntnis befördert oder mindert[2749]. Wie alle präventiven Straftheorien leidet auch die negative Generalprävention unter zu großer Verallgemeinerung des behaupteten Wirkungszusammenhangs.[2750] Die dazu bisher vorliegenden Studien lassen nur erkennen, daß die Existenz eines Strafjustizsystems im ganzen einen gewissen abschreckenden Effekt aufweist, ebenso zeigen einzelne historische Vorkommnisse *(anecdotal evidence)*, daß drakonische Sanktionen gepaart mit totaler Überwachung die Inzidenz bestimmter Taten minimieren[2751] und umgekehrt die realistische Aussicht auf Straflosigkeit infolge völliger Suspension der Straftatverhütung und Strafverfolgung die Kriminalitätsrate explodieren lassen kann,[2752] aber die Gestaltung einzelner Strafnormen allein, sowohl hinsicht-

---

2745 Nachw. bei Gössel, *Über die Bedeutung des Irrtums im Strafrecht*, S. 262 ff. Statt vieler siehe nur Fauconnet, *La responsabilité*, S. 197: « Pour qu'une peine soit efficacement exemplaire, il faut et il suffit qu'elle apparaisse telle à la société qui la commine et l'exécute. Son efficacité est une affaire de croyance. En soi, il n'y a pas d'exemple utile ni juste. Tout dépend de la manière dont le fait exemplaire est perçu, des sentiments qu'il suscite. La justice et l'utilité d'une sanction exemplaire se définit par rapport au système d'idées par lequel on l'interprète. » Zust. Schöneborn, ZStW 88 (1976), 349 ff., 351 m. w. Nachw.; dazu Lüderssen, *Die generalpräventive Funktion des Deliktssystems*, S. 54, 55 ff. Die Drastik öffentlich vollzogener körperlicher Strafen wirkt auch heute durchaus noch, vgl. Robinson & Darley, 91 Geo.L.J. 949, 976 f. (2003).

2746 Zutr. Brett, *An Inquiry Into Criminal Guilt*, S. 150; Andenæs, 43 J.Crim.L., Criminology & Police Sci. 176, 181 (1952–53): “any conclusion to the real nature of general prevention involves a great deal of guesswork”.

2747 Hall, *General Principles of Criminal Law*², S. 381; Andenæs, 43 J.Crim.L., Criminology & Police Sci. 176, 178 (1952–53): “psychologically superficial explanations”; ders., 114 U.Pa.L.Rev. 949, 955 (1966); ähnl. Robinson & Darley, 24 Oxford J. Legal Stud. 173, 189 (2004): “naive calculation system”.

2748 Zutr. Fletcher, *Rethinking Criminal Law*, § 10.3.5., S. 813 ff., 817; Hassemer, *Strafziele im sozialwissenschaftlich orientierten Strafrecht*, S. 39, 56 f., 65; ders., *Generalprävention und Strafzumessung*, S. 29, 42 ff., 49 ff.; sowie Pawlik, *Person, Subjekt, Bürger*, S. 21.

2749 Siehe oben bei Fußn. 2607.

2750 Zutr. Andenæs, 43 J.Crim.L., Criminology & Police Sci. 176, 181 f., 197 f. (1952–53).

2751 Z.B. Nichteinhaltung von Verdunkelungsvorschriften in besetzten Gebieten oder Verstöße gegen militärische Disziplin, siehe Andenæs, 43 J.Crim.L., Criminology & Police Sci. 176, 182, 189 (1952–53); Meehl, *Law and the Fireside Inductions: Some Reflections of a Clinical Psychologist*, Journal of Social Issues 27,4 (1971), 65, 73 f., jew. m. w. Nachw.; siehe auch Tarde, *Philosophie pénale*, S. 477 ff.

2752 Als z.B. im September 1944 die gesamte dänische Polizei von der Wehrmacht verhaftet wurde, stieg die Zahl der Raubüberfälle dramatisch; als 1969 die Polizei in Montréal in einen 16stündigen Streik trat, beteiligten sich auch bisher unbescholtene Bürger in großer Zahl an Plünderungen, Ross & DiTecco, *An Attributional Analysis of Moral Judgment*, Journal of Social Issues 31,3 (1975), 91, 104 ff.; Meehl, *Law and the Fireside Inductions: Some Reflections of a Clinical Psycholo-*

lich Strafvoraussetzungen als auch angedrohter und vollzogener Strafhöhe, anders als etwa hohe Polizeipräsenz, so gut wie keine nachweisbare Abschreckungswirkung erzeugt,[2753] aus einer Reihe von Gründen[2754]. Die Schwierigkeit pauschaler Effektprognosen liegt auf der Hand, wenn man die elementare sozialpsychologische Einsicht bedenkt, daß jegliche Verhaltensvorhersage sowohl die detailgenaue Kenntnis der Situation als auch ihrer Bedeutung in der subjektiven Perspektive des Akteurs voraussetzen.[2755]

(ββ) Positive Generalprävention

Ähnliches gilt für die positive Generalprävention, derzufolge Strafe der Bekräftigung der Unverbrüchlichkeit der Rechtsordnung und der Wiederherstellung oder Stärkung des Normvertrauens der Bevölkerung sowie deren Einübung in Normtreue[2756] dient. Ob solche präventiven Bedürfnisse auch beim Rechtsirrtum bestehen, ist einerseits ohne eine nähere Betrachtung der jeweiligen Rechtsordnung

---

gist, Journal of Social Issues 27,4 (1971), 65, 74 f.; ANDENÆS, 43 J.Crim.L., Criminology & Police Sci. 176, 186 f. (1952–53) (nach JØRGEN TROLLE, *Syv Måneder uden Politi)*; DERS., 114 U.Pa.L.Rev. 949, 962 (1966).

[2753] Siehe nur ROBINSON & DARLEY, 24 Oxford J. Legal Stud. 173 ff. (2004); DIES., 91 Geo. L.J. 949 ff., 976 ff. (2003) mit umfangr. Nachw.; siehe auch VON HIRSCH, BOTTOMS, BURNEY & WIKSTROM, *Criminal Deterrence and Sentence Severity. An Analysis of Recent Research*, durchgehend; BLUMSTEIN, COHEN & NAGIN, *Deterrence and Incapacitation: Estimating the Effects of Criminal Sanctions on Crime Rates*, S. 19 ff. und der Beitrag darin von NAGIN, *General Deterrence*, S. 95 ff.; dazu TEN, *Crime, Guilt, and Punishment*, S. 10 ff.; ANDENÆS, 114 U.Pa.L.Rev. 949, 966 f., 970 f. (1966); siehe auch HAFFKE, *Tiefenpsychologie und Generalprävention*, S. 58 ff., 64 ff.; HASSEMER, *Einführung in die Grundlagen des Strafrechts*², S. 310 ff.; STRENG, *Strafrechtliche Sanktionen*², Rn. 53 ff.; CURTI, *Zur Abschreckungswirkung strafrechtlicher Sanktionen in der Bundesrepublik Deutschland*, S. 71, 79 ff., 87 ff.; BOCK, JuS 1994, 89, 95 f.; sowie BÄHR, *Strafbarkeit ohne Verschulden*, S. 124 Fn. 148; SAFFERLING, 5 German L.J. 1469, 1483 f. (2004), alle m. w. Nachw. Siehe aber PAWLIK, *Person, Subjekt, Bürger*, S. 24.

Zur Komplexität der Strafwirkungen schon SKINNER, *Science and Human Behavior*, S. 182 ff., 339 f., 341 ff.; DERS., *Beyond Freedom & Dignity*, S. 62 ff., 66 ff.

[2754] So fehlt es weithin an Normkenntnis, ferner oft an dem rationalem Kalkül, das der Abschreckungstheorie zugrundeliegt, sei es situationsbedingt, aus Gruppenzwang, Deindividuation, starkem Affekt oder Intoxikation, sei es wegen habitueller Impulsivität, Risikofreude, fehlender Selbstkontrolle und Fähigkeit zum Gratifikationsaufschub, oder das Kalkül fällt anders aus, weil zukünftige Übel generell geringgeschätzt *(discounted)* werden, weil die Möglichkeit, der Strafverfolgung zu entgehen, (zu) hoch veranschlagt, der Nutzen höher und die zeitlich ferne Strafe als weniger gewichtig eingestuft werden usw., siehe nur ROBINSON & DARLEY, 24 Oxford J. Legal Stud. 173 ff. m. zahlr. Nachw. (2004); BERKOWITZ, *Aggression: Its Causes, Consequences, and Control*, S. 313 ff., 315 ff.; HASSEMER, *Einführung in die Grundlagen des Strafrechts*², S. 310 ff.; DERS., *Strafziele im sozialwissenschaftlich orientierten Strafrecht*, S. 39, 57; DERS., *Generalprävention und Strafzumessung*, S. 29, 42 ff. Siehe auch den klassischen Aufsatz von ANDENÆS, 114 U.Pa.L.Rev. 949, 960 ff. (1966).

[2755] ROSS & NISBETT, *The Person and the Situation*, S. 87.

[2756] JAKOBS, *Schuld und Prävention*, S. 10; DERS., *Strafrecht Allgemeiner Teil*², Tz. 1/4 ff.; DERS., *Staatliche Strafe: Bedeutung und Zweck*, S. 26 ff., 31 ff.; ähnl. schon ANDENÆS, 43 J.Crim.L., Criminology & Police Sci. 176, 179 f. (1952–53); DERS., 114 U.Pa.L.Rev. 949 ff. (1966). Zu den verschiedenen Spielarten der positiven Generalprävention siehe statt vieler PAWLIK, *Person, Subjekt, Bürger*, S. 35 ff. m. w. Nachw.

nicht zu beantworten: Gelten Strafnormen unangefochten als *cordi hominum inscriptae*, so ist Rechtsunkenntnis, die nicht auf Inkompetenz o.ä. zurückgeführt werden kann, selbst normerschütternd und nur als Gegnerschaft erklärbar und strafwürdig. Eine Ordnung, die ihre Normen prinzipiell als gesetzt und änderbar begreift, kann leichter auf die Kenntnis einer Norm bestimmten Inhalts verzichten und Irrtumsmöglichkeiten anerkennen.[2757] Freilich ist andererseits auch hier völlig offen und empirisch kaum zu klären, welche Maßnahmen den gewünschten Effekt erbringen:[2758] Wer in einer Weise über Normen irrt, wie es jedem anderen Bürger auch zustoßen könnte, gibt kein so schlechtes Beispiel ab, daß eine Sanktion nötig wäre.[2759] Wenn die entlastende Wirkung des Rechtsirrtums den präventiven Effekt der Strafen in signifikanter Weise mindert, etwa weil die Bevölkerung früher die unnachgiebige Härte des Satzes *error iuris nocet* verinnerlicht hatte und nun verunsichert ist, dürfte Unrechtsbewußtsein nicht mehr verlangt werden. Es kommt mithin darauf an,

> ... wie viele soziale Notwendigkeiten dem Irrenden aufgebürdet werden müssen (...) und wieviel Unwissenheit des Täters von Staat und Gesellschaft hingenommen werden können, ohne daß jeweils die generalpräventive Funktion des Strafrechts leidet.[2760]

Eine präzise Antwort darauf kann keine utilitaristische oder „relative“, output-orientierte Straftheorie, die auf laiensozialpsychologische Spekulation (“fireside inductions”[2761]) und damit auf die Irrtümer der *overconfident social prediction*[2762] anstatt Empirie[2763] gebaut ist, geben. Allerdings sind die avisierten Wirkungen – Stabilisierung der Normorientierung, des Rechtsvertrauens der Bevölkerung – von solch stupender Allgemeinheit und kausalen Diffusität, daß nicht zu ersehen ist, wie eine empirisch gegründete Bestätigung oder Falsifizierung dieses Konzepts möglich ist.[2764]

2757 Siehe oben Fußn. 2713; krit. NK-StGB-Neumann, § 17 Rn. 5.

2758 Zutr. Lesch, JA 1994, 510, 518 f.; siehe auch Muñoz Conde, *El error en Derecho Penal*, S. 125, und umfangr. Nachw. bei Pawlik, *Person, Subjekt, Bürger*, S. 39 Fn. 80; siehe auch NK-StGB-Paeffgen, Vor § 32 Rn. 210.

2759 Roxin, Festschrift Henkel, S. 171, 188.

2760 Jakobs, *Strafrecht Allgemeiner Teil*², Tz. 19/33.

2761 Zu dem Ausdruck siehe Meehl, *Law and the Fireside Inductions: Some Reflections of a Clinical Psychologist*, Journal of Social Issues 27, 4 (1971), 65, 65 ff.: “commonsense empirical generalizations about human behavior which we accept on the culture's authority plus introspection plus anecdotal evidence from ordinary life” (66); krit. auch Andenæs, 114 U.Pa.L.Rev. 949, 973 (1966): “cloudy notions of human nature and social conditions”.

2762 Zu dem gut belegten und robusten Phänomen der *overconfident social and personal predictions*, d.h. dem Befund, daß Menschen in ihre Fähigkeit zur Voraussage des Verhaltens anderer, sowohl einzelner als auch von Gruppen, ein erstaunlich großes Vertrauen zeigen, obwohl die Vorhersagen sich *ex post* häufig als falsch erweisen, siehe Ross & Nisbett, *The Person and the Situation*, S. 86 f., 133 ff., 206 m. w. Nachw.

2763 Die Generalisierung und Extrapolation experimentell gewonnener und die Bewertung statistischer Daten birgt allerdings ebenso eine Fülle von Problemen und Fehlerquellen, dazu Meehl, *Law and the Fireside Inductions: Some Reflections of a Clinical Psychologist*, Journal of Social Issues 27, 4 (1971), 65, 74 ff., 89 ff. m. w. Nachw.

(γγ) Spezialprävention, *special deterrence/reformation/rehabilitation/incapacitation*

Dies gilt erst recht für spezialpräventive Ansätze, deren empirische Validierung bis heute nicht gelungen ist[2765] und die daher mit bloß angenommenen Wirkungszusammenhängen operieren: Sofern die Strafe individuelle Abschreckung (negative Spezialprävention) erreichen soll, ist maßgebend allein die Abschreckungsfähigkeit *(temibilité)* des Delinquenten, nicht sein Bewußtseinsinhalt beim Normverstoß.[2766]

Ist Zweck der Strafverhängung die Besserung oder Erziehung des Täters, auf daß er hinfort ein Leben ohne Straftaten führe, so ist – sofern die Besserung nicht wiederum durch Abschreckung erzielt werden soll[2767] – das Maß der strafenden Einwirkung abhängig von der Art seiner zu kurierenden devianten Gesinnung:

Soll ihm die Strafe einerseits erst die Einsicht in das Unrechtliche seines Verhaltens vermitteln, so ist sie gerade durch Fehlen eines Unrechtsbewußtseins bedingt.[2768] Andererseits kann Handeln in – auch unvermeidbarer[2769] – Verbotsunkenntnis ein Indiz für eine rechtsgleichgültige oder -feindliche Haltung sein, die offenbar anderer Einwirkung bedarf als Rechtsunkenntnis infolge bloßer Unachtsamkeit. Ist, wie bei von Liszt, des Täters „Stellung zur Rechtsordnung" maßgebend,[2770] so ist es widersprüchlich, den Verbotsirrtum und seine Gründe pauschal für irrelevant zu erklären:[2771] Wer in nachvollziehbarer Weise über Strafrecht irrt, muß nicht resozialisiert werden.[2772]

Ist der Täter weder abschreckbar noch besserungsfähig, so bleibt als *ratio* spezialpräventiver Einwirkung noch die Sicherung der Allgemeinheit vor ihm durch

---

2764 Zutr. Hassemer, *Generalprävention und Strafzumessung*, S. 29, 36, 51 f.; ähnl. Bock, JuS 1994, 89, 97 f. Die von Andenæs, 114 U.Pa.L.Rev. 949, 974 ff. (1966), skizzierten Forschungsansätze zur Ermittlung generalpräventiver Effekte, die Abschreckung einschließen, sind schon diffizil genug.

2765 Statt vieler Hassemer, *Einführung in die Grundlagen des Strafrechts*², S. 285 ff., 288 f.; Bock, JuS 1994, 89, 93 ff., jew. m. w. Nachw.

2766 Gössel, *Über die Bedeutung des Irrtums im Strafrecht*, S. 279 ff., zutr. auch gegen Allfeld, *Die Bedeutung des Rechtsirrtums im Strafrecht*, S. 13 ff.; Rudolphi, *Unrechtsbewußtsein*, S. 69 f., welche wiederum die Notwendigkeit solcher Abschreckung bei Verbotsunbewußten bestreiten.

2767 Wie z.B. bei Platon, *Protagoras*, 324b, und noch bei Grotius, *De iure belli ac pacis*, lib. II cap. XX § VI, S. 318 f.

2768 Gössel, *Über die Bedeutung des Irrtums im Strafrecht*, S. 288 f., 304 f.

2769 Stratenwerth, *Das rechtstheoretische Problem der „Natur der Sache"*, S. 16.

2770 von Liszt, *Die deterministischen Gegner der Zweckstrafe*, S. 25, 57 u. ff.; ders., *Die psychologischen Grundlagen der Kriminalpolitik*, S. 170, 191; dazu Gössel, *Über die Bedeutung des Irrtums im Strafrecht*, S. 294 ff.

2771 So aber von Liszt, *Lehrbuch des Deutschen Strafrechts*$^{16/17}$, § 41 I 1, II 2, S. 178 ff.; krit. schon von Birkmeyer, *Studien zu dem Hauptgrundsatz der modernen Richtung*, S. 100 ff.; Gössel, *Über die Bedeutung des Irrtums im Strafrecht*, S. 295 f. Konsequent hingegen Tesař, *Die symptomatische Bedeutung des verbrecherischen Verhaltens*, S. 204 ff.; auch Baurmann, *Schuldlose Dogmatik?*, S. 196, 232.

2772 Roxin, Festschrift Henkel, S. 171, 188; schon von Rümelin, ZStW 41 (1920), 495, 498.

incapacitation. Geht es nur um die Verhinderung schädlicher Erfolge, so ist weder Unrechtsbewußtsein noch überhaupt individuelle Vermeidbarkeit Bedingung der sichernden Strafe.[2773] Wiederum kann bei der Frage, ob und warum der Täter besserungsunfähig ist, sein bewußtes Zuwiderhandeln indiziell sein.

(δδ) *Difesa sociale, défense sociale*

Wird in der Konsequenz des spezialpräventiven Ansatzes die Anbindung an die einzelne Tat ganz aufgegeben und nur noch auf die potentielle Gefährlichkeit des Täters abgestellt wie in den Schulen der *difesa sociale/défense sociale*, so übernimmt die Strafe die Aufgabe der Gefahrenabwehr – „Der einzige Zweck der Strafe ist, die Gesamtheit möglichst wirksam zu schützen.“[2774] – und setzt objektive Standards sozial nützlichen oder unschädlichen Verhaltens durch, indem sie diejenigen, die davon negativ abweichen, entweder emendiert oder ausschließt. Was als Gefährdung der „Lebensinteressen des Staates“ zählt, ob nur bewußte oder auch unbewußte Rechtswidrigkeit, bestimmt allein die Rechtsordnung selbst.[2775] Auf subjektive Elemente, individuelle Vermeidbarkeit der Tat kommt es nur deshalb noch an, insofern sie im Einzelfall als Gefahrindikatoren relevant sind, wobei sie überragende Bedeutung erlangen können, da das soziopathische Potential der Täterpersönlichkeit im Mittelpunkt des Interesses steht:[2776] Denn konsequenterweise müßte die *défense sociale* schon bei Bekanntwerden einer unbetätigten kriminellen Absicht aktiv werden («à chacun selon sa méchanceté et non seulement selon ses œuvres»).[2777] Damit ist das Konzept des Strafrechts an sich aufgegeben wie auch jede rechtliche Beschränkung ein Fremdkörper bleiben muß.[2778]

(εε) Zusatz: Zügelung der Prävention?

In allen präventiven Konzepten ist die Möglichkeit angelegt, daß rigorose Einwirkung zur bloßen Konditionierung des Täters oder der übrigen Bürger gerät. Da aber Straftatprävention stets in einem normativen Rahmen stattfindet und kaum je als absolut dominantes Ziel gilt, sondern vielmehr in Konflikt mit anderen Zielen der normativen Ordnung stehen dürfte, sind die isoliert betrachteten theoretischen Konsequenzen der Konzepte eher wirklichkeitsfern. So kann die Möglichkeit der Prävention qua Konditionierung ausgeschlossen sein in modernen Rechtsordnungen, die dem Individuum einen großen Raum an selbst zu verantwortender Freiheit

---

2773 Dazu Gössel, *Über die Bedeutung des Irrtums im Strafrecht*, S. 296 ff.; Pawlik, *Person, Subjekt, Bürger*, S. 32 f., jew. m. w. Nachw.

2774 Heinemann, ZStW 13 (1893), 371, 406, sowie oben Fußn. 2715 ff.

2775 Klee, *Zur Lehre vom strafrechtlichen Vorsatz*, S. 41 ff.

2776 Für eine Umdeutung der *intention criminelle* in *état dangereux* daher vehement Lebret, Rev.sc.crim. 1938, 438, 464 ff., 481 ff.; dazu Mercadal, Rev.sc.crim. 22 (1967), 1, 7.

2777 Zutr. Mercadal, Rev.sc.crim. 22 (1967), 1, 40 f.

2778 Drastisch Zupančič, 13 Am.J.Crim.L. 37, 39 m. Fn. 9 (1985).

nebst einer garantierten Opfergrenze zuweisen, mit der solche brachialen Instrumentalisierungen inkompatibel sind, Prävention mithin nicht um jeden Preis erreicht werden soll und kann, so daß – angesichts der mangelnden empirischen Verifikation aller relativen Theorien: vermutete – Effizienzeinbußen also hingenommen werden.[2779] Als Mechanismus der Prävention käme dann nicht mehr Dressur, sondern nur noch Motivation in Frage.[2780]

Die Prävention würde noch weiter gezügelt, wenn anzunehmen wäre, daß Strafe nur dann ein Motiv für Unterlassung künftiger Straftaten abgibt, wenn sie prinzipiell nur solche Täter trifft, die sich für das Begangene verantwortlich fühlen können.[2781] Dies beruht auf der – empirischen – Hypothese, daß nur die „gerechte" – als „gerecht" vermittelbare – Strafe general- und spezialpräventiv wirksam sei und in gegenwärtigen Gesellschaften „die Verantwortungsorientierung zu den sozialpsychologisch sichersten Voraussetzungen für die Wirksamkeit von Sanktionen zählt"[2782]. So nimmt beispielsweise LÜDERSSEN an, daß die kultur-anthropologischen Bedingungen der Motivierbarkeit durch das fortgeschrittene Verhältnis zwischen Verantwortung der Person und Berechenbarkeit staatlicher Sanktionen geprägt seien.[2783] Dies erscheint ohne weiteres plausibel, auch wenn hier im einzelnen viele Parameter völlig unbekannt sind[2784] und entscheidend wiederum nur empirische Verifikation,[2785] nicht laienhafte Sozialpsychologie sein könnte. Als Folge ergäbe sich, daß Strafe bei unvermeidbarem Verbotsirrtum präventionsuntauglich wäre, wohl auch bei unsicherer Rechtslage[2786].

2779 Vgl. NOWAKOWSKI, Festschrift Rittler, S. 55, 64 ff., 80 ff.

2780 Vgl. LÜDERSSEN, Festschrift Roxin, S. 457, 475 f.

2781 NOLL, Festschrift H. Mayer, S. 219 ff., 224; HOERSTER, GA 1970, 272 ff., 277; dazu LÜDERSSEN, *Die generalpräventive Funktion des Deliktssystems*, S. 54, 55 f., 65 ff.; DERS., Festschrift Roxin, S. 457, 468.

2782 LÜDERSSEN, Festschrift Roxin, S. 457, 473 ff., Zitat auf S. 475; ähnl. DERS., wistra 1983, 223, 230; DERS., *Die generalpräventive Funktion des Deliktssystems*, S. 54, 55 ff., 65 ff.; DERS., *Der Freiheitsbegriff der Psychoanalyse und seine Folgen für das moderne Strafrecht*, S. 67, 75 f.; ähnl. schon NOWAKOWSKI, Festschrift Rittler, S. 55, 80 ff., 85: „Der Gesetzgeber muß der allgemeinen Kulturentwicklung und den darin begründeten sozialpsychologischen Gegebenheiten Rechnung tragen." sowie die in der vorigen Fußn. Genannten. Umfangr. Nachw. bei PAWLIK, *Person, Subjekt, Bürger*, S. 17, 38 f.

Dahinter steht auch der sozialphilosophische Gedanke, daß nur solche Begründungen staatlichen Handelns legitim sein, die den Betroffenen die Möglichkeit zur Akzeptanz einräumen, dazu LÜDERSSEN, *Einleitung* (zu Seminar: Abweichendes Verhalten II), S. 7, 17 ff.; DERS., *Die generalpräventive Funktion des Deliktssystems*, S. 54, 65 ff., jew. m. w. Nachw.

2783 LÜDERSSEN, Festschrift Roxin, S. 457, 475.

2784 Dies wird ausdrücklich eingeräumt von LÜDERSSEN, Festschrift Roxin, S. 457, 468 Fn. 34, S. 478 Fn. 51.

2785 ANDENÆS (114 U.Pa.L.Rev. 949, 971 Fn. 42 (1966); DERS., *The General Part of the Criminal Law of Norway*, S. 64 Fn. 12) hielt dies noch für kaum nachweisbar; aber ROBINSON & DARLEY, 91 Geo.L.J. 949, 983 ff., 996 (2003), weisen auf empirische Anhaltspunkte hin.

2786 Vgl. LÜDERSSEN, Festschrift Roxin, S. 457, 477.

c) Erlaubnistatbestandsirrtum

Die *rationes* der Behandlung der irrigen Vorstellung der tatsächlichen Voraussetzungen eines anerkannten Rechtfertigungsgrundes werden häufig überlagert durch das Bemühen, diesen eigenständigen Irrtum den traditionellen Kategorien des *error facti* oder *error iuris* zu assimilieren, vor allem dann, wenn die jeweilige positive Rechtsordnung keine anderen Lösungswege bereitstellt.[2787] Diese Irrtumsformen ergeben jedoch ebenso wie deliktssystematische Erwägungen keine klaren Lösungen: Der Täter hat [Vorsatz] bezüglich der unrechtsbegründenden Merkmale; es fehlt das Unrechtsbewußtsein, doch ist dieser Verbotsirrtum nur derivativ: der Täter irrt nicht über Rechtssätze, sondern über deren Anwendungsbedingungen. Die Lösung wird ferner bedingt durch systematische Konsequenzen in einer gegebenen Rechtsordnung, beispielsweise, ob ein Vorsatzausschluß die Möglichkeit der Notwehr oder die Strafbarkeit möglicher Teilnehmer beseitigt,[2788] und welche Strafmilderungsmöglichkeiten verfügbar sind[2789].

Maßgebend sind daher regelmäßig ergebnisbezogene Lösungsvorschläge: Die bloße Vorstellung einer Rechtfertigungslage stets zur Rechtfertigung genügen zu lassen,[2790] wäre selbst bei unvermeidbarem Irrtum eine schwer verständliche Subjektivierung von Handlungserlaubnissen und benachteiligte das an der Genese der Irrtumslage vielleicht völlig unbeteiligte Opfer, dem seinerseits keine Notwehr gegen die Putativnotwehrhandlung zustünde.[2791]

Stets den [Vorsatz] auszuschließen ist begrifflich nur konsistent möglich entweder bei einem Verständnis der Rechtfertigungsgründe als negative Tatbestandsmerkmale oder einem *dolus malus*-Konzept. War der Irrtum vermeidbar, bleibt allenfalls Fahrlässigkeitsstrafe.

Weil Fahrlässigkeitsstrafe nicht immer zur Verfügung steht, bietet eine Einstufung der Putativrechtfertigung als Entschuldigungsgrund *(excuse)*[2792] das flexibelste Instrument zur Berücksichtigung vermeidbaren oder verschuldeten Irrtums. Dies erscheint zum einen angemessen, weil der Irrtum mit den kriteriellen Standards von *error facti*, *error iuris* und Fahrlässigkeit nicht adäquat erfaßt wird, zum anderen, wenn die Entlastung unter qualifizierte Bedingungen wie Vernünftigkeit *(reasonableness)* der Fehlvorstellung gestellt werden soll, etwa weil der sehende

---

2787 Siehe oben bei Fußn. 1944 ff.

2788 Siehe nur Muñoz Conde, *El error en Derecho Penal*, S. 132 f.

2789 Vgl. Jakobs, *Strafrecht Allgemeiner Teil*², Tz. 11/54 ff.

2790 Siehe oben bei Fußn. 1941 ff.

2791 Muñoz Conde, *El error en Derecho Penal*, S. 53 ff., 132 f.; *Final Report of the Illinois Criminal Code Rewrite and Reform Commission*, vol. 1, S. xxxiii; vol. 2, S. 80 (Official Commentary zu sec. 511).

2792 Z.B. Fletcher, *Basic Concepts of Criminal Law*, S. 158 ff., 162 f.; Proposed Illinois Criminal Code (2003), sec. 511, mit Official Commentary, *Final Report of the Illinois Criminal Code Rewrite and Reform Commission*, vol. 2, S. 80; siehe auch Jakobs, *Strafrecht Allgemeiner Teil*², Tz. 11/53, 11/58.

Übergriff in die Rechtsgüter eines anderen, der – im Kernstrafrecht – regelmäßig *prima facie* rechtswidrig ist, besondere Sorgfalt bei der Annahme einer erlaubnisgewährenden Ausnahmesituation erfordere (Prüfungspflicht, *duty to reflect*[2793]). Restriktive Behandlung der Putativrechtfertigung mag vor allem in Gesellschaften wünschenswert sein, deren Bevölkerung leichten Zugang zu Waffen hat, so daß schon ein leichtfertiger Irrtum zu fatalen Folgen führt.[2794]

d) Irrtum über Entschuldigungsgründe

Ob die irrige Vorstellung des Vorliegens eines anerkannten Entschuldigungsgrundes bereits entschuldigt, etwa weil die psychische Drucksituation als ausschlaggebend angesehen wird, oder nicht oder ob ein Irrtum nach dem Maß seiner Vermeidbarkeit belastet, richtet sich nach den *rationes*, die den jeweiligen Entschuldigungsgründen zugrundeliegen und nicht Thema dieser Untersuchung sind. Die oben (V.6.e)gg)) gemachten skizzenhaften Ausführungen sollen daher hier genügen.

VII. Verbrechenssystematik und Begriffsmechanik

> Die juristische Konstruktion ist ja ein Land der fast unbegrenzten Möglichkeiten.[2795]

> Der wissenschaftliche Streit um den richtigen Aufbau des Straftatsystems ... darf in seiner Bedeutung nicht überschätzt werden. Wie die Dogmengeschichte zeigt, läßt sich der Stoff in den verschiedensten Bezugssystemen erfassen. Alle diese Systeme sind brauchbar, wenn sie nur folgerichtig angewendet werden.[2796]

Rechtsbegriffe sind, wie zuvor dargelegt, funktionale Begriffe. Welche Regelungsaufgaben sie übernehmen, ergibt sich aus dem Zusammenhang der jeweiligen Rechtsordnung, genauer aus dem Zustand der existierenden Zurechnungsregeln, der Differenziertheit und Konsistenz eines Straftatsystems und der Leistungsfähigkeit seiner Begriffsbildungen. An welcher Stelle oder unter welchem Topos eine bestimmte Zurechnungsfrage erörtert wird, mag daher von Strafrechtsordnung zu Strafrechtsordnung variieren, selbst wenn das Sachproblem identisch ist. Ebenso mögen in der Sache gleiche Lösungen erreicht werden auf verschiedenen, doch ergebnisäquivalenten Konstruktionswegen. Umgekehrt können Rechtsfolgen differieren, obwohl ein Problem in gleichlautenden Systemkategorien verortet

---

[2793] Siehe oben bei Fußn. 1951.

[2794] SULLIVAN, *Knowledge, Belief, and Culpability*, S. 207, 223, vgl. *Beard v. United States*, 158 U.S. 550; 15 S.Ct. 962; 39 L.Ed. 1086 (1895); *People v. Johnson*, 2 Ill.2d 165, 170 ff., 172 ff.; 117 N.E.2d 91 (Ill. 1954).

[2795] KUHLEN, *Die Unterscheidung von vorsatzausschließendem und nichtvorsatzausschließendem Irrtum*, S. 143.

[2796] H. MAYER, *Strafrecht Allgemeiner Teil*, S. 58; zu funktionalen Äquivalenzen der deutschen, französischen und englischen Straftat„systeme“ vgl. nur VOGEL, GA 1998, 127 ff., 146 ff.

wird. Auf die Mechanik der jeweiligen Begriffe wird in einer rechtsvergleichenden Betrachtung besonders zu achten sein.

Auf die Vorzüge einer systematisierenden Strafrechtsdogmatik wurde anfangs hingewiesen.[2797] Nachteilig wirkt sich ein systematischer Verbrechensbegriff dann aus, wenn er für Problemstellungen, die bei der Systembildung außer acht gelassen wurden, oder für spätere bessere Einsichten keinen adäquaten Raum bietet oder dazu verführt, materielle Erwägungen durch vordergründige Begriffsdeduktion oder scholastischen Konstruktionseifer zu ersetzen. Die Unzulänglichkeit einzelner Begriffe oder des ganzen Begriffssystems wird deutlich, wenn, zumeist in der Rechtspraxis, zum „Hilfsmittel einer strafrechtsdogmatischen Fehlkonstruktion“[2798] gegriffen wird im Wege des oben erwähnten extrinsischen oder instrumentalen Begriffsgebrauchs,[2799] um anders nicht erreichbare Ergebnisse zu erzielen. Solche intrasystematischen Beschränkungen müssen bei jeder rechtsvergleichenden Betrachtung unbedingt berücksichtigt werden. Es wäre jedoch verfehlt, solche nationalen Erblasten in die entstehende Dogmatik des Völkerstrafrechts hineinzutragen.

Im Vordergrund haben daher – um Verwirrung durch nationale Terminologien und Systematiken so weit wie möglich auszuschließen – in der Völkerstrafrechtsdogmatik zunächst die materiellen Zurechnungsregeln und die damit verfolgten Regelungsziele zu stehen. Zu fragen wird sein, ob und für welche Tatbestandsmerkmale/*definitional elements* Zielgerichtetheit (Absicht) zu verlangen, und welches Maß an Gewißheit der bewußten Vorstellung zu fordern ist, wo es keiner Zielgerichtetheit bedarf. Zu fragen wird weiter sein, ob der Irrtum über Tatbestandsmerkmale stets entlastet oder es Fälle von Unkenntnis geben soll, die der Kenntnis als gleich strafwürdig erachtet werden, und schließlich, ob und wie Normunkenntnis entlasten soll.

In einer völkerstrafrechtlichen Untersuchung wird daher auf systematische Klassifikationen *derzeit* so weit als möglich verzichtet werden müssen. Ob Absicht und Wissentlichkeit einem *élément moral,* einer Deliktsstufe des Unrechts oder der Schuld zugeordnet werden, Irrtümer als Negationen eines Unrechts- oder Schuldelements oder selbständige *defenses* oder bloße Strafausschluß- bzw. Strafzumessungsgründe klassifiziert werden, ist weniger von Belang als die Fragen, ob die Bezugsbegriffe rein „psychologisch“ oder normativ verstanden werden, ob die Regelung starr oder elastisch ist usw. Im Zweifel hat die systematische Einordnung der für sachgerecht gehaltenen Lösung zu weichen, ist die Systematik die Magd der Axiologie. Vielfach werden sich funktional äquivalente Möglichkeiten finden, so z.B. bei Vermeidbarkeit des Verbotsirrtums diesen in der Schuld zu lozieren und die Vorsatzstrafe zu belassen oder eine asymmetrische Irrtumslehre zu haben, die den Irrtum als Entschuldigungs- oder Strafmilderungsgrund auffaßt in Abhängig-

---

[2797] Oben bei Fußn. 160 ff.

[2798] Hassemer, Festschrift Coing, Band I, S. 493, 501.

[2799] Oben C.I.2.b), bei Fußn. 235 ff.

keit von seiner Vermeidbarkeit und die Vorsatzstrafe als Basis beläßt. Letzteres ist keine begriffliche Schlußfolgerung aus dem „Wesen“ von Vorsatz oder Schuld, hat aber denselben rechtlichen Effekt.

Strikt zu achten ist stets auf Konsistenz der Begründungen für die Zurechnungsregeln, was schließlich wieder zu einer Systematik führt. Die *letztlich* anzustrebende – völkerstrafrechtlich autonome – Systematisierung der Strafvoraussetzungen ist weder Selbstzweck noch dem, freilich keineswegs zu verachtenden, Interesse an der rechtstheoretischen Ästhetik eines „Begriffskristalls“[2800] geschuldet, sondern Systematik ist ein kritisches Instrument, das der Analyse und Weiterentwicklung vorgefundener Regeln sowie der Widerspruchsfreiheit, Gleichmäßigkeit und Stabilität der Rechtsanwendung dient.

[2800] Ausdruck von KANTOROWICZ, oben Fußn. 161.

Anhang

Zur Dogmengeschichte von Vorsatz und Irrtum im Strafrecht

Die folgenden kleinen Materialsammlungen zu zentralen Stadien der strafrechtlichen Dogmengeschichte dienen der Entlastung des Haupttexts von Exkursen und überlangen Fußnoten. Sie sind fragmentarisch und stehen nur lose verbunden nebeneinander, umreißen mithin eher ein Forschungsprogramm als ein Forschungsergebnis, zumal sie sich fast nur auf Kontinentaleuropa beschränken, was sich allein aus ihrem Beispielscharakter ergibt. Dennoch mögen sie bereits ersten Aufschluß geben über die Entwicklung – oder vorsichtiger: die Vorgeschichte – zentraler Begriffe der strafrechtlichen Zurechnungslehre und auf diese Weise helfen, deren heutige Formen und Problemfelder verständlicher zu machen sowie der Völkerrechtsquelle der allgemeinen Rechtsgrundsätze eine historische Perspektive zu erschließen.

I. Erfolgshaftung?

Nur frühen, wenig ausdifferenzierten Rechten werden Regeln zugetraut, die auch schwerste Strafe an bloß äußerliches Verhalten knüpfen, ohne danach zu fragen, ob der Täter wollte oder zumindest wußte, was er tat, oder dies hätte wissen können. Ob es solche reine Erfolgshaftung verschiedenenorts wirklich gegeben hat,[1] ob nicht vielmehr oft ein Willens- oder Wissenselement unausgesprochen vorausgesetzt war, ob böser Wille bestraft werden sollte, aber unbeholfene Gesetzesformulierungen oder streng formales, an magische Vorstellungen gebundenes Prozeßrecht dies vereitelte, ob es sich um zu weit geratene Typisierungen von Willensakten und Ungefährwerk handelte, oder ob der bloße „Riß im Weltgebäude“[2] schon sühnende Strafe forderte, um eine kosmische Ordnung wieder in ein Gleichgewicht zu

---

[1] Dabei ist zu bedenken, daß in Gesellschaften, die in einer durch und durch beseelten Welt, etwa einem animistischen, pantheistischen oder magischen Kosmos, zu leben glauben, „Zufall“ kein sinnvoller Begriff ist und die Bezeichnung „reine Erfolgshaftung“ verschleiert, daß es in solchen Welten rein äußerliches, nicht auf personales Wirken zurückführbares Geschehen nicht gibt, vgl. Brunner, *Über absichtslose Missethat im altdeutschen Strafrechte,* S. 487, 499 [815, 823]; Wilda, *Das Strafrecht der Germanen*, S. 552; Löffler, *Die Schuldformen des Strafrechts*, S. 20 Fn. 26 m. w. Nachw.; Fauconnet, *La responsabilité*, S. 382 f.

[2] Achter, *Geburt der Strafe*, S. 18.

bringen, kann hier dahinstehen.[3] Denn zugleich sind schon in frühester Zeit, vor allem in sakralen Gesetzen, auch Regeln zu finden, in denen Strafe durch ein Willens- oder Wissenselement oder eine bestimmte Gesinnung oder Absicht, welche zum äußerlich unrechten Verhalten hinzutreten müssen, bedingt oder jedenfalls verschärft wird.[4] Diese Berücksichtigung des individuellen Willens, Wissens oder

---

[3] Ein pauschalierendes Urteil über die frühen Rechtsquellen der verschiedenen Regionen ist ohnehin nicht möglich. So mag z.B. in Norddeutschland der Schuldgedanke häufiger anzutreffen sein als im Süden, zudem stehen nicht selten Erfolgshaftung und Schuldhaftung sogar in derselben Rechtsquelle unverbunden nebeneinander, siehe LÖFFLER, *Die Schuldformen des Strafrechts*, S. 119 ff., 123, 135 f., zumal wenn zivilrechtliche Kompensation und öffentliche Strafe noch nicht im neuzeitlichen Sinne getrennt waren.

Seit dem 19. Jahrhundert konkurrieren die Theorie der subjektiven Erfolgshaftung, derzufolge die Strafhaftung nur an die äußere Tat anknüpfte (LÖFFLER, *Die Schuldformen des Strafrechts*, S. 12 ff., 19 ff., 32 ff., 42 f., 57 ff., 117 ff. m. umfangr. Nachw. der älteren Lit.; ACHTER, *Geburt der Strafe*, S. 12 ff.; MÜLLER, *Ethik und Recht*, S. 32 f., 35 f.), und die Schuldhaftungstheorie (WILDA, *Das Strafrecht der Germanen*, S. 146 ff., 544 ff., 559 ff.; OSENBRÜGGEN, *Das Strafrecht der Langobarden*, §§ 12 f. S. 31 ff.; JOHN, *Strafrecht in Norddeutschland*, S. 1 ff., 64 ff., 124 ff. m. w. Nachw.; E. KAUFMANN, *Die Erfolgshaftung*, durchgehend; BINDING, *Die Schuld im deutschen Strafrecht*, S. 10 f., 69 f.; ARTH. KAUFMANN, *Das Schuldprinzip*, S. 217 ff.) sowie die objektive Erfolgshaftungstheorie, derzufolge das germanische Recht zwar den verbrecherischen Willen bestrafen wollte, infolge vor allem der Formenstrenge des Prozesses aber dazu nicht in der Lage war und sich mit der Beurteilung und Typisierung der äußeren Tatseite begnügte (BRUNNER, *Über absichtslose Missethat im altdeutschen Strafrechte*, S. 487 ff. [815 ff.]; EB. SCHMIDT, *Einführung in die Geschichte der deutschen Strafrechtspflege*³, § 17 S. 32 f.; auch die Vertreter der Schuldhaftungslehre konzedieren sämtlich den Einfluß des Beweisrechts; ähnl. FAUCONNET, *La responsabilité*, S. 382). Zur Diskussion siehe auch WEGNER, *Strafrecht Allgemeiner Teil*, S. 40 ff.; MIKAT, Festschrift von Weber, S. 9, 10 ff. m. w. Nachw.; L. SCHULZ, *Normiertes Misstrauen*, S. 152 f.

Die Frage ist auch für das frühe angelsächsische Recht umstritten; Erfolgshaftung bejahend: WIGMORE, 7 Harv.L.Rev. 315 ff. (1894–95); POLLOCK & MAITLAND, *The History of English Law*, vol. II, S. 472 f.; HOLDSWORTH, *A History of English Law*, vol. II, S. 51 ff.; Erfolgshaftung bezweifelnd/verneinend: HOLMES, *The Common Law*, S. 89 ff.; WINFIELD, 42 L.Q.Rev. 37 ff., 42 ff. (1926); HALL, *General Principles of Criminal Law*², S. 78 ff.; MIKAT, Festschrift von Weber, S. 9, 18 ff.

Die Maxime „reum non facit nisi mens rea" findet sich bereits in den *Leges Henrici Primi*, c. 5, § 28 b (entstanden ca. 1114–1118) und erhält ihre heutige Gestalt „actus non facit reum nisi mens sit rea" bei COKE, *The Third Institute of the Laws of England*, S. 107. Der Satz ist vermutlich eher römischen oder kanonischen als angelsächsischen Ursprungs und wird auf AUGUSTINUS' Bemerkung zum Meineid („ream linguam non facit nisi mens rea", *Sermo* 180, cap. 2 [PL 38, 973], später in C. 2 q. 2 c. 3) zurückgeführt, vgl. POLLOCK & MAITLAND, *The History of English Law*, vol. II, S. 474 Fn. 5; HALL, *General Principles of Criminal Law*², S. 79 f.; MIKAT, Festschrift von Weber, S. 9, 29 f. m. w. Nachw., und letztlich auf SENECA, *ad Lucilium epistulae morales*, ep. XCV, 57: „Actio recta non sit, nisi recta fuerit voluntas, ab haec enim est ratio. Rursus voluntas non erit recta, nisi habitus animus rectus fuerit, ab hoc enim est voluntas."

[4] Beispiele bei LÖFFLER, *Die Schuldformen des Strafrechts*, S. 36 ff., 133 ff.; GAUDEMET, *Le problème de la responsabilité pénale dans l'antiquité*, S. 51 ff.; MASCHKE, *Die Willenslehre im griechischen Recht*, S. 9 f., 41 ff., 110 ff.; siehe auch das alttestamentarische Gesetz (unten II.). Jedenfalls die späteren germanischen Volksrechte differenzieren vielfach nach Vorsatz und Zufall, bisweilen auch Zufall und Fahrlässigkeit, vgl. nur die Beispiele bei GEIB, *Lehrbuch des Deutschen Strafrechts*, 2. Band, § 94 S. 251 ff.; JOHN, *Strafrecht zur Zeit der Rechtsbücher* I, S. 5–88; BRUNNER, *Über absichtslose Missethat im altdeutschen Strafrechte*, S. 487, 498 ff. [815, 823 ff.]; WILDA, *Das Strafrecht der Germanen*, S. 544 ff., 559 ff.

Könnens als Haftungsgrundlage setzt sich allgemein durch, in Europa endgültig durch die italienische Rechtswissenschaft des Mittelalters,[5] vorbereitet durch den Einfluß christlicher Lehre und kanonischen Rechts,[6] auch wenn letzteres durchaus selbst unter dem Einfluß germanischen Rechts stand[7] und wenn Vorschriften der Volksrechte über harte Haftung für ungewollte Tötung oder gar Verantwortlichkeit qua Assoziation[8] in manchen Gegenden bis in das 15. Jahrhundert hinein noch angewendet wurden[9]. In allen entwickelten Rechtsordnungen der Gegenwart setzt Strafe nicht nur ein äußeres Geschehen, sondern – jedenfalls bei schweren Strafandrohungen – grundsätzlich immer auch eine subjektive Beziehung, „Schuld" des Täters daran voraus. Ebenso häufig sind vielgestaltige Ausnahmen, die vor allem bei schweren Tatfolgen subjektive Anforderungen reduzieren.

Der schon im römischen und später im kanonischen und gemeinen Recht benutzte Begriff der „Zurechnung" *(imputatio)* wurde erst seit PUFENDORF[10] die zusammenfassende Bezeichnung auch für die subjektiven Voraussetzungen der strafrechtlichen Verantwortlichkeit. Geschieht die Zurechnung noch in der vernunftrechtlichen Literatur, namentlich der WOLFFschen Philosophie,[11] nach moralischen Gesichtspunkten, so tritt in der strafrechtlichen Reformbewegung der späten Aufklärungszeit der Gedanke hervor, daß sich die Zurechnung nach dem Sinn und Zweck der Strafe selbst zu richten habe, so vor allem bei FEUERBACH[12].

---

5 Die Statuten der italienischen Städte kannten oftmals keine explizite subjektive Tatseite. Die Glossatoren und Postglossatoren haben daher das *dolus*-Erfordernis des römischen Rechts in die Stadtrechte hineingelesen nach dem bekannten Satz des BALDUS, in IX C. Qui accusare non possint l. data opera (C. 9, 1, 11), n. 11: „Item si statutum praecise punit homicidam ad mortem et non facit doli mentionem: tamen iudex ubi non est dolus debet sententiam temperare ... Nam statuta restringuntur per rationem iuris communis." Diese Auffassung wurde herrschend, siehe LÖFFLER, *Die Schuldformen des Strafrechts*, S. 126 ff. m. w. Nachw.

6 Zum Einfluß des biblischen Rechts siehe LÖFFLER, *Die Schuldformen des Strafrechts*, S. 115 m. Fn. 5 m. w. Nachw.

7 Dazu näher BRUNNER, *Über absichtslose Missethat im altdeutschen Strafrechte*, S. 487, 507 [815, 830].

8 Im Sinne HEIDERS, siehe oben C.III.1., S. 168 ff.

9 Nachw. bei BRUNNER, *Über absichtslose Missethat im altdeutschen Strafrechte*, S. 487, 491 ff., 497 f. [815, 818 ff., 822].

10 PUFENDORF, *Elementa iurisprudentiae universalis libri II*, lib. I def. I §§ 1–8; DERS., *De iure naturae et gentium*, lib. I cap. V, IX; DERS., *De officio hominis et civis iuxta legem naturalem*, lib. I cap. I, §§ 1 ff., 18 ff.

11 Dazu GRÜNHUT, *Anselm von Feuerbach*, S. 75 f. m. w. Nachw.

12 FEUERBACH, *Revision der Grundsätze und Grundbegriffe des positiven peinlichen Rechts*, Band I, S. 166 ff., Band II, S. 328 f.

II. Altes Testament

Im sakralen Sühnerecht des Alten Testaments finden sich keine konsistenten Zurechnungsprinzipien.[13] Einerseits löst manchmal schon die äußere Missetat ohne Rücksicht auf Kenntnis oder Vermeidbarkeit ein Sühnopfer aus,[14] andererseits soll das Maß der Schuld das Maß der Strafe abgeben:

> Pro mensura peccati erit et plagarum modus.[15]

Unterschieden werden zwei Arten von Tötungen, solche aus Feindschaft und solche aus Versehen, von ungefähr.[16] Nur die erste Gruppe verlangt regelmäßig nach dem Sühnetod und wird umschrieben durch die Beschaffenheit des Tatwerkzeugs, dem typischerweise eine Todesgefahr innewohnt:

> Wenn er ihn aber mit einem eisernen Werkzeug geschlagen hat, daß er gestorben ist, so ist er ein Mörder; der Mörder soll gewißlich getötet werden. Und wenn er ihn mit einem Stein, den er in der Hand führte, *wodurch man sterben kann*, geschlagen hat, daß er gestorben ist, so ist er ein Mörder; der Mörder soll gewißlich getötet werden. Oder wenn er ihn mit einem hölzernen Werkzeug, das er in der Hand führte, *wodurch man sterben kann*, geschlagen hat, daß er gestorben ist, so ist er ein Mörder; der Mörder soll gewißlich getötet werden.[17]

Dies ist entweder ein beweiserleichternder Rückschluß von der Letalität der Tatwaffe auf den Tötungsvorsatz oder eine dem späteren *dolus indirectus* verwandte Form der Willenszuschreibung.[18] Schwere Nachlässigkeit steht dem gleich:

> Und wenn ein Ochse einen Mann oder ein Weib stößt, daß sie sterben, so soll der Ochse gewißlich gesteinigt, und sein Fleisch soll nicht gegessen werden: aber der Besitzer des Ochsen soll schuldlos sein. Wenn aber der Ochse vordem stößig war, und sein Besitzer ist gewarnt worden, und er hat ihn nicht verwahrt, und er tötet einen Mann oder ein Weib, so soll der Ochse gesteinigt, und auch sein Besitzer soll getötet werden.[19]

Tötung „von ungefähr" bleibt nicht ungestraft, erfährt aber Milde, d.h. der Bluträcher verliert sein Recht nicht, der Täter kann sich aber in das Exil retten, das selbst eine Form der Strafe ist:

> Wenn er aber von ungefähr, nicht aus Feindschaft, ihn gestoßen, oder unabsichtlich irgend ein Werkzeug auf ihn geworfen hat, oder, ohne es zu sehen, irgend einen Stein, wodurch man sterben

---

13 Dazu PÜTTMANN/BAETKE, *Diss. inauguralis de distinctione inter animum occidendi directum et indirectum e iurisprudentia criminali eliminanda*, Lipsiae 1789, zit. nach PÜTTMANN, *Miscellaneorum liber singularis*, cap. 33, S. 327, 338 ff.; FAUCONNET, *La responsabilité*, S. 105 ff.

14 1. Mose 12, 17 f.; 20, 2 ff.; 1. Samuel 14, 24 ff., 41 ff.; siehe auch 3. Mose 4 und 5; dazu MÜLLER, *Ethik und Recht*, S. 34 f. m. w. Nachw.

15 5. Mose 25, 2; cf. THOMAS VON AQUIN, *Summa theologiae*, II-1, qu. 20 art. 5 obi. 3.

16 2. Mose 21, 12 ff.; 4. Mose 35, 11 ff.; 5. Mose 19, 5 ff., 11 ff.

17 4. Mose 35, 16–18 (Hervorh. hinzugefügt).

18 Dazu LÖFFLER, *Die Schuldformen des Strafrechts*, S. 49 m. Fn. 16.

19 2. Mose 21, 28 f.

kann, auf ihn hat fallen lassen, daß er gestorben ist, er war ihm aber nicht feind und suchte seinen Schaden nicht: ... die Gemeinde soll den Totschläger aus der Hand des Bluträchers retten ...[20]

Zwar muß auch die aus Versehen begangene Sünde gesühnt werden,[21] unverzeihlich ist aber die vorsätzliche Sünde:

Und wenn eine einzelne Seele aus Versehen sündigt, so soll sie eine einjährige Ziege zum Sündopfer darbringen. Und der Priester soll Sühnung tun für die Seele, die ein Versehen begangen hat durch eine Sünde aus Versehen vor Jahve, um Sühnung für sie zu tun. ... Aber die Seele, welche mit erhobener Hand etwas tut, ... die schmäht Jahve; und selbige Seele soll ausgerottet werden aus der Mitte ihres Volkes, denn das Wort Jahves hat sie verachtet und sein Gebot gebrochen ... [22]

Löffler sieht darin einen klaren Ausdruck des Gedankens, daß nur vorsätzliche Normübertretung die Autorität des Gebietenden verletzt,[23] während andere die Mißachtung des göttlichen Willens für ein Spezifikum religiösen Rechts halten, das im säkularen Strafrecht keine Entsprechung habe[24].

III. Qur'ân

Auch im Qur'ân ist die Intention das wesentliche Haftungskriterium. Versehentliche Missetat löst Schadensersatzpflicht aus, aber keine Strafe (Rache):

Und was ihr versehentlich darin gefehlt habt, das ist euch keine Sünde, sondern nur das, was eure Herzen vorsätzlich tun.[25]

Keinem Gläubigen steht es zu, einen anderen Gläubigen zu töten, es sei denn aus Versehen. Und wer einen Gläubigen aus Versehen tötet, dann die Befreiung eines gläubigen Sklaven und Blutgeld an seine Erben ...[26]

---

20 4. Mose 35, 22 f.; 5. Mose 19, 3 ff.; dazu Isaacson, 5 Nat'l Jewish L.Rev. 1, 15 f. (1990–91); Enker, 11 J. L. & Religion 23, 31 f. (1994–95), jew. m. w. Nachw., auch zum Streit um den Strafcharakter des Exils.

21 3. Mose 4 f.; 4. Mose 15, 22 ff.

22 4. Mose 15, 27–31.

23 Löffler, *Die Schuldformen des Strafrechts*, S. 49 Fn. 19.

24 Enker, 11 J. L. & Religion 23, 24 f., 26, 30 f. (1994–95) m. w. Nachw.

25 Sure 33, 5; dazu Masoodi, *Philosophy and Basic Principles of Islamic Penal Jurisprudence: A Comparative View*, S. 118, 128 f.

26 Sure 4, 92; dazu Masoodi, *Philosophy and Basic Principles of Islamic Penal Jurisprudence: A Comparative View*, S. 118, 129 f.; siehe auch Bahnassi, *Criminal Responsibility in Islamic Law*, S. 175, 181 f.

IV. Die Aristotelische Ethik[27]

In der *Nikomachischen Ethik* beschreibt ARISTOTELES die Tugend als eine bestimmte innere Haltung *(ἕξις)*, Willenstätigkeit. Grundlage ethischer Werturteile ist der Wille, soweit er frei ist. Wer über Ethik nachdenke, müsse Freiwilliges und Unfreiwilliges notwendigerweise unterscheiden, was auch für den Gesetzgeber bei Zuteilung von Strafen und Ehren nützlich sei.[28] Ein Vorwurf hängt davon ab, ob der Fehler in der Macht des Handelnden lag.[29]

Als „freiwillig" *(ἑκούσιον)* gilt die Handlung, deren bewegendes Prinzip in dem Handelnden selbst liegt, wobei er volles Wissen von den Einzelumständen hat. Als „unfreiwillig" *(ἀκούσιον)* gilt, was aus Unwissenheit oder Zwang geschieht.[30] Bei Handlungen aus Unwissenheit unterscheidet ARISTOTELES weiter nach der Kausalität des Irrtums,[31] wofür indiziell ist, ob der Handelnde seine Tat später bedauert[32] (dann „unfreiwillig") oder nicht (dann „nichtfreiwillig", *οὐχ ἑκούσιον*).[33] So trennt er zwischen Handeln *aufgrund* Unwissenheit *(δι'ἄγνοιαν)* und *in* vermeidbarem Nichtwissen *(ἀγνοῶν)*, das eine andere Ursache wie Zorn, Trunkenheit usw. hat.[34] So stehe auf verschuldete Unwissenheit Strafe und werde dem Betrunkenen das Strafmaß verdoppelt, weil das bewegende Prinzip in ihm selbst war, die Handlung in seiner Macht stand.[35]

---

27 Dazu siehe LOENING, *Die Zurechnungslehre des Aristoteles*, insb. S. 130 ff., 168 ff., 210 ff.; MASCHKE, *Die Willenslehre im griechischen Recht*, S. 137 ff., 142 ff.; LIPP, *Die Zurechnungslehre bei Aristoteles und Thomas von Aquin*, S. 4 ff.; LÖFFLER, *Die Schuldformen des Strafrechts*, S. 70 ff., 98 f.; MÜLLER, *Ethik und Recht*, S. 15 f.; auch WELZEL, *Naturrecht und materiale Gerechtigkeit*, S. 35 ff.; DERS., *Vom irrenden Gewissen*, S. 7 f.; KÖHLER, *Die bewußte Fahrlässigkeit*, S. 104 ff.; KLESCZEWSKI, *Die Rolle der Strafe in Hegels Theorie der bürgerlichen Gesellschaft*, S. 87 ff., 105 ff.

28 ARISTOTELES, *Nikomachische Ethik*, III 1, 1109 b 30 ff.

29 ARISTOTELES, *Nikomachische Ethik*, III 7, 1114 a 22 ff.

30 ARISTOTELES, *Nikomachische Ethik*, III 1, 1109 b 30 ff.; III 3, 1111 a 7 ff.; V 10, 1135 a 23 ff.; cf. LOENING, *Die Zurechnungslehre des Aristoteles*, S. 131 f., 168 ff.

31 ARISTOTELES, *Nikomachische Ethik*, III 1, 1110 b 18 ff.; dazu THOMAS VON AQUIN, *Sententia libri Ethicorum*, lib. 3 lec. 3 nn. 2, 3; PUFENDORF, *De iure naturæ et gentium*, lib. I cap. III § 10; dazu MASCHKE, *Die Willenslehre im griechischen Recht*, S. 151 ff.; krit. LOENING, *Die Zurechnungslehre des Aristoteles*, S. 174 f., 216 ff. m. w. Nachw.; WELZEL, *Naturrecht und materiale Gerechtigkeit*, S. 36; LIPP, *Die Zurechnungslehre bei Aristoteles und Thomas von Aquin*, S. 13 Fn. 45, S. 34 Fn. 117 m. w. Nachw., auch zur nicht ganz konsistenten Terminologie; zust. hingegen KÖHLER, *Die bewußte Fahrlässigkeit*, S. 104 ff. m. Fn. 13; siehe auch JAKOBS, ZStW 114 (2002), 584, 589 Fn. 11.

32 Das Erfordernis findet sich bereits bei PLATON, *Die Gesetze*, 9. Buch, 866 D f. MASCHKE, *Die Willenslehre im griechischen Recht*, S. 151, weist auf den Doppelsinn des Wortes *ἄκων* hin, das auch „ungern", „unerwünscht" bedeutet.

33 ARISTOTELES, *Nikomachische Ethik*, III 2, 1110 b 18 ff.

34 ARISTOTELES, *Nikomachische Ethik*, III 2, 1110 b 25 ff.; vgl. THOMAS VON AQUIN, *Sententia libri Ethicorum*, lib. 3 lec. 3 nn. 4 f.; PUFENDORF, *De iure naturæ et gentium*, lib. I cap. III § 10 *(ex ignorantia–ab ignorante)*.

35 ARISTOTELES, *Nikomachische Ethik*, III 2, 1113 b 30 ff.; dazu MASCHKE, *Die Willenslehre im griechischen Recht*, S. 151 ff.; krit. LOENING, *Die Zurechnungslehre des Aristoteles*, S. 224 ff.

Die Unkenntnis dessen, was sich zu tun oder zu lassen ziemt, sei selbst ein Zeichen der Lasterhaftigkeit, einer unsittlichen Charakterhaltung *(ἕξις)*. Auch Unwissenheit der sittlichen Normen, d.h. des Allgemeinen *(ἄγνοια τοῦ καθόλου)*, sei nicht Ursache der Unfreiwilligkeit, denn dafür würden die Menschen getadelt, sondern nur Unwissenheit des Konkret-Einzelnen *(ἄγνοια τῶν καθ'ἕκαστα)*, z.B. über Umstände der Handlung.[36]

Entsprechendes gilt für unrechtes Handeln, bei dem ein äußerliches Element der Verletzung rechtlicher Normen und damit der Allgemeinheit oder der Rechte einzelner Personen hinzutritt.[37] Ein Akt ist als gerecht oder ungerecht durch das Maß der Freiwilligkeit charakterisiert.[38] „Unrechttun setzt freien Willen und freien Entschluß voraus und daß man selbst den ersten Schritt tut."[39] Aristoteles unterscheidet drei Formen von Schädigungen: zunächst die mit vollem Wissen/freiwilligen/mit Überlegung ausgeführten sowie die ohne volles Wissen/unfreiwilligen/ohne Überlegung ausgeführten; tritt bei letzteren der Schaden wider alle vernünftige Erwartung ein, so sei dies unglücklicher Zufall; trete er nicht wider alle vernünftige Erwartung, aber ohne Böswilligkeit ein, so sei dies irrtümliches Handeln. Von Irrtum werde gesprochen, wenn die Ursache des Falschen in der eigenen Person, von unglücklichem Zufall, wenn sie außerhalb zu suchen sei.[40]

Fehler aber, die aufgrund von Unwissenheit gemacht werden, können Nachsicht finden.[41] Doch werde die Unkenntnis des Naturrechts,[42] d.h. der Normen, die überall die gleiche Geltungskraft haben unabhängig von der Zustimmung der Menschen,[43] und die dem Menschen naturgemäß bekannt sind, sowie einer (positiven) gesetzlichen Bestimmung, die man kennen müßte und die keine schwierige

---

36 Aristoteles, *Nikomachische Ethik*, III 2, 1110 b 30 ff.; auch Rechtssätze werden als *καθόλου* bezeichnet, V 10, 1135 5; V 14, 1137 b 13; krit. zur späteren Identifikation mit *error iuris–error facti* Loening, *Die Zurechnungslehre des Aristoteles*, S. 181 ff. Loening nimmt an, daß Aristoteles die Unkenntnis einzelner Rechtssätze bzw. den Subsumtionsirrtum im Einzelfall entschuldige, *ibid.*, S. 183, 213 u. ff. Das von Loening dafür angeführte Beispiel des Aischylos in *Nikomachische Ethik*, III 2, 1111 a 10, der sich gegen den Vorwurf des Verrats von Mysteriengeheimnissen vor dem Areopag damit verteidigt hatte, daß er ein Uneingeweihter sei und nicht gewußt habe, daß das, was er sagte, ein Geheimnis sei, betrifft wohl eher einen Irrtum über ein normatives Tatbestandsmerkmal (Mysteriengeheimnis) – so versteht es auch Maschke, *Die Willenslehre im griechischen Recht*, S. 150 – als über einen Rechtssatz (Mysteriengeheimnisse dürfen nicht verraten werden), freilich mit der Folge eines sekundären Verbotsirrtums, der bei jedem relevanten Tatsachenirrtum entsteht.

37 Vgl. Loening, *Die Zurechnungslehre des Aristoteles*, S. 221 f. m. w. Nachw. Aristoteles kennt auch ein bloß äußeres, objektives, zufälliges Unrecht (siehe oben im folgenden Text), das aber sittlich irrelevant ist.

38 Aristoteles, *Nikomachische Ethik*, V 10, 1135 a 16 ff.

39 Aristoteles, *Nikomachische Ethik*, V 15, 1138 a 21 ff.

40 Aristoteles, *Nikomachische Ethik*, V 10, 1135 b 12 ff.

41 Aristoteles, *Nikomachische Ethik*, V 10, 1136 a 5 ff.; dazu Loening, *Die Zurechnungslehre des Aristoteles*, S. 222 ff. m. w. Nachw.

42 Aristoteles, *Nikomachische Ethik*, III 2, 1110 b 30 ff.

43 Aristoteles, *Nikomachische Ethik*, V 10, 1134 b 18 ff.; V 12, 1136 b 34 f.; vgl. Thomas von Aquin, *Sententia libri Ethicorum*, lib. 5 lec. 15 n. 8.

Materie betrifft,[44] bestraft. Unkenntnis von faktischen Tatumständen[45] entlastet, je nach Vermeidbarkeit, ganz oder teilweise.

V. Römisches Recht

1. Dolus

Im frühen römischen Recht findet sich eine erste Ausprägung des Verschuldensprinzips in der Gesetzgebung NUMAS und dem Zwölftafelgesetz.[46] Das jüngere römische Strafrecht betont hingegen die innere Seite, namentlich den Willen des Täters,[47] exemplarisch in der *lex Cornelia de sicariis et veneficiis,* zu der HADRIAN später reskribiert: „in maleficiis voluntas spectatur, non exitus" (D. 48, 8, 14; ähnl. C. 9, 16, 1, 1),[48] was auch zur Strafbarkeit des Versuchs führt, während die undolose Handlung als *casus* straffrei bleibt[49]. Dies entspricht der Ethik des ARISTOTELES (oben IV.) und der Stoa,[50] denen die innere Haltung, Wille oder Gesinnung, Gegenstand von Lob und Tadel ist, nicht das dem Zufall unterworfene äußere Geschehen.

---

44 ARISTOTELES, *Nikomachische Ethik*, III 7, 1113 b 33 ff.; vgl. THOMAS VON AQUIN, *Sententia libri Ethicorum,* lib. 3 lec. 11 n. 11: „Alio autem modo est homo causa ignorantiae indirecte per hoc quod non agit illud quod agere debet; et propter hoc ignorantia eorum quae scire tenetur et potest, reputatur voluntaria, et pro ea homines puniuntur, et hoc est quod dicit quod legislatores puniunt ignorantes ea quae sunt lege statuta, quae omnes scire oportet, sicut quod non est furandum; et non difficilia, sicut subtilitates iuris quas non tenentur omnes scire, quia non possent."; dazu MASCHKE, *Die Willenslehre im griechischen Recht*, S. 152 f.; LOENING, *Die Zurechnungslehre des Aristoteles*, S. 228 f.; LIPP, *Die Zurechnungslehre bei Aristoteles und Thomas von Aquin*, S. 29 ff. m. w. Nachw.

45 Beispiele zählt ARISTOTELES in *Nikomachische Ethik*, III 2, 1111 a 8 ff.; V 10, 1135 a 27 ff. auf; vgl. LOENING, *Die Zurechnungslehre des Aristoteles*, S. 210 ff. m. w. Nachw.

46 LÖFFLER, *Die Schuldformen des Strafrechts*, S. 59 ff., 63 ff. m. w. Nachw.; GAUDEMET, *Le problème de la responsabilité pénale dans l'antiquité*, S. 51, 62 ff.; siehe auch MOMMSEN, *Römisches Strafrecht*, S. 85; GEIB, *Lehrbuch des Deutschen Strafrechts*, 2. Band, § 94 S. 248 ff. m. w. Nachw.; FERRINI, *Diritto penale romano*, S. 72 ff., 77 ff.

47 LÖFFLER, *Die Schuldformen des Strafrechts*, S. 67 m. w. Nachw.

48 Siehe auch D. 47, 2, 54 pr. („Nam maleficia voluntas et propositum delinquentis distinguit"); PAULI Sent. V, 23, 3 („consilium enim uniusquisque non factum puniendum est."); CICERO, *pro Milone*, 19.

49 Vgl. D. 48, 8, 1 ff.

50 Exemplarisch SENECA, *ad Lucilium epistulae morales*, ep. XCV, 57 (oben Fußn. 3), DERS., *de beneficiis*, V, 14, 2; CICERO, *Paradoxa Stoicorum*, III, 20, 25; umfangr. Nachw. bei MÜLLER, *Ethik und Recht*, S. 15 ff.

Der Gedanke, daß der böse Wille das eigentlich tadelnswerte sei, findet sich auch sonst in der römischen Literatur, vgl. LIVIUS, *Ab urbe condita,* I, 58, 9; IUVENAL, *Satiren*, XIII, v. 207–209: „Has patitur poenas peccandi solas voluntas: nam scelus intra se qui cogitat ullum, facti crimen habet."; siehe GAUDEMET, *Le problème de la responsabilité pénale dans l'antiquité*, S. 51, 67 ff. m. w. Nachw.

LÖFFLER führt dies auf die Entdeckung des öffentlichen Interesses an der Strafe und den Einfluß der griechischen Ethiker, hauptsächlich des ARISTOTELES, zurück, *Die Schuldformen des Strafrechts*, S. 68 ff.; zum Einfluß der Philosophie auf die römische Rechtswissenschaft siehe eingehend

Das römische Strafrecht der klassischen Zeit teilt die menschlichen Handlungen unter zwei Begriffe auf: *dolus* und *casus,* gelegentlich erweitert um die Jähtat *(impetus)*[51]. *Casus* schließt fahrlässige Begehung *(culpa levis)* ein.[52] Voraussetzung für reguläre Strafe ist grundsätzlich *dolus* des Täters.[53] Die Definitionen der (strafrechtlichen) Schuld und der Schuldformen des Vorsatzes und der Fahrlässigkeit entstammen nur der Wissenschaft.[54] „Dolus" wird sowohl im privatrechtlichen als auch strafrechtlichen Kontext verwendet und weist eine Vielzahl[55] von Schattierungen auf, z.B. im Sinne von List, Hinterlist,[56] aber auch weit gefaßt als unrechtliches Handeln schlechthin. Da eine klare Systematik der Verbrechenselemente fehlte, wurden auch Fälle erlaubten Handelns, von Zwang oder Notstand mit Hilfe des *dolus*-Begriffs gelöst.[57] MOMMSEN versteht *dolus malus* als Abstraktion, der konkrete Inhalt ergebe sich erst im Bezug auf die jeweilige einzelne Klage.[58]

Welche Gestalt des Vorsatzes nötig oder auch genügend war, läßt sich allgemein kaum sicher bestimmen. Oft wird *animus* (Absicht) gefordert,[59] ansonsten der deliktische Wille als *dolus (malus),* teilweise verstärkt noch um den Hinweis auf das Bewußtsein des Unrechts *sciens dolo malo,*[60] bezeichnet, wobei das Adjektiv *malus*

VOIGT, *Die Lehre vom jus naturale, aequum et bonum und jus gentium der Römer,* Band I, S. 226 ff.; cf. MASCHKE, *Die Willenslehre im griechischen Recht,* S. 14 ff.

51 Vgl. die oft zitierte Stelle D. 48, 19, 11, 2 mit der MARCIANischen Unterscheidung: „Delinquitur autem aut proposito aut impetu aut casu. proposito deliquunt latrones, qui factionem habent: impetu autem, cum per ebrietatem ad manus aut ad ferrum venitur; casu vero, cum in venando telam in feram missum hominem interfecit."

52 Vgl. D. 47, 9, 9 („si vero casu, id est negligentia"); w. Nachw. bei BINDING, *Die Normen und ihre Übertretung,* Band II, S. 651.

53 Siehe nur MOMMSEN, *Römisches Strafrecht,* S. 86 ff.; LÖFFLER, *Die Schuldformen des Strafrechts,* S. 79 ff. m. w. Nachw.

54 MOMMSEN, *Römisches Strafrecht,* S. 90; siehe nur D. 4, 3 (De dolo malo).

55 Dazu LÖFFLER, *Die Schuldformen des Strafrechts,* S. 74 ff. m. w. Nachw.; GAUDEMET, *Le problème de la responsabilité pénale dans l'antiquité,* S. 51, 69; SCHAFFSTEIN, *Die allgemeinen Lehren vom Verbrechen,* S. 107; hingegen unterscheidet BINDING, *Die Normen und ihre Übertretung,* Band II, S. 638 ff., 644 f., nur zwei *dolus*-Begriffe, einen älteren engen der heimlichen List und einen weiteren als allgemeine Willensseite.

56 Vgl. die bekannte Definition des LABEO: „dolum malum esse omnem calliditatem fallaciam machinationem ad circumveniendum fallendum decipiendum alterum adhibitam" (D. 4, 3, 1, 2). Dazu und zu weiteren Definitionen siehe BINDING, *Die Normen und ihre Übertretung,* Band II, S. 645 ff.; LAINGUI, *La responsabilité pénale dans l'ancien droit,* S. 31 f.

57 Z.B. D. 50, 17, 55 („nullus videtur dolo facere, qui suo iure utitur"); 40, 12, 16, 1 („Si tamen vi metuque compulsus fuit hic qui distractus est, dicemus eum dolo carere."), dazu LÖFFLER, *Die Schuldformen des Strafrechts,* S. 75 ff. m. w. Nachw.

58 MOMMSEN, *Römisches Strafrecht,* S. 87 mit Fn. 2.

59 Z.B. D. 48, 8, 1, 3, Cod. 9, 16, 1 pr. *(animus occidendi),* D. 47, 2, 52, 20 *(animus furandi),* D. 47, 12, 3, 1 *(animus violandi),* D. 25, 4, 1, 8 *(animus iniuriae faciendae)*; vgl. BINDING, *Die Normen und ihre Übertretung,* Band II, S. 667.

60 Zu äquivalenten Umschreibungen wie *consulto, consilio, sponte, proposito, voluntate* etc. siehe MOMMSEN, *Römisches Strafrecht,* S. 86 Fn. 3 (auf S. 87); LÖFFLER, *Die Schuldformen des Strafrechts,* S. 78 f.; BINDING, *Die Normen und ihre Übertretung,* Band II, S. 672 Fn. 6.

lediglich verstärkend hinzutritt, da *dolus* allein schon einen Tadel ausdrückt.[61] Wissentlichkeit genügte mitunter auch.[62]

Leichte Fahrlässigkeit *(culpa levis, neglegentia)*[63] genügte für öffentliche Strafe soweit ersichtlich nicht[64]. Ausnahmsweise wurden nichtdolose Handlungen bei schweren Tatfolgen (Tötung, Brandstiftung) außerordentlich geahndet[65] sowie sogar *ordinarie* wegen des „schlechten Beispiels" bei Abtreibungs- und Liebestränken[66]. Während die Abgrenzung von *dolus* und *culpa* in zivilrechtlichen Kontexten bisweilen unscharf ist und Übergänge bzw. Gleichsetzung der Rechtsfolgen bei großer Fahrlässigkeit (*culpa lata,*[67] *lascivia, luxuria*) kennt,[68] wird eine Gleichbehandlung im Strafrecht mitunter ausgeschlossen,[69] bei Privatdelikten aber zugelassen[70].

Bartolus folgerte später daraus: „in poenis corporalibus lata culpa non aequiparatur dolo, sed mitius punitur",[71] was zum Gemeingut der italienischen Jurisprudenz des Mittelalters und gemeinen Rechts wurde. Hingegen nimmt Binding an, daß *culpa lata*, *lascivia* und *luxuria* generell als weitere Gestalten bewußter Schuld

---

61 Mommsen, *Römisches Strafrecht*, S. 87 Fn. 4; siehe auch D. 4, 3, 1, 3.

62 Vgl. D. 47, 9, 9: „Qui aedes acervumve frumenti iuxta domum positum combusserit, vinctus verberatus igni necari iubetur, si modo sciens prudensque id commiserit."; Krug, *Ueber dolus und culpa*, S. 28; Löffler, *Die Schuldformen des Strafrechts*, S. 107, 110.

63 Siehe nur D. 9, 2, 31: „culpam esse, quod cum a diligenti provideri potuerit non esset provisum".

64 Mommsen, *Römisches Strafrecht*, S. 89; Löffler, *Die Schuldformen des Strafrechts*, S. 83 m. w. Nachw., dort auch zu Ausnahmen bei militärischen Vergehen.

65 D. 48, 8, 4, 1: „Cum quidam per lasciviam causam mortis praebuisset, comprobatum est factum Ignatii Taurini proconsulis Baeticae a divo Hadriano, quod eum in quinquennium relegasset."; 47, 9, 9 (de incendio): „si vero casu, id est neglegentia, aut noxiam sarcire iubetur aut, si minus idoneus sit, levius castigatur."; Binding, *Die Normen und ihre Übertretung*, Band II, S. 779.

66 D. 48, 19, 38, 5: „Qui abortionis aut amatorium poculum dant, etsi dolo non faciant, tamen quia mali exempli res est, humiliores in metallum, honestiores in insulam amissa parte bonorum, relegantur. quodsi eo mulier aut homo perierit, summo supplicio adficiuntur."

67 Übereinstimmend definiert von Ulpian und Paulus als „(nimia negligentia, id est) non intellegere, quod omnes intellegunt", D. 50, 16, 213, 2; 50, 16, 223 pr. Dazu Löffler, *Die Schuldformen des Strafrechts*, S. 99 ff. m. w. Nachw.; Binding, *Die Normen und ihre Übertretung*, Band II, S. 770 ff., der hierin eine Beweisregel bei Irrtumsbehauptung erblickt.

68 D. 11, 6, 1, 1 („lata culpa plane dolo comparabitur"); D. 16, 3, 32 („Nerva diceret, latiorem culpam dolum esse"); D. 50, 16, 226 („magna culpa dolus est"); zur *culpa dolo proxima*, die wie *dolus* behandelt wird, siehe D. 2, 13, 8; 11, 1, 11, 11; 36, 1, 23 (22), 3; 36, 4, 5, 15, sowie Binding, *Die Normen und ihre Übertretung*, Band II, S. 774 ff. m. w. Nachw.

69 So Paulus zur *lex Cornelia de sicariis,* D. 48, 8, 7 pr.: „neque in hac lege culpa pro dolo accipitur".

70 D. 47, 4, 1, 2: „culpa dolo proxima dolum repraesentat"; D. 47, 9, 11: „Si fortuito incendium factum sit, venia indiget, nisi tam lata culpa fuit, ut luxuria [luxuriae] aut dolo sit proxima.", vgl. D. 48, 19, 28, 12: „Incendiarii capite puniuntur, qui ob inimicitias vel praedae causa incenderint intra oppidum: et plerumque vivi exuruntur. qui vero casam vel villam, aliquo lenius. nam fortuita incendia, si, cum vitari possent, per neglegentiam eorum, apud quos orta sunt, damno vicinis fuerunt, civiliter exercentur ... vel modice vindicaretur [vindicantur]."

71 Bartolus, D. n. de legem Corne. de sica. l. in lege (D. 48, 8, 7); ebenso Baldus, Inst. de susp. tut. § suspectus (Inst. 1, 26, 6).

in gleicher Weise wie *dolus* kriminell bestraft wurden.[72] Dies erscheint als praktisches Ergebnis zwar naheliegend,[73] angesichts der wenigen strafrechtlichen Stellen[74] aber keineswegs zweifelsfrei.[75] Die Frage kann hier jedoch dahinstehen.

Der nötige Vorsatz wurde *ex re* aus den Tatumständen wie Tatwaffe oder Tatwerkzeug erschlossen: „dolus ex insidiis perspicuis probari convenit“[76]. So galt Schwertzücken als Beweis für *animus occidendi* und wurde nach der *lex Cornelia* bestraft, auch wenn nur Verwundung erfolgt war.[77]

2. Irrtum[78]

Nach allgemeiner späterer Deutung gehörte zum *dolus* stets das Bewußtsein der Rechtswidrigkeit,[79] es wurde sogar zum Sinn der Strafe erklärt, daß sie für den wissentlich Handelnden gedacht sei.[80]

---

72 BINDING, *Die Normen und ihre Übertretung*, Band II, S. 331, 633 ff. 638, 669, 711–781, insb. S. 720 f m. Fn. 17–19, 727, 769; DERS., *Die Schuld im deutschen Strafrecht*, S. 13 f.: *Dolus* habe von Anbeginn an stets ein Moment sittlicher Gemeinheit, der Arglist o.ä. enthalten. Bewußt rechtswidriges Handeln ohne gemeines Motiv oder rechtsfeindliche Gesinnung sei als *culpa lata, culpa dolo proxima, luxuria, lascivia* bestraft worden, die allesamt keine Fahrlässigkeitsfälle seien. Beispielhaft der Fall des aus Mitleid befreiten fremden Sklaven (D. 4, 3, 7, 7), in dem ULPIAN *dolus* verneint, wenn der Täter aus *misericordia* gehandelt hat. Die Einordnung als *dolo proximum* entnimmt BINDING aus dem parallelen Fall in D. 16, 3, 7 pr. Vgl. die ähnliche Behandlung bei CHR. WOLFF, *Philosophia practica universalis*, Pars I, § 783, der hier *dolus* wegen des gutwilligen Motivs verneint und wegen der Wissentlichkeit *culpa media* annimmt; BALDUS nahm hier *dolus praesumptus* an, dazu ENGELMANN, *Schuldlehre der Postglossatoren*, S. 159 m. w. Nachw. Gegen BINDING siehe LÖFFLER, *Die Schuldformen des Strafrechts*, S. 99 ff. m. w. Nachw.

73 Vgl. DONELLUS, *Commentarii de iure civili*, lib. XVI cap. 7 § 9 [vol. X, 168 f.]: „Proprietate verbi et genere facti lata culpa non est dolus: interpretatione iusta et effectu iuris dolus est.“; dazu ENGELMANN, *Schuldlehre der Postglossatoren*, S. 181 ff., siehe auch S. 184 Fn. 37.

74 In strafrechtlichem Kontext erscheint die *culpa lata* nur dreimal im Corpus Iuris: D. 47, 9, 11, die interpolierte Stelle D. 47, 4, 1, 2 sowie D. 48, 8, 7 pr. Zur Bedeutung der *culpa lata* im Strafrecht BINDING, *Die Normen und ihre Übertretung*, Band II, S. 752–781; umfassende Auflistung auch der zivilrechtlichen Stellen *ibid.*, S. 721 Fn. 18 *(culpa lata)*, Fn. 19 *(culpa dolo proxima)*. Zur *lascivia ibid.*, S. 758 ff., zur *luxuria ibid.*, S. 765 ff., jew. m. Nachw.

75 So KRUG, *Ueber dolus und culpa*, S. 41 f.

76 C. 2, 20 (21), 6. Zum Vorsatzbeweis siehe auch D. 22, 3, 18, 1.

77 D. 48, 8, 1, 3: „Divus Hadrianus rescripsit eum, qui hominem occidit, si non occidendi animo hoc admisit, absolvi posse, et qui hominem non occidit, sed vulneravit, ut occidat, pro homicida damnandum: et ex re constituendum hoc: nam si gladium strinxerit et in eo percusserit, indubitate occidendi animo id eum admisisse: sed si clavi percusserit aut cuccuma in rixa, quamvis ferro percusserit, tamen non occidendi animo.“

78 Eingehend dazu BINDING, *Die Normen und ihre Übertretung*, Band III, S. 30 ff. m. zahlr. Nachw.; knapp DERS., *Die Schuld im deutschen Strafrecht*, S. 70 ff.

79 Siehe nur MOMMSEN, *Römisches Strafrecht*, S. 86, 87 Fn. 3; PERNICE, *Labeo*, II 1, S. 150, 153; WÄCHTER, *Pandekten*, Band I, S. 353; ENGELMANN, *Schuldlehre der Postglossatoren*, S. 41 ff.; BINDING, *Die Normen und ihre Übertretung*, Band II, S. 633 ff., 653 ff., 669 ff., 675 Fn. 18, alle m. w. Nachw.

80 Sehr deutlich z.B. D. 50, 9, 6 („quaesitum est, an poenam sustinere debeat, qui ignorans

Über die Behandlung von Unwissenheit und Irrtum im römischen Recht besteht gleichwohl Uneinigkeit. Zwar schließe der Tatsachenirrtum den Vorsatz stets aus, umstritten ist aber, ob Rechtsirrtum entlastete. Dies wird vielfach verneint[81] mit kurzem Verweis auf die bekannten Fragmente[82] „ignorantia enim excusatur non iuris, sed facti" (D. 3, 2, 11, 4)[83] und „Regula est iuris quidem ignorantiam cuique nocere, facti vero ignorantiam non nocere." (D. 22, 6, 9 pr.).

Letztere Regel ist allerdings, wie die *regulae iuris* allgemein,[84] nicht als Rechtssatz mißzuverstehen, sondern als Lehrsatz, als zusammenfassende Beschreibung der rechtlichen Behandlung der Irrtumsfälle:[85] So schadet in der Regel ein Rechtsirrtum schon deshalb, weil er unglaubhaft ist. Die *regula* steht überdies in rein zivilrechtlichem Kontext. Ein Normsatz der grundsätzlichen Unbeachtlichkeit des Verbotsirrtums *im Strafrecht* ist nicht aufweisbar[86] – nur wenige Gesetze ordnen ausdrücklich an, daß es auf Verbotskenntnis nicht ankomme[87] – und mit dem Verständnis von *dolus* als Unrechtskenntnis nicht vereinbar. Denn der Irrtum über

---

adversus decretum fecit. respondit et huiusmodi poenas adversus scientes paratas esse."); w. Nachw. bei BINDING, *Die Normen und ihre Übertretung*, Band II, S. 676 ff.

81 VON SAVIGNY, *System des heutigen Römischen Rechts*, Band III, S. 389 u. ff., 429 ff.; MOMMSEN, *Römisches Strafrecht*, S. 86; PERNICE, *Labeo* II 1, S. 493 ff.; LÖFFLER, *Die Schuldformen des Strafrechts*, S. 93 ff.; LIEPMANN, ZStW 38 (1916/17), 21, 24 ff.; ROSSHIRT, NArchCrimR 9 (1826), 491, 493; HEINEMANN, ZStW 13 (1893), 371, 373; diff. GESSLER, GS 10 (1858), 217, 228 ff. A.A. BINDING, *Die Normen und ihre Übertretung*, Band II, S. 680 ff.; Band III, S. 30 ff.; DERS., *Die Schuld im deutschen Strafrecht*, S. 70 ff.

82 Siehe auch D. 41, 3, 37; Inst. 4, 2, 1; Mos. et Roman. Leg. Collatio 1, 12, 1 (dazu BINDING, *Die Normen und ihre Übertretung*, Band II, S. 687 Fn. 15; Band III, S. 64 Fn. 36).

83 Dazu BINDING, *Die Normen und ihre Übertretung*, Band III, S. 64 Fn. 36.

84 So schon PAULUS, D. 50, 17, 1: „Regula est, quae rem quae est breviter enarrat. non ex regula ius sumatur, sed ex iure quod est regula fiat. per regulam igitur brevis rerum narratio traditur, et, ut ait Sabinus, quasi causae coniectio est, simul cum in aliquo vitiata est, perdit officium suum."; BERMAN, *Law and Revolution*, S. 137 ff. m. w. Nachw.; cf. STEIN, *Regulae Iuris: From Juristic Rules to Legal Maxims*, S. 49 ff., 67 ff., 107 f.; F. SCHULZ, *History of Roman Legal Science*, S. 66 f.; DERS., *Principles of Roman Law*, S. 51 ff.

85 ENGELMANN, *Irrtum und Schuld*, S. 41 u. ff., 174 f.

86 Vgl. schon AZO, *Summa Codicis*, de j. et. f. ignor. tit. 18, n. 17. Später BINDING, *Die Normen und ihre Übertretung*, Band III, S. 52 ff. zu den übrigen Stellen; ENGELMANN, *Irrtum und Schuld*, S. 253 f. Auch D. 5, 3, 25, 6 betrifft nur eine zivilrechtliche Vorfrage, zudem schadet hier ein Rechtsirrtum gerade nicht: „et non puto hunc esse praedonem qui dolo caret, quamvis in iure erret.", dazu BINDING, *Die Normen und ihre Übertretung*, Band II, S. 689 f.; Band III, S. 64 Fn. 35.

87 Z.B. Zollstrafen, D. 39, 4, 16, 5: „licet quis se ignorasse dicat, nihilominus eum in poenam vectigalis incidere divus Hadrianus constituit"; aber auch D. 48, 10, 15 pr., dazu MOMMSEN, *Römisches Strafrecht*, S. 93 f.; VON SAVIGNY, *System des heutigen Römischen Rechts*, Band III, S. 393, sieht darin ein Formaldelikt, dagegen BINDING, *Die Normen und ihre Übertretung*, Band II, S. 61 Fn. 25; ENGELMANN, *Irrtum und Schuld*, S. 254.

Siehe auch C. 1, 18, 12: „constitutiones principum nec ignorare quemquam nec dissimulare permittimus.", der Kontext ist privatrechtlich, HEFFTER, NArchCrimR 12 (1830), 130, 139; dazu BINDING, *Die Normen und ihre Übertretung*, Band II, S. 685, Band III, S. 60 f. Allgemeiner zum Kaiserrecht C. 1, 14, 9: „Leges sacratissimae, quae constringunt omnium vitas, intellegi ab omnibus debent, ut universi praescripto earum manifestius cognito vel inhibita declinent vel permissa sectentur."

den Tatbestand eines Delikts schloß verbrecherische Absicht stets aus, ohne Unterschied, ob der Irrtum auf einer Fehlvorstellung von Fakten oder Rechtsnormen (bei normativen Tatbestandsmerkmalen[88]) beruhte.[89]

Nach BINDING ist die oben erwähnte *regula iuris* wie ähnliche Sätze nur ein prozessualer Beweissatz gewesen oder bezieht sich auf angeblichen, unglaubhaften Irrtum.[90] Die Unterscheidung von Tat- und Rechtsirrtum sei im Zivilrecht zwar für einige wenige Fälle aufgestellt worden, allerdings bezogen auf einen *error iuris sui*,[91] die Unkenntnis eines eigenen subjektiven Rechts, z.B. als Grund für Fristversäumnis,[92] die wiederum auf Tatsachen- oder Rechtsunkenntnis beruhen kann[93]. Erst die spätere Rationalisierung durch NERATIUS, Recht sei leicht zu überschauen, Tatsachen aber nicht,[94] habe die (Fehl-)Deutung des *error iuris* als Irrtum über jedweden objektiven Rechtssatz befördert.[95] Sodann trete eine Abmilderung der strikten Trennung durch das Kriterium der Vermeidbarkeit hinzu: Tatsachenirrtum entlastet den nicht, der nicht weiß, was die ganze Stadt weiß;[96] Rechtsirrtum schadet nach LABEO nur dem, der das Recht leicht kennen kann, der juristisch

[88] Beispielsweise in Inst. 4, 2, 1 f.: Wer eine fremde Sache raubt, die er aus Rechtsunkenntnis für sein Eigentum hält, haftet nicht; eine Haftung wegen Verstoßes gegen das Verbot der Selbsthilfe wird durch Unkenntnis aber ersichtlich nicht ausgeschlossen, so VON SAVIGNY, *System des heutigen Römischen Rechts*, Band III, S. 391; LÖFFLER, *Die Schuldformen des Strafrechts*, S. 95 f., gegen BINDING, *Die Normen und ihre Übertretung*, Band II, S. 688 f.

[89] D. 48, 10, 15 pr.; 2, 1, 7, 4; 29, 5, 3, 22; 48, 5, 39, 1; C. 9, 23, 3/5; BINDING, *Die Normen und ihre Übertretung*, Band III, S. 54 ff.; LÖFFLER, *Die Schuldformen des Strafrechts*, S. 94; ausführl. ENGELMANN, *Irrtum und Schuld*, S. 268 ff., 273 ff., jew. m. w. Nachw.; WÄCHTER, *Pandekten*, Band I, S. 353.

[90] Vgl. BINDING, *Die Normen und ihre Übertretung*, Band II, S. 675 Fn. 18, 680 ff., 683, 699; DERS., GS 81 (1913), 19, 24 ff.; dagegen eingehend LÖFFLER, *Die Schuldformen des Strafrechts*, S. 94 ff. m. w. Nachw., auch zur zivilistischen Lit.; a.A. auch KOHLRAUSCH, *Irrtum und Schuldbegriff*, S. 85 Fn. 1 m. w. Nachw.

[91] Z.B. D. 22, 6, 1; 22, 6, 3; 32, 1, pr.; 40, 5, 26, 1; 40, 12, 12, 1; 49, 14, 2, 7; w. Nachw. bei BINDING, *Die Normen und ihre Übertretung*, Band III, S. 34; ähnl. schon OSENBRÜGGEN, *Abhandlungen aus dem deutschen Strafrecht*, 1. Band, § 6 S. 32 f.

[92] BINDING, *Die Normen und ihre Übertretung*, Band III, S. 33 ff.; DERS., *Die Schuld im deutschen Strafrecht*, S. 72 ff.

[93] Z.B. PAULUS in D. 22, 6, 2: „Si quis nesciat se cognatum esse, interdum in iure, interdum in facto errat…"; dazu BINDING, *Die Normen und ihre Übertretung*, Band III, S. 36 m. w. Nachw.

[94] D. 22, 6, 2: „In omni parte error in iure non eodem loco quo facti ignorantia haberi debebit, cum ius finitum et possit esse et debeat, facti interpretatio plerumque etiam prudentissimos fallat."

[95] BINDING, *Die Normen und ihre Übertretung*, Band III, S. 47 ff.; DERS., *Die Schuld im deutschen Strafrecht*, S. 74; ENGELMANN, *Irrtum und Schuld*, S. 42 f.

[96] D. 22, 6, 9, 2: „Sed facti ignorantia ita demum cuique non nocet, si non ei summa neglegentia obiciatur: quid enim si omnes in civitate sciant, quod ille solus ignorat? et recte Labeo definit scientiam neque curiosissimi neque neglegentissimi hominis accipiendam, verum eius, qui cum eam rem ut diligenter inquirendo notam habere possit."; ebenso D. 22, 6, 6: „Nec supina ignorantia ferenda est factum ignorantis, ut nec scrupulosa inquisitio exigenda: scientia enim hoc modo aestimanda est, ut neque neglegentia crassa aut nimia securitas satis expedita sit neque delatoria curiositas exigatur.", auch D. 18, 1, 15, 1; 21, 1, 55.

ausgebildet ist oder den Rat eines Juristen einholen kann.[97] Bei bestimmten Personengruppen (Frauen, Minderjährige, Soldaten, Bauern) wird Gesetzeskenntnis pauschal nicht vorausgesetzt bzw. Unkenntnis vielfach entschuldigt.[98] Diese Begünstigung betrifft aber nur die Unkenntnis des positiven Rechts, sie hilft nicht bei Vorschriften, die zugleich als Ausdruck der *naturalis ratio* oder des *ius gentium* angesehen werden.[99] Eine klar umrissene Gruppe von *delicta iuris gentium* fehlte jedoch.[100] Ob sich die Begünstigung auch auf den strafrechtlichen Bereich erstreckt, erscheint überdies zweifelhaft.[101]

Daß Rechtsirrtum die Strafbarkeit wegen *dolus* ausschließt, ist später auch einhellige Ansicht der Glossatoren und Postglossatoren: „quaelibet ignorantia etiam iuris excusat a dolo."[102]

Mag es auch später verbreitete Praxis gewesen sein, aus einzelnen Quellenfragmenten weitreichende Regeln abzuleiten,[103] so ist doch die verkürzende Parömie „error iuris nocet" als pauschalierende Beschreibung der römischen Irrtumslehre unbrauchbar und für das Strafrecht unzutreffend.[104]

---

97 D. 22, 6, 9, 3: „Sed iuris ignorantiam non prodesse Labeo ita accipiendum existimat, si iuris consulti copiam haberet vel sua prudentia instructus sit, ut, cui facile sit scire, ei detrimento sit iuris ignorantia: quod raro accipiendum est.", so auch D. 37, 1, 10; 38, 15, 2, 5.

98 D. 22, 6, 9 pr. et seq.; vgl. auch D. 2, 5, 2, 1; 2, 13, 1, 5; 25, 4, 1, 15; 29, 5, 3, 22; 49, 14, 2, 7; C. 6, 9, 8; 6, 23, 31; Binding, *Die Normen und ihre Übertretung*, Band II, S. 691, sieht darin eine rein prozessuale Regel, siehe auch S. 698 f.; ähnl. Band III, S. 62 f.; vgl. von Savigny, *System des heutigen Römischen Rechts*, Band III, S. 429 ff.; Rosshirt, NArchCrimR 9 (1826), 491, 515 ff.

99 D. 48, 5, 39, 2 („mulier tunc demum eam poenam quam mares sustinebit, cum incestum iure gentium prohibitum admiserit; nam si sola iuris nostri observatio interveniet, mulier ab incesti crimine erit excusata"); C. 2, 2, 2; 5, 6, 1. Binding, *Die Normen und ihre Übertretung*, Band II, S. 695, zufolge betrifft dies nur die Glaubwürdigkeit der Irrtumsbehauptung.

100 Binding, *Die Normen und ihre Übertretung*, Band III, S. 59 Fn. 19 (auf S. 60); siehe auch Mommsen, *Römisches Strafrecht*, S. 118 f., 687; Voigt, *Die Lehre vom jus naturale, aequum et bonum und jus gentium der Römer*, Band I, S. 76 ff., 229 ff., 267 ff.

101 Binding, *Die Normen und ihre Übertretung*, Band III, S. 61 mit Hinweis auf D. 4, 4, 9, 2 ff.; siehe auch D. 47, 2, 1, 3; Inst. 4, 1, 1 *(furtum)*. Rosshirt, NArchCrimR 9 (1826), 491, 508 ff. versucht eine Zusammenstellung; krit Gessler, GS 10 (1858), 217, 230 Fn. *).

102 Glosse zu C. 9, 20, 14; dazu Engelmann, *Irrtum und Schuld*, S. 43 f.

103 Vgl. von Savigny, *System des heutigen Römischen Rechts*, Band III, S. 347.

104 Ebenso Löffler, *Die Schuldformen des Strafrechts*, S. 94, 96; Engelmann, *Irrtum und Schuld*, S. 41 ff.

VI. Kanonisches Recht

1. Voluntas/Dolus

Das kanonische Recht hat seit dem 12. Jahrhundert einen eigenen Begriff des Verbrechens *(crimen)* in Abgrenzung zur Sünde *(peccatum)* ausgeformt.[105] Der Schuldbegriff war jedoch beiden insofern gemeinsam, als der Wertgehalt der Verbrechensschuld von der Erforschung der Sündenschuld abhing.[106] Als Wesen *(causa intima)* der Schuld gilt der *contemptus*, ein geistiger Akt im Sinne eines wertenden persönlichen Einsatzes für die Sünde und gegen Gott als Moment des Bösen, wider die allesbegründende Gottes- und Nächstenliebe zu sein.[107] Maßgebend für die kirchliche Gerichtsbarkeit sind aber nur die der Außenwelt angehörigen Anhaltspunkte *(circumstantiae, signa exteriora)* der Schuld, nicht ihr eigentlicher Kern, da der menschliche Richter nicht wie Gott ins Verborgene, in das Innerste der Seele des Täters zu blicken vermag *(ecclesia de occultis non iudicat)*.[108] Diese *signa exteriora* gewinnen den Charakter von Rechtsvermutungen für die wahre Existenz von Schuld.[109]

Ausgangspunkt der kanonistischen Zurechnungslehre, die sich vielfach mit der theologischen Sündenlehre überschneidet, ist die Willensfreiheit als Voraussetzung jeglicher Verantwortung. Nach AUGUSTINUS kann Sünde nur sein, was willentlich geschah.[110] Auf der Grundlage der Einteilung der Seelenkräfte in *sensualitas* und *ratio* wird die Entstehung des Willensentschlusses durch die vier Stufen *suggestio/primus motus–delectatio–consensus–opus* beschrieben.[111] Rechtlich relevanter Willensakt ist der *consensus rationis*. GRATIAN bezeichnet die Elemente des Willens als Freiheit und Vorsatz *(propositum)*.[112] Zum Handlungswillen ist nach

---

105 Dazu eingehend KUTTNER, *Kanonistische Schuldlehre*, S. 3 ff., 19 ff. m. w. Nachw. Die Elemente des Verbrechensbegriffs sind 1. *crimen mortale*, 2. *opus exterius*, 3. *scandalum*.

106 KUTTNER, *Kanonistische Schuldlehre*, S. 22 f.

107 Dazu KUTTNER, *Kanonistische Schuldlehre*, S. 28 ff., 30 ff., 38 m. w. Nachw.; siehe auch BERMAN, *Law and Revolution*, S. 191 ff. Es finden sich auch ähnliche Bezeichnungen wie *ausus peccandi, temeritas*, Beleidigung Gottes, *ibid.*, S. 36.

108 KUTTNER, *Kanonistische Schuldlehre*, S. 23 ff.; BERMAN, *Law and Revolution*, S. 188 f., jew. m. w. Nachw. Für ABÆLARD war deshalb Schuldstrafe, echte Vergeltung nicht möglich, so daß die Kirchenstrafe nur praktische Zwecke der Prävention verfolgen könne.

109 Durch HUGUCCIO, dazu KUTTNER, *Kanonistische Schuldlehre*, S. 27 f.

110 „Usque adeo peccatum voluntarium malum est, ut nullo modo peccatum sit, si non sit voluntarium.", AUGUSTINUS, *De vera religione*, c. 14; *Retractationes*, I, XIII in C. 15 q. 1 pr. § 4, dazu KUTTNER, *Kanonistische Schuldlehre*, S. 39 ff. m. w. Nachw.; LAINGUI, *La responsabilité pénale dans l'ancien droit*, S. 32. In der Formulierung von COVARRUVIAS, *in Clementis Quinti constitutionem: si furiosus, rubrica de Homicidio, relectio*, secunda pars relectionis, Initium, n. 1: „cum prima causa peccati sit in voluntate, quae imperat omnes actus humanos: peccatum autem nihil aliud est, quam actus humanus malus ... peccatum non posse esse nisi voluntarium".

111 AUGUSTINUS, *De serm. Domini in mont.* I, 23, in D. 2 c. 21 de poen.; w. Nachw. bei KUTTNER, *Kanonistische Schuldlehre*, S. 39.

112 C. 15 q. 1 pr. § 1: „Ex voluntate itaque peccata procedunt, quae libero mentis arbitrio et delinquendi proposito committuntur."

Augustinus ein Erstreben der Handlung um ihrer selbst willen *(per seipsum appetere)* nicht nötig, es genügt ein Wollen derselben *propter aliud*, auch wenn sie für sich betrachtet – etwa im Nötigungsfall – *contra voluntatem* ist.[113] Hierin liegt der Ausgangspunkt für die Unterscheidung von *voluntas directa* und *voluntas indirecta*, deren Ähnlichkeit mit der aristotelischen Differenzierung erst später erkannt und herangezogen wurde.[114]

Eine positive Bestimmung des Vorsatzbegriffs fehlt in der frühen kanonistischen Literatur. Seine Elemente ergeben sich vielmehr erst aus der Gegenüberstellung mit minder schweren Schuldformen und Schuldausschlußgründen, wobei außer auf die allgemeine Willenslehre – wonach *contemptus* auch das Wesen der vorsätzlichen Handlung ausmacht[115] – in der Dekretalistenzeit vielfach auf das römische Recht zurückgegriffen wurde,[116] dessen Begriffe zuerst Huguccio umfänglich rezipiert hatte[117] und die erstmals in den Dekretalen Alexanders III. in der kirchlichen Gesetzgebung erscheinen[118]. Oft wurde das Wissenselement betont, wobei allerdings Uneinigkeit darüber bestand, ob schon die Kenntnis der Erfolgsmöglichkeit genüge, ein objektives Wahrscheinlichkeitsurteil statt dessen oder zusätzlich nötig sei.[119]

Auch später hat man sich nicht um eine Begriffsbestimmung des Vorsatzes bemüht.[120] Bis in die Gegenwart wird aber daran festgehalten, daß das Bewußtsein der Rechtswidrigkeit ein Vorsatzbestandteil ist[121] (zu der gleichwohl differenzierenden Irrtumslehre siehe unten 3.). Erst der Codex Iuris Canonici von 1917 gibt eine Legaldefinition:

> Can. 2200. § 1. Dolus heic est deliberata voluntas violandi legem, eique opponitur ex parte intellectus defectus cognitionis et ex parte voluntatis defectus libertatis.
>
> § 2. Posita externa legis violatione, dolus in foro externo praesumitur, donec contrarium probetur.

Der Codex Iuris Canonici von 1983 verzichtet auf eine Vorsatzdefinition und gibt auch die Vorsatzpräsumtion auf, behält aber eine Vermutung der Zurechenbarkeit, deren genaue Tragweite unklar ist:

---

113 Augustinus, *Quaestionum in Heptateuchum*, lib. IV qu. 24; cf. Gratian, C. 15 q. 1 c. 1; w. Nachw. bei Kuttner, *Kanonistische Schuldlehre*, S. 47 f.

114 Dazu Kuttner, *Kanonistische Schuldlehre*, S. 48 f. m. w. Nachw. Die Verwandtschaft mit der *Nikomachischen Ethik* hat wohl zuerst Laurentius entdeckt, *ibid.*, S. 49 m. Nachw.

115 Kuttner, *Kanonistische Schuldlehre*, S. 34 f. m. w. Nachw.

116 Kuttner, *Kanonistische Schuldlehre*, S. 71 ff.; Lemosse, « Dolus », in Naz, *Dictionnaire de droit canonique*, tome 4, col. 1358, 1359, jew. m. w. Nachw.

117 So z.B. die Definition Labeos (oben Fußn. 56), Huguccio, *Summa*, C. I qu. 1 c. 3, zit. nach Lemosse, «Dolus», in Naz, *Dictionnaire de droit canonique*, tome 4, col. 1358, 1359.

118 Nachw. bei Lemosse, «Dolus», in Naz, *Dictionnaire de droit canonique*, tome 4, col. 1358, 1359 f. Maßgebend wird dann der 12. Titel des 5. Buches der Dekretalen Gregors IX, *De homicidio voluntario vel casuali* (X, 5, 12).

119 Dazu Kuttner, *Kanonistische Schuldlehre*, S. 74 ff., 81 ff. m. w. Nachw.

120 Hinschius, *System des katholischen Kirchenrechts*, Band V, S. 921, dort auch zu den verschiedenen im kanonischen Recht gebräuchlichen Bezeichnungen.

121 Hinschius, *System des katholischen Kirchenrechts*, Band V, S. 921 f.

Can. 1321. – § 1. Nemo punitur, nisi externa legis vel praeceptis violatio, ab eo commissa, sit graviter imputabilis ex dolo vel ex culpa.

§ 3. Posita externa violatione, imputabilitas praesumitur, nisi aliud appareat.

Den Materialien zufolge soll keine Vermutung des im Sinne der Definition des CIC 1917 verstandenen Vorsatzes gemeint sein.[122]

2. Versari in re illicita

Das frühe kanonische Recht hält zunächst ungewollte Tat, insbesondere Tötung, ohne Einschränkung für zurechenbar.[123] Später erfolgt die vor allem auf AUGUSTINUS[124] gestützte Einschränkung, daß eine Tötung als Folge rechtlich oder moralisch zulässigen Verhaltens[125] nicht zuzurechnen sei, ab dem 9. Jahrhundert mit der weiteren Differenzierung, daß die nötige Sorgfalt nicht gefehlt haben darf.[126] Seine endgültige Fassung erhält dieses als *Einschränkung* der Erfolgshaftung entstandene,[127] später aber gerade wegen der verbliebenen Zulassung von Erfolgshaftung berüchtigte Zurechnungsprinzip des kanonischen Rechts, das verkürzt als „versari in re illicita" (auch: *versanti in re illicita imputantur omnia quae ex delicto sequuntur)* bezeichnet wird, wohl in der bald nach 1171 erschienenen *Summa* des JOHANN VON FAENZA[128] und seine exemplarische Formulierung in der *Summa* des HUGUCCIO (ca. 1178).[129] Bekannter, weil zugänglicher, ist die entsprechende Stelle in der *Sum-*

---

122 Dazu STUCKENBERG, *Untersuchungen zur Unschuldsvermutung*, S. 431 f. m. w. Nachw. in Fn. 14. Unzutr. daher die Ansicht ESERS, Festschrift Mikat, S. 493, 506, die beiden Vermutungen von 1917 und 1983 seien „im wesentlichen inhaltsgleich".

123 Zur Entwicklung der Bußdisziplin seit dem 4. Jahrhundert siehe MÜLLER, *Ethik und Recht*, S. 36 ff., 68 ff.

124 AUGUSTINUS, Brief an Publicola, PL 33, 184 ff., 187 = C. 23 qu. 5 c. 8: „...Absit ut ea quae propter bonum ac licitum facimus aut habemus, si quid per hec preter nostram voluntatem cuiquam mali acciderit, nobis imputetur.", dazu KOLLMANN, ZStW 35 (1911), 46, 53 ff.; MÜLLER, *Ethik und Recht*, S. 25 ff.; KUTTNER, *Kanonistische Schuldlehre*, S. 201 f.

125 Ursprünglich verlief die Differenzierung zwischen *res otiosa* und *opus necessarium*, vgl. KOLLMANN, ZStW 35 (1911), 46, 73 ff. m. w. Nachw.; KUTTNER, *Kanonistische Schuldlehre*, S. 203 ff.

126 KOLLMANN, ZStW 35 (1911), 46, 49 ff. m. w. Nachw., 62, 66 ff.; KUTTNER, *Kanonistische Schuldlehre*, S. 200 ff.; LÖFFLER, *Die Schuldformen des Strafrechts*, S. 136 ff. m. w. Nachw.; KLEE, *Der dolus indirectus*, S. 7 ff.; DAHM, *Das Strafrecht Italiens im ausgehenden Mittelalter*, S. 259 f.

127 KOLLMANN, ZStW 35 (1911), 46, 66, 69, 104 f.

128 KOLLMANN, ZStW 35 (1911), 46, 75 f.

129 Bamberger Kodex P. II 28 Ms. Can. 41, fol. 69, Sp. 2, zit. nach KOLLMANN, ZStW 35 (1911), 46, 81 f.: „Distingue homicidium vel fit lingua vel facto ... Facto: aut voluntate aut necessitate aut casu ... Si casu: aut culpa precedente vel interveniente vel non; si culpa precedente vel interveniente: imputatur; si non: non imputatur. Vel sic distingue: et est idem: Quod [qui] casu committit homicidium: aut insistit rei illicite aut licite. Si illicite, sive adhibeat diligentiam aut non; imputatur ei, ut infra ... Si licite: aut adhibeat diligentiam omnem quam debuit aut non. Si non adhibet: imputatur ei, ut infra ... Generale est enim, quod si quis dat operam rei illicite, vel licite et non adhibet diligentiam, si quid male inde provenit, ei imputatur. Si adhibet: nullo modo ei imputatur: ut supra ...".

ma seines Schülers BERNHARD VON PAVIA[130]. Danach hängt das Schuldurteil über ungewollte Tötung primär von dem rechtlichen bzw. moralischen Charakter des verursachenden Verhaltens ab: War dieses unerlaubt, wird die – selbst zufällige![131] – Todesfolge stets zugerechnet, war es erlaubt, nur dann, wenn der Täter nicht die nötige Sorgfalt anwandte.[132] Ab dem 13. Jahrhundert ist das Prinzip fester Bestandteil des kanonischen Rechts[133] und beeinflußt auch das weltliche Strafrecht,[134] mit dessen Regeln es freilich nicht harmoniert[135]. Die oft angenommene Beschränkung[136] nur auf die disziplinarische Rechtsfolge der Irregularität *(irregularitas ex*

---

[130] BERNHARD VON PAVIA, *Summa*, lib. V, tit. 10 de homicidio vol. vel cas., § 5: „Circa illud, quod fit casu, distingue, an ille qui casu occidit iustabat licito operi et adhibuit illam diligentiam, quam debuit, aut non: primo casu non imputatur sibi, sed casui et fato et fortunae ... alioquin si vel non iustabat operi licito vel non adhibuit illam diligentiam, quam debuit, sibi debet imputari ... De hic hoc versus habe: Si licitus, cautus, non est culpabilis actus; In reliquis culpam reor et pro crimine mulctam."

BERNHARD wird daher oft als Urheber der Lehre angesehen, LOENING, KritV, 3. Folge, II (1896), 226, 245; KLEE, *Der dolus indirectus*, S. 7; LEMOSSE, «Dolus», in NAZ, *Dictionnaire de droit canonique*, tome 4, col 1358, 1366; diff. LÖFFLER, *Die Schuldformen des Strafrechts*, S. 139 f. m. w. Nachw.; dagegen KOLLMANN, ZStW 35 (1911), 46 ff., 70 ff., 84 f.

[131] Siehe oben das Zitat in Fußn. 129. Unzutreffend daher die Annahme KLEES, *Der dolus indirectus*, S. 10, sowie LESCHS, *Der Verbrechensbegriff*, S. 148 Fn. 510, es handele sich nicht um Haftung für Zufall, sondern bloß für die „im Rahmen der durch das deliktuose Handeln begründeten Gefahr liegenden Folgen". Diese Fassung erhält das Prinzip erst im Zuge der weiteren Entwicklung, in voller Ausprägung erst durch COVARRUVIAS, unten bei Fußn. 142 f.

[132] Ebenso KOLLMANN, ZStW 35 (1911), 46, 49.

[133] Vgl. die Summen zu X, 5, 12 (de homicidio) c. 7, 8, 9, 10, 12, 13, 19, z.B. HOSTIENSIS, *Summa*, lib. V de homicidio vol. et cas., n. 4, fol. 241 R; THOMAS VON AQUIN, *Summa theologiae*, II-2, qu. 64 art. 8 („Casu aliquem occidens, homicidii reatum minime incurrit, nisi rei illicitae operam dederit, vel ad hoc evitandum minus diligens fuerit."); DERS., *In II Sententiarum*, ds. 22 qu. 2 art. 2 c.; dazu KUTTNER, *Kanonistische Schuldlehre*, S. 213 Fn. 2; die Auslegung der THOMAS-Stelle war sehr umstritten, vgl. MÜLLER, *Ethik und Recht*, S. 184 ff., 221 ff.; siehe auch COVARRUVIAS, *in Clementis Quinti constitutionem: si furiosus, rubrica de Homicidio, relectio*, secunda pars relectionis, § 4 nn. 1 ff., 9 f.; w. Nachw. bei KOLLMANN, ZStW 35 (1911), 46 ff., 85 ff.; LÖFFLER, *Die Schuldformen des Strafrechts*, S. 141.

[134] Schon übernommen von GANDINUS, *Tractatus de maleficiis*, rubr. de homicidiariis et eorum poena, § 17, unter Berufung auf BERNHARD VON PAVIA; dazu MÜLLER, *Ethik und Recht*, S. 101 ff.; LÖFFLER, *Die Schuldformen des Strafrechts*, S. 160 ff. Siehe auch FARINACIUS, *Praxis et theorica criminalis*, qu. 126 n. 61 („Regvla Sit, quod dans operam rei illicitæ, tenetur de omni eo quod sequitur præter illius intentionem & voluntatem."); JOUSSE, *Traité de la justice criminelle*, tome 3, S. 527 ff. (zit. nach LAINGUI, *La responsabilité pénale dans l'ancien droit*, S. 75 ff.).

[135] FARINACIUS, *Praxis et theorica criminalis*, qu. 126 n. 62: „Et quia huic regulae multum obstat alia regula, quod scilicet voluntas & propositum distinguunt maleficia: idcirco pro solutione huius contrarii Doctores ... late se extendunt per plura distinctionum capita, ad declarandum, an, & quando in delictis attendatur potius veritas & eventus, quam delinquentis voluntas, opinio, seu propositum."

[136] So schon THOMAS DE VIO in seinem Kommentar zur *Summa theologiae*, II-2, qu. 64 art. 8; COVARRUVIAS, *in Clementis Quinti constitutionem: si furiosus, rubrica de Homicidio, relectio*, secunda pars relectionis, § 1 n. 1, § 4 n. 1; CÆPOLLA, *Consilia*, cons. 33 n. 15 („quae vult, quod licet homicidium casuale non putetur quando quis dat operam rei illicite quo ad poenam irregu-

delicto homicidii) läßt sich nicht sicher nachweisen.[137] Allerdings sind die Irregularitätsgründe strenger als die Strafhaftung und hängen weniger von der Schuld als von der Tat(folge) ab,[138] da es um die Wahrung der sakralen Ordnung und dabei auch um die Vermeidung eines „scandalum" geht.[139]

Schon früh wurden Versuche unternommen, diese Form der Erfolgshaftung mit dem Grundgedanken, daß alle Sünde sowie jedes Verbrechen auf Willensschuld beruhe, zu vereinen. Teils wurde auf eine *culpa praecedens* abgestellt, teils eine Willensbeziehung in Form einer *voluntas largo modo*, *aliqua* oder *indirecta* konstruiert.[140] COVARRUVIAS[141] beschränkt im 16. Jahrhundert die Regel auf Zusammenhänge, in denen das *opus illicitum* typischerweise zu der Schadensfolge führt, und untermauert seine Ansicht mit mehreren *reductiones ad absurdum*, daß sonst jegliches zufällig verbotene Verhalten wie Kartenspielen zur Haftung führen müßte, auch in Fällen, in denen nach kanonischer Doktrin anerkanntermaßen keine Irregularität folge.[142] Anders gewendet: als *illicitum* könne zu Zurechnungszwecken nur gelten, was gerade um der Todes- oder Verletzungsgefahr, die sich realisiert hat, willen verboten war und nicht aus anderen Gründen.[143]

---

laritatis, non tamen quo ad poenam delicti, quia quod ad illam requiritur pernitiosa voluntas"); cons. 78 nn. 3, 7 ff.; HIPPOLYTUS DE MARSILIIS, *Consilia*, cons. 7 n. 53.

Später LÖFFLER, *Die Schuldformen des Strafrechts*, S. 142 m. w. Nachw., 150 f.; LOENING, KritV, 3. Folge, II (1896), 226, 245 f.; ENGELMANN, *Schuldlehre der Postglossatoren*, S. 211; GRÜNHUT, *Anselm von Feuerbach*, S. 134; w. Nachw. bei KOLLMANN, ZStW 35 (1911), 46, 47 Fn. 10.

137 KOLLMANN, ZStW 35 (1911), 46, 47 f., 66, 85, 92, 99. Beispielhaft MONACHUS, *Glossa aurea*, De homicidio, fol. ccclxx, nn. 7, 10 (unten Fußn. 140).

138 Vgl. nur THOMAS VON AQUIN, *Summa theologiae*, II-1, qu. 20 art. 5 ad s.c. 4: „[irregularitas] non autem sequitur culpam, sed factum, propter aliquem defectum sacramenti".

139 Siehe nur LÖFFLER, *Die Schuldformen des Strafrechts*, S. 138 ff. m. w. Nachw.

140 Z.B. bei RUFINUS und HUGUCCIO, dazu KUTTNER, *Kanonistische Schuldlehre*, S. 207 f., 209 ff. m. w. Nachw. Siehe auch MONACHUS, *Glossa aurea*, De homicidio, fol. ccclxx, n. 7: „Dans operam rei illicitae tenetur ultra intentionem: et hoc quia delictum quod committit erat ordinatum ad illud quod sequitur", ähnl. n. 10: „Item in delictis seu maleficiis habemus regulam: quando dubitatur an debeat inspici intentio an vero eventus: quod ubi committens delictum minus voluit delinquere: et plus delinquit: si verisimiliter potuit cogitare quia ex minori delicto quod intendebat verisimile poterat sequi maius tenetur de maiore delicto: quod est secutum. et non de minori solum quod intendebat ipse."

141 DIDACUS (DIEGO) COVARRUVIAS Y (A) LEYVA. Die Schreibweisen schwanken, weil b und v im Spanischen gleich lauten: auch COVARRUBIAS, COBARRUBIAS.

142 COVARRUVIAS, *in Clementis Quinti constitutionem: si furiosus, rubrica de Homicidio, relectio*, secunda pars relectionis, § 4 n. 9. Ebenso zuvor (vor 1301) MONACHUS, *Glossa aurea*, De homicidio, fol. ccclxx, nn. 7, 10 (vorige Fußn.).

143 COVARRUVIAS, *in Clementis Quinti constitutionem: si furiosus, rubrica de Homicidio, relectio*, secunda pars relectionis, § 4 n. 10: „ Secundo deducitur, in hac controversia, eum actum dici illicitum, qui prohibitus fuerit ratione huius periculi ad homicidium vel mortem, aut membri abscissionem ... Alioqui si actus non prohiberetur ratione huius periculi, sed ex alia causa, profecto huius prohibitionis transgressio nullam nec minimam haberet homicidii culpam, quae tamen vel aliqua necessaria est, vt homicidium privato imputetur ad irregularitatem ...".

Erst vor dem Hintergrund der romanistischen Schuldlehren und viel später, im 17. und 18. Jahrhundert, wird die *versari*-Haftung endgültig als Anomalie empfunden und das *opus illicitum* in ein indirekt vorsätzliches oder fahrlässiges Verhalten umgedeutet:[144]

> Si quis operam dederit rei illicitae, ex qua alicuius mortem secuturam esse praevidere potuerit ac debuerit, quippe quae suapte natura vel concurrentibus circumstantiis ad mortem inferendem apta mortisve facile inductiva sit, ... irregularitatem non effugiet, si mors ... secuta sit, quantacunque adhibita sit diligentia ad vitandum homicidii periculum.[145]

Das moderne Kirchenrecht kennt keine Haftung für Zufall mehr,[146] vgl. can. 2203 CIC 1917 und can. 1323 § 3 CIC 1983.

3. Irrtumslehre

Während im frühen kanonischen Recht objektiv rechtswidriges Verhalten auch dann strafbar war, wenn der Täter nicht wußte, was er tat, ohne Rücksicht darauf, ob er es hätte wissen können,[147] schließt später Unkenntnis die Zurechenbarkeit der einzelnen Handlung aus, die zwar Willensakt ist, doch ohne vollständigen Anteil der *superior pars rationis*, ohne vollbewußte Zustimmung zur Tat *(consensus peccati)*.[148] AUGUSTINUS nennt die Taten der in Unwissenheit Befangenen *(nescientes)*[149] zwar „non immerito non voluntaria", doch seien sie nicht „omnino non voluntaria".[150] Willentlich ist die in Irrtum begangene Handlung insofern, als mit Willen das getan wird, was für erlaubt gehalten wird, d.h. der Wille fehlt nicht, sondern er ist fehlgeleitet. Dieser Handlungswille ermöglichte es, in bestimmten Irrtumsfällen die Schuld nicht ganz auszuschließen, sondern zu mindern oder gar bestehen zu lassen.[151] Denn daß es Fälle von Schuld trotz Unwissenheit gibt, wurde schon durch 1. Kor. 14, 38 („si quis ignorat, ignorabitur") belegt, dem jedoch die Stelle Luk. 23, 34 („Herr, vergib ihnen, denn sie wissen nicht, was sie tun.") gegenüberstand. Das Verhältnis von *voluntarium* und *ignorantia* wird seit der Frühscholastik daher intensiv bearbeitet.[152] Fest steht, daß sündhaft bereits ein Verhalten

---

144 KOLLMANN, ZStW 35 (1911), 46, 104 ff. m. w. Nachw. und dem Hinweis auf den auch von den Postglossatoren viel erörterten VI, 5, 4, 3 (Mandatsexzeß); siehe auch MÜLLER, *Ethik und Recht*, S. 221 ff.

145 VON BOENNINGHAUSEN, *Tractatus de irregularitatibus*, fasc. II, S. 52 u. ff. m. w. Nachw.

146 Siehe auch HINSCHIUS, *System des katholischen Kirchenrechts*, Band V, S. 927 Fn. 4.

147 Dazu KOLLMANN, ZStW 35 (1911), 46, 67 f. m. w. Nachw.

148 KUTTNER, *Kanonistische Schuldlehre*, S. 133 u. ff. m. w. Nachw.

149 Terminologisch wird seit AUGUSTINUS, *Enchiridio ad Laurentium*, c. 17 = D. 38 c. 11, unterschieden zwischen *errare* (als *aliud pro alio putare*), *ignorare* und *nescire*, doch werden diese Differenzierungen nicht einheitlich verwendet und bleiben ohne rechtliche Folgen, KUTTNER, *Kanonistische Schuldlehre*, S. 135 ff. m. w. Nachw.

150 AUGUSTINUS, *De Retractationes* I, XIII = GRATIAN, C. 15, q. 1 pr. § 5

151 Dazu KUTTNER, *Kanonistische Schuldlehre*, S. 133–135 m. w. Nachw.

152 Eingehend MÜLLER, *Ethik und Recht*, S. 118–169.

ist, das irgend etwas an *voluntarium* enthält,[153] sei es im Akt selbst, sei es in seiner Ursache („Quaedam sunt voluntaria eo, quod causa eorum antecedens voluntaria est. Effectus enim per se sequitur ab causam."[154]).

ABÆLARD, der anfänglich lehrt, daß Irrtum und Unwissenheit stets alle Schuld aufheben,[155] – was die Synode von Sens 1140 verurteilte, weil insbesondere aus den Kreuzigungsworten „vergib ihnen, denn sie wissen nicht, was sie tun" folge, daß auch Unwissende etwas Vergebungsbedürftiges tun, also sündigen können[156] – begründet später die Unterscheidung zwischen entlastender *ignorantia invincibilis* und belastender *negligentia*, aus welcher später die *ignorantia vincibilis* wird.[157] Neben diese Dichotomie, die in verschiedenen Varianten Gemeingut wird,[158] tritt in der Kanonistik seit LOMBARDUS ein dreigliedriges Schema hinzu, das die *ignorantia vincibilis* weiter unterteilt: 1. *ignorantia affectata (qui scire nolunt cum possint)*, 2. *ignorantia simplex/media (non renuentes vel proponentes scire)*, 3. *ignorantia invincibilis/invita (qui volunt sed non possunt)*. Die erste Art der Unwissenheit entschuldigt nicht, weil sie selbst Sünde *(contemptus)* ist, die zweite mildert die Strafe, die dritte entschuldigt.[159] Daneben begründet ROLANDUS BANDINELLUS, der spätere Papst ALEXANDER III., eine andere, an das römische Recht angelehnte Distinktion innerhalb der *ignorantia vincibilis* in *ignorantia crassa et supina* und *ignorantia quae caderet in discretissimum virum*. Völlig entschuldigt nach ihm nur die *ignorantia*, die nicht auf *culpa praecedens* beruht.[160]

Parallel zu diesen theologisch-kanonisch begründeten Unterscheidungen entsteht eine direkt aus Digestenbegriffen gespeiste Irrtumslehre, die GRATIAN in offenbarer Übernahme von D. 22, 6 begründet hat,[161] die bei den Dekretisten völlig

---

153 Nachw. bei MÜLLER, *Ethik und Recht*, S. 162.

154 ALBERTUS MAGNUS, zit. nach MÜLLER, *Ethik und Recht*, S. 163 (ohne Quellenangabe).

155 ABÆLARDUS, *Ethica*, cap. 14 [PL 178, 654 ff.], auch cap. 3, 5, 7 [PL 178, 646, 647, 650].

156 Dazu KUTTNER, *Kanonistische Schuldlehre*, S. 137 f.; MÜLLER, *Ethik und Recht*, S. 120 f.

157 Angedeutet schon in *Ethica*, cap. 14 [PL 178, 657]; auch *Responsio Petri Abælardi (Confessio fidei)*, PL 180, 330 f.; die entsprechende Stelle in der *Apologia contra Bernardum* ist verloren; zum Ganzen KUTTNER, *Kanonistische Schuldlehre*, S. 137 f.; MÜLLER, *Ethik und Recht*, S. 120 ff.

158 Dazu KUTTNER, *Kanonistische Schuldlehre*, S. 138 ff.; MÜLLER, *Ethik und Recht*, S. 146 f.

159 LOMBARDUS, *Sentenzen*, II, d. 22 c. 5, nach KUTTNER, *Kanonistische Schuldlehre*, S. 141 ff. w. Nachw. Auf die *ignorantia affectata* werden die Verse „qui ignorat ignorabitur" (1. Kor. 14, 38) und „noluit intellegere ut bene ageret" (Ps. 35, 4) bezogen, Nachw. *ibid.* S. 142 ff., zur Unwissenheit aus *contemptus* siehe auch *ibid.* S. 34 m. zahlr. Nachw.

160 ROLANDUS BANDINELLUS, *Sententiae*, S. 125 f.: „Ad hoc itaque notandum est, quod ignorantia alia est vincibilis, alia invincibilis. Item, vincibilis alia procedit ex precedenti culpa, alia non. Illa vero, que non procedit ex precedente culpa, quandoque est resupina et crassa; quandoque est talis, que caderet in discretissimum virum. Omnis itaque invincibilis est excusatoria; vincibilis vero quandoque excusat, quandoque non. Tunc excusat, quando non procedit ex precedenti culpa. Cum vero ex precedenti culpa procedit, neminem excusat, et peccatum ex tali procedens ignorantia est maius peccato procedenti ex deliberatione, ..."; dazu KUTTNER, *Kanonistische Schuldlehre*, S. 145 ff., 147 ff.; MÜLLER, *Ethik und Recht*, S. 151 ff., jew. m. w. Nachw.

161 C. 1 q. 4 c. 12 dict.: „IV. Pars. §. 1. Notandum quoque est, quod non omnis ignorantia aliquem excusat. Est enim ignorantia alia facti alia iuris. Facti alia, quod non oportuit scire, alia,

unverbunden neben den kirchlichen Distinktionen steht, diese aber in den Dekretalen und bei den Dekretalisten letztlich zur Gänze verdrängt.[162] GRATIAN unterscheidet somit zwischen *error facti* und *error iuris*. Den Tatsachenirrtum unterteilt er weiterhin in solchen über ein *factum quod oportet scire* und *factum quod non oportet scire*. Diese letzte Distinktion, die von anderen mit Hilfe der kanonistischen Begriffe weiter differenziert wird, verschwindet bei den Dekretalisten wieder.[163]

Es bleibt schließlich auch beim Tatsachenirrtum die Unterscheidung von *ignorantia crassa et supina* oder *dissoluta*, die auch nach D. 22, 6, 9, 2; 50, 16, 223 mit *culpa lata* identifiziert wird – verschuldeter Tatsachenirrtum entlastet ebensowenig wie im weltlichen Recht[164] –, und der später zumeist *ignorantia probabilis, iusta* oder *verisimilis* genannten entlastenden Unwissenheit,[165] so daß Tatsachen- und Verbotsirrtum im Prinzip bis in die Gegenwart kriteriell gleichbehandelt werden[166]. Begrifflich nicht zum Tatsachenirrtum gezählt wurde der viel diskutierte *error in persona*, der Fälle der Unkenntnis der rechtlichen Qualität des Tatopfers umfaßte (ob das Opfer einer Körperverletzung Laie oder Kleriker, die umarmte Frau die eigene Ehefrau oder die Magd ist etc.).[167]

Der Rechtsirrtum entlastet selten. Eine Begründung fehlt oft oder zitiert NERATIUS (D. 22, 6, 2).[168] Seit GRATIAN werden *ignorantia iuris naturalis* und *ignorantia iuris civilis* unterschieden. Der Irrtum über Naturrecht, zu dem später auch die göttlichen Gebote, vor allem der Dekalog, gezählt werden sowie über *sacrae constitutiones* und *ius quasinaturale*, entschuldigt nach überwiegender Meinung einen Erwachsenen bzw. Zurechungsfähigen niemals.[169] Als *error iuris civilis* gilt in der Folge auch die Unkenntnis über geschriebenes, positives und kanonisches Recht.[170] Bisweilen wird nach dem Vorbild der Digesten zwischen Personengruppen unter-

quod oportuit eum scire … Haec neminem excusat. §. 2. Item ignorantia iuris alia naturalis, alia ciuilis. Naturalis omnibus adultis dampnabilis est; ius uero ciuile aliis permittitur ignorare, aliis non. Iuris ciuilis ignorantia nemini obest in dampno uitando …"; siehe auch KOLLMANN, ZStW 35 (1911), 46, 65.

162 KUTTNER, *Kanonistische Schuldlehre*, S. 151 f. m. w. Nachw. Auch die ganz eigenständige Irrtumslehre des HUGUCCIO, die JOHANNES TEUTONICUS aufnimmt, ist in der Zeit der Dekretalisten schon wieder verschwunden, dazu KUTTNER, *ibid.* S. 175–179.

163 KUTTNER, *Kanonistische Schuldlehre*, S. 153 f. m. w. Nachw.

164 Vgl. nur INNOZENZ, *Comment. super Decret.*, ad X, 1, 6, 42, n. 12, zit. nach ENGELMANN, *Irrtum und Schuld*, S. 231 f.

165 KUTTNER, *Kanonistische Schuldlehre*, S. 154 ff. m. w. Nachw.

166 HINSCHIUS, *System des katholischen Kirchenrechts*, Band V, S. 925 f. m. w. Nachw.

167 Berühmt geworden ist die Entscheidung ALEXANDERS III. in X, 5, 39, 4, der den Irrtum über den geistlichen Stand des Opfers entschuldigte, weil der angegriffene Kleriker keine Tonsur trug, zum Ganzen KUTTNER, *Kanonistische Schuldlehre*, S. 179 ff. m. w. Nachw.

168 Dazu KUTTNER, *Kanonistische Schuldlehre*, S. 163 ff. m. w. Nachw.

169 KUTTNER, *Kanonistische Schuldlehre*, S. 164 ff., 170 m. w. Nachw., dort S. 165 Fn. 4 auch zu den Dekretalisten RICHARDUS ANGLICUS und DAMASUS, die immerhin eine teilweise Entlastung für möglich hielten.

170 KUTTNER, *Kanonistische Schuldlehre*, S. 164 m. w. Nachw.

schieden, so daß Minderjährigen, Frauen, Soldaten und Bauern die Unkenntnis erlaubt sei. Auswirkungen auf das Strafrecht hatte dies jedoch nicht.[171] Klerikern ist die Unkenntnis des *ius canonicum* nicht erlaubt, wobei nach ihrer Stellung und Funktion differenziert wird.[172] Auch beziehen die Unterscheidungen das Maß der Nachlässigkeit ein, auf der der Irrtum beruht, so daß Rechtsunkenntnis jedenfalls wie im römischen Recht dann schadet, wenn jemand das Recht von sich aus, durch Erkundigung und Sorgfalt leicht hätte erkennen können.[173] Weitere Unterscheidungen ergeben sich für *poenae spirituales (medicinales seu censurae)*, die Hartnäckigkeit und Widerspenstigkeit und damit die Kenntnis der Strafe voraussetzen, und *poenae vindicativae*, die Unrechtsbewußtsein bzw. dessen verschuldetes Fehlen, verlangen.[174]

Am Schluß des 1298 publizierten Liber Sextus BONIFAZ' VIII. findet sich unter den von DINUS MUGELLANUS zusammengestellten Regulae Iuris als Regel 13: „ignorantia facti, non iuris, excusat." (reg. iur. XIII in VI°). Es deutet nichts darauf hin, daß diese Regel anders verstanden wurde als als bloßer Lehrsatz, der das regelmäßige Ergebnis der rechtlichen Irrtumsregeln zutreffend abbildet.[175] DINUS selbst stellt in seiner eingehenden und über Jahrhunderte einflußreichen Irrtumslehre die Regel auf, „quod in illis legibus, quae dolum requirunt, ignorantia iuris excusat",[176] der andere Autoren allgemein gefolgt sind. Zur weiteren Unterscheidung von *dolus verus* und *dolus praesumtus* siehe unten[177].

Den Stand der Irrtumslehre zum Ende des 17. Jahrhunderts faßte der Theatiner JOHANNES CHRYSOSTOMUS PHILIPPINUS in *De privilegiis ignorantiae* zusammen. Er verwendet alle gängigen Unterscheidungen einschließlich der des Aquinaten (unten VI.4.):[178]

---

171 KUTTNER, *Kanonistische Schuldlehre*, S. 166 ff. m. w. Nachw.

172 KUTTNER, *Kanonistische Schuldlehre*, S. 168 f. m. w. Nachw.

173 Vgl. *Summa Bambergensis*, ad pr. D. 38: „et notandum est, quod est ignorantia crassa et supina tam facti quam iuris: ut quando nescit quod omnes sciunt et quando potest scire ius naturali ingenio, vel diligenter inquirendo potuit scire, cum haberet copiam peritorum ..."; JOHANNES TEUTONICUS, *Glossa Ord.* ad C. 1 q. 4: „ignorantia iuris canonici sive civilis neminem excusat, ..., et hoc intellige, cum ius tale est, quod aliquis de facili per seipsum scire potuit vel etiam per alios, dummodo habuit copiam peritorum"; RAYMUNDUS, *Sum. iur.* I, 12: „...ignorantia iuris canonici sive civilis neminem excusat regulariter ... et hoc videtur intelligendum, cum ius potuit facile scire per seipsum vel etiam per alios, quia habebat copiam peritorum ...", jew. zit. nach KUTTNER, *Kanonistische Schuldlehre*, S. 169 Fn. 3.

174 Nachw. bei HINSCHIUS, *System des katholischen Kirchenrechts*, Band V, S. 922 f.; LIEPMANN, ZStW 39 (1918), 379, 385 ff.

175 Dazu ENGELMANN, *Irrtum und Schuld*, S. 45 f., 175, 180 m. w. Nachw.

176 DINUS, *Commentarius in regulas iuris Pontificii*, reg. 13 n. 14, und das Zitat unten bei Fußn. 340; ANDREÆ, *De regulis iuris*, reg. 13 ignorantia n. 2, dazu ENGELMANN, *Irrtum und Schuld*, S. 312 ff. m. w. Nachw.

177 Bei Fußn. 244 ff., 339 ff.

178 JOH. CHRYS. PHILIPPINUS, *De privilegiis ignorantiae*, pars prima, nn. 6 ff.

prima divisio:	ignorantia iuris—facti—poenae
secunda divisio:	ignorantia invincibilis/inculpabilis/probabilis/iusta/involuntaria—vincibilis/culpabilis/improbabilis/inusta/voluntaria
tertia divisio:	ignorantia affectata sive optata—crassa et supina
quarta divisio:	ignorantia antecedens—(con)comitans—consequens.

Anerkannt wird auch ein unverschuldeter *(antecedens)* Irrtum über Naturrecht, denn es gebe keine Macht der Erde, die die Natur der Dinge ändern und eine unfreiwillige Handlung zu einer freiwilligen machen könne.[179] Im *forum externum* müsse die Unkenntnis allerdings bewiesen werden.[180] Beim Naturrecht werden wie beim Aquinaten drei Arten von Regeln unterschieden: 1. die *principia communissima* oder *principia omnium praeceptorum*, die allgemeinsten Regeln wie „Tue das Gute, meide das Böse", die goldene Regel usw., 2. Vorschriften, die unmittelbar aus diesen obersten Prinzipien leicht abgeleitet werden können, 3. entferntere Folgesätze, die nur auf längerem und schwierigerem Wege deduziert werden können. Nur die erste Gruppe sei unmittelbar einsichtig, bei den Folgerungen der zweiten und dritten Gruppe seien unüberwindliche Irrtümer möglich.[181] PHILIPPINUS entwickelt eine reiche Kasuistik, in der er entlastende Irrtümer z.B. über bestimmte Fälle des Diebstahls, der Abtreibung, des Selbstmords und die Rechtmäßigkeit des Krieges, die kein Soldat nachzuprüfen gehalten sei,[182] für möglich hält.

Im neuzeitlichen Kirchenrecht genügt für mit *poenae vindicativae* bedrohten Strafen die Kenntnis des Verbotenseins, Kenntnis der Strafbarkeit ist nicht nötig.[183] Bei den Censuren wird nicht nur die Kenntnis des Verbots, sondern, weil es um hartnäckige Verstöße gegen die Anordnungen der Kirche geht, auch die Kenntnis der Censur verlangt, der aber *ignorantia crassa aut supina* sowie *ignorantia affectata* und nach überwiegender Ansicht auch *ignorantia simpliciter graviter culpabilis* gleichstehen, sofern nicht das jeweilige Gesetz ausdrücklich auf positiver Kenntnis besteht.[184]

Die Vorschriften der Kodifikationen des 20. Jahrunderts stellen in der Zurechnungslehre[185] die Schuldhaftigkeit des Irrtums in den Vordergrund. Der Codex Iuris Canonici von 1917 formuliert in can. 2202:

---

179 JOH. CHRYS. PHILIPPINUS, *De privilegiis ignorantiae*, pars prima, nn. 31 ff., 790.

180 JOH. CHRYS. PHILIPPINUS, *De privilegiis ignorantiae*, pars prima, nn. 791 ff.

181 JOH. CHRYS. PHILIPPINUS, *De privilegiis ignorantiae*, pars prima, nn. 36, 40; pars altera, nn. 3 ff.

182 JOH. CHRYS. PHILIPPINUS, *De privilegiis ignorantiae*, pars prima, n. 292; vgl. die nach den zehn Geboten geordneten Ausführungen in cap. VI bis XIII.

183 HINSCHIUS, *System des katholischen Kirchenrechts*, Band V, S. 922, JOMBART, « Erreur », in NAZ, *Dictionnaire de droit canonique*, tome 5, col. 430, 440 f., jew. m. w. Nachw.

184 HINSCHIUS, *System des katholischen Kirchenrechts*, Band V, S. 922 f. m. w. Nachw.

185 Die Unwirksamkeit von Handlungen sowie die Irregularität treten indes grundsätzlich ohne Rücksicht auf etwaigen Rechtsirrtum – nur über diese Rechtsfolge!, siehe JOMBART, « Erreur », in NAZ, *Dictionnaire de droit canonique*, tome 5, col. 430, 431 – ein, CIC 1917 can. 16 § 1: „Nulla ignorantia legum irritantium aut inhabilitantium ab eisdem excuset, nisi aliud expresse dicatur".

§ 1. Violatio legis ignoratae nullatenus imputatur, si ignorantia fuerit inculpabilis; secus imputabilitas minuitur plus minusve pro ignorantiae ipsius culpabilitate.

§ 2. Ignorantia solius poenae imputabilitatem delicti non tollit, sed aliquantum minuit.

§ 3. Quae de ignorantia statuuntur, valent quoque pro inadvertentia et errore.

Von den Tatstrafen (*poenae latae sententiae*, can. 2217 § 1 no. 2) entschuldigt *ignorantia affectata* niemals, es sei denn, das Gesetz verlangt ausdrücklich Wissentlichkeit; Rechts- oder Strafunkenntnis, die nicht *crassa vel supina* ist, entlastet von den schweren *poenae medicinales seu censurae*, aber nicht von *poenae vindicativae* (vgl. can. 2216) gem. can. 2229:

§ 1. A nullis latae sententiae poenis ignorantia affectata sive legis sive solius poenae excusat, licet lex verba de quibus in § 2 contineat.

§ 2. Si lex habet verba: *praesumpserit, ausus fuerit, scienter, studiose, temerarie, consulto egerit* aliave similia quae plenam cognitionem ac deliberationem exigunt, quaelibet imputabilitatis imminutio sive ex parte intellectus sive ex parte voluntatis eximit a poenis latae sententiae.

§ 3. Si lex verba illa non habeat:

1.° Ignorantia legis aut etiam solius poenae, si fuerit crassa vel supina, a nulla poena latae sententiae eximit; si non fuerit crassa vel supina, excusat a medicinalibus, non autem a vindicativis latae sententiae poenis;

Nach der allgemeinen Wahrscheinlichkeit von Irrtum und Unkenntnis richten sich die Vermutungen in can. 16:

§ 2. Ignorantia vel error circa legem aut poenam aut circa factum proprium aut circa factum alienum notorium generatim non praesumitur; circa factum alienum non notorium praesumitur, donec contrarium probetur.

Der neue Codex Iuris Canonici von 1983 enthält folgende Fassung:

Can. 1323 – Nulli poenae est obnoxius qui, cum legem vel praeceptum violavit:

2° sine culpa ignoravit se legem vel praeceptum violare; ignorantiae autem inadvertentia et error aequiparantur;

Can. 1325 – Ignorantia crassa et supina vel affectata numquam considerari potest in applicandis praescriptis cann. 1323 et 1324; item ebrietas aliaeve mentis perturbationes, si sint de industria ad delictum patrandum vel excusandum quaesitae, et passio, quae voluntarie excitata vel nutrita sit.

Unverschuldete Unkenntnis der Strafbarkeit führt zur Strafminderung gem. can. 1324 § 1 9° CIC 1983.

4. Die Zurechnungs- und Irrtumslehre bei Thomas von Aquin

Obwohl es sich um theologische Abhandlungen und nicht um solche über kanonisches Recht handelt, ist die Irrtumslehre des Aquinaten von Interesse, weil sie bis heute eine der differenziertesten systematischen Behandlungen des Irrtums in der Zurechnungslehre darstellt und zudem sowohl die weitere Entwicklung des kirchlichen als auch des weltlichen Rechtes beeinflußt hat. In seiner *Summa theologiae* behandelt THOMAS VON AQUIN[186] eingehend die Frage, ob und inwieweit Unwissenheit des Handelnden die Sünde mindere,[187] denn jede Sünde setzt wie bei AUGUSTINUS willentliches/freiwilliges *(voluntarium)* Handeln voraus[188]. Eine Sünde liegt nur vor, wenn das Verhalten in unserer Macht stand. Der Wille ist es, der uns Macht über unsere Handlungen gibt, so daß alles, was in unserer Macht steht, willentlich heißt.[189] Da sich der Wille aber nur auf etwas richten kann, was der Verstand weiß, schließt Unkenntnis die Willentlichkeit aus.[190]

Unkenntnis kann sich beziehen sowohl auf allgemeine Sätze wie das Verbot des Patrizids als auch besondere Umstände, daß z.B. der Angegriffene der eigene Vater ist[191]. Er unterscheidet zunächst *nescientia* als bloße Negation des Wissens, insbesondere in dem jenseits des menschlichen Erkenntnisvermögens liegenden Bereich (auch: *ignorantia negative accepta*), von *ignorantia*, der Unkenntnis dessen, was zu wissen sich ziemt *(ignorantia privative accepta)*.[192] Während *ignorantia* ein Habitus ist, kennzeichnet wie bei AUGUSTINUS der Begriff *error* einen Akt, einen aktuellen betätigten Irrtum.[193]

Aus Nachlässigkeit etwas nicht zu wissen, was man wissen muß, wie das Gesetz Gottes und die allgemeinen Sätze des Glaubens und des Rechts sowie die Dinge, die mit Status und Amt zu tun haben, ist in sich selbst (Unterlassungs-)Sünde. Hingegen ist die Unwissenheit, die mit Anstrengung nicht überwunden werden kann *(ignorantia invincibilis)*, nicht freiwillig und daher nicht sündhaft.[194]

---

186 Zur Zurechnungs- und Irrtumslehre des Aquinaten siehe LIPP, *Die Zurechnungslehre bei Aristoteles und Thomas von Aquin*, S. 47 ff.; MÜLLER, *Ethik und Recht*, S. 30 ff., 171 ff., 177 ff.; WELZEL, *Naturrecht und materiale Gerechtigkeit*, S. 63 ff.; HRUSCHKA, Festschrift Welzel, S. 115 ff., 129 ff.; VILLEY, *La responsabilité chez St Thomas*, S. 117, 119 ff., 126 ff.; siehe auch KÖHLER, *Die bewußte Fahrlässigkeit*, S. 121 ff.

187 THOMAS VON AQUIN, *Summa theologiae*, II-1, qu. 76.

188 THOMAS VON AQUIN, *Summa theologiae*, II-1, qu. 74 art. 1 et 2; qu. 76 art. 1 obi. 3; art. 4 c.; II-2, qu. 64 art. 8; DERS., *Quaestio disputata de malo*, qu. 2 art. 2 c.; qu. 3 art. 6 obi. 1; *Quodlibetum* I, qu. 9 art. 3 obi. 1.

189 THOMAS VON AQUIN, *In II Sententiarum*, ds. 41 qu. 2 art. 1 c.

190 THOMAS VON AQUIN, *Quaestio disputata de malo*, qu. 3 art. 8 c.: „cum autem ignorantia sit in intellectu, ordo ignorantiae ad voluntarium considerari potest ex ordine intellectus ad voluntatem; praecedit enim ex necessitate actus intellectus actum voluntatis, quia bonum intellectum est voluntatis obiectum; et ideo sublata cognitione intellectus per ignorantiam, aufertur voluntatis actus".

191 THOMAS VON AQUIN, *Summa theologiae*, II-1, qu. 76 art. 1 c.; *Quaestio disputata de malo*, qu. 3 art. 6 c.

192 THOMAS VON AQUIN, *Summa theologiae*, II-1, qu. 76 art. 2 c. („nescientia dicit simplicem scientiae negationem; ... ignorantia vero importat scientiae privationem, dum scilicet alicui deest scientia eorum quae aptus natus est scire."); DERS., In II *Sententiarum*, ds. 22 qu. 2 art. 1 c.; DERS., *Quaestio disputata de malo*, qu. 3 art. 7 c.; dazu und zur schwankenden Terminologie HRUSCHKA, Festschrift Welzel, S. 115, 130 ff. m. w. Nachw.

193 THOMAS VON AQUIN, *Quaestio disputata de malo*, qu. 3 art. 7 c. („error autem est approbare falsa pro veris; unde addit actum quemdam super ignorantiam"); qu. 8 art. 1 ad 7; dazu HRUSCHKA, Festschrift Welzel, S. 115, 133 ff. m. w. Nachw.

194 THOMAS VON AQUIN, *Summa theologiae*, II-1, qu. 76 art. 2 c. („Unde omnes tenetur scire

Unkenntnis kann nun von der Sünde entschuldigen, *insoweit* sie die Handlung als eine unfreiwillige erscheinen läßt. Dies ist nur der Fall, wenn die zur Freiwilligkeit nötige Kenntnis fehlt,[195] d.h. die Unkenntnis einen Akt verursacht hat, den Kenntnis verhindert hätte. Ein solcher Akt verdient den Namen unfreiwillig, wenn er, im Falle der Kenntnis, gegen den Willen des Handelnden gewesen wäre. Unkenntnis, die die Freiwilligkeit völlig aufhebt, mindert die Sünde nicht nur, sondern hebt sie gänzlich auf.[196]

Wenn aber Kenntnis den Akt nicht verhindert hätte, weil der Wille ohnehin dazu geneigt war, so macht die Unkenntnis den Akt nicht unfreiwillig *(involuntarium, quasi voluntati contrarium)*, sondern – im Anschluß an ARISTOTELES[197] – lediglich ungewollt, „nichtfreiwillig" *(non voluntarium)*. Ein Anzeichen *(signum)* dafür ist wie in der *Nikomachischen Ethik*, daß der Handelnde nach Entdeckung seines Irrtum die Handlung nicht bedauert.[198] Solche Unkenntnis ist nicht Ursache der Sünde und der Unfreiwilligkeit, sondern Begleitumstand *(consequens vel concomitans actum peccati)* und entschuldigt nicht.[199] Weder mindert sie die Sünde noch vergrößert sie sie.[200]

---

communiter ea quae sunt fidei, et universalia juris praecepta; singuli autem ea quae ad eorum statum vel officium spectant."); II-1, qu. 19 art. 6 c.; *Quaestio disputata de malo*, qu. 3 art. 7 c.

195 THOMAS VON AQUIN, *Summa theologiae*, II-1, qu. 6 art. 8 c. („Respondeo dicendum, quod ignorantia habet causare involuntarium ea ratione qua privat cognitionem quae praeexigitur ad voluntarium, ut supra dictum est, non tamen quaelibet ignorantia huiusmodi cognitionem privat. Et ideo sciendum, quod ignorantia tripliciter se habet ad actum voluntatis: uno modo concomitanter, alio modo consequenter, tertio modo antecedenter. Concomitanter quidem, quando ignorantia est de eo quod agitur, tamen etsi sciretur, nihilominus ageretur.").

196 THOMAS VON AQUIN, *Summa theologiae*, II-1, qu. 76 art. 4 c. („Respondeo dicendum quod, quia omne peccatum est voluntarium, in tantum ignorantia potest diminuere peccatum, in quantum diminuit voluntarium; si autem voluntarium non diminuat, nullo modo diminuet peccatum. Manifestum est autem quod ignorantia quae totaliter a peccato excusat, quia totaliter voluntarium tollit, peccatum non minuit, sed omnino aufert."); auch II-1, qu. 19 art. 6 c.; *In II Sententiarum*, ds. 22 qu. 2 art. 2 c.; ds. 41 qu. 2 art. 1 c.; vgl. auch *Summa theologiae*, II-1, qu. 77 art. 2 c.

197 Vgl. ARISTOTELES, *Nikomachische Ethik*, III 2(a), 1110b 18 ff., 23 (*οὐχ ἑκούσιον* im Gegensatz zu *ἀκούσιον*, *ἄκων*). THOMAS identifiziert durchgehend das aristotelische Begriffspaar *ἑκούσιον–ἀκούσιον (οὐχ ἑκούσιον)* mit *voluntarium–involuntarium (non voluntarium)*, so in seinem Kommentar zur Nikomachischen Ethik *Sententia libri Ethicorum*, lib. 3 lec. 1 ff.; lib. 5 lec. 13, dazu LIPP, *Die Zurechnungslehre bei Aristoteles und Thomas von Aquin*, S. 48; vgl. auch LOENING, *Die Zurechnungslehre des Aristoteles*, S. 173 ff.; WELZEL, *Naturrecht und materiale Gerechtigkeit*, S. 64; HRUSCHKA, Festschrift Welzel, S. 115, 137 ff.

198 THOMAS VON AQUIN, *In II Sententiarum*, ds. 22 qu. 2 art. 2 c.; *Sententia libri Ethicorum*, lib. 3 lec. 1 nn. 2, 3; *Summa theologiae*, II-1, qu. 6 art. 8 obi. 3; *Quaestio disputata de malo*, qu. 3 art. 8 c. Zu ARISTOTELES siehe oben IV.

199 THOMAS VON AQUIN, *Summa theologiae*, II-1, qu. 76 art. 3 c. („Iam autem dictum est ..., quod ignorantia dicitur causare actum quem scientia opposita prohibebat; et ita talis actus si scientia adesset esset contrarius voluntati, quod importat nomen involuntarii. Si vero scientia, quae per ignorantiam privatur, non prohiberet actum propter inclinationem voluntatis in ipsum, ignorantia hujus scientiae non facit hominem involuntarium, sed non volentem, ut dicitur (Ethic. lib. III, cap. I): et talis ignorantia, quae non est causa actus peccati, ut dictum est ..., quia non causat involuntarium, non excusat a peccato. Et eadem ratio est de quacumque ignorantia non causante,

Hingegen kann diejenige Unkenntnis von der Sünde entschuldigen, die den Akt unfreiwillig macht. Sie entschuldigt so weit, wie etwas unbekannt bleibt, was die Sünde ausmacht. Weiß der Handelnde, daß das, was er tut, für sich schon sündhaft ist, so entschuldigt weitere Unkenntnis davon natürlich nicht. Wer weiß, daß er ohne Grund einen Menschen tötet, aber nicht weiß, daß es sein Vater ist, ist nur vom Vatermord, nicht vom Mord entschuldigt.[201]

Die Unkenntnis entschuldigt ferner nur in dem Maße, wie sie nicht selbst schuldhaft, d.h. willentlich ist.[202] Wie jede Handlung[203] kann Unkenntnis in doppelter Weise willentlich sein: in sich oder in ihrer Ursache.[204]

So entschuldigt die freiwillige/willentliche Unkenntnis *(ignorantia consequens voluntatem)* nicht völlig von der Sünde: Die direkte Unkenntnis scheint die Sünde zu vergrößern, so wenn jemand darauf bedacht ist *(studiose nescit)*, etwas nicht zu wissen, um um so freier sündigen zu können *(ignorantia affectata, vitiosa).*[205]

---

sed consequente vel concomitante actum peccati."); II-1, qu. 6 art. 8 c.; qu. 19 art. 6 c.; *In II Sententiarum,* ds. 22 qu. 2 art. 2 c.

Ebenso später auch PUFENDORF, *De iure naturæ et gentium*, lib. I cap. III § 10. Zur Fortbildung dieser Lehre der *voluntas virtualis* und ihrer Kritik in der Nachscholastik siehe MÜLLER, *Ethik und Recht*, S. 191 ff. Krit. LIPP, *Die Zurechnungslehre bei Aristoteles und Thomas von Aquin*, S. 72; WELZEL, *Naturrecht und materiale Gerechtigkeit*, S. 64 Fn. 55.

200 THOMAS VON AQUIN, *Summa theologiae*, II-1, qu. 76 art. 4 c. („Ignorantia vero quae non est causa peccati, sed concomitanter se habet ad peccatum, nec minuit peccatum, nec auget.").

201 THOMAS VON AQUIN, *Summa theologiae*, II-1, qu. 76 art. 3 c.

202 THOMAS VON AQUIN, *In II Sententiarum*, ds. 22 qu. 2 art. 2 c.: „haec autem potest excusare peccatum vel in toto vel in parte, si enim sit talis ignorantia cui nullo modo admisceatur ratio culpae, ex eo quod ignorantia est, sic excusat in toto, sicut ignorantia invincibilis et ignorantia particularis, adhibita tamen debita diligentia, ignorantia vero quae rationem culpae habet, excusat quidem quantum ad aliquid, scilicet inquantum ignorantia est; quia sic habet quod involuntarium causet; non autem excusat inquantum culpa est, quia sic rationem voluntarii retinet: et ideo ignorantia universalis excusat peccatum sequens non ex toto sed, a tanto, similiter etiam ignorantia vincibilis, sit sive secundum se vincibilis, sive secundum causam suam ..."; *Quaestio disputata de malo*, qu. 3 art. 8 c.

203 THOMAS VON AQUIN, *In II Sententiarum*, ds. 41 qu. 2 art. 2 c.

204 THOMAS VON AQUIN, *In II Sententiarum*, ds. 22 qu. 2 art. 2 c.; *Summa theologiae*, II-1, qu. 76 art. 3 c.; qu. 77 art. 7 c.; *Quaestio disputata de malo*, qu. 3 art. 8 c.

205 THOMAS VON AQUIN, *Summa theologiae*, II-1, qu. 76 art. 3 c., art. 4 c. („Contingit autem quandoque, quod talis ignorantia directe et per se est voluntaria: cum aliquis sua sponte nescit aliquid, ut liberius peccet: et talis ignorantia videtur augere voluntarium et peccatum; ex intentione enim voluntatis ad peccandum provenit quod aliquis vult subire ignorantiae damnum propter libertatem peccandi."); ebenso qu. 6 art. 8 c. („Consequenter autem se habet ignorantia ad voluntatem, inquantum ipsa ignorantia est voluntaria; et hoc contigit dupliciter, secundum duos modos voluntarii supra positos: uno modo quia actus voluntatis fertur in ignorantiam; sicut cum aliquis ignorare vult, vel ut excusationem peccati habeat, vel ut non retrahatur a peccando; ... et haec dicitur «ignorantia affectata»"); siehe auch DERS., *In II Sententiarum*, ds. 22 qu. 2 art.2 c. („... est in potestate scientis et haec dicitur ignorantia vincibilis, vel affectata"); *Quaestio disputata de malo*, qu. 3 art. 6 obi. 5, art. 8 c. Dazu MÜLLER, *Ethik und Recht*, S. 177 ff.

Die Ansicht, daß solche Unwissenheit die Sünde verschärfe („ignorantia affectata accusat et non excusat", „ignorantia affectata aggravat"), war in der Frühscholastik allgemein, denn Unwissenheit,

Die Unkenntnis ist indirekt willentlich, wenn jemand wegen anderer Tätigkeiten versäumt, das zu wissen, was er wissen muß. Solche aus Nachlässigkeit *(negligentia)* entstandene Unwissenheit ist selbst Sünde, mindert aber die in Unkenntnis begangene Sünde, weil der Wille nicht direkt auf die Sünde bezogen war, so daß die Verachtung Gottes und folglich die Sünde geringer erscheinen.[206]

Vollständig von der Sünde entschuldigt *ignorantia involuntaria (antecedens)*, d.h. unüberwindliche Unkenntnis *(ignorantia invincibilis)* sowie Unkenntnis dessen, was man nicht wissen muß.[207]

Konsequenterweise begründet schließlich der umgekehrte Tatsachenirrtum (untauglicher Versuch) die Sünde.[208]

Insgesamt lassen sich unterscheiden:

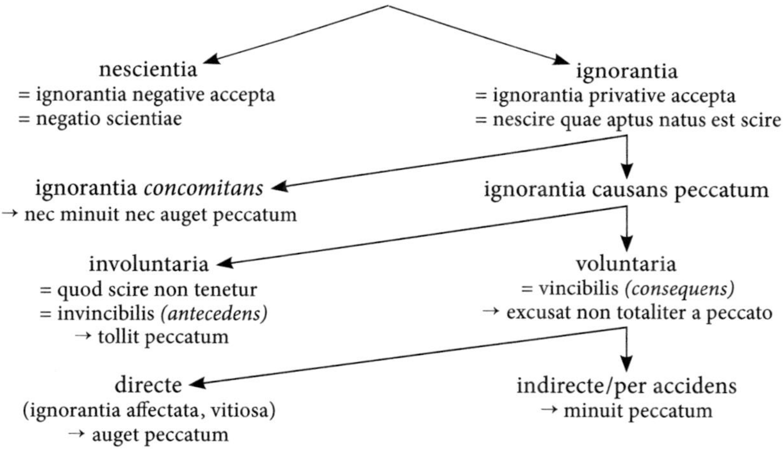

---

die selbst Sünde ist, verbindet sich hier mit einer weiteren Sünde, vgl. ROLANDUS BANDINELLUS, *Sententiae*, S. 126 (oben Fußn. 160); zahlr. Nachw. bei MÜLLER, *Ethik und Recht*, S. 163 ff.

206 THOMAS VON AQUIN, *Summa theologiae*, II-1, qu. 76 art. 4 c. („Quandoque vero ignorantia, quae est causa peccati, non est directe voluntaria, sed indirecte vel per accidens, puta cum aliquis non vult laborare in studio, ex quo sequitur eum esse ignorantem: vel cum aliquis vult bibere vinum immoderate, ex quo sequitur eum inebriari et discretione carere; et talis ignorantia diminuit voluntarium et per consequens peccatum. Cum enim aliquid non cognoscitur esse peccatum. non potest dici quod voluntas directe et per se feratur in peccatum, sed per accidens; unde est ibi minor contemptus; et per consequens minus peccatum."); qu. 6 art. 8 c. („Alio modo dicitur ignorantia voluntaria eius quod quis potest scire et debet; sic enim non agere et non velle voluntarium dicitur, ut supra dictum est. "); dazu MÜLLER, *Ethik und Recht*, S. 179 ff. Krit. zu dieser „Wendung ins Objektive" KÖHLER, *Die bewußte Fahrlässigkeit*, S. 125 f.

207 THOMAS VON AQUIN, *Summa theologiae*, II-1, qu. 76 art. 3 c.; qu. 6 art. 8 c. („Antecedenter autem se habet ad voluntatem ignorantia, quando non est voluntaria, et tamen est causa volendi quod alias non vellet; sicut cum aliquis homo ignorat aliquam circumstantiam actus, quam non tenebatur scire, et ex hoc aliquid agit, quod non faceret, si sciret"); *Quaestio disputata de malo*, qu. 3 art. 8 c. Krit. LIPP, *Die Zurechnungslehre bei Aristoteles und Thomas von Aquin*, S. 66.

208 THOMAS VON AQUIN, *In IV Sententiarum*, ds. 9 qu. 1 art. 3 qla. 2 ad 2.

THOMAS benutzt neben der aristotelischen Unterscheidung *ignorantia universalis/particularis*[209] auch die juristische Terminologie *ignorantia iuris/facti*,[210] oft verbunden mit der knappen Feststellung „ignorantia iuris non excusat, quia ipse peccatum est, sed ignorantia facti excusat"[211] oder dem Hinweis, vor dem *weltlichen* Richter entlaste die Berufung auf Rechtsirrtum nicht[212]. Tatsachenirrtum (*ignorantia particularis/facti/circumstantiae,* bezogen auf die sieben Umstände der antiken Rhetorik *quis, quid, ubi, quibus auxiliis, cur, quomodo, quando?*[213]) entschuldigt jedenfalls, wenn die nötige Sorgfalt *(debita diligentia)* angewandt wurde.[214]

Im übrigen sind die an vielen Stellen des umfangreichen Werks anzutreffenden Ausführungen nicht ganz einheitlich. Zwar nimmt THOMAS an, daß eine Norm den Menschen immer nur insoweit binden kann, als sie ihn erreicht, d.h. von ihm erkannt wird. Wer die Norm nicht kennt, ist gleichwohl gebunden, wenn er verpflichtet ist, sie zu kennen; nur wer unfähig ist, die Vorschrift zu kennen, wird nicht gebunden.[215] Bei Irrtümern über das Recht wird daher an manchen Stellen unterschiedslos festgestellt, daß *ignorantia universalis iuris* nicht entschuldige, weil sie selbst eine schwere Sünde sei: Unkenntnis der *mala per se* beruhe auf Unglauben, der *mala prohibita* auf Nachlässigkeit.[216] An anderen Stellen indes wird die *ignorantia universalis* für teilweise entschuldigend erklärt.[217] Unüberwindlicher Irrtum entschuldigt aber auch die Rechtsunkenntnis.[218]

---

209 Siehe oben bei Fußn. 36.

210 THOMAS VON AQUIN, vor allem *In II Sententiarum,* ds. 22 qu. 2 art. 2 c.

211 THOMAS VON AQUIN, *In IV Sententiarum*, ds. 21 qu. 2. art. 2 ad 4; ähnl. DERS., *In IV Sententiarum,* ds. 9 qu. 1 art. 3 qla. 2 ad 1; *Sententia libri Ethicorum,* lib. 3 lec. 3 n. 7; *Quodlibetum* III, qu. 4 art. 2; *Summa theologiae,* II-1, qu. 19 art. 6 c.; qu. 105 art. 2 ad 9; II-2, qu. 59 art. 4 ad 1; III, qu. 80 art. 4 ad 5; dazu HRUSCHKA, Festschrift Welzel, S. 115, 116 u. ff.

212 THOMAS VON AQUIN, *Quaestio disputata de veritate*, qu. 17 art. 4 ad 5.

213 THOMAS VON AQUIN, *Summa theologiae*, II-1, qu. 7 art. 3 c; vgl. PUFENDORF, *De iure naturæ et gentium*, lib. I cap. III § 10 („Particularia illa sunt, quis, quid, circa quid, & in quo, quo instrumento, quo modo").

214 THOMAS VON AQUIN, *In II Sententiarum*, ds. 22 qu. 2 art. 2 c.; *In IV Sententiarum*, ds. 9 qu. 1 art. 3 qla. 2 c. und ad 1; *Summa theologiae*, II-1, qu. 77 art. 7 ad 2. W. Nachw. bei HRUSCHKA, Festschrift Welzel, S. 115, 146 Fn. 142.

215 THOMAS VON AQUIN, *Quaestio disputata de veritate*, qu. 17 art. 3 c: „... unde nec ex imperio alicuius regis vel domini ligatur aliquis, nisi imperium attingat ipsum cui imperatur; attingit autem eum per scientiam. Unde nullus ligatur per praeceptum aliquod nisi mediante scientia illius praecepti. Et ideo ille qui non est capax notitiae praecepti, non ligatur praecepto; nec aliquis ignorans praeceptum dicitur esse ligatus ad praeceptum faciendum, nisi quatenus tenetur scire praeceptum, si autem non teneatur scire, nec sciat, nullo modo ex praecepto ligatur"; dazu HRUSCHKA, Festschrift Welzel, S. 115, 126 ff.

216 THOMAS VON AQUIN, *In IV Sententiarum*, ds. 9 qu. 1 art. 3 qla. 2 ad 1.

217 THOMAS VON AQUIN, *In II Sententiarum*, ds. 22 qu. 2 art. 2 c. (oben Fußn. 202).

218 *Quodlibetum* III, qu. 12 art. 2 ad 2: „Ignorantia iuris non excusat a peccato, nisi forte sit ignorantia invincibilis, sicut est in furiosis et amentibus, quae omnino excusat.", siehe auch *In II Sententiarum*, ds. 22 qu. 2 art. 2 c.; ds. 41 qu. 2 art. 1 ad 3; *Quaestio disputata de malo*, qu. 3 art. 8 c. WELZEL hat dies dahin gedeutet, daß THOMAS bereits den unvermeidbaren Verbotsirrtum als entschuldigend anerkannt habe, *Naturrecht und materiale Gerechtigkeit*, S. 64 f.; näher am Text noch

THOMAS unterscheidet weiter wie ARISTOTELES zwischen Naturrecht und positivem Recht. Da der Mensch auf das Gute hin angelegt ist und eine natürliche Neigung hat, das Gute und damit auch das erste Recht zu erkennen *(synderesis)*,[219] entschuldigt folglich *ignorantia iuris naturalis* nicht, weil es wegen der natürlichen Neigung des Menschen zur deren Erkenntnis außer bei Geistesschwäche o.ä. keinen (unvermeidbaren) Irrtum geben kann,[220] so daß Unkenntnis nur auf Nachlässigkeit beruhen kann.[221] Allerdings sind bei der *lex naturae* die überall geltenden, sehr allgemeinen *prima principia*, die jeder kennt, zu unterscheiden von den *conclusiones principiorum communium (praecepta secundaria)*, ihren Konkretisierungen mittels der Vernunft, bei denen Unsicherheit und Irrtum möglich sind,[222] weil es für sie der Erwägung der verschiedensten Umstände bedarf, welches nicht jedermanns, sondern nur der Kundigen Sache ist[223].

Nur an einer Stelle behandelt er unmittelbar den Irrtum über positives Recht *(lex humana)*, zu dessen Erkenntnis der Mensch nicht *habitualiter* neigt und das förmlicher Promulgation bedarf.[224] Muß der Betreffende die Satzung kennen und kennt er sie aus Nachlässigkeit *(negligentia)* nicht, so *non excusatur a culpa*. Lag aber ein Hindernis vor, daß er die Norm nicht kennen konnte, weil er beispielsweise im Kerker saß oder sich außerhalb des Geltungsbereichs der Norm aufhielt, so ist er

---

DERS., *Vom irrenden Gewissen*, S. 8 ff., 10. Dies ist insofern zweifelhaft, weil THOMAS einen *error invincibilis* zumeist nur anhand von Verstandesdefekten – *furiosi et amentes* – illustriert hat, dazu HRUSCHKA, Festschrift Welzel, S. 115, 146 ff. m. w. Nachw.; ausgenommen ist nur-positives Recht, unten bei Fußn. 225.

219 THOMAS VON AQUIN, *Quaestio disputata de veritate*, qu. 16 art. 1 c. („habitus naturalis primorum principium operabilium, quae sunt universalia principia iuris naturalis"); *Summa theologiae*, I, qu. 79 art. 12 c. („synderesis dicitur instigare ad bonum, et murmurare de malo"); II-1, qu. 94 art. 1 ad 2. Die *lex natura* bedarf keiner Promulgation, da Gott sie *mentibus hominum inseruit* und daher *naturaliter cognoscendam* ist, II-1, qu. 90 art. 4 ad 1; die *lex aeterna* ist durch Gottes Wort und die Heilige Schrift promulgiert, II-1, qu. 91 art. 1 ad 2.

220 THOMAS VON AQUIN, *Sententia libri Ethicorum*, lib. 5 lec. 15 n. 8: „alterum est legale iustum quod ignorari potest, alterum iustum, scilicet naturale quod non potest ignorari, quia naturaliter est menti humanae impressum."; *Summa theologiae*, II-1, qu. 99 art. 2 ad 2: „Ratio autem hominis circa praecepta moralia quantum ad ipsa communissima praecepta legis naturae non poterat errare in universali ... ".

221 THOMAS VON AQUIN, *Summa theologiae*, II-1, qu. 6 art. 8 c. („cum aliquis notitiam quam debet habere, non curat acquirere; et secundum hunc modum, «ignorantia universalium iuris,» quae quis scire tenetur, voluntaria dicitur, quasi per negligentiam proveniens."); vgl. HRUSCHKA, Festschrift Welzel, S. 115, 149.

222 THOMAS VON AQUIN, *Sententia libri Ethicorum*, lib. 5 lec. 12 n. 9 f.; *Summa theologiae*, II-1, qu. 94 art. 4 c. („Lex naturae, quantum ad prima principia communia, est eadem apud omnes et secundum rectitudinem et secundum notitiam; sed quantum ad quaedam propria, quae sunt quasi conclusiones principiorum communium, est eadem apud omnes ut in pluribus et secundum rectitudinem et secundum notitiam; sed ut in paucioribus potest deficere et quantum ad rectitudinem ... et etiam quantum ad notitiam."); siehe auch qu. 99 art. 2 ad 2 („Circa alia vero praecepta moralia, quae sunt quasi conclusiones deductae ex communibus principiis legis naturae, multorum ratio oberrabat").

223 THOMAS VON AQUIN, *Summa theologiae*, II-1, qu. 100 art. 1 c.

224 THOMAS VON AQUIN, *Summa theologiae*, II-1, qu. 90 art. 4 c. und ad 2.

gänzlich entschuldigt.[225] Auch den Inhalt schwieriger Rechtstexte muß man nicht wissen, weil man es nicht kann.[226]

VII. Die gemeinrechtliche Doktrin

Nach der Wiederentdeckung des *Corpus iuris civilis* im 12. Jahrhundert werden die in Oberitalien entstehenden Universitäten zu den die nächsten Jahrhunderte beherrschenden Zentren der juristischen Ausbildung und Wissenschaft. Die Schulen der Glossatoren und Postglossatoren erlangen Autorität weit über die Grenzen hinaus und beeinflussen das Rechtsdenken in ganz Europa, so daß ungeachtet divergierender lokaler Gesetze und Gewohnheiten eine gemeinrechtliche Doktrin entsteht, deren Einfluß erst mit dem Erstarken des säkularen Naturrechts schwindet und schließlich mit den nationalstaatlichen Kodifikationen des 19. Jahrhunderts erlischt. Dieses gemeineuropäische Gedankengut der strafrechtlichen Zurechnungslehre ist hier von besonderem Interesse.

Die Juristen der italienischen Schule folgen dem römischen Recht[227] in der grundsätzlichen[228] Zweiteilung der Schuldarten und verlangen für ordentliche Strafe eine dolose Tat. Fahrlässigkeit selbst in der erschwerten Form der *culpa lata* genügt, von einigen Ausnahmen abgesehen,[229] nur für gemilderte, außerordentliche Strafe.[230] Die Statuten der italienischen Städte forderten indes regelmäßig kein

---

225 *Quodlibetum* I, qu. 9 art. 3: „Utrum peccet qui propter ignorantiam constitutionem Papae non servat? ... Sed contra, ignorantia iuris non excusat. Sed constitutio Papae facit ius. Ergo qui facit contra constitutionem Papae per ignorantiam, non excusatur.

Respondeo dicendum, quod ignorantia quae est causa actus, causat involuntarium; unde semper excusat, nisi ipsa ignorantia sit peccatum. Est autem ignorantia peccatum, quando ignorat quis quae potest scire et tenetur. Constitutionem enim Papae omnes suo modo scire tenentur. Si ergo aliquis nesciat per negligentiam, non excusatur a culpa, si contra constitutionem agat. Si vero aliquis habeat sufficiens impedimentum, propter quod scire non potuerit; puta si fuit in carcere, vel in terris extraneis, ad quas constitutio non pervenit, vel propter aliquid simile; talis ignorantia excusat, ut non peccet contra constitutionem Papae agens." Dazu eingehend HRUSCHKA, Festschrift Welzel, S. 115 ff.

226 THOMAS VON AQUIN, *Sententia libri Ethicorum*, lib. 3 lec. 11 n. 11 (oben Fußn. 44).

227 Wobei angesichts der Dürftigkeit der eindeutig strafrechtlichen Quellen auch mitunter umstandslos privatrechtliche Quellenstücke benutzt werden, sofern sie passend erschienen, siehe nur LAINGUI, *La responsabilité pénale dans l'ancien droit*, S. 31 m. w. Nachw.

228 Daneben werden mitunter noch weitere Unterteilungen vorgenommen, z.B. unterscheiden BARTOLUS und BALDUS insgesamt fünf Schuldgrade, dazu ENGELMANN, *Schuldlehre der Postglossatoren*, S. 18 ff., 146 ff.

229 So sollte der Kerkermeister, der einen Gefangenen aus Nachlässigkeit entweichen läßt, immer die für diesen Gefangenen vorgesehene Strafe erleiden; auch der Richter, der jemanden *ex imperitia sua et maxima culpa* zum Tode verurteilt, kann körperlich gestraft werden, ebenso der Arzt, dessen Patient infolge Fehlbehandlung stirbt, siehe nur GOMEZ, *Comment.*, tomus III, cap. 3 n. 16; CELSUS BARGALIUS, *Tractatus de dolo et culpa*, lib. V, cap. II, nn. 49 ff., jew. m. w. Nachw. Die Fälle waren allerdings umstritten. MATTHÆUS, *De criminibus*, ad lib. 48 tit. 18 cap. 4, n. 11, hält die Ausnahmen hingegen für so bedeutend, daß von einer Regel keine Rede sein könne.

230 BARTOLUS, BALDUS, oben Fußn. 71; später CLARUS, *Practica criminalis*, liber V §. fin. qu. 84 n. 1: „Et in primis quidem scias, quod regulariter in Poenis criminalibus nunquam potest quis

Schuldelement als Voraussetzung für Strafe. Die Glossatoren und Postglossatoren haben sich erfolgreich bemüht, trotz strikten Gehorsams gegenüber dem Gesetzestext, das Erfordernis des *dolus* oder wenigstens der *culpa* aus dem römischen Recht geltend zu machen und die Strafe für undolose Delikte zumindest zu mildern.[231] Nur in wenigen Fällen wie Hochverrat und Häresie sowie politischen Ausnahmesituationen wird schuldlose Strafe zugelassen, die aber später teils durch Schuldvermutungen gestützt, teils aufgegeben wird.[232]

Getreu der moraltheologischen und kanonischen Lehre, die neben den römischen Quellen die gemeinrechtliche Doktrin des christlichen Abendlandes bindet,[233] wird alle Schuld als Willensschuld aufgefaßt, wobei das Charakteristikum des *dolus* in einem Willensfehler *(voluntatis vitium)* und der *culpa* in einem Wissensfehler *(intellectus ac memoriae vitium)*, der dann das Wollen beeinträchtigt *(nihil volitum nisi cognitum)*, gefunden wird.[234] Innerhalb des *dolus* richtet sich die Strafe, falls abstufbar, nach dessen Stärke.[235]

---

puniri corporaliter, nisi dolus interveniat. ... Nec sufficeret lata culpa: nam in criminalibus, cum agitur de imponenda poena mortis, vel mutilationis membri, lata culpa non aequiparatur dolo ... sed regulariter pro culpa non solet aliquis corporaliter puniri." ; Gomez, *Comment.*, tomus III, cap. 3 n. 16: „Ex quo infertur, quod si quis occidat alium casu vel culpa, non tamen dolo & proposito, vt si quis ex arbore ramum, vel quid aliud projiciat, ex quo transeuntem occidat: vel quis ex domo, turri, vel fenestra lapidem projiciat, vel ludens cum sagitta causa exercitij, vel currens equum in loco, vel via publica, non clamando transeuntem occidat, talis homicida non tenetur poena mortis, sed alia mitiori iudicis arbitrio. immo quod magis est, licet quod homicidium sit commissum lata, vel latissima culpa & regulariter aequiparetur dolo in contractibus: tamen non in delictis, in quibus venit imponenda poena corporalis ..." ; Celsus Bargalius, *Tractatus de dolo et culpa*, lib. V, cap. II, n. 49, jew. m. w. Nachw.; dazu Löffler, *Die Schuldformen des Strafrechts*, S. 147 ff. m. w. Nachw.; Schaffstein, *Die allgemeinen Lehren vom Verbrechen*, S. 94 ff.; Laingui, *La responsabilité pénale dans l'ancien droit*, S. 34 ff., alle m. w. Nachw.

231 Siehe oben Fußn. 5 und Clarus, *Practica criminalis*, liber V §. fin. qu. 84 n. 1: „Et ex hac conclusione infertur, quod si statutum disponat, quod homicida sit decapitandus, debet intellegi, dummodo homicidium sit commissum dolo, non autem culpa. Et est communis opinio ..."; Gomez, *Comment.*, tomus III, cap. 3 n. 15: „... si simpliciter caveatur lege vel statuto, quod homicida puniatur poena mortis, debet intelligi quando homicidium fuit commissum dolo, quia talis lex, vel statutum debet restringi, & declarari per rationem iuris communis", jew. m. Nachw. Dazu Löffler, *Die Schuldformen des Strafrechts*, S. 126 ff.; Engelmann, *Schuldlehre der Postglossatoren*, S. 235 ff.; ders., *Irrtum und Schuld*, S. 81 ff.; Dahm, *Das Strafrecht Italiens im ausgehenden Mittelalter*, S. 256 u. ff., zum Vorsatz im Statutarrecht S. 263 ff.; alle m. w. Nachw.

232 Engelmann, *Schuldlehre der Postglossatoren*, S. 33 ff. m. w. Nachw.

233 Vgl. Laingui, *La responsabilité pénale dans l'ancien droit*, S. 27 (« Tout l'ancien droit pénal ... repose ainsi sur une conception de la responsabilité qui tend à rapprocher le péché, la faute morale et la faute pénale proprement dite. ») u. ff., 32 ff. m. w. Nachw.

234 Baldus, IV C. de pign. act. l. quae fortuitis: „malicia, quae est idem, quod dolus malus, pertinet ad pravitatem voluntatis. ... Error autem sive culpa pertinet ad effectum cognitionis."; Decianus, *Tractatus criminalis*, lib. I, c. 6, n. 1 (menti sceleratae ac flagitiosae–menti imprudenti ac stolidae), zit. nach Engelmann, *Schuldlehre der Postglossatoren*, S. 18 ff.; Schaffstein, *Die allgemeinen Lehren vom Verbrechen*, S. 94 ff., jew. m. w. Nachw. Erst die naturrechtliche Lehre Wolffs löst sich ganz vom Fundament der Willensschuld, siehe unten bei Fußn. 382.

235 Siehe nur Tiraquellus, *De poenis temperandis*, causa 15 n. 1: „... in dolo quoque iudex debet poenam minuere, si fuit minor, aut levis quispiam dolus ..."

Allgemeine Ausführungen zur strafrechtlichen Schuld oder den beiden Schuldformen finden sich selten und dann zumeist in späterer Zeit und mit deutlich moraltheologischen Zügen: So gründet GRIMAUDET die Verantwortlichkeit des Menschen darauf, daß er gut und böse unterscheiden und gut oder böse handeln könne. Jede Handlung, die nicht aus Zwang oder Irrtum geschehe, beruhe auf dem Willen, dessen Antriebe « la concupiscence et l'ire » seien.[236]

1. Dolus

Die Entwicklung des Dolusbegriffs im gemeinen Recht ist gekennzeichnet durch seine Ausdehnung über den engen technischen Begriff des römischen Rechts (*dolus* im Sinne von *animus*, Absicht) hinaus. Die in den römischen Quellen nur andeutungsweise behandelte Wissentlichkeit wird mit verschiedenen Konstruktionen dem Dolusbegriff zugeschlagen.[237] Ersichtlich ist diese Erweiterung vornehmlich aus praktischen Erwägungen erfolgt, die sich auf die wenigen Quellenstellen stützen, in denen nicht-absichtliche oder gar undolose Taten kriminell gestraft werden (D. 48, 8, 3, 2; 48, 19, 38, 5; C. 9, 12, 6),[238] während die Lehre an den abstrakten römischen Definitionen[239] ganz überwiegend festhält.[240] Diese Ausdehnung ist als Reaktion auf kriminalpolitische bzw. prozeßrechtliche Bedürfnisse gewertet worden, um die Schwierigkeiten des Beweises der Absicht[241] – in Frage kamen nur Geständnis oder zwingende Indizien[242] – zu mildern.[243]

---

236 GRIMAUDET, *Des causes qui exemptent de dol*, nº 1; ähnl. JOUSSE, *Traité de la justice criminelle*, tome 1, S. 10; beide zit. nach LAINGUI, *La responsabilité pénale dans l'ancien droit*, S. 27 ff.

237 LÖFFLER, *Die Schuldformen des Strafrechts*, S. 146 ff.; ENGELMANN, *Schuldlehre der Postglossatoren*, S. 49 ff., jew. m. w. Nachw.; LOENING, KritV, 3. Folge, II (1896), 226, 242 ff.; DAHM, *Das Strafrecht Italiens im ausgehenden Mittelalter*, S. 258 ff.

238 Siehe oben bei Fußn. 65 ff.

239 Diese kennen nur eine Ausnahme vom *dolus*-Erfordernis im Fall gewaltsamer Besitzinvasion in C. 9, 12, 6, so auch die Glosse, dazu LÖFFLER, *Die Schuldformen des Strafrechts*, S. 151 f. m. w. Nachw. in Fn. 12.

240 Ausführliche Darstellung bei DECIANUS, *Tractatus criminalis*, lib. I, c. 4, 6 IX; c. 27, 28, 29 nn. 1–4, zit. nach ENGELMANN, *Schuldlehre der Postglossatoren*, S. 36 f.; DAHM, *Das Strafrecht Italiens im ausgehenden Mittelalter*, S. 258. Die Autoren der französischen Schule plädieren wieder für die Begrenzung des *dolus*-Begriffs auf das engere römische Verständnis, z.B. DONELLUS, *Commentarii de iure civili*, lib. XV cap. 41 [vol. IX, 392 ff.].

241 Dazu LAINGUI, *La responsabilité pénale dans l'ancien droit*, S. 37 ff. m. w. Nachw., z.B. BARTOLUS, D.v. depositi vel contra l. quod Nerva (D. 16, 3, 32) nn. 13, 14: „Nam cum consistat dolus ex animo, non potest probari, sed ex indiciis praesumitur."; MASCARDUS, *De probationibus*, concl. 530 n. 1: „Dolus vere probari non potest cum in animo consistat.", n. 2: „ex conjecturis et praesumptionibus probari debeat"; FARINACIUS, *Praxis et theorica criminalis*, qu. 89 n. 16: „dolum, cum sit latens in animo, & sic difficilis probationis, directeque probari non possit: Hoc ideo coniecturis, & praesumptionibus probetur"; CARPZOV, *Practica nova*, pars I, qu. 1, n. 24; MUYART DE VOUGLANS, *Lois criminelles*, S. 12 f.; JOUSSE, *Traité de la justice criminelle*, tome 2, S. 609 (beide zit. nach LAINGUI, *ibid.*); dazu krit. CELSUS BARGALIUS, *Tractatus de dolo et culpa*, lib. II cap. 2, nn. 4 ff., S. 49 m. w. Nachw.

So bürgerte sich die Unterscheidung zwischen *dolus verus* oder *manifestus*, der durch Geständnis oder *indicia manifesta* bewiesen wurde, und *dolus praesumptus* ein, der auf schwächeren Indizien beruhte und nur zur außerordentlichen Strafe, d.h. Ausschluß der Todesstrafe und schwerer Körperstrafen, bzw. Tortur zur Erpressung eines Geständnisses oder auch Reinigungseid führte[244] nach dem allgemeinen Grundsatz aus C. 4, 19, 25, daß ordentliche Strafe nach Beweisen *luce meridiana clariores*[245] verlange, und aufgrund des allgemeinen Mißtrauens gegen den Indizienbeweis,[246] so daß *mitiganda est sententia ubi iudex procedit ex praesumptionibus*[247]. Auf den äußeren Umstand, daß der Angeklagte einen anderen angegriffen[248] und getötet oder verletzt hatte, wurde von manchen Autoren eine Vermutung für seinen bösen Vorsatz gestützt, die ihm die Beweislast für das Gegenteil aufbürdete.[249] Ferner wurde im Anschluß an die römischen Quellen[250] näher nach der Art der

---

242 Unter Berufung auf das römische Recht, siehe oben Fußn. 76 und vorige Fußn. Vgl. LÖFFLER, *Die Schuldformen des Strafrechts*, S. 155 m. w. Nachw.; LAINGUI, wie vorige Fußn. Zum mittelalterlichen Beweisrecht auch ENGELMANN, *Irrtum und Schuld*, S. 53 ff.

243 So LÖFFLER, *Die Schuldformen des Strafrechts*, S. 152 ff.; SCHAFFSTEIN, *Die allgemeinen Lehren vom Verbrechen*, S. 107 u. ff.; DAHM, *Das Strafrecht Italiens im ausgehenden Mittelalter*, S. 262.

244 BARTOLUS, D.v. depositi vel contra l. quod Nerva (D. 16, 3, 32), nn. 13 ff.; zusammenfassend MENOCHIUS, *De praesumtionibus*, lib. V, praes. III, nn. 6 u. ff.: „Dolus verus dicitur, qui manifestis indiciis probatur, vel quem lex statuit esse dolum; praesumptus vero, qui indiciis non multum claris, & manifestis detegitur."; FARINACIUS, *Praxis et theorica criminalis*, qu. 88 nn. 4–24, insb. 8 m. w. Nachw.; ausführl. CELSUS BARGALIUS, *Tractatus de dolo et culpa*, lib. II cap. 3, 4, S. 49 ff., 65 ff.; siehe auch ENGELMANN, *Schuldlehre der Postglossatoren*, S. 49 ff., 135 ff.; DERS., *Irrtum und Schuld*, S. 56 f., 75 ff.; SCHAFFSTEIN, *Die allgemeinen Lehren vom Verbrechen*, S. 108 f.; LAINGUI, *La responsabilité pénale dans l'ancien droit*, S. 38 f.

245 Siehe nur BARTOLUS, D.v. depositi l. quod Nerva (D. 16, 3, 32), n. 15; dazu ENGELMANN, *Irrtum und Schuld*, S. 83 ff.; LAINGUI, *La responsabilité pénale dans l'ancien droit*, S. 40 f.

246 Dies geht auf INNOZENZ III. zurück, X, 2, 23, 14: „Propter praesumptionem etiam vehementem non debet quis de gravi crimine condemnari."

247 Statt vieler BALDUS, *Consilia*, vol. III, cons. 364 n. 6; FARINACIUS, *Praxis et theorica criminalis*, qu. 87 n. 4: „Dubitandum non est mitius semper dolum praesumtum puniri debere, quam verum"; dazu ENGELMANN, *Schuldlehre der Postglossatoren*, S. 136 Fn. 8; LAINGUI, *La responsabilité pénale dans l'ancien droit*, S. 39, beide m. w. Nachw. Zum Unterschied beider Begründungen siehe ENGELMANN, *Irrtum und Schuld*, S. 84 f., 93 ff. m. w. Nachw.

248 HIPPOLYTUS DE MARSILIIS, *Consilia*, cons. 7, n. 5 (Semper praesumitur contra aggressorem): „Praesumitur enim semper contra aggredientem ... et eo magis hoc procedit, quando ipse aggrediens seu percutiens dat operam rei illicitae ...".

249 „... ex quo constat aliquem alium vulnerasse vel occidisse, vel quid alium illicitum commisisse, semper contra eum praesumitur, quod dolo et malo animo hoc fecerit ... unde ei incumbit onus probandi, quod non dolo hoc fecerit.", GANDINUS, *Tractatus de maleficiis*, rubr. de homicidiariis et eorum poena, § 25; ebenso CÆPOLLA, *Consilia*, cons. 29 n. 4; cons. 31 n. 2; MATTHÆUS, *De criminibus*, ad lib. 48 tit. 5, cap. 3, nn. 14 f.; GAIL, *Practicarum observatiorum*, lib. II obs. 110, n. 8; vgl. CARPZOV, *Practica nova*, pars I, qu. 1 n. 25; w. Nachw. bei LÖFFLER, *Die Schuldformen des Strafrechts*, S. 155 Fn. 24, 25; ENGELMANN, *Irrtum und Schuld*, S. 61 ff.

250 D. 48, 8, 1, 3: „... et ex re constituendum hoc: nam si gladium strinxerit et in eo percusserit, indubitate occidendi animo id eum admisisse: sed si clavi percussit aut cuccuma in rixa, quamvis ferro percusserit, tamen non occidendi animo."

Handlung differenziert, etwa nach Art[251] und Einsatz der Waffe[252]. Auch eine Folge, die nach dem gewöhnlichen Lauf der Dinge vorherzusehen war, insbesondere angesichts der *atrocitas facti*, gab Anlaß für eine Vorsatzvermutung.[253] Bei Handlungen, die ihrer Art nach stets strafbar sind *(de genere prohibitorum)*, namentlich gegen die *lex naturalis* waren,[254] galt eine Vorsatzvermutung ohne weitere Indizien, während bei Handlungen, die je nach den genauen Umständen sowohl erlaubt als auch verboten sein können *(de genere permissorum)*, erst besondere Indizien eine Präsumtion auslösen,[255] denn eine allgemeine Präsumtion des *dolus* wurde nur selten vertreten[256]. Insgesamt entwickelte sich eine für die gesetzliche Beweistheorie

---

251 So zur Lethalität der Tatwaffe noch die *Anmerkungen über den Codicem Juris Bavarici Criminalis ... von einem unbekannten Authore* (KREITTMAYR) unter Berufung auf die römischen Quellen, I. Theil, III. Kap. § 2 Anm. c: „Es giebt dabey folgende Regel: Wo der Fürsatz oder *animus occidendi* klar ist, da liegt weiter nichts daran, ob die Waffen an sich selbst lethal gewesen oder nicht. Wo aber *animus* in Zweifel ist, da muß man auf das Instrument sehen. Je gefährlicher nun solches ist, und je leichter man damit jemand das Liecht ausblasen kann, je mehr und offenbar liegt der böse Fürsatz zu Tage."

252 GANDINUS, *Tractatus de maleficiis*, rubr. de homicidiariis et eorum poena, § 20; BALDUS, IX C. de emend. serv. (C. 9, 14), n. 2; BOSSIUS, *Tractatus varii*, tit. de homicidio, nn. 37 ff., 55, 71; GOMEZ, *Comment.*, tomus III, cap 3 nn. 17 f.; MENOCHIUS, *De praesumtionibus*, lib. V, praes. XL, nn. 3 ff.; FARINACIUS, *Praxis et theorica criminalis*, qu. 89 nn. 76 ff.; GAIL, *Practicarum observatiorum*, lib. II obs. 110, n. 7; CARPZOV, *Practica nova*, pars I, qu. 1 nn. 24 ff.; w. Nachw. bei GESSLER, *Ueber den Begriff und die Arten des Dolus*, S. 20 ff.; LÖFFLER, *Die Schuldformen des Strafrechts*, S. 156 Fn. 26 ; ENGELMANN, *Schuldlehre der Postglossatoren*, S. 50 f.

253 HIPPOLYTUS DE MARSILIIS, *Consilia*, cons. 7, nn. 8, 10: „Ubi enim committens delictum minus voluit delinquere et plus delinquit, si verisimiliter potuit cogitare, quod ex minori delicto quod intendebat, poterat maius delictum sequi, tenetur de maiori delicto quod secutum est, non de minori quod intendebat committere ... [10] Et quod maleficium non committitur sine dolo, debet intellegi: sine dolo vero vel praesumto; eo ipso enim, quod quis scivit vel scire debuit, quod maleficium quod intendebat committere poterat verisimiliter declinare ad maleficium quod est commissum, creditur de utroque cogitasse."

254 MASCARDUS, *De probationibus*, concl. 1157 n. 22 („in his, quae sunt de genere prohibitorum, dolus praesumitur"); „Omnia quae fiunt contra naturam praesumuntur dolose fieri", dazu LEMOSSE, « Dolus », in NAZ, *Dictionnaire de droit canonique*, tome 4, col 1358, 1368 m. zahlr. Nachw.

255 BARTOLUS, II C. de dolo l. 6 dolum (C. 2, 20, 6), n. 3; SALICETUS, II C. de dolo l. 6 dolum, n. 3; IX C. ad l. Corn. de sic. l. 1 frater, n. 4; w. Nachw. bei ENGELMANN, *Irrtum und Schuld*, S. 64 f.; LAINGUI, *La responsabilité pénale dans l'ancien droit*, S. 45 – das dortige Wortspiel « Ce qui revient à dire que le dol vrai se présume tandis que le dol présumé ne se présume pas. » trifft die Unterscheidung nur im Kern.

256 So aber GOMEZ, *Comment.* tomus III, cap. 3 n. 17 („Vnum tamen est, quod in dubio praesumitur quod homicida fecit delictum cum dolo & proposito, nisi contrarium probet, quia ista praesumptio resultat ex ipso facto & rei euidentia ..."); MATTHÆUS, ad lib. 48, tit. 5 cap. 3 n. 14; w. Nachw. bei LÖFFLER, *Die Schuldformen des Strafrechts*, S. 155 f.

Dagegen etwa MENOCHIUS, *De praesumtionibus*, lib. V, praes. III, n. 14 m. w. Nachw.: „pro regula constituimus, dolum non praesumi", sofern nicht besondere Indizien vorliegen; MASCARDUS, *De probationibus*, concl. 531 n. 1: „Dolum regulariter non presumi"; ähnl. FARINACIUS, *Praxis et theorica criminalis*, qu. 89 n. 2: „[dolus] in dubio non praesumitur"; CELSUS BARGALIUS, *Tractatus de dolo et culpa*, lib. VI reg. 51; GAIL, *Practicarum observatiorum*, lib. II obs. 110, n. 4; w. Nachw. bei LAINGUI, *La responsabilité pénale dans l'ancien droit*, S. 40.

der Zeit typische detailreiche Kasuistik von Indizien, die für oder gegen Vorsatz im Einzelfall sprachen.[257] Alle diese Beweisvermutungen waren widerleglich.[258]

Um den *dolus praesumptus* herrschte allerdings eine gewisse Begriffsverwirrung: Es war nicht stets klar, ob es sich nur um eine Beweisform *(dolus verus praesumptive probatus* im Gegensatz zum *dolus vere probatus)* oder um eine zusätzliche materielle Schuldkategorie *(dolus praesumptus essentialis)* handelte,[259] zumal jeder *dolus* sich nur durch Indizien im weiteren Sinne – wozu insofern auch das Geständnis zu zählen ist –, d.h. *praesumtive*, beweisen ließ[260]. Streit bestand auch darüber, ob dieser unvollständig bewiesene, vermutete *dolus* mit der *culpa lata* der Quellen, namentlich der *lex quod Nerva,*[261] übereinstimme.[262] Die Strafmilderung bezog sich indes auf jeglichen *dolus praesumptus*.[263]

---

257 Z.B. MENOCHIUS, *De praesumtionibus*, lib. V, praes. III, nn. 14–123 (dolus), praes. XL (animus); MASCARDUS, *De probationibus*, concl. 531, nn. 2–176; siehe auch CLARUS, *Practica criminalis*, liber V §. fin. add. ad qu. 84 nn. 1 ff., 3 f.; FARINACIUS, *Praxis et theorica criminalis*, qu. 89 nn. 76 ff.

258 Siehe nur ENGELMANN, *Irrtum und Schuld*, S. 70 ff.

259 Dazu ENGELMANN, *Schuldlehre der Postglossatoren*, S. 128 f., 154 ff., 161: Die Unterscheidung von BALDUS zwischen *dolus praesumptus respectu probationis* und *dolus praesumptus ratione essentiae* wurde bei weitem nicht von jedem Kriminalisten akzeptiert oder verstanden und blieb daher wirkungslos. Siehe auch LOENING, KritV, 3. Folge, II (1896), 226, 250 ff.

260 So schon BARTOLUS, D. v. depositi vel contra l. quod Nerva (D. 16, 3, 32), nn. 13, 14: „Nam cum consistat dolus ex animo, non potest probari, sed ex indiciis praesumitur. Omnis ergo dolus est praesumtus, et nullus dolus est manifestus. Resp.: quaedam sunt indicia manifesta et illa probata inducunt dolum manifestum ... Quaedam sunt indicia seu praesumptiones non ita manifestae, nec omnino dolum concludunt: et ista de necessitate non inducunt dolum, sed praesumptive."; später z.B. MENOCHIUS, *De praesumtionibus*, lib. V, praes. III, n. 9, praes. XL, nn. 1 ff.; w. Nachw. bei ENGELMANN, *Schuldlehre der Postglossatoren*, S. 128, 145, 148.

261 D. 16, 3, 32: „Nerva diceret, latiorem culpam dolum esse."

262 Z.B. ALCIATUS, in D. 50, 16, 226, n. 4, Opera omnia, vol. II, col. 1102; („Magna vero, vel lata culpa dolus est, intellige praesumptus. Nam vero dolo culpa lata solum proxima est."); vgl. MENOCHIUS, *De praesumtionibus*, lib. V, praes. III, n. 124: „culpa, quae si lata est, parum differt a dolo, l. quod Nerva". Später wurde die *culpa dolo proxima* oft im Anschluß an BARTOLUS, D. v. depositi vel contra l. quod Nerva (D. 16, 3, 32), n. 15, als *culpa latior* bezeichnet; w. Nachw. bei LÖFFLER, *Die Schuldformen des Strafrechts*, S. 100 Fn. 3; ausführl. ENGELMANN, *Schuldlehre der Postglossatoren*, S. 139–184; DERS., *Irrtum und Schuld*, S. 77 f., 78 ff., 81; SCHAFFSTEIN, *Die allgemeinen Lehren vom Verbrechen*, S. 108 f.

Darin, daß Strafe für *dolus praesumtus* identisch mit Strafe für *culpa lata* sei, sieht ENGELMANN in seiner zweiten Monographie *Irrtum und Schuld*, S. 91 ff. m. Fn. 1, – anders als zuvor in seiner *Schuldlehre der Postglossatoren*, S. 135 f. –, den eigentlichen Grund für die mildere Sanktion; vgl. HALL, Festschrift Mezger, S. 229, 239. Damit hängt die Frage zusammen, ob es in der italienischen Doktrin und Praxis eine (prozessual verstandene) „Verdachtsstrafe" gab oder ob es sich stets um voll bewiesene, aber minder schwere Schuldformen handelte, so zuletzt ENGELMANN, *ibid*. Dies ist hier nicht zu entscheiden.

263 Zutr. ENGELMANN, *Schuldlehre der Postglossatoren*, S. 138. Schließlich wurde ja auch *culpa lata* grundsätzlich milder gestraft als *dolus*, dazu DERS., *Irrtum und Schuld*, S. 226 ff. m. w. Nachw.; LOENING, KritV, 3. Folge, II (1896), 226, 238.

Während sich die Glossatoren vor allem mit der *praesumtio doli* behalfen,[264] erweiterten die Postglossatoren und späteren Kriminalisten des gemeinen Rechts den Dolusbegriff in drei verschiedenen Formen:[265]

a) *Doctrina Bartoli*

Die bis zur Mitte des 15. Jahrhunderts herrschende Lehre läßt den Täter für den seine Absicht übersteigenden Erfolg dann haften, wenn dieser die wahrscheinliche oder gewöhnliche Folge *(tendit verisimiliter ad finem secutum)* seines Handelns war, exemplarisch bei Gewalttaten.[266] Vorausgesetzt ist, daß der zunächst angestrebte Erfolg unerlaubt war.[267] Diese Zurechnung zum *dolus* ist als *doctrina Bartoli* bekannt geworden.[268] Unklar bleibt, ob die weitere Folge vorausgesehen sein mußte[269] oder ein objektives Urteil genügte, aus dem auf subjektive Voraussicht – im Sinne eines Indizienschlusses *ex qualitate facti* – geschlossen wurde[270]. Praktisch ist diese Unterscheidung indes irrelevant, sofern der Beweis der Voraussicht ohnehin indiziell durch die objektiven Umstände der Handlung erbracht wird. Insgesamt handelt es sich weniger um eine bewußte Ausdehnung des Dolusbegriffs, als um eine Erweiterung des Anwendungsbereichs der *poena ordinaria*, da auf die Konstruktion einer Willensbeziehung zum Erfolg verzichtet wird – der Täter soll haften *ac si habuisset animum occidendi.*[271]

---

264 ENGELMANN, *Schuldlehre der Postglossatoren*, S. 72, 130 ff. m. w. Nachw.

265 SCHAFFSTEIN, *Die allgemeinen Lehren vom Verbrechen*, S. 109 ff. m. w. Nachw.

266 Die Lehre entstand aus den Kommentierungen zur *lex quoniam* C. 9, 12, 6, wonach der Urheber einer gewaltsamen Besitzergreifung für alle dabei geschehenen Körperverletzungen und Tötungen wie ein Mörder mit dem Tod bestraft werden sollte, dazu ENGELMANN, *Schuldlehre der Postglossatoren*, S. 76 ff. m. w. Nachw.

267 Dazu krit. LÖFFLER, *Die Schuldformen des Strafrechts*, S. 149 ff.

268 BARTOLUS, D. n. ad legem Corne. de sica. l. Divus (D. 48, 8, 14), nn. 1, 2, 7; „Si delinquit in plus incidendo in aliam speciem delicti, hoc adverte: si quidem delictum quod principaliter facere proposuerat, tendit ad illum finem, qui secutus est, et tunc inspicimus eventum. Si vero ad hoc non tendebat delictum, quod principaliter facere proposuerat, tunc non tenetur."; siehe auch DERS., D. n. de poenis l. perspiciendum § delinquuntur (D. 48, 19, 11, 2), n. 7; BALDUS, VI C. de furtis et servo corrupto, l. si quis servo, n. 2; I C. de episc. et cl. l. si quis non dicam; IV C. mandati l. mandati: „sicut si per seipsum vulnerasset non animo occidendi ... nam perinde tenetur ac si habuisset animum occidendi quia instrumentum cum quo percussit erat aptum ad inferendum mortem"; w. Nachw. bei CÆPOLLA, *Consilia*, cons. 4 f., 34–38; GESSLER, *Ueber den Begriff und die Arten des Dolus*, S. 20 ff.; LÖFFLER, *Die Schuldformen des Strafrechts*, S. 149 Fn. 8; ENGELMANN, *Schuldlehre der Postglossatoren*, S. 79–104; KLEE, *Der dolus indirectus*, S. 11 ff.; SCHAFFSTEIN, *Die allgemeinen Lehren vom Verbrechen*, S. 109 f.

269 LÖFFLER, *Die Schuldformen des Strafrechts*, S. 149, und ENGELMANN, *Schuldlehre der Postglossatoren*, S. 80 ff., nehmen dies an. Nach SCHAFFSTEIN, *Die allgemeinen Lehren vom Verbrechen*, S. 109 f., ließ nur BARTOLUS ein objektives Urteil genügen, während BALDUS, SALICETUS u.a. betont hätten, daß die Erfolgsmöglichkeit dem Täter bewußt gewesen sein müsse. Doch auch BALDUS schneidet dem Täter, der eine offenbar letale Waffe verwendet, den Einwand, er habe die Möglichkeit eines tödlichen Ausgangs nicht vorhergesehen, ab, weil er sie voraussehen mußte: „Non sufficit igitur delinquenti dicere: non putavi, quia putare debuit", IV C. mandati l. mandati.

270 So KLEE, *Der dolus indirectus*, S. 11 f.; ähnl. LOENING, KritV, 3. Folge, II (1896), 226, 246 ff.

Diese Lehre ist nicht ohne Widerspruch geblieben. So sprachen sich in dem berühmten Prozeß gegen JOHANNES AB AGGERE bedeutende Autoren dafür aus, den Täter, der die tödliche Folge seiner Handlung nicht beabsichtigt hatte, aber leicht hätte erkennen können, nur wegen kulposer Tötung zu strafen.[272] Doch noch im 16. Jahrhundert war die Bartolische Lehre weithin anerkannt und wurde etwa von BOSSIUS, DECIANUS, MENOCHIUS und FARINACIUS vertreten.[273]

b) *Dolus generalis*

Die Figur eines *dolus generalis* oder *dolus in genere*, wonach in Annäherung an die kanonische *versari*-Lehre[274] zur Zurechnung ein allgemein doloses Handeln genügt, obwohl der Täter den spezifischen Deliktserfolg undolos herbeiführt, begegnet nur vereinzelt und zumeist im Kontext von Verwechselungsfällen.[275] FARINACIUS nimmt die kanonische Lehre an mehreren Stellen auf, verstrickt sich aber in Widersprüche,[276] ebenso und ein wenig unklar TIRAQUELLUS.[277]

c) *Dolus indirectus*

Die Figur des *dolus indirectus*, derzufolge die gewöhnlichen Folgen einer gewollten Handlung indirekt oder mittelbar gewollt sind, wird verbreitet auf den spanischen Kanonisten COVARRUVIAS zurückgeführt,[278] der sich seinerseits auf THOMAS VON AQUIN stützt. Da COVARRUVIAS der Lehre des Aquinaten folgt, ohne sie

---

271 BALDUS, IV C. mandati l. mandati (oben Fußn. 268); ENGELMANN, *Schuldlehre der Postglossatoren*, S. 80 f. m. w. Nachw.

272 Darunter DECIUS, MARIANUS SOCINUS, ALCIATUS, HIPPOLYTUS DE MARSILIIS und CLARUS, siehe ENGELMANN, *Schuldlehre der Postglossatoren*, S. 94 ff. m. w. Nachw. In den *Consilia* 34 bis 38 des CÆPOLLA sind die fünf Gutachten zu dem Prozeß, in dem es um einen Mandatsexzeß ging, erhalten, dazu ENGELMANN, *ibid.*, S. 87 ff. m. w. Nachw.; SCHAFFSTEIN, *Die allgemeinen Lehren vom Verbrechen*, S. 111 f.

273 Nachw. bei ENGELMANN, *Schuldlehre der Postglossatoren*, S. 97 ff., 100 ff.

274 Zum Einfluß des kanonischen Rechts auf die weltliche Doktrin, vor allem durch das *Speculum iuris* des DURANTIS, siehe ENGELMANN, *Schuldlehre der Postglossatoren*, S. 73 ff., 100, 105, 210 ff.

275 ENGELMANN, *Schuldlehre der Postglossatoren*, S. 64 ff., 73 ff., 102 ff.; SCHAFFSTEIN, *Die allgemeinen Lehren vom Verbrechen*, S. 110.

276 FARINACIUS, *Praxis et theorica criminalis*, qu. 87 nn. 8 („qui omnino habuit animum non delinquendi, tunc enim non tenetur de omni eventu et exitu, quia contra eius voluntatem contigit, et isto casu non veritas actus, sed agentis intentio inspicitur; secus autem in eo qui habuit animum delinquendi, sed non tantum, quantum postea sequutum fuit, quia tunc tenetur de omni exitu et eventu, et sic non voluntas, sed veritas attenditur."), 57; qu. 126 nn. 61 ff. (oben Fußn. 134, die *versari*-Lehre entspreche seiner Ansicht, „in puniendis delictis sufficere dolum in genere").

277 TIRAQUELLUS, *De poenis temperandis*, causa 14 nn. 3 ff.

278 ENGELMANN, *Schuldlehre der Postglossatoren*, S. 107 ff.; LÖFFLER, *Die Schuldformen des Strafrechts*, S. 161, 170; SCHAFFSTEIN, *Die allgemeinen Lehren vom Verbrechen*, S. 110; dem folgend LESCH, *Der Verbrechensbegriff*, S. 61 f.; dagegen zutr. PEREDA, *Covarrubias penalista*, S. 21 Fn. 1 (auf S. 22) m. w. Nachw.; DERS., *El "Versari in re illicita" en la doctrina y en el Código penal*, S. 147 ff., 149; MOOS, *Der Verbrechensbegriff in Österreich im 18. und 19. Jahrhundert*, S. 138 f.

zu verändern, spricht indes nichts dafür, ihn als Erfinder der Lehre vom „dolus indirectus" – den Ausdruck verwendet er nicht – zu betrachten, zumal das zeitgenössische Schrifttum die vielzitierten Ausführungen von COVARRUVIAS – soweit bekannt – auch nicht als neuartig ansah.[279] Seine Bedeutung dürfte viemehr darin liegen, daß seine prägnante Darstellung der thomasischen Lehre unter den Kriminalisten der Zeit großen Einfluß gewann, insbesondere seit ihrer Rezeption durch CARPZOV.[280]

THOMAS VON AQUIN folgt ARISTOTELES darin, daß der Wille maßgebend ist für die ethische Bewertung einer Handlung, weil dieser erst eine Handlung zur „menschlichen" macht. Zugleich steckten in einer willentlichen Handlung stets zwei: eine innere, die sich nach dem Ziel des Handelnden bestimme, während sich die *actio exterior* nach ihrem Gegenstand richte.[281] THOMAS untersucht weiter die Frage, ob die Folgen einer Handlung etwas zur moralischen Qualität beitragen. Dies scheine so, weil die Wirkung schon virtuell in der Ursache liege.[282] THOMAS unterscheidet aber danach, inwieweit die Folgen vorhergesehen worden sind:

> Respondeo dicendum quod eventus sequens aut est praecogitatus aut non. Si est praecogitatus, manifestum est quod addit ad bonitatem vel malitiam actus: cum enim aliquis cogitat quod ex opere suo multa mala possunt sequi, ne propter hoc dimittit, ex hoc apparet voluntas eius esse magis inordinata.
>
> Si autem eventus sequens non sit praecogitatus, tunc distinguendum est: quia si per se sequitur ex tali actu, et ut in pluribus, secundum hoc eventus sequens addit ad bonitatem vel malitiam actus. Manifestum est enim meliorem actum esse ex suo genere ex quo possunt plura bona sequi, et peiorem ex quo nata sunt plura mala sequi. Si vero per accidens et ut in paucioribus, tunc eventus sequens non addit ad bonitatem vel ad malitiam actus. Non enim datur iudicium de re aliqua secundum illud quod est per accidens, sed solum secundum illud quod est per se.[283]

---

279 PEREDA, wie vorige Fußn.

280 Unten bei Fußn. 391 ff. Als erster nimmt wohl AYRER die Ausführungen COVARRUVIAS' auf, erklärt den indirekten und mittelbaren Willen allerdings zur *culpa*, *Tractatus methodicus et accuratissimus de triplice genere homicidii*, pars II nn. 4, 5; pars III n. 1, zit. nach LÖFFLER, *Die Schuldformen des Strafrechts*, S. 162; dazu ENGELMANN, *Schuldlehre der Postglossatoren*, S. 107 ff.; SCHAFFSTEIN, *Die allgemeinen Lehren vom Verbrechen*, S. 110 ff.

281 THOMAS VON AQUIN, *Summa theologiae*, II-1, qu. 18 art. 6 c.: „ ...aliqui actus dicuntur humani, inquantum sunt voluntarii. ... In actu autem voluntario invenitur duplex actus, scilicet actus interior voluntatis, et actus exterior; et uterque horum actuum habet suum obiectum. Finis autem proprie est obiectum interioris actus voluntarii, id autem circa quod est actio exterior, est obiectum eius. Sicut igitur actus exterior accipit speciem ab obiecto circa quod est, ita actus interior voluntatis accipit speciem a fine sicut a proprio obiecto.

Id autem quod est ex parte voluntatis, se habet ut formale ad id quod est ex parte exterioris actus, quia voluntas utitur membris ad agendum sicut instrumentis, neque actus exteriores habent rationem moralitatis, nisi in quantum sunt voluntarii."

Hier liegt die Grundlage für die bis heute in der Moraltheologie anerkannte Unterscheidung von *finis operantis* und *finis operis*, siehe oben bei Fußn. 1384.

282 THOMAS VON AQUIN, *Summa theologiae*, II-1, qu. 20 art. 5, obi. 1: „Effectus enim virtute praeexistit in causa. Sed eventus consequuntur actus, sicut effectus causas. Ergo virtute praeexistunt in actibus."

283 THOMAS VON AQUIN, *Summa theologiae*. II-1, qu.20 art. 5 c.

Sind die Folgen nicht vorhergesehen worden, aber notwendige oder typische Konsequenzen der Handlung, so heben oder mindern sie deren moralische Qualität. Nur zufällige Folgen sind irrelevant. Denn „die Kraft der Ursache wird nach ihrer typischen, nicht nach ihrer zufälligen Wirkung eingeschätzt",[284] womit sich eine Übereinstimmung mit den Kausalitätslehren der Zeit ergibt[285].

Ähnlich verhält es sich mit dem Verhältnis des Willens zum Erfolg. Da jede Sünde willentlich begangen sein muß, wird für Zufall nicht gehaftet[286] und mindert Unkenntnis die Freiwilligkeit und folglich das Maß der Sünde. Wer sich bewußt unwissend hält, um um so ungehemmter sündigen zu können *(ignorantia affectata*[287]*)*, den entlastet die Unkenntnis nicht, sondern beschwert ihn. Die indirekt willentlich herbeigeführte oder zufällige Unkenntnis entlastet hingegen.

> Respondeo dicendum quod, quia omne peccatum est voluntarium, in tantum ignorantia potest diminuere peccatum, in quantum diminuit voluntarium.
>
> Contingit autem quandoque, quod talis ignorantia directe et per se est voluntaria: cum aliquis sua sponte nescit aliquid, ut liberius peccet: et talis ignorantia videtur augere voluntarium et peccatum; ... Quandoque vero ignorantia, quae est causa peccati, non est directe voluntaria, sed indirecte vel per accidens, puta cum aliquis non vult laborare in studio, ex quo sequitur eum esse ignorantem: vel cum aliquis vult bibere vinum immoderate, ex quo sequitur eum inebriari et discretione carere; et talis ignorantia diminuit voluntarium et per consequens peccatum.[288]

Thomas unterscheidet den direkt gewollten Erfolg und den „indirekt" gewollten, bei dem die Ursache und nicht der (typischerweise folgende) Erfolg gewollt ist, der Wille also den Erfolg hindern konnte, aber nicht hinderte. Diese Folge wird dem Handelnden, wie bei der willentlich herbeigeführten Trunkenheit, als *quasi voluntarium* zugerechnet.

> Circa quod duo consideranda videtur. Primo quidem, quod aliquid potest esse voluntarium, vel secundum se, sicut quando voluntas directe in ipsum fertur; vel secundum suam causam, quando voluntas fertur in causam et non in effectum, ut patet in eo, qui voluntarie inebriatur; ex hoc enim quasi voluntarium ei imputatur, quod per ebrietatem committit. Secundo considerandum est, quod aliquid dicitur voluntarium directe, vel indirecte, directe quidem id, in quod voluntas fertur; indirecte autem illud, quod voluntas potuit prohibere, sed non prohibet.[289]

An anderer Stelle bestätigt Thomas die Lehre vom *versari in re illicita*, da es sich in diesen Fällen auch um ein *homicidium voluntarium*, wenn auch *per accidens* handele, weil der Täter entweder bewußt etwas Verbotenes unternehme, das er vermeiden müsse, oder etwas Erlaubtes ohne die gebotene Sorgfalt tue.[290]

---

284 Thomas von Aquin, *Summa theologiae*, II-1, qu. 20 art. 5 ad 1.

285 Dazu Löffler, *Die Schuldformen des Strafrechts*, S. 159.

286 Thomas von Aquin, *Summa theologiae*, II-2, qu. 64 art. 8 c: „Et quia omne peccatum est voluntarium, secundum Augustinum ..., consequens est quod casualia, inquantum hujusmodi, non sunt peccata."

287 Dazu siehe oben bei Fußn. 205.

288 Thomas von Aquin, *Summa theologiae*, II-1, qu. 76 art. 4 c.

289 Thomas von Aquin, *Summa theologiae*, II-1, qu. 77 art. 7 c.

290 Thomas von Aquin, *Summa theologiae*, II-2, qu. 64 art. 8. Die Stelle ist allerdings bei den Kommentatoren des 16. Jahrh. sehr umstritten, vgl. Müller, *Ethik und Recht*, S. 184 ff., 221 ff.

Auch COVARRUVIAS konstruiert alle Schuld als Willenschuld (*voluntarium*)[291] und bezieht sich auf diese Stellen, indem er formuliert:[292]

> Tertio considerandum est, voluntatem ferri quandoque in actum homicidij directe, & per se; quandoque indirecte, & per accidens. Directe quidem fertur voluntas in homicidium, quando quis animum habet occidendi: & hæc est perfecta propriaque homicidij malitia; ... Indirecte autem, & per accidens fertur voluntas in homicidium, quoties fertur in id, ex quo immediate, & per se, non per accidens, homicidium sequitur. Nam in id, quod per accidens sequitur, nullo modo fertur voluntas, nec directe, nec indirecte: ... erit sane huius assertionis exemplum, quod S. Thomas exponit *in 1.2 q. 76. artic. 4.* dicens quod causa peccati non est directe voluntaria, sed indirecte, & per accidens, quando quis vult bibere immoderate, fertur quidem tunc voluntas directe in potum immoderatum: indirecte autem, & per accidens, in ebrietatem, quæ fuit secuta directe, & immediate ex potione immoderata. ... Dicitur autem magis vel minus indirecta voluntas in homicidium, quoties actus per se volitus, aut voluntate comprehensus, magis vel minus tendit ad ipsius homicidij periculum.

Nur für die *voluntas directa* sieht er ordentliche Strafe vor, die *voluntas indirecta* wird stets *extraordinarie* bestraft; beide Formen begründen aber Irregularität eines Klerikers.[293]

Vor allem in den deutschen Strafrechten wird der Terminus des *dolus indirectus* vom 17. bis in das 19. Jahrhundert hinein zunehmend intensiv diskutiert werden, ohne daß jemals Einigkeit über die Kriterien – *versari in re illicita, animus nocendi,* Voraussicht des Erfolges oder nur Voraussehbarkeit – erzielt wurde ebensowenig wie über die Einordnung als materieller Begriff oder prozessuale Konstruktion *(dolus indirecte probatus)*. Er lebt bis heute in Form der erfolgsqualifizierten Delikte fort und zum Teil in der ebenfalls umstrittenen Figur des *dolus eventualis*, dazu weiter unten[294].

2. Irrtum

Die Schriftsteller des mittelalterlichen italienischen und des gemeinen deutschen Rechts behandeln Irrtumsfälle zumeist im Zusammenhang mit anderen Strafausschluß- oder Strafmilderungsgründen. Die Erörterung der Frage, inwieweit *error facti vel iuris* die ordentliche Strafe für dolose Tat ausschließen kann, ist zudem stets mit Beweiserwägungen durchsetzt.[295] Aus diesen methodischen Unterschie-

---

291 COVARRUVIAS spricht nicht von *dolus* oder *culpa* – der Begriff *dolus indirectus* stammt nicht von ihm –, sondern kennt nur *voluntas directa*, *indirecta* und straflosen *casus*; zu letzterem zählt die unbewußte Fahrlässigkeit, siehe ENGELMANN, *Schuldlehre der Postglossatoren*, S. 109 f.

292 COVARRUVIAS, *in Clementis Quinti constitutionem: si furiosus, rubrica de Homicidio, relectio*, secunda pars relectionis, Initium n. 2; ähnl. n. 1; § 4 nn. 2, 9, 10.

293 COVARRUVIAS, *in Clementis Quinti constitutionem: si furiosus, rubrica de Homicidio, relectio*, secunda pars relectionis, § 1 n. 1 („homicidium voluntarium esse & irregularem eius auctorem constituere, etiamsi in id voluntas non feratur directe: sed indirecte: tametsi non debeat pœna ordinaria puniri. ... Est etenim huius assertionis ... ratio, quod ille defectus voluntatis directe & deliberate in homicidium culpam minuit, & ideo pœnam"), auch § 4 nn. 3, 6.

294 Bei Fußn. 391 ff., 642.

295 Ebenso ENGELMANN, *Irrtum und Schuld*, S. 48, 52; SCHAFFSTEIN, *Die allgemeinen Leh-*

den zur modernen Strafrechtsdogmatik – es fehlte sowohl an einem klaren Verbrechensaufbau und daraus hergeleiteter systematischer Argumentation als auch an der Trennung zwischen materiellem Recht und Prozeßrecht – erklären sich die verschiedenen Deutungen der historischen Irrtumslehre in der modernen dogmengeschichtlichen Literatur:[296] Zwar besteht aufgrund der Quellen Einigkeit über die Fälle, in denen ein Tat- oder Rechtsirrtum entlastete oder nicht; umstritten ist allein die Deutung, ob es sich dabei um Erscheinungsformen eines allgemeinen Zurechnungsgrundsatzes, einer Beweisregel oder eines Milderungsgrundes im Rahmen der Strafzumessung handelte. Eine klare Klassifizierung würde die gemeinrechtliche Denkweise jedoch verfälschen. Insgesamt ist anzunehmen, daß trotz des Ausgangspunkts in der Strafbemessung die Argumentation auf Zurechnungsregeln ruht, die aber durch Beweiserwägungen und gelegentlichen Billigkeitsüberlegungen überlagert werden.[297]

Im Anschluß an die römischen Quellen wird begrifflich zumeist[298] zwischen *error facti* und *error iuris* differenziert, die rechtlichen Regeln sind aber im Grundsatz für beide gleich.[299] Im Anschluß an ARISTOTELES gilt wie im kanonischen Recht[300]: Wer irrt, handelt unfreiwillig und begeht kein Delikt.[301] Die italienische Doktrin begreift *dolus* stets als bewußt rechtswidrigen Willen.[302] Einhellig wird da-

---

ren vom Verbrechen, S. 131, 142; BOLDT, *Johann Samuel Friedrich Böhmer und die gemeinrechtliche Strafrechtswissenschaft*, S. 517 ff.

296 Vgl. SCHAFFSTEIN, *Die allgemeinen Lehren vom Verbrechen*, S. 134: „Die historische Entwicklung der Rechtsirrtumslehre ist das umstrittenste Problem der strafrechtlichen Dogmengeschichte." Exemplarisch ist der Streit zwischen ENGELMANN und LIEPMANN: Während ENGELMANN in seinen gründlichen Studien (*Schuldlehre der Postglossatoren*, S. 41 ff.; DERS., *Irrtum und Schuld*, S. 23 ff.; DERS., GS 86 (1919), 161 ff.) annimmt, das Bewußtsein der Rechtswidrigkeit sei im mittelalterlichen italienischen Recht zum *dolus* erfordert worden, bestreitet dies LIEPMANN (ZStW 38 (1916/17), 21 ff.; 39 (1919), 115 ff., 379 ff., 525 ff.).

297 Gegen LIEPMANN überzeugend ENGELMANN, *Irrtum und Schuld*, S. 23 ff., für das italienische Recht; SCHAFFSTEIN, *Die allgemeinen Lehren vom Verbrechen*, S. 139 f. m. Fn. 2; BOLDT, *Johann Samuel Friedrich Böhmer und die gemeinrechtliche Strafrechtswissenschaft*, S. 541 f., 551 f. m. Fn. 178 für die deutsche gemeinrechtliche Literatur, namentlich BÖHMER.

298 Die vorhergehenden begrifflichen Unterscheidungen nach *ignorantia*, *nescientia*, *error* und *titubatio* wie in der Glosse zu D. 22, 6, siehe auch ANDREÆ, *De regulis iuris*, reg. 13 ignorantia n. 1, sind folgenlos und daher hier nicht von Interesse, siehe SAVIGNY, *System des heutigen Römischen Rechts*, Band III, S. 111; LAINGUI, *La responsabilité pénale dans l'ancien droit*, S. 81 f. m. w. Nachw.

299 ENGELMANN, *Irrtum und Schuld*, S. 50 f., 133, 138, 153 ff., 168 ff., 250 ff. m. zahlr. Nachw. Zum *error facti et iuris*, *ibid*. S. 340 ff.

300 Siehe oben bei Fußn. 148 ff.; ENGELMANN, *Irrtum und Schuld*, S. 133 f., 160 ff., 312 f. m. w. Nachw.

301 Z.B. GANDINUS, *Tractatus de maleficiis*, rubr. de homicidiariis et eorum poena, § 16 („nam ignorans non intelligitur delinquere"); rubr. de rebus vetitis non portandis; MUYART DE VOUGLANS, *Lois Criminelles*, S. 35, unter Berufung auf D. 50, 17, 116, 2 („non videntur qui errant consentire"), zit. nach LAINGUI, *La responsabilité pénale dans l'ancien droit*, S. 94 f.; w. Nachw. bei ENGELMANN, *Irrtum und Schuld*, S. 133 f.

302 MENOCHIUS, *De praesumtionibus*, lib. VI, praes. XXIII, nn. 16 ff. m. w. Nachw.; ENGELMANN, *Schuldlehre der Postglossatoren*, S. 39, 41 ff.; DERS., *Irrtum und Schuld*, S. 132 ff., 223 ff.,

her angenommen, daß jeglicher deliktsbezogene Irrtum den *dolus – verus*[303] – ausschließt, gleichviel, ob Rechtsirrtum (über das Verbot oder ausnahmsweise Rechtfertigung[304], nicht aber Strafbarkeit, Art und Höhe der Strafe[305]) oder Tatsachenirrtum, ob verschuldet oder verzeihlich,[306] so die Glosse zu C. 9, 20, 14 („quaelibet ignorantia etiam iuris excusat a dolo") und zu D. 3, 2, 11, 4 (non iuris: „ignorare ius est etiam lata culpa, non dolus"). Denn der Wille kann sich nur auf das beziehen, was in der Vorstellung gegeben ist.[307] FARINACIUS stellt später die Ansicht der Doktrin so dar:

> Regulam Constituo, quod causa quælibet, & quælibet credulitas, etiam levis & iniusta excusat a dolo[308]

---

250 ff. jew. m. w. Nachw.; LOENING, KritV, 3. Folge, II (1896), 226, 239 ff.; LAINGUI, *La responsabilité pénale dans l'ancien droit*, S. 34.

303 Siehe unten bei Fußn. 339 ff.

304 Standardbeispiel ist der Irrtum über die Rechtmäßigkeit oder bloße Straflosigkeit der Tötung eines Gebannten, siehe ENGELMANN, *Irrtum und Schuld*, S. 262 ff. m. w. Nachw.

305 ENGELMANN, *Irrtum und Schuld*, S. 220, 255 ff. m. w. Nachw., auch zur abweichenden Auffassung einiger Kanonisten, S. 262 m. w. Nachw.

306 Dazu LAINGUI, *La responsabilité pénale dans l'ancien droit*, S. 84 u. ff.; ENGELMANN, *Schuldlehre der Postglossatoren*, S. 41 ff. m. w. Nachw.; DERS., *Irrtum und Schuld*, S. 250 ff., 267 ff., 273 ff., 304 ff. m. umfangr. Nachw., z.B. von ANGELUS DE UBALDIS („ignorantia iuris non excusat, nisi solum a poena doli, a qua excusat etiam iniusta ratione motus") und MARINUS SOCINUS („quaelibet causa excusat a dolo, etiam si iniusta et bestialis ... ideo error seu ignorantia iuris excusat a dolo"); FULGOSIUS, D. v. de iurisdict. l. si quis, n. 10; LUCAS DE PENNA, XII C. de desertoribus l. 1, n. 10 („... ubicumque agitur de dolo in crimine puniendo. Nam tunc quaelibet ignorantia enim iuris excusat ..."); siehe weiter GANDINUS, *Tractatus de maleficiis*, rubr. de homicidiariis et eorum poena, § 19 („quia in iure errans non est in dolo, ... et dic errorem iustis vel non iustis rationibus motum"); CLARUS, *Practica criminalis*, liber V, §. fin., qu. 60, nn. 13, 22; TIRAQUELLUS, *De poenis temperandis*, causa 11 nn. 3 („iuris ignorantia excusat a dolo ... sive iusta sive iniusta") u. ff., causa 43 nn. 1 ff.; DONELLUS, *Commentarii de iure civili*, lib. I cap. 22 [vol. I, S. 178]: „At qui in iure errant, etsi in culpa esse possunt, dolo tamen carent", auch bei *delicta iuris naturalis* wie *rapina* und *furtum*! GRIMAUDET, *Des causes qui excusent de dol*, n. 43; JOUSSE, *Traité de la justice criminelle*, tome 2, S. 612; MUYART DE VOUGLANS, *Lois criminelles*, S. 34 f. (die drei letzten zit. nach LAINGUI, *ibid.*).

ENGELMANN, *Irrtum und Schuld*, S. 307, faßt die Rechtsfolgen des Rechtsirrtums wie folgt zusammen: „Allgemein anerkannt ist in der Lehre der Satz: *daß nicht entschuldigender Rechtsirrtum den Dolus und die Dolusstrafe stets ausschließt*. Ebenso unbezweifelt sind seine Folgesätze: a) Wenn Dolus zum *Begriff* des Verbrechens gehört, so schließt der Rechtsirrtum das Verbrechen und *jede Strafe* aus. b) Wenn das Gesetz *nur* das *dolose* Verbrechen mit Strafe bedroht, so schließt der Rechtsirrtum die *gesetzliche Strafe* aus und es kommt nur arbiträre Strafe für Culpa in Frage. c) Wenn das Gesetz *Dolus und Culpa* straft, so schließt der Rechtsirrtum zwar die Dolusstrafe, nicht aber die gleiche oder geringerer *Culpastrafe* aus. d) Wenn das Gesetz Rechtsirrtum straft, handelt es sich *nie* um *vorhandenen* Dolus (dolus verus), sondern entweder um bloß *vermuteten* Dolus (dolus praesumptus) oder um *culpa lata*." (Hervorh. im Original).

307 BALDUS, D. v. de legibus l. de quibus, n. 27: „voluntas est actio intelligentis cognoscentis, unde nemo dicitur velle, quod in mente non cogitavit."

308 FARINACIUS, *Praxis et theorica criminalis*, qu. 90 n. 1 m. zahlr. Nachw.; auch DECIUS, *de probationibus*, col. 37.

vt a dolo excuset nedum quælibet causa et quælibet credulitas, si sit levis et iniusta, vt supra, sed etiam si sit quoquomodo colorata, irrationabilis, fatua, temeraria, seu bestialis: sic enim iis vtuntur Doctores hanc materiam tractantes.[309]

Eandem regulam, vt quamvis causa iniusta excuset a dolo, non tamen excuset a culpa lata, ... nec a pœna extraordinaria[310]

Regulam Constituo, quod iuris ignorantia excusat a dolo[311]

vt licet iuris ignorantia excuset a dolo, non tamen excuset a culpa lata, quia ignorare iura, culpa lata est. ... non excusat a dolo præsumto, nec a culpa lata, levi vel levissima ...[312]

Ausnahmsweise ist eine Zurechnung zum *dolus* möglich, wenn die (Rechts- oder Tatsachen-)Unkenntnis absichtlich herbeigeführt bzw. nicht beseitigt wurde.[313] Denn der Wille könne sich zwar nicht auf etwas Unbewußtes, wohl aber auf etwas Unbekanntes erstrecken.[314] Die Glossatoren, Postglossatoren[315] und Kanonisten[316] hielten daher im Anschluß an C. 5, 5, 4, 1 ("qui aut errore acrissimo non adfectato insimulatove neque ex causa vili decepti sunt") den *error affectatus* für gänzlich unbeachtlich, d.h. der Kenntnis gleich oder sogar schwerer zu strafen[317]. Nicht stets klar ist indes, wie sich diese Ausnahmeregel zum Grundsatz verhält, daß jeglicher, auch der belastendste Irrtum („ignorantia injusta, fatua, bestialis") die *dolus*-Haftung ausschließt.[318] Bisweilen ist von *error affectatus* auch die Rede im Zusam-

---

309 Farinacius, *Praxis et theorica criminalis*, qu. 90 nn. 3, 19 ff.; auch Tiraquellus, *De poenis temperandis*, causa 43 n. 2, beide mit umfangr. Nachw.

310 Farinacius, *Praxis et theorica criminalis*, qu. 90 nn. 52, 56.

311 Farinacius, *Praxis et theorica criminalis*, qu. 90 n. 91 m. zahlr. Nachw.

312 Farinacius, *Praxis et theorica criminalis*, qu. 90 n. 95.

313 Engelmann, *Irrtum und Schuld*, S. 177, 220 f.

314 Angelus de Ubaldis, D.v. de iurisdict. l. 15 si per errorem: „licet quis possit etiam actum suum ad ignorata velle extendi et porrigi", dazu Engelmann, *Irrtum und Schuld*, S. 221 f., 248 f. (Zitat auf S. 249).

315 Angelus de Ubaldis, Fußn. 314, 321; Baldus, Fußn. 322; dazu Farinacius, *Practica et theorica criminalis*, qu. 90 n. 98 ff., der selbst *ignorantia facti crassa et supina* für *dolus*-ausschließend ansieht; w. Nachw. auch bei Engelmann, *Irrtum und Schuld*, S. 51, 221 f. (Rechtsirrtum), 248 f. (Tatsachenirrtum).

316 Andreæ, *De regulis iuris*, reg. 13 ignorantia, n. 1: „quod scire debes et non vis, non pro ignorantia sed pro contemptu iudicabitur."; Cephalus, *Consiliorum* lib. III, cons. 444, nn. 11 f.: „nolle scire aequiparatur scientiae", siehe Engelmann, *Irrtum und Schuld*, S. 221 f. m. w. Nachw.

317 Die Frage war umstritten, vgl. Tiraquellus, *De poenis temperandis*, causa 13 nn. 29 f., der unterscheidet: *ignorantia crassa et supina* sei milder als *scientia*, *ignorantia affectata* hingegen gleich oder schwerer zu strafen, n. 30: „Ego vero, ut tandem meum in hac re iudicium interponam, crediderim, hanc crassam & supinam ignorantiam puniendum quidem, sed non tam severe, quam scientiam, quoniam huiusmodi ignorantia sufficit ad excusationem doli. Sed affectatam ignorantiam, quam scilicet sibi asciscit delinquens, ne delinquisse videatur, gravius, aut saltem aeque puniendum esse, atque scientiam ..."; Farinacius, *Praxis et theorica criminalis*, qu. 90 n. 100: „Et hanc quidem affectatam ignorantiam, non mitius, sed aut gravius, aut saltem aeque puniendam, vt scientiam, siue iuris sit, siue facti, admittit Tiraq. [m. w. Nachw.] Et ista est veritas." Daß *ignorantia affectata* die Sünde vergrößern könne, nahm auch Thomas von Aquin an, oben bei Fußn. 205.

318 Insbesondere bei Farinacius selbst, *Praxis et theorica criminalis*, qu. 90 nn. 48 ff., 91 ff., 98 ff.; die Ausnahmen und den Diskussionsstand zusammenfassend Celsus Bargalius, *Tracta-*

menhang mit den ULPIAN- und PAULUSstellen[319] in D. 22, 6, wonach auf *supina ignorantia, nimia securitas* beruhende Unkenntnis nicht entlastet, obwohl hier kein *dolus*, sondern nur *culpa dolo proxima*, d.h. *culpa lata* vorliegt. – Manche Autoren sehen hierin den Grund für die Unterscheidung zwischen Tatsachen- und Rechtsirrtum, weil letzterer immer *kraß* verschuldet sei.[320] – Auch die Begründungen schwanken zwischen prozessualer Unbeachtlichkeit und normativer Gleichstellung mit Kenntnis: Denn der Irrtum galt manchen als vorgetäuscht und daher unbeachtlich,[321] während andere formulieren, wer nicht wissen wolle, werde behandelt, als ob er gewußt habe[322].

Ansonsten bleibt Strafe nur wegen *culpa lata* möglich – sofern das Delikt nicht seinem Wesen nach *(de substantia)* Vorsatz erfordert[323] –, wenn der Irrtum schuldhaft war, d.h. die Tat mittelbar willentlich verursacht wurde, so wenn Anlaß und

tus de dolo et culpa, lib. VI, reg. 13, nn. 7 ff. m. w. Nachw.; cf. ENGELMANN, *Irrtum und Schuld*, S. 153 f., 162 f., 165 ff., 229 ff., 254 f., 307 ff. m. w. Nachw.

319 D. 22, 6, 6: „Nec supina ignorantia ferenda est factum ignorantis, ut nec scrupulosa inquisitio exigenda: scientia enim hoc modo aestimanda est, ut neque negligentia crassa aut nimia securitas expedita sit neque delatoria curiositas exigatur."; auch D. 22, 6, 9, 2 hält die auf „summa negligentia" beruhende Unkenntnis für schädlich. Dazu ENGELMANN, *Irrtum und Schuld*, S. 221 f., 249 m. w. Nachw.

320 CUIACIUS, in Tit. VI De iur. & facti ignor. Lib. XXII Dig., ad L. III: „Est hoc discrimen inter ignorantiam iuris & facti, quod omnis ignorantia iuris supina est: nam ius omnibus in promptu est, facti ignorantia non omnis supina est, quoniam factorum cognitio non omnibus in expedito est."; DONELLUS, *Commentarii de iure civili*, lib. I cap. 23 [vol. I, S. 180 f.]: „Et omnino cur ignorantiam facti ab ignorantia iuris distinguimus? Id causae est, quod ignorantia facti iustam et manifestam excusationem habet ... Iuris autem ignorantia nec iusta est nec iure ullam excusationem habet: iubentur enim omnes scire leges et constitutiones ..." Diese Begründung hält sich bis ins 19. Jahrhundert auch im Zivilrecht, ja der Gegensatz von *error facti* und *error iuris* wird sogar mit dem von unverzeihlichem und verzeihlichem Irrtum identifiziert, dazu BINDING, *Die Normen und ihre Übertretung*, Band III, S. 74 m. w. Nachw.; so z.B. noch VON TUHR, *Allgemeiner Teil des Deutschen Bürgerlichen Rechts*, Band II, 1, S. 133 f.

321 ANGELUS DE UBALDIS, C. de incestis nuptiis l. qui contra (C. 5, 5, 4): „error affectatus dicitur error simulatus"; ähnl. DONELLUS, *Commentarii de iure civili*, lib. I cap. 20 [vol. I, S. 158]: „[ignorantia supina] pro ignorantia habenda non est, magisque in doli suspicionem cadit."; cap. 22 [vol. I, 172 ff.]; cap. 23 [vol. I, 181]: „Ignorantia enim iuris perinde habenda est, quasi ignorantia non esset: verbo ignorantia est, re non est."

322 BALDUS, V C. de incestis nuptiis l. qui contra, n. 1: „nota, quod ille, qui non vult scire, habetur pro sciente"; TIRAQUELLUS verbindet beide Gedanken, *De poenis temperandis*, causa 13 n. 22: „sed quod dictum est in principio, ignorantiam excusare, intelligendum est sane procedere in ignorantia iusta & probabili; non autem in affectata, crassa & supina, quia ista aequiparatur scientiae". *Ibid.* nn. 23 ff. diskutiert TIRAQUELLUS die Einwände des IOANNES CROTTUS, daß es sich um *scientia ficta* und eine unzulässige Ausdehnung der Strafbarkeit handele, lehnt diese aber mit der Autorität der Glosse ab.

323 BARTOLUS, D. n. ad l. Corn. de falsis l. 15 divus, n. 3: „Nam ignorantia excusat a delictis, in quibus verus dolus requiritur."; BALDUS, IX C. ad legem Faviam de plag. l. plagii, n. 1: „Excusatur errans in delictis, in quibus requiritur dolus ... Aut loquimur in delictis, in quibus dolus est de substantia et tunc iusta vel iniusta causa habet excusare."; ebenso GANDINUS, *Tractatus de maleficiis*, rubr. de homicidiariis et eorum poena, § 19; CLARUS, *Practica criminalis*, liber V, §. fin., qu. LX n. 22: „Tu vero dic, quod aut loquimur in delictis in quibus dolus est de substantia, vt est fal-

Pflicht zur Erkundung der Tatumstände oder rechtlichen Regelung bestand und diese auch leicht erkundet werden konnten. Gegen die Unkenntnis notorischer Tatsachen[324] sowie eigener Handlungen[325] spricht daher stets eine Vermutung *(ignorantia improbabilis)*. Zudem begründet solche Unkenntnis, weil sie leicht zu beseitigen ist und daher nur auf völliger Sorglosigkeit, Nachlässigkeit und Unbekümmertheit beruhen kann *(ignorantia crassa, supina)*, regelmäßig *culpa lata*.[326]

Der Unterschied zwischen Tat- und Rechtsirrtum ergibt sich also aus den tatsächlichen Verhältnissen, insofern letzterer regelmäßig verschuldet ist und somit *culpa lata*, d.h. *dolus praesumtus* begründet.[327] Denn es wurde eine generelle Pflicht angenommen, die Gesetze zu kennen *(scire debere)*, insoweit dies nötig ist,[328] um sich rechtstreu verhalten zu können. Dies wird auch von juristischen Laien erwartet, denn wo sie keine eigenen Rechtskenntnisse haben müssen *(non debent scire per se)*, so können sie sich solche verschaffen, indem sie Rechtskundige fragen: In diesem Sinne wird mit BARTOLUS davon ausgegangen, daß „alle Menschen Ju-

---

sum, periurium, & similia: & siue causa sit iusta, siue inusta, excusat; nam videtur cessare animus delinquendi. Aut vero loquimur in delictis, in quibus dolus non est de substantia: & tunc causa. Si est iniusta, excusat quidem a dolo, sed non a culpa, & ideo punitur pro culpa, non autem pro dolo: sed si causa est iusta, excusat a dolo, & a culpa. Et ita distingui debere secundum omnes attestatur Bald."; FARINACIUS, *Praxis et theorica criminalis*, qu. 90 nn. 19 ff. m. w. Nachw.

324 AZO, *Summa super Codicem*, tit. 18 De ignorantia iuris et facti, n. 4: „non probabilis est, ut quando aliquis ignorat, quod omnes de civitate vel maior pars civium scit"; dazu ENGELMANN, *Irrtum und Schuld*, S. 107 f., 232 ff. m. w. Nachw.

325 Glosse zu D. 22, 6, 9: „facti ignorantia ... non probabilis ut in facto suo"; auch ANDREÆ, *De regulis iuris*, reg. 13 ignorantia, n. 2; später zusammenfassend BARBOSA, *Tractatus Varii*, Axioma 82 Error, n. 4: „Error in facto proprio non potest allegari, & non relevat ad lucrum captandum, secus ad damnum evitandum." Der Einwand wird somit nur geduldet *de damno vitando*, nicht *de lucro captando*, dazu ENGELMANN, *Irrtum und Schuld*, S. 108 f., 246 ff. m. w. Nachw.

326 Im Anschluß an D. 22, 6, 9, 2; 50, 16, 223; cf. nur CUIACIUS, in Tit. VI De iur. & facti ignor. Lib. XXII Dig., ad L. III: „Igitur iusta & probabilis ignorantia facti non nocet, supina nocet."; FULGOSIUS, D. v. de iuris et facti ignor. l. regula: „ignorantia vero facti regulariter nulli nocet, nisi sit supina."; dazu ENGELMANN, *Irrtum und Schuld*, S. 230 ff. sowie die nächste Fußn.

327 Vgl. die Glosse zu Inst. 1, 26, 6: „certe potest dici, quod iuris ignorantia sit lata culpa, quod sic probo: quia omnes debent scire iura exceptis paucis scil. mulieribus minoribus militibus ... ergo si quis ignorat, est in culpa lata, cum culpa lata sit ignorare, quod omnes sciunt", auch Glo. ad D. 11, 1, 11 10 § qui iusto, ad D. 50, 16, 223, dazu ENGELMANN, *Irrtum und Schuld*, S. 153 ff.; BARTOLUS, D. n. de confessis l. non fatetur (D. 42, 2, 2), n. 6: „ubi est error, qui cadit in latam culpam, non excusatur; sed error iuris est lata culpa"; DINUS, *Commentarius in regulas iuris Pontifici*, reg. 13 nn. 18 f. (unten Fußn. 340); FULGOSIUS, D. v. de iuris et facti ignor. l. regula („Ignorantia iuris, quod sciri potuit regulariter omnibus nocet ..."); DERS., D. v. de iurisdict. l. si quis, n. 10 („Nota iuris ignorantiam excusari in poenam ... & culpa lata est etiam ignorantia iuris."); und von Späteren z.B. MENOCHIUS, *De praesumtionibus*, lib. VI, praes. XXIII, n. 11 m. w. Nachw.: „Iuris dispositionem ignorare, quam omnes scire debent per se, vel per alios consulere possunt, est culpa lata."

Dazu ENGELMANN, *Irrtum und Schuld*, S. 50 f., 133, 138, 153 ff., 168 ff., insb. S. 223 ff., 229 ff., 306 ff. m. zahlr. Nachw.; zum Tatsachenirrtum DERS., *Schuldlehre der Postglossatoren*, S. 26 f.; DERS., *Irrtum und Schuld*, S. 228 ff., 344 ff. m. w. Nachw.

328 Dazu ENGELMANN, *Irrtum und Schuld*, S. 137 ff. m. w. Nachw., der die Quellen im Sinne nicht einer Kenntnispflicht, sondern einer Rechtsbeachtungspflicht interpretiert.

risten sind".[329] Diese Erkundigung zu unterlassen, wenn Anlaß dazu besteht, so beim *lucrum captandum* oder einer geplanten Rechtsverletzung (Tötung eines Gebannten), und Rechtsrat verfügbar ist, begründet in der Regel *culpa lata*.[330] Eine Pflicht zu eigener Rechtskenntnis – wie man die Glosse „omnes debent scire leges"[331] verstehen könnte – besteht bei Laien aber nur für allgemein bekannte Normen und Rechtsangelegenheiten des täglichen Lebens im Sinne einer *intelligentia communis* nach dem Maßstab eines guten *paterfamilias*, die sich leicht beschaffen lasse[332]. Andernfalls wäre jeder Mensch in *culpa*, weil niemand alle Gesetze kennen kann.[333] Diese Pflicht gilt ohne Ausnahme, nur daß die Unkenntnis bei bestimmten Personengruppen, die für gewöhnlich[334] weniger rechtserfahren sind, wie Frauen, Kinder, Soldaten, Bauern, gänzlich Ungebildete, leichter entschuldigt wird.[335]

---

329 Bartolus, D. v. depositi l. quod Nerva (D. 16, 3, 32), n. 19: „Non obstat, quod omnes non sint eiusdem professionis, quia omnes homines sunt iuristae: quia scientia, quae est in iurisperitis, videtur esse in quolibet vulgari, quia peritos possunt consulere, et istud faciunt communiter omnes."

330 Nachw. bei Engelmann, *Irrtum und Schuld*, S. 142 ff., 156 ff. Der Satz „scire et scire debere paria sunt", der sich auf römische Quellen gleicher zivilrechtlicher Rechtsfolgen bezog (D. 9, 2, 8, 1; 12, 1, 5), spielt auch im mittelalterlichen Strafrecht eine Rolle nur bei Geldbußen, nicht bei Körperstrafen, vgl. nur Bartolus, Inst. de susp. tut. § suspectus (Inst. 1, 26, 6) („quia idem est scire et scire debere"); Baldus, Inst. de susp. tut. § suspectus (Inst. 1, 26, 6); Lucas de Penna, XII C. de desertoribus l. 1, nn. 8 f: „Is quippe de receptione tenetur, qui scit ... aut scire debet, quae paria sunt ... scire posse & ignorare non debere sunt paria ... lata culpa ... Tunc enim lata culpa comparatur dolo ... Quod habet locum, ubi agitur de poena pecuniaria imponenda ..., secus si ageretur de poena corporali", und wird selten im Zusammenhang mit einer Doluspräsumtion gebraucht, dazu Engelmann, *ibid.* 143 ff., 319 ff. m. w. Nachw., gegen Liepmann, ZStW 39 (1918), 379, 400, wie letzterer nun Hall, Festschrift Mezger, S. 229, 239; siehe auch Laingui, *La responsabilité pénale dans l'ancien droit*, S. 52.

331 Glosse zu Inst. 1, 26, 6.

332 Cuiacius, in Tit. VI De iur. & facti ignor. Lib. XXII Dig., ad L. I: „Dicit aliquis igitur omnes debent habere scientiam iuris? Minime. Vna est scientia iuris quæ pertinet ad IC. altera est diligentia patrisf. quam comparare sibi facile potest ... Hanc postremam scientiam exigimus in omnibus id est, communem intelligentiam."; ebenso Faber, nächste Fußn.

333 Bartolus, Inst. de susp. tut. § suspectus (Inst. 1, 26, 6): „sed certe, si dicatur, quod ignorare legem levis culpa est, non est homo vivens, quin sit in culpa levis"; Faber, *Institutiones*, Inst. de susp. tut. § suspectus, n. 3: „secundum hoc omnes de mundo sunt in culpa lata, quia nullus omnia iura scit, maxime ex improviso. Sed Doctores intelligunt, quod sit hoc verum de iuribus vulgaribus et communibus et quae frequentantur satis in facto."

Hingegen hält noch Celsus Bargalius, *Tractatus de dolo et culpa*, lib. V cap. II n. 57, die Unkenntnis von *ius commune positivum* bei juristischen Laien für schuldhaft, nimmt aber aus Nachsicht nur *culpa levis* an: „In populare autem homine sit Culpa levis, neque enim videtur latae Culpae ascribendum ei, si rem arduam & perdifficilem, dicat se ignorare, cujus cognitionem multis laboribus, multisque vigiliis Legum studiosi vix possunt acquirere ...".

334 Diese allgemeinen Vermutungen sind im Einzelfall widerlegbar, so z.B. „rusticus sagax non excusatur", Farinacius, *Praxis et theorica criminalis*, qu. 98. n. 56; Tiraquellus, *De poenis temperandis*, causa 11 n. 17; Fulgosius, D.v. de iurisdict. l. si quis, n. 10.

335 Siehe nur Cuiacius, in Tit. VI De iur. & facti ignor. Lib. XXII Dig., ad L. Regula IX, col. 936 f.; Farinacius, *Praxis et theorica criminalis*, qu. 98 nn. 16 ff.; Tiraquellus, *De poenis temperandis*, causa 11 nn. 7 ff.; Jousse, *Traité de la justice criminelle*, tome 2, S. 628; Muyart de Vouglans, *Lois criminelles*, S. 34, 42; ders., *Institutes au droit criminel*, S. 12; die beiden letzten

Entschuldigt wird auch, wer sich die nötige Belehrung nicht verschaffen kann.[336] Sodann genügt nicht jede Erkundigungsmöglichkeit zur Begründung des Schuldvorwurfs, sie muß vielmehr leicht erreichbar sein.[337]

Eine allgemeine Vermutung der Rechtskenntnis besteht ebensowenig wie besondere Beweisregeln.[338] Vielmehr wird unterschieden: Wo das Gesetz *dolus verus* verlangt, sind Vermutungen ohnehin ungenügend. Wo sich das Gesetz mit *dolus praesumtus* begnügt, kommt es auf die Glaubwürdigkeit einer Irrtumsbehauptung an.[339] Hier schadet Rechtsunkenntnis deshalb, weil sie zumeist (sehr) schuldhaft ist, also *culpa lata* vorliegt, die aber wiederum dem *dolus praesumtus* entspricht. Maßgebender Bezugspunkt ist eine Stelle bei DINUS:

> ... aut lex requirit dolum verum, aut est contenta dolo praesumpto ex qualitate facti: ubi requirit dolum verum, ignorantia iuris excusat, ut § si quis ignorans [D. 29, 5, 3, 22]. Ubi vero contenta est dolo praesumto ex qualitate facti, quod scilicet praesumatur dolus. Dolus ex qualitate facti, ubicunque quis facit quod scit, vel scire debet se facere non debere, ... iuris ignorantia non excusat ... Ratio autem est, quia qui ignorantiam praetendit eius, quod est publice notum, videtur esse in culpa lata. ... Lata enim culpa dolo praesumto aequipollet, et ideo ignorantia iuris non excusat.[340]

Dolus praesumtus wird nicht mit ordentlicher Strafe geahndet, sondern mit richterlich gemilderter, außerordentlicher Strafe, so daß im Ergebnis auch unverzeihlicher Rechtsirrtum stets die ordentliche (Körper-)Strafe ausschließt:

> a poena corporali excusatur ignorantia, sive iusta, sive iniusta.[341]

---

zit. nach LAINGUI, *La responsabilité pénale dans l'ancien droit*, S. 90 ff.; ENGELMANN, *Schuldlehre der Postglossatoren*, S. 26 f.; DERS., *Irrtum und Schuld*, S. 139 f., 147 ff., 207 ff. m. umfangr. Nachw.

336 Autoritativ ist die vielzitierte AUGUSTINUS-Stelle in D. 37 c. 16: „Non omnis ignorans est immunis a pena. Ille enim ignorans potest excusari a pena, qui quod disceret non inuenit. Illis autem hoc ignosci non poterit, qui habentes a quo discerent, operam non dederunt."

337 Nach D. 22, 6, 6; 22, 6, 9, 3 („cui facile sit scire, ei detrimento sit iuris ignorantia"), z.B. BALDUS, D. v. de j. et f. ignor. l. nec supina: „ignorantia supina dicitur, quando quis potest de facili scire, secus si requiratur scrupulosa inquisitio."; DONELLUS, *Commentarii de iure civili*, lib. I cap. 23 (vol. I, S. 181): „Ac si forte nec iurisconsulti copiam habuit, ignorantiam eius excusatam esse supra diximus."; dazu ENGELMANN, *Irrtum und Schuld*, S. 165 ff. m. w. Nachw.

338 Siehe nur MENOCHIUS, *De praesumtionibus*, lib. V, praes. III, nn. 31 ff.; lib. VI, praes. XXIII, nn. 10 ff. (auch keine Vermutung *für* Rechtsirrtum) m. w. Nachw.; ENGELMANN, *Schuldlehre der Postglossatoren*, S. 43 ff.; DERS., *Irrtum und Schuld*, S. 46 f., 57 ff., auch zum Beweis von Irrtum und Unkenntnis. Das Statutarrecht kannte vereinzelte Ausnahmebestimmungen, daß Unkenntnis keine Einrede sei, *ibid.*, S. 85 f., 104 ff.

339 ENGELMANN, *Schuldlehre der Postglossatoren*, S. 45 f. m. w. Nachw. Zu den Begriffen siehe oben bei Fußn. 244.

340 DINUS, *Commentarius in regulas iuris Pontifici*, reg. 13 nn. 16–19, 22, sowie ANDREÆ, *De regulis iuris*, reg. 13 ignorantia n. 2: „si in eo, in quo requiritur dolus verus, ignorantia iuris excusat ..., sed si erratur in eo casu, in quo sufficit dolus praesumptus, vel lata culpa, tunc si quidem erat publice notum vere, vel iuris praesumptione, vt quia a tempore publicationis curcurrerent duo menses, iuris ignorantia non excusat"; siehe auch oben Fußn. 323; vgl. ENGELMANN, *Schuldlehre der Postglossatoren*, S. 43 ff., 45, 142 ff., 290; DERS., *Irrtum und Schuld*, S. 87 f. m. w. Nachw.

341 BALDUS, *Consilia*, vol. III, cons. 9 n. 3.

Nicht als Konsequenz eines Zurechnungsgrundsatzes – eine *Norm* des Inhalts „error iuris nocet" gab es ersichtlich weder in Lehre noch Praxis des weltlichen Strafrechts noch des kanonischen Rechts[342] –, sondern in der Praxis nützte behauptete Rechtsunkenntnis – die wie jeder Irrtum vom Angeklagten zu beweisen war[343] und als schwer beweisbar galt,[344] obwohl Indizienbeweis hinreichte[345] – selten, entweder weil sie nicht voll bewiesen und daher gänzlich unbeachtlich war oder bezweifelt wurde mit der Folge der Vorsatzvermutung.[346]

Als vollkommen unglaubhaft galt insbesondere die Berufung auf Unkenntnis des *ius naturale aut divinum*, ebenso des *ius gentium* – das nicht im Sinne des römischen Fremdenrechts, sondern als das allen Völkern gemeinsame Recht und somit oft synonym mit *ius naturale* verstanden wurde,[347] – weil es allbekannt sei, etwa die Unerlaubtheit von Tötung, Diebstahl, Inzest oder Ehebruch,[348] überhaupt alle Verbote des Dekalogs.[349] Gleiches gilt für das *ius quasi naturale*, d.h. die Normen, die dem (damaligen) sozialen Empfinden *(ratio et naturalis sensus)* völlig selbstverständlich waren.[350] Ein solcher Einwand gilt zumeist bei jeder Person – selbst

---

342 Weitere Quellenbelege bei Engelmann, *Irrtum und Schuld*, S. 304 ff. (Lehre), 323 ff. (Gutachtenpraxis). Die römischen *regulae* in D. 22, 6, 9 (oben bei Fußn. 84) haben schon die Glossatoren nicht als Rechtsgrundsätze aufgefaßt, sondern im Gegenteil vor jeder Verallgemeinerung gewarnt, z.B. Azo, *Summa Codicis*, de j. et. f. ignor. tit. 18, n. 17: „... nec plenissime sub regula tradi potest ... vel ignorantia illa noceat vel non noceat quia diffinitiones hic maxime periculosae sunt cum fere omnes subvertant."); entsprechendes gilt für die kanonische Regel „ignorantia facti, non iuris, excusat." (reg. iur. XIII in VI°), siehe Engelmann, *Irrtum und Schuld*, S. 45 f., 175, 179 f., ausführl. S. 267 ff., 273 ff. m. w. Nachw.

343 Mascardus, *De probationibus*, concl. 1157 n. 23 („omne malum praesumitur pessime factum nisi probetur contrarium"); Tiraquellus, *De poenis temperandis*, causa 43 n. 9; Farinacius, *Practica et theorica criminalis*, qu. 90 nn. 80, 105; alle m. w. Nachw.

344 Menochius, *De praesumtionibus*, lib. VI, praes. XXIII, n. 13 („ignorantia iuris difficile probatur"); schon Gandinus, *Tractatus de maleficiis*, rubr. de homicidiariis et eorum poena, § 19, vermutet daher *mala fides*.

345 Baldus, D. v. de legibus l. lex est commune n. 10: „ad probandum ignorantiam sufficit probatio coniecturalis licet non plenaria."; w. Nachw. bei Engelmann, *Irrtum und Schuld*, S. 74 ff.

346 Engelmann, *Schuldlehre der Postglossatoren*, S. 48; ders., *Irrtum und Schuld*, S. 101 f.; Loening, KritV, 3. Folge, II (1896), 226, 240.

347 Dieser Rechtsgedanke lag gleichsam als Quelle dem römischen *ius gentium* zugrunde (so Gaius in D. 1, 1, 9: „quod naturalis ratio inter omnes homines constituit, id apud omnes peraeque custoditur vocaturque ius gentium, quasi quo iure omnes gentes utuntur."), Glosse zu 48, 5, 38: „iure gentium: id est naturali, quod ignorare non licet"; w. Nachw. bei Engelmann, *Irrtum und Schuld*, S. 109 ff. m. Fn. 1; zutr. auch Laingui, *La responsabilité pénale dans l'ancien droit*, S. 88 f.

348 Nach Ulpian in D. 50, 16, 42: „probra quaedam natura turpie sunt, quaedam civiliter et quasi more civitatis. ut puta furtum, adulterium natura turpe est".

349 Siehe nur Dinus, *Commentarius in regulas iuris Pontifici*, reg. 13 n. 21; Baldus, Infort. ad SC. Syllan. l. si quis § aperire, n. 3: „aut quaeritur de delicto naturali, et tunc ignorantia iuris non excusat, ut ibi non furtum facias"; ausführl rezipiert bei Gandinus, *Tractatus de maleficiis*, rubr. de homicidiariis et eorum poena, § 19; Farinacius, *Praxis et theorica criminalis*, qu. 90 nn. 48 f., 91 ff., 101; Tiraquellus, *De poenis temperandis*, causa 11 nn. 7 ff., causa 43 n. 13; Engelmann, *Schuldlehre der Postglossatoren*, S. 44 ff.; ders., *Irrtum und Schuld*, S. 66, 103, 109 ff., 183 ff.

350 Engelmann, *Irrtum und Schuld*, S. 112 ff. m. w. Nachw.

dem „Waldmenschen“[351] – als absurder Vorwand, bloße Schutzbehauptung und von vornherein unbeachtlich, so daß nicht einmal eine Doluspräsumtion vonnöten ist.[352] Doch auch hierbei handelt es sich an sich nur um einen Beweissatz, der durch gegenteilige Indizien entkräftet werden kann,[353] was freilich fast nie praktisch wurde. In Zweifelsfällen und bei beschränkt zurechnungsfähigen Personen sowie von manchen Rechtslehrern bei bestimmten ungebildeten oder beschränkten Personengruppen (Bauern)[354] wurde der Einwand für insoweit glaubwürdig gehalten, daß er von Delikten, die *dolus verus* verlangen, entlastet, so daß vermuteter Vorsatz verbleibt,[355] mithin *culpa lata*, da man ohne schuldhafte Sorglosigkeit hier gar nicht irren könne[356]. Nur wenige Autoren nahmen beim *error iuris naturalis* generell eine Doluspräsumtion an.[357] Im Laufe der Zeit wird öfter erwogen, ob nicht auch ein Irrtum über *ius notorium*, sogar über *ius divinum* entlastend möglich sei.[358] Schließlich wird unter naturrechtlichem Einfluß später auch die Beachtlichkeit des Irrtums über *ius naturale* reklamiert bei Ausbildungs- oder Verstandesmangel, so z.B. von GROTIUS, der bis in die Beispiele hinein[359] an die kanonische Naturrechtslehre anknüpft:

---

351 DURANTIS, *Speculum iudiciale*, lib. IV partic. I de summa trinitate n. 5: „et ignorantia iuris naturalis neminem excusat: imo ignorans illud ignorabitur, ... etiam si sit paganus vel homo sylvester semper in montanis nutritus, ita quod nunquam ad eum praedicatio pervenerit, nam in omnem terram exivit sonus Apostolorum.“ Vgl. weiter ENGELMANN, *Irrtum und Schuld*, S. 119 ff.

352 ENGELMANN, *Irrtum und Schuld*, S. 114 ff. m. w. Nachw., anders noch DERS., *Schuldlehre der Postglossatoren*, S. 44, 47 f.

353 BOSSIUS, *Tractatus varii*, tit. de decreto Mediolani, nn. 19 ff.: „tamen si apparet, si erravit, excusatur; (n. 20) Nam iuris ignorantia in iure naturali vel gentium non toleratur, nec in iure civili fundato super ratione naturali sec. Baldum nec in iure civili indubitato et notorio; tamen possunt esse tam apertae coniecturae ad inducendam bonam fidem, quod penitus excusantur et nulla prorsus culpa tali potest adscribi.“; ENGELMANN, *Irrtum und Schuld*, S. 102, 103 f.; a.A. LIEPMANN, ZStW 38 (1916/17), 21, 37 f., der durch die Quellen widerlegt wird.

354 Cf. FULGOSIUS, D.v. de iurisdict. l. si quis, n. 10; dazu ENGELMANN, *Irrtum und Schuld*, S. 120 ff.

355 Dazu ENGELMANN, *Irrtum und Schuld*, S. 122 ff. m. w. Nachw., zur Schuldzurechnung, *ibid.*, S. 183 ff.

356 SALICETUS, IX C. de his qui adscrib. l. 3 senatuscto, n. 3: „Aut erratur in iure naturali, licet poena sit a iure civili apposita, et nulla iuris ignorantia excusat. Nam licet poena possit ignorari, iuste tamen ipsa prohibitio, quam ius naturae facit, non potest ignorari nisi supine.“; später nimmt CELSUS BARGALIUS, *Tractatus de dolo et culpa*, lib. V, cap. II, n. 57, stets, auch beim Irrtum über *ius naturalis*, nur *culpa lata* an, stellt gleichwohl aber an anderer Stelle eine Vorsatzvermutung auf, lib. VI reg. 13 n. 13.

357 So ALCIATUS, *De praesumtionibus*, reg. III, praes. 30; CELSUS BARGALIUS, *Tractatus de dolo et culpa*, lib. VI reg. 13 n. 13; BOSSIUS, *Tractatus varii*, tit. de defensione reorum, n. 32; so allgemein LAINGUI, *La responsabilité pénale dans l'ancien droit*, S. 45, 87.

358 Zum Streitstand FARINACIUS, *Praxis et theorica criminalis*, qu. 90 nn. 48–51 m. w. Nachw., der selbst für die Beachtlichkeit des Irrtums votiert, aber *ibid.* nn. 98 ff. wieder in traditionelle Bahnen zurückkehrt.

359 GROTIUS, *De iure belli ac pacis*, Prolegomena, 39; dazu WELZEL, *Vom irrenden Gewissen*, S. 12. Näher an der traditionellen Sicht aber noch PUFENDORF, für den ein Naturrechtsirrtum allenfalls als Geisteskrankheit erklärbar ist, *De iure naturae et gentium*, lib. I cap. III § 3: „Ubi arbitra-

> Sicut ergo circa leges civiles eos excusamus qui legum notitiam aut intellectum non habuerunt, ita & circa naturæ leges par est eos excusari quibus aut ratiocinationis imbecillictas aut privata educatio obstant. Nam ignorantia legis sicut inevitabilis si sit tollit peccatum; ita etiam cum aliqua negligentia conjuncta delictum minuit.[360]

Als unbeachtlich gilt auch die Unkenntnis des *ius commune* als *ius notorium*.[361] Unkenntnis des positiven Rechts entschuldigt, zumindest wenn es noch nicht publiziert ist,[362] soweit es sich nicht mit Naturrecht deckt oder notorisch ist,[363] und

---

mur nullum hominem ætate matura, & rationis compotem tam hebetem esse, quin comprehendere queat saltem generalia iuris naturalis præcepta … Et ut maxime quis per socordiam de uno atque altero præcepto nunquam cogitaverit, aut per præcipitantiam & temeritatem falsas de agendis opiniones conceperit, aut ex prava informatione, vel corrupto per vitiosam assuetudinem, pravosque affectus animo, veritatem & necessitatem eorundem in dubium revocaverit, aut contrarias legi naturali agendi regulas sibi finxerit: istam tamen ignorantiam, aut errorem haudquidquam arbitramur invincibilem, quique adeo efficiat, ut inde susceptæ actiones non possint imputari. Ita enim ista sunt exposita, ita penitus naturæ insita, ut nunquam eousque obbrutescere possit homo, quin ad ista adprehendenda ac dijudicanda sit adhuc idoneus. Quippe cum ad hoc non requiratur eximia quædam ingenii vis, aut peculiaris rationis solertia, sed sufficiat qualecunque nativæ rationis lumen; modo morbo mens non sit oppressa.“, § 13; cap. V § 10; DERS., *De officio hominis et civis iuxta legem naturalem*, lib. I cap. I § 7; vgl. WELZEL, *Vom irrenden Gewissen*, S. 13. Noch KANT folgte in seiner Ethik-Vorlesung der älteren Lehre (bzw. dem behördlich vorgeschiebenen Kompendium, BAUMGARTENS *Ethica philosophica*), zit. nach MENZER, *Eine Vorlesung Kants über Ethik*, S. 165 f: „Es gibt *errores culpabiles* und *inculpabiles*. In Ansehung seiner natürlichen Verbindlichkeit kann keiner im Irrtum sein, denn die natürlichen moralischen Gesetze können keinem unbekannt sein, indem sie in eines jeden Vernunft liegen, folglich ist da keiner in solchem Irrtum unschuldig; allein in Ansehung eines positiven Gesetzes sind *errores inculpabiles*, da kann man kraft einer *conscientiae erroneae* als unschuldig handeln. In Ansehung des natürlichen Gesetzes aber gibt es nicht *errores inculpabiles*.“

360 GROTIUS, *De iure belli ac pacis*, lib. II cap. XX § XLIII, S. 339. Der Satz wurde später vielfach zitiert, z.B. von BÖHMER, *Observationes*, Obs. IV ad qu. CXLIX n. 67, S. 150; C. F. G. MEISTER, *Rechtliche Erkenntnisse und Gutachten in peinlichen Fällen*, N. 71, S. 302 n. 15; KRESS, *Commentatio succincta in CCC*, Art. 177 Anm. 1 N. 5 Reg. I, Anm. 2, S. 653; G. J. F. MEISTER, *Principia iuris criminalis*[6], § 116 Anm. *d)*. Vgl. auch die Anmerkungen über den Codicem Iuris Bavarici Criminalis, I. Theil, Kap. I, § 31, unten Fußn. 604.

361 FARINACIUS, *Praxis et theorica criminalis*, qu. 90 n. 103: „ignorantia iuris notorii non excusat a dolo, quia ignorantia affectata, nec crederetur illi, qui afferet, se ex illius iuris ignorantia fuisse motus“; w. Nachw. bei ENGELMANN, *Irrtum und Schuld*, S. 103 ff., 186 ff.

362 THOMASIUS, *Institutiones jurisprudentiae divinae*, lib. I § I n. 71, der jede *ignorantia legum rite publicatarum* kurzerhand für *concomitans* und *vincibilis* erklärt unter Berufung auf PUFENDORF; ebenso MUYART DE VOUGLANS, *Institutes au droit criminel*, S. 12.

363 Siehe nur BALDUS, I C. de legibus l. leges sacr., n. 3: „Quaero an licet leges ignorare. Respondeo si sunt inclusae in corpore iuris non possunt ignorari.“, n. 5: „Tu dic quod aut ius civile trahit originem a iure naturali seu a naturali aequitate; q inest secundum naturam et praesumitur dolus … Aut non sumit originem ab aequitate naturali, sed a iure mere positivo, et tunc refert: aut illud est quodammodo ius gentium propter generalem consuetudinem ut de gabellis solvendis secundum miseriam nostri temporis in toto orbe, tunc praesumitur dolus. Aut non est contra generalem consuetudinem, tunc praesumitur potius, quod sit culpa lata … Ex his apparet, quod non solventes gabellam ad portam in dubio praesumuntur habere animum fraudandi, quia intelliguntur facere contra generalem consuetudinem, nisi esset gabella incognita et insolita, quia tunc excusantur a praesumptione doli.“; DERS., Infort. ad SC. Syllan. l. si quis § aperire: „Ignorantia iuris excusat a poena delicti … dic: aut quaeritur de delicto naturali, et tunc ignorantia iuris non excu-

wurde bisweilen als Tatsachenirrtum behandelt[364]. Oft wird nach Ablauf einer gesetzlichen Publikationsfrist von zwei Monaten Kenntnis präsumiert[365] und wie üblich entlastet verschuldete Unkenntnis nicht. Besondere Regeln gelten für Fremde und Neubürger, die mit dem Statutenrecht noch nicht vertraut sind und leichter entschuldigt werden.[366]

Der Irrtum über ungeschriebenes Recht entschuldigt in der Regel,[367] weil dieses schwerer zugänglich ist. Schon die Glosse hatte angenommen, daß Rechtsirrtum tadelnswerter sei als Tatsachenirrtum, weil das Recht bestimmt und begrenzt durch Aufzeichnung sei[368] – folglich wurde die Rechtsbeachtungspflicht auf *geschriebenes* Recht eingeschränkt.[369] Gleiches gilt für unklares und zweifelhaftes Recht, dessen Unkenntnis mitunter dem Tatsachenirrtum gleichgestellt wurde.[370]

---

sat, ut ibi: non furtum facias; aut de delicto civili i. quod ius civile adinvenit, et tunc excusat iuris ignorantia ut hic. Unde in statutis: si statutum punit delictum, quod est delictum de iure naturali, ligatur ignorans; si autem est delictum de iure civili, non ligatur ignorans, quod est verum, ubi est ignorantia iusta, vel est talis persona, in qua ignorantia sit toleranda; sed intolerabilis non excusat, sed tamen attenuat delictum." ; CLARUS, *Practica criminalis*, liber V, §. fin. qu. 60 n. 13 (siehe auch qu. 85 n. 3): „Tu vero dic, quod quando delictum, quod punitur ab ipsa constitutione, vel decretum, est etiam prohibitum de iure communi, eo casu ignorantia constitutionis, vel statuti non excusat." ; DECIANUS, *Tractatus criminalis*, II, cap. 35, nn. 48–51: „Statuta regulariter non ligant ignorantes, maxime si sint poenales", aber nur bei *iusta causa* (zit. nach ENGELMANN, *Schuldlehre der Postglossatoren*, S. 48); MENOCHIUS, *De praesumtionibus*, lib. V, praes. III, nn. 115 ff. entschuldigt Irrtum über positives Rechts regelmäßig, höchstens liege *culpa levis* vor; ENGELMANN, *Schuldlehre der Postglossatoren*, S. 46 ff.; DERS., *Irrtum und Schuld*, S. 103 f.

364 So auch die Dekretale in VI, 1, 2, 1: „...quia tamen locorum specialium et personarum singularium consuetudines et statuta, quum sint facti et in facto consistant, potest probabiliter ignorare"; ähnl. BARTOLUS, D. v. depositi l. quod Nerva, n. 19.

365 BALDUS, I C. de legibus l. leges sacr., n. 3; GANDINUS, *Tractatus de maleficiis*, rubr. de homicidiariis et eorum poena, § 19; ANDREÆ, *De regulis iuris*, reg. 13 ignorantia, n. 2; DECIANUS, *Tractatus criminalis*, II, cap. 35 nn. 48–51, zit. nach ENGELMANN, *Schuldlehre der Postglossatoren*, S. 48; w. Nachw. bei DEMS., *Irrtum und Schuld*, S. 66 ff., 193 ff., auch zum kanonischen Recht, S. 105 f.

366 ENGELMANN, *Irrtum und Schuld*, S. 201 ff.; LAINGUI, *La responsabilité pénale dans l'ancien droit*, S. 90 ff. m. w. Nachw.; siehe auch MUYART DE VOUGLANS, *Institutes au droit criminel*, S. 12; LOENING, KritV, 3. Folge, II (1896), 226, 240 f.

367 Siehe nur CINUS, I C. de legibus l. 9 leges sacr. (C. 1, 14, 9), n. 1: „Et scias, quia leges debent ab omnibus sciri, quod ignorantia iuris non toleratur. Ex hoc arguit Pet[rus de Bellapertica] quod leges scribi debent, ut sic non sit intolerabilis error iuris; quia si lex non esset scripta, eadem esset ratio in tolerando errore legis, quae est in tolerando errore consuetudinis, ubi est error tolerabilis secundum Doctores, quia non reducitur in scriptis. Unde ad hoc, quod non sit error tolerabilis de iure, lex scribi debet." ; ENGELMANN, *Irrtum und Schuld*, S. 205 f. m. w. Nachw.

368 Glossa ad D. 22, 6, 2, in omni parte iuris; dazu ENGELMANN, *Irrtum und Schuld*, S. 170 ff. m. w. Nachw.

369 PAULUS CASTRENSIS, I. C. de legibus l. 9 leges, n. 2, zit. nach ENGELMANN, *Irrtum und Schuld*, S. 143, 205 f.

370 BARTOLUS, D. v. depositi l. quod Nerva, n. 19: „aut est ius certum et limitatum, quia de hoc est casus legis, et talis ignorantia est lata culpa ...aut dubium est ius, quia sunt opiniones doctorum, vel quia de hoc non habemus legem expressam sed argumenta verisimilia, et tunc talis ignorantia non simpliciter lata, sed debet iudicari lata culpa, levis vel levissima sicut ignorantia facti." ; FARINACIUS, *Praxis et theorica criminalis*, qu. 90 n. 102 m. w. Nachw.; TIRAQUELLUS, *De poenis*

Ein frühes Indiz dafür, daß Kodifikationen die Unkenntnis ihrer Vorschriften nur schwer ertragen können, liefert das umfassende Gesetzeswerk der *Siete Partidas*[371] des kastilischen Königs ALFONS X. Gesetzesunkenntnis schützt nicht vor Strafe und sonstigen Nachteilen, wobei nicht zwischen Straf- und Zivilrecht getrennt wird. Entschuldigt sind nur Geisteskranke, Kinder unter zehneinhalb Jahren, weil sie (noch) nicht verständig sind *(porque no han entendimiento),* Ritter *(cavalleros)* während eines Krieges – genannt sind zivilrechtliche Nachteile; ausgenommen sind solche Taten, die jeder natürlicherweise als schlecht *(mal)* versteht –, sowie Bauern, Schäfer und Frauen, die in abgelegenen Orten wohnen.[372] An späterer Stelle wird in

---

temperandis, causa 11 n. 6: „At illud caret omni scrupulo, errorem iuris implicati (ut loquimur) aut intricati esse, dicitque probabilem, non secus ac errorem facti."; BARBOSA, *Tractatus varii*, Axioma 82 Error, n. 6: „Verum quàndo erratur in articulo Iuris dubio & perplexo, tunc error Iuris excusat ..., ac proinde potest bonam fidem producere" m. zahlr. Nachw.; dazu ENGELMANN, *Irrtum und Schuld*, S. 206 f., 224 f. m. w. Nachw.

371 Die lehrbuchhaft geschriebenen *Siete Partidas*, ein Amalgam aus römischem und kanonischem Recht sowie lokalen Gebräuchen, sind zwischen 1256 und 1263/1265 entstanden und unter der Herrschaft von ALFONSO X EL SABIO (1221–1284) nach heutiger Kenntnis nicht förmlich in Kraft gesetzt worden, sondern erst 1348 durch Art. 64 des *Ordenamiento de Alcalá* seines Urenkels ALFONSO XI. (1312–1350). Zitiert wird nach der maßgeblichen, von GREGORIO LÓPEZ besorgten Ausgabe von 1555. Zu den *Siete Partidas* siehe die Einführungen in der engl. Ausgabe von BURNS (Übers. von SAMUEL PARSONS SCOTT) m. w. Nachw. sowie SCHEPPACH, *Las Siete Partidas*.

372 Partida I[a], tít. I, ley XX: „*Porque razon los omes no se pueden escusar del iuyzio de las leyes pro dezir que las no saben.* Escusar no se puede ninguno delas penas delas leyes, por dezir que las no saben: ca pues que por ellas se an de mantener, rescibiendo derecho, e faziendo lo razon es que las sepan, e que las lean: o por tomar el entendimiento dellas, o por saber las, el mismo bien razonar en otra manera, sin leer: ca excusa an los omes en si mismos por muchas de cosas que les contecen, assi como enfermedades, o otras cuytas muchas que passan en este mundo: pero no se pueden escusar que non embien otros en su lugar, que muestren su derecho: e si non ouieren quien embiar, deuen lo fazer saber a sus amigos que en aquel lugar fueren do se ellos an de juzgar por las leyes, que lo razonen, o lo muestren por ellos e dar les poder como lo fagan: e puesque por si o por sus mandaderos, o por cartas se pueden escusar, non son ellos escusados por dezir que non saben las leyes e tal razon como esta si la dixeren, non les deue ser cabida."

Partida I[a], tít. I, ley XXI: „*Quales pueden ser escusados por no saber las leyes.* Señaladas personas son las que se pueden escusar de non rescebir la pena que las leyes mandan: maguer non las entiendan, ni las sepan al tiempo que yerran, haziendo contra ellas, assi como aquel que fuesse loco de tal locura, que non sabe lo que se faze. E maguer entendieren, que alguna cosa fizo, porque otro ome deuiesse ser preso, o muerto por ello, catando en como aqueste que diximos, non lo faze con seso, no le ponen tamaña culpa, como al otro que esta en su sentido. Esso mismo dezimos del moço que fuesse menor de catorze años: o la moça de doze: maguer prouasse fecho de luxuria, sol que non lo sopiesse fazer. Estos tales escusados serian de la pena de las leyes, porque no han entendimiento: mas si por auentura fuessen menores de diez años e medio, e fiziessen algun otro yerro, assi como furto, o omicidio, o falsedad, o otro malfeho qualquier serian escusados otrosi delas penas que las leyes mandan por mengua de edad y de sentido. Otro si dezimos, que los caualleros que an a defender la tierra, e conquerirla de los enemigos dela fe, porlas armas, deuen ser escusados, por no entender las leyes: e esto seria si perdiessen, o menoscabassen algo de lo suyo, andando en iuyzio o por razon de posturas, o de pleytos que ouiesen fecho a daño de si: o porque ouiessen perdido algo de lo suyo, por razon de tiempo: pero todas estas cosas se entienden, siendo ellos en guerra: ca bien es derecho e razon, que aquel que su cuerpo auentura en peligro de prision, o de muerte que non del otro embargo: porque aquello se estorue sol que se non meta a estudiar, ni aprender leyes: porque zivilrechtlichem Kontext der *Partida quinta* erneut bekräftigt,[373] daß jeder die Gesetze kennen müsse – die *Siete Partidas* zählen immerhin rund 3.000 Vorschriften –, ausgenommen Ritter, die sich mehr mit Waffen- als Rechtskunde beschäftigen sollen, sowie Frauen, Personen unter 25 Jahren und einfache Arbeiter. Die Glosse des Gregorio López von 1555 referiert hingegen die übliche gemeinrechtliche Doktrin, so daß z.B. *ignorantia iuris* stets *dolus verus* ausschließe, aber nicht *dolus praesumtus*, da sie *culpa lata* sei.[374]

VIII. Die naturrechtliche Imputationslehre

Pufendorf gilt als Begründer der naturrechtlichen Zurechnungslehre. Zurechenbar ist für ihn diejenige Handlung, die als spezifisch menschliche erscheint, indem sie ihren Grund in Vorstellung und Willen hat und zudem frei ist von innerem und äußerem Zwang.[375] Volle Zurechnung setzt mithin eine *actio voluntaria* voraus, den uneingeschränkten Gebrauch von Freiheit, Wille und Verstand[376] – wobei der vollen Freiheit ihre absichtliche Beseitigung gleichsteht.[377] Die Zurechnung ist folglich ausgeschlossen bei Zwang oder Unkenntnis,[378] sie mindert sich mit geringerer Freiheit oder wenn die Ursache für den Freiheitsmangel beim Handelnden selbst lag wie der *ignorantia voluntaria*[379]. Die Unterscheidung und Behandlung von Unkenntnis

---

el fecho de las armas dexe: fueras ende si el cauallero fiziesse traycion, o falsedada, o aleue, o yerro, que otro ome deuiesse entender naturalmente que mal era, no se puede escusar que no aya la pena que las leyes mandan. E esto mismo dezimos de los aldeanos que labran la tierra, o moran en lugares do non ay poblado, e delos pastores que andan con los ganados en los montes e enlos yermos: o delas mugeres, que morassen en tales lugares como estos.“

373 Partida V[a], tít. XIV, ley XXXI: „*Como las mandas que son puestas en testamento imperfecto, si fueren pagadas non se pueden reuocar.* ... Ca tenemos, que todos los de nuestro señorio deuen saber estas nuestras leyes. E si alguno por non saber las fiziere contra ellas, algunas cosas, que sean a su daño, torne se porende a su culpa. Fueras ende, si el que ouiesse fecho tal paga como esta, fuesse cauallero de nuestra corte. Ca los nuestros caualleros mas se deuen trabajar en vso de armas que en aprender leyes. O si fuesse muger o menor de veynte e cinco años, o labrador simple, ca estos atales bien se pueden escusar en tales razones como estas diziendo, que non sabian estas leyes.“

374 López, Glosse c *Que no embien* zu Partida I[a], tít. II, ley XX (vol. I, fol. 10).

375 Pufendorf, *De iure naturae et gentium*, lib. I cap. V, IX; ders., *De officio hominis et civis iuxta legem naturalem*, lib. I cap. I §§ 1 ff., 18 ff.; dazu Welzel, *Die Naturrechtslehre Samuel Pufendorfs*, S. 85 ff.; Moos, *Der Verbrechensbegriff in Österreich im 18. und 19. Jahrhundert*, S. 76 ff.

376 Pufendorf, *De iure naturae et gentium*, lib. I cap. V §§ 1 ff.; ders., *De officio hominis et civis iuxta legem naturalem*, lib. I cap. I §§ 16 f.

377 Pufendorf, *De iure naturae et gentium*, lib. I cap. V § 10 („Ast qui ignorantiæ suæ causa est, ac sciens volens effecit, ut ignoraret, quæ nosse poterat, & debebat, perinde habetur, ac si sciens, & deliberato quid animo patrasset“); ders., *De officio hominis et civis iuxta legem naturalem*, lib. I cap. I §§ 7 f., 20 f.

378 Pufendorf, *De iure naturae et gentium*, lib. I cap. V §§ 5 ff.; cap. III §§ 10 ff.; ders., *De officio hominis et civis iuxta legem naturalem*, lib. I cap. I §§ 20 ff.

379 Pufendorf, *De iure naturae et gentium*, lib. I, cap. V § 10; ders., *Elementa iurisprudentiae universalis*, lib. II, ax. I § 7.

und Irrtümern[380] lehnt sich stark an ARISTOTELES an und gleicht denen THOMAS VON AQUINS – freilich ohne ihn zu zitieren – bisweilen bis aufs Haar. Auch die Ergebnisse bleiben grundsätzlich in den Bahnen der zeitgenössischen Lehre.[381]

Auch die Naturrechtslehre CHRISTIAN WOLFFS ändert hier weniger die tradierten Fragestellungen und Inhalte als den Begründungsstil und wird daher bei der Skizze des deutschen gemeinen Rechts mitberücksichtigt werden. Angemerkt sei aber, daß seine Lehre das Konzept der Willensschuld aufgab zugunsten eines weiteren allgemeinen Schuldbegriffs des *defectus rectitudinis actionis vincibilis*, unter den sich die Fahrlässigkeit als Verstandesschuld einreihen ließ.[382] Bei einem konsequenten Verständnis jeglicher Schuld als Willensschuld bereitet die Konstruktion der Fahrlässigkeit hingegen später Schwierigkeiten: Teilweise wurde sie auf einen indirekten Willen zurückgeführt, teilweise konsequent aus der eigentlichen kriminellen Schuld ausgeschlossen, so daß Fahrlässigkeitsdelikte zu Quasidelikten gerieten.

IX. Vom gemeinen deutschen Recht bis zum RStGB

1. Dolus

Das ältere deutsche Recht unterschied oftmals zwischen bewußter, beabsichtigter und unabsichtlicher Begehung, zumeist, wie in der ganzen kanonischen und gemeinrechtlichen Doktrin üblich, anhand der Tötungsdelikte.[383] Die Constitutio Criminalis Carolina von 1532 schließt an die römische Schuldlehre an und kennt keinerlei Erfolgshaftung mehr.[384] Die Schuldformen sind exemplarisch am Tötungsdelikt vorgestellt in Art. 137 und 146 CCC, die vorsätzliche und fahrlässige Tötung, letztere illustriert mit Beispielen der *lex Aquilia*,[385] deutlich scheiden[386] nebst mit der Rüge, daß in etlichen Gegenden beide Schuldformen gleich behandelt würden,[387] wobei die Fahrlässigkeit als vermeidbare Verursachung „wider des thätters willen" erscheint.

---

[380] PUFENDORF, *De iure naturæ et gentium*, lib. I cap. III § 10 ff.; lib. II cap. III § 13; DERS., *De officio hominis et civis iuxta legem naturalem*, lib. I cap. I, §§ 7, 21, cap. III § 12.

[381] Siehe oben Fußn. 359, zu THOMASIUS Fußn. 362.

[382] Dazu SCHAFFSTEIN, *Die allgemeinen Lehren vom Verbrechen*, S. 95 ff. m. w. Nachw.

[383] Vgl. nur Sachsenspiegel, 2. Buch, Art. 14 § 4 und Art. 37; Schwabenspiegel, cap. 176. Zum Ganzen siehe ROSSHIRT, *Geschichte und System des deutschen Strafrechts*, 2. Theil, §§ 72 ff. S. 196 ff.; MÜSSIG, *Mord und Totschlag*, S. 18 ff., 30 ff.

[384] SCHAFFSTEIN, *Die allgemeinen Lehren vom Verbrechen*, S. 94, 107.

[385] Art. 146 CCC repetiert die Beispiele des Schützen und des Barbiers aus D. 9, 2, 9, 4 und D. 9, 2, 11 pr.

[386] Zum Ganzen siehe nur LÖFFLER, *Die Schuldformen des Strafrechts*, S. 162 ff. m. w. Nachw.; BINDING, *Die Normen und ihre Übertretung*, Band II, S. 635 f.

[387] Art. 137 CCC: „Aber nach gewonheyt etlicher gegent, werden die fürsetzlichen mörder vnd die todtschleger eynander gleich mit dem radt gericht, darinnen soll vnderscheydt gehalten werden."

Bis Carpzov bleiben die deutschen Autoren zumeist unselbständig in der zustimmenden oder ablehnenden Rezeption der italienischen Lehren, namentlich der *doctrina Bartoli* und der Lehre des *dolus indirectus* mit Zitaten von Covarruvias.[388] Der bedeutende Utrechter Strafrechtslehrer Matthæus verwirft indes die Unterscheidung von *dolus verus* und *dolus praesumptus*, denn es gebe nur eine Art von *dolus*, der entweder bewiesen oder nicht bewiesen sei. Letzterenfalls könne Strafe wegen *culpa* eintreten.[389] Zudem hält er die herrschende Meinung, daß *culpa lata* im Strafrecht dem *dolus* nicht gleichgestellt werden dürfe, für falsch mit Verweis auf 2. Mose 21, 29 (oben II.), so daß im Ergebnis *dolus praesumptus* und *dolus verus* gleich bestraft werden können.[390]

Der wohl einflußreichste Autor der deutschen gemeinrechtlichen Doktrin, Benedikt Carpzov, behandelt die Vorsatzfrage gleich zu Beginn seiner Darstellung.[391] Die ordentliche Strafe für ein Tötungsdelikt setzt *animus occidendi* voraus. Ausgiebig erörtert Carpzov die „sehr zweifelhafte Frage“, ob die ordentliche Schwertstrafe auch anzuwenden sei, *si animus occidendi desit,* aber eine gefährliche Verletzungshandlung vorliegt.[392] In zeitüblicher Weise zählt er zunächst zahlreiche Belegstellen aus dem römischen Recht, Aristoteles, Art. 146 CCC, der Bibel sowie den Glossatoren und Postglossatoren auf, die für mildere, außerordentliche Strafe sprechen, bejaht aber die Frage schließlich im Gegensatz zur überwiegenden Meinung.[393] Wer mit einem Schwert oder einem ähnlichen zum Töten geeigneten

---

388 Schaffstein, *Die allgemeinen Lehren vom Verbrechen*, S. 112 ff., 116 f. m. w. Nachw.

389 Matthæus, *De criminibus*, lib. 48 tit. 18 cap. IV, n. 10: „Mihi ea distinctio parum probatur; nam si probatio doli diversas ejusdem species facit, quid est in jure, quod non vel verum, vel praesumptum dici possit? Vera servitus, verae nuptiae, tutelae, dominium, possessio &c: quae necessariis argumentis probantur: praesumta, quae contingentibus. Haque sic existimo: dolum unius generis esse; qui si probetur, crimen quoque probatum videri: sin minus, proximum esse, ut culpa aut casu admissum censeatur. Argumenta enim contingentia non probant, sed necessaria. Caeterum, quod culpa non dolo admissum est, id modice duntaxat punitur.“

390 Matthæus, *De criminibus*, lib. 48 tit. 18 cap. IV, n. 11.

391 Zu Carpzovs Vorsatzbegriff siehe auch Gessler, *Ueber den Begriff und die Arten des Dolus*, S. 26 f.; Löffler, *Die Schuldformen des Strafrechts*, S. 166 ff.; Engelmann, *Schuldlehre der Postglossatoren*, S. 103 f., 110 f.; Klee, *Der dolus indirectus*, S. 14 ff.; Grünhut, *Anselm von Feuerbach*, S. 132 ff.; Schaffstein, *Die allgemeinen Lehren vom Verbrechen*, S. 117 ff.; von Köckritz, *Die Bedeutung des Willens für den Verbrechensbegriff Carpzovs*, durchgehend.

392 Carpzov, *Practica nova*, pars I, qu. 1, n. 15: „Ab initio autem non dubitandum est, pro homicidio simplici doloso, quod in rixa committitur ex voluntate & animo occidendi, constitutam esse poenam ordinariam gladii … Quid autem, si animus occidendi desit; Veluti, si quis gladio, vel ligno, vel alio simili instrumento Sempronium percusserit pravo animo, volens ei injuriam irrogare, ejusque faciem cicatrice signare, non occidere, nec tamen potuit manum ita temperare, quin graviter percusserit, ex eaque percussione praeter intentionem vulnerantis mors fuerit secuta; Anne delinquens poenâ mortis sive gladii puniri debeat? quaestio valde dubia est.“

393 Anders entscheidet er beim Patrizid, wenn der Täter sein Opfer als Angehörigen etc. nicht erkannt hat, denn „dolus in criminalibus saepissime sumatur pro animi destinatione & proposito ad certum delictum quoquomodo perpetrandum“, Carpzov, *Practica nova*, pars I, qu. 15, n. 3; dazu Löffler, *Die Schuldformen des Strafrechts*, S. 170.

Instrument einen anderen nur verwunden wolle, weiß oder müsse wenigstens wissen, daß er die Verletzungen nicht sicher kontrollieren könne, so daß er *animus occidendi* habe, weil sich sein Wille auf die Verwundung und alles, was aus ihr folgt, beziehe.[394] Er stützt seine Sicht zunächst mit dem Hinweis auf die kirchenrechtliche Figur des *versari in re illicita*, denn wer einen anderen verletzen wolle, handle bewußt unerlaubt. Auch versiere er *in dolo in genere*, da er ja verletzen wolle; dieser generelle Vorsatz reiche nach der allgemeinen Ansicht der Doktoren aus[395] – eine solche Lehre eines *dolus generalis* existierte allerdings nicht, schon gar nicht als Mehrheitsmeinung[396]. Außerdem sei der Todeserfolg indirekt gewollt, wobei er Covarruvias und Thomas von Aquin wörtlich zitiert, ohne zu erwähnen, daß Covarruvias nachdrücklich[397] hier nur außerordentliche Strafe vorsieht.[398] Schließlich werden unter anderem noch einige Stellen des Alten Testaments herangezogen,[399] vor allem 4. Mose 35, 16 (oben II.). Endlich nennt Carpzov einen praktischen Grund für diese Erweiterung des materiellen Vorsatzbegriffs: Denn andernfalls würden ungezählte Morde ungesühnt bleiben, weil der Täter immer behaupten könne, er habe nur verletzen, nicht töten wollen, was nur schwer zu widerlegen sei.[400] Carpzov macht dabei sehr deutlich, daß es sich nicht um einen

---

394 Carpzov, *Practica nova*, pars I, qu. 1, n. 28: „... Quorum sententiam juri ac veritati magis consentaneam esse arbitror, eo quod percutiens gladio animo solum vulnerandi, aeque in dolo est, & quia scit, aut saltem scire debeat, certo & destinato modo vulnus, praesertim gladio vel simili instrumento ad homicidium perpetrandum apto, dari non posse, in effectu negari nequit, quin talis habeat animum occidendi, ut cujus voluntas fertur in percussionem, & in omne id, quod ex percussione dolosâ immediate contingit."

395 Carpzov, *Practica nova*, pars I, qu. 1, n. 29: „Primò notum est, quod dans operam rei illicitae, teneatur de omni eo, quod sequitur praeter illius intentionem & voluntatem; si nimirum causa sit ordinata, & tendat ad subsequutum delictum, ita quod delicti autor verisimiliter aut cogitavit, vel cogitare potuit, aut saltem cogitare debebat de eo, quod inde facile successurum erat. ... Quo respectu percutiens gladio, etiam versatur in dolo in genere; Dolosê namque agit quod gladio percutit, dolosè quoque agit, quod vulnerat, & sic vulnerando dolosè causam mortis praebet. In delictis autem puniendis sufficere dolum in genere tradunt Dd. communiter."

396 Vgl. oben Fußn. 274 ff. Zutr. abl. Löffler, *Die Schuldformen des Strafrechts*, S. 168 m. Fn. 65; Engelmann, *Schuldlehre der Postglossatoren*, S. 103 f. Die zumeist angeführten Belegstellen D. 48, 8, 1, 3; 48, 8, 15 („Nihil interest, quis an causam mortis praebeat.") geben dafür wenig her, Krug, *Ueber dolus und culpa*, S. 10 f., 38 ff. m. w. Nachw.

397 Siehe oben bei Fußn. 293.

398 Carpzov, *Practica nova*, pars I, qu. 1, nn. 31 f.; vgl. Engelmann, *Schuldlehre der Postglossatoren*, S. 110 f.

399 Carpzov, *Practica nova*, pars I, qu. 1, nn. 33–41; dazu Löffler, *Die Schuldformen des Strafrechts*, S. 168 f.

400 Carpzov, *Practica nova*, pars I, qu. 1, n. 42: „Et sane, si aliud diceremus, res esset pessimi exempli, & infinita homicidia remanerent impunita ... Quilibet enim homicida, quò mortis poenam effugeret, hâc exceptione sese tueri posset, dicens, se non habuisse animum occidendi, neque putasse mortem exinde eventuram." Sehr deutlich auch Frölich von Frölichsburg, *Commentarius*, 2. Tract., 2. Buch, 1. Tit., S. 129: „Und diese letztere Doctrin ist der wahre Antrieb / der Sentenz des Carpzovii nachzufolgen".

psychologischen *dolus*-Begriff handelt, sondern um die Einbeziehung bestimmter Fälle fehlender Tötungsabsicht in das *homicidium dolosum*, mithin um die normative Behandlung des Täters *ac si animum occidendi haberet*.[401]

CARPZOVS Version des *dolus indirectus* hat breite Gefolgschaft gefunden,[402] aber auch Kritik erfahren, weil sich so fast jedes *homicidium culposum* in ein *doloses* wandele[403]. So weist der Terminus „dolus indirectus" auch keineswegs einheitliche Kriterien auf, insbesondere bleibt umstritten, ob der Erfolg wenigstens als möglich

---

401 CARPZOV, *Practica nova*, pars I, qu. 3, n. 2 f.: „Quamvis vero *Dd.* communiter dolosum homicidium istud solum appellitent, quod ex voluntate ac animo occidendi committitur ... Hoc tamen falsum esse, & dolosum homicidium quandoque absque voluntate & animo occidendi perpetrari, supra *quaest. 1. n. 28.* demonstratum fuit: Nimirum, quando quis nolens occidere pravo ac doloso animo alterum percutit, ex qua percussione postea mors sequitur. Percutiens namque animo vulnerandi, vel quovis modo laedendi, *aeque in dolo est ac si animum occidendi haberet*: ut, qui scit, aut scire deberet, certo & destinato modo vulnus dari non posse, ejusque voluntas fertur in percussionem, & omne id, ex percussione dolosâ immediate contingit. [3] Ut sic dolosum homicidium duplici modo committatur, 1. voluntate & animo occidendi. 2. animo solum vulnerandi vel percutiendi, unde mors immediate sequitur. ..." (Hervorh. hinzugefügt)

402 Nachw. bei LÖFFLER, *Die Schuldformen des Strafrechts*, S. 170 f. m. Fn. 70; SCHAFFSTEIN, *Die allgemeinen Lehren vom Verbrechen*, S. 121 f.

403 Eingehend krit. FRÖLICH VON FRÖLICHSBURG, *Commentarius*, 2. Tract., 2. Buch, 1. Tit., S. 124 ff.; *Anmerkungen über den Codicem Juris Bavarici Criminalis ... von einem unbekannten Authore* (KREITTMAYR), I. Theil, III. Kap. § 2 Anm. a: „Der böse Vorsatz oder *Dolus malus* bey Todschlägen bestehet *in animo occidendi*, und dieser ist nach der gemeinen Schulsprach *directus* oder *indirectus*. Was jener seye, begreift jedermann leicht, dieser aber wird von sehr wenigen Criminalisten recht deutlich beschrieben. Sie sagen, er bestehe in einer ungebührlichen Handlung, wodurch ein Todschlag begangen wird, welcher leicht hätte vorhergesehen werden können oder sollen Carpz. *q. 1. n. 29*. Lauterbach *lib. 48. tit. 8. n. 5*. Man beruft sich diesfalls *ad Leg. 15. ff. ad Leg. Cornel. de Sicar.* allwo es heißt, es seye eins, ob man jemand töde, oder dazu Anlaß gebe. Wenn diese Beschreibung richtig ist, so folgt, daß die meiste, wo nicht alle *Homicidia culposa* mit der Ordinaritodesstraf anzusehen seynd, weil ein jedes dergleichen *Homicidium*, wie wir *§ seq. 3.* hören werden, eine ungebührliche Handlung supponirt, und sich eben dadurch von dem *Homicidio mere casuali* distinguirt. Es bestehet also der sogenannte *animus occidendi indirectus* nicht darinn, daß man *in re illicita* versirt, sondern vielmehr *per Leg. 1. Cod. ad Leg. Cornel. de Sicariis* in dem bösen Willen dem andern ohngeacht der dabey obschwebender Todesgefahr Schaden zu thun. Wie Leyser *in spec. 603. de voluntate nocendi*, und Böhmer *Sect. 2. §. 202. in notis* gründlich bemerket hat. Z.E. schießet einer auf dem Capucinergraben allhier gegen obrigkeitlichen Verboth auf die Schwalben, trift dabey unglücklicher Weise einen Vorbeygehenden, und schießt ihn tod. Nach der Regel und Beschreibung Carpzovii ist er *Homicida dolosus*, weil er *in re illicita versirt*, und den Tod dadurch veranlaßt, welcher an einem solch offenen Ort, wo man beständig zu paßiren pflegt, leicht vorzusehen gewest wäre. Nach der Regel Leyseri aber, welche auch das *Jus novissimum* hier amplectirt hat, ist er nur *Homicida culposus*, weil er zwar ungebührlich gehandelt, jedoch dem Vorbeygehenden zumal auf eine todesgefährliche Weise Schaden zu thun die böse Meynung nicht gehabt hat. Ein anders wäre, wenn er mit Fleiß auf den Entleibten schießen, und denselben nur hätte lähmen oder verwunden wollen, denn da wären alle 3. Requisita, nämlich *res illicita, voluntas nocendi & periculum vitae* vorhanden gewest, und dieses heißt eigentlich *animus occidendi indirectus*, welcher aber auch seine verschiedene *Gradus* hat, wodurch er bald *ad dolum*, bald *ad culpam* näher approchirt." KREITTMAYR geht dabei auf CARPZOVS Argument, es liege *animus vulnerandi*, somit *dolus in genere* (oben Fußn. 395), vor, nicht ein, obwohl damit sein Kriterium einer *voluntas nocendi* erfüllt wäre.

erkannt worden sein muß.[404] Oft wird auch angenommen, der *dolus indirectus* weise verschiedene Grade auf, die teils näher an der *culpa*, teils näher am *dolus* lägen[405]. Spätere Autoren weisen die *versari*-Lehre als Grundlage zurück und erweitern die Begründung dahin, daß derjenige, der die Möglichkeit des Todes voraussehe und dennoch handle, mit ihm einverstanden sei, so als erster wohl LEYSER.[406]

Bedeutsam für die weitere Entwicklung sind insbesondere die Schriften BÖHMERS.[407] Auch für ihn ist die Grundlage aller strafrechtlichen Zurechnung der Wille, der direkt oder indirekt auf den Erfolg gerichtet sein kann. Bezeichnete der Begriff des *dolus directus* bislang nur die eigentliche Absicht, so erstreckt BÖHMER ihn auf die unbeabsichtigten, aber *notwendig* mit dem erstrebten Ziel verbundenen Folgen.[408] Der Wille könne verschiedene Grade aufweisen: der stärkere, direkte Wille sei *dolus*, der schwächere, indirekte sei *culpa*.[409] BÖHMER stellt zahlreiche Voraussetzungen für die Feststellung des *dolus indirectus* auf, darunter die, daß der Täter die Möglichkeit des Todeserfolges vorhergesehen haben muß – anders als bei CARPZOV genügt *cogitare debuisse* nicht; BÖHMER verlangt aber keinen Beweis

---

404 Ausdrücklich bejahend z.B. KOCH, *Institutiones iuris criminalis*, § 439; BÖHMER, unten Fußn. 410; NETTELBLADT/GLÄNTZER, unten Fußn. 421.

405 Z.B. KREITTMAYR, Fußn. 403 a.E.; LEYSER, nächste Fußn.; BÖHMER, Fußn. 409.

406 LEYSER, *Meditationes ad pandectas*, Spec. 603 med. 4 [vol. IX, 550]: „Quisquis enim lethifero instrumento vulnus intentat, hic certe, siquidem recta ratione praeditus est, praevidet, ex vulnere illo mortem sequi posse. Dum itaque hoc scit, & tamen vulnerat, in mortem adversarii consentit, atque adeo non in culpa, sed in dolo est. Quam vis enim, qui directum interficiendi animum habet, magis in dolo esse non inficiemur. Interim omnis dolus, etsi gradu inferior, ordinariam poenam meretur." (mit Verweis auf 4. Mose, 35, 16 ff.); med. 8: „Sufficit animus quomodocunque laedendi cum facto, ex quo mors verisimilitier sequi poterit coniunctus."; cor. II: „Animus occidendi indirectus suos gradus habet, atque propius vel ad dolum vel ad culpam accedit, quo instrumentum adhibitum magis minusve lethale, ac, hominem eo periturum fuisse, verisimilius fuit." Allerdings stützt sich auch LEYSER auf den Gedanken eines *dolus generalis*, wenn er die Bezeichnung *animus occidendi indirectus* zurückweist, weil die Quellen *voluntas nocendi* genügen ließen.

407 Zu BÖHMERS Vorsatzlehre ausführlich BOLDT, *Johann Samuel Friedrich Böhmer und die gemeinrechtliche Strafrechtswissenschaft*, S. 147 ff., 181 ff.; LÖFFLER, *Die Schuldformen des Strafrechts*, S. 171 ff.; SCHAFFSTEIN, *Die allgemeinen Lehren vom Verbrechen*, S. 123 ff.

408 BÖHMER, *Meditationes*, zu Art. 137 CCC, § VI: „Secus dicendum, si factum *unice* et solum ad *destructionem* tendit, quod *directi*, non indirecti animi est argumentum. Frustra enim quis dicitur de *seruando* illo cogitasse, quem *necessitati* mortis subiciit ..." (Hervorh. im Original).

409 BÖHMER, *Observationes*, Obs. II ad qu. I n. 62: „Quicquid enim *imputationis* delictis inest, fundamentum suum habet in *voluntate*, qua quis decernit certum genus actionis, lege prohibitum, seque ejus *auctorem* esse ostendit. Voluntas haec duplici modo se exserit, *uno* quoties ex proposito ad certum delictum *directo*, & praemeditato consilio; *altero* quoties *imprudenti*, ac *inconsulto* quodam facto, quocum *praesens* delictum non per se connexum, contra legem peccatur. Priorem *dolum*, vel culpam malitiae, posteriorem *culpam* simpliciter, vel cum additamento, *imprudentiae*, *desidiae*, *negligentiae*, vocant. ... Utriusque actio ultimo ad voluntatem referenda, quia, qua huic propria, *imputatio*, cuilibet cohaeret, extra dolum autem vel culpam nulla est. Quicumque alterutro modo deliquit, *voluit* delictum, animumque delinquendi habuit. Solus *gradus* voluntatis utramque actionem distinguit, modumque *Imputationis* determinat, qui in dolo est *fortior*, in culpa *debilior; ibi ordinariam*, hic *extraordinariam* poenam producit. Ita vero dolum non male animum delinquendum *directum*, culpam vero *indirectum* dixeris."; siehe auch DERS., *Meditationes*, zu Art. 137 CCC, §§ IV, VI, VII.

der Voraussicht, sondern begnügt sich mit deren Wahrscheinlichkeit[410] – und daß es sich um eine Gefahr handeln muß, die jeder Verständige auch als tödlich angesehen hätte.[411] Er formuliert den auf THOMAS VON AQUIN zurückführenden Satz, daß derjenige, der die Ursache wolle, auch die Folge wolle, in der Weise, daß der Erfolg zwar nicht *pure*, aber doch *eventualiter* gewollt sei,[412] und verwendet wohl als erster[413] den Begriff „dolus eventualis"[414]. Der Wille müsse den konkreten Erfolg umfassen *(dolus specialis)*, ein unbestimmter *dolus generalis* genüge nicht.[415] Auch sei der *dolus indirectus* keine bloße Schuldvermutung.[416]

Für die weitere Entwicklung von überragender Bedeutung ist die unter dem Vorsitz des Naturrechtlers NETTELBLADT von dem Kandidaten GLÄNTZER in Halle verteidigte Dissertation,[417] die sich auf die naturrechtliche Lehre CHRISTIAN

---

410 BÖHMER, *Observationes*, Obs. II ad qu. I n. 62: „Haec omnia inquam *scivit*, aut scire *potuit, & debuit.*" – „Non enim sufficit cogitare debuisse, quod si factum non fuerit, culpam infert, nisi verisimilis cogitationis actualis, quae dolum arguit, argumenta concurrant."; DERS., *Meditationes*, zu Art. 137 CCC, §§ VI, VII. Weitere Nachw. bei BOLDT, *Johann Samuel Friedrich Böhmer und die gemeinrechtliche Strafrechtswissenschaft*, S. 255 ff.; siehe auch GESSLER, *Ueber den Begriff und die Arten des Dolus*, S. 32 f., dagegen LÖFFLER, *Die Schuldformen des Strafrechts*, S. 172, und SCHAFFSTEIN, *Die allgemeinen Lehren vom Verbrechen*, S. 125.

411 BÖHMER, *Observationes*, Obs. II ad qu. I n. 62, S. 5 ff., 7; DERS., *Meditationes*, zu Art. 137 CCC, § VI: „... V) *Ex tali quem periisse, unde quilibet, qui sensum communem habet, colligere potest, illud adhibita etiam omni solertia facile lethale fore, et ordinarie seu ut loquuntur, per se necem producere.*" (Hervorh. im Original)

412 BÖHMER, *Observationes*, Obs. II ad qu. I n. 62: „Qui enim vult antecedens specifice, non potest nolle consequens, si est praevisum ac cognitum, quod vulgo sed abusive, *necessarium* vocatur. Si enim nollet, contraria, & quae commode simul consistere non possunt, vellet, quod non sanae, sed emotae mentis hominis est, qui quilibet sibi constare, & secundum *rectam rationem* agere censetur, quae non probat voluntatem alicujus rei specialem, sine speciali & simultanea voluntate ejus, quod *sua natura* cum illa re connexum esse solet, hariolari poterat. ... Voluit necem specifice, etsi *eventualiter* voluerit ... in eventum inde sequutum *consensisse*, & animo homicidii quidem *indirecto*, ast *doloso* necasse adversarium censetur."; ähnl. DERS., *Meditationes*, zu Art. 137 CCC, § VI: „... Sic enim admitti potest, reum *maluisse* conseruationem, simul vero, si hec obtineri nequit, *euentualiter* consensisse in necem."; § VII: „Qui enim vult *antecedens*, *consequens* quoque vult, non solum quod *absolute* necessarium, verum etiam quod facillime et *communiter* cum eo connexum esse solet et potest, licet aliud factum improbum *principaliter* in mente habuerit. Tum vtique potius vitam, quam mortem *mauult*, sed ideo non desinit mortem *velle*, quam inde sequi solere, sciebat." (Hervorh. im Original); knapp DERS., *Elementa iurisprudentiae criminalis*, Sect. II cap. 16 § 202 m. Anm.*.

413 So LÖFFLER, *Die Schuldformen des Strafrechts*, S. 172; SCHAFFSTEIN, *Die allgemeinen Lehren vom Verbrechen*, S. 124.

414 Z.B. in *Observationes*, Obs. II ad qu. I n. 62, S. 6.

415 BÖHMER, *Observationes*, Obs. II ad qu. I n. 62: „... quum essentia dolosi homicidii in voluntate procurandae mortis *speciali* consistat, haec vero vel *pura*, vel *eventualis* esse potest, nec is tantum, cujus finis hic *proximus* est, dolose hominum perimat; sed etiam is, qui, tametsi solam *laesionem* sibi proponit, dum in omnem *eventum* etiam mortem *speciatim* vult, ad necandum vires conquirit."; DERS., *Meditationes*, zu Art. 137 CCC, § VII a.E.

416 BÖHMER, *Observationes*, Obs. II ad qu. I n. 62; DERS., *Meditationes*, zu Art. 137 CCC, § V; knapp DERS., *Elementa iurisprudentiae criminalis*, Sect. II cap. 16 § 202 Anm.*.

417 NETTELBLADT/GLÄNTZER, *De homicidio ex intentione indirecta commisso*; dazu KRUG, *Ueber dolus und culpa*, S. 13 ff.

Wolffs[418] stützte und nachwies, daß *dolus indirectus* Vorsatz im Sinne des Wolffschen Vorsatzbegriffs *(dolose agens: sciens volensque agit)*[419] sei. Während bei der *volitio directa* der Täter handelt, weil er den Erfolg als möglich voraussah, handelt er bei der *volitio indirecta*, obwohl er die Erfolgsmöglichkeit voraussah, die somit mitgewollt sei:

---

418 Wolff unterscheidet in seiner *Philosophia practica universalis*, Pars I, innerhalb des Begriffs der Schuld im allgemeinen *(culpa in genere* als *defectus rectitudinis vincibilis*, § 696) drei spezifische Schuldformen *(culpa in specie)*: Zunächst *dolus* als Wollensfehler (*defectus rectitudinis quoad voluntatem*, §§ 701, 708), der dadurch gekennzeichnet wird, daß der Täter den Schaden wissentlich und willentlich herbeiführt (§ 705, 712), und *culpa* als Wissensfehler *(defectus rectitudinis quoad intellectum vincibilis*, § 717), wobei der Täter den Schaden weder wissentlich noch willentlich herbeiführt (§§ 730–732), und die in diversen Erscheinungsformen auftritt (§§ 750 ff.: *negligentia, inconsiderantia, improvidentia, praecipitantia, imprudentia, incuria)*. Schließlich kennt Wolff noch eine dritte, zwischen *dolus* und *culpa* angesiedelte und von diesen verschiedene Schuldform (§§ 782–784), die *culpa media*, die er mit Zasius' *versutia* identifiziert (§ 782) und nur am Fall der Pflichtenkollision exemplifiziert, z.B. an Labeos Fall der Befreiung eines gefesselten fremden Sklaven in Erfüllung einer allgemeinen Hilfspflicht, aber unter Verstoß gegen die Pflicht, fremdes Eigentum zu achten (D. 4, 3, 7, 7, vgl. Binding, *Die Normen und ihre Übertretung*, Band II, S. 730 f.): Es handele sich nicht um *culpa*, weil der Täter den Erfolg (Eigentumsschädigung) wissentlich herbeiführt, aber auch nicht um *dolus*, weil der Täter die Schädigung nicht direkt wolle. Fraglich bleibt dann, warum es sich hier nicht wenigstens eine Form der indirekten Absicht, die Wolff zuvor anerkannte (§§ 621 ff.), handelt. Ausschlaggebend ist für ihn, daß der Täter direkt kein *malum* beabsichtigt, während beim indirekten Vorsatz immerhin ein (kleineres) Übel direkt gewollt ist, so daß der für *dolus indirectus* (als Relikt der *versari*-Lehre) gemeinhin geforderte *animus laedendi* bei der *culpa media* fehle. (§ 784 a.E.: „Equidem & subinde in dolo non directe intenditur, quod ex actione resultat, malum; sed indirecte tantummodo: directe tamen intenditur minus. Enimvero in culpa media malum prorsus nullum directe intenditur. Unde in dolo adest animus laedendi alterum, ubi malum infertur alteri; in culpa media animus laedendi abest.").

Denn zurechenbar sind nur freie (§ 12) Handlungen (§§ 532, 694) und der Grad der Imputation richtet sich nach der Leichtigkeit der Vermeidung des fehlerhaften Verhaltens (§§ 694 f.): „§. 694: *Quo facilius evitare poteras defectum rectitudinis, eo magis tibi imputabitur; quo autem difficilius eundem evitare poteras, eo minus imputabitur.*" Grundsätzlich ist somit nur der *defectus rectitudinis vincibilis* zurechenbar (*ibid.*).

Innerhalb der Schuldformen richtet sich beim *dolus* die Schwere nach dem Maß der Freiheit der Handlung; so wiegt die vorbedachte Handlung *(deliberato animo)* schwerer als die weniger oder unbedachte *(indeliberato animo)*, weil sie freier ist, da wir unsere Freiheit zur Auswahl einer Handlung mehr gebraucht haben (§§ 605 ff., § 709. So in § 607: „Deliberata actio enim magis libera est, quam indeliberata, & quo magis deliberata, eo magis libera est (§ 605). Enimvero quo magis libera fuerit actio, eo magis imputatur (§ 606).", der direkte Vorsatz schwerer als der indirekte, weil bei ihm mehr von der Freiheit Gebrauch gemacht wird (§§ 626, 710; „§. 626. ... Quoniam itaque libertate sponte eligimus ex pluribus possibilibus, quod placet ..., intentio directa magis libera est, quam indirecta. Quamobrem cum actio magis imputetur, quo magis ea libera fuerit (§. 606); quin directa intentio magis imputanda veniat, quam indirecta, dubitandum non est.").

419 Chr. Wolff, *Philosophia practica universalis*, Pars I, §§ 616 ff.: „§ 616. Agens *intendere* dicitur id, propter quod agit. Unde *intentio agentis* est volitio ejus, propter quod agit, seu volitio qua vult, ut fiat id, vel non fiat, propter quod agit. § 621. *Intentio directa* est, qua id intenditur, propter quod agens agit. *Indirecta* vero *intentio* est, qua quidem agens per se non vult, quod ex actione ipsius sequitur, quod tamen perinde, ac id, quod vult, ex eadem sequi potest. § 622. *Finis directe intenditur, sed quod indirecte intenditur, finis non est.* ... § 624. *Quod quis vult indirecte, id vere vult.* ... Quamobrem quod quis vult indirecte, idem non aversatur, si enim aversaretur, non posset edere

> *Si agens scit ex sua actione, praeter id, quod directe intendit, eadem facilitate aliud quid sequi posse, quoad hoc, si sequitur, in dolo est.* Agens enim si scit quod ex sua actione aliud quid, quam id, quod directe intendit, aeque facile sequi possit, quoad hoc, quod praeter id, quod per se vult, sequitur, non est in ignorantia, sed eo sciente producitur. Ergo quoad id quod sequitur sciens agit. Cumque se determinet ad edendam actionem, ex qua aliud quid, quam quod per se vult, sequi potest, velle etiam id, quod sequi potest, praeter id, quod per se vult, necesse est, et quidem vere, quamvis indirecte, cum nisi velit quod indirecte vult, ad talem actionem se determinare non posset, hinc et volens, quoad id quod sequitur, agit. Est ergo in dolo.[420]

Auch diese Autoren verlangen, daß der Täter den Erfolg vorhergesehen haben müsse, denn man könne nur wollen, was man sich zuvor vorgestellt habe, wohingegen nicht zu wissen, was man wissen müsse, Fahrlässigkeit bezeichne.[421]

Die von Leyser, Böhmer und Nettelbladt/Gläntzer vertretenen Ansichten zum *dolus indirectus* – der sich vom modernen *dolus eventualis* hauptsächlich nur durch das Festhalten am Erfordernis des *versari in re illicita* bzw. *animus nocendi* unterscheidet[422] – waren bis zum Ende des 18. Jahrhunderts herrschend,[423] obwohl beachtliche Unsicherheiten bestehen bleiben, namentlich, wie bereits erwähnt, ob subjektive Voraussicht des Erfolges oder nur dessen objektive Voraussehbarkeit zu verlangen ist,[424] ob *dolus eventualis* mit *dolus indirectus* identisch sein

---

actionem, unde eadem facilitate sequitur, quam alterum, quod fieri mallet. Qui quid non aversatur, ubi aut appetere aut aversari debet; id utique appetere debet. Patet itaque quod quis vult indirecte, id eundem vere velle."

420 Nettelbladt/Gläntzer, *de homicidio ex intentione indirecta commisso*, § 13 (originale Kursive); dagegen Feuerbach, *Betrachtungen über dolus und culpa*, S. 193, 239 ff.

421 Nettelbladt/Gläntzer, *de homicidio ex intentione indirecta commisso*, § 11: „*Ad indirectam intentionem requiritur ut agens sciat eadem facilitate ex sua actione aliud quid posse sequi, ac id quod directe intendit.* ... Actus voluntatis vero, qui dicitur volitio, non intellegitur, nisi praevia cognitione eius, ad quod dirigenda (...), ergo etiam intentio indirecta, quae est volitio, non adesse potest, nisi praevia cognitione eius, ad quod dirigitur. Hinc patet ad intentionem indirectam in agente requiri scientiam.", §§ 12 f., 21; zusammenfassend § 22, S. 15: „Requisita ad homicidium ex intentione indirecta commissa necessaria sunt 1) homicidium ex facto quodam, vel non facto nostro sponte admisso per se esse sequutum; 2) agentem animum nocendi habuisse; 3) directe eum non intendisse mortem; 4) ex facto vel non facto suo homicidium aeque facile sequi potuisse ac id, quod directe intendit, eumque hoc scivisse." Der Beweis der Voraussicht wird allerdings durch die objektive Beschaffenheit der Handlung erbracht, deshalb krit. Gessler, *Ueber den Begriff und die Arten des Dolus*, S. 30.

422 Zutr. Löffler, *Die Schuldformen des Strafrechts*, S. 190 Fn. 16. Nettelbladt/Gläntzer verzichten auf das *versari*-Erfordernis und verlangen nur einen *animus nocendi*, denn von dem, der nicht einmal schaden wollte, könne man nicht sagen, daß er töten wollte (§ 20); dazu Schaffstein, *Die allgemeinen Lehren vom Verbrechen*, S. 128.

423 Dazu z.B. Kleinschrod, *Systematische Entwickelung der Grundbegriffe und Grundwahrheiten des peinlichen Rechts*³, 1. Theil, §§ 18 ff. S. 39 ff., § 21 S. 48, § 23 S. 51 f. (dagegen Feuerbach, *Betrachtungen über dolus und culpa*, S. 193, 236 ff.); Meister, NArchCrimR 1 (1817), 106 ff.; ausführl. Gessler, *Ueber den Begriff und die Arten des Dolus*, S. 34 ff., 42 ff.; siehe auch Krug, *Ueber dolus und culpa*, S. 15 ff., 23; Löffler, *Die Schuldformen des Strafrechts*, S. 180; Schaffstein, *Die allgemeinen Lehren vom Verbrechen*, S. 128, jew. m. w. Nachw. Zumeist wurde nicht zwischen den verschiedenen Begründungen Leysers, Böhmers und Nettelbladts unterschieden.

424 Auch einzelne Autoren schwanken: So läßt z.B. Kleinschrod, *Systematische Entwickelung der Grundbegriffe und Grundwahrheiten des peinlichen Rechts*³, 1. Theil, § 21, es genügen, daß

könne[425] und um die Verhängung welcher Strafe es gehe (Rad, Schwert usw.)[426]. Oft wurde die Betonung auf die damit mögliche Beweiserleichterung gelegt.[427]

Seit dem Ende des 18. Jahrhunderts schwand mit der nun einsetzenden Orientierung am aufklärerischen Schrifttum und an den Lehren der idealistischen Philosophie KANTS und HEGELS sowie einer psychologischen Betrachtungsweise die Autorität der römischen Quellen und der darauf fußenden gemeinrechtlichen Doktrin. Die Regeln der Zurechnungslehre wurden nun als Bestandteil eines rationalen Strafrechtssystems aufgefaßt, das nach den Zwecken der Strafe, nach dem Verständnis von Staat und Recht insgesamt, geformt wurde. Diese „philosophische" Periode der Strafrechtswissenschaft bringt eine Fülle divergierender Entwürfe hervor, die allmählich die zählebigen, weil jahrhundertealtes Judiz enthaltenden, gemeinrechtlichen Topoi überwinden und mit einiger Verzögerung auch die Gesetzgebung aus dem Bann der Tradition lösen.

Zugleich wuchs die Ablehnung der Figur des *dolus indirectus*, die als Ausdruck übermäßiger Härte oder schlechthin absurd galt.[428] So fand die Schrift CHRISTIANIS[429] weithin Anerkennung, die den Satz *qui consentit in antecedens, non potest non consentire in consequens* als psychologisch falsch darstellte. Die Ablehnung richtete sich bisweilen eher gegen den Terminus *dolus indirectus* als gegen die Sache,[430] indem die direkte Willensbeziehung zur nicht beabsichtigten Folge durch eine Eventualeinwilligung substituiert wurde, da es keinen Unterschied mache, ob jemand den Tod eines anderen *pure seu simpliciter* oder *eventualiter seu conditionaliter* wolle.[431]

---

der Täter wußte *oder* „dem gesunden Menschenverstande nach" wissen mußte, daß der Erfolg eintreten könne, kritisiert aber später § 1 des österreichischen StG 1803, weil dort das wesentliche Kriterium der subjektiven Voraussicht fehle, ArchCrimR VI, 4 (1806), 23, 31 f., 35, dagegen zutr. EGGER/ZEILLER, Jährlicher Beytrag zur Gesetzeskunde und Rechtswissenschaft in den Oesterreichischen Erbstaaten, Band I (1806), 214, 222, zit. nach HOEGEL, *Geschichte des Österreichischen Strafrechtes*, 1. Heft, S. 145, und MOOS, *Der Verbrechensbegriff in Österreich im 18. und 19. Jahrhundert*, S. 251.

425 Gegen BÖHMER gewandt z.B. ESCHENBACH, *De dolo indirecto delinquentium*, § 5 III: Wer *eventualiter* wolle, habe *dolus directus*, nicht *indirectus*, denn letzterer bezeichne nur Fälle, in denen der Erfolg *praeter omnem intentionem* eintrete.

426 Dazu ESCHENBACH, *De dolo indirecto delinquentium*, §§ 9 ff., 11 (für *poena gladii*).

427 LÖFFLER, *Die Schuldformen des Strafrechts*, S. 180 m. w. Nachw.

428 Neben den im folgenden angeführten wie CHRISTIANI, FEUERBACH, auch HARSCHER VON ALMENDINGEN, Nachw. bei KRUG, *Ueber dolus und culpa*, S. 15 Fn. 1, S. 17 ff., 22 f.; SCHAFFSTEIN, *Die allgemeinen Lehren vom Verbrechen*, S. 129 ff.

429 CHRISTIANI, *Die Chimäre eines Todtschlags aus indirectem Vorsaz*, abgedr. in Koppe's Niedersächsischem Archiv für Jurisprudenz und juristische Litteratur, Band I (1788), Heft 1, S. 1 ff., zit. nach LÖFFLER, *Die Schuldformen des Strafrechts*, S. 206; PÜTTMANN/BAETKE, *Diss. inauguralis de distinctione inter animum occidendi directum et indirectum e iurisprudentia criminali eliminanda*, Lipsiae 1789, zit. nach PÜTTMANNS *Miscellaneorum liber singularis*, cap. 33, S. 327, 334 f. (wer zur See fahre, wisse, daß er Schiffbruch erleiden könne, sei aber gewiß nicht damit einverstanden); dazu GESSLER, *Ueber den Begriff und die Arten des Dolus*, S. 34 f.; KRUG, *Ueber dolus und culpa*, S. 20.

430 PÜTTMANN/BAETKE, *Diss. inauguralis de distinctione inter animum occidendi directum et indirectum e iurisprudentia criminali eliminanda*, zit. nach PÜTTMANNS *Miscellaneorum liber singularis*, cap. 33, S. 327, 351: „magis in verbis, quam in re ipse erraverunt".

Mitunter wurde der *dolus indirectus* nicht als materieller Begriff aufgefaßt, sondern als Beweisregel oder Vorsatzvermutung, mithin als *dolus indirecte probatus*, indem aus dem Voraussehenkönnen auf das Vorausgesehenhaben und das Bezweckthaben geschlossen wird.[432]

KLEIN stellte unter Berufung auf MENDELSSOHN[433] den Grundsatz auf, daß alle Zurechnung auf einem Willensfehler beruhen müsse, wobei unter Wille nicht ein einzelner Willensakt, sondern das ständige Vermögen der Seele, sich mittels eines Entschlusses zu einer Handlung zu bestimmen, verstanden wurde. Vorsatz ist demnach „positiv-böser Wille", Fahrlässigkeit als Fehlen guten Vorsatzes „negativ-böser Wille".[434] KLEIN teilte die gesetzwidrigen Handlungen in Abstufung nach Wahrscheinlichkeit und Voraussicht des Erfolges in fünf Klassen ein, wovon die ersten vier zum Vorsatz zählen:[435]

1. Aus *boshaftem Vorsatz* unternommene, das ist, wenn die gesetzwidrige Wirkung der Handlung als *notwendige* Folge der Handlung *deutlich gedacht und gewollt* ist.
2. *Vorsätzlich gesetzwidrige aber nicht boshafte*, das ist, wenn die gesetzwidrige Handlung als *notwendige* Folge der Handlung nur *undeutlich* gedacht, oder *gar nicht gewollt*, sondern nur *zugelassen* ist.
3. *Gefährliche*, wenn die gesetzwidrige Wirkung als *mögliche* Folge *deutlich* gedacht wird.
4. *Aus Mutwillen unternommene*, wenn nämlich die Handlung ohne deutliches Bewußtsein der Folgen, doch mit Gleichgültigkeit gegen Folgen aller Art gewagt wurde.
5. Solche, wobei ein negativ-böser Wille vorhanden ist *(culpa)*.

Der gefährliche und mutwillige Vorsatz sei mit geringerer Strafe zu belegen. Die Differenz zu FEUERBACHS *culpa* tut KLEIN als „unnützen Wortstreit" ab, da über das Strafmaß an sich Einigkeit bestehe.[436]

Hingegen unterscheidet STÜBEL zwischen vorsätzlicher Verletzung und vorsätzlicher Gefährdung und beschränkt den *dolus* auf die Absicht, das Wollen des

---

431 So explizit PÜTTMANN/BAETKE, *Diss. inauguralis de distinctione inter animum occidendi directum et indirectum e iurisprudentia criminali eliminanda*, zit. nach PÜTTMANNS *Miscellaneorum liber singularis*, cap. 33, S. 327, 351 f., die CHRISTIANI anfangs folgen, aber dann formulieren: „Quisquis igitur aliquid facit, unde alterius mortem aut necessario, aut probabiliter saltem secuturam esse scit, ille non potest non in eiusdem mortem consentire, ideoque homicidio doloso sese allegat."; dazu KRUG, *Ueber dolus und culpa*, S. 15 ff. VON SODEN, *Geist der peinlichen Gesetzgebung Teutschlands*, Band 1, §§ 8 ff., 12, schlug eine Schuldform zwischen Vorsatz und Fahrlässigkeit vor, die er „einwilligende Schuld" taufte. Dazu LÖFFLER, *Die Schuldformen des Strafrechts*, S. 206 ff.

432 So ESCHENBACH, *De dolo indirecto delinquentium*, § 8; KLEINSCHROD, *Systematische Entwickelung der Grundbegriffe und Grundwahrheiten des peinlichen Rechts*³, 1. Theil, § 25 S. 57; dazu GESSLER, *Ueber den Begriff und die Arten des Dolus*, S. 34 f., 37 ff.; KRUG, *Ueber dolus und culpa*, S. 17 f. Gegen eine Vorsatzpräsumtion schon BÖHMER, *Elementa iurisprudentiae criminalis*, Sect. II cap. 16 § 202 Anm.*.

433 Dazu LÖFFLER, *Die Schuldformen des Strafrechts*, S. 208 m. w. Nachw.

434 KLEIN, Annalen XII (1794), 159, 186; DERS., *Grundsätze des gemeinen deutschen und preußischen peinlichen Rechts*, § 120; DERS., ArchCrimR I,2 (1798), 56, 60 f.

435 KLEIN, *Grundsätze des gemeinen deutschen und preußischen peinlichen Rechts*, § 122; ähnl. zuvor DERS., Annalen XII (1794), 159, 187; ähnl. DERS., ArchCrimR III,1 (1801), 119, 123 ff.

436 KLEIN, ArchCrimR III, 1 (1801), 119, 129.

Erfolges, das sich auch auf als notwendig mit der Handlung verknüpfte Erfolge erstreckt. Alle übrigen Formen der Wissentlichkeit bilden abgestufte Grade der bewußten *culpa*.[437]

Erheblichen Einfluß hatte die Schuldlehre FEUERBACHS, die auf seiner Theorie des psychologischen Zwangs aufbaut. Zweck der Strafe ist, als Gegenmotiv zum Begehrungsvermögen des Täters das Verbrechen zu verhindern.[438] Daraus folgt:

> *Jedes vorhandene Strafgesetz kann nur für den Fall gegeben seyn, wo es als Strafgesetz wirksam seyn kann, wo die physische Möglichkeit seiner Wirksamkeit zur Verhinderung der That begründet ist.*[439]

Somit muß in jedem Einzelfall die Möglichkeit bestanden haben, daß das Strafgesetz als Motiv wirksam wurde:

> Hieraus ergibt sich denn, daß jedes Gesetz und jede Strafe als Bedingung voraussetzt 1) *Bewußtseyn und Kenntniß des Strafgesetzes*. Denn wo keine Vorstellung von dem Gesetz von der Verbindlichkeit die Handlung zu unterlassen und von der Strafe als Bestimmungsgrund der Unterlassung ist; da ist es auch nicht möglich, daß die Drohung, die nur vermittelst der Vorstellung derselben wirksam seyn kann, auf das Gemüth Einfluß haben könne. 2) *Subsumtion der begangenen That unter das Gesetz*. Denn das Gesetz A. soll durch die Vorstellung desselben die in ihm ausgedrückte Handlung B. verhindern. Wenn also auch eine Person das Bewußtseyn und die Kenntniß des Gesetzes hat, gleichwohl aber nicht weiß und nicht wissen kann, daß die That, welche sie jetzt vornimmt, eben die That B. sey, die das Gesetz bedroht, so ist sie in demselben Fall, als wenn sie das Gesetz gar nicht kannte. Es ist unmöglich, daß die Vorstellung des Strafgesetzes das Begehren der That aufhebe, wenn es das Subject nicht weiß, daß dieses Begehren unter dem Gesetz enthalten und durch dasselbe bedroht sey. 3) *Es muß das Factum in dem Begehren des Subjects gegründet*, es muß That sein. Denn wo das Einwirken auf die Kräfte des Begehrens des Menschen unmöglich ist, wo die rechtswidrige Handlung durch blos mechanische Einwirkung äußerer Kräfte hervorgebracht wird, und mithin nicht in dem Begehren, das die Körperkräfte des Subjects zur Realisierung seiner Zwecke in Bewegung bringt, sondern in äußeren mechanischen Ursachen, welche die Kräfte des Subjects wider dessen Begehren determinieren, die Ursache der That begründet ist, da ist ebenfalls die Wirksamkeit des Strafgesetzes unmöglich; denn das Gesetz kann nur psychologisch wirken, hier aber kann das Factum nicht durch Vorstellungen, sondern allein durch mechanische Kräfte verhütet werden. ... – Diese drei Stücke, aber auch nur sie, sind die Bedingungen der absoluten, objectiven Strafbarkeit, und setzen daher voraus, 1) *Verstand* (zur Erkenntniß des Gesetzes), 2) *Urtheilskraft* (zur Subsumtion der Handlung unter das Gesetz), 3) *Die Bestimmung des Begehrungsvermögens zu der Uebertretung, als Grund ihrer Existenz*.[440]

---

[437] STÜBEL, *System des allgemeinen Peinlichen Rechts*, 2. Band, S. 59 f., 63 f., 71 ff., 74, 77 ff.; DERS., NArchCrimR 8 (1825), 236, 285, 293 ff., 301; dazu GESSLER, *Ueber den Begriff und die Arten des Dolus*, S. 43 ff. Ähnlich VON GROLMAN, *Über die Begriffe von Dolus und Culpa*, Bibliothek I,1 (1797), 3, 26 ff.; DERS., *Noch einige Bemerkungen über die Begriffe von Dolus und Culpa*, Bibliothek I,3 (1799), S. 71 ff.; DERS., *Grundsätze der Criminalrechts-Wissenschaft*[4], §§ 46 ff., 52, der vier Erscheinungsformen der Schuld unterscheidet und diese sodann unter zwei Begriffe bringt; siehe auch DERS., *Wird Dolus bey begangenen Verbrechen vermuthet?*, Bibliothek I,2 (1798), 70 ff., zur Vorsatzvermutung.

[438] FEUERBACH, *Revision der Grundsätze und Grundbegriffe des positiven peinlichen Rechts*, Band II, S. 39 ff.; DERS., *Lehrbuch des gemeinen in Deutschland gültigen peinlichen Rechts*[14], §§ 13 ff. S. 38 ff.

[439] FEUERBACH, *Revision der Grundsätze und Grundbegriffe des positiven peinlichen Rechts*, Band II, S. 40 ff. (Hervorh. im Original).

> Die Bestimmung des Begehrens zur Übertretung eines Strafgesetzes mit dem Bewußtsein der Übertretung ist der höchste und letzte Grund aller äußeren Strafbarkeit.[441]

> Nur dann wird aber eine Verbindlichkeit von einem Menschen verletzt, wenn er weiß, daß sie ihm obliege, wenn er weiß, daß sie durch die Handlung, die er begeht, verletzt werde ...[442]

> *Wer in einem Gemüthszustande ein Verbrechen begeht, in welchem er die bürgerliche Strafbarkeit seiner Handlung nicht einsah oder zu beurtheilen vermochte, auch in diesen Zustand sich weder absichtlich, noch aus Fahrlässigkeit versetzt hat, der ist straflos.*[443]

Folglich muß jede strafbare Handlung, auch die culpose, einen Willensfehler aufweisen, Wissentlichkeit allein kann nicht genügen.[444] *Culpa* besteht daher in einer bewußten, vorsätzlichen Übertretung einer *obligatio ad diligentiam,*[445] ist also nicht bloß negativ-böser, sondern positiv-böser Wille[446]. *Dolus* dagegen ist „die Bestimmung des Begehrungsvermögens (Willens) zu einer Rechtsverletzung als Zweck mit dem Bewußtsein der Gesetzwidrigkeit desselben."[447] Zweck bedeutet hier nicht Endzweck.[448] *Dolus* und *culpa* unterscheiden sich daher durch die Verschiedenheit der übertretenen Gesetze, wobei die *culpa* zwei Gesetze voraussetzt.[449]

Zur Erleichterung des Vorsatzbeweises befürwortet FEUERBACH anfänglich eine Vorsatzvermutung,[450] reduziert sie aber später[451] auf eine Vermutung der „Zurechnungsfähigkeit", wonach „von jeder mit Verstand begabten Person ... im Allgemeinen als rechtlich gewiß angenommen [wird], daß sie mit den Strafgesetzen

---

440 FEUERBACH, *Revision der Grundsätze und Grundbegriffe des positiven peinlichen Rechts*, Band II, S. 43–45 (Hervorh. im Original); DERS., *Betrachtungen über dolus und culpa*, S. 193, 210 ff.

441 FEUERBACH, *Revision der Grundsätze und Grundbegriffe des positiven peinlichen Rechts*, Band II, S. 66.

442 FEUERBACH, *Betrachtungen über dolus und culpa*, S. 193, 209.

443 FEUERBACH, *Kritik des Kleinschrodischen Entwurfs*, Zweiter Theil, S. 270 f.

444 FEUERBACH, *Revision der Grundsätze und Grundbegriffe des positiven peinlichen Rechts*, S. 52 f.; DERS., *Betrachtungen über dolus und culpa*, S. 193, 197 ff. (S. 207: „Culpa ist die gesetzwidrige Bestimmung des Begehrens zu einer Handlung oder Unterlassung, welche nach Natursachen wider die Absicht des Subjects, die Rechtsverletzung begründet."); siehe auch LÖFFLER, *Die Schuldformen des Strafrechts*, S. 204 ff., 213.

445 FEUERBACH, *Revision der Grundsätze und Grundbegriffe des positiven peinlichen Rechts*, S. 55 ff.; DERS., *Betrachtungen über dolus und culpa*, S. 193, 208 ff., 216 ff.; dazu LÖFFLER, *Die Schuldformen des Strafrechts*, S. 213 ff. m. w. Nachw.

446 FEUERBACH, *Revision der Grundsätze und Grundbegriffe des positiven peinlichen Rechts*, S. 49 ff.; DERS., *Betrachtungen über dolus und culpa*, S. 193, 228 f.

447 FEUERBACH, *Revision der Grundsätze und Grundbegriffe des positiven peinlichen Rechts*, S. 61; DERS., *Betrachtungen über dolus und culpa*, S. 193, 199; DERS., *Kritik des Kleinschrodischen Entwurfs*, Zweiter Theil, S. 40; DERS., *Lehrbuch des gemeinen in Deutschland gültigen peinlichen Rechts*[14], § 54 S. 99.

448 FEUERBACH, *Betrachtungen über dolus und culpa*, S. 193, 203.

449 FEUERBACH, *Betrachtungen über dolus und culpa*, S. 193, 227 ff.; dazu BINDING, *Die Normen und ihre Übertretung*, Band II, S. 371 ff.

450 FEUERBACH, *Lehrbuch des gemeinen in Deutschland gültigen peinlichen Rechts*[2], § 60, S. 54 f.; dazu GRÜNHUT, *Anselm von Feuerbach*, S. 203 ff.

451 Ab der 9. Aufl. seines *Lehrbuchs*, z.B. *Lehrbuch des gemeinen in Deutschland gültigen peinlichen Rechts*[14], §§ 86 f.

vertraut sei". In Übereinstimmung mit dem römischen Recht und Regensburger Reichsabschied von 1594[452] solle die besondere Art des Verschuldens nach Indizien dreierlei Art festgestellt werden: Beschaffenheit der Handlung, Verhältnis von Handlung und Erfolg sowie besondere, vor, bei oder nach der Handlung eingetretene Umstände.[453]

In späteren Arbeiten unterscheidet Feuerbach verschiedene Unterarten des *dolus*. Lag der Erfolg in der Absicht des Täters und war er ausschließlicher Zweck seines Handelns, so liege *dolus determinatus* vor:

> 1) Wenn das entstandene Verbrechen ausschließend Absicht des Verbrechers war. A hat getötet und seine Absicht war zunächst keine andere als der Tod, auf diesen gieng allein sein Wille aus.

Das Gegenstück *dolus indeterminatus sive eventualis* habe zwei Erscheinungsformen:

> 2) Nicht weniger ist ein Verbrechen aus bösem Vorsatze anzunehmen, wenn dasselbe zwar nicht ausschließend Zweck des Verbrechers war, dieser aber eine Handlung in der Absicht unternommen hat, damit das eine oder das andere Verbrechen, welches aus seiner Handlung entstehen kann, hervorgebracht werde, und wobei es ihm gleichgültig war, welches Verbrechen wirklich entstehe. Kurz, die auf Verbrechen, obgleich nicht auf ein bestimmtes einzelnes Verbrechen, gerichtete Absicht, verbunden mit absoluter Gleichgültigkeit gegen die Wirkung der verbrecherischen Handlung, begründet in Ansehung des aus dieser Handlung entstandenen Verbrechens einen Dolus. ...
>
> 3) Endlich ist auch dann ein Dolus anzunehmen, wenn jemand in der Absicht ein bestimmtes Verbrechen zu üben, eine Handlung unternommen hat, von welcher er wußte oder einsah daß sie leicht oder wahrscheinlicherweise ein anderes Verbrechen hervorbringen werde und dieses nun wirklich hervorgebracht worden ist. Denn wer um ein gewisses Verbrechen auszuführen,

---

452 Reichsabschied von 1594, § 69: „Demnach auch durch Cammerrichter und Beysitzer bey diesem Proceß erregt wird, daß *in narratis supplicationum*, und Erkennung der Proceß nicht allweg *dolus* dermaßen erfordert, daß er eben im Buchstaben also erzehlet werde, sondern gnugsam sey, wann das *factum* an ihm selbst straffwürdig, und im Landfrieden austrücklich verbotten befunden, und also der *dolus* aus allerhand erzehlten Umbständen anzunehmen, oder sich *ex ipsa facti evidentia* unzweiffentlich sehen lasse, hernach aber dem Ankläger obliegen soll, den angegebenen Frevel, gefährlichen Vorsatz und *dolum malum* des Angeklagten, wie Recht, zu beweisen und darzuthun, und weiter zu erwegen, ob gleich *constitutio fractae pacis verum dolum* erfordere, daß es doch genug, sintemal solcher *dolus in mente delinquentis* beruhet, und derwegen schwerlich *directe* zu probiren, derselbe aus den Umbständen der Thathandlung, *ex perspicuis indiciis et evidentia ipsius facti*, könne und möge erwiesen werden, als da *vis publica, coadunatio hominum, incendium, hostilis invasio territorii alieni* vorhanden: so lassen Wir Uns solch Bedenken Unsers Cammergerichts wol gefallen, und wollen, wann die *narrata* mit allen vorerzehlten Umbständen, auf welche die Proceß seynd ausgebracht, durch den Kläger, wie sichs gebührt, gnugsam erwiesen, und aus denselben *verus dolus circumstantiis, perspicuis indiciis seu evidentia facti* ist dargethan, daß alsdann zur Erklärung der Pön des Landfriedens möchte geschritten werden." (zit. nach Geib, *Lehrbuch des Deutschen Strafrechts*, 2. Band, § 98 S. 276).

453 Feuerbach, *Lehrbuch des gemeinen in Deutschland gültigen peinlichen Rechts*[14], § 87 S. 160, mit Verweis auf D. 22, 6, und C. 1, 18, 12. Im System Feuerbachs stimmt die Zurechnungsfähigkeit im wesentlichen mit der Abschreckbarkeit des Täters überein, vgl. Grünhut, *Anselm von Feuerbach*, S. 100 f. m. w. Nachw.; zur Praesumtio doli, *ibid.*, S. 203 ff., 210 ff. Nach Mittermaier, NArchCrimR 6 (1823), 351, 354 f.; ders., *Die Lehre vom Beweise*, S. 145 f., geht es bei der Frage der Vorsatzvermutung einzig um die Zulässigkeit des Indizienbeweises.

das ihn zunächst interessirt, gleichgültig ist gegen die Folgen, die er in ihrem Naturzusammenhange mit seiner Handlung erkennt, der ist in so ferne in dem Fall N°. 2. Es ist dies aber nur auf die Voraussetzung zu beschränken, wenn der Verbrecher den Naturzusammenhang zwischen seiner auf das Verbrechen A gerichteten Handlung, und dem nachher entstandenen Verbrechen B wirklich eingesehen hat. Hätte er ihn nur einsehen sollen und können, wenn er die gehörige Aufmerksamkeit bewiesen hätte, so kann ihm zwar das entstandene Verbrechen zugerechnet werden; aber nur zur Culpa, wie sich nachher zeigen wird, nicht zum Dolus. Denn von einer Folge, an die man gar nicht gedacht hat, kann nicht gesagt werden, daß sie in dem Willen der Person enthalten gewesen sey.[454]

Die überlieferte Form des *dolus indirectus*, als deren Schöpfer er fälschlich NETTELBLADT angibt,[455] lehnt er ab, weil der über die Absicht hinausgehende Erfolg nicht gewollt, nicht Zweck des Verbrechers und somit der Begriff des *dolus* nicht anwendbar sei.[456] Zwar könne man sagen, daß er die Möglichkeit der Entstehung der nicht bezweckten Folge billige, aber darum lag sie noch nicht in seiner Absicht – eine mittelbare Absicht lasse sich gar nicht denken: „Was Absicht seyn soll, muß Zweck des Willens seyn."[457] Mitunter hätten ältere Schriftsteller auch den *dolus indirectus* mit dem *dolus indeterminatus* verwechselt.[458] Es handele sich tatsächlich um *culpa*, die durch eine dolose Handlung begründet wird: *culpa dolo determinata,*[459] in die FEUERBACH auch den tradierten Gedanken des *versari in re illicita* einfügt[460]. Die Frage, ob *culpa dolo determinata* geringer als *dolus indeterminatus* zu strafen sei, hat FEUERBACH gestellt, aber offen gelassen.[461] Seine Schuldlehre ist in der Folgezeit mit Modifikationen von vielen Autoren übernommen worden.[462]

---

454 FEUERBACH, *Kritik des Kleinschrodischen Entwurfs*, Zweiter Theil, S. 40–43; DERS., *Betrachtungen über dolus und culpa*, S. 193, 230 ff.; DERS., *Lehrbuch des gemeinen in Deutschland gültigen peinlichen Rechts*[14], § 59 S. 113. Die erste Form ist von Späteren auch als *dolus generalis* oder *alternativus* (so FEUERBACH selbst im *Lehrbuch*, *ibid.*), die zweite als *dolus eventualis* bezeichnet worden, z.B. von VON WEBER, NArchCrimR 7 (1825), 549, 562 ff., dazu LÖFFLER, *Die Schuldformen des Strafrechts*, S. 216.

455 FEUERBACH, *Betrachtungen über dolus und culpa*, S. 193, 239; so aber auch GÖNNER, *Revision des Begriffs und der Eintheilungen des Dolus*, S. 14 ff.

456 FEUERBACH, *Betrachtungen über dolus und culpa*, S. 193, 234 ff.

457 FEUERBACH, *Betrachtungen über dolus und culpa*, S. 193, 235 f., obwohl er selbst bei beiden Modalitäten des *dolus indeterminatus* Gleichgültigkeit gegen den Erfolg genügen läßt, krit. daher LÖFFLER, *Die Schuldformen des Strafrechts*, S. 215 ff. m. w. Nachw. Umgekehrt haben FEUERBACHS Kritiker ihm vorgeworfen, *dolus indeterminatus* sei nur eine neue und ungenauere Bezeichnung für den alten *dolus indirectus*, GÖNNER, *Revision des Begriffs und der Eintheilungen des Dolus*, S. 30 ff.; dazu KRUG, *Ueber dolus und culpa*, S. 58 ff.

458 FEUERBACH, *Betrachtungen über dolus und culpa*, S. 193, 232 f.; DERS., *Lehrbuch des gemeinen in Deutschland gültigen peinlichen Rechts*[14], § 59 Anm. 1, S. 113. Zutr. Kritik gegen diese unhistorische Polemik bei LÖFFLER, *Die Schuldformen des Strafrechts*, S. 217 Fn. 42.

459 FEUERBACH, *Betrachtungen über dolus und culpa*, S. 193, 239 ff.

460 FEUERBACH, *Kritik des Kleinschrodischen Entwurfs*, Zweiter Theil, S. 52 ff. (wer eine *res illicita* unternimmt, sei zu erhöhter Dilligenz verpflichtet).

461 FEUERBACH, *Lehrbuch des gemeinen in Deutschland gültigen peinlichen Rechts*[14], § 60 Anm. 2.

462 Dazu KRUG, *Ueber dolus und culpa*, S. 60 ff.; LÖFFLER, *Die Schuldformen des Strafrechts*, S. 218 ff., jew. m. w. Nachw.

Ähnlich bestimmte VON ALMENDINGEN den Vorsatz, da er die Wissentlichkeit wegen Eventualergebung in den als möglich[463] erkannten Erfolg zum *dolus* rechnete, so daß für die Fahrlässigkeit nur die unbewußte *culpa* übrig blieb:

> Wer es weiß, daß er sich der Gefahr aussetze, eine objektive Illegalität zu realisiren, wer wenigstens weiß, daß er des Gegentheils nicht gewiß sey, hat nicht blos *mögliches*, sondern *wirkliches* Bewußtseyn der Illegalität, und kann sich durch keinen Trugschluß entschuldigen. ... Wer die Möglichkeit der Illegalität voraussah, hat sehr richtig geschlossen und diese Illegalität *eventuel* in sein Begehren aufgenommen. ... Wer da weiß, daß etwas Illegales erfolgen kann, und dennoch wissentlich Urheber eines solchen möglichen Erfolges wird, hat auch diesen Erfolg als einen möglichen gewollt.[464]

Dagegen entwarf GÖNNER in seiner Verteidigung NETTELBLADTS und Laudatio auf § 1 des österreichischen Strafgesetzes von 1803[465] ein streng objektiviertes Vorsatzkonzept. Da für das Strafrecht als „äußeres Forum" die inneren Absichten und Vorstellungen des Täters unerforschlich seien und es seiner Aussage allein nicht trauen dürfe, komme es nur auf den äußeren, objektiven Zweck der Handlung an. Wenn eine Handlung notwendig oder gewöhnlich leicht bestimmte Folgen hervorbringe, so habe der Täter dolos gehandelt.[466]

> Unerforschlich dem menschlichen Auge, unergründbar dem äußeren Forum ist dasjenige, was im Innern des Handelnden vorgeht, wie können wir nach einem *solchen* unerkennbaren Maßstabe Begriffe für das äußere Rechtsverhältniß abstecken?[467]

> Das Strafgesetz kann nur davon ausgehen, daß ein frei handelndes Vernunftwesen bei jeder *äußern* auf die *Rechte* eines anderen einwirkenden Handlung *einen Zweck* habe; dieser Zweck spricht sich nur in der *äußern Handlung* aus, jedoch nicht blos in dem oft zufälligen *Erfolge*, sondern in den *Mitteln*, deren sich der Handelnde bediente, welche nach dem Gesetze der *Causalität* mit dem Erfolg verglichen werden müssen. Davon allein hängt der Unterschied in der Imputation zum Dolus oder Culpa ab; steht nämlich der eingetretene gesetzwidrige Erfolg mit den in einer unerlaubten Tat angewandten Mitteln in einem solchen Verhältnisse, daß diese Mittel nach dem Causalitätsgesetze den eingetretenen Effect nothwendig oder gewöhnlich leicht hervorbringen, so muß das äußere Forum den eingetretenen Effect als Zweck der Handlung anerkennen, und die Handlung erscheint nicht blos an sich, sondern auch mit dem eingetretenen Effect als

---

463 Nötig ist ein qualifizierter Schluß, HARSCHER VON ALMENDINGEN, *Über das culpose Verbrechen*, S. 18: „Freylich, wenn sich der Verbrecher überredete, das Mögliche werde nicht geschehen, wenn er *schloß*, die Illegalität werde nicht erfolgen, so hat er falsch geschlossen und befindet sich blos im Irrthum. Dann hat er aber auch nichts mehr gesehn, und für *ihn* war die Möglichkeit des illegalen Erfolgs durch das Streben zu seinem Zweck, – *keine* Möglichkeit." (Hervorh. im Original).

464 HARSCHER VON ALMENDINGEN, *Über das culpose Verbrechen*, S. 16 f., 18, 47 (Hervorh. im Original), 239 f. FRANK, ZStW 10 (1890), 169, 178 f., hält ihn daher für den Begründer der „Vorstellungstheorie"; siehe auch KLEE, *Der dolus indirectus*, S. 20.

465 Siehe unten X.2.

466 GÖNNER, *Revision des Begriffs und der Eintheilungen des Dolus*, S. 21 ff. (Hervorh. im Original).

467 GÖNNER, *Revision des Begriffs und der Eintheilungen des Dolus*, S. 22 (Hervorh. im Original).

dolos. Ist hingegen das Causalitätsverband schwächer, nicht nothwendig, nicht gewöhnlich oder nicht leicht, so wird der eingetretene Effect nur als Versehen, als culpos zugerechnet.[468]

Der Gesetzgeber ist beschränkt auf die *äußere* Sphäre der Handlungen; was im *Innern* eines handelnden Subjects vorgehet, an sich unerforschlich und unergründbar dem menschlichen Auge, liegt außer seinem Kreise. ... Insbesondere gilt dieses von der *Absicht* eines handelnden Subjects: so ferne sie eine *innere* Willensbestimmung des handelnden Subjects ist, liegt sie außer dem Gesichtskreise des Legislators, der nur ihre *reale äußere* Seite ergreifen darf, und die *Absicht des Handelnden* nur aus seinen *Handlungen* erkennen kann, wodurch sich seine Absicht ausspricht, und in das äußere Forum, das einzige des Legislators, übertritt.[469]

In der Rechtsphilosophie HEGELS[470] ist es zunächst das „Recht des Willens"

... in seiner Tat nur dies als seine *Handlung* anzuerkennen und nur an dem *schuld* zu haben, was er von ihren Voraussetzungen in seinem Zwecke weiß, was davon in seinem *Vorsatze* lag.– Die Tat kann nur als *Schuld des Willens* zugerechnet werden; – *das Recht des Wissens*.[471]

Diese Zurechnung zum *dolus directus* kennzeichnet die Endlichkeit des subjektiven Willens. Irrt der Handelnde über äußere Umstände, so schließt dies die Zurechnung zum Vorsatz aus, Haftung wegen *culpa* bleibt möglich.[472] Bei der Zurechnung der Folgen zählt HEGEL nur die unmittelbaren Folgen zur Handlung, d.h. jene (notwendigen) Folgen, die der Handlung angehören und ihre Gestalt sind. Davon zu scheiden sind weitere, zufällige Folgen, denn die Handlung, die in die Außenwelt tritt, ist den äußerlichen Mächten ausgeliefert, welche ganz anderes daran knüpfen als gewollt ist: „es ist ebenso das Recht des Willens, sich nur das erstere *zuzurechnen*, weil nur sie in seinem *Vorsatze* liegen."[473] „Vorsatz behauptet das Einzelne, daran sich Knüpfende als ein Anderes, im Vorsatze nicht Enthaltenes – Ich weise so die Handlung als ein Allgemeines von mir."[474] Mit dieser Unterteilung, die aus Sicht des endlichen subjektiven Bewußtseins immer noch zufällig bleibt – „diese Folgen kann ich nicht voraussehn, denn sie können gehemmt werden"[475] –, erfolgt

---

468 GÖNNER, *Revision des Begriffs und der Eintheilungen des Dolus*, S. 24 f. (Hervorh. im Original).

469 GÖNNER, *Revision des Begriffs und der Eintheilungen des Dolus*, S. 34 f., 36 (Hervorh. im Original).

470 Zur Einbettung der Zurechnungslehre in die Straftheorie HEGELS sowie zur Begrifflichkeit, die im Kontext des gesamten philosophischen Systems HEGELS gelesen werden muß, siehe LESCH, *Verbrechensbegriff*, S. 75 ff., 129 ff. m. umfangr. Nachw.; siehe auch KÖHLER, *Die bewußte Fahrlässigkeit*, S. 200 ff., 231 ff.; KLESCZEWSKI, *Die Rolle der Strafe in Hegels Theorie der bürgerlichen Gesellschaft*, S. 93 ff.

471 HEGEL, *Grundlinien der Philosophie des Rechts*, §§ 115 ff., 117 (Hervorh. im Original); dazu LESCH, *Verbrechensbegriff*, S. 135 ff. m. w. Nachw.

472 Vgl. die handschriftlichen Zusätze zu § 116 a.E. sowie ILTING, *Georg Wilhelm Friedrich Hegel, Vorlesungen über Rechtsphilosophie 1818–1831*, Band 4 (v. GRIESHEIM-Nachschrift), S. 315; LESCH, *Verbrechensbegriff*, S. 137 m. w. Nachw.

473 HEGEL, *Grundlinien der Philosophie des Rechts*, § 118; dazu LESCH, *Verbrechensbegriff*, S. 142 ff., 146 f. m. w. Nachw.

474 HEGEL, *Grundlinien der Philosophie des Rechts*, § 118, handschriftl. Zusatz.

475 ILTING, *Georg Wilhelm Friedrich Hegel, Vorlesungen über Rechtsphilosophie 1818–1831*, Band 3 (HOTHO-Nachschrift), S. 362 f.

der Übergang zum nächsten Begriff, der Absicht, womit der „Standpunkt der Endlichkeit“ und die Differenz zwischen Bewußtsein und äußerem Dasein verlassen und der Standpunkt des freien, vernünftigen (unendlichen) Willens erreicht wird:

> Darin, daß ich nur anerkenne, was meine Vorstellung war, liegt der Übergang zur Absicht. Nur das nämlich, was ich von den Umständen wußte, kann mir zugerechnet werden. Aber es gibt notwendige Folgen, die sich an jede Handlung knüpfen, wenn ich auch nur ein Einzelnes, Unmittelbares hervorbringe, und die insofern das Allgemeine sind, das es in sich hat ... Der Übergang vom Vorsatz zur Absicht ist nun, daß ich nicht bloß meine einzelne Handlung, sondern das Allgemeine, das mit ihr zusammenhängt, wissen soll. So auftretend ist das Allgemeine das von mir Gewollte, meine *Absicht*.[476]

> Das äußerliche Dasein der Handlung ist ein mannigfaltiger Zusammenhang, der unendlich in *Einzelheiten* geteilt betrachtet werden kann, und die Handlung so, daß sie nur *eine solche Einzelheit zunächst berührt*. Aber die Wahrheit des *Einzelnen* ist das *Allgemeine*, und die Bestimmtheit der Handlung ist für sich nicht ein zu einer äußerlichen Einzelheit isolierter, sondern den mannigfaltigen Zusammenhang in sich enthaltender *allgemeiner* Inhalt. Der Vorsatz, als von einem *Denkenden* ausgehend, enthält nicht bloß die Einzelheit, sondern wesentlich jene *allgemeine Seite* – die *Absicht*. ... – Die Erfindung des *dolus indirectus* hat in dem Betrachteten seinen Grund.[477]

> Dieß Allgemeine ist der *dolus indirectus* im Gegensatz zum Unmittelbaren, Einzelnen des *dolus directus*. Was mir imputirt werden kann, ist die Sache, die Natur, das Allgemeine der Natur. Ich kann sagen, es sei nicht mein Vorsatz, nicht meine Absicht gewesen, aber Kinder nur, Blödsinnige haben nur das Unmittelbare ihrer Tat zu verfechten. Der Mensch ist ein Denkendes, der das Einzelne durch den Sinn sich aneignet nach der unmittelbaren Seite; aber als Denkendes ist ihm zuzumuten, daß er das Allgemeine der Sache der Handlung erkenne.[478]

> Darauf also kommt es an, daß der Mensch der Handelnder ist auch Denkender ist, ein Wissen des Allgemeinen hat. Somit ist seine Handlung nicht ein rein einzelnes Unmittelbares, sondern ist ein Allgemeines. Das Äußerliche hat auch ein Allgemeines Gesetz; von diesem weiß der Mensch als denkend und hat also das Allgemeine seiner That zu verantworten.[479]

> Das *Recht der Absicht* ist, daß die *allgemeine* Qualität der Handlung nicht nur *an sich* sei, sondern von dem Handelnden *gewußt* werde, somit schon in seinem subjektiven Willen gelegen habe; so wie umgekehrt das Recht der *Objektivität* der Handlung, wie es genannt werden kann. ist, sich vom Subjekt als *Denkendem* als gewußt und gewollt zu behaupten.[480]

Der als vernünftig, als Denkender gedachte Akteur *soll* somit das Allgemeine seiner Handlung kennen, das ihm daher zugerechnet wird. Der Vorsatz in Gestalt dieser „Absicht“ im Sprachgebrauch HEGELS erfaßt auch unvorhergesehene, aber typische, vorhersehbare Folgen der Handlung und entspricht somit, wie von ihm selbst betont, weitgehend dem Anliegen der gemeinrechtlichen Figur des *dolus indirectus*.[481] Ob eine Strafwürdigkeitsdifferenz besteht, bleibt ungesagt. Dieser Ansatz ist

---

476 HEGEL, *Grundlinien der Philosophie des Rechts*, § 118, Zusatz GANS.

477 HEGEL, *Grundlinien der Philosophie des Rechts*, § 119 und Anm. a.E.

478 ILTING, *Georg Wilhelm Friedrich Hegel, Vorlesungen über Rechtsphilosophie 1818–1831*, Band 3 (HOTHO-Nachschrift), S. 367.

479 ILTING, *Georg Wilhelm Friedrich Hegel, Vorlesungen über Rechtsphilosophie 1818–1831*, Band 3 (HOTHO-Nachschrift), S. 369.

480 HEGEL, *Grundlinien der Philosophie des Rechts*, § 120.

481 Zum Ganzen ausführl. LESCH, *Verbrechensbegriff*, S. 140–149 m. w. Nachw., insb. 148 f.

indes bei den „Hegelianer“ genannten Strafrechtlern, deren Bezeichnung sich primär an die Rezeption der Straftheorie HEGELS knüpft, seltsam fruchtlos geblieben, vielmehr bleiben sie den Vorstellungen der zeitgenössischen Doktrin verhaftet.[482]

Am engsten an der Lehre HEGELS bleibt sein Schüler MICHELET,[483] der neben der direkten auch eine indirekte Absicht anerkennt, die die notwendigen, aber nicht vorhergesehenen Folgen der beabsichtigten Rechtsverletzung umfaßt. Wenn der Täter die notwendigen Folgen nicht eingesehen habe, so zeige sich darin, daß er als Einzelner, nicht als denkendes Wesen handelte:

> Die *indirecte Absicht* ist das objective Recht der That, dem Handelnden gegenüber. Und durch diese Zurechnung wird der Verbrecher als vernünftig geehrt.[484]

> Das Recht der Absicht und der subjectiven Freiheit wird aber durch diese Zurechnung keineswegs gefährdet. Denn weil die allgemeine Qualität der Handlung nichts Sinnliches ist, was dem Menschen, wie die einzelnen Umstände, von außen gegeben würde, sondern sein eignes Innere, als eines Denkenden, so liegt sie immer in ihm. Es kommt nur darauf an, sie durch Überlegung und Nachdenken sich zum Bewußtsein gebracht zu haben; dies ist nun die höchste Pflicht des Menschen, daß er nicht, als sinnlich Einzelner, sondern als Denkender, Allgemeiner handeln muß.[485]

Es sei aber anzunehmen, daß in seiner Seele, als eines Denkenden, die allgemeine Eigenschaft der Handlung, wenn auch dunkel, innegewohnt habe. Dieser Wissensmangel beruhe auf Affekten und Leidenschaften und bewirke eine Milderung der Strafe. Wisse der Täter hingegen um den indirekt beabsichtigten Erfolg, liege bereits direkter eventueller *dolus* vor, den MICHELET zur direkten Absicht zählt.[486] Das Versehen, die *culpa*, ist zwar einerseits Fehler des Erkenntnisvermögens, Irrtum, andererseits aber – wie bei KLEIN – auch Willensfehler, „weil ich den Willen haben muß, richtig zu erkennen“[487]. Bei den übrigen Hegelianern verliert sich diese Auffassung HEGELS, an deren Stelle die zeitüblichen Figuren und Begründungen treten:

So unterteilt BERNER[488] die Absicht in die Kategorien *dolus determinatus*, wo der Täter weiß, daß der Erfolg eintreten müsse, welcher auch den *dolus alternativus* einschließt, und *dolus indeterminatus seu eventualis*, den auf die bloße Möglichkeit des

---

gegen die Deutung KÖHLERS, *Die bewußte Fahrlässigkeit*, S. 201 f., 215 ff.; DERS., ZStW 114 (2002), 183, 186, HEGEL habe sich kritisch gegen die *dolus indirectus*-Lehre gewandt.

482 Zutr. KÖHLER, *Die bewußte Fahrlässigkeit*, S. 201, 203 ff.; zur Schuld-, insbesondere zur Vorsatzlehre der Hegelianer siehe krit. BINDING, *Die Normen und ihre Übertretung*, Band II, S. 402 ff., 407 ff.; beide m. w. Nachw.

483 MICHELET, *Dissertatio de doli et culpae in iure criminali notionibus*, 1824 = *Das System der philosophischen Moral*, S. 19–106, insb. S. 84 ff., 90 ff.; kürzer DERS., in *Naturrecht*, 1. Band, S. 105 ff., 124 ff.; dazu GESSLER, *Ueber den Begriff und die Arten des Dolus*, S. 74 f.

484 MICHELET, *Naturrecht*, 1. Band, S. 126.

485 MICHELET, *Das System der philosophischen Moral*, S. 88.

486 MICHELET, *Das System der philosophischen Moral*, S. 64: „Aber vorhersehen, und sich dennoch zur That entschließen, heißt sie sich vorsetzen; denn der Vorsatz ist ja eben nichts anderes, als der auf das Vorhersehn und die Berathschlagung folgende Entschluß zum Handeln.“

487 MICHELET, *Naturrecht*, 1. Band, S. 121.

488 BERNER, *Grundlinien der criminalistischen Imputationslehre*, S. 184 ff.; krit. BINDING, *Die Normen und ihre Übertretung*, Band II, S. 415 ff.

Erfolges gerichteten Vorsatz. Die Fahrlässigkeit teilt er in Frevelhaftigkeit ein, die mit dem *dolus eventualis* die Voraussicht der Möglichkeit eint, der aber die eventuelle Einwilligung in den Erfolg fehlt, und in die (unbewußte) Unvorsichtigkeit.[489]

KÖSTLIN schließt an MICHELET an und teilt die HEGELsche Unterscheidung von Vorsatz und Absicht, auch er macht sie aber nicht nutzbar: Die direkte Absicht richtet sich nach ihm bestimmt, unbestimmt oder eventuell auf den Erfolg,[490] während *culpa* nur als unbewußte möglich ist[491]. Dazwischen steht die indirekte Absicht – diesen Oberbegriff gibt er später auf –, die *luxuria* und *impetus* umfaßt.[492] *Luxuria* unterscheidet sich von der *culpa* dadurch, daß der Handelnde die Folgen bedacht hat, aber hofft, daß der Erfolg nicht eintreten möge. Vom *dolus* trennt sie zweierlei: 1. daß der Erfolg nur als möglich, nicht als notwendig vorgestellt wurde, 2. daß der Erfolg nicht – auch nicht eventuell – gewollt wurde, wobei ein Wollen schon bei Gleichgültigkeit vorliege. *Luxuria* könne daher nur angenommen werden, wenn der Handelnde den Erfolg abzuwenden gestrebt oder wenigstens ein Interesse gehabt habe, ihn zu vermeiden.[493]

ABEGG trennt zwar Vorsatz und Absicht, doch ist letztere rechtlich uninteressant, da Vorsatz in allen Formen einschließlich *dolus eventualis* genügt. Der Begriff des *dolus indirectus* wird verworfen, weil es sich entweder um Fälle des *dolus indeterminatus* oder *dolus eventualis* oder um eine Kombination von *dolus* und *culpa* handele – wo ein Erfolg nicht vorhergesehen sei, könne es keinen *dolus* geben.[494]

LUDEN versteht unter Vorsatz, Absicht, *dolus* nur die Vorstellung, der Erfolg werde bestimmt eintreten, während die Vorstellung, der Erfolg trete nur möglicherweise ein, *culpa* begründe.[495]

Die Bestimmung der Schuldformen, insbesondere der unbestimmten oder indirekten Absicht, gehört auch weiterhin zu den am meisten diskutierten Themen der deutschen Strafrechtswissenschaft des 19. und zu Beginn des 20. Jahrhunderts.[496]

---

489 BERNER, *Grundlinien der criminalistischen Imputationslehre*, S. 227 ff., 246 ff.

490 KÖSTLIN, *Neue Revision der Grundbegriffe des Criminalrechts*, § 108 S. 259 ff.; DERS., *System des deutschen Strafrechts*, S. 182, 191 ff.; krit. BINDING, *Die Normen und ihre Übertretung*, Band II, S. 421 ff., 426 ff.

491 KÖSTLIN, *Neue Revision der Grundbegriffe des Criminalrechts*, S. 320; DERS., *System des deutschen Strafrechts*, § 65 S. 165, 167.

492 KÖSTLIN, *Neue Revision der Grundbegriffe des Criminalrechts*, § 111 S. 293 ff.; DERS., *System des deutschen Strafrechts*, S. 182 ff.; krit. LÖFFLER, *Die Schuldformen des Strafrechts*, S. 225 f.

493 KÖSTLIN, *System des deutschen Strafrechts*, § 71 S. 183; krit. GESSLER, *Ueber den Begriff und die Arten des Dolus*, S. 141 ff.; BINDING, *Die Normen und ihre Übertretung*, Band II, S. 429 f.; gegen KÖSTLINS Vorschlag der Beweislastumkehr LÖFFLER, *Die Schuldformen*, S. 226 Fn. 77.

494 ABEGG, *Lehrbuch der Strafrechts-Wissenschaft*, §§ 83, 84, 87 (unter Ablehnung von FEUERBACHS *culpa dolo determinata*, weil dies die Selbständigkeit von *dolus* und *culpa* in einer Konkurrenzsituation übersehe).

495 LUDEN, *Handbuch des teutschen gemeinen und particularen Strafrechtes*, 1. Band, S. 243 ff., 247 f.; krit. KÖSTLIN, *Neue Revision der Grundbegriffe des Criminalrechts*, § 99 S. 231; BINDING, *Die Normen und ihre Übertretung*, Band II, S. 408 ff.

496 Umfangr. Lit.nachw. bei BINDING, *Die Normen und ihre Übertretung*, Band II, S. 784 ff.;

Allmählich verliert sich der Begriff des *dolus indirectus* in Lehre und Gesetzgebung und mit ihm die Ansichten, die auch unvorhergesehene, aber typische Tatfolgen zum *dolus* ziehen wollen, ausgenommen in Österreich (unten X.2.). Stattdessen wird die Bestimmung des *dolus eventualis* zum Prüfstein für die rechte Bestimmung des Vorsatzes und damit der strafrechtlichen Schuld insgesamt. Ab der Mitte des 19. Jahrhunderts kommen Vorsatzvermutungen gänzlich außer Gebrauch, so daß GESSLER 1860 feststellen konnte, daß die Ansicht, daß jede Schuldform nachgewiesen werden müsse, keiner besonderen Rechtfertigung mehr bedürfe.[497] Die Diskussion konzentriert sich somit auf die Frage, ob Voraussicht oder „Wollen" der Tatverwirklichung die bewußte Schuld ausmache.

BEKKER gilt manchen als Begründer der später sogenannten Vorstellungstheorie. Ihm zufolge ist Wille das Vermögen des Ichs, die eigenen Kräfte wirksam werden zu lassen. Gewollt sein könne nur eine Körperbewegung, nicht aber ein äußerer Erfolg. Vorsatz sei zu verstehen als auf das Handeln gerichteter Wille, verbunden mit der Voraussicht des verbrecherischen Erfolgs, Absicht als die Aussicht auf den möglichen Erfolg als Grundlage des Handlungsentschlusses. Für den *dolus eventualis* genügt ihm daher die Voraussicht der Erfolges:

> Wer eine Handlung will und den Erfolg vorhersieht, der billigt allemal auch den Erfolg, billigte er ihn nicht so würde er die Handlung, die wie er sieht den Erfolg bedingt, nicht wollen; indem er handelt drückt er thatsächlich seine Billigung aus. Überflüssig also ist es, das billigen des Erfolges besonders hervorzuheben. Der Verbrecher soll Handlung und Erfolg gewollt haben, das heißt mit andern Worten: er soll die Handlung gewollt und den Erfolg vorher gewußt haben. Wo dieses beides zusammentrifft, bedarf es einer besonderen Billigung des Erfolges nicht.[498]

Allerdings reicht nicht jede Erfolgsvoraussicht hin, sondern nur diejenige,

> ... die nach Lage der Umstände und Verhältnisse von der Handlung hätte abhalten sollen. ... Wegen dolus strafbar ist derjenige, der trotz einer Voraussicht gehandelt hat, die einen guten und getreuen Staatsbürger von der Handlung angehalten haben würde. Der „gute und getreue Staatsbürger" ist ein Nothbehelf, so gut und so schlecht wie dil. pater familas.[499]

Hiermit ist der Boden bereitet für den Streit zwischen Vorstellungs- und Willenstheorie, der die deutschsprachige Strafrechtsdogmatik jahrzehntelang beschäftigen wird und hier nicht mehr ausgebreitet werden soll.[500]

VON HIPPEL, *Vorsatz, Fahrlässigkeit, Irrtum*, S. 373, 487 ff.; ENGISCH, *Untersuchungen*, S. 88 ff., 126 ff.; einen Überblick gibt LÖFFLER, *Die Schuldformen des Strafrechts*, S. 227 ff., mit Literaturliste auf S. 204 f.; GESSLER, *Ueber den Begriff und die Arten des Dolus*, S. 34–83; HERRMANN, ArchCrimR N.F. 23 (1856), 1 ff., 441 ff.; siehe auch KRUG, *Ueber dolus und culpa*, insb. S. 69 ff.

497 GESSLER, *Ueber den Begriff und die Arten des Dolus*, S. 275 f.

498 BEKKER, *Theorie des heutigen deutschen Strafrechts*, S. 254; dagegen GESSLER, *Ueber den Begriff und die Arten des Dolus*, S. 284 ff., 288 f. (der Schluß träfe nur zu, wenn der Erfolg als unvermeidlich vorgestellt wird; sei der Erfolg nur möglich, impliziere das Wollen der Handlung eben nicht das Wollen des Erfolges).

499 BEKKER, *Theorie des heutigen deutschen Strafrechts*, S. 272.

500 Dazu statt vieler VON HIPPEL, *Die Grenze von Vorsatz und Fahrlässigkeit*, S. 1–150; DERS., *Vorsatz, Fahrlässigkeit, Irrtum*, S. 373, 487 ff.; ENGISCH, *Untersuchungen*, S. 126 ff.

Angemerkt sei, daß die Schwierigkeiten der Bestimmung der Abgrenzung von Vorsatz und Fahrlässigkeit auf der Verschiedenheit der Ansätze und Kriterien beruhen: Historische Betrachtung in dem Bemühen, einen Vorsatzbegriff noch mit den römischen Quellen zu harmonisieren wird anderes ergeben als eine psychologisch orientierte Untersuchung. Selten wurde bewußt unternommen, den Vorsatzbegriff in Abhängigkeit von seiner Funktion im Strafrecht zu bestimmen (exemplarisch FEUERBACH). Große Schwierigkeiten bereitete die Mehrdeutigkeit des Begriffs „Wollen",[501] dessen Analyse sich nicht selten verselbständigt. Unklarheit herrschte oftmals auch über die Fälle, um die es gehen sollte:[502] (i) die enge Fallgruppe, in der der Täter einen unbestimmten oder alternativ gefaßten Verletzungsvorsatz aufweist und ein schwererer Erfolg als ursprünglich angestrebt eintritt, den er aber entweder vorhergesehen hat oder vorhersehen konnte (entspricht den heutigen erfolgsqualifizierten Delikten), (ii) nur um die überlieferte Fallgruppe der Tötungen[503] oder (iii) allgemein für alle Delikte und alle Fälle, in denen der Täter den von ihm nicht beabsichtigten Erfolg als möglich erkannt hat. Erschwert wird eine begriffliche Abgrenzung in der letzten Gruppe dadurch, daß auch „unschuldige", d.h. an sich erlaubte Handlungen solche Erfolge zeitigen können und die bloße Erfolgsvoraussicht den Täter nicht strafbar werden lassen sollte. Der Vorsatzbegriff hatte somit auch eine Unterscheidung zu leisten, die etwa in der heutigen deutschen Strafrechtsdogmatik die Figur der unerlaubten Risikoschaffung im Rahmen der objektiven Zurechnung übernimmt. Dies erklärt das verbreitete Festhalten am an sich begriffsfremden Erfordernis des *versari in re illicita* oder der Betonung, daß es sich um ein Verhalten handeln müsse, das notwendig oder per se zu den inkriminierten Folgen führt – und sich daher selbst als verboten ausweist, oder den *diligens pater familias* von der Handlung abhielte.

---

501 Z.B. bei KRUG, *Ueber dolus und culpa*, S. 24 ff., 29.

502 Vgl. nur FEUERBACH, *Betrachtungen über dolus und culpa*, S. 193, 230 ff., 237 f.; KRUG, *Ueber dolus und culpa*, S. 15 ff., 19.

503 Vgl. KLEIN, Annalen IV (1789/2. Aufl. 1796), 66, 78: „So ein Unding auch der sogenannte indirecte Vorsatz ist, so hat man doch diesen Ausdruck allgemein angenommen, weil er dazu dient, einen Begriff kurz auszudrücken, der sonst nur durch eine weitläufige Umschreibung gegeben werden könnte. Deswegen haben sich denkende Rechtsgelehrten [sic] die Mühe gegeben, eine Theorie davon zu entwerfen, die im Falle eines Todtschlages meistentheils mit Nutzen gebraucht werden kann, aber gewiß irre führt, wenn man sie auf andre Verbrechen anwendet. Denn im Falle eines Todtschlages kann dem Mißbrauch dieser Theorie leicht vorgebeugt werden, wenn man nur, ..., dabey die feindseelige Absicht einen anderen an seinem Körper zu beschädigen voraussetzt. Aber in welche Absurditäten würde man verfallen, wenn man den, der nach einem auf dem Strohdache der Bauernhütte sitzenden Fasanen mit einem Feuergewehre geschossen und dadurch einen Brand verursacht hätte, als einen vorsätzlichen Brandstifter bestrafen wollte, weil er gegen ein doppeltes Polizeigesetz gesündigt hatte, und die daraus entstehende unabwendbare Feuersgefahr hätte voraussehen können und müssen?"; KRUG, *Ueber dolus und culpa*, S. 45 f.

2. Tatirrtum

Im älteren germanischen Recht finden sich vereinzelte Regelungen über Tatsachenirrtum.[504] Im gemeinen Recht war allgemein anerkannt, daß ein Irrtum über Tatumstände die Strafbarkeit wegen vorsätzlicher Tat ausschließt.[505] Die Ausführungen und Begründungen sind meist knapp.[506] Besondere Aufmerksamkeit wurde hingegen den Sonderfällen des *error in obiecto* und der *aberratio ictus* gewidmet.[507]

Nach BÖHMER entlastet der unverschuldete Tatsachenirrtum vollständig, der verschuldete Irrtum führt als Fahrlässigkeitstat zur Strafmilderung.[508] *Error facti* bezeichnet bei BÖHMER den Irrtum über Tatbestandsmerkmale auch normativer Natur *(imprudentia iuris)*, z.B. Fremdheit einer Sache oder Bestehen einer Ehe.[509] Irrt der Täter lediglich über straferhöhende Umstände, so erfolgt die Zurechnung nur zum einfachen Delikt.[510]

Im Inquisitionsprozeß wird der Irrtum wie jede Einrede behandelt: Dem Angeklagten obliegt die Beweislast, so daß er die behauptete Unkenntnis, wenn sie nicht von vornherein als völlig unglaubhaft abgewiesen wird, mittels Reinigungseid bei *probabilis causa* oder Tortur bei *ignorantia affectata, crassa* erweisen muß.[511]

3. Rechtsirrtum

Regelungen über Rechtsirrtum fehlen zumeist in den germanischen Rechtsbüchern bis auf beispielsweise das Billwärder Recht, das den Fremden bei Unkenntnis lokaler Gesetze entlastet.[512] Die CCC versteht unter Vorsatz, der mit den Termini

---

504 JOHN, *Strafrecht in Norddeutschland*, S. 129 ff. m. w. Nachw.; geregelt sind zumeist Irrtümer über rechtliche Verhältnisse (normative Tatbestandsmerkmale).

505 CARPZOV, *Practica nova*, pars I, qu. 5, n. 14: „actum per errorem gestum gerenti non nocet"; BÖHMER, *Meditationes*, zu Art. 179 CCC, § XII.

506 SCHAFFSTEIN, *Die allgemeinen Lehren vom Verbrechen*, S. 131.

507 SCHAFFSTEIN, *Die allgemeinen Lehren vom Verbrechen*, S. 131 ff. m. w. Nachw.; BOLDT, *Johann Samuel Friedrich Böhmer und die gemeinrechtliche Strafrechtswissenschaft*, S. 166 ff. Zum italienischen Recht ENGELMANN, *Schuldlehre der Postglossatoren*, S. 57–71.

508 BÖHMER, *Meditationes*, Art. 179 CCC § XII, S. 870 f.; Art. 120 §§ IV, XVI; Art. 121 § X. Eingehend dazu BOLDT, *Johann Samuel Friedrich Böhmer und die gemeinrechtliche Strafrechtswissenschaft*, S. 516 ff., 528 ff.

509 BÖHMER, *Meditationes*, Art. 179 § XII; Art. 120 § IV, Art. 126 §§ II, IV; vgl. BOLDT, *Johann Samuel Friedrich Böhmer und die gemeinrechtliche Strafrechtswissenschaft*, S. 523 ff., 526.

510 BÖHMER, *Meditationes*, Art. 179 § XII; Einzelheiten bei BOLDT, *Johann Samuel Friedrich Böhmer und die gemeinrechtliche Strafrechtswissenschaft*, S. 522.

511 BÖHMER, *Meditationes*, Art. 121 § III: „Plane expeditum est, errorem, qualiscunque fuerit, probari debere ab eo, qui in illo praesidium quaerit."; siehe auch Art. 151 § I; 131 § 12; Art. 40 § II sowie Art. 119 § II; dazu BOLDT, *Johann Samuel Friedrich Böhmer und die gemeinrechtliche Strafrechtswissenschaft*, S. 518 ff., 534 ff., 557 ff. m. w. Nachw.; siehe auch ENGELMANN, *Irrtum und Schuld*, S. 75 f. Schon im germanischen Recht genügte für den Beweis des Irrtums regelmäßig der einfache Eid, siehe JOHN, *Strafrecht in Norddeutschland*, S. 138 f. m. w. Nachw.

512 Billwärder Recht, Art. 23, bei JOHN, *Strafrecht in Norddeutschland*, S. 127 f.

„Boshaftigkeit", „Bosheit", „fürsetzlich", „arglistig" etc. bezeichnet wird, stets *dolus malus*.[513] Eine generelle Irrtumsregelung kennt sie nicht, aber einzelne Regelungen, in denen Unkenntnis oder Irrtum entlastet (Art. 38, 43 Abs. 1, 145).[514]

Die deutsche gemeinrechtliche Doktrin hat in Anlehnung an die italienischen Kriminalisten die Rechtskenntnis als Vorsatzbestandteil behandelt, d.h. bei beachtlichem Rechtsirrtum *dolus (verus)* verneint, freilich ohne systematische Konzeption und Konsistenz. Allerdings schränkten die üblichen (Beweis-)Regeln die Beachtlichkeit des Rechtsirrtums weitgehend ein, so daß er nur in wenigen Fällen entlastend wirkte.[515]

Die zeitlich erste Behandlung der Rechtsunkenntnis, die später immer wieder zitiert wurde, findet sich bei Gail, der vier Fälle unbeachtlichen Irrtums aufzählt: Die ersten beiden, die *ignorantia crassa et supina* und der Irrtum über eigene Handlungen, werden als unglaubhaft verworfen. Der dritte Fall ist die *ignorantia affectata*, das Nichtwissenwollen. Der vierte Fall ist der Rechtsirrtum: Demnach entlastete Rechtsirrtum nur bestimmte Personengruppen (Frauen, Kinder, Bauern) und *damno vitando*. Unkenntnis des Statutarrechts entlastet den Neubürger und Fremden.[516] Auch spätere Autoren[517] übernehmen die italienische Doktrin: Grundsätzlich schließe die Rechtsunkenntnis *dolus* aus, nicht aber *culpa lata*, und nur, sofern sie nicht *crassa et supina seu affectata* sei oder das *ius naturalis, gentium* oder *divini* betreffe. Ein Irrtum über eine zweifelhafte oder unter den Doktoren umstrittene Rechtsfrage steht dem Tatsachenirrtum gleich und verschont auch von der Fahrlässigkeitshaftung.[518]

Ziegler formuliert ähnlich wie Thomas von Aquin, daß der unvermeidliche Irrtum *facti vel iuris* jegliche Willentlichkeit *(voluntarium)* und damit sowohl

---

513 Binding, *Die Normen und ihre Übertretung*, Band III, S. 80 f. m. w. Nachw.

514 Vgl. Binding, *Die Normen und ihre Übertretung*, Band III, S. 81 ff.; Schaffstein, *Die allgemeinen Lehren vom Verbrechen*, S. 134 m. Fn. 2.

515 Schaffstein, *Die allgemeinen Lehren vom Verbrechen*, S. 138 f., 141 ff. m. w. Nachw., 143, 145 f. Sehr deutlich z.B. Ziegler, *Disputatio de poenis*, 1774, §§ 60, 61, zit. bei Schaffstein, *ibid.* S. 141 f.; vgl. Leyser, *Meditationes ad pandectas*, spec. 289 med. 6 [vol. V, 7 f.].

516 Gail, *Practicarum observationum*, lib. II obs. 48, nn. 15 ff., 18, 19 ff., 22, 28 f.; dazu Schaffstein, *Die allgemeinen Lehren vom Verbrechen*, S. 136 f.

517 Nachw. bei Schaffstein, *Die allgemeinen Lehren vom Verbrechen*, S. 137 ff.

518 Gilhausen, *Arbor Judiciaria Criminalis*, cap. V, ramusculus III, nn. 81–85: „Septimo defensio seu exceptio potest esse Ignorantia Iuris, quae aeque excusat a dolo, *gl. in l. plagii, la. 2 in verb. iusta* … [82] adeo vt etiam a poena legali & statutaria excuset. [83] Quinimo errore Iuris a dolo excusare certum est … Ergo magis excusat a dolo ignorantia facti, Farin. *qu. 90 nu. 94*. [84] Quod tamen limita in ignorantia quidem Iuris, quae excusat a dolo, non tamen a lata culpa … Limita etiam in ignorantia crassa, supina seu affectata, quae neminem excusare potest … Limita in Ignorantia Iuris naturalis vel quasi gentium, aut diuino: haec enim etiam non excusat a dolo … adeo vt non solum sit verum in iis, quae fiunt committendo, sed etiam omittendo. Limita praeterea in ignorantia Iuris dubii seu per Doctores controuersi. [85] Haec enim, quia ignorantia facti aequiparatur, tam a dolo, quam a poena excusat … secus in ignorantia Iuris notorii & indubitati, siue Iuris communis, siue statutarii, siue etiam proclamatum & bannimentorum. Farinacius, *dicta quaestione, numer. 102. & sequent.*"

dolus als auch *culpa* ausschließe; der vermeidbare Irrtum entschuldigt hingegen nicht, da ein indirekter Wille verbleibe. *Ignorantia facti vincibilis* stelle regelmäßig einen Strafmilderungsgrund dar, *ignorantia iuris vincibilis* hingegen selten, da jedermann das Recht kennen müsse und könne, während über Tatsachen oder *particularia* leichter geirrt werde als über *universalia*. Es folgen die üblichen Fallgruppen.[519] CARPZOV behandelt die Frage nicht.

KRESS geht davon aus, daß in eines jeden Brust geschrieben sei: „Was Du nicht willst, daß Dir die Leute tun, das tue ihnen auch nicht.", so daß bei allen Verbrechen, die sich auf die goldene Regel zurückführen ließen, Rechtsunkenntnis nicht zu beachten sei.[520]

Auch BÖHMER versteht den Vorsatz als dolus *malus*.[521] Unvermeidbarer Rechtsirrtum – *error iuris* wird als Irrtum über das Verbotensein der Tat verstanden[522] – schließt Strafe gänzlich aus, vermeidbarer Irrtum mindert sie. Er befürchtet allerdings, daß die Rücksicht auf *ignorantia affectata* „omnes leges eludere posset",[523] und unterscheidet wie üblich zwischen Unkenntnis des *ius commune* und *ius singulare (alicuius loci vel provinciae)*. Er folgt zunächst der allgemeinen Lehre, daß Unkenntnis des *ius commune* immer *crassa et affectata* sei, weil das Unrecht solcher Handlungen auch ohne Gesetzeskenntnis leicht einzusehen oder aus Schule oder sozialem Verkehr auch dem Toren und Ungebildeten bekannt sei – wobei dem Richter nicht jeder Beurteilungsspielraum genommen sei, wenn im Einzelfall ein glaubhafter Irrtum vorliege. Der Irrtum über positives Partikularrecht sei hingegen weniger schuldhaft, weil hierin oft verboten werde, was sich niemand träumen lasse.[524] Für diesen Verbotsirrtum gelten die gleichen Beweisgrundsätze wie für die Einrede des

---

519 ZIEGLER, *Disputatio de poenis*, §§ 61, 71, zit. nach SCHAFFSTEIN, *Die allgemeinen Lehren vom Verbrechen*, S. 141 f.

520 KRESS, *Commentatio succincta in CCC*, Art. 177 Anm. 1 n. 5 reg. I, Anm. 2.

521 BÖHMER, *Meditationes*, Art. 137 § III, auch Art. 117 § III. Dazu BOLDT, *Die Voraussetzungen der Anwendbarkeit der poena ordinaria*, S. 33 ff., 36 ff. = DERS., *Johann Samuel Friedrich Böhmer und die gemeinrechtliche Strafrechtswissenschaft*, S. 174 ff., 177 ff.; SCHAFFSTEIN, *Die allgemeinen Lehren vom Verbrechen*, S. 72, 143 f.

522 BÖHMER, *Meditationes*, Art. 137 § III: „Alterum in errore iuris quaero, quo trahuntur, qui quantum in ipsis est, bona fide credunt, casum sub lege non contineri."

523 BÖHMER, *Observationes*, Obs. VIII ad qu. XLII, S. 107.

524 BÖHMER, *Observationes*, Obs. IV ad qu. CXLIX n. 67, S. 149 f., mit GROTIUS-Zitat „Nam ignorantia legis sicut inevitabilis si sit tollit peccatum; ita etiam cum aliqua negligentia conjuncta delictum minuit." (*De iure belli ac pacis*, lib. II cap. XX § XLIII, S. 339); DERS., *Meditationes*, Art. 179 § XII, S. 871: „Iuris ignorantia ... contra delicta legibus *communibus* comprehensa vix allegari potest, tum quod talia ex recta ratione iam innotescant, aut si inde non cognoscuntur, ita tamen comparata sint, vt scientiam *vulgarem* vix effugiant, sed ex scholis, vel conuersationibus hominum etiam iis, quibus stupor, inertia, vel defectus instructionis suffragatur, cognita esse solent, quo *sodomiam*, *incestum* et *lusum vetitum* refero. Vnde haec ignorantia, quia *crassa*, supina et affectata, vix aurem iudicis vellivare potest. Facilius eius ratio habetur circa delicta solis legibus *positiuis particularibus* determinata, quia harum ignorantia excusatior, nec tantopere culposa est, praeterea his saepe prohibetur, de quo ne somniando quidem quis cogitavit." (Hervorh. im Original). Dazu BOLDT, *Johann Samuel Friedrich Böhmer und die gemeinrechtliche Strafrechtswissenschaft*, S. 538 ff.

Tatsachenirrtums, nur daß *in praxi* die Berufung auf Verbotsunkenntnis selten zum Erfolg einer Strafmilderung führt, ja bisweilen nicht einmal Gehör findet.[525]

Einige Autoren wie KRESS und BÖHMER kennen noch einen Irrtum über die Strafart oder -höhe *(ignorantia poenae)*, der beachtlich ist, wenn er auf vernünftigen Gründen beruht, somit wahrscheinlich ist.[526]

Bis zum Ende des 18. Jahrhunderts blieb die Behandlung des Rechtsirrtums unverändert und unterschied sich kaum von den italienischen Vorbildern; gelegentlich wird auch der *error iuris naturalis* besonders ungebildeten Personen zugute gehalten.[527] Ein Teil der Lehrbücher des 18. Jahrhunderts und des älteren 19. Jahrhunderts behandelt den Irrtum einheitlich und unterscheidet nur danach, ob er *vincibilis* ist oder nicht.[528] Noch zu Beginn des 19. Jahrhunderts wurde in der deutschen Doktrin überwiegend *dolus malus* verlangt, dies änderte sich ab ca. 1840.[529]

Unter dem Einfluß der Aufklärung löste sich, wie bereits gezeigt, die Bindung an die römischen und gemeinrechtlichen Quellen und wird durch philosophische, vernunftrechtliche Argumentation ersetzt. Erstmals wird Strafrecht umfassend systematisch konzipiert, so daß die Irrtumslehre und sonstige Einzelfragen sich in stringenter Ableitung aus dem jeweiligen Systemansatz ergeben, obwohl kriminalpolitische und beweispraktische Erwägungen ebenso wie zählebige gemeinrechtliche Topoi in den meisten Fällen wieder zu Inkonsequenzen führen. Dadurch tritt zugleich eine schwer überschaubare Zersplitterung der Ansichten ein.[530] Immerhin

---

525 BÖHMER, *Observationes*, Obs. IV ad qu. CXLIX n. 67, S. 149 f. („quod ignorantia sit crassa et affectata nec attentione digna"); ähnl. DERS., *Meditationes*, Art. 179 CCC § XII.

526 KRESS, *Commentatio succincta in CCC*, Art. 177 Anm. 1 n. 5 reg. I, Anm. 2; Art. 116 § 3 Anm. 2; BÖHMER, *Observationes*, Obs. IV ad qu. CXLIX; DERS., *Meditationes*, Art. 179 § XII (namentlich bei 1. ungewöhnlich harten Strafen, 2. unbestimmten Strafen, 3. stumpfsinnigen, ungebildeten Personen und Frauen, 4. vom gemeinen Recht abweichenden Strafen, z.B. gegenüber Neubürgern); G. J. F. MEISTER, *Principia iuris criminalis*[6], § 116 a.E.; dazu BOLDT, *Johann Samuel Friedrich Böhmer und die gemeinrechtliche Strafrechtswissenschaft*, S. 553 ff.; HEINEMANN, ZStW 13 (1893), 371, 375 f.

Ähnl. schon CHR. WOLFF, *Ius naturae*, Pars VIII, § 662 Zusatz: „Durum videtur poenam praesertim gravem infligere ei, quem metus poenae a proposito delinquendi abstrahere potuisset, siquidem ea ipsi cognita fuisset."

527 Vgl. KOCH, *Institutiones iuris criminalis*, § 152; G. J. F. MEISTER, *Principia iuris criminalis*[6], § 116: „Ignorantia et error, quatenus videlicet dolum excludunt, vel minuunt; imo, si etiam absque culpa agentis contingunt, imputationem et poenam omnem tollunt. Quae regulae valent; tum A) de *ignorantia* et *errore facti*, sive caeterum totam actionem illicitam, sive certam tantum eius qualitatem, concernant; tum B) de *ignorantia iuris*, quae, modo nec simulata sit, nec malitiosa, ad temperandam poenam itidem conducit; et quidem, non solum 1) in delictis iuris *mere positivi*, habita simul personarum ratione; sed etiam 2) in *delictis iuris naturalis*, nimirum quoad delinquentes, qui valde simplices et rudes sunt, pessimeque educati, hinc plena vitiositatis facti sui cognitione destituti; et aliquando etiam, in poenis *exorbitantibus*, praesertim *iuris particularis*, quoad eos, qui saltem *genus poenae* statutae ignorabant."

528 Nachw. bei BINDING, *Die Normen und ihre Übertretung*, Band III, S. 233 Fn. 8.

529 LÖFFLER, *Die Schuldformen des Strafrechts*, S. 205 m. w. Nachw.

530 Eine Zusammenstellung gibt HEINEMANN, ZStW 13 (1893), 371, 373 ff. m. w. Nachw.

minderte sich vorübergehend die Befürchtung, daß eine großzügige Anwendung der Irrtumsregeln die Autorität des Rechts erschüttern könne, zumal die Klage über die Mangelhaftigkeit des tradierten Rechts zum Allgemeinplatz wurde. Häufig wurde darauf verwiesen, daß die Gesetze schwer zugänglich oder gar nicht publiziert seien, Naturrecht keine hinreichend genaue Handlungsanweisungen geben könne, daß Angehörigen niedrigerer Stände auch die Publikation nicht helfe, da sie nicht lesen könnten,[531] weshalb aufgeklärte Monarchen der Kriminalität durch Schulbildung und Gesetzeskunde begegnen wollten[532]. Erst in der zweiten Hälfte des 19. Jahrhunderts stieg die gänzliche Irrelevanz des Rechtsirrtums zum unverzichtbaren Postulat der Staatsraison auf.

So verlangte QUISTORP neben dem Vorsatz das Bewußtsein, eine unerlaubte und strafwürdige Handlung zu begehen, will aber dem Täter die volle Strafe auch dann auferlegen, wenn er das übertretene Gesetz hätte kennen müssen; bei bloß positiven Gesetzen kann der Irrtum entlasten, falls sie nicht so häufig angewendet werden, daß sie allgemein bekannt sein müßten,

> ... es wäre dann, daß einer von aller menschlichen Gesellschaft entfernt gelebt hätte, oder auch dem Verbrecher die Einsicht, oder das Vermögen, um das Unerlaubte, oder die Grösse der Bosheit einzusehen, gefehlet hätte.[533]

STÜBEL versteht wie zuvor WOLFF die Strafandrohung als Mittel zur Willenslenkung, so daß der Täter nicht nur die Strafbarkeit, sondern auch die Höhe der Strafe kennen muß. Die meisten peinlichen Gesetze seien freilich zugleich natürliche Gesetze.[534] STRUBE bejaht die Beachtlichkeit des Irrtums über die Strafhöhe mit der Begründung:

> Wem aber die Schärfe des Gesetzes unbekannt ist, von dem kan man nicht sagen, daß er es so sehr verachtet als ein andrer Übelthäter, der davon unterrichtet gewesen.[535]

Auch KLEIN nimmt an, daß Strafe nur auf diejenigen angewendet werden könne, bei denen die Furcht davor als Beweggrund zur Unterlassung des Verbrechens gedacht werden könne, so daß sowohl *dolus* (als „positiv böser Wille") als auch *culpa*

---

531 VON SODEN, *Geist der peinlichen Gesetzgebung Teutschlands*, Band 1, § 30; w. Nachw. bei HEINEMANN, ZStW 13 (1893), 371, 380 f.

532 So die „Instruktion für die zur Verfertigung des Entwurfs zu einem neuen Gesetzbuch verordnete Kommission" KATHARINAS II. von 1769, S. 42, zit. nach HEINEMANN, ZStW 13 (1893), 371, 380 Fn. 16 a.

533 QUISTORP, *Grundsätze des deutschen Peinlichen Rechts*⁵, Bd. I, §§ 34, 47 u. ff. (Zitat in § 47); krit. HEINEMANN, ZStW 13 (1893), 371, 377 f.

534 STÜBEL, *System des allgemeinen Peinlichen Rechts*, 2. Band, §§ 251 ff., S. 48 ff.; ähnl. DERS., *Über den Thatbestand der Verbrechen*, § 1; DERS., NArchCrimR 8 (1825), 236, 247 ff.; krit. HEINEMANN, ZStW 13 (1893), 371, 378 ff.

535 STRUBE, *Rechtliche Bedenken*, 2. Teil, CXIII. Bedenken, S. 448 (auch 4. Teil, XXVIII. Bedenken, S. 60 f.), mit Verweis auf WOLFF, *Ius naturae*, pars VIII, § 662 (oben Fußn. 526) und BÖHMER, *Observationes*, Obs. IV ad qu. 149.

(als „negativ böser Wille“) das Bewußtsein der Gesetzeswidrigkeit erfordern.[536] KLEINSCHROD verlangt Bewußtsein der Strafbarkeit, nicht der Strafhöhe, zum Vorsatz, scheut sich aber, beim Unwissenden und Irrenden deshalb alle Zurechnung entfallen zu lassen:

> Wehe den Gesetzen des Staates, wenn man sich dadurch straflos machen kann, daß man diese sich bekannt zu machen unterläßt![537]

Unwissenheit sei mehr als Irrtum zuzurechnen, da der Unwissende ganz blind handele und schon deshalb strafbar sei, weil er sich um die Eigenschaften seiner Handlung keine Gedanken mache, auch sei Unwissenheit leichter zu bemerken und beheben als eine Fehlvorstellung.[538] Unbeachtlich ist der affektierte Irrtum sowie derjenige über jedermann einleuchtende Verbote; bei Unkenntnis positiven Rechts nimmt er *culpa* an, je nach Leichtigkeit der Kenntniserlangung.[539] Unter dem Einfluß der psychologischen Zwangstheorie wird gefordert, daß dem Volk die Gesetze so bekannt zu machen sind, daß sie wirken können.[540] Folglich hält er die Unkenntnis des gemeinen Rechts für weniger strafbar als die des besonderen, denn letzteres sei den Untertanen verkündet, ersteres nicht.[541] WIELAND nimmt an, daß ohne öffentliche Bekanntmachung die Gesetze – als bekannt gelten ihm allerdings alle Normen, die dem Naturrecht entsprechen – keine verbindliche Kraft haben und Motive zu rechtmäßigem Verhalten geben können:

> Man wird uns daher keines Ungehorsams gegen ein solches Gesetz und folglich auch keines wider dasselbe begangenen Verbrechens beschuldigen können, wenn wir seine Vorschrift übertraten, ehe sie uns bekannt wurde.

Bloße Kenntnis des Gesetzes genügt aber nicht, auch „die Bewegungsgründe, die dem Gesetz seine verbindliche Kraft geben,“ muß der Täter kennen.[542]

GÖNNER hält am „bösen Vorsatz“ fest und zugleich ein „Bewußtsein der Gesetzwidrigkeit“ für überflüssig, denn:

> … criminelle Handlungen sind eben so beschaffen, daß das Unrecht derselben unverkennbar ist; eben dieß ist der hohe Charakter des ächt Criminellen, daß das Unrecht einem jeden in's Herz geschrieben ist, daß nicht erst der erklärte Willen eines positiven Gesetzgebers es zum Unrecht

---

536 KLEIN, *Grundsätze des gemeinen deutschen und preußischen peinlichen Rechts*, §§ 116, 119 ff., 127, 129, 172; DERS., ArchCrimR I,2 (1798), 56, 59 ff.

537 KLEINSCHROD, *Systematische Entwickelung der Grundbegriffe und Grundwahrheiten des peinlichen Rechts*³, 1. Theil, § 135 S. 262.

538 KLEINSCHROD, *Systematische Entwickelung der Grundbegriffe und Grundwahrheiten des peinlichen Rechts*³, 1. Theil, § 136 S. 263.

539 KLEINSCHROD, *Systematische Entwickelung der Grundbegriffe und Grundwahrheiten des peinlichen Rechts*³, 1. Theil, §§ 137, 139, 144, 145, S. 264 ff.

540 Zahlr. Nachw. bei BINDING, *Die Normen und ihre Übertretung*, Band III, S. 102 f.

541 KLEINSCHROD, *Systematische Entwickelung der Grundbegriffe und Grundwahrheiten des peinlichen Rechts*³, 1. Theil, § 139 S. 267.

542 ERNST KARL WIELAND, *Geist der peinlichen Gesetze*, Leipzig 1783, Teil I, §§ 213–218, zit. nach HEINEMANN, ZStW 13 (1893), 371, 386, mit Kritik 388 ff.

stempelt, daß es durch die *lex in cordibus nostris scripta* geheiliget ist. Das äußere Forum muß den Menschen als Vernunftwesen ergreifen, und bei jedem vernünftigen Individuum die Erkenntniß des Unrechts einer schon durch die Vernunft verbotenen Handlung voraussetzen.[543]

Die psychologische Zwangstheorie FEUERBACHS erzwingt die Kenntnis nicht nur des Verbots, sondern auch der Strafbarkeit und des prospektiven Strafmaßes als Voraussetzung jeglicher Strafe.[544] Bekanntlich hat FEUERBACH die praktische Konsequenz daraus gescheut und eine Vermutung für die Zurechnungsfähigkeit ausgesprochen, die sich auch darauf erstreckt, daß jede mit Verstand begabte Person mit den Strafgesetzen vertraut sei.[545] In den frühen Auflagen seines Lehrbuchs

---

543 GÖNNER, *Revision des Begriffs und der Eintheilungen des Dolus*, S. 39 ff. (Zitat S. 40 f.).

544 Siehe oben bei Fußn. 440 ff.

545 Siehe bei Fußn. 451 m. w. Nachw.; dazu GRÜNHUT, *Anselm von Feuerbach*, S. 203 ff., 207. Vgl. auch FEUERBACH, *Lehrbuch des Peinlichen Rechts*, § 86; DERS., *Betrachtungen über dolus und culpa*, S. 193, 217–219 (Hervorh. im Original): „Eine Rechtsverletzung kann dadurch wider die Absicht des Subjects geschehen, daß es das Gesetz überhaupt nicht kennt, welchem seine Handlung widerspricht. ... Jeder hat daher, vermöge der Verbindlichkeit zum gehörigen Fleiß, auch die Verbindlichkeit, sich die Strafgesetze seines Staates bekannt zu machen, um nicht unwissend sie zu übertreten. Wer diese Verbindlichkeit verletzt, wer nicht seinen Verstand anwendet, um sich jene Kenntniß zu erwerben, ist in Culpa, wenn er aus Unwissenheit die dem Strafgesetz widersprechenden Handlungen unternimmt. Das, was ihm hier unmittelbar zugerechnet wird, ist nicht die entstandene Rechtsverletzung selbst; sondern die *Unterlassung jener Handlungen*, durch welche er sich in dem Zustande der Unwissenheit erhielt und deren Unternehmung er jene (dem Inhalte nach) gesetzwidrige Willensbestimmung vermeiden könnte. Allein diese Art der Uebertretung der Verbindlichkeit zum gehörigen Fleiß steht unter den Bedingungen der juridischen Zurechnung überhaupt. Es wird daher vorausgesetzt, daß er die Verpflichtung kannte, sich, um gesetzwidrige Handlungen zu vermeiden, mit den Strafgesetzen des Staates bekannt zu machen, daß er also seine ihm zuzurechnende Unterlassung unter jene Verbindlichkeit subsumiert hatte. So nothwendig aber diese Voraussetzung ist, so wenig braucht dieses Factum in concreto besonders erwiesen zu werden, vielmehr ist von jedem, der es vernachlässigte, sich die Erkenntniß der Strafgesetze zu erwerben, vorauszusetzen, daß er die Möglichkeit eines gesetzwidrigen Erfolgs mit dieser Unterlassung einsah. Denn es läßt sich nicht annehmen, daß ein Mensch, vorausgesetzt, daß er [sich] in dem Alter der Zurechnungsfähigkeit befindet und nicht durch Gemüthskrankheit seines Verstandes beraubt ist, unter was immer für Umständen nicht wissen sollte, daß er Regeln übertreten könne, die er nicht kennt, und von denen er doch voraussetzen muß, daß sie vorhanden seyen."

Sowie *ibid.*, S. 193, 225 f.: „Die Culpa durch *Unwissenheit des Gesetzes* ist nicht vorhanden, sobald die Unwissenheit *unüberwindlich* (ignorantia invincibilis) ist, d.h. sobald der Uebertreter alles, was an ihm ist, vergebens gethan hat, um die Kenntniß von dem Gesetze zu erlangen. Eine *absolute* Unmöglichkeit wird also zu dieser Unwissenheit nicht erfordert. Wenn es auch an sich möglich war, von dem Gesetze Wissenschaft zu erhalten, der Mensch konnte es aber nach seiner Lage nicht wissen, – erfuhr es nicht, ob er sich gleich alle Mühe gab, um sich mit den Strafgesetzen seines Staats bekannt zu machen; so ist er außer Schuld, denn die Uebertretung selbst besteht bey dieser Art der Culpa nicht in dem *Nichtwissen*, (dieß ist nur der Effect der Uebertretung) sondern in der *unterlassenen Handlung der Erwerbung der Erkenntniß*. Die Verbindlichkeit zum gehörigen Fleiß kann weiter nichts von dem Subject verlangen, als daß er alles thue, um die Rechtsverletzung zu vermeiden; sobald es daher dieses wirklich thut, so ist diese Verbindlichkeit erfüllt und der Mangel an dem Effect der Handlung kann ihm nicht zugerechnet werden."

Zur Kritik siehe nur HENKE, *Handbuch des Criminalrechts und der Criminalpolitik*, Band I, S. 332 f.; HEINEMANN, ZStW 13 (1893), 371, 392 ff. m. w. Nachw.

schließt unverschuldeter Irrtum oder Unwissenheit über das Dasein des Strafgesetzes oder der Subsumtion der Tat unter dasselbe die Imputativität aus,[546] später nur Irrtum und Unwissenheit in Ansehung der Rechtswidrigkeit oder Gefährlichkeit der Handlung, sofern dieselben zulässig und unüberwindlich sind. Unzulässig sei der Irrtum über das Strafgesetz.[547]

Ähnlich verlangt GROLMAN das Bewußtsein der Strafgesetzwidrigkeit, stellt aber auch eine Vermutung für die Willkürlichkeit und Imputabilität der Handlungen auf und betrachtet im Zweifel jede Verletzung als dolos.[548] VON ALMENDINGEN versteht *dolus* als „reinen Willensfehler" desjenigen, der den illegalen Effekt seiner Handlung als notwendig, wahrscheinlich oder möglich voraussieht, während *culpa* „reiner Verstandesirrtum" und nie mit dem Bewußtsein auch nur bloß möglicher Illegalität verknüpft sei. Da aber jeder Bürger die Wohltat bürgerlicher Erziehung genieße, müsse der Unwissenheit vorschützende Kulpose, was er vorgibt, aus den Umständen beweisen.[549] Auch BAUER verlangt für eine strafbare Handlung das Bewußtsein der Strafgesetzwidrigkeit, stellt aber eine Rechtsvermutung für Gesetzeskenntnis auf und rechnet verschuldete Unkenntnis zur Fahrlässigkeit zu.[550]

Nach ØRSTED hebt der Verbotsirrtum den Vorsatz *dem Begriff nach* auf, da aber Verbotskenntnis unmöglich zu beweisen sei, sei der Gesetzgeber genötigt, die Kenntnis aller in gehöriger Weise bekanntgemachten Gesetze anzunehmen. Die meisten Strafgesetze leuchteten dem gesunden Menschenverstand ohnehin ein. Bei bloß positiven Gesetzen könne allerdings auch keine Rücksicht auf die Unkenntnis genommen werden:[551]

> Wollte man aber hierauf Rücksicht nehmen, so würden diese Gesetze beinahe ganz ohne Kraft seyn, indem jeder Übertreter, der nicht besonders und ernsthaft deshalb gewarnt wäre, Unwissenheit des Gesetzes vorschützen könnte, ja es würde für jeden, der lieber sich nach seiner Laune und seinem Eigennutze, als nach den Gesetzen richtet, eine Klugheitsregel seyn, sich soviel als möglich von der Bekanntschaft mit den Gesetzen frei zu erhalten. Es ist also ein Postulat für die rechtliche Ordnung, daß Jeder im Übertretungsfalle ordentlicherweise so behandelt werden müsse, als wenn er von den allgemein bekanntgemachten Strafgesetzen unterrichtet gewesen wäre.

---

546 FEUERBACH, *Lehrbuch des gemeinen in Deutschland gültigen peinlichen Rechts*², § 88 S. 78; ähnlich TITTMANN, *Handbuch der Strafrechtswissenschaft*, 1. Band , §§ 85, 93, 130 Anm. *s*): nur unverschuldeter Irrtum entlastet.

547 FEUERBACH, *Lehrbuch des gemeinen in Deutschland gültigen peinlichen Rechts*¹⁴, § 90 S. 164 mit § 88 S. 159.

548 GROLMAN, *Über die Begriffe von Dolus und Culpa*, Bibliothek I,1 (1797), 3, 23 ff., 28 f.; DERS., *Noch einige Bemerkungen über die Begriffe von Dolus und Culpa*, Bibliothek I,2 (1798), 70, 74; DERS., *Wird Dolus bey begangenen Verbrechen vermuthet?*, Bibliothek I,3 (1798), 71, 75 f.; DERS., *Grundsätze der Criminalrechts-Wissenschaft*⁴, § 55.

549 HARSCHER VON ALMENDINGEN, *Untersuchungen über das culpose Verbrechen*, S. 109 ff., 239 ff., 241; dazu HEINEMANN, ZStW 13 (1893), 371, 398 ff.

550 BAUER, *Lehrbuch des Strafrechts*², §§ 56, 126; DERS., *Abhandlungen aus dem Strafrechte und dem Strafprocesse*, Band I, S. 251 ff.

551 ØRSTED, *Über die Grundregeln der Strafgesetzgebung*, S. 230 f., 271 ff., Zitat: S. 272 f.

Mittermaier vertritt ebenfalls einen *dolus malus* und die Beachtlichkeit des Rechtsirrtums bei besonderen Umständen, zumal die neueren Gesetze so viele Normen enthielten, die der gesunde Menschenverstand nicht erraten könne,[552] so auch Osenbrüggen, denn der dem Menschen eingeborene „Born der Sittlichkeit" und die ihm das Minimum des sittlichen und rechtlichen Bewußtseins vermittelnde Religion (Dekalog) verhülfen ihm zwar zur Kenntnis der elementarsten Normen, aber den Inhalt positiver Gesetze könne auch das von Berner für genügend gehaltene „Atmen der europäischen Bildungsatmosphäre" nicht vermitteln.[553] Auch Henke warnt angesichts des traurigen Zustands der Strafgesetzgebung davor, den Rechtsirrtum immer für affektiert zu halten, und läßt bei verschuldetem Irrtum Fahrlässigkeitshaftung eintreten.[554] Die Nichtberücksichtigung des Rechtsirrtums hält Marezoll für eine der Idee der Gerechtigkeit widersprechende Maßregel.[555]

Vielfach wird zwischen dem Kernstrafrecht, das jedem durch Erziehung oder Einsicht bekannt sei, und dem Polizeistrafrecht, das bloßen Ungehorsam strafe, dessen Unkenntnis aber schuldhaft sei, unterschieden.[556]

Andere Autoren begnügen sich mit dem Bewußtsein der Staatswidrigkeit,[557] Rechtswidrigkeit,[558] Pflichtwidrigkeit,[559] Strafwürdigkeit[560] oder Unsittlichkeit[561]. Gessler läßt mit dem Bewußtsein der Strafwürdigkeit schon das Bewußtsein der Möglichkeit der Strafbarkeit, den Zweifel, genügen, loziert dieses Erfordernis außerhalb von *dolus* und *culpa*, und nimmt bei vermeidbarer Unkenntnis eine fakultative Strafmilderung vor, da nicht jedem Vorsatzdelikt eine Fahrlässigkeitstat entspreche und die Maßstäbe für Tat- und Rechtsfahrlässigkeit verschieden seien.[562]

Oftmals wird eine Präsumtion wenn nicht des Vorsatzes, aber der Gesetzeskenntnis für notwendig gehalten bzw. das nötige Unrechtsbewußtsein ohne Beweis

---

552 Mittermaier, NArchCrimR 2 (1818), 515, 523.

553 Osenbrüggen, *Abhandlungen aus dem deutschen Strafrecht*, 1. Band, § 6 S. 20 f., 25 ff., 27 f.

554 Henke, *Handbuch des Criminalrechts und der Criminalpolitik*, I. Teil, S. 332 f.

555 Marezoll, *Das gemeine deutsche Criminalrecht*², S. 101; ebenso Osenbrüggen, *Abhandlungen aus dem deutschen Strafrecht*, 1. Band, § 6 S. 25 ff.

556 Heffter, NArchCrimR 12 (1830), 130, 144 ff.; ders., *Lehrbuch des gemeinen deutschen Strafrechtes*⁶, §§ 55 ff.; Luden, *Abhandlungen aus dem gemeinen teutschen Strafrecht*, 2. Band, S. 172 f., 517 ff., 564 ff.

557 Bekker, *Theorie des heutigen deutschen Strafrechts*, S. 278 ff., 280.

558 Osenbrüggen, *Abhandlungen aus dem deutschen Strafrecht*, 1. Band, § 6 S. 19 ff.; abl. Heinze, GS 13 (1861), 397, 398 f.

559 Hälschner, *Das preußische Strafrecht*, 2. Theil: System, § 13 S. 35 ff.; Heinze, GS 13 (1861), 397, 441 ff.

560 Ørsted, *Über die Grundregeln der Strafgesetzgebung*, S. 231; dazu Heinze, GS 13 (1861), 397, 398 f., 417 f., was von Kenntnis der Strafgesetze abhänge (406).

561 Gessler, GS 10 (1858), 321, 325 ff.; Temme, *Lehrbuch des Gemeinen Deutschen Strafrechts*, § 48 S. 84; abl. Heinze, GS 13 (1861), 397, 398 f.

562 Gessler, GS 10 (1858), 321, 325 ff., 339 ff.; ders., *Ueber den Begriff und die Arten des Dolus*, S. 83, 256 ff.

angenommen, was nur gelegentlich Ausnahmen aus Billigkeitsrücksichten, etwa zugunsten Fremder, erleidet.[563]

Andere hingegen verzichten auf ein Erfordernis der Unrechtskenntnis,[564] so insbesondere die hegelianische Schule. Die Bestimmung der rechtlichen Qualität einer Handlung nimmt HEGEL ausdrücklich aus seinem Begriff der Absicht heraus[565] und behandelt die Einsicht in die Rechtswidrigkeit im Abschnitt „Das Gute und das Gewissen". Demnach folgt aus dem Recht des subjektiven Willens, daß ihm nur das als ungesetzlich zugerechnet werde, was er als solches erkannt hat, *nicht*, daß Strafe aktuelles Unrechts- oder gar Strafbarkeitsbewußtsein voraussetzt – dies würde ihm umgekehrt gerade die „intelligente Natur absprechen":

> Das *Recht des subjektiven Willens* ist, daß das, was er als gültig anerkennen soll, von ihm *als gut eingesehen* werde und daß ihm eine Handlung, als der in die äußerliche Objektivität tretende Zweck, nach seiner *Kenntnis* von ihrem Werte, den sie in dieser Objektivität hat, als rechtlich oder unrechtlich, gut oder böse, gesetzlich oder ungesetzlich zugerechnet werde.
>
> ... Gleicherweise hat im Staate, als der Objektivität des Vernunftbegriffs, die gerichtliche Zurechnung nicht bei dem stehenzubleiben, was einer seiner Vernunft gemäß hält oder nicht, nicht bei der subjektiven Einsicht in die Rechtlichkeit oder Unrechtlichkeit, in das Gute oder Böse ... In diesem objektiven Felde gilt das Recht der Einsicht als Einsicht in das Gesetzliche oder Ungesetzliche als in das geltende Recht, und sie beschränkt sich auf ihre nächste Bedeutung, nämlich Kenntnis als Bekanntschaft mit dem zu sein, was gesetzlich und insofern verpflichtend ist. Durch die Öffentlichkeit der Gesetze und durch die allgemeinen Sitten benimmt der Staat dem Rechte der Einsicht die formelle Seite und die Zufälligkeit für das Subjekt, welche dies Recht auf dem dermaligen Standpunkt für das Subjekt noch hat. Das Recht des Subjekts, die Handlung in der Bestimmung des *Guten* oder *Bösen*, des Gesetzlichen oder Ungesetzlichen zu kennen, hat bei Kindern, Blödsinnigen, Verrückten die Folge, auch nach dieser Seite die Zurechnungsfähigkeit zu vermindern oder aufzuheben. Eine bestimmte Grenze läßt sich jedoch ... nicht festsetzen. Verblendung des Augenblicks aber, Gereiztheit der Leidenschaft, Betrunkenheit ... zu Gründen in der Zurechnung und Bestimmung des *Verbrechens* selbst und seiner *Strafbarkeit* zu machen und solche Umstände anzusehen, als ob durch sie die *Schuld* des Verbrechers hinweggenommen werde, heißt ihn gleichfalls ... nicht nach dem Rechte und der Ehre des Menschen behandeln, als dessen Natur eben dies ist, wesentlich ein Allgemeines, nicht ein abstrakt Augenblickliches und Vereinzeltes des Wissens zu sein. ...
>
> Daß der Verbrecher im Augenblick seiner Handlung sich das Unrecht und die Strafbarkeit derselben *deutlich* müsse *vorgestellt* haben, um ihm als Verbrechen zugerechnet werden zu können – diese Forderung, die ihm das Recht seiner moralischen Subjektivität zu bewahren scheint, spricht ihm vielmehr die innewohnende intelligente Natur ab, die in ihrer tätigen Gegenwärtigkeit nicht an die Wolffisch-psychologische Gestalt *von deutlichen Vorstellungen* gebunden und nur im Falle des Wahnsinns so verrückt ist, um von dem Wissen und Tun einzelner Dinge getrennt zu sein. – Die Sphäre, wo jene Umstände als Milderungsgründe der Strafe in Betracht kommen, ist eine andere als die des Rechts, die Sphäre der *Gnade*.[566]

---

563 BIRNBAUM, NArchCrimR 11 (1830), 295, 312; VON SCHWARZE, Neue Jahrbücher für sächsisches Strafrecht IV (1851), 47, 49, 52 (zit. nach HEINEMANN, ZStW 13 (1893), 371, 420 f.); HAEBERLIN, *Grundsätze des Kriminalrechts*, Band I, S. 32 (widersprüchlich); DALKE, GA 6 (1858), 63 ff.

564 WÄCHTER, *Lehrbuch des Römisch-Teutschen Strafrechts*, Erster Theil, § 73 S. 119 ff.; DERS., *Deutsches Strafrecht*, §§ 57 II 1, 61 I 2; w. Nachw. bei HEINEMANN, ZStW 13 (1893), 371, 422 ff.

565 HEGEL, *Grundlinien der Philosophie des Rechts*, § 119. HEINEMANN, ZStW 13 (1893), 371, 430 ff., schließt daraus, daß HEGEL das Unrechtsbewußtsein nicht als Vorsatzbestandteil versteht.

MICHELET nimmt an, daß mangelndes Bewußtsein des Gesetzes die „Qualität der Vorsätzlichkeit" nicht aufheben könne, ausgenommen bei Handlungen, die keine wirklichen Rechtsverletzungen, aber nach positivem Recht als Polizeiverbrechen verboten sind.[567] Ebenso ist für KÖSTLIN das Unrechtsbewußtsein weder Voraussetzung für die Handlung noch für die Zurechenbarkeit; nur unvermeidbarer Tatsachenirrtum entlastet vollständig. Er unterscheidet zwischen „wirklichen Verbrechen", über die kein Zurechnungsfähiger irren kann – womit das Erfordernis des Unrechtsbewußtseins wieder zugegeben wird[568] –, so daß jede behauptete Unwissenheit als schlechte Ausflucht gelten muß,[569] und Polizeivergehen, bei denen positiver Ungehorsam und vermeidliches Nichtwissen gleichermaßen bestraft würden, weil die verbotenen Handlungen schlechthin zu unterlassen seien[570]. Sollte aber das positive Gesetz einmal an sich rechtmäßige Handlungen poenalisieren, so solle der Richter es zu umgehen versuchen. ABEGG verlangt einerseits für *dolus* die Kenntnis der Rechtswidrigkeit des Erfolges, hält aber andererseits einen Irrtum darüber nur dann für ein Zurechnungshindernis, wenn der „Mangel an vernünftiger Einsicht auch sonst dargetan" sei.[571] Für BERNER ist das Unrechtsbewußtsein kein Requisit der Zurechnung, die sich darin erschöpfe, ob das Geschehene ein Gewolltes sei. Es ist aber auch kein zweites Moment der Strafbarkeit neben der Schuld. BERNER erkennt an, daß es Zufall sei, ob ein Mensch die positiven Gesetze kenne, auch sei nicht jeder Rechtsirrtum affektiert, gleichwohl sei darauf keine Rücksicht zu nehmen, denn „das Interesse der öffentlichen Ordnung sei hier dergestalt vorwiegend, daß ein subjektiver Rechtsirrtum dagegen bedeutungslos erscheint"[572]. Sollte wirklich einmal jemand in gutem Glauben eine Übertretung begehen, „so mag er durch die kleine Geld- oder Gefängnisstrafe, die man ihm auferlegt, Ordnung, Vorsicht, Anstand lernen".[573]

Dies ist ein Beispiel für den Rigorismus des 19. Jahrhunderts, der den Satz *error iuris nocet* geradezu als staatsnotwendig ansah,[574] als „Grundpfeiler der staatlichen

---

566 HEGEL, *Grundlinien der Philosophie des Rechts*, § 132.

567 MICHELET, *Das System der philosophischen Moral*, S. 26 f., 47 ff., 78; DERS., *Naturrecht*, 1. Band, S. 117 f.

568 Zutr. GESSLER, GS 10 (1858), 321.

569 KÖSTLIN, *Neue Revision der Grundbegriffe des Criminalrechts*, § 159 S. 612 f., 620, siehe auch § 107 S. 255; dagegen BINDING, *Die Normen und ihre Übertretung*, Band II, S. 412 Fn. 21; krit. HEINEMANN, ZStW 13 (1893), 371, 434 ff. m. w. Nachw.

570 KÖSTLIN, *System des deutschen Strafrechts*, § 113 S. 378, 382, § 68 S. 178 f., § 73 S. 193. In der *Neuen Revision der Grundbegriffe des Criminalrechts*, § 159 S. 613, nimmt er bei Polizeiverbrechen noch *culpa* an. Ähnl. HÄLSCHNER, *Das preußische Strafrecht*, 2. Theil: System, § 13 S. 35 ff.; krit. dazu GESSLER, *Ueber den Begriff und die Arten des Dolus*, S. 265 ff.; OSENBRÜGGEN, *Abhandlungen aus dem deutschen Strafrecht*, 1. Band, § 6 S. 29 ff.

571 ABEGG, *Lehrbuch der Strafrechts-Wissenschaft*, §§ 83; 80, 144.

572 BERNER, *Wirkungskreis des Strafgesetzes*, S. 47.

573 BERNER, *Wirkungskreis des Strafgesetzes*, S. 48; krit. OSENBRÜGGEN, *Abhandlungen aus dem deutschen Strafrecht*, 1. Band, § 6 S. 27 f.

574 Zahlr. Nachw. bei BINDING, *Die Normen und ihre Übertretung*, Band III, S. 234 f.

Sicherheit“ [575] oder „Postulat der öffentlichen Ordnung“ [576] bis hin zur Behauptung, daß „die Gesellschaft ... nur dann bestehen kann, wenn den Strafgesetzen eine unbedingt jedermann verpflichtende Kraft verliehen wird“ [577]. Auch in parlamentarischen Beratungen – möglicherweise unter Einfluß des französischen Rechts,[578] das seinerseits auf das römische verwies – wurde verbreitet vorgebracht:

> Auch scheint uns nicht rathsam, in einem Strafgesetzbuche einzuräumen, daß schuldlose, d.h. unüberwindliche Unwissenheit irgend eines Strafgesetzes entschuldige, denn die Konsequenzen würden weit führen.[579]

Mitunter wurde wie im gemeinen Recht ein direkter Zusammenhang mit der Publikation der Gesetze gesehen, dergestalt, daß die Publikation, ggf. nach Ablauf einer bestimmten Frist, eine Entschuldigung der Unwissenheit ausschließe.[580]

Ein immer wiederkehrendes Argument lautete, es stünde sonst im Belieben des Bürgers, die Gesetze zu kennen, ihre Anwendung damit zu vereiteln und die Strafjustiz, die den Nachweis der Verbotskenntnis führen müßte, lahmzulegen,[581] ja, es würde geradezu eine „Prämie ... ausgesetzt auf Gesetzesunkenntnis, Nachlässigkeit und Gleichgültigkeit gegen alle und jede öffentliche Ordnung“ [582]. Gerade bei den „gefährlichsten Feinden der Rechtsordnung“, den Gewohnheitsverbrechern, müßte das Strafgesetz versagen („Je größer der Bösewicht, desto weniger Schuld.“ [583]).[584]

Überdies wurde behauptet, so von VON LISZT in den frühen Auflagen seines Lehrbuchs, daß die Theorie von dem Erfordernis des Bewußtseins der Rechtswidrigkeit „zu der gemeinen Meinung aller Zeiten in den schärfsten Widerspruch trete“.[585] Der Umstand, daß die meisten Autoren aus praktischen Gründen die Be-

---

575 So z.B. HEINEMANN, ZStW 13 (1893), 371, 377, 382, 384 f.; vgl. SCHAFFSTEIN, *Die allgemeinen Lehren vom Verbrechen*, S. 146.

576 DRENKMANN, GA 8 (1860), 163, 172.

577 HEINEMANN, ZStW 13 (1893), 371, 429.

578 BINDING, *Die Normen und ihre Übertretung*, Band III, S. 258.

579 Bericht der zur Begutachtung des Entwurfs eines Strafgesetzbuchs für das Großherzogthum Hessen gewählten Ausschüsse I. und II. Kammer erstattet von dem Abgeordneten Heße (1840), S. 101; dazu BREIDENBACH, *Commentar über das Großherzoglich Hessische Strafgesetzbuch*, Art. 41 § 1, S. 552 f.

580 Nachw. bei KERSTING, *Das Strafrecht in Kurhessen*, Erstes Buch, S. 143 f.; auch BREIDENBACH, *Commentar über das Großherzoglich Hessische Strafgesetzbuch*, Art. 41 § 1, S. 552; vgl. auch KÖSTLIN, *System des deutschen Strafrechts*, § 113 S. 376; HÄLSCHNER, *Das preußische Strafrecht*, 2. Theil: System I, § 13 S. 36; BERNER, *Lehrbuch des Deutschen Strafrechtes*[18], § 122 S. 249 f.; VON BAR, GS 38 (1886), 252, 288; krit. OSENBRÜGGEN, *Abhandlungen aus dem deutschen Strafrecht*, 1. Band, § 6 S. 25 f.; zu diesem Argument BINDING, *Die Normen und ihre Übertretung*, Band III, S. 102 f., 162, 264 f., 276.

581 VON LISZT, *Lehrbuch des Deutschen Strafrechts*[5], § 39 I S. 177 f.

582 VON BAR, GS 38 (1886), 252; zust. HEINEMANN, ZStW 13 (1893), 371, 394.

583 LUCAS, GS 36 (1884), 401, 429.

584 HEINEMANN, ZStW 13 (1893), 371, 392.

585 VON LISZT, *Lehrbuch des Deutschen Strafrechts*[5], § 39 I S. 178; zust. HEINEMANN, ZStW 13 (1893), 371, 409 mit dem Hinweis, daß wenigstens im praktischen Effekt doch Übereinstimmung über die Unbeachtlichkeit des Rechtsirrtums bestehe.

achtlichkeit des Rechtsirrtums wieder reduzieren, beweise zudem, daß der Satz, wonach Vorsatz Unrechtsbewußtsein erfordere, „ohne die größten Inkonsequenzen nicht durchgeführt werden“ könne.[586]

Eine straftheoretische Untermauerung der Unbeachtlichkeit des Rechtsirrtums wurde von der Warte der „modernen“ oder „soziologischen Schule“ aus unternommen: Während für ein Vergeltungs-, Sühne- oder Abschreckungsstrafrecht sowie jedes Strafrechtskonzept, das das Wesen des Verbrechens bloß formal in der Auflehnung gegen die Norm sehe, die Beachtlichkeit des Rechtsirrtums konsequent sei, treffe das für die Auffassung, die Strafrecht als Interessenschutz, den Inhalt des Delikts materiell als Verletzung der wichtigsten Lebensbedingungen der Gesellschaft und Schuld als gesellschaftliche Verantwortlichkeit ansehe, nicht zu, da hier die Reaktion des Rechts unmittelbar auf die Rechtsgutsverletzung erfolgen müsse.[587] Das Verbrechen beschränke sich auf den physischen Akt der Rechtsgutsverletzung, auf dessen Kausierung allein sich Vorsatz und Fahrlässigkeit beziehen können, so daß die Annahme von „Rechtsfahrlässigkeit“ verfehlt sei.[588] Was als Feindseligkeit gegen die Rechtsordnung gelte, ob bewußte oder unbewußte Rechtswidrigkeit, entscheide diese allein.[589] Die Unterteilung in verschuldeten und unverschuldeten Irrtum sei ganz zu verwerfen, denn wenn der Täter das Gesetz wirklich nicht kenne, so habe er auch keine Veranlassung, sich danach zu erkundigen. Erkundigung setze schon einen Zweifel voraus.[590] Der Wille des Verbrechers unterscheide sich von demjenigen des legal Handelnden nur durch die bloß gedachte Beziehung zur Rechtsordnung, also nicht psychologisch.[591] Sei der einzige Zweck der Strafe Interessenschutz, so scheide eine Berücksichtigung des Rechtsirrtums wegen seiner großen sozialen Gefährlichkeit aus.[592]

Die Umschreibung der Tatbestandsfassungen im Strafgesetz ergebe sich nicht aus der Aufgabe des Staates zur Bekämpfung des Verbrechertums, sondern diene einzig zur Unterbindung richterlicher Willkür, mithin zur Wahrung der individuellen Freiheit. Es sei nicht einzusehen, warum der Täter diese Schranken staatlicher Macht kennen müsse.[593] Es sei vielmehr eine „lächerliche Voraussetzung“, daß jedermann im Staate „eine allenfalls für den Richteramtskandidaten erforderliche

---

586 HEINEMANN, ZStW 13 (1893), 371, 419.

587 Sehr deutlich bei HEINEMANN, ZStW 13 (1893), 371, 388 ff., 394 f., 403 ff., 410 ff.; KLEE, *Zur Lehre vom strafrechtlichen Vorsatz*, S. 41 ff.: Strafe „als Ausfluß des gesellschaftlichen Selbsterhaltungstriebs“ (43).

588 HEINEMANN, ZStW 13 (1893), 371, 372, 382, 384, 415, 432 im Anschluß an VON LISZT, *Lehrbuch des Deutschen Strafrechts*[5], § 38 V S. 176.

589 KLEE, *Zur Lehre vom strafrechtlichen Vorsatz*, S. 41 f.

590 KRUG, *Commentar zu dem Strafgesetzbuche für das Königreich Sachsen*[2], 4. Abt. S. 196 f.; zust. HEINEMANN, ZStW 13 (1893), 371, 429.

591 HEINEMANN, ZStW 13 (1893), 371, 423 f. mit Verweis auf LOCKE, *Essay concerning human understanding*, Book III, ch. 5, § 6.

592 HEINEMANN, ZStW 13 (1893), 371, 404 und wie vor.

593 HEINEMANN, ZStW 13 (1893), 371, 416 f.

Detailkenntnis des gesetzlich strafbaren Unrechts habe, welche ihn befähige, die Spezialisierung des Verbrechensgedankens bis zur Kongruenz mit einer positivrechtlichen Verbrechenstat fortzuführen.“[594]

Schließlich wurde ein letzter Grund im Verhältnis des Einzelnen zum Staat erblickt: Da die wichtigsten und größten Aufgaben des Gemeinwesens nur durch die Staatsgewalt verwirklicht werden könnten, sei dieses Ziel nur zu erreichen, wenn den Widerstrebenden kriminelle Strafe treffe. Dies erfordere, daß der einzelne nicht in der Lage sein dürfe, die Gesetzgebung zu kreuzen, indem er es unterläßt, sich mit unbequemen Vorschriften bekannt zu machen. Gelegentliche Härten möge es geben, die aber nicht zu vermeiden seien.[595] Diese Strenge erfordere das Interesse der Allgemeinheit, also die Gerechtigkeit. Denn in der Entschuldbarkeit des Rechtsirrtums liege nur eine scheinbare Humanität, in Wahrheit aber eine Ungerechtigkeit. Gerecht sei ein Gesetz nur insoweit es sozial nützlich, d.h. den Interessen der Gesamtheit förderlich sei, zu denen auch das Wohlergehen des einzelnen gehöre, ja das Interesse des Individuums sei nie verschieden von dem Gemeininteresse,[596] wenn nicht angenommen wurde, daß die Interessen der Gesellschaft jene des Individuums beherrschen[597]. Wenn der Gesetzgeber die Strafgesetze in Überstimmung mit den Volksanschauungen bringe, werde Rechtsunkenntnis ohnehin ein seltener Fall sein.[598]

Die Zeit, in der die Unbeachtlichkeit des Rechtsirrtums überwiegende Meinung war, währte nicht lang. Denn die Rechtsprechung des Reichsgerichts, das den strafrechtlichen Irrtum von Beginn an bis zuletzt (1877–1945) für irrelevant, den außerstrafrechtlichen aber für vorsatzausschließend hielt,[599] fand in steigendem Maße Gegnerschaft, nicht nur wegen der theoretisch verfehlten Unterscheidung. HEINEMANNS Prophezeiung:

> Auch bei uns wird die Theorie von der Unentschuldbarkeit des Rechtsirrtums immer mehr an Gegnerschaft verlieren, je stärker der Gedanke zum Durchbruch gelangt, daß das Gedeihen jedes einzelnen Gliedes der menschlichen Gesellschaft von dem Gedeihen der Allgemeinheit unbedingt abhängig ist.[600]

hat sich nicht erfüllt, auch weil der Gedanke der absoluten Präponderanz des Staatsinteresses jedenfalls nach dem Ende des Zweiten Weltkrieges verständlicherweise aus der Mode gekommen ist.

---

594 WAHLBERG, *Grundzüge der strafrechtlichen Zurechnungslehre*, S. 1, 60.

595 HEINEMANN, ZStW 13 (1893), 371, 394 f., 412 f.

596 HEINEMANN, ZStW 13 (1893), 371, 410 f., 452.

597 GLASER, *Zurechnungsfähigkeit, Willensfreiheit, Gewissen und Strafe*, S. 20 f.

598 HEINEMANN, ZStW 13 (1893), 371, 412 f.

599 Wohl erstmalig bei WÄCHTER, *Lehrbuch des Römisch-Teutschen Strafrechts*, I. Theil, § 73 S. 121; zuvor aber bereits VON SAVIGNY, *System des heutigen Römischen Rechts*, Band III, S. 388 ff.; dazu krit. KAHN, *Der außerstrafrechtliche Rechtsirrtum*, S. 6 ff.

600 HEINEMANN, ZStW 13 (1893), 371, 452.

X. Nationale Kodifikationen

1. Deutsche Partikularrechte[601]

Von einigen Ausnahmen abgesehen, hat daher kein deutsches Gesetzbuch auf die Rechtsunkenntnis jemals irgend welche Rücksicht genommen.[602]

Nach der Doktrin sei hier *ad exemplum* die Gesetzgebung in den deutschen Ländern vor der Vereinheitlichung durch das Reichsstrafgesetzbuch von 1871 kurz skizziert, weil die interne Rechtszersplitterung in etwas über einem Jahrhundert einen Mikrokosmos der Strafrechtsvergleichung hervorgebracht hat, der, obwohl auf derselben gemeinrechtlichen Tradition fußend, eine solche Fülle von unterschiedlichen bis gegenläufigen Lösungen für die Fragen von Vorsatz und Irrtum aufweist, daß pauschale Aussagen wie im vorangestellten Zitat fast notwendig falsch sind.

Viele der nachfolgend angeführten Vorschriften stehen wiederum beispielhaft für mehrere Gesetzbücher, da spätere Gesetze oftmals Regelungen aus einem oder mehreren früheren Nachbargesetzen teils wörtlich, teils modifiziert übernahmen.

a) Bayern

Der Codex Iuris Bavarici Criminalis von 1751 regelt wie in der Zeit üblich die Schuldfrage nach einem allgemeinen Grundsatz genauer erst bei den Tötungsdelikten:

I. Theil, I. Kap., § 3: Ein Verbrechen wird begangen, da man gegen das Gesetz etwas thut oder unterlasset, und zwar entweder aus gefährlichen bösen Fürsatz, oder aus mercklichen Versehen, zu Latein dolo vel culpâ. Welch Beedes in Civilibus zuweilen gleich geachtet wird, aber in Criminalibus der Straffen halber allzeit unterschiden bleibt.

I. Theil, III. Kap., § 1: Der Todschlag, welcher mit bösen gefährlichen Fürsatz verübt wird, soll mit dem Schwerdt bestraft werden.

§ 2. Wer in böser Meinung, dem anderen Schaden zu thun, etwas gegen ihn unternimmt, was ohne augenscheinlicher Todesgefahr so leicht nicht unternommen werden mag, soll mit der Ausred, ob hätte er nicht den Tod, sondern eine Verwundung und dergleichen vorgehabt, nicht angehöret werden.

Obwohl bisweilen als Schuldpräsumtion gedeutet, entspricht der vorstehende § 2 durchaus der damals herrschenden Lehre des *dolus indirectus* im Verständnis LEYSERS und BÖHMERS.[603]

---

601 Dazu LÖFFLER, *Die Schuldformen des Strafrechts*, S. 240 ff. m. w. Nachw.; BINDING, *Die Normen und ihre Übertretung*, Band II, S. 356 ff., Band III, S. 245 ff.; GEIB, *Lehrbuch des Deutschen Strafrechts*, 2. Band, § 93 S. 245 ff.; GESSLER, *Ueber den Begriff und die Arten des Dolus*, S. 169 ff., 184 ff. (auch zu erfolgsqualifizierten Delikten); DERS., GS 10 (1858), 321, 351 ff.; HEINEMANN, ZStW 13 (1893), 371, 438 ff.; VON HIPPEL, *Vorsatz, Fahrlässigkeit, Irrtum*, S. 373, 454 ff. Allgemein BERNER, *Die Strafgesetzgebung in Deutschland*.

602 HEINEMANN, ZStW 13 (1893), 371, 439.

603 Unmißverständlich die *Anmerkungen über den Codicem Iuris Bavarici Criminalis … von einem unbekannten Authore* (KREITTMAYR), I. Theil, I. Kap. § 3 Anm. b; I. Theil, III. Kap. § 2

Irrtum wird als Grund des Zurechnungsausschlusses oder, wenn verschuldet, der Strafmilderung behandelt:

I. Theil, I. Kap., § 4: Wenn es an gnugsamen Verstand oder freyen Willen ermangelt, der ist keines Verbrechens fähig. Was demnach von unvernünfftigen Viehe, ohnmächtigen Kindern, unsinnigen Leuthen, oder im Schlaff, Trunkenheit, oder aus Irrthum, Unwissenheit, und Noth-Zwang geschiehet, wird für kein Verbrechen geachtet.

§ 30: Irrthum hebt alle Straff auf, wann der Irrende in facto licito & inculposo versiret. Ist aber der Irrthum mit einer culpa verknüpft; so wird die Straff nur gemildert, wann nicht die That, welche der Irrende vorgehabt, eben so sträfflich oder noch sträfflicher gewesen, als jene, welche aus Irrthum würcklich von ihm begangen worden.

§ 31: Unwissenheit in Sachen, welche von Rechts wegen zu ignoriren erlaubt ist, entschuldigt, wo nicht von aller, doch von der Ordinari-Straff. Es ist aber hierzu nicht nöthig, die besondere Gattung derselben Straff zu wissen, sondern es ist genug, daß die innerliche Boß- und Straff-mäßigkeit der That nicht unbekannt seye, oder seyn könne.

Die Anmerkungen zu § 31 führen aus, daß *ignorantia iuris naturae* niemals, im übrigen Rechtsunkenntnis nur von jenen vorgeschützt werden könne, *quibus ius ignorare licet*, sowie dann, wenn unklar ist, ob ein Verbot *iure naturae* ist wie im seit dem Mittelalter vieldiskutierten Fall des Inzests zwischen Verwandten der Seitenlinie zweiten Grades.[604]

Von besonderem Interesse ist die ausführliche Regelung der Schuldformen im Allgemeinen Teil des Bayerischen Strafgesetzbuchs von 1813, dem ein Entwurf FEUERBACHS zugrunde liegt und das großen Einfluß[605] auf andere Strafgesetze, auch außerhalb Deutschlands, ausgeübt hat:

Art. 39. Mit rechtswidrigem Vorsaze (dolus) wird ein Verbrechen begangen, wenn eine Person die Hervorbringung des aus ihrer Handlung entstandenen Verbrechens sich als Zweck und Absicht dieser ihrer Handlung vorgesezt hat, und sich dabei der Rechtswidrigkeit und Strafbarkeit dieses Entschlusses bewußt gewesen ist.

Dabei schließt weder die Meinung: was unter bürgerlicher Strafe verboten ist, sey nach dem Gewissen oder der Religion erlaubt gewesen, noch der Irrthum oder die Unwissenheit bloß über

---

Anm. a, c, d; dazu GRÜNHUT, *Anselm von Feuerbach*, S. 132 ff.; LÖFFLER, *Die Schuldformen des Strafrechts*, S. 241.

604 *Anmerkungen über den Codicem Iuris Bavarici Criminalis ... von einem unbekannten Authore* (KREITTMAYR), I. Theil, I. Kap., § 31 Anm. a; VI. Kap. § 5 Anm. d („Wie weit nun das Verboth des natürlichen Rechts in der Blutschande gehe, ist und bleibt ein philosophischer Disput, welcher vor Ende der Welt wohl schwerlich wird ausgemacht werden.").

605 Als Vorbild diente es für Gesetzbücher oder Gesetzentwürfe in Oldenburg, Sachsen-Weimar, Württemberg, Hannover, Königreich Sachsen sowie den Kantonen Basel, Zürich und St. Gallen, vgl. Motive zu dem ... Ersten Entwurfe des Criminal-Gesetzbuches für die Preußischen Staaten, Erster Band, Vorwort, S. IV f. Die Irrtumslehre ist mit nur wenigen Änderungen in das Oldenburgische StGB vom 10. 9. 1814 übernommen worden. Zur Entstehung des Gesetzbuches von 1813 siehe ausführlich GRÜNHUT, *Anselm von Feuerbach*, S. 156 ff., 171 ff., zu FEUERBACHS Schuldlehre darin S. 202 ff. und oben bei Fußn. 438 ff.

Zuletzt ist das BayStGB 1813 Vorbild für das argentinische Strafgesetz von 1886 geworden. Zum Einfluß auf die schweizerischen Gesetzbücher siehe HEINEMANN, ZStW 13 (1893), 371, 440 Fn. 153 m. w. Nachw.

Art und Grösse der Strafe, noch die Beschaffenheit des Endzwecks oder Beweggrundes, um dessentwillen der Entschluß zum Verbrechen gefaßt worden, den rechtswidrigen Vorsaz aus.

Art. 41. Wer mit dem Vorsaze, ein Verbrechen zu bewirken, eine Handlung unternommen hat, woraus eben so leicht ein größeres als ein geringeres Verbrechen entstehen kann, ist in Ansehung des daraus entstandenen Verbrechens als vorsäzlicher Uebelthäter zu bestrafen, und soll mit dem Vorwande, daß seine Absicht nur auf das geringere Verbrechen gerichtet gewesen sey, nicht gehört werden.

Art. 42. Hat ein vorsäzlicher Verbrecher aus Irrthum oder Unwissenheit über gewisse Thatsachen diejenige Eigenschaft seiner Handlung nicht gekannt, welche deren Strafbarkeit vermehrt, sonach ein schwereres Verbrechen begangen, als er begehen wollte, so ist ihm die That nur in so weit zum rechtswidrigen Vorsaz anzurechnen, als sie in seiner Absicht gegründet war.

Art. 43. Bei einer wider eine Person erwiesenen gesezwidrigen That, wird gesezlich angenommen, daß dieselbe aus rechtswidrigem Vorsaz gehandelt habe, soferne nicht aus den besonderen Umständen die Gewißheit oder Wahrscheinlichkeit des Gegentheils sich ergiebt.

Art. 44. Wenn Jemand mit erwiesener Absicht eine Handlung vorgenommen hat, woraus, nach allgemein bekannter Erfahrung, ein bestimmter gesezwidriger Erfolg unmittelbar und nothwendig zu entstehen pflegt, so ist für erwiesen anzunehmen, daß dieser Erfolg der Handlung ebenfalls beabsichtigt gewesen sey, woferne nicht durch klare Beweise das Gegentheil dargethan werden kann.

Die Definition des *dolus* in Art. 39 entspricht der FEUERBACHschen Lehre, die die Kenntnis des Strafgesetzes für dessen Wirksamkeit forderte. Art. 41 regelt den *dolus indeterminatus seu alternativus*[606] in einer an die Fassung von 1751 erinnernden prozessualen Färbung, Art. 42 erfaßt den Tatirrtum über schwere Folgen. Art. 43 stellt eine allgemeine Vorsatzvermutung auf, Art. 44 präsumiert den *dolus indirectus*. Die amtlichen Anmerkungen fassen die gesamten Art. 41–44 als Beweissätze auf,[607] ebenso die spätere Praxis[608]. Zudem kennt das BayStGB 1813 eine Reihe erfolgsqualifizierter Delikte (z.B. Art. 173 § 3, 175 f., 239 f., 292, 322), die keine Schuldbeziehung zum erschwerenden Erfolg voraussetzen.[609] Die Vorsatzvermutung wurde schon 1831, die Definitionen von Vorsatz und Fahrlässigkeit 1848 wieder gestrichen.[610]

---

606 Die amtlichen Anmerkungen zum Strafgesezbuche für das Königreich Baiern, 1. Band, S. 154, sehen darin eine Lösung des gordischen Knotens: „Durch diese Bestimmungen sind jene in der Rechtslehre bekannten Streitigkeiten über die verschiedenen Eintheilungen und Unterabtheilungen über den sogenannten indirekten alternativen oder indeterminierten Dolus, oder über die durch Dolus determinirte Culpa u.d. glücklich gehoben, welche bisher die Wissenschaft verwirrt, die Praxis irre gleitet, den Verbrechern zum Zufluchtsorte gedient haben."

607 Anmerkungen zum Strafgesezbuche für das Königreich Baiern, 1. Band, S. 152 ff.; krit. LÖFFLER, *Die Schuldformen des Strafrechts*, S. 244 ff.

608 Dazu ARNOLD, ArchCrimR N.F. 10 (1843), 512, 529 ff., 532; GRÜNHUT, *Anselm von Feuerbach*, S. 213.

609 Anmerkungen zum Strafgesezbuche für das Königreich Baiern, 2. Band, S. 3 f.

610 Dazu LÖFFLER, *Die Schuldformen des Strafrechts*, S. 246 Fn. 13 m. w. Nachw.; STENGLEIN, *Commentar über das Strafgesetzbuch für das Königreich Bayern*, 1. Band, Art. 6 Anm. II, S. 383 m. w. Nachw.; siehe auch WEIS, *Das Strafgesetzbuch für das Königreich Bayern*, Zweiter Band, Art. 228/229, S. 50, 68.

Die Irrtumsregelung ist verstreut: Entgegen dem Grundgedanken der psychologischen Zwangstheorie erklärt Art. 39 Abs. 2 den Irrtum über Art und Maß der Strafe für unbeachtlich. Unkenntnis des Gesetzes kann der geistig gesunde Täter nicht vorbringen,[611] Art. 71. Irrtum über tatsächliche Umstände schließt die Vorsatzhaftung aus, so weit er reicht (Art. 42, 72), begründet aber ggf. Fahrlässigkeitshaftung (Art. 72). Art. 121 Nr. 6 formuliert allgemein, daß schuldloser Irrtum zur Straflosigkeit führe, mit Einschränkungen durch Art. 43 und 71.

Art. 71. Wer bei einer in diesem Gesezbuche als strafbar erklärten Handlung seine Unwissenheit über das Daseyn eines Strafgesezes vorschüzt, wird mit diesem Vorgeben nicht gehört, wenn nicht Blödsinn, große Dummheit und andere vergleichbare Gemüthsfehler dieses Vorgeben unterstützen.

Art. 72. Ein Uebertreter, welcher aus Unwissenheit eines Thatumstandes die Strafbarkeit seiner Handlung nicht gekannt, diese aber durch Unterlassung der erforderlichen Erkundigung oder Bedachtsamkeit selbst verschuldet hat, ist wegen fahrlässiger Uebertretung zu bestrafen. Wenn aber derselbe die richtige Einsicht nicht erlangen konnte, oder wenn er gethan hat, was ihm nach seinen Verhältnissen, Umständen und Kräften möglich war, um dieselbe zu erlangen, so wird ihm solche Unwissenheit nicht zur Schuld zugerechnet.

Art. 121. Eine That ist aus gleichem Grunde straflos, 6) wenn die Person in unüberwindlicher, schuldloser Unwissenheit ihre Handlung für erlaubt und unsträflich gehalten hat; ...

Das bayerische StGB von 1861 enthält keine allgemeinen Bestimmungen über Vorsatz und Fahrlässigkeit mehr[612] und erklärt lediglich in Art. 70 den Rechtsirrtum für unbeachtlich, im Gegensatz zu Art. 70 des Polizeistrafgesetzbuchs von 1861.

b) Hannover

Das Criminalgesetzbuch für das Königreich Hannover von 1840, das auf einen Entwurf Bauers zurückgeht, schließt im wesentlichen an das BayStGB von 1813 an:

Art. 41. Rechtswidriger Vorsatz ist der Entschluß zu einer strafgesetzwidrigen Handlung mit dem Bewußtsein, daß sie unerlaubt sei.

Dabei schließt weder der Wahn, was das Gesetz mit Strafe bedroht, sei nach dem Gewissen oder der Religion erlaubt gewesen, noch der Irrthum oder die Unwissenheit über die Art und Größe der Strafe, noch die Beschaffenheit des Beweggrundes oder des Endzwecks, welche den Entschluß zur That erzeugten, die Rechtswidrigkeit des Vorsatzes aus.

Art. 43. Ist anzunehmen, daß eine dem Strafgesetze zuwiderlaufende Handlung mit rechtswidrigem Vorsatze verübt worden, und ist dieselbe von der Beschaffenheit, daß daraus nach allgemeiner oder dem Thäter besonders bekannter Erfahrung ein bestimmter Erfolg zu entstehen pflegt, oder eben so leicht eine größere als eine geringere Verletzung entstehen konnte, so ist

---

[611] Der im Entwurf enthaltene Beisatz „völliger Mangel an Erziehung und Unterricht" wurde gestrichen, da einerseits „ein solcher Fall bei den immer fortschreitenden Schulanstalten in Baiern kaum noch möglich ist" und andererseits es keines Unterrichts bedürfe, „damit ein Mensch von zwar ungebildetem, jedoch gesundem Verstande das Unerlaubte des Mordes, des Diebstahls u.d. wisse", Anmerkungen zum Strafgesezbuche für das Königreich Baiern, 1. Band, S. 201.

[612] Dazu Stenglein, *Commentar über das Strafgesetzbuch für das Königreich Bayern*, 1. Band, Art. 6 Anm. I ff., S. 381 ff.

nicht minder anzunehmen, daß der Thäter den eingetretenen Erfolg beabsichtigt habe, sofern nicht aus den Umständen sich mit Gewißheit oder hoher Wahrscheinlichkeit ergibt, daß seine Absicht bestimmt und ausschließlich auf einen andern strafbaren Erfolg gerichtet war. Vorbehaltlich derjenigen besonderen Vorschriften, durch welche die Strafe eines Verbrechens nach der Schwere des eingetretenen Erfolgs, ohne Berücksichtigung der Art des rechtswidrigen Vorsatzes, bestimmt ist.

Dagegen kann ein ungewöhnlicher Erfolg nur dann dem Thäter zum rechtswidrigen Vorsatz angerechnet werden, wenn dieser Erfolg in seiner Absicht lag.

Art. 44. Wenn nach den vorstehenden Bestimmungen anzunehmen ist, daß der Thäter nur einen minder strafbaren, als den eingetretenen Erfolg seiner verbrecherischen Handlung beabsichtigt habe, so ist ihm die That, insoweit sie in seiner Absicht gegründet war, zum rechtswidrigen Vorsatze, hinsichtlich des eingetretenen Erfolges aber zur Fahrlässigkeit anzurechnen, vorbehaltlich der besonderen Bestimmungen, nach welchen bei solchen Verbrechen, die ihrer Natur nach den Begriff der Fahrlässigkeit ausschließen, die auf einen geringeren Erfolg gerichtete Absicht nur auf die Zumessung der für das verübte Verbrechen verwirkten Strafe von Einfluß ist.

Art. 45. Die Bestimmung des vorstehenden Artikels tritt auch in dem Falle ein, wenn ein vorsätzlicher Verbrecher aus Irrthum oder Unwissenheit über gewisse Thatsachen diejenige Eigenschaft seiner Handlung nicht gekannt hat, wodurch ein strafbareres Verbrechen, als er beabsichtigte, entstanden ist.

Art. 48. Als grobe Fahrlässigkeit wird in der Regel zu betrachten sein:

1. Wenn der Beschädiger die Gefährlichkeit seiner Handlung selbst eingesehen, gleichwohl aus Leichtsinn oder Gleichgültigkeit dieselbe nicht unterlassen hat; ...

3. Wenn die fahrlässige Handlung zugleich in andere Rücksicht schon an sich unerlaubt und verboten war; ...

Art. 84. Eine That ist aus gleichem Grunde straflos: ...

6) Wenn die Person in unüberwindlicher, schuldloser Unwissenheit, die von ihr ausgeführte Handlung nach bürgerlichen Gesetzen für erlaubt gehalten hat.

Art. 41 verlangt Unrechtsbewußtsein zum rechtswidrigen Vorsatz und erklärt in Abs. 2 nur den Irrtum über das Strafmaß und den damals sog. „Rechtswahnwitz" für unerheblich. Art. 42 verpflichtet den Richter zur sorgfältigen Erforschung, ob rechtswidriger Vorsatz und Fahrlässigkeit vorliege, und will damit die geläufige Doluspräsumtion ausschließen.[613] Art. 43 soll den *dolus indeterminatus* regeln,[614] erscheint aber im Gewand eines Beweissatzes. Aus Art. 231 ergibt sich, daß *dolus determinatus* als schwerere Schuldform angesehen wird, da auf Totschlag („ohne überlegten Vorsatz, in der Hitze des Affects") 20 Jahre Kettenstrafe stehen, es sei denn der Vorsatz des Täters war bestimmt und geradezu auf die Tötung gerichtet, worauf die Todesstrafe steht. Art. 44 regelt – abweichend von der Lehre FEUERBACHS – die *culpa dolo determinata* als Fall der Idealkonkurrenz von Vorsatz- und Fahrlässigkeitstat. Gleichgültigkeit gegen den als möglich erkannten Erfolg wird in

---

613 BAUER, *Entwurf eines Strafgesetzbuches für das Königreich Hannover*, Anm. zu Art. 52, S. 436; LEONHARDT, *Commentar über das Criminal-Gesetzbuch für das Königreich Hannover*, 1. Band, S. 211, 215 ff.; krit. LÖFFLER, *Die Schuldformen des Strafrechts*, S. 247; HEINEMANN, ZStW 13 (1893), 371, 444 f. m. w. Nachw.

614 BAUER, *Entwurf eines Strafgesetzbuches für das Königreich Hannover*, Anm. zu Art. 52, S. 433 ff.

Art. 48 Nr. 1 zur groben Fahrlässigkeit gezählt, in Nr. 3 desselben Artikels scheint der Gedanke des *versari in re illicita* noch einmal auf.

c) Preußen

Die Vorschriften über den Vorsatz im Allgemeinen Landrecht für die preußischen Staaten von 1794, II. Theil, 20. Titel, stehen noch ganz in der Tradition der gemeinrechtlichen Doktrin, kleiden in § 27 allerdings den *dolus indirectus* als prozessuale (unwiderlegliche) Vermutung ein, ähnlich §§ 812–814. Zudem läßt § 369 der PreußCrimO 1805 es zum Beweis des „böslichen Vorsatzes" genügen, „wenn der Verbrecher eine gesetzwidrige That mit Bewußtsein vorgenommen hat." II 20 § 32 PrALR ordnet gemilderte Strafe für bloß vermuteten Vorsatz an. Fahrlässigkeit setzt gem. § 28 voraus, daß der Täter den Erfolg nicht vorausgesehen hat, umgekehrt handelt derjenige vorsätzlich, der den Erfolg vorhergesehen hat (vgl. § 811).

§ 26. Wer absichtlich etwas thut oder unterläßt, wodurch jemand gegen die Vorschrift eines Strafgesetzes beleidigt wird, der begeht ein vorsätzliches Verbrechen.

§ 27. Ist die Handlung so beschaffen, daß der gesetzwidrige Erfolg, nach der allgemein oder dem Handelnden besonders bekannten natürlichen Ordnung der Dinge, nothwendig daraus entstehen mußte: so wird vermuthet, daß das Verbrechen vorsätzlich sey unternommen worden.

§ 28. Wer bey Uebertretung des Strafgesetzes zwar die gesetzwidrige Folge seiner Handlung nicht wirklich vorausgesehen hat; doch aber bey gehöriger Aufmerksamkeit und Ueberlegung hätte voraussehen können; der hat sich eines Verbrechens aus Fahrläßigkeit schuldig gemacht. (Th. I. Tit. III. § 25)

§ 32. Die nächste Strafe nach der ordentlichen wird dem zuerkannt, welcher zwar des bösen Vorsatzes nicht überführt ist, dem aber, vor oder bey der That, die gesetzwidrige Wirkung als eine unmittelbare Folge seiner Handlung nicht unbekannt seyn konnte.

Nachwirkungen der *Versari*-Lehre finden sich in den §§ 36–38:

§ 36. Ist der schädliche Erfolg aus einer an sich erlaubten Handlung durch bloßen Zufall entstanden: so kann er dem Handelnden nicht als ein Verbrechen zugerechnet werden. (Th. I. Tit. III. § 6)

§ 37. Ist die Handlung, welche den zufälligen Erfolg wider die Absicht des Handelnden gehabt hat, an sich unerlaubt: so ist zwar dieser Erfolg selbst für kein Verbrechen zu achten.

§ 38. Je leichter aber dessen Möglichkeit von dem Verbrecher vorausgesehen werden konnte, desto mehr muß, in Rücksicht auf den daraus entstandenen Schaden, die Strafe der unerlaubten Handlung selbst geschärft werden.

Bei den Tötungsdelikten werden diese Grundsätze angewandt, wobei die Vermutungen *ex re* der §§ 813, 814 den alttestamentarischen Gedanken aus 4. Mose 35, 16 aufnehmen:

§ 806 [Todtschlag]. Wer in der feindseligen Absicht, einen Andern zu beschädigen, solche Handlungen unternimmt, woraus, nach dem gewöhnlichen allgemein, oder ihm besondern bekannten Laufe der Dinge, der Todt desselbe erfolgen mußte, und ihn dadurch wirklich tödtet; der hat als ein Todtschläger die Strafe des Schwerdts verwirkt.

§ 811. Hat der Thäter die aus seiner Handlung entstehende Lebensgefahr auch nur wahrscheinlich vorausgesehen: so hat er dennoch die in § 806 bestimmte Todesstrafe verwirkt.

§ 812. Es wird vermuthet, daß der Thäter diejenige Gefahr wirklich vorausgesehen habe, die ihm unter den vorhandenen Umständen nicht verborgen seyn konnte.

§ 813. Wer sich eines zum Tödten bestimmten Instruments auf eine tödliche Weise bedient, hat die rechtliche Vermuthung, daß er die Lebensgefahr vorausgesehen habe, wider sich.

§ 814. Eben dieses findet statt, wenn er sich eines andern Instruments auf eine Art bedient, wie es nur in der Absicht, zu tödten, gebraucht zu werden pflegt.

§ 815. Ist es jedoch in den Fällen des § 811 bis 814 nach den vorwaltenden besonderen Umständen wahrscheinlich, daß der Thäter dennoch die Absicht zu tödten nicht gehabt habe: so soll zehnjährige bis lebenswierige Zuchthaus- oder Festungsstrafe an die Stelle der Todesstrafe treten.

Mord hingegen setzt eine Mischung als *dolus praemeditatus* und *animus occidendi* voraus:

§ 826. Derjenige, welcher mit vorher überlegtem Vorsatze zu tödten, einen Todtschlag wirklich verübt, soll als ein Mörder mit der Strafe des Rades von oben herab belegt werden.

Die Auslegung der Vorschriften des PrALR war heftig umstritten,[615] und schon 1826 begannen Vorarbeiten für ein neues Strafgesetzbuch, die sich zunächst an dem bayerischen und hannoverschen Gesetz orientierten[616] und mitunter noch einen *dolus indirectus* ausformulierten[617]. Das letztlich 1851 in Kraft getretene Preußische StGB verzichtete gänzlich auf allgemeine Regeln über Schuld und Schuldformen, weil diese der Wissenschaft und Praxis überlassen werden sollten.[618] Einen Anhaltspunkt für die Auffassung des Gesetzgebers geben indes die zahlreichen erfolgsqualifizierten Delikte, die auf eine Schuldbeziehung zur qualifizierenden Folge verzichten.[619]

Irrtumsfälle regelte das PrALR im II. Theil, 20. Titel – Verwechslungsfälle finden sich im Besonderen Teil in den §§ 807 f. –, wie folgt:

§ 10. Eine absichtliche Verletzung der öffentlichen oder Privatsicherheit kann durch die Unwissenheit der Gesetze nicht entschuldigt werden.

---

615 Vgl. dazu Wachenfeld, *Die Begriffe von Mord und Totschlag*, S. 140 ff., 143 ff. m. Nachw.

616 Vgl. die Darstellung bei Goltdammer, *Die Materialien zum Straf-Gesetzbuche für die Preußischen Staaten*, Theil I, S. 225 ff.; Löffler, *Die Schuldformen des Strafrechts*, S. 250 ff.; Gessler, *Ueber den Begriff und die Arten des Dolus*, S. 180 ff.

617 Die Immediat-Kommission wollte allerdings einen *dolus indeterminatus* wie folgt definieren, § 52 Abs. 2 des Entwurfs von 1843: „Auch dann ist das Verbrechen als ein vorsätzliches zuzurechnen, wenn der eingetretene Erfolg zwar nicht zunächst oder ausschließlich bezweckt war, aus den Umständen aber hervorgeht, daß solcher für den als möglich vorauszusehenden Fall seines Eintritts nicht außer der Absicht des Thäters gelegen hat", siehe auch § 41 des Entwurfs 1845, dazu Goltdammer, *Die Materialien zum Straf-Gesetzbuche für die Preußischen Staaten*, Theil I, S. 228 ff., 231 u. ff.

618 Goltdammer, *Die Materialien zum Straf-Gesetzbuche für die Preußischen Staaten*, Theil I, S. 225 ff., 236 ff.; siehe auch Löffler, *Die Schuldformen des Strafrechts*, S. 252 m. w. Nachw.

619 Dazu mit Kritik Löffler, *Die Schuldformen des Strafrechts*, S. 253 ff.

§ 11. Sonst trifft die Strenge des Gesetzes nur den, welcher das Strafgesetz zu wissen schuldig, und im Stande gewesen ist.

§ 12. Nicht nur Unterthanen, sondern auch Fremde, welche innerhalb der Grenze des Staats sich aufhalten, sind sich um die Gesetze desselben zu erkundigen verpflichtet (Einleit. §§ 33–41).

Dieser Standpunkt wurde bald aufgegeben. Alle fünf Entwürfe von 1827 bis 1843 erklärten grundsätzlich, daß Unbekanntschaft mit dem Strafgesetz die Strafe niemals aufhebe. Die Entwürfe von 1827 und 1830 machten davon keine Ausnahme, obwohl das sittliche Prinzip Ausnahmen für gewisse Handlungen und Personen an sich fordere; doch zu entscheiden, welche Handlungen unbedingt unsittlich seien, sei für das Gesetz höchst bedenklich.[620] Der Entwurf von 1833 schloß in § 103 an PrALR II 20 § 11 an und ließ eine Strafmilderung zu, wenn der Täter nach seinen Verhältnissen zur Unrechtseinsicht außerstande war. Die Revision von 1845 hielt eine Regelung für notwendig, weil das Gesetzbuch auch in Landesteilen des gemeinen Rechts gelten werde, wo bis dahin der Rechtsirrtum in gewissen Fällen Berücksichtigung fände. Ausnahmen wurden jedoch wieder abgelehnt, da die Regel von der Nichtberücksichtigung des Rechtsirrtums (1845 § 69, noch 1847 § 61)

... in dem ganzen Zusammenhange der modernen kodifizierten Rechte so unentbehrlich sei, daß eine abstrakte Ausnahme von dem durchgreifenden Prinzip stets ungerechtfertigt sei.[621]

Zudem seien die wirklich praktischen Fälle des Rechtsirrtums bei näherer Betrachtung solche der persönlichen Zurechnungsunfähigkeit. Ähnlich formuliert es der Kommissionsbericht der Ersten Kammer:

Man war jedoch einverstanden, daß es einer solchen ausdrücklichen Bestimmung [Ausschließung des error iuris] nicht bedürfe, da die Unwirksamkeit des Rechtsirrthums schon gemeinen Rechtens sei, auch aus den neueren über die Publikation der Gesetze erlassenen Verordnungen hervorgehe, daß die Gesetzeskraft nicht von der Wissenschaft Einzelner, sondern von dem Zeitverlaufe nach der gehörigen Publikation abhänge.[622]

Das preußische Strafgesetzbuch von 1851 enthält keine Bestimmungen über den Vorsatz, berücksichtigt in § 44 aber den Tatsachenirrtum.

---

620 Goltdammer, *Die Materialien zum Straf-Gesetzbuche für die Preußischen Staaten*, Theil I, S. 377 f. m. w. Nachw.

621 Revision des Entwurfs des Strafgesetzbuchs von 1843, Bd. I, S. 17 ff. (zit. nach Heinemann, ZStW 13 (1893), 371, 446); siehe auch Goltdammer, *Die Materialien zum Straf-Gesetzbuche für die Preußischen Staaten*, Theil I, S. 377 ff., Theil II, 709; Berner, *Wirkungskreis des Strafgesetzes*, S. 39 ff.; Nachw. auch bei Drenkmann, GA 8 (1860), 163, 164.

622 Verhandlungen der ersten und zweiten Kammer über das Strafgesetzbuch, S. 455 = Kommissionsbericht der I. Kammer, S. 9, zit. nach Dalke, GA 6 (1858), 63, 65, der zutreffend darauf hinweist, daß diese Berufung auf das gemeine Recht unbegründet ist.

d) Baden

Das Strafgesetzbuch für das Großherzogtum Baden von 1845 enthält eine fast lehrbuchartige Regelung von Vorsatz und Fahrlässigkeit. Nach der allgemeinen Definition in Art. 97, die kein Unrechtsbewußtsein fordert, regelt Art. 98 den *dolus indeterminatus sive alternativus*, Art. 99 erklärt Abweichungen vom Kausalverlauf bei beabsichtigtem Erfolgseintritt für irrelevant („dolus generalis") und Art. 100 erklärt *error in obiecto* und *aberratio ictus* für unbeachtlich.

§ 97. (Vorsatz.) Jede den Strafgesetzen zuwiderlaufende Handlung, zu welcher sich der Handelnde absichtlich bestimmt hat, und jeder strafbare Erfolg derselben, worauf seine Absicht gerichtet war, wird ihm zum Vorsatz zugerechnet.

§. 98. (Unbestimmter Vorsatz.) War die Absicht des Handelnden nicht ausschließlich auf einen bestimmten Erfolg gerichtet, sondern unbestimmt auf einen oder den anderen von mehreren möglichen Erfolgen, so wird ihm derjenige davon zum Vorsatz zugerechnet, welcher wirklich eingetreten ist.

§. 99. (Allgemeiner Vorsatz.) Hat Derjenige, dessen Absicht auf ein bestimmtes Verbrechen gerichtet war, in Beziehung auf dessen Ausführung mehrere Handlungen vorgenommen, so wird ihm der eingetretene, von ihm beabsichtigte, Erfolg insofern zum Vorsatz zugerechnet, als er bei der den Erfolg herbeiführenden Handlung seine Absicht nicht geändert hatte, ohne daß es darauf ankömmt, durch welche der vorgenommenen Handlungen der Erfolg herbeigeführt ist.

§ 100. (Verletzung einer anderen Person oder Sache.) Hat der Erfolg einer vorsätzlichen Handlung, wegen Irrthum der Verwechslung, oder sonst durch Zufall, eine andere Person oder eine andere Sache getroffen, als worauf die Absicht des Handelnden gerichtet war, so wird ihm die That mit dem wirklich eingetretenen Erfolg in so weit zum Vorsatz zugerechnet, als durch die Verschiedenheit zwischen der verletzten Person oder Sache, und derjenigen, auf welche die Absicht des Handelnden gerichtet war, nicht eine schwerere Strafe begründet wird.

§. 101. (Fahrläßigkeit.) Wenn Jemand eine Handlung begeht, oder eine Handlung, zu der er rechtlich verpflichtet war, unterläßt, aus welcher Handlung oder Unterlassung ohne seine Absicht, eine Rechtsverletzung entspringt, die von ihm nach allgemeiner Erfahrung oder nach seiner besonderen Kenntniß, bei Anwendung gewöhnlicher Aufmerksamkeit oder Beflissenheit, vorherzusehen und zu vermeiden gewesen wäre, so wird ihm die eingetretene Verletzung zur Fahrlässigkeit zugerechnet.

Unverschuldeter *error facti* befreit von Strafe (§ 72), verschuldeter Irrtum begründet Fahrlässigkeitshaftung (§ 101). Strafrechtlicher Rechtsirrtum ist unbeachtlich (§ 73).

§. 72. (Irrthum in Thatsachen.) Unverschuldeter Irrthum (§. 101.) in Thatsachen oder thatsächlichen Verhältnissen, welche eine Handlung zur strafbaren machen, oder ihre Strafbarkeit erhöhen, schließt die Zurechnung aus.

§. 73. (Rechtsunwissenheit.) Nichtwissen des Strafgesetzes schließt die gesetzliche Strafe nicht aus; ebenso wenig Unwissenheit oder Irrthum in Ansehung der Art oder Größe der Strafe.

e) Sonstige

Bisweilen wird eine Vermutung für oder gegen den Vorsatz ausdrücklich verboten, so in Art. 56 des Strafgesetzbuchs für das Herzogtum Nassau. Mitunter wird auch der *dolus indirectus* ausdrücklich ausgeschlossen zugunsten einer Kombination von Versuch und Fahrlässigkeitstat wie im nassauischen Art. 58 (ähnlich Art. 28 Abs. 2 des braunschweigischen StGB):

> Wenn aus einer Handlung, welche auf einen bestimmten, vom Handelnden beabsichtigten Erfolg gerichtet war, ein anderer, von ihm nicht beabsichtigter Erfolg hervorging, so wird ihm die That in Bezug auf den beabsichtigten Erfolg zum Vorsatze, in Bezug auf den eingetretenen anderen Erfolg aber zur Fahrlässigkeit zugerechnet, vorausgesetzt, daß die Bedingungen der Strafbarkeit der Fahrlässigkeit vorhanden sind.

Während der sächsische Entwurf von 1824 in § 151 für den Vorsatz noch Unrechtsbewußtsein verlangte, aber in § 158 den Gesetzesirrtum für unbeachtlich erklärte, wenn der Täter auch ohne das Gesetz wußte, daß seine Handlung unerlaubt sei, und in § 159 eine Vermutung für das Bewußtsein der Widerrechtlichkeit aufstellte bei Handlungen, wo dies dem natürlichen Verstande des Menschen einleuchtet, enthielt das Criminalgesetzbuch für das Königreich Sachsen von 1838 nur eine Bestimmung in Art. 68, daß die Strafbarkeit durch den Irrtum über Art und Größe der Strafe nicht ausgeschlossen werde.[623] Im übrigen sollten die gemeinrechtlichen Grundsätze über *ignorantia iuris* in Kraft blieben, wobei die Erwähnung im Gesetz wegen befürchteten Mißbrauchs unterblieb.[624] Das Gesetz aus dem Jahr 1855 beseitigte diese Regelung und formulierte in Art. 95:

> Durch Unbekanntschaft mit dem Gesetz, welches die Handlung mit Strafe bedroht, wird ein begangenes Verbrechen ebensowenig als durch den Wahn, als dieselbe nach dem Gewissen oder der Religion erlaubt oder verdienstlich sei, nicht entschuldigt.

Für außerstrafrechtlichem Rechtsirrtum sah Art. 97 i.V.m. Art. 96, 88 die Möglichkeit der Strafmilderung vor.

Ähnlich formuliert das Strafgesetzbuch für die thüringischen Staaten von 1850 in Art. 63 Abs. 3 (fast wortgleich z.B. auch § 31 des Criminalgesetzbuchs für das Herzogtum Braunschweig):

> Der Wahn, daß eine verbotene Handlung nach dem Gewissen oder der Religion erlaubt gewesen sei, die Unwissenheit über die Strafbarkeit der Handlung überhaupt oder über die Art und Größe der Strafe, die Beschaffenheit der Beweggründe zur That und der Zwecke, welche der Thäter erreichen wollte, schließen die Strafbarkeit der Handlung nicht aus.

Das Strafgesetzbuch für das Königreich Württemberg von 1839 ließ in Art. 99 eine Ausnahme zu, wenn „sich aus besonderen Umständen die völlige Schuldlosigkeit einer solchen Unkunde ergeben sollte.“ Die hessischen Entwürfe enthielten dieselbe Regelung, welche aber fallengelassen wurde, weil „sonst die Grundbedingung

---

623 Nach HEINEMANN, ZStW 13 (1893), 371, 441.

624 VON SCHWARZE, Jahrbücher für sächsisches Strafrecht VI, 50 f., 306 f., zit. nach GESSLER, GS 10 (1858), 321, 354 und HEINEMANN, ZStW 13 (1893), 371, 441 Fn. 155; BREIDENBACH, *Commentar über das Großherzoglich Hessische Strafgesetzbuch*, 1. Band. S. 554 Fn. 3.

der Sicherheit des Rechtes und Staates untergraben werde",[625] so daß das Strafgesetzbuch für das Großherzogtum Hessen von 1841 in Art. 41 bestimmt:

> Nichtwissen des Gesetzes schließt die Zurechnung nicht aus, ebensowenig Unwissenheit oder Irrtum in Ansehung der Art und Größe der Strafe.

Spätere Gesetzbücher verzichten zunehmend auf eine Definition oder Umschreibung des Vorsatzes[626] – *lex iubet, non docet*. Andere verbannen das Unrechtsbewußtsein aus den Vorsatzanforderungen.[627]

Die Irrtumsregelungen schließen sich zunächst oft an das Baierische StGB 1813 an.[628] Nur wenige Gesetzbücher unterscheiden nicht nach Tat- und Rechtsirrtum,[629] die meisten verstehen unter Rechtsirrtum den Irrtum über das Strafgesetz, und erklären ihn für unbeachtlich[630]. Einige wenige erklären schuldlosen *error iuris criminalis* für nicht strafbar.[631] Andere sehen Strafmilderungsmöglichkeiten für außerstrafrechtlichen Rechtsirrtum vor.[632] Der Tatirrtum wird in sehr unterschiedlicher Weise umschrieben und für beachtlich erklärt, wobei teils die Strafbarkeit ganz ausgeschlossen, teils nur bei verzeihlichem Irrtum Vorsatz, Zurechnung oder Strafbarkeit verneint wird.[633]

f) RStGB

Das Reichsstrafgesetzbuch von 1871, das die Partikularrechte endgültig ablöst, enthält ebensowenig wie sein Vorläufer, das preußische StGB von 1851, Begriffsbestimmungen von Schuld und Schuldformen. Die Vorschriften des Besonderen Teils lassen erkennen, daß es von einer Zweiteilung in Vorsatz und Fahrlässigkeit ausgeht, wobei letztere als erheblich weniger strafwürdig eingestuft wird: In vielen Fällen ist nur vorsätzliche Begehung strafbar; dort, wo eine Fahrlässigkeitsstrafe statuiert ist,

---

625 Bericht der zur Begutachtung des Entwurfs eines Strafgesetzbuchs für das Großherzogthum Hessen gewählten Ausschüsse I. und II. Kammer erstattet von dem Abgeordneten Heße (1840), S. 101 f.; siehe dazu Breidenbach, *Commentar über das Großherzoglich Hessische Strafgesetzbuch*, Art. 41 § 1, S. 552 f.; Heinemann, ZStW 13 (1893), 371, 442 f.

626 So z.B. Sachsen 1838 (vgl. Art. 31), Sachsen 1855 (Art. 46) und Sachsen 1868 (Art. 46); Württemberg (Art. 54 f.); Preußen 1851; Oldenburg 1858; Bayern 1861 (Art. 6); Lübeck 1863.

627 Zuerst Braunschweig, Art. 27: „Wer sich zu einer Handlung oder Unterlassung, durch welche das Strafgesetz übertreten wird, mit Absicht bestimmt, ist als vorsätzlicher Verbrecher zu strafen." § 31 erklärt Rechtsirrtum für unbeachtlich, ebenso Hessen (Art. 58), Baden (Art. 97), Thüringen (Art. 29), Hamburg (Art. 22); w. Nachw. bei Heinemann, ZStW 13 (1893), 371, 443 ff.

628 Eingehend dazu Binding, *Die Normen und ihre Übertretung*, Band III, S. 257 ff.

629 Hannover (Art. 41, 84 N. 6), Oldenburg 1858 (Art. 40 § 3).

630 Z.B. Baden (§ 73); Bayern 1861 (Art. 70); Braunschweig (§ 31); Hamburg (Art. 29); Hessen (Art. 41); Lübeck (§ 38 Ab.s 3); Nassau (Art. 38); Preußen 1851 (implicite); Sachsen 1855/1868 (Art. 5); Thüringen (Art. 63 Abs. 3); zahlr. w. Nachw. bei Binding, *Die Normen und ihre Übertretung*, Band III, S. 262 ff.

631 Bayern 1813 (Art. 39 Abs. 2, 121); Sachsen 1838 (Fortgeltung des gemeinen Rechts); Hannover (Art. 41, 84 Ziff. 6); Oldenburg 1858 (Art. 40 § 3); Württemberg (Art. 99).

632 Sachsen 1855 (Art. 97 mit Art. 31); dazu Kohlrausch, *Irrtum und Schuldbegriff*, S. 171 ff.

633 Dazu Binding, *Die Normen und ihre Übertretung*, Band III, S. 269 ff. m. w. Nachw.

liegt sie deutlich unter der der Vorsatztat. Im übrigen ist der Besondere Teil durch eine wenig konsistente Verwendung der Begriffe „Absicht", „Wissentlichkeit" und „Vorsatz" gekennzeichnet.[634] Der Allgemeine Teil kannte ursprünglich nur eine Irrtumsvorschrift in § 59 a.F., die den Irrtum über zum Tatbestand gehörende Umstände betrifft und zum Vorsatzausschluß führt.

Der Gesetzestext schweigt dazu, ob die Kenntnis der Rechtswidrigkeit zum Vorsatz gehört. Aus der Entstehungsgeschichte ergibt sich allerdings, daß dies nicht gemeint ist: Der preußische Entwurf 1847 enthielt in § 61 eine gegen die FEUERBACHsche Lehre gerichtete Bestimmung, daß ein Irrtum über das Dasein des Strafgesetzes oder über Art und Maß der Strafe die Zurechnung nicht hindere. Diese Bestimmung wurde nicht in das PrStGB 1851 aufgenommen, weil man sie für selbstverständlich hielt, nicht, weil man von ihr abrücken wollte.[635] Es ist nichts dafür ersichtlich, daß bei der Redaktion des Norddeutschen StGB und sodann des RStGB insoweit eine Änderung gewollt war.[636] Ebenso hat die Rechtsprechung des RG stets die Unbeachtlichkeit des Strafrechtsirrtums vertreten.[637]

Weiterhin kennt das RStGB zahlreiche erfolgsqualifizierte Tatbestände, ohne festzuschreiben, daß der weitere Erfolg verschuldet sein müsse.[638]

Bis zu seiner heute geltenden Form hat das ehemalige RStGB mannigfache Änderungen erfahren, doch selbst die Neufassung des Allgemeinen Teils 1969 hat die spärlichen Vorschriften über die Grundsätze der Zurechnung kaum vermehrt: § 16 n.F. schreibt den alten § 59 fort, hinzugekommen ist § 17, der die Rechtsprechung des BGH festschreibt und die Strafe bei unvermeidbarem Verbotsirrtum ausschließt, ansonsten eine fakultative Strafmilderung vorsieht, aber restriktiv gehandhabt wird. Seit 1953 fordert § 56 a.F., nunmehr § 18 n.F., daß bei erfolgsqualifizierten Delikten der erschwerende Erfolg wenigstens fahrlässig verursacht sein muß.

Die Begriffsbestimmungen von Vorsatz und Fahrlässigkeit sind nach wie vor der Wissenschaft und Praxis überlassen.

---

634 Eingehend BINDING, *Die Normen und ihre Übertretung*, Band II, S. 909 ff., 911 ff. m. w. Nachw.; zum preußischen StGB schon GOLTDAMMER, *Die Materialien zum Straf-Gesetzbuche für die Preußischen Staaten*, Theil I, S. 237.

635 Siehe obenbei Fußn. 620 ff.; GOLTDAMMER, *Die Materialien zum Straf-Gesetzbuche für die Preußischen Staaten*, Theil I, S. 378 f., 434; BERNER, *Wirkungskreis des Strafgesetzes*, S. 39 ff.; GESSLER, GS 10 (1858), 321, 353; HEINEMANN, ZStW 13 (1893), 371, 445 ff.; zur Entstehungsgeschichte auch BINDING, *Die Normen und ihre Übertretung*, Band III, S. 279 ff.

636 Zutr. LÖFFLER, *Die Schuldformen des Strafrechts*, S. 264; abw. BINDING, *Die Normen und ihre Übertretung*, Band III, S. 263 Fn. 8 (auf S. 264 f.), 266 f.

Eine Ausnahmeregelung schuf die „Bekanntmachung über die Verfolgung von Zuwiderhandlungen gegen Vorschriften über wirtschaftliche Maßnahmen" vom 18.1.1917, RGBl. 1907, 58, die in § 1 unverschuldeten Irrtum (nur) über Kriegsverordnungen für schuldausschließend erklärt, dazu BINDING, *Die Normen und ihre Übertretung*, Band III, S. 387 ff.; DERS., LZ 1917, 287 ff.

637 Dazu umfassend BINDING, *Die Normen und ihre Übertretung*, Band III, S. 348 ff., zur Rspr. des RMG dort S. 373 ff.; DERS., *Die Schuld im deutschen Strafrecht*, S. 100 ff.; KOHLRAUSCH, *Irrtum und Schuldbegriff*, S. 118 ff.

638 Dazu sehr krit. LÖFFLER, *Die Schuldformen des Strafrechts*, S. 266 ff. m. w. Nachw.

2. Österreich

Die ältere österreichische Gesetzgebung steht auf dem Boden der gemeinrechtlichen Doktrin.[639] So kannte die von der Imputationslehre PUFENDORFS und WOLFFS geprägte *Constitutio Criminalis Theresiana* von 1768[640] ebenso wie das Josephinische Strafgesetzbuch von 1787[641] neben der Absicht den *dolus indirectus* als allgemeine Schuldform, ebenso das stark durch die Thesen FEUERBACHS beeinflußte Strafgesetz von 1803,[642] das die Josephina gleichwohl weitgehend bestätigte, auch

639 Dazu LÖFFLER, *Die Schuldformen des Strafrechts*, S. 182 ff. m. w. Nachw.

640 Constitutio Criminalis Theresiana, Art. 3 § 2: „Vorsatz und böser Wille kann gerad, und unmittelbar, oder nur mittelbar, und in der Folge auf eine geschehene Uebelthat gerichtet seyn. Ersteres, wenn man die Uebelthat, welche geschieht, eigends auszuüben vorhabens ist; letzteres aber, wenn man zwar die Uebelthat, so hernach erfolget, eigends zu begehen nicht gesinnet ist, jedoch in dem bösen Vorsatze schaden zu thun, etwas unternimmt, woraus solche Uebelthat gemeiniglich zu erfolgen pfleget, oder leicht erfolgen kann. Zum Beyspiel: wenn wer den andern lediglich zu verwunden vorhätte, in dieser Absicht auf ihn schösse, und durch solchen Schuß denselben tödtete. In beyden Fällen wird die Missethat, es sey sodann solche aus mittel- oder unmittelbarem bösem Willen entsprungen, dem Thäter zugerechnet, und ist insgemein mit gleicher Straffe zu belegen."

Neben diesem materiell-rechtlichden *dolus indirectus* sahen Art. 83 §§ 3, 14 für Tötungsdelikte auch einen (widerleglichen) *dolus praesumtus* vor, obschon Art. 34 § 2 jegliche Verurteilung aufgrund von Schuldvermutungen verbot – als Grund gab Art. 83 § 3 an, daß schließlich jeder Totschläger vorbringe, er habe nicht töten wollen, was ohne klaren Beweis nicht von ordentlicher Strafe befreie, zum Ganzen MOOS, *Der Verbrechensbegriff in Österreich im 18. und 19. Jahrhundert*, S. 137 ff., 141 ff.

641 Allgemeines Gesetz über Verbrechen und deren Bestrafung, Erster Theil, Erstes Kapitel, § 2: „Zu einem Kriminalverbrechen gehöret böser Vorsatz, und freyer Wille. Böser Vorsatz ist vorhanden, wenn vor, oder bey der gesetzwidrigen Unternehmung, oder Unterlassung das Uebel, so daraus folgt, überdacht, und beschlossen worden, folglich die gesetzwidrige Handlung eigens in der Absicht verübet worden, damit das Uebel erfolge.

§ 3. Böser Vorsatz fällt auch dann zur Schuld, wann zwar das wirklich erfolgte Uebel nicht eigens die Absicht der Handlung war, immer aber aus einer anderen bösen Absicht eine Handlug unternommen worden, woraus das Uebel gemeiniglich zu folgen pflegt, oder doch leicht folgen kann.", dazu MOOS, *Der Verbrechensbegriff in Österreich im 18. und 19. Jahrhundert*, S. 175 f.

642 StG 1803, § 1: „Zu einem Verbrechen wird böser Vorsatz erfordert. Böser Vorsatz aber fällt nicht nur dann zur Schuld, wann vor, oder bey der Unternehmung oder Unterlassung, das Uebel, welches mit dem Verbrechen verbunden ist, geradezu bedacht und beschlossen; sondern auch, wann aus einer andern bösen Absicht etwas unternommen, oder unterlassen worden, woraus das Uebel, welches dadurch entstanden ist, gemeiniglich erfolget, oder doch leicht erfolgen kann." Ein Loblieb auf die §§ 1, 3 des StG von 1803 sang GÖNNER, *Revision des Begriffs und der Eintheilungen des Dolus*, S. 5 ff., 39 ff.; zum Ganzen MOOS, *Der Verbrechensbegriff in Österreich im 18. und 19. Jahrhundert*, S. 248 ff.

Vgl. auch im prozessualen Teil des Gesetzbuchs die Vorschrift des § 413: „Wenn der Beschuldigte zwar die That eingesteht, aber den bösen Vorsatz läugnet; so ist darauf zu sehen, ob nach den sich aus der Untersuchung zeigenden Umständen die That sich plötzlich ereignet, oder der Thäter zur Vorbereitung derselben Mittel angewendet, Hindernisse zu entfernen gesucht habe. Im ersteren Falle kann die Entschuldigung in so fern Statt haben, als das Uebel nach der natürlichen Ordnung der Dinge nicht schon nothwendig aus der Handlung entstehen mußte. Hat der Beschuldigte aber Gelegenheit und Mittel, die That auszuüben, vorbereitet; so ist auch des bösen Vorsatzes für überwiesen zu halten; es sey denn, daß aus der Untersuchung besondere Umstände hervorkommen, welche füglich eine andere Absicht erkennen lassen."; ähnl. § 268 öStPO 1853.

in seiner Neuverkündung von 1852[643]. Ob der Gesetzgeber von 1803 verlangte, daß dem Täter die Gefahr des Erfolges bewußt war, blieb umstritten. Wesentliches Motiv war jedenfalls Beweiserleichterung.[644] Die österreichische Rechtsprechung[645] hat im Anschluß an einen Aufsatz GLASERS[646], welcher in der Regelung des § 1 eine Gleichstellung der FEUERBACHschen *culpa dolo determinata* mit dem Vorsatz im Wege einer gesetzlichen Fiktion erblickte, den *dolus indirectus* auf alle gewöhnlichen Folgen erstreckt, auch wenn der Täter dieselben nicht vorhergesehen hat. Später verlangte die Lehre wenigstens Voraussehbarkeit des Erfolges; dem hat sich die Rechtsprechung schließlich angeschlossen.[647] Dieser Rechtszustand dauerte bis zum Inkrafttreten des Strafgesetzbuches von 1974, das stattdessen einen *dolus eventualis* vorsieht (§ 5 Abs. 1 a.E.[648]), fort.

Die Theresiana behandelt den Irrtum in Art. 11 § 9 nach dem Vorbild des § 30 des Codex Iuris Criminalis Bavarici als Strafmilderungsgrund, weicht von dessen § 31

Gestützt auf diese Regelung des Indizienbeweises sah die ältere österreichische Rspr. und Doktrin in § 3 teils eine Vorsatzpräsumtion *(dolus praesumtus)*, so zuerst ZEILLER, der als Beisitzer der Hofcommission das Gesetz mitformuliert hatte, teils eine Beweisregel *(dolus indirecte probatus)*, z.B. HERBST, *Handbuch des allgemeinen österreichischen Strafrechtes*[6], § 1 Anm. 1, 9 ff., S. 54, 57 ff., dazu krit. GLASER, *Über die Stellung des österreichischen Strafgesetzes gegenüber der Lehre vom indirekten Vorsatz*, S. 63, 64 ff.; zum Ganzen LÖFFLER, *Die Schuldformen des Strafrechts*, S. 189 ff., 202 f.; HOEGEL, *Geschichte des Österreichischen Strafrechtes*, 1. Heft, S. 146 ff.; MOOS, *ibid.* S. 249 ff., 280, 331 f., 349, jew. m. w. Nachw.

643 Insoweit wortgleich mit der Fassung von 1803.

644 ZEILLER, Jährlicher Beytrag zur Gesetzeskunde und Rechtswissenschaft in den Oesterreichischen Erbstaaten, Band I (1806), 98, 101 [zit. nach HOEGEL, *Geschichte des Österreichischen Strafrechtes*, 1. Heft, S. 146]: „Da man aber die Entscheidung, ob ein Verbrechen, welches auch ohne bösen Vorsatz des wirklichen Erfolges begangen werden kann, mit oder ohne bösen Vorsatz verübt worden sei, *ohne offenbare Gefährde der öffentlichen Sicherheit nicht einzig auf das Geständnis* (die parteiische Aussage) des Täters *ankommen lassen kann*, so verordnet das Gesetz ... daß böser Vorsatz auch dann zur Schuld falle, wenn aus einer anderen bösen Absicht etwas unternommen oder unterlassen wurde, woraus das Übel, welches daraus entstanden ist, gemeiniglich erfolgt oder doch leicht erfolgen kann." (Hervorh. im Original)

645 Z.B. OGH Entsch. Nr. 211, 966, 1294; zit. mit Kritik bei LÖFFLER, *Die Schuldformen des Strafrechts*, S. 194 ff.; HOEGEL, *Geschichte des Österreichischen Strafrechtes*, 1. Heft, S. 152 ff.; MOOS, *Der Verbrechensbegriff in Österreich im 18. und 19. Jahrhundert*, S. 349 Fn. 215.

646 GLASER, *Über die Stellung des österreichischen Strafgesetzes gegenüber der Lehre vom indirekten Vorsatz*, S. 63, 76 ff., dazu LÖFFLER, *Die Schuldformen des Strafrechts*, S. 194 ff. mit eingehender Kritik; MOOS, *Der Verbrechensbegriff in Österreich im 18. und 19. Jahrhundert*, S. 387 ff.

647 Dazu LÖFFLER, *Die Schuldformen des Strafrechts*, S. 198 ff.; MOOS, *Der Verbrechensbegriff in Österreich im 18. und 19. Jahrhundert*, S. 251 f., 390 f., jew. m. w. Nachw.

648 „§ 5 (Vorsatz). (1) Vorsätzlich handelt, wer einen Sachverhalt verwirklichen will, der einem gesetzlichen Tatbild entspricht; dazu genügt es, daß der Täter diese Verwirklichung ernstlich für möglich hält und sich mit ihr ab findet.

(2) Der Täter handelt absichtlich, wenn es ihm darauf ankommt, den Umstand oder Erfolg zu verwirklichen, für den das Gesetz absichtliches Handeln voraussetzt.

(3) Der Täter handelt wissentlich, wenn er den Umstand oder Erfolg, für den das Gesetz Wissentlichkeit voraussetzt, nicht bloß für möglich hält, sondern sein Vorliegen oder Eintreten für gewiß hält."

insofern ab, als nicht ausdrücklich nach *error iuris vel facti* unterschieden wird.[649] Im dritten Absatz des Art. 11 § 9 wird unterschieden nach „Unwissenheit in Sachen, wo das Gesetz etwas gebietet oder verbietet," die nicht von aller, aber der ordentlichen Strafe befreit, wenn sie nicht schuldhaft war. In „Sachen, die eine innerliche Bosheit und Straffmäßigkeit auf sich tragen", nutzt es dem Täter hingegen nichts, wenn ihm das Gesetz unbekannt war.

Das Josephinische Gesetzbuch benennt den Irrtum als einen Grund des Ausschlusses des freien Willens, aber nur, wenn er schuldlos war und der Irrende ohne ihn erlaubt gehandelt hätte.[650]

In den Strafgesetzen von 1803 und 1852, die wie zuvor zum Verbrechen „bösen Vorsatz" erfordern,[651] schließt ein tatsächlicher Irrtum oder Irrtum über außerstrafrechtliche Normen die Zurechnung aus, wenn er zum Verbotsirrtum führt oder die Konsequenzen der Handlung betrifft.[652] Bei Verbrechen kann Rechtsirrtum nicht entschuldigen, weil deren Unrecht unverkennbar sei,[653] – so daß Verbotsirrtum eigentlich nicht vorkommt – ebensowenig bei schweren Polizeiübertretungen,[654] die jedermann von selbst erkennen kann oder zu wissen verpflichtet sei. Auch die Rechtsprechung hielt den Strafrechtsirrtum für unbeachtlich,[655] während die Doktrin mitunter bei Vorschriften, die nun wirklich nicht in jedermanns Herz geschrieben seien, Auswege über den Tatirrtum suchte[656].

---

649 Constitutio Criminalis Theresiana, Art. 11 § 9 Andertens: „Irrthum enthebet von aller Straffe, wenn der Irrende mit erlaubten Sachen umgehet, und ihme der Irrung halber keine Schuld kann beygemessen werden. Wenn aber der Irrthum aus Schuld des Irrenden herrühret, so wird die Straffe nur gemildert; ausser es wäre die That, welche der Irrende vorgehabt, ebenso sträfflich, oder noch sträfflicher gewesen, als jene, welche aus Irrthum wirklich von ihme begangen worden."; dazu Moos, *Der Verbrechensbegriff in Österreich im 18. und 19. Jahrhundert*, S. 130 ff.; auch Binding, *Die Normen und ihre Übertretung*, Band III, S. 248 f.; Heinemann, ZStW 13 (1893), 371, 448.

650 1. Theil, 1. Kap., § 5: „Der Abgang des freyen Willens spricht von der Anschuldigung eines Kriminalverbrechens in folgenden Fällen los. ... f) Wenn ein Irrthum mitunterlaufen ist, wobei dem Irrenden wegen der Irrung selbst keine Schuld beygemessen werden kann, und er ohne Dazwischenkunft des Irrthums auf erlaubte Art gehandelt haben würde."

651 Siehe oben Fußn. 642.

652 1. Teil, § 2 f) und g): „wenn ein solcher Irrthum mit unterlief, der ein Verbrechen in der Handlung nicht erkennen ließ, g. wenn das Übel aus ... Unwissenheit der Folgen der Handlung entstanden ist."; entspricht StG 1852, § 2 lit. e und f.

653 1. Teil, § 3: „Mit der Unwissenheit des gegenwärtigen Gesetzes über Verbrechen, da das Unrecht derselben unverkennbar ist, kann sich niemand entschuldigen." Im StG 1852, § 3, fehlt nur der Kausalsatz, vgl. § 233. Dazu Heinemann, ZStW 13 (1893), 371, 449 ff.; Moos, *Der Verbrechensbegriff in Österreich im 18. und 19. Jahrhundert*, S. 244 ff., alle m. w. Nachw.

654 StG 1803, 2. Teil, § 1: „... nicht entschuldigen ... Handlungen und Unterlassungen, die jeder als unerlaubt von selbst erkennen kann; oder, wo der Uebertreter die besondere Verordnung, welche übertreten worden ... zu wissen verpflichtet ist.", fast identisch StG 1852, § 233.

655 Zur Unterscheidung von außerstrafrechtlichem und strafrechtlichem Irrtum siehe Herbst, *Handbuch des allgemeinen österreichischen Strafrechtes*[6], § 2 lit. e Anm. 1, S. 63 f.; Moos, *Der Verbrechensbegriff in Österreich im 18. und 19. Jahrhundert*, S. 332 f. m. w. Nachw.

656 Nachw. bei Moos, *Der Verbrechensbegriff in Österreich im 18. und 19. Jahrhundert*, S. 279 f.

Das StGB von 1974 berücksichtigt in § 9 den nicht vorzuwerfenden Rechtsirrtum (Verbotsirrtum) als schuldbefreiend und beläßt bei der näher beschriebenen Vorwerfbarkeit des Irrtums die Vorsatzstrafe.[657] Bemerkenswert ist daneben eine Vorschrift (§ 8) über die Putativrechtfertigung, die Vorsatzstrafe grundsätzlich ausschließt und bei Vermeidbarkeit des Irrtums auf die Fahrlässigkeitsstrafe, sofern vorhanden, verweist.

[657] „§ 9 (Rechtsirrtum). (1) Wer das Unrecht der Tat wegen eines Rechtsirrtums nicht erkennt, handelt nicht schuldhaft, wenn ihm der Irrtum nicht vorzuwerfen ist.

(2) Der Rechtsirrtum ist dann vorzuwerfen, wenn das Unrecht für den Täter wie für jedermann leicht erkennbar war oder wenn sich der Täter mit den einschlägigen Vorschriften nicht bekannt gemacht hat, obwohl er seinem Beruf, seiner Beschäftigung oder sonst den Umständen nach dazu verpflichtet gewesen wäre.

(3) Ist der Irrtum vorzuwerfen, so ist, wenn der Täter vorsätzlich handelt, die für die vorsätzliche Tat vorgesehene Strafdrohung anzuwenden, wenn er fahrlässig handelt, die für die fahrlässige Tat."

Literaturverzeichnis

Abælardus, Petrus, *Ethica seu liber dictus Scito te ipsum*, in: Patrologia latina, vol. 178, col. 633

Abegg, Julius Friedrich H., *Lehrbuch der Strafrechts-Wissenschaft*, Neustadt a.d. Orla 1836

Abelson, Robert P., *Psychological status of the script concept*, American Psychologist 36 (1981), 715

Abi-Saab, Georges, Cours général de droit international public, R.C.A.D.I. 207 (1987-VII), 9

Accursius, Franciscus, *Glossa in Digestum novum*, Venetiis 1487, Nachdruck Turin 1968

— *Glossa in Digestum vetus*, Venetiis 1488, Nachdruck Turin 1969

Ach, Narziss, *Analyse des Willens*, in: Abderhalden, Emil (Hrsg.), Handbuch der biologischen Arbeitsmethoden, Abt. VI, Methoden der experimentellen Psychologie, Teil E, Heft 1, Berlin 1935

— *Über den Willensakt und das Temperament*, Leipzig 1910

Achenbach, Hans, *Historische und dogmatische Grundlagen der strafrechtssystematischen Schuldlehre*, Berlin 1974

Achter, Viktor, *Die Geburt der Strafe*, Frankfurt a.M. 1951

Adams, Michael/Shavell, Steven, Zur Strafbarkeit des Versuchs, GA 1990, 337

Addis, Laird, Dispositional Mental States: Chomsky and Freud, ZallgWissTh 19 (1988), 1

Ago, Roberto, *La codification du droit international et les problèmes de sa réalisation*, in: Recueil d'études de droit international en hommage à Paul Guggenheim, Genève 1968, S. 93

Ahlbrecht, Heiko, *Geschichte der völkerrechtlichen Strafgerichtsbarkeit im 20. Jahrhundert*, Baden-Baden 1999

Akehurst, Michael, Custom as a Source of International Law, 47 Brit.Y.B.Int'l L. 1 (1974–76)

Albert, Hans, *Theorien in den Sozialwissenschaften*, in: ders. (Hrsg.), Theorie und Realität, 2. Aufl. Tübingen 1972, S. 3

Alciatus, Andreas, *De praesumptionibus*, in: Opera omnia, tomus IV, col. 575, Frankfurt a.M. 1617

Alldridge, Peter, *Making Criminal Law Known*, in: Shute, Stephen & Simester, Andrew P. (eds.), Criminal Law Theory: Doctrines of the General Part, Oxford 2002, S. 103

Allfeld, Philipp, *Die Bedeutung des Rechtsirrtums im Strafrecht*, Leipzig 1904

Allport, Alan, *What concept of consciousness?*, in: Marcel, Anthony J. & Bisiach, Edoardo (eds.), Consciousness and contemporary science, Oxford 1988, S. 159

Almendingen, Ludwig Harscher von, *Untersuchungen über das kulpose Verbrechen*, Gießen 1804

Alternativ-Entwurf eines Strafgesetzbuches, Allgemeiner Teil, vorgelegt von Baumann, Jürgen et al., 2. Aufl. Tübingen 1969

Alternativ-Kommentar zum Strafgesetzbuch (AK-StGB), hrsg. von Rudolf Wassermann, Band 1, §§ 1–21, Neuwied 1990

Alwart, Heiner, Der Begriff des Motivbündels im Strafrecht, GA 1983, 433

— *Recht und Handlung*, Tübingen 1987

Ambos, Kai, *Straflosigkeit von Menschenrechtsverletzungen, Zur „impunidad" in südamerikanischen Ländern aus völkerstrafrechtlicher Sicht*, Freiburg i. Br. 1997

— Zur Rechtsgrundlage des Internationalen Strafgerichtshofs, Eine Analyse des Rom-Statuts, ZStW 111 (1999), 175

— General Principles of Criminal Law in the Rome Statute, 10 Crim.L.F. 1 (1999)

Ambos, Kai, „Verbrechenselemente“ sowie Verfahrens- und Beweisregeln des Internationalen Strafgerichtshofs, NJW 2001, 405

— *Der Allgemeine Teil des Völkerstrafrechts. Ansätze einer Dogmatisierung*, Berlin 2002

— Präterintentionalität und Erfolgsqualifikation – Rechtsvergleichende Überlegungen, GA 2002, 455

— *Internationales Strafrecht*, München 2006

Ambrosius, Jürgen, *Untersuchungen zur Vorsatzabgrenzung*, Neuwied Berlin 1966

American Law Institute, *Model Penal Code and Commentaries* (Official Draft and Revised Comments), 7 vols., Philadelphia Pa. 1985

— *Restatement of the Law Third: The Foreign Relations Law of the United States of America*, 2 vols., St. Paul Minn. 1987

Ames, Daniel R.; Knowles, Eric D.; Morris, Michael W.; Kalish, Charles W.; Rosati Andrea D. & Gopnik, Alison, *The Social Folk Theorist: Insights from Social and Cultural Psychology on the Contents and Contexts of Folk Theorizing*, in: Malle, Bertram F.; Moses, Louis J. & Baldwin, Dare A. (eds.), Intentions and Intentionality: Foundations of Social Cognition, Cambridge MA London 2001, S. 307

Amirthalingam, Kumaralingam, Ignorance of Law, Criminal Culpability and Moral Innocence: Striking a Balance between Blame and Excuse, 2002 Sing. J. Legal Stud. 302

Ancel, Marc, La méthode du droit comparé en matière de droit pénal, Rapport oral, Rev.int.dr. comp. 1 (1949), 512

Andenæs, Johs (Johannes), General Prevention—Illusion or Reality?, 43 J. Crim.L., Criminology & Police Sci. 176 (1952–53)

— *The General Part of the Criminal Law of Norway*, South Hackensack NJ London 1965

— The General Preventive Effects of Punishment, 114 U.Pa.L.Rev. 949 (1966)

Andreæ, Johannes, *In Titulum de Regulis iuris novella Commentaria*, Venetiis 1581

Angelus de Ubaldis Perusinus, *In codicem commentaria*, Venetiis 1579

Anscombe, Gertrude Elizabeth M., *Intention*, Cambridge MA London 1957, reprint 2000

— Modern Moral Philosophy, Philosophy 33 (1958), 1

— On Brute Facts, Analysis 18 (1958), 69

— A Note to Mr. Bennett, Analysis 26 (1966), 208

— *War and Murder*, in: Richard A. Wasserstrom (ed.), War and Morality, Belmont CA 1970, S. 42

Ansorge, Ulrich/Heumann, Manfred/Scharlau, Ingrid, Influences of visibility, intentions, and probability in a peripheral cuing task, Consciousness and Cognition 11 (2002), 528

Anzilotti, Dionisio, *Corso di diritto internazionale*, vol. I, 4a ed. Padova 1955

Aristoteles, *De interpretatione*, benutzte Ausgabe: Aristotle's Categories and De Interpretatione, translated by J. L. Ackrill, Oxford 1963

— *Nikomachische Ethik*, benutzte Ausgaben: Aristotle, The Nicomachean Ethics, Loeb Classical Library, 2nd ed. London Cambridge MA 1956; Übersetzung von Franz Dirlmeier, Stuttgart 1983

Armstrong, David Malet, *A Theory of Universals*, vol. 2, Cambridge London New York Melbourne 1978

Arnold, Erfahrungen aus dem bayerischen Strafgesetzbuche vom Jahr 1813 und Betrachtungen hierüber, ArchCrimR N.F. 10 (1843), 512

Arnold, Roberta, The *Mens Rea* of Genocide under the Statute of the International Criminal Court, 14 Crim.L.F. 127 (2003)

Arzt, Gunther, *Der Einfluß der Beweisschwierigkeiten auf das materielle Recht*, in: Strafrechtliche Probleme der Gegenwart, Ottenstein 1980, S. 77

— *Ketzerische Bemerkungen zum Prinzip in dubio pro reo*, Berlin New York 1997

— Beweisnot als Motor materiell-rechtlicher Innovation, in: Festschrift 50 Jahre BGH (Festgabe aus der Wissenschaft), München 2000, Band IV, S. 755

Aschersleben, Gisa, *Handlung und Wahrnehmung*, in: Müsseler, Jochen/Prinz, Wolfgang (Hrsg.), Allgemeine Psychologie, Heidelberg Berlin 2002, S. 894

Ashworth, Andrew J., *Transferred Malice and Punishment for Unforeseen Consequences*, in: Glazebrook, P. R. (ed.), Reshaping the Criminal Law, Essays in honour of Glanville Williams, London 1978, S. 77

— *The elasticity of mens rea*, in: Tapper, C. F. H. (ed.), Crime, Proof and Punishment, Essays in Memory of Sir Rupert Cross, London 1981, S. 45

— *Sharpening the Subjective Element in Criminal Liability*, in: Duff, Antony & Simmonds, Nigel (eds.), Philosophy and the Criminal Law, ARSP-Beiheft 19, Wiesbaden 1984, S. 79

— *Belief, Intent, and Criminal Liability*, in : Eekelaar, John & Bell, John (eds.), Oxford Essays in Jurisprudence: Third Series, Oxford 1987, S. 1

— *Taking the Consequences*, in: Shute, Stephen/Gardner, John/Horder, Jeremy (eds.), Action and Value in Criminal Law, Oxford 1993, S. 107

— *Criminal Liability in a Medical Context: the Treatment of Good Intentions*, in: Simester, A. P. & Smith, A.T. H. (eds.), Harm and Culpability, Oxford 1996, S. 173

— *Testing Fidelity to Legal Values: Official Involvement and Criminal Justice*, in: Shute, Stephen/Simester, Andrew P. (eds.), Criminal Law Theory: Doctrines of the General Part, Oxford 2002, S. 299

— *Principles of Criminal Law*, 4th ed. Oxford 2003

Association internationale de droit pénale (AIDP)/Istituto Superiore Internazionale di Scienze Criminali (ISISC)/Max-Planck-Institut für ausländisches und internationales Strafrecht (MPI), *Draft Statute for an International Criminal Court–Alternative to the ILC-Draft (Siracusa Draft)*, prepared by a Committee of Experts, Siracusa/Freiburg, July 1995

— *Updated Siracusa Draft 1996*

Audi, Robert, *The Concept of Wanting*, Philosophical Studies 24 (1973), 1, zit. nach: ders., Action, Intention, and Reason, Ithaca NY London 1993, S. 35

— *Intending*, Journal of Philosophy 70 (1973), 387 (auch in: ders., Action, Intention, and Reason, Ithaca NY London 1993, S. 56)

— *Acting for Reasons*, Philosophical Review 95 (1985), 511, zit. nach: ders., Action, Intention, and Reason, Ithaca NY London 1993, S. 145

— *Volition and Agency*, in: ders., Action, Intention, and Reason, Ithaca NY London 1993, S. 74

Aurelius Augustinus, *De civitate Dei*, in: Aurelii Augustini Opera, Corpus Christianorum, Series latina, vol. XLVII, Turnholti 1955

— *De libero arbitrio libri tres*, in: Aurelii Augustini Opera, Corpus Christianorum, Series latina, vol. XXIX, Turnholti 1970, S. 205 = Patrologia Latina, vol. 32, col. 1219

— *De moribus Ecclesiae catholicae et de moribus Manichaeorum libri duo*, in: Patrologia Latina, vol. 32, col. 1309

— *De vera religione*, in: Aurelii Augustini Opera, Corpus Christianorum, Series latina, vol. XXXII, Turnholti 1955 = Patrologia Latina, vol. 34, col. 121

— *Quaestionum in Heptateuchum libri VII*, in: Patrologia Latina, vol. 34, col. 547

— *Retractationum libri II*, in: Aurelii Augustini Opera, Corpus Christianorum, Series latina, vol. LXVII, Turnholti 1984

— *S. Aurelii Augustini Hipponensis Episcopi Epistolae secundum ordinem temporum nunc primum dispositae, et quatuor in classes digestae*, in: Patrologia latina, vol. 33, col. 61

— *Sermonum classes quattuor*, in: Patrologia Latina, vol. 38, col. 1

Austin, John, *Lectures on Jurisprudence or The Philosophy of Positive Law*, 4th ed. London 1873, vol. I

Austin, John Langshaw, *Other Minds*, zuerst in: Proceedings of the Aristotelian Society, supp. vol. XX (1946), zit. nach: ders., Philosophical Papers, 2. Aufl. Oxford 1970, S. 76

AUSTIN, JOHN LANGSHAW, *A Plea for Excuses*, in: Proceedings of the Aristotelian Society, New Series vol. 57 (1956), 1

— *Three Ways of Spilling Ink*, zuerst in: The Philosophical Review 75 (1966), No. 4, zit. nach: ders., Philosophical Papers, 2nd ed. Oxford 1970, S. 272

AYER, ALFRED J., *Language, Truth and Logic*, 1936, zit. Ausgabe: London 1971

— *Can There be a Private Language?*, in: ders., The Concept of a Person and Other Essays, London 1964, S. 36

AZO, *Summa super Codicem*, o.O. 1506, Nachdruck Turin 1966

BAADE, HANS, *Individual Responsibility*, in: Black, Cyril E./Falk, Richard A. (eds.) The Future of the International Legal Order, Princeton 1972, Bd. 4, S. 291

BACH, KENT, Actions are not Events, Mind 89 (1980), 114

BACHMANN, JOCHEN, *Vorsatz und Rechtsirrtum im Allgemeinen Strafrecht und im Steuerstrafrecht*, Berlin 1993

BACIGALUPO, ENRIQUE, *Manual de Derecho Penal, Parte General*, Bogotà 1984

— Die Diskussion über die finale Handlungslehre im Strafrecht, in: Festschrift für Albin Eser, München 2005, S. 61

BADDELEY, ALAN, *Working Memory: The Interface between Memory and Cognition*, in: Schacter, Daniel L. & Tulving, Endel (eds.), Memory Systems 1994, Cambridge MA London 1994, S. 351

— *Short-Term and Working Memory*, in: Tulving, Endel & Craik, Fergus I. M. (eds.), The Oxford Handbook of Memory, Oxford New York 2000, S. 77

BAHNASSI, AHMED FAHTI, *Criminal Responsibility in Islamic Law*, in: Bassiouni, M. Cherif (ed.), The Islamic Criminal Justice System, London Rome New York 1982, S. 175

BÄHR, ERICH-G., *Strafbarkeit ohne Verschulden (Strict Liability) im Strafrecht der USA*, Baden-Baden 1974

BAHRICK, HARRY P., *Ökologische Gedächtnisforschung: Methoden und Ergebnisse*, in: Birbaumer, Niels et al. (Hrsg.), Enzyklopädie der Psychologie, Themenbereich C (Theorie und Forschung), Serie II (Kognition), Band 4 (hrsg. von Albert, Dietrich/Stapf, Kurt-Hermann): Gedächtnis, Göttingen Bern Toronto Seattle 1996, S. 693

BAKER, LYNNE RUDDER, *Saving Belief. A Critique of Physicalism*, Princeton 1987

— The first-person perspective: A test for naturalism, Am.Phil.Q. 35 (1998), 327

BALDUS DE UBALDIS PERUSINUS, *Consilia sive Responsa*, vol. III, Venetiis 1575

— *super Institutionibus*, Mediolani 1507

— *in Digestum vetus*, tomus primus, Lugduni 1549

— *in Digestum vetus*, tomus secundus, Lugduni 1547

— *super Infortiato*, Lugduni 1548

— *in treis primos libros Codicis*, Lugduni 1545

— *super quarto et quinto Codicis*, Lugduni 1545

— *super sexto Codicis*, Lugduni 1532

— *super septimo, octavo et nono Codicis*, Lugduni 1545

BALLWEG, OTTMAR, *Zu einer Lehre von der Natur der Sache*, Basel 1963

BANTEKAS, ILIAS & NASH, SUSAN, *International Criminal Law*, 2nd ed. London Sydney Portland 2003

BAR, LUDWIG VON, *Die Lehre vom Causalzusammenhange im Rechte, besonders im Strafrechte*, Leipzig 1871

— Zur Lehre vom Rechtsirrthum im Strafrecht, GS 38 (1886), 252

— *Gesetz und Schuld im Strafrecht*, Band II: Die Schuld nach dem Strafgesetze, Berlin 1907

BARBOSA, AUGUSTINUS, *Tractatus Varii*, o.O. 1660

Bargalius, Celsus, *Tractatus de dolo et culpa, de fraude, mendacio, calumnia, cavillatione, praevaricatione et tergiversatione, de perfidia, mala fide, contumacia, de mora et simulatione in VI libros distinctus*, Nürnberg 1700

Bargh, John A., *The Four Horsemen of Automaticity: Awareness, Intention, Efficiency, and Control in Social Cognition*, in: Wyer, Robert S., Jr. & Srull, Thomas K. (eds.), Handbook of Social Cognition, vol. 1: Basic Processes, 2nd ed. Hillsdale NJ Hove UK 1994, S. 1

— *The Automaticity of Everyday Life*, in: Wyer, Robert S., Jr. (ed.), Advances in social cognition, vol. 10, Mahwah NJ 1997, S. 1

Bargh, John A. & Ferguson, Melissa J., Beyond Behaviorism: On the Automaticity of Higher Mental Processes, Psychological Bulletin 126 (2000), 925

Bariatti, Stefania, *L'interpretazione delle convenzioni internazionali di diritto uniforme*, Padova 1986

Bartolus de Saxoferrato, *super Institutionibus*, Venetiis 1507

— *secunda super Digesto veteri*, o.O. 1530

— *prima super Digesto novo*, o.O. 1530

— *secunda super Digesto novo*, o.O. 1530

— *prima super Codice*, o.O. 1530

Bassiouni, M. Cherif, Introduction: Symposium on the Teaching of International Criminal Law, 1 Touro J. Int'l L. 129 (1991)

— A Functional Approach to "General Principles of International Law", 11 Mich.J.Int'l L. 768 (1990)

— *Crimes against Humanity in International Criminal Law*, Dordrecht Boston London 1992

— Establishing an International Criminal Court: Historical Survey, 149 Mil.L.Rev. 49 (1995)

— *International Criminal Law Conventions and their Penal Provisions*, Ardsley NY 1997

— *International Criminal Law*, 3 vols., 2nd ed. Ardsley NY 1999

— *Introduction to International Criminal Law*, Ardsley NY 2003

Bassiouni, M. Cherif & Blakesley, Christopher L., The Need for an International Criminal Court in the New International World Order, 25 Vand. J.Transnat'l L. 151 (1992)

Bauer, Anton, *Entwurf eines Strafgesetzbuches für das Königreich Hannover*, Göttingen 1826

— *Lehrbuch des Strafrechts*, 2. Aufl. Göttingen 1833

— *Abhandlungen aus dem Strafrechte und dem Strafprocesse*, Göttingen 1840, Erster Band

Baumann, Jürgen/Weber, Ulrich/Mitsch, Wolfgang, *Strafrecht Allgemeiner Teil*, Lehrbuch, 11. Aufl. Bielefeld 2003

Baumgarten, Arthur, *Grundzüge der juristischen Methodenlehre*, Bern 1939

Baurmann, Michael, *Schuldlose Dogmatik?*, in: Lüderssen, Klaus/Sack, Fritz (Hrsg.), Seminar: Abweichendes Verhalten IV, Kriminalpolitik und Strafrecht, Frankfurt a.M. 1980, S. 196

— *Zweckrationalität und Strafrecht*, Opladen 1987

Baxter, Richard R., Treaties and Custom, R.C.A.D.I. 129 (1970-I), 25

Bayer, Ute C./Ferguson, Melissa J./Gollwitzer, Peter M., *Voluntary action from the perspective of social-personality psychology*, in: Maasen, Sabine/Prinz, Wolfgang/Roth, Gerhard (eds.), Voluntary action: brains, minds, and sociality, Oxford 2003, S. 86

Bayles, Michael D., Hume on Blame and Excuse, Hume Studies 2 (1976), 17

— Character, Purpose, and Criminal Responsibility, 1 Law & Phil. 5 (1982)

— *Principles of Law. A Normative Analysis*, Dordrecht Boston Lancaster Tokyo 1987

Beccaria, Cesare, *Dei delitti e delle pene*, Livorno 1764, zit. Ausgabe: prima redazione, in: Edizione nazionale delle opere di Cesare Beccaria, vol. I, Milano 1984, S. 15

Becker, Astrid, *Der Tatbestand des Verbrechens gegen die Menschlichkeit*, Berlin 1996

Beckermann, Ansgar, *Gründe und Ursachen*, Kronberg/Ts. 1977

— *Handeln und Handlungserklärungen*, in: ders. (Hrsg.), Analytische Handlungstheorie, Band 2: Handlungserklärungen, Frankfurt a.M. 1977, S. 7

BECKERMANN, ANSGAR, *Intentionale versus kausale Handlungserklärungen*, in: Lenk, Hans (Hrsg.), Handlungstheorien – interdisziplinär, Band 2, Zweiter Halbband, München 1979, S. 445
— *Analytische Einführung in die Philosophie des Geistes*, 2. Aufl. Berlin New York 2001
BEKKER, ERNST IMMANUEL, *Theorie des heutigen Deutschen Strafrechts*, Leipzig 1859
BELING, ERNST, *Die Lehre vom Verbrechen*, Tübingen 1906
— *Unschuld, Schuld und Schuldstufen im Vorentwurf zu einem deutschen Strafgesetzbuch*, Leipzig 1910
— *Grundzüge des Strafrechts*, 4. Aufl. Tübingen 1912
BENNETT, DANIEL, Action, Reason, and Purpose, Journal of Philosophy 62 (1965), 85
BENNETT, JONATHAN, 'Whatever the Consequences', Analysis 26 (1966), 83
— *Events and their Names*, Oxford 1988
— *The Act Itself*, Oxford 1995
BENTHAM, JEREMY, *A Fragment on Government; or a Comment on the Commentaries* (1776), zit. nach: Bowring, John (ed.), The Works of Jeremy Bentham 1838, Reprint New York 1962, vol. I, S. 221
— *A Table on the Springs of Action*, zit. nach: Bowring, John (ed.), The Works of Jeremy Bentham 1838, Reprint New York 1962, vol. I, S. 195
— *An Introduction to the Principles of Morals and Legislation*, New edition, London 1823, zit. nach: Bowring, John (ed.), The Works of Jeremy Bentham 1838, Reprint New York 1962, vol. I, S. 1
— *Essay on the Promulgation of Laws*, and the Reasons Thereof; with Specimen of a Penal Code, zit. nach: Bowring, John (ed.), The Works of Jeremy Bentham 1838, Reprint New York 1962, vol. I, S. 155
— *Principles of Penal Law*, zit. nach: Bowring, John (ed.), The Works of Jeremy Bentham 1838, Reprint New York 1962, vol. I, S. 365
BERG, OTTO, *Der gegenwärtige Stand der Schuldlehre im Strafrecht*, Breslau 1927
BERGMANN, GUSTAV, *Logical Positivism, Language, and the Reconstruction of Metaphysics*, Rivista Critica di Storia della Filosofia VIII (1953), 453, zit. nach dem Abdruck in: Rorty, Richard (ed.), The Linguistic Turn, Chicago London 1992, S. 63
— *Logic and Reality*, Madison WI 1964
BERKEMANN, JÖRG, *„Handlung" in der Rechtswissenschaft*, in: Lenk, Hans (Hrsg.), Handlungstheorien interdisziplinär III: Verhaltenswissenschaften und psychologische Handlungstheorien, Zweiter Halbband, München 1984, S. 806
BERKOWITZ, LEONARD, Frustration-Aggression Hypothesis: Examination and Reformulation, Psychological Bulletin 106 (1989), 59
— *Aggression: Its Causes, Consequences, and Control*, New York 1993
BERMAN, HAROLD J., *Law and Revolution, The Formation of the Western Legal Tradition*, Cambridge MA London 1983
BERNER, ALFRED FRIEDRICH, *Grundlinien der criminalistischen Imputationslehre*, Berlin 1843
— *Wirkungskreis des Strafgesetzes nach Raum, Zeit und Personen*, Berlin 1853
— *Die Strafgesetzgebung in Deutschland vom Jahre 1751 bis zur Gegenwart*, Leipzig 1867
— *Lehrbuch des Deutschen Strafrechtes*,
  - 6. Aufl. Leipzig 1872
  - 18. Aufl. Leipzig 1898
BERNHARD VON PAVIA, *Bernardi Papiensis Faventini Episcopi Summa Decretalium*, edidit E. A.Th. Laspeyres, Regensburg 1860
BERNHARDT, RUDOLF, *Die Auslegung völkerrechtlicher Verträge*, Köln Berlin 1963
— *Customary International Law*, in: ders., (ed.), Encyclopedia of Public International Law (EPIL), vol. 1, Amsterdam etc. 1992, S. 898
BETTIOL, GIUSEPPE, *Diritto penale, Parte generale*, undicesima ed. Padova 1982

BICKEL, JOHANNES, *Das förmliche Geständnis im US-amerikanischen Strafprozeß als Beispiel der Verfahrenserledigung*, Berlin 2001

BIERBRAUER, GÜNTER, *Die Zuschreibung von Verantwortlichkeit. Eine attributionstheoretische Analyse*, in: ders./Haffke, Bernhard, Schuld und Schuldunfähigkeit, in: Hassemer, Winfried/Lüderssen, Klaus (Hrsg.), Sozialwissenschaften im Studium des Rechts, Band III, Strafrecht, München 1978, S. 130

BIERBRAUER, GÜNTER/HAFFKE, BERNHARD, *Schuld und Schuldunfähigkeit*, in: Hassemer, Winfried/Lüderssen, Klaus (Hrsg.), Sozialwissenschaften im Studium des Rechts, Band III, Strafrecht, München 1978, S. 121

BIERHOFF, HANS-WERNER, *Sozialpsychologie. Ein Lehrbuch*, 5. Aufl. Stuttgart Berlin Köln 2000

BIERI, PETER, *Intentionale Systeme: Überlegungen zu Daniel Dennetts Theorie des Geistes*, in: Brandtstädter, Jochen (Hrsg.), Struktur und Erfahrung in der psychologischen Forschung, Berlin New York 1987, S. 208

— *Generelle Einführung*, in: ders. (Hrsg.), Analytische Philosophie des Geistes, 3. Aufl. Weinheim 1997, S. 1

— *Materialismus: Einleitung*, in: ders. (Hrsg.), Analytische Philosophie des Geistes, 3. Aufl. Weinheim 1997, S. 31

— *Das Handwerk der Freiheit*, München Wien 2001

BINDING, KARL, *Handbuch des Strafrechts*, Erster Band, Leipzig 1885

— *Grundriss des Deutschen Strafrechts*, Allgemeiner Teil, 8. Aufl. Leipzig 1913

— Über den Irrtum bei Delikten im heutigen Strafrecht und in dem der Zukunft, GS 81 (1913), 19

— *Die Normen und ihre Übertretung*,
  - Band 2, Schuld und Vorsatz, Hälfte 1: Zurechnungsfähigkeit, Schuld, 2. Aufl. Leipzig 1914
  - Band 2, Schuld und Vorsatz, Hälfte 2: Der rechtswidrige Vorsatz, 2. Aufl. Leipzig 1916
  - Band 3, Der Irrtum, Leipzig 1918

— Der umgekehrte Irrtum, GS 85 (1917), 177

— Klein in großer Zeit. Die BRVO. vom 18. Januar 1917 über den sog. Rechtsirrtum, LZ 1917, 297

— *Die Schuld im deutschen Strafrecht*, Leipzig 1919

BINDOKAT, HEINZ, Irrungen und Wirrungen in der Rechtsprechung über den Verbotsirrtum, JZ 1953, 748

BINDOKAT, HEINRICH, Zur Frage des doppelten Irrtums, NJW 1963, 745

BIRKMEYER, KARL VON, *Studien zu dem Hauptgrundsatz der modernen Richtung im Strafrecht „Nicht die Tat, sondern der Täter ist zu bestrafen"*, Leipzig 1909

BIRNBAUM, Bemerkungen über einige zum Behufe der Lehre von der Rechtsunkenntnis gemachte Eintheilungen der Verbrechen und Strafgesetze, NArchCrimR 11 (1830), 101

BLACKSTONE, WILLIAM, *Commentaries on the Laws of England*, Book the Fourth, Oxford 1769, Reprint Abingdon 1982

BLECKMANN, ALBERT, *Grundprobleme und Methoden des Völkerrechts*, Freiburg München 1982

— Die Praxis des Völkergewohnheitsrechts als konsekutive Rechtssetzung, in: Festschrift für Hermann Mosler, Berlin Heidelberg New York 1983, S. 89

BLECKMANN, FRANK, *Strafrechtsdogmatik – wissenschaftstheoretisch, soziologisch, historisch*, Freiburg i. Br. 2002

BLEI, HERMANN, Das Wahnverbrechen, JA 1973, 601

— *Strafrecht I, Allgemeiner Teil*, 18. Aufl. München 1983

BLOCK, NED, *Eine Verwirrung über eine Funktion des Bewußtseins*, in: Metzinger, Thomas (Hrsg.), Bewußtsein. Beiträge aus der Gegenwartsphilosophie, 4. Aufl. Paderborn 2001, S. 523

BLOCK, NED; FLANAGAN, OWEN & GÜZELDERE, GÜVEN (eds.), *The Nature of Consciousness: Philosophical Debates*, Cambridge MA 1997

Blum, Alan F. & McHugh, Peter, *Die gesellschaftliche Zuschreibung von Motiven*, in: Lüderssen, Klaus/Sack, Fritz (Hrsg.), Seminar: Abweichendes Verhalten II: Die gesellschaftliche Reaktion auf Kriminalität, Band 1: Strafgesetzgebung und Strafrechtsdogmatik, Frankfurt a.M. 1975, S. 171 (Orig.: The Social Ascription of Motives, American Sociological Review 36 (1971), 98)

Blumstein, Alfred; Cohen, Jacqueline & Nagin, Daniel (eds.), *Deterrence and Incapacitation: Estimating the Effects of Criminal Sanctions on Crime Rates*, National Academy of Sciences, Panel on Research on Deterrent and Incapacitative Effects, Committee on Research on Law Enforcement and Criminal Justice, Assembly of Behavioral and Social Sciences, Washington D.C. 1978

Bock, Joachim, *Begriff, Inhalt und Zulässigkeit der Beweislastumkehr im materiellen Strafrecht*, Frankfurt a.M. 2001

Bock, Michael, Prävention und Empirie – Über das Verhältnis von Strafzwecken und Erfahrungswissen, JuS 1994, 89

Bockelmann, Paul, Literaturbericht: Warda, Heinz-Günter: Die Abgrenzung von Tatbestands- und Verbotsirrtum bei Blankettstrafgesetzen, Berlin 1955, in: ZStW 70 (1958), 639

— Bemerkungen über das Verhältnis des Strafrechts zur Moral und zur Psychologie, in: Gedächtnisschrift für Gustav Radbruch, Göttingen 1968, S. 252 = auch in: Jäger, Herbert (Hrsg.), Kriminologie im Strafprozeß, Frankfurt a.M. 1980, S. 11

Boenninghausen, Franz Egon von, *Tractatus iuridico-canonicus de irregularitatibus*, fasciculus II, Münster 1864

Bogdan, Michael, General Principles of Law and the Problem of Lacunae in the Law of Nations, 46 Nordisk Tidsskrift for International Ret (Acta Scandinavica Iuris Gentium) 37 (1977)

Böhmer, Johann Samuel Friedrich von, *Elementa iurisprudentiae criminalis*, editio quarta, Halle 1749

— *Observationes selectae ad Bened. Carpzovii JC. Practicam novam rerum criminalium imperialem saxonicam*, Frankfurt a.M. 1759

— *Meditationes in Constitutionem Criminalem Carolinam*, Halle Magdeburg 1770

Bohne, Gotthold, Naturrecht und Gerechtigkeit, in: Festschrift für Heinrich Lehmann, Berlin Tübingen Frankfurt a.M. 1956, Band I, S. 3

Boldt, Gottfried, *Die Voraussetzungen für die Anwendbarleit der poena ordinaria bei J.S.F. Böhmer (1704–1772)*, Berlin 1933

— *Johann Samuel Friedrich von Böhmer und die gemeinrechtliche Strafrechtswissenschaft*, Berlin Leipzig 1936

Bos, Maarten, *A Methodology of International Law*, Amsterdam New York Oxford 1984

Bossius, Aegidius, *Tractatus varii, qui omnem fere criminalem materiam excellenti doctrina complectuntur*, Lugduni 1562

Bothe, Michael, Die Bedeutung der Rechtsvergleichung in der Praxis internationaler Gerichte, ZaöRV 36 (1976), 280

Bothe, Michael & Ress, Georg, *The Comparative Method and Public International Law*, in: Butler, William E. (ed.), International Law in Comparative Perspective, Aalphen aan den Rijn · Germantown MD 1980, S. 49

Bower, Gordon H., *A Brief History of Memory Research*, in: Tulving, Endel & Craik, Fergus I.M. (eds.), The Oxford Handbook of Memory, Oxford New York 2000, S. 3

Bracton, Henricus de, *De Legibus et Consuetudinibus Angliae libri quinque in varios tractatus distincti*, ed. by Sir Travers Twiss, vol. II, London 1879, Reprint Wiesbaden 1964

Brady, James B., Punishing Attempts, The Monist (1980), 246

— Recklessness, 15 Law & Phil. 183 (1996)

Brammsen, Joerg, Inhalt und Elemente des Eventualvorsatzes – Neue Wege in der Vorsatzdogmatik?, JZ 1989, 71

BRANDSTÄTTER, VERONIKA/LENGFELDER, ANGELIKA/GOLLWITZER, PETER M., Implementation Intentions and Efficient Action Initiation, Journal of Personality and Social Psychology 81 (2001), 946

BRANDT, RICHARD & KIM, JAEGWON, Wants as Explanations for Actions, 60 Journal of Philosophy 425 (1963)

BRANDTSTÄDTER, JOCHEN, Apriorische Elemente in psychologischen Forschungsprogrammen, Z. f. Sozialpsychologie 13 (1982), 267

BRATMAN, MICHAEL E., *Intention, Plans, and Practical Reason*, Stanford 1999 (erstmals Cambridge MA 1987)

— *Faces of Intention. Selected Essays on Intention and Agency*, Cambridge 1999

BRECHER, FRITZ, Scheinbegründung und Methodenehrlichkeit im Zivilrecht, in: Festschrift für Arthur Nikisch, Tübingen 1958, S. 227

BREIDENBACH, M. W. A., *Commentar über das Großherzoglich Hessische Strafgesetzbuch*, Erster Band, Darmstadt 1842

BREMER, KATHRIN, *Nationale Strafverfolgung internationaler Verbrechen gegen das humanitäre Völkerrecht*, Frankfurt a.M. 1999

BRENNENSTUHL, WALTRAUD, *Ziele der Handlungslogik*, in: Lenk, Hans (Hrsg.), Handlungstheorien interdisziplinär I: Handlungslogik, formale und sprachwissenschaftliche Handlungstheorien, München 1980, S. 35

BRENTANO, FRANZ, *Psychologie vom empirischen Standpunkt*, Wien 1874, zit. Ausgabe: Leipzig 1924, (Band 1); Leipzig 1928 (Band 3)

BRESSER, PAUL H., Die Ermittlung des subjektiven Tatbestands. Grundsätzliches über „Psychologie und Strafrecht", in: Festschrift für Richard Lange, Berlin New York 1976, S. 665

BRETT, PETER, *An Inquiry Into Criminal Guilt*, Sydney Melbourne Brisbane 1963

BRICOLA, FRANCO, *Dolus in re ipsa*. Osservazioni in tema di oggetto e di accertamento del dolo, Milano 1960

BRIGGS, LAURIE A., Presumptive Mens Rea. An Analysis of the Federal Judiciary's Retreat from Sandstrom v. Montana, 64 Notre Dame L. Rev. 367 (1989)

BRINGEWAT, PETER, *Funktionales Denken im Strafrecht*, Berlin 1974

BROWN, SCOTT C. & CRAIK, FERGUS I. M., *Encoding and Retrieval of Information*, in: Tulving, Endel & Craik, Fergus I. M. (eds.), The Oxford Handbook of Memory, Oxford New York 2000, S. 93

BROWNLIE, IAN, *Principles of Public International Law*, 5th ed. Oxford 1998

BRUDNER, ALAN, *Agency and Welfare in the Penal Law*, in: Shute, Stephen/Gardner, John/Horder, Jeremy (eds.), Action and Value in Criminal Law, Oxford 1993, S. 21

BRUNER, JEROME S., *On Perceptual Readiness*, Psychological Review 64 (1957), 123, zit. nach Abdruck in: Beardslee, David C./Wertheimer, Michael (eds.), Readings in Perception, Princeton NJ Toronto London Melbourne 1958, S. 686

— *Foreword*, in: Malle, Bertram F.; Moses, Louis J. & Baldwin, Dare A. (eds.), Intentions and Intentionality: Foundations of Social Cognition, Cambridge MA London 2001, S. ix

BRUNNER, HEINRICH, *Über absichtslose Missethat im altdeutschen Strafrechte*, Sitzungsberichte der Königlich Preußischen Akademie Berlin 1890, S. 815, zit. nach: ders., Forschungen zur Geschichte des deutschen und französischen Rechtes. Gesammelte Aufsätze, Stuttgart 1894, S. 487

BRUNS, HANS-JÜRGEN, *Das Recht der Strafzumessung*, 2. Aufl. Köln Berlin Bonn München 1985

BUBNER, RÜDIGER, *Handlung, Sprache und Vernunft*, Frankfurt a.M. 1982

BUCHANAN, JOSEPH, *The Philosophy of Human Nature*, Richmond KY 1812

BUCHNER, AXEL/BRANDT, MARTIN, *Gedächtniskonzeptionen und Wissensrepräsentationen*, in: Müsseler, Jochen/Prinz, Wolfgang (Hrsg.), Allgemeine Psychologie, Heidelberg Berlin 2002, S. 492

BURGE, TYLER, *Zwei Arten von Bewußtsein*, in: Metzinger, Thomas (Hrsg.), Bewußtsein. Beiträge aus der Gegenwartsphilosophie, 4. Aufl. Paderborn 2001, S. 583

Buri, Maximilian von, *Über Causalität und deren Verantwortung*, Leipzig 1873

Burkhardt, Björn, Rechtsirrtum und Wahndelikt, JZ 1981, 681

— Zur Abgrenzung von Versuch und Wahndelikt im Steuerstrafrecht, wistra 1982, 178

— *Der Wille als konstruktives Prinzip der Strafrechtsdogmatik*, in: Heckhausen, Heinz/Gollwitzer, Peter M./Weinert, Franz E. (Hrsg.), Jenseits des Rubikon. Der Wille in den Humanwissenschaften, Berlin Heidelberg New York London Paris Tokyo 1987, S. 319

— *Der Irrtum als Unrechts- und/oder Schuldausschluß – Ein Kommentar aus deutscher Sicht*, in: Eser, Albin/Nishihara, Haruo (Hrsg.), Rechtfertigung und Entschuldigung IV, Freiburg i. Br. 1995, S. 405

— Abweichende Kausalverläufe in der Analytischen Handlungstheorie, in: Festschrift für Haruo Nishihara, Baden-Baden 1998, S. 15

— Freiheitsbewußtsein und strafrechtliche Schuld, in: Festschrift für Theodor Lenckner, München 1998, S. 3

— *First-person understanding of action in criminal law*, in: Maasen, Sabine/Prinz, Wolfgang/Roth, Gerhard (eds.), Voluntary action: brains, minds, and sociality, Oxford 2003, S. 238

Burns, Robert I. (ed.), *Las Siete Partidas*, translation and notes by Samual Parsons Scott, 5 vols., Philadelphia PA 2001

Burton, William C., *Burton's Legal Thesaurus*, 3rd ed. New York etc. 1998

Busam, Gerhard, *Das Geständnis im Strafverfahren*, Lübeck 1983

Busch, Richard, L'erreur de droit, R.i.d.p. 26 (1955), 309

Byers, Michael, *Custom, Power and the Power of Rules*, Cambridge New York Melbourne 1999

Byrd, B. Sharon, Putative Self-Defense and Rules of Imputation, JRE 2 (1994), 291; auch abgedr. in: Katz, Leo/Moore, Michael S./Morse, Stephen J. (eds.), Foundations of Criminal Law, New York Oxford 1999, S. 260

Cæpolla, Bartholomæus, *Consilia criminalia*, Venetiis 1555

Cammarata, Angelo Ermanno, Sul fondamento del principio «Ignorantia iuris non excusat», Riv. int. fil. dir. 8 (1928), 327

Canaris, Claus-Wilhelm, *Systemdenken und Systembegriff*, Berlin 1969

Canestrari, Stefano, Die Struktur des dolus eventualis, GA 2004, 210

Caracciolo, Ida, *Applicable Law*, in: Lattanzi, Flavia/Schabas, William A. (eds.), Essays on the Rome Statute of the International Criminal Court, vol. I, Ripa Fagnano Alto 1999, S. 211

Carnap, Rudolf, *Scheinprobleme in der Philosophie. Das Fremdpsychische und der Realismusstreit*, Berlin 1928

— *Der logische Aufbau der Welt*, Berlin 1928, 3. unveränd. Aufl. Hamburg 1966

— Überwindung der Metaphysik duch logische Analyse der Sprache, Erkenntnis 2 (1931), 219

— Die physikalische Sprache als Universalsprache der Wissenschaft, Erkenntnis 2 (1931), 432

— Psychologie in physikalischer Sprache, Erkenntnis 3 (1932/33), 107

— Testability and Meaning, Philosophy of Science 3 (1936), 419; 4 (1937), 1

— *Empiricism, Semantics, and Ontology,* Revue internationale de Philosophie 4 (1950), 20, zit. Abdruck in: ders., Meaning and Necessity. A Study in Semantics and Modal Logic, 2nd ed. Chicago London 1956, S. 205

— *Meaning Postulates*, Philosophical Studies 3 (1952), 65, zit. Abdruck in: ders., Meaning and Necessity. A Study in Semantics and Modal Logic, 2nd ed. Chicago London 1956, S. 222

— *On Belief-Sentences. Reply to Alonzo Church*, in: MacDonald, Margaret (ed.), Philosophy and Analysis: A Selection of Articles Published in Analysis, Oxford 1954, S. 128, hier zit. nach: ders., Meaning and Necessity. A Study in Semantics and Modal Logic, 2nd ed. Chicago London 1956, S. 230

— *Meaning and Synonymy in Natural Languages*, Philosophical Studies 6 (1955), 33, zit. Abdruck in: ders., Meaning and Necessity. A Study in Semantics and Modal Logic, 2nd ed. Chicago London 1956, S. 233

CARNAP, RUDOLF, *The Methodological Character of Theoretical Concepts*, in: Feigl, Herbert/Scriven, Michael (eds.), Minnesota Studies in the Philosophy of Science, vol. 1: The Foundations of Science and the Concept of Psychology and Psychoanalysis, Minneapolis 1956, S. 38

— *Meaning and Necessity. A Study in Semantics and Modal Logic*, 2nd ed. Chicago London 1956

— *Reply to Quine*, in: Schilpp, Paul Arthur (ed.), The Philosophy of Rudolf Carnap (The Library of Living Philosophers, vol. XI), LaSalle Ill. 1963, S. 915

CARNAP, RUDOLF / HAHN, HANS / NEURATH, OTTO, *Wissenschaftliche Weltauffassung – der Wiener Kreis*, Wien 1929, abgedr. in: Neurath, Otto, Wissenschaftliche Weltauffassung, Sozialismus und Logischer Empirismus, Frankfurt a.M. 1979, S. 81

CARPENTER, WILLIAM B., *Principles of Mental Physiology*, 4th ed. London 1876, Reprint London 1993

CARPZOV, BENEDIKT, *Practica Nova Imperialis Saxonica Rerum Criminalium in partes tres divisa*, Wittenberg 1635

CARRARA, FRANCESCO, *Della ignoranza come scusa*, in: ders., Opuscoli di diritto criminale, quarta ed. Firenze 1899, vol. VII, S. 387

— *Programma del corso di diritto criminale* dettato nella R. Università di Pisa dal Professore Francesco Carrara, Parte generale, vol. 1, decima ed. Firenze 1907

CARRIER, MARTIN/MITTELSTRASS, JÜRGEN, *Geist, Gehirn, Verhalten. Das Leib-Seele-Problem und die Philosophie der Psychologie*, Berlin New York 1989

CARRITHERS, MICHAEL, *An alternative history of the self*, in: ders., Collins, Steven & Lukes, Steven (eds.), The category of the person, Cambridge 1985, S. 234

CARROLL, JOHN S. & WIENER, RICHARD L., *Cognitive Social Psychology in Court and Beyond*, in: Hastorf, Albert H. & Isen, Alice M. (eds.), Cognitive Social Psychology, New York Amsterdam Oxford 1982, S. 213

CASSESE, ANTONIO, The Statute of the International Criminal Court: Some Preliminary Reflections, 10 Eur. J. Int'l L. 144 (1999)

— *The contribution of the International Criminal Tribunal for the Former Yugoslavia to the ascertainment of general principles of law recognized by the community of nations*, in: Yee, Sienho/Tieya, Wang (eds.), International Law in the Post-Cold War World, Essays in memory of Li Haopei, London New York 2001, S. 43

— *International Criminal Law*, Oxford 2003

CASSESE, ANTONIO / GAETA, PAOLA / JONES, JOHN R.W. D., *The Rome Statute of the International Criminal Court: A Commentary*, 3 vols., Oxford 2002

CASSIRER, ERNST, *Philosophie der symbolischen Formen*, Band I: Die Sprache, 2. Aufl. Darmstadt 1953

CASTAÑEDA, HECTOR-NERI, Intensionality and Identity in Human Action and Philosophical Method, Noûs 1 (1979), 235

— Conditional Intentions, Intentional Action and Aristotelian Practical Syllogisms, Erkenntnis 18 (1982), 239

CATHREIN, VICTOR, *Moralphilosophie*, Erster Band: Allgemeine Moralphilosophie, 2. Aufl. Freiburg i. Br. 1893

CAVALEIRO DE FERREIRA, MANUEL, *Direito penal português*, Parte geral I, Lisboa 1981

CAVICCHIOLI, LUCIA, Sull'elemento soggettivo nei crimini contro la pace e la sicurezza dell'umanità, Riv.dir.int. 76 (1993), 1047

CEPHALUS, JOHANNES, *Consiliorum sive responsorum libri quinque*, Frankfurt 1624

CEREZO MIR, JOSÉ, Ontologismus und Normativismus im Finalismus der fünfziger Jahre, in: Festschrift für Albin Eser, München 2005, S. 101

CHENG, BIN, *General Principles of Law as Applied by International Courts and Tribunals*, London 1953, reprint Cambridge 1987

CHIHARA, CHARLES S. & FODOR, JERRY A., *Operationalismus und normale Sprache: eine Wittgenstein-Kritik*, in: Beckermann, Ansgar (Hrsg.), Analytische Handlungstheorie, Band 2, S. 221, zuerst erschienen als: Operationalism and Ordinary Language: A Critique of Wittgenstein, 2 Am. Phil.Q. 281 (1965)

CHISHOLM, RODERICK M., *Sentences about Believing*, Proceedings of the Aristotelian Society 56 (1955–56), 125

— *Freedom and Action*, in: Lehrer, Keith (ed.), Freedom and Determinism, New York 1966, S. 11

— *Human Freedom and the Self*, The Lindley Lecture, Kansas 1964, S. 3, zit. nach Abdruck in: Watson, Gary (ed.) Free Will, Oxford 1982, S. 24

CHRISTENSEN, SCOTT M. & TURNER, DALE R., *Folk psychology and the philosophy of mind*, Hillsdale NJ 1993

CHURCH, ALONZO, On Carnap's Analysis of Statements of Assertion and Belief, Analysis 10 (1950), 97

— *A Formulation of the Logic of Sense and Denotation*, in: Henle, Paul; Kallen, Horace M. & Langer, Susanne K. (eds.), Structure, Method, and Meaning: Essays in Honor of Henry M. Sheffer, New York 1951, S. 3

CHURCHLAND, PATRICIA SMITH, *Die Neurobiologie des Bewußtseins. Was können wir von ihr lernen?*, in: Metzinger, Thomas (Hrsg.), Bewußtsein. Beiträge aus der Gegenwartsphilosophie, 4. Aufl. Paderborn 2001, S. 463

CHURCHLAND, PAUL M., Eliminative Materialism and the Propositional Attitudes, Journal of Philosophy 78 (1981), 67

— Reduction, Qualia, and the Direct Introspection of Brain States, Journal of Philosophy 82 (1985), 8

— *Matter and Consciousness*, rev'd ed. Cambridge 1988

— Stichwort "Folk Psychology (2)" in: Guttenplan, Samuel (ed.), A Companion to the Philosophy of Mind, Oxford Malden MA 1994, S. 308

— *Evaluating Our Self Conception*, in: Churchland, Paul M. and Patricia S., On the Contrary: Critical Essays 1987–1997, Cambridge MA 1998, S. 25

CICERO, MARCUS TULLIUS, *De fato*, zit. Ausgabe: The Loeb Classical Library, Cicero, *De oratore in Two Volumes II*, Book III, together with De fato, Paradoxa Stoicorum, De partitione oratoria, London Cambridge MA 1960, S. 187

— *De inventione*, zit. Ausgabe: The Loeb Classical Library, Cicero, *De inventione, de optimo genere oratorum, topica*, London Cambridge MA 1960, S. 1

— *De officiis*, zit. Ausgabe: The Loeb Classical Library, London Cambridge MA 1956, S. 1

— *Paradoxa Stoicorum*, zit. Ausgabe: The Loeb Classical Library, Cicero, *De oratore in Two Volumes II*, Book III, together with De fato, Paradoxa Stoicorum, De partitione oratoria, London Cambridge MA 1960, S. 251

— *pro M. Tullio oratio*, zit. Ausgabe: Scriptorum Classicorum Bibliotheca Oxoniensis, *M. Tulli Ciceronis Orationes*, vol. VI, Oxford 1952, S. 34

— *pro T. Annio Milone oratio*, zit. Ausgabe: The Loeb Classical Library, Cicero, *The Speeches, pro T. Annio Milone* etc., London Cambridge MA 1958, S. 1

CINUS DE PISTORIA, *in Codicem et aliquot titulos primi pandectarum tomi, id est digesti veteris doctissima Commentaria*, Frankfurt a.M. 1578

CLARK, ROGER S., The Mental Element in International Criminal Law: The Rome Statute of the International Criminal Court and the Elements of Offences, 12 Crim.L.F. 291 (2001) = Subjektive Merkmale im Völkerstrafrecht, ZStW 114 (2002), 372

CLARUS, IULIUS, *Liber Quintus Receptarum Sententiarum integer sive Practica criminalis*, Venedig 1640

COHEN, DANIEL I. A., The jurisprudence of unconscious intent, 24 J. Psychiatry & L. 511 (1996)

COHEN, FELIX S., Transcendental Nonsense and the Functional Approach, 35 Colum.L.Rev. 809 (1935)

COHEN, JONATHAN, *Teleological Explanation*, Proceedings of the Aristotelian Society, N.S. 51 (1950/51), 255

COING, HELMUT, Über einen Beitrag zur rechtswissenschaftlichen Grundlagenforschung, ARSP 41 (1954/55), 436

COKE, SIR EDWARD, *The Third Part of the Institutes of the Laws of England: concerning High Treason, and Other Pleas of the Crown and Criminal Causes*, 1641, Ausgabe W. Clarke and Sons, London 1817

COLEMAN, JAMES S., Social Theory, Social Research, and a Theory of Action, American Journal of Sociology 91 (1986), 1309

COOK, WALTER WHEELER, Act, Intention and Motive in the Criminal Law, 26 Yale L.J. 645 (1916–17)

COOLEY, CHARLES HORTON, *Human Nature and the Social Order,* New York Chicago Boston 1902

COVARRUVIAS Y LEYVA, DIEGO, *in Clementis Quinti constitutionem: si furiosus, rubrica de Homicidio, relectio*, in: Didaci Covarrvvias a Leyva Toletani Episcopi Segobiensis ... Opera omnia, Francoforti ad Moenum 1594, S. 550

CRANACH, MARIO VON, *Willens- und Handlungsfreiheit als psychologisches Problem: Die Struktur des Diskurses*, in: ders./Foppa, Klaus (Hrsg.), Freiheit des Entscheidens und Handelns. Ein Problem der nomologischen Psychologie, Heidelberg 1996, S. 329

CRESSWELL, MAX, *Structured Meanings: The Semantics of Propositional Attitudes*, Cambridge MA 1985

CRICK, FRANCIS & KOCH, CHRISTOF, A framework for consciousness, nature *neuroscience* 6 (2003), 119

CUIACIUS, IACOBUS, *ad Diversos Titulos Pandectarum Recitationes* absolutissimae, in: Iacobi Cuiacii ... Operum postumorum quae de iure reliquit tomi quarti pars prior, Lutetiae Parisiorum 1658

CURTI, HENNING, *Zur Abschreckungswirkung strafrechtlicher Sanktionen in der Bundesrepublik Deutschland*, in: Ott, Claus/Schäfer, Hans-Bernd (Hrsg.), Die Präventivwirkung zivil- und strafrechtlicher Sanktionen, Tübingen 1999, S. 71

CYNUS → CINUS

D'ANDRADE, ROY G., *A folk model of the mind*, in: Holland, Dorothy/Quinn, Naomi (eds.), Cultural models in language and thought, Cambridge London New York New Rochelle Melbourne Sydney 1987, S. 112

— *The development of cognitive anthropology*, Cambridge 1995

D'ARCY, ERIC, *Human Acts*, Oxford 1963

DAHM, GEORG, *Das Strafrecht Italiens im ausgehenden Mittelalter*, Berlin Leipzig 1931

DAHM, GEORG/DELBRÜCK, JOST/WOLFRUM, RÜDIGER, *Völkerrecht*
- Band I/1: Die Grundlagen. Die Völkerrechtssubjekte, 2. Aufl. Berlin New York 1989
- Band I/3: Die Formen völkerrechtlichen Handelns. Die inhaltliche Ordnung der internationalen Gemeinschaft, 2. Aufl. Berlin 2002

DALKE, A., Ist nach der neuesten Preußischen Strafgesetzgebung noch der Einwand der Unkenntniß des Strafgesetzes zu berücksichtigen?, GA 6 (1858), 63

DALLEMAGNE, J., *La volonté dans ses rapports avec la responsabilité pénale*, Paris o.J.

DAMAŠKA, MIRJAN, Evidentiary Barriers to Conviction and Two Models of Criminal Procedure: A Comparative Study, 121 U.Pa.L.Rev. 506 (1972–73)

DAMASIO, ANTONIO R., *Descartes' Error. Emotion, Reason, and the Human Brain*, New York 1994, reprint 2000

DAMHOUDER, IODOCUS, *Praxis Rerum Criminalium*, Antwerpen 1601

DANTO, ARTHUR C., What We Can Do, Journal of Philosophy 60 (1963), 435

— Basic Actions, Am.Phil.Q. 2 (1965), 141

— Consciousness and Motor Control, Behavioral & Brain Sciences 8 (1985), 540

DARBY, MICHAEL R. & KARNI, EDI, Free Competition and the Optimal Amount of Fraud, 16 J.L. & Econ. 67 (1973)

Darnstädt, Thomas, Der Irrtum über normative Tatbestandsmerkmale im Strafrecht, JuS 1978, 441

Davidson, Donald, *Actions, Reasons, and Causes*, in: ders., Essays on Actions and Events, 2nd ed. Oxford 2001, S. 3

— *Agency*, in: ders., Essays on Actions and Events, 2nd ed. Oxford 2001, S. 43

— *A Coherence Theory of Truth and Knowledge*, in: ders., Subjective, Intersubjective, Objective, Oxford 2001, S. 137

— *Events as Particulars*, in: ders., Essays on Actions and Events, 2nd ed. Oxford 2001, S. 181

— *Freedom to Act*, in: ders., Essays on Actions and Events, 2nd ed. Oxford 2001, S. 63

— *How Is Weakness of the Will Possible?*, in: ders., Essays on Actions and Events, 2nd ed. Oxford 2001, S. 21

— *The Individuation of Events*, in: ders., Essays on Actions and Events, 2nd ed. Oxford 2001, S. 163

— *Intending*, in: ders., Essays on Actions and Events, 2nd ed. Oxford 2001, S. 83

— *The Material Mind*, in: ders., Essays on Actions and Events, 2nd ed. Oxford 2001, S. 245

— *Mental Events*, in: ders., Essays on Actions and Events, 2nd ed. Oxford 2001, S. 207

— *A Nice Derangement of Epitaphs*, in: ders., Truth, Language and History, Oxford 2005, S. 89

— *On Saying That*, in: ders., Inquiries into Truth and Interpretation, 2nd ed. Oxford 2001, S. 93

— *On the Very Idea of a Conceptual Scheme*, in: ders., Inquiries into Truth and Interpretation, 2nd ed. Oxford 2001, S. 183

— *Psychology as Philosophy*, in: ders., Essays on Actions and Events, 2nd ed. Oxford 2001, S. 229

Davies, Martin & Stone, Tony, *Folk Psychology: The Theory of Mind Debate*, Oxford Cambridge 1995

— *Mental Simulation: Evaluations and Applications*, Oxford Cambridge 1995

Davis, Lawrence H., *Theory of Action*, Englewood Cliffs NJ 1979

De Sousa, Ronald B., How to Give a Piece of Your Mind: or, the Logic of Belief and Assent, Review of Metaphysics 25 (1971), 52

Deci, Edward L. & Ryan, Richard M., *Intrinsic Motivation and Self-Determination in Human Behavior*, New York London 1985

Decius, Philippus, *Solemnis repetitio rubrice et capituli primi de probationibus*, Papie 1506

Degan, Vladimir Duro, *Sources of International Law*, The Hague Boston London 1997

Delmas-Marty, Mireille, The Contribution of Comparative Law to a Pluralist Conception of International Criminal Law, 1 J. Int'l Crim. Just. 13 (2003)

Demmer, Klaus, *Deuten und handeln. Grundlagen und Grundfragen der Fundamentalmoral*, Freiburg i.Ü., Freiburg i.Br. 1985

Dencker, Friedrich, Zum Geständnis im Straf- und Strafprozeßrecht, ZStW 102 (1990), 51

Dennett, Daniel C., *Brainstorms*, Cambridge MA London 1981

— *Consciousness Explained*, London 1993

— *Content and Consciousness*, 2nd ed. London New York 1986

— Current Issues in the Philosophy of Mind, Am.Phil.Q. 15 (1978), 249

— *Elbow Room. The Varieties of Free Will Worth Wanting*, Cambridge MA 1984

— *Intentional Systems*, in: ders., Brainstorms, Cambridge MA London 1981, S. 3

— *Mechanism and Responsibility*, in: Honderich, Ted (ed.), Essays on Freedom and Action, 1973, S. 159, hier zit. nach Abdruck in: Watson, Gary (ed.), Free Will, Oxford 1982, S. 150

— *Real Patterns*, Journal of Philosophy 88 (1991), 27, abgedr. in: ders., Brainchildren, Essays on Designing Minds, Cambridge MA 1998, S. 95

— *Three Kinds of Intentional Psychology*, in: ders., The Intentional Stance, Cambridge MA 1987, S. 43

— *True Believers: The Intentional Strategy and Why It Works*, in: ders., The Intentional Stance, Cambridge MA 1987, S. 13

— *When Frogs (and Others) Make Mistakes*, in: ders., The Intentional Stance, Cambridge MA 1987, S. 103

DENNING, LORD ALFRED, *Responsibility before the Law*, The Hebrew University of Jerusalem, Lionel Cohen Lecture, Jerusalem 1961

DERNBURG, HEINRICH, *Pandekten*, Erster Band: Allgemeiner Theil und Sachenrecht, 4. Aufl. Berlin 1894

DERRIDA, JACQUES, *La voix et le phénomène. Introduction au problème du signe dans la phénoménologie de Husserl*, Paris 1967

DESCARTES, RENÉ, Correspondance, in: Œuvres de Descartes (publ. par Charles Adam & Paul Tannery), vol. V, Paris 1903

— *Discours de la méthode* (Leyden 1637), in: Œuvres de Descartes (publ. par Charles Adam & Paul Tannery), vol. VI, Paris 1902, S. 1

— *Meditationes de prima philosophia* (Paris 1641), in: Œuvres de Descartes (publ. par Charles Adam & Paul Tannery), vol. VII, Paris 1904, S. 1

— *Des passions de l'Ame* (1649), in: Œuvres de Descartes (publ. par Charles Adam & Paul Tannery), vol. XI, Paris 1909, S. 291

— *Principia philosophicæ* (Amsterdam 1644), in: Œuvres de Descartes (publ. par Charles Adam & Paul Tannery), vol. VIII, Paris 1905, S. 1

— *Traité de l'Homme* (1664), in: Œuvres de Descartes (publ. par Charles Adam & Paul Tannery), vol. XI, Paris 1909, S. 119

DESPORTES, FRÉDÉRIC / LE GUNEHEC, FRANCIS, *Droit pénal général*, 10e éd. Paris 2003

DETTMANN, ULF, *Der Radikale Konstruktivismus*, Tübingen 1999

DETZNER, MADELEINE, *Rückkehr zum „klassischen Strafrecht" und die Einführung der Beweislastumkehr*, Frankfurt a.M. usw. 1998

DEWEY, JOHN, *Human Nature and Conduct; an Introduction to Social Psychology*, New York 1922

— *Experience and Nature*, La Salle Ill. 1925, Nachdruck 1958

DÍAZ PITA, MARÍA DEL MAR, *El dolo eventual*, Valencia 1994

DIHLE, ALBRECHT, *The Theory of Will in Classical Antiquity*, Berkeley Los Angeles London 1982

— *Zur Herkunft des Willensbegriffs*, in: Heckhausen, Heinz/Gollwitzer, Peter M./Weinert, Franz E. (Hrsg.), Jenseits des Rubikon. Der Wille in den Humanwissenschaften, Berlin Heidelberg New York London Paris Tokyo 1987, S. 29

DILLOF, ANTHONY M., Transferred Intent: An Inquiry into the Nature of Culpability, 1 Buff.Crim. L.Rev. 501 (1998)

DINSTEIN, YORAM, The Parameters and Contents of International Criminal Law, 1 Touro J. Transnat'l L. 315 (1991)

DINUS MUGELLANUS (DYNUS MUXELLANUS), *Commentarius in regulas iuris Pontificii*, Lugduni 1570

DOHNA, ALEXANDER GRAF ZU, Zum neuesten Stande der Schuldlehre, ZStW 32 (1911), 323

— *Recht und Irrtum*, Mannheim Berlin Leizig 1925

— *Der Aufbau der Verbrechenslehre*, 4. Aufl. Bonn 1950

DONELLUS (DONEAU), HUGO, *Commentarii de iure civili*, ed. sexta (Koenig/Bucher),
- vol. I, Nürnberg 1822
- vol. IX, Nürnberg 1826
- vol. X, Nürnberg 1827

DONNEDIEU DE VABRES, HENRI, *Traité de droit criminel et de législation pénale comparée*, 3e éd. Paris 1947

DOPSLAFF, ULRICH, *Wortbedeutung und Normzweck als die maßgeblichen Kriterien für die Auslegung von Strafrechtsnormen*, Frankfurt a.M. Bern New York 1985

— Plädoyer für einen Verzicht auf die Unterscheidung in deskriptive und normative Tatbestandsmerkmale, GA 1987, 1

DÖRNER, DIETRICH, *Der freie Wille und die Selbstreflexion*, in: von Cranach, Mario / Foppa, Klaus (Hrsg.), Freiheit des Entscheidens und Handelns. Ein Problem der nomologischen Psychologie, Heidelberg 1996, S. 125

DRAY, WILLIAM, *Laws and Explanation in History*, Oxford 1957

DREHER, EDUARD, *Die Willensfreiheit*, München 1987

DREIER, RALF, *Zum Begriff der „Natur der Sache"*, Berlin 1965

DRENKMANN, Ueber den Einfluß des Rechtsirrthums auf die rechtliche Beurtheilung strafbarer Handlungen, GA 8 (1860), 163

DRESSLER, JOSHUA, *Understanding Criminal Law*, 2nd ed. New York San Francisco 1995

DROBNIG, ULRICH, Methodenfragen der Rechtsvergleichung im Lichte der "International Encyclopedia of Comparative Law", in: Festschrift für Max Rheinstein, Tübingen 1969, Band I, S. 221

DROST, PIETER N., *The Crime of State. Penal Protection for Fundamental Freedoms of Persons and People*, Book II: *Genocide*. United Nations Legislation on International Criminal Law, Leyden 1959

DU BOIS-REYMOND, EMIL, *Über die Grenzen des Naturerkennens*, 1872, in: Reden von Emil du Bois-Reymond in zwei Bänden, hrsg. von Estelle du Bois-Reymond, 2. Aufl. Leipzig 1912, Erster Band, S. 441

DUCASSE, CURT JOHN, Explanation, Mechanism, and Teleology, Journal of Philosophy 22 (1925), 150

DUFF, R. ANTONY, Intention, Responsibility and Double Effect, 32 Phil.Q. 1 (1982)

— *Intention, Agency and Criminal Liability*. Philosophy of Action and the Criminal Law, Oxford 1990

— *Acting, Trying, and Criminal Liability*, in: Shute, Stephen/Gardner, John/Horder, Jeremy (eds.), Action and Value in Criminal Law, Oxford 1993, S. 75

— *Criminal Attempts*, Oxford 1996

— *Subjectivism, Objectivism and Criminal Attempts*, in: Simester, A.P. & Smith, A.T.H. (eds.), Harm and Culpability, Oxford 1996, S. 19

— (ed.), *Philosophy and the Criminal Law*, Cambridge 1998

— *Rule-Violations and Wrongdoings*, in: Shute, Stephen & Simester, Andrew P. (eds.), Criminal Law Theory: Doctrines of the General Part, Oxford 2002, S. 47

DÜKER, HEINRICH, *Über unterschwelliges Wollen*, Göttingen Toronto Zürich 1983

DUMMETT, MICHAEL, *Urprünge der analytischen Philosophie*, Frankfurt a.M. 1992

DUNS SCOTUS, JOHANNES, *Ordinatio*, in: Doctoris subtilis et Mariani B. Ioannis Duns Scoti ordinis fratrum minorum Opera Omnia, vol. VIII (liber II, dist. 4–44), Vatikan 2001

DURANTIS, GUILELMUS (GUILLAUME DURAND), *Speculum iudiciale*, Basel 1574

DÜRR, Einige Grundfragen der Willenspsychologie, GS 69 (1906), 168

DUTOIT, BERNARD, *Comparative Law and Public International Law*, in: Butler, William E. (ed.), International Law in Comparative Perspective, Aalphen aan den Rijn · Germantown MD 1980, S. 67

DUTTGE, GUNNAR, *Zur Bestimmtheit des Handlungsunwerts von Fahrlässigkeitsdelikten*, Tübingen 2001

DWORKIN, RONALD, *Taking Rights Seriously*, Cambridge MA 1977

ECCLES, SIR JOHN C., *Wie das Selbst sein Gehirn steuert*, München 1994

ECKARDT, BARBARA VON, *The Empirical Naivete of the Current Philosophical Conception of Folk Psychology*, in: Carrier, Martin & Machamer, Peter K. (eds.), Mindscapes: Philosophy, Science and the Mind, Konstanz Pittsburgh 1997, S. 23

ECKER, SUSANNE, *Die Verwendung und Feststellung „subjektiver Verbrechensmerkmale"*, Diss. iur. Göttingen 1981

ECKES, THOMAS, *Psychologie der Begriffe. Strukturen des Wissens und Prozesse der Kategorisierung*, Göttingen Toronto Zürich 1991

EDWARDS, J. LL. J., The Criminal Degrees of Knowledge, (1954) 17 Mod.L.Rev. 294

— Mens Rea *in Statutory Offences*, London New York 1955

EHMKE, HORST, Prinzipien der Verfassungsinterpretation, VVDStRL 20 (1963), 53

Eilan, Naomi, *The explanatory role of consciousness in action*, in: Maasen, Sabine/Prinz, Wolfgang/Roth, Gerhard (eds.), Voluntary action: brains, minds, and sociality, Oxford 2003, S. 188

Elliott, Catherine, The French Law of Intent and Its Influence on the Development of International Criminal Law, 11 Crim.L.F. 35 (2000)

Ellscheid, Günter, *Das Naturrechtsproblem. Eine systematische Orientierung*, in: Kaufmann, Arthur/Hassemer, Winfried (Hrsg.), Einführung in die Rechtsphilosophie und Rechtstheorie der Gegenwart, 5. Aufl. Heidelberg 1989, S. 143

Elvin, Mark, *Between the earth and heaven: conceptions of the self in China*, in: Carrithers, Michael; Collins, Steven & Lukes, Steven (eds.), The category of the person, Cambridge 1985, S. 156

Endruweit, Günter/Kerner, Hans-Jürgen, *Unrechtsbewußtsein und soziale Norm*, in: Hassemer, Winfried/Lüderssen, Klaus (Hrsg.), Sozialwissenschaften im Studium des Rechts, Band III, Strafrecht, München 1978, S. 67

Engelkamp, Johannes, *Word Meaning and Word Recognition*, in: Seiler, Thomas B. & Wannenmacher, Wolfgang (eds.), Concept Development and the Development of Word Meaning, Berlin 1983, S. 17

Engelmann, Woldemar, *Die Schuldlehre der Postglossatoren und ihre Fortentwicklung*, Leipzig 1895, 2. Aufl. Aalen 1965

— Rechtsirrtum und Dolus im römischen und gemeinen italienischen Recht, GS 86 (1919), 353

— *Irrtum und Schuld nach der italienischen Lehre und Praxis des Mittelalters*, Berlin 1922, Neudruck Aalen 1975

Engisch, Karl, *Untersuchungen über Vorsatz und Fahrlässigkeit im Strafrecht*, Berlin 1930

— *Die Kausalität als Merkmal der strafrechtlichen Tatbestände*, Tübingen 1931

— Der finale Handlungsbegriff, in: Festschrift für Eduard Kohlrausch, Berlin 1944, S. 141

— *Die Idee der Konkretisierung in Recht und Rechtswissenschaft unserer Zeit*, Heidelberg 1953

— Die normativen Tatbestandselemente im Strafrecht, in: Festschrift für Edmund Mezger, München Berlin 1954, S. 127

— *Zur „Natur der Sache" im Strafrecht*, in: Festschrift für Eb. Schmidt, Göttingen 1961, S. 90, zit. nach: Kaufmann, Arthur (Hrsg.), Die ontologische Begründung des Rechts, Darmstadt 1965, S. 204

— *Wahrheit und Richtigkeit im juristischen Denken*, München 1963

— *Logische Studien zur Gesetzesanwendung*, 3. Aufl. Tübingen 1963

— *Die Lehre von der Willensfreiheit in der strafrechtsphilosophischen Doktrin der Gegenwart*, Berlin 1965

— *Vom Weltbild des Juristen*, 2. Aufl. Heidelberg 1965

Enker, Arnold N., Error Juris in Jewish Criminal Law, 11 J.L. & Religion 23 (1994–95)

Epiktet, Epicteti *Dissertationes* ab Arriano digestae (hrsg. v. H. Schenkl), Leipzig 1916

Eschenbach, Johann Christian, *De dolo indirecto delinquentium inprimis homicidarum commentatio*, Rostock 1787

Eser, Albin, Strafrecht in Kirche und Staat, in: Festschrift für Paul Mikat, Berlin 1989, S. 493

— Funktionen, Methoden und Grenzen der Strafrechtsvergleichung, in: Festschrift für Günther Kaiser, Berlin 1998, Band II, S. 1499

Esser, Josef, *Grundsatz und Norm in der richterlichen Fortbildung des Privatrechts*, 2. Aufl. Tübingen 1964

Euler, Leonhard, *Lettres à une princesse d'Allemagne*, Saint Petersbourg 1768, zit. Ausgabe: Leonhardi Euleri Opera omnia sub auspiciis Societatis scientiarum naturalium Helveticae, Series tertia, Opera physica miscellanea epistolae, vol. undecimum (ed. Andreas Speiser), Turici 1960

Faber, Johannes, *In institutiones commentarii autographo collati*, Lugduni 1557, Nachdruck Frankfurt a.M. 1969

Farinacius, Prosperus, *Praxis et theoricæ criminalis amplissimae*

- Pars Tertia, Frankfurt 1611
- Pars Quinta, Frankfurt a.M. 1610

FAUCONNET, PAUL, *La responsabilité*, 2e éd. Paris 1928

FEIGL, HERBERT, *Physicalism, Unity of Science and Foundation of Psychology*, in: ders., Inquiries and Provocations. Selected Writings 1929–1974, Dordrecht Boston London 1981, S. 302

— *Principles and Problems of Theory Construction in Psychology*, in: Dennis, Wayne et al., Current Trends in Psychological Theory, Pittsburgh PA 1951, S. 179

— *The "Mental" and the "Physical"*, in: Feigl, Herbert/Scriven, Michael/Maxwell, Grover (eds.), Minnesota Studies in the Philosophy of Science, vol. II: Concepts, Theories, and the Mind-Body Problem, Minneapolis 1958, S. 370

FEINBERG, JOEL, *Action and Responsibility*, in: Black, Max (ed.), Philosophy in America, Ithaca NY 1965, S. 134, hier zit. nach: ders., Doing and Deserving, Princeton NJ 1970, S. 119

— *The Expressive Function of Punishment*, zuerst in: The Monist 49/3 (July 1965), hier zit. nach: ders., Doing and Deserving, Princeton NJ 1970, S. 95

FELIP I SABORIT, DAVID, *Error iuris. El conocimiento de la antijuricidad y el art. 14 del Código penal*, Barcelona 2000

FELLOWS, STUART; TABAZA, RUTH; HEUMANN, MANFRED; KLOTZ, WERNER; NEUMANN, ODMAR; SCHWARZ, MICHAEL; NOTH, JOHANNES & TÖPPER, RUDOLF, Modification of a functional motor task by non-consciously perceived sensory stimuli, NeuroReport 13 (2002), 637

FERRINI, CONTARDO, *Diritto penale romano*, Milano 1899

FEUERBACH, PAUL JOHANN ANSELM RITTER VON, *Revision der Grundsätze und Grundbegriffe des positiven peinlichen Rechts*, Erfurt 1799

— *Versuch einer Criminaljurisprudenz des Koran*, in: von Almendingen/Feuerbach/Grolman, Bibliothek des peinlichen Rechts, der peinlichen Gesetzgebung und Gesetzkunde, 2. Band, 2. Theil, 1. Stück (1800), 163

— *Betrachtungen über dolus und culpa überhaupt und den dolus indirectus insbesondere*, in: von Almendingen/Feuerbach/Grolman, Bibliothek für die peinliche Rechtswissenschaft und Gesetzkunde, 2. Band, 2. Theil, 1. Stück (1800), 193

— *Kritik des Kleinschrodischen Entwurfs zu einem peinlichen Gesetzbuche für Chur-Pfalz-Bayrischen Staaten*, in: von Almendingen/Feuerbach/Grolman, Bibliothek für die peinliche Rechtswissenschaft und Gesetzkunde, 3. Band, Gießen 1804

— *Lehrbuch des gemeinen in Deutschland gültigen peinlichen Rechts*,
  - 2. Aufl. Gießen 1803
  - 6. Aufl. Gießen 1818
  - 14. Aufl., hrsgg. von C. J. A. Mittermaier, Gießen 1847

FEYERABEND, PAUL, Comment: Mental Events and the Brain, Journal of Philosophy 60 (1963), 295

— Materialism and the Mind-Body Problem, Review of Metaphysics 17 (1963), 49

FICHTE, JOHANN GOTTLIEB, *Grundlagen des Naturrechts*, in: Sämmtliche Werke (hrsgg. von J. H. Fichte), Band 3, Berlin 1845

FIEDLER, KLAUS; SEMIN, GÜN R. & FINKENAUER, CATRIN, *Welchen Spielraum läßt die Sprache für die Attribution?*, in: Försterling, Friedrich/Stiensmeier-Pelster, Joachim (Hrsg.), Attributionstheorie, Göttingen Bern Toronto Seattle 1994, S. 27

FINCHAM, FRANK D. & JASPARS, JOSEPH M., *Attribution of Responsibility: From the Man the Scientist to Man as Lawyer*, in: Berkowitz, Leonard (ed.), Advances in Experimental Social Psychology, vol. 13, New York London Toronto Sydney San Francisco 1980, S. 81

FINNIS, JOHN, The Rights and Wrongs of Abortion: A Reply to Judith Thomson, 2 Phil. & Pub. Aff. 117 (1973)

— *Natural Law and Natural Rights*, Oxford 1980

— *Intention and side-effects*, in: Frey, R. G. & Morris, Christopher W. (eds.), Liability and Responsibility, Essays in law and morals, Cambridge New York Port Chester Melbourne Sydney 1991, S. 32

FISCHER, JOHN MARTIN & RAVIZZA, MARK, *Responsibility and Control: A Theory of Moral Responsibility*, Cambridge 1998

FISCHER, JÖRG, *Der Irrtum über Tatbestandsalternativen*, Frankfurt a.M. Berlin Bern Bruxelles New York Oxford Wien 2000

FISHBEIN, MARTIN & AJZEN, ICEK, Attribution of Responsibility: A Theoretical Note, Journal of Experimental Social Psychology 9 (1973), 148

FISHER III, WILLIAM W.; HORWITZ, MORTON J. & REED, THOMAS A. (eds.), *American Legal Realism*, New York Oxford 1993

FISKE, SUSAN T., *Examining the Role of Intent: Toward Understanding Its Role in Stereotyping and Prejudice*, in: Uleman, James S. & Bargh, John A. (eds.), Unintended Thought, New York London 1989, S. 253

FITZGERALD, PATRICK J., *Voluntary and Involuntary Acts*, in: Guest, A. G. (ed.), Oxford Essays in Jurisprudence (First Series), 2nd impression Oxford 1968, S. 1

FLETCHER, GEORGE P., *Rethinking Criminal Law*, Boston Toronto 1978

— *"Ordinary Language Philosophy" und die Neubegründung der Strafrechtsdogmatik*, in: Lüderssen, Klaus/Sack, Fritz (Hrsg.), Seminar: Abweichendes Verhalten IV, Kriminalpolitik und Strafrecht, Frankfurt a.M. 1980, S. 181

— *Basic Concepts of Criminal Law*, New York Oxford 1998

— Comparative Law as a Subversive Discipline, 46 Am.J.Comp.L. 683 (1998)

FODOR, JERRY A., *Explanations in Psychology*, in: Black, Max (ed.), Philosophy in America, London 1965, S. 161

— *The Language of Thought*, New York 1975

— *Psychosemantics. The Problem of Meaning in the Philosophy of Mind*, Cambridge MA 1987

FODOR, JERRY A. & PYLYSHYN, ZENON W., How direct is visual perception? Some reflections on Gibson's "Ecological Approach", Cognition 9 (1981), 139

FOOT, PHILIPPA, *The Problem of Abortion and the Doctrine of Double Effect*, Oxford Review no. 5 (1967), zit. nach Abdruck in: dies., Virtues and Vices and Other Essays in Moral Philosophy, Oxford 1978, S. 19

— *Morality, Action, and Outcome*, in: Honderich, Ted (ed.), Morality and Objectivity, London 1985, S. 23

FORGUSON, LYND, *Common Sense*, London New York 1989

FÖRSTERLING, FRIEDRICH, *Attributionstheorie in der klinischen Psychologie: Gemeinsamkeiten mit Kognitiven und Verhaltenstherapien*, in: Försterling, Friedrich/Stiensmeier-Pelster, Joachim (Hrsg.), Attributionstheorie, Göttingen Bern Toronto Seattle 1994, S. 235

FRANCESCO, GIOVANNANGELO DE, *Aberratio*. Teleologismo e dommatica nella ricostruzione delle figure di divergenza nell'esecuzione del reato, Torino 1998

FRANK, JEROME, *Courts on Trial. Myth and Reality in American Jurisprudence*, Princeton NJ 1949

FRANK, REINHARD, Vorstellung und Wille in der modernen Doluslehre, ZStW 10 (1890), 169

— *Über den Aufbau des Schuldbegriffs*, Gießen 1907 (Sonderabdruck aus der Festschrift der Juristischen Fakultät der Universität Gießen zur dritten Jahrhundertfeier der Alma Mater Ludoviciana)

— *Das Strafgesetzbuch für das Deutsche Reich*, 18. Aufl. Tübingen 1931

FRANKENA, WILLIAM K., *Analytische Ethik*, München 1972

FRANKFURT, HARRY G., Alternate Possibilities and Moral Responsibility, Journal of Philosophy 66 (1969), 829

— *The Problem of Action*, in: ders., The Importance of What We Care About, Cambridge 1988

FREGE, GOTTLOB, *Begriffsschrift, eine der arithmetischen nachgebildete Formelsprache des reinen Denkens*, Halle 1879

— *Über Sinn und Bedeutung*, Zeitschrift für Philosophie und philosophische Kritik, N.F. 100 (1892), 25, zit. nach Abdruck in: ders., Funktion, Begriff, Bedeutung, 6. Aufl. Göttingen 1986, S. 40

FREISLER, ROLAND, *Das neue Strafrecht als nationalsozialistisches Bekenntnis*, in: Gürtner, Franz/Freisler, Roland, Das neue Strafrecht, 2. Aufl. Berlin o.J., S. 33

Freud, Sigmund, *Neue Folge der Vorlesungen zur Einführung in die Psychoanalyse*, XXXII. Vorlesung, Gesammelte Werke, Band 15, London 1940

Freund, Georg, *Normative Probleme der „Tatsachenfeststellung"*, Heidelberg 1987

— Richtiges Entscheiden – am Beispiel der Verhaltensbewertung aus der Perspektive des Betroffenen, insbesondere im Strafrecht, GA 1991, 387

— *Strafrecht Allgemeiner Teil. Personale Straftatlehre*, Berlin Heidelberg 1998

Fried, Charles, Right and Wrong—Preliminary Considerations, 5 J. Legal Stud. 165 (1976)

Frisch, Wolfgang, *Vorsatz und Risiko*, Köln Berlin Bonn München 1983

— Vorsatz und Mitbewußtsein – Strukturen des Vorsatzes, in: Gedächtnisschrift für Armin Kaufmann, Köln Berlin Bonn München 1989, S. 311

— *Der Irrtum als Unrechts- und/oder Schuldausschluß im deutschen Strafrecht*, in: Eser, Albin/Perron, Walter (Hrsg.), Rechtfertigung und Entschuldigung III, Deutsch-italienisch-portugiesisch-spanisches Strafrechtskolloquium 1990, Freiburg i.Br. 1991, S. 217

— Gegenwartsprobleme des Vorsatzbegriffs und der Vorsatzfeststellung, in: Gedächtnisschrift für Karlheinz Meyer, Berlin New York 1990, S. 533

— Offene Fragen des dolus eventualis, NStZ 1991, 23

Frister, Helmut, *Die Struktur des „voluntativen Schuldelements"*, Berlin 1993

Frölich von Frölichsburg, Johann Christian, *Commentarius in Kayser Carl deß Fünfften und deß H. Röm. Reichs Peinliche Halsgerichtsordnung*, Frankfurt und Leipzig 1733

Fronza, Emanuela, *Genocide*, in: Lattanzi, Flavia/Schabas, William A. (eds.), Essays on the Rome Statute of the International Criminal Court, vol. I, Ripa Fagnano Alto 1999, S. 105

Fuchs, Peter, *Intervention und Erfahrung*, Frankfurt a.M. 1999

Fulgosius, Raphaelus, *In primam Pandectarum partem Commentaria*, tomus primus & secundus Lugduni 1554

Fuller, Lon L., *The Morality of Law*, revised ed. New Haven London 1964

Gadenne, Volker, Probleme der Handlungserklärung, Psychologische Beiträge 39 (1997), 503

Gail (Gaill), Andreas, *Practicarum observationum, tam ad processum iudiciarium*, Colonia Agrippinae 1668

Gallas, Wilhelm, Zum gegenwärtigen Stand der Lehre vom Verbrechen, ZStW 67 (1955), 1

Gandinus, Albertus, *Tractatus de maleficiis*, abgedruckt in: Kantorowicz, Hermann: Albertus Gandinus und das Strafrecht der Scholastik, Berlin und Leipzig 1926, 2. Band

Gardiner, John M. & Richardson-Klavehn, Alan, *Remembering and Knowing*, in: Tulving, Endel & Craik, Fergus I. M. (eds.), The Oxford Handbook of Memory, Oxford New York 2000, S. 229

Gardner, John, *Justifications and Reasons*, in: Simester, A. P. & Smith, A.T.H. (eds.), Harm and Culpability, Oxford 1996, S. 103

Gardner, Martin, The Mens Rea Enigma: Observations on the Role of Motive in the Criminal Law Past and Present, 1993 Utah L. Rev. 635

Garstka, Hansjürgen, *Generalklauseln*, in: Koch, Hans-Joachim (Hrsg.), Juristische Methodenlehre, Kronberg/Ts. 1976, S. 96

Gaudemet, J., *Le problème de la responsabilité pénale dans l'antiquité*, in: Léauté, Jean (éd.), La responsabilité pénale, Travaux du colloque de philosophie pénale (12 au 21 janvier 1959), Paris 1961, S. 51

Geach, P. T., *Logic Matters*, Berkeley Los Angeles 1972

Gean, William D., Reasons and Causes, Review of Metaphysics 19 (1965/66), 667

Geen, Russell G., *Human Aggression*, Milton Keynes 1990

— *Processes and Personal Variables in Affective Aggression*, in: ders. & Donnerstein, Edward (eds.), Human Aggression. Theories, Research, and Implications for Social Policy, San Diego London Boston New York Sydney Tokyo Toronto 1998, S. 1

GEERTZ, CLIFFORD, On the Nature of Anthropological Understanding, American Scientist 63 (1975), 47

GEHRIG, KLAUS, *Der Absichtsbegriff in den Straftatbeständen des Besonderen Teils des StGB*, Berlin 1986

GEHRING, PETRA, Es blinkt, es denkt. Die bildgebenden Verfahren der Neurowissenschaft, PhR 51 (2004), 273

GEIB, GUSTAV, *Lehrbuch des Deutschen Strafrechts*, Zweiter Band: System: Allgemeine Lehren, Leipzig 1862

GEKLE, HANNA, *Bewußtsein*, in: Mertens, Wolfgang/Waldvogel, Bruno (Hrsg.), Handbuch psychoanalytischer Grundbegriffe, Stuttgart Berlin Köln 2000, S. 92

GEMMINGEN, HANS DIETER FREIHERR VON, *Probleme der Strafrechtsanwendung*, Tübingen 1934

Генеральная прокуратура Российской Федерации → Скуратов/Лебедев

GEPPERT, KLAUS, Wechselwirkungen zwischen materiellem Strafrecht und Strafprozeßrecht, in: Gedächtnisschrift für Ellen Schlüchter, Köln Berlin Bonn München 2002, S. 43

GERMANN, OSKAR ADOLF, *Das Verbrechen im neuen Strafrecht*, Zürich 1942

— Vorsatzprobleme dargestellt auf Grund kritischer Analyse der neuern Judikatur des Schweizerischen Bundesgerichts, ZStrR 77 (1961), 345

GESSLER, TH., Ueber den Einfluß des Rechts-Irrthums im Strafrecht, GS 10 (1858), 217; 307; 321

— *Ueber den Begriff und die Arten des Dolus*, Tübingen 1860

GETHMANN, CARL F., *Intentionalität*, in: Mittelstraß, Jürgen (Hrsg.), Enzyklopädie Philosophie und Wissenschaftstheorie, Band 2: H–O, Mannhein Wien Zürich 1984, S. 259

GEYER, A., Zur Lehre vom dolus generalis und vom Kausalzusammenhange, GA 13 (1865), 239; 313

GILBERT, DANIEL T., How mental systems believe, American Psychologist 46 (1991), 107

GILBERT, DANIEL T. & MALONE, PATRICK S., The Correspondence Bias, Psychological Bulletin 117 (1995), 21

GILHAUSEN, LUDOVICUS, *Arbor Judiciaria Criminalis*, Frankfurt 1606

GIMBERNAT ORDEIG, ENRIQUE, Hat die Strafrechtsdogmatik eine Zukunft?, ZStW 82 (1970), 379

GINET, CARL, *On action*, Cambridge 1990

GLASER, G., *Zurechnungsfähigkeit, Willensfreiheit, Gewissen und Strafe. Theoretisches und Praktisches*, 2. Aufl. Leipzig Wien 1888

GLASER, JULIUS, *Über die Stellung des österreichischen Strafgesetzes gegenüber der Lehre vom dolus indirectus*, Haimerls Magazin für Rechts- und Staatswissenschaften IX (1855), 305, zit. nach Abdruck in: ders., Kleine Schriften über Strafrecht und Strafproceß, 2. Aufl. Wien 1883, S. 63

— *Beiträge zur Lehre vom Beweis im Strafprozess*, Leipzig 1883

GLASER, STEFAN, *Infraction internationale: ses éléments constitutifs et ses aspects juridiques*, Paris 1957

— *Culpabilité en droit international pénal*, R.C.A.D.I. 99 (1960-II), 467

— Die Gesetzlichkeit im Völkerstrafrecht, ZStW 76 (1964), 514

— La méthode d'interprétation en droit pénal international, Riv.it.dir.proc.pen. 9 (1966), 757

— *Droit international pénal conventionnel*, Bruxelles 1970

GLASERSFELD, ERNST VON, *Viability and the Concept of Selection*, American Psychologist 35 (1980), 970

— *Radikaler Konstruktivismus*, Frankfurt a.M. 1997

GOLDMAN, ALVIN I., *A Theory of Human Action*, Englewood Cliffs NJ 1970

— The Individuation of Action, Journal of Philosophy 68 (1971), 761

— *The Volitional Theory Revisited*, in: Brand, Myles & Walton, Douglas (eds.), Action Theory, Dordrecht Boston 1976, S. 67

— In Defense of the Simulation Theory, Mind & Language 7 (1992), 104

— The Psychology of Folk Psychology, Behavorial & Brain Sciences 16 (1993), 15

GOLDMAN, ALVIN I., Folk Psychology and Mental Concepts, Protosociology 14 (2000), 4
— *Desire, Intention and the Simulation Theory*, in: Malle, Bertram F.; Moses, Louis J. & Baldwin, Dare A. (eds.), Intentions and Intentionality: Foundations of Social Cognition, Cambridge MA London 2001, S. 207
GOLLWITZER, PETER MAX, *Abwägen und Planen. Bewußtseinslagen in verschiedenen Handlungsphasen*, Göttingen Toronto Zürich 1991
— *Das Rubikonmodell der Handlungsphasen*, in: Birbaumer, Niels et al. (Hrsg.), Enzyklopädie der Psychologie, Themenbereich C (Theorie und Forschung), Serie IV (Motivation und Emotion), Band 4 (hrsg. von Kuhl, Julius/Heckhausen, Heinz): Motivation, Volition und Handlung, Göttingen Bern Toronto Seattle 1996, S. 531
— Implementation Intentions: The Strong Effects of Simple Plans, American Psychologist 54 (1999), 493
— *Volition*, in: Kazdin, Alan E. (ed.), Encyclopedia of Psychology, Oxford 2000, vol. 8, S. 210
GOLLWITZER, PETER MAX/MALZACHER, JULIANE T., *Absichten und Vorsätze*, in: Birbaumer, Niels et al. (Hrsg.), Enzyklopädie der Psychologie, Themenbereich C (Theorie und Forschung), Serie IV (Motivation und Emotion), Band 4 (hrsg. von Kuhl, Julius/Heckhausen, Heinz): Motivation, Volition und Handlung, Göttingen Bern Toronto Seattle 1996, S. 427
GOLLWITZER, PETER MAX & V. BRANDSTÄTTER, VERONIKA, Implementation Intentions and Effective Goal Pursuit, Journal of Personality and Social Psychology 73 (1997), 186
GOLTDAMMER → *Die Materialien zum Straf-Gesetzbuche für die Preußischen Staaten* (*infra* Materialien, Normtexte)
GOMEZ, ANTONIO, *Commentariorum variarumque resolutionum iuris civilis communis, et regii, tomi tres*, Frankfurt a.M. 1572
GÖNNER, NIKOLAUS THADDÄUS VON, *Revision des Begriffs und der Eintheilungen des Dolus*, Landshut 1810
GOODALE, MELVYN & MILNER, DAVID, *Sight Unseen. An exploration of conscious and unconscious vision*, Oxford 2003
GOODMAN, NELSON, *On Likeness of Meaning*, Analysis 10 (1949), zit. nach Abdruck in: Linsky, Leonard (ed.), Semantics and the Philosophy of Language, Urbana Ill. 1952, S. 67
GOPNIK, ALISON, How we know our minds: The illusion of first-person knowledge of intentionality, Behavioral & Brain Sciences 16 (1993), 1
GORDON, ROBERT M., Folk Psychology as Simulation, Mind & Language 1 (1986), 158
— The Simulation Theory: Objections and Misconceptions, Mind & Language 7 (1992), 11
GÖSCHEN, JOHANN FRIEDRICH LUDWIG, *Vorlesungen über das gemeine Civilrecht*, Erster Band: Einleitung und Allgemeiner Theil, 2. Aufl. Göttingen 1843
GOSCHKE, THOMAS, *Wille und Kognition: Zur funktionalen Architektur der intentionalen Handlungssteuerung*, in: Birbaumer, Niels et al. (Hrsg.), Enzyklopädie der Psychologie, Themenbereich C (Theorie und Forschung), Serie IV (Motivation und Emotion), Band 4 (hrsg. von Kuhl, Julius/Heckhausen, Heinz): Motivation, Volition und Handlung, Göttingen Bern Toronto Seattle 1996, S. 583
— Zur Funktionsanalyse des Willens: Integration kognitions-, motivations- und neuropsychologischer Perspektiven, Psychologische Beiträge 39 (1997), 375
— Von der Intention zur Handlung: Bemerkungen zum Beitrag von Wolfgang Prinz „Die Reaktion als Willenshandlung“, Psychologische Rundschau 49 (1998), 24
— *Volition und kognitive Kontrolle*, in: Müsseler, Jochen/Prinz, Wolfgang (Hrsg.), Allgemeine Psychologie, Heidelberg Berlin 2002, S. 270
— *Voluntary action and cognitive control from a cognitive neuroscience perspective*, in: Maasen, Sabine/Prinz, Wolfgang/Roth, Gerhard (eds.), Voluntary action: brains, minds, and sociality, Oxford 2003, S. 49
GÖSSEL, KARL-HEINZ, *Wertungsprobleme des Begriffs der finalen Handlung*, Berlin 1966

GÖSSEL, KARL-HEINZ, *Über die Bedeutung des Irrtums im Strafrecht*, Berlin 1974
— Versuch über Sein und Sollen im Strafrecht, in: Festschrift für Koichi Miyazawa, Baden-Baden 1995, S. 317
— *Ermittlung oder Herstellung von Wahrheit im Strafprozeß?*, Berlin New York 2000
GOTTFREDSON, MICHAEL R. & HIRSCHI, TRAVIS, *A General Theory of Crime*, Stanford 1990
GOULDNER, ALVIN W., The Norm of Reciprocity: A Preliminary Statement, American Sociological Review 25 (1960), 159
GRASNICK, WALTER, *Über Schuld, Strafe und Sprache*, Tübingen 1987
— *Wille und Willensbenehmen - Zum sogenannten Täterwillen und seiner Feststellbarkeit*, in: Witter, H. (Hrsg.), Der psychiatrische Sachverständige im Strafrecht, Berlin Heidelberg New York London Paris Tokyo 1987, S. 287
— Methodologisches - oder: aus gegebenem Anlaß, GA 2000, 153
GRAUMANN, CARL F., *Bewußtsein und Verhalten*, in: Lenk, Hans (Hrsg.), Handlungstheorien interdisziplinär III: Verhaltenswissenschaften und psychologische Handlungstheorien, Zweiter Halbband, München 1984, S. 547
— *Heterogonie des Wollens: Eine phänomenologisch-psychologische Anregung zur Neubearbeitung der Psychologie des Wollens*, in: Heckhausen, Heinz/Gollwitzer, Peter M./Weinert, Franz E. (Hrsg.), Jenseits des Rubikon. Der Wille in den Humanwissenschaften, Berlin Heidelberg New York London Paris Tokyo 1987, S. 53
GREEN, LESLIE C., *The Man in the Field and the Maxim* Ignorantia Iuris Non Excusat, in: ders., Essays on the Modern Law of War, 2nd ed. 1999, S. 227
GREENAWALT, ALEXANDER K. A., Note: Rethinking Genocidal Intent: The Case for a Knowledge-Based Interpretation, 99 Colum.L.Rev. 2259 (1999)
GREENBERG, MARTIN S. & RUBACK, R. BARRY, *Social Psychology and the Criminal Justice System*, Belmont CA 1982
GREVE, WERNER, *Handlungsklärung*, Bern Göttingen Toronto Seattle 1994
— *Die Grenzen empirischer Wissenschaft*, in: von Cranach, Mario/Foppa, Klaus (Hrsg.), Freiheit des Entscheidens und Handelns. Ein Problem der nomologischen Psychologie, Heidelberg 1996, S. 104
— Erklären verstehen. Grenzen und Probleme nomologischer Handlungserklärungen, Psychologische Beiträge 39 (1997), 482
GROEBEN, NORBERT/WAHL, DIETHELM/SCHLEE, JÖRG/SCHEELE, BRIGITTE (Hrsg.), *Das Forschungsprogramm Subjektive Theorien*, Tübingen 1988
GROLMAN, KARL VON, *Über die Begriffe von Dolus und Culpa*, in: von Almendingen/Feuerbach/ders., Bibliothek für die peinliche Rechtswissenschaft und Gesetzkunde, 1. Theils 1. Stück (1797), 3
— *Wird Dolus bey begangenen Verbrechen vermuthet?*, in: von Almendingen/Feuerbach/ders., Bibliothek für die peinliche Rechtswissenschaft und Gesetzkunde, 1. Theils 2. Stück (1798), 70
— *Noch einige Bemerkungen über die Begriffe von Dolus und Culpa und die Strafe des Raubes*, in: von Almendingen/Feuerbach/ders., Bibliothek für die peinliche Rechtswissenschaft und Gesetzkunde, 1. Theils 3. Stück (1799), 71
— *Grundsätze der Criminalrechts-Wissenschaft*, 4. Aufl. Gießen 1825
GROSS, HYMAN, *A Theory of Criminal Justice*, New York 1979
GROSSMANN, HANS, *Die Grenze von Vorsatz und Fahrlässigkeit*, Hamburg 1924
GROTEGUTH, THOMAS, *Norm und Verbots(un)kenntnis, § 17 Satz 2 StGB*, Berlin 1993
GROTENDIEK, SVEN, *Strafbarkeit des Täters in Fällen der aberratio ictus und des error in persona*, Münster Hamburg London 2000
GROTIUS, HUGO, *De iure belli ac pacis libri tres*, Amsterdami 1650 (Nachdruck der Ausgabe 1646)
GRÜNHUT, MAX, *Anselm von Feuerbach und das Problem der strafrechtlichen Zurechnung*, Hamburg 1922
— *Begriffsbildung und Rechtsanwendung im Strafrecht*, Tübingen 1926

GRÜNWALD, GERALD, Diskussionsbeitrag, in: Verhandlungen des 49. Deutschen Juristentages, Band II, M 113, München 1972

GSCHWIND, MARTIN, Zur Kriminologie des Vorsatzes, in: Festschrift für Oscar Adolf Germann zum 80. Geburtstag, Bern 1969, S. 59

GUGGENHEIM, PAUL, Landesrechtliche Begriffe im Völkerrecht, vor allem im Bereich der internationalen Organisationen, in: Festschrift für Hans Wehberg, Frankfurt a.M. 1956, S. 133

GUNDLACH, HORST, *Der Willensakt im Reaktionsversuch. Material zu einer Begriffsgeschichte des Willensaktes*, in: Birbaumer, Niels et al. (Hrsg.), Enzyklopädie der Psychologie, Themenbereich C (Theorie und Forschung), Serie IV (Motivation und Emotion), Band 4 (hrsg. von Kuhl, Julius/ Heckhausen, Heinz): Motivation, Volition und Handlung, Göttingen Bern Toronto Seattle 1996, S. 361

GÜNTHER, KLAUS, *Voluntary action and criminal responsibility*, in: Maasen, Sabine/Prinz, Wolfgang/ Roth, Gerhard (eds.), Voluntary action: brains, minds, and sociality, Oxford 2003, S. 263

— *Schuld und kommunikative Freiheit*, Frankfurt a.M. 2005

GUSS, KURT, *Willensfreiheit, oder: Beruht das deutsche Strafrecht auf einer Illusion?*, Borgentreich 2002

GUSTAFSON, DONALD F., *Intention and Agency*, Dordrecht Boston Lancaster Tokyo 1986

GUTTERIDGE, H. C., *Comparative Law and the Law of Nations*, 21 Brit.Y.B.Int'l L. 1 (1944) = ders., Comparative Law, 2nd ed. Cambridge 1949, S. 61, hier zit. nach Abdruck in: Butler, William E. (ed.), International Law in Comparative Perspective, Aalphen aan den Rijn · Germantown MD 1980, S. 13

HABERMAS, JÜRGEN, *Theorie des kommunikativen Handelns*, 2 Bände, Frankfurt a.M. 1981, Ausgabe 1995

— Freiheit und Determinismus, DtZPhil 52 (2004), 871

HACK, CHRISTOPH, *Probleme des Tatbestands Subventionsbetrug, § 264 StGB*, Berlin 1982

HAEBERLIN, C. F. W. J., *Grundsätze des Criminalrechts nach den neuen deutschen Strafgesetzbüchern*, Erster Band, Die allgemeinen Lehren des Criminalrechts, Leipzig 1845

HAENSEL, WERNER, *Beiträge zur Strukturanalyse des Wollens*, Leipzig 1939

HAFFKE, BERNHARD, *Tiefenpsychologie und Generalprävention*, Aarau Frankfurt a.M. 1976

— *Problemaufriß: Die Bedeutung der sozialpsychologischen Funktion von Schuld und Schuldunfähigkeit für die strafrechtliche Handlungslehre*, in: Bierbrauer, Günter/Haffke, Bernhard, Schuld und Schuldunfähigkeit, in: Hassemer, Winfried/Lüderssen, Klaus (Hrsg.), Sozialwissenschaften im Studium des Rechts, Band III, Strafrecht, München 1978, S. 153

— *Strafrechtsdogmatik und Tiefenpsychologie*, GA 1978, 33, zit. nach Abdruck in: Jäger, Herbert (Hrsg.), Kriminologie im Strafprozeß, Frankfurt a.M. 1980, S. 133

HAFT, FRITJOF, Die Lehre vom bedingten Vorsatz unter besonderer Berücksichtigung des wirtschaftlichen Betrugs, ZStW 88 (1976), 365

— Der doppelte Irrtum im Strafrecht, JuS 1980, 430, 588, 659

— Grenzfälle des Irrtums über normative Tatbestandsmerkmale im Strafrecht, JA 1981, 281

HAGEN, KONRAD, Der Vorsatz und seine Feststellung, ZStW 19 (1899), 159

HAGGARD, P. & EIMER, MARTIN, On the relation between brain potentials and the awareness of voluntary movements, Experimental Brain Research 126 (1999), 128

HAHN, ALOIS, Zur Soziologie der Beichte und anderer Formen institutionalisierter Bekenntnisse: Selbstthematisierung und Zivilisationsprozeß, KZfSS 34 (1982), 407

HAILBRONNER, KAY, Ziele und Methoden völkerrechtlich relevanter Rechtsvergleichung, ZaöRV 36 (1976), 190

HALE, SIR MATTHEW, *Historia Placitorum Coronæ, The History of the Pleas of the Crown*, vol. I, London 1736, Reprint Abingdon 1980

HALL, JEROME, Ignorantia iuris, R.i.d.p. 26 (1955), 293

HALL, JEROME, *International Criminal Law. From the Perspective of American Law and the Science of Criminal Law*, in: Aktuelle Probleme des internationalen Rechts, Schriftenreihe der deutschen Gruppe der AAA, Bd. 1, Berlin 1957, S. 82
— *General Principles of Criminal Law*, 2nd ed. Indianapolis New York 1960
— Negligent Behavior Should Be Excluded from Penal Liability, 63 Colum. L. Rev. 632 (1963) = in: ders., Law, Social Science and Criminal Theory, Littleton Colo. 1982, S. 244
— A Comment on Error Iuris, 24 Am.J.Comp.L. 680 (1976)
— *American Legal Theory vis a vis German Penal Theory*, in: ders., Law, Social Science and Criminal Theory, Littleton Colo. 1982, S. 165
HALL, KARL ALFRED, Über die Leichtfertigkeit. Ein Vorschlag de lege ferenda, in: Festschrift für Edmund Mezger, München Berlin 1954, S. 229
— *Fahrlässigkeit im Vorsatz*, Marburg 1959
HALL, LIVINGSTON & SELIGMAN, SELIG J., Mistake of Law and Mens Rea, 8 U. Chi. L. Rev. 641 (1940–41)
HÄLSCHNER, HUGO, *Das preußische Strafrecht*, Teil 2: System des preußischen Strafrechts, Allgemeiner Teil, Bonn 1858
HAMILTON, LEE, Who Is Responsible? Toward a *Social* Psychology of Responsibility Attribution, Social Psychology 41 (1978), 316
HAMILTON, V. LEE & SANDERS, JOSEPH, *Everyday Justice. Responsibility and the Individual in Japan and the United States*, New Haven London 1992
HAMPSHIRE, STUART, *Thought and Action*, London 1982
HAMPSHIRE, STUART & HART, H. L. A., Decision, Intention and Certainty, 67 Mind 1 (1958)
HAMPTON, JEAN, *Mens Rea*, in: Paul, Ellen Frankel; Miller, Jr., Fred D. & Paul, Jeffrey (eds.), Crime, Culpability, and Remedy, Oxford 1990, S. 1
HANINK, JAMES G., Some Light on Double Effect, Analysis 35 (1975), 147
HANSON, NORWOOD RUSSELL, *Patterns of Discovery. An Inquiry into the Conceptual Foundations of Science*, Cambridge 1958
HARDWIG, WERNER, *Die Zurechnung. Ein Zentralproblem des Strafrechts*, Hamburg 1957
HARE, RICHARD M., Philosophical discoveries, Mind 69 (1960), 145
— *The Language of Morals*, 2nd ed. Oxford 1960
HARSCHER VON ALMENDINGEN → ALMENDINGEN, LUDWIG HARSCHER VON
HART, H. L. A., *The Ascription of Responsibility and Rights*, in: Proceedings of the Aristotelian Society, London, New Series, vol. 49 (1948-49), S. 171
— *Acts of Will and Responsibility*, in: ders., Punishment and Responsibility. Essays in the Philosophy of Law, Oxford 1968, S. 90
— *Changing Conceptions of Responsibility*, in: ders., Punishment and Responsibility. Essays in the Philosophy of Law, Oxford 1968, S. 186
— *Intention and Punishment*, in: ders., Punishment and Responsibility. Essays in the Philosophy of Law, Oxford 1968, S. 113
— *Legal Responsibility and Excuses*, in: ders., Punishment and Responsibility. Essays in the Philosophy of Law, Oxford 1968, S. 28
— *Prolegomenon to the Principles of Punishment*, in: ders., Punishment and Responsibility. Essays in the Philosophy of Law, Oxford 1968, S. 1
— *Punishment and the Elimination of Responsibility*, in: ders., Punishment and Responsibility. Essays in the Philosophy of Law, Oxford 1968, S. 158
— *Definition and Theory in Jurisprudence*, in: ders., Essays in Jurisprudence and Philosophy, Oxford 1983, S. 21
HART, H. L. A. & HONORÉ, TONY, *Causation in the Law*, 2nd ed. Oxford 1985
HART, HENRY M., The Aims of the Criminal Law, 23 Law & Contemp. Probs. 401 (1958)

Hartmann, Nicolai, *Ethik*, 3. Aufl. Berlin 1949
— *Das Problem des geistigen Seins*, 3. Aufl. Berlin 1962
— *Teleologisches Denken*, 2. Aufl. Berlin 1966
Hassemer, Winfried, *Generalprävention und Strafzumessung*, in: Hassemer, Winfried/Lüderssen, Klaus/Naucke, Wolfgang, Hauptprobleme der Generalprävention, Frankfurt a.M. 1979, S. 29
— *Die Freiwilligkeit beim Rücktritt vom Versuch. Zu Alltagstheorien und Dispositionsbegriffen in der Strafrechtsdogmatik*, in: Lüderssen, Klaus/Sack, Fritz (Hrsg.), Vom Nutzen und Nachteil der Sozialwissenschaften für das Strafrecht, Erster Teilband, Frankfurt a.M. 1980, S. 229
— Über die Berücksichtigung von Folgen bei der Auslegung der Strafgesetze, in: Festschrift für Helmut Coing, München 1982, Band 1, S. 493
— *Strafziele im sozialwissenschaftlich orientierten Strafrecht*, in: Hassemer, Winfried/Lüderssen, Klaus/Naucke, Wolfgang, Fortschritte im Strafrecht durch die Sozialwissenschaften?, Heidelberg 1983, S. 39
— Kennzeichen des Vorsatzes, in: Gedächtnisschrift für Armin Kaufmann, Köln Berlin Bonn München 1989, S. 289
— *Einführung in die Grundlagen des Strafrechts*, 2. Aufl. München 1991
— „Sachlogische Strukturen" – noch zeitgemäß?, in: Festschrift für Hans-Joachim Rudolphi, Neuwied 2004, S. 61
Hebel, Herman von & Robinson, Darryl, *Crimes within the Jurisdiction of the Court*, in: Lee, Roy S. (ed.), The International Criminal Court, The Making of the Rome Statute, Issues, Negotiations, Results, The Hague London Boston 1999, S. 79
Heckhausen, Heinz, Relevanz der Psychologie als Austausch zwischer naiver und wissenschaftlicher Verhaltenstheorie, Psychologische Rundschau 27 (1976), 1
— *Ein kognitives Motivationsmodell und die Verankerung von Motivkonstrukten*, in: Lenk, Hans (Hrsg.), Handlungstheorien interdisziplinär III: Verhaltenswissenschaftliche und psychologische Handlungstheorien, Erster Halbband, München 1981, S. 283
— *Intentionsgeleitetes Handeln und seine Fehler*, in: Heckhausen, Heinz/Gollwitzer, Peter M./Weinert, Franz E. (Hrsg.), Jenseits des Rubikon. Der Wille in den Humanwissenschaften, Berlin Heidelberg New York London Paris Tokyo 1987, S. 143
— *Perspektiven einer Psychologie des Wollens*, in: Heckhausen, Heinz/Gollwitzer, Peter M./Weinert, Franz E. (Hrsg.), Jenseits des Rubikon. Der Wille in den Humanwissenschaften, Berlin Heidelberg New York London Paris Tokyo 1987, S. 121
— *Motivation und Handeln*, 2. Aufl. Berlin Heidelberg New York London Paris Tokyo Hong Kong 1989
Heffter, August Wilhelm, Die strafrechtliche Lehre von Ignorantia und Error im Zusammenhange, NArchCrimR 12 (1830), 130; 253
— *Lehrbuch des gemeinen deutschen Strafrechtes*, 6. Aufl. Braunschweig 1857
Hegel, Georg Wilhelm Friedrich, *Wissenschaft der Logik*, 2. Teil (2. Band), Nürnberg 1816, zit. Ausgabe: Werke in zwanzig Bänden (Red. Eva Moldenhauer und Karl Markus Michel), Band 6, Frankfurt a.M. 1986
— *Grundlinien der Philosophie des Rechts*, Berlin 1821, zit. Ausgabe: Werke in zwanzig Bänden (Red. Eva Moldenhauer und Karl Markus Michel), Band 7, Frankfurt a.M. 1976
— *Vorlesungen über Rechtsphilosophie* → Ilting
Heider, Fritz, *The Psychology of Interpersonal Relations*, New York London Sydney 1958
Heidingsfelder, Thomas, *Der umgekehrte Subsumtionsirrtum*, Berlin 1991
Heil, John, *The Nature of True Minds*, Cambridge 1992
Heimsoeth, Heinz, *Die sechs großen Themen der abendländischen Metaphysik und der Ausgang des Mittelalters*, 3. Aufl. Stuttgart 1954
Heine, Günter, Beweislastumkehr im Strafverfahren?, JZ 1995, 651

HEINEMANN, HUGO, Zur Dogmengeschichte des Rechtsirrtums, ZStW 13 (1893), 371

HEINZE, Über den Einfluß des Rechtsirrthums im Strafrecht, GS 13 (1861), 397

HEMMEN, HEINRICH, *Über den Begriff, die Arten und den Beweis des Dolus*. Nach der strafrechtlichen Literatur von Feuerbach bis zum Reichsstrafgesetzbuch, Diss. Göttingen 1909

HEMPEL, CARL G., *The Logical Analysis of Psychology*, in: Feigl, Herbert/Sellars, Wilfrid (eds.), Readings in Philosophical Analysis, New York 1949, S. 373

— *Fundamentals of Concept Formation in Empirical Science*, Chicago London Toronto 1952

— *The Theoretician's Dilemma: A Study in the Logic of Theory Construction*, in: Feigl, Herbert/Scriven, Michael/Maxwell, Grover (eds.), Minnesota Studies in the Philosophy of Science, vol. II: Concepts, Theories, and the Mind-Body Problem, Minneapolis 1958, S. 37

— *Aspects of Scientific Explanation*, in: ders., Aspects of Scientific Explanation, New York 1965, S. 331

HEMPEL, CARL G. & OPPENHEIM, PAUL, *Studies in the Logic of Explanation*, Philosophy of Science 15 (1948), 135, zit. nach: Hempel, Carl G., Aspects of Scientific Explanation, New York 1965, S. 245

HENKE, EDUARD, *Handbuch des Criminalrechts und der Criminalpolitik*, Erster Theil, Berlin Stettin 1823

HENKEL, HEINRICH, Der Mensch im Recht, Studium Generale 13 (1960), 229

— Die „praesumtio doli" im Strafrecht, in: Festschrift für Eberhard Schmidt, Göttingen 1961, S. 578

— *Einführung in die Rechtsphilosophie*, 2. Aufl. München 1977

HENLE, PAUL (ed.), *Language, Thought, and Culture*, Ann Arbor 1958

HERBART, JOHANN FRIEDRICH, *Zur Lehre von der Freiheit des menschlichen Willens*. Briefe an Prof. Griepenkerl (1836), zit. nach: Sämtliche Werke in 19 Bänden, hrsgg. von Karl Kehrbach und Otto Flügel, Langensalza 1902, Band 10, S. 207

HERBERGER, MAXIMILIAN, *Die deskriptiven und normativen Tatbestandsmerkmale im Strafrecht*, in: Koch, Hans-Joachim (Hrsg.), Juristische Methodenlehre und analytische Philosophie, Kronberg/Ts. 1976, S. 124

HERBST, EDUARD, *Handbuch des allgemeinen österreichischen Strafrechtes*, Erster Band: Von den Verbrechen, 6. Aufl. Wien 1878

HERRMANN, THEO, *Handlungstheoretische Aspekte der Aggression*, in: Lenk, Hans (Hrsg.), Handlungstheorien interdisziplinär III: Verhaltenswissenschaften und psychologische Handlungstheorien, Zweiter Halbband, München 1984, S. 790

HERRMANN, Ueber Absicht und Vorsatz überhaupt und über unbestimmte und indirecte Absicht insbesondere, ArchCrimR N.F. 23 (1856), 1; 441

HERZBERG, ROLF DIETRICH, Aberratio ictus und abweichender Tatverlauf, ZStW 85 (1973), 867

— Das Wahndelikt in der Rechtsprechung des BGH, JuS 1980, 469

— Aberratio ictus und error in obiecto (1. Teil), JA 1981, 369; (2. Teil), JA 1981, 470

— Die Abgrenzung von Vorsatz und bewußter Fahrlässigkeit - ein Problem des objektiven Tatbestandes, JuS 1986, 249

— Die Strafdrohung als Waffe im Kampf gegen Aids?, NJW 1987, 1461

— Das Wollen beim Vorsatzdelikt und dessen Unterscheidung vom bewußt fahrlässigen Verhalten - Teil 1, JZ 1988, 573; Teil 2, JZ 1988, 635

— Aids: Herausforderung und Prüfstein des Strafrechts, JZ 1989, 470

— Tatbestands- oder Verbotsirrtum?, GA 1993, 439

— Der Vorsatz als „Schuldform", als „aliud" zur Fahrlässigkeit und als „Wissen und Wollen"?, Festschrift 50 Jahre BGH (Festgabe aus der Wissenschaft), München 2000, Band IV, S. 51

HERZOG, JACQUES-BERNARD, Les principes et les méthodes du droit pénal comparé, Rev.int.dr. comp. 9 (1957), 337

HETTINGER, MICHAEL, Die Bewertung der „aberratio ictus" beim Alleintäter - Gedanken zum Verhältnis zwischen Sachverhalt und Gesetz, GA 1990, 531

Hettinger, Michael, Der sog. dolus generalis: Sonderfall eines „Irrtums über den Kausalverlauf"?, in: Festschrift für Günter Spendel, Berlin New York 1992, S. 237

Hetzer, Wolfgang, *Wahrheitsfindung im Strafprozeß unter Mitwirkung psychiatrisch/psychologischer Sachverständiger,* Berlin 1982

Heyd, David, *Comment*, on: Moore, Michael S.: Intentions and *Mens Rea*, in: Gavison, Ruth (ed.), Issues in Contemporary Legal Philosophy. The Influence of H.L.A. Hart, Oxford 1987, S. 271

Hilgendorf, Eric, *Argumentation in der Jurisprudenz. Zur Rezeption von analytischer Philosophie und kritischer Theorie in der Grundlagenforschung der Jurisprudenz,* Diss. iur. Tübingen 1990

— Der Wahrheitsbegriff im Strafrecht am Beispiel der strafrechtlichen Aussagetheorie (§§ 153 ff. StGB), GA 1993, 547

Hillenkamp, Thomas, *Die Bedeutung von Vorsatzkonkretisierungen bei abweichendem Kausalverlauf*, Göttingen 1971

— Beweisnot und materielles Recht, in: Festschrift für Rudolf Wassermann, Neuwied und Darmstadt 1985, S. 861

— Dolus eventualis und Vermeidewille, in: Gedächtnisschrift für Armin Kaufmann, Köln Berlin Bonn München 1989, S. 351

Hinschius, Paul, *Das Kirchenrecht der Katholiken und Protestanten in Deutschland,* Band V: System des katholischen Kirchenrechts mit besonderer Rücksicht auf Deutschland, Berlin 1895

Hippel, Robert von, *Die Grenze von Vorsatz und Fahrlässigkeit*, Leipzig 1903

— *Vorsatz, Fahrlässigkeit, Irrtum*, in: von Birkmeyer, Karl, et al. (Hrsg.), Vergleichende Darstellung des deutschen und ausländischen Strafrechts. Vorarbeiten zur deutschen Strafrechtsreform, Allgemeiner Teil, III. Band, Berlin 1908, S. 373

— Vorsatz und Fahrlässigkeit in den Entwürfen, ZStW 31 (1911), 562 = Vorträge über den Vorentwurf zu einem österreichischen Strafgesetzbuch gehalten in der Österreichischen Kriminalistischen Vereinigung, Wien 1911, S. 351

Hippolytus de Marsiliis, *Consilia*, Lugduni 1531

Hirsch, Andrew von; Bottoms, Anthony; Burney, Elizabeth & Wikström, P.-O., *Criminal Deterrence and Sentence Severity. An Analysis of Recent Research*, Oxford Portland 1999

Hirsch, Hans Joachim, *Die Lehre von den negativen Tatbestandsmerkmalen*, Bonn 1960

— Die Entwicklung der Strafrechtsdogmatik nach Welzel, in: Festschrift der Rechtswissenschaftlichen Fakultät zur 600-Jahr-Feier der Universität zu Köln, Köln Berlin Bonn München 1988, S. 399

— Gibt es eine national unabhängige Strafrechtswissenschaft?, in: Festschrift für Günter Spendel, Berlin New York 1992, S. 43

— Das Schuldprinzip und seine Funktion im Strafrecht, ZStW 106 (1994), 746

— Zum 100. Geburtstag von Hans Welzel, ZStW 116 (2004), 1

— Internationalisierung des Strafrechts und Strafrechtswissenschaft, ZStW 116 (2004), 835

Hirschberg, Max, *Das Fehlurteil im Strafprozeß*, Stuttgart 1960

Hobbes, Thomas, *Elementorum philosophiæ sectio tertia, De Cive*, in: Molesworth, William (ed.), Thomæ Hobbes Malmesburiensis Opera philosophica quæ latine scripsit omnia, London 1839, vol. II, S. 133

— *Leviathan, or the Matter, Forme and Power of a Commonwealth Ecclesiasticall and Civil*, London 1651, zit. nach: Molesworth, William (ed.), The English Works of Thomas Hobbes, London 1839, vol. III

Hobe, Stephan/Kimminich, Otto, *Einführung in das Völkerrecht*, 8. Aufl. Tübingen Basel 2004

Hoche, Arthur, *Die Freiheit des Willens vom Standpunkte der Psychopathologie*, in: Loewenfeld, L./Kurella, Hans (Hrsg.), Grenzfragen des Nerven- und Seelenlebens, 14. Heft, Wiesbaden 1902, S. 12

Hoegel, Hugo, *Geschichte des Österreichischen Strafrechtes*, Erstes Heft, Wien 1904

Hoerster, Norbert, Zum Problem der Ableitung eines Sollens aus einem Sein in der analytischen Moralphilosophie, ARSP 55 (1969), 11

HOERSTER, NORBERT, Zur Generalprävention als Zweck staatlichen Strafens, GA 1970, 272

HOFFMANN, JOACHIM, *Vorhersage und Erkenntnis. Die Funktion von Antizipationen in der menschlichen Verhaltenssteuerung und Wahrnehmung*, Göttingen Bern Toronto Seattle 1993

— Kognition im Dienste der Handlungssteuerung, Psychologische Rundschau 49 (1998), 21

HOHFELD, WESLEY NEWCOMB, *Fundamental Legal Conceptions*, New Haven London 1919, 4th printing 1966

HOHN, KRISTIAN, *Die Zulässigkeit materieller Beweiserleichterungen im Strafrecht*, Frankfurt a.M. u.a. 2000

HOLDSWORTH, WILLIAM SEARLE, *A History of English Law*, vol. II, 4th ed. London 1936

HOLMES, OLIVER WENDELL, JR., *The Common Law*, Boston 1881, ed. by Mark DeWolfe Howe, Boston 1963

— The Path of the Law, 10 Harv. L. Rev. 457 (1896–97)

HOMMEL, BERNHARD, *Acquisition and control of voluntary action*, in: Maasen, Sabine/Prinz, Wolfgang/Roth, Gerhard (eds.), Voluntary action: brains, minds, and sociality, Oxford 2003, S. 34

HOMMERS, WILFRIED, *Implizite Willenstheorien des rechtlichen Denkens aus empirisch-psychologischer Perspektive*, in: Heckhausen, Heinz/Gollwitzer, Peter M./Weinert, Franz E. (Hrsg.), Jenseits des Rubikon. Der Wille in den Humanwissenschaften, Berlin Heidelberg New York London Paris Tokyo 1987, S. 340

— *Die Juristenpsychologie als Heuristik für die empirische Psychologie: Gesamtschau und Einzelabwägung*, in: Jakob, Raimund/Usteri, Martin/Weimar, Robert (Hrsg.), Psyche Recht Gesellschaft, Widmungsschrift für Manfred Rehbinder, Bern 1995, S. 187

HORACK, FRANK E., The Multiple Consequences of a Single Criminal Act, 21 Minn.L.Rev. 805 (1937)

HORDER, JEREMY, Cognition, Emotion and Criminal Culpability, 106 L.Q.Rev. 469 (1990)

— A Critique of the Correspondence Principle in Criminal Law, [1995] Crim.L.Rev. 759

— *Crimes of Ulterior Intent*, in: Simester, A.P. & Smith, A.T.H. (eds.), Harm and Culpability, Oxford 1996, S. 153

— Questioning the Correspondence Principle—A Reply, [1999] Crim.L.Rev. 20

— *On the Irrelevance of Motive in Criminal Law*, in: Horder, Jeremy (ed.), Oxford Essays in Jurisprudence, Fourth Series, Oxford 2000, S. 173

HORN, A., Wille und Willensmacht, GS 51 (1895), 1

— Die Bedeutung des Willens für die Strafrechtstheorie, GS 51 (1895), 151

HORN, ECKARD, *Verbotsirrtum und Vorwerfbarkeit*, Berlin 1969

HÖRNLE, TATJANA, *Tatproportionale Strafzumessung*, Berlin 1999

HORNSBY, JENNIFER, *Actions*, London Boston Henley 1980

— *On What's Intentionally Done*, in: Shute, Stephen/Gardner, John/Horder, Jeremy (eds.), Action and Value in Criminal Law, Oxford 1993, S. 55

HOSTIENSIS (HENRICUS DE SEGUSIO CARDINALIS HOSTIENSIS), *Summa*, Lugduni 1537

HOULGATE, LAURENCE D., *Ignorantia juris*: A Plea for Justice, 78 Ethics 32 (1967)

HOYER, ANDREAS, Der Konflikt zwischen richterlicher Beweiswürdigungsfreiheit und dem Prinzip „in dubio pro reo", ZStW 105 (1993), 523

HRUSCHKA, JOACHIM, Conscientia erronea und ignorantia bei Thomas von Aquin, Festschrift für Hans Welzel, Berlin New York 1974, S. 115

— *Strukturen der Zurechnung*, Berlin New York 1975

— Über Schwierigkeiten mit dem Beweis des Vorsatzes, in: Festschrift für Theodor Kleinknecht, München 1985, S. 191

HUGUENEY, LOUIS, L'erreur de droit, R.i.d.p. 26 (1955), 343

HUIGENS, KYRON, Virtue and Inculpation, 108 Harv. L. Rev. 1423 (1996)

HUMBOLDT, WILHELM VON, *Über den Dualis* (1827), in: Gesammelte Schriften, hrsg. von der Königlich Preußischen Akademie der Wissenschaften, Berlin 1907, Band VI, S. 4

HUMBOLDT, WILHELM VON, *Ueber den Einfluss des verschiedenen Charakters der Sprachen auf Literatur und Geistesbildung* (1821), in: Gesammelte Schriften, hrsg. von der Königlich Preußischen Akademie der Wissenschaften, Berlin 1908, Band VII, S. 640
— *Über das Entstehen der grammatischen Formen und ihren Einfluß auf die Ideenentwicklung* (1821), in: Gesammelte Schriften, hrsg. von der Königlich Preußischen Akademie der Wissenschaften, Berlin 1905, Band IV, S. 285
— *Über das vergleichende Sprachstudium in Beziehung auf die verschiedenen Epochen der Sprachentwicklung*, in: Gesammelte Schriften, hrsg. von der Königlich Preußischen Akademie der Wissenschaften, Berlin 1905, Band IV, S. 1
— *Über die Verschiedenheit des menschlichen Sprachbaues* (1827–1829), in: Gesammelte Schriften, hrsg. von der Königlich Preußischen Akademie der Wissenschaften, Berlin 1907, Band VI, S. 111
— *Über die Verschiedenheit des menschlichen Sprachbaues und ihren Einfluß auf die geistige Entwicklung des Menschengeschlechts* (1830–35), in: Gesammelte Schriften, hrsg. von der Königlich Preußischen Akademie der Wissenschaften, Berlin 1907, Band VII, S. 1
HUME, DAVID, *A Treatise of Human Nature*, London 1739/40, edited by L. A. Selby-Bigge, 2nd ed. Oxford 1978
— *An Enquiry concerning Human Understanding*, London 1777, edited by L. A. Selby-Biggs & P. H. Nidditch, 3rd ed. Oxford 1975
HUSAK, DOUGLAS N., Motive and Criminal Liability, 8 Crim. Just. Ethics 3 (1989)
— Transferred Intent, 10 Notre Dame J. L. Ethics & Pub. Pol'y 65 (1996)
— *Does Criminal Liability Require an Act?*, in: Duff, Antony (ed.), Philosophy and the Criminal Law, Cambridge 1998, S. 60
HUSAK, DOUGLAS N. & VON HIRSCH, ANDREW, *Culpability and Mistake of Law*, in: Shute, Stephen/Gardner, John/Horder, Jeremy (eds.), Action and Value in Criminal Law, Oxford 1993, S. 157
HUSSERL, EDMUND, *Cartesianische Meditationen*, in: Husserliana, Band I, 2. Aufl. Den Haag 1973, S. 41
— *Ideen zu einer reinen Phänomenologie und philosophischen Philosophie*, Halle a.d.S. 1913
— *Logische Untersuchungen*, 2. Aufl., in: Husserliana, Bände XIX/1, XIX/2, Den Haag 1984
— Nachwort zu meinen Ideen zu einer Phänomenologie und phänomenologischen Philosophie, Jahrbuch für Philosophie und Phänomenologische Forschung XI (1930), 549
— Philosophie als strenge Wissenschaft, Logos I (1911), 289
HUSSERL, GERHART, *Recht und Zeit*, Frankfurt a.M. 1955
— *Recht und Welt*, in: ders., Recht und Welt. Rechtsphilosophische Abhandlungen, Frankfurt a.M. 1964, S. 67
HUXLEY, THOMAS HENRY, *On the Hypothesis that Animals are Automata, and Its History*, in: ders., Collected Essays, London 1893, vol. I, S. 199
IACOBONI, MARCO; MOLNAR-SZAKACS, ISTVAN; GALLESE, VITTORIO; BUCCINO, GIOVANNI; MAZZIOTTA, JOHN C.; RIZZOLATTI, GIACOMO, Grasping the Intentions of Others with One's Own Mirror Neuron System, PLoS Biology 3(3) e79 (2005)
ILTING, KARL-HEINZ (Hrsg.), *Georg Wilhelm Friedrich Hegel, Vorlesungen über Rechtsphilosophie 1818–1831*, 4 Bände, Stuttgart Bad Cannstatt 1974
INSTITUT DE DROIT INTERNATIONAL, Resolution of 1st September 1995 on *Problems arising from a Succession of Codification Conventions on a Particular Subject*, 66-II Ann. Inst. Dr. Int. 434 (1996)
INTERNATIONAL LAW ASSOCIATION, *Draft Statute for an International Commission on Criminal Inquiry*, in: Report of the Fifty-ninth Conference held at Belgrade, 1980, London 1982, S. 400
— *Protocol II to the Statute for an International Criminal Court and to the Statute for an International Commission of Criminal Inquiry Containing Defences (Revised)*, in: Report of the Sixty-fourth Conference held at Broadbeach, Queensland, Australia, Sydney 1991, S. 185
IPSEN, KNUT, *Völkerrecht*, 5. Aufl. München 2004
ISAACSON, ANDRE D., Ignorance in Jewish Law, 5 Nat'l Jewish L. Rev. 1 (1990–91)

Iuvenalis, D. Iunius, *Saturae*, zit. Ausgabe: The Loeb Classical Library, *Juvenal and Persius*, London Cambridge MA 1957

Jäger, Herbert, *Strafrecht und psychoanalytische Theorie*, in: Festschrift für Heinrich Henkel, Berlin 1974, S. 125 = ders. (Hrsg.), Kriminologie im Strafprozeß, Frankfurt a.M. 1980, S. 47

— *Subjektive Verbrechensmerkmale als Gegenstand psychologischer Wahrheitsfindung*, MSchrKrim 1978, 297 = ders. (Hrsg.), Kriminologie im Strafprozeß, Frankfurt a.M. 1980, S. 173

— *Makrokriminalität. Studien zur Kriminologie kollektiver Gewalt*, Frankfurt a.M. 1989

— *Makroverbrechen als Gegenstand des Völkerstrafrechts. Kriminalpolitisch-kriminologische Aspekte*, in: Hankel, Gerd/Stuby, Gerhard (Hrsg.), Strafgerichte gegen Menschheitsverbrechen, Hamburg 1995, S. 325

Jakobs, Günther, *Studien zum fahrlässigen Erfolgsdelikt*, Berlin New York 1972

— Vermeidbares Verhalten und Strafrechtssystem, Festschrift für Hans Welzel, Berlin New York 1974, S. 307

— *Schuld und Prävention*, Tübingen 1976

— Regreßverbot beim Erfolgsdelikt, ZStW 89 (1977), 1

— *Zum Verhältnis von psychischem Faktum und Norm bei der Schuld*, in: Göppinger, Hans/Bresser, Paul H. (Hrsg.), Kriminologische Gegenwartsfragen. Sozialtherapie. Grenzfragen bei der Beurteilung psychischer Auffälligkeiten im Strafrecht, Stuttgart 1982, S. 127

— *Die juristische Perspektive zum Aussagewert der Handlungsanalyse einer Tat*, in: J. Gerchow (Hrsg.), Zur Handlungsanalyse einer Tat, Berlin Heidelberg New York Tokyo 1983, S. 21

— *Über die Aufgabe der subjektiven Deliktseite im Strafrecht*, in: Witter, H. (Hrsg.), Der medizinische Sachverständige im Strafrecht, Berlin Heidelberg New York London Paris Tokyo 1987, S. 271

— Über die Behandlung von Wollensfehlern und Wissensfehlern, ZStW 101 (1989), 516

— Tätervorstellung und objektive Zurechnung, in: Gedächtnisschrift für Armin Kaufmann, Köln Berlin Bonn München 1989, S. 271

— *Strafrecht Allgemeiner Teil*, 2. Aufl. Berlin New York 1991

— *Der strafrechtliche Handlungsbegriff*, München 1992

— *Das Schuldprinzip*, Opladen 1993

— Das Strafrecht zwischen Funktionalismus und „alteuropäischem" Prinzipiendenken, ZStW 107 (1995), 843

— Akzessorietät. Zu den Voraussetzungen gemeinsamer Organisation, GA 1996, 253

— Objektive Zurechnung bei mittelbarer Täterschaft durch ein vorsatzloses Werkzeug, GA 1997, 553

— *Strafrechtliche Zurechnung und die Bedingungen der Normgeltung*, in: Neumann, Ulfrid/Schulz, Lorenz (Hrsg.), Verantwortung in Recht und Moral, ARSP-Beiheft 74 (2000), S. 57

— Gleichgültigkeit als dolus indirectus, ZStW 114 (2002), 584

— Der Zweck der Vergeltung. Eine Untersuchung anhand der Straftheorie Hegels, in: Festschrift für Nikolaos Androulakis (Τιμητικός τόμος τον Νικόλαο Κ. Ανδρουλάκη), Athen 2003, S. 251

— Handlungssteuerung und Antriebssteuerung. Zu *Hans Welzels* Verbrechensbegriff, in: Festschrift für Hans-Ludwig Schreiber, Heidelberg 2003, S. 949

— *La idea de la normativización en la dogmática jurídico-penal*, in: ders., Sobre la normativización de la dogmática jurídico-penal (trad. Cancio Meliá/Feijóo Sánchez), Madrid 2003, S. 15

— Dolus malus, in: Festschrift für Hans-Joachim Rudolphi, Neuwied 2004, S. 107

— *Staatliche Strafe: Bedeutung und Zweck*, Paderborn 2004

— Individuum und Person, ZSW 117 (2005), 247

James, William, *The Principles of Psychology*, 2 vols., London 1890 [in Klammern zit. nach der krit. Ausgabe: The Works of William James, Cambridge London 1981]

Janzarik, Werner, Desaktualisierung als Prinzip von Steuerung und Handlung, in: Festschrift für Günter Schewe, Berlin Heidelberg New York London Paris Tokyo Hong Kong Barcelona 1991, S. 218

JANZARIK, WERNER, Vorrechtliche Aspekte des Vorsatzes, ZStW 104 (1992), 65

JEANNEROD, MARC, Mental imagery in motor context, Neuropsychologia 33 (1995), 1419

— *The Cognitive Neuroscience of Action*, Oxford 1997

— *Self-generated actions*, in: Maasen, Sabine/Prinz, Wolfgang/Roth, Gerhard (eds.), Voluntary action: brains, minds, and sociality, Oxford 2003, S. 153

JENKS, C. WILFRED, *The Common Law of Mankind*, London 1958

JENNINGS, SIR ROBERT Y., The Progressive Development of International Law and Its Codification, 24 Brit.Y.B.Int'l L. 301 (1947)

— What is International Law and how do we tell it when we see it?, SchwJbintR 37 (1981), 59

JENSEN, STEFAN, *Erkenntnis – Konstruktivismus – Systemtheorie*, Opladen 1999

JESCHECK, HANS-HEINRICH, *Die Verantwortlichkeit der Staatsorgane nach Völkerstrafrecht*, Bonn 1952

— *Entwicklung, Aufgaben und Methoden der Strafrechtsvergleichung*, Tübingen 1955

— *Das Menschenbild unserer Zeit und die Strafrechtsreform*, Tübingen 1957

— Aufbau und Stellung des bedingten Vorsatzes im Verbrechensbegriff, in: Festschrift für Erik Wolf, Frankurt a.M. 1962, S. 473

— *Lehrbuch des Strafrechts, Allgemeiner Teil*, 3. Aufl. Berlin 1978

— *International Crimes*, in: Bernhardt, Rudolf (ed.), Encyclopedia of Public International Law (EPIL), vol. 2, Amsterdam etc. 1995, S. 1119

— The General Principles of International Criminal Law Set Out in Nuremberg, as Mirrored in the ICC Statute, 2 J. Int'l Crim. Just. 38 (2004)

JESCHECK, HANS-HEINRICH/WEIGEND, THOMAS, *Lehrbuch des Strafrechts, Allgemeiner Teil*, 5. Aufl. Berlin 1996

JOERDEN, JAN C., *Strukturen des strafrechtlichen Verantwortlichkeitsbegriffs: Relationen und ihre Verkettungen*, Berlin 1988

JOHN, RICHARD EDUARD, *Das Strafrecht in Norddeutschland zur Zeit der Rechtsbücher*, Leipzig 1858

JONES, EDWARD E., *Interpersonal Perception*, New York 1990

JONES, EDWARD E. & DAVIS, KEITH E., *From Acts to Dispositions: The Attribution Process in Person Perception*, in: Berkowitz, Leonard (ed.), Advances in experimental social psychology, New York London 1965, vol. 2, S. 219

JONES, EDWARD E. & HARRIS, VICTOR A., The Attribution of Attitudes, Journal of Experimental Social Psychology 3 (1967), 1

JONES, EDWARD E. & MCGILLIS, DANIEL, *Correspondent Inferences and the Attribution Cube: A Comparative Reappraisal*, in: Harvey, John H.; Ickes William John & Kidd, Robert F. (eds.), New Directions in Attribution Research, Hillsdale NJ 1976, vol. 1, S. 389

JONES, EDWARD E. & NISBETT, RICHARD E., *The Actor and the Observer: Divergent Perceptions of the Causes of Behavior*, in: Jones, Edward E.; Kanouse, David E.; Kelley, Harold H.; Nisbett, Richard E.; Valins, Stuart & Weiner, Bernard, Attributions: Perceiving the Causes of Behavior, Morristown NJ 1972, S. 79

JUNG, HEIKE, *Die Bekämpfung der Wirtschaftskriminalität als Prüfstein des Strafrechtssystems*, Berlin New York 1979

— Grundlagen der Strafrechtsvergleichung, JuS 1998, 1

— *Die Europäisierung der Strafrechtswissenschaft als methodisch-didaktische Fragestellung*, in: Ranieri, Filippo (Hrsg.), Die Europäisierung der Rechtswissenschaft, Baden-Baden 2002, S. 41

— Zu Theorie und Methoden der Strafrechtsvergleichung, in: De Giorgi, Raffaele (Hrsg.), Il diritto e la differenza, Scritti in onore di Alessandro Baratta, Lecce 2002, vol. 1, S. 361

— Zur Strafbarkeit des untauglichen Versuchs – ein Zwischenruf aus rechtsvergleichender Sicht, ZStW 117 (2005), 937

Kahan, Dan M., Ignorance of Lawe *Is* an Excuse—But Only For the Virtuous, 96 Mich. L. Rev. 127 (1997–98)

Kahan Dan M. & Nussbaum, Martha C., Two Conceptions of Emotion in Criminal Law, 96 Colum. L. Rev. 269 (1996)

Kahn, Otto, *Der außerstrafrechtliche Rechtsirrtum*, Breslau 1900

Kaiafa-Gbandi, Maria, Die allgemeinen Grundsätze des Strafrechts im Statut des Internationalen Strafgerichtshofs: Auf dem Weg zu einem rechtsstaatlichen Strafrecht der Nationen?, in: Festschrift für Hans-Ludwig Schreiber, Heidelberg 2003, S. 199

Kaiser, Günther, *Strafrecht und Psychologie*, in: Grimm, Dieter (Hrsg.), Rechtswissenschaft und Nachbarwissenschaften, Band 1, 2. Aufl. München 1976, S. 195

Kalous, Angela, *Positive Generalprävention durch Vergeltung*, Regensburg 2000

Kanouse, David E., *Language, Labeling and Attribution*, in: Jones, Edward E.; Kanouse, David E.; Kelley, Harold H.; Nisbett, Richard E.; Valins, Stuart & Weiner, Bernard, Attributions: Perceiving the Causes of Behavior, Morristown NJ 1972, S. 121

Kant, Immanuel, *Grundlegung zur Metaphysik der Sitten*, 2. Aufl. Riga 1786, zit. nach Theorie-Werkausgabe Immanuel Kant (hrsg. von Wilhelm Weischedel), Band IV, Frankfurt 1968

— *Kritik der reinen Vernunft*, 2. Aufl. Königsberg 1787, zit. nach Akademie-Ausgabe, Band III, Berlin 1904/11

— *Kritik der praktischen Vernunft*, Riga 1788, zit. nach Theorie-Werkausgabe Immanuel Kant (hrsg. von Wilhelm Weischedel), Band VII, Frankfurt 1968, S. 103

— *Kritik der Urteilskraft*, 1. Aufl. Berlin Libau 1790, 2. Aufl. Berlin 1793, zit. nach Theorie-Werkausgabe Immanuel Kant (hrsg. von Wilhelm Weischedel), Band X, Frankfurt 1968, S. 69

— *Anthropologie in pragmatischer Hinsicht abgefaßt*, 2. Aufl. 1800, zit. nach Akademie-Ausgabe, Band VII, Berlin 1907/17, S. 117

— *Logik*, hrsg, von Gottlob Benjamin Jäsche, Königsberg 1800, zit. nach Akademie-Ausgabe, Band IX, Berlin 1923, S. 1

Kantorowicz, Hermann, *Tat und Schuld*, Zürich Leipzig 1933

Kaplan, David, *Quantifying In*, in: Davidson, Donald/Hintikka, Jaako (eds.), Words and Objections. Essays on the Work of W. V. Quine, Dordrecht 1969, S 206

Kargl, Walter, *Handlung und Ordnung im Strafrecht. Grundlagen einer kognitiven Handlungs- und Straftheorie*, Berlin 1991

— *Der strafrechtliche Vorsatz auf der Basis der kognitiven Handlungstheorie*, Frankfurt a.M. Berlin Bern New York Paris Wien 1993

— *Die Funktion des Strafrechts aus rechtstheoretischer Sicht*, Heidelberg 1995

Katz, Leo, *Bad Acts and Guilty Minds*. Conundrums of the Criminal Law, Chicago London 1987

Kaufmann, Armin, *Lebendiges und Totes in Bindings Normentheorie*, Göttingen 1954

— Tatbestandseinschränkung und Rechtfertigung, JZ 1955, 37

— Der dolus eventualis im Deliktsaufbau, ZStW 70 (1958), 64

— *Die Dogmatik der Unterlassungsdelikte*, Göttingen 1959

— Schuldfähigkeit und Verbotsirrtum, Festschrift für Eberhard Schmidt, Göttingen 1961, S. 319

— Unterlassung und Vorsatz, in: Festschrift für Hellmuth von Weber, Bonn 1963, S. 207

— Die Dogmatik im Alternativ-Entwurf, ZStW 80 (1968), 34

— Zum Stande der Lehre vom personalen Unrecht, in: Festschrift für Hans Welzel, Berlin New York 1974, S. 393

Kaufmann, Arthur, *Das Schuldprinzip*, Heidelberg 1961

— (Hrsg.), *Die ontologische Begründung des Rechts*, Darmstadt 1965

— Die ontologische Struktur der Handlung, in: Festschrift für Hellmuth Mayer, Berlin 1966, S. 79

KAUFMANN, ARTHUR, *Die Parallelwertung in der Laiensphäre. Ein sprachphilosophischer Beitrag zur allgemeinen Verbrechenslehre*, in: Bayerische Akademie der Wissenschaften, Philosophisch-historische Klasse, Sitzungsberichte, Jahrgang 1982, Heft 4, München 1982

— *Rechtsphilosophie, Rechtstheorie, Rechtsdogmatik*, in: ders./Hassemer, Winfried (Hrsg.), Einführung in die Rechtsphilosophie und Rechtstheorie der Gegenwart, 5. Aufl. Heidelberg 1989, S. 1

KAUFMANN, EKKEHARD, *Die Erfolgshaftung*, Frankfurt a.M. 1958

— Die Natur der Sache, JuS 1987, 848

KAUFMANN, FELIX, *Die philosophischen Grundlagen der Lehre von der Strafrechtsschuld*, Leipzig Wien 1929

KAUPEN, WOLFGANG, *Das Verhältnis der Bevölkerung zur Rechtspflege*, in: Rehbinder, Manfred/Schelsky, Helmut (Hrsg.), Zur Effektivität des Rechts (Jahrbuch für Rechtssoziologie und Rechtstheorie, Band III), Düsseldorf 1972, S. 555

KAVENY, M. CATHLEEN, Inferring Intention from Foresight, 120 L.Q.Rev. 81 (2004)

KELLER, RAINER, Der Verlust von orientierungskräftiger Gegenständlichkeit im Strafrecht und der Normativismus, ZStW 107 (1995), 457

KELLER, WILHELM, *Psychologie und Philosophie des Wollens*, München Basel 1954

KELLEY, HAROLD H., *Attribution Theory in Social Psychology*, in: David Levine (ed.), Nebraska Symposium on Motivation = Current Theory and Research in Motivation, vol. 15, Lincoln NE 1967, S. 192

— *Attribution in Social Interaction*, in: Jones, Edward E.; Kanouse, David E.; Kelley, Harold H.; Nisbett, Richard E.; Valins, Stuart & Weiner, Bernard, Attributions: Perceiving the Causes of Behavior, Morristown NJ 1972, S. 1

— The Process of Causal Attribution, American Psychologist 28 (1973), 107

KELLY, GEORGE A., *The Psychology of Personal Constructs*, New York 1955, zit. Ausgabe: Die Psychologie der persönlichen Konstrukte, Paderborn 1986

KELMAN, MARK, Interpretive Construction in the Substantive Criminal Law, 33 Stan. L. Rev. 591 (1980–81)

— *A Guide to Critical Legal Studies*, Cambridge MA London 1987

KELSEN, HANS, *Hauptprobleme der Staatsrechtslehre*, 2. Aufl. Tübingen 1923

— *Der soziologische und der juristische Staatsbegriff*, 2. Aufl. Tübingen 1928

— *General Theory of Law and State*, Cambridge MA 1945

— Kausalität und Zurechnung, ARSP 46 (1960), 321

— *Reine Rechtslehre*, 2. Aufl. Wien 1960

KELT, MARIA & VON HEBEL, HERMAN, *General Principles of Criminal Law and the Elements of Crimes*, in: Lee, Roy S. (ed.), The International Criminal Court. Elements of Crimes and Rules of Procedure and Evidence, Ardsley NY 2001, S. 19

KEMMERLING, ANDREAS, *Gilbert Ryle: Können und Wissen*, in: Speck, Josef (Hrsg.), Grundprobleme der großen Philosophen, Philosophie der Gegenwart III, Göttingen 1975, S. 126

KENNY, ANTHONY, *Action, Emotion and Will*, London 1963, new ed. London New York 2003

— Intention and Purpose, Journal of Philosophy 63 (1966), 642

— *Intention and Purpose in Law*, in: Summers, Robert S. (ed.), Essays in Legal Philosophy, Oxford 1968, S. 146

— *Will, Freedom and Power*, Oxford 1975

— *Intention and Mens Rea in Murder*, in: Hacker, P. M. S. & Raz, J. (eds.), Law, Morality and Society, Essays in Honour of H. L. A. Hart, Oxford 1977, S. 161

KERSTING, HERMANN, *Das Strafrecht in Kurhessen*, Erstes Buch: Allgemeiner Theil, Rinteln 1853

KIEFER, MARTIN, *Bewußtsein*, in: Müsseler, Jochen/Prinz, Wolfgang (Hrsg.), Allgemeine Psychologie, Heidelberg Berlin 2002, S. 178

KIM, JAEGWON, *Intention und praktischer Schluß*, in: Apel, Karl-Otto/Manninen, Juha/Tuomela, Raimo (Hrsg.), Neue Versuche über Erklären und Verstehen, Frankfurt a.M. 1978, S. 79

— *Reasons and the First Person*, in: Bransen, Jan & Cuypers, Stefaan E. (eds.), Human Action, Deliberation and Causation, Dordrecht Boston London 1998, S. 67

KINDHÄUSER, URS, *Intentionale Handlung*, Berlin 1980

— Der Vorsatz als Zurechnungskriterium, ZStW 96 (1984), 1

— Rohe Tatsachen und normative Tatbestandsmerkmale, Jura 1984, 465

— *Gefährdung als Straftat*, Frankfurt a.M. 1989

— Zur Unterscheidung von Tat- und Rechtsirrtum, GA 1990, 407

— Rechtstreue als Schuldkategorie, ZStW 107 (1995), 701

— Gleichgültigkeit als Vorsatz?, in: Festschrift für Albin Eser, München 2005, S. 345

KINTSCH, WALTER & ERICSSON, ANDERS, *Die kognitive Funktion des Gedächtnisses*, in: Birbaumer, Niels et al. (Hrsg.), Enzyklopädie der Psychologie, Themenbereich C (Theorie und Forschung), Serie II (Kognition), Band 4 (hrsg. von Albert, Dietrich/Stapf, Kurt-Hermann): Gedächtnis, Göttingen Bern Toronto Seattle 1996, S. 541

KISS, ALEXANDRE CHARLES, *Comparative Law and Public International Law*, in: Butler, William E. (ed.), International Law in Comparative Perspective, Aalphen aan den Rijn · Germantown MD 1980, S. 41

KITTICHAISAREE, KRIANGSAK, *International Criminal Law*, Oxford 2001

KLEE, KARL, *Zur Lehre vom strafrechtlichen Vorsatz*, Breslau 1897

— *Der dolus indirectus als Grundnorm der vorsätzlichen Schuld*, Berlin 1906

— Vorsatz und Triebhaftigkeit der Handlung, ZStW 48 (1928), 1

KLEIN, ERNST FERDINAND, Merkwürdige Rechtsfälle: 8. Lorenz Wieczoreck tödtet seinen Stiefsohn durch einen Sichelwurf, Annalen der Gesetzgebung und Rechtsgelehrsamkeit in den Preussischen Staaten 4 (1789/2. Aufl. 1796), 66

— Auszug aus einem Gutachten der Criminal-Deputation des Cammergerichts in Untersuchungssachen wider Paul Wiera, wegen Todtschlags, nebst einigen Bemerkungen des Herausgebers über den Unterschied des Vorsatzes und der bloßen Schuld, Annalen der Gesetzgebung und Rechtsgelehrsamkeit in den Preußischen Staaten XII (1794), 159

— *Grundsätze des gemeinen deutschen und preußischen peinlichen Rechts*, Halle 1796

— Vom Unterschiede zwischen *dolus* und *culpa* in Beziehung auf Verbrechen und Strafe, ArchCrimR I,2 (1798), 56

— Über *dolus* und *culpa*, ein Nachtrag zu Nr. 7. St. 2. B. I und Nr. 9. St. 1. B. II S. 316 ff., ArchCrimR III,1 (1801), 119

KLEINSCHROD, GALLUS ALOYS, *Systematische Entwickelung der Grundbegriffe und Grundwahrheiten des peinlichen Rechts nach der Natur der Sache und der positiven Gesetzgebung*, 3. Aufl. Erlangen 1805

— Bemerkungen über das Gesetz über Verbrechen und schwere Polizeyübertretungen, Wien 1803, ArchCrimR VI,4 (1806), 23

KLESCZEWSKI, DIETHELM, *Die Rolle der Strafe in Hegels Theorie der bürgerlichen Gesellschaft*, Berlin 1991

KLOTZ, WERNER & NEUMANN, ODMAR, Motor Activation Without Conscious Discrimination in Metacontrast Masking, Journal of Experimental Psychology: Human Perception and Performance 25 (1999), 976

KLUG, ULRICH, Der Handlungsbegriff des Finalismus als methodologisches Problem, in: Festschrift für Carl August Emge, Wiesbaden 1960, S. 33, zit. nach: Klug, Ulrich, Skeptische Rechtsphilosophie und humanes Strafrecht, Band 2, Berlin Heidelberg New York 1981, S. 155

— *Juristische Logik*, 4. Aufl. Berlin Heidelberg New York 1982

KLUWE, RAINER H., Steuerung des Denkens und Handelns, Zeitschrift für Psychologie 208 (2000), 1

KNOOPS, GEERT-JAN G. J., *Defenses in Contemporary International Law*, Ardsley NY 2001

KÖBERER, WOLFGANG, Strafbedürfnis, Generalprävention und subjektive Verbrechensmerkmale, KrimJ 1983, 184

KOCH, CHRISTOF, *The Quest for Consciousness. A Neurobiological Approach*, Englewood Colo. 2004

KOCH, CHRISTOF & CRICK, FRANCIS, Stichwort: "Consciousness, neural basis of" in: International Encyclopedia of the Social and Behavioural Sciences, Oxford 2001, vol. 4, S. 2600

KOCH, HANS-JOACHIM, *Einleitung: Über juristisch-dogmatisches Argumentieren im Staatsrecht*, in: ders. (Hrsg.), Seminar: Die juristische Methode im Staatsrecht, Frankfurt a.M. 1977, S. 9

KOCH, HANS-JOACHIM/RÜSSMANN, HELMUT, *Juristische Begründungslehre*, München 1982

KOCH, JOHANN CHRISTOPH, *Institutiones iuris criminalis*, ed. quarta, Jena 1775

KÖCKRITZ, SIEGHARDT VON, *Die Bedeutung des Willens für den Verbrechensbegriff Carpzovs in der Practica Nova Imperialis Saxonica rerum Criminalium*, Diss. iur. Bonn 1955

KOHLBERG, LAWRENCE, *The Philosophy of Moral Development: Moral Stages and the Idea of Justice*, San Francisco 1981

— *The Psychology of Moral Development: The Nature and Validity of Moral Stages*, San Francisco 1984

KÖHLER, AUGUST, *Die Strafbarkeit bei Rechtsirrtum*, München 1904

— Die Schuld als Grundlage des Strafrechts, GS 96 (1928), 91

KOHLER, JOSEF, Äquivalenz im Strafrecht, GA 66 (1919), 97

KÖHLER, MICHAEL, Vorsatzbegriff und Bewußtseinsformen des Vorsatzes, GA 1981, 285

— *Die bewußte Fahrlässigkeit*, Heidelberg 1982

— Der Begriff der Zurechnung, in: Festschrift für Hans Joachim Hirsch, Berlin New York 1999, S. 65

KOHLRAUSCH, EDUARD, *Irrtum und Schuldbegriff im Strafrecht*, Berlin 1903

— *Die Schuld (Vorsatz, Fahrlässigkeit, Rechtsirrtum, Erfolgshaftung)*, in: Aschrott, P. F./Liszt, Franz von (Hrsg.), Die Reform des Reichsstrafgesetzbuchs, Bd. I: Allgemeiner Teil, Berlin 1910, S. 179

— Das kommende Deutsche Strafrecht, ZStW 55 (1936), 384

KOKKINI-IATRIDOU, D., *The Tertium Comparationis in Micro-Comparative Research*, in: Institute of Comparative Law, Waseda University (Hrsg.), Law in East and West, On the occasion of the 30th anniversary of the Institute of Comparative Law, Waseda University / Recht in Ost und West, Festschrift zum 30jährigen Jubiläum des Instituts für Rechtsvergleichung der Waseda Universität, Tokyo 1988, S. 231

KOLLMANN, HORST, Der symptomatische Verbrechensbegriff, ZStW 28 (1908), 449

— Die Lehre vom versari in re illicita im Rahmen des Corpus juris canonici, ZStW 35 (1914), 46

KÖNIG, KAI-MICHAEL, *Die völkerrechtliche Legitimation der Strafgewalt internationaler Strafjustiz*, Baden-Baden 2003

KOPPELBERG, DIRK, *Die Aufhebung der analytischen Philosophie. Quine als Synthese von Carnap und Neurath*, Frankfurt a.M. 1987

KORIATH, HEINZ, *Grundlagen strafrechtlicher Zurechnung*, Berlin 1994

— Einige Gedanken zur aberratio ictus, JuS 1997, 901

— Einige Gedanken zum error in persona, JuS 1998, 901

KOSKENNIEMI, MARTTI, *From Apology to Utopia: The Structure of International Legal Argument*, Helsinki 1989

KÖSTLIN, C. REINHOLD, *Neue Revision der Grundbegriffe des Criminalrechts*, Göttingen 1845

— *System des deutschen Strafrechts*, Allgemeiner Theil, Tübingen 1855

KÖTZ, HEIN, Rechtsvergleichung und Rechtsdogmatik, RabelsZ 54 (1990), 203

KRAFT, JULIUS, Paradoxien des positiven Rechts, IntZThR 9 (1935), 270

— *Von Husserl zu Heidegger*, 2. Aufl. Frankfurt a.M. 1957

KRAUSS, DETLEF, *Das Prinzip der materiellen Wahrheit im Strafprozeß*, in: Festschrift für Friedrich Schaffstein, Göttingen 1975, S. 411, zit. nach Abdruck in: Jäger, Herbert (Hrsg.), Kriminologie im Strafprozeß, Frankfurt a.M. 1980, S. 65

— *Der psychologische Gehalt subjektiver Elemente im Strafrecht*, Festschrift für Hans-Jürgen Bruns, Köln Berlin Bonn München 1978, S. 11, zit. nach Abdruck in: Jäger, Herbert (Hrsg.), Kriminologie im Strafprozeß, Frankfurt a.M. 1980, S. 110

KREITTMAYR → Anmerkungen über den Codicem Juris Bavarici Criminalis (*infra* Materialien, Normtexte)

KRESS, CLAUS, Friedenssicherungs- und Konfliktvölkerrecht auf der Schwelle zur Postmoderne, EuGRZ 1996, 638

— Zur Methode der Rechtsfindung im Allgemeinen Teil des Völkerstrafrechts, ZStW 111 (1999), 596

— Buchbesprechung von: Christiane Nill-Theobald, "Defences" bei Kriegsverbrechen am Beispiel Deutschlands und der USA, GA 2000, 343

KRESS, JOHANNES PAUL, *Commentatio succincta in Constitutionem Criminalem Carolinam*, Hannover 1760

KRIEGSMANN, N. HERMANN, Literaturbericht: Dr. Friedrich Sturm, Seelenzustand und Schuld, Gerichtssaal 1909, Bd. 74, S. 160–226, in: ZStW 30 (1910), 449

KRIPKE, SAUL A., *Wittgenstein on rules and private language*, Cambridge MA 1982

KRUG, AUGUST OTTO, *Ueber dolus und culpa und insbesondere über den Begriff der unbestimmten Absicht*, Leipzig 1854

— *Commentar zu dem Strafgesetzbuche für das Königreich Sachsen vom 11. August 1855*, 2. Aufl. Leipzig 1861

KRÜGER, HERBERT, Rechtsgedanke und Rechtstechnik im liberalen Strafrecht, ZStW 54 (1935), 591

KRUGLANSKI, ARIE W., The Endogenous-Exogenous Partition in Attribution Theory, Psychological Review 82 (1975), 387

KRÜMPELMANN, JUSTUS, Motivation und Handlung im Affekt, in: Festschrift für Hans Welzel, Berlin New York 1974, S. 327

— Vorsatz und Motivation, ZStW 87 (1975), 888

— *Empirie und Normativität in den Rechtsbegriffen der Willenssteuerung*, in: Hommers, Wilfried (Hrsg.), Perspektiven der Psychologie, Göttingen Toronto Zürich 1991, S. 13

KÜCHENHOFF, GÜNTHER, Die staatsrechtliche Bedeutung des Verbotsirrtums, in: Festschrift für Ulrich Stock, Würzburg 1966, S. 75

KUGLER, ITZHAK, *Direct and Oblique Intention in the Criminal Law*, Aldershot 2002

KUHL, JULIUS, *Motivation, Konflikt und Handlungskontrolle*, Berlin Heidelberg New York Tokyo 1983

— *Volitional Mediators of Cognitive-Behavior Consistency: Self-Regulatory Processes and Actions Versus State Orientation*, in: Kuhl, Julius & Beckmann, Jürgen (eds.), Action Control: From Cognition to Behavior, Berlin Heidelberg New York Tokyo 1985, S. 101

— *Motivation und Handlungskontrolle: Ohne guten Willen geht es nicht*, in: Heckhausen, Heinz / Gollwitzer, Peter M./Weinert, Franz E. (Hrsg.), Jenseits des Rubikon. Der Wille in den Humanwissenschaften, Berlin Heidelberg New York London Paris Tokyo 1987, S. 101

— *Wille und Freiheitserleben: Formen der Selbststeuerung*, in: Birbaumer, Niels et al. (Hrsg.), Enzyklopädie der Psychologie, Themenbereich C (Theorie und Forschung), Serie IV (Motivation und Emotion), Band 4 (hrsg. von Kuhl, Julius/Heckhausen, Heinz): Motivation, Volition und Handlung, Göttingen Bern Toronto Seattle 1996, S. 665

— *Wille, Freiheit, Verantwortung: Alte Antinomien aus experimentalpsychologischer Sicht*, in: von Cranach, Mario/Foppa, Klaus (Hrsg.), Freiheit des Entscheidens und Handelns. Ein Problem der nomologischen Psychologie, Heidelberg 1996, S. 186

— *A Functional-Design Approach to Motivation and Self-Regulation: The Dynamics of Personality Systems and Interactions*, in: Boekaerts, Monique/Pintrich, Paul R./Zeidner, Moshe (eds.), Handbook of self-regulation, San Diego et al. 2000, S. 111

KUHL, JULIUS, *Motivation und Persönlichkeit. Interaktion psychischer Systeme*, Göttingen Bern Toronto Seattle 2001

KUHL, JULIUS & GOSCHKE, THOMAS, *A theory of action control: Mental subsystems, modes of control, and volitional conflict-resolution strategies*, in: Kuhl, Julius & Beckmann, Jürgen (eds.), Volition and Personality: Action Versus State Orientation, Seattle Göttingen Toronto Bern 1994, S. 93

KUHL, JULIUS & WALDMANN, MICHAEL R., Handlungspsychologie: Vom Experimentieren mit Perspektiven zu Perspektiven fürs Experimentieren, Zeitschrift für Sozialpsychologie 16 (1985), 153

KÜHL, KRISTIAN, Europäisierung der Strafrechtswissenschaft, ZStW 109 (1997), 777

KUHLEN, LOTHAR, *Die Unterscheidung von vorsatzausschließendem und nichtvorsatzausschließendem Irrtum*, Frankfurt a.M. Bern New York Paris 1987

KUHN, THOMAS, *Die Struktur wissenschaftlicher Revolutionen*, 2. Aufl. Frankfurt a.M. 1976

KÜHNE, HANS-HEINER, *Strafprozeßrecht*, 6. Aufl. Heidelberg 2003

KUNERT, KARL HEINZ, *Die normativen Merkmale der strafrechtlichen Tatbestände*, Berlin 1958

KÜPER, WILFRIED, Vorsatz und Risiko – Zur Monographie von Wolfgang Frisch, GA 1987, 479

KÜPPER, GEORG, Zum Verhältnis von dolus eventualis, Gefährdungsvorsatz und bewußter Fahrlässigkeit, ZStW 100 (1988), 758

— *Grenzen der normativierenden Strafrechtsdogmatik*, Berlin 1990

KUSCH, KLAUS GÜNTHER, *Der Indizienbeweis des Vorsatzes im gemeinen deutschen Strafverfahrensrecht*, Diss. iur. Hamburg 1963

KUTSCHERA, FRANZ VON, *Einführung in die Logik der Normen, Werte und Entscheidungen*, Freiburg München 1973

— *Sprachphilosophie*, 2. Aufl. München 1975

— *Grundbegriffe der Handlungslogik*, in: Lenk, Hans (Hrsg.), Handlungstheorien interdisziplinär I: Handlungslogik, formale und sprachwissenschaftliche Handlungstheorien, München 1980, S. 67

KUTTNER, STEPHAN, *Kanonistische Schuldlehre von Gratian bis auf die Dekretalen Gregors IX.*, Vatikanstadt 1935

LABORDE-LACOSTE, MARCEL, Le but de l'agent, élément constitutif de l'infraction dans la législation, la doctrine et la jurisprudence française, R.i.d.p. 3 (1926), 125

LACEY, NICOLA, *'Philosophical Foundations of the Common Law': Social not Metaphysical*, in: Horder, Jeremy (ed.), Oxford Essays in Jurisprudence, Fourth Series, Oxford 2000, S. 17

LACKNER, KARL/KÜHL, KRISTIAN, *Strafgesetzbuch*, Kommentar, 25. Aufl. München 2004

LAFAVE, WAYNE R., *Criminal Law*, 3rd ed. St. Paul Minn. 2000

LAINGUI, ANDRÉ, *La responsabilité pénale dans l'ancien droit*, Paris 1970

LAMPE, ERNST-JOACHIM, *Das personale Unrecht*, Berlin 1967

— Zur ontologischen Struktur des strafbaren Unrechts, in: Festschrift für Hans Joachim Hirsch, Berlin New York 1999, S. 83

— Willensfreiheit und strafrechtliche Unrechtslehre, ZStW 118 (2006), 1

LANDESMAN, CHARLES, The New Dualism in the Philosophy of Mind, Review of Metaphysics 19 (1965), 329

LANGER, ELLEN, The Illusion of Control, Journal of Personality and Social Psychology 32 (1975), 311

LANG-HINRICHSEN, DIETRICH, Tatbestandslehre und Verbotsirrtum, JR 1952, 302

LARENZ, KARL, *Methodenlehre der Rechtswissenschaft*, 5. Aufl. Berlin Heidelberg New York Tokyo 1983

LASK, EMIL, *Rechtsphilosophie*, in: ders., Gesammelte Schriften I, Tübingen 1923

LAUCKEN, UWE, *Naive Verhaltenstheorie*, Stuttgart 1973

LAUCKEN, UWE/MEES, ULRICH, *Motivationspsychologisches Umgangswissen als kulturell tradiertes Ordnungsangebot*, in: Birbaumer, Niels et al. (Hrsg.), Enzyklopädie der Psychologie, Themenbereich C (Theorie und Forschung), Serie IV (Motivation und Emotion), Band 4 (hrsg. von Kuhl, Julius/Heckhausen, Heinz): Motivation, Volition und Handlung, Göttingen Bern Toronto Seattle 1996, S. 3

Laurenzo Copello, Patricia, *Dolo y conocimiento*, Valencia 1999

Lauterpacht, Sir Hersch, *Private Law Sources and Analogies of International Law*, London 1927

Lebret, Jean, Essai sur la notion de l'intention criminelle, Rev.sc.crim. 1938, 438

Leibniz, Gottfried Wilhelm, *Zur prästabilierten Harmonie* (1696), in: Hauptschriften zur Grundlegung der Philosophie, 3. Aufl. Hamburg 1966, Band 2, S. 272

— *Betrachtungen über die Lehre von einem einzigen, allumfassenden Geiste* (1702), in: Hauptschriften zur Grundlegung der Philosophie, 3. Aufl. Hamburg 1966, Band 2, S. 48

— *Monadologie* (1714), in: Hauptschriften zur Grundlegung der Philosophie, 3. Aufl. Hamburg 1966, Band 2, S. 435

— *Opera philosophica omnia quae exstant latina gallica germanica*, instruxit Johann E. Erdmann, o.O. 1840

— *Opuscules et fragments inédits* de Leibniz. Extraits des manuscrits de la Bibliothèque royale de Hanover par Louis Couturat, Paris 1903

Leigh, Leonard H., *Strict and Vicarious Liability*, London 1982

Leipziger Kommentar (LK), Strafgesetzbuch, Großkommentar
- Erster Band: §§ 1–152, 8. Aufl. Berlin 1957
- Erster Band: Einleitung, §§ 1 bis 31, 11. Aufl. Berlin 2003
- Zweiter Band: §§ 32 bis 60, 11. Aufl. Berlin 2003

Lemkin, Raphael, *Axis Rule in Occupied Europe*, 1944 Reprint New York 1973

Lengfelder, Angelika/Gollwitzer, Peter M., Reflective and Reflexive Action Control in Frontal Lobe Patients, Neuropsychology 15 (2001), 80

Lenk, Hans, *Handlung als Interpretationskonstrukt. Entwurf einer konstituenten- und beschreibungstheoretischen Handlungsphilosophie*, in: ders. (Hrsg.), Handlungstheorien – interdisziplinär II: Handlungserklärungen und philosophische Handlungsinterpretation, Erster Halbband, München 1978, S. 279

Leonhardt, Adolph, *Commentar über das Criminal-Gesetzbuch für das Königreich Hannover*, 1. Band, Hannover 1846

Leplin, Jarrett (ed.), *Scientific Realism*, Berkeley Los Angeles London 1984, Introduction, S. 1

Lersch, Philipp, *Aufbau der Person*, 7. Aufl. München 1956

Lesch, Heiko Hartmut, Zur Einführung in das Strafrecht: Über den Sinn und Zweck staatlichen Strafens, JA 1994, 510; 590

— Dogmatische Grundlagen zur Behandlung des Verbotsirrtums, JA 1996, 346

— Die Vermeidbarkeit des Verbotsirrtums, JA 1996, 607

— Dolus directus, indirectus und eventualis, JA 1997, 802

— *Der Verbrechensbegriff*, Köln Berlin Bonn München 1999

LeVine, Robert A., *Properties of culture: An ethnographic view*, in: Shweder, Richard A. & LeVine, Robert A. (eds.), Culture Theory: Essays on Mind, Self, and Emotion, Cambridge 1984, S. 67

Levy, Albert G. D., Criminal Responsibility of Individuals and International Law, 12 U.Chi.L. Rev. 313 (1944–45)

Levy, Robert I., *Tahitians*, Chicago 1973

Lewin, Kurt, Untersuchungen zur Handlungs- und Affekt-Psychologie II: Vorsatz, Wille und Bedürfnis, Psychologische Forschung 7 (1926), 330 = *Vorsatz, Wille und Bedürfnis*, Berlin 1926

Lewis, C. I., *The Modes of Meaning*, Philosophy and Phenomenological Research 4 (1944), zit. nach Abdruck in: Linsky, Leonard (ed.), Semantics and the Philosophy of Language, Urbana Ill. 1952, S. 109

— *Notes on the Logic of Intension*, in: Henle, Paul; Kallen, Horace M. & Langer, Susanne K. (eds.), Structure, Method, and Meaning: Essays in Honor of Henry M. Sheffer, New York 1951, S. 25

Lewis, David, The Punishment That Leaves Something to Chance, 18 Phil. & Pub. Aff. 53 (1989)

Lexikon der Psychologie, Fünfter Band, Wid bis Z, Heidelberg Berlin 2002

Leyser, Augustinus, *Meditationes ad Pandectas*
- vol. V, Lipsiae et Gvelpherbitanae 1744
- vol. IX, Lipsiae et Gvelpherbitanae 1748

Libet, Benjamin, Unconscious cerebral initiative and the role of conscious will in voluntary action, Behavioral & Brain Sciences 8 (1985), 529

— The Neural Time-Factor in Perception, Volition and Free Will, Revue de Métaphysique et de Morale 97 (1992), 255

— Do we have free will?, Journal of Consciousness Studies 6 (1999), 47

Libet, Benjamin; Gleason, C. A.; Wright, E. W. & Pearl, D. K., Time of conscious intention to act in relation to onset of cerebral activity (readiness-potential). The unconscious initiation of a freely voluntary act, Brain 106 (1983), 623

Liebhart, Ernst H., Über die Zuschreibung von Verantwortlichkeit, Z. f. Sozialpsychologie 6 (1975), 212

Lienhardt, Godfrey, *Self: public, private. Some African representations*, in: Carrithers, Michael; Collins, Steven & Lukes, Steven (eds.), The category of the person, Cambridge 1985, S. 141

Liepmann, M., Gedanken über den Rechtsirrtum im Strafrecht, ZStW 38 (1916/17), 21; 39 (1918), 115, 379, 525

Lilienthal, Karl von, Der Zweck als Straf- und Schuldmoment, ZStW 20 (1900), 440

Lillard, Angeline S., Ethnopsychologies: Cultural Variations in Theories of Mind, Psychological Bulletin 123 (1998), 3

Lillich, Richard B., The Growing Importance of Customary International Human Rights Law, 25 Ga. J. Int'l & Comp. L. 1 (1995–96)

Ling, Michael Andreas, An den Grenzen rationaler Aufhellbarkeit – Überzeugung und richterliche Verantwortung am Beispiel des Vorsatznachweises bei atypischen Sachverhalten, JZ 1999, 335

Lipp, Karlheinz Andreas, *Die Zurechnungslehre bei Aristoteles und Thomas von Aquin*, Diss. iur. Göttingen 1950

Lippman, Matthew, *Genocide*, in: Bassiouni, M. Cherif (ed.), International Criminal Law, 2nd ed. Ardsley NY 1999, vol. 1, S. 589

Liszt, Franz von, *Der Zweckgedanke im Strafrecht* („Marburger Programm"), beigefügt dem Jahresbericht des Rectors der Universität Marburg, Marburg 1882 = ZStW 3 (1883), 1 = ders., Strafrechtliche Vorträge und Aufsätze, Berlin 1905, Band 1, S. 126

— *Rechtsgut und Handlungsbegriff im Bindingschen Handbuche*, ZStW 6 (1886), 663, zit. nach: ders., Strafrechtliche Vorträge und Aufsätze, Berlin 1905, Band 1, S. 212

— *Die deterministischen Gegner der Zweckstrafe*, ZStW 13 (1893), 325, zit. nach: ders., Strafrechtliche Vorträge und Aufsätze, Berlin 1905, Band 2, S. 25

— *Zur Einführung*, in: ders. (Hrsg.), Das Strafrecht der Staaten Europas = Internationale Kriminalistische Vereinigung (Hrsg.), Die Strafgesetzgebung der Gegenwart in rechtsvergleichender Darstellung, I. Band, Berlin 1894, S. XI

— *Die psychologischen Grundlagen der Kriminalpolitik*, ZStW 16 (1896), 477, zit. nach: ders., Strafrechtliche Vorträge und Aufsätze, Berlin 1905, Band 2, S. 170

— *Lehrbuch des Deutschen Strafrechts*,
- 5. Aufl. Berlin 1892
- 11. Aufl. Berlin 1902
- 16./17. Aufl. Berlin 1908

— Zum Vorentwurf eines Reichsstrafgesetzbuches, ZStW 30 (1910), 250

Liszt, Franz von / Schmidt, Eberhard, *Lehrbuch des Deutschen Strafrechts*, Erster Band, 26. Aufl. Berlin Leipzig 1932

Livingston, Edward, *A System of Penal Law, for the State of Louisiana*: Consisting of A Code of Crimes and Punishments, A Code of Procedure, A Code of Evidence, A Code of Reform and Prison Discipline, A Book of Definitions. Prepared Under the Authority of a Law of Said State. To

Which are Prefixed a Preliminary Report on the Plan of a Penal Code, and Introductory Reports to the Several Codes Embraced in the System of Penal Law, Philadelphia 1833

Livius, Titus, *Ab urbe condita*, zit. Ausgabe: The Loeb Classical Library, Livy, vol. I, London Cambridge MA 1957

Llewellyn, Karl, A Realistic Jurisprudence—The Next Step, 30 Colum.L.Rev. 431 (1930)

— Some Realism About Realism, 44 Harv.L.Rev. 1222 (1931)

Lloyd-Bostock, Sally, The Ordinary Man, and the Psychology of Attributing Causes and Responsibility, 42 Mod. L. Rev. 143 (1979)

Löbner, Sebastian, *Semantik. Eine Einführung*, Berlin New York 2003

Locke, John, *An Essay Concerning Human Understanding*, 4th ed. London 1700, ed. by Peter Nidditch, Oxford 1975

Loening, Richard, Buchbesprechung von Engelmann, Woldemar: Die Schuldlehre der Postglossatoren und ihre Fortentwicklung, in: Kritische Vierteljahresschrift für Gesetzgebung und Rechtswissenschaft, 3. Folge, Band II (1896), 226

— *Die Zurechnungslehre des Aristoteles*, Jena 1903

Löffler, Alexander, *Die Schuldformen des Strafrechts in vergleichend-historischer und dogmatischer Darstellung*, Band I: Die Entwicklung des geltenden Rechts, Abteilung I: Deutschland und Österreich, Leipzig 1895

— *Die Abgrenzung von Vorsatz und Fahrlässigkeit*, in: Vorträge über den Vorentwurf zu einem österreichischen Strafgesetzbuch gehalten in der Österreichischen Kriminalistischen Vereinigung, Wien 1911, S. 387 = ÖZStR 2 (1911), 131

Loftus, Elizabeth F., Reconstruction of automobile destruction: an example of the interaction of language and memory, Journal of Verbal Learning and Verbal Behavior 13 (1974), 585

— Leading Questions and the Eyewitness Report, Cognitive Psychology 7 (1975), 560

Logoz, Paul, *Commentaire du Code Pénal Suisse*, Partie générale (Art. 1 à 110), 2e éd. Neuchâtel Paris 1976

Lombois, Claude, *Droit pénal international*, 2e éd. Paris 1979

Loos, Fritz, *Grenzen der Umsetzung der Strafrechtsdogmatik in der Praxis*, in: Immenga, Ulrich (Hrsg.), Rechtswissenschaft und Rechtsentwicklung, Göttingen 1980, S. 261

López, Gregorio → Las Siete Partidas (*infra* Quellen)

Lorenz, Konrad, *Die Rückseite des Spiegels*, München Zürich 1973

Lorenz, Werner, Rechtsvergleichung als Methode zur Konkretisierung der allgemeinen Grundsätze des Rechts, JZ 1962, 269

Lotze, Rudolf Hermann, *Medicinische Psychologie oder Physiologie der Seele*, Leipzig 1852

Löwe / Rosenberg, *Die Strafprozeßordnung und das Gerichtsverfassungsgesetz*, Großkommentar
- Erster Band: Einleitung; §§ 1–71, 25. Aufl. Berlin New York 1999

Lübbe-Wolff, Gertrude, *Rechtsfolgen und Realfolgen*, Freiburg München 1981

Lucas, Zur Frage der subjectiven Verschuldung, GS 36 (1884), 401

Luden, Heinrich, *Abhandlungen aus dem gemeinen teutschen Strafrechte*,
- 1. Band: Ueber den Versuch des Verbrechens, Göttingen 1836
- 2. Band: Ueber den Thatbestand des Verbrechens, Göttingen 1840

— *Handbuch des teutschen gemeinen und particularen Strafrechtes*, Erster Band, Jena 1847

Lüderssen, Klaus, Die strafrechtsgestaltende Kraft des Beweisrechts, ZStW 85 (1973), 288

— *Einleitung*, in: ders./Sack, Fritz (Hrsg.), Seminar: Abweichendes Verhalten II, Die gesellschaftliche Reaktion auf Kriminalität I, Frankfurt a.M. 1975, S. 7

— *Die generalpräventive Funktion des Deliktssystems*, in: Hassemer, Winfried/Lüderssen, Klaus/Naucke, Wolfgang, Hauptprobleme der Generalprävention, Frankfurt a.M. 1979, S. 54

— *Der Freiheitsbegriff der Psychoanalyse und seine Folgen für das moderne Strafrecht*, in: Hassemer, Winfried/Lüderssen, Klaus/Naucke, Wolfgang, Fortschritte im Strafrecht durch die Sozialwissenschaften?, Heidelberg 1983, S. 67

LÜDERSSEN, KLAUS, Die Parteispendenproblematik im Steuerrecht und Steuerstrafrecht – Vorsatz und Irrtum, wistra 1983, 223
— Irrtum und Prävention, in: Festschrift für Claus Roxin, Berlin New York 2001, S. 457
LUHMANN, NIKLAS, *Gesellschaftsadäquate Rechtsbegriffe*, in: ders., Rechtssystem und Rechtsdogmatik, Stuttgart Berlin Köln Mainz 1974, S. 49
— *Erleben und Handeln*, in: Lenk, Hans (Hrsg.), Handlungstheorien interdisziplinär II: Handlungserklärungen und philosophische Handlungsinterpretation, Erster Halbband, München 1978, S. 235
— *Rechtssoziologie*, 3. Aufl. Opladen 1987
— *Die Autopoiesis des Bewußtseins*, in: Hahn, Alois/Kapp, Volker (Hrsg.), Selbstthematisierung und Selbstzeugnis: Bekenntnis und Geständnis, Frankfurt a.M. 1987, S. 25
— *Legitimation durch Verfahren*, 3. Aufl. Frankfurt a.M. 1989
— Steuerung durch Recht? Einige klarstellende Bemerkungen, ZRSoz 12 (1991), 142
— *Die Wissenschaft der Gesellschaft*, Frankfurt a.M. 1992
— *Das Recht der Gesellschaft*, Frankfurt a.M. 1993
— *Ausdifferenzierung des Rechts*, Frankfurt a.M. 1999
— *Zur Funktion des Rechts: Erwartungssicherung oder Verhaltenssteuerung?*, in: ders., Ausdifferenzierung des Rechts, Frankfurt a.M. 1999, S. 73
LUKES, STEVEN, *Conclusion*, in: Carrithers, Michael; Collins, Steven & Lukes, Steven (eds.), The category of the person, Cambridge 1985, S. 282
LYCAN, WILLIAM G., *Folk Psychology and Its Liabilities*, in: Carrier, Martin & Machamer, Peter K. (eds.), Mindscapes: Philosophy, Science and the Mind, Konstanz Pittsburgh 1997, S. 1
LYONS, WILLIAM, *The Disappearance of Introspection*, Cambridge MA London 1986
MAASEN, SABINE, *Between the normative and the symbolic: Juridical and anthropological accounts of voluntary action*, in: Maasen, Sabine/Prinz, Wolfgang/Roth, Gerhard (eds.), Voluntary action: brains, minds, and sociality, Oxford 2003, S. 233
— *Questioning the multidisciplinary field*, in: Maasen, Sabine/Prinz, Wolfgang/Roth, Gerhard (eds.), Voluntary action: brains, minds, and sociality, Oxford 2003, S. 303
— *A view from elsewhere: The emergence of consciousness in multidisciplinary discourse*, in: Maasen, Sabine/Prinz, Wolfgang/Roth, Gerhard (eds.), Voluntary action: brains, minds, and sociality, Oxford 2003, S. 323
MAASEN, SABINE/PRINZ, WOLFGANG/ROTH, GERHARD, *General introduction: Voluntary action: brains, minds, and sociality*, in: dies. (eds.), Voluntary action: brains, minds, and sociality, Oxford 2003, S. 3
MACINTYRE, ALASDAIR, *The Antecedents of Actions*, in: Williams, Bernard/Montefiori, Alan (eds.), British Analytical Philosophy, London 1966, S. 205
MACKIE, JOHN LESLIE, *Ethics*, New York 1977
MAGEE, BRYAN, *Modern British Philosophy*, Oxford 1986
MAHL, STEPHANIE, *Der strafrechtliche Absichtsbegriff. Versuch einer Inhaltsbestimmung mit Hilfe psychologischer Erkenntnisse*, München 2004
MALLE, BERTRAM F. & KNOBE, JOSHUA, The folk concept of intentionality, Journal of Experimental Social Psychology 33 (1997), 101
MALLE, BERTRAM F.; MOSES, LOUIS J. & BALDWIN, DARE A., *Introduction: The Significance of Intentionality*, in: dies. (eds.), Intentions and Intentionality: Foundations of Social Cognition, Cambridge MA London 2001
MANGAN, JOSEPH T., An Historical Analysis of the Principle of Double Effect, 10 Theological Studies 41 (1949)
MANTOVANI, FERRANDO, *Diritto penale, Parte generale*, 2a ed. Padova 1988
— The General Principles of International Criminal Law: The Viewpoint of a National Criminal Lawyer, 1 J. Int'l Crim. Just. 26 (2003)

MAREK, KRYSTYNA, Thoughts on Codification, ZaöRV 31 (1971), 489

MAREZOLL, THEODOR, *Das gemeine deutsche Criminalrecht als Grundlage der neueren deutschen Strafgesetzgebungen*, 2. Aufl. Leipzig 1847

MÄRKER, KLAUS, *Vorsatz und Fahrlässigkeit bei jugendlichen Straftätern*, Frankfurt a.M. Berlin Bern New York Paris Wien 1994

MARKOWITSCH, HANS J. / DAUM, IRENE, *Neuropsychologische Erklärungsansätze für kognitive Phänomene*, in: Pauen, Michael/Roth, Gerhard (Hrsg.), Neurowissenschaften und Philosophie, München 2001, S. 210

MARSHALL, JAMES, *Intention in Law and Society*, New York 1968

MARXEN, KLAUS, *Beteiligung an schwerem systematischen Unrecht – Bemerkungen zu einer völkerstrafrechtlichen Straftatlehre*, in: Lüderssen, Klaus (Hrsg.), Aufgeklärte Kriminalpolitik oder Kampf gegen das Böse?, Band III: Makrodelinquenz, Baden-Baden 1998, S. 220

MASCARDUS, JOSEPHUS, *Conclusiones probationum omnium*, Venetiis 1584

MASCHKE, RICHARD, *Die Willenslehre im griechischen Recht*, 2. Aufl. Darmstadt 1968

MASOODI, G. SAQLAIN, *Philosophy and Basic Principles of Islamic Penal Jurisprudence: A Comparative View*, in: Mahmoodi, Tahir, et al. (eds.), Criminal Law in Islam and the Muslim World, Delhi 1996, S. 118

MATES, BENSON, *Synonymity*, 25 University of California Publications in Philosophy 201 (1950), zit. nach Abdruck in: Linsky, Leonard (ed.), Semantics and the Philosophy of Language, Urbana Ill. 1952, S. 109

MATTHÆUS, ANTONIUS, *De criminibus, ad Lib. XLVII et XLVIII Dig. Commentarius*, editio tertia, Vesaliae 1672

MATURANA, HUMBERTO R., *Erkennen: Die Organisation und Verkörperung von Wirklichkeit*, 2. Aufl. Braunschweig Wiesbaden 1985

MATURANA, HUMBERTO R./URIBE, R./VARELA, FRANCISCO J., *Autopoiese: Die Organisation lebender Systeme, ihre nähere Bestimmung und ein Modell*, in: Maturana, Humberto R., Erkennen: Die Organisation und Verkörperung von Wirklichkeit, 2. Aufl. Braunschweig Wiesbaden 1985, S. 157

MATURANA, HUMBERTO R./VARELA, FRANCISCO J., *Autopoietische Systeme: Eine Bestimmung der lebendigen Organisation*, in: Maturana, Humberto R., Erkennen: Die Organisation und Verkörperung von Wirklichkeit, 2. Aufl. Braunschweig Wiesbaden 1985, S. 170

MAURACH, REINHART, Das Unrechtsbewußtsein zwischen Kriminalpolitik und Strafrechtsdogmatik, Festschrift für Eberhard Schmidt, Göttingen 1961, S. 301

MAURACH, REINHART/GÖSSEL, KARL HEINZ/ZIPF, HEINZ, *Strafrecht Allgemeiner Teil*, Teilband 2: Erscheinungsformen des Verbrechens und Rechtsfolgen der Tat, 7. Aufl. Heidelberg 1989

MAUSS, MARCEL, *Une catégorie de l'esprit humain: La notion de Personne, celle de «Moi»*, in: ders., Sociologie et anthropologie, Paris 1950, S. 333

MAYER, HELLMUTH, *Strafrecht Allgemeiner Teil*, Stuttgart Berlin Köln Mainz 1967

MAYER, MAX ERNST, *Die schuldhafte Handlung und ihre Arten im Strafrecht*, Leipzig 1901

— *Der allgemeine Teil des deutschen Strafrechts*, Heidelberg 1915

MCDONALD, GABRIELLE KIRK & SWAAK-GOLDMAN, OLIVIA (eds.), *Substantive and Procedural Aspects of International Criminal Law*, vol. I: Commentary, The Hague London Boston 2000

MCFEE, GRAHAM, *Free Will*, Teddington 2000

MCGILLIS, DANIEL, Attribution and the Law. Convergence Between Legal and Psychological Concepts, 2 Law & Human Behavior 289 (1978)

MCGINN, COLIN, *Mental Content*, Oxford 1989

— *The Character of Mind. An Introduction to the Philosophy of Mind*, 2nd ed. Oxford 1997

MEDIN, DOUGLAS L. & HEIT, EVAN, *Categorization*, in: Bly, Benjamin Martin & Rumelhart, David E. (eds.), Cognitive Science, Handbook of Perception and Cognition, 2nd ed. San Diego London Boston New York Sydney Tokyo Toronto 1999, S. 99

Medin, Douglas L.; Lynch, Elizabeth B. & Solomon, Karen O., Are There Kinds of Concepts?, Annual Review of Psychology 51 (2000), 121

Meehl, Paul E., Law and the Fireside Inductions: Some Reflections of a Clinical Psychologist, Journal of Social Issues 27,4 (1971), 65

Meiland, Jack W., *The Nature of Intention*, London 1970

Meinong, Alexius, *Über Gegenstandstheorie*, in: ders., Untersuchungen zur Gegenstandstheorie und Psychologie, Leipzig 1904, zit. nach: Haller, Rudolf/Kindinger, Rudolf/Chisholm, Roderick (Hrsg.) Alexius Meinong Gesamtausgabe, Band II: Abhandlungen zur Erkenntnistheorie und Gegenstandstheorie, Graz 1971, Abt. V, S. 481

Meister, Christian Friedrich Georg, *Rechtliche Erkenntnisse und Gutachten in peinlichen Fällen*, Erster Theil, Göttingen 1786

Meister, Georg Jakob Friedrich, *Principia iuris criminalis Germaniae communis*, ed. sexta emendatior, Göttingen 1819

Meister, Johann Christian Friedrich, Über den criminalistischen Begriff: *Dolus indirectus* unter der beschränktern Rücksicht auf Homicidien, NArchCrimR 1 (1817), 106

Melden, Abraham I., *Free Action*, London 1961

Mele, Alfred R., *Acting Intentionally: Probing Folk Notions*, in: Malle, Bertram F.; Moses, Louis J. & Baldwin, Dare A. (eds.), Intentions and Intentionality: Foundations of Social Cognition, Cambridge MA London 2001, S. 27

Menlowe, Michael A. & McCall Smith, Alexander (eds.), *The Duty to Rescue. The Jurisprudence of Aid*, Aldershot 1993

Menochius, Iacobus, *De Praesumptionibus, Coniecturis, Signis, & Indicijs Commentaria*, In Sex distincta libros, & recens in lucem edita, Venetiis 1617

Menzer, Paul, *Eine Vorlesung Kants über Ethik*, Berlin 1924

Mercadal, Barthélémy, Recherches sur l'intention en droit pénal, Rev.sc.crim. 22 (1967), 1

Merkel, Adolf, *Lehrbuch des Deutschen Strafrechts*, Stuttgart 1889

— *Über den Zusammenhang zwischen der Entwicklung des Strafrechts und der Gesammtentwicklung der öffentlichen Zustände*, Rektoratsrede 1889, in: ders., Strafrecht und Kulturentwicklung, 2. Aufl. Frankfurt a.M. 1958, S. 21

Merle, Roger/Vitu, André, *Traité de droit criminel*, tome I, 6e éd. Paris 1984

Meron, Theodor, *Human Rights and Humanitarian Norms as Customary Law*, Oxford 1989

— International Criminalization of Internal Atrocities, 89 Am. J. Int'l L. 554 (1995)

— The Continuing Role of Custom in the Formation of International Humanitarian Law, 90 Am. J. Int'l L. 238 (1996)

— *Crimes under the Jurisdiction of the International Criminal Court*, in: von Hebel, A.M. Herman/Lammers, Johan G./Schukking, Jolien (eds.), Reflections on the International Criminal Court, Essays in Honour of Adriaan Bos, The Hague 1999, S. 47

Mertens, Karl, Metapher und Kategorienfehler in Ryles Philosophie des Geistes, AllgZfPhil 21 (1996), 175

Metzinger, Thomas, *Willensfreiheit, transparente Selbstmodellierung und Anthropologiefolgenabschätzung*, in: Meyer-Krahmer, Frieder/Lange, Siegfried (Hrsg.), Geisteswissenschaften und Innovation, Heidelberg 1999, S. 120

— (Hrsg.), *Bewußtsein. Beiträge aus der Gegenwartsphilosophie*, 4. Aufl. Paderborn 2001

— *Einleitung: Das Problem des Bewußtseins*, in: ders., Bewußtsein. Beiträge aus der Gegenwartsphilosophie, 4. Aufl. Paderborn 2001, S. 15

Meyer, Hugo, *Lehrbuch des Deutschen Strafrechts*, 5. Aufl. Leipzig 1895

Mezger, Edmund, Vom Sinn der strafrechtlichen Tatbestände, in: Festschrift für Ludwig Traeger, Berlin 1926, S. 187

— Anmerkung zu RG, 2. Sen., v. 7.4.1927 – 2 D 228/27, in JW 1927, 2006 Nr. 19

Mezger, Edmund, *Kriminalpsychologische Probleme im Strafrecht*, München 1943 (Sitzungsberichte der Bayerischen Akademie der Wissenschaften, Philosophisch-historische Klasse, Jahrgang 1943, Heft 4)
— Rechtsirrtum und Rechtsblindheit, in: Festschrift für Eduard Kohlrausch, Berlin 1944, S. 180
— *Probleme der strafrechtlichen Zurechnungsfähigkeit*, München 1949 (Sitzungsberichte der Bayerischen Akademie der Wissenschaften, Philosophisch-historische Klasse, Jahrgang 1949, Heft 2)
— *Strafrecht. Ein Lehrbuch*, 3. Aufl. Berlin München 1949
— *Moderne Wege der Strafrechtsdogmatik*, Berlin München 1950
— Vom Sinn der strafbaren Handlung, JZ 1952, 673
— Wandlungen der strafrechtlichen Tatbestandslehre, NJW 1953, 2
Michelet, (Carl) Karl Ludwig, *Das System der philosophischen Moral*, Berlin 1828, Nachdruck Bruxelles 1968
— *Naturrecht oder Rechts-Philosophie als die praktische Philosophie enthaltend Rechts-, Sitten- und Gesellschaftslehre*, 2 Bände, Berlin 1866, Nachdruck Leipzig 1970
Mikat, Paul, Erfolgshaftung und Schuldgedanke im Strafrecht der Angelsachsen, Festschrift für Hellmuth von Weber, Bonn 1963, S. 9
Mill, James, *Analysis of the Phenomena of the Human Mind*, A New Edition with Notes Illustrative and Critical by Alexander Bain, Andrew Findlater and George Grote. Edited with Additional Notes by John Stuart Mill, 2 vols., London 1869
Mill, John Stuart, *A System of Logic Ratiocinative and Inductive*, 8. Aufl. 1872, in: Collected Works of John Stuart Mill, vol. VII, Toronto London 1973
— *An Examination of Sir William Hamilton's Philosophy and of the Principal Philosophical Questions Discussed in his Writings*, 4th ed. London 1872, in: Collected Works of John Stuart Mill, vol. IX, Toronto London 1979
Miller, George A.; Galanter, Eugene & Pribram, Karl H., *Plans and the Structure of Behavior*, New York 1960
Milner, David & Goodale, Melvyn, *The Visual Brain in Action*, Oxford 1995
Mir Puig, Santiago, *Derecho penal*, Parte general, 4a ed. Barcelona 1996
Mitchell, Barry, In Defence of a Principle of Correspondence, [1999] Crim. L. Rev. 195
— The Minimum Culpability for Criminal Homicide, 9 Eur. J. Crime, Crim. L. & Crim. Just. 193 (2001)
Mitchell, Karen J. & Johnson, Marcia K., *Source Monitoring – Attributing Mental Experiences*, in: Tulving, Endel & Craik, Fergus I. M. (eds.), The Oxford Handbook of Memory, Oxford New York 2000, S. 179
Mittelstrass, Jürgen, *Der arme Wille. Zur Leidensgeschichte des Willens in der Philosophie*, in: Heckhausen, Heinz/Gollwitzer, Peter M./Weinert, Franz E. (Hrsg.), Jenseits des Rubikon. Der Wille in den Humanwissenschaften, Berlin Heidelberg New York London Paris Tokyo 1987, S. 33
Mittermaier, C. J. A., Über den Begriff und die Merkmale des bösen Vorsatzes, NArchCrimR 2 (1818), 515
— Der neue Entwurf des Strafgesetzbuchs für das Königreich Baiern, NArchCrimR 6 (1823), 351
— *Die Lehre vom Beweise im deutschen Strafprocesse*, Darmstadt 1834
Mittermaier, Wolfgang, Zur Frage des Schuldcharakters der Fahrlässigkeit, ZStW 32 (1911), 415
Miřička, August, *Die Formen der Strafschuld und ihre gesetzliche Regelung*, Leipzig 1930
Mommsen, Theodor, *Römisches Strafrecht*, Berlin 1899, Nachdruck Graz 1955
Monachus Picardus, Johannes, *Glossa aurea nobis priori loco super sexto Decretalium libro addita*, Paris 1535
Montenbruck, Axel, Abweichung der Teilnehmervorstellung von der verwirklichten Tat, ZStW 84 (1972), 323
Moore, Michael S., *Law and Psychiatry*, Cambridge 1984

Moore, Michael S., *The Moral and Metaphysical Sources of the Criminal Law*, in: Pennock, James Roland & Chapman, John W. (eds.), Criminal Justice, New York London 1985, S. 11

— *Intentions and* Mens Rea, in: Gavison, Ruth (ed.), Issues in Contemporary Legal Philosophy. The Influence of H. L. A. Hart, Oxford 1987, S. 245

— The Interpretive Turn in Modern Theory: A Turn for the Worse?, 41 Stan.L.Rev. 871 (1989)

— *Act and Crime*. The Philosophy of Action and its Implications for Criminal Law, Oxford 1993

— *Foreseeing Harm Opaquely*, in: Shute, Stephen/Gardner, John/Horder, Jeremy (eds.), Action and Value in Criminal Law, Oxford 1993, S. 125

— *Placing Blame*. A General Theory of the Criminal Law, Oxford 1997

Moos, Reinhard, *Der Verbrechensbegriff in Österreich im 18. und 19. Jahrhundert*, Bonn 1968

Morris, Herbert, *Punishment for Thoughts*, in: ders., On Guilt and Innocence, Berkeley Los Angeles London 1976, S. 1

Morse, Stephen J., *The "Guilty Mind": Mens Rea*, in: Kagehiro, D. K./Laufer, W. S. (eds.), Handbook of Psychology and Law, New York Berlin Heidelberg etc. 1992, S. 207

— Culpability and Control, 142 U.Pa.L.Rev. 1587 (1994)

Morselli, Elio, Die subjektiven Elemente der Straftat aus kriminologischer Sicht, ZStW 107 (1995), 324

Moscovitch, Morris, *Memory and Working with Memory: Evaluation of a Component Process Model and Comparisons with Other Models*, in: Schacter, Daniel L. & Tulving, Endel (eds.), Memory Systems 1994, Cambridge MA London 1994, S. 269

— *Theories of Memory and Consciousness*, in: Tulving, Endel & Craik, Fergus I. M. (eds.), The Oxford Handbook of Memory, Oxford New York 2000, S. 609

Mosler, Hermann, *General Principles of Law*, in: Bernhardt, Rudolf (ed.), Encyclopedia of Public International Law (EPIL), vol. 2, Amsterdam etc. 1995, S. 511

— Rechtsvergleichung vor völkerrechtlichen Gerichten, in: Internationale Festschrift für Alfred Verdross, München Salzburg 1971, S. 381

Müller, Michael, *Ethik und Recht in der Lehre von der Verantwortlichkeit*. Ein Längsschnitt durch die Geschichte der katholischen Moraltheologie, Regensburg 1932

Müller-Dietz, Heinz, Die geistige Situation der deutschen Strafrechtswissenschaft nach 1945, GA 1992, 99

— Hirnforschung und Schuld, GA 2006, 338

Müller-Luckmann, Elisabeth, Psychologie und Strafrecht, in: Grimm, Dieter (Hrsg.), Rechtswissenschaft und Nachbarwissenschaften, Band 1, 2. Aufl. München 1976, S. 215

Mummendey, Amélie/Otten, Sabine, *Aggressives Verhalten*, in: Stroebe, Wolfgang/Jonas, Klaus/Hewstone, Miles (Hrsg.), Sozialpsychologie, 4. Aufl. Berlin Heidelberg New York Barcelona Hongkong London Mailand Paris Tokio 2002, S. 353

Münchener Kommentar zum Strafgesetzbuch (MüKo-StGB), Band 1, §§ 1–51, München 2003

Muñoz Conde, Francisco, *El error en Derecho Penal*, Valencia 1989

Murphy, Jeffrie G., Legal Moralism and Liberalism, 37 Ariz.L.Rev. 73 (1995)

Müssig, Bernd, *Mord und Totschlag*, Köln Berlin München 2005

Muyart de Vouglans, Pierre-François, *Institutes au droit criminel*, ou principes géneraux sur ces matieres, suivant le droit civil, canonique, et la jurisprudence du Royaume; avec un traité particulier des crimes, Paris 1757

Mylonopoulos, Christos, Das Verhältnis von Vorsatz und Fahrlässigkeit und der Grundsatz in dubio pro reo, ZStW 99 (1987), 685

— *Komparative und Dispositionsbegriffe im Strafrecht*, Frankfurt a.M. Berlin Bern New York Paris Wien 1998

Nagel, Ernest, *The Structure of Science. Problems in the Logic of Scientific Explanation*, New York 1961

NAGEL, THOMAS, War and Massacre, 1 Phil. & Pub. Aff. 123 (1972)
— What Is It Like to Be a Bat?, Philosophical Review 83 (1974), 435
— *The View From Nowhere*, New York Oxford 1986

NAGIN, DANIEL, *General Deterrence*, in: Blumstein, Alfred; Cohen, Jacqueline & Nagin, Daniel (eds.), Deterrence and Incapacitation: Estimating the Effects of Criminal Sanctions on Crime Rates, National Academy of Sciences, Panel on Research on Deterrent and Incapacitative Effects, Committee on Research on Law Enforcement and Criminal Justice, Assembly of Behavioral and Social Sciences, Washington D.C. 1978, S. 95

NASS, GUSTAV, *Ursprung und Wandlungen des Schuldbegriffs*, Neuwied am Rhein 1963

NAUCKE, WOLFGANG, *Lücken im Allgemeinen Teil des Strafrechts*, in: Lahti, Raimo/Nuotio, Kimmo (eds.), Criminal Law in Transition, Finnish and Comparative Perspectives/Strafrechtstheorie im Umbruch, Finnische und vergleichende Perspektiven, Helsinki 1992, S. 273
— *Die strafjuristische Privilegierung staatsverstärkter Kriminalität,* Frankfurt a.M. 1996
— Staatstheorie und Verbotsirrtum, in: Festschrift für Claus Roxin, Berlin New York 2001, S. 503
— *Strafrecht*, Eine Einführung, 10. Aufl. Neuwied Kriftel 2002

NAZ, R. (éd.), *Dictionnaire de droit canonique*
- tome quatrième: Condition–Droits acquis, Paris 1949
- tome cinquième: Duacensis (collectio)–Intérêt et usure, Paris 1953

NEISSER, ULRIC, *Cognitive Psychology*, New York 1967

NEISSER, ULRIC & LIBBY, LISA K., *Remembering Life Experiences*, in: Tulving, Endel & Craik, Fergus I. M. (eds.), The Oxford Handbook of Memory, Oxford New York 2000, S. 315

NELLES, URSULA, Rechtsvergleichung per Internet? Einige Aspekte zum Generalthema „Zukunft der Strafrechtsvergleichung", in: Festschrift für Albin Eser, München 2005, S. 1005

NETTELBLADT, DANIEL/GLAENTZER, CHRISTIANUS GEORGIUS EBERHARDUS, *De homicidio ex intentione indirecta commisso*, 3. Aufl. Halle Magdeburg 1772

NEUMANN, ODMAR, Zur Funktion der selektiven Aufmerksamkeit für die Handlungssteuerung, Sprache und Kognition 6 (1987), 107
— Kognitive Vermittlung und direkte Parameterspezifikation. Zum Problem mentaler Repräsentation in der Wahrnehmung, Sprache und Kognition 8 (1989), 32
— *Kognition und Sensumotorik*, in: Daugs, Reinhard/Blischke, Klaus/Marschall, Franz/Müller, Hermann (Hrsg.), Kognition und Motorik, Hamburg 1996, S. 53
— *Theorien der Aufmerksamkeit*, in: Birbaumer, Niels et al. (Hrsg.), Enzyklopädie der Psychologie, Themenbereich C (Theorie und Forschung), Serie II (Kognition), Band 2 (hrsg. von Neumann, Odmar/Sanders, Andries F.): Aufmerksamkeit, Göttingen Bern Toronto Seattle 1996, S. 559

NEUMANN, ODMAR/ANSORGE, ULRICH/KLOTZ, WERNER, Funktionsdifferenzierung im visuellen Kortex: Grundlage für motorische Aktivierung durch nicht bewußt wahrgenommene Reize?, Psychologische Rundschau 49 (1998), 185

NEUMANN, ODMAR/KLOTZ, WERNER/ANSORGE, ULRICH/HEUMANN, MANFRED, *Willentliche Reaktionen auf nicht bewußt wahrgenommene visuelle Reize,* Forschung an der Universität Bielefeld 20 (1999), 35

NEUMANN, ODMAR/PRINZ, WOLFGANG, *Kognitive Antezedenzien von Willkürhandlungen*, in: Heckhausen, Heinz/Gollwitzer, Peter M./Weinert, Franz E. (Hrsg.), Jenseits des Rubikon. Der Wille in den Humanwissenschaften, Berlin Heidelberg New York London Paris Tokyo 1987, S. 159

NEUMANN, ULFRID, *Rechtsontologie und juristische Argumentation*, Heidelberg Hamburg 1979
— Neue Entwicklungen im Bereich der Argumentationsmuster zur Begründung und zum Ausschluß strafrechtlicher Verantwortlichkeit, ZStW 99 (1987), 567
— Besprechung von: Georg Freund, Normative Probleme der »Tatbestandsfeststellung«. Eine Untersuchung zum tolerierten Risiko einer Fehlverurteilung im Bereich subjektiver Deliktsmerkmale, in: GA 1989, 278

Neumann, Ulfrid, *Wissenschaftstheorie der Rechtswissenschaft*, in: Kaufmann, Arthur/Hassemer, Winfried (Hrsg.), Einführung in die Rechtsphilosophie und Rechtstheorie der Gegenwart, 5. Aufl. Heidelberg 1989, S. 375

— Der Verbotsirrtum (§ 17 StGB), JuS 1993, 793

Neurath, Otto, *Radikaler Physikalismus und Wirkliche Welt*, in: ders., Wissenschaftliche Weltauffassung, Sozialismus und Logischer Empirismus, Frankfurt a.M. 1979, S. 102

Niehoff, Martina, *Die von internationalen Strafgerichtshöfen anwendbaren Normen des Völkerstrafrechts*, Frankfurt a.M. 1999

Niese, Werner, *Finalität, Vorsatz und Fahrlässigkeit*, Tübingen 1951

— Die moderne Strafrechtsdogmatik und das Zivilrecht, JZ 1956, 457

Nietzsche, Friedrich, *Jenseits von Gut und Böse. Vorspiel einer Philosophie der Zukunft*, in: Sämtliche Werke, Kritische Studienausgabe (KSA), hrsg. von Giorgio Colli und Mazzino Montinari, 2. Aufl. München Berlin New York 1988, Band 5, S. 9

— Nachgelassene Fragmente, zit. nach Datum und Manuskriptsignatur (nach Hans-Joachim Mette) der Ausgabe: Sämtliche Werke, Kritische Studienausgabe (KSA), hrsg. von Giorgio Colli und Mazzino Montinari, 2. Aufl. München Berlin New York 1988, sowie ggf. nach der Kritischen Gesamtausgabe der Werke (KGW), hrsg. von Giorgio Colli und Mazzino Montinari, Berlin New York 1967 ff.

Nill-Theobald, Christiane, Anmerkungen über die Schaffung eines Ständigen Internationalen Strafgerichtshofs, ZStW 108 (1996), 229

— Die Straffreistellungsdiskussion im Bereich des materiellen Völkerstrafrechts, ZStW 109 (1997), 950

— *"Defences" bei Kriegsverbrechen am Beispiel Deutschlands und der USA*, Freiburg i. Br. 1998

Nisbett, Richard E. & Wilson, Timothy DeCamp, Telling More Than We Can Know: Verbal Reports on Mental Processes, Psychological Review 84 (1977), 231

Noll, Peter, Schuld und Prävention unter dem Gesichtspunkt der Rationalisierung des Strafrechts, in: Festschrift Hellmuth Mayer, Berlin 1966, S. 219

— *Gesetzgebungslehre*, Reinbek bei Hamburg 1973

Nomos Kommentar zum Strafgesetzbuch (NK-StGB), Band 1, Stand: 14. Lieferung Baden-Baden November 2003 (1. Aufl.)

Norrie, Alan, *Crime, Reason and History*, London 1993

Note, The Cultural Defense in Criminal Law, 99 Harv.L.Rev. 1293 (1986)

Nowakowski, Friedrich, Zur Lehre von der Rechtswidrigkeit, ZStW 63 (1951), 287

— Freiheit, Schuld, Vergeltung, in: Festschrift für Theodor Rittler, Aalen 1957, S. 55

Nozick, Robert, *Philosophical Explanations*, Cambridge MA 1981

O'Connor, D., The Voluntary Act, 15 Med.Sci.L. 31(1975)

O'Shaughnessy, Brian, *The Will. A Dual Aspect Theory*, 2 vols., Cambridge 1980

Oberdiek, Hans, Intention and Foresight in Criminal Law, Mind 81 (1972), 389

Obliers, Rainer/Vogel, G./von Scheidt, Jürgen, *Alltagshandeln*, in: Birbaumer, Niels et al. (Hrsg.), Enzyklopädie der Psychologie, Themenbereich C (Theorie und Forschung), Serie IV (Motivation und Emotion), Band 4 (hrsg. von Kuhl, Julius/Heckhausen, Heinz): Motivation, Volition und Handlung, Göttingen Bern Toronto Seattle 1996, S. 69

Oehler, Dietrich, Neue strafrechtliche Probleme des Absichtsbegriffes, NJW 1966, 1633

Olusanya, Olaoluwa Abiola, Do crimes against humanity deserve a higher sentence than war crimes?, 4 Int'l Crim.L.Rev. 431 (2004)

Oppenheim's *International Law*, 9th ed., edited by Sir Robert Jennings and Sir Arthur Watts, London Harlow 1992, vol. I: Peace

Ørsted, Anders Sandøe, *Ueber die Grundregeln der Strafgesetzgebung*, Kopenhagen 1818

Osenbrüggen, Eduard, *Abhandlungen aus dem deutschen Strafrecht*, Erster Band, Erlangen 1857

— *Das Strafrecht der Langobarden*, Schaffhausen 1863

Osterkorn, Martin, *Zum Paradox von Ideologie und Pragmatik der §§ 20, 21 StGB. Zugleich ein Beitrag wider das Eskamotieren der Freiheitsproblematik aus der Schulddiskussion*, Herdecke 1997

Ostermeyer, Helmut, *Strafunrecht*, München 1971

— *Strafrecht und Psychoanalyse*, München 1972

Otto, Harro, *Grundkurs Strafrecht Allgemeine Strafrechtslehre*, 6. Aufl.Berlin New York 2000

Overbeck, Alfred von, Beweisrecht und materielles Strafrecht, SchwZStrR 33 (1920), 234

Paeffgen, Hans-Ullrich, *Der Verrat in irriger Annahme eines illegalen Geheimnisses (§ 97b StGB) und die allgemeine Irrtumslehre*, Berlin 1979

— Einmal mehr - Habgier und niedrige Beweggründe, GA 1982, 255

Papineau, David, *Theory and Meaning*, Oxford 1979

Parker, Richard, Blame, Punishment and the Role of Results, 21 Am. Phil. Q. 269 (1984)

Passingham, Richard, *The Frontal Lobes and Voluntary Action*, Oxford New York Tokyo 1993

Pastore, Nicholas, The Role of Arbitrariness in the Frustration-Aggression Hypothesis, Journal of Abnormal and Social Psychology 47 (1952), 728

Patzig, Günther, *Satz und Tatsache*, in: ders., Tatsachen, Normen, Sätze, Stuttgart 1988, S. 8

Pauen, Michael, Mythen des Materialismus. Die Eliminationstheorie und das Problem des psychophysischen Identität, DtZPhil 44 (1996), 77

— *Grundprobleme der Philosophie des Geistes*, 3. Aufl. Frankfurt a.M. 2002

— *Illusion Freiheit?* Mögliche und unmögliche Konsequenzen der Hirnforschung, 2. Aufl. Frankfurt a.M. 2005

Paul, Robert A., *Act and Intention in Sherpa Culture and Society*, in: Rosen, Lawrence (ed.), Other Intentions. Cultural Contexts and the Attribution of Inner States, Santa Fe New Mexico 1995, S. 15

Paulus (Paullus), Iulius, *Receptarum Sententiarum libri quinque*, recogn. Ludovicus Arndts, Bonn 1833

Paust, Jordan J.; Bassiouni, M. Cherif; Williams, Sharon A.; Scharf, Michael; Gurulé, Jimmy & Zagaris, Bruce, *International Criminal Law*, Cases and Materials, 2nd ed. Durham NC 2000

Pawlik, Michael, *Person, Subjekt, Bürger*, Berlin 2004

Peirce, Charles Sanders, *Collected Papers* of Charles Sanders Peirce, vols. V & VI, Cambridge MA 1960

Pella, Vespasien V., *La criminalité collective des États et le droit pénal de l'avenir*, 2e éd. Bucarest 1926

— *La guerre-crime et les criminels de guerre*, Genève Paris 1946

Penna, Lucas de, *Commentaria in tres posteriores libros Codicis Iustiniani*, Lugduni 1582

Pereda, Julián, *El "Versari in re illicita" en la doctrina y en el Código penal*, Madrid 1948

— *Covarrubias penalista*, Barcelona 1959

Perner, Josef, *Memory and Theory of Mind*, in: Tulving, Endel & Craik, Fergus I. M. (eds.), The Oxford Handbook of Memory, Oxford New York 2000, S. 297

Pernice, Alfred, *Labeo. Römisches Privatrecht im ersten Jahrhundert der Kaiserzeit*, Teil C, Band 2, Abtheilung 1 in 2. Aufl., 7. Buch: Dolus malus und bona fides, Halle 1895

Perron, Walter, *Überlegungen zum Erkenntnisziel und Untersuchungsgegenstand des Forschungsprojektes „Allgemeiner strafrechtlicher Strukturvergleich"*, in: Arnold, Jörg/Burkhardt, Björn/Gropp, Walter/Koch, Hans-Georg (Hrsg.), Grenzüberschreitungen, Beiträge zum 60. Geburtstag von Albin Eser, Freiburg i. Br. 1995, S. 127

— Hat die deutsche Straftatsystematik eine europäische Zukunft?, in: Festschrift für Theodor Lenckner, München 1998, S. 227

— Vorüberlegungen zu einer rechtsvergleichenden Untersuchung der Abgrenzung von Vorsatz und Fahrlässigkeit, in: Festschrift für Haruo Nishihara, Baden-Baden 1998, S. 145

Peters, Karl, *Die strafrechtsgestaltende Kraft des Strafprozesses*, Tübingen 1963

PETERS, KARL, *Fehlerquellen im Strafprozeß*, Band 2, Karlsruhe 1972
— Gespräch und Briefwechsel. Zur Methode der Tatsachenerkennung in der Strafprozeßlehre, in: Festschrift für Ulrich Klug, Köln 1983, Band II, S. 539
— *Strafprozeß*, 4. Aufl. Heidelberg 1985
PETERS, RALF, *Das Wissen vom Handeln. Erkenntnistheoretische Untersuchungen zur Philosophie der Handlung*, Köln 2000
PETERS, RICHARD S., More About Motives, Mind 76 (1967), 92
PFEIFER, KARL, *Actions and Other Events. The Unifier-Multiplier Controversy*, New York Bern Frankfurt a.M. Paris 1989
PHILIPPINUS, JOHANNES CHRYSOSTOMUS, *De privilegiis ignorantiae tractatus novus unicus singularis*, pars prima, Venetiis 1688; pars altera, Viennae Austriae 1692
PHILIPPS, LOTHAR, Dolus eventualis als Problem der Entscheidung unter Risiko, ZStW 85 (1973), 27
PIAGET, JEAN, *Le jugement moral chez l'enfant*, Paris 1932
— *Introduction à l'épistémologie génétique*, tome III, Paris 1950
— *Sagesse et illusions de la philosophie*, Paris 1965
PILCHER, SUSAN, Ignorance, Discretion and the Fairness of Notice: Confronting "Apparent Innocence" in the Criminal Law, 33 Am.Crim.L.Rev. 1 (1995)
PITKIN, HANNAH, Obligation and Consent–II, American Political Science Review LX (1966), 39
PLACK, ARNO, *Der Einfluß der Psychologie auf die Strafrechtsdogmatik*, in: Schneider, Hans-Peter (Hrsg.), Die Psychologie des 20. Jahrhunderts, Band XIV, Auswirkungen auf die Kriminologie, S. 854
PLANCK, MAX, *Scheinprobleme der Wissenschaft*, Leipzig 1947
PLATON, *Die Gesetze*, in: Jubiläumsausgabe sämtlicher Werke, Band VII, übertr. von Rudolf Rufener, Zürich München 1974
— *Protagoras*, in: Jubiläumsausgabe sämtlicher Werke, Band I: Frühdialoge, S. 185, übertr. von Rudolf Rufener, Zürich München 1974
PLATZGUMMER, WINFRIED, *Die Bewußtseinsform des Vorsatzes. Eine strafrechtsdogmatische Untersuchung auf psychologischer Grundlage*, Wien 1964
PLAWSKI, STANISLAW, *Étude des principes fondamentaux du droit international pénal*, Paris 1972
— La notion du droit international pénal, Rev.sc.crim. 1978, 789
PLÓSZ, ALEXANDER, Die Natur der gesetzlichen Vermutungen, Festschrift für Adolf Wach, Leipzig 1913, Band II, S. 1
PODLECH, ADALBERT, *Die juristische Fachsprache und die Umgangssprache*, in: Koch, Hans-Joachim (Hrsg.), Juristische Methodenlehre und analytische Philosophie, Kronberg/Ts. 1976, S. 31
POLITIS, NICOLAS, *The New Aspects of International Law*, A Series of Lectures delivered at Columbia University in July 1926, in: Carnegie Endowment for International Peace, Division of international law, No. 49, Washington D.C./Concord NH 1928
POPPER, SIR KARL RAIMUND, *Objektive Erkenntnis*, Hamburg 1973
— *Logik der Forschung*, 10. Aufl. Tübingen 1994
POPPER, SIR KARL RAIMUND/ECCLES, SIR JOHN C., *Das Ich und sein Gehirn*, München Zürich 1982
POTHAST, ULRICH, *Die Unzulänglichkeit der Freiheitsbeweise*, Frankfurt a.M. 1987
— Probleme bei der Rechtfertigung staatlicher Strafe, JA 1993, 104
POULIN-DUBOIS, DIANE & SHULTZ, THOMAS R., *The development of the understanding of human behavior: From agency to intentionality*, in: Astington, Janet W.; Harris, Paul L. & Olson, David R. (eds.), Developing Theories of Mind, Cambridge New York New Rochelle Melbourne Sydney 1988, S. 109
PRADEL, JEAN, *Droit pénal comparé*, Paris 1995
PRECHTL, PETER, *Sprachphilosophie*, Stuttgart Weimar 1999

PRICHARD, HAROLD A., *Acting, Willing, Desiring*, in: ders., Moral Obligation, Oxford 1949, S. 187

PRIESTLEY, JOSEPH, *Disquisitions relating to Matter and Spirit*, London 1777, Reprint New York London 1976

— *The Doctrine of Philosophical Necessity, Illustrated, being an Appendix to the Disquisitions relating to Matter and Spirit*, London 1777, Reprint New York London 1976

PRINZ, WOLFGANG, *Wahrnehmung und Tätigkeitssteuerung*, Heidelberg 1983

— *Freiheit oder Wissenschaft?*, in: von Cranach, Mario/Foppa, Klaus (Hrsg.), Freiheit des Entscheidens und Handelns. Ein Problem der nomologischen Psychologie, Heidelberg 1996, S. 86

— *Explaining Voluntary Action: The Role of Mental Content*, in: Carrier, Martin & Machamer, Peter K. (eds.), Mindscapes: Philosophy, Science and the Mind, Konstanz Pittsburgh 1997, S. 153

— Die Reaktion als Willenshandlung, Psychologische Rundschau 49 (1998), 10

— Kognitionspsychologische Handlungsforschung, Zeitschrift für Psychologie 208 (2000), 32

— *Between motivation and control: Psychological accounts of voluntary action*, in: Maasen, Sabine/ Prinz, Wolfgang/Roth, Gerhard (eds.), Voluntary action: brains, minds, and sociality, Oxford 2003, S. 17

— *How do we know about our own actions?*, in: Maasen, Sabine/Prinz, Wolfgang/Roth, Gerhard (eds.), Voluntary action: brains, minds, and sociality, Oxford 2003, S. 21

— *Experimental Approaches to Action*, in: Roessler, Johannes/Eilan, Naomi (eds.), Agency and Self-Awareness. Issues in Philosophy and Psychology, Oxford 2003, S. 165

PRITTWITZ, CORNELIUS, Die Ansteckungsgefahr bei AIDS, JA 1988, 486

— Dolus eventualis und Affekt, GA 1994, 454

PROBST, MANFRED, *Die Abgrenzung zwischen Wahndelikt und untauglichem Versuch beim umgekehrten Irrtum über normative Tatbestandsmerkmale*, Diss. iur. München 1969

PROSSER AND KEETON *on the Law of Torts*, 5th ed., St. Paul Minn. 1984

PROTT, LYNDEL V., *Der internationale Richter im Spannungsfeld der Rechtskulturen*, Berlin 1975

PROUST, JOËLLE, *How voluntary are minimal actions?*, in: Maasen, Sabine/Prinz, Wolfgang/Roth, Gerhard (eds.), Voluntary action: brains, minds, and sociality, Oxford 2003, S. 202

PRÜMMER, DOMINICUS M., *Manuale theologiae moralis secundum principia S. Thomae Aquinatis*, editio duodecima, Freiburg i. Br. Barcinone 1955, tomus I

PUCA, ROSA MARIA & LANGENS, THOMAS, *Motivation*, in: Müsseler, Jochen/Prinz, Wolfgang (Hrsg.), Allgemeine Psychologie, Heidelberg Berlin 2002, S. 223

PUCHTA, GEORG FRIEDRICH, *Das Gewohnheitsrecht*, Zweiter Theil, Erlangen 1837

PUFENDORF, SAMUEL VON, *Elementorum jurisprudentiae universalis libri II*, Hagae Comitis 1660

— *De iure naturae et gentium libri octo* (Lund 1672), zit. nach der Ausgabe Amsterdam 1688

— *De officio hominis et civis iuxta legem naturalem libri duo* (Lund 1673), zit. nach der Ausgabe Cambridge 1682

PUGLIATTI, SALVATORE, *Conoscenza e diritto*, Milano 1961

PUPPE, INGEBORG, *Idealkonkurrenz und Einzelverbrechen*, Berlin 1979

— Der objektive Tatbestand der Anstiftung, GA 1984, 101

— Die logische Tragweite des sog. Umkehrschlusses, in: Festschrift für Karl Lackner, Berlin New York 1987, S. 199

— Vom Umgang mit Definitionen in der Jurisprudenz. Kreative Definitionen oder warum sich Juristen über Begriffe streiten, in: Gedächtnisschrift für Armin Kaufmann, Köln Berlin Bonn München 1989, S. 15

— Tatirrtum, Rechtsirrtum, Subsumtionsirrtum, GA 1990, 145

— Buchbesprechung von: Kuhlen, Lothar: Die Unterscheidung von vorsatzausschließendem und nichtvorsatzausschließendem Irrtum, Frankfurt a. M. Bern: Peter Lang 1987, in: ZStW 102 (1990), 892

— Der Vorstellungsgehalt des dolus eventualis, ZStW 103 (1991), 1

Puppe, Ingeborg, Die Logik der Hemmschwellentheorie des BGH – Zugleich eine Besprechung von BGH, Urteil vom 7.11.1991 – 4 StR 451/91 (LG Passau), NStZ 1992, 576
— *Vorsatz und Zurechnung*, Heidelberg 1992
— Naturalismus und Normativismus in der modernen Strafrechtsdogmatik, GA 1994, 297
— Umgang mit Gegenmeinungen, JuS 1998, 287
— Strafrecht als Kommunikation, in: Festschrift für Gerald Grünwald, Baden-Baden 1999, S. 469
— *Strafrecht Allgemeiner Teil im Spiegel der Rechtsprechung*, Band I: Die Lehre vom Tatbestand, Rechtswidrigkeit, Schuld, Baden-Baden 2002
— Bemerkungen zum Verbotsirrtum und seiner Vermeidbarkeit, in: Festschrift für Hans-Joachim Rudolphi, Neuwied 2004, S. 231
Putnam, Hilary, Synonymity and the analysis of belief sentences, Analysis 14 (1954), 114
— *The Analytic and the Synthetic* (1962), in: ders., Mind, Language, Reality, Philosophical Papers, Cambridge London New York Melbourne 1975, vol. 2, S. 33
— *The meaning of 'meaning'*, in: ders., Mind, Language and Reality. Philosophical Papers, Cambridge London New York Melbourne 1975, vol. 2, S. 215
— *Renewing Philosophy*, Cambridge MA London 1992
Püttmann, Josias Ludwig Ernst, *Miscellaneorum liber singularis*, Lipsiae 1793
Quine, Willard Van Orman, *Carnap and Logical Truth*, in: ders., The Ways of Paradox and other essays, revised and enlarged ed. Cambridge MA London 1976, S. 107
— *Die Wurzeln der Referenz*, Frankfurt a.M. 1989 (Übers. von: The Roots of Reference, La Salle Ill. 1974)
— *Epistemology Naturalized*, in: ders., Ontological Relativity and Other Essays, New York 1969, S. 69
— *Intensions Revisited*, in: ders., Theories and Things, Cambridge MA London 1981, S. 113
— *Logic and the Reification of Universals*, in: ders., From a Logical Point of View, 2nd ed. Cambridge MA 1980, S. 102
— *Mind and Verbal Dispositions*, in: Guttenplan, Samuel (ed.), Mind and Language, Wolfson College Lectures 1974, Oxford 1975, S. 83
— *Mind versus Body*, in: ders., Quiddities. An Intermittently Philosophical Dictionary, Cambridge MA 1987, S. 132
— *Natural Kinds*, in: ders., Ontological Relativity and other Essays, New York 1969, S. 114
— *Necessary Truth*, in: ders., The Ways of Paradox and other essays, revised and enlarged ed. Cambridge MA London 1976, S. 68
— Notes on Existence and Necessity, Journal of Philosophy 40 (1943), 113
— *Notes on the Theory of Reference*, in: ders., From a Logical Point of View, 2nd ed. Cambridge MA 1980, S. 130
— *On Mental Entities*, in: ders., The Ways of Paradox and other essays, revised and enlarged ed. Cambridge MA London 1976, S. 221
— *On what there is*, in: ders., From a Logical Point of View, 2nd ed. Cambridge MA 1980, S. 1
— *Ontological Relativity*, in: ders., Ontological Relativity and other Essays, New York 1969, S. 26
— *Propositional Objects*, in: ders., Ontological Relativity and other Essays, New York 1969, S. 139
— *Pursuit of Truth*, revised ed. Cambridge MA London 1992
— *Quantifiers and Propositional Attitudes*, in: ders., The Ways of Paradox and other essays, revised and enlarged ed. Cambridge MA London 1976, S. 185
— *Reference and Modality*, in: ders., From a Logical Point of View, 2nd ed. Cambridge MA 1980, S. 139
— *Reply to Kaplan*, in: Davidson, Donald/Hintikka, Jaako (eds.), Words and Objections. Essays on the Work of W. V. Quine, Dordrecht 1969, S. 341
— *Reply to Sellars*, in: Davidson, Donald/Hintikka, Jaako (eds.), Words and Objections. Essays on the Work of W. V. Quine, Dordrecht 1969, S. 337

QUINE, WILLARD VAN ORMAN, *Speaking of Objects*, in: ders., Ontological Relativity and other Essays, New York 1969, S. 1

— States of Mind, Journal of Philosophy 82 (1985), 5

— *The Problem of Meaning in Linguistics*, in: ders., From a Logical Point of View, 2nd ed. Cambridge MA 1980, S. 47

— *Three Grades of Modal Involvement*, in: ders., The Ways of Paradox and other essays, revised and enlarged ed. Cambridge MA London 1976, S. 158

— *Two dogmas of empiricism*, in: ders., From a Logical Point of View, 2nd ed. Cambridge MA 1980, S. 20

— *Word and Object*, Cambridge MA 1960

QUINTANO RIPOLLÉS, ANTONIO, *Tratado de derecho penal internacional y internacional penal*, vol. 1, Madrid 1955

QUISTORP, JOHANN CHRISTIAN EDLER VON, *Grundsätze des deutschen Peinlichen Rechts*, Erster Theil, 5. Aufl. Rostock Leipzig 1794

RABEL, ERNST, Rechtsvergleichung und internationale Rechtsprechung, RabelsZ 1 (1927), 5

— Deutsches und amerikanisches Recht, RabelsZ 16 (1951), 340

RADBRUCH, GUSTAV, *Der Handlungsbegriff in seiner Bedeutung für das Strafrechtssystem*, Berlin 1904

— Über den Schuldbegriff, ZStW 24 (1904), 333

— Zur Systematik der Verbrechenslehre, in: Festgabe für Reinhard von Frank, Band I, Tübingen 1930, S. 158

— *Die Natur der Sache als juristische Denkform*, in: Festschrift Laun, Hamburg 1948, zit. nach Sonderausgabe Darmstadt 1960

— *Rechtsphilosophie*, 8. Aufl. Stuttgart 1973

RAGUÉS I VALLÈS, RAMON, *El dolo y su prueba en el proceso penal*, Barcelona 1999

— Überlegungen zum Vorsatzbeweis, GA 2004, 257

RAJSKI, JERZY, *A Comparative Approach to International Law*, in: Butler, William E. (ed.), International Law in Comparative Perspective, Aalphen aan den Rijn · Germantown MD 1980, S. 127

RASCH, WILFRIED, *Forensische Psychiatrie*, 2. Aufl. Stuttgart Berlin Köln 1999

RATH, JÜRGEN, *Zur strafrechtlichen Behandlung der aberratio ictus und des error in objecto des Täters*, Frankfurt a.M. Berlin Bern New York Paris Wien 1993

— *Zur Unerheblichkeit des error in persona vel objecto*, Sinzheim 1996

RATNER, STEVEN R. & ABRAMS, JASON S., *Accountability for Human Rights Atrocities in International Law*, 2nd ed. Oxford 2001

REID, THOMAS, *Essays on the Active Powers of Man*, Edinburgh 1788, reprint New York London 1977

REIN, WILHELM, *Das Kriminalrecht der Römer von Romulus bis auf Justinian*, Leipzig 1844, Neudruck Aalen 1962

REINACH, ADOLF, *Zur Phänomenologie des Rechts*, München 1953

REINELT, EKKEHART, Entscheidungsfreiheit und Recht – Determinismus contra Indeterminismus, NJW 2004, 2792

REUTER, PAUL, *Droit international public*, 6e éd. Paris 1983

REY, GEORGES, *Annäherung an eine projektivistische Theorie bewußten Erlebens*, in: Metzinger, Thomas (Hrsg.), Bewußtsein. Beiträge aus der Gegenwartsphilosophie, 4. Aufl. Paderborn 2001, S. 153

RICHARD, MARK, *Propositional Attitudes*, Cambridge New York Port Chester Melbourne Sydney 1990

RICHARDS, DAVID A. J., *Rights, Utility and Crime*, in: Tonry, Michael & Morris, Norval (eds.), Crime and Justice, An Annual Review of Research, vol. 3, Chicago 1981, S. 247

RICŒUR, PAUL, *Le volontaire et l'involontaire*, Paris 1949

— *Méthode et tâches d'une phénoménologie de la volonté*, in: van Breda, H.L. (éd.), Problèmes actuels de la phénoménologie, Paris 1952, S. 111

Rinck, Klaus, *Der zweistufige Deliktsaufbau*, Berlin 2000

Ripley, Charles, A Theory of Volition, 11 Am.Phil.Q. 141 (1974)

Rittler, Theodor, Der Indizienbeweis und sein Wert, Festschrift Carl Stooss = ZStrR 43 (1929), 173

Roberts, Anthea Elizabeth, Traditional and Modern Approaches to Customary International Law: A Reconciliation, 95 Am. J. Int'l L. 757 (2001)

Robinson, Nehemiah, *The Genocide Convention. A Commentary*, New York 1960

Robinson, Paul H., Hate Crimes: Crimes of Motive, Character, or Group Terror?, 1992/1993 Ann. Surv. Am. L. 605

— *Should the Criminal Law Abandon the Actus Reus-Mens Rea Distinction?*, in: Shute, Stephen/ Gardner, John/Horder, Jeremy (eds.), Action and Value in Criminal Law, Oxford 1993, S. 187

— *Competing Theories of Justification: Deeds v. Reasons*, in: Simester, A. P. & Smith, A.T.H. (eds.), Harm and Culpability, Oxford 1996, S. 45

— *Structure and Function in Criminal Law*, Oxford 1997

Robinson, Paul H. & Darley, John M., The Role of Deterrence in the Formulation of Criminal Law Rules: At Its Worst When Doing Its Best, 91 Geo.L.J. 949 (2003)

— Does Criminal Law Deter? A Behavioural Science Investigation, 24 Oxford J. Legal Stud. 173 (2004)

Robinson, Paul H. & Grall, Jane A., Element Analysis in Defining Criminal Liability: The Model Penal Code and Beyond, 35 Stan.L.Rev. 681 (1983)

Rödig, Jürgen, *Die Denkform der Alternative in der Jurisprudenz*, Berlin Heidelberg New York 1969

Roediger, Henry L. & McDermott, Kathleen B., *Distortions of Memory*, in: Tulving, Endel & Craik, Fergus I. M. (eds.), The Oxford Handbook of Memory, Oxford New York 2000, S. 149

Röhl, Klaus F., *Allgemeine Rechtslehre*, Köln Berlin Bonn München 1994

Rohracher, Hubert, *Einführung in die Psychologie*, 5. Aufl. Wien Innsbruck München Berlin 1953

Rolandus Bandinellus, *Sententiae*, zit. Ausgabe: *Die Sentenzen Rolands nachmals Papstes Alexanders III.*, hrsgg. von P. Fr. Ambrosius M. Gietl O.Pr., Freiburg i. Br. 1891

Romano, Mario, *Commentario sistematico del Codice Penale*, vol. I: Art. 1–84, Milano 1987

Rorty, Richard M., Mind-Body Identity, Privacy, and Categories, Review of Metaphysics 19 (1965/66), 24

— In Defense of Eliminative Materialism, Review of Metaphysics 24 (1970), 112

— Criteria and Necessity, Noûs 7 (1973), 313

— Contemporary Philosophy of Mind, Synthese 53 (1982), 323

— *Introduction: Metaphilosophical Difficulties of Linguistic Philosophy*, in: ders. (ed.), The Linguistic Turn, Chicago London 1992, S. 1

— *Ten Years After*, in: ders. (ed.), The Linguistic Turn, Chicago London 1992, S. 361

— *Twenty-Five Years After*, in: ders. (ed.), The Linguistic Turn, Chicago London 1992, S. 371

Rosaldo, Michelle Z., *Toward an anthropology of self and feelings*, in: Shweder, Richard A. & LeVine, Robert A. (eds.), Culture Theory: Essays on Mind, Self, and Emotion, Cambridge 1984, S. 137

Rosch, Eleanor; Mervis, Carolyn B.; Gray, Wayne D.; Johnson David M. & Boyes-Braem, Penny, Basic Objects in Natural Categories, Cognitive Psychology 8 (1976), 382

Rosen, Lawrence, *Intentionality and the concept of the person*, in: Pennock, James Roland & Chapman, John W. (eds.), Criminal Justice, New York London 1985, S. 52

— *The Cultural Analysis of Others' Inner States*, in: ders. (ed.), Other Intentions, Santa Fe NM 1995, S. 3

Ross, Alf, Tû-Tû, 70 Harv.L.Rev. 812 (1957)

— *Über den Vorsatz*, Studien zur dänischen, englischen, deutschen und schwedischen Lehre und Rechtsprechung, Baden-Baden 1979

Ross, Lee, *The Intuitive Psychologist and his Shortcomings: Distortions in the Attribution Process*, in: Berkowitz, Leonard (ed.), Advances in Experimental Social Psychology, vol. 10, New York San Francisco London 1977, S. 173

Ross, Lee & Nisbett, Richard E., *The Person and the Situation*, New York et al. 1991

Ross, Michael & DiTecco, Don, An Attributional Analysis of Moral Judgment, Journal of Social Issues 31,3 (1975), 91

Rosshirt, Conrad Franz, *Lehrbuch des Criminalrechts nach den Quellen des gemeinen deutschen Rechts und mit besonderer Berücksichtigung auf die Darstellung des römischen Criminalrechts*, Heidelberg 1821

— In welchen Fällen kann sich der Verbrecher mit Unkenntniß des Rechts entschuldigen?, NArchCrimR 9 (1826), 491

— *Geschichte und System des deutschen Strafrechts*, Zweiter Theil, Stuttgart 1839

Roth, Gerhard, Die Selbstreferentialität des Gehirns und die Prinzipien der Gestaltwahrnehmung, Gestalt Theory 7 (1985), 228

— *Das Gehirn und seine Wirklichkeit.* Kognitive Neurobiologie und ihre philosophischen Konsequenzen, Frankfurt a.M. 1997

— *Die neurobiologischen Grundlagen von Geist und Bewußtsein*, in: Pauen, Michael/Roth, Gerhard (Hrsg.), Neurowissenschaften und Philosophie, München 2001, S. 155

— *Bewußte und unbewußte Handlungssteuerung aus neurobiologischer Sicht*, in: Meyer-Krahmer, Frieder/Lange, Siegfried (Hrsg.), Geisteswissenschaften und Innovation, Heidelberg 1999, S. 77

— *Die neurobiologischen Grundlagen von Geist und Bewußtsein*, in: Pauen, Michael/Roth, Gerhard (Hrsg.), Neurowissenschaften und Philosophie, München 2001, S. 155

— *Aus Sicht des Gehirns*, Frankfurt a.M. 2003

— *The interaction of cortex and basal ganglia in the control of voluntary actions*, in: Maasen, Sabine/Prinz, Wolfgang/Roth, Gerhard (eds.), Voluntary action: brains, minds, and sociality, Oxford 2003, S. 115

— Willensfreiheit, Verantwortlichkeit und Verhaltensautonomie des Menschen aus Sicht der Hirnforschung, in: Festschrift für Ernst-Joachim Lampe, Berlin 2003, S. 43

Roth, Gerhard / Schwegler, Helmut, Das Geist-Gehirn-Problem aus der Sicht der Hirnforschung und eines nicht-reduktionistischen Physikalismus, Ethik und Sozialwissenschaften 6 (1995), 69

Rothoeft, Dietrich, *System der Irrtumslehre als Methodenfrage der Rechtsvergleichung*, Tübingen 1968

Rousseau, Jean-Jacques, *Émile ou de l'éducation* (1762), zit. nach: Œuvres complètes (Bibliothèque de la Pléiade), Paris 1969, vol. IV, S. 239

Roxin, Claus, Zur Kritik der finalen Handlungslehre, ZStW 74 (1962), 515

— Zur Abgrenzung von bedingtem Vorsatz und bewußter Fahrlässigkeit – BGHSt 7, 363, JuS 1964, 53 = ders., *Strafrechtliche Grundlagenprobleme*, Berlin New York 1973, S. 209

— Literaturbericht Allgemeiner Teil, ZStW 78 (1966), 214

— *Kriminalpolitik und Strafrechtssystem*, Berlin 1970

— *Offene Tatbestände und Rechtspflichtmerkmale*, 2. Aufl. Berlin 1970

— „Schuld" und „Verantwortlichkeit" als Systemkategorien, in: Festschrift für Heinrich Henkel, Berlin New York 1974, S. 171

— Die Abgrenzung von untauglichem Versuch und Wahndelikt, JZ 1996, 981

— *Strafrecht Allgemeiner Teil*,
  - Band I: Grundlagen, Der Aufbau der Verbrechenslehre, 4. Aufl. München 2006
  - Band II: Besondere Erscheinungsformen der Straftat, München 2003

— Zur Normativierung des dolus eventualis und zur Lehre von der Vorsatzgefahr, in: Festschrift für Hans-Joachim Rudolphi, Neuwied 2004, S. 243

RUDOLPHI, HANS-JOACHIM, *Unrechtsbewußtsein, Verbotsirrtum und Vermeidbarkeit des Verbotsirrtums*, Göttingen 1969

— *Der Zweck staatlichen Strafrechts und die strafrechtlichen Zurechnungsformen*, in: Schünemann, Bernd (Hrsg.), Grundfragen des modernen Strafrechtssystems, Berlin New York 1984, S. 69

RUGGIERO, GIUSEPPE, *Gli elementi normativi della fattispecie penale*, vol. I: Lineamenti generali, Napoli 1965

RULE, BRENDAN GAIL; DYCK, RONALD & NESDALE, ANDREW R., Arbitrariness of frustration: inhibition or instigation effects on aggression, European Journal of Social Psychology 8 (1978), 237

RULE, BRENDAN GAIL & FERGUSON, T. J., *The Relation among Attribution, Moral Evaluation, Anger, and Aggression in Children and Adults*, in: Mummendey, Amélie (ed.), Social Psychology of Aggression: From Individual Behavior to Social Interaction, Berlin Heidelberg New York Tokyo 1984, S. 143

RÜMELIN, GUSTAV, *Juristische Begriffsbildung*, Leipzig 1878

RÜMELIN, M. VON, Über den Rechtswidrigkeitsirrtum, ZStW 41 (1920), 495

RUNGGALDIER, EDMUND, *Was sind Handlungen?* Eine philosophische Auseinandersetzung mit dem Naturalismus, Stuttgart Berlin Köln 1996

RUSCH, GEBHARD/SCHMIDT, SIEGFRIED J., *Piaget und der Radikale Konstruktivismus*, Frankfurt a.M. 1994

RUSSELL *on Crime*, 12th ed. by J. W. Cecil Turner, vol. 1, London 1964

RUSSELL, BERTRAND, *Inquiry into Meaning and Truth*, London 1940

RÜSSMANN, HELMUT, *Zur Abgrenzung von Rechts- und Tatfrage*, in: Koch, Hans-Joachim (Hrsg.), Juristische Methodenlehre und analytische Philosophie, Kronberg/Ts. 1976, S. 242

RÜTHERS, BERND, *Rechtstheorie*, München 1999

RYLE, GILBERT, *The Concept of Mind*, 1949, Reprint London 2000

SAFFERLING, CHRISTOPH, Can Criminal Prosecution be the Answer to Massive Human Rights Violations?, 5 German L.J. 1469 (2004)

SALAND, PER, *International Criminal Law Principles*, in: Lee, Roy S. (ed.), The International Criminal Court, The Making of the Rome Statute, Issues, Negotiations, Results, The Hague London Boston 1999, S. 189

SALEILLES, RAYMOND, *L'individualisation de la peine*, 3e éd. Paris 1927

SALICETUS (BARTHOLOMÆUS DE SALICETO), *Opera omnia in quatuor tomos tributa*, Frankfurt a.M. 1615:
- Pars prima, In I & II Codicis Libros
- Pars quarta, In VII, VIII & IX Codicis Libros

SALMOND, SIR JOHN WILLIAM, *Jurisprudence*,
- 7th ed. London 1924
- Salmond on Jurisprudence, 12th ed. by P. J. Fitzgerald, London 1966

SAMSON, ERICH, Absicht und direkter Vorsatz im Strafrecht, JA 1989, 449

SANCINETTI, MARCELO A., *Subjektive Unrechtsbegründung und Rücktritt vom Versuch*, Köln Berlin Bonn München 1995

— „Dolus generalis" und „strafrechtliches Glück", in: Festschrift für Claus Roxin, Berlin New York 2001, S. 349

SAPPINGTON, A. A., Recent Psychological Approaches to the Free Will Versus Determinism Issue, Psychological Bulletin 108 (1990), 19

SASSÒLI, MARCO, *Bedeutung einer Kodifikation für das allgemeine Völkerrecht, mit besonderer Betrachtung der Regeln zum Schutz der Zivilbevölkerung vor den Auswirkungen von Feindseligkeiten*, Basel Frankfurt a.M. 1990

SATZGER, HELMUT, *Die Europäisierung des Strafrechts*, Köln Berlin Bonn München 2001

— Die Internationalisierung des Strafrechts als Herausforderung für den strafrechtlichen Bestimmtheitsgrundsatz, JuS 2004, 943

SATZGER, HELMUT, *Internationales und europäisches Strafrecht*, Baden-Baden 2005

SAUER, WILHELM, Die beiden Tatbestandsbegriffe, in: Festschrift für Edmund Mezger, München Berlin 1954, S. 117

SAUSSURE, FERDINAND DE, *Troisième cours de linguistique générale*, d'après les cahiers d'Émile Constantin, éd. Eisuke Komatsu, Oxford New York Seoul Tokyo 1993

SAVIGNY, EIKE VON, *Die Philosophie der normalen Sprache*. Eine kritische Einführung in die „ordinary language philosophy", 3. Ausgabe Frankfurt a.M. 1993

SAVIGNY, FRIEDRICH CARL VON, *Das Recht des Besitzes*, 7. Aufl. Wien 1865

— *System des heutigen Römischen Rechts*, Dritter Band, Berlin 1840

SAX, WALTER, Zum logischen und sachlichen Gehalt des sogen. „Umkehrschlusses aus § 59 StGB", JZ 1964, 241

SAYRE, FRANCIS BOWES, Public Welfare Offenses, 33 Colum.L.Rev. 54 (1933)

SCHABAS, WILLIAM A., *Genocide in International Law*, Cambridge 2000

— *An Introduction to the International Criminal Court*, Cambridge 2001

SCHACHTER, OSCAR, *The Nature and Process of Legal Development in International Society*, in: MacDonald, R. St. J. & Johnston, Douglas M. (eds.), The Structure and Process of International Law: Essays in Legal Philosophy, Doctrine and Theory, The Hague Boston Lancaster 1983, S. 745

SCHACTER, DANIEL L., *Searching for Memory*, New York 1996

— *The Seven Sins of Memory (How the Mind Forgets and Remembers)*, Boston New York 2001

SCHACTER, DANIEL L. & TULVING, ENDEL, *What Are the Memory Systems of 1994?*, in: dies. (eds.), Memory Systems 1994, Cambridge MA London 1994, S. 1

SCHACTER, DANIEL L.; WAGNER, ANTHONY D. & BUCKNER, RANDY L., *Memory Systems of 1999*, in: Tulving, Endel & Craik, Fergus I. M. (eds.), The Oxford Handbook of Memory, Oxford New York 2000, S. 627

SCHÄFER, GERHARD, *Praxis der Strafzumessung*, 2. Aufl. München 1995

SCHAFFSTEIN, FRIEDRICH, *Die allgemeinen Lehren vom Verbrechen in ihrer Entwicklung durch die Wissenschaft des gemeinen Strafrechts*, Berlin 1930

— Putative Rechtfertigungsgründe und finale Handlungslehre, MDR 1951, 196

— Tatbestandsirrtum und Verbotsirrtum, in: Göttinger Festschrift für das Oberlandesgericht Celle, Göttingen 1961, S. 175

SCHANK, ROGER C. & ABELSON, ROBERT P., *Scripts, Plans, Goals and Understanding*, Hillsdale NJ 1977

SCHEFFLER, UWE, „J.S.F. von Böhmer (1704–1772) und der dolus eventualis. – Kann der große Professor der alten Viadrina dem heutigen Strafrecht noch etwas geben?", Jura 1995, 349

SCHELER, MAX, *Vom fremden Ich*, in: Wesen und Formen der Sympathie, Gesammelte Werke (hrsg. von Manfred S. Frings), Band 7, Bern München 1973, S. 209

SCHEPPACH, MARIA, *Las Siete Partidas. Entstehungs- und Wirkungsgeschichte*, Pfaffenweiler 1991

SCHEWE, GÜNTER, *Bewußtsein und Vorsatz*, Neuwied Berlin 1967

— „Subjektiver Tatbestand" und Beurteilung der Zurechnungsfähigkeit, in: Festschrift für Richard Lange, Berlin New York 1976, S. 687

SCHIEMANN, ANJA, Kann es einen freien Willen geben? – Risiken und Nebenwirkungen der Hirnforschung für das deutsche Strafrecht, NJW 2004, 2056

SCHILD, WOLFGANG, Vorsatz als „sachgedankliches Mitbewußtsein", in: Festschrift für Walter Stree und Johannes Wessels, Heidelberg 1993, S. 241

— *Der strafrechtliche Vorsatz zwischen psychischem Sachverhalt und normativem Konstrukt*, in: Jakob, Raimund/Usteri, Martin/Weimar, Robert (Hrsg.), Psyche Recht Gesellschaft, Widmungsschrift für Manfred Rehbinder, Bern 1995, S. 119

— Strafrechtsdogmatik als Handlungslehre ohne Handlungsbegriff, GA 1995, 100

SCHITTENHELM, ULRIKE, Probleme der umweltgefährdenden Abfallbeseitigung nach § 326 StGB, GA 1983, 310

SCHLESINGER, RUDOLF B., Research on the General Principles of Law recognized by Civilized Nations, 51 Am.J.Int'l L. 734 (1957)

SCHLINK, BERNHARD, *Der Vorleser*, Zürich 1997

SCHLÜCHTER, ELLEN, *Irrtum über normative Tatbestandsmerkmale im Strafrecht*, Tübingen 1983

SCHMALT, HEINZ-DIETER, *Psychologische Aspekte einer Theorie der Handlung*, in: Lenk, Hans (Hrsg.), Handlungstheorien interdisziplinär III: Verhaltenswissenschaften und psychologische Handlungstheorien, Zweiter Halbband, München 1984, S. 517

— *Zur Kohärenz von Motivation und Kognition*, in: Birbaumer, Niels et al. (Hrsg.), Enzyklopädie der Psychologie, Themenbereich C (Theorie und Forschung), Serie IV (Motivation und Emotion), Band 4 (hrsg. von Kuhl, Julius/Heckhausen, Heinz): Motivation, Volition und Handlung, Göttingen Bern Toronto Seattle 1996, S. 241

SCHMALT, HEINZ-DIETER/HECKHAUSEN, HEINZ, *Motivation*, in: Spada, Hans (Hrsg.), Lehrbuch Allgemeine Psychologie, 2. Aufl. Bern Göttingen Toronto Seattle 1992, S. 451

SCHMID, FERDINAND, *Die Präsumtionen im deutschen Reichsstrafrecht*, Diss. Jena 1884

SCHMID, WERNER, „Bedingter Handlungswille" beim Versuch und im Bereich der strafbaren Vorbereitungshandlungen, ZStW 74 (1962), 48

SCHMIDHÄUSER, EBERHARD, *Gesinnungsmerkmale im Strafrecht*, Tübingen 1958

— Über Aktualität und Potentialität des Unrechtsbewußtseins, in: Festschrift für Hellmuth Mayer, Berlin 1966, S. 317

— *Vorsatzbegriff und Begriffsjurisprudenz im Strafrecht*, Tübingen 1968

— *Strafrecht Allgemeiner Teil*, Lehrbuch, 2. Aufl. Tübingen 1970

— *Strafrecht Allgemeiner Teil*, Studienbuch, 2. Aufl. Tübingen 1984

— *Strafrecht Besonderer Teil*, Grundriß, 2. Aufl. Tübingen 1983

— Strafrechtlicher Vorsatzbegriff und Alltagssprachgebrauch, in: Festschrift für Dietrich Oehler, Köln Berlin Bonn München 1985, S. 135

SCHMIDT, EBERHARD, *Einführung in die Geschichte der deutschen Strafrechtspflege*, 3. Aufl. Göttingen 1964

SCHMIDT, SIEGFRIED J. (Hrsg.), *Der Diskurs des Radikalen Konstruktivismus*, Frankfurt a.M. 1987

SCHMOLLER, KURT, Das voluntative Vorsatzelement, ÖJZ 1982, 259; 281

SCHNEIDER, KURT, *Die Beurteilung der Zurechnungsfähigkeit*, 2. Aufl. Stuttgart 1953

SCHNEIDER, WERNER X., *Bewußte und unbewußte Handlungssteuerung aus neuropsychologischer Sicht*, in: Meyer-Krahmer, Frieder/Lange, Siegfried (Hrsg.), Geisteswissenschaften und Innovation, Heidelberg 1999, S. 112

SCHOCKENHOFF, EDUARD, „Finis operis – finis operantis", in: Kasper, Walter, et al. (Hrsg.), Lexikon für Theologie und Kirche, 3. Aufl. Freiburg Basel Rom Wien 1995, Dritter Band: Dämon bis Fragmentenstreit, Sp. 1293

SCHÖNEBORN, CHRISTIAN, Schuldprinzip und generalpräventiver Aspekt, ZStW 88 (1976), 349

SCHÖNKE, ADOLF/SCHRÖDER, HORST, *Strafgesetzbuch*, Kommentar, 27. Aufl. München 2006

SCHOPENHAUER, ARTHUR, *Die Welt als Wille und Vorstellung*, Band II, 1819, zit. Ausgabe: Sämtliche Werke, hrsg. von Wolfgang Frhr. von Löhneysen, Band 2, Frankfurt a.M. 2. Aufl. 1989

— *Preisschrift über die Freiheit des Willens*, 1839, 2. Aufl. 1860, zit. Ausgabe: Sämtliche Werke, hrsg. von Wolfgang Frhr. von Löhneysen, Band 3, Frankfurt a.M. 5. Aufl. 1998, S. 481

SCHÖPF, ALFRED, Stichwort „Wille" in: Krings, Hermann/Baumgartner, Hans Michael/Wild, Christoph (Hrsg.), Handbuch philosophischer Grundbegriffe, München 1974, Band III, S. 1702

SCHRÖDER, HORST, Aufbau und Grenzen des Vorsatzbegriffs, in: Festschrift für Wilhelm Sauer, Berlin 1949, S. 207

— Tatbestands- und Verbotsirrtum, MDR 1951, 387

SCHRÖDER, HORST, Die Irrtumsrechtsprechung des BGH, ZStW 65 (1953), 178
— Zur Zulässigkeit gesetzlicher Beweisregeln im Strafrecht, NJW 1959, 1903
SCHROEDER, FRIEDRICH-CHRISTIAN, Der Irrtum über Tatbestandsalternativen, GA 1979, 321
— *Methoden und Probleme der Vergleichung zwischen westlichen und östlichen Rechtssystemen*, in: Institute of Comparative Law, Waseda University (ed.), Law in East and West, On the occasion of the 30th anniversary of the Institute of Comparative Law, Waseda University / Recht in Ost und West, Festschrift zum 30jährigen Jubiläum des Instituts für Rechtsvergleichung der Waseda Universität, Tokyo 1988, S. 213
— Zwischen Absicht und dolus eventualis, in: Festschrift für Hans-Joachim Rudolphi, Neuwied 2004, S. 285
— Probleme der Übersetzung von Gesetzestexten, ZStW 117 (2005), 236
SCHROTH, ULRICH, *Philosophische und juristische Hermeneutik*, in: Kaufmann, Arthur/Hassemer, Winfried (Hrsg.), Einführung in die Rechtsphilosophie und Rechtstheorie der Gegenwart, 5. Aufl. Heidelberg 1989, S. 306
— Die Rechtsprechung des BGH zum Tötungsvorsatz in der Form des „dolus eventualis", NStZ 1990, 324
— Rechtsphilosophische und rechtskulturelle Reflexionen zum strafrechtlichen Vorsatzbegriff, in: Philipps, Lothar (Hrsg.), Rechtsentstehung und Rechtskultur, Heinrich Scholler zum 60. Geburtstag, Heidelberg 1991, S. 159
— *Vorsatz als Aneignung der unrechtskonstituierenden Merkmale*, Frankfurt a.M. Berlin Bern New York Paris Wien 1994
— *Vorsatz und Irrtum*, München 1998
SCHUBARTH, MARTIN, *Zur Tragweite des Grundsatzes der Unschuldsvermutung*, Basel und Stuttgart 1978
— Das Verhältnis von Strafrechtswissenschaft und Gesetzgebung im Wirtschaftsstrafrecht, ZStW 92 (1980), 80
SCHÜLLER, BRUNO, Direkte Tötung – indirekte Tötung, Theologie und Philosophie 47 (1972), 341
SCHULTZ, HANS, *Strafrechtsvergleichung als Grundlagenforschung*, in: Jescheck, Hans-Heinrich/ Kaiser, Günther (Hrsg.), Die Vergleichung als Methode der Strafrechtswissenschaft und der Kriminologie, Berlin 1980, S. 7
— Eventualvorsatz, bedingter Vorsatz und bedingter Handlungswille, in: Festschrift für Günter Spendel, Berlin New York 1992, S. 303
SCHULZ, FRITZ, *Principles of Roman Law*, Oxford 1936
— *History of Roman Legal Science*, Oxford 1953
SCHULZ, JOACHIM, Parallelwertung in der Laiensphäre und Vorsatzbegriff. Skizzen zur Dogmengeschichte eines dogmatischen Kuriosums, in: Festschrift für Günter Bemmann, Baden-Baden 1997, S. 246
SCHULZ, LORENZ, *Normiertes Misstrauen*, Frankfurt a.M. 2001
SCHUMANN, HERIBERT, Zur Wiederbelebung des „voluntativen" Vorsatzelements durch den BGH, JZ 1989, 427
SCHÜNEMANN, BERND, *Einführung in das strafrechtliche Systemdenken*, in: ders. (Hrsg.), Grundfragen des modernen Strafrechtssystems, Berlin New York 1984, S. 1
— *Die Funktion des Schuldprinzips im Präventionsstrafrecht*, in: ders., (Hrsg.), Grundfragen des modernen Strafrechtssystems, Berlin New York 1984, S. 153
— Die deutschsprachige Strafrechtswissenschaft nach der Strafrechtsreform im Spiegel des Leipziger Kommentars und des Wiener Kommentars, GA 1985, 341
— Riskanter Geschlechtsverkehr eines HIV-Infizierten als Tötung, Körperverletzung oder Vergiftung?, JR 1989, 89
— Die Objektivierung von Vorsatz und Schuld im Strafrecht, 50 Chengchi L.Rev. 259 (1994)

Schünemann, Bernd, Vom philologischen zum typologischen Vorsatzbegriff, in: Festschrift für Hans Joachim Hirsch, Berlin New York 1999, S. 363

— Strafrechtsdogmatik als Wissenschaft, Festschrift für Claus Roxin, Berlin New York 2001, S. 1

Schütz, Alfred, *Der sinnhafte Aufbau der sozialen Welt*, Wien 1932

Schwarzenberger, Georg, The Problem of an International Criminal Law, 3 Current Legal Probs. 263 (1950)

Schwegler, Helmut, *Reduktionismen und Physikalismen*, in: Pauen, Michael/Roth, Gerhard (Hrsg.), Neurowissenschaften und Philosophie, München 2001, S. 59

Schwegler, Isabell, *Der Subsumtionsirrtum*, Frankfurt a.M. Berlin Bern New York Paris Wien 1995

Searle, John R., *Speech Acts*, Cambridge MA 1969

— *Intentionalität. Eine Abhandlung zur Philosophie des Geistes*, Frankfurt a.M. 1991 (Übers. von: Intentionality. An essay in the philosophy of mind, Cambridge 1983)

— *Mind, Language and Society*, London 2000

Seebass, Gottfried, *Wollen*, Frankfurt a.M. 1993

Sebba, Leslie, Is mens rea a component of perceived offense seriousness?, 71 J.Crim.L. & Criminology 124 (1980)

— Crime Seriousness and Criminal Intent, 30 Crime & Delinq. 227 (1984)

Seidl-Hohenveldern, Ignaz, Die Rolle der Rechtsvergleichung im Völkerrecht, in: Völkerrecht und rechtliches Weltbild, Festschrift für Alfred Verdross, Wien 1960, S. 253

Seiler, Thomas B. & Wannenmacher, Wolfgang, *How Can We Assess Meaning and Investigate Meaning Development: Theoretical and Methodological Considerations from an Epistemological Point of View*, in: dies. (eds.), Concept Development and the Development of Word Meaning, Berlin 1983, S. 320

Sellars, Wilfrid, *Empiricism and the philosophy of mind*, in: Feigl, Herbert/Scriven, Michael (eds.), Minnesota Studies in the Philosophie of Science, vol. 1, Minneapolis 1956, S. 253, zit. nach dem Neudruck in: Sellars, Wilfrid, Empiricism and the Philosophy of Mind, Cambridge MA 1997/2000, S. 13

— *Science, Perception and Reality*, London New York 1963

— *Some Problems About Belief*, in: Davidson, Donald & Hintikka, Jaako (eds.), Words and Objections. Essays on the Work of W. V. Quine, Dordrecht 1969, S. 186

— *Volitions Re-affirmed*, in: Brand, Myles & Walton, Douglas (eds.), Action Theory, Dordrecht Boston 1976, S. 47

Selle, Dirk von, Absicht und intentionaler Gehalt der Handlung, JR 1999, 309

Seneca, Lucius Annaeus, *ad Aebutium Liberalem de beneficiis* libri V, zit. Ausgabe: The Loeb Classical Library, *Seneca, Moral Essays*, vol. III, London Cambridge MA 1958

— *ad Lucilium epistulae morales*, zit. Ausgabe: The Loeb Classical Library, *Seneca, Epistles*, vol. III, London Cambridge MA 1953

Seuffert, Hermann, Mitteilungen aus dem Entwurfe eines Strafgesetzbuches für Italien (1887), in: Festschrift für Rudolf von Gneist, Breslau 1888, S. 71

— *Ein neues Strafgesetzbuch für Deutschland*, München 1902

Severance, Laurence J.; Goodman, Jane & Loftus, Elizabeth F., Inferring the Criminal Mind: Toward a Bridge Between Legal Doctrine and Psychological Understanding, 20 J.Crim. Just. 107 (1992)

Shaver, Kelly G., *The Attribution of Blame*. Causality, Responsibility, and Blameworthiness, New York Berlin Heidelberg Tokyo 1985

Shaw, Marvin E. & Sulzer, Jefferson L., An empirical test of Heider's levels in attribution of responsibility, Journal of Abnormal and Social Psychology 69 (1964), 39

Shultz, Thomas R., *Assessing intention: A computational model*, in: Astington, Janet W.; Harris, Paul L. & Olson, David R. (eds.), Developing Theories of Mind, Cambridge New York New Rochelle Melbourne Sydney 1988, S. 341

Shultz, Thomas R. & Wells, Diane, Judging the Intentionality of Action-Outcomes, Developmental Psychology 21 (1985), 83

Shute, Stephen, *Knowledge and Belief in the Criminal Law*, in: Shute, Stephen & Simester, Andrew P. (eds.), Criminal Law Theory: Doctrines of the General Part, Oxford 2002, S. 171

Shweder, Richard A., *A polytheistic conception of the sciences and the virtues of deep variety*, in: Maasen, Sabine/Prinz, Wolfgang/Roth, Gerhard (eds.), Voluntary action: brains, minds, and sociality, Oxford 2003, S. 307

Sidgwick, Henry, *The Methods of Ethics*, 7th ed. London 1962

Siegal, Michael & Peterson, Candida C., Deafness, conversation and theory of mind, Journal of Child Psychology and Psychiatry and Allied Disciplines 36 (1995), 459

Silva Sánchez, Jesús-María, Straftatsystematik deutscher Prägung: Unzeitgemäß?, GA 2004, 679

Simester, Andrew P., Mistakes in Defence, 12 Oxford J. Legal Stud. 295 (1992)

— Paradigm Intention, 11 Law & Phil. 235 (1992)

— *Why Distinguish Intention from Foresight?*, in: ders., & Smith, A.T.H. (eds.), Harm and Culpability, Oxford 1996, S. 71

— Agency, 15 Law & Phil. 159 (1996)

— *Can Negligence be Culpable?*, in: Horder, Jeremy (ed.), Oxford Essays in Jurisprudence, Fourth Series, Oxford 2000, S. 85

Simester, Andrew P. & Sullivan, G.R., *Criminal Law, Theory and Doctrine*, 2nd ed. Oxford Portland 2003

Simma, Bruno, *International Human Rights Law and General International Law: A Comparative Analysis*, in: Collected Courses of the Academy of European Law/Recueil des cours de l'Académie de droit européen, 1993: The Protection of Human Rights in Europe, Volume IV Book 2, The Hague London Boston 1995, S. 153

Simma, Bruno & Alston, Philip, The Sources of Human Rights Law: Custom, Jus Cogens, and General Principles, 12 Austl.Y.B.Int'l L. 82 (1992)

Simma, Bruno / Paulus, Andreas, *Le rôle relatif des différentes sources du droit international pénal (dont les principes généraux de droit)*, in: Ascensio, Hervé/Decaux, Emmanuel/Pellet, Alain (éd.), Droit international pénal, Paris 2000, S. 55

Simon, Josef, Verführt die Sprache das Denken?, Philosophisches Jahrbuch 83 (1976), 98

— Bedeutung als Referenz und als individuelle Relevanz, in: Geckeler, Horst / Schlieben-Lange, Brigitte / Trabant, Jürgen / Weydt, Harald (Hrsg.), Logos semantikos, Studia linguistica in honorem Eugenio Coseriu 1921–1981 [Festschrift Coseriu], vol. II (Hrsg.: Weydt, Harald): Sprachtheorie und Sprachphilosophie, Berlin New York Madrid 1981, S. 275

— *Sprachphilosophie*, Freiburg München 1981

Singer, Wolf, *Das Subjekt als kulturelles Konstrukt*, in: ders., Der Beobachter im Gehirn. Essays zur Hirnforschung, Frankfurt a.M. 2002, S. 73

— *Vom Gehirn zum Bewußtsein*, in: ders., Der Beobachter im Gehirn. Essays zur Hirnforschung, Frankfurt a.M. 2002, S. 60

— *Neurobiologische Anmerkungen zum Konstruktivismus-Diskurs*, in: ders., Der Beobachter im Gehirn. Essays zur Hirnforschung, Frankfurt a.M. 2002, S. 87

— *Ein neues Menschenbild?* Gespräche über Hirnforschung, Frankfurt a.M. 2003

— Keiner kann anders, als er ist, FAZ vom 8.1.2004, Nr. 6, S. 33

Sinha, Chris, *Background Knowledge, Presupposition and Canonicality*, in: Seiler, Thomas B. & Wannenmacher, Wolfgang (eds.), Concept Development and the Development of Word Meaning, Berlin 1983, S. 269

SIORAT, LUCIEN, *Le problème des lacunes en droit international*, Paris 1958

SISTARE, CHRISTINE T., *Responsibility and Criminal Liability*, Dordrecht Boston London 1989

SKINNER, BURRHUS FREDERIC, *Science and Human Behavior*, New York London 1953

— Behaviorism at Fifty, Science 140 (1963), 151

— *Beyond Freedom & Dignity*, 1971, Reprint Indianapolis Cambridge MA 2002

SKIRBEKK, GUNNAR, *Wahrheitstheorien*, 6. Aufl. Frankfurt a.M. 1992

Скуратов, Ю. И. / Лебедев, В. М. (ред.), *Комментарий к Уголовному кодексу Российской Федерации*, изд. 3-е Москва 1999

SLATER, B. H., Internal and External Negations, Mind 88 (1979), 588

SMILANSKY, SAUL, *Free Will and Illusion*, Oxford 2002

SMITH, A.T. H., Error and Mistake in Anglo-American Criminal Law, 14 Anglo-Am.L.Rev. 3 (1985); auch in: Eser, Albin / Fletcher, George (Hrsg.), Rechtfertigung und Entschuldigung, Band II, Freiburg i. Br. 1988, S. 1075

SODEN, JULIUS GRAF VON, *Geist der peinlichen Gesetzgebung Teutschlands*, 2. Aufl. Frankfurt 1792

SOKOLOWSKI, KURT, Sequentielle und imperative Konzepte des Willens, Psychologische Beiträge 39 (1997), 346

— *Wille und Bewußtheit*, in: Birbaumer, Niels et al. (Hrsg.), Enzyklopädie der Psychologie, Themenbereich C (Theorie und Forschung), Serie IV (Motivation und Emotion), Band 4 (hrsg. von Kuhl, Julius / Heckhausen, Heinz): Motivation, Volition und Handlung, Göttingen Bern Toronto Seattle 1996, S. 485

SOSIS, RUTH HYLAND, Internal–External Control and the Perception of Responsibility for an Accident, Journal of Personality and Social Psychology 30 (1974), 393

SPENDEL, GÜNTER, Der sogenannte Umkehrschluß aus § 59 StGB nach der subjektiven Versuchstheorie, ZStW 69 (1957), 441

— Kritik der subjektiven Versuchstheorie, NJW 1965, 1881

— Zum Begriff des Vorsatzes, in: Festschrift für Karl Lackner, Berlin New York 1987, S. 167

SPINOZA, BENEDICTUS (BARUCH) DE, *Ethica*, zit. Ausgabe: Stuttgart 1980 (Text nach: Opera, hrsg. von Carl Gebhardt, Band 2, Heidelberg 1925)

SPIROPOULOS, JEAN, *Die allgemeinen Rechtsgrundsätze im Völkerrecht. Eine Auslegung von Art. 38_3 des Statuts des Ständigen Internationalen Gerichtshofs*, Kiel 1928

SQUIRE, LARRY R., *Declarative and Nondeclarative Memory: Multiple Brain Systems Supporting Learning and Memory*, in: Schacter, Daniel L. & Tulving, Endel (eds.), Memory Systems 1994, Cambridge MA London 1994, S. 203

SQUIRE, LARRY R. & KNOWLTON, BARBARA J., *The Medial Temporal Lobe, the Hippocampus, and the Memory Systems of the Brain*, in: Gazzaniga, Michael S. (ed.), The New Cognitive Neurosciences, 2nd ed. Cambridge MA London 2000, S. 765

STAMMLER, RUDOLF, *Theorie der Rechtswissenschaft*, Halle a. d. S. 1911

STEFANI, GASTON / LEVASSEUR, GEORGES / BOULOC, BERNARD, *Droit pénal général*, 18e éd. Paris 2003

STEGMÜLLER, WOLFGANG, *Das Universalienproblem einst und jetzt*, Darmstadt 1965

— *Einleitung*, in: ders. (Hrsg.), Universalien-Problem, Darmstadt 1978, S. 1

— *Hauptströmungen der Gegenwartsphilosophie*,
  - Band I, 6. Aufl. Stuttgart 1978
  - Band II, 8. Aufl. Stuttgart 1987

— *Probleme und Resultate der Wissenschaftstheorie und Analytischen Philosophie*,
  - Band I: Erklärung, Begründung, Kausalität, Zweite, verbesserte und erweiterte Aufl. Berlin Heidelberg New York 1983
  - Band II: Theorie und Erfahrung, Erster Halbband: Begriffsformen, Wissenschaftssprache, empirische Signifikanz und theoretische Begriffe, verbesserter Neudruck Berlin Heidelberg New York 1974

STEIN, PETER, *Regulae Iuris: From Juristic Rules to Legal Maxims*, Edinburgh 1966

STEINER, IVAN D., *Perceived Freedom*, in: Berkowitz, Leonard (ed.), Advances in Experimental Social Psychology, vol. 5, New York London 1971, S. 187

STEMMER, PETER, *Sprachanalytische Philosophie (20. Jahrhundert)*, in: Borsche, Tilman (Hrsg.), Klassiker der Sprachphilosophie, München 1996, S. 401

STENGLEIN, MELCHIOR, *Commentar über das Strafgesetzbuch für das Königreich Bayern*, 1. Band, München 1862

STEPHAN, ACHIM, *Emergenz in kognitionsfähigen Systemen*, in: Pauen, Michael/Roth, Gerhard (Hrsg.), Neurowissenschaften und Philosophie, München 2001, S. 123

STEPHEN, SIR JAMES FITZJAMES, *A History of the Criminal Law of England*, vol. II, London 1883

STERN, WILLIAM, *Allgemeine Psychologie auf personalistischer Grundlage*, 2. Aufl. Den Haag 1950

STEVENSON, CHARLES L., *Ethics and Language*, New Haven 1944

STICH, STEPHEN P., *From Folk Psychology to Cognitive Science*. The Case Against Belief, Cambridge MA London 1983

STICHT, OLIVER, *Sachlogik als Naturrecht?* Zur Rechtsphilosophie Hans Welzels (1904–1977), Paderborn München Wien Zürich 2000

STOOSS, CARL, *Schweizerisches Strafgesetzbuch, Vorentwurf mit Motiven im Auftrage des schweizerischen Bundesrates*, Basel Genf 1894

— Dolus eventualis und Gefährdung, ZStW 15 (1895), 199

STOUTLAND, FREDERICK, *The Logical Connection Argument*, in: Rescher, Nicholas (ed.), Am. Phil. Q., Monograph Series, Monograph No. 4: Studies in the Theory of Knowledge, Oxford 1970, S. 117

— *The Real Reasons*, in: Bransen, Jan & Cuypers, Stefaan E. (eds.), Human Action, Deliberation and Causation, Dordrecht Boston London 1998, S. 43

STRATENWERTH, GÜNTER, *Das rechtstheoretische Problem der „Natur der Sache"*, Tübingen 1957

— Dolus eventualis und bewußte Fahrlässigkeit, ZStW 71 (1959), 51

— Zur Funktion strafrechtlicher Gesinnungsmerkmale, in: Festschrift für Hellmuth von Weber, Bonn 1963, S. 171

— Die Definitionen im Allgemeinen Teil des Entwurfs 1962, ZStW 76 (1964), 669

— *Die Zukunft des strafrechtlichen Schuldprinzips*, Heidelberg Karlsruhe 1977

— Literaturbericht (Hruschka, Joachim: Strukturen der Zurechnung. Berlin, New York: Walter de Gruyter 1976, 73 S.), ZStW 91 (1979), 906

— *Was leistet die Lehre von den Strafzwecken?*, Berlin New York 1995

— *Strafrecht Allgemeiner Teil I*, 4. Aufl. Köln Berlin Bonn München 2000

STRATENWERTH, GÜNTER/KUHLEN, LOTHAR, *Strafrecht Allgemeiner Teil I*, 5. Aufl. Köln Berlin München 2004

STRAWSON, PETER FREDERICK, *Individuals*. An Essay in Descriptive Metaphysics, London 1959

— *Freedom and Resentment*, in: ders., Freedom and Resentment and other Essays, Oxford 1974, S. 1

STREBEL, HELMUT, Quellen des Völkerrechts als Rechtsordnung, ZaöRV 36 (1976), 301

STRENG, FRANZ, *Strafrechtliche Sanktionen*, 2. Aufl. Stuttgart 2002

STRUBE, DAVID GEORG, *Rechtliche Bedenken*,
- Zweyter Theil, Hannover 1763
- Vierter Theil, Hannover 1772

STÜBEL, CHRISTOPH CARL, *System des allgemeinen Peinlichen Rechts*, 2 Bände, Leipzig 1795

— *Ueber den Thatbestand der Verbrechen, die Urheber derselben und die zu einem verdammenden Endurtheile erforderliche Gewißheit des erstern, besonders in Rücksicht der Tödtung, nach gemeinen in Deutschland geltenden und Chursächsischen Rechten*, Wittenberg 1805

— Über gefährliche Handlungen, als für sich bestehende Verbrechen, zur Berichtigung der Lehre von verschuldeten Verbrechen, nebst Vorschlägen zur gesetzlichen Bestimmung über die Bestrafung der erstern, NArchCrimR 8 (1825), 236

Stuckenberg, Carl-Friedrich, *Untersuchungen zur Unschuldsvermutung*, Berlin New York 1998
— Zur Konkurrenz im US-amerikanischen Recht, ZStW 113 (2001), 146
— *Multiplicity of Offences: Concursus Delictorum*, in: Fischer, Horst/Kreß, Claus/Lüder, Sascha Rolf (eds.), International and National Prosecution of Crimes under International Law—Current Developments, Berlin 2001, S. 559
Sturm, Friedrich, Seelenzustand und Schuld, GS 74 (1909), 160
Sullivan, G. R., *Knowledge, Belief, and Culpability*, in: Shute, Stephen & Simester, Andrew P. (eds.), Criminal Law Theory: Doctrines of the General Part, Oxford 2002, S. 207
Systematischer Kommentar zum Strafgesetzbuch (SK-StGB), Band I, Stand: 39. Liefrg., Juni 2004
Szasz, Thomas S., *The Myth of Mental Illness.* Foundations of a Theory of Personal Conduct, New York 1961
Szurek, Sandra, *Historique: La formation du droit international pénal*, in: Ascensio, Hervé/Decaux, Emmanuel/Pellet, Alain (éd.), Droit international pénal, Paris 2000, S. 7
Tadros, Victor, *Recklessness and the Duty to Take Care*, in: Shute, Stephen & Simester, Andrew P. (eds.), Criminal Law Theory: Doctrines of the General Part, Oxford 2002, S. 227
Tammes, A. J. P., Inter-action of the Sources of International Law, Nederlands Tijdschrift voor internationaal Recht 10 (1963), 225
Tarde, Gabriel, *La philosophie pénale*, 4e éd. Paris 1903 (Reprint Paris 1972)
Taylor, Charles, *The Explanation of Behaviour*, London 1964
Taylor, Richard, *Action and Purpose*, Englewood Cliffs NJ 1966
Temme, Jodocus Donatus Hubertus, Ueber den unbestimmten Dolus, ArchCrimR N.F. 21 (1854), 206
— *Lehrbuch des Gemeinen Deutschen Strafrechts*, Stuttgart 1876
Ten, C. L., *Crime, Guilt, and Punishment.* A Philosophical Introduction, Oxford 1987, reprint 1989
Tesař, Ottokar, *Die symptomatische Bedeutung des verbrecherischen Verhaltens*, Berlin 1907
— Die naturrechtlichen Grundlagen der „Crimes against Humanity“, in: Festschrift für Rudolf Laun, Hamburg 1953, S. 423
Thalberg, Irving, *Perception, Emotion and Action.* A Component Approach, Oxford 1977
Thilo, Wilhelm, *Strafgesetzbuch für das Großherzogthum Baden*, Karlsruhe 1845
Thirlway, Hugh, The Law and Procedure of the International Court of Justice 1960–1989 (Part Eight), 67 Brit.Y.B.Int'l L. 1 (1996)
Thomae, Hans, *Theoretische und empirische Grundlagen einer Beurteilung der Schuldfähigkeit unter dem Aspekt der tiefgreifenden Bewußtseinsstörung*, in: Hommers, Wilfried (Hrsg.), Perspektiven der Psychologie, Göttingen Toronto Zürich 1991, S. 81
Thomae, Hans/Schmidt, Hans Dieter, *Psychologische Aspekte der Schuldfähigkeit (im Sinne des § 51 StGB bzw. 24/25 E 1962)*, in: Gottschaldt, K./Lersch, Ph./Sander, F./Thomae, H. (Hrsg.), Handbuch der Psychologie in 12 Bänden, 11. Band (Forensische Psychologie), Göttingen 1967, S. 326
Thomas von Aquin, *In I–IV Sententiarum* (ed. Parmensis), in: Opera Omnia, Stuttgart Bad Cannstatt 1980, Band 1, S. 1
— *Quaestio disputata de malo*, in: Opera Omnia, Stuttgart Bad Cannstatt 1980, Band 3, S. 269
— *Quaestio disputata de veritate* (ed. Marietti), in: Opera Omnia, Stuttgart Bad Cannstatt 1980, Band 3, S. 1
— *Quodlibeta (Quaestiones quodlibetales)* (ed. Marietti), in: Opera Omnia, Stuttgart Bad Cannstatt 1980, Band 3, S. 438
— *Sententia libri Ethicorum* (ed. Leoninae), in: Opera Omnia, Stuttgart Bad Cannstatt 1980, Band 4, S. 143
— *Summa theologiae* (ed. Leoninae), in: Opera Omnia, Stuttgart Bad Cannstatt 1980, Band 2, S. 184

THOMAS DE VIO, *Commentaria in S. Thomae Aquinatis Summa theologia*, zit. Ausgabe: Secunda secundae Summae theologiae Doctoris angelicus Thomae Aquinatis cum commentariis reverendiss. in Christo Patris D.D. Thomae de Vio ... in: D. Thomae Aquinatis Opera, editio nova, tomus XI, Antverpiae 1612

THOMASIUS, CHRISTIAN, *Institutionum jurisprudentiae divinae libri tres in quibus Fundamenta juris naturalis ...*, editio septima Halle 1720, Nachdruck Aalen 1963

THOMSON, JUDITH JARVIS, Rights and Deaths, 2 Phil. & Pub. Aff. 146 (1973)

THORP, JOHN, *Free Will*. A defence against neurophysiological determinism, London, Boston and Henley 1980

TIEDEMANN, KLAUS, *Tatbestandsfunktionen im Nebenstrafrecht*, Tübingen 1969

— Grunderfordernisse des Allgemeinen Teils für ein europäisches Sanktionenrecht, Generalbericht, ZStW 110 (1998), 497

TIMPE, GERHARD, Normatives und Psychisches im Begriff der Vermeidbarkeit des Verbotsirrtums, GA 1984, 51

TIRAQUELLUS, ANDREAS (ANDRÉ TIRAQUEAU), *De poenis legum ac consuetudinum, statutorumque temperandis, aut etiam remittendis*, in: Opera omnia, tomus septimus, Frankfurt 1597

TISCHLER, WERNER GEORG, *Verbotsirrtum und Irrtum über normative Tatbestandsmerkmale*, Berlin 1984

TITTMANN, CARL AUGUST, *Handbuch der Strafrechtswissenschaft und der deutschen Strafgesetzkunde*, Erster Band, 2. Aufl. Halle 1822

TOEPEL, FRIEDRICH, Error in persona vel objecto und aberratio ictus, JRE 2 (1994), 413

— *Grundstrukturen des Sachverständigenbeweises im Strafprozeßrecht*, Tübingen 2002

TOMUSCHAT, CHRISTIAN, *Die Arbeit der ILC im Bereich des materiellen Völkerstrafrechts*, in: Hankel, Gerd/Stuby, Gerhard (Hrsg.), Strafgerichte gegen Menschheitsverbrechen, Hamburg 1995, S. 270

— Das Statut von Rom für den Internationalen Strafgerichtshof, FW 73 (1998), 335

TOTH, JEFFREY P., *Nonconscious Forms of Human Memory*, in: Tulving, Endel & Craik, Fergus I.M. (eds.), The Oxford Handbook of Memory, Oxford New York 2000, S. 245

TRIFFTERER, OTTO, *Dogmatische Untersuchungen zur Entwicklung eines materiellen Völkerstrafrechts seit Nürnberg*, Freiburg i. Br. 1966

— Völkerstrafrecht im Wandel?, in: Festschrift für Hans Heinrich Jescheck, Berlin 1985, 2. Halbband, S. 1477

— *Bestandsaufnahme zum Völkerstrafrecht*, in: Hankel, Gerd/Stuby, Gerhard (Hrsg.), Strafgerichte gegen Menschheitsverbrechen, Hamburg 1995, S. 169

— Österreichische Verpflichtungen zur Durchsetzung des Völkerstrafrechts, ÖJZ 51 (1996), 321

— (ed.), *Commentary on the Rome Statute of the International Criminal Court. Observers' Notes, Article by Article*, Baden-Baden 1999

— Der ständige Internationale Strafgerichtshof – Anspruch und Wirklichkeit, in: Gedächtnisschrift für Heinz Zipf, Heidelberg 1999, S. 493

— Kriminalpolitische und dogmatische Überlegungen zum Entwurf gleichlautender „Elements of Crimes" für alle Tatbestände des Völkermordes, in: Festschrift für Claus Roxin, Berlin New York 2001, S. 1415

TROMMSDORFF, GISELA, *Erleben von Handlungsfreiheit und Restriktionen*, in: von Cranach, Mario/Foppa, Klaus (Hrsg.), Freiheit des Entscheidens und Handelns. Ein Problem der nomologischen Psychologie, Heidelberg 1996, S. 302

TRÖNDLE, HERBERT/FISCHER, THOMAS, *Strafgesetzbuch und Nebengesetze*, 53. Aufl. München 2006

TRUSTED, JENNIFER, *Inquiry and Understanding: An Introduction to Explanation in the Physical and Human Sciences*, Houndmills London 1987

TUHR, ANDREAS VON, *Der Allgemeine Teil des Deutschen Bürgerlichen Rechts*, 2. Band, 1. Hälfte, München Leipzig 1914

TULVING, ENDEL, *Episodic and Semantic Memory*, in: ders. & Donaldson, Wayne (eds.), Organization of Memory, New York 1972, S. 381
— *Elements of Episodic Memory*, Oxford New York 1983
— *Organization of Memory: Quo Vadis?*, in: Gazzaniga, Michael S. (ed.), The Cognitive Neurosciences, Cambridge MA London 1995, S. 839
— *Memory: Introduction*, in: Gazzaniga, Michael S. (ed.), The New Cognitive Neurosciences, 2nd ed. Cambridge MA London 2000, S. 727
TUR, RICHARD H. S., *Subjectivism and Objectivism: Towards Synthesis*, in: Shute, Stephen/Gardner, John/Horder, Jeremy (eds.), Action and Value in Criminal Law, Oxford 1993, S. 213
ULEMAN, JAMES S., *Spontaneous versus Intentional Inferences in Impression Formation*, in: Chaiken, Shelly & Trope, Yaacov (eds.), Dual-Process Theories in Social Psychology, New York London 1999, S. 141
UNGER, ROBERTO MANGABEIRA, *Knowledge and Politics*, New York 1976
UNITED KINGDOM MINISTRY OF DEFENCE, *The Manual of the Law of Armed Conflict*, Oxford 2004
URMSON, J. O., *Motives and Causes*, Proceedings of the Aristotelian Society, Suppl. Vol. 26 (1952), 179
— *The Emotive Theory of Ethics*, Oxford 1968
VALLACHER, ROBIN R. & WEGNER, DANIEL M., *A Theory of Action Identification*, Hillsdale NJ London 1985
— Levels of Personal Agency: Individual Variation in Action Identification, Journal of Personality and Social Psychology 57 (1989), 660
— What Do People Think They're Doing? Action Identification and Human Behavior, Psychological Review 94 (1987), 3
VAN DEN WYNGAERT, CHRISTINE (ed.), *International Criminal Law*, 2nd ed. The Hague 2000
VAN HATTUM, W. F. C., *L'erreur de droit en droit pénal*, R.i.d.p. 26 (1955), 329
VAN HOOF, GODEFRIDUS JOSEPHUS HENRICUS, *Rethinking the Sources of International Law*, Antwerp Boston Frankfurt London 1983
VAN INWAGEN, PETER, Ability and Responsibility, Philosophical Review 87 (1978), 201
— *An Essay on Free Will*, Oxford 1983
VARELA, FRANCISCO J. & SHEARS, JONATHAN, *First person Methodologies: What, Why, How?*, in: dies. (eds.), The View From Within. First-person approaches to the study of consciousness, Thorverton 1999, S. 1
VELMANS, MAX, Is Human Information Processing Conscious?, Behavioral & Brain Sciences 14 (1991), 651
VELTEN, PETRA, *Normkenntnis und Normverständnis*, Baden-Baden 2002
VERDROSS, ALFRED, *Die Verfassung der Völkerrechtsgemeinschaft*, Wien Berlin 1926
— Les principes généraux du droit dans la jurisprudence internationale, R.C.A.D.I. 52 (1935-II), 191
— *Les principes généraux de droit dans le système des sources du droit international public*, in: Recueil d'études de droit international en hommage à Paul Guggenheim, Genève 1968, S. 521
— *Die Quellen des universellen Völkerrechts*, Freiburg 1973
VERDROSS, ALFRED/SIMMA, BRUNO, *Universelles Völkerrecht*, 3. Aufl. Berlin 1984
VERMERSCH, PIERRE, *Introspection As Practice*, in: Varela, Francisco J./Shears, Jonathan (eds.), The View From Within. First-person approaches to the study of consciousness, Thorverton 1999, S. 17
VEST, HANS, *Vorsatznachweis und materielles Strafrecht*, Bern Frankfurt a.M. New York Paris 1986
— Zur Beweisfunktion des materiellen Strafrechts im Bereich des objektiven und subjektiven Tatbestandes, ZStW 103 (1991), 584
— Humanitätsverbrechen – Herausforderung für das Individualstrafrecht?, ZStW 113 (2001), 457
VIEHWEG, THEODOR, *Topik und Jurisprudenz*, 5. Aufl. München 1974

VIERKANT, TILL, *Between epiphenomenalism and rationality: Philosophical accounts of voluntary action*, in: Maasen, Sabine/Prinz, Wolfgang/Roth, Gerhard (eds.), Voluntary action: brains, minds, and sociality, Oxford 2003, S. 167

VILLEY, MICHEL, *La responsabilité chez St Thomas*, in: Léauté, Jean (éd.), La responsabilité pénale, Travaux du colloque de philosophie pénale (12 au 21 janvier 1959), Paris 1961, S. 117

VOGEL, JOACHIM, Wege zu europäisch-einheitlichen Regelungen im Allgemeinen Teil des Strafrechts, JZ 1995, 331

— Elemente der Straftat: Bemerkungen zur französischen Straftatlehre und zur Straftatlehre des common law, GA 1998, 127

— Europäische Kriminalpolitik – europäische Strafrechtsdogmatik, GA 2002, 517

— Normativierung und Objektivierung des Vorsatzes?, GA 2006, 386

VOGLER, THEO, Der Irrtum über Entschuldigungsgründe im Strafrecht, GA 1969, 103

VOIGT, MORITZ, *Die Lehre vom jus naturale, aequum et bonum und jus gentium der Römer*, Band 1, Leipzig 1856

VOLK, KLAUS, Strafrechtsdogmatik, Theorie und Wirklichkeit, in: Festschrift für Paul Bockelmann, München 1979, S. 75

— *Wahrheit und materielles Recht im Strafprozeß*, Konstanz 1980

— Besprechung von: Frister, Helmut, Schuldprinzip, Verbot der Verdachtsstrafe und Unschuldsvermutung als materielle Grundprinzipien des Strafrechts, in: ZStW 104 (1992), 834

— Dolus ex re, in: Festschrift für Arthur Kaufmann, Heidelberg 1993, S. 611

— Begriff und Beweis subjektiver Merkmale, in: Festschrift 50 Jahre BGH (Festgabe aus der Wissenschaft), München 2000, Band IV, S. 739

VOLTAIRE (FRANÇOIS-MARIE AROUET), *Traité de Métaphysique* (1734), in: Œuvres complètes de Voltaire, nouvelle édition par Louis Moland, vol. 22: Mélanges I, Paris 1879, S. 189

VYGOTSKIJ, LEV S., *Mind in Society: The Development of Higher Psychological Processes*, Cambridge MA 1978

WACHENFELD, FRIEDRICH, *Die Begriffe von Mord und Totschlag*, Marburg 1890

WÄCHTER, CARL GEORG, *Lehrbuch des Römisch-Teutschen Strafrechts*, Erster Theil, Stuttgart 1825

WÄCHTER, CARL GEORG VON, *Pandekten*, Band I: Allgemeiner Theil, Leipzig 1880

— *Deutsches Strafrecht*, Leipzig 1881

WAHLBERG, WILHELM EMIL, *Grundzüge der strafrechtlichen Zurechnungslehre*, in: ders., Gesammelte kleinere Schriften und Bruchstücke über Strafrecht, Strafprocess, Gefängniskunde, Literatur und Dogmengeschichte der Rechtslehre in Oesterreich, Wien 1875, 1. Band, S. 1

WAIDER, HERIBERT, Die Bedeutung der praesumtio doli für die Strafrechtsentwicklung in Deutschland, JuS 1972, 305

WAISMANN, FRIEDRICH, *Language Strata*, in: Flew, Antony G. N. (ed.), Logic and Language (second series), Oxford 1953, S. 11

WALDMANN, MICHAEL R., *Kategorisierung und Wissenserwerb*, in: Müsseler, Jochen/Prinz, Wolfgang (Hrsg.), Allgemeine Psychologie, Heidelberg Berlin 2002, S. 432

WALKER, RALPH C. S., *Theories of Truth*, in: Hale, Bob/Wright, Crispin (eds.), A Companion to the Philosophy of Language, Oxford Malden MA 1997, S. 309

WALTER, HENRIK, *Neurophilosophie der Willensfreiheit*, Paderborn München 1998

WALTER, MICHAEL, Die subjektive Struktur der Handlung und Strafrecht, KrimJ 1981, 207

WARDA, HEINZ-GÜNTER, *Die Abgrenzung von Tatbestands- und Verbotsirrtum bei Blankettstrafgesetzen*, Berlin 1955

— Zur Problematik des Irrtums über Tatbestandalternativen, in: Festschrift für Walter Stree und Johannes Wessels, Heidelberg 1993, S. 267

WASSERSTROM, RICHARD A., Strict Liability in Criminal Law, 12 Stan.L.Rev. 731 (1959–60)

Weber, Heinrich Benedikt von, Ueber die verschiedenen Arten des Dolus, NArchCrimR 7 (1825), 549 (4. Stück)

Weber, Hellmuth von, Der Irrtum über einen Rechtfertigungsgrund, JZ 1951, 260

Weber, Max, *Die „Objektivität“ sozialwissenschaftlicher und sozialpolitischer Erkenntnis,* Archiv für Sozialwissenschaft und Sozialpolitik 19 (1904), zit. nach: ders., Gesammelte Aufsätze zur Wissenschaftslehre, hrsg. von Johannes Winckelmann, 4. Aufl. Tübingen 1973, S. 146

— *Wirtschaft und Gesellschaft*, 5. Aufl. Tübingen 1972

Wegener, H., *Zum Aussagewert der Handlungsanalyse einer Tat – die psychologische Perspektive*, in: J. Gerchow (Hrsg.), Zur Handlungsanalyse einer Tat, Berlin Heidelberg New York Tokyo 1983, S. 35

Wegner, Arthur, *Strafrecht Allgemeiner Teil*, Göttingen 1951

Wegner, Daniel M., Ironic Processes of Mental Control, Psychological Review 101 (1994), 34

— *The Illusion of Conscious Will*, Cambridge MA London 2002

Wegner, Daniel M. & Vallacher, Robin R., *Action Identification*, in: Sorrentino, R. M. & Higgins, E. T. (eds.), Handbook of motivation and cognition. Foundations of social behavior, New York 1986, S. 550

— *Common-sense psychology*, in: Forgas, Joseph P. (ed.), Social cognition: Perspectives on everyday understanding, London New York 1981, S. 225

— The Trouble with Action, Social Cognition 5 (1987), 179

Wegner, Daniel M. & Wheatley, Thalia, Apparent Mental Causation. Sources of the Experience of Will, American Psychologist 54 (1999), 480

Wehner, Theo / Stadler, Michael, *Gestaltpsychologische Beiträge zur Struktur und Dynamik fehlerhafter Handlungsabläufe*, in: Birbaumer, Niels et al. (Hrsg.), Enzyklopädie der Psychologie, Themenbereich C (Theorie und Forschung), Serie IV (Motivation und Emotion), Band 4 (hrsg. von Kuhl, Julius / Heckhausen, Heinz): Motivation, Volition und Handlung, Göttingen Bern Toronto Seattle 1996, S. 795

Weigend, Thomas, Strafrecht durch internationale Vereinbarungen – Verlust an nationaler Strafrechtskultur?, ZStW 105 (1993), 774

— Bewältigung von Beweisschwierigkeiten durch Ausdehnung des materiellen Strafrechts?, in: Festschrift für Otto Triffterer, Wien New York 1996, S. 695

— Zur Frage eines „internationalen“ Allgemeinen Teils, in: Festschrift für Claus Roxin, Berlin New York 2001, S. 1375

— *Bemerkungen zum „Allgemeinen Teil“ der „Europa-Delikte“*, in: Tiedemann, Klaus (Hrsg.), Wirtschaftsstrafrecht in der Europäischen Union, Rechtsdogmatik · Rechtsvergleich · Rechtspolitik (Freiburg-Symposium), Köln Berlin Bonn München 2002, S. 407

— *The Harmonization of General Principles of Criminal Law: The Statutes and Jurisprudence of the ICTY, ICTR and the ICC: An Overview*, in: Association Internationale de Droit Pénal, International Criminal: Quo Vadis?, Nouvelles Études Pénales 19, Ramonville Saint-Agne 2004, S. 319

Weil, Simone, *Science et perception dans Descartes* (1930), in: Œuvres complètes, édition publiée sous la direction d'André A. Devaux et de Florence de Lussy, tome I: Premiers écrits philosophiques, Paris 1988, S. 159

Weiner, Bernard, *An Attributional Theory of Motivation and Emotion*, New York Berlin Heidelberg London Paris Tokyo 1986

— *Sünde versus Krankheit: Die Entstehung einer Theorie wahrgenommener Verantwortlichkeit*, in: Försterling, Friedrich / Stiensmeier-Pelster, Joachim (Hrsg.), Attributionstheorie, Göttingen Bern Toronto Seattle 1994, S. 1

— *Judgments of Responsibility. A Foundation for a Theory of Social Conduct*, New York London 1995

Weinert, Franz E., *Bildhafte Vorstellungen des Willens*, in: Heckhausen, Heinz / Gollwitzer, Peter M. / Weinert, Franz E. (Hrsg.), Jenseits des Rubikon. Der Wille in den Humanwissenschaften, Berlin Heidelberg New York London Paris Tokyo 1987, S. 10

Weis, Ludwig, *Das Strafgesetzbuch für das Königreich Bayern sammt dem Gesetze vom 10. November 1861*, Zweiter Band, Nördlingen 1865

Weischedel, Wilhelm, *Recht und Ethik*, Karlsruhe 1956

Weisflog, Walter E., *Rechtsvergleichung und juristische Übersetzung*, Zürich 1996

Weiskrantz, Lawrence, *Blindsight: A Case Study and Implications*, Oxford 1986

Wellman, Henry M., Culture, Variation, and Levels of Analysis in Folk Psychologies, Psychological Bulletin 123 (1998), 33

Wells, Diane & Shultz, Thomas R., Developmental Distinctions between Behavior and Judgment in the Operation of the Discounting Principle, Child Development 51 (1980), 1307

Welzel, Hans, *Strafrecht und Philosophie*, Kölner Universitäts-Zeitung 12 (1930), Nr. 9, S. 5, zit. nach: ders., Vom Bleibenden und Vergänglichen in der Strafrechtswissenschaft, Marburg 1964, Anhang, S. 27

— Kausalität und Handlung, ZStW 51 (1931), 703

— *Naturalismus und Wertphilosophie im Strafrecht.* Eine Untersuchung über die ideologischen Grundlagen der Strafrechtswissenschaft, Mannheim Berlin Leipzig 1935

— Studien zum System des Strafrechts, ZStW 58 (1939), 491

— *Der allgemeine Teil des deutschen Strafrechts in seinen Grundzügen*, Berlin 1940

— Persönlichkeit und Schuld, ZStW 60 (1941), 428

— *Das Deutsche Strafrecht*,
  - 1. Aufl. Berlin 1947
  - 11. Aufl. Berlin 1969

— Der Irrtum über die Rechtswidrigkeit des Handelns, SJZ 1948, 38

— *Um die finale Handlungslehre*, Tübingen 1949

— *Vom irrenden Gewissen*, Tübingen 1949

— *Das neue Bild des Strafrechtssystems*,
  - 1. Aufl. Göttingen 1951
  - 4. Aufl. Göttingen 1961

— *Naturrecht und materiale Gerechtigkeit*,
  - 1. Aufl. Göttingen 1951
  - 4. Aufl. Göttingen 1962, Nachdruck 1990

— Schuld und Bewußtsein der Rechtswidrigkeit, MDR 1951, 65

— Zur Abgrenzung von Tatbestandsirrtum und Verbotsirrtum, MDR 1952, 584

— Der Irrtum über die Amtspflicht, JZ 1952, 208

— Der Irrtum über die Rechtmäßigkeit der Amtsausübung, JZ 1952, 19

— Der Irrtum über die Zuständigkeit einer Behörde, JZ 1952, 133

— Anm. zu BGH Urt. v. 28.10.1952 – 1 StR 450/52, JZ 1953, 119

— Naturrecht und Rechtspositivismus, in: Festschrift für Hans Niedermeyer, Göttingen 1953, S. 279

— Der Parteiverrat und die Irrtumslehre (Tatbestands-, Verbots- und Subsumtionsirrtum), JZ 1954, 276

— Die Regelung von Vorsatz und Irrtum im Strafrecht als legislatorisches Problem, ZStW 67 (1955), 196

— *Die Naturrechtslehre Samuel Pufendorfs*, Berlin 1958

— Vorteilsabsicht beim Betrug, NJW 1962, 20

— Zur Dogmatik im Strafrecht, in: Festschrift für Reinhart Maurach, Karlsruhe 1972, S. 3

Wening, Ueber die Vermutung des bösen Vorsatzes nach dem römischen Rechte, NArchCrim 2 (1818), 194

Werbik, Hans & Munzert, Reinhard, Kann Aggression handlungstheoretisch erklärt werden?, Psychologische Rundschau 29 (1978), 195

Werle, Gerhard, *Völkerstrafrecht*, Tübingen 2003

Werle, Gerhard & Jessberger, Florian, 'Unless Otherwise Provided': Article 30 of the ICC Statute and the Mental Element of Crimes under International Law, 3 J.Int'l Crim.Just. 35 (2005)

WERTHEIMER, ROBERT TH., *Die Mischgesetze des deutschen Straf-Gesetzbuchs mit besonderer Berücksichtigung ihrer strafrechtlichen und strafprozessualen Behandlung*, Breslau 1903

WEST, DONALD J. & FARRINGTON, D. P., *Who Becomes Delinquent?*, Cambridge Studies in Criminology XXXIV, London 1973

WESTERMANN, RAINER / HEISE, ELKE, *Motivations- und Kognitionspsychologie: Einige intertheoretische Verbindungen*, in: Birbaumer, Niels et al. (Hrsg.), Enzyklopädie der Psychologie, Themenbereich C (Theorie und Forschung), Serie IV (Motivation und Emotion), Band 4 (hrsg. von Kuhl, Julius/Heckhausen, Heinz): Motivation, Volition und Handlung, Göttingen Bern Toronto Seattle 1996, S. 275

WHEELER, MARK A., *Episodic Memory and Autonoetic Awareness*, in: Tulving, Endel & Craik, Fergus I. M. (eds.), The Oxford Handbook of Memory, Oxford New York 2000, S. 597

WHEWELL, WILLIAM, *History of Scientific Ideas*, vol. I = The Philosophy of the Inductive Sciences, Part I, 3rd ed. London 1858

WHITE, ALAN R., *Grounds of Liability*. An Introduction to the Philosophy of Law, Oxford 1985

— *Misleading Cases*, Oxford 1991

WHITE, LAWRENCE T., *Juror Decision Making in the Capital Penalty Trial: An Analysis of Crimes and Defense Strategies*, 11 Law & Human Behavior 113 (1987)

WHITEHEAD, ALFRED NORTH & RUSSELL, BERTRAND, *Principia Mathematica*, 2nd ed. Cambridge 1927, vol. 1

WHORF, BENJAMIN LEE, *Language, Thought, and Reality*, in: Carroll, John B. (ed.), Language, Thought and Reality, Selected Writings of Benjamin Lee Whorf, Cambridge MA 1956, S. 246

— *Relation of Habitual Thought and Behavior to Language*, in: Carroll, John B. (ed.), Language, Thought and Reality, Selected Writings of Benjamin Lee Whorf, Cambridge MA 1956, S. 134

VON WICK, Zur richtigen Auffassung des Wesens des Vorsatzes, ArchCrimR N.F. 24 (1857), 572

WIEACKER, FRANZ, *Die Privatrechtsgeschichte der Neuzeit*, 2. Aufl. Göttingen 1967

WIGMORE, JOHN HENRY, Responsibility for Tortious Acts: Its History, 7 Harv.L.Rev. 315 (1894–95)

— *The Principles of Judicial Proof*, Boston 1913

WILDA, WILHELM EDUARD, *Das Strafrecht der Germanen*, Halle 1842

WILEY, JOHN SHEPARD, JR., Not Guilty by Reason of Blamelessness: Culpability in Federal Criminal Interpretation, 85 Va. L. Rev. 1021 (1999)

WILLIAMS, BERNARD, Voluntary Acts and Responsible Agents, 10 Oxford J. Legal Stud. 1 (1990)

WILLIAMS, GLANVILLE, *Criminal Law, The General Part*, 2nd ed. London 1961

— *The Mental Element in Crime*, The Hebrew University of Jerusalem, Lionel Cohen Lecture, Jerusalem 1965

— *Textbook of Criminal Law*, 2nd ed. London 1983

— Oblique Intentions, 46 Cambr.L.J. 417 (1989)

WILSON, NEIL L., Substance without substrata, Review of Metaphysics 12 (1959), 521

WILSON, WILLIAM, *Central Issues in Criminal Theory*, Oxford Portland 2002

WINFIELD, PERCY H., The Myth of Absolute Liability, 42 L.Q.Rev. 37 (1926)

WIPPICH, WERNER & MECKLENBRÄUKER, SILVIA, *Anwendungsorientierte Gedächtnisforschung*, in: Birbaumer, Niels et al. (Hrsg.), Enzyklopädie der Psychologie, Themenbereich C (Theorie und Forschung), Serie II (Kognition), Band 4 (hrsg. von Albert, Dietrich/Stapf, Kurt-Hermann): Gedächtnis, Göttingen Bern Toronto Seattle 1996, S. 727

WISE, EDWARD M., General Rules of Criminal Law, 25 Denver J. Int'l L. & Policy 313 (1997)

— *Perspectives and Approaches*, in: Bassiouni, M. Cherif (ed.), International Criminal Law, 2nd ed. Ardsley NY 1999, vol. 1, S. 283

WITTCHEN, HANS-ULRICH, *Volitionsunfähigkeit bei psychischen Störungen*, in: Heckhausen, Heinz/Gollwitzer, Peter M./Weinert, Franz E. (Hrsg.), Jenseits des Rubikon. Der Wille in den Humanwissenschaften, Berlin Heidelberg New York London Paris Tokyo 1987, S. 300

WITTGENSTEIN, LUDWIG, *Das Blaue Buch*, in: Werkausgabe, Band 5, Frankfurt a.M. 1984, S. 15
— *Philosophische Untersuchungen*, in: Werkausgabe, Band 1 (Tractatus logico-philosophicus), 9. Aufl. Frankfurt a.M. 1993, S. 225
— *Tractatus logico-philosophicus*, in: Werkausgabe, Band 1, 9. Aufl. Frankfurt a.M. 1993, S. 7
— *Zettel*, in: Werkausgabe, Band 8 (Über Gewißheit), Frankfurt a.M. 1984, S. 259
WOLF, ERIK, Der Sachbegriff im Strafrecht, in: Die Reichsgerichtspraxis im deutschen Rechtsleben, Festgabe der juristischen Fakultäten zum 50jährigen Bestehen des Reichsgerichts [Reichsgerichtsfestgabe], Fünfter Band, Berlin Leipzig 1929, S. 44
— *Typen der Tatbestandsmäßigkeit*, Breslau 1931
WOLFF, CHRISTIAN, *Philosophia practica universalis, methodo scientifica pertractata*, pars I, Francofurti & Lipsiae 1738, Nachdruck Hildesheim New York 1971
— *Psychologia empirica, methodo scientifica pertractata*, Francofurti & Lipsiae 1738, Nachdruck Hildesheim 1968
— *Ius naturae methodo scientifica pertractatum*,
  - pars prima, Francofurti & Lipsiae 1740, Nachdruck Hildesheim New York 1972
  - pars octava, Halea Magdeburgicae 1748, Nachdruck Hildesheim 1968
— *Philosophia rationalis sive Logica, methodo scientifica pertractata*, pars prima, Francofurti & Lipsiae 1740, Nachdruck Hildesheim Zürich New York 1980
WOLFF, ERNST AMADEUS, *Der Handlungsbegriff in der Lehre vom Verbrechen*, Heidelberg 1964
— Die Grenzen des dolus eventualis und der willentlichen Verletzung, in: Festschrift für Wilhelm Gallas, Berlin New York 1973, S. 197
WOLFKE, KAROL, *Can Codification of International Law Be Harmful?*, in: Makarczyk, Jerzy (ed.), Essays in International Law in Honour of Judge Manfred Lachs, The Hague Boston Lancaster 1984, S. 313
— *Custom in Present International Law*, 2nd rev. ed. Dordrecht Boston London 1993
WOLTER, JÜRGEN, *Objektive und personale Zurechnung zum Unrecht*. – Zugleich ein Beitrag zur aberratio ictus und objektiven Strafbarkeitsbedingung, in: Schünemann, Bernd (Hrsg.), Grundfragen des modernen Strafrechtssystems, Berlin New York 1984, S. 103
WOOTTON, BARBARA (THE BARONESS WOOTTON OF ABINGER), *Crime and Penal Policy*. Reflections on Fifty Years' Experience, London 1978
— *Crime and the Criminal Law*. Reflections of a Magistrate and Social Scientist, 2nd ed. London 1981
WRIGHT, LORD, *Natural Law and International Law*, in: Sayre, Paul (ed.), Interpretations of Modern Legal Philosophies, Essays in Honor of Roscoe Pound, New York 1947, S. 794
WRIGHT, GEORG HENRIK VON, *Norm and Action*, London New York 1963
— *Explanation and Understanding*, London 1971
— *Erwiderungen*, in: Apel, Karl-Otto/Manninen, Juha/Tuomela, Raimo (Hrsg.), Neue Versuche über Erklären und Verstehen, Frankfurt a.M. 1978, S. 264
— *Die menschliche Freiheit*, in: ders., Normen, Werte und Handlungen, Frankfurt a.M. 1994, S. 209 (Originalausgabe: On Human Freedom, in: McMurrin, S.M., The Tanner Lectures on Human Values, vol. VI, Salt Lake City 1985, S. 107)
— *Das Verstehen von Handlungen* – Disputation mit Georg Meggle, Rechtstheorie 20 (1989), 3, hier zit. nach: ders., Normen, Werte und Handlungen, Frankfurt a.M. 1994, S. 166
— Probleme des Erklärens und Verstehens von Handlungen, Conceptus 18 (1985), 3, hier zit. nach: ders., Normen, Werte und Handlungen, Frankfurt a.M. 1994, S. 141
WRÓBLEWSKI, JERZY, *Structure et fonctions des présomptions juridiques*, in: Perelman, Chaim/Foriers, P. (éd.), Les présomptions et les fictions en droit, Bruxelles 1974, S. 43
WUNDT, WILHELM, *Ueber psychische Causalität und das Princip des psycho-physischen Parallelismus*, Philosophische Studien 10 (1894), 1, auch in: ders., Ausgewählte psychologische Schriften, Nachdruck Leipzig 1983, Band 2, S. 133
— *Grundzüge der physiologischen Psychologie*, Dritter Band, 6. Aufl. Leipzig 1911

WÜRTENBERGER, THOMAS, *Die geistige Situation der deutschen Strafrechtswissenschaft*, 2. Aufl. Karlsruhe 1959

ZACHARIAE, H. A., Einige Worte über die fortdauernde Gültigkeit des Verbotes des Art. 22 der Peinlichen Gerichtsordnung Karls V., ArchCrimR N.F. 6 (1839), 132

ZEIGARNIK, BLUMA, Über das Behalten von erledigten und unerledigten Handlungen, Psychologische Forschung 9 (1927), 1

ZEMANEK, KARL, Die Bedeutung der Kodifizierung des Völkerrechts für seine Anwendung, in: Internationale Festschrift für Alfred Verdross, München Salzburg 1971, S. 565

— What "Is State Practice" and Who Makes It?, in: Festschrift für Rudolf Bernhardt, Berlin Heidelberg New York London Paris Tokyo Hong Kong Barcelona Budapest 1995, S. 289

ZICHE, PAUL (Hrsg.), *Introspektion*. Texte zur Selbstwahrnehmung des Ichs, Wien New York 1999

ZIEGERT, ULRICH, *Vorsatz, Schuld und Vorverschulden*, Berlin 1987

ZIELINSKI, DIETHART, *Handlungs- und Erfolgsunwert im Unrechtsbegriff*, Berlin 1973

ZILLMANN, DOLF, *Hostility and Aggression*, Hillsdale NJ, 1979

ZILLMANN, DOLF & CANTOR, JOANNE R., Effects of Timing of Information about Mitigating Factors on Emotional Responses to Provocation and Retaliatory Behavior, Journal of Experimental Social Psychology 12 (1976), 38

ZILSEL, EDGAR, *Physics and the Problem of Historico-sociological Laws*, in: Feigl, Herbert & Brodbeck, May (eds.), Readings in the Philosophy of Science, New York 1953, S. 714

ZIPF, HEINZ, *Kriminalpolitik*, 2. Aufl. Heidelberg Karlsruhe 1980

ZITELMANN, ERNST, *Irrtum und Rechtsgeschäft*. Eine psychologisch-juristische Untersuchung, Leipzig 1879

ZOGLAUER, THOMAS, *Geist und Gehirn*, Göttingen 1998

ZUMKLEY, HORST, Der Einfluß unterschiedlicher Absichtsattributionen auf das Aggressionsverhalten und die Aktivierung, Psychologische Beiträge 23 (1981), 115

— *Individual Differences and Aggressive Interactions*, in: Mummendey, Amélie (ed.), Social Psychology of Aggression: From Individual Behavior to Social Interaction, Berlin Heidelberg New York Tokyo 1984, S. 33

ZUPANČIČ, BOŠTJAN M., Criminal Responsibility Under Mistake of Law: The Real Reasons, 13 Am.J.Crim.L. 37 (1985)

ZWEIGERT, KONRAD, Méthodologie du droit comparé, in: Mélanges offerts à Jacques Maury, Paris 1960, tome I, S. 579

— *Rechtsvergleichung*, in: Strupp, Karl/Schlochauer, Hans-Jürgen, Wörterbuch des Völkerrechts, 2. Aufl. Berlin 1962, Band 3, S. 79

ZWEIGERT, KONRAD / KÖTZ, HEIN, *Einführung in die Rechtsvergleichung auf dem Gebiete des Privatrechts*, 3. Aufl. Tübingen 1996

Materialien, Normtexte

Anmerkungen über den Codicem Juris Bavarici Criminalis, worinn derselbe sowohl mit den gemeinen, als ehemalig statutarischen Criminal-Rechten genau collationirt, mithin nicht nur der Unterschied inter Jus vetus & novum samt denen Fontibus, woraus das Letztere geschöpft worden, angezeigt, sondern auch dieses mit Beyfügung deren seither ergangen-jüngerer Churfürstl. Resolutionen in ein mehreres Licht gesetzt wird von einem unbekannten Authore verfertiget, und mit einem vollständigen Indice sowohl über den Codicem selbst, als die Anmerkungen versehen. Zwote Aufl. München 1774 (Kreittmayr auf Offenstetten, Wigulaeus Xaverius Aloysius Freiherr von)

Anmerkungen zum Strafgesezbuche für das Königreich Baiern. Nach den Protokollen des königlichen geheimen Raths, Erster Band, München 1813, Zweiter Band München 1813

Bericht der zur Begutachtung des Entwurfs eines Strafgesetzbuchs für das Großherzogthum Hessen gewählten Ausschüsse I. und II. Kammer erstattet von dem Abgeordneten Heße, Darmstadt, im Juli 1840

Codex Iuris Canonici 1917, zit. Ausgabe: Praefatione, fontium annotatione et indice analytico-alphabetico ab emo Petro Card. Gasparri auctus, Rom 1917

Codex Iuris Canonici 1983, Codex des kanonischen Rechtes, Lat.-dt. Ausgabe, 3. Aufl. Kevelaer 1989

Corpus Iuris Canonici, Editio Lipsiensis secunda post Aemili Ludovici Richteri curas ... instruxit Aemilius Friedberg
- Pars prior: Decretum Gratiani, Leipzig 1879
- Pars secunda: Decretalium collectiones, Leipzig 1881

Corpus Iuris Civilis, Editio stereotypa,
- Vol. 1 (Institutiones, Digesta), bearb. v. Theodor Mommsen u. Paul Krüger, 12. Aufl. Berlin 1911
- Vol. 2 (Codex Iustinianus), bearb. von Paul Krüger, 6. Aufl. Berlin 1895

Corpus iuris civilis: Vniversi ivris civilis in quatvor tomos distributi corpus: vna cvm Veterum & Neotericorum Iurisc. Glossis ... opera & studio Petri ab area Bavdoza Cestii I.C., Lugduni 1593

Decretum Gratiani → Corpus Iuris Canonici, pars prior

Draft Offences Against the Person Bill 1998 (UK Home Office)

Elements of Crimes, Adopted by the Assembly of States Parties, First Session, New York, 3–10 September 2002, Official Records ICC-ASP/1/3

Glossa ordinaria (zum Corpus Iuris Civilis) → Accursius

Goltdammer, *Die Materialien zum Straf-Gesetzbuche für die Preußischen Staaten*, Theil I, Berlin 1851

Illinois Criminal Code Rewrite and Reform Commission, Final Report, August 2003
- vol. 1: Proposed Criminal Code
- vol. 2: Proposed Criminal Code Official Commentary

Las Siete Partidas del sabio Rey don Alfonso el nono, nueuamente Glosadas por el Licenciado Gregorio Lopez del Consejo Real de Indias de su Magestad. Salamanca (Andrea de Portonariis) 1559, 3 Bände, Facsimile-Nachdruck Madrid 1986

Law Commission, *Criminal Law, A Criminal Code for England and Wales* (Law Com. No. 177), vol. 1, Report and Draft Criminal Code Bill, London 1989

— *Criminal Law, Report on the Mental Element in Crime* (Law Com. No. 89), London 1978

— *Offences against the Person and General Principles* (Law Com. No. 218), Cm. 2370, Report and Draft Criminal Code Bill, London 1993

Law Reform Commission of Canada, *Report on Recodifying Criminal Law,* Revised and Enlarged Edition of Report 30, Ottawa Québec 1987

Leges Henrici Primi, edited with translation and commentary by L. J. Downer, Oxford 1972; auch in: Die Gesetze der Angelsachsen, hrsgg. im Auftrage der Savigny-Stiftung von F. Liebermann, 1903, Nachdruck Aalen 1960, I. Band, S. 547

Model Penal Code → American Law Institute

Mosaicarum et Romanarum Legum Collatio, zit. Ausgabe: Lex Dei sive Mosaicarum et Romanarum Legum Collatio, edidit Fridericus Blume, Bonn 1833

Motive zu dem, von dem Revisor vorgelegten, Ersten Entwurfe des Criminal-Gesetzbuches für die Preußischen Staaten, Erster Band, Berlin 1827, abgedr. in: Schubert, Werner/Regge, Jürgen (Hrsg.), Quellen zur preußischen Gersetzgebung des 19. Jahrhunderts, Gesetzrevision (1825–1848), I. Abteilung: Straf- und Strafprozeßrecht, Band 1: Strafrecht (Ministerium Danckelmann; 1827–1830)

Procès-verbaux, Cour Permanente de Justice Internationale, Comité Consultatif de Juristes, Procès-verbaux des Séances du Comité, 16 Juin–23 Juillet 1920, La Haye 1920 / Permanent Court of International Justice, Advisory Committee of Jurists, Procès-verbaux of the Proceedings of the Committee June 16th–July 24th 1920, The Hague 1920

Proposed Illinois Criminal Code (2003) → Illinois Criminal Code Rewrite and Reform Commission

Restatement (Third) of Foreign Relations Law → American Law Institute

Rules of Procedure and Evidence, Adopted by the Assembly of States Parties, First Session, New York, 3–10 September 2002, Official Records ICC-ASP/1/3

Stenglein, Melchior (Hrsg.), *Sammlung der deutschen Strafgesetzbücher,* 3 Bände München 1857

United Nations, *Historical Survey of the Question of International Criminal Jurisdiction* (Memorandum submitted by the Secretary-General), UN Doc. A/CN.4/7/Rev. 1, Lake Success NY 1949

Abkürzungen

Für die gebräuchlichen deutschen Abkürzungen siehe Kirchner, Hildebert / Butz, Cornelie, *Abkürzungsverzeichnis der Rechtssprache*, 5. Aufl. Berlin 2003. Abkürzungen ausländischer Literatur und Rechtsprechung folgen den Gepflogenheiten des jeweiligen Ursprungslands. Die Zitatform von Materialien aus Common Law-Staaten entspricht, soweit praktisch, den Empfehlungen von Harvard Law Review et al., *The Bluebook. A Uniform System of Citation*, 18th edition Cambridge, Mass. (2005).

(A)	Appellate Division, Supreme Court of South Africa
A	Repertorio Aranzadi de Jurisprudencia (Spanien)
A.	Atlantic Reporter
A.C.	Law Reports: Appeal Cases
a.F.	alte Fassung
Ala. App.	Alabama Appellate Courts Reports
All E.R.	All England Law Reports
AllgZfPhil	Allgemeine Zeitschrift für Philosophie
Am. Crim. L. Rev.	American Criminal Law Review
Am. J. Comp. L.	American Journal of Comparative Law
Am. J. Crim. L.	American Journal of Criminal Law
Am. J. Int'l L.	American Journal of International Law
Am. Phil. Q.	American Philosophical Quarterly
AMRK	Amerikanische Menschenrechtskonvention
Ann. Inst. Dr. Int'l	Annuaire de l'Institut de Droit International
Ann. Surv. Am. L.	Annual Survey of American Law
Annalen	Annalen der Gesetzgebung und Rechtsgelehrsamkeit in den Preußischen Staaten
ArchCrimR	Archiv des Criminalrechts
Ariz. L. Rev	Arizona Law Review
ARSP	Archiv für Rechts- und Sozialphilosophie
Austl. Y. B. Int'l L.	Australian Year Book of International Law
Bibliothek	Almendingen/Feuerbach/Grolman (Hrsg.), Bibliothek für die peinliche Rechtswissenschaft und Gesetzkunde
Brit. Y. B. Int'l L.	British Yearbook of International Law
Buff. Crim. L. Rev.	Buffalo Criminal Law Review
Bull. crim.	Bulletin de la Cour de cassation, chambre criminelle
C.	Codex (Corpus Iuris Civilis); super (in) Codice; Causa
C.A.	Court of Appeal (Criminal Division)
Cal.	California Reports
Cal. L. J.	California Law Journal
Cambr. L. J.	Cambridge Law Journal
can.	canon
Cass. crim.	Cour de cassation, chambre criminelle

C.B.	Common Bench Reports
C.C.A.	Court of Criminal Appeal (1907–1966)
C.C.C.	Canadian Criminal Cases
CCC	Constitutio Criminalis Carolina
CCL	Corpus Christianorum, Series latina (Band, Spalte)
ch.	chapter
Ch.	Law Reports: Chancery (ab 1891)
Chengchi L. Rev	Chengchi Law Review
CIC	Codex Iuris Canonici
(1st ...) Cir.	United States Court of Appeals for the (1st ...) Circuit
CJI	Cour de Justice Internationale
CJI Rec.	Cour de Justice Internationale: Recueil des arrêts, avis consultatifs et ordonnances
cl.	clause
Cm.	Command Papers, 6th series (ab 1986) (England)
Colum. L. Rev.	Columbia Lew Review
cons.	consilium, consilia
C. & P.	Carrington and Payne's Reports, Nisi Prius (1823–41)
CPJI	Cour Permanente de Justice Internationale
cpv.	capoverso (Absatz)
C.R. (4th)	Criminal Reports (fourth Series) (Kanada)
Cr. App. R.	Criminal Appeal Reports
Crim. Just. Ethics	Criminal Justice Ethics
Crim. L. F.	Criminal Law Forum
Crim. L. Rev.	The Criminal Law Review (England)
Crime & Delinq.	Crime and Delinquency
C.R.N.S.	Criminal Reports New Series (Kanada)
D.	Digesta
D.C.	(Queen's / King's Bench) Divisional Court
Denver J. Int'l L. & Policy	Denver Journal of International Law and Policy
D.L.R. (3rd)	Dominion Law Reports (third series) (Kanada)
D.n.	super (in) Digesto novo
D.P.P.	Director of Public Prosecutions
ds.	distinctio
DtZPhil	Deutsche Zeitschrift für Philosophie
D.v.	super (in) Digesto vetere
E.R.	English Reports — Full Reprint (1220–1867)
EPIL	Encyclopedia of Public International Law
Eur. J. Crime, Crim. L. & Crim. Just.	European Journal of Crime, Criminal Law and Criminal Justice
Eur. J. Int'l L.	European Journal of International Law
F.2d / 3d	Federal Reporter, second / third series
fasc.	fasciculum
Fn.	Fußnote (in einer zitierten Literaturstelle)
fol.	folio
Fußn.	Fußnote (in dieser Arbeit)
FW	Die Friedens-Warte
Ga. J. Int'l & Comp. L.	Georgia Journal of International and Comparative Law

Geo. L. J.	Georgetown Law Journal
German L. J.	German Law Journal
GS	Der Gerichtssaal
H. & C.	Hurlstone & Coltman, Exchequer Reports
Harv. L. Rev.	Harvard Law Review
H.L.	House of Lords
ICC	International Criminal Court
ICJ	International Court of Justice
ICJ Rep.	International Court of Justice: Reports of Judgments, Advisory Opinions and Orders
ICTR	International Criminal Tribunal for the Prosecution of Persons Responsible for Genocide and Other Serious Violations of International Humanitarian Law Committed in the Territory of Rwanda and Rwandan Citizens responsible for genocide and other such violations committed in the territory of neighbouring States, between 1 January 1994 and 31 December 1994
ICTY	International Tribunal for the Prosecution of Persons Responsible for Serious Violations of International Humanitarian Law Committed in the Territory of the Former Yugoslavia since 1991
ILC	International Law Commission (UN)
Ill.	Illinois
Inf., Infort.	super (in) Infortiato
Int'l Crim. L. Rev.	International Criminal Law Review
IntZThR	Internationale Zeitschrift für Theorie des Rechts/Revue internationale de la théorie du droit
J. Crim. Just.	Journal of Criminal Justice
J. Crim. L. & Criminology	Journal of Criminal Law and Criminology
J. Crim. L., Criminology & Police Sci.	Journal of Criminal Law, Criminology and Police Sciences
J. Int'l Crim. Just.	Journal of International Criminal Justice
J. L. & Econ.	Journal of Law and Economics
J. L. & Religion	Journal of Law and Religion
J. P.	Justice of the Peace Reports
J. Phil.	The Journal of Philosophy
J. Psychiatry & L.	Journal of Psychiatry and Law
JRE	Jahrbuch für Recht und Ethik (Annual Review of Law and Ethics)
K.B.	Law Reports: King's Bench (1901–1951)
KZfSS	Kölner Zeitschrift für Soziologie und Sozialpsychologie
l.	lex
Law & Contemp. Probs.	Law and Contemporary Problems
Law & Phil.	Law and Philosophy
Leach	Leach's Crown Cases (1730–1815)
lec.	lectio, lectura
lecc.	lección
LECrim	Ley de Enjuiciamiento Criminal (Spanien)
L.Ed.(2nd)	Lawyers' Edition (second series)
Legal Stud.	Legal Studies

lib.	liber
L. Q. Rev.	Law Quarterly Review
L.R. Ch.D.	Law Reports: Chancery Division (1876–1890)
L.T.	Law Times Reports (1859–1947)
Mass.	Massachusetts Reports
med.	meditatio
Med. Sci. L.	Medicine, Science and the Law
Mich. J. Int'l L.	Michigan Journal of International Law
Mich. L. Rev.	Michigan Law Review
Minn.	Minnesota
Minn. L. Rev.	Minnesota Law Review
Misc.	New York Miscellaneous Reports
Mod. L. Rev.	Modern Law Review
n.	numero, numeri, note
NArchCrimR	Neues Archiv des Criminalrechts
Nat'l Jewish L. Rev.	National Jewish Law Review
N.E.2d	North Eastern Reporter, second series
Neb.	Nebraska Reports
n.F.	neue Fassung
N.F.	Neue Folge
N.J.	New Jersey
Notre Dame J. L. Ethics & Pub. Pol'y	Notre Dame Journal of Law, Ethics and Public Policy
Notre Dame L. Rev.	Notre Dame Law Review
N.S.	New Series
N.W.2d	North Western Reporter, second series
N.Y.2d	New York Reports, second series
N.Y. Crim. R.	New York Criminal Court Reports
N.Y.S.2d	West's New York Supplement, second series
Ohio App.	Ohio Appellate Reports
ÖJZ	Österreichische Juristen-Zeitung
Oxford J. Legal Stud.	Oxford Journal of Legal Studies
ÖZStR	Österreichische Zeitschrift für Strafrecht
Pa.	Pennsylvania State Reports
PCIJ	Permanent Court of International Justice
Phil.	Philosophy
Phil. & Pub. Aff.	Philosophy and Public Affairs
Phil. Q.	Philosophical Quarterly
PhR	Philosophische Rundschau
PL	Patrologia latina (Band, Spalte)
PLoS Biology	Public Library of Science Biology (www.plosbiology.org)
Plowd.	Plowden's Commentaries (1550–1580)
q., qu.	quaestio
Q.B.	Law Reports: Queen's Bench (1891–1900; ab 1952)
Q.B.D.	Law Reports: Queen's Bench Division (1875–1890)
RabelsZ	Rabels Zeitschrift für ausländisches und internationales Privatrecht
R.C.A.D.I.	Recueil des Cours de l'Académie de Droit International
Rev. int. dr. comp.	Revue internationale de droit comparé

Rev. sc. crim.	Revue de science criminelle et de droit pénal comparé
R. i. d. p.	Revue internationale de droit pénal
Riv. dir. int.	Rivista di diritto internazionale
Riv. int. fil. dir.	Rivista internazionale di filosofia del diritto
Riv. it. dir. proc. pen.	Rivista italiana di diritto e processo penale
RPE	Rules of Procedure and Evidence
Russ. & Ry.	Russell & Ryan's Crown Cases Reserved (1799–1823)
s., ss.	section(s)
SA	South African Law Reports
S.C.C.	Supreme Court of Canada
SchwJbintR	Schweizerisches Jahrbuch für internationales Recht / Annuaire suisse de droit international
S.C.R.	Supreme Court Reports (Kanada)
S.Ct.	Supreme Court Reporter (U.S.A.)
sec.	section
Sing. J. Legal Stud.	Singapore Journal of Legal Studies
So.2d	Southern Reporter, second series
spec.	specimen
Stan. L. Rev	Stanford Law Review
STS	Sentencia del Tribunal Supremo (Spanien)
T.L.R.	Times Law Reports (1885–1952)
Touro J. Transnat'l L.	Touro Journal of Transnational Law
U. Chi. L. Rev.	University of Chicago Law Review
УК РФ / UK RF	Уголовный Кодекс Российской Федерации / Ugolovnyj Kodeks Rossijskoj Federazii (Strafkodex der Russischen Föderation) vom 24. 5. 1996
УК РСФСР / UK RSFSR	Уголовный Кодекс Российской Советской Федеральной Социалистической Республики / Ugolovnyj Kodeks Rossijskoj Sovetskoj Federal'noj Socialističeskoj Respubliki (Strafkodex der Russischen Sowjetischen Föderativen Sozialistischen Republik) vom 27. 10. 1960
UN Doc.	United Nations Document
U.N.T.S.	United Nations Treaty Series
U. Pa. L. Rev.	University of Pennsylvania Law Review
U.S.	United States Reports
Utah L. Rev.	Utah Law Review
Va. L. Rev.	Virginia Law Review
Vand. J. Transnat'l L.	Vanderbilt Journal of Transnational Law
VN	Vereinte Nationen (Zeitschrift)
W.L.R.	Weekly Law Reports
X	Liber Extra
Yale L. J.	Yale Law Journal
YBILC	Yearbook of the International Law Commission (UN)
ZallgWissTh	Zeitschrift für allgemeine Wissenschaftstheorie (Journal for General Philosophy of Science)
ZaöRV	Zeitschrift für ausländisches öffentliches Recht und Völkerrecht = Heidelberg Journal of International Law
ZRSoz	Zeitschrift für Rechtssoziologie
ZStrR	Schweizerische Zeitschrift für Strafrecht

Besondere Zitierweisen

1. Corpus Iuris Canonici:

   a) Decretum Gratiani:

– 1. Teil:	Distinctio, canon
– 2. Teil:	Causa, quaestio, canon
– C. 33 q. 3:	Distinctio, canon de poen.
b) Dekretalen Gregorii IX.:	X, Buch, Titel, Kapitel
c) Liber Sextus Bonifatii VIII.:	VI, Buch, Titel, Kapitel
VI, 5, 12 (Regulae Iuris):	reg. iur. in VI°

2. Scholastische Literatur (insb. Thomas von Aquin):

qu.	quaestio
qla.	quaestiuncula
obi.	obiectio
s.c.	sed contra
c.	corpus articuli
ad 1	ad primum
ad 1 s.c.	ad primum quod in contrarium obiciebatur

Register

aberratio
— *causae* 349 ff.
— *delicti* 352, 360
— *ictus* 250, 354, 357 ff., 362 f., 375, 577, 599
- *monolesiva* 359
- *plurilesiva* 359 f., 362
Abschreckung 161, 445, 486, 488 ff., 493, 566 ff.
Absicht 175 ff., 218 ff. s.a. *desire-belief*-Modell; intentionale Handlungserklärung
— als zentrales Attributionskriterium 408 ff.
— Bedingungen der ~ 256 ff.
— Gegenstände der ~ 240 ff.
— bei Hegel 572 ff., 586
— Identität und Indviduation 220 ff.
— in der Psychologie 118 ff., 146
— kausale Selbstbezüglichkeit der ~ 177, 180, 213, 233, 242
— komplexe ~ 185 f., 350
— Referentialität 220 ff.
— überschießende ~ 14, 209, 265 ff., 275, 317 f., 321, 326, 405, 446 s.a. *further intention; ulterior intention*
Umfang der ~ 252 ff.
Ach 114, 118, 120, 123, 125, 131 f., 211, 213, 270
act-token, act-type 221, 358
actio libera in causa 369 f., 381 s.a. Vorverschulden
Affektlogik 149 f.
agent causality 177, 190
Aggressionsforschung 411 ff., 421, 425, 431 f.
Akkordeoneffekt 183
akrasia 268
Alltagsattribution 168 ff., 411 ff., 432, 442 s.a. naive Verhaltenstheorie
Alltagspsychologie 62, 71, 89, 94 ff., 101, 108, 112, 151 ff., 165 ff., 190 ff., 210, 268, 271, 382, 387, 390
Alltagssprache → *ordinary language*
Alltagstheorien 41, 94 f., 98, 105, 107 f., 150 ff., 166, 190, 194, 210
— Theoriecharakter der ~ 156
Alternativenausschlußverfahren 395
Analogieschluß, auf Fremdpsychisches 71, 78, 157, 386
Anders-handeln-Können 46, 181, 206, 484
ANOVA-Modell 171, 413
Anscombe 83, 175 ff., 182, 184, 241, 261, 269 ff., 276, 299, 437 f.
Antriebs- und Handlungssteuerung 106, 148, 271 ff.
Aquin → Thomas von Aquin
Arbeitsgedächtnis 127, 131, 284
Aristoteles 47, 68, 72, 148, 158, 166, 174 f., 203, 212, 231, 268, 358, 384, 410, 412, 430, 442, 460, 506 ff., 527, 531, 540, 543, 556 f.
Attributionsfehler, fundamentaler 171 f., 413
Attributionstheorie 87, 105, 157, 167 ff., 268, 387 f., 396 ff., 413
Auflehnung gegen das Gesetz 419 f., 429, 440, 485 f. s.a. Ungehorsam
Aufmerksamkeit 121 f., 127, 131, 138, 145
Augustinus 72, 206, 212, 215 f., 219, 238, 320, 408, 410, 502, 515 ff., 520, 526, 549
Austin, John 201 f., 243, 262, 464 ff.
Automatismen 144, 167, 197 f. s.a. Handlungssteuerung, unbewußte; Reflexe

Baden 599
basic act → Basishandlung
Basishandlung 184 ff., 378
Basiskategorie 299 f., 302
Bayern 591 ff.
bedingtes Wollen 256 ff., 317 f.
Bedingungen, der Absicht 256 ff.
Begriff
— komparativer 91 f.
— theoretischer 91, 210, 246, 386, 389, 392
Begriffsbildung, funktionale 42 ff., 49 ff.
Begriffsgebrauch
— assertorischer 42, 47 ff., 56, 192
— instrumentaler 53 ff., 498
— präskriptiver 42, 49 ff., 56, 192
Begriffsinhalt 40
Begriffsumfang 40
Behaviorismus
— empirischer 77, 104, 118
— logischer 77 ff., 89 ff.
Bentham 190 f., 197, 200, 203, 242 ff., 251, 253 f., 256, 262, 269 f., 276, 281, 290, 409, 442, 454, 462 f., 489, 612

Beobachtungssprache 43 ff.
Beweislast 208, 339, 400, 404, 464, 577
Beweislastumkehr 400 ff., 464 f., 467, 535, 574
Beweismittel 339, 349, 390 ff., 403
Beweisrecht 339, 384 ff., 464 ff., 502, 535
Beweisregeln 85, 339, 388, 393, 400, 549
Beweisschwierigkeiten 71, 241, 267, 383 ff., 398, 401 ff., 480
Bewußtsein 128 ff.
— phänomenales 129 f., 158, 284 ff.
biblisches Recht 215, 418, 504 f.
blameworthiness 382, 411, 418, 445 f., 483
Blankettnorm 308
Böhmer 257, 261 f., 454, 472, 474 f., 543, 552, 560 ff., 577, 579 ff.
Brentano 68 f., 89, 91, 220, 231
brute facts → Tatsachen, rohe
by-relation 183 ff., 218

Carnap 40, 44, 61, 77, 79 ff., 90, 92, 105, 157, 225 ff., 322
Carpzov 353, 358 f., 534 ff., 540, 557 ff., 577, 579
Churchland 78, 86, 88 f., 94 ff., 158 ff.
circumstances → *conduct*
cluster concept 91, 214
conditio humana 412 f., 427, 430
s.a. *infirmitas humana*
conduct, Unterscheidung von *conduct/circumstances/consequences* 17, 200 f., 246 ff., 290
connivance 312, 321, 336, 383, 403, 405, 434, 443
Constitutio Criminalis Carolina 556, 577 f.
Constitutio Criminalis Theresiana 603 ff.
correspondence principle 209, 342
Covarruvias 215, 515, 518 f., 539 ff., 557 f.
crimen culpae 468
culpa lata 361, 383, 434, 510 f., 522, 532, 537, 544 ff., 555, 557, 578
culpa praecedens → Vorverschulden

Davidson 83 f., 88, 91, 93, 95 f., 174, 176 f., 180 f., 183 ff., 222, 229 f., 257, 268, 351
défense sociale/difesa sociale 109, 279, 494
delicta iuris gentium 2 ff.
Dennett 68 f., 74, 76, 83, 88 f., 95, 98 ff., 114 f., 130, 156, 220, 489
Descartes 73 f., 81, 89, 213, 241
desire-belief-Modell 161, 174 ff., 311, 409, 430
Determinismus 82, 86, 114 ff., 142, 154 f.
— linguistischer → Sapir-Whorf-Hypothese
Deutungsschema 240, 246, 386, 429
discounting rule 397

Disposition 82 ff., 104, 171 f., 276 f., 281, 287 ff., 311, 317, 386, 389, 392, 423, 425, 427, 429, 434
doctrina Bartoli 261, 317, 353, 382, 387, 403, 405, 440, 446, 538 f., 557
dolus
— *antecedens* 280, 377
— *determinatus* 568, 573, 595
— *directus* 14, 33, 262, 264, 312 f., 316, 439, 560, 564, 571 f.
— *eventualis* 14, 17, 33, 257, 262, 312, 314, 316 f., 383, 395, 405, 436, 439, 542, 561, 563, 569, 574 f., 604
— *ex re* 390, 392, 399, 405, 511
— *generalis* 378 f., 539, 558, 560 f., 569, 599
— *indeterminatus* 256, 361, 568 f., 573 f., 593, 595, 597, 599
— *indirectus* 33, 262 f., 275, 317, 353, 382, 403, 405, 425, 504, 539 ff., 557 ff., 569, 572 ff., 591, 593, 596 f., 600, 603 f.
— *malus* 331, 365, 399, 405, 418, 420 f., 429, 496, 509, 533, 578 ff., 585
— *praesumtus* 404, 511, 523, 535, 537, 544, 547, 549, 555, 557, 603 f.
- *respectu probationis* 537
- *respectu essentiae* 537
— *subsequens* 258, 377
— *verus* 404, 523, 535, 537, 544, 549, 551, 555, 557
- *praesumptive probatus* 537
- *vere probatus* 537
Doppelirrtümer 375 ff.
Doppelwirkung, Lehre von der 265, 436 f.
double effect → Doppelwirkung, Lehre von der
Dritte-Person-Perspektive 114, 130, 167, 253, 382, 388, 391 f., 409
Dualismus
— interaktionistischer 73
— linguistischer 83, 93, 106
— ontologischer 70 ff., 81, 196
Duff 287 ff.

Elementarhandlung → Basishandlung
Emergenztheorie 98 f.
emotionale Einstellungen 209, 236, 263, 268 f., 314, 316 s.a. Wünschen; Gesinnungsmerkmale
Endziel und Zwischenziel 219 f., 253 ff.
s.a. *further intention; ulterior intention*
Entschuldigungsgründe
— als Vorstellungsgegenstand 310
Epiphänomenalismus 75, 83
Erfolgshaftung 208, 210, 386, 392, 400, 443, 449 f., 474, 501 ff., 517, 519, 556

erfolgsqualifizierte Delikte 404, 450
Erinnern und Wissen, Unterschied 283
Erkenntnisbiologie 103, 154
Erkenntnistheorie 102 f.
Erlaubnisirrtum 333, 368, 375 ff.
— umgekehrter 375
Erlaubnistatbestandsirrtum 19, 333 f., 364 ff., 374, 376 f., 496 f., 606
— umgekehrter 374
error s.a. Irrtum
— Begriff 319 f.
— *facti/iuris* 327 ff., 365, 512 ff., 522 ff., 530, 543 ff. s.a. Tat-/Rechtsirrtum
— *in obiecto vel persona* 357 ff., 375
— *iuris civilis/criminalis* 330 f., 347
Erste-Person-Perspektive 113, 142, 156, 167, 196, 390 f., 443
Ethik, aristotelische 506 ff.
event-token, event-type 221, 229, 257, 295
Eventualabsicht 313
Extension 39 f., 66, 68, 96, 220 f., 225 ff., 296 ff., 322 f., 333
extrinsic desire, extrinsisches Ziel 236, 239, 438

Fahrlässigkeit
— bewußte 149, 250, 316
— unbewußte 218, 314, 316, 384, 409, 542
FAUCONNET 487, 489 f., 501 ff.
Fehlvorstellung
— Gegenstände der ~ 325 ff.
— multiple ~en 325, 375 ff.
FEINBERG 144, 183 f., 487
felony-murder rule 352 f., 450
FEUERBACH 36, 258, 272, 345, 399, 424, 431, 468 f., 488 f., 503, 563 f., 566 ff., 576, 583 f., 592 ff., 603
fiat (WILLIAM JAMES) 123, 180, 317
Finalismus, extremer 241
finis operantis 261, 275, 437, 540
finis operis 261, 263, 275, 437, 540
first-person perspective → Erste-Person-Perspektive
folk psychology → Alltagspsychologie
folk theory → Alltagstheorie
foresight illusion 189
FREGE 40, 78, 96, 221, 223 ff.
Freiheitserlebnis, subjektives 115, 139 ff.
Freiwilligkeit 116, 203, 205 f.
Fremdpsychisches, Problem des ~n 70 ff., 77 ff., 160
Funktionalismus 97 ff.
further intentions 185, 205, 237, 265, 351

Gedächtnis 76, 131 f., 136, 144 f., 189, 283 ff., 394, 475
— ~fehlleistungen 394 f.
Gefährdungsvorsatz 291
Gefährlichkeit
— der Tat 422 f., 439
— des Täters 423 ff., 438 f.
gemeines Recht 532 ff.
Generalprävention
— negative 431 f., 487 ff.
— positive 431 f., 487, 491 ff.
Gesinnungsethik 410
Gesinnungsmerkmale 209, 276, 278, 281 f., 310
Geständnis 71, 390 f., 404, 534 ff., 604
Gewissenstäter 473, 484
Gewißheit, Grade der 289 ff.
Gewohnheitsrecht, Irrtum über 52 f., 337
Gründe vs. Ursachen 69, 83 ff., 174 ff. s.a. Handlungserklärung

Handeln in Ungewißheit 256 f.
Handlung, ideomotorische 120, 123
Handlungsbaum 184 ff.
Handlungsbeschreibung, fein- und grobkörnige 183 ff., 252, 260, 349 ff., 378 f.
Handlungsentschluß
— bedingter, unbedingter 256 f.
Handlungserklärung
— intentionale 83 ff., 174 ff.
— kausale 83 ff., 176 ff., 270
Handlungsfehler 127, 137, 288, 447
Handlungsidentität, -identifikation 171, 183 ff., 187 ff.
Handlungskontrolle 119 f., 136 f., 268 f.
Handlungskontrollmodell 127 f.
Handlungslehren
— finale 57, 148, 203 ff.
— kausale 194 ff.
Handlungsmodell
— alltagstheoretisches 148 s.a. Alltagspsychologie
— juristisches 149, 190 ff. s.a. Handlungslehren
  - Funktionen 190 ff., 198 f., 205 ff.
— naives 168 ff.
— neurobiologisches 155
— philosophisches 174 ff.
— psychologisches 133 ff., 149
— systemtheoretisches 165
Handlungsphasenmodell 125 f.
Handlungssteuerung 167 ff.
— unbewußte/automatische 125, 131 ff., 284

Hannover 594 ff.
hate crimes 209, 275
Hauptfolgen 163, 253, 258 ff., 264 f., 294
HECKHAUSEN 120 f., 125 ff., 137, 146, 150, 158 f., 219, 238, 269, 271
HEGEL 451, 454, 462, 467, 571 ff., 586 f.
Hegelianer 193, 573 f.
HEIDER 158, 168 ff., 188, 270, 396, 411, 413, 425
HEMPEL-OPPENHEIM-Schema 177
Hermeneutik 85, 109, 159, 175
Hessen 601
hexis 276, 506 f.
hindsight illusion 189
HOBBES 68, 73, 212, 282, 337, 416, 418, 452, 454, 480, 482
HOLMES 21, 194, 199, 238, 275, 344, 404, 408, 445 ff., 453, 465 ff., 476 f., 502
HUMBOLDT, W. VON 87 f., 90, 230, 232
HUME 72, 114 f., 139, 141, 143, 176, 178, 211, 238, 276, 417, 423 f.
HUSSERL, E. 60 ff.
Hyperintensionalität 226 f.

Ich 90, 152, 155
Identitätstheorie 72, 96
ignorantia
— Begriff 319 ff.
— *affectata* 263, 312, 317, 336, 383, 430, 434, 443, 474, 521, 524 f., 528 f., 541, 545, 552, 577 ff.
— *concomitans* 430, 441, 527, 529, 552
indeterminacy of translation → Unbestimmtheit der Übersetzung
Indeterminismus 72, 114 ff., 206
Individuenausdruck 40
Individuenbegriff 40, 225
Indizienbeweis 71, 179, 390, 392 f., 535, 538, 550
Inexistenz, intentionale 220, 225, 231
infirmitas humana 413, 416, 427
s.a. *conditio humana*
Inkompetenz des Fahrlässigkeitstäters 425 ff., 442
inscrutability of reference → Unerforschbarkeit der Referenz
Intension 39, 40, 44, 66, 221, 225 ff., 233, 296 f., 300 ff., 323 f., 330, 334 f., 347, 372, 374
intensionale Isomorphie 226, 231
Intensität des Wollens 242, 268 f.
intention-in-action 185, 205
intentionale Systeme (DENNETT) 99 ff.
Intentionalität 68 f.
intrinsisches Ziel 238, 263
Introspektion 72, 77 f., 85, 89 f., 104, 118, 131, 152 f., 298, 390
Irrtum s.a. Fehlvorstellung
— Begriff 319 ff.
— Art oder Schwere des Erfolgs, ~ über 351 ff.
— doppelter 375 ff.
— Erkennbarkeit, Vermeidbarkeit, Vorwerfbarkeit 335 ff., 434, 451 ff., 455, 524 f.
— Fehlerquellen 321 ff.
— Kausalität des ~s 441
s.a. *ignorantia concomitans*
— mehrfacher 325, 375 ff.
— Naturrecht/*ius divinum*/*ius gentium* etc., ~ über → Naturrecht
— positives Recht, ~ über 531 f., 582
— Quantität des Unrechts, ~ über die 356 f.
— strafrechtlicher/außerstrafrechtlicher 330 f., 347
— Tatbestandsalternativen, ~ über 353 f.
— umgekehrter 371 ff., 440
— ungeschriebenes Recht, ~ über 337, 553
— unklares und zweifelhaftes Recht, ~ über 52 f., 553, 578
— vernünftiger 336, 340, 366 f., 370, 444, 496
Irrtumslehre
— einheitliche 18, 335, 580
— Teleologie der 440 ff.
islamisches Recht 214 f., 279, 436, 467, 505

JAMES, WILLIAM 118, 123, 180
Josephina, Josephinisches Strafgesetzbuch 603 ff.

Käferbeispiel 80 f.
Kampf der Motive 272
kanonisches Recht 293, 321, 327 f., 336, 369, 383, 484, 515 ff.
KANT 46, 60, 73, 152, 156, 213, 232, 384, 427, 454, 552
Kategorie, Kategorisierung 298 f., 322 ff.
— deontische 309 f., 324, 373
s.a. Unrechtsbewußtsein
Kategorienfehler 81, 83, 111, 146, 322
KAUFMANN, FELIX 51 f.
Kausalabweichung 349 ff., 378 f.
Kausalität, personale 411
s.a. *agent causality*, naive Verhaltenstheorie
KELSEN 46, 51, 78, 116, 147, 155, 216, 385 f., 410, 474
Kenntnis → Wissen

Kognitionsbiologie 149 f., 155, 160
Kognitionspsychologie 119 f., 123, 138
Koinzidenz, zeitliche 209, 377 ff.
Kombinationen von Voluntas und Scientia 311 ff.
Kongruenz objektiver und subjektiver Tatseite 207 ff., 255, 297, 341, 590
Konstruktivismus 102 f., 158
Kontrollillusion 139 ff., 160
Körperbewegung, willkürliche 194 ff., 240 ff., 249 f.
Korrespondenzneigung 159, 171
s.a. Attributionsfehler
Korrespondenzregeln 44, 46, 92, 319
Korrespondenzschluß → Theorie der korrespondierenden Schlußfolgerungen
KUHL 62, 104 ff., 115, 117 ff., 122 f., 125, 127 f., 130 ff., 139, 141 f., 147, 149, 151, 153, 156, 159, 177 f., 197, 274, 287, 425
Kurzzeitgedächtnis 131, 284
s.a. Arbeitsgedächtnis

L-Äquivalenz 226 ff.
L-Implikation 227, 230
Legalitätsprinzip 346, 463, 467, 473, 485
Leib-Seele-Problem 37, 40 f., 68 ff., 82, 181
LEWIN 118, 124 f., 128, 132, 196, 211, 272
lex quoniam 534, 538
LIBET 76, 130
logical connection argument 83 f., 104
LUHMANN 47, 93, 103, 115 f., 142, 162 ff., 385, 413
luxuria 14, 316, 510 f., 574

Makrokriminalität 4, 13
mala in se 328, 452 ff., 462
mala prohibita 341, 454, 462, 464, 475, 479
Mandatsfälle 357, 363
matching rule 397
Materialismus
— eliminativer 93 ff.
— nicht-reduktiver 96 f.
MATURANA 103, 154
mens rea (Sentenz) 502
Mauswieselfall 376
Mitbewußtsein 136 f., 285, 402, 405, 466
Mittel, notwendige 253 ff.
s.a. End- und Zwischenziel
Monismus 32, 93, 96, 177
monitoring rule 397
MOORE 221, 229 f., 234
Moralität, moralischer Tadel 273, 278, 410 f., 416 ff., 429, 442, 449, 461 ff.
moral luck 241
Moraltheologie 57, 261, 280, 437, 540
moral wrong theory 342
Motiv 14, 49, 121 ff., 182, 219, 234, 238 ff., 246, 261, 267, 269 ff., 274 f., 277 f., 280, 409, 417, 433, 445, 495, 511, 566
— als Ziel oder Ursache 276 f.
— Irrelevanz 277 ff.
Motivationspsychologie 119 ff.

Nassau 599
natural kind 49
Natur der Sache 56 ff.
Naturrecht 61 ff.
— Irrtum über 328, 336, 452 ff., 463, 507, 524, 531, 536, 550 f., 582, 592
Nebenfolgen 150, 187, 218, 222, 241, 254 ff., 262 ff., 294, 316, 409, 435 ff.
NERATIUS 335, 513, 522
NETTELBLADT/GLÄNTZER 560 ff.
NIETZSCHE 72, 98, 141, 211, 214, 216, 382
Nominalismus 39, 79, 453
Normativierung (des Vorsatzes) 382 ff.
Normgeltung
— Bekräftigung der ~ 475 f.
— Preisgabe der ~ 472 ff.

oblique intention 262, 347, 436, 438
Okkasionalismus 74 f.
o'nes 335
Opakheit, referentielle 184, 221 ff., 237 ff.
ordinary language 64 ff., 154, 210
ordinary language philosophy 69, 77 ff.
Österreich 603 ff.
overconfident social prediction 492

Parallelismus 74 f., 78, 83
Parallelwertung in der Laiensphäre 297, 304
Persönlichkeits-System-Interaktionen (PSI), Theorie der ~ 104, 128, 131, 149
Phänomenologie 60 ff.
Philosophie des Geistes 41, 69 ff., 151 ff., 230
Physikalismus, semantischer 77 ff.
planning theory of intention 186, 252
poena naturalis 426 ff.
Positivität des Rechts 453, 456 f.
praemeditatio 269, 279 ff., 349, 436, 597
praesumtio doli → Vorsatzvermutung
Praeterintentionalität 353, 404
Preußen 596 ff.

principle of charity 39, 396
principle of contemporaneity 377 ff.
s.a. Koinzidenz, zeitliche
Privatsprache 80
privilegierte Personengruppen bei der Irrtumsregelung 337, 456, 514, 548 f., 551, 554, 578
proairesis 174, 235, 312
Propositionen, propositionale Einstellungen 69, 221 ff., 289 ff.
Protokollsätze 79
Prozeßrecht, Zusammenhang mit materiellem Recht 389, 401 ff.
Prüfungspflicht, bei Putativrechtfertigung 366, 497
Psychoanalyse 105, 107, 113, 158, 189, 271, 395, 434
Psychologie
— esoterische ~ des Rechts 108, 112
— Recht und ~ 104 ff., 145 ff., 151 ff.
Publikation der Gesetze 337, 454, 479, 488 f., 581, 588, 598
PUFENDORF 71, 175, 194, 204, 281, 312, 320, 336, 503, 506, 528, 530, 551 f., 555
Putativentschuldigung 367 ff.
Putativrechtfertigung 333 f., 364 ff., 376 f., 496 f., 606

Qualia 98, 130
Quantenphysik 74
Quantitätsirrtum 356 f.
QUINE 39, 74, 78, 80, 84 f., 87 ff., 93 f., 102, 151 f., 154, 220 ff., 228 f., 231 f., 288, 360, 384, 388

Realisierungstheorie 99
Realism 46, 50
Rechtfertigung
— objektive, subjektive 364 f.
Rechtfertigungsgründe
— als Vorstellungsgegenstand 310
Rechtsbegriffe
— funktionales Verständnis 39, 42 ff., 497
Rechtsblindheit 331, 469 ff.
Rechtsfahrlässigkeit 331, 338, 340, 471, 589
Rechtsfeindschaft 418 f., 429, 435
Rechtsgrundsätze, allgemeine 24 f.
Rechtsirrtum 18 ff., 327 ff., 450 ff., 577 ff.
— umgekehrter 373
Rechtskenntnis, Pflicht zur ~ 338, 460, 467 ff., 548
Rechtspflichtmerkmale 307 f.
Rechtssoziologie 162 ff.
Rechtstreue 310, 428, 430, 432 f., 435, 444, 469, 474, 479, 484
Rechtsvergleichung, funktionale Methode der ~ 30 ff.
Rechtsvermutungen 392, 398, 400, 404, 448, 456, 515, 549 s.a. Vorsatzvermutung
recklessness 14, 16, 19, 28, 53, 65, 112, 237, 248 f., 292, 312, 314 ff., 326, 329, 340, 383, 404 f., 425, 433 f., 436, 438 f., 445
Referenz, Begriff 40
Reflexe 121, 167, 192, 197 f.
regulae iuris
— kanonische 327, 523, 550 ff.
— römische 327, 512 f., 550 ff.
Reichsstrafgesetzbuch 601 f.
Repräsentation, mentale 283 ff., 289 ff.
Reziprozitätsnorm 414
Rom-Statut 1 ff., 21, 23 f., 31 f., 37, 210, 219, 246, 249 ff., 277, 305, 308, 333, 354 ff., 376, 384, 390 f.
römisches Recht 508 ff.
ROUSSEAU 73, 140, 156
Rubikon-Modell 126 ff., 131 f.
RYLE 77, 81 ff., 91, 99, 104 f., 144, 213, 276, 288

Sachdenken 136, 405, 466
sachlogische Strukturen 56 ff.
Sachsen 600
Sammelbegriffe 303
SAPIR-WHORF-Hypothese 86, 90, 172, 298
Scheitern (als Kriterium der Intentionalität) 167, 186, 233, 245, 254 ff., 259 ff.
SCHELER 61, 78, 90, 104
Schuldfähigkeit, Wegfall der 381
Schuldprinzip 482 f.
Schuldtheorie 331, 367
Scuola positiva 52, 197, 273
s.a. *défense sociale/difesa sociale*
SEARLE 69, 71, 74, 76, 84, 99, 140, 177, 179 f., 185 f., 213, 219, 221, 231 ff., 242, 252, 259, 289, 299 f., 303, 350 f.
shogeg 335
Siete Partidas 554 f.
SKINNER 77, 426, 448, 488 f., 491
Sozialpsychologie 41, 105, 139, 157, 181, 184, 187, 234 f., 387 f., 396, 411, 424, 431 f., 495
soziologische Schule 273, 487, 589
s.a. *défense sociale*; Spezialprävention
specific intent 265 f., 275, 317
Spezialprävention 273, 278, 431 f., 447 f., 493
Sprachdualismus → Dualismus, linguistischer

Sprachphilosophie → *ordinary language philosophy*
Staatsraison 476 ff., 587 ff.
Steane, R. v. 55, 236 ff., 253
Strafwürdigkeit, Unterschiede von Vorsatz und Fahrlässigkeit 428, 433 ff.
Strafzumessungsumstände, als Vorstellungsgegenstand 311
Strafzwecke
— und Irrtumslehre 485 ff.
— und Zurechnungsstufen 428 ff.
strict liability 203, 208, 315, 341, 386, 444, 447, 448 ff., 480, 489
Substanzdualismus → Dualismus, ontologischer
Subsumtionsirrtum 324, 329, 332, 334 f., 347, 354, 372, 374, 507
— umgekehrter 374
Sünde 72, 215 f., 383, 410, 437 f., 505, 515, 519, 521, 526 ff., 541, 545
Supervenienz 97
supervening fault 380 f.
Syllogismus, praktischer 166, 174 ff., 179, 408 f., 429 f.
symptomatische Verbrechensauffassung 51, 197, 273, 424
Syntax, logische 81
Systematik der Verbrechenslehre 30 ff., 497 ff.
Systemdenken 34, 50
Systemtheorie 102, 162 ff.

tacit/latent knowledge → Wissen als Disposition
Tatbestand, Umfang 332 f.
Tatbestandsalternativen, Irrtum über 353 ff.
Tatbestandsirrtum 331 ff., 442 ff.
— Gründe für Beachtlichkeit 442 ff.
— Gründe für Unbeachtlichkeit 444 ff.
— umgekehrter 373
Tatbestandsmerkmale
— Blankettmerkmale 308 f.
— deskriptive 45, 297 ff., 329, 354, 372
— negative 334, 366
— normative 45, 297 ff., 301 ff., 329
— normbegrenzte 301 f.
— offene 307 f.
— wertende 306 f.
Tatirrtum, Tatsachenirrtum 18 ff., 54, 327 ff., 442 ff., 507, 512 f., 522, 529 f., 544 f., 547, 553, 577 f., 587, 598
— umgekehrter 372, 529
Tatsachen
— Begriff 230, 299 ff., 329
— innere 70 ff., 149, 384, 386, 388 f., 392, 428
Tatsachen
— institutionelle 300 ff., 329, 333
— rohe 299 ff., 328
Tatsachenblindheit 52, 317, 433, 435, 441, 443 s.a. *connivance; ignorantia affectata; wilful blindness*
Theorie der korrespondierenden Schlußfolgerungen 170 f., 277, 412 ff., 425, 429
Theoriegebundenheit der Beobachtung 44 f.
theory of apparent mental causation 143 ff.
third-person perspective → Dritte-Person-Perspektive
THOMAS VON AQUIN 56, 72, 175, 192, 203 f., 212, 223, 261, 280, 312, 336, 358, 383 ff., 410 f., 434, 436 f., 504, 506 ff., 518 f., 525 ff., 539 ff., 545, 556, 558, 561, 578
transferred fault 352, 354, 361 ff.
Transparenz, referentielle 221 ff., 237 ff.
trying, action as ~ 178, 181, 266
Typenidentität 96

ulterior intent 185, 265, 275
Umkehrschluß 371 f.
Umstände, als Gegenstand der Absicht 243 ff.
Unbestimmtheit der Übersetzung 39, 91, 228, 230 ff.
Unerforschbarkeit der Referenz 39, 231 f.
Ungehorsam 418 ff., 429, 487, 582, 585, 587
ungeschriebenes Recht, Irrtum über 337, 553
Unkenntnis, Begriff *(ignorantia)* 319 ff.
Unmögliches, Wollen des ~n 174, 213, 242 f.
Unrechtsbewußtsein 11, 20, 309 f., 331, 341, 364 ff., 376 f., 405, 418, 420, 428 f., 465, 482, 485 ff., 492, 494, 496, 523, 585 ff., 595, 599 ff.
— bei HEGEL und den Hegelianern 586 ff.
— Präzisierung des Inhalts 585
— Teilbarkeit 376
Unterlassung, als Gegenstand der Absicht 243
Unterwerfung des Opfers 421
utilitas publica 465, 476 ff., 587 ff.

valence rule 397
Verbindlichkeit der Strafgesetze → Normgeltung
Verbotsirrtum 331 ff., 450 ff.
— doppelter 376
— Gründe für Beachtlichkeit 481 ff.
— Gründe für Unbeachtlichkeit 451 ff.
— primärer 332 ff., 340 f., 443
— sekundärer 333, 367, 373, 441, 507 ff.
— umgekehrter 373 f.
Verbrechensaufbau 207 ff., 497 ff.
Verdachtsstrafe 403 f., 537

Vergeltung 411, 414, 426, 432, 445, 448, 487 f., 515
Verhaltenstheorie, naive 168 ff.
Verifikationismus 79 ff.
Verletzungsvorsatz und Gefährdungsvorsatz 291
Vermeidbarkeit 46, 199, 206 ff., 315, 328, 332, 335 f., 340 f., 367, 370, 386, 415 f., 431, 440 ff., 446, 448, 451, 455, 465, 471, 479, 483 f., 489, 494, 508, 513
Vermögenspsychologie 41, 146, 148 f., 212
Verneinung, interne und externe 320 f., 371
versari in re illicita 342, 436, 517 ff., 541 f., 558, 563, 569, 576, 596
Verstandesfehler → Wissensfehler
Versuch 29, 208, 241, 243, 266 f., 317 f., 331, 342 ff., 348, 352 f., 360, 372, 374, 379 f., 436, 440, 446, 460, 479, 529, 600
— untauglicher/unmöglicher 344 f.
Verwendungsregeln 80, 89, 152, 231, 297, 299 ff., 309 f., 319, 322 ff., 329, 347, 373 ff.
— konstitutive, regulative 303 ff., 323, 347 f.
Volition, *volition* 72, 82, 98, 119 ff., 128, 131, 180, 201, 212 f., 274 s.a. Willensakt
Volitionspsychologie 123, 137, 425
Völkergewohnheitsrecht, und Rom-Statut 7 ff., 23 f.
Völkermord (Tatbestand) 6, 11, 14, 18, 209, 250, 253, 282
Völkerrechtsquellen 21 ff.
Völkerstrafrecht
— Begriff 2 ff.
— funktionale Methodik 30 ff.
voluntas virtualis 430, 528
Vorbedacht 279, 281
s.a. *praemeditatio*
Vornahmehandlung 124, 128, 196
Vorsatz bzgl. Kausalverlauf → Kausalabweichung
Vorsatzbegriff
— Normativierung 382 ff.
— im Rubikon-Modell 126 ff.
— Umfang 317 ff.
Vorsatzgefahr 292, 403, 446
Vorsatztheorie 331, 333
Vorsatzvermutung 384, 394, 390, 398, 516 f., 536, 538, 550 f., 565 ff., 585 f., 593
Vorsatzwechsel 380
Vorverschulden 369 f., 381, 519, 521
vorzeitige Vollendung 379 f.

Wahndelikt 331, 345 ff., 373 ff.
Wahrheitstheorien 230, 384
Wahrnehmung und Verhalten 138 f.
Wahrnehmungspsychologie 108, 117, 137, 285
Waldmensch 337, 551
Weber, Max 217, 264
Wiener Kreis 79, 94
wilful blindness 16, 263, 312, 316, 321, 336, 383, 403, 405, 430, 434
Wille
— Begriff 122, 146 ff., 211 ff.
— empirischer 143
— negativ-böser 565, 582
— phänomenaler 139 ff., 217
Willensakt 82, 120, 123 f., 132, 155, 180, 195 ff., 240, 243, 515, 520, 565 s.a. Volition
Willensfehler 410, 533, 565, 567, 573, 584
Willensfreiheit 72, 76, 82, 106, 114, 117, 139 f., 142, 159, 192, 194, 216, 280, 515
s.a. Determinismus, Indeterminismus; Freiheitserleben, subjektives; Kontrollillusion
Willenshandlung 120 ff., 132, 152, 196 f., 252
Willenspsychologie 118 ff.
Willensschwäche 268
Willkürhandlungen 136, 198, 218
Wissen
— als Disposition 287 ff.
— Gegenstände des ~s 293 ff.
— implizites 284 ff.
— künftiger Ereignisse 293 f.
— Vorstellung von ( ) 290, 319
Wissensfehler 410 f., 430, 533, 556
Wittgenstein 40, 56, 65, 78 ff., 104 f., 115, 181 f., 185, 195, 214, 226, 231, 258, 297 f., 303, 322
Wolff, Chr. 152, 180, 272, 320, 338, 409, 415, 436, 482, 488, 511, 562 f., 580 f.
Wollensfehler → Willensfehler
Wootton 71, 386, 422, 447 f.
von Wright 84 f., 175 ff., 182 f., 200, 271, 275 f., 303
Wundt 75, 118, 133, 139, 147, 151 f.
Wünschen 101, 213 f., 220, 235 ff., 251, 258, 262 f., 269, 274, 289, 313
Württemberg 600 f.

Zeigarnik-Effekt 425
Zielgerichtetheit 235 ff.
Zurechnungsstufen
— Hierarchie der ~ 314
— Strafwürdigkeitsdifferenz 435 ff.
— stufenlose subjektive Zurechnung 444
— Unterteilungen der ~ 315
Zwischenziel → Endziel und ~

Bei Fragen zur Produktsicherheit wenden Sie sich bitte an:
If you have any questions regarding product safety,
please contact:

Walter de Gruyter GmbH
Genthiner Straße 13
10785 Berlin
productsafety@degruyterbrill.com